Reuschle/Großerichter/Kruis
Verbraucherrechtedurchsetzungsgesetz (VDuG)
De Gruyter Kommentar

Reuschle/Großerichter/Kruis

Verbraucherrechtedurchsetzungsgesetz (VDuG)

—

Kommentar

Von
Fabian Reuschle, Richter am Landgericht Stuttgart
Helge Großerichter, Rechtsanwalt München
Ferdinand Kruis, Rechtsanwalt München

DE GRUYTER

Zitiervorschlag: Reuschle/Großerichter/Kruis/*Reuschle*, VDuG § 42 Rn. 15.
Sachregister: Christian Klie

ISBN 978-3-11-065700-5
e-ISBN (PDF) 978-3-11-066018-0
e-ISBN (E-PUB) 978-3-11-065709-8

Library of Congress Control Number: 2025931899

Bibliografische Information der Deutschen Nationalbibliothek
Die Deutsche Nationalbibliothek verzeichnet diese Publikation in der Deutschen
Nationalbibliografie; detaillierte bibliografische Daten sind im Internet
über http://dnb.dnb.de abrufbar.

© 2025 Walter de Gruyter GmbH, Berlin/Boston, Genthiner Straße 13, 10785 Berlin

Satz: Meta Systems Publishing & Printservices GmbH, Wustermark

www.degruyter.com
Fragen zur allgemeinen Produktsicherheit:
productsafety@degruyterbrill.com

Vorwort

Das Verbraucherrechtedurchsetzungsgesetz (VDuG) stellt eine bedeutende Weiterentwicklung des kollektiven Rechtsschutzes dar. Es fußt auf der Umsetzung der Verbandsklagen-Richtline. Ziel des Gesetzes ist es, die prozessualen Mechanismen zu optimieren und zu verbessern, die den Verbraucherschutzverbänden zur Verfügung stehen, um im Namen der Verbraucher effektiver zu handeln.

Die Ursprünge des kollektiven Rechtsschutzes reichen in Deutschland bis in das Jahr 1896 zurück. Mit dem Gesetz zur Bekämpfung des unlauteren Wettbewerbs vom 27. Mai 1896 und seiner Neufassung vom 7. Juni 1909 waren erstmals Verbände Gewerbetreibender zur Geltendmachung einer Unterlassungsklage im Zusammenhang mit Verstößen gegen wettbewerbsrechtliche Bestimmungen berechtigt. Die Einführung und Ausdehnung der Klagebefugnis für Verbraucherschutzverbände geschah in drei Stufen: 1965 war mit der Einführung der Klagebefugnis für Verbraucherschutzverbände in § 13 UWG a.F. das Geburtsjahr des rechtlichen Verbraucherschutzes. 1976 kam die Verbandsklage im AGB-Gesetz hinzu und schließlich als dritte Stufe in Umsetzung der Richtlinie 98/27EG das Unterlassungsklagengesetz (UKlaG), das allgemein die Verbandsklage bei Verstößen gegen Verbraucherschutzvorschriften vorsieht.

Während in den 1960er Jahren die ersten Sammelklagen (Class Actions) zur Abwicklung von Massenschäden in den USA zugelassen wurden, setzte der Ruf nach kollektiven Rechtsdurchsetzungsinstrumenten in Deutschland erst später ein: Der Börsenkurseinbruch der Telekomaktie im dritten Börsengang führte zu einem Ansturm geschädigter Aktionäre auf das Landgericht Frankfurt a.M., bei dem ca. 16.000 Kläger ihre Prospekthaftungsklagen eingereicht hatten. Die am Landgericht Frankfurt a.M. anhängigen Prospekthaftungsklagen offenbarten einen faktischen Kollaps der deutschen Justiz. Diese Prozessflut an Klagen konnte nicht auf der Basis der Zivilprozessordnung in angemessener Zeit bewältigt werden. Vor diesem Hintergrund verabschiedete der deutsche Gesetzgeber das KapMuG: Zur effizienteren prozessualen Durchsetzung von Haftungsansprüchen bündelt das Prozessgericht die entscheidungserheblichen Streitragen, die gemeinsamen Feststellungsziele der Ausgangsklagen, in einem Vorlagebeschluss und legt diese dem Oberlandesgericht zur Entscheidung vor. Die intendierte Verfahrensbündelung und -beschleunigung implementiert letztlich der Musterentscheid. Statt einer Vielzahl von Einzelverfahren wird im Regelfall nur das Musterverfahren geführt, an dessen Ende meist eine vergleichsweise Einigung steht. Bis zur vergleichsweisen Einigung im Telekom-Verfahren vergingen knapp 20 Jahre.

Die Geburtsstunde für die Einführung von Musterfeststellungsklagen in der Zivilprozessordnung zum 1. November 2018 war die Dieselfahrzeugklagewelle. Aufgrund des Einbaus von unzulässigen Abschalteinrichtungen in Dieselfahrzeugen wurden bundesweit die Gerichte mit Klagen überschwemmt. Mit Hilfe des neuen kollektiven Instruments wurde es den Verbrauchschutzverbänden erstmals ermöglicht, stellvertretend für eine Gruppe von Verbrauchern z.B. die Unzulässigkeit von Abschalteinrichtungen in tatsächlicher und rechtlicher Hinsicht gegenüber den Herstellern feststellen zu lassen. Anders als im Musterverfahren nach dem KapMuG nehmen die Verbraucher nicht unmittelbar an dem zwischen dem Verbraucherschutzverband und dem Unternehmen geführten Verfahren teil. Die Bindungswirkung zu den betroffenen Verbrauchern wird über eine Anmeldung des Verbrauchers im Register bewirkt. Ebenso wie das Musterverfahren im KapMuG-Verfahren schafft die Musterfeststellungsklage keinen Leistungstitel.

Mit der Umsetzung der Verbandsklagen-Richtlinie schafft der Gesetzgeber mit der Abhilfeklage erstmals ein Kollektivinstrument, das im Erfolgsfall zur Erfüllung individueller Verbraucheransprüche führt. Dies stellt einen Meilenstein bei der Durchsetzung individueller Ansprüche dar. Zugleich hat der Gesetzgeber die seit 1. November 2018 geltende Musterfeststellungsklage in das VDuG integriert.

Ziel des Kommentars ist es, unter Berücksichtigung der bereits in der Praxis mit der Musterfeststellungsklage gemachten Erfahrungen eine verfahrensrechtliche Kommentierung des Verbraucherrechtedurchsetzungsgesetzes zu erreichen, die sowohl den Bedürfnissen der Praxis als auch hohen wissenschaftlichen Ansprüchen genügt und schließlich zur Weiterentwicklung des

V

https://doi.org/10.1515/9783110660180-202

kollektiven Prozessrechts beiträgt. Das Werk befindet sich in allen seinen Teilen auf dem Stand vom Dezember 2024.

München/Stuttgart im Januar 2025

Fabian Reuschle
Helge Großerichter
Ferdinand Kruis

Inhaltsverzeichnis

Vorwort —— V
Abkürzungsverzeichnis —— IX
Literaturverzeichnis —— XXV
Verbraucherrechtedurchsetzungsgesetz —— XXXIII

Einführung —— 1

Abschnitt 1
Allgemeine Vorschriften
§ 1   Verbandsklagen —— 24
§ 2   Klageberechtigte Stellen —— 36
§ 3   Zuständigkeit, Verordnungsermächtigung —— 40
§ 4   Verbraucherquorum; Finanzierung —— 45
§ 5   Klageschrift —— 51
§ 6   Offenlegung von Beweismitteln, Androhung und Festsetzung von Ordnungsgeld —— 57
§ 7   Streitgenossenschaft —— 60
§ 8   Sperrwirkung der Verbandsklage —— 64
§ 9   Gerichtlicher Vergleich —— 70
§ 10   Austritt aus dem Vergleich —— 78
§ 11   Sperrwirkung der Anmeldung; Bindungswirkung —— 81
§ 12   Informationspflichten —— 91
§ 13   Anwendung der Zivilprozessordnung —— 93

Abschnitt 2
Abhilfeklagen

Unterabschnitt 1
Besondere Voraussetzungen
§ 14   Abhilfeklage —— 100
§ 15   Gleichartigkeit der Verbraucheransprüche; Klageschrift —— 104

Unterabschnitt 2
Abhilfeentscheidung
§ 16   Urteil und Abhilfegrundurteil —— 113
§ 17   Vergleichsvorschlag; Fortsetzung des Abhilfeverfahrens —— 123
§ 18   Abhilfeendurteil —— 126
§ 19   Kollektiver Gesamtbetrag —— 130
§ 20   Kosten des Umsetzungsverfahrens —— 133
§ 21   Erhöhung des kollektiven Gesamtbetrags —— 136

Unterabschnitt 3
Umsetzungsverfahren
Vorbemerkung zu §§ 22 ff. —— 139
§ 22   Zuständigkeit; Entscheidungen im Umsetzungsverfahren —— 148
§ 23   Bestellung des Sachwalters —— 152
§ 24   Eröffnungsbeschluss —— 167
§ 25   Umsetzungsfonds —— 171
§ 26   Teilnahme am Umsetzungsverfahren —— 178
§ 27   Aufgaben des Sachwalters —— 180
§ 28   Widerspruchsverfahren —— 197

§ 29   Zwangsmittel gegen den Unternehmer —— 208

§ 30   Gerichtliche Aufsicht; Zwangsmittel gegen den Sachwalter —— 211

§ 31   Haftung des Sachwalters —— 219

§ 32   Ansprüche des Sachwalters —— 228

§ 33   Schlussrechnung —— 237

§ 34   Schlussbericht —— 242

§ 35   Prüfung des Schlussberichts und der Schlussrechnung —— 246

§ 36   Feststellung der Beendigung des Umsetzungsverfahrens —— 249

§ 37   Nicht abgerufene Beträge —— 255

§ 38   Insolvenzverfahren über das Vermögen des Unternehmers; Restrukturierung —— 258

Unterabschnitt 4
Individualklagen

§ 39   Offene Verbraucheransprüche —— 285

§ 40   Herausgabeanspruch des Unternehmers —— 290

Abschnitt 3
Musterfeststellungsklagen

§ 41   Musterfeststellungsklage —— 298

§ 42   Revision —— 317

Abschnitt 4
Verbandsklageregister

§ 43   Verbandsklageregister —— 320

§ 44   Bekanntmachung von Angaben zu Verbandsklagen —— 325

§ 45   Veranlassung der Bekanntmachung durch das Gericht —— 331

§ 46   Anmeldung von Ansprüchen; Rücknahmen —— 334

§ 47   Formvorschriften —— 346

§ 48   Einsichtnahme und Auskunft —— 348

§ 49   Verordnungsermächtigung —— 352

Abschnitt 5
Schlussvorschriften

§ 50   Evaluierung —— 355

Anhang

Verbandsklagerichtlinie —— 356

Sachregister —— 383

Abkürzungsverzeichnis

€	Euro
a.A.	anderer Ansicht
A.C.	The Law Reports, Appeal Cases
a.E.	am Ende
a.F.	alter Fassung
a.M.	anderer Meinung
a.a.O.	am angegebenen Ort
Abk.	Abkommen
ABl.	Amtsblatt
abl.	ablehnend(e/er)
Abs.	Absatz
Abschn.	Abschnitt
Abt.	Abteilung
abw.	abweichend
AbzG	Abzahlungsgesetz
AcP	Archiv für die civilistische Praxis [Band (Jahr) Seite]
ADSp.	Allgemeine Deutsche Spediteurbedingungen
AEUV	Vertrag über die Arbeitsweise der Europäischen Union
AG	Aktiengesellschaft, auch Amtsgericht, auch Ausführungsgesetz, auch Die Aktiengesellschaft, Zeitschrift für das gesamte Aktienwesen (Jahr, Seite)
AGB	Allgemeine Geschäftsbedingungen
AGBG	Gesetz zur Regelung des Rechts der Allgemeinen Geschäftsbedingungen
AGS	Anwaltsgebühren spezial
AHK	Alliierte Hohe Kommission
ähnl.	ähnlich
AktG	Aktiengesetz
AktO	Aktenordnung
All E.R.	All England Law Reports
Allg.	Allgemein (e/er/es)
Allg.M.	allgemeine Meinung
Alt.	Alternative
Am. J. Comp. L.	American Journal of Comparative Law
Am. J. Int. L.	American Journal for International Law
AMBl BY	Amtsblatt des Bayerischen Staatsministeriums für Arbeit und soziale Fürsorge
AMG	Arzneimittelgesetz
amtl.	amtlich
ÄndVO	Änderungsverordnung
AnfG	Anfechtungsgesetz
Anh.	Anhang
Anl.	Anlage
Anm.	Anmerkung
AnwBl.	Anwaltsblatt
AO	Abgabenordnung
AöR	Archiv des öffentlichen Rechts
AP	Arbeitsrechtliche Praxis, Nachschlagewerk des Bundesarbeitsgerichts
App.	„Corte d'appello (Italien); Cour d'appel (Belgien, Frankreich)"
Arb. Int.	Arbitration International
ArbG	Arbeitsgericht
ArbGG	Arbeitsgerichtsgesetz
ArbR	Arbeit und Recht
ArbuR	Arbeit und Recht
Art.	Artikel
art.	Article

https://doi.org/10.1515/9783110660180-204

AuA	Arbeit und Arbeitsrecht
Aufl.	Auflage
AUG	Auslandsunterhaltsgesetz
ausf.	ausführlich
AusfG	Ausführungsgesetz
AusfVO	Ausführungsverordnung
Ausg.	Ausgabe
ausl.	ausländisch
AuslInvestmG	Gesetz über den Vertrieb ausländischer Investmentanteile und über die Besteuerung der Erträge aus ausländischen Investmentanteilen
AVAG	Anerkennungs- und Vollstreckungsausführungsgesetz
AWD	Außenwirtschaftsdienst des Betriebsberaters
AWG	Außenwirtschaftsgesetz
BAföG	Bundesausbildungsförderungsgesetz
BAG	Bundesarbeitsgericht
BAGE	Entscheidungen des Bundesarbeitsgerichts, Amtliche Sammlung
BAnz.	Bundesanzeiger
BauR	Baurecht
bay.	bayerisch
BayObLG	Bayerisches Oberstes Landesgericht
BayObLGZ	Entscheidungen des Bayerischen Obersten Landesgerichts in Zivilsachen, Amtliche Sammlung
BayVBl.	Bayerische Verwaltungsblätter
BB	Betriebs-Berater
BBergG	Bundesberggesetz
BBl.	Bundesblatt der Schweizerischen Eidgenossenschaft
Bd.	Band
Bearb.	Bearbeitung
BeckOK	Beck'scher Online-Kommentar
BeckRS	Beck-Rechtsprechung
BEG	Bundesentschädigungsgesetz
begr.	begründet
Beil.	Beilage
Bek.	Bekanntmachung
belg.	belgisch
Bem.	Bemerkung(en)
Ber.	Bericht
ber.	berichtigt
BerDGVR	Berichte der Deutschen Gesellschaft für Völkerrecht
bes.	besonders
Beschl.	Beschluss
bestr.	bestritten
betr.	betreffend
BeurkG	Beurkundungsgesetz
BezG	Bezirksgericht
BfA	Bundesanstalt für Arbeit
BFH	Bundesfinanzhof
BFH/NV	Sammlung der Entscheidungen des Bundesfinanzhofs
BFHE	Sammlung der Entscheidungen und Gutachten des Bundesfinanzhofs
BFH-PR	Entscheidungen des Bundesfinanzhofs für die Praxis der Steuerberatung
BG	Bundesgericht (Schweiz)
BGB	Bürgerliches Gesetzbuch
BGBl.	Bundesgesetzblatt
BGE	Entscheidungen des schweizerischen Bundesgerichts, Amtliche Sammlung
BGH	Bundesgerichtshof
BGHR	Systematische Sammlung der Entscheidungen des BGH

BGHZ	„Entscheidungen des Bundesgerichtshofs in Zivilsachen; Amtliche Sammlung der Rechtsprechung des Bundesgerichtshofs"
BinSchG	Binnenschifffahrtsgesetz
BinSchVerfG	Gesetz über das gerichtliche Verfahren in Binnenschifffahrtssachen
Bl.	Blatt
BMF	Bundesministerium der Finanzen
BNotO	Bundesnotarordnung
BörsG	Börsengesetz
BPatG	Bundespatentgericht
BR(-Drucks.)	Bundesrat(-sdrucksache)
BRAGO	Bundesgebührenordnung für Rechtsanwälte
BRAK-Mitt.	Bundesrechtsanwaltskammer Mitteilungen
BRAO	Bundesrechtsanwaltsordnung
Breith.	Sammlung von Entscheidungen aus dem Sozialrecht. Begr. v. Breithaupt
brit.	britisch
Brüssel I-VO	Verordnung (EG) Nr. 44/2001 des Rates vom 22. Dezember 2000 über die gerichtliche Zuständigkeit und die Anerkennung und Vollstreckung von Entscheidungen in Zivil- und Handelssachen, EuGVVO a.F.
Brüssel Ia-VO	Verordnung (EU) Nr. 1215/2012 des europäischen Parlaments und des Rates vom 12. Dezember 2012 über die gerichtliche Zuständigkeit und die Anerkennung und Vollstreckung von Entscheidungen in Zivil- und Handelssachen (Neufassung)
BSG	Bundessozialgericht
BSGE	Entscheidungen des Bundessozialgerichts, Amtliche Sammlung
BSHG	Bundessozialhilfegesetz
bspw.	beispielsweise
BStBl.	Bundessteuerblatt
BT(-Drucks.)	Bundestag(-sdrucksache)
Buchst.	Buchstabe
BVerfG	Bundesverfassungsgericht
BVerfGE	Entscheidungen des Bundesverfassungsgerichts, Amtliche Sammlung
BVerfGG	Gesetz über das Bundesverfassungsgericht
BVerwG	Bundesverwaltungsgericht
BVerwGE	Entscheidungen des Bundesverwaltungsgerichts, Amtliche Sammlung
BW	Baden-Württemberg
BWNotZ	Mitteilungen aus der Praxis, Zeitschrift für das Notariat in Baden-Württemberg
BYIL	The British Yearbook of International Law
bzw.	beziehungsweise
C.A.	Court of Appeal (England)
C.M.L.R.	Common Market Law Reports
Cahiers dr. europ.	Cahiers de droit européen
Cass. (Italien) S.U.	Corte di cassazione, Sezioni Unite
Cass. Civ. (com., soc.)	„Cour de Cassation (Frankreich/Belgien); Chambre civile (commerciale, sociale)"
Cc (cc)	„Code civil (Frankreich/Belgien/Luxemburg); Codice civile (Italien)"
ch.	Chapter
Ch.D.	Chancery Divison
CIM	„Convention internationale concernant le transport des marchandises par chemins de fer; Internationales Übereinkommen über den Eisenbahnfrachtverkehr"
CISG	Convention on the International Sale of Goods (Wiener Übereinkommen über Verträge über den internationalen Warenkauf)
CIV	Einheitliche Rechtsvorschriften für den Vertrag über die internationale Eisenbahnbeförderung von Personen und Gepäck (Anlage A zum COTIF)
Civ. J. Q.	Civil Justice Quarterly
Clunet	Journal du droit international (Frankreich)
CML Rev.	Common Market Law Review

CMR	Übereinkommen über den Beförderungsvertrag im internationalen Straßenverkehr
COTIF	Übereinkommen über den internationalen Eisenbahnverkehr
Cour sup.	Cour supérieure de justice (Luxemburg)
CPC, cpc	„Codice di procedura civile (Italien); Code de procédure civile (Frankreich/Belgien/Luxemburg)"
CPO	Civilprozeßordnung
CPR	Civil Procedure Rules
CR	Computer und Recht
d.i.p.	Droit international privé
D.S.	Receuil Dalloz Sirey
d.h.	das heißt
DAR	Deutsches Autorecht
das.	daselbst
DAVorm	Der Amtsvormund
DB	Der Betrieb (Jahr, Seite)
Dem. Rep.	Demokratische Republik
ders./dies./dass.	der-, die-, dasselbe
DGVZ	Deutsche Gerichtsvollzieherzeitung
DGWR	Deutsches Gemein- und Wirtschaftsrecht
diff.	differenzierend
Dir. Com. Scambi int.	Diritto communitario negli scambi internazionali
Dir. Comm. Int.	Diritto del commercio internationale
DIS	Deutsche Institution für Schiedsgerichtsbarkeit
DiskE	Diskussionsentwurf
Diss.	Dissertation
DJ	Deutsche Justiz, Zeitschrift für Rechtspflege und Rechtspolitik
DJT	Deutscher Juristentag
DJZ	Deutsche Juristenzeitung
DNotV	Zeitschrift des Deutschen Notarvereins
DNotZ	Deutsche Notarzeitschrift (früher: Zeitschrift des Deutschen Notarvereins, DNotV)
doc.	Document
DöV	Die öffentliche Verwaltung
DR	Deutsches Recht
DRiZ	Deutsche Richterzeitung
DRpfl	Der Deutsche Rechtspfleger
Drucks.	Drucksache
DRZ	Deutsche Rechts-Zeitschrift
DStR	Deutsches Steuerrecht
DStZ	Deutsche Steuerzeitung
dt.	deutsch
DTA	Datenträgeraustausch
DtZ	Deutsch-Deutsche Rechtszeitschrift
DuR	Demokratie und Recht
DVBl.	Deutsches Verwaltungsblatt
DVO	Durchführungsverordnung
DZWIR	Deutsche Zeitschrift für Wirtschafts- und Insolvenzrecht
E	Entwurf
E.C.C.	European Commercial Cases
ecolex	ecolex – Fachzeitschrift für Wirtschaftsrecht
EDV	Elektronische Datenverarbeitung
EFG	Entscheidungen der Finanzgerichte
EFTA	European Free Trade Association
EG	„Einführungsgesetz; Europäische Gemeinschaft"

EG-BewVO	Europäische Beweisaufnahmeverordnung
EGBGB	Einführungsgesetz zum Bürgerlichen Gesetzbuch
EGGVG	Einführungsgesetz zum Gerichtsverfassungsgesetz
EGMR	Europäischer Gerichtshof für Menschenrechte
EG-PKHVV	EG-Prozesskostenvordrucksverordnung
EGStGB	Einführungsgesetz zum Strafgesetzbuch
EGV	Vertrag zur Europäischen Gemeinschaft
EGZPO	Einführungsgesetz zur Zivilprozessordnung
EheG	Ehegesetz
Einf.	Einführung
EinfG	Einführungsgesetz
EingV	Einigungsvertrag
Einl.	Einleitung
EMRK	(Europäische) Konvention zum Schutze der Menschenrechte und Grundfreiheiten
ENA	Europäisches Niederlassungsabkommen
entspr.	entsprechend
Entw.	Entwurf
EO	Österreichische Exekutionsordnung
ErbbauVO	Verordnung über das Erbbaurecht
Erg.	Ergebnis
Erl.	Erläuterungen
ESA	Europäisches Übereinkommen über die Staatenimmunität
EStG	Einkommenssteuergesetz
EU	Europäische Union
EÜ	(Genfer) Europäisches Übereinkommen über die internationale Handelsschiedsgerichtsbarkeit
EuAÜ	Europäisches Rechtsauskunftsübereinkommen
EuBagatellVO/ EuBagVO	Verordnung (EG) Nr. 861/2007 des Europäischen Parlaments und des Rates vom 11. Juli 2007 zur Einführung eines europäischen Verfahrens für geringfügige Forderungen
EuBVO	Verordnung (EG) Nr. 1206/2001 des Rates vom 28. Mai 2001 über die Zusammenarbeit zwischen den Gerichten der Mitgliedstaaten auf dem Gebiet der Beweisaufnahme in Zivil- oder Handelssachen
EuErbVO	Verordnung (EU) Nr. 650/2012 des Europäischen Parlaments und des Rates vom 4. Juli 2012 über die Zuständigkeit, das anzuwendende Recht, die Anerkennung und Vollstreckung von Entscheidungen und die Annahme und Vollstreckung öffentlicher Urkunden in Erbsachen sowie zur Einführung eines Europäischen Nachlasszeugnisses
EuGH	Europäischer Gerichtshof
EuGHE	Entscheidungen des Gerichtshofs der Europäischen Gemeinschaft, Amtliche Sammlung
EuGüVO	Verordnung (EU) 2016/1103 des Rates vom 24. Juni 2016 zur Durchführung einer Verstärkten Zusammenarbeit im Bereich der Zuständigkeit, des anzuwendenden Rechts und der Anerkennung und Vollstreckung von Entscheidungen in Fragen des ehelichen Güterstands
EuGVÜ	Brüsseler EWG-Übereinkommen vom 27.9.1968 über die gerichtliche Zuständigkeit und die Vollstreckung gerichtlicher Entscheidungen in Zivil- und Handelssachen
EuGVVO (a.F.)	Verordnung (EG) Nr. 44/2001 des Rates vom 22. Dezember 2000 über die gerichtliche Zuständigkeit und die Anerkennung und Vollstreckung von Entscheidungen in Zivil- und Handelssachen, Brüssel I-VO
EuGVVO (n.F.)	Verordnung (EU) Nr. 1215/2012 des europäischen Parlaments und des Rates vom 12. Dezember 2012 über die gerichtliche Zuständigkeit und die Anerkennung und Vollstreckung von Entscheidungen in Zivil- und Handelssachen (Neufassung), Brüssel Ia-VO
EuInsVO	Verordnung (EU) 2015/848 des Europäischen Parlaments und des Rates vom 20. Mai 2015 über Insolvenzverfahren
EuInsVO a.F.	Verordnung (EG) Nr. 1346/2000 des Rates vom 29. Mai 2000 über Insolvenzverfahren
EuKontPfVO	VO (EU) Nr. 655/2014 v. 15.5.2014 zur Einführung eines Verfahrens für einen Europäischen Beschluss zur vorläufigen Kontenpfändung im Hinblick auf die Erleichterung der grenzüberschreitenden Eintreibung von Forderungen in Zivil- und Handelssachen
EuMahnVO	Verordnung (EG) Nr. 1896/2006 des Europäischen Parlaments und des Rates vom 12. Dezember 2006 zur Einführung eines Europäischen Mahnverfahrens

EuPartVO	Verordnung (EU) 2016/1104 des Rates vom 24. Juni 2016 zur Durchführung der Verstärkten Zusammenarbeit im Bereich der Zuständigkeit, des anzuwendenden Rechts und der Anerkennung und Vollstreckung von Entscheidungen in Fragen güterrechtlicher Wirkungen eingetragener Partnerschaften
EuR	Europarecht
EuroEG	Euro-Einführungsgesetz
Europ. L. Rev.	European Law Review
EuÜHS	Europäisches Übereinkommen über die Handelsschiedsgerichtsbarkeit 1961
EuUhVO	Verordnung (EG) Nr. 4/2009 des Rates vom 18. Dezember 2008 über die Zuständigkeit, das anwendbare Recht, die Anerkennung und Vollstreckung von Entscheidungen und die Zusammenarbeit in Unterhaltssachen
EuVTVO	Verordnung (EG) Nr. 805/2004 des Europäischen Parlaments und des Rates vom 21. April 2004 zur Einführung eines europäischen Vollstreckungstitels für unbestrittene Forderungen
EuZPR	Europäisches Zivilprozessrecht
EuZustVO/EuZuVO	Verordnung (EG) Nr. 1393/2007 des Europäischen Parlaments und des Rates vom 13. November 2007 über die Zustellung gerichtlicher und außergerichtlicher Schriftstücke in Zivil- oder Handelssachen in den Mitgliedstaaten („Zustellung von Schriftstücken") und zur Aufhebung der Verordnung (EG) Nr. 1348/2000 des Rates
EuZVR	Europäisches Zivilverfahrensrecht
EuZW	Europäische Zeitschrift für Wirtschaftsrecht
EV	Vertrag zwischen der Bundesrepublik Deutschland und der Deutschen Demokratischen Republik über die Herstellung der Einheit Deutschlands – Einigungsvertrag –
evtl.	eventuell
EVÜ	Europäisches Schuldvertragsübereinkommen
EWG	Europäische Wirtschaftsgemeinschaft
EWGV	Vertrag zur Gründung der Europäischen Wirtschaftsgemeinschaft
EWiR	Entscheidungen zum Wirtschaftsrecht
EWIV	Europäische wirtschaftliche Interessenvereinigung
EWR	Europäischer Wirtschaftsraum
EWS	Europäisches Wirtschafts- und Steuerrecht
EzA	Entscheidungssammlung zum Arbeitsrecht
EzFamR aktuell	Entscheidungssammlung zum Familienrecht aktuell
f.	folgend(e)
FA	Fachanwalt Arbeitsrecht [Zeitschrift]
FamFG	Gesetz über das Verfahren in Familiensachen und in den Angelegenheiten der Freiwilligen Gerichtsbarkeit
FamG	Familiengericht
FamR	Familienrecht
FamRÄndG	Familienrechtsänderungsgesetz
FamRZ	Zeitschrift für das gesamte Familienrecht
FamS	Familiensenat
ff.	folgende
FG	„Finanzgericht; Festgabe; Freiwillige Gerichtsbarkeit"
FGG	Gesetz über die Angelegenheiten der freiwilligen Gerichtsbarkeit
FGO	Finanzgerichtsordnung
FGPrax	Praxis der Freiwilligen Gerichtsbarkeit
FLF	Finanzierung, Leasing, Factoring
Fn.	Fußnote
Foro it.	Foro italiano
FoVo	Forderung & Vollstreckung
franz.	französisch
FS	Festschrift
Fundst.	Fundstelle(n)
FuR	Familie und Recht

G.	Gesetz
g.E.	gegen Ende
GA	Generalanwalt
Gaz. Pal.	La Gazette du Palais (Frankreich)
GBBerG	Grundbuchbereinigungsgesetz
GBl.	Gesetzblatt
GBO	Grundbuchordnung
GbR	Gesellschaft bürgerlichen Rechts
geänd.	geändert
GebrMG	Gebrauchsmustergesetz
gem.	gemäß
GenfA	Genfer Abkommen zur Vollstreckung ausländischer Schiedssprüche 1927
GenfP	Genfer Protokoll über die Schiedsklauseln 1923
GenG	Genossenschaftsgesetz
GeschMG	Geschmacksmustergesetz
GewO	Gewerbeordnung
GG	Grundgesetz für die Bundesrepublik Deutschland
ggf.	gegebenenfalls
ggü.	gegenüber
Giur it.	Giurisprudenza italiana
GK	Großkommentar
GKG	Gerichtskostengesetz
GmbH	Gesellschaft mit beschränkter Haftung
GmbHG	Gesetz betreffend die Gesellschaften mit beschränkter Haftung
GmbHR	GmbH-Rundschau
GmS-OGB	Gemeinsamer Senat der obersten Gerichtshöfe des Bundes
GPR	Zeitschrift für das Privatrecht der Europäischen Union
gr.	griechisch
GrS	Großer Senat
Gruchot	Beiträge zur Erläuterung des Deutschen Rechts, begründet v. Gruchot
GRUR	Gewerblicher Rechtsschutz und Urheberrecht
GS	Gedächtnisschrift
GSZ	Großer Senat in Zivilsachen
GVBl.	Gesetz- und Verordnungsblatt
GVBl. RhPf.	Gesetz- und Verordnungsblatt Rheinland-Pfalz
GVG	Gerichtsverfassungsgesetz
GVGA	Geschäftsanweisungen für Gerichtsvollzieher
GVKostG	Gesetz über die Kosten der Gerichtsvollzieher
GVO	Gerichtsvollzieherordnung
GWB	Gesetz gegen Wettbewerbsbeschränkungen
H	Heft
H.C.	High Court
H.L.	House of Lords
H.R.	Hoge Raad (Niederlande)
h.M.	herrschende Meinung
HaftpflG	Haftpflichtgesetz
HausTWG	Haustürwiderrufsgesetz
HBÜ	Haager Übereinkommen über die Beweisaufnahme im Ausland in Zivil- und Handelssachen
Hdb.	Handbuch
HessVGRspr	Rechtsprechung der Hessischen Verwaltungsgerichte
HGB	Handelsgesetzbuch
HinterlO	Hinterlegungsordnung
Hinw.	Hinweis
HKO	Haager Landkriegsordnung

h.L.	herrschende Lehre
HmbGVBl.	Hamburger Gesetz- und Verordnungsblatt
HO	Hinterlegungsordnung
HRR	Höchstrichterliche Rechtsprechung
Hrsg./hrsg.	Herausgeber, herausgegeben
Hs.	Halbsatz
HZPA	Haager Zivilprozessabkommen 1905
HZPÜ	Haager Übereinkommen über den Zivilprozess
HZÜ	Haager Übereinkommen über die Zustellung gerichtlicher und außergerichtlicher Schriftstücke im Ausland in Zivil- oder Handelssachen
i.Zw.	im Zweifel
i.A.	im Auftrag
i.d.F.	in der Fassung
i.d.R.	in der Regel
i.d.S.	in dem/diesem Sinne
i.E.	im Ergebnis
i.e.S.	im engeren Sinne
i.H.v.	in Höhe von
i.R.v.	im Rahmen von
i.S.d.	im Sinne des
i.S.v.	im Sinne von
i.Ü.	im Übrigen
i.V.m.	in Verbindung mit
i.w.S.	im weiteren Sinne
ICC	International Chamber of Commerce (Internationale Handelskammer)
ICLQ	The International and Comparative Law Quarterly
IGH	Internationaler Gerichtshof
ILM	International Legal Materials
ILR	International Law Reports
insb.	insbesondere
int.	international
IPRax	Praxis des Internationalen Privat- und Verfahrensrechts
IWB	Internationale Wirtschaftsbriefe
IWF	Internationaler Währungsfonds
IZPR	Internationales Zivilprozessrecht
IZVR	Internationales Zivilverfahrensrecht
J. Bus. L.	The Journal of Business Law (England)
J. Int. Arb.	Journal of International Arbitration
JA	Juristische Arbeitsblätter
JbEuR	Jahrbuch Europarecht
JbIntR	Jahrbuch für internationales Recht
JBl.	Justizblatt; Juristische Blätter (Österreich)
JbRR	Jahrbuch für Rechtssoziologie und Rechtstheorie
JFG	Jahrbuch für Entscheidungen in Angelegenheiten der freiwilligen Gerichtsbarkeit und des Grundbuchrechtes
JMBl.	Justizministerialblatt
JMBlNrw	Justizministerialblatt von Nordrhein-Westfalen
JN	Jurisdiktionsnorm (Österreich)
JOR	Jahrbuch für Ostrecht
JPS	Jahrbuch für die Praxis der Schiedsgerichtsbarkeit
JR	Juristische Rundschau
Judicium	Vierteljahresschrift für die gesamte Zivilrechtspflege
JURA	Juristische Ausbildung
JurBüro	Das juristische Büro

JurTag(s)	Juristentag(es)
JuS	Juristische Schulung
Justiz	Die Justiz, Amtsblatt des Justizministeriums Baden-Württemberg
JVBl.	Justizverwaltungsblatt
JVEG	Justizvergütungs- und Entschädigungsgesetz
JW	Juristische Wochenschrift
JZ	Juristenzeitung
KAGG	Gesetz über Kapitalanlagegesellschaften
Kap.	Kapitel
KG	Kammergericht, Kommanditgesellschaft
KGaA	Kommanditgesellschaft auf Aktien
KGBl.	Blätter für Rechtspflege im Bezirk des Kammergerichts in Sachen der freiwilligen Gerichtsbarkeit, in Kosten-, Stempel- und Strafsachen
KO	Konkursordnung
KonsulG	Konsulargesetz
KostO	Kostenordnung
KostRÄndG	Kostenrechtsänderungsgesetz
KrG	Kreisgericht
krit.	kritisch
KTS	Zeitschrift für Konkurs-, Treuhand- und Schiedsgerichtswesen (Jahr, Seite)
KV	Kostenverzeichnis
KWG	Gesetz über das Kreditwesen
LAG	„Gesetz über den Lastenausgleich; auch Landesarbeitsgericht"
Lb	Lehrbuch
LG	Landgericht
Lit.	Buchstabe
LJ	The Law Journal (England)
LJV	Landesjustizverwaltung
LM	Nachschlagewerk des Bundesgerichtshofs, hrsg. v. Lindenmaier und Möhring
LMK	Lindenmaier-Möhring – Kommentierte BGH-Rechtsprechung, hrsg. v. Pfeiffer
LQR	Law Quarterly Review
LS	Leitsatz
LSG	Landessozialgericht
LuftfzRG	Gesetz über Rechte an Luftfahrzeugen
LuftVG	Luftverkehrsgesetz
LUG	Gesetz betr. das Urheberrecht an Werken der Literatur und der Tonkunst (LiteratururheberG)
LugÜ I	Lugano-Übereinkommen über die gerichtliche Zuständigkeit und die Vollstreckung gerichtlicher Entscheidungen in Zivil- und Handelssachen vom 16. September 1988
LugÜ II	Lugano-Übereinkommen über die gerichtliche Zuständigkeit und die Vollstreckung gerichtlicher Entscheidungen in Zivil- und Handelssachen vom 30.10.2007
lux.	luxemburgisch
LwAnpG	Gesetz über die strukturelle Anpassung der Landwirtschaft an die soziale und ökologische Marktwirtschaft in der Deutschen Demokratischen Republik (Landwirtschaftsanpassungsgesetz)
LwVfG	Gesetz über das gerichtliche Verfahren in Landwirtschaftssachen
LZ	Leipziger Zeitschrift für Deutsches Recht
m.	mit
m. ausf. N.	mit ausführlichen Nachweisen
m.w.N.	mit weiteren Nachweisen
m.a.W.	mit anderen Worten
MDR	Monatsschrift für Deutsches Recht
MittBayNot.	Mitteilungen des Bayerischen Notarvereins
MittRhNotK	Mitteilungen der Rheinischen Notarkammer
MittRuhrKn	Mitteilungen der Ruhrknappschaft Bochum

Mot.	Motive
MSA	Haager Minderjährigenschutzabkommen
MünchArbR	Münchener Handbuch zum Arbeitsrecht
MünchKomm	Münchener Kommentar zur Zivilprozessordnung
MünchKomm-BGB	Münchener Kommentar zum BGB
MünchKomm-InsO	Münchener Kommentar zur Insolvenzordnung
MuW	Markenschutz und Wettbewerb (Jahr, Seite)
N.C.p.c.	Nouveau Code de procédure civile
n.F.	„neue Fassung; neue Folge"
Nachw.	Nachweis(e/n)
Nds.Rpfl	Niedersächsische Rechtspflege
NdsVBl	Niedersächsische Verwaltungsblätter
NEhelG	Gesetz über die rechtliche Stellung der nichtehelichen Kinder
NJOZ	Neue Juristische Online-Zeitschrift
NJW	Neue Juristische Wochenschrift
NJW-CoR	Computerreport der Neuen Juristischen Wochenschrift
NJWE WettR	NJW-Entscheidungsdienst Wettbewerbsrecht
NJW-RR	Neue Juristische Wochenschrift – Rechtsprechungsreport Zivilrecht
Nordic J Int L	Nordic J Int L
NotBZ	Zeitschrift für die notarielle Beratungs- und Beurkundungspraxis
Nov.	Novelle
Nr.	Nummer
NRW	NW Nordrhein-Westfalen
NTS	NATO-Truppenstatut
NVwZ	Neue Zeitschrift für Verwaltungsrecht
NZA	Neue Zeitschrift für Arbeitsrecht
NZA-RR	Neue Zeitschrift für Arbeitsrecht – Rechtsprechungsreport
NZG	Neue Zeitschrift für Gesellschaftsrecht
NZI	Neue Zeitschrift für das Recht der Insolvenz und Sanierung
NZM	Neue Zeitschrift für Mietrecht
o.	oben
OFD	Oberfinanzdirektion
öffentl.	öffentlich
OGH	Oberster Gerichtshof (für die britische Zone, Österreich)
OGHZ	Entscheidungen des Obersten Gerichtshofs für die britische Zone in Zivilsachen
öGZ	(österr.) Gerichts-Zeitung
OHG	Offene Handelsgesellschaft
öJBl	Österreichische Juristische Blätter
ÖJZ	Österreichische Juristen-Zeitung
OLG	Oberlandesgericht
OLG-NL	OLG-Rechtsprechung Neue Länder
OLGR	OLG-Report: Zivilrechtsprechung der Oberlandesgerichte
OLGRspr	Die Rechtsprechung der Oberlandesgerichte auf dem Gebiete des Zivilrechts
OLGZ	Entscheidungen der Oberlandesgerichte in Zivilsachen
OrderlagerscheinV	Orderlagerscheinverordnung
ÖRiZ	Österreichische Richterzeitung
österr.	österreichisch
OVG	Oberverwaltungsgericht
PA	Patentamt
PAngV	Preisangabenverordnung
PatAnwO	Patentanwaltsordnung
PatG	Patentgesetz
PersV	Die Personalvertretung

PflVG	Pflichtversicherungsgesetz
PKH	Prozesskostenhilfe
PKHRL	Prozesskostenhilfe-Richtlinie
ProdHG	Produkthaftungsgesetz
Prot.	Protokoll
ProzRB	Der Prozess-Rechts-Berater
PStG	Personenstandsgesetz
PStV	Personenstandsverordnung
RabelsZ	Zeitschrift für ausländisches und internationales Privatrecht
RAG	Reichsarbeitsgericht
Rb.	Rechtsbank (Niederlande)
Rbeistand	Der Rechtsbeistand
RBerG	Rechtsberatungsgesetz
RdA	Recht der Arbeit
RdL	Recht der Landwirtschaft (Jahr, Seite)
Recht	Das Recht, Rundschau für den Deutschen Juristenstand
RefE	Referentenentwurf
RegBl.	Regierungsblatt
RegE	Regierungsentwurf
ReichsschuldenO	Reichsschuldenordnung
Rev. int y integr	Revista internacional y de la integración
RFH	„Reichsfinanzhof; amtliche Sammlung der Entscheidungen des RFH"
RG	Reichsgericht
RGBl.	Reichsgesetzblatt
RGes.	Reichsgesetz
RGRK	Reichsgerichtsrätekommentar
RGSt	„Entscheidungen des Reichsgerichts in Strafsachen (1.1880–77.1944; Band, Seite)"
RGZ	„Entscheidungen des Reichsgerichts in Zivilsachen; amtliche Sammlung der Reichs- gerichtsentscheidungen in Zivilsachen"
Rh.-Pf	Rheinland-Pfalz
RIDC	Revue internationale de droit comparé
Riv. dir. int.	Rivista di diritto internazionale privato e processuale
RIW	Recht der Internationalen Wirtschaft
RL	Richtlinie
RJS	Revue de jurisprudence sociale
Rn.	Randnummer
ROW	Recht in Ost und West
Rpfl.	Der Deutsche Rechtspfleger
RpflG	Rechtspflegegesetz
Rs	Rechtssache
Rspr.	Rechtsprechung
RuS	Recht und Schaden
RuStAG	Reichs- und Staatsangehörigkeitsgesetz
RVG	Rechtsanwaltsvergütungsgesetz
RzW	Rechtsprechung zum Wiedergutmachungsrecht
s.	siehe
S.	Seite/Satz
S.C.	Supreme Court
s.a.	siehe auch
s.o.	siehe oben
s.u.	siehe unten
SaBremR	Sammlung des bremischen Rechts
SachenRBerG	Sachenrechtsbereinigungsgesetz
Sachg	Sachgebiet

SächsVBl.	Sächsische Verwaltungsblätter
SAE	Sammlung arbeitsrechtlicher Entscheidungen der Vereinigung der Arbeitgeberverbände
ScheckG	Scheckgesetz
SchiedsVZ	Zeitschrift für Schiedsverfahren
SchlHA	Schleswig-Holsteinische Anzeigen
SchRegO	Schiffsregisterordnung
SchRG	Schiffsregistergesetz
SchuldR	Schuldrecht
schw.	schweizerisch
SchwJbIntR	Schweizer Jahrbuch für Internationales Recht
Sch-Ztg	Schiedsmannszeitung
Sec.	Section
SeeArbG	Seearbeitsgesetz
SeemG	Seemannsgesetz
Sess.	Session
SeuffArch	Seufferts Archiv für Entscheidungen der obersten Gerichte in den deutschen Staaten
SeuffBl.	Seufferts Blätter für Rechtsanwendung in Bayern
SGB	Sozialgesetzbuch
SGG	Sozialgerichtsgesetz
SJZ	Süddeutsche Juristenzeitung
sog.	sogenannte
SozG	Sozialgericht
Sp.	Spalte
SRÜ	Seerechtsübereinkommen der VN von 1982
StAZ	Zeitschrift für Standesamtswesen
StB	Der Steuerberater
StGB	Strafgesetzbuch
StIGH	Ständiger Internationaler Gerichtshof
StPO	Strafprozessordnung
str.	strittig
StRK	Steuerrechtsprechung in Karteiform. Höchstgerichtliche Entscheidungen in Steuersachen
stRspr.	ständige Rechtsprechung
StuB	Steuern und Bilanzen
StuW	Steuer und Wirtschaft
StVG	Straßenverkehrsgesetz
StVZO	Straßenverkehrs-Zulassungs-Ordnung
Suppl.	Supplement
SZIER	Schweizer Zeitschrift für internationales und europäisches Recht
T.P.R.	Tijdschrift voor Privaatrecht (Niederlande)
teilw.	teilweise
ThürBl.	Blätter für Rechtspflege in Thüringen und Anhalt
Tit.	Titel
TranspR	Transportrecht
TRG	Gesetz zur Neuregelung des Fracht-, Speditions- und Lagerrechts
Trib.	„Tribunal; Tribunale"
Trib. com.	Tribunal de commerce (Belgien/Frankreich)
u.a.	und andere(m)
u.Ä.	und Ähnliche(s)
u.U.	unter Umständen
Übers.	Übersicht
Übk.	Übereinkommen
UFITA	Archiv für Urheber-, Film-, Funk- und Theaterrecht
UmweltHG	Umwelthaftungsgesetz
UN	United Nations

unstr.	unstreitig
UNTS	United Nations Treaty Series
UNÜ	New Yorker UN-Übereinkommen über die Anerkennung und Vollstreckung ausländischer Schiedssprüche vom 10. Juni 1958
UNUVÜ	New Yorker UN-Übereinkommen über die Geltendmachung von Unterhaltsansprüchen im Ausland vom 20. Juni 1956
Urt.	Urteil
usw.	und so weiter
UWG	Gesetz gegen den unlauteren Wettbewerb
v.	versus
VA	Versicherungsaufsicht
VAG	Gesetz über die Beaufsichtigung der privaten Versicherungsunternehmen und Bausparkassen (Versicherungsaufsichtsgesetz)
Var.	Variante
verb.	verbunden(e)
VerbrKrG	Verbraucherkreditgesetz
Verf.	Verfassung
VerfGH	Verfassungsgerichtshof
VerglO	Vergleichsordnung
Verh.	Verhandlungen
VerlG	Gesetz über das Verlagsrecht
VerlR	Verlagsrecht
VermA	Vermittlungsausschuss
VerschG	Verschollenheitsgesetz
VersR	Versicherungsrecht, Juristische Rundschau für die Individualversicherung
VerwAO	Verwaltungsanordnung
Vfg.	Verfügung
VG	Verwaltungsgericht
VGH	Verwaltungsgerichtshof
vgl.	vergleiche
VIZ	Zeitschrift für Vermögens- und Immobilienrecht
VO	Verordnung
VOB/B	Verdingungsordnung für Bauleistungen Teil B
VOBl.	Verordnungsblatt
Voraufl.	Vorauflage
Vorb.	Vorbemerkung
vorl.	vorläufige(r)
VR	Verwaltungsrundschau
VV	Vergütungsverzeichnis
VVaG	Versicherungsverein auf Gegenseitigkeit
VVG	Gesetz über den Versicherungsvertrag (Versicherungsvertragsgesetz)
VwGO	Verwaltungsgerichtsordnung
VwVfG	Verwaltungsverfahrensgesetz
VwVG	(Bundes-)Verwaltungsvollstreckungsgesetz
VZS	Vereinigte Zivilsenate
W.L.R.	Weekly Law Reports
w.N.	weitere Nachweise
WahrnG	Gesetz über die Wahrnehmung von Urheberrechten und verwandten Schutzrechten (Urheberrechtswahrnehmungsgesetz)
Warn.	Rechtsprechung des Bundesgerichtshofs in Zivilsachen, als Fortsetzung der von Otto Warneyer hrsg. Rechtsprechung des Reichsgerichts
WarnRspr	Warneyer, Rechtsprechung des Reichsgerichts, soweit sie nicht in der amtlichen Sammlung der Entscheidungen des RG abgedruckt ist, hrsg. v. Warneyer
WBÜ	Washingtoner Weltbankübereinkommen für Investitionsstreitigkeiten

WEG	Gesetz über das Wohnungseigentum und das Dauerwohnrecht (Wohnungseigentumsgesetz)
WertpBG	Wertpapierbereinigungsgesetz
WG	Wechselgesetz
WiB	Wirtschaftsrechtliche Beratung
WieDÜ	Wiener Übereinkommen 1961 (Diplomaten)
WieKÜ	Wiener Übereinkommen 1963 (Konsuln)
WiGBl.	Gesetzblatt der Verwaltung des Vereinigten Wirtschaftsgebiets
WM	Wertpapier-Mitteilungen
WRP	Wettbewerb in Recht und Praxis
WuB	Entscheidungssammlung zum Wirtschafts- und Bankrecht
WÜD	Wiener Übereinkommen über diplomatische Beziehungen
WÜK	Wiener Übereinkommen über konsularische Beziehungen
WuM	Wohnungswirtschaft und Mietrecht
WuW	Wirtschaft und Wettbewerb
WVRK	Wiener Übereinkommen über das Recht der Verträge
WZG	Warenzeichengesetz
Yb. Eurp. L.	Yearbook of European Law
Yb. PIL	Yearbook of Private International Law
z.B.	zum Beispiel
z.T.	zum Teil
ZAkDR	Zeitschrift der Akademie für Deutsches Recht
Zak	Zivilrecht aktuell (Österreich)
ZAP	Zeitschrift für die Anwaltspraxis
ZBB	Zeitschrift für Bankrecht und Bankwirtschaft
ZBinnSch	Zeitschrift für Binnenschifffahrt
ZBlFG	Zentralblatt für die freiwillige Gerichtsbarkeit und Notariat
ZBlJugR	Zentralblatt für Jugendrecht und Jugendwohlfahrt
ZBR	Zeitschrift für Beamtenrecht
ZEuP	Zeitschrift für Europäisches Privatrecht (Jahr, Seite)
ZfA	Zeitschrift für Arbeitsrecht
ZfB	Zeitschrift für Betriebswirtschaft
ZfG	Zeitschrift für Gesetzgebung
ZfRV	Zeitschrift für Rechtsvergleichung (Österreich)
ZfS	Zeitschrift für Schadensrecht (Jahr, Seite)
ZfSH	Zeitschrift für Sozialhilfe
ZGB	Zivilgesetzbuch (DDR/Schweiz)
ZGR	Zeitschrift für Unternehmens- und Gesellschaftsrecht
ZHR	Zeitschrift für das gesamte Handelsrecht und Wirtschaftsrecht
Ziff.	Ziffer
ZIP	Zeitschrift für Wirtschaftsrecht und Insolvenzpraxis
ZIR	Niemeyers Zeitschrift für internationales Recht
ZLR	Zeitschrift für Luftrecht und Weltraumrechtsfragen
ZMR	Zeitschrift für Miet- und Raumrecht
ZnotP	Zeitschrift für die Notarpraxis
ZöffR	Zeitschrift für öffentliches Recht
ZPO	Zivilprozessordnung
ZPOuaÄndG	Gesetz zur Änderung der Zivilprozeßordnung und anderer Gesetze
ZPR	Zivilprozessrecht
ZRHO	Rechtshilfeordnung in Zivilsachen
ZRP	Zeitschrift für Rechtspolitik
ZS	Zivilsenat
ZSEG	Gesetz über die Entschädigung von Zeugen und Sachverständigen
ZSR	Zeitschrift für Schweizer Recht
zust.	zustimmend

ZustDG	EG-Zustellungsdurchführungsgesetz
ZustErgG	Zuständigkeitsergänzungsgesetz
ZustRG	Zustellreformgesetz
zutr.	zutreffend
ZVersWiss	Zeitschrift für die gesamte Versicherungswissenschaft
ZVG	Gesetz über die Zwangsversteigerung und die Zwangsverwaltung (Zwangsversteigerungsgesetz)
ZVglRWiss	Zeitschrift für vergleichende Rechtswissenschaft
ZVI	Zeitschrift für Verbraucher- und Privat-Insolvenzrecht
zzgl.	zuzüglich
ZZP	Zeitschrift für Zivilprozess
ZZPInt	Zeitschrift für Zivilprozess International

Literaturverzeichnis

1. Zum kollektiven Rechtsschutz im Allgemeinen und zur europäischen Rechtsentwicklung

Asmus/Waßmuth	Kollektive Rechtsdurchsetzung (2022)
Augenhofer	Deutsche und europäische Initiativen zur Durchsetzung des Verbraucherschutzes (2018)
Augenhofer	Die Reform des Verbraucherrechts durch den „New Deal" – ein Schritt zur effektiven Rechtsdurchsetzung? EuZW 2019, 5
Baetge	Class Actions, Group Litigation & Other Forms of Collective Litigation (2007)
Basedow	Trippelschritte zum kollektiven Rechtsschutz, Aktionismus in Berlin und Brüssel, EuZW 2018, 609
v. Bar	Empfehlen sich gesetzgeberische Maßnahmen zur rechtlichen Bewältigung von Massenschäden? Gutachten A zum 62. DJT (1998);
Basedow/Hopt/Kötz/Baetge	Die Bündelung gleichgerichteter Interessen im Prozess: Verbandsklage und Gruppenklage (1999)
Becker/Dietsche	Die Verbesserung des kollektiven Rechtsschutzes für Verbraucher in der rechtspolitischen Diskussion, ZG 2018, 47
Behrendt/v. Enzberg	Auf dem Weg zur Class Action in Europa? RIW 2014, 253
Bellinghausen/Erb	Kollektiver Rechtsschutz in Deutschland – neue Instrumente nötig? Juristentag diskutiert über Musterfeststellungs-, Verbraucherverbands- und Sammelklagen, AnwBl. 2018, 698
Bien	Die neue französische action de groupe der Verbraucherschutzverbände, NZKart 2014, 507
Brand	US-Sammelklagen und kollektiver Rechtsschutz in der EU, NJW 2012, 1116
Brömmelmeyer	Die EU-Sammelklage (2013)
Brönneke	Kollektiver Rechtsschutz im Zivilprozessrecht (2001)
Bruns	Einheitlicher kollektiver Rechtsschutz in Europa? ZZP 125 (2012) 399
ders.	Instrumentalisierung des Zivilprozesses im Kollektivinteresse durch Gruppenklagen? NJW 2018, 2753
Caspers/Janssen/Pohlmann/ Schulze	Auf dem Weg zu einer europäischen Sammelklage? (2009)
Chabrny	Grenzüberschreitende Sammelklagen (2019)
Chaprehari/Saam/Wendt	Kollektiver Rechtsschutz in der Europaischen Union (2023)
Dastis/von Hesler	Kollektiver Rechtsschutz in Deutschland und Europa, InTeR 2018,107
Dauner-Lieb/Henssler/Mansel	Zugang zum Recht: Europäische und US-amerikanische Wege der privaten Rechtsdurchsetzung (2008)
Domej	Einheitlicher kollektiver Rechtsschutz in Europa? ZZP 125 (2012) 421
Fentiman	Recognition, Enforcement and Collective Judgements, in: Nuyts/Hatzimihail (Hrsg.) Cross-Border Class Actions (2014) 85
Fuxa	Consumer Protection in the Markets of Financial Products – Momentum for the Introduction of Collective Redress and Amendment of the Brussels I Regulation, euvr 2014, 90
Gabriel/Pirker-Hörmann	Massenverfahren (2005)
Geiger	Kollektiver Rechtsschutz im Zivilprozess: Die Gruppenklage zur Durchsetzung von Massenschäden und ihre Auswirkungen (2015)
Geissler	Die geplante (deutsche) Musterfeststellungsklage und die (europäische) Sammelklage: Fluch oder Segen für die deutsche Industrie? GWR 2018, 189
Gonzales Beilfuss/Anoveros Terra-das	Compensatory Consumer Collective Redress and the Brussels I Regulation (Recast), in: Nuyts/Hatzimihail (Hrsg.) Cross-Border Class Actions (2014), 241
Großerichter	Kollektiver Rechtsschutz im Bank- und Kapitalmarktrecht, in: Bankrechtstag 2019 (2022), 4
Gsell/Meller-Hannich/Stadler	Prozessfinanzierung vor dem Hintergrund europäischer Regelungsinitiativen, JZ 2023, 989
Habbe/Gieseler	Einführung von Musterleistungsklagen in Verbraucherangelegenheiten – Effizienzsteigerung oder Systembruch? BB 2016, 3018

https://doi.org/10.1515/9783110660180-205

dies.	Der Vorschlag der EU-Kommission zur Einführung von Musterklagen aus deutscher Perspektive, GWR 2018, 227
Hackenberg/Kowollik	New Deal for Consumers, EWS 2019, 61
Halfmeier	Popularklagen im Zivilrecht (2006)
Haß	Die Gruppenklage, Wege zur prozessualen Bewältigung von Massenschäden (1996)
Heinzke/Storkenmaier	Die kollektive Rechtsdurchsetzung bei Verletzung des Datenschutzrechts, CR 2021, 299 u. 582
Hess	Collective Redress and the Jurisdictional Model of the Brussels I Regulation, in: Nuyts/ Hatzimihail (Hrsg.) Cross-Border Class Actions (2014) 59
Hundertmark/Meller-Hannich	Digitale Verfahrensstrukturierung in Massenverfahren, RDi 2023, 317
Klocke	Rechtsschutz in kollektiven Strukturen (2016)
Koch	Die Verbandsklage in Europa – Rechtsvergleichende, europa- und kollisionsrechtliche Grundlagen, ZZP 113 (2000) 413
ders.	Sammelklage und Justizstandorte im internationalen Wettbewerb, JZ 2011, 438
Kowollik	Europäische Kollektivklage: Referenzrahmen für ein leistungsfähiges europäisches Justizsystem (2018)
Krausbeck	Kollektiver Rechtsschutz im Zivilprozess – Zusammenfassung und Bewertung des Gutachtens für den Deutschen Juristentag 2018 vor dem Hintergrund von Musterfeststellungsklage und „New Deal", VuR 2018, 287
Lange	Das begrenzte Gruppenverfahren – Konzeption eines Verfahrens zur Bewältigung von Großschäden auf der Basis des Kapitalanleger-Musterverfahrens (2011)
Lerch/Valdini,	Herausforderungen an den Zivilprozess bei Massenverfahren, NJW 2023, 420;
Lühmann	Der Vorschlag einer europäischen Verbandsklage, NJW 2019, 570
Meller-Hannich	Kollektiver Rechtsschutz im Zivilprozess, Hallesches Symposion zum Zivilverfahrensrecht am 6. Oktober 2007 (2008)
dies.	Kollektiver Rechtsschutz in Europa und Europäischer kollektiver Rechtsschutz, GPR 2014, 92
dies.	Kollektiver Rechtsschutz – Neue Instrumente im Zivilprozess, DRiZ 2018, 298
dies.	Sammelklagen, Gruppenklagen, Verbandsklagen – Bedarf es neuer Instrumente des kollektiven Rechtsschutzes im Zivilprozess? Gutachten A zum 72. Deutschen Juristentag (2018); NJW 2018, Beilage 2 zu Heft 20, 29–32
dies./Höland	Die europäische Sammelklage, GPR 2011, 168
dies./Krausbeck	Kollektiver Rechtsschutz in der EU – Die Entwicklung der letzten Jahre, der „New Deal for Consumers" und die deutsche Musterfeststellungsklage, DAR Extra 2018, 721
Michaels	European Class Actions and Applicable Law, in: Nuyts/Hatzimihail (Hrsg.) Cross-Border Class Actions (2014) 111
Michailidou	Prozessuale Fragen des Kollektivrechtschutzes im europäischen Justizraum (2007)
Möllers/Pregler	Zivilrechtliche Rechtsdurchsetzung und kollektiver Rechtsschutz im Wirtschaftsrecht, ZHR 176 (2012) 144
Moltke	Kollektiver Rechtsschutz der Verbraucherinteresssen (2007)
Mom	Kollektiver Rechtsschutz in den Niederlanden (2011)
Norbert	Individueller und kollektiver Rechtsschutz im EU Verbraucherrecht (2012)
Nuyts	The Consolidation of Collective Claims Under Brussels I, in: Nuyts/Hatzimihail (Hrsg.) Cross-Border Class Actions (2014) 69
Nuyts/Hatzimihail	Cross-Border Class Actions, The European Way (2014)
Peter	Zivilprozessuale Gruppenvergleichsverfahren (2018)
Posnow-Wurm	Rethinking Collective Redress, Consumer Protection and Brussels I Regulation, in: Nuyts/ Hatzimihail (Hrsg.) Cross-Border Class Actions (2014) 259
Prütting	Neue Entwicklungen im Bereich des kollektiven Rechtsschutzes, ZIP 2020, 197
Reich	Individueller und kollektiver Rechtsschutz im EU-Verbraucherrecht (2012)
Rentsch	Kollektive Rechtserkenntnis oder Revision, „light"? ZRP 2023, 135
Reuschle	Möglichkeiten und Grenzen kollektiver Rechtsverfolgung, WM 2004, 966
Rentsch	Grenzüberschreitender kollektiver Rechtsschutz in der Europäischen Union: No New Deal for Consumers, RabelsZ 2021, 545
Riesner	Sisyphusaufgabe: Vereinbarkeit von effektivem kollektiven Verbraucherschutz mit der Vermeidung einer kommerziellen Klageindustrie? ZIP 2019, 1507

Saam	Kollektive Rechtsbehelfe zur Durchsetzung von Schadensersatzansprüchen im europäischen Wettbewerbs- und Verbraucherrecht (2001)
Sauerland	Die Harmonisierung des kollektiven Verbraucherrechtsschutzes in der EU (2012)
Shah	Class Actions. A Global Guide from practical law (2015)
Stadler	Bündelung von Interessen im Zivilprozess (2004)
dies.	Grenzüberschreitender kollektiver Rechtsschutz in Europa, JZ 2009, 121
dies.	Kollektiver Rechtsschutz und Revision der Brüssel I-VO, FS Kaissis (2012) 951
dies.	Die Vorschläge der Europäischen Kommission zum kollektiven Rechtsschutz in Europa – Der Abschied von einem kohärenten europäischen Lösungsansatz? GPR 2013, 281
dies.	Kollektiver Rechtsschutz – Chancen und Risiken ZHR 182, 623 (2018)
dies./Micklitz	Das Verbandsklagerecht in der Informations- und Dienstleistungsgesellschaft (2005)
dies.	Von den Tücken der grenzüberschreitenden Verbands-Unterlassungsklage, VuR 2010, 83
Stürner	Grenzüberschreitender kollektiver Rechtsschutz in der EU – Internationalverfahrensrechtliche und kollisionsrechtliche Probleme, in: Brömmelmeyer (Hrsg.) Die EU Sammelklage (2013) 109
Tang	Consumer Collective Redress in European Private International Law, JPIL 7 (2011) 101
Thole	Gebühren bei Massenverfahren und komplexen Streitigkeiten – Das Vergütungsrecht als Steuerungsinstrument: Gebührenanreize und Kostenerstattungsfragen, AnwBl 2023, 152
Weber/van Boom	Neue Entwicklungen in puncto Sammelklagen – in Deutschland, in den Niederlanden und an der Grenze, VuR 2017, 290
Weimann	Kollektiver Rechtsschutz – Ein Memorandum der Praxis (2018)
Woopen	Kollektiver Rechtsschutz – Ziele und Wege, NJW 2018, 133
Woopen	Kollektiver Rechtsschutz, Das Desaster naht, IWRZ 2018, 160

2. Zur Musterfeststellungsklage[1]

Amrhein	Die Musterfeststellungsklage/Streitgegenstand/Rechtshängigkeit/Musterfeststellungsurteil (2020)
Althammer	Die Bindung des Rechtsnachfolgers an den vom Rechtsvorgänger abgeschlossenen Prozessvergleich, JZ 2019, 286
Augenhofer	Musterfeststellungsklage – offene Fragen zur Verjährung, VuR 2019, 83
Balke/Liebscher/Steinbrück	Der Gesetzentwurf zur Einführung einer Musterfeststellungsklage, ZIP 2018, 1321
Beck	Musterfeststellungsklageverfahren und einheitliche Tatsachenfeststellung, ZIP 2018, 1915
ders.	Die neue Musterfeststellungsklage, WPg 2019, 586
Beckmann/Waßmuth	Die Musterfeststellungsklage, WM 2019, 45 u. 89
Behrens	Die zivilprozessuale Musterfeststellungsklage, ZJS 2018, 514
Berger	Kollektiver Rechtsschutz – Das neue Musterfeststellungsverfahren, ZZP 133 (2020), 3
Braunroth	Die zivilprozessuale Musterfeststellungsklage – ein Instrument zur kollektiven Durchsetzung des AGG? VuR 2018, 455
Botthäuser	Die Musterfeststellungsklage (2023)
Feldhusen	Zur Effektivität des Musterfeststellungsverfahrens – Ein Zwischenruf, ZIP 2020, 2377
Felgentreu/Gängel	Zur Klagebefugnis eines Verbraucherverbandes im Musterfeststellungsverfahren, VuR 2019, 323
Fölsch	Der Regierungsentwurf zur Einführung der Musterfeststellungsklage, DRiZ 2918, 214
Fölsch	Einzelne Aspekte zur Musterfeststellungsklage aus richterlicher Sicht, DAR-Extra 2018, 736
Fuhrmann/Kurka	Musterfeststellungsklage – Risiken und Fallstricke bei der Wahl des Klagevehikels, NJW 2020, 3414
Gabriel	Das Verhältnis zwischen Musterfeststellungsklage und Insolvenzrecht, ZIP 2024, 110
Gängel	Erste Erfahrungen mit der Musterfeststellungsklage, NJ 2019, 378

---

[1] Es handelt sich um Literatur zur Musterfeststellungsklage nach ZPO a.F.; die Auswahl beschränkt sich daher auf Quellen, denen auch nach Überführung in das VDuG noch Bedeutung zukommen könnte. Auf die noch relevanten allgemeinen Kommentierungen zu §§ 606 ff. ZPO wird in den Einzelnachweisen Bezug genommen.

Geissler	Die geplante (deutsche) Musterfeststellungsklage und die (europaische) Sammelklage: Fluch oder Segen für die deutsche Industrie? GWR 2018, 189
Gurkmann/Jahn	Außergerichtlicher Vergleich im Rahmen einer Musterfeststellungsklage, VuR 2020, 243
Habbe/Gieseler	Einführung einer Musterfeststellungsklage – Kompatibilität mit zivilprozessualen Grundlagen, BB 2017, 2188
Hartmann	Drei Hauptmerkmale im neuen Musterfeststellungsverfahren, VersR 2019, 528
Halfmeier	Musterfeststellungsklage: Nicht gut, aber besser als nichts, ZRP 2017, 201
Heese	Die Musterfeststellungsklage und der Dieselskandal – Stationen auf dem langen deutschen Weg in die prozessuale Moderne, JZ 2019, 429
Hettenbach	Negative Musterfeststellungsklage? WM 2019, 577
Hirsch	Die Abwicklung des VW-Vergleichs im Ombudsverfahren, VuR 2020, 454
Horn	Grenzüberschreitende Musterfeststellungsklagen, ZVglRWiss 2019, 314
Kähler	Zur Angemessenheit eines Vergleichs in der Musterfeststellungsklage, ZIP 2020, 293
Koch	Die Musterfeststellungsklage, Überblick über die und Bewertung der neuen Regelungen, MDR 2018, 1409
Kilian	Musterfeststellungsklage – Meinungsbild der Anwaltschaft, ZRP 2018, 72
Krausbeck	Der Diskussionsentwurf eines Gesetzes zur Einführung einer Musterfeststellungsklage für Verbraucherstreitigkeiten, DAR 2017, 567
Langheid	Muster ohne Wert – Die Musterfeststellungsklage im Praxistest, VersR 2020, 789
Loyal	Probleme der erstinstanzlichen Zuständigkeit der Oberlandesgerichte für Musterfeststellungsverfahren, ZIP 2019, 2049
Magnus	Die Wirkungen des Vergleichs im Musterfeststellungsverfahren, NJW 2019, 3177
Müller	Zivilprozessuale Musterfeststellungsklage: Sperrwirkung nach § 610 III ZPO und Forderungszession, GWR 2019, 399
Merkt/Zimmermann	Die neue Musterfeststellungsklage: Eine erste Bewertung, VuR 2018, 363
Mekat/Nordholtz	Die Flucht in die Musterfeststellungsklage: Prozesstaktische Überlegungen zu Individualklagen bei Musterfeststellungsverfahren, NJW 2019, 411
Metz	Musterfeststellungsklage – endlich, VuR 2018, 281
Mallmann/Erne	Musterfeststellungsklage und Kartellschadensersatz, NZKart 2019, 77
Nordholtz/Mekat	Musterfeststellungsklage – Einführung/Beratung/Gestaltung (2019)
Oehmig	Die Rechtsstellung des angemeldeten Verbrauchers in der Musterfeststellungsklage, Diss. Passau 2020
Röß	Die Bindung der angemeldeten Verbraucher an einen Kollektivvergleich, NJW 2020, 2068
ders.	Die Auswirkungen einer Zession auf das Verhältnis von Musterfeststellungs- und Individualverfahren, NJW 2020, 953
ders.	Die Klageänderung im Musterfeststellungsverfahren, NJOZ 2021, 1569
Röthemeyer	Musterfeststellungsklage – Spezialkommentar zum 6. Buch ZPO, 2. Aufl. (2020)
ders.	Musterfeststellungsklage und Individualanspruch – Zur Kritik und zu den Entwicklungsmöglichkeiten, VuR 2019, 87
ders.	Das rechtliche Gehör im Musterfeststellungsverfahren, Die Stellung des Anmelders und die Notwendigkeit eines „gehörsfreundlichen" richterlichen Prozessmanagements, MDR 2019, 6
ders.	Befugnis zur Musterfeststellungsklage: Der Narrativ der Klageindustrie, seine Folgen und Überlegungen zur Überwindung, VuR 2020, 130
ders.	Zweieinhalb Jahre Musterfeststellungsklage – eine Zwischenbilanz im Spiegel der Rechtsprechung BKR 2021, 191
Rüsing	(Rückwirkende) Verjährungshemmung durch Musterfeststellungsklagen und Rechtsmissbrauch, NJW 2020, 2588
Schmidt	Widerruf von Verbraucherdarlehen und Musterfeststellungsklage – Ein Gedankenexperiment, WM 2018, 1966
Schneider	Die zivilprozessuale Musterfeststellungsklage – Kollektivrechtsschutz durch Verbraucherschutzverbände statt Class Actions? BB 2018, 1986
Scholl	Die Musterfeststellungsklage nach §§ 606 ff. ZPO – Eine kritische Würdigung mit Bezügen zum französischen, niederländischen und US-amerikanischen Recht, ZfPW 2019, 317

Stadler	Musterfeststellungsklagen im deutschen Verbraucherrecht? VuR 2018, 83
Stadler	Grenzüberschreitende Wirkung von Vergleichen und Urteilen im Musterfeststellungsverfahren, NJW 2020, 265
dies.	Pyrrhussieg für den Verbraucherschutz – vzbv umgeht durch Vereinbarung mit VW gesetzliche Sicherungsmechanismen, VuR 2020, 163–166
Tiffe	Unwirksamkeit der Zinsanpassungsregelungen für Sparverträge „S-Prämiensparen flexibel", VuR 2020, 306
Thiery/Schlingmann	Musterfeststellungsklage: „Wilder Westen" oder alles halb so wild? DB 2018, 2550
Tuna	Musterfeststellungsverfahren von Verbraucherverbänden im Zusammenspiel mit europäischen und deutschen Grundprinzipien des Prozessrechts, Diss. Bayreuth 2021
Vollkommer	Musterfeststellungsklage: Ablehnung der öffentlichen Bekanntmachung der Feststellungsziele, MDR 2020, 81
Waclawik	Die Musterfeststellungsklage, NJW 2018, 2921
Windau	Spannungen im „Dreiecksverhältnis" der Musterfeststellungsklage, jM 2019, 40
Witte/Wetzig	Die Musterfeststellungsklage. Placebo oder Allheilmittel für den deutschen Verbraucherschutz? – Ein Kommentar zur Einführung der MFK aus rechtsvergleichender Sicht, WM 2019, 52
Weinland	Die neue Musterfeststellungsklage – Einführung (2019)

3. Zur EU-Verbandsklagenrichtlinie und ihrer Umsetzung durch VRUG/VDuG

Adolphsen/Sinz	Einwendungen des Unternehmers bei der Abhilfeklage, JR 2024, 447
Alamdari	Verbraucherschutz durch Abhilfeklagen, NJOZ 2023, 1472
Augenhofer	Die neue Verbandsklagen-Richtlinie-effektiver Verbraucherschutz durch Zivilprozessrecht? NJW 2021, 113
Axtmann	Die Möglichkeiten kollektiven Rechtsschutzes nach dem Verbandsklagenrichtlinienumsetzungsgesetz – Eine darstellende Untersuchung neuer und reformierte kollektiver Klagemöglichkeiten und ihre Auswirkungen auf Unternehmen, DB 2023, 2614
Axtmann/Staudigel	Richtlinienvorschlag zur Verbandsklage – Kurzer Überblick, ZRP 2020, 80
Basedow	Trippleschritte zum kollektiven Rechtsschutz, EuZW 2018, 609
Bayat	Die Verbandsklage und das Umsetzungsverfahren, IWRZ 2023, 258
Bayat	Die Prospekthaftung im Abhilfeverfahren, BKR 2024, 219
ders.	Doch keine Verbandsklagen in Arbeitssachen, NZA 2023, 1165
Bruns	Dogmatische Grundfragen der Verbandsklage auf Abhilfeleistung in Geld, ZZP 2024, 3
ders.	Stellungnahme zum Regierungsentwurf eines Gesetzes zur Umsetzung der EU-Verbanddsklagenrichtlinie (VRUG), Rechtsausschuss des Deutschen Bundestages am 10. Mai 2023
Brzoza	Vergütungsproblematik der insolvenzrechtlichen Sondermasse durch VRUG generell geklärt? NZI 2024, 481
Büscher	Die Umsetzung der Verbandsklagenrichtlinie, WRP 2024, 1
Dahl	Die Verbandsabhilfeklage – ein Überblick, NJW-Spezial 2024, 405
Dahl/Linnenbrink	Die Position des Sachwalters im Umsetzungsverfahren der neuen Verbandsabhilfeklage nach VDuG, NZI 2024, 33
Diller	Arbeitsrechtliche Verbandsklage vor dem OLG?, NZA 2023, 673
Dittmann/Gollnast	Anforderungen an den Klageantrag bei Abhilfeverbandsklagen nach dem VDuGE: Zulässig oder unzulässig – das ist hier die Frage, VuR 2023, 135
Domej	Die geplante EU-Verbandsklagenrichtlinie – Sisyphos vor dem Gipfelsieg? ZEuP 2019, 446
Düwell	Beschleunigung für gerichtliche Massenverfahren: Kein Handlungsbedarf in Arbeitssachen? BB 2023, 1912
Gabriel	Das Verhältnis zwischen Musterfeststellungsklage und Insolvenzrecht, ZIP 2024, 110
Gascón Inchausti	A new European way to collective redress? Representative actions under Directive 2020/1828 of 25 November, GPR 2021, 61

Grewes/Stegemann	EU-Verbandsklagenrichtlinie. Bekommt das Private Enforcement im Datenschutz jetzt Zähne? ZD 2021, 183
Gsell	Europäische Verbandsklagen zum Schutz kollektiver Verbraucherinteressen – Königs- oder Holzweg? BKR 2021, 521
Gsell	Die Umsetzung der Verbandsklagerichtlinie GRUR 2024, 979
Hakenberg	Die neue Verbandsklagen-Richtlinie der Europäischen Union, NJOZ 2021, 673
Halfmeier/Rott	Verbandsklage mit Zähnen? Zum Vorschlag einer Richtlinie über Verbandsklagen zum Schutz der Kollektivinteressen der Verbraucher, VuR 2018, 243
Heerma	Das geplante Verbraucherrechtedurchsetzungsgesetz: Abhilfeurteile und deren Umsetzung nach dem VDuG, ZZP 2024, 425
Hoffmann	Die internationale Zuständigkeit für Verbandsklagen gegen drittstaatliche Unternehmen, IPRax 2024, 7
Janal	Die Umsetzung der Verbandsklagenrichtlinie, GRUR 2023, 985
Jetzinger	Die Umsetzung der Vergleichsmöglichkeiten der Verbandsklage-RL in Österreich unter Berücksichtigung der deutschen Musterfeststellungsklage, wbl 2021, 197
Kalisz	Supervorrang von Verbrauchern – Eine Fehlentwicklung in § 38 VDuG, NZI 2024, 153
Köhler/Bornkamm/Feddersen	UWG, 42. Aufl. (2024)
Krausbeck	Kollektiver Rechtsschutz im Zivilprozess – Zusammenfassung und Bewertung des Gutachtens für den Deutschen Juristentag 2018 vor dem Hintergrund von Musterfeststellungsklage und „New Deal", VuR 2018, 287
Leupold	Die neue Verbandsklagen-Richtlinie – ausgewählte Auslegungs- und Umsetzungsfragen, in: Reiffenstein/Blaschek (Hrsg.) Konsumentenpolitisches Handbuch 2021, 71
Lühmann	Der Vorschlag einer europäischen Verbandsklage, NJW 2019, 570
Mayrhofer	Internationale Zuständigkeit und Kollisionsrecht als Hemmschuhe für Verbandsklagen bei grenzüberschreitenden Verstößen?, VbR 2024, 137 u. 169
Max	Die rechtlichen Grundlagen und aktuellen Entwicklungen der Verbandsklage im deutschen und österreichischen Zivil- und Zivilprozessrecht (2021)
Mayrhofer/Koller	Die „Gleichartigkeit" als Nadelöhr der Abhilfeklage, ZIP 2023, 1065
Mekat/Amrhein	Die Umsetzung der Verbandsklagen-RL nach dem Referentenentwurf, RAW 2023, 25
Melhardt	Friktionen zwischen § 8 KapMuG und der Verbraucherverbandsklage nach dem VRUG-E, WM 2023, 1305
Meller-Hannich	Der RefE für ein Verbandsklagenrichtlinienumsetzungsgesetz (VRUG), DB 2023, 628
Münscher	Die Abhilfeklage nach dem neuen Verbraucherrechtedurchsetzungsgesetz, WM 2023, 2082
Perner	Kollektiver Rechtsschutz und Versicherungsrecht, VersR 2023, 1329
Rentsch	Kollektiver Rechtsschutz unter der EU-Verbandsklagerichtlinie: Systemwettbewerb unter Brüssel Ia? EuZW 2021, 524
Ring	Die neue Abhilfeklage in Umsetzung der Verbandsklagerichtlinie – ein wirksames Instrument der Kollektivklage? NJ 2024, 255
Röß	Die Abhilfeklage zugunsten namentlich benannter Verbraucher, NJW 2024, 1302
ders.	Die Klageänderung bei Verbandsklagen, MDR 2023, 141
Röthemeyer	VDuG, 1. Aufl. (2024)
ders.	Das Verbraucherrechtedurchsetzungsgesetz (VDuG) zur Umsetzung der Verbandsklagen-Richtlinie – Die neue Abhilfeklage, VuR 2023, 332
Rott	Das IPR der Verbraucherverbandsklage, EuZW 2016, 733
Schaub	Die Umsetzung der Verbandsklagerichtlinie, GRUR 2024, 655
Scherer	Abhilfeanspruch gem. Art. 9 Abs. 1 VerbandsklagenRL /§ 1 Abs. 1 Nr. 1 VDuG-E und Verbraucherschadensersatzanspruch gem. § 9 Abs. 2 UWG – Kollektivrechtsschutz contra Individualrechtsschutz? VuR 2022, 443
dies.	Abhilfeansprüche in der Insolvenz, NZI 2023, 985
dies.	Prozessuale Fragestellungen beim „Folgenbeseitigungsanspruch" im Lauterkeitsrecht, VuR 2019, 243
Schläfke/Lühmann	Kollektiver Rechtsschutz nach der Umsetzung der EU – Verbandsklagen – Richtlinie, NJW 2023, 3385

Schmittmann	Die insolvenzrechtlichen Aspekte des Referentenentwurfs eines Gesetzes zur Umsetzung der Richtlinie (EU) 2020/1828 über Verbandsklagen zum Schutz der Kollektivinteressen der Verbraucher und zur Aufhebung der Richtlinie 2009/22/EG, ZRI 2023, 277
Schneider/Conrady/Kapoor	Die Abhilfeklage – Eine ernstzunehmende Konkurrenz für die Abtretungsmodelle?, BB 2023, 2179;
Schreier	Das Verbraucherrechtedurchsetzungsgesetz (VDuG) und seine Auswirkungen auf die Versicherungswirtschaft, VersR 2024, 144
Schultze-Moderow/Hamann	Die Verbandsabhilfeklage nach dem Verbraucherrechtedurchsetzungsgesetz: Neue Ära des kollektiven Rechtsschutzes im Datenschutzrecht, BB 2024, 1539
Schuschnigg	Die Verbandsklagen-Richtlinie, EuZW 2022, 1043
Skauradszun	VDuG, 1. Aufl. (2024)
Skauradszun	Die Bestimmung des kollektiven Gesamtbetrags nach dem VDuG, MDR 2024, 741
Stadler	(Fehlende) Finanzierung der neuen Verbandsabhilfeklage nach dem VDuG, VuR 2023, 321
Thönissen	Insolvenz und kollektiver Rechtsschutz, KTS 2023, 205
ders.	Verbandsabhilfeklage und StaRUG, ZInsO 2023, 1570
ders.	Prozessverträge und Verbandsabhilfeklage, ZZP 2024, 43
ders.	Zuständigkeit und Sperrwirkung bei Verbandsabhilfeklagen, EuZW 2023, 637
ders.	Schadensersatz in der Verbandsabhilfeklage, RuS 2023, 749
Vollkommer	EU-Verbrauchersammelklage: Ein Überblick über die Regelungen der Richtlinie über Verbandsklagen zum Schutz der Kollektivinteressen der Verbraucher sowie ihre mögliche Umsetzung in deutsches Recht, MDR 2021, 129
ders.	Das VDuG auf dem Praxisprüfstand, RAW 2024, 2
Wagner	Zuständigkeit nach der EuGVVO für Klagen nach der Richtlinie über Verbandsklagen, RIW 2024, 8
Waßmuth/Rummel	Das Gesetz zur Umsetzung der EU-Verbandsklagenrichtlinie, ZIP 2023, 1515
Welling	Was kann die Verbandsklage vom KapMuG lernen? (2024)
Willert/Isfort	Potenzial der europäischen Verbandsklage für Klimaklagen, KlimR 2023, 49
Woopen	Kollektiver Rechtsschutz und Verbandsklagenrichtlinie: Recht ist keine Assetkasse, Rechtsbruch kein Geschäftsmodell, VersR 2023, 886
ders.	Kollektiver Rechtsschutz – Chancen der Umsetzung, Die Europäische Verbandsklage auf dem Weg ins deutsche Recht, JZ 2021, 601

Gesetz zur gebündelten Durchsetzung von Verbraucherrechten (Verbraucherrechtedurchsetzungsgesetz – VDuG)

Abschnitt 1
Allgemeine Vorschriften

§ 1
Verbandsklagen

(1) In bürgerlichen Rechtsstreitigkeiten, die Ansprüche und Rechtsverhältnisse einer Vielzahl von Verbrauchern gegen einen Unternehmer betreffen, können klageberechtigte Stellen folgende Verbandsklagen gegen Unternehmer erheben:
1. Abhilfeklagen und
2. Musterfeststellungsklagen.

(2) [1]Kleine Unternehmen gelten als Verbraucher im Sinne dieses Gesetzes. [2]Kleine Unternehmen sind solche, die weniger als 10 Personen beschäftigen und deren Jahresumsatz oder Jahresbilanz 2 Millionen Euro nicht übersteigt.

(3) Der Zulässigkeit einer Verbandsklage nach diesem Gesetz steht nicht entgegen, dass wegen desselben Lebenssachverhalts ein Musterverfahren nach dem Kapitalanleger-Musterverfahrensgesetz eröffnet worden ist.

§ 2
Klageberechtigte Stellen

(1) Klageberechtigte Stellen für Verbandsklagen sind
1. qualifizierte Verbraucherverbände, die
   a) in der Liste nach § 4 des Unterlassungsklagengesetzes eingetragen sind und
   b) nicht mehr als 5 Prozent ihrer finanziellen Mittel durch Zuwendungen von Unternehmen beziehen, sowie
2. qualifizierte Einrichtungen aus anderen Mitgliedstaaten der Europäischen Union, die in dem Verzeichnis der Europäischen Kommission nach Artikel 5 Absatz 1 Satz 4 der Richtlinie (EU) 2020/1828 des Europäischen Parlaments und des Rates vom 25. November 2020 über Verbandsklagen zum Schutz der Kollektivinteressen der Verbraucher und zur Aufhebung der Richtlinie 2009/22/EG (ABl. L 409 vom 4.12.2020, S. 1) eingetragen sind.

(2) Bestehen ernsthafte Zweifel daran, dass die Voraussetzung nach Absatz 1 Nummer 1 Buchstabe b vorliegt, so verlangt das Gericht vom Kläger die Offenlegung seiner finanziellen Mittel.

(3) Es wird unwiderleglich vermutet, dass Verbraucherzentralen und andere Verbraucherverbände, die überwiegend mit öffentlichen Mitteln gefördert werden, die Voraussetzung des Absatzes 1 Nummer 1 Buchstabe b erfüllen.

§ 3
Zuständigkeit; Verordnungsermächtigung

(1) Für Verbandsklagen ist dasjenige Oberlandesgericht sachlich und örtlich ausschließlich zuständig, in dessen Bezirk sich der allgemeine Gerichtsstand des Unternehmers, gegen den sich die Verbandsklage richtet, befindet.

https://doi.org/10.1515/9783110660180-206

(2) Regelungen in Rechtsakten der Europäischen Union bleiben unberührt. Regelungen in völkerrechtlichen Vereinbarungen, soweit sie unmittelbar anwendbares innerstaatliches Recht sind, gehen den Vorschriften dieses Gesetzes vor.

(3) [1]Die Landesregierungen können durch Rechtsverordnung einem Oberlandesgericht die Entscheidung und Verhandlung für die Bezirke mehrerer Oberlandesgerichte oder dem Obersten Landesgericht zuweisen, sofern
1. in dem Land mehrere Oberlandesgerichte errichtet sind und
2. die Zuweisung für das Verbandsklageverfahren förderlich ist.
[2]Die Landesregierungen können die Ermächtigung durch Rechtsverordnung auf ihre Landesjustizverwaltung übertragen.

§ 4
Verbraucherquorum; Finanzierung

(1) [1]Eine Verbandsklage ist nur zulässig, wenn die klageberechtigte Stelle nachvollziehbar darlegt, dass
1. von der Abhilfeklage Ansprüche von mindestens 50 Verbrauchern betroffen sein können oder
2. von den Feststellungszielen der Musterfeststellungsklage die Ansprüche oder Rechtsverhältnisse von mindestens 50 Verbrauchern abhängen können.
[2]Im Fall des § 7 Absatz 1 ist die Gesamtzahl der von der gemeinschaftlichen Klage betroffenen Verbraucher maßgeblich.

(2) Eine Verbandsklage ist unzulässig, wenn sie von einem Dritten finanziert wird,
1. der ein Wettbewerber des verklagten Unternehmers ist,
2. der vom verklagten Unternehmer abhängig ist,
3. dem ein wirtschaftlicher Anteil an der vom verklagten Unternehmer zu erbringenden Leistung von mehr als 10 Prozent versprochen ist oder
4. von dem zu erwarten ist, dass er die Prozessführung der klageberechtigten Stelle, einschließlich Entscheidungen über Vergleiche, zu Lasten der Verbraucher beeinflussen wird.

(3) [1]Mit Klageeinreichung hat die klageberechtigte Stelle dem Gericht die Herkunft der Mittel, mit denen die Klage finanziert wird, offenzulegen. [2]Wird die Klage durch einen Dritten finanziert, sind darüber hinaus die mit dem finanzierenden Dritten getroffenen Vereinbarungen offenzulegen. [3]Dies gilt auch in den Fällen, in denen die Finanzierung der Klage erst nach Klageeinreichung erfolgt.

§ 5
Klageschrift

(1) Die Klageschrift, mit der eine Verbandsklage erhoben wird, muss Folgendes enthalten:
1. die Angabe und den Nachweis, dass der Kläger eine klageberechtigte Stelle ist,
2. die nachvollziehbare Darlegung, dass
   a) von der Abhilfeklage Ansprüche von mindestens 50 Verbrauchern betroffen sein können oder
   b) von den Feststellungszielen der Musterfeststellungsklage die Ansprüche oder Rechtsverhältnisse von mindestens 50 Verbrauchern abhängen können,
3. die Angabe des Werts des Streitgegenstands und
4. die Angabe, ob ein Dritter die Verbandsklage finanziert, sowie gegebenenfalls den Namen des Dritten.

(2) Die Klageschrift soll für den Zweck der Bekanntmachung im Verbandsklageregister eine kurze Darstellung des Lebenssachverhalts enthalten, aus dem die geltend gemachten Ansprüche von Verbrauchern hergeleitet werden.

(3) Im Übrigen ist § 253 der Zivilprozessordnung entsprechend anzuwenden.

§ 6
Offenlegung von Beweismitteln; Androhung und Festsetzung von Ordnungsgeld

(1) Ordnet das Gericht die Vorlage einer Urkunde oder sonstiger Unterlagen (§ 142 der Zivilprozessordnung), die Vorlage von Akten (§ 143 der Zivilprozessordnung) oder die Vorlage eines Gegenstandes (§ 144 der Zivilprozessordnung) an, so kann es der vorlagepflichtigen Partei für den Fall, dass diese der Anordnung nicht nachkommt, die Festsetzung eines Ordnungsgelds in Höhe von bis zu 250 000 Euro androhen.

(2) [1]Kommt die vorlagepflichtige Partei der gerichtlichen Anordnung trotz Androhung eines Ordnungsgelds nicht nach, so ist das angedrohte Ordnungsgeld durch Beschluss festzusetzen. [2]Das Ordnungsgeld kann erneut festgesetzt werden, wenn die vorlagepflichtige Partei der gerichtlichen Anordnung wiederholt nicht nachkommt.

§ 7
Streitgenossenschaft

(1) [1]Mehrere klageberechtigte Stellen können gemeinschaftlich gegen einen Unternehmer klagen. [2]Mehrere Unternehmer können gemeinschaftlich verklagt werden.

(2) Die §§ 59 bis 63 der Zivilprozessordnung sind entsprechend anzuwenden.

§ 8
Sperrwirkung der Verbandsklage

[1]Ab Anhängigkeit einer Verbandsklage kann gegen denselben Unternehmer keine weitere Verbandsklage erhoben werden, deren Streitgegenstand denselben Lebenssachverhalt und dieselben Ansprüche oder dieselben Feststellungsziele betrifft. [2]Diese Sperrwirkung entfällt, sobald die Verbandsklage ohne Entscheidung in der Sache beendet wird.

§ 9
Gerichtlicher Vergleich

(1) [1]Zur gütlichen Beilegung des Rechtsstreits können die Parteien einen gerichtlichen Vergleich auch mit Wirkung für die im Verbandsklageregister angemeldeten Verbraucher schließen. [2]Der gerichtliche Vergleich kann nicht vor Ablauf des in § 46 Absatz 1 Satz 1 genannten Zeitpunkts geschlossen werden.

(2) [1]Der Vergleich bedarf der Genehmigung des Gerichts. [2]Das Gericht genehmigt den Vergleich durch Beschluss, wenn es ihn unter Berücksichtigung des Sach- und Streitstands, insbesondere der Interessen der betroffenen Verbraucher, als angemessene gütliche Beilegung des Rechtsstreits erachtet. [3]Andernfalls lehnt das Gericht die Genehmigung des Vergleichs durch Beschluss ab.

§ 10
Austritt aus dem Vergleich

(1) [1]Jeder im Verbandsklageregister angemeldete Verbraucher kann innerhalb einer Frist von einem Monat gegenüber dem Bundesamt für Justiz den Austritt aus dem Vergleich erklären. [2]Die Frist beginnt mit der Bekanntgabe des Vergleichs im Verbandsklageregister.

(2) [1]Verbraucher, die ihren Austritt wirksam erklärt haben, werden durch den Vergleich nicht gebunden. [2]Der Austritt berührt nicht die Wirksamkeit der Anmeldung im Verbandsklageregister.

§ 11
Sperrwirkung der Anmeldung; Bindungswirkung

(1) Hat ein Verbraucher vor der Bekanntgabe der Verbandsklage im Verbandsklageregister eine Klage gegen den Unternehmer erhoben, die die Ansprüche oder Rechtsverhältnisse oder Feststellungsziele und den Lebenssachverhalt der Verbandsklage betrifft, und meldet er seinen Anspruch oder sein Rechtsverhältnis zum Verbandsklageregister an, so setzt das Gericht das Verfahren bis zur rechtskräftigen Entscheidung über die Verbandsklage oder bis zur sonstigen Erledigung der Verbandsklage oder bis zur wirksamen Rücknahme der Anmeldung zum Verbandsklageregister aus.

(2) Während der Rechtshängigkeit der Verbandsklage kann ein angemeldeter Verbraucher gegen den Unternehmer keine Klage erheben, deren Streitgegenstand denselben Lebenssachverhalt und dieselben Ansprüche oder dieselben Feststellungsziele betrifft.

(3) [1]Rechtskräftige Urteile über Verbandsklagen binden ein zur Entscheidung eines Rechtsstreits zwischen einem angemeldeten Verbraucher und dem verklagten Unternehmer berufenes Gericht, soweit dessen Entscheidung den Lebenssachverhalt der Verbandsklage und einen mit der Abhilfeklage geltend gemachten Anspruch oder ein mit der Musterfeststellungsklage geltend gemachtes Feststellungsziel betrifft. [2]Satz 1 gilt nicht für Abhilfeendurteile nach § 18.

§ 12
Informationspflichten

(1) [1]Die klageberechtigte Stelle ist verpflichtet, auf ihrer Internetseite zu informieren über:
1. Verbandsklagen, die sie erheben will,
2. Verbandsklagen, die sie bereits erhoben hat, und
3. den Verfahrensstand der Verbandsklagen.
[2]Auf der Internetseite ist ferner darüber zu informieren, dass Verbraucher nur dann von den Wirkungen einer Verbandsklage erfasst werden, wenn sie Ansprüche oder Rechtsverhältnisse, die Gegenstand der Verbandsklage sind, zur Eintragung in das Verbandsklageregister anmelden.

(2) Wird ein Verfahren über eine Verbandsklage durch unanfechtbaren Beschluss, unanfechtbares Urteil oder durch einen Vergleich nach § 9 beendet, so ist der Beschluss, das Urteil oder der Vergleich in veröffentlichungsfähiger anonymisierter Form ab dem Zeitpunkt der Beendigung des Verfahrens mindestens sechs Monate auf der Internetseite der klageberechtigten Stelle zu veröffentlichen.

(3) Die Kosten der Veröffentlichungen auf der Internetseite nach den Absätzen 1 und 2 sind Kosten des Rechtsstreits.

§ 13
Anwendung der Zivilprozessordnung

(1) [1]Auf Verbandsklageverfahren sind die Vorschriften der Zivilprozessordnung anzuwenden, soweit sich aus diesem Gesetz nicht etwas anderes ergibt. [2]Auf das Verfahren vor den Oberlandesgerichten sind dabei die im ersten Rechtszug für das Verfahren vor den Landgerichten geltenden Vorschriften entsprechend anzuwenden.

(2) Die §§ 66 bis 74 der Zivilprozessordnung sind nicht anzuwenden im Verhältnis zwischen den Parteien der Verbandsklage und denjenigen Verbrauchern, die
1. einen Anspruch oder ein Rechtsverhältnis zum Verbandsklageregister angemeldet haben oder
2. behaupten, entweder einen Anspruch gegen den verklagten Unternehmer zu haben oder von ihm in Anspruch genommen zu werden oder zu ihm in einem Rechtsverhältnis zu stehen.

(3) § 128 Absatz 2 sowie die §§ 306 und 307 Satz 2 der Zivilprozessordnung sind nicht anzuwenden.

(4) Ein Urteil oder Abhilfegrundurteil ergeht nicht vor Ablauf von sechs Wochen nach dem Schluss der mündlichen Verhandlung.

Abschnitt 2
Abhilfeklagen

Unterabschnitt 1
Besondere Voraussetzungen

§ 14
Abhilfeklage

[1]Mit der Abhilfeklage begehrt die klageberechtigte Stelle die Verurteilung des Unternehmers zu einer Leistung an die betroffenen Verbraucher. [2]Als Leistung kann auch die Zahlung eines kollektiven Gesamtbetrags begehrt werden.

§ 15
Gleichartigkeit der Verbraucheransprüche; Klageschrift

(1) [1]Die Abhilfeklage ist nur zulässig, wenn die von der Klage betroffenen Ansprüche von Verbrauchern im Wesentlichen gleichartig sind. [2]Das ist der Fall, wenn
1. die Ansprüche auf demselben Sachverhalt oder auf einer Reihe im Wesentlichen vergleichbarer Sachverhalte beruhen und
2. für die Ansprüche die im Wesentlichen gleichen Tatsachen- und Rechtsfragen entscheidungserheblich sind.

(2) [1]Die Klageschrift muss Angaben zur Gleichartigkeit der betroffenen Ansprüche von Verbrauchern enthalten. [2]Beantragt die klageberechtigte Stelle die Verurteilung des Unternehmers zur Zahlung eines kollektiven Gesamtbetrags, so muss die Klageschrift auch die Höhe des einzelnen Verbraucheranspruchs angeben, wenn alle Ansprüche der betroffenen Verbraucher der Höhe nach gleich sind. [3]Andernfalls soll die Methode angegeben werden, nach der sich die Höhe der jeweiligen einzelnen Ansprüche der betroffenen Verbraucher berechnen lässt.

Unterabschnitt 2
Abhilfeentscheidung

§ 16
Urteil und Abhilfegrundurteil

(1) [1]Hält das Gericht eine Abhilfeklage, die auf Zahlung eines kollektiven Gesamtbetrags oder auf die Verurteilung zu einer anderen Leistung als zur Zahlung gerichtet ist, dem Grunde nach für begründet, so erlässt es ein Abhilfegrundurteil. [2]Wird die Leistung an namentlich benannte Verbraucher begehrt, entscheidet das Gericht im Fall einer Verurteilung zur Zahlung durch Urteil. [3]Hält das Gericht die Abhilfeklage für unzulässig oder unbegründet, weist es die Klage durch Urteil ab.

(2) [1]Die Urteilsformel eines Abhilfegrundurteils enthält folgende Angaben:
1. die konkreten Voraussetzungen, nach denen sich die Anspruchsberechtigung der betroffenen Verbraucher bestimmt, und
2. die von jedem einzelnen Verbraucher im Umsetzungsverfahren zu erbringenden Berechtigungsnachweise.

[2]Wird mit der Abhilfeklage ein kollektiver Gesamtbetrag geltend gemacht, so enthält die Urteilsformel ferner den Betrag, der jedem berechtigten Verbraucher zusteht, oder, wenn die den berechtigten Verbrauchern zustehenden Beträge unterschiedlich hoch sind, die Methode, nach der die den berechtigten Verbrauchern jeweils zustehenden Einzelbeträge zu berechnen sind. [3]Wird mit der Abhilfeklage die Verurteilung zu einer anderen Leistung als zur Zahlung begehrt, so ist die Verurteilung in der Urteilsformel auszusprechen.

(3) Im Fall des Absatzes 1 Satz 1 bleibt die Kostenentscheidung dem Abhilfeendurteil vorbehalten.

(4) [1]Im Fall des Absatzes 1 Satz 1 entscheidet das Gericht durch Urteil, wenn
1. beide Parteien dies beantragen und
2. Bemühungen um einen Vergleich nach § 17 Absatz 1 aussichtslos erscheinen.

[2]In diesem Fall enthält die Urteilsformel die Angaben nach Absatz 2 und § 18 Absatz 1; § 18 Absatz 2 und 3 ist entsprechend anzuwenden.

(5) [1]Gegen Urteile nach den Absätzen 1 und 4 findet die Revision statt. [2]Diese bedarf keiner Zulassung.

§ 17
Vergleichsvorschlag; Fortsetzung des Abhilfeverfahrens

(1) [1]Nach der Verkündung des Abhilfegrundurteils soll das Gericht die Parteien auffordern, einen schriftlichen Vergleichsvorschlag zur Umsetzung des Abhilfegrundurteils zu unterbreiten. [2]Das Gericht kann den Parteien eine Frist zur Unterbreitung des Vergleichsvorschlags setzen. [3]Auf Antrag einer Partei und mit Zustimmung der Gegenpartei kann das Gericht diese Frist verlängern. [4]Die §§ 9 und 10 sind entsprechend anzuwenden.

(2) [1]Wird das Abhilfeverfahren nicht durch wirksamen Vergleich beendet und ist das Abhilfegrundurteil rechtskräftig, so setzt das Gericht das Abhilfeverfahren fort. [2]Es entscheidet durch Abhilfeendurteil.

§ 18
Abhilfeendurteil

(1) Die Urteilsformel des Abhilfeendurteils enthält folgende Angaben:
1. die Anordnung des Umsetzungsverfahrens,
2. die vorläufige Festsetzung der Kosten des Umsetzungsverfahrens,
3. die Verurteilung des Unternehmers zur Zahlung der nach Nummer 2 vorläufig festgesetzten Kosten des Umsetzungsverfahrens zu Händen des Sachwalters sowie
4. die Entscheidung über die Kosten des Verfahrens.
(2) Wird mit der Abhilfeklage ein kollektiver Gesamtbetrag geltend gemacht, enthält die Urteilsformel außerdem die Verurteilung des Unternehmers zur Zahlung eines solchen Betrags zu Händen des Sachwalters.
(3) Das Gericht kann bei Vorliegen besonderer Umstände, insbesondere einer Vielzahl betroffener Verbraucheransprüche, im Abhilfeendurteil die Widerspruchsfrist nach § 28 Absatz 2 Satz 1 angemessen verlängern.
(4) [1]Gegen Abhilfeendurteile findet die Revision statt. [2]Diese bedarf keiner Zulassung.

§ 19
Kollektiver Gesamtbetrag

(1) Das Gericht kann die Höhe des kollektiven Gesamtbetrags unter Würdigung aller Umstände nach freier Überzeugung bestimmen.
(2) § 287 der Zivilprozessordnung ist entsprechend anzuwenden.

§ 20
Kosten des Umsetzungsverfahrens

(1) Kosten des Umsetzungsverfahrens im Sinne dieses Gesetzes sind:
1. die Auslagen des Sachwalters, insbesondere Verbindlichkeiten, die er zur ordnungsgemäßen Erfüllung seiner Aufgaben begründet, und
2. die Vergütung des Sachwalters.
(2) Die Kosten des Umsetzungsverfahrens trägt der Unternehmer.

§ 21
Erhöhung des kollektiven Gesamtbetrags

(1) [1]Die klageberechtigte Stelle kann während des Umsetzungsverfahrens die Erhöhung des kollektiven Gesamtbetrags beantragen. [2]Die Klage ist nur zulässig, wenn die klageberechtigte Stelle Tatsachen vorträgt, aus denen sich ergibt, dass der kollektive Gesamtbetrag nicht zur Erfüllung der berechtigten Zahlungsansprüche aller angemeldeten Verbraucher ausreicht.
(2) [1]Reicht der kollektive Gesamtbetrag nicht zur Erfüllung der berechtigten Zahlungsansprüche aller angemeldeten Verbraucher aus, so ist der Unternehmer zur Zahlung eines weiteren kollektiven Gesamtbetrags zu verurteilen, der der Erhöhung entspricht. § 19 gilt entsprechend. [2]Das Umsetzungsverfahren ruht während des Erhöhungsverfahrens.

Unterabschnitt 3
Umsetzungsverfahren

§ 22
Zuständigkeit; Entscheidungen im Umsetzungsverfahren

(1) Für das Umsetzungsverfahren ist ausschließlich das Prozessgericht der Abhilfeklage zuständig.

(2) Die Entscheidungen des Gerichts im Umsetzungsverfahren können ohne mündliche Verhandlung ergehen.

§ 23
Bestellung des Sachwalters

(1) Das Gericht bestellt einen Sachwalter. Vor der Bestellung sollen die Parteien des Abhilfeverfahrens zur Person des Sachwalters gehört werden.

(2) [1]Zum Sachwalter ist eine geeignete und von den Parteien unabhängige Person zu bestellen. [2]Die Unabhängigkeit wird nicht schon dadurch ausgeschlossen, dass die Person von einer Partei vorgeschlagen worden ist. [3]Das Gericht kann von der als Sachwalter vorgesehenen Person den Nachweis einer Berufshaftpflichtversicherung verlangen, deren Deckungssumme dem Umfang des Umsetzungsverfahrens angemessen ist.

(3) [1]Der Sachwalter erhält vom Gericht eine Urkunde über seine Bestellung. [2]Bei Beendigung seines Amtes hat der Sachwalter dem Gericht die Urkunde zurückzugeben.

(4) [1]Ein Sachwalter kann von den Parteien aus denselben Gründen, die nach § 42 der Zivilprozessordnung zur Ablehnung eines Richters berechtigen, abgelehnt werden. [2]Der Ablehnungsgrund ist glaubhaft zu machen; zur Versicherung an Eides statt darf die Partei nicht zugelassen werden. [3]Ein Sachwalter kann auch wegen Ungeeignetheit abgelehnt werden.

(5) [1]Ein Ablehnungsantrag ist binnen zwei Wochen nach der Verkündung oder der Zustellung des Beschlusses über die Bestellung zu stellen. [2]Zu einem späteren Zeitpunkt ist der Antrag auf Ablehnung nur zulässig, wenn die Partei glaubhaft macht, dass sie ohne ihr Verschulden verhindert war, den Ablehnungsgrund früher geltend zu machen.

(6) Gegen den Beschluss, durch den die Ablehnung für begründet erklärt wird, findet kein Rechtsmittel statt.

§ 24
Eröffnungsbeschluss

Das Gericht beschließt die Eröffnung des Umsetzungsverfahrens, sobald der Unternehmer die folgenden Beträge zu Händen des Sachwalters gezahlt hat:

1. den vorläufig festgesetzten Kostenbetrag (§ 18 Absatz 1 Nummer 2),
2. den kollektiven Gesamtbetrag (§ 18 Absatz 2), sofern der Unternehmer zur Zahlung eines solchen verurteilt ist.

§ 25
Umsetzungsfonds

(1) [1]Der Sachwalter errichtet einen Umsetzungsfonds. [2]In diesen sind der vorläufig festgesetzte Kostenbetrag und gegebenenfalls der kollektive Gesamtbetrag sowie gegebenenfalls dessen Erhöhung einzuzahlen.

(2) [1]Der Umsetzungsfonds ist vom Vermögen des Sachwalters getrennt zu führen. [2]Der Sachwalter verwaltet den Umsetzungsfonds und verfügt über ihn.

(3) [1]Berechtigte Ansprüche von Verbrauchern auf Zahlung erfüllt der Sachwalter unmittelbar durch Zahlung aus dem Umsetzungsfonds. [2]Beträge zur Begleichung von Kosten des Umsetzungsverfahrens und Vorschüsse darf der Sachwalter dem Umsetzungsfonds nur nach Anordnung des Gerichts entnehmen. [3]Diese Entnahmen dürfen in ihrer Gesamtsumme den vorläufig festgesetzten Kostenbetrag nicht übersteigen.

(4) Die Gelder des Umsetzungsfonds unterliegen nicht der Pfändung.

§ 26
Teilnahme am Umsetzungsverfahren

An dem Umsetzungsverfahren nehmen alle Verbraucher teil, die ihre Ansprüche wirksam zum Verbandsklageregister angemeldet haben und die ihre Anmeldung nicht wirksam zurückgenommen haben.

§ 27
Aufgaben des Sachwalters

Der Sachwalter hat folgende Aufgaben und Befugnisse:
1. er weist dem Gericht den Erhalt folgender Beträge nach:
   a) den Erhalt des vorläufig festgesetzten Kostenbetrags und
   b) für den Fall der Verurteilung zur Zahlung eines kollektiven Gesamtbetrags den Erhalt des kollektiven Gesamtbetrags sowie gegebenenfalls dessen Erhöhung,
2. er kann vom Bundesamt für Justiz einen Auszug aus dem Verbandsklageregister verlangen, der die am Umsetzungsverfahren teilnehmenden Verbraucher sowie sämtliche Angaben ausweist, die im Verbandsklageregister zu den geltend gemachten Ansprüchen vermerkt sind,
3. er prüft die Anspruchsberechtigung der am Umsetzungsverfahren teilnehmenden Verbraucher nach Maßgabe des Abhilfegrundurteils,
4. er setzt den am Umsetzungsverfahren teilnehmenden Verbrauchern, sofern er dies für erforderlich hält, eine Frist zur Vorlage der Berechtigungsnachweise,
5. er kann im Einzelfall ergänzende Erklärungen der Verbraucher oder des Unternehmers verlangen und zu diesem Zwecke Fristen setzen,
6. er kann nicht fristgerecht eingegangene Berechtigungsnachweise und Erklärungen zurückweisen, wenn er den betroffenen Verbraucher zuvor auf diese Rechtsfolge hingewiesen hat,
7. er stellt die Gesamthöhe der berechtigten Ansprüche aller Verbraucher auf Zahlung in einem Auszahlungsplan zusammen,
8. er informiert die Parteien, sofern der kollektive Gesamtbetrag nicht zur Erfüllung der berechtigten Zahlungsansprüche aller angemeldeten Verbraucher ausreicht,
9. er erfüllt berechtigte Ansprüche von Verbrauchern auf Zahlung und sorgt für den Fall, dass nach dem Auszahlungsplan der kollektive Gesamtbetrag nicht zur Erfüllung der berechtigten Ansprüche aller Verbraucher ausreicht, für eine gleichmäßige Verteilung,

10. er fordert für den Fall der Verurteilung zu einer anderen Leistung als zur Zahlung den Unternehmer zur Erfüllung berechtigter Verbraucheransprüche auf, setzt ihm zu diesem Zweck angemessene Fristen und verlangt die Anzeige der Erfüllung sowie die Vorlage von Nachweisen und

11. er kann die Erfüllung geltend gemachter Ansprüche von Verbrauchern ganz oder teilweise ablehnen.

§ 28
Widerspruchsverfahren

(1) Der Sachwalter teilt dem betroffenen Verbraucher und dem Unternehmer in Textform mit, ob sich ein Anspruch nach Prüfung ganz oder teilweise als berechtigt erweist.

(2) [1]Der betroffene Verbraucher und der Unternehmer können vorbehaltlich einer Entscheidung nach § 18 Absatz 3 binnen vier Wochen nach Zugang der Mitteilung des Sachwalters widersprechen. [2]Der Widerspruch ist in Textform an den Sachwalter zu richten und zu begründen.

(3) Der Sachwalter übermittelt dem betroffenen Verbraucher und dem Unternehmer seine Entscheidung über den Widerspruch in Textform.

(4) [1]Der betroffene Verbraucher und der Unternehmer können bei dem Prozessgericht des Abhilfeverfahrens binnen zwei Wochen nach Zugang der Widerspruchsentscheidung des Sachwalters eine gerichtliche Entscheidung über den Widerspruch beantragen, soweit sie durch die Widerspruchsentscheidung des Sachwalters beschwert sind. [2]Das Gericht entscheidet durch Beschluss. [3]Es kann die Entscheidung auf einen Einzelrichter übertragen. [4]Die Entscheidung kann im schriftlichen Verfahren nach Anhörung des betroffenen Verbrauchers und des Unternehmers ergehen. [5]§ 78 Absatz 1 Satz 1 der Zivilprozessordnung ist nicht anzuwenden. [6]Die Entscheidung des Gerichts ist unanfechtbar.

§ 29
Zwangsmittel gegen den Unternehmer

(1) Kommt der Unternehmer einer Aufforderung des Sachwalters zur Erfüllung eines Anspruchs eines Verbrauchers, der auf eine andere vertretbare Handlung als Zahlung oder auf eine nicht vertretbare Handlung gerichtet ist, nicht fristgerecht nach, so kann das Gericht auf Antrag des Sachwalters anordnen, dass der Unternehmer durch Zwangsgeld und für den Fall, dass dieses nicht beigetrieben werden kann, durch Zwangshaft zur Vornahme der anderen vertretbaren Handlung oder der nicht vertretbaren Handlung anzuhalten sei. Für die Zwecke der Vollstreckung der Zwangsmittel tritt der Sachwalter an die Stelle des Gläubigers.

(2) Auf andere vertretbare Handlungen als Zahlung ist § 888 der Zivilprozessordnung mit Ausnahme seines Absatzes 1 Satz 1 entsprechend anzuwenden; § 887 Absatz 1 und 2 der Zivilprozessordnung ist auf solche Handlungen nicht anzuwenden. [2]Auf nicht vertretbare Handlungen ist § 888 Absatz 1 Satz 1 der Zivilprozessordnung nicht anzuwenden.

§ 30
Gerichtliche Aufsicht; Zwangsmittel gegen den Sachwalter

(1) Der Sachwalter untersteht der Aufsicht des Gerichts.
(2) [1]Das Gericht kann dem Sachwalter zur Durchführung des Umsetzungsverfahrens Fristen setzen. [2]Es kann vom Sachwalter jederzeit Zwischenberichte über den Stand des Umsetzungsverfahrens anfordern, insbesondere Auskunft darüber verlangen,
1. auf welche Art und Weise der Sachwalter die von Verbrauchern zu erbringenden Berechtigungsnachweise prüft und
2. welche von Verbrauchern geltend gemachten Ansprüche der Sachwalter in welcher Höhe bereits erfüllt hat.
[3]Das Gericht kann dem Sachwalter Fristen zur Übermittlung von Zwischenberichten setzen.
(3) [1]Erfüllt der Sachwalter die ihm nach diesem Gesetz obliegenden Pflichten nicht, so kann das Gericht nach vorheriger Androhung ein Zwangsgeld gegen ihn festsetzen. [2]Das einzelne Zwangsgeld darf den Betrag von 25 000 Euro nicht übersteigen. [3]Nach vorheriger Androhung kann das Gericht den Sachwalter aus wichtigem Grund entlassen.

§ 31
Haftung des Sachwalters

[1]Verletzt der Sachwalter schuldhaft ihm nach diesem Gesetz obliegende Pflichten, so ist er zum Schadensersatz verpflichtet, und zwar
1. dem Unternehmer, wenn die verletzte Pflicht den Schutz des Unternehmers bezweckt, und
2. dem Verbraucher, wenn die verletzte Pflicht den Schutz des Verbrauchers bezweckt.
[2]Der Sachwalter hat für die Sorgfalt eines ordentlichen und gewissenhaften Sachwalters einzustehen.

§ 32
Ansprüche des Sachwalters

(1) Der Sachwalter hat Anspruch auf
1. die Erstattung der Auslagen, die er zur ordnungsgemäßen Erfüllung seiner Aufgaben begründet,
2. eine angemessene Vergütung für seine Geschäftsführung und
3. einen Vorschuss auf seine Auslagen und seine Vergütung, soweit dies zur Erfüllung seiner Aufgaben notwendig ist.
(2) Auf Antrag des Sachwalters setzt das Gericht die Höhe der Auslagen, der Vergütung und des Vorschusses fest.

§ 33
Schlussrechnung

[1]Der Sachwalter hat dem Gericht bei Beendigung seines Amtes Schlussrechnung zu legen. [2]Die Rechnung einschließlich der Belege muss spätestens einen Monat nach Beendigung des Umsetzungsverfahrens
1. elektronisch oder auf der Geschäftsstelle des Gerichts eingereicht werden und
2. zur Einsicht des Unternehmers zur Verfügung stehen.

³Das Gericht benachrichtigt den Unternehmer unverzüglich vom Eingang der Schlussrechnung. ⁴Der Unternehmer ist berechtigt, Einwendungen gegen die Schlussrechnung zu erheben. ⁵Soweit binnen zwei Wochen nach der Benachrichtigung keine Einwendungen erhoben werden, gilt die Rechnung als anerkannt.

§ 34
Schlussbericht

(1) ¹Der Sachwalter teilt dem Gericht die Beendigung des Umsetzungsverfahrens unverzüglich mit. ²Das Gericht setzt dem Sachwalter eine angemessene Frist zur Vorlage des Schlussberichts. ³Die Sätze 1 und 2 gelten auch für den Fall der vorzeitigen Beendigung des Amtes des Sachwalters und der Einstellung des Umsetzungsverfahrens.

(2) Der Schlussbericht enthält folgende Angaben:
1. eine Auflistung der im Umsetzungsverfahren von Verbrauchern geltend gemachten Ansprüche, die
    a) vom Sachwalter ganz oder teilweise durch Zahlung erfüllt wurden unter Angabe des jeweiligen Namens des Verbrauchers, des jeweiligen Zahlungszeitpunkts und des jeweiligen Zahlungsbetrags oder
    b) vom Unternehmer anders als durch Zahlung erfüllt wurden unter Angabe des jeweiligen Namens des Verbrauchers und des Zeitpunkts der Erbringung der jeweiligen Leistung,
2. eine Auflistung der vollständig oder teilweise abgelehnten Ansprüche von Verbrauchern unter Angabe
    a) des jeweiligen Namens des Verbrauchers,
    b) der jeweiligen Art oder der jeweiligen Höhe des geltend gemachten Anspruchs sowie
    c) des Umfangs der jeweiligen Ablehnung,
3. eine zusammenfassende Gegenüberstellung der aus dem Umsetzungsfonds geleisteten Zahlungen und des kollektiven Gesamtbetrags.

(3) Die Parteien erhalten vom Gericht eine formlose Abschrift des Schlussberichts.

§ 35
Prüfung des Schlussberichts und der Schlussrechnung

(1) Das Gericht prüft den Schlussbericht und die Schlussrechnung des Sachwalters.

(2) Beanstandet das Gericht den Schlussbericht oder die Schlussrechnung, so fordert es den Sachwalter unter Fristsetzung dazu auf, der Beanstandung abzuhelfen.

§ 36
Feststellung der Beendigung des Umsetzungsverfahrens

(1) ¹Das Gericht stellt die Beendigung des Umsetzungsverfahrens fest. ²Der Beschluss enthält:
1. die endgültige Festsetzung der Kosten des Umsetzungsverfahrens,
2. die Festsetzung eines vom Unternehmer noch an den Sachwalter zu zahlenden Kostenbetrags, wenn die Kosten des Umsetzungsverfahrens den vorläufig festgesetzten Kostenbetrag übersteigen, sowie
3. die Angabe, ob und in welcher Höhe ein Restbetrag verbleibt.

[3]Der Beschluss steht hinsichtlich seiner Vollstreckbarkeit einem Kostenfestsetzungsbeschluss gleich.

(2) Der Beschluss ist den Parteien und dem Sachwalter zuzustellen.

§ 37
Nicht abgerufene Beträge

[1]Ist der kollektive Gesamtbetrag nach Beendigung des Umsetzungsverfahrens nicht vollständig ausgekehrt oder übersteigt der vorläufig festgesetzte Kostenbetrag die endgültig festgesetzten Kosten des Umsetzungsverfahrens, so ist der Sachwalter dem Unternehmer zur Erstattung des verbleibenden Betrags verpflichtet. [2]Dieser Rückzahlungsanspruch ist mit der Bekanntmachung des Beschlusses über die Feststellung der Beendigung des Umsetzungsverfahrens im Verbandsklageregister fällig.

§ 38
Insolvenzverfahren über das Vermögen des Unternehmers; Restrukturierung

(1) [1]Die Eröffnung eines Insolvenzverfahrens über das Vermögen des Unternehmers hindert die Durchführung des Umsetzungsverfahrens nicht. [2]Auf Antrag des Sachwalters wird das Umsetzungsverfahren zwecks Klärung möglicher Insolvenzanfechtungsansprüche auf Rückzahlung der nach § 24 gezahlten Beträge ausgesetzt oder, sofern nach Einschätzung des Sachwalters ein Anfechtungsanspruch besteht und dieser nicht offensichtlich unbegründet ist, eingestellt. [3]Das Umsetzungsverfahren ist auch einzustellen, wenn zum Zeitpunkt der Verfahrenseröffnung lediglich ein Teil der nach § 24 zu leistenden Zahlungen erbracht ist.

(2) [1]Wird das Umsetzungsverfahren eingestellt, sind alle nach § 24 erfolgten Zahlungen an die Insolvenzmasse zurückzugewähren. [2]Die zurückzugewährenden Zahlungen gelten als auf den vorläufig festgesetzten Kostenbetrag (§ 18 Absatz 1 Nummer 3) und den kollektiven Gesamtbetrag (§ 18 Absatz 2) in dem Verhältnis geleistet, in dem beide Beträge zueinander stehen.

(3) [1]Der auf den kollektiven Gesamtbetrag entfallende Teil der nach Absatz 2 an die Masse zurückgewährten Zahlungen bildet eine Sondermasse zur Befriedigung derjenigen Verbraucher, die im Rahmen des Umsetzungsverfahrens einen berechtigten Zahlungsanspruch gehabt hätten; dies gilt nicht für Zahlungen, die der Insolvenzanfechtung unterliegen. [2]Zur Verwaltung und Verteilung der Sondermasse ist der Sachwalter zum Sonderinsolvenzverwalter zu bestellen.

(4) § 11 Absatz 3 gilt auch im Verhältnis zu allen Insolvenzgläubigern.

(5) [1]Werden die in einem Abhilfegrundurteil ausgeurteilten Ansprüche in einen Restrukturierungsplan nach dem Unternehmensstabilisierungs- und -restrukturierungsgesetz einbezogen, so ist für die betroffenen Anspruchsinhaber im Restrukturierungsplan eine eigenständige Gruppe zu bilden. [2]Die Abwicklung der durch den Plan gestalteten Verbraucherforderungen ist dem Restrukturierungsbeauftragten zu übertragen.

Unterabschnitt 4
Individualklagen

§ 39
Offene Verbraucheransprüche

Hat der Sachwalter die Erfüllung eines vom Verbraucher geltend gemachten Anspruchs im Umsetzungsverfahren vollständig oder teilweise abgelehnt oder hat der Sachwalter einen Anspruch eines Verbrauchers bis zur Beendigung des Umsetzungsverfahrens nicht oder nur teilweise erfüllt, so kann der Verbraucher diesen Anspruch im Wege der Individualklage geltend machen, soweit er ihn nicht bereits im Widerspruchsverfahren nach § 28 hätte geltend machen können.

§ 40
Herausgabeanspruch des Unternehmers

(1) Der Unternehmer kann Einwendungen, die den vom Verbraucher im Verbandsklageverfahren geltend gemachten Anspruch selbst betreffen, im Wege der Klage geltend machen, soweit er die Gründe, auf denen sie beruhen, vor dem Prozessgericht des Abhilfeverfahrens oder im Widerspruchsverfahren nach § 28 nicht hätte geltend machen können.

(2) ¹Der Herausgabeanspruch des Unternehmers gegen den Verbraucher bestimmt sich nach den Vorschriften des Bürgerlichen Gesetzbuchs über die Herausgabe der ungerechtfertigten Bereicherung. § 818 Absatz 3 des Bürgerlichen Gesetzbuchs ist nicht anzuwenden. ²Der Anspruch erlischt, wenn er nicht binnen neun Monaten nach Leistung an den Verbraucher diesem gegenüber schriftlich geltend gemacht wird.

Abschnitt 3
Musterfeststellungsklagen

§ 41
Musterfeststellungsklage

(1) Mit der Musterfeststellungsklage begehrt die klageberechtigte Stelle die Feststellung des Vorliegens oder Nichtvorliegens von tatsächlichen und rechtlichen Voraussetzungen für das Bestehen oder Nichtbestehen von Ansprüchen oder Rechtsverhältnissen (Feststellungsziele) zwischen Verbrauchern und einem Unternehmer.

(2) Der Zulässigkeit einer Musterfeststellungsklage steht nicht entgegen, dass die klageberechtigte Stelle Abhilfeklage erheben könnte.

§ 42
Revision

Gegen Musterfeststellungsurteile findet die Revision statt. Diese bedarf keiner Zulassung.

Abschnitt 4
Verbandsklageregister

§ 43
Verbandsklageregister

(1) ¹Das Bundesamt für Justiz führt ein Register für Verbandsklagen (Verbandsklageregister). ²Das Verbandsklageregister kann elektronisch betrieben werden.

(2) ¹Öffentliche Bekanntmachungen und Eintragungen sind unverzüglich vorzunehmen. ²Die öffentliche Bekanntmachung von Terminen muss spätestens zwei Wochen vor dem jeweiligen Terminstag erfolgen.

§ 44
Bekanntmachung von Angaben zu Verbandsklagen

Die folgenden Angaben zu einer rechtshängigen Verbandsklage sind im Verbandsklageregister öffentlich bekannt zu machen:
1. Bezeichnung der Parteien,
2. Bezeichnung des Gerichts und des Aktenzeichens,
3. Art der Verbandsklage,
4. Zeitpunkt der Anhängigkeit und der Rechtshängigkeit,
5. Abhilfeantrag des Klägers, einschließlich der Merkmale, nach denen sich die Gleichartigkeit der von Verbrauchern geltend gemachten Ansprüche bestimmt, oder die Feststellungsziele,
6. kurze Darstellung des vom Kläger vorgetragenen Lebenssachverhalts,
7. Zeitpunkt der Bekanntmachung im Verbandsklageregister,
8. Befugnis der Verbraucher, Ansprüche oder Rechtsverhältnisse, die mit der Abhilfe- oder Musterfeststellungsklage geltend gemacht werden, zur Eintragung in das Verbandsklageregister anzumelden, Form, Frist und Wirkung der Anmeldung sowie ihrer Rücknahme,
9. Terminsbestimmungen, Hinweise und Zwischenentscheidungen des Gerichts,
10. gerichtlich genehmigte Vergleiche, Befugnis der angemeldeten Verbraucher zum Austritt aus dem Vergleich, Form, Frist und Wirkung des Austritts,
11. Urteile im Verbandsklageverfahren,
12. Einlegung eines Rechtsmittels,
13. Eintritt der Rechtskraft,
14. Beschluss über die Bestellung eines Sachwalters, Beschluss, durch den die Ablehnung eines Sachwalters für begründet erklärt wird, sowie Beschluss über die Entlassung eines Sachwalters,
15. Beschluss über die Eröffnung eines Umsetzungsverfahrens,
16. Beschluss über die Feststellung der Beendigung des Umsetzungsverfahrens,
17. sonstige Beendigung des Verbandsklageverfahrens,
18. die Eröffnung des Insolvenzverfahrens über das Vermögen des Unternehmers,
19. Verpflichtung des Bundesamts für Justiz, einem angemeldeten Verbraucher auf dessen Verlangen einen Auszug über die Angaben zu überlassen, die im Verbandsklageregister zu ihm und seiner Anmeldung erfasst sind.

§ 45
Veranlassung der Bekanntmachung durch das Gericht

Das Gericht übermittelt dem Bundesamt für Justiz unverzüglich veröffentlichungsfähige Fassungen der im Verbandsklageregister öffentlich bekannt zu machenden Angaben (§ 44 Nummer 1 bis 6 und 9 bis 18), insbesondere der Terminsbestimmungen, Hinweise, Zwischenentscheidungen und Urteile.

§ 46
Anmeldung von Ansprüchen; Rücknahmen

(1) ¹Verbraucher können Ansprüche oder Rechtsverhältnisse, die Gegenstand einer Verbandsklage sind, bis zum Ablauf von drei Wochen nach dem Schluss der mündlichen Verhandlung zur Eintragung in das Verbandsklageregister anmelden. ²§ 193 des Bürgerlichen Gesetzbuchs findet keine Anwendung.

(2) ¹Die Anmeldung ist nur wirksam, wenn sie frist- und formgerecht erfolgt und folgende Angaben enthält:
1. Name und Anschrift des Verbrauchers,
2. Angabe, ob die Anmeldung als kleines Unternehmen im Sinne des § 1 Absatz 2 erfolgt,
3. Bezeichnung des Gerichts und Aktenzeichen,
4. Bezeichnung des Beklagten,
5. Gegenstand und Grund des Anspruchs oder des Rechtsverhältnisses des Verbrauchers,
6. Versicherung der Richtigkeit und Vollständigkeit der Angaben.

²Wird ein Zahlungsanspruch angemeldet, so soll die Anmeldung auch Angaben zur Höhe dieses Anspruchs enthalten.

(3) Die Angaben der wirksamen Anmeldung werden ohne inhaltliche Prüfung in das Verbandsklageregister eingetragen.

(4) Die Anmeldung kann bis zu dem in Absatz 1 genannten Zeitpunkt zurückgenommen werden. § 193 des Bürgerlichen Gesetzbuchs findet keine Anwendung.

§ 47
Formvorschriften

(1) Anmeldung und Rücknahme sind in Textform gegenüber dem Bundesamt für Justiz zu erklären.

(2) ¹Wird die Anmeldung oder die Rücknahme durch einen Rechtsanwalt erklärt, muss für die Erklärung das vom Bundesamt für Justiz hierfür elektronisch bereitgestellte Formular genutzt werden. ²Ist dies aus technischen Gründen vorübergehend nicht möglich, so ist die Übermittlung in Textform zulässig. ³Die vorübergehende Unmöglichkeit ist bei der Ersatzeinreichung oder unverzüglich danach glaubhaft zu machen; auf Anforderung des Bundesamts für Justiz ist die Erklärung mittels des elektronisch bereitgestellten Formulars nachzuholen. § 703 der Zivilprozessordnung gilt entsprechend.

(3) Die Absätze 1 und 2 sind auf die Erklärung des Austritts aus einem Vergleich entsprechend anzuwenden.

§ 48
Einsichtnahme und Auskunft

(1) Öffentliche Bekanntmachungen können von jedermann unentgeltlich im Verbandsklageregister eingesehen werden.

(2) [1]Das Bundesamt für Justiz hat dem Gericht sowie dem bestellten Sachwalter auf dessen Anforderung jeweils einen Auszug aller im Verbandsklageregister erfassten Angaben über die Verbraucher zu übersenden, die sich wirksam zu einer Verbandsklage zur Eintragung in das Verbandsklageregister angemeldet und ihre Anmeldung nicht wirksam zurückgenommen haben. [2]Das Gericht übermittelt den Parteien formlos eine Abschrift des Auszugs.

(3) Das Bundesamt für Justiz hat einem angemeldeten Verbraucher auf dessen Verlangen einen schriftlichen Auszug über die Angaben zu überlassen, die im Klageregister zu ihm und seiner Anmeldung erfasst sind.

(4) Das Bundesamt für Justiz hat den Parteien einer Verbandsklage auf deren Anforderung jeweils einen Auszug aller im Verbandsklageregister erfassten Angaben über diejenigen Verbraucher zu überlassen, die sich wirksam zu einer Verbandsklage zur Eintragung in das Verbandsklageregister angemeldet und ihre Anmeldung nicht wirksam zurückgenommen haben.

§ 49
Verordnungsermächtigung

Das Bundesministerium der Justiz wird ermächtigt, durch Rechtsverordnung ohne Zustimmung des Bundesrates die näheren Einzelheiten zum Verbandsklageregister zu regeln, insbesondere Bestimmungen über Inhalt, Aufbau, Führung und Art des Betriebs des Verbandsklageregisters, die Einreichung, Eintragung, Änderung und Vernichtung der im Verbandsklageregister erfassten Angaben, die Erteilung von Auszügen aus dem Verbandsklageregister sowie zur Information angemeldeter Verbraucher, zur Datensicherheit und Barrierefreiheit zu treffen.

Abschnitt 5
Schlussvorschriften

§ 50
Evaluierung

Dieses Gesetz ist fünf Jahre nach dem Inkrafttreten zu evaluieren.

Einführung[1]

Schrifttum

1. Zum kollektiven Rechtsschutz im Allgemeinen und zur europäischen Rechtsentwicklung:[2] *Asmus/Waßmuth* Kollektive Rechtsdurchsetzung (2022); *Augenhofer* Deutsche und europäische Initiativen zur Durchsetzung des Verbraucherschutzes (2018); *Baetge* Class Actions, Group Litigation & Other Forms of Collective Litigation (2007); *v. Bar* Empfehlen sich gesetzgeberische Maßnahmen zur rechtlichen Bewältigung von Massenschäden? Gutachten A zum 62. DJT (1998); *Basedow/Hopt/Kötz/Baetge* Die Bündelung gleichgerichteter Interessen im Prozess: Verbandsklage und Gruppenklage (1999); *Becker/Dietsche* Die Verbesserung des kollektiven Rechtsschutzes für Verbraucher in der rechtspolitischen Diskussion, ZG 2018, 47; *Behrendt/v. Enzberg* Auf dem Weg zur Class Action in Europa? RIW 2014, 253; *Bien* Die neue französische action de groupe der Verbraucherschutzverbände, NZKart 2014, 507; *Brand* US-Sammelklagen und kollektiver Rechtsschutz in der EU, NJW 2012, 1116; *Brömmelmeyer* Die EU-Sammelklage (2013); *Brönneke* Kollektiver Rechtsschutz im Zivilprozessrecht (2001); *Bruns* Einheitlicher kollektiver Rechtsschutz in Europa? ZZP 125 (2012) 399; *ders.* Instrumentalisierung des Zivilprozesses im Kollektivinteresse durch Gruppenklagen? NJW 2018, 2753; *Chabrny* Grenzüberschreitende Sammelklagen (2019); *Caspers/Janssen/Pohlmann/Schulze* Auf dem Weg zu einer europäischen Sammelklage? (2009); *Dastis/von Hesler* Kollektiver Rechtsschutz in Deutschland und Europa, InTeR 2018,107; *Dauner-Lieb/Henssler/Mansel* Zugang zum Recht: Europäische und US-amerikanische Wege der privaten Rechtsdurchsetzung (2008); *Domej* Einheitlicher kollektiver Rechtsschutz in Europa? ZZP 125 (2012) 421; *Gabriel/Pirker-Hörmann* Massenverfahren (2005); *Geiger* Kollektiver Rechtsschutz im Zivilprozess: Die Gruppenklage zur Durchsetzung von Massenschäden und ihre Auswirkungen (2015); *Geissler* Die geplante (deutsche) Musterfeststellungsklage und die (europäische) Sammelklage: Fluch oder Segen für die deutsche Industrie? GWR 2018, 189; *Großerichter* Kollektiver Rechtsschutz im Bank- und Kapitalmarktrecht, in: Bankrechtstag 2019 (2022), 4; *Habbe/Gieseler* Einführung von Musterleistungsklagen in Verbraucherangelegenheiten – Effizienzsteigerung oder Systembruch? BB 2016, 3018; *dies.* Der Vorschlag der EU-Kommission zur Einführung von Musterklagen aus deutscher Perspektive, GWR 2018, 227; *Hackenberg/Kowollik* New Deal for Consumers, EWS 2019, 61; *Halfmeier* Popularklagen im Zivilrecht (2006); *Haß* Die Gruppenklage, Wege zur prozessualen Bewältigung von Massenschäden (1996); *Heinzke/Storkenmaier* Die kollektive Rechtsdurchsetzung bei Verletzung des Datenschutzrechts, CR 2021, 299 u. 582; *Hundertmark/Meller-Hannich* Digitale Verfahrensstrukturierung in Massenverfahren, RDi 2023, 317; *Klocke* Rechtsschutz in kollektiven Strukturen (2016); *Koch* Die Verbandsklage in Europa – Rechtsvergleichende, europa- und kollisionsrechtliche Grundlagen, ZZP 113 (2000) 413; *ders.* Sammelklage und Justizstandorte im internationalen Wettbewerb, JZ 2011, 438; *Kowollik* Europäische Kollektivklage: Referenzrahmen für ein leistungsfähiges europäisches Justizsystem (2018); *Krausbeck* Kollektiver Rechtsschutz im Zivilprozess – Zusammenfassung und Bewertung des Gutachtens für den Deutschen Juristentag 2018 vor dem Hintergrund von Musterfeststellungsklage und „New Deal", VuR 2018, 287; *Lühmann* Der Vorschlag einer europäischen Verbandsklage, NJW 2019, 570; *Meller-Hannich* Kollektiver Rechtsschutz im Zivilprozess, Hallesches Symposion zum Zivilverfahrensrecht am 6. Oktober 2007 (2008); *dies.* Kollektiver Rechtsschutz in Europa und Europäischer kollektiver Rechtsschutz, GPR 2014, 92; *dies.* Kollektiver Rechtsschutz – Neue Instrumente im Zivilprozess, DRiZ 2018, 298; *dies.* Sammelklagen, Gruppenklagen, Verbandsklagen – Bedarf es neuer Instrumente des kollektiven Rechtsschutzes im Zivilprozess? Gutachten A zum 72. Deutschen Juristentag (2018); s.a. NJW 2018, Beilage 2 zu Heft 20, 29–32; *dies./Höland* Die europäische Sammelklage, GPR 2011, 168; *dies./Krausbeck* Kollektiver Rechtsschutz in der EU – Die Entwicklung der letzten Jahre, der „New Deal for Consumers" und die deutsche Musterfeststellungsklage, DAR Extra 2018, 721; *Michailidou* Prozessuale Fragen des Kollektivrechtsschutzes im europäischen Justizraum (2007); *Möllers/Pregler* Zivilrechtliche Rechtsdurchsetzung und kollektiver Rechtsschutz im Wirtschaftsrecht, ZHR 176 (2012) 144; *Moltke* Kollektiver Rechtsschutz der Verbraucherinteresssen (2007); *Mom* Kollektiver Rechtsschutz in den Niederlanden (2011); *Norbert* Individueller und kollektiver Rechtsschutz im EU Verbraucherrecht (2012); *Nuyts/Hatzimihail* Cross-Border Class Actions, The European Way (2014); *Peter* Zivilprozessuale Gruppenvergleichsverfahren (2018); *Prütting* Neue Entwicklungen im Bereich des kollektiven Rechtsschutzes, ZIP 2020, 197; *Reich* Individueller und kollektiver Rechtsschutz im EU-Verbraucherrecht (2012); *Rentsch* Kollektive Rechtserkenntnis oder Revision „light"? ZRP 2023, 135; *Reuschle* Mög-

---

1 Zu danken habe ich Herrn Adam Kaprálik für seine wertvolle Hilfe bei der Erstellung der Kommentierung, die sich nicht Redaktion und Erstellung der Nachweise beschränkte, sondern der ich auch zahlreiche inhaltliche Anmerkungen und Anregungen verdanke, die in die Kommentierung eingeflossen sind. Für die zahleichen intensiven und wie üblich ertragreichen Diskussionen danke ich ferner meinem Partner und Mitautor Dr. Ferdinand Kruis.
2 Angesichts der überbordenden Literatur zum kollektiven Rechtsschutz muss sich dieser Überblick auf eine Auswahl beschränken.

https://doi.org/10.1515/9783110660180-001

lichkeiten und Grenzen kollektiver Rechtsverfolgung, WM 2004, 966; *Rentsch* Grenzüberschreitender kollektiver Rechtsschutz in der Europäischen Union: No New Deal for Consumers, RabelsZ 2021, 545; *Riesner* Sisyphusaufgabe: Vereinbarkeit von effektivem kollektiven Verbraucherschutz mit der Vermeidung einer kommerziellen Klageindustrie? ZIP 2019, 1507; *Saam* Kollektive Rechtsbehelfe zur Durchsetzung von Schadensersatzansprüchen im europäischen Wettbewerbs- und Verbraucherrecht (2001); *Sauerland* Die Harmonisierung des kollektiven Verbraucherrechtsschutzes in der EU (2012); *Shah* Class Actions. A Global Guide from practical law (2015); *Stadler* Bündelung von Interessen im Zivilprozess (2004); *dies.* Grenzüberschreitender kollektiver Rechtsschutz in Europa, JZ 2009, 121; *dies.* Kollektiver Rechtsschutz und Revision der Brüssel I-VO, FS Kaissis (2012) 951; *dies.* Die Vorschläge der Europäischen Kommission zum kollektiven Rechtsschutz in Europa – Der Abschied von einem kohärenten europäischen Lösungsansatz? GPR 2013, 281; *dies.* Kollektiver Rechtsschutz – Chancen und Risiken ZHR 182, 623 (2018); *dies./Micklitz* Das Verbandsklagerecht in der Informations- und Dienstleistungsgesellschaft (2005); *dies.* Von den Tücken der grenzüberschreitenden Verbands-Unterlassungsklage, VuR 2010, 83; *Stürner* Grenzüberschreitender kollektiver Rechtsschutz in der EU – Internationalverfahrensrechtliche und kollisionsrechtliche Probleme, in: Brömmelmeyer (Hrsg.) Die EU Sammelklage (2013) 109; *Thönissen* ESG-Klagen und kollektiver Rechtsschutz, NJW 2023, 945; *Thole* Gebühren für Massenverfahren und komplexen Streitigkeiten – Das Vergütungsrecht als Steuerungsinstrument: Gebührenanreize und Kostenerstattungsfragen, AnwBl 2023, 152; *Weber/van Boom* Neue Entwicklungen in puncto Sammelklagen – in Deutschland, in den Niederlanden und an der Grenze, VuR 2017, 290; *Weimann* Kollektiver Rechtsschutz – Ein Memorandum der Praxis (2018).

2. Zur Musterfeststellungsklage:[3] *Amrhein* Die Musterfeststellungsklage/Streitgegenstand/Rechtshängigkeit/ Musterfeststellungsurteil (2020); *Beck* Musterfeststellungsklageverfahren und einheitliche Tatsachenfeststellung, ZIP 2018, 1915; *Beckmann/Waßmuth* Die Musterfeststellungsklage, WM 2019, 45 u. 89; *Behrens* Die zivilprozessuale Musterfeststellungsklage, ZJS 2018, 514; *Botthäuser* Die Musterfeststellungsklage (2023); *Gabriel* Das Verhältnis zwischen Musterfeststellungsklage und Insolvenzrecht, ZIP 2024, 110; *Gurkmann/Jahn* Außergerichtlicher Vergleich im Rahmen einer Musterfeststellungsklage, VuR 2020, 243; *Habbe/Gieseler* Einführung einer Musterfeststellungsklage – Kompatibilität mit zivilprozessualen Grundlagen, BB 2017, 2188; *Heese* Die Musterfeststellungsklage und der Dieselskandal – Stationen auf dem langen deutschen Weg in die prozessuale Moderne, JZ 2019, 429; *Horn* Grenzüberschreitende Musterfeststellungsklagen, ZVglRWiss 2019, 314; *Loyal* Probleme der erstinstanzlichen Zuständigkeit der Oberlandesgerichte für Musterfeststellungsverfahren, ZIP 2019, 2049; *Magnus* Die Wirkungen des Vergleichs im Musterfeststellungsverfahren, NJW 2019, 3177; *Nordholtz/Mekat* Musterfeststellungsklage – Einführung/Beratung/Gestaltung (2019); *Röß* Die Klageänderung im Musterfeststellungsverfahren, NJOZ 2021, 1569; *Röthemeyer* Musterfeststellungsklage – Spezialkommentar zum 6. Buch ZPO, 2. Aufl. (2020); *ders.* Musterfeststellungsklage und Individualanspruch – Zur Kritik und zu den Entwicklungsmöglichkeiten, VuR 2019, 87; *ders.* Befugnis zur Musterfeststellungsklage: Der Narrativ der Klageindustrie, seine Folgen und Überlegungen zur Überwindung, VuR 2020, 130; *Schmidt* Widerruf von Verbraucherdarlehen und Musterfeststellungsklage – Ein Gedankenexperiment, WM 2018, 1966; *Schneider* Die zivilprozessuale Musterfeststellungsklage – Kollektivrechtsschutz durch Verbraucherschutzverbände statt Class Actions? BB 2018, 1986; *Scholl* Die Musterfeststellungsklage nach §§ 606 ff. ZPO – Eine kritische Würdigung mit Bezügen zum französischen, niederländischen und US-amerikanischen Recht, ZfPW 2019, 317; *Stadler* Grenzüberschreitende Wirkung von Vergleichen und Urteilen im Musterfeststellungsverfahren, NJW 2020, 265; *dies.* Pyrrhussieg für den Verbraucherschutz – vzbv umgeht durch Vereinbarung mit VW gesetzliche Sicherungsmechanismen, VuR 2020, 163; *Waclawik* Die Musterfeststellungsklage, NJW 2018, 2921; *Weinland* Die neue Musterfeststellungsklage – Einführung (2019).

3. Zur EU-Verbandsklagenrichtlinie und ihrer Umsetzung durch VRUG/VDuG: *Alamdari* Verbraucherschutz durch Abhilfeklagen, NJOZ 2023, 1472; *Augenhofer* Die neue Verbandsklagen-Richtlinie-effektiver Verbraucherschutz durch Zivilprozessrecht? NJW 2021, 113; *Basedow* Tripplschritte zum kollektiven Rechtsschutz, EuZW 2018, 609; *Bayat* Die Verbandsklage und das Umsetzungsverfahren, IWRZ 2023, 258; *ders.* Doch keine Verbandsklagen in Arbeitssachen, NZA 2023, 1165; *ders.* Die Prospekthaftung im Abhilfeverfahren, BKR 2024, 219 *Diller* Arbeitsrechtliche Verbandsklage vor dem OLG?, NZA 2023, 673; *Dittmann/Gollnast* Anforderungen an den Klageantrag bei Abhilfeverbandsklagen nach dem VDuG: Zulässig oder unzulässig – das ist hier die Frage, VuR 2023, 135; *Düwell* Beschleunigung für gerichtliche Massenverfahren: Kein Handlungsbedarf in Arbeitssachen? BB 2023, 1912; *Gsell* Europäische Verbandsklagen zum Schutz kollektiver Verbraucherinteressen – Königs- oder Holzweg? BKR 2021, 521; *dies.* Die Umsetzung der Verbandsklagenrichtlinie. Effektiver Rechtsschutz für Verbraucher und Entlastung der Justiz durch die neue Verbands-Abhilfeklage?, GRUR 2024, 979; *dies.* Die neue Verbands-Abhilfeklage – Verjährungshemmung auch bei Altverstößen vor dem 25.6.2023, ZIP 2025, 113; *dies./Meller-Hannich*, Die Umsetzung der Verbandsklagen-Richtlinie als Chance für eine Bewälti-

---

3 Es handelt sich um Literatur zur Musterfeststellungsklage nach ZPO a.F.; die Auswahl beschränkt sich daher auf Quellen, denen auch nach Überführung in das VDuG noch Bedeutung zukommen könnte. Auf die noch relevanten allgemeinen Kommentierungen zu §§ 606 ff. ZPO wird in den Einzelnachweisen Bezug genommen.

gung von Streu- und Massenschadensereignissen, JZ 2022, 421; *Hakenberg* Die neue Verbandsklagen-Richtlinie der Europäischen Union, NJOZ 2021, 673; *Halfmeier/Rott* Verbandsklage mit Zähnen? Zum Vorschlag einer Richtlinie über Verbandsklagen zum Schutz der Kollektivinteressen der Verbraucher, VuR 2018, 243; *Hoffmann* Die internationale Zuständigkeit für Verbandsklagen gegen drittstaatliche Unternehmen, IPRax 2024, 7; *Janal* Die Umsetzung der Verbandsklagenrichtlinie, GRUR 2023, 985; *Kalisz* Supervorrang von Verbrauchern – Eine Fehlentwicklung in § 38 VDuG, NZI 2024, 153; *Köhler/Bornkamm/Feddersen* UWG, 42. Aufl. (2024); *Krausbeck* Kollektiver Rechtsschutz im Zivilprozess – Zusammenfassung und Bewertung des Gutachtens für den Deutschen Juristentag 2018 vor dem Hintergrund von Musterfeststellungsklage und „New Deal", VuR 2018, 287; *Max* Die rechtlichen Grundlagen und aktuellen Entwicklungen der Verbandsklage im deutschen und österreichischen Zivil- und Zivilprozessrecht (2021); *Leupold* Die neue Verbandsklagen-Richtlinie – ausgewählte Auslegungs- und Umsetzungsfragen, in: Reiffenstein/Blaschek (Hrsg.) Konsumentenpolitisches Handbuch 2021, 71; *Lühmann* Der Vorschlag einer europäischen Verbandsklage, NJW 2019, 570; *Mayrhofer* Internationale Zuständigkeit und Kollisionsrecht als Hemmschuhe für Verbandsklagen bei grenzüberschreitenden Verstößen?, VbR 2024, 137 u. 169; *Melhardt* Friktionen zwischen § 8 KapMuG und der Verbraucherverbandsklage (VRUG-E, WM 2023, 1305; *Meller-Hannich* Der RefE für ein Verbandsklagerichtlinienumsetzungsgesetz (VRUG), DB 2023, 628; *Münscher* Die Abhilfeklage nach dem neuen Verbraucherrechtedurchsetzungsgesetz, WM 2023, 2082; *Röß* Die Abhilfeklage zugunsten namentlich benannter Verbraucher, NJW 2024, 1302; *ders.* Die Klageänderung bei Verbandsklagen, MDR 2023, 141; *Röthemeyer* VDuG, 1. Aufl. (2024); *ders.* Das Verbraucherrechtedurchsetzungsgesetz (VDuG) zur Umsetzung der Verbandsklagen-Richtlinie – Die neue Abhilfeklage, VuR 2023, 332; *Schaub* Die Umsetzung der Verbandsklagenrichtlinie, GRUR 2024, 655; *Scherer* Abhilfeanspruch gem. Art. 9 Abs. 1 VerbandsklagenRL /§ 1 Abs. 1 Nr. 1 VDuG-E und Verbraucherschadensersatzanspruch gem. § 9 Abs. 2 UWG – Kollektivrechtsschutz contra Individualrechtsschutz? VuR 2022, 443; *dies.* Abhilfeansprüche in der Insolvenz, NZI 2023, 985; *dies.* Prozessuale Fragestellungen beim „Folgenbeseitigungsanspruch" im Lauterkeitsrecht, VuR 2019, 243; *Schläfke/Lühmann* Kollektiver Rechtsschutz nach der Umsetzung der EU – Verbandsklagen – Richtlinie, NJW 2023, 3385; *Schneider/Conrady/Kapoor* Die Abhilfeklage – Eine ernstzunehmende Konkurrenz für die Abtretungsmodelle?, BB 2023, 2179; *Schultze-Moderow/Steinle/Muchow* Die neue Sammelklage – Ein Balanceakt zwischen Verbraucher- und Unternehmensinteressen, BB 2023, 72; *Schuschnigg* Die Verbandsklagen-Richtlinie, EuZW 2022, 1043; *Skauradszun* (Hrsg.), VDuG, 2024; *ders.* Die Bestimmung des kollektiven Gesamtbetrags nach dem VDuG, MDR 2024, 741; *Stadler* (Fehlende) Finanzierung der neuen Verbandsabhilfeklage nach dem VDuG, VuR 2023, 321; *Thönissen* Insolvenz und kollektiver Rechtsschutz, KTS 2023, 205; *ders.* Zuständigkeit und Sperrwirkung bei Verbandsabhilfeklagen, EuZW 2023, 637; *ders.* Schadensersatz in der Verbandsabhilfeklage, RuS 2023, 749; *Vollkommer* EU-Verbrauchersammelklage: Ein Überblick über die Regelungen der Richtlinie über Verbandsklagen zum Schutz der Kollektivinteressen der Verbraucher sowie ihre mögliche Umsetzung in deutsches Recht, MDR 2021, 129; *ders.* Das VDuG auf dem Praxisprüfstand, RAW 2024, 2; *Waßmuth/Rummel* Das Gesetz zur Umsetzung der EU-Verbandsklagenrichtlinie, ZIP 2023, 1515; *Welling* Was kann die Verbandsklage vom KapMuG lernen? (2024); *Willert/Isfort* Potenzial der europäischen Verbandsklage für Klimaklagen, KlimR 2023, 49; *Woopen* Kollektiver Rechtsschutz und Verbandsklagenrichtlinie: Recht ist keine Assetkasse, Rechtsbruch kein Geschäftsmodell, VersR 2023, 886.

Übersicht

I. Entwicklung des kollektiven Rechtsschutzes in Deutschland bis zum VDuG ——— 1

II. Gesetzesinhalte ——— 7

III. Anwendungsbereich; Konkurrenzen zu anderen Verfahrensarten
1. Zeitlicher Anwendungsbereich des VDuG ——— 18
2. Sachlich-/persönlicher Anwendungsbereich des VDuG ——— 19
3. Konkurrenzen zu anderen Kollektivverfahren ——— 20
   a) Konkurrenz zur Musterfeststellungsklage nach ZPO a.F. ——— 21
   b) Konkurrenz zum KapMuG ——— 22
      aa) Konkurrenz zwischen Verbandsklage und KapMuG-Verfahren nach neuer Rechtslage ——— 23
      bb) Verhältnis zwischen Verbandsklage und KapMuG-Verfahren im Einzelrechtsstreit ——— 24
      cc) Verhältnis zwischen Verbandsklage und KapMuG-Verfahren, die auf einen vor dem 20. Juli 2024 gestellten Musterverfahrensantrag zurückgehen ——— 26
   c) Konkurrenz zur Unterlassungsklage nach UKlaG ——— 28
   d) Konkurrenz zu auf UWG-Ansprüche gestützten Klagen ——— 31
   e) Verhältnis zur „Einziehungsklage" nach § 79 ZPO ——— 34

IV. Die Verbandsklage in internationalen Zusammenhängen

1. Rudimentäre Regelung im VDuG; Fragestellungen —— 35

2. Maßgeblicher Rechtsrahmen —— 37

3. Anmeldung ausländischer Verbraucher zur Verbandsklage —— 40

    a) Voraussetzung einer internationalen Zustän-
digkeit im Hinblick auf die anmeldenden
Verbraucher bzw. Rechtsverhältnisse —— 42

    b) Prüfung der internationalen Zuständigkeit
bei der Abhilfeklage —— 45

    c) Besondere Probleme der Verjährungshem-
mung für ausländische Anmelder —— 48

4. Prüfung und Anwendung ausländischen Rechts
in der Verbandsklage —— 49

5. Verhältnis zu im Ausland geführten Parallelverfahren —— 51

6. Wirkung bzw. Anerkennung und Vollstreckung
von Entscheidungen und Vergleichen im Verbandsklageverfahren im Ausland —— 55

    a) Grenzüberschreitende Wirkung von Muster-
feststellungs-Urteilen —— 56

    b) Anerkennung und Vollstreckbarkeit von Ent-
scheidungen über eine Abhilfeklage im Ausland —— 60

    c) Vollstreckbarkeit von im Verbandsklagever-
fahren geschlossenen Vergleichen und fehlende „Anerkennungswirkung" im Ausland —— 63

I. Entwicklung des kollektiven Rechtsschutzes in Deutschland bis zum VDuG

1   Die rechtspolitische Diskussion, inwieweit sog. **Massen-** und **Streuschäden** besondere Formen einer kollektiven prozessualen Geltendmachung erfordern, ist seit mehr als 50 Jahren virulent. Dabei ergeben sich aus den beiden genannten Phänomene im Hinblick auf die Entwicklung geeigneter kollektiver Rechtsbehelfe unterschiedliche Anforderungen, welche die Rechtsentwicklung bis hin zum VDuG gleichermaßen geprägt haben: Massenschäden kennzeichnen sich allein durch ihr gehäuftes Auftreten und können, wenn sich die Rechtsverfolgung in individuellen Verfahren aufgrund der Schadenshöhe lohnt, insbesondere Probleme der justiziellen Bewältigung verursachen („Überforderung der Justiz"). Streuschäden sind durch die Geringwertigkeit des individuellen Schadens geprägt und verursachen aufgrund der Mühe und des Kostenrisikos von Individualverfahren das gleichsam gegenläufige Problem, dass die Geltendmachung von zivilrechtlichen Ausgleichs- und Ersatzansprüchen infolge „rationaler Apathie" jedes einzelnen Geschädigten in ganzen Bereichen gänzlich unterbleibt und Verhaltens- oder Haftungsnormen faktisch leerlaufen. Ein weiterer Gesichtspunkt, der für beide Phänomene zum Tragen kommt, ist derjenige der „prozessualen Waffengleichheit", die als gefährdet angesehen wird, wenn sich ein Einzelkläger im klassischen Individualprozess gegen ein Unternehmen einem als übermächtig empfundenen Gegner gegenübersieht.

2   Zur Bewältigung dieser Phänomene haben sich international verschiedene **Grundtypen von kollektiven Rechtsbehelfen** herausgebildet, die zudem mittlerweile in zahlreichen Mischformen auftreten. Historischer Grundtyp und zugleich extreme Ausprägung des modernen kollektiven Rechtsschutzes im Privatrecht ist die **Sammelklage** *(class action)* US-amerikanischer Provenienz.[4] Sie kennzeichnet sich durch die umfassende Bindungswirkung der zu treffenden Entscheidung auf die gesamte definierte „class", wenn nicht der einzelne Betroffene explizit „ausgetreten" ist (Prinzip des *opt out*); das Rechtsschutzziel ist regelmäßig unmittelbare Leistung an die Betroffenen. Ebenfalls auf Leistung gerichtet, aber von der Bindungswirkung her umgekehrt begrenzt auf die bewusst Teilnehmenden (Prinzip des *opt in*) ist die **Gruppenklage**, die etwa in den Niederlanden zu Prominenz gelangte.[5] Daneben etablierte sich in Europa insbesondere im Verbraucherschutzrecht – mit auch deutschen Ursprüngen im AGBG – das Modell der **Verbandsklage**, in

---

4 Federal Rules of Civil Procedure, Rule 23. S. aus der reichhaltigen Literatur monographisch *Liegsalz* Die US-amerikanische Class Action im Lichte der ökonomischen Analyse des Rechts (2012).

5 Dort wurde mit dem WCAM 2005 allerdings die Möglichkeit der Allgemeinverbindlicherklärung eines Vergleichs eingeführt, was das Modell dem insoweit dem amerikanischen annähert. S. weiterführend monographisch *Mom* Kollektiver Rechtsschutz in den Niederlanden (2011).

welchem sich betroffene Verbraucher nach einem als Popularklage geführten Verbandsverfahren bei ihrer individuellen Rechtsdurchsetzung auf dessen Ergebnis berufen können.[6]

Die eher zögerliche Entwicklung des **kollektiven Rechtsschutzes in Deutschland** war von **3** dem Bemühen geprägt, **gegensätzliche Zielsetzungen auszutarieren**, und hat daher teilweise eigene Wege beschritten. So hatten einerseits bereits für die Einführung der Verbandsklage des AGBG die Gedanken der Überwindung einer rationalen Apathie des einzelnen Rechtinhabers und eines *private enforcement* Pate gestanden.[7] Andererseits wurde mit Verweis auf systematische Bedenken,[8] vor allem aber auf die als exzessiv empfundenen Konsequenzen der *class action*[9] bewusst davon abgesehen, die Anspruchsgeltendmachung bis hin zum Leistungstitel zu kollektivieren und zu befördern, und insoweit – sieht man von der praktisch kaum genutzten Möglichkeit der Einziehungsklage nach § 79 Abs. 2 Nr. 3 ZPO ab – das Erfordernis einer eigenen Rechtsverfolgung bewusst aufrechterhalten. Neben der Verbandsklage wurde daher zunächst nur das Spruchverfahren als kollektiver Rechtsbehelf für abgrenzbare (Gesellschafter-)Gruppen in einem eng begrenzten Anwendungsbereich weiterentwickelt. Infolge der Kapitalmarkteuphorie kurz vor der Jahrtausendwende und der nachfolgenden Baisse, verbunden mit Skandalen um fehlerhafte Kapitalmarktinformationen, belebte sich die Diskussion erneut und fokussierte sich zunehmend auf das **Kapitalmarktrecht**. Die Suche nach massentauglichen prozessualen Instrumenten blieb geprägt von der Suche nach dem „Mittelweg" und führte über Modelle vom Musterprozess analog § 93a VwGO über eine Anlehnung an das Spruchverfahren bis hin zu einer Anleger-Gruppenklage,[10] bis sich der Gesetzgeber unter dem akuten Eindruck des massenhaften Eingangs von Klagen bezüglich der Telekom-Börsengänge beim LG Frankfurt für ein Bündelungsinstrument in Gestalt einer **Musterfeststellungsklage** nach dem Kapitalanleger-Musterverfahrensgesetz (**KapMuG**) entschied.[11]

Das **Konzept der Musterfeststellung** stellt den Versuch dar, die Rechtsdurchsetzung einer- **4** seits durch Feststellung der gemeinsamen Voraussetzungen und Einwendungen bezüglich einer Vielzahl von Ansprüchen mit Registerpublizität zu kollektivieren und damit zu erleichtern, dabei aber andererseits weiterhin individuellen Aspekten und Einwendungen Rechnung zu tragen, indem diese der individuellen Durchsetzung mit einem ggf. weiterhin erforderlichen Verfahren vorbehalten werden.[12] Auf dieses Grundkonzept, welches sich in die Grundprinzipien des materiellen Rechts wie auch des deutschen Zivilprozesses relativ bruchlos einfügen ließ, stützten sich in der

---

6 S. zu diesem Modell etwa *Koch* ZZP 113 (2000) 413 ff.

7 S. mit weiterführenden Nachweisen zum Schrifttum Wolff/Lindacher/Pfeiffer/*Lindacher* AGB-Recht, 7. Aufl. (2020) Vor § 1 UKlaG, Rn. 4–5.

8 S. z.B. *Greger* ZZP 113 (2000) 399 ff. (Sprengung des klassischen Systems der ZPO).

9 Was wiederum Teile der Literatur als lobbyistisches „Narrativ" der deutschen Wirtschaft brandmarken, s. etwa *Röthemeyer* VDuG Einf. Rn. 62; *Stadler* ZHR 2018, 623 (635). Allerdings muss man konstatieren, dass auch die Entwicklung in anderen Rechtsordnungen, aber auch in den USA selbst fast durchgehend von dem Bemühen geprägt war, alternative Konzepte zur *class action* zu entwickeln bzw. die *class action* zu reformieren (wie *Röthemeyer* a.a.O. Rn. 69 m.w.N. selbst ausführt).

10 S. zum erstgenannten Modell, das bereits vor 2000 diskutiert wurde, *v. Bar* Gutachten A zum 62. DJT (1998) 101 und zu den Gründen des fehlenden Zuspruchs *Reuschle* KapMuG, S. 21 m.w.N. Die Anlehnung an das Spruchverfahren wurde von der Regierungskommission Corporate Governance vorgeschlagen (BT-Drucks. 14/7515 Rn. 189 f.; dazu *Hess* KK-KapMuG Einl. Rn. 17 f.; *Leufgen* S. 51; *Reuschle* WM 2004, 966, 973); zur Gruppenklage *Fleischer* Gutachten F zum 64. DJT (2002) F 115 ff. (dazu *Hess* KK-KapMuG Einl. Rn. 19; *Leufgen* S. 52 f.).

11 BGBl. 2005 I S. 2437. S. zum Regierungsentwurf BT-Drucks. 15/5091, ferner Beschlussempfehlung und Bericht des Rechtsausschusses v. 15.6.2005, BT-Drucks. 15/5695. Um den unmittelbar verfolgten Zweck der Justizentlastung zu erreichen, wurde die Bündelung und Bindungswirkung in den §§ 22, 8 KapMuG als umfassend und ex lege eingreifend ausgestaltet und damit sogar über das opt-out-Prinzip der Sammelklage hinausgegangen.

12 Das KapMuG war in seiner ursprünglichen Fassung ausschließlich ein Instrument zur Bündelung bereits existenter Individualverfahren. Mit der Neufassung von 2012 (BGBl. 2012 I S. 2182, Materialien in BT-Drucks. 17/8799 und BT-Drucks. 17/10160) wurde die Möglichkeit einer (lediglich) verjährungshemmenden Anspruchsanmeldung eingeführt. S. zum Regelungskonzept im Einzelnen *Großerichter* Wieczorek/Schütze Bd. 13/1[5], Einf. KapMuG Rn. 6 ff.

Folge auch die – auch von parallelen Initiativen auf EU-Ebene (s. sogleich Rn. 5) getriebenen – Bestrebungen der Bundesregierung, ein über die beschränkten Bereiche der bisherigen Instrumente hinausreichendes Kollektivverfahren mit allgemeinem Anwendungsbereich zu schaffen. In der **allgemeinen Musterfeststellungsklage** wurde, um Bedenken gegen die Schaffung einer „Klageindustrie" Rechnung zu tragen,[13] das Konzept der Musterfeststellung mit demjenigen der Verbandsklage verbunden und in einem durch den „VW-Dieselskandals" getriebenen Gesetzgebungsprozess[14] in dieser Form in die ZPO eingefügt (§§ 606 ZPO a.F.).

5 Mit der Musterfeststellungsklage hatte der Gesetzgeber zeitweise die Hoffnung verbunden, damit auch der parallel auf Ebene der EU seit 2018 im Rahmen des „New Deal for Consumers" diskutierten Verbandsklagen-Richtlinie gerecht zu werden.[15] Im EU-Gesetzgebungsverfahren wurde zwar das Verbandsklagenmodell, dem die Musterfeststellungsklage gerecht wird, beibehalten und lediglich mit einer Öffnung für klageberechtigte Stellen aus dem EU-Ausland versehen.[16] Hinsichtlich der möglichen Rechtsschutzziele setzte sich jedoch die Haltung durch, dass sich die Richtlinie nicht auf eine Musterfeststellung beschränken bzw. den Mitgliedstaaten insoweit die Wahl überlassen dürfe, sondern zwingend (auch) ein auf Leistung gerichtetes Abhilfeverfahren vorgeben müsse.[17] Diese Vorgabe enthält die die **„Richtlinie (EU) 2020/1828 über Verbandsklagen zum Schutz der Kollektivinteressen der Verbraucher und zur Aufhebung der Richtlinie 2009/22/EG"**[18] in ihrer Ende 2020 verabschiedeten Form in Art. 7 IV lit. b, 9.

6 Die Aufgabe der **Umsetzung der Richtlinie** fiel aufgrund des Zeitpunkts ihrer Verabschiedung faktisch der aus der Bundestagswahl im September 2021 hervorgegangenen „Ampel-Koalition" zu, für die ein guter Teil der Umsetzungsfrist (25.12.2022) bereits abgelaufen war, als sie die Arbeit aufnahm. Nach einem zunächst eher schwerfälligen Prozess der Kompromissfindung wurde der eigentliche Gesetzgebungsprozess wiederum zügig durchgeführt: Auf Basis eines ersten Referentenentwurfs wurde am 29.3.2023 der Regierungsentwurf beschlossen;[19] nach erster Lesung im Bundestag und öffentlicher Anhörung im Rechtsausschuss erfolgte die Stellungnahme des Bundesrats, welche nach Gegenäußerung der Bundesregierung[20] noch zu einigen Änderungen am Gesetzestext führte. Die endgültige Fassung auf Basis einer Ausschussempfehlung[21] wurde am 7.7.2023 vom Deutschen Bundestags beschlossen und konnte nach zweiter Befassung des Bundesrats am 8.10.2023 als „Gesetz zur Umsetzung der Richtlinie (EU) 2020/1828 über Verbandsklagen zum Schutz der Kollektivinteressen der Verbraucher und zur Aufhebung der Richtlinie 2009/22/EG" (Verbandsklagenrichtlinienumsetzungsgesetz, VRuG) verkündet werden.[22]

---

13 Hierzu ausführlich mit kritischem Akzent *Röthemeyer* VDuG Einf. Rn. 69 ff.

14 Auf den am 9.5.2018 im Kabinett beschlossenen Regierungsentwurf (BT-Drucks. 19/2439, gleichlautender Fraktionsentwurf in BT-Drucks. 19/2507) und Stellungnahme des Bundesrates vom 8.6.2018 (BR-Drucks. 167/18) fand bereits am 11.6.2018 eine Sachverständigenanhörung statt, in welche zugleich der Alternativentwurf der Bundestagsfraktion von BÜNDNIS 90/DIE GRÜNEN einer allgemeinen (auf Leistung oder Feststellung gerichteten) Gruppenklage (s. BT-Drucks. 19/243) einbezogen wurde. Nach Beratung im Rechtsausschuss am 13.6.2018 wurde der Gesetzesentwurf entsprechend der Ausschussempfehlung unter Ablehnung des Alternativentwurfs am 14.6.2028 vom Deutschen Bundestag verabschiedet und das Gesetz am 17.7.2018 im Bundesgesetzblatt veröffentlicht (BGBl. I S. 1151). S. zum Gesetzgebungsprozess eingehend *Röthemeyer* VDuG Einf. Rn. 75 ff.

15 S. zum Vorschlag der EU-Kommission vom 11.4.2018 (COM(2018) 184 final) etwa *Halfmeier/Rott* VuR 2018, 243; *Krausbeck* VuR 2018, 287. Einen Überblick zum EU-Gesetzgebungsverfahren bietet *Skauradszun/Skauradszun* VDuG Einl. Rn. 4.

16 Zu diesem Aspekt näher *Röthemeyer* VDuG Einf. Rn. 112.

17 S. etwa *Basedow* EuZW 2018, 609; *Scherer* VuR 2019, 243; *Lühmann* NJW 2019, 570.

18 ABl. L 409 v. 4.12.2020.

19 BT-Drucks. 20/6520. S. zum Gesetzgebungsprozess überblicksweise *Skauradszun/Skauradszun* VDuG Einl. Rn. 5 f. und eingehend *Röthemeyer* VDuG Einf. Rn. 114 ff.

20 BT-Drucks. 20/6878.

21 BT-Drucks. 20/7631.

22 BGBl. I Nr. 272.

II. Gesetzesinhalte

Gesetzgebungstechnisch ist das „**Gesetz zur gebündelten Durchsetzung von Verbraucherrech-** 7
ten" (Verbraucherrechtedurchsetzungsgesetz – **VDuG**), in welchem die Verbandsklage geregelt
wird, entsprechend seiner soeben dargestellten Historie Teil (nämlich Art. 1) des Umsetzungsgesetzes der Verbandsklagen-Richtlinie, **VRuG**. Die wichtigsten weiteren Bestandteile des VRuG, welche
das VDuG gleichsam flankieren, finden sich im neuen § 204a BGB, der die Hemmung der Verjährung für angemeldete Ansprüche von Verbandsklagen nach dem VDuG, aber auch (ohne Anmelde-
erfordernis) aufgrund von Verbandsklagen nach dem UKlaG, sowie in begleitenden Umgestaltun-
gen des UKlaG und des UWG (Herabsetzung der Anforderungen an die Gewinnabschöpfung).[23]

Als Kernstück des Umsetzungsgesetzes **vereint das VDuG** nunmehr die **Musterfeststellungs-** 8
klage, die aus der ZPO mit gewissen Veränderungen, aber in ihrer Grundstruktur weitgehend
unverändert in das VDuG überführt wird, unter dem Oberbegriff der **Verbandsklage**[24] mit der
neuen Klageform der **Abhilfeklage**. Die beiden Klagearten haben überwiegend gemeinsame Voraussetzungen und Charakteristika, was sich zunächst im Aufbau des Gesetzes spiegelt: Gemeinsam für beide Klageformen gelten die Allgemeinen Vorschriften im Abschnitt 1 (§§ 1–13) sowie
diejenigen zur Anmeldung und zum Verbandsklagenregister in Abschnitt 4 (§§ 43–49).

Mit den allgemeinen Vorschriften bereits praktisch vollständig erfasst ist die Regelung der 9
Musterfeststellungsklage; der (nur) ihr gewidmete Abschnitt 3 enthält nur noch zwei Vorschriften
(§§ 41 f.). Demgegenüber umfasst Abschnitt 2 mit den besonderen Vorschriften zur Abhilfeklage 27
Paragraphen (§§ 14–40), die entsprechend der Struktur dieses Verfahrens (dazu sogleich Rn. 16) in
vier Unterabschnitte gegliedert sind: Nach zwei zusätzlichen Paragraphen zu möglichen Formen
und besonderen Voraussetzungen dieser Klageform (Unterabschnitt 1, §§ 14 f.) befasst sich Unterabschnitt 2 (§§ 16–21) mit der Abhilfeentscheidung und Unterabschnitt 3 mit der ggf. noch erforderlichen Umsetzung derselben in einem gesonderten Umsetzungsverfahren, in welchem in einer
neu geschaffenen Funktion ein Sachwalter tätig wird (§§ 22–38). Ein letzter kurzer, aber für die
Systematik bedeutsamer Unterabschnitt 4 (§§ 39 f.) regelt das Schicksal von Ansprüchen und Einwendungen, denen das Raster der kollektiven Entscheidung in Erkenntnis- und Umsetzungsverfahren nicht gerecht werden konnte, und die folglich in entsprechenden (Nach-)Individualverfah-
ren geklärt werden müssen.

In dem mit dieser Systematik umrissenen **Regelungskonzept** der Verbandsklage in ihren 10
beiden Formen spiegelt sich der „Spagat" zwischen verschiedenen und teilweise konträren Zielsetzungen – Überwindung „rationalen" Desinteresses ohne befürchtete Auswüchse des „private enforcement" und Kollektivierung des Verfahrens bis hin zu einem Leistungstitel ohne „Amputation"
individueller Ansprüche, Einwendungen und Rechtsdurchsetzungsmöglichkeiten:

(1) Zur Überwindung des „rationalen Desinteresses" wurde als einfache und weitgehend (kos- 11
ten-)risikofreie Form der Anspruchsverfolgung auf das durch die Musterfeststellungsklage etablierte Konzept eines **Klageregisters mit entsprechender Publizität** und der **Möglichkeit einer**
Anmeldung von Individualansprüchen zurückgegriffen. Die Anmeldung ist kostenfrei und bedarf keiner anwaltlichen Mitwirkung. Angemeldete Anspruchsinhaber können auf diese Weise
an den Wirkungen der jeweiligen Klageform teilhaben, ohne ein eigenes Prozess(kosten-)risiko
einzugehen, durch die gegenüber der MFK deutlich verlängerte Frist von bis zu drei Wochen nach
Schluss der mündlichen Verhandlung (§ 46) in einem Stadium, in welchem sich die Chancen des
Klageerfolgs (jedenfalls in erster Instanz) typischerweise gut abschätzen lassen.

(2) Als Korrektiv steht dem gegenüber, dass diese Klärung nicht durch die Anspruchsinhaber 12
selbst oder einen aus ihrer Mitte bestimmten Repräsentanten angestrengt werden kann, sondern
nur durch in besonderer Weise qualifizierte klageberechtigte Stellen (§ 2 VDuG). Diese **Verbands-**
klagenstruktur ist **exklusiv**, eine Beteiligung (wie etwa als Beigeladener nach dem KapMuG)
oder Einwirkungsmöglichkeit (auch durch Nebenintervention, s. § 13 Abs. 2) der einzelnen An-

---

23 S. für einen Überblick etwa *Schaub* GRUR 2024, 655.
24 Der wegen der Existenz anderer Verbandsklagen außerhalb des VDuG nicht ganz trifft, s. § 1 Rn. 27.

spruchsinhaber im Erkenntnisverfahren ist ausgeschlossen. Dies bringt u.a. die Frage der Haftung des Verbandes gegenüber den (potenziellen) Anmeldern mit sich.[25]

13 (3) Die fehlende Beteiligung der Anspruchsinhaber bedingt eine **eingeschränkte Bindungswirkung** des aus der Verbandsklage resultierenden Urteils, die nach § 11 Abs. 3 zwar für beide Seiten eintritt und damit über die einseitig freiwillige Wirkung eines UKlaG-Urteils (§ 11 UKlaG) hinausgeht, die aber anders als etwa nach § 22 KapMuG auf diejenigen Verbraucher beschränkt bleiben muss, die durch Anmeldung dafür optiert haben (*opt in*). Im Fall eines Vergleichs im Kollektivverfahren besteht auch für angemeldete Anspruchsinhaber die Möglichkeit des Austritts (§ 10).

14 (4) Das Opt-in-Prinzip korrespondiert wiederum damit, dass **konkurrierende Verfahren** (nur) so weit unterbunden werden, wie dies zur Vermeidung von Rechtskraftkonflikten erforderlich ist: Gegen den Unternehmer können keine konfligierenden Verbandsklagen und keine Einzelklagen angemeldeter Verbraucher mehr erhoben werden; (nur) bereits erhobene Einzelklagen angemeldeter Verbraucher sind auszusetzen (§§ 8, 11). Es bleiben jedoch sowohl „ergänzende" Verbandsklagen möglich als auch **„freie" Individualklagen**: Jeder Anspruchsinhaber kann sich durch Nichtanmeldung oder rechtzeitige Abmeldung bewusst gegen die „Kollektivierung" seiner Anspruchsdurchsetzung ohne eigene Einflussmöglichkeit entscheiden und seine Ansprüche in einem Individualverfahren (weiter-)verfolgen, welches folglich auch nicht auszusetzen ist und nicht ausgesetzt werden darf (s. § 11 Rn. 3).

15 (5) Als **Klageziele** können nunmehr alternativ (s. aber zu etwaigen Kombinationsmöglichkeiten § 1 Rn. 28 ff.) die **Musterfeststellung** oder in Form der Abhilfeklage **Leistung** geltend gemacht werden. Beide Klagearten stehen gleichwertig nebeneinander; das Hauptaugenmerk des Gesetzes – und voraussichtlich der Praxis – gilt aber der **Abhilfeklage**. Sie kennt **zwei Grundformen**, zum einen die Klage auf Zahlung an namentlich benannte Verbraucher, die im Fall einer Verurteilung zur Zahlung unmittelbar zu einem Leistungstitel führen soll (§§ 14, 16 Abs. 1 Satz 2: einstufiges Verfahren). Zum anderen kann die Zahlung eines kollektiven Gesamtbetrages (§ 14 Satz 2) oder es können andere Leistungen begehrt werden, was im Erfolgsfall in beiden Fällen zu einem mehrstufigen Verfahren führt: An ein Abhilfegrundurteil (§ 16 Abs. 1 Satz 1) schließt sich entweder eine Umsetzung durch Vergleich (§ 17) oder, wenn ein solcher nicht zustande kommt, durch Abhilfeendurteil (§ 18) und ein daran anschließendes Umsetzungsverfahren durch einen Sachwalter an (§§ 22 ff.) an.

16 (6) Die entscheidende gesetzgeberische Herausforderung für die **Abhilfeklage** liegt darin, in einem Kollektivverfahren Leistungen auszuurteilen und zu verteilen, ohne **individuelle Einwendungen oder Besonderheiten einzelner Ansprüche** abzuschneiden. Der Lösungsansatz des VDuG liegt in einer verfahrensmäßigen Unterscheidung und Zuordnung in einer Art dreistufiger Hierarchie von Individualität: Zunächst stellt § 15 die Zulässigkeit der Abhilfeklage unter die besondere Voraussetzung der *Gleichartigkeit* der gebündelten Ansprüche, sodass Ansprüche, die in einem entscheidenden Merkmal auf Begründungs- oder Einwendungsebene individuell geprägt sind oder in unterschiedliche Kategorien fallen, insoweit nur im Rahmen einer Musterfeststellung gebündelt werden können bzw. bei möglicher Gruppenbildung in verschiedenen Abhilfeklagen geltend gemacht werden müssen. Demgegenüber hindert eine zweite Stufe individueller Merkmale, von denen der Gesetzgeber insbesondere unterschiedliche Anspruchshöhen herausstellt, solange nicht das kollektive Leistungs-Erkenntnisverfahren, als sie sich im Abhilfegrundurteil in einer Weise abbilden lassen, dass sie der Sachwalter anhand eines Berechtigungsnachweises prüfen kann (was seinerseits im dafür vorgesehenen Widerspruchsverfahren überprüft werden kann). Eine dritte Stufe an Individualität, nämlich tatsächlich nur Einzelfälle betreffende Einwendungen des Unternehmers oder Besonderheiten des Anspruchs, denen das Raster der kollektiven Entscheidung in Erkenntnis- und Umsetzungsverfahren nicht gerecht werden konnte, müssen nach der kollektiven Entscheidung in einer Art individuellen Nachverfahren geltend gemacht werden

---

[25] S. hierzu ausführlich *Röthemeyer* VDuG § 2 Rn. 28 ff.

(§§ 39 f.). Die Abhilfeklage stellt damit eine Verbands-Gruppenklage mit individuellem Nachverfahren dar.

(7) Die Konzeption des VDuG wirft eine Reihe im Gesetz nicht gelöster Fragen auf, was die **17** **Stellung des klagenden Verbandes** betrifft.[26] Breit diskutiert wird zum einen die dogmatische Einordnung seiner prozessualen Stellung, insbesondere die Frage, ob der Verband aus eigenem Recht klagt[27] oder ob er als Prozessstandschafter anzusehen ist, was die Folgefrage aufwirft, ob es sich um eine gesetzliche oder gewillkürte Prozessstandschaft handelt.[28] Aufgrund der neuartigen Konzeption passt keine der Kategorien vollständig: Die Grundkonzeption spricht am ehesten für eine durch die Anmeldung der Ansprüche vermittelte gewillkürte Prozessstandschaft, die aber gleichsam auf einem eigenen (Prozessführungs-)Recht des Verbandes bzw. einer Art „gesetzlicher Prozessstandschaft für den, den es angeht" aufsetzt. Denn die Verbandsklage bleibt nach ihrer jetzigen Konzeption – anders als die Musterfeststellungsklage nach ZPO a.F. – auch dann zulässig, wenn sich die betroffenen Verbraucher nicht anmelden oder zB alle Anmeldungen binnen der Frist des § 46 nach der mündlichen Verhandlung zurückgenommen werden. Offen ist zum zweiten das **Haftungsregime** des klagenden Verbandes, wenn ihm etwa ein Fehler in der Prozessführung unterläuft. Diese bereits zur MFK nach ZPO a.F. eingehend diskutierte Frage hängt maßgeblich davon ab, ob man den klagenden Verband als durch ein vertragliches oder gesetzliches Schuldverhältnis (Auftrags- bzw. GoA-ähnliches Verhältnis) mit den Anmeldern verbunden sieht oder ein solches und damit eine Haftung außerhalb deliktischer Tatbestände verneint.[29]

III. Anwendungsbereich; Konkurrenzen zu anderen Verfahrensarten

1. Zeitlicher Anwendungsbereich des VDuG

Gemäß Art. 31 Abs. 1 des Verbandsklagerichtlinienumsetzungsgesetzes ist das VDuG mit seiner **18** Verkündung am 8.10.2023 in Kraft getreten. In intertemporaler Hinsicht hat der Gesetzgeber lediglich in § 46 EGZPO angeordnet, dass auf vor dem 13.10.2023 anhängig gemachte Musterfeststellungsklagen die Vorschriften zur ZPO-Musterfeststellungsklage anwendbar bleiben. Damit sind freilich Fragen nicht gelöst, die sich im Zusammenwirken beider Kollektivverfahrensformen stellen können (s. dazu § 8 Rn. 7 ff.). Im Übrigen gilt die im Prozessrecht allgemein gültige intertemporale Grundregel, wonach verfahrensrechtliche Normen mit sofortiger Wirkung Anwendung finden.[30] Irrelevant ist – für Verfahrensnormen selbstverständlich –, welchen Zeitraum die im fraglichen Verfahren geltend gemachten Ansprüche betreffen.

2. Sachlich-/persönlicher Anwendungsbereich des VDuG

Der Anwendungsbereich des VDuG (§ 1) umfasst grundsätzlich den gesamten Bereich der „bürger-**19** liche Rechtsstreitigkeiten" i.S.v. § 13 GVG (§ 1 Rn. 4 ff.). Beschränkt wird er im Übrigen lediglich dadurch, dass die Ansprüche und Rechtsverhältnisse, die Gegenstand der Klage sein können, zwischen Unternehmer und Verbrauchern bestehen müssen, wobei Kleinunternehmen zu den Ver-

---

26 S. zu dieser Frage etwa Skauradszun/*Skauradszun* VDuG Einl. Rn. 18 ff.; Skauradszun/*Wais* VDuG § 1 Rn. 8 ff. sowie für die Abhilfeklage Skauradszun/*Paulus* VDuG § 14 Rn. 11 ff.; *Röthemeyer* VDuG § 2 Rn. 25 f. und – nach Klagearten differenzierend – Zöller/*Althammer* VDuG § 14 Rn. 4 f.
27 Vgl. in diesem Sinne etwa *Bruns* ZZP 137 (2024), 3, 16.
28 S. hierzu näher *Gsell/Meller-Hannich*, JZ 2022, 421, 422; Zöller/*Vollkommer* VDuG § 1 Rn. 15; Skauradszun/*Paulus* VDuG § 14 Rn. 13 f.
29 S. hierzu eingehend (im letzteren Sinne votierend) *Röthemeyer* VDuG § 2 Rn. 32 ff.; ebenfalls in letzterem Sinne Skauradszun/*Skauradszun* VDuG Einl. Rn. 22.
30 S. zu dieser Grundregel statt aller Musielak/Voit/*Musielak* ZPO, 21. Aufl. (2024) Einl. Rn. 13.

brauchern gezählt werden (§ 1 Abs. 2, s. § 1 Rn. 13 ff.). Hieraus folgt auch eine sachliche Beschränkung auf „Verbraucherrechtsverhältnisse" (s. § 1 Rn. 7 ff.).

3. Konkurrenzen zu anderen Kollektivverfahren

20 Das VDuG spricht – wie bereits zuvor die Regelung der Musterfeststellungsklage nach der ZPO – explizit nur die Konkurrenz mehrerer Verbandsklagen unter sich an (§ 8), nicht hingegen das Verhältnis zu anderen Instrumenten des kollektiven Rechtsschutzes. Je nach Instrument ergeben sich aus der Wechselbeziehung der jeweiligen Regelungen unterschiedliche Gesichtspunkte für die Frage der Konkurrenz:

21 **a) Konkurrenz zur Musterfeststellungsklage nach ZPO a.F.** Die Konkurrenz zur Musterfeststellungsklage nach ZPO a.F. ist im Wesentlichen durch den zeitlichen Anwendungsbereich nach § 46 EGZPO geregelt (soeben Rn. 17). Darüber hinaus geht allerdings die Frage, inwieweit Musterfeststellungsverfahren nach ZPO a.F. bzw. Entscheidungen in diesen Verbandsklagen nach VDuG, die deren Streitgegenstand berühren, entgegenstehen. Insoweit erscheint die entsprechende Anwendung von § 8 VDuG angebracht (s. dazu § 8 Rn. 15).

22 **b) Konkurrenz zum KapMuG.** Offensichtlich ist das Konkurrenzverhältnis des VDuG zum Kapitalanlegermusterverfahren nach KapMuG, das nach seinem § 1 eröffnet ist für Schadensersatzansprüche wegen unterlassener oder unrichtiger Kapitalmarktinformation sowie bestimmte Erfüllungsansprüche nach WPüG und BörsenG. Es hat bereits im Rahmen der Musterfeststellungsklage nach ZPO für eine rege Diskussion gesorgt, in der zahlreiche Autoren eine Spezialität des KapMuG sahen,[31] während andere von einer grundsätzlichen Parallelität ausgingen und die Konkurrenzfrage im Rahmen der Verfahrensregeln, insbesondere in der obligatorischen Aussetzung nach § 8 KapMuG sahen.[32] Für KapMuG-Verfahren, die auf einen ab dem 20. Juli 2024 gestellten Musterverfahrensantrag zurückgehen (§ 30 Abs. 2 KapMuG n.F.), hat der Gesetzgeber nunmehr wesentliche Aspekte des Konkurrenzverhältnisses geregelt, während die Diskussion für das Verhältnis von Verbandsklagen zu bereits laufenden KapMuG-Verfahren relevant bleibt:

23 **aa) Konkurrenz zwischen Verbandsklage und KapMuG-Verfahren nach neuer Rechtslage.** Was die Konkurrenz der Kollektivverfahren untereinander betrifft, hat der Gesetzgeber in § 1 Abs. 3 KapMuG n.F. ausdrücklich den parallelen Betrieb eines KapMuG-Verfahrens und einer Verbandsklage angeordnet: Ein KapMuG-Verfahren bleibt ungeachtet einer bereits anhängigen Verbandsklage zulässig (§ 1 Abs. 3 Satz 2 KapMuG), ebenso aber kann umgekehrt eine Verbandsklage parallel zu einem KapMuG-Verfahren betrieben werden. Letzteres ergibt sich aus § 1 Abs. 3 Satz 1 KapMuG n.F., nach welchem die Vorschriften des KapMuG auf Verbandsklagen nicht anzuwenden sind, demzufolge kommt insbesondere keine Aussetzung der Verbandsklage nach § 8 KapMuG n.F. in Betracht.

---

31 So Nordholtz/Mekat/*Heigl/Normann* Musterfeststellungsklage (2019) § 2 Rn. 63; *Merkt/Zimmermann* VuR 2018, 363, 371 f.; *Waßmuth/Asmus* ZIP 2018, 657, 659; *dies.* BKR 2021, 15, 18 f.; *Beckmann/Waßmuth* WM 2019, 89, 95; Musielak/Voit/ *Stadler* ZPO, 20. Aufl. (2023) § 606 Rn. 3; Asmus/*Waßmuth* Kollektive Rechtsdurchsetzung (2022) Einl. ZPO Rn. 43 ff.; Ellenberger/Bunte/*Hüntemann* Bankrechtshandbuch § 97 Rn. 19.
32 *Großerichter* Bankrechtstag 2019 (2022) 4, 13 f.; *Menges* MünchKomm-ZPO, 6. Aufl. (2020) Vor § 606 Rn. 8 ff.; *Rotter* VuR 2019, 283; *Schneider* BB 2018, 1986, 1996; *Weinland* MFK Rn. 32 f.

bb) Verhältnis zwischen Verbandsklage und KapMuG-Verfahren im Einzelrechtsstreit. 24
Auf der Ebene eines Einzelrechtsstreits muss sich ein Kläger hingegen entscheiden, ob er an den
Wirkungen des KapMuG-Verfahrens oder denjenigen der Verbandsklage teilnehmen will. Hat er
bereits eine Klage erhoben und wurde diese durch ein KapMuG-Verfahren unterbrochen oder
ausgesetzt, so muss er nach der Neufassung des KapMuG, um an den Wirkungen einer den gleichen Streitgegenstand betreffenden Verbandsklage teilzunehmen, seine Klage zurücknehmen, andernfalls hat seine Anmeldung zur Verbandsklage keine Wirkung (§ 18 Abs. 2 Satz 2 KapMuG n.F.).
Die Klagerücknahme ist dafür jedoch ohne Einwilligung der Gegenseite zeitlich unbefristet und
ohne Teilnahme an den Kosten des Musterverfahrens möglich (§§ 18 Abs. 2 Satz 1, 27 Abs. 2 Kap-
MuG n.F.). Für den umgekehrten Fall hielt der Gesetzgeber der KapMuG-Neufassung eine explizite
Regelung für entbehrlich, weil nach § 11 Abs. 1 und 2 VDuG die Anmeldung von Ansprüchen für
eine Verbandsklage die Einleitung eines Einzelverfahrens entweder sperrt oder ein solches –
wenn bereits eingeleitet – nach VDuG auszusetzen ist, sodass es an der Wirkung eines später
eingeleiteten KapMuG-Verfahrens ohnehin nicht mehr teilnehmen könne.[33]

Die zuletzt angeführte Annahme des Gesetzgebers erscheint zutreffend und die Regelung 25
insoweit auch in sich konsistent, weil der Anspruchsteller bei einem gewünschten „Wechsel" zum
KapMuG-Verfahren nur die Anmeldung nach VDuG zurücknehmen und einen Antrag auf Aussetzung nach KapMuG (§ 10 Abs. 2 KapMuG n.F.) stellen muss. Demgegenüber erscheint die Regelung
in § 18 Abs. 2 KapMuG n.F. für den Wechsel in die andere Richtung überschießend: Es ist nicht
ganz nachvollziehbar, warum der Kläger gezwungen wird, seine Klage zurückzunehmen, wenn
doch nach § 11 VDuG eine vor Anmeldung erhobene Einzelklage lediglich auszusetzen ist und es
dem Kläger, der keinen Einfluss auf die Führung des Verbandsklageverfahrens hat, damit ermöglicht wird, sein Einzelverfahren gleichsam „in Reserve zu halten" für den Fall, dass der Verband
z.B. seine Klage zurücknimmt. Ein vom KapMuG-Verfahren „gewechselter" Kläger müsste seine
Einzelklage demgegenüber kostenträchtig neu erheben. Es hätte genügt und wäre schlüssiger gewesen, auf Antrag lediglich die Aussetzung bzw. Unterbrechung nach KapMuG enden zu lassen,
nicht aber das Einzelverfahren zwingend zu beenden. Die Gesetz gewordene Fassung ist allerdings
eindeutig und kann deshalb auch nicht im Wege der Auslegung korrigiert werden.

cc) Verhältnis zwischen Verbandsklage und KapMuG-Verfahren, die auf einen vor dem 26
20. Juli 2024 gestellten Musterverfahrensantrag zurückgehen. Für das Verhältnis von
Verbandsklagen zu Musterverfahren, die auf einen vor dem 20.7.2024 gestellten Musterverfahrensantrag zurückgehen, bleibt die Altfassung des KapMuG relevant (§ 30 Abs. 2 KapMuG n.F.). Sollten
solche Fälle noch auftreten, so wird man die Neufassung des KapMuG als Bestätigung der bisherigen Auffassung werten dürfen, die beide Verfahren nebeneinander für möglich hielt.[34] Die Neufassung steht im Einklang damit, dass der Gesetzgeber bereits den Anwendungsbereich der Musterfeststellungsklage und nunmehr des VDuG nicht entsprechend beschränkt hatte, obwohl ihm die
Problematik ausweislich der Gesetzesbegründung zur Musterfeststellungsklage[35] (und infolge der
zur MFK geführten Diskussion erst recht später) bekannt war. Es würde deshalb für die Abweisung einer Verbandsklage als unzulässig schon an einer normativen Grundlage fehlen.

Allerdings ergibt sich bei unter der bisherigen Rechtslage eingeleiteten KapMuG-Verfahren 27
ein verfahrensmäßiger Vorrang des KapMuG aus der umfassenden und – anders als nach § 11
Abs. 1 und 2 VDuG – unabhängig von einem opt-in ex lege eintretende Bindungswirkung des
Musterentscheids für alle Verfahren, für die er vorgreiflich ist, und der daraus folgenden zwingen-

---

33 BT-Drucks. 20/10942.
34 S. neben den in der vorangehenden Fn. zur MFK nach ZPO a.F. genannten Stimmen zum VDuG selbst *Röthemeyer*
VDuG § 1 Rn. 32.
35 S. die Erläuterung zum Regierungsentwurf in BT-Drucks. 19/2439 S. 15. S. dazu, dass dieser Begründung auch kein
Hinweis auf eine Spezialität entnommen werden konnte, *Weinland* MFK Rn. 32 f. und ausführlich *Großerichter* Bankrechtstag 2019 (2022) 4, 13 f.; zustimmend *Rotter* VuR 2019, 283.

den Aussetzung all dieser Verfahren (§§ 22, 8 Abs. 1 KapMuG a.F.).[36] Dieser erfasst in jedem Fall die Einzelverfahren, die nach § 8 KapMuG auszusetzen sind; eine wirksame Anmeldung der Ansprüche nach VDuG ist nicht möglich und auch nicht erforderlich: Da § 8 KapMuG unabhängig von den Parteien alle Verfahren erfasst, für welche das KapMuG-Verfahren vorgreiflich ist, ist auch entsprechende Verbandsklage auszusetzen.[37] Dies vermeidet nicht nur widersprechende Entscheidungen vermeidet, sondern ist auch aus Sicht der Parteien der Verbandsklage sinnvoll: Aus Sicht der Anspruchsteller wird mit der Anmeldungsmöglichkeit nach VDuG im Sinne des gesetzgeberischen Ziels eine zusätzliche kostengünstige Möglichkeit der Rechtsdurchsetzung zur Verfügung gestellt, denn über die Verbandsklage kommen die Anmelder in den Genuss der Bindungswirkung der KapMuG-Entscheidung (was bei der lediglich verjährungshemmenden Anmeldung nach dem KapMuG selbst nicht der Fall war); aus Sicht der Beklagten wird die Führung von mehreren Verfahren vermieden. Insofern erschien die Konstruktion des KapMuG a.F. zur Behandlung konkurrierender Verbandsklagen sinnvoller als die Neufassung.

28   **c) Konkurrenz zur Unterlassungsklage nach UKlaG.** Auch bezüglich des UKlaG gibt es keinen Anhaltspunkt für die Annahme einer Spezialität in jedweder Richtung; vielmehr kann von beiden Klageformen parallel Gebrauch gemacht werden.[38] Da das UKlaG in einem Zuge mit der Einführung des VDuG durch das VRuG umgestaltet wurde, wäre andernfalls eine dem § 8 VDuG entsprechende Vorschrift im Verhältnis zum UKlaG zu erwarten gewesen. Es sind demnach zwei verschiedene Verbandsklagen nach UKlaG und nach VDuG gegen denselben Unternehmer, z.B. wegen derselben Entgelteklausel in seinen AGB, möglich. Die Bindungswirkungen auf Einzelansprüche ergeben sich aus den entsprechenden Regelungen in beiden Gesetzen:

29   (1) Ein zu einer Verbandsklage angemeldeter Verbraucher ist an die Entscheidung im Verbandsklageverfahren gebunden und eine etwa erhobene Einzelklage ist nach § 11 Abs. 1 VDuG auszusetzen und später, wenn er angemeldet bleibt, unter Beachtung der Bindungswirkung nach § 11 Abs. 3 VDuG zu entscheiden. Ergeht in einem konkurrierenden UKlaG-Verfahren ein positives Urteil, so kann er in einem noch laufenden Verbandsklageverfahren im Rahmen von § 46 Abs. 4 VDuG seine Anmeldung noch zurücknehmen, sein Einzelverfahren wieder „aufrufen" und sich gemäß § 11 Satz 1 UKlaG auf das Urteil im UKlaG-Verfahren berufen. Ein negatives UKlaG-Urteil bleibt hingegen wegen der nur einseitigen Rechtskrafterstreckung nach § 11 UKlaG für das Verbandsklageverfahren folgenlos.

30   (2) Für den nicht angemeldeten Verbraucher ist ausschließlich – soweit er dafür optiert – das UKlaG-Verfahren maßgeblich. Dies bestätigt auch, dass die beiden Verbandsverfahren sich wechselseitig nicht ausschließen, da das UKlaG-Verfahren für alle nicht angemeldeten Verbraucher Wirkungen zeitigen kann. Aus diesem Grund scheidet auch eine Aussetzung nach § 148 ZPO aus. Misslich an dieser Regelung ist, dass dem Verwender – in Widerspruch zu der in § 8 VDuG zum Ausdruck gebrachten Wertung – de lege lata zugemutet wird, sich in zwei Verfahren mit gleichem Gegenstand zu verteidigen.

31   **d) Konkurrenz zu auf UWG-Ansprüche gestützten Klagen.** Denkbar sind schließlich auch Klagen, die in Konkurrenz zu Verbandsklagen auf Ansprüche nach dem UWG gestützt werden. Grundsätzlich muss beides unabhängig voneinander möglich sein, weil die Ansprüche nach UWG

---

36 So im Ansatz auch *Röthemeyer* VDuG § 1 Rn. 32.

37 S. eingehend *Großerichter* Bankrechtstag 2019, 4, 14; ebenso, aber mit Bedenken gegen die Richtlinienkonformität *Melhardt* WM 2023, 1309, 1311; weitergehend (Sperre der Verbandsklage) Köhler/Bornkamm/Feddersen/*Scherer* Vor § 1 VDuG Rn. 17.

38 So auch *Röthemeyer* VDuG § 1 Rn. 31, Zöller/*Vollkommer* VDuG § 1 Rn. 19 und Köhler/Bornkamm/Feddersen/*Scherer* Vor § 1 VDuG Rn. 11; für die Musterfeststellungsklage nach ZPO bereits *Weinland* MFK Rz. 34; *Schneider* BB 2018, 1986, 1996.

zwar teilweise ebenfalls von (teilweise verschiedenen) Verbänden[39] geltend gemacht werden, es sich aber um **eigene Ansprüche der Verbände** handelt.[40] Dies hat zur Folge, dass der Verband seinen eigenen Anspruch in einem Individualverfahren einklagt; eine verfahrensmäßige Berührung beider Streitgegenstände ist an sich nicht denkbar.[41] Das BayObLG hat demzufolge für dieses Verhältnis auch zutreffend entschieden, dass beide Verfahrensarten nebeneinander laufen und nicht etwa eines der Verfahren auszusetzen ist.[42]

Beim **Gewinnabschöpfungsanspruch nach § 10 UWG** ist diese Aussage auch nicht mehr **32** weiter zu qualifizieren (s. dagegen für § 8 UWG sogleich Rn. 33).[43] § 10 Abs. 2 UWG stellt jedoch über eine materiell-rechtliche Verknüpfung sicher, dass die Ansprüche sich nicht mit den Anspruchsinhabern verdoppeln, indem der abzuschöpfende Gewinn durch tatsächliche Leistungen an Dritte gemindert wird (Satz 1) bzw. (bei anderer zeitlicher Reihenfolge gem. Satz 2) ein entsprechender Erstattungsanspruch entsteht.[44] Leistungen, die infolge einer Abhilfeklage ausbezahlt werden, bewirken auf diese Weise eine entsprechende Minderung der Gewinnabschöpfung. Dies ist allerdings keine spezielle Folge gerade eines Verbandsklageverfahrens, sondern tritt ganz unabhängig von deren individueller oder kollektiver Geltendmachung ein; das VDuG könnte lediglich die praktische Relevanz der Anrechnung deutlich erhöhen.

Auch der Unterlassungs- und Beseitigungsanspruch nach § 8 UWG kann von den dort an- **33** spruchsberechtigten Einrichtungen ohne Konflikt mit Individualansprüchen betroffener Verbraucher geltend gemacht werden, solange sich die Rechtsfolgen nicht überschneiden. Keine Überschneidung ergibt sich bei der Beseitigung der eigentlichen Störung, die z.B. in der Unterlassung der Verwendung einer unzulässigen AGB und ggf. auch der Benachrichtigung der Verbraucher hiervon liegt, weil die Ansprüche dieses Inhalts im UWG gerade den Verbänden zugewiesen und nicht zugleich Inhalt von Individualansprüchen sind. Sieht man allerdings, wie es das OLG Dresden in einer vielbeachteten Entscheidung angenommen hat, auch die Rückzahlung von auf der Grundlage der fraglichen AGB bezahlten Gebühren als Anspruchsinhalt an, so wäre es u.a. qualifizierten Einrichtungen möglich, auf dieser Grundlage ein Unternehmen zur Rückzahlung eines vereinnahmten Entgelts an eine Vielzahl von Verbrauchern in Anspruch zu nehmen.[45] Damit wäre ein Anspruch des Verbandes neben den – hier nach § 812 BGB zweifellos ebenfalls bestehenden – Individualansprüchen der einzelnen Verbraucher auf die gleiche Rechtsfolge gerichtet, ohne dass eine Regelung zur Verfügung stünde, welche diese „Verdoppelung" materiell-rechtlich (wie § 10 Abs. 2 UWG) oder verfahrensrechtlich (wie § 40 VDuG) korrigieren würde. Dies spricht dafür, dass das UWG einen derartigen Anspruchsinhalt systematisch nicht vorsieht und eine Leistungsverurteilung zugunsten einzelner (potentieller) Anspruchsinhaber entgegen der Ansicht des OLG Dresden nicht zulässt, zumal dies auch über das herkömmliche Verständnis der „Beseitigung einer Störung" hinausgeht.[46] Es stellt sich auch die Frage, warum ein Verbands-Kollektivverfahren bei Existenz eines derartigen Anspruchsinhalts überhaupt hätte eingeführt werden müssen. Bereits der Gesetzgeber der Musterfeststellungsklage ist zu Recht explizit davon ausgegangen, dass es

---

39 Soweit, wie etwa bei Schadensersatzansprüchen nach § 9 UWG, Ansprüche Mitbewerbern und damit anderen Unternehmern zustehen, ist von vornherein keine Berührung möglich.

40 So auch Köhler/Bornkamm/Feddersen/*Scherer* Vor § 1 VDuG Rn. 18 f., 26 und mit eingehenden Ausführungen zum Verhältnis beider sowie zu prozesstaktischen Konsequenzen *Schaub* GRUR 2024, 655, 656 ff.

41 So auch (noch zur MFK nach ZPO a.F.) *Menges* MünchKomm-ZPO[6] Vor § 606 ZPO Rn. 12.

42 BayObLG (2. Zivilsenat), Beschl. v. 19.7.2024 – 102 VKI 1/24 e, ZIP 2024, 1956 = BeckRS 2024, 17612.

43 Ebenso noch zur MFK nach ZPO a.F. *Weinland* MFK, Rn. 28 sowie *Würtenberger/Freischem* GRUR 2017, 1101, 1103.

44 S. detailliert Köhler/Bornkamm/Feddersen/*Scherer* Vor § 1 VDuG Rn. 20 ff. Ebenso *Schläfke/Lühmann* NJW 2023, 3385, 3391.

45 OLG Dresden v. 10.4.2018 – 14 U 82/16, ZIP 2018, 1919. Zustimmend etwa *Micklitz/Rott* MünchKomm-ZPO[6] § 2 UKlaG Rz. 68; *Kühner/Singbartl* EWiR 2019, 5; *Kohte* VuR 2018, 321 ff. Ablehnend *Baldus/Siedler* BKR 2018, 2018, 412 ff.; *Kruis* ZIP 2019, 393 ff.; *Schultheiß* WM 2019, 9 ff.; *Köhler* WRP 2019, 269 ff.; *Gsell/Rübeck* ZfPW 2018, 409 ff.; *Osburg* ZBB 2019, 384 ff.

46 So mit eingehender und überzeugender Begründung *Kruis* ZIP 2019, 393 ff.; im Anschluss an diesen *Großerichter* Bankrechtstag 2019, 4, 18. Zu den prozessualen Problemen eingehend auch *Scherer* VuR 2019, 243 ff.

---

einen derartigen Anspruchsinhalt nach UWG nicht gibt;[47] die Einführung der Abhilfeklage mit ihrer differenzierten Regelung von Umsetzungs- und Nachverfahren bekräftigt dies nochmals.

34 e) Verhältnis zur „Einziehungsklage" nach § 79 ZPO. Kein Kollektivverfahren im eigentlichen Sinne stellt die sog. „Einziehungsklage" dar. § 79 Abs. 2 Nr. 3 ZPO ermöglicht lediglich die gesammelte Geltendmachung einer Vielzahl von Einzelansprüchen durch bestimmte Verbände. Soweit diese auch eine Verbandsklage erheben können, können beide Verfahrensarten – auch gegen denselben Unternehmer – nebeneinander verfolgt werden, nachdem auch individuelle Klagen wegen der Ansprüche, die mit der Einziehungsklage geltend gemacht werden, neben der Verbandsklage betrieben würden, solange die Ansprüche nicht angemeldet sind oder werden (s.o. Rn. 14). Ist dies bereits geschehen oder werden die Ansprüche während des Einziehungsverfahrens angemeldet, greift § 11 VDuG ein; das Verfahren wäge wegen dieses Anspruches abzutrennen und die Klage im Fall des Absatzes 2 abzuweisen bzw. im Fall des Absatzes 1 auszusetzen. Eine tatsächliche Konkurrenz ist freilich nicht zu erwarten, nachdem die organisatorischen Schwierigkeiten, die mit der gebündelten Geltendmachung von Ansprüchen mit dem Ziel der Leistung verbunden sind, gerade einer der Gründe für die Einführung zunächst der Musterfeststellungsklage[48] und sodann der Verbandsklage waren.[49]

IV. Die Verbandsklage in internationalen Zusammenhängen

Spezielles Schrifttum

Chabrny Grenzüberschreitende Sammelklagen (2019); *Chaprehari/Saam/Wendt* Kollektiver Rechtsschutz in der Europäischen Union (2023); *Domej* Internationale Zuständigkeit für Abhilfeklagen nach der EU-Verbandsklagen-Richtlinie, Festschrift Schack (2022) 564; *Fentiman* Recognition, Enforcement and Collective Judgements, in: Nuyts/Hatzimihail (Hrsg.) Cross-Border Class Actions (2014) 85; *Fuxa* Consumer Protection in the Markets of Financial Products – Momentum for the Introduction of Collective Redress and Amendment of the Brussels I Regulation, euvr 2014, 90; *Gonzales Beilfuss/Anoveros Terradas* Compensatory Consumer Collective Redress and the Brussels I Regulation (Recast), in: Nuyts/Hatzimihail (Hrsg.) Cross-Border Class Actions (2014), 241; *Hess* Collective Redress and the Jurisdictional Model of the Brussels I Regulation, in: Nuyts/Hatzimihail (Hrsg.) Cross-Border Class Actions (2014) 59; *Hoffmann* Die internationale Zuständigkeit für Verbandsklagen gegen drittstaatliche Unternehmen, IPRax 2024, 7; *Horn* Grenzüberschreitende Musterfeststellungsklagen, ZVglRWiss 2019, 314; *Kowollik* Europäische Kollektivklage (2018); Konsumentenpolitisches Handbuch 2021, 71; *Lühmann* Der Vorschlag einer europäischen Verbandsklage, NJW 2019, 570; *Mayrhofer,* Internationale Zuständigkeit und Kollisionsrecht als Hemmschuhe für Verbandsklagen bei grenzüberschreitenden Verstößen?, VbR 2024, 137 u. 169; *Michaels* European Class Actions and Applicable Law, in: Nuyts/Hatzimihail (Hrsg.) Cross-Border Class Actions (2014) 111; *Nuyts* The Consolidation of Collective Claims Under Brussels I, in: Nuyts/Hatzimihail (Hrsg.) Cross-Border Class Actions (2014) 69; *Posnow-Wurm* Rethinking Collective Redress, Consumer Protection and Brussels I Regulation, in: Nuyts/Hatzimihail (Hrsg.) Cross-Border Class Actions (2014) 259; *Rentsch* Grenzüberschreitender kollektiver Rechtsschutz in der Europäischen Union: No New Deal for Consumers, RabelsZ 85 (2021) 544; *dies.* Kollektiver Rechtsschutz unter der EU-Verbandsklagerichtlinie: Systemwettbewerb unter Brüssel Ia? EuZW 2021, 524; *Rott* Das IPR der Verbraucherverbandsklage, EuZW 2016, 733; *Stadler* Grenzüberschreitende Wirkung von Vergleichen und Urteilen im Musterfeststellungsverfahren, NJW 2020, 265; *dies.* Grenzüberschreitender kollektiver Rechtsschutz in Europa, JZ

---

[47] S. BT-Drucks. 19/2507 S. 14: „Das UKlaG gewährt Unterlassungs- und Widerrufsansprüche bei Verbraucherrechts- und anderen Verstößen, insbesondere wegen der Verwendung von nach den §§ 307–309 des Bürgerlichen Gesetzbuchs (...). Individuelle Ansprüche (...) können allerdings im Rahmen der im UKlaG vorgesehenen Klagearten nicht verfolgt werden. Eine mit dem UKlaG vergleichbare Sachlage ergibt sich hinsichtlich der Ansprüche auf Beseitigung und Unterlassung unlauterer geschäftlicher Handlungen aus § 8 Absatz 1 UWG (...). Auch insoweit können Ansprüche einzelner bislang nicht verfolgt werden."

[48] S. BT-Drucks. 19/2507 S. 14; vgl. auch *Augenhofer* Deutsche und europäische Initiativen zur Durchsetzung des Verbraucherschutzes (2018) 71.

[49] Denkbar wäre freilich der Versuch, genau diese Schwäche der Einziehungsklage durch Kombinationen mit den durch das VDuG geschaffenen Möglichkeiten zu überwinden, s. dazu *Röthemeyer* VDuG Einf. Rn. 93.

2009, 121; *dies.* Von den Tücken der grenzüberschreitenden Verbands-Unterlassungsklage. VuR 2010, 83; *Stillner* Die internationale Zuständigkeit bei Verbraucherverbandsklagen, VuR 2008, 41; *Stürner* Grenzüberschreitender kollektiver Rechtsschutz in der EU – internationalverfahrensrechtliche und kollisionsrechtliche Probleme, in: Brömmelmeyer (Hrsg.) Die EU Sammelklage (2013) 109; *Tang* Consumer Collective Redress in European Private International Law, JPIL 7 (2011) 101; *Thönissen* Zuständigkeit und Sperrwirkung bei Verbandsabhilfeklagen, EuZW 2023, 637; *Wagner* Zuständigkeit nach der EuGVVO für Klagen nach der Richtlinie über Verbandsklagen, RIW 2024, 8.

1. Rudimentäre Regelung im VDuG; Fragestellungen

Das VDuG enthält nur rudimentäre Regelungen über seine Anwendbarkeit oder Handhabung in **35** internationalen Zusammenhängen. Abgesehen von der Regelung der Klagebefugnis EU-ausländischer qualifizierter Einrichtungen in § 2 Abs. 1 Nr. 2 wird lediglich in § 3 Abs. 2 klargestellt, dass Rechtsakten der EU und unmittelbar anwendbaren völkerrechtlichen Vereinbarungen Vorrang zukommt. Die Vorschrift ist rein deklaratorischer Natur, denn der Vorrang ergibt sich aus Art. 288 Abs. 2 AEUV, Art. 23 GG bzw. allgemeinen Rechtsgrundsätzen,[50] wobei Rechtsakten der EU – wozu auch von der EU gezeichnete völkerrechtliche Vereinbarungen zählen – der Vorrang vor „einfachen" Staatsverträgen zukommt. Diese Vorschriften bringen aber immerhin zum Ausdruck, dass der Gesetzgeber, wie es bei einem Instrument europäischer Provenienz auch naheliegt, von einem Einsatz von Verbandsklagen in Konstellationen mit Auslandsberührung ausgegangen ist, ihre Handhabung aber abgesehen von der Regelung der Klagebefugnis den allgemeinen Regeln überlassen hat.

Aufgrund der dargestellten Normenhierarchie hätte der Gesetzgeber des VDuG für die meis- **36** ten Fragen, die sich im internationalen Zusammenhang stellen, aufgrund des Eingreifens von unmittelbar geltendem EU-Recht auch gar nicht die Möglichkeit gehabt, diese Fragen in einem nationalen Gesetz zu regeln. Dies gilt ungeachtet der Provenienz aus der Verbandsklagen-Richtlinie der EU, da auch das Umsetzungsgesetz einer solchen ein einfaches nationales Gesetz bleibt. Im Zusammenspiel des VDuG mit den allgemeinen Regeln des IZPR und IPR, die überwiegend unmittelbar anwendbaren EU-Recht entstammen, ergeben sich einerseits spezielle Fragestellungen, die innerhalb dieser Regelungen zu lösen sind, und andererseits Handhabungsfragen im nationalen Verfahrensrecht. Diesbezüglich lassen sich die denkbaren grenzüberschreitenden Aspekte der Verbandsklagen – abgesehen von der geregelten Frage der Klagebefugnis ausländischer Verbände (dazu § 2 Rn. 9 f.) nach ihrem praktischen Ablauf in fünf Fragestellungen gruppieren:
(1) Internationale Zuständigkeit, insbesondere: Kann gegen einen Unternehmer mit Sitz im Ausland eine Verbandsklage erhoben werden? Diese Frage ist mittelbar in § 3 angesprochen und daher dort kommentiert; s. § 3 Rn. 9 ff.
(2) Inwieweit können sich Verbraucher aus dem Ausland wirksam zu einer Verbandsklage anmelden bzw. inwieweit ist die internationale Zuständigkeit für den Eintritt ihrer Wirkungen erforderlich?
(3) Inwieweit kann ausländisches Recht im Verfahren eine Rolle spielen?
(4) Kann ein im Ausland geführtes (Kollektiv-)Verfahren ein Hindernis für eine inländische Verbandsklage darstellen und „sperrt" umgekehrt eine deutsche Verbandsklage bzw. die Anmeldung zu einer solchen die Geltendmachung von Ansprüchen im Ausland?
(5) Inwieweit kann die Entscheidung über eine Verbandsklage oder ein abgeschlossener Vergleich im Ausland wirken bzw. vollstreckt werden?

---

[50] So zutreffend auch die Gesetzesbegründung in BT-Drucks. 20/6520 S. 70 f.

2. Maßgeblicher Rechtsrahmen

37 Da es sich sämtlich um **verfahrensrechtliche Fragestellungen** handelt, gilt im Ausgangspunkt – weltweit anerkannt – der **Lex-fori-Grundsatz:**[51] Jedes Gericht wendet auf bei ihm geführte Verfahren das Recht des Staates an, dem es angehört. Hieraus ergibt sich zunächst, dass eine Verbandsklage nach dem VDuG nur vor deutschen und nicht vor ausländischen Gerichten denkbar ist, und ferner, dass die Fragestellungen (1)–(4) im Ausgangspunkt durch das für deutsche Gerichte geltende „internationale" Zivilverfahrensrecht (IZVR) geregelt werden, während über die Fragestellung (5) im Ausgangspunkt das (internationale Zivilverfahrens-)Recht desjenigen Staates entscheidet, in welchem sich die fragliche Prozesspartei auf die Wirkung der deutschen Entscheidung berufen möchte.

38 Das für deutsche wie für andere europäische Gerichte maßgebliche IZVR ist heute vorrangig – hierauf bezieht sich die erwähnte Klarstellung in § 3 Abs. 2[52] – weitgehend durch die **Brüssel Ia-VO** (Kurzbezeichnungen auch EuGVVO, EuGVO) geregelt.[53] In räumlicher Hinsicht ergänzt wird diese durch das **Luganer Übereinkommen** (LugÜ), welches infolge seiner Zeichnung durch die EU ebenfalls den Rang europäischen Sekundärrechts einnimmt und die EU-Regelungen in ihrer nur in wenigen Punkten abweichenden Vorgängerfassung auf das Verhältnis zu Norwegen, Island, Liechtenstein und der Schweiz erstreckt.[54] Aus diesen Instrumenten ergeben sich in ihrem räumlichen Anwendungsbereich die Regelungen für die Fragestellungen (1) und teilweise (2) (internationale Zuständigkeit deutscher Gerichte) sowie (4) (anderweitige Rechtshängigkeit im Zusammenhang stehender Verfahren im Ausland) und (5) (Wirkung, Anerkennung und Vollstreckung ausländischer Entscheidungen). Außerhalb ihres Anwendungsbereichs, d.h. für die Fragestellung (3) insgesamt und die übrigen Fragestellungen außerhalb des räumlichen Anwendungsbereichs von Brüssel Ia-VO und LugÜ, greift derzeit mangels weiterer umfassender Staatsverträge regelmäßig noch das nationale IZPR ein.

39 Aufgrund dieses Rechtsrahmens lassen sich für die aufgezeigten Fragestellungen folgende Aussagen treffen:

3. Anmeldung ausländischer Verbraucher zur Verbandsklage

40 Dem EU-Gesetzgeber hat bei Schaffung der Richtlinie – sicherlich auch aus kompetenzrechtlichen Gründen – besonderes Augenmerk auf die Ermöglichung grenzüberschreitender Verbandsklagen gelegt. Wie an der Regelung der Klagebefugnis EU-ausländischer qualifizierter Einrichtungen (umgesetzt in § 2 Abs. 1 Nr. 2 VDuG) ersichtlich, soll die Verbandsklage insbesondere auch ausländischen Verbrauchern offenstehen. An sich muss daher auch die Anmeldung von Verbrauchern mit

---

51 S. zu diesem statt aller ausführlich *Schack* Internationales Zivilverfahrensrecht, 8. Aufl. (2021) Rn. 44–50.
52 S.a. die Gesetzesbegründung BT-Drucks. 20/6520 S. 70 f.
53 Verordnung (EU) Nr. 1215/2012 des Europäischen Parlaments und des Rates über die gerichtliche Zuständigkeit und die Anerkennung und Vollstreckung von Entscheidungen in Zivil- und Handelssachen v. 12. Dezember 2012, ABl. EU 2012 Nr. L 351, 1.
54 Luganer Übereinkommen 2007 über die gerichtliche Zuständigkeit und die Anerkennung und Vollstreckung von Entscheidungen in Zivil- und Handelssachen vom 30.10.2007, häufig in Abgrenzung zur Vorfassung auch Luganer Übereinkommen II genannt. Die Regelungen entsprechen inhaltlich und in ihrer Nummerierung weitgehend der bis 2012 gültigen Vorfassung der Brüssel Ia-VO, der Brüssel I-VO. Grundsätzlich geht es als von der EU gezeichneter Staatsvertrag der Brüssel Ia-VO sogar vor (vgl. auch Art. 73 Abs. 1 Brüssel Ia-VO), tritt aber nach seinem Art. 64 für mitgliedstaatliche Gerichte regelmäßig hinter diese zurück. Dass sich diese Zurücknahme noch auf die Brüssel I-VO bezieht, ist jedenfalls insoweit unschädlich, wie die Regelungen denen der Brüssel Ia-VO entsprechen; s. *Gottwald* MünchKomm-ZPO[6] Art. 73 Brüssel Ia-VO Rn. 2. m.w.N.

Wohnsitz/gewöhnlichem Aufenthalt jedenfalls im EU-Ausland möglich sein.[55] Abgesehen davon, dass für EU-Bürger der AEUV einen diskriminierungsfreien Zugang zur Justiz vorgibt, kennt das deutsche internationale Zivilprozessrecht generell keine über das Erfordernis der Zuständigkeit und ggf. die eine Prozesskostensicherheit hinausgehende Beschränkung des Zugangs zu den Gerichten für Ausländer.

Es stellen sich allerdings mehrere Fragen, nämlich zum einen danach, ob sich aus dem de **41** lege lata existierenden, wie oben dargestellt größtenteils normenhierarchisch höherrangigen „Regelungskorsett" Voraussetzungen ergeben, und zum anderen solche der praktischen Umsetzung:

a) Voraussetzung einer internationalen Zuständigkeit im Hinblick auf die anmelden- **42** **den Verbraucher bzw. Rechtsverhältnisse.** Fraglich ist zunächst, ob im Verhältnis zwischen dem anmeldenden Verbraucher und dem beklagten Unternehmen, also **im Hinblick auf das anzumeldende Rechtsverhältnis** die **internationale Zuständigkeit** der deutschen Gerichte gegeben sein muss.[56] Praktische Relevanz wird die Frage nur im Ausnahmefall haben, denn sie stellt sich im praktischen Ergebnis nicht, wenn Beklagter – wie es der Regelfall sein wird – ein Unternehmer mit Sitz in Deutschland ist, denn an dem damit gegebenen internationalen allgemeinen Gerichtsstand (Art. 4 Brüssel Ia-VO) kann er von jedermann in Anspruch genommen werden. Sie kann sich aber dann stellen, wenn die Zuständigkeit (nur) auf einen besonderen Gerichtsstand gestützt werden kann, der – wie es etwa bei einer auf den Erfolgsort nach Art. 7 Nr. 2 Brüssel Ia-VO begründeten Zuständigkeit der Fall sein kann[57] – auf den Wohnsitz des betroffenen Verbrauchers abstellt.

Für die Musterfeststellungsklage nach ZPO a.F. wurde insoweit teilweise vertreten, die inter- **43** nationale Zuständigkeit sei für die Anmeldung nicht erforderlich, weil aus ihr kein Leistungstitel erfolge und sie noch nicht einmal die Rechtshängigkeit der Ansprüche begründe.[58] Dies bedeutet indes nur, dass die Anmeldung erst einmal möglich ist und in diesem Stadium nicht zwingend überprüft werden muss, aber nicht, dass über die Frage auch mit Bindungswirkung für einen Folgeprozess entschieden werden kann. Für die Bindungswirkung kann auf das fundamentale rechtsstaatliche Erfordernis der Zuständigkeit des Gerichts und damit der Gerichtspflichtigkeit des Beklagten nicht verzichtet werden; sie ist folglich bei einer Musterfeststellung richtigerweise im Folgeprozess zu prüfen, wenn dieser in Deutschland stattfindet.[59] Ohne eine derartige Prüfung im Folgeprozess hätte der Beklagte keinerlei Möglichkeit, die fehlende Zuständigkeit – im europäischen Rechtsraum nach der Brüssel Ia-VO bzw. dem LugÜ! – einzuwenden und die deutschen Gerichte hätten letztlich unter Verstoß gegen diese Regelwerke eine exorbitante Entscheidungskompetenz in Anspruch genommen. Findet der Folgeprozess im Ausland statt, was in den hier in Betracht kommenden Fällen wahrscheinlich wäre (weil der Beklagte seinen Sitz im Ausland haben müsste, s. soeben Rn. 43), so stellt sich die Frage unter einem anderen Blickwinkel, nämlich dass das ausländische Gericht beurteilen muss, in welchem Rahmen es an die Feststellungen im deutschen Musterfeststellungsverfahren gebunden ist (s. hierzu sogleich Rn. 44).

---

55 So auch etwa *Schulze-Moderow/Hamann* BB 2024, 1539, 1542; *Thönissen* EuZW 2023, 637; für die Musterfeststellungsklage nach ZPO a.F. *Weinland* MFK Einf. Rn. 38. Grundsätzlich kritisch wegen der auch nachstehend im Text behandelten Praktikabilitätsprobleme *Leupold* Private International Law and Cross-Border Collective Redress (2022) 49, 65.

56 S. bejahend für verschiedene Formen der Kollektivklage *Stürner* in: Brömmelmeyer, Die EU-Sammelklage (2013) 109, 114; *Kowolik* Europäische Kollektivklage (2018) 200 ff.; *Geiger* Kollektiver Rechtsschutz im Zivilprozessrecht (2015) 235 ff.; speziell für die Verbandsklage *Thönissen* EuZW 2023, 637, 640.

57 S. dazu *Leupold* Private International Law and Cross-Border Collective Redress, S. 25 ff.; *Rentsch* EuZW 2021, 524, 532.

58 So *Horn* ZVglRWiss 2019, 314, 326 f.; ihm folgend *Stadler* NJW 2020, 265, 267; *Röthemeyer* MFK, 2. Aufl. (2020) § 608 ZPO Rn. 14.

59 So auch *Horn* ZVglRWiss 2019, 314, 326.

44   Die vorstehenden Erwägungen gelten in gleichem Maße auch für die Musterfeststellungsklage im Rahmen des VDuG, das in § 3 Abs. 2 (zurückgehend auf Art. 2 Abs. 3 der Verbandsklagen-Richtlinie, s. dazu sogleich) zudem den Vorrang der europäischen Zuständigkeitsordnung gesondert betont. Für die Abhilfeklage gilt das Erfordernis der internationalen Zuständigkeit in Bezug auf die Anmelder erst recht: Anders als bei der Musterfeststellungsklage wird durch diese ggf. ein Leistungstitel geschaffen. Es ist daher auch kein Zufall, dass die Verbandsklagen-Richtlinie in ihrem Art. 2 Abs. 3 explizit klarstellt, dass die Vorschriften über die Zuständigkeit der Gerichte, also insbesondere die Regelungen der Brüssel Ia-VO (die in ErwGr 21 auch ausdrücklich angeführt wird), unberührt bleiben sollen. Da das grenzüberschreitende Vollstreckungsregime dieser VO u.a. auf der dort einheitlich geregelten internationalen Zuständigkeit beruht, muss dieses auch im Rahmen der Verbandsklage eingehalten werden.[60]

45 **b) Prüfung der internationalen Zuständigkeit bei der Abhilfeklage.** Fraglich ist allerdings, **wann** im Fall der Abhilfeklage **das Vorliegen der internationalen Zuständigkeit geprüft** werden muss bzw. kann: Es gibt weder einen Folgeprozess noch ist bei der Anmeldung der Verbraucher eine entsprechende Prüfung vorgesehen. Auch im Erkenntnisverfahren scheint diese Prüfung auf den ersten Blick fehl am Platz, da hier der Verband Prozesspartei ist und die Anmelder bis zum Schluss der mündlichen Verhandlung wegen der Frist in § 46 Abs. 1 noch nicht einmal vollständig bekannt sind. Gleichwohl erweist sich bei näherer Analyse, dass **die internationale Zuständigkeit auch in Bezug auf die Anmelder bei der Abhilfeklage bereits im Erkenntnisverfahren** geprüft werden muss:

46   Zunächst kommen die Fälle, in denen eine fehlende internationale Zuständigkeit in Betracht kommt, bei der Abhilfeklage **mittelbar bereits bei der Zulässigkeitsprüfung** in den Blick: Nach § 15 müssen die in einer Abhilfeklage verfolgten Ansprüche gleichartig sein, was regelmäßig nur bei Anwendbarkeit der gleichen Rechtsordnung der Fall sein kann (s. § 15 Rn. 10). Die in Betracht kommenden europäischen Kollisionsnormen bestimmen das anwendbare Recht in der Regel nach den gleichen bzw. ähnlichen Kriterien, wie sie auch für die Zuständigkeit relevant sind (gewöhnlicher Aufenthalt/Wohnsitz), sodass Abhilfeklagen – sei es durch anfängliche Beschränkung, sei es durch Prozesstrennung – praktisch meist nur nach „Ländergruppen" entschieden werden können (s. § 15 Rn. 11 und 19). Schon aus diesem Grund liegt es praktisch nahe, die internationale Zuständigkeit bezüglich der Anmelder auf entsprechende Rüge bereits im Erkenntnisverfahren zu prüfen und sie entweder – bei der Abhilfeklage auf Leistung an namentlich benannte Verbraucher – bereits dort zu bejahen oder zu verneinen, oder – im Fall des Abhilfegrundurteils – dem maßgeblichen Kriterium nach unter den Anspruchsberechtigungsvoraussetzungen nach § 16 Abs. 2 Nr. 1 formulieren. Dabei ist zu beachten, dass eine Zuständigkeitsbegründung auch noch im Verfahren durch rügelose Einlassung des Unternehmers erfolgen kann. Zur praktischen Umsetzung wird mit Blick auf die Frist des § 46 Abs. 1 insoweit – wie auch in anderen Zusammenhängen, s. etwa § 5 Rn. 9 – mit Schriftsatzfristen gearbeitet werden müssen.

47   Die Prüfung in diesem Stadium ist aber nicht nur praktisch naheliegend und möglich, sondern auch rechtlich durch die Brüssel Ia-VO vorgegeben: In beiden Fällen wird – im Fall des § 16 Abs. 1 Satz 2 zugunsten der namentlich benannten Verbraucher selbst bereits durch dieses Urteil, ansonsten ggf. später durch das Abhilfeendurteil nach § 18 zugunsten des Verbandes – ein Leistungstitel geschaffen, der die eo ipso EU-weit eintretende Anerkennungs- und Vollstreckungsfähigkeit nach der Brüssel Ia-VO genießt. Dieses Regime setzt aber die Überprüfung der internationalen Zuständigkeit nach dieser Verordnung durch ein Gericht voraus (s. sogleich Rn. 58). Der Vorschlag, im Fall des Abhilfegrundurteils die internationale Zuständigkeit (nur) im Umsetzungsverfahren zu prüfen,[61] ist zwar auf den ersten Blick naheliegend, aber wegen der notwendigen gerichtlichen Prüfung unzureichend und auch in der Sache zu spät: Wird eine Abhilfeklage auf die in einem

---

60 So auch *Thönissen* EuZW 2023, 637, 640; eingehend *ders.* ZZP 134 (2021) 273, 288 ff.
61 So *Thönissen* EuZW 2023, 637, 640.

anderen EU-Staat ansässigen Verbraucher geführt (s. soeben Rn. 40 sowie s. § 15 Rn. 10 und 11), so ist es durchaus denkbar, dass die internationale Zuständigkeit für einen erheblichen Teil oder sogar alle betroffenen Rechtsverhältnisse fehlt. Die maßgeblichen Kriterien müssen folglich, da sie sich in der im Abhilfeendurteil auszuurteilenden und ggf. zu vollstreckenden Summe auswirken, bereits im Abhilfegrundurteil enthalten sein und können sodann im Umsetzungsverfahren entsprechend auf ihr tatsächliches Vorliegen geprüft werden.

c) Besondere Probleme der Verjährungshemmung für ausländische Anmelder. Für den 48
ausländischen Anmelder stellt sich schließlich das Problem, dass die verjährungshemmende Wirkung seiner Anmeldung zur Verbandsklage nicht in jeder Hinsicht sichergestellt ist. Denn die Frage, ob eine bestimmte Maßnahme verjährungshemmende Wirkung hat, ist eine Frage des Verjährungsrechts, welches vom Statut des fraglichen Anspruchs mit umfasst wird (Art. 12 Abs. 1 lit. d Rom I-VO/ Art. 15 lit h. Rom II-VO). Ist dieses, wie es bei ausländischen Anmeldern naheliegt, ein ausländisches Recht, etwa das Recht ihres gewöhnlichen Aufenthalts, so muss sich der ausländische Anmelder vergewissern, ob nach diesem eine Verjährungshemmung gegeben ist. Der deutsche Gesetzgeber hat dieses Problem erkannt und lässt die in § 204a Abs. 2 vorgesehene Verjährungshemmung bei einer Verbandsklage in jedweder Jurisdiktion des europäischen Rechtsraums eintreten. Ausländische Anmelder müssen sich vergewissern, ob im Fall der Anwendbarkeit ihres Heimatrechts dieses eine entsprechende Regel enthält.[62] Dies kann sogar in europäischen Jurisdiktionen fraglich sein, weil die Verbandsklagen-Richtlinie keine eindeutige Vorgabe zur Schaffung einer solchen Vorschrift enthält.[63]

4. Prüfung und Anwendung ausländischen Rechts in der Verbandsklage

In der Frage, ob ggf. ausländisches Recht anzuwenden ist, unterscheidet sich das Verbandsklage- 49
verfahren nicht grundsätzlich vom allgemeinen Zivilprozess: Bezüglich des Verfahrens spielt ausländisches Recht grundsätzlich keine Rolle, da insoweit nach dem Lex-fori-Grundsatz grundsätzlich deutsches Recht gilt (s.o. Rn. 36). In der Frage der Begründetheit gelten die Normen des (überwiegend europäisch einheitlich geregelten) IPR; in der Verbandsklage ist daher wie in jedem anderen Zivilprozess von Amts wegen zu prüfen, welches Recht anwendbar ist. Auch in der Frage der Ermittlung eines ggf. anwendbaren ausländischen Rechts gelten über § 13 Abs. 1 die Normen der ZPO (§ 293).

Besonderheiten ergeben sich im Verbandsklageverfahren allerdings daraus, dass bei einer 50
Vielzahl von betroffenen Verbrauchern ggf. die Anwendbarkeit verschiedener Rechtsordnungen im Raum steht, was das Verfahren zu Lasten aller Anmelder enorm verkomplizieren und verzögern kann. Im Rahmen der Abhilfeklage, für welche der der Gesetzgeber in § 15 zu Recht die Gleichartigkeit der verfolgten Ansprüche zur Zulässigkeitsvoraussetzung erhoben hat, bedeutet dies im praktischen Ergebnis regelmäßig, dass in einer Abhilfeklage nur Ansprüche verfolgt werden können, die der gleichen Rechtsordnung unterliegen, sodass die Abhilfeklage entsprechend beschränkt oder aber aufgetrennt werden muss (s. § 15 Rn. 10 und 21). Für die Musterfeststellungsklage existiert kein entsprechendes Zulässigkeitserfordernis, auch hier sollten jedoch im Interesse einer zügigen Entscheidung zweckmäßigerweise entsprechend beschränkte Feststellungsziele oder andernfalls verschiedene Feststellungsziele je nach anwendbaren Rechtsordnungen formuliert

---

[62] S. zur parallelen Problemstellung bezüglich der MFK nach ZPO a.F. (für die es auch im deutschen Verjährungsrecht noch stellte) *Stadler* NJW 2020, 265, 268; zum österreichischen Recht bezüglich der MFK *Kolba* ecolex 2019, 305.
[63] S. deren Art. 16 und dazu BT-Drucks. 20/6520 S. 107. Der deutsche Gesetzgeber bejaht eine derartige Vorgabe, die nach der Finalität der Richtlinie auch vorhanden sein müsste, sich aber aus dem Wortlaut nur dann ergäbe, wenn die „betroffenen Verbraucher" in Absatz 2 all diejenigen wären, die von dem Rechtsverstoß des beklagten Unternehmens betroffen sind. So ist Absatz 2 aber nicht formuliert.

werden. Im letzteren Fall wird es sich wegen der damit verbundenen Schwerfälligkeit anbieten, insoweit im Sinne eines „case management" zum Instrument der Prozesstrennung zu greifen (s. § 13 Rn. 11).

5. Verhältnis zu im Ausland geführten Parallelverfahren

51 Die Verbandsklagen-Richtlinie spricht in ihrem Art. 9 Abs. 4 das Problem der mehrfachen Geltendmachung von Ansprüchen an, das im nationalen Kontext durch § 8 VDuG gelöst werden soll. Die dort angeordnete Sperrwirkung einer Verbandsklage gegenüber einer zweiten, die mit gleichem Streitgegenstand gegen denselben Unternehmer gerichtet ist, kann jedoch nur im Verhältnis mehrerer vor deutschen Gerichten anhängig gemachter Verbandsklagen gelten.[64] Bezüglich des Verhältnisses zu in anderen Staaten geführten Verfahren ist zu unterscheiden:

52 Im **Verhältnis zu Verbandsklagen gegen denselben Unternehmer in anderen EU-Staaten** sind vorrangig die Vorschriften der Brüssel Ia-VO zur anderweitigen Rechtshängigkeit zu beachten, die auch eingreifen: Klagt derselbe Verband wie im Inland auch im Ausland, so liegt ein Fall des Art. 29 Brüssel Ia-VO vor, sodass das spätere Verfahren bis zur Klärung der Zuständigkeit auszusetzen und die Klage ggf. abzuweisen ist.[65] In der praktisch eher zu erwartenden Situation, dass verschiedene Verbände in verschiedenen EU-Staaten gegen denselben Unternehmer klagen, fehlt es demgegenüber an einer Parteiidentität. Dass insoweit auf die klagenden Verbände und nicht die betroffenen Rechtsverhältnisse bzw. Verbraucher abzustellen ist, ergibt sich mittelbar aus der Rechtsprechung des EuGH zu Art. 18 Brüssel Ia-VO, welche auch bezüglich der internationalen Zuständigkeit allgemein auf den Verband und nicht auf die Verbraucher abstellt.[66] Anwendbar ist jedoch Art. 30 Brüssel Ia-VO, dessen Voraussetzung, dass Verfahren „im Zusammenhang stehen", auch bei fehlender Parteiidentität vorliegen kann.[67] Der notwendige „Zusammenhang" liegt nach Absatz 3 vor, wenn die Verfahren eine so enge Beziehung zueinander aufweisen, dass „eine gemeinsame Verhandlung und Entscheidung geboten erscheint, um zu vermeiden, dass in getrennten Verfahren widersprechende Entscheidungen ergehen könnten". Dies ist bei den Klagen verschiedener Verbände gegen einen Unternehmer, welche sich im Streitgegenstand berühren und damit die Gefahr mehrfacher Anmeldung derselben Ansprüche und Rechtsverhältnisse bergen, der Fall.

53 Die Rechtsfolge von Art. 30 Brüssel Ia-VO besteht darin, dass das später angerufene Gericht das Verfahren aussetzen „kann". Vor dem Hintergrund des durch die EU-Verbandsklagen-Richtlinie vorgegebenen Ziels der Vermeidung mehrfacher Inanspruchnahmen in der EU dürfte es bei Vorliegen der Voraussetzungen stets angebracht sein, das Verfahren auszusetzen und es (nur) im Fall der Beendigung des ausländischen Parallelverfahrens ohne Sachentscheidung (oder Vergleich, s. zur parallelen Frage § 8 Rn. 11) fortzuführen. Eine Abweisung als unzulässig, wie sie § 8 VDuG vorsieht, kommt demnach erst nach rechtskräftiger Sachentscheidung des ausländischen Parallelverfahrens in Betracht; wegen dieser abweichenden Folge der vorrangigen EU-Norm kann auch nicht im Wege der Analogie bzw. Substitution auf § 8 VDuG zurückgegriffen werden.

54 Etwas anders ist die Lage im Verhältnis **zu Verbandsklagen in Staaten außerhalb der EU**, die folglich nicht auf der Verbandsklagen-Richtlinie beruhen. Im Verhältnis zu Vertragsstaaten

---

64 Dies ergibt sich bezüglich Verfahren im Europäischen Rechtsraum bereits aus dem Vorrang der einschlägigen Instrumente, s. dazu nachfolgend im Text, und ist allgemein anerkannt; s. statt aller Skauradszun/*Wagner* VDuG § 8 Rn. 22.

65 *Thönissen* EuZW 2023, 637, 641.

66 *Thönissen* EuZW 2023, 637, 641; s. i.E. § 3 Rn. 11 mit Fn. 24. S. ferner *Horn* ZVglRWiss 2019, 314, 328 f., der darauf hinweist, dass es bezüglich der Verbraucher-Rechtsverhältnisse auch am Merkmal der „Rechtshängigkeit" fehlt, da diese durch die Anmeldung nicht bewirkt wird.

67 Ebenso für die Verbandsklage *Thönissen* EuZW 2023, 637, 642; s. allgemein zur Anwendung von Art. 30 Brüssel Ia-VO *Leupold* Private International Law and Cross-Border Collective Redress, 84.

des LugÜ kommt bei vergleichbaren Kollektivklagen zwar die Anwendung von Art. 28 LugÜ als Parallelvorschrift zu Art. 30 Brüssel Ia-VO in Betracht. Hier erscheint jedoch fraglich und muss im Einzelfall geprüft werden, ob Ergebnis des fraglichen Verfahrens tatsächlich eine anerkennungsfähige Entscheidung über einen Anspruch sein kann, sodass im Ergebnis eine doppelte Inanspruchnahme vorliegen würde. Je nachdem kann es insoweit am erforderlichen „Zusammenhang" fehlen oder es kann geboten sein, gleichwohl das Verfahren im Inland fortzusetzen, um einen der Verbandsklage vergleichbaren Rechtsschutz zu gewährleisten. Ähnliches gilt im Verhältnis zu Verbandsklagen in Drittstaaten, die weder der EU noch dem LugÜ angehören: Nach Art. 34 Abs. 1 lit. b) Brüssel Ia-VO kommt ebenso wie nach den (bei genereller Nichtanwendbarkeit von Brüssel Ia-VO und LugÜ einschlägigen) Grundsätzen der anderweitigen Rechtshängigkeit im autonomen IZPR eine Aussetzung oder gar Abweisung als unzulässig wegen einer prioritären ausländischen Klage (nur) in Betracht, wenn diese eine prognostisch anerkennungsfähige Entscheidung über die fraglichen Ansprüche zur Folge hat.

6. Wirkung bzw. Anerkennung und Vollstreckung von Entscheidungen und Vergleichen im Verbandsklageverfahren im Ausland

Praktisch eher selten wird sich die Frage stellen, inwieweit das Ergebnis eines Verbandsklageverfahrens im Ausland wirkt bzw. anerkennungs- und vollstreckungsfähig ist. Dies richtet sich nach den dafür maßgeblichen Vorschriften oder Grundsätzen des IZPR im Vollstreckungsstaat (s.o. Rn. 36) und kann daher nicht allgemeingültig beantwortet werden. Für den Fall, dass der Vollstreckungsstaat im Europäischen Rechtsraum, also im Geltungsbereich der Brüssel Ia-VO oder des LugÜ liegt, können jedoch einige Aussagen getroffen werden. Dabei sind drei verschiedene Konstellationen zu unterscheiden, für die sich die maßgebliche Frage jeweils anders stellt bzw. für die verschiedene Vorschriften eingreifen, nämlich (1) die grenzüberschreitende Wirkung eines Musterfeststellungs-Urteils, (2) diejenige von Entscheidungen im Abhilfeverfahren, und (3) diejenige eines Vergleichs (in gleich welchem Verbandsklageverfahren): **55**

a) Grenzüberschreitende Wirkung von Musterfeststellungs-Urteilen. Bei einem Musterfeststellungs-Urteil stellt sich die Frage der grenzüberschreitenden Wirkung i.d.R. nicht in Gestalt der Anerkennung und Vollstreckung im Ausland (die freilich, etwa für ein Folgeverfahren desselben Verbandes im Ausland, ebenfalls möglich wäre), sondern bei einer nachfolgenden Leistungsklage des Verbrauchers gegen das Unternehmen im Ausland. Das ausländische Gericht wird für diese zunächst seine internationale Zuständigkeit prüfen und sich dann bejahendenfalls die Frage stellen, ob das deutsche Urteil Bindungswirkung entfaltet. Die Antwort auf diese Frage richtet sich im europäischen Rechtsraum[68] nach Art. 36 Brüssel Ia-VO. Zwar erfolgt die Bindungswirkung des Art. 36 Brüssel Ia-VO grundsätzlich nur inter partes, also zwischen den Parteien des Rechtsstreits und damit zunächst einmal zwischen klagendem Verband und verklagten Unternehmer. Die angemeldeten Verbraucher werden allein durch ihre Anmeldung zum Klageregister gerade nicht Partei des Rechtsstreits (s. § 1 Rn. 25), nehmen aber an den Wirkungen des Verfahrens teil (§ 11 Abs. 3). **56**

Nachdem diese Vorschrift eine Rechtskraftbindung im Folgerechtsstreit zwischen den angemeldeten Verbrauchern und dem beklagten Unternehmen anordnet und die sachlichen und persönlichen Grenzen der Bindungswirkung wegen des Grundsatzes der Wirkungserstreckung dem Recht des Urteilsstaates zu entnehmen sind,[69] könnte man demnach eine ipso jure gemäß Art 36 Brüssel Ia-VO eintretende Anerkennung des deutschen Musterfeststellungsurteils bei einer nach- **57**

---

68 S. für einige andere Staaten (u.a. die USA) – noch zur MFK nach ZPO a.F. – die Übersicht bei Nordholtz/Mekat/ *Mekat* Musterfeststellungklage § 8 Rn. 91 ff.
69 S. zur Theorie der Wirkungserstreckung Saenger/*Dörner*, 9. Aufl. 2021, Art. 36 EuGVVO Rn. 2 ff.

folgenden Leistungsklage des angemeldeten Verbrauchers im Ausland in Betracht ziehen.[70] Die Voraussetzungen der Bindungswirkung nach § 11 Abs. 3, insbesondere also ob der Anmelder Verbraucher war und Vorgreiflichkeit gegeben ist, wären dann vom ausländischen Gericht zu prüfen.[71] Hier wird sich praktisch regelmäßig – soweit rechtliche oder rechtlich geprägte und nicht universell verwendbare tatsächliche Anspruchsvoraussetzungen festgestellt wurden – die Fragen des anwendbaren Rechts und der „Verwendbarkeit" der getroffenen Feststellungen unter diesem stellen.[72]

58   Vor allem aber stellt sich spätestens jetzt das bereits oben bei der Anmeldung ausländischer Verbraucher (Rn. 40) angesprochene Problem, dass bezüglich des fraglichen Rechtsverhältnisses weder bei der Anmeldung noch im Musterfeststellungsverfahren die internationale Zuständigkeit geprüft wurde. Die ipso jure eintretende Anerkennung nach der Brüssel Ia-VO beruht aber auf dem Vertrauen, dass der Sachverhalt durch ein mitgliedstaatliches Gericht geprüft wurde, welches insbesondere auch seine (internationale) Zuständigkeit geprüft hat.[73] Hierauf beruht die Regelung in Art. 45 Abs. 3, 2 und 1 lit. e) Brüssel Ia-VO, wonach die internationale Zuständigkeit durch das Gericht im Vollstreckungsstaat nur noch in ganz eingeschränktem Umfang geprüft werden darf. Dieses Problem wird von denjenigen, die für eine Anwendung des Art. 36 Brüssel Ia-VO eintreten, auch gesehen; als Lösung wird teilweise eine ausnahmsweise Zulässigkeit der Prüfung der internationalen Zuständigkeit unter teleologischer Reduktion des Art. 45 Abs. 3 Brüssel Ia-VO im Anerkennungsversagungsverfahren vorgeschlagen.[74]

59   Näher liegt es allerdings, Art. 36 wegen der fehlenden Prüfung internationaler Zuständigkeit bei der Musterfeststellung nicht anzuwenden und eine grenzüberschreitende Erstreckung der Bindungswirkung des Musterfeststellungsurteils auf die Anmelder zu verneinen: Darauf, dass die Gerichte im Anerkennungsstaat die Brüssel Ia-VO gegen ihren Wortlaut einschränkend anwenden und den Einwand im Anerkennungsversagungsverfahren doch zulassen, möchte man sich praktisch nicht verlassen. Zudem geht es nicht nur um den Einzelfall, sondern um das grundsätzliche Problem, dass es bei einem derartigen Verständnis der Brüssel Ia-VO die Mitgliedstaaten in der Hand hätten, die Entscheidungskompetenz ihrer Gerichte im kollektiven Rechtsschutz durch voraussetzungslose gesetzliche Wirkungserstreckungen exorbitant zu erweitern. Richtig erscheint es daher, die auf den Zweiparteienprozess zugeschnittene Brüssel Ia-VO auch in ihrem Kapitel III so zu verstehen, dass die automatisch anzuerkennenden Wirkungen nur im Verhältnis der eigentlichen Prozessparteien eintreten (hier also nur für das eigentliche Urteil zwischen Verband und Unternehmer) und eine gesetzlich vorgesehene **Wirkungserstreckung auf Dritte** – jedenfalls soweit sie keine gerichtliche Prüfung der Zuständigkeit vorsieht – **hiervon ausgenommen bleibt**. Die „Zulassung" der Bindungswirkung im ausländischen Prozess bzw. ihre Voraussetzungen beurteilen sich dann nach dem jeweiligen autonomen IZPR des Gerichtsstaates.

60 **b) Anerkennung und Vollstreckbarkeit von Entscheidungen über eine Abhilfeklage im Ausland.** Etwas anders liegt der Fall in zweierlei Hinsicht bei der Abhilfeklage: Zum einen haben bestimmte Entscheidungen über die Abhilfeklage einen unmittelbar vollstreckungsfähigen Inhalt, zum anderen kann – und muss nach der hier (oben Rn. 42 ff.) vertretenen Ansicht – das Vorliegen der internationalen Zuständigkeit für die einzelnen Rechtsverhältnisse geprüft werden. Damit würden sich je nach Art der Abhilfeklage bzw. Entscheidung folgende Situationen ergeben:

---

70 So (zur Musterfeststellungsklage nach ZPO a.F.) *Röthemeyer* MFK, 2. Aufl. 2020, § 613 ZPO Rn. 16; *Horn*, ZVglRWiss 2019, 314, 331 ff. und im Anschluss an diesen *Stadler*, NJW 2020, 265, 268; ferner Nordholtz/Mekat/*Rohls* Musterfeststellungklage § 8 Rn. 87.

71 *Stadler* NJW 2020, 265, 268 mit Fn. 29 (zur Musterfeststellungsklage nach ZPO a.F.).

72 *Stadler* NJW 2020, 265, 268.

73 S. EuGH Urt. v. 2.5.2006 – Rs.C-341/04 Rn. 41 f., NZI 2006, 360 = BeckRS 2009, 70940 – Eurofood IFSC Ltd (zur EuInsVO); *Gottwald* MünchKomm-ZPO⁵ Brüssel Ia-VO, Art. 36 Rn. 9, 16.

74 So *Horn* ZVglRWiss 2019, 314, 333 ff.

(1) Hat der Verband auf Leistung an namentlich benannte Verbraucher geklagt, so konnte 61
und musste die internationale Zuständigkeit auf entsprechende Rüge bereits im Erkenntnisverfahren geprüft werden; der nach § 16 Abs. 1 Satz 2 geschaffene unmittelbare Leistungstitel zugunsten dieser Verbraucher kann folglich am Anerkennungs- und Vollstreckungsregime der Brüssel Ia-VO unmittelbar teilnehmen. (2) Das Abhilfegrundurteil nach § 16 Abs. 1 Satz 1 hat demgegenüber keinen vollstreckungsfähigen Inhalt; es führt aber entweder zu einem idR vollstreckungsfähigen Vergleich (zu dessen grenzüberschreitender Situation sogleich Rn. 63) oder zu einem Abhilfeendurteil nach § 18. Letzteres verpflichtet den Unternehmer zur Zahlung eines kollektiven Gesamtbetrags oder zur Vornahme einer anderen Leistung als Zahlung und hat damit einen vollstreckbaren Inhalt, es ist damit nach der Brüssel Ia-VO im europäischen Ausland eo ipso anzuerkennen und kann durch den Verband vollstreckt werden.

Allerdings muss die Vollstreckung im Fall der Zahlung auf die Durchführung des Umsetzungs- 62
verfahrens gerichtet sein, das wegen der nur hier vorhandenen passenden gesetzlichen Grundlage nur im Inland durchgeführt werden kann. Allein hierauf, d.h. auf Zahlung zu Händen eines inländischen Sachwalters ist der Inhalt des Leistungstitels nach § 18 gerichtet. Durch das Umsetzungsverfahren wird sich praktisch auch das streitige bilaterale Verhältnis zwischen Unternehmer und Anmelder erledigen, allerdings bleiben für den Unternehmer im grenzüberschreitenden Bereich Risiken: Es fehlt an einer anerkennungsfähigen abschließenden Entscheidung, die das bilaterale Rechtverhältnis auch mit Wirkung im Wohnsitzstaat des Verbrauchers rechtsicher abschließt. Eine solche gibt es auch im Inland nicht; dort ergibt sich aber aus der Regelung in § 39, in welchem – durch eine Präklusion reduzierten – Maße der Verbraucher noch weitergehende Ansprüche gegen den Unternehmer geltend machen kann. Dies muss an sich auch für Ansprüche ausländischer Verbraucher gelten, wird aber im Verhältnis zu diesen nicht – z.B. durch eine entsprechende anerkennungsfähige abschließende Entscheidung – grenzüberschreitend „transportiert". Der Unternehmer muss sich insoweit auf die praktische Hürde verlassen, die eine entsprechende Nachforderung im Ausland bedeutet, sowie andernfalls darauf, dass das ausländische Gericht die im Umsetzungsverfahren erfolgte Zuteilung materiell-rechtlich als Erfüllung bewertet und dabei ggf. auch § 39 VDuG mit der dort vorgesehenen Präklusion entsprechend qualifiziert und berücksichtigt.

c) Vollstreckbarkeit von im Verbandsklageverfahren geschlossenen Vergleichen und 63
fehlende „Anerkennungswirkung" im Ausland. Das zuletzt angesprochene Problem ergibt
sich in ähnlicher Form auch bei im Verbandsklageverfahren abgeschlossenen Vergleichen: Das Regime der Brüssel Ia-VO sieht für diese in Art. 59 zwar eine grenzüberschreitende Vollstreckungsmöglichkeit vor,[75] die auch für Vergleiche im Verbandsklageverfahren eingreift, aber keine „Anerkennung". Infolge der klar unterscheidenden Definitionen in Art. 2 lit. a und b Brüssel Ia-VO kann auch ein gerichtlich geprüfter und genehmigter Vergleich, wie er im Verbandsklageverfahren und anderen Kollektivverfahren geschlossen wird, nicht als „Entscheidung" i.S.v. Art. 36 Brüssel Ia-VO angesehen werden.[76] Wiederum ist der Beklagte demnach darauf angewiesen, dass der Vergleich im Ausland in seiner materiell-rechtlichen Wirkung „anerkannt" wird, d.h. er nach dem aus Sicht des ausländischen Gerichts anwendbaren Recht wirksam zustande gekommen ist und eine entsprechende Wirkung entfaltet. Dies ist wegen der Verhandlung allein durch den Verband und das opt-out-Verfahren mit einer entsprechend fehlenden ausdrücklichen Erklärung des Verbrauchers selbst alles andere als selbstverständlich.[77]

---

75 S. näher *Stadler* NJW 2020, 265, 268 f. (zur insoweit übertragbaren Lage bei der MFK nach ZPO a.F.).
76 S. näher *Stadler* NJW 2020, 265, 269 m.w.N.
77 S. (zur insoweit übertragbaren Situation bei der MFK nach ZPO a.F.) näher *Stadler* NJW 2020, 265, 269 f.

Abschnitt 1
Allgemeine Vorschriften

§ 1
Verbandsklagen

(1) In bürgerlichen Rechtsstreitigkeiten, die Ansprüche und Rechtsverhältnisse einer Vielzahl von Verbrauchern gegen einen Unternehmer betreffen, können klageberechtigte Stellen folgende Verbandsklagen gegen Unternehmer erheben:
1. Abhilfeklagen und
2. Musterfeststellungsklagen
(2) [1]Kleine Unternehmen gelten als Verbraucher im Sinne dieses Gesetzes. [2]Kleine Unternehmen sind solche, die weniger als 10 Personen beschäftigen und deren Jahresumsatz oder Jahresbilanz 2 Millionen Euro nicht übersteigt.

Schrifttum

Bayat Doch keine Verbandsklagen in Arbeitssachen, NZA 2023, 1165; *Diller* Arbeitsrechtliche Verbandsklage vor dem OLG? NZA 2023, 673; *Düwell* Beschleunigung für gerichtliche Massenverfahren: Kein Handlungsbedarf in Arbeitssachen? BB 2023, 1912; *Gabriel* Das Verhältnis zwischen Musterfeststellungsklage und Insolvenzrecht, ZIP 2024, 110; *Heinzke/Storkenmaier* Die kollektive Rechtsdurchsetzung bei Verletzung des Datenschutzrechts – Teil 2, CR 2021, 582; *Janal* Die Umsetzung der Verbandsklagenrichtlinie, GRUR 2023, 985; *Münscher* Die Abhilfeklage nach dem neuen Verbraucherrechtedurchsetzungsgesetz, WM 2023, 2082; *Röthemeyer* Das Verbraucherrechtedurchsetzungsgesetz (VDuG) zur Umsetzung der Verbandsklagen-Richtlinie – Die neue Abhilfeklage, VuR 2023, 332; *Scherer* Abhilfeanspruch gem. Art. 9 Abs. 1 VerbandsklagenRL /§ 1 Abs. 1 Nr. 1 VDuG-E und Verbraucherschadensersatzanspruch gem. § 9 Abs. 2 UWG – Kollektivrechtsschutz contra Individualrechtsschutz? VuR 2022, 443; *dies.* Abhilfeansprüche in der Insolvenz, NZI 2023, 985; *dies.* Verbandsklagen nach dem VDuG im Insolvenzverfahren, NZI 2024, 352; *Thönissen* Insolvenz und kollektiver Rechtsschutz, KTS 2023, 205; *Volkommer* Das VDuG auf dem Praxisprüfstand, RAW 2024, 2; *Waßmuth/Rummel* Das Gesetz zur Umsetzung der EU-Verbandsklagenrichtlinie, ZIP 2023, 1515; *Woopen* Kollektiver Rechtsschutz und Verbandsklagenrichtlinie: Recht ist keine Assetklasse, Rechtsbruch kein Geschäftsmodell, VersR 2023, 886.

Übersicht

I. Hintergrund, Normzweck und Inhalte —— 1

II. Sachlicher Anwendungsbereich
1. „in bürgerlichen Rechtsstreitigkeiten" —— 4
2. „Ansprüche und Rechtsverhältnisse" —— 6
3. b2c-Streitigkeit („von ... Verbrauchern gegen einen Unternehmer") —— 7
    a) Prozessualer Verbraucherbegriff —— 9
    b) Angepasster prozessualer Unternehmerbegriff —— 11
    c) Modifikation des Unternehmerbegriffs durch § 1 Abs. 2 („kleine Unternehmen")
        aa) Zweck der Modifikation; gewollte und möglicherweise ungewollte Konsequenzen —— 13
        bb) Begriff des „kleinen" Unternehmens —— 16
    d) „Verbraucherbezogenheit" der Ansprüche und Rechtsverhältnisse —— 18
    e) „Vielzahl" von Verbrauchern —— 21
    f) Maßgeblicher Zeitpunkt; übergegangene Ansprüche —— 22
    g) Folgen der Nichteröffnung des Anwendungsbereichs —— 24

III. Exklusivität von Klagebefugnis und Parteienstellung —— 25

IV. Klagearten und ihr Verhältnis zueinander
1. Klagearten; Gleichberechtigung beider Formen —— 27
2. Kombinationen und Übergang von einer Klageart zur anderen —— 28
    a) (Anfängliche) objektive Klagehäufung —— 29
    b) Erweiterung und Klageänderung —— 30
    c) Sukzessive Musterfeststellungs- und Abhilfeklage —— 34

I. Hintergrund, Normzweck und Inhalte

§ 1 führt als Eingangsnorm des Verbraucherrechtedurchsetzungsgesetzes und seines ersten Ab- **1** schnitts mit den allgemeinen Bestimmungen für Verbandsklagen einerseits grundlegende Begrifflichkeiten ein und steckt andererseits den sachlichen und persönlichen Anwendungsbereich des Gesetzes ab:

Man kann zwar schwerlich davon sprechen, dass § 1 den Begriff der „Verbandsklage" legal **2** definieren würde, denn es gibt auch in UKlaG und UWG weitere Klageformen, die nur bestimmten Verbänden offenstehen und sich daher technisch ebenfalls als „Verbandsklagen" darstellen.[1] Gleichwohl soll mit der Vorschrift ausweislich der Überschrift offensichtlich eine Art Definition vorgenommen werden, indem als „Verbandsklage" – gleichsam zu ergänzen durch: „im Sinne des VDuG" – ihre beiden im Gesetz vorgesehenen Ausprägungen der Abhilfeklage (Abs. 1 Nr. 1) einerseits und der Musterfeststellungsklage (Abs. 1 Nr. 2) andererseits bezeichnet werden. Die beiden Varianten werden ihrerseits an dieser Stelle nicht weiter definiert, sondern das Gesetz lässt insoweit die Inhalte der jeweiligen Vorschriften im Abschnitt 2 (Abhilfeklagen) und Abschnitt 3 (Musterfeststellungsklagen) für sich sprechen.

Zum zweiten wird der sachliche und persönliche Anwendungsbereich des Gesetzes abge- **3** steckt. Sachlich muss es sich um bürgerliche Rechtsstreitigkeiten um Ansprüche und Rechtsverhältnisse zwischen Verbrauchern und Unternehmern handeln, also bürgerliche „b2c"- (business-to-consumer-) Streitigkeiten. Die Begriffe des „Verbrauchers" und des „Unternehmers" werden nicht eigens definiert und rekurrieren damit auf die allgemeinen Vorschriften in §§ 29c Abs. 2 ZPO, 13 f. BGB, die Absatz 2 allerdings in durchaus bemerkenswerter Weise modifiziert, indem die dort definierten „kleinen Unternehmen" den „Verbrauchern" zugeschlagen werden. Persönlich stehen die vorgesehenen Klageformen den „klageberechtigten Stellen" offen, womit auf § 2 des Gesetzes verwiesen wird.

II. Sachlicher Anwendungsbereich

1. „in bürgerlichen Rechtsstreitigkeiten"

Die Anwendbarkeit des VDuG setzt nach § 1 zunächst voraus, dass es um Ansprüche bzw. Rechts- **4** verhältnisse „in bürgerlichen Rechtsstreitigkeiten" geht. Die Gesetzesbegründung[2] schweigt sich zur Funktion dieser Tatbestandsvoraussetzung aus. § 606 ZPO a.F. enthielt kein derartiges Merkmal; demgegenüber ist die gleiche Formulierung in § 1 KapMuG enthalten und möglicherweise dieser Vorschrift entlehnt. Anders als im KapMuG, nach welchem das Kollektivverfahren in bereits bestehenden „Rechtsstreitigkeiten" eingeleitet wird und solche bündelt, passt die Formulierung im VDuG indes nicht zur Situation, denn hier wird die „Rechtsstreitigkeit" überhaupt erst durch die Klage des Verbandes begründet. Da die Klage also nicht „in bürgerlichen Rechtsstreitigkeiten" erhoben werden kann, muss das Merkmal in dem Sinne verstanden werden, dass die genannten Ansprüche und Rechtsverhältnisse „Gegenstand einer bürgerlichen Rechtsstreitigkeit sein können".

Inhaltlich wird mit dem Begriff an §§ 13 GVG, 3 EGZPO und die dort geregelte Zuständigkeit **5** der ordentlichen Gerichte in ZPO-Verfahren angeknüpft. Eine solche besteht zum einen dann nicht, wenn die Ansprüche oder Rechtsverhältnisse in einem anderen Rechtsweg geklärt werden müssten, also etwa vor der Verwaltungsgerichtsbarkeit (§ 40 VwGO) oder auch der Arbeitsgerichtsbarkeit. Damit scheiden arbeitsrechtliche Ansprüche und Rechtsverhältnisse jedenfalls so weit, als ihre Klärung nach dem ArbGG der Arbeitsgerichtsbarkeit zugewiesen sind, aus dem Anwendungs-

---

1 Das VRuG, s. Einl. Rn. 6 und aus ihm hervorgehend § 204a Abs. 2 BGB verwenden denn auch diesen weiteren Begriff der Verbandsklage.
2 BT-Drucks. 20/6520 S. 69.

bereich des VDuG aus.[3] Dies wird teilweise angezweifelt,[4] ergibt sich aber klar aus der Formulierung des § 1 und wurde vom Gesetzgeber auch explizit als Folge dieser Formulierung gesehen,[5] sodass eine korrigierende Auslegung ausscheidet. Zum anderen grenzt § 13 GVG die bürgerliche Rechtsstreitigkeit von Familiensachen, Angelegenheiten der freiwilligen Gerichtsbarkeit und Strafsachen ab; in diesen Verfahren zu klärende Ansprüche können folglich ebenfalls nicht Gegenstand einer Klage nach dem VDuG sein.

2. „Ansprüche und Rechtsverhältnisse"

6   Das Begriffspaar „Ansprüche und Rechtsverhältnisse" ist aus § 606 ZPO a.F. bekannt, wo es in der Definition des „Feststellungsziels" der Musterfeststellungsklage zugleich – wie nunmehr in § 1 VDuG – der Bestimmung ihres Anwendungsbereichs diente. Zum Verständnis der Begriffe kann daher auf das dortige Verständnis und die zur Musterfeststellungsklage erschienene Kommentarliteratur zurückgegriffen werden,[6] sowie – mit der Einschränkung, dass der Begriff dort nur auf „Ansprüche" bezogen ist, auf die Rechtsprechung und Kommentarliteratur zum KapMuG.[7] Die Begriffe an sich dürften auch kaum Interpretationsschwierigkeiten bereiten: Der Begriff des Anspruchs rekurriert hier klar auf den materiell-rechtlichen (und nicht den prozessualen) Anspruch. Die Funktion des ergänzenden Begriffs des „Rechtsverhältnisses" liegt darin, den Anwendungsbereich des Gesetzes nicht enger zu fassen als die möglichen Feststellungsziele einer Musterfeststellungsklage, die nach § 41 auch auf die Feststellung des Bestands eines umfassenderen Rechtsverhältnisses, etwa Bestehen eines Vertragsverhältnisses gerichtet sein können (dazu § 41 Rn. 60 ff.). Mögliche Probleme liegen an anderer Stelle, nämlich der „Verbraucherbezogenheit" der Ansprüche und Rechtsverhältnisse (dazu unten Rn. 18 ff.).

3. b2c-Streitigkeit („von ... Verbrauchern gegen einen Unternehmer")

7   Das VDuG dient wie die Verbandsklagen-Richtlinie der Durchsetzung von Ansprüchen von Verbrauchern gegen Unternehmer. Anders als die Richtlinie, die ihren Anwendungsbereich aus kompetenzrechtlichen Gründen auf Verstöße gegen einen Katalog europäischer Rechtsakte beschränkt, können Gegenstand der Verbandsklage *jegliche* Rechtsverhältnisse und Ansprüche sein, welche zwischen Verbrauchern und Unternehmern im nachstehend umschriebenen Sinne bestehen, ohne dass eine Beschränkung auf oder Ausnahmen für bestimmte Rechtsgebiete vorgesehen wären. Damit sind Verbandsklagen auch in Rechtsgebieten wie dem Kartellrecht oder auch dem Kapitalmarktrecht möglich, wobei sich im letzteren Fall Abgrenzungsfragen zu dort bereits vorhandenen Instrumenten ergeben (s. zum Verhältnis zum KapMuG Einl. Rn. 22 ff.).

8   Sprachlich ist die Vorschrift bezüglich der „Rechtsverhältnisse" etwas holprig geraten, denn diese bestehen nicht „gegen" Unternehmer, sondern „gegenüber" Unternehmern bzw. „zwischen Verbrauchern und Unternehmern". Anwendungsschwierigkeiten sind diesbezüglich allerdings

---

3 Ebenso Zöller/*Vollkommer* VDuG § 1 Rn. 4; Anders/Gehle/*Schmidt* ZPO, 82. Aufl. (2024) § 1 Rn. 2; Skauradszun/*Skauradszun* VDuG Einl. Rn. 11; Skauradszun/*Wais* VDuG § 1 Rn. 21; insoweit auch *Zimmer/Weigl* BB 2019, 183–184 (für die Musterfeststellungsklage nach ZPO a.F.) und i.E. auch *Röthemeyer* VDuG § 1 Rn. 3. S. zur Anwendbarkeit des VDuG im Übrigen unten Rn. 10.

4 *Diller* NZA 2023, 673; *Düller* jurisPR-ArbR 29/2023 Anm. 1; kritisch dazu *Bayat* NZA 2023, 1165.

5 BT-Drucks. 20/6520 S. 69: „Arbeitsrechtliche Streitigkeiten können nicht mit Abhilfe- oder Musterfeststellungsklagen nach diesem Gesetz verfolgt werden. Für sie bleiben ausschließlich die Vorschriften des Arbeitsgerichtsgesetzes anwendbar." S.a. *Röthemeyer* VDuG Einf. Rn. 19 mit Fn. 37 zur Diskussion im Gesetzgebungsverfahren und Stellungnahme des Deutschen Gewerkschaftsbundes.

6 S. etwa Musielak/Voit/*Stadler*[20] § 606 ZPO Rn. 12; Anders/Gehle/*Schmidt* § 606 ZPO Rn. 1.

7 S. statt aller Wieczorek/Schütze/*Großerichter* Bd. 13, 5. Aufl. (2022) § 2 KapMuG Rn. 6 ff. m.w.N.

nicht ersichtlich, letztlich spiegelt die fehlende sprachliche Anpassung den „dienenden" Charakter der Feststellung von Rechtsverhältnissen wider, die letztlich ebenfalls die Durchsetzung von Ansprüchen ermöglichen soll. Interpretationsfragen werfen hingegen insbesondere die prozessuale Erweiterung bzw. Anpassung der Begriffe von Verbraucher und Unternehmer auf:

a) Prozessualer Verbraucherbegriff. Mit dem Begriff des „Verbrauchers" wird auf den prozes- 9
sualen Verbraucherbegriff in § 29c Abs. 2 ZPO Bezug genommen. Dies ergibt sich aus dem Verweis auf die ZPO in § 13 und wird auch in der Gesetzesbegründung ausdrücklich ausgesprochen.[8] Ebenso wie im Rahmen der Musterfeststellungsklage der ZPO, in deren Kontext die Regelung in § 29c Abs. 2 ZPO geschaffen worden war, ergibt sich für das VDuG als deren Fortschreibung die Notwendigkeit eines erweiterten Verbraucherbegriffs, der nicht allein auf die rechtsgeschäftliche Begründung des fraglichen Anspruchs oder Rechtsverhältnisses, sondern allgemeiner auf „die Entstehung der Verpflichtung oder die Begründung des Rechtsverhältnisses" abstellt und damit insbesondere auch gesetzliche Schuldverhältnisse erfassen kann.[9] Die Definitionselemente der *natürlichen Person*, die *nicht überwiegend im Rahmen ihrer gewerblichen oder selbstständigen beruflichen Tätigkeit* handelt, sind indes identisch zu den in § 13 BGB verwendeten, sodass auf die hierzu ergangene Rechtsprechung und kommentierende Literatur zurückgegriffen werden kann.[10]

Ausgeschlossen werden mit letzterer Formulierung Ansprüche von Unternehmern oder anderen 10
Selbständigen, auch von Freiberuflern, die im fraglichen Zeitpunkt (s. unten Rn. 22 f.) im Rahmen ihrer beruflichen Tätigkeit gehandelt haben. Arbeitnehmer können hingegen Verbraucher sein, da sie nach der Rechtsprechung des BAG[11] auch im Sinne von § 13 BGB unter den Verbraucherbegriff fallen, der wie dargestellt für das Prozessrecht in § 29c ZPO nur erweitert wird.[12] Praktische Bedeutung wird dem indes kaum zukommen, da die Klärung der fraglichen Ansprüche oder Rechtsverhältnisse nach dem ArbGG i.d.R. den Arbeitsgerichten zugewiesen sein wird und dann kein Gegenstand einer „bürgerlichen Rechtsstreitigkeit" i.S.v. § 1 VDuG ist (s.o. Rn. 5). Vertreten wird ferner, dass auch Personenvereinigungen, die ausschließlich aus natürlichen Personen bestehen und keiner gewerblichen oder selbständigen beruflichen Tätigkeit nachgehen, unter den Verbraucherbegriff fallen können sollen. Dies mag einer vergleichbaren Schutzbedürftigkeit entsprechen,[13] erscheint aber angesichts des eindeutig formulierten Definitionselements der „natürlichen Person" in § 29c ZPO zu weitgehend.[14]

b) Angepasster prozessualer Unternehmerbegriff. Dem entsprechend muss auch der Unter- 11
nehmerbegriff weiter gefasst werden. Der Gesetzgeber hatte es im Rahmen der Musterfeststellungsklage versäumt, den Unternehmerbegriff entsprechend dem erweiterten prozessualen Verbraucherbegriff (§ 29c Abs. 2 ZPO) zu erweitern. Dies geschieht auch im bzw. im Zusammenhang mit dem VDuG nicht. Es ist aber selbstverständlich, dass der prozessuale Verbraucherbegriff, um nicht leerzulaufen, einer entsprechenden Anpassung seines Gegenstücks bedarf und daher auch

---

8 BT-Drucks. 20/6520 S. 69.
9 Ebenso Anders/Gehle/*Schmidt* § 1 Rn. 3.
10 S. grundlegend zum Verbraucherbegriff *Martinek* jurisPK-BGB, 10. Aufl. (2023) (Stand 15.5.2023), § 13 BGB Rn. 1–29, Erman/Saenger 17. Aufl. (2023) § 13 Rn. 2–22; zur hierzu ergangenen Rechtsprechung Grüneberg/*Ellenberger* § 13 BGB Rn. 1 ff.; *Jauernig*/*Mansel* BGB, 19. Aufl. (2023) § 13 Rn. 1 ff. und die umfassende Literaturübersicht bei Staudinger/Fritzsche (2018) § 13 vor Rn. 1.
11 BAG v. 25.5.2005 – 5 AZR 572/04, BAGE 115, 19 = NZA 2005, 1111.
12 A.A. offenbar *Röthemeyer* VDuG § 1 Rn. 3, der davon auszugehen scheint, das Arbeitnehmer nicht unter den Verbraucherbegriff fallen.
13 In diesem Sinne Köhler/Bornkamm/Feddersen/*Scherer* § 1 VDuG Rn. 17 f.; *Patzina* MünchKomm-ZPO[6] § 29c Rn. 11. Hierauf hat auch der BGH für eine WEG-Gemeinschaft abgestellt, s. Urt. v. 25.3.2015 – VIII ZR 243/13, DNotZ 2016, 32.
14 So auch *Micklitz* MünchKomm-BGB, 9. Aufl. (2021) § 13 Rn. 17, der aufgrund des Wortlauts zwischen gemeinschaftlich handelnden natürlichen Personen ohne Rechtsfähigkeit und rechtsfähigen Personengemeinschaften unterscheidet und nur erstere vom Anwendungsbereich des § 13 BGB erfasst sieht.

der Unternehmerbegriff über § 14 BGB hinaus in Entsprechung zur Formulierung in § 29c Abs. 2 ZPO („Entstehung der Verpflichtung oder die Begründung des Rechtsverhältnisses") zu lesen ist. Dies gilt wie für die Musterfeststellungsklage auch im Rahmen des VDuG.[15]

12 Ausgeschlossen bleiben vom Anwendungsbereich des VDuG aufgrund des Merkmals „Unternehmer" Ansprüche gegen andere Verbraucher (zu Ansprüchen gegen „kleine Unternehmen" sogleich Rn. 13 ff., gegen die öffentliche Hand, sofern sie nicht unternehmerisch tätig ist, sowie solche gegen Idealvereine oder nicht unternehmerisch tätige Stiftungen.[16] Der Insolvenzverwalter eines Unternehmens ist zwar nicht selbst als „Unternehmer" anzusehen,[17] eine Klage gegen ihn wäre aber statthaft (wobei eine Abhilfeklage aber an § 38 Abs. 1 Satz 3 scheitert, s. § 38 Rn. 40).[18] Das Gleiche muss bei Rechtsnachfolge in b2c-Ansprüche oder -Rechtsverhältnisse an einen „Nicht-Unternehmer" gelten.[19]

c) Modifikation des Unternehmerbegriffs durch § 1 Abs. 2 („kleine Unternehmen")

13 **aa) Zweck der Modifikation; gewollte und möglicherweise ungewollte Konsequenzen.** Die allgemeinen prozessualen Verbraucher- und Unternehmerbegriffe werden speziell für das VDuG in dessen § 1 Abs. 2 allerdings in bemerkenswerter Weise nochmals modifiziert: Ist ein Unternehmen unter den dort normierten Voraussetzungen als „kleines Unternehmen" einzustufen, so ist es als „Verbraucher" anzusehen. Hiermit wurde in erster Linie bezweckt, derartige „kleine Unternehmen" in die Lage zu versetzen, ihre Ansprüche gegen größere Unternehmen wie Verbraucher anzumelden und auf diese Weise von den Wirkungen des VDuG zu profitieren.[20] Damit dürfte (nur) gemeint sein, dass „kleine Unternehmen" ihre Ansprüche neben Verbrauchern geltend machen, nicht hingegen, dass solche – wie dies zB bei Kartellgeschädigten durchaus denkbar wäre – *nur* kleinen Unternehmen zustehen.[21] Der Frage wird allerdings wegen der notwendigen Geltendmachung durch einen Verbraucherverband keine praktische Bedeutung zukommen.[22]

14 Diese Gleichstellung von Kleinunternehmen mit Verbrauchern wirft indes die Frage auf, ob damit auch Ansprüche *gegen* „kleine Unternehmen" aus dem Anwendungsbereich ausscheiden und diese damit auch nicht als Beklagte einer Verbandsklage nach dem VDuG in Betracht kommen. Nach dem Gesetzeswortlaut ist diese Frage zu bejahen, denn wenn das „kleine Unternehmen" als „Verbraucher im Sinne dieses Gesetzes" gelten soll, kann es nicht gleichzeitig „Unternehmer" im Sinne

---

15 Ebenso Anders/Gehle/*Schmidt* § 1 Rn. 3; *Röthemeyer* VDuG § 1 Rn. 4. Dies entsprach auch bereits einhelliger Auffassung zur Musterfeststellungsklage; s. etwa Anders/Gehle/*Schmidt* § 606 Rn. 12; Nordholtz/Mekat/*Heigl/Normann* MFK, 1. Aufl. (2019) § 2 Rn. 29; *Röthemeyer* MFK, 2. Aufl. (2019) § 606 ZPO, Rn. 3.

16 *Schneider* BB 2018, 1986, 1989; *Weinland* Musterfeststellungsklage Rn. 41 (jeweils zur Musterfeststellungsklage nach ZPO a.F.).

17 So missverständlich Anders/Gehle/*Schmidt* § 1 Rn. 3 a.E. unter Bezugnahme auf OLG München NZI 2020, 912. Das OLG München hatte indes (zur Musterfeststellungsklage) argumentiert, es lasse sich den §§ 606 ff. ZPO nicht entnehmen, dass sich die Klage gegen einen Unternehmer richten müsse (a.A. aber Anders/Gehle/*Schmidt*[81] § 606 Rn. 12). Dieses Erfordernis ist in § 1 VDuG enthalten; gleichwohl erscheint es zutreffend, die Klage gegen den Insolvenzverwalter des Unternehmers zuzulassen, s. weiter im Text mit der nachfolgenden Fn.

18 BGH, Urt. v. 27.7.2023 – IX ZR 267/20, BGHZ 238, 61: Ableitung der Passivlegitimation des Insolvenzverwalters aus § 80 I InsO. Es ist auch von der Zielsetzung des VDuG kein Grund ersichtlich, die Statthaftigkeit der Verbandsklage wegen der Insolvenz des fraglichen Unternehmers entfallen zu lassen; Rechtsschutz- und Konzentrationsbedürfnis bestehen in gleicher Weise fort. A.A. (keine Statthaftigkeit aufgrund des Wortlauts) aber *Röthemeyer* VDuG § 1 Rn. 6.

19 So für die Musterfeststellungsklage nach ZPO a.F. auch Musielak/Voit/*Stadler*[20] § 606 ZPO Rn. 1; *Röthemeyer* BKR 2021, 191; anders aber *ders.* VDuG § 1 Rn. 7 für die Verbandsklage: Hier sei wegen des Wortlauts die Verbandsklage nur bei Rechtsübergängen an einen anderen Unternehmer möglich.

20 Vgl. BT-Drucks. 20/6520 S. 69 u. 20/7631, 107.

21 S. hierzu ausführlicher *Röthemeyer* VDuG § 1 Rn. 18.

22 Ebenso *Röthemeyer* VDuG § 1 Rn. 18 a.E.

desselben Gesetzes sein.[23] Dann aber sind auch die Ansprüche und Rechtsverhältnisse von „echten" Verbrauchern gegen ein solches bzw. gegenüber einem solchen Kleinunternehmen auch keine Ansprüche und Rechtsverhältnisse gegen/gegenüber einem Unternehmer im Sinne dieses Gesetzes. Ob dem Gesetzgeber diese Konsequenz bewusst war, lässt sich der Gesetzesbegründung, die sich auf die damit eröffnete Möglichkeit der Anspruchsanmeldung für besagte kleine Unternehmen konzentriert, nicht eindeutig entnehmen, die Einschränkung des Anwendungsbereichs des Gesetzes wird aber angesprochen.[24] Angesichts des eindeutigen Gesetzeswortlauts und des jedenfalls nicht entgegenstehenden Willens des Gesetzgebers dürfte damit auch eine generelle korrigierende Auslegung bzw. teleologische Reduktion ausscheiden. Im Anwendungsbereich der Verbandsklagen-Richtlinie, die eine entsprechende Einschränkung auf der Passivseite nicht enthält, dürfte freilich eine richtlinienkonforme Auslegung geboten sein.[25]

Unklar ist auch, ob der Gesetzgeber die prozessualen Rückwirkungen einer derartigen Abweichung von den Kategorien des materiellen Rechts im Auge hatte: Wenn sich „kleine" Unternehmen unter den Anmeldern befinden, muss der klagende Verbraucherverband auch deren Interessen vertreten, was ihn als Vertreter von Verbraucherinteressen – die er materiell-rechtlich auch gegenüber „kleinen" Unternehmen wahrzunehmen hat – in einen bedenklichen Zwiespalt bringen könnte. Es geht auch die Einheitlichkeit des Verfahrens verloren, weil in Argumentation und späterer Begründung einer Entscheidung häufig zwischen Verbrauchern und Unternehmen unterschieden werden muss. Denn materiell gilt auch für kleine Unternehmen etwa im AGB-Recht und erst Recht im UWG ein anderer materiell-rechtlicher Maßstab als für Verbraucher. Eine gemeinsame Abhilfeklage dürfte daher in diesen Bereichen wegen des Erfordernisses der „Gleichartigkeit" der Ansprüche regelmäßig ausscheiden (s. § 15 Rn. 9). Auch im Übrigen wird das Gericht häufig gezwungen sein, im Verfahren und später in der Entscheidung entsprechend zu differenzieren, was der für ein Kollektivverfahren wünschenswerten Gleichförmigkeit erheblichen Abbruch tut und das Verfahren schwerfälliger machen dürfte als es wünschenswert wäre. **15**

bb) Begriff des „kleinen" Unternehmens.

bb) Begriff des „kleinen" Unternehmens. Die Definition der „kleinen Unternehmen" in Absatz 2 wurde im Lauf des Gesetzgebungsverfahrens verengt,[26] indem anstelle der Schwellen von „kleinen Unternehmen" nach der Kommissionsempfehlung 2003/361/EG[27] letztendlich die dort für „Kleinstunternehmen" vorgesehenen herangezogen wurden. „Kleine Unternehmen" i.S. des VDuG sind also „Kleinstunternehmen" im Sinne der Empfehlung, was allerdings nichts daran ändern dürfte, dass die Feststellungen nach dem Willen des Gesetzgebers[28] nach den Kriterien der Empfehlung getroffen werden sollten.[29] **16**

Die beiden genannten Kriterien sind untereinander kumulativ zu verstehen: Um ein „kleines" Unternehmen i.S. des VDuG zu sein, muss das Unternehmen unter 10 Personen beschäftigen *und* darf maximal einen Jahresumsatz oder eine Jahresbilanz von zwei Mio. Euro aufweisen. Für das erste Kriterium ergibt sich Näheres zur Ermittlung aus Art. 5 der Empfehlung 2003/361/EG, die wie vorstehend ausgeführt vorrangig (etwa vor einer analogen Anwendung des KSchG) heranzuziehen ist. Das zweitgenannte „Doppelkriterium" ist in sich, wie aus in Art. 2 Abs. 1 der Empfehlung (auf den der hier maßgebliche Absatz 3 wiederum aufbaut) klar zu entnehmen ist, alternativ ausgestal- **17**

---

23 So auch Anders/Gehle/*Schmidt* § 1 Rn. 3; Köhler/Bornkamm/Feddersen/*Scherer* § 1 VDuG Rn. 22.

24 BT-Drucks. 20/7631 S. 107: „Mit der Anpassung wird die Definition des mit Verbraucherinnen und Verbrauchern allein im Anwendungsbereich dieses Gesetzes prozessual gleichgestellten kleinen Unternehmens verengt."

25 Skauradszun/*Wais* VDuG § 1 Rn. 37 ff., der weitergehend für eine einheitliche korrigierende Auslegung plädiert.

26 Vgl. BT-Drucks. 20/7631 S. 107 und i.E. *Waßmuth/v. Rummel* ZIP 2023, 1515, 1523.

27 ABl. EG Nr. L 124, 36.

28 BT-Drucks. 20/6520 S. 69 (zu den ursprünglich vorgesehenen Schwellen): „Für die Berechnung der Beschäftigtenzahl und des Jahresumsatzes bzw. der Jahresbilanz kann auf die in dieser Empfehlung enthaltenen Maßgaben zurückgegriffen werden."

29 Ebenso *Waßmuth/v. Rummel* ZIP 2023, 1515, 1523; Anders/Gehle/*Schmidt* § 1 Rn. 5.

tet. Für seine Erfüllung genügt also, dass entweder der Jahresumsatz oder die Jahresbilanz unter der genannten Schwelle liegt. Für die Ermittlung der maßgeblichen Unternehmensdaten, was etwa den maßgeblichen Zeitpunkt betrifft, enthält die Empfehlung in ihren Artikeln 4 bis 6 ebenfalls detaillierte Vorgaben.

18 **d) „Verbraucherbezogenheit" der Ansprüche und Rechtsverhältnisse.** Fraglich ist, ob eine Verbandsklage nach dem VDuG tatsächlich allein voraussetzt, dass die ihren Gegenstand bildenden Ansprüche und Rechtsverhältnisse zwischen Verbrauchern und Unternehmern i.S. des VDuG entstanden sind. Nach dem Wortlaut ist dies der Fall und die prozessuale Verbraucherdefinition, die den Anwendungsbereich gerade über die Begründung von Rechtsgeschäften hinaus erweitern soll, spricht grundsätzlich gegen eine einengende Auslegung des § 1 VDuG.

19 Gleichwohl erscheint eine solche – wie bereits bei der Musterfeststellungsklage nach ZPO a.F. – dann geboten, wenn eine Mehrheit von Ansprüchen von Verbrauchern gegen einen Unternehmer überhaupt keinen Zusammenhang gerade mit diesen Eigenschaften aufweisen. Ein derartiger Zusammenhang mit der Verbraucher- bzw. Unternehmereigenschaft ist zwar selbstverständlich und stets gegeben, wenn sich Verbraucher und Unternehmer im rechtsgeschäftlichen Verkehr gegenübergetreten sind, aber nicht ohne Weiteres bei deliktischen Ansprüchen: So weisen etwa bei einem Busunglück[30] zwar die Ansprüche aller Fahrgäste gegen den Busunternehmer einen inneren Zusammenhang mit ihrer Eigenschaft als Verbraucher auf, und zwar ohne Rücksicht darauf, ob sie Vertragspartner sind, in den Schutzbereich eines anderen Beförderungsvertrages einbezogene Dritte oder ob sie sich allein auf deliktische Ansprüche stützen (können). Dieser innere Zusammenhang fehlt aber bei den Fahrern anderer Fahrzeuge, die am Unfall beteiligt waren. Ihre Ansprüche gegen den Unfallverursacher haben offensichtlich keinen Zusammenhang mit der Frage, ob sie zu privaten Zwecken oder im Rahmen einer selbständigen beruflichen Tätigkeit unterwegs waren. Es wäre auch prozessual nicht sinnvoll, diese Ansprüche in die gebündelte Geltendmachung einzubeziehen, da sie – anders als die aller Fahrgäste – im Regelfall jeweils individuell nach ihrem eigenen Unfallbeitrag zu beurteilen sein werden. Noch deutlicher wird dies etwa bei einer Massenkarambolage mit (nur) fremden Geschädigten: Es ist nicht sinnvoll, die Zulässigkeit einer Verbandsklage gegen den mutmaßlichen Verursacher davon abhängig zu machen, ob seine Fahrt und die der Geschädigten ihrer Gewerbeausübung diente oder privater Natur war.[31] Ansprüche, die zwar abstrakt in der Hand eines Verbrauchers gegenüber einem Unternehmer entstanden sind, die aber mit diesen Eigenschaften keinerlei inneren Zusammenhang aufweisen, können mithin sinnvollerweise generell kein tauglicher Gegenstand einer Verbandsklage sein.[32]

20 Es ist jedoch zu betonen, dass der hier geforderte innere Zusammenhang der verfolgten Ansprüche bzw. in Rede stehenden Rechtsverhältnisse mit der Verbraucher- und Unternehmereigenschaft nicht gleichbedeutend ist mit dem Bestehen einer rechtsgeschäftlichen Verbindung zwischen beiden. Der erforderliche innere Zusammenhang ist stets, aber eben nicht nur dann gegeben, wenn eine Mehrzahl von Verbrauchern eine bestimmte Dienstleistung des Unternehmers in

---

30 Dieses Beispiel entlehnt von *Schneider* BB 2018, 1986, 1989 (zur MFK). S.a. *Weinland* Musterfeststellungsklage Rn. 41 (mit gegenteiligem Ergebnis).

31 So aber wohl (für die Musterfeststellungsklage) *Röthemeyer* MFK² § 606 Rn. 3 a.E., der andererseits jedoch unmittelbar davor ausführt, es komme darauf an, ob der Beklagte am Markt dauerhaft und planmäßig Leistungen gegen ein Entgelt anbietet „und mit der MFK in dieser Rolle in Anspruch genommen wird" (Hervorhebung hier). Dies entspräche der hier vertretenen Auffassung und wäre bei der Inanspruchnahme durch andere Straßenverkehrsteilnehmer nach einem Unfall nicht der Fall.

32 *Schneider* BB 2018, 1986, 1989 hält dies für eine mögliche Folge des engeren Unternehmerbegriffs (s.o. Rn. 13), während *Weinland* Musterfeststellungsklage Rn. 41 derartige Ansprüche einschließen will und deshalb eine Extension des prozessualen Unternehmerbegriffs für erforderlich hält. Eine solche Extension ist indes auf jeden Fall erforderlich, weil auch nach der hier vertretenen Ansicht deliktische Ansprüche gegenüber dem Busunternehmer eingeschlossen bleiben.

Anspruch genommen oder ein Produkt bei ihm gekauft hat. Verbraucher treten Unternehmern etwa auch in ihrer Eigenschaft als Hersteller eines Produkts in „verbrauchertypischer" Weise gegenüber. Einer der Kern-Anwendungsbereiche der Verbandsklage ist daher etwa auch jegliche Art von Produkt- oder Herstellerhaftung.[33]

e) „Vielzahl" von Verbrauchern. Was eine „Vielzahl" von Verbrauchern ist, ergibt sich aus § 4 **21** Abs. 1 Nr. 1, wonach die Klägerin nachvollziehbar darzulegen hat, dass die Ansprüche von mindestens 50 Verbrauchern betroffen sein können. Die Zahl entspricht für beide Formen der Verbandsklage der bisher nach § 606 Abs. 3 Nr. 3 ZPO a.F. für die Musterfeststellungsklage vorgesehenen mit dem relevanten Unterschied, dass es nicht mehr 50 Anmeldungen bedarf (was praktisch eine deutlich höhere Betroffenenzahl bedeutet), sondern nur noch der Betroffenheit dieser Zahl von Verbrauchern. § 4 regelt das Substantiierungserfordernis (s. dort Rn. 3 ff.) und bestimmt im Zuge dessen die Mindestschwelle der „Vielzahl" näher; aus § 1 ergibt sich indes, dass es sich um eine der Voraussetzungen der Eröffnung des sachlichen Anwendungsbereichs des VDuG handelt (zu den Folgen der Nichteröffnung unten Rn. 24).

f) Maßgeblicher Zeitpunkt; übergegangene Ansprüche. Was den maßgeblichen Zeitpunkt **22** für das Vorliegen dieser Voraussetzungen angeht, so dürfte zu differenzieren sein: Soweit im Zusammenhang mit Absatz 2 ausgeführt wird, es sei der Zeitpunkt der Anmeldung maßgeblich,[34] geht es um die Zulässigkeit eben der Anmeldung von Ansprüchen. Für die Bestimmung des Anwendungsbereichs muss es hingegen zunächst auf die Verbraucher- und Unternehmereigenschaft *im Zeitpunkt der Begründung der Ansprüche oder Rechtsverhältnisse* ankommen, denn der Anwendungsbereich wird insoweit in Abhängigkeit davon definiert, ob die fraglichen „Ansprüche und Rechtsverhältnisse" in dieser Eigenschaft begründet wurden.[35] Es liegt auf der Hand, dass Ansprüche, die gegen einen anderen Verbraucher entstanden sind, nicht zu b2c-Ansprüchen werden, wenn der Anspruchsgegner bis zur Anmeldung Unternehmer geworden ist. Hinzu kommt indes, dass die Klage nur gegen Unternehmer erhoben werden kann, der Beklagte also im Zeitpunkt der Klageerhebung – also gemäß §§ 13 VDuG, 261 ZPO demjenigen der Rechtshängigkeit – über diese Eigenschaft verfügen muss. Änderungen dieses Status, die nach Eintritt der Rechtshängigkeit eintreten, bleiben nach dem Rechtsgedanken des § 261 Abs. 3 Nr. 2 außer Betracht.[36]

Demgegenüber setzt die Klagebefugnis auf der Aktivseite keine Verbrauchereigenschaft der **23** Anspruchsinhaber im Zeitpunkt der Klageerhebung voraus; insoweit kommt es allein auf die klageberechtigte Stelle an, für welche diese Eigenschaft spätestens im Zeitpunkt der mündlichen Verhandlung vorliegen muss (s. näher dazu § 2 Rn. 10). Es bleibt insoweit daher bei der Frage des Anwendungsbereichs und damit der Maßgeblichkeit der Verbrauchereigenschaft (nur) im Zeitpunkt der Anspruchsbegründung. Spätere Rechtsübergänge, z.B. Zessionen an ein Unternehmen, sind daher ohne Belang für den Anwendungsbereich[37] und können allein bei der Frage der Anmeldung eine Rolle spielen (dazu § 46 Rn. 14).

---

33 Allgemeine Auffassung; s. *Röthemeyer* VDuG § 1 Rn. 11 und zur MFK etwa *Schneider* BB 2018, 1986, 1989; Musielak/Voit/*Stadler*[20] § 606 ZPO Rn. 2.

34 BT-Drucks. 20/6520 S. 69; Anders/Gehle/*Schmidt* § 1 Rn. 5; *Röthemeyer* VDuG § 1 Rn. 17 (für die Eigenschaften als Kleinunternehmer).

35 In diese Richtung auch *Röthemeyer* VDuG § 1 Rn. 24 (Eigenschaft als Verbraucher bei Anspruchsentstehung); für die MFK nach ZPO a.F. *Weinland* MFK Rn. 39.

36 *Röthemeyer* VDuG § 1 Rn. 17.

37 A.A. offenbar *Röthemeyer* VDuG § 1 Rn. 24 u. 26 und für die MFK nach ZPO a.F. Asmus/Waßmuth/*Dörfler* Kollektive Rechtsdurchsetzung (2022) § 606 ZPO Rn. 89–91.

24 **g) Folgen der Nichteröffnung des Anwendungsbereichs.** Ist der Anwendungsbereich der Verbandsklage wegen des Fehlens eines der Merkmale nach § 1 VDuG nicht eröffnet, so ist die Klage nicht statthaft und als unzulässig abzuweisen.[38]

III. Exklusivität von Klagebefugnis und Parteienstellung

25 Absatz 1 Satz 1 stellt auch bereits die in § 2 näher geregelte exklusive Klagebefugnis heraus: Wenn hier ausgeführt wird, dass die benannten Klageformen „klageberechtigten Stellen" offenstehen, so soll damit gesagt werden, dass *nur* diese, in § 2 näher spezifizierten Stellen derartige Klagen erheben können. Diese im Vorfeld ausgiebig diskutierte Beschränkung der Kollektivklagen im deutschen Zivilprozessrecht[39] mag rechtspolitisch diskutabel sein,[40] stellt aber eine bewusste Entscheidung des deutschen Gesetzgebers dar und steht als solche jeder erweiternden Auslegung oder gar Analogie entgegen. Hinsichtlich der Einzelheiten in dieser Hinsicht ist auf die Kommentierung zu § 2 zu verweisen.

26 Mit der Klagebefugnis einerseits und der Unternehmereigenschaft auf der Passivseite andererseits geht einher, dass das Verfahren exklusiv zwischen diesen Parteien geführt wird und die Parteienstellung allein ihnen vorbehalten ist (s.a. Einl. Rn. 12 f.). Zur Streitgenossenschaft s. § 7.

IV. Klagearten und ihr Verhältnis zueinander

1. Klagearten; Gleichberechtigung beider Formen

27 Das VDuG stellt als „Verbandsklagen" in seinem Sinne nunmehr zwei Klagearten zur Verfügung: Neben die auch bisher schon bekannte und bis zum Inkrafttreten des VDuG in §§ 606 ff. ZPO a.F. geregelte Musterfeststellungsklage (§ 1 Abs. 1 Nr. 2, §§ 41 f. VDuG) tritt nunmehr die Abhilfeklage (§ 1 Abs. 1 Nr. 1, §§ 14 ff. VDuG). Die Reihenfolge der Nennung und der nachfolgenden Regelung bringt zum Ausdruck, dass der Gesetzgeber die Abhilfeklage nunmehr als Regelfall und die Musterfeststellungsklage als ergänzendes Instrument des kollektiven Rechtsschutzes ansieht. Eine Subsidiarität wie zwischen individueller Leistungs- und Feststellungsklage nach der ZPO ist damit aber, wie § 41 Abs. 2 VDuG klarstellt, nicht verbunden.[41] Beide Instrumente stehen vielmehr zur Wahl der klageberechtigten Stelle.[42] Dies erscheint auch sinnvoll, da durchaus Fälle vorstellbar sind, in ein Verband es für effizienter hält, lediglich die grundlegenden Feststellungen kollektiv zu klären und die Leistungsstufe einer vergleichsweisen oder individuellen Klärung durch die betroffenen Verbraucher zu überlassen.[43]

2. Kombinationen und Übergang von einer Klageart zur anderen

28 Nicht gesondert geregelt hat der Gesetzgeber weitere Einzelheiten über das Verhältnis der beiden Klagearten im Übrigen, insbesondere die Fragen der (anfänglichen) Kombinationsmöglichkeit im

---

38 Vgl. in diesem Sinne (zur MFK nach ZPO a.F.) wohl auch Anders/Gehle/*Schmidt* § 606 Rn. 23; s.a. BGH, Urt. v. 27.7.2023 – IX ZR 267/20, BGHZ 238, 61 Rn. 9.

39 S. aus der großen Zahl der Stellungnahmen etwa *Halfmeier* ZRP 2017, 201; *Kranz*, NZG 2017, 1099.

40 Vgl. zu den zahlreichen kritischen Stellungnahmen etwa diejenige des Deutschen Anwaltsvereins, Wortprotokoll der 15. Sitzung des Ausschusses für Recht und Verfassungsschutz, Protokoll Nr. 19/15, 97; *Geissler* GWR 2018, 189; *Guggenberger/Guggenberger* MMR 2019, 8; *Röthemeyer* VuR 2020, 130.

41 Ebenso Anders/Gehle/*Schmidt* § 1 Rn. 7.

42 So explizit BT-Drucks. 20/6520 S. 69: „Entsprechend der Dispositionsmaxime kann die Klagepartei die Wahl treffen, ob sie mit einer Abhilfeklage auf Leistung oder mit einer Musterfeststellungsklage auf Feststellung klagt."

43 So zutreffend Anders/Gehle/*Schmidt* § 1 Rn. 7.

Wege der objektiven Klagehäufung (zur subjektiven s. § 7), der Hinzufügung im Wege der Klageerweiterung und des Übergangs von der einen Klageart zur anderen. § 8, der einen Unternehmer gegen eine Mehrheit von (sukzessiven) Verbandsklagen schützt, stellt für die genannten Formen keine grundsätzliche Hürde dar:[44] Für die anfängliche objektive Klagehäufung ist die Vorschrift schon ihrem Wortlaut nach nicht einschlägig, hinsichtlich der nachträglichen objektiven Klageerweiterung oder des Übergangs von einer Klageart zur anderen ihrem Sinn und Zweck nach nicht, da sie den Unternehmer lediglich vor der Inanspruchnahme vor potentiellen weiteren Klageberechtigten schützen soll.[45] § 8 steht damit lediglich einer Erweiterung um Ansprüche oder Feststellungsziele entgegen, die ein anderer Verband zwischenzeitlich in noch zulässiger Weise zum Gegenstand einer zweiten Klage gemacht hat und damit nun seinerseits die Priorität nach § 8 genießt (→ § 8 Rn. 6). Im Übrigen sind über § 13 die allgemeinen Regeln anwendbar, wovon auch der Gesetzgeber ausgegangen zu sein scheint.[46] Freilich sind die Spezifika der Verbandsklage zu berücksichtigen, sodass folgendes gelten dürfte:

a) (Anfängliche) objektive Klagehäufung. Eine **anfängliche Verbindung** einer Musterfest- 29 stellungs- mit einer Abhilfeklage als **objektive Klagehäufung** ist nach § 260 ZPO möglich.[47] Ein praktisches Bedürfnis für eine solche Verbindung ist durchaus denkbar: Wenn bei einem potentiell anspruchsbegründenden Lebenssachverhalt – Beispiel Verwendung einer unwirksamen AGB-Klausel – bestimmte Ansprüche ohne Weiteres gegeben sind (Rückzahlung eines Entgelts, das aufgrund der Klausel erhoben wurde), andere hingegen nur unter zusätzlichen Voraussetzungen (weitergehender Schadensersatz mit begehrten Feststellungen dazu, was als „Schaden" anzusehen ist, sowie Verschulden), so könnte es ein klagender Verband durchaus in Betracht ziehen, eine Abhilfeklage mit weiter gehenden Musterfeststellungsanträgen zu verbinden. Die Voraussetzungen des § 260 ZPO stehen nicht entgegen, denn eine andere „Prozessart" stellt nach der Konstruktion des VDuG und seines § 1 zwar sicherlich die Verbandsklage gegenüber dem Individualverfahren dar, nicht aber ihre beiden Ausprägungen untereinander.[48] Der Unterschied zwischen auf Leistung und auf Feststellung gerichteten Anträgen begründet lediglich eine verschiedene Klageart und steht deshalb nach allgemeiner Auffassung einer Klagehäufung nicht entgegen.[49] Erst recht zulässig ist die Kumulation der verschiedenen Antragsformen der Abhilfeklage, welche häufig zweckmäßig sein wird (s. für ein Beispiel § 5 Rn. 9).

b) Erweiterung und Klageänderung. Schwieriger zu beurteilen sind die Konstellationen einer 30 späteren Erweiterung oder Umstellung der Anträge. Für beide gilt, dass sie sich kraft des Verweises in § 13 an § 263 f. ZPO messen lassen müssen (dazu § 13 Rn. 10).[50] Anders als etwa bei der Ergänzung eines Feststellungsziels[51] liegt in der nachträglichen Erweiterung einer Musterfeststellungsklage um eine Abhilfeklage oder umgekehrt, ebenso wie bei der Umstellung von einer Klageart in die andere, eine Klageänderung i.S.v. § 263 ZPO.[52] Dies gilt auch für den Übergang von der

---

44 So auch *Röthemeyer* VDuG § 1 Rn. 29.
45 S. § 8 Rn. 6 und BT-Drucks. 20/6520 S. 73.
46 S. BT-Drucks. 20/7631 S. 108 (zur Frage der Kombinationsmöglichkeit).
47 *Röthemeyer* VDuG § 1 Rn. 28; Zöller/*Vollkommer* ZPO, 35. Aufl. (2024) Vor § 606 Rn. 21 u. VDuG § 1 Rn. 18; Skauradszun/*Skauradszun* VDuG § 13 Rn. 30, 46. S.a. die Gesetzesbegründung in BT-Drucks. 20/7631 S. 108 (nachfolgende Fn.).
48 *Röthemeyer* VDuG § 1 Rn. 28. Hiervon scheint auch der Gesetzgeber ausgegangen zu sein, der die Möglichkeit der objektiven Häufung unter Verweis auf § 260 ZPO anspricht (BT-Drucks. 20/7631 S. 108).
49 Zöller/*Greger* § 260 Rn. 2; Stein/Jonas/*Roth*, Kommentar zur ZPO, 23. Aufl. (2016) § 260 Rn. 13, 21.
50 Zur Maßgeblichkeit der Voraussetzungen des § 263 ZPO für die Klageerweiterung statt aller *Bacher* BeckOK, 51. Ed. 1.12.2023, § 260 ZPO Rn. 20.
51 S. dazu bei der Musterfeststellungsklage nach ZPO a.F. (Klageerweiterung nach § 264 Nr. 2 ZPO), BGH, Beschl. v. 30.7.2019 – VI ZB 59/18, MDR 2019, 1328; *Röß* MDR 2023, 1417, 1418 f.
52 So (implizit) auch *Röthemeyer* VDuG § 1 Rn. 29.

Musterfeststellungsklage in eine Abhilfeklage, weil – anders als im Individualverfahren – die Verfahrensart geändert wird (s.a. sogleich Rn. 31). Demnach kommt es – abgesehen vom nicht sehr wahrscheinlichen Fall der Einwilligung der Beklagtenseite – auf die Sachdienlichkeit an, wobei insbesondere auch die angemeldeten Ansprüche zu berücksichtigen sind. Anders ist als bei der Musterfeststellungsklage sind Anmeldungen bei der Verbandsklage nach § 46 Abs. 1 Satz 1 bis zum Schluss der mündlichen Verhandlung möglich und können daher bis zu diesem Zeitpunkt auch zurückgenommen, ergänzt oder geändert werden (s. § 46 Rn. 19), sodass die Sachdienlichkeit von Klageänderungen unter dem Gesichtspunkt der angemeldeten Ansprüche nicht generell zu verneinen ist.[53] Unter dem Gesichtspunkt der Sachdienlichkeit stellen sich die denkbaren Konstellationen durchaus unterschiedlich dar:

31 Die Sachdienlichkeit eines **Übergangs von der Abhilfe- zur Musterfeststellungsklage** erscheint auf den ersten Blick fraglich, kann aber durchaus gegeben sein: Anders als im Individualverfahren kann es durchaus sinnvoll sein, z.B. angesichts sich abzeichnender Probleme bei der Bezifferung oder für die Verteilung auf die Musterfeststellungsklage „zurückzugehen", um das Verfahren mit einem verwertbaren Ergebnis für die angemeldeten Verbraucher abzuschließen. Nachdem der Gesetzgeber die Prozessführung allein in die Hände des Verbandes gelegt hat, müssen die angemeldeten Verbraucher eine derartige Beurteilung durch den Verband hinnehmen; eine verfahrensmäßige oder materielle Position der Anmelder, die dem entgegenstehen würde, ist nicht ersichtlich.

32 Problematischer ist – auf einen ersten, vom Individualverfahren geprägten Blick wiederum überraschend – der umgekehrte **Übergang von der Musterfeststellungs- zur Abhilfeklage**, und zwar unter dem Gesichtspunkt der angemeldeten Ansprüche: Denn auch wenn die Anmeldung rechtlich noch geändert bzw. ergänzt werden *kann*, ist fraglich, ob Verbraucher tatsächlich auf die Klageänderung reagieren oder sie nicht vielmehr nach einer einmal erfolgten Anmeldung die – vom Gesetzgeber mit ihrer vollkommen passiven Rolle gleichsam abgesegnete – Erwartung haben, nach der einmal erfolgten Anmeldung „nichts mehr tun" zu müssen. Es werden daher bei einem Übergang von der Musterfeststellungs- zur Abhilfeklage die notwendigen Angaben zur Anspruchshöhe fehlen, die nach § 46 Abs. 2 Satz 2 nur gemacht werden „sollen", wenn ein Zahlungsanspruch geltend gemacht wird. Die Änderung schafft damit ein Problem für die Handhabung des Verfahrens und dürfte schon vor diesem Hintergrund kaum als sachdienlich gewertet werden können.[54]

33 Bei der **Erweiterung** einer Musterfeststellungsklage um einen Abhilfeantrag stellt sich das gleiche Problem, während umgekehrt ein zusätzlicher Musterfeststellungsantrag in der Regel mit Blick auf die Anmeldungen unproblematisch sein wird, sodass es nur auf die „reine" Sachdienlichkeit zur Klärung des Rechtsverhältnisses ankommt. Allerdings ist in diesem Fall zu beachten, dass das Quorum nach § 4 auch für den neuen Feststellungsantrag erfüllt ist (→ § 4 Rn. 7).

34 **c) Sukzessive Musterfeststellungs- und Abhilfeklage.** Ohne weitere Voraussetzungen möglich ist demgegenüber die Erhebung einer Abhilfeklage nach dem rechtskräftigen Abschluss eines Musterfeststellungs-Verfahrens.[55] Da es sich nicht um eine Kombination innerhalb eines laufenden Verfahrens handelt, ergeben sich keine Fragen der Sachdienlichkeit o.ä.; die Rechtskraft des Mus-

---

53 S. *Röthemeyer* VDuG § 1 Rn. 29; ausführlich *Röß* MDR 2023, 1417, 1420 f. Bei der Musterfeststellungsklage nach ZPO a.F. lag dies anders, s. *Röß*, NJOZ 2021, 1569 ff.

54 Dies scheint auch *Röthemeyer* VDuG § 1 Rn. 29 zu konzedieren (dieser Gesichtspunkt könne „bei der Prüfung der Sachdienlichkeit in den Blick genommen werden". Die Sachdienlichkeit für Abhilfeklagen, die auf Leistung an namentlich benannte Verbraucher gerichtet sind, mit ausführlicher Begründung generell verneinend *Röß* MDR 2023, 1417, 1421.

55 So auch *Röthemeyer* VDuG § 1 Rn. 30. A.A. offenbar Köhler/Bornkamm/Feddersen/*Scherer* § 41 VDuG Rn. 14–16, der die Individualklage als zwingende Folge der Musterfeststellungsklage sieht. Indizien für einen solchen „Typenzwang" sind indes im VDuG nicht ersichtlich.

terfeststellungs-Urteils ist kein Hindernis, sondern vielmehr die Grundlage dieser „nachlaufenden" Abhilfeklage. Auch § 8 ist insoweit kein Hindernis (oben Rn. 28 und § 8 Rn. 6).

§ 2
Klageberechtigte Stellen

(1) Klageberechtigte Stellen für Verbandsklagen sind
1. qualifizierte Verbraucherverbände, die
   a) in der Liste nach § 4 des Unterlassungsklagengesetzes eingetragen sind und
   b) nicht mehr als 5 Prozent ihrer finanziellen Mittel durch Zuwendungen von Unternehmen beziehen, sowie
2. qualifizierte Einrichtungen aus anderen Mitgliedstaaten der Europäischen Union, die in dem Verzeichnis der Europäischen Kommission nach Artikel 5 Absatz 1 Satz 4 der Richtlinie (EU) 2020/1828 des Europäischen Parlaments und des Rates vom 25. November 2020 über Verbandsklagen zum Schutz der Kollektivinteressen der Verbraucher und zur Aufhebung der Richtlinie 2009/22/EG (ABl. L 409 vom 4.12.2020, S. 1) eingetragen sind.
(2) Bestehen ernsthafte Zweifel daran, dass die Voraussetzung nach Absatz 1 Nummer 1 Buchstabe b vorliegt, so verlangt das Gericht vom Kläger die Offenlegung seiner finanziellen Mittel.
(3) Es wird unwiderleglich vermutet, dass Verbraucherzentralen und andere Verbraucherverbände, die überwiegend mit öffentlichen Mitteln gefördert werden, die Voraussetzung des Absatzes 1 Nummer 1 Buchstabe b erfüllen.

Schrifttum

Alamdari Verbraucherschutz durch Abhilfeklagen, NJOZ 2023, 1472; *Bayat* Die Verbandsklage und das Umsetzungsverfahren, IWRZ 2023, 258; *Gsell* Europäische Verbandsklagen zum Schutz kollektiver Verbraucherinteressen – Königs- oder Holzweg? BKR 2021, 521; *Hakenberg* Die neue Verbandsklagen-Richtlinie der Europäischen Union, NJOZ 2021, 673; *Heinzke/Storkenmaier* Die kollektive Rechtsdurchsetzung bei Verletzung des Datenschutzrechts, Teil 2, CR 2021, 582; *Leupold* Die neue Verbandsklagen-Richtlinie – ausgewählte Auslegungs- und Umsetzungsfragen, Konsumentenpolitisches Jahrbuch 2021, 71; *Münscher* Die Abhilfeklage nach dem neuen Verbraucherrechtedurchsetzungsgesetz, WM 2023, 2082; *Röthemeyer* Das Verbraucherrechtedurchsetzungsgesetz (VDuG) zur Umsetzung der Verbandsklagen-Richtlinie – Die neue Abhilfeklage, VuR 2023, 332; *Scherer* Abhilfeanspruch gem. Art. 9 Abs. 1 VerbandsklagenRL /§ 1 Abs. 1 Nr. 1 VDuG-E und Verbraucherschadensersatzanspruch gem. § 9 Abs. 2 UWG – Kollektivrechtsschutz contra Individualrechtsschutz? VuR 2022, 443; *Schläfke/Lühmann* Kollektiver Rechtsschutz nach der Umsetzung der EU – Verbandsklagen – Richtlinie, NJW 2023, 3385; *Schuschnigg* Die Verbandsklagen-Richtlinie, EuZW 2022, 1043; *Volkommer* Das VDuG auf dem Praxisprüfstand, RAW 2024, 2; *Waßmuth/Rummel* Das Gesetz zur Umsetzung der EU-Verbandsklagenrichtlinie, ZIP 2023, 1515; *Woopen* Kollektiver Rechtsschutz und Verbandsklagenrichtlinie: Recht ist keine Assetkasse, Rechtsbruch kein Geschäftsmodell, VersR 2023, 886.

Übersicht

I. Hintergrund, Normzweck und Inhalte —— 1

II. Klageberechtigte Stellen
1. Qualifizierte Verbraucherverbände (Abs. 1 Nr. 1, Absatz 3) —— 4

2. Qualifizierte Einrichtungen aus anderen EU-Mitgliedstaaten (Abs. 1 Nr. 2) —— 9
3. Maßgeblicher Zeitpunkt —— 10

III. Nachweis, Prüfung durch das Gericht —— 11

I. Hintergrund, Normzweck und Inhalte

1 § 2 regelt im Einzelnen, unter welchen Voraussetzungen ein Verband oder Einrichtung zu den „klageberechtigten Stellen" zu zählen ist, denen das Gesetz die exklusive Klagebefugnis zweist (s.o. § 1 Rn. 25 f.). „Klageberechtigte Stellen" sind zum einen die nunmehr so bezeichneten inländischen

„qualifizierte[n] Verbraucherverbände" (Nr. 1) und zum anderen die terminologisch davon unterschiedenen qualifizierten „Einrichtungen" aus anderen Mitgliedstaaten der EU (Nr. 2). Der Begriff der „Einrichtung" ist offener, womit auf mögliche andere Organisationsformen als diejenige des „Verbandes" in anderen Mitgliedstaaten Rücksicht genommen wird.

Die beiden Varianten reflektieren die in der Verbandsklagen-Richtlinie enthaltene Unterschei- **2** dung zwischen „innerstaatlichen" und „grenzüberschreitenden" Verbandsklagen, die am Auseinanderfallen von Gerichtsort einerseits und Sitz der klagenden Einrichtung andererseits anknüpft, während es auf den Sitz der Verbraucher und des beklagten Unternehmens nicht ankommt.[1] Abgesehen von dem nunmehr geregelten Klagebefugnis kommt der Frage, ob es sich in diesem Sinne um eine grenzüberschreitende Verbandsklage handelt oder nicht, indes keine Bedeutung zu; die internationale Zuständigkeit und Folgefragen richten sich nach den allgemeinen Regeln des – freilich seinerseits europäisch geprägten – IZPR (→ Einl. Rn. 45 ff. und § 3 Rn. 9 ff., zur Ermöglichung streitgenössischer „Mischung" § 7 Rn. 1).

Der **Kreis der klageberechtigten Stellen** ist damit gegenüber der Regelung der Musterfest- **3** stellungsklage (§ 606 Abs. 1 ZPO a.F.) deutlich **erweitert** worden, und zwar in zweifacher Hinsicht: Zum einen wurde die Klagebefugnis in Umsetzung der Verbandsklagen-Richtlinie auf Einrichtungen aus anderen Mitgliedstaaten der EU erstreckt. Als mittelbare Folge hiervon wurden die Anforderungen, die inländische Verbände erfüllen müssen, gegenüber der Regelung in § 606 ZPO a.F. deutlich abgesenkt, da es schwer vermittelbar erschien und unvermeidlich zu Ausweicheffekten geführt hätte, die inländischen Stellen substantiell höheren Anforderungen zu unterwerfen als diejenigen aus dem EU-Ausland.[2] Entfallen sind damit gegenüber der Musterfeststellungsklage die Erfordernisse nach § 606 Abs. 1 Satz 2 Nr. 1 bis 4 ZPO a.F. Geblieben ist lediglich das Erfordernis bezüglich einer allenfalls geringen Unternehmensbeteiligung an der Mittelherkunft des klagenden Verbandes in Abs. 1 Nr. 1 lit. b, welches mit den flankierenden Regelungen in Absatz 2 und 3 den Regelungsgehalten in § 606 Abs. 1 Satz 2 Nr. 5, Satz 3 und 4 ZPO a.F. entspricht. Dieses beschränkt sich – systematisch eindeutig – auf die inländischen „qualifizierten Verbraucherverbände" nach Nr. 1.[3]

II. Klageberechtigte Stellen

1. Qualifizierte Verbraucherverbände (Abs. 1 Nr. 1, Absatz 3)

Der Begriff des „qualifizierten Verbraucherverbands" bereitet per se weder Auslegungs- noch **4** Anwendungsprobleme, da sich diese Eigenschaft aus der Eintragung in die Liste nach § 4 UKlaG ergibt. Die Liste ist auf der Website des Bundesamts für Justiz (vgl. § 4 Abs. 1 UKlaG, www.bundes justizamt.de) einsehbar. Die Voraussetzungen der Eintragung sind in § 4 Abs. 2 UKlaG geregelt und werden in dem dort vorgesehenen Eintragungsverfahren geprüft, sodass auf die Kommentierungen zum UKlaG verwiesen werden kann.[4]

Durch den Verweis hat diese Eintragung negativ wie positiv konstitutive Bedeutung für die **5** Klagebefugnis nach dem VDuG; weder kann einem eingetragenen Verband die Eigenschaft als „qualifizierter Verbraucherverband" abgesprochen werden noch kann umgekehrt eine solche nach lit. a ohne Eintragung vorliegen. Eine Überprüfung durch das Gericht ist, wie sich e contrario aus dem nur auf lit. b bezogenen Absatz 2 ergibt, im Verfahren selbst nicht vorgesehen. Das Gericht kann bei Vorliegen begründeter Zweifel aber nach § 4a Abs. 2 UKlaG vorgehen, d.h. das

---

1 S. Art. 3 Nr. 6 und 7 und EG 23 Verbandsklagen-Richtlinie; *Röthemeyer* VDuG § 2 Rn. 2.
2 BT-Drucks. 20/6520 S. 69.
3 Anders/Gehle/*Schmidt* § 2 Rn. 4; s. mit kritischer Tendenz gegenüber der Beibehaltung einer differenzierenden Regelung für die Klagebefugnis *Röthemeyer* VDuG § 2 Rn. 3.
4 S. etwa *Micklitz/Rott* MünchKomm-ZPO[6] UKlaG § 4 Rn. 12–31; Köhler/Bornkamm/Feddersen/*Köhler/Alexander* UKlaG § 4 Rn. 5–13.

Bundesamt für Justiz zur Überprüfung auffordern und das Verfahren bis zum Abschluss der Prüfung aussetzen.[5] Da „begründete Zweifel" als recht hohe Schwelle angesehen werden,[6] ist von einem gebundenen Ermessen in dem Sinne auszugehen, dass das Gericht bei Vorliegen derartiger Zweifel auffordern muss, wenn nicht erhebliche andere Gründe entgegenstehen.

6   Einziges zusätzliches Erfordernis zur Eintragung ist im VDuG nunmehr, dass der Verband nicht mehr als 5 % seiner Mittel durch Zuwendungen von Unternehmen beziehen darf (Abs. 1 Nr. 1 lit. b, s. zur gerichtlichen Kontrolle nach Absatz 2 und 3 unten Rn. 11).[7] Die Tatsache, dass dieses Erfordernis auf die inländischen „qualifizierten Verbraucherverbände" beschränkt ist, geht auf Art. 6 Abs. 1 der Verbandsklagen-Richtlinie zurück, der zur Anerkennung qualifizierter Einrichtungen aus anderen Mitgliedstaaten verpflichtet, ohne dass diese entsprechende Voraussetzungen erfüllen müssten. Es handelt sich um einen Fall der europarechtlich zulässigen sog. Inländerdiskriminierung.[8]

7   Während die Begriffe der finanziellen Mittel und der Zuwendungen durch Unternehmen kaum weiterer Konkretisierung bedürfen,[9] stellt sich die Frage des Betrachtungszeitraums für die Bestimmung der 5 %-Schwelle. Der Praktikabilität halber liegt es nahe, das Geschäftsjahr vor Klageerhebung heranzuziehen. Dies wird allerdings häufig nicht genügen, etwa bei ungewöhnlich hohen Einzelzuwendungen oder generell bei Anhaltspunkten dafür, dass sich die künftige Klageerhebung bereits so früh im Jahr abzeichnete, dass dem Verband eine Beeinflussung seiner Mittelzufuhr möglich gewesen wäre. Es wird in derartigen Fällen regelmäßig ein mehrjähriger Zeitraum herangezogen werden müssen.[10]

8   Für Verbraucherzentralen und andere Verbände, die überwiegend mit öffentlichen Mitteln gefördert werden,[11] wird nach Absatz 3 unwiderleglich vermutet, dass das Erfordernis nach Abs. 1 Nr. 1 lit. b erfüllt wird. Das Merkmal der „überwiegenden" Förderung mit öffentlichen Mitteln findet sich auch in § 4 Abs. 2 S. 2 UKlaG, der wiederum Vorbild für § 606 Abs. 1 S. 4 ZPO a.F. war und ist in gleicher Weise zu verstehen, d.h. nach ganz h.M. im allgemeinen Sprachsinn (mehr als 50 %).[12]

2. Qualifizierte Einrichtungen aus anderen EU-Mitgliedstaaten (Abs. 1 Nr. 2)

9   Nr. 2 sieht nunmehr in Umsetzung der Verbandsklagen-Richtlinie explizit die Klagebefugnis von qualifizierten Einrichtungen aus anderen Mitgliedstaaten der EU vor (s.o. Rn. 1). Voraussetzung ist insoweit lediglich, dass sie in dem von der EU-Kommission geführten Verzeichnis nach Art 5 Abs. 1 Satz 4 der Verbandsklagen-Richtlinie eingetragen sind. Gemäß dem neu eingeführten § 4d UKlaG wird beim Bundesamt für Justiz auch diesbezüglich eine Liste geführt (Liste qualifizierter

---

5 Anders/Gehle/*Schmidt* § 2 Rn. 3; *Schläfke/Lühmann*, NJW 2023, 3385; *Röthemeyer* VDuG § 2 Rn. 5 (dessen Formulierung, die Prüfung könne „angeregt" werden, angesichts des Gesetzeswortlauts „auffordern" allerdings zu schwach erscheint). S. zu den Anforderungen Köhler/Bornkamm/Feddersen/*Köhler/Alexander* UKlaG § 4a Rn. 3 m.w.N.

6 S. Köhler/Bornkamm/Feddersen/*Köhler/Alexander* UKlaG § 4a Rn. 3 m.w.N.; aus der Rechtsprechung OLG Düsseldorf, Urt. v. 29.3.2018 – I-20 U 39/17, GRUR-RR 2018, 254; BGH, Urt. v. 4.7.2019 – I ZR 149/18, NJW 2019, 3377; BGH Urt. v. 4.2.2010 – ZR 66/09, NJW-RR 2010, 1560 Rn. 11: es müssen konkrete Tatsachen vorliegen, welche die Annahme rechtfertigen.

7 S. zu Hintergrund und Kritik an der Beibehaltung dieses Erfordernis *Röthemeyer* VDuG § 2 Rn. 9 ff.

8 S. zur Inländerdiskriminierung im Unionsrecht: Grabitz/Hilf/Nettesheim/*von Bogdandy* 80. EL August 2023, AEUV Art. 18 Rn. 49–54.

9 Näher etwa *Röthemeyer* VDuG § 2 Rn. 12 f., 15.

10 Ähnlich *Röthemeyer* VDuG § 2 Rn. 14; für einen Regelzeitraum von mindestens vier Jahren plädierten im Zusammenhang mit der Parallelregelung zur Musterfeststellungsklage nach ZPO a.F. Asmus/Waßmuth/*Waßmuth/Dörfler* Kollektive Rechtsdurchsetzung, 1. Aufl. (2022) § 606 ZPO Rn. 48; Musielak/Voit/*Stadler*[20] § 606 ZPO Rn. 9.

11 S. zum bislang sehr beschränkten Anwendungsbereich und den Voraussetzungen dieser Variante näher *Röthemeyer* VDuG § 2 Rn. 22 ff.

12 Skauradszun/*Beck* VDuG § 2 Rn. 25 f. mw.N. zur h.M. zur MFK nach ZPO a.F. in Fn. 29.

Einrichtungen für grenzüberschreitende Verbandsklagen). Da diese Liste auch deutsche qualifizierte Einrichtungen umfasst, die aber dem zusätzlichen Erfordernis nach Abs. 1 Nr. 1 lit. b unterworfen sind, ist Nr. 2 auf die in der Liste enthaltenen Einrichtungen aus *anderen* EU-Mitgliedstaaten beschränkt. Für Einrichtungen aus Drittstaaten außerhalb der EU ist keine Klagebefugnis vorgesehen.

3. Maßgeblicher Zeitpunkt

Für die Voraussetzungen der Klagebefugnis als besondere Zulässigkeitsvoraussetzung gilt nach **10** allgemeinen Grundsätzen, dass sie spätestens zum Schluss der mündlichen Verhandlung vorliegen müssen. Dies steht in einem gewissen Spannungsverhältnis dazu, dass entsprechende Darlegungen nach § 5 Abs. 1 Nr. 1 bereits in der Klageschrift zu erfolgen haben. Die parallele Lage bei der Musterfeststellungsklage nach ZPO a.F. (§ 606 Abs. 2 Satz 1 Nr. 1 ZPO a.F.) hat der BGH indes nicht zum Anlass genommen, eine Abweichung von diesem Grundsatz anzunehmen.[13] Auch für das VDuG ist damit davon auszugehen, dass die klageberechtigte Stelle zwar bereits in der Klageschrift ihre Qualifizierung darzulegen hat, es aber für die Zulässigkeit der Klage genügt, dass die Voraussetzungen spätestens bei Schluss der mündlichen Verhandlung tatsächlich vorliegen.[14] Angesichts der nunmehr deutlich geringeren Voraussetzungen und der weitgehenden Klärung bereits bei oder durch Eintragung dürfte der Frage jedoch keine entscheidende Bedeutung mehr zukommen.

III. Nachweis, Prüfung durch das Gericht

Die Klagebefugnis und mithin ihre Voraussetzungen sind von Amts wegen zu prüfende Prozessvo- **11** raussetzungen, bei deren Fehlen die Klage als unzulässig abzuweisen ist.[15] Darlegungspflichtig ist die klagende Einrichtung, § 5 Abs. 1 Nr. 1 ordnet an, dass diese Darlegung bereits in der Klageschrift zu erfolgen hat. (Nur) wenn das Gericht nach diesen Darlegungen (bzw. regelmäßig erst aufgrund der Klageerwiderung) „ernsthafte Zweifel" an der finanziellen Unabhängigkeit i.S.v. Abs. 1 Nr. 1 lit. b hat, so ordnet es nach Absatz 2 die Offenlegung der finanziellen Mittel des Verbandes an. Im Sinne einer Kohärenz der Prüfungs- und Kontrollrechte im Verbandsklagenrecht liegt es nahe, an die „ernsthaften Zweifel" dieselben Anforderungen zu stellen wie an die „begründeten Zweifel", die das Gericht veranlassen, eine Überprüfung der Eintragung nach § 4a Abs. 2 UKlaG durch das Bundesamt für Justiz zu veranlassen. Es müssen demnach konkrete Tatsachen vorliegen, welche die Annahme der finanziellen Abhängigkeit Abs. 1 Nr. 1 lit. b rechtfertigen (s.o. Rn. 5 mit Fn. 6).[16] Die „Offenlegung" beinhaltet noch nicht notwendig Nachweise; bezüglich des Nachweises gilt ggf. das Freibeweisverfahren.[17] Für Verbraucherzentralen und andere Verbände, die überwiegend mit öffentlichen Mitteln gefördert werden, stellt sich die Frage der gerichtlichen Überprüfung wegen der unwiderleglichen Vermutung nach Absatz 3 nicht.

---

13 BGH, Urt. v. 7.11.2020 – XI ZR 171/19, NJW 2021, 1014; Urt. v. 30.3.2023 – VII ZR 10/22, NJW 2023, 1816.
14 Ebenso Anders/Gehle/*Schmidt* § 2 Rn. 7. Abweichend und differenzierend hingegen Zöller/*Vollkommer* VDuG § 2 Rn. 13 f.
15 BGH, Urt. v. 7.11.2020 – XI ZR 171/19, NJW 2021, 1014 (für die entsprechende Regelung in der MFK nach ZPO a.F.).
16 In diesem Sinne auch Anders/Gehle/*Schmidt* § 2 Rn. 6.
17 Anders/Gehle/*Schmidt* § 2 Rn. 6; *Röthemeyer* VDuG § 2 Rn. 17. Weitergehend wohl Skauradszun/*Beck* VDuG § 2 Rn. 20, der die Maßstäbe des § 259 BGB heranzieht.

§ 3
Zuständigkeit, Verordnungsermächtigung

(1) Für Verbandsklagen ist dasjenige Oberlandesgericht sachlich und örtlich ausschließlich zuständig, in dessen Bezirk sich der allgemeine Gerichtsstand des Unternehmers, gegen den sich die Verbandsklage richtet, befindet.

(2) [1]Regelungen in Rechtsakten der Europäischen Union bleiben unberührt. [2]Regelungen in völkerrechtlichen Vereinbarungen, soweit sie unmittelbar anwendbares innerstaatliches Recht sind, gehen den Vorschriften dieses Gesetzes vor.

(3) [1]Die Landesregierungen können durch Rechtsverordnung einem Oberlandesgericht die Entscheidung und Verhandlung für die Bezirke mehrerer Oberlandesgerichte oder dem Obersten Landesgericht zuweisen, sofern
1. in dem Land mehrere Oberlandesgerichte errichtet sind und
2. die Zuweisung für das Verbandsklageverfahren förderlich ist.
[2]Die Landesregierungen können die Ermächtigung durch Rechtsverordnung auf ihre Landesjustizverwaltung übertragen.

Schrifttum

Bayat Die Verbandsklage und das Umsetzungsverfahren, IWRZ 2023, 258; *Dahl/Linnenbrink* Die Position des Sachwalters im Umsetzungsverfahren der neuen Verbandsabhilfeklage nach VDuG, NZI 2024, 33; *Hoffmann* Die internationale Zuständigkeit für Verbandsklagen gegen drittstaatliche Unternehmen, IPRax 2024, 7; *Janal* Die Umsetzung der Verbandsklagenrichtlinie, GRUR 2023, 985; *Loyal* Probleme der erstinstanzlichen Zuständigkeit der Oberlandesgerichte für Musterfeststellungsverfahren, ZIP 2019, 2049; *Mayrhofer* Internationale Zuständigkeit und Kollisionsrecht als Hemmschuhe für Verbandsklagen bei grenzüberschreitenden Verstößen?, VbR 2024, 137 u. 169; *Münscher* Die Abhilfeklage nach dem neuen Verbraucherrechtedurchsetzungsgesetz, WM 2023, 2082; *Scherer* Verbandsklage nach dem VDuG im Insolvenzverfahren, NZI 2024, 352; *Schläfke/Lühmann* Kollektiver Rechtsschutz nach der Umsetzung der EU – Verbandsklagen – Richtlinie, NJW 2023, 3385; *Thönissen* Zuständigkeit und Sperrwirkung bei Verbandsabhilfeklagen, EuZW 2023, 637.

Übersicht

I.   Hintergrund, Normzweck und -historie; Inhalte —— 1

II. Sachliche und örtliche Zuständigkeit (Absatz 1 und 3)
1.   Sachliche Zuständigkeit —— 2
2.   Örtliche Zuständigkeit —— 4

3.   Ausschließlichkeit der Zuständigkeit —— 5
4.   Konzentrationsmöglichkeit durch Länderverordnungen (Absatz 3) —— 7

III. Zuständigkeit in grenzüberschreitenden Fällen bzw. Vorrang internationaler Rechtsakte (Absatz 2) —— 9

I. Hintergrund, Normzweck und -historie; Inhalte

1 § 3 VDuG regelt – für kollektive Rechtsbehelfe erstmalig – die Zuständigkeit für die Verbandsklagen umfassend: Absatz 1 bestimmt das örtlich und sachlich zuständige Gericht, ergänzt um eine Verordnungsermächtigung, die Ländern mit mehreren Oberlandesgerichten die Konzentration bei einem Gericht ermöglicht (Absatz 3). In Absatz 2 wird – deklaratorisch – die internationale Zuständigkeit angesprochen. Die Regelung zur sachlichen und örtlichen Zuständigkeit entspricht weitestgehend derjenigen der Musterfeststellungsklage in den aufgehobenen § 119 Abs. 3 GVG a.F. und § 32c ZPO a.F., während Absatz 2 ein Novum darstellt.

https://doi.org/10.1515/9783110660180-004

II. Sachliche und örtliche Zuständigkeit (Absatz 1 und 3)

1. Sachliche Zuständigkeit

Wie bereits für die Musterfeststellungklage (§ 119 Abs. 3 GVG a.F.), entsprechend der Regelung im **2** KapMuG und nunmehr auch im Einklang mit dem uno actu geänderten UKlaG (§ 6 Abs. 1 Satz 1 UKlaG n.F.) wird die sachliche Zuständigkeit den Oberlandesgerichten zugewiesen, die damit erstinstanzlich zur Entscheidung über die Verbandsklagen berufen sind. Die Regelung ist unabhängig vom Streitwert und wird konsequenterweise begleitet von der in § 13 angeordneten Geltung der ZPO-Vorschriften für den ersten Rechtszug und die garantierte Revisibilität (§§ 16 Abs. 5, 18 Abs. 4, 42). Die erstinstanzliche Zuständigkeit des OLG – dann beim Kartellsenat – besteht entgegen § 87 GWB auch dann, wenn die Verbandsklage eine kartellrechtliche Streitigkeit im Sinne dieser Vorschrift betrifft (§ 91 S. GWB, zur Zuständigkeit des Kartellsenats beim BGH für Revision und Rechtsbeschwerde § 94 Abs. 1 Nr. 4 GWB). Im Übrigen gilt für Zuweisungen der von § 119a GVG abgesteckte Rahmen.[1]

Die Begründung der Regelung mit der Breitenwirkung und Bedeutung der Sache[2] erscheint **3** etwas verquer, weil sie im Vergleich zum Einzelverfahren den *Verlust* einer Tatsachen(kontroll)instanz bedeutet. Dies kann die Qualität der Tatsachenfeststellung auch dann schwerlich erhöhen, wenn man eine bessere sachliche und personelle Ausstattung bei den OLGs annimmt.[3] Zudem wurde die Verkürzung des Instanzenzugs bei Einführung der Musterfeststellungsklage noch damit begründet, dass das Verfahren – wie auch dasjenige nach dem KapMuG – nicht mit einem Leistungstitel endet;[4] dieses Argument entfällt zumindest bei der Abhilfeklage. Allerdings ist nicht zu verkennen, dass sich in der praktischen Erprobung etwa des KapMuG schon bei zweigliedrigem Instanzenzug die Langwierigkeit des Verfahrens als größter Pferdefuß erwiesen hat,[5] sodass der an sich wünschenswerte reguläre Instanzenzug unter dem Gesichtspunkt der Verfahrensdauer Rechtfertigungsschwierigkeiten gehabt hätte.

2. Örtliche Zuständigkeit

Bezüglich der örtlichen Zuständigkeit wird die bisherige Regelung für die Musterfeststellungsklage **4** in § 32 c ZPO inhaltsgleich ersetzt und auf beide Formen von Verbandsklagen erweitert. Bezüglich des allgemeinen Gerichtsstands wird ohne Besonderheiten an §§ 13, 17 ZPO angeknüpft.[6] Fehlt ein allgemeiner Gerichtsstand im Inland, so wird regelmäßig ein Fall vorliegen, in dem die Norm, welche die internationale Zuständigkeit regelt, auch die örtliche Zuständigkeit bestimmt (insb. Art. 7 Nr. 1, 2 und 5 Brüssel Ia-VO, s. sogleich Rn. 11). Ist auch dies nicht der Fall, so kann auf sonstige örtliche Gerichtsstände der ZPO zurückgegriffen werden.[7] Im Fall der Klage gegen mehrere Unternehmer ist eine Gerichtsstandsbestimmung nach § 36 I Nr. 3 ZPO erforderlich (s. § 7 Rn. 7). Sollte der Fall eintreten, dass überhaupt keine örtliche Zuständigkeitsnorm eingreift, aber eine

---

1 Anders/Gehle/*Schmidt* § 3 Rn. 7.

2 BT-Drucks. 20/6520 S. 70.

3 Anders/Gehle/*Schmidt* § 3 Rn. 2.

4 BT-Drucks. 19/2701 S. 2.

5 S. zu den Erfahrungen mit dem KapMuG-Verfahren i.E. Wieczorek/Schütze/*Großerichter*[5] Bd. 13, Vor § 1 KapMuG Rn. 26 ff. m.w.N.

6 S. explizit in diesem Sinne auch die Gesetzesbegründung in BT-Drucks. 20/6520 S. 70.

7 *Patzina* MünchKomm-ZPO[6] § 32c Rn. 4; *Toussaint* BeckOK, 51. Ed. Stand 1.12.2023, § 32b ZPO Rn. 4, die allerdings beide darauf hinweisen, dass diese schwer zu begründen seien, denn Partei des Rechtsverhältnisses sei der Verbraucher, aber nicht der klagende Verband. Dies erscheint nach der Bündelungsfunktion der Verbandsklage zweifelhaft und kann jedenfalls dann nicht zur Verneinung einer örtlichen Zuständigkeit führen, wenn sich die internationale Zuständigkeit deutscher Gerichte aus einem vorrangigen Instrument ergibt, s. nachfolgend im Text und nachfolgende Fn.

internationale Zuständigkeit deutscher Gerichte aufgrund – vorrangiger, s. Absatz 2 und sogleich – Instrumente wie insbesondere der Brüssel Ia-VO gegeben ist, so muss eine Ersatzlösung durch Auslegung der fraglichen höherrangigen Norm oder ersatzweise in der ZPO, etwa analog § 36 I Nr. 6 ZPO gefunden werden.[8]

3. Ausschließlichkeit der Zuständigkeit

5 Die Funktion der ausschließlichen Zuständigkeit wurde bereits bei Einführung der Musterfeststellungsklage nach ZPO diskutiert und v.a. in der Vermeidung eines „forum shopping" gesehen;[9] ferner wird die leichtere Handhabbarkeit der Sperrwirkung nach § 8 bei Konzentration an einem Gerichtsstand ins Feld geführt.[10] Die ausschließliche Zuständigkeit führt dazu, dass gem. § 40 Abs. 2 Satz 1 Nr. 2, Abs. 2 Satz 2 ZPO auch keine andere örtliche Zuständigkeit durch Vereinbarung oder rügelose Einlassung begründet werden kann.

6 Die Ausschließlichkeit der örtlichen Zuständigkeit kann bei grenzüberschreitenden Fällen allerdings durchbrochen werden, wenn ausnahmsweise höherrangige Instrumente (vgl. Absatz 2) die örtliche Zuständigkeit mitregeln, wie das insbesondere bei den besonderen Gerichtsständen des Erfüllungsorts, der unerlaubten Handlung und der gewerblichen Niederlassung nach Art. 7 Nr. 1, 2 und 5 Brüssel Ia-VO („Gericht des Ortes") der Fall ist. In diesem Fall muss wie bei § 32b ZPO[11] die nationale Zuständigkeitsnorm zurücktreten, was bei Massen- oder Streuschäden auch zu mehreren örtlichen Zuständigkeiten führen kann.[12] Da nach Art. 25 f. Brüssel Ia-VO nicht nur die internationale, sondern auch die örtliche Zuständigkeit durch Prorogation oder durch rügelose Einlassung begründet werden kann, sind im internationalen Kontext auch einvernehmliche Derogationen der ausschließlichen örtlichen Zuständigkeit denkbar; § 40 Abs. 2 Satz 1 Nr. 2, Abs. 2 Satz 2 ZPO nicht anwendbar[13] (vgl. Absatz 2, sogleich Rn. 11). Sachliche Zuständigkeiten werden hingegen in EU-Vorschriften und Staatsverträgen nicht angeordnet, sodass es in diesen Fällen bei der Zuständigkeit des Oberlandesgerichts verbleibt.

4. Konzentrationsmöglichkeit durch Länderverordnungen (Absatz 3)

7 Absatz 3 eröffnet Bundesländern mit mehreren Oberlandesgerichten die Möglichkeit, die Zuständigkeit durch Rechtsverordnung für mehrere Bezirke zusammenzulegen oder auch bei einem Oberlandesgericht bzw. – dies betrifft den Fall Bayerns – beim Obersten Landesgericht zu konzentrieren. Nach der Gesetzesbegründung soll durch die organisatorische und inhaltliche Spezialisie-

---

8 EuGH 10.3.2016, C-94/14, IPRax 2017, 277. S. zu den Lösungsvorschlägen Rauscher/*Rauscher* EuZPR/EuIPR, 4. Aufl. (2020) Art. 3 Brüssel IIa-VO Rn. 18; Althammer/Großerichter, Brüssel IIa Rom III, 2014, Vor Art. 3 ff. EheVO Rn. 7 jeweils zum Parallelproblem in der EuEheVO; OLG Karlsruhe, NJW-RR 2003, 353, 354; für eine abweichende Lösung (ungeschriebene Regel des Unionsrechts, nach der die Gerichte der Hauptstadt zuständig sein sollen) Geimer/Schütze/*Geimer* Europäisches Zivilverfahrensrecht, 4. Aufl. (2020) Art. 4 EuGVVO Rn. 179.
9 S. BR-Drucks. 176/18 S. 3 f.; Witte/*Wetzig* WM 2019, 52 und *Heese* JZ 2019, 429, 434 (allerdings mit Plädoyer für einen Klägergerichtsstand).
10 *Röthemeyer* VDuG § 3 Rn. 8.
11 Vgl. die zur einhelligen Meinung dort OLG Braunschweig, Beschl. v. 10.6.2020 – 3 W 6/18, Rn. 63 ff. nach juris; Wieczorek/Schütze/*Reuschle*[5] § 32b Rn. 97 a.E.; *Patzina* MünchKomm-ZPO[6] § 32b Rn. 10; *Toussaint* BeckOK, 51. Ed. Stand 1.12.2023, § 32b ZPO Rn. 27; *Bachmann* IPRax 2007, 77, 80; auch BT-Drucks. 15/5091 S. 17 u. BT-Drucks. 15/5695 S. 25.
12 S. *Thönissen* EuZW 2023, 637, 640, dem darin zuzustimmen ist, dass wegen der durch § 8 angeordneten Vermeidung paralleler Verbandsklagen insoweit eine Anmeldung auch von Verbrauchern möglich sein muss, für welche diese örtliche Zuständigkeit nicht gegeben ist (während die internationale Zuständigkeit stets gegeben sein muss, s. dazu Einl. Rn. 42).
13 Zutreffend OLG Braunschweig, Beschl. v. 10.6.2020 – 3 W 6/18, Rn. 63 ff. nach juris (zur parallelen Frage bei § 32b ZPO im Fall rügeloser Einlassung).

rung Effizienz und Qualität der Entscheidungen befördert werden.[14] Die inhaltliche Voraussetzung wurde gegenüber der für die Musterfeststellungsklage eingeführten Regelung (§ 119 Abs. 3 Satz 2 GVG a.F.) abgesenkt: Es genügt nunmehr die (einfache) „Förderlichkeit" der Zuweisung, während die Vorgängervorschrift noch „sachdienliche Förderung oder ...schnellere Erledigung der Verfahren.." forderte. Die jetzige Formulierung reduziert den Begründungsaufwand, nachdem beispielsweise das bessere Ausnutzen von Spezialwissen oder einschlägiger Erfahrung ohne weiteres eine „Förderlichkeit" begründen dürften.[15] Dabei geht es weniger um materielles Spezialwissen, da Verbandsklagen in unterschiedlichsten fachlichen Zuständigkeiten denkbar sind (Mietrecht, Bankrecht usw.), sondern entscheidend erscheint vor allem verfahrensrechtliches Wissen bzw. „Know how" in der Handhabung von Kollektivverfahren.[16]

Gebrauch gemacht haben von der Ermächtigung Bayern mit der Zuweisung an das Bayerische **8** Oberste Landesgericht[17] und Nordrhein-Westfalen an das OLG Hamm.[18] In Betracht kämen als Bundesländer mit mehreren Oberlandesgerichten noch Baden-Württemberg, Rheinland-Pfalz und Niedersachsen.

III. Zuständigkeit in grenzüberschreitenden Fällen bzw. Vorrang internationaler Rechtsakte (Absatz 2)

Absatz 2 räumt Rechtsakten der EU (Satz 1) und unmittelbar anwendbaren völkerrechtlichen Ver- **9** einbarungen (Staatsverträgen, Satz 2) den Vorrang ein. Die Vorschrift ist deklaratorischer Natur und weist den Anwender wie etwa § 97 FamFG (welche die beiden Rechtsquellen ohne sachlichen Unterschied in umgekehrter Reihenfolge nennt) oder Art. 3 EGBGB lediglich auf die allgemein gültige Normenhierarchie hin (dazu näher Einführung Rn. 37).[19] Praktisch wird dieser Anwendungsvorrang in Konstellationen mit Auslandsberührung:

In erster Linie (aber nicht nur, s. soeben Rn. 6 und Einführung Rn. 37 ff.) wird damit die **10** **internationale Zuständigkeit** für die Verbandsklage[20] angesprochen, die in § 3 keine besondere Regelung erfährt. Sie ergibt sich heute i.d.R. – nämlich v.a. bei einem Sitz des beklagten Unternehmers im Europäischen Rechtsraum – unmittelbar aus der VO (EU) Nr. 1215/2012 (Brüssel Ia-VO) bzw. ggf. dem Luganer Übereinkommen (s. dazu Einl. Rn. 38). Liegt der Sitz des beklagten Unternehmers in einem Staat außerhalb des Europäischen Rechtsraums,[21] so greift derzeit mangels weiterer umfassender Staatsverträge mit Regelungen der internationalen Zuständigkeit für das allgemeine Zivilrecht i.d.R. noch das nationale IZPR ein (s. sogleich Rn. 12).

Nach der regelmäßig anwendbaren Brüssel Ia-VO (und nach dem Luganer Übereinkommen, **11** dessen Zuständigkeitsregeln denjenigen der Brüssel Ia-VO im Wesentlichen entsprechen) wird sich die internationale Zuständigkeit deutscher Gerichte meist bereits aus Art. 4 (allgemeiner Gerichtsstand am Wohnsitz des Unternehmers bzw. Sitz des Unternehmens i.S.v. Art. 63) ergeben. Erweitert

---

14 BT-Drucks. 20/6520 S. 71.

15 Noch weiter geht wohl *Röthemeyer* VDuG § 3 Rn. 16, der auch die Vereinheitlichung der Rechtsprechung oder Ersparnis von Kosten und Aufwand nennt. Dies dürfte zu weit gehen, weil der erste Fall bei einer Konzentration auf ein OLG immer gegeben wäre, sodass die Voraussetzung auch hätte entfallen können, und der zweite nicht auf die Förderung des *Verfahrens* bezogen ist.

16 Ähnlich *Röthemeyer* VDuG § 3 Rn. 17 m.w.N. zu vereinzelt geäußerter Kritik an der Vorschrift.

17 § 8a der Verordnung über gerichtliche Zuständigkeiten im Bereich des Staatsministeriums der Justiz (Gerichtliche Zuständigkeitsverordnung Justiz – GZVJu) i.d.F. v. 16.11.2023.

18 Verordnung über die Konzentration der Verhandlung und Entscheidung von Verbandsklageverfahren vom 18.10.2023.

19 BT-Drucks. 20/6520 S. 70 f.; *Röthemeyer* VDuG § 3 Rn. 13.

20 S. zur Frage, ob die internationale Zuständigkeit auch bezüglich der angemeldeten Ansprüche gegeben sein muss, Einl oder Anmeldung?

21 Speziell zur internationalen Zuständigkeit für Verbandsklagen bei drittstaatlichen Unternehmen *Hoffmann* IPRax 2024, 7 ff.

wird dies ggf. durch den besonderen Gerichtsstand am Sitz der gewerblichen Niederlassung (Art. 7 Nr. 5 Brüssel Ia-VO), der in Ermangelung eines allgemeinen Gerichtsstands ebenso in Betracht kommt wie die besonderen Zuständigkeiten des Erfüllungsorts[22] und insbesondere der unerlaubten Handlung (Art. 7 Nr. 1 und 2 Brüssel Ia-VO), zumal letzterer nach st.Rspr. des EuGH sowohl durch Handlungs- als auch Erfolgsort begründet wird.[23] Die genannten Gerichtsstände des Art. 7 regeln im Fall ihres Eingreifens die örtliche Zuständigkeit vorrangig mit (s.o. Rn. 6). Nicht einschlägig ist hingegen nach h.M. der Verbrauchergerichtsstand nach Art. 17 f. Brüssel Ia-VO, weil dem klagenden Verband, auf den abzustellen ist, die Verbrauchereigenschaft fehlt.[24] Möglich sind folglich nach der Brüssel Ia-VO aber Prorogation und rügelose Einlassung; auch in diesem Fall kann die örtliche Zuständigkeit entgegen Absatz 1 mitvereinbart werden (s.o. Rn. 6).

12 Nach nationalem IZPR, also bei fehlender Anwendbarkeit von Brüssel Ia-VO und LugÜ, ist mangels entsprechender expliziter Regelung der internationalen Zuständigkeit für die Verbandsklage in § 3 analog bzw. doppelfunktional auf die Regelungen der örtlichen Zuständigkeit in der ZPO zurückzugreifen.[25] § 3 Abs. 1 selbst kann hier nicht zuständigkeits*begründend* wirken, da der allgemeine Gerichtsstand des beklagten Unternehmens in diesen Fällen gerade außerhalb Deutschlands liegt. Es stellt sich daher insoweit nur die Frage, ob der Vorschrift wegen der Ausschließlichkeit des Gerichtsstands eine negative Aussage dahingehend entnommen werden kann, dass bei einem Unternehmenssitz in einem Drittstaat keine internationale Zuständigkeit deutscher Gerichte bestehen soll. Entsprechendes wurde bei der Musterfeststellungsklage für § 32c ZPO a.F. vertreten,[26] richtigerweise ist die Frage aber zu verneinen, denn die Begründung für die Ausschließlichkeit hebt ausschließlich auf Gesichtspunkte ab, welche die örtliche Zuständigkeit innerhalb Deutschlands betreffen. Da sich die Zuständigkeit bei Sitz in einem Drittstaat auch aus der Brüssel Ia-VO/LugÜ ergeben kann, kann der Gesetzgeber ohnehin nicht vor Augen gehabt haben, dass deutsche Gerichte in derartigen Fällen nicht zuständig sein sollen.[27] Es kommen daher die Zuständigkeiten nach den §§ 12 ff. ZPO in Betracht.[28] Ob sich demgegenüber aus Art. 79 DSGVO oder § 44 BDSG spezielle datenschutzrechtliche (internationale) Zuständigkeiten ableiten lassen, erscheint sehr zweifelhaft.[29]

13 Zur Frage, ob die internationale Zuständigkeit auch im Hinblick auf das anzumeldende Rechtsverhältnis gegeben sein muss, s. Einl. Rn. 42 ff.).

---

[22] *Vollkommer* MDR 2021, 129, 130 u. i.E. *Thönissen* EuZW 2023, 637, 639 (m. Nachw. in Fn. 35 zur insoweit geäußerten Gegenansicht); eingehend *ders.* ZZP 134 (2021) 273, 286 ff.

[23] EuGH 16.7.2009, C-189/08, NJW 2009, 3501; EuGH 29.7.2019, C-451/18, EuZW 2019, 792; EuGH, 9.7.2020, C-343/19, NJW 2020, 2869.

[24] *Röthemeyer* VDuG § 3 Rn. 14; Köhler/Bornkamm/Feddersen/*Scherer* § 3 VDuG Rn. 7; Zöller/*Vollkommer* VDuG § 3 Rn. 2; Skauradszun/*Gödicke* VDuG § 3 Rn. 8; *Thönissen* EuZW 2023, 637; *ders.* ZZP 134 (2021) 273, 288 und *Rentsch* EuZW 2021, 524 jeweils mit Hinweis auf EuGH, 25.1.2018, C-498/16, EuZW 2018, 197 (Verneinung des Verbrauchergerichtsstands für einen Zessionar von Verbraucheransprüchen); ferner *Hoffmann* IPRax 2024, 7, 8, mit Hinweis auf EuGH, 1.10.2002, C-167/00, EuZW 2002, 657, insb. Rn. 33. Der Rechtsprechung des EuGH lässt sich in der Tat eine klar ablehnende Tendenz entnehmen. AA aber mit beachtlichen Argumenten *Mayrhofer*, VbR 2024, 137, 141 f.; für die Musterfeststellungsklage nach ZPO *Rauscher* MünchKomm-ZPO[6] Vor § 1 Rn. 231.

[25] Allgemeine Ansicht, s. nur BGH, Beschl. v. 14.6.1965 – GZS 1/65, BGHZ 44, 46.

[26] S. etwa Zöller/*Schlutzky*[34] § 32c Rn. 2; dagegen aber bereits für die MFK nach ZPO a.F. Wieczorek/Schütze/*Kruis*[4] § 32c Rn. 21; *Horn* ZVglRWiss 2019, 314, 322 f.; für § 3 VDuG *Hoffmann* IPRax 2024, 8, 9.

[27] Ebenso mit ähnlichen Erwägungen *Hoffmann* IPRax 2024, 7, 8 ff.

[28] S. i.E. *Hoffmann* IPRax 2024, 7, 10 ff.

[29] S. dazu ausführlich *Hoffmann* IPRax 2024, 7, 13 ff.

§ 4
Verbraucherquorum; Finanzierung

(1) [1]Eine Verbandsklage ist nur zulässig, wenn die klageberechtigte Stelle nachvollziehbar darlegt, dass
1. von der Abhilfeklage Ansprüche von mindestens 50 Verbrauchern betroffen sein können oder
2. von den Feststellungszielen der Musterfeststellungsklage die Ansprüche oder Rechtsverhältnisse von mindestens 50 Verbrauchern abhängen können.

[2]Im Fall des § 7 Absatz 1 ist die Gesamtzahl der von der gemeinschaftlichen Klage betroffenen Verbraucher maßgeblich.

(2) Eine Verbandsklage ist unzulässig, wenn sie von einem Dritten finanziert wird,
1. der ein Wettbewerber des verklagten Unternehmers ist,
2. der vom verklagten Unternehmer abhängig ist,
3. dem ein wirtschaftlicher Anteil an der vom verklagten Unternehmer zu erbringenden Leistung von mehr als 10 Prozent versprochen ist oder
4. von dem zu erwarten ist, dass er die Prozessführung der klageberechtigten Stelle, einschließlich Entscheidungen über Vergleiche, zu Lasten der Verbraucher beeinflussen wird.

(3) [1]Mit Klageeinreichung hat die klageberechtigte Stelle dem Gericht die Herkunft der Mittel, mit denen die Klage finanziert wird, offenzulegen. [2]Wird die Klage durch einen Dritten finanziert, sind darüber hinaus die mit dem finanzierenden Dritten getroffenen Vereinbarungen offenzulegen. [3]Dies gilt auch in den Fällen, in denen die Finanzierung der Klage erst nach Klageeinreichung erfolgt.

Schrifttum

Bayat Die Verbandsklage und das Umsetzungsverfahren, IWRZ 2023, 258; *Gsell* Europäische Verbandsklagen zum Schutz kollektiver Verbraucherinteressen – Königs- oder Holzweg? BKR 2021, 521; *Hakenberg* Die neue Verbandsklagen-Richtlinie der Europäischen Union, NJOZ 2021, 673; *Janal* Die Umsetzung der Verbandsklagenrichtlinie, GRUR 2023, 985; *Münscher* Die Abhilfeklage nach dem neuen Verbraucherrechtedurchsetzungsgesetz, WM 2023, 2082; *ders.* Das Verbraucherrechtedurchsetzungsgesetz (VDuG) zur Umsetzung der Verbandsklagen-Richtlinie – Die neue Abhilfeklage, VuR 2023, 332; *Röthemeyer* Das Verbraucherrechtedurchsetzungsgesetz (VDuG) zur Umsetzung der Verbandsklagen-Richtlinie – Die neue Abhilfeklage, VuR 2023, 332; *Schläfke/Lühmann* Kollektiver Rechtsschutz nach der Umsetzung der EU – Verbandsklagen – Richtlinie, NJW 2023, 3385; *Stadler* (Fehlende) Finanzierung der neuen Verbandsabhilfeklage nach dem VDuG, VuR 2023, 321; *Volkommer* Das VDuG auf dem Praxisprüfstand, RAW 2024, 2.

Übersicht

I. Hintergrund, Normzweck und Inhalte —— 1

II. Quorum, Absatz 1
1. (Nachvollziehbare Darlegung der) Betroffenheit einer „Vielzahl" —— 3
2. Quorum bei Antrags- und Klagehäufungen, u.a. Absatz 1 Satz 2 —— 6
3. Ergänzende Einschränkung durch allgemeines Rechtsschutzbedürfnis bei fehlenden Anmeldungen? —— 8

4. Maßgeblicher Zeitpunkt —— 10

III. Finanzierung der Klage, Absatz 2, 3 —— 11
1. Unzulässigkeitstatbestände, Absatz 2 —— 12
2. Prozessuale Offenlegungspflicht, Absatz 3 —— 16

https://doi.org/10.1515/9783110660180-005

I. Hintergrund, Normzweck und Inhalte

1 Die Norm vereint zwei höchst unterschiedliche Zulässigkeitsvoraussetzungen der Verbandsklage: Absatz 1 enthält die nähere Ausgestaltung der in § 1 Abs. 1 enthaltenen Voraussetzung, dass sich die Klage auf die Klärung einer „Vielzahl" von Ansprüchen oder Rechtsverhältnissen richten muss. Insoweit handelt es sich eine Voraussetzung, die für ein Instrument des kollektiven Rechtsschutzes grundlegend und charakteristisch ist. Gegenüber dem „gestaffelt" ausgestalteten Quorum der Musterfeststellungsklage nach ZPO a.F. (Glaubhaftmachung der Betroffenheit hinsichtlich 10 und spätere Anmeldung von mindestens 50 Verbrauchern, § 606 Abs. 3 Nr. 2 u. 3 ZPO a.F.) stellt § 4 Abs. 1 zum einen eine Erhöhung der Darlegungsanforderungen zu Beginn dar, welche für das anfängliche Zulassungskriterium sinnvoll und in den geeigneten Fällen auch ohne weiteres erfüllbar erscheint (sogleich Rn. 4). Die Abschaffung jeglichen Erfordernisses hinsichtlich der Anmelderzahlen zum anderen führt hingegen zu der merkwürdigen Konsequenz, dass das Verfahren auch dann durchgeführt werden muss, wenn der Verband hinsichtlich der tatsächlichen Brisanz des gewählten Klageziels für Verbraucherinteressen einer Fehleinschätzung unterlegen ist und sich so gut wie kein Verbraucher anmeldet. Dies wird zu Recht kritisiert[1] und bedarf in Extremfällen einer Korrektur im Rahmen des allgemeinen Rechtsschutzbedürfnisses (sogleich Rn. 8 f.).

2 Absatz 2 und 3 betreffen hingegen eine sehr spezielle negative Voraussetzung, welche hinsichtlich der Finanzierung der Klage sicherstellen soll, dass sie frei von Interessen Dritter geführt wird. Die Bestimmung, die unmittelbar auf die Verbandsklagen-Richtlinie zurückgeht, geht damit in die gleiche Zielrichtung wie teilweise § 2, der bezüglich der klageberechtigten Stelle ähnliche Elemente enthält (s.o. § 2 Rn. 6 f.). Die Einordnung in § 4 ist insoweit folgerichtig, als es sich um eine Anforderung an die Klage und nicht an die klagende Einrichtung handelt; gleichwohl wirkt die Zusammenfassung mit dem grundlegenden Quorum des Absatzes 1 in einer Vorschrift etwas „zusammengewürfelt".

II. Quorum, Absatz 1

1. (Nachvollziehbare Darlegung der) Betroffenheit einer „Vielzahl"

3 Die in § 1 als Kriterium des Anwendungsbereichs des VDuG genannte „Vielzahl" von Verbrauchern, deren Ansprüche bzw. Rechtsverhältnisse von der Klage betroffen sein müssen, wird in § 4 Abs. 1 mit „mindestens 50" beziffert. Zugleich wird als Zulässigkeitsvoraussetzung für die Klage die „nachvollziehbare Darlegung" der Betroffenheit dieser Zahl gefordert, die, wie sich aus § 5 Abs. 1 Nr. 2 ergibt, bereits in der Klageschrift zu erfolgen hat.

4 Gegenüber der „Glaubhaftmachung", die in § 606 Abs. 3 Nr. 2 ZPO a.F. und auch ersten Regierungsentwurf noch gefordert worden war,[2] stellt dies eine niedrigere Schwelle und das geeignetere Kriterium dar. Es verzichtet auf eine (wenn auch erleichterte) Beweisführung und bringt zum Ausdruck, dass es in offenkundigen Fällen (Bsp. Produkthaftung bei einem verbreiteten Produkt, Frage der Wirksamkeit einer gegenüber einer großen Zahl von Kunden verwendeten Entgeltklausel) ausreicht, lediglich die Umstände darzulegen, aus denen sich diese Offenkundigkeit nachvollziehbar ergibt, während es in Fällen mit geringer „Streubreite" erforderlich sein kann, konkrete Rechtsverhältnisse darzulegen.[3] Eine namentliche Individualisierung soll dabei „nicht zwingend" erforderlich sein.[4]

5 Bei der Berechnung des Quorums kommt es nach dem insoweit eindeutigen Wortlaut auf die Zahl der Verbraucher, also der Anspruchsinhaber an. Bei einer Mehrheit von Ansprüchen im

---

1 *Wasmuth*/v. *Rummel* ZIP 2023, 1515, 1517 f.
2 S. BT-Drucks. 20/6520.
3 S. in diesem Sinne auch Anders/Gehle/*Schmidt* § 4 Rn. 3.
4 BT-Drucks. 20/6520 S. 71.

Sinne der mehrfachen Betroffenheit eines Verbrauchers (z.B. mehrere Käufe desselben Produkts bei Produkthaftung, Mehrheit von Konten bei einer Entgeltklausel) zählt der Verbraucher demnach gleichwohl nur einfach. „Betroffen" im Sinne von § 4 ist jeder Verbraucher (i.S.v. § 1, d.h. inklusive kleiner Unternehmen nach § 1 Abs. 2), der nach dem Klagevortrag einschlägige Ansprüche haben könnte.[5]

2. Quorum bei Antrags- und Klagehäufungen, u.a. Absatz 1 Satz 2

Abs. 1 Satz 2 stellt in der Gesetz gewordenen Fassung – in Abweichung vom ersten Regierungsentwurf, der einen exakt gegenteiligen Inhalt hatte[6] – klar, dass bei einer Klage mehrerer Verbände oder gegen mehrere Unternehmer i.S.v. § 7 auf die Gesamtzahl der betroffenen Verbraucher abzustellen ist. Damit ist allerdings nur ein (und möglicherweise nicht der relevanteste) Ausschnitt der möglichen Fragestellungen in dieser Hinsicht geregelt: 6

Während bei einer Abhilfeklage regelmäßig nur ein Klageantrag in Rede stehen wird, werden in Musterfeststellungsklagen regelmäßig mehrere Feststellungsziele verfolgt. Insoweit dürfte auf die Rechtsprechung des BGH zurückzugreifen sein, der bereits zur Musterfeststellungsklage nach ZPO a.F. festgestellt hatte, dass das Quorum für jedes Feststellungsziel erfüllt sein muss.[7] Dem entsprechend muss bei (anfänglichen oder nachträglichen) Klagehäufungen oder -erweiterungen in Gestalt der Kombination von Abhilfe- und Feststellungsanträgen (s. zur Zulässigkeit § 1 Rn. 28) ebenfalls das Quorum für jeden Antrag erfüllt sein.[8] Hierin liegt kein Widerspruch zu Abs. 1 Satz 2, der die Zusammenrechnung lediglich für die „Aufspaltung" auf subjektiver Seite anordnet, während es hier um die sachliche Betroffenheit einer entsprechenden Zahl von Verbrauchern für die jeweils zu klärenden Sach- oder Rechtsfragen geht. 7

3. Ergänzende Einschränkung durch allgemeines Rechtsschutzbedürfnis bei fehlenden Anmeldungen?

Nachdem § 4 Abs. 1 – anders als § 606 Abs. 3 Nr. 3 ZPO a.F. – auf jegliches Quorum hinsichtlich der tatsächlichen späteren Anmeldungen verzichtet, stellt sich die Frage, ob bzw. bis zu welchem Extrem das Verfahren auch dann durchgeführt werden muss, wenn sich so gut wie kein Verbraucher anmeldet. Die Begründung des Gesetzgebers, dergleichen sei bei der Musterfeststellungsklage nach ZPO a.F. nie vorgekommen,[9] ist nicht nur unzureichend,[10] sondern auch ein klassischer Fehlschluss, weil das Erfordernis der tatsächlichen Anmeldung von 50 Verbrauchern bislang eben galt und von der Einreichung einer Musterfeststellungsklage bezüglich eines Themas, von dem sich tatsächlich kaum ein Verbraucher betroffen sieht, von vornherein abhielt. Es ist daher durchaus denkbar, dass Verbände künftig nicht nur in zweifelhaften Fällen Klagen einreichen, sondern die Verbandsklage auch in Fällen von politischer oder gesellschaftlicher Symbolkraft nutzen, die zwar eine Vielzahl von Verbrauchern betreffen, in denen von vornherein absehbar ist, dass die geringen materiellen Konsequenzen kaum Verbraucher zur Anspruchsanmeldung motivieren. 8

---

5 *Röthemeyer* VDuG § 4 Rn. 3.
6 S. BT-Drucks. 20/6520.
7 BGH, Beschl. v. 30.7.2019 – VI ZB 59/18, NJW 2020, 341 Rn. 10. Für die Übertragbarkeit dieser Rechtsprechung auch *Anders/Gehle/Schmidt* § 4 Rn. 4; *Röthemeyer* VDuG § 4 Rn. 5; *Zöller/Vollkommer* VDuG § 4 Rn. 1; *Köhler/Bornkamm/ Feddersen/Scherer* § 4 VDuG Rn. 8 (mit dem zutreffenden Hinweis, dass dies entsprechend auch im Fall mehrerer Abhilfeansprüche gelten muss).
8 So für spätere Erweiterungen auch *Röthemeyer* VDuG § 4 Rn. 6, der zu Recht zusätzlich auf anderenfalls bestehende Umgehungsmöglichkeiten hinweist.
9 BT-Drucks. 20/6520 S. 71.
10 So zu Recht *Wasmuth/v. Rummel* ZIP 2023, 1515, 1518.

9   Die gesetzgeberische Begründung lässt allerdings die Möglichkeit einer Korrektur durch die Judikative: Da das Fehlen eines entsprechend ausformulierten Kriteriums bezüglich der Anmeldungen explizit auf der Annahme beruht, dass es eines solchen nicht bedarf, besteht Raum für eine Korrektur durch das Erfordernis des allgemeinen Rechtsschutzbedürfnisses, wenn sich die Annahme des Gesetzgebers als Fehleinschätzung herausstellt. Da das Erfordernis im Gesetz nun einmal fehlt, kann eine Klage zwar nicht bereits deswegen unzulässig werden, weil sich ein Verband hinsichtlich der tatsächlichen Brisanz des gewählten Klageziels für Verbraucherinteressen getäuscht hat und die Zahl der Anmeldungen unter 50 bleibt. Klagen, in denen das Instrument Verbandsklage hingegen eingesetzt wird, um sie als Forum für symbolische oder allgemeinpolitische Fragestellungen mit absehbar fehlender Relevanz für materielle Verbraucherinteressen zu nutzen, können bei ausbleibenden Anmeldungen weiterhin – nunmehr wegen fehlenden Rechtsschutzbedürfnisses – als unzulässig gewertet werden.[11]

4. Maßgeblicher Zeitpunkt

10   Die nachvollziehbare Darlegung hat, wie sich aus § 5 Abs. 1 Nr. 2 ergibt, bereits in der Klageschrift zu geschehen (s. § 5 Rn. 5). Hieraus folgt indessen nicht zwingend, dass maßgeblicher Zeitpunkt des Vorliegens der tatsächlichen Betroffenheit von mindestens 50 Verbrauchern derjenige der Klageerhebung ist.[12] Dies Lage ist vielmehr exakt parallel zur Klagebefugnis (§§ 2, 5 Abs. 1 Nr. 1) und zur Regelung bereits der Musterfeststellungsklage nach ZPO a.F.: Es handelt sich um eine, wenn auch besondere, Zulässigkeitsvoraussetzung,[13] deren Voraussetzungen in der Klageschrift darzulegen sind und die spätestens im Zeitpunkt tatsächlich vorliegen müssen (s. auch zur Rechtsprechung des BGH zur MFK a.F. § 2 Rn. 10).

III. Finanzierung der Klage, Absatz 2, 3

11   Absatz 2 und 3 sind – mit Abweichungen bzw. einer „Zutat" (s. Rn. 12) – die Umsetzung von Art. 10 Verbandsklagen-Richtlinie, nach dessen Abs. 1 verhindert werden soll, dass über die Finanzierung der Klage in einer Richtung Einfluss auf die Führung des Verfahrens genommen wird, die nicht Verbraucherinteressen entspricht.

1. Unzulässigkeitstatbestände, Absatz 2

12   Während die in Abs. 2 Nr. 1, 2 und 4 aufgeführten Unzulässigkeitstatbestände unmittelbar aus Art. 10 Abs. 2 der Verbandsklagen-Richtlinie stammen, stellt Nr. 3 eine autonome „Zutat" des deutschen Gesetzgebers dar, die erst sehr spät im Gesetzgebungsverfahren in das Gesetz gelangt ist.[14] Die Tatbestände gehen in verschiedene Zielrichtungen: Nr. 1 soll die „Steuerung" der Klage durch einen Wettbewerber des beklagten Unternehmens verhindern,[15] Nr. 2 diejenige durch das beklagte Unternehmen selbst, und Nr. 4 stellt eine Art Auffangtatbestand dar, der jegliche zu Verbraucherinteressen konträre finanzielle Beeinflussung verhindern soll. Demgegenüber soll die durch den

---

11 S. in diesem Sinne auch *Wasmuth/v. Rummel* ZIP 2023, 1515, 1518; Köhler/Bornkamm/Feddersen/*Scherer* § 4 VDuG Rn. 6. S. auch Zöller/*Vollkommer* § 606 Rn. 23 und Asmus/Waßmuth/*Waßmuth/Dörfler* § 606 ZPO Rn. 151, die dies sogar für die Musterfeststellungsklage nach ZPO a.F. für den Fall als möglich ansahen, dass Abmeldungen zu einem Absinken der angemeldeten Verbraucher unter zehn führen.
12 So Anders/Gehle/*Schmidt* § 4 Rn. 5. Wie nachfolgend im Text hingegen i.E. *Röthemeyer* VDuG § 4 Rn. 25.
13 BT-Drucks. 20/6520 S. 71.
14 S. BT-Drucks. 20/7631 S. 110.
15 S. zum Hintergrund näher *Röthemeyer* VDuG § 4 Rn. 13.

deutschen Gesetzgeber autonom geschaffene Nr. 3 generell gegen die Prozessfinanzierung durch (substantielle) Beteiligung am Ergebnis wirken.

Der Begriff des „Wettbewerbers" in Nr. 1 scheint auf die Begrifflichkeiten des UWG zu verwei- **13** sen.[16] Allerdings liegt es angesichts des Ursprungs in der Verbandsklagen-Richtlinie (s. dazu deren ErwGr 52) nahe, auf unionsrechtliche Kategorien zurückzugreifen, wofür sich der Begriff des „Mitbewerbers" im Europäischen Lauterkeitsrecht anbietet.[17] Als „abhängig" vom beklagten Unternehmen wird man über den gesellschafts-/konzernrechtlichen Begriff hinaus nach Sinn und Zweck auch eine wirtschaftliche Abhängigkeit ansehen müssen,[18] so dass der wettbewerbsrechtliche Abhängigkeitsbegriff nach § 20 GWB geeignet erscheint.[19] Nr. 3 wirft einige Fragen auf, darunter primär diejenige, wie eine Prozessfinanzierung in der beschriebenen Form überhaupt möglich wäre – es ist schwer vorstellbar, wie der klagende Verband einem Prozessfinanzierer wirksam einen Anteil am Prozesserfolg und damit letztlich an den Ansprüchen der anmeldenden Verbraucher versprechen könnte. Mit den Verbrauchern selbst werden solche Abreden nicht zustande kommen, da sich jeder Verbraucher jederzeit auch ohne eine solche Vereinbarung anmelden und damit „trittbrettfahren" könnte.[20] Eine Prozessfinanzierung ist demnach angesichts der Konstruktion der Verbandsklage aus sich heraus praktisch kaum möglich, sodass diese Variante möglicherweise ohne Anwendungsfall bleiben wird.[21] Sollten sich Konstruktionen finden lassen, sorgt die 10 %-Grenze faktisch für ein Verbot der Prozessfinanzierung, da die am Markt üblichen Quoten weit darüber liegen. Sie erscheint daher überzogen.[22] Nach Nr. 4 muss eine Beeinflussung zu Lasten der Verbraucher zu „erwarten" sein, was wohl einige Gewissheit voraussetzt.[23] Ein Anwendungsfall könnte der Einsatz einer Verbandsklage zu „strategischen", außerhalb der Befriedigung von Verbraucheransprüchen liegenden Zwecken sein.[24]

Der Begriff der „Finanzierung" der Klage richtet sich nicht nur auf die gerichtlichen und **14** außergerichtlichen Gebühren, sondern die Gesamtkosten der Klage einschließlich ihrer Vorbereitung, etwaige gutachterliche Aufbereitungen und selbstverständlich vereinbarte Honorare nach Stundensätzen, die es angesichts der Streitwertdeckelung (§ 48 Abs. 1 Satz 2 GKG) regelmäßig geben wird.[25] Ebenfalls umfasst ist die bzw. das Risiko der Tragung der Kosten der Gegenseite, was allerdings eben wegen der Streitwertdeckelung für die allein erstattungsfähigen Anwaltsgebühren nach RVG weniger ins Gewicht fällt.[26]

Die Rechtsfolge des Vorliegens einer der Tatbestände scheint im Gesetz klar bestimmt (… ist **15** unzulässig"). Allerdings sieht Art. 10 Abs. 4 der Verbandsklagen-Richtlinie die Möglichkeit vor, „von der qualifizierten Einrichtung die Ablehnung oder Änderung der betreffenden Finanzierung zu verlangen". Eine Art Ermessen oder die Abweisung als unzulässig als „ultima ratio"[27] ist indes dem deutschen Zivilprozessrecht fremd.[28] Die richtlinienkonforme Lösung dürfte darin liegen, dass es auch hier – wie allgemein bei Zulässigkeitsvoraussetzungen – auf den **Zeitpunkt der letzten mündlichen Verhandlung** ankommen muss (s. oben Rn. 10 und § 2 Rn. 10., auch dazu,

---

16 Für die Heranziehung der dazu entwickelten Kriterien (s. dazu etwa *Bähr* MünchKomm-UWG, 3. Aufl. (2020) § 2 Rn. 207–271); *Röthemeyer* VDuG § 4 Rn. 15.

17 Skauradszun/*Wais* VDuG § 4 Rn. 12.

18 Ähnlich *Röthemeyer* VDuG § 4 Rn. 16 („faktische Determiniertheiten").

19 So Skauradszun/*Wais* VDuG § 4 Rn. 13.

20 S. in diesem Sinne ausführlich *Wasmuth*/v. *Rummel* ZIP 2023, 1515, 1521; ferner *Röthemeyer* VDuG § 4 Rn. 17.

21 Ähnlich *Röthemeyer* VDuG § 4 Rn. 19 und Skauradszun/*Wais* VDuG § 4 Rn. 17 ff. S. weiterführend zu den Problemen der Prozessfinanzierung und möglicherweise zulässigen Gestaltungen *Wasmuth*/v. *Rummel* ZIP 2023, 1515, 1521 ff.

22 S. zur Kritik etwa Skauradszun/*Wais* VDuG § 4 Rn. 14 m.w.N.

23 So Skauradszun/*Wais* VDuG § 4 Rn. 27.

24 Ähnlich auch Skauradszun/*Wais* VDuG § 4 Rn. 28.

25 S. zu all dem im gleichen Sinne *Röthemeyer* VDuG § 4 Rn. 11.

26 Ebenso *Röthemeyer* VDuG § 4 Rn. 11.

27 Für letzteres Anders/Gehle/*Schmidt* § 4 Rn. 9 mit Verweis auf die Begründung des Referentenentwurfs, in welchem davon die Rede ist, dass das Prozessgericht die Klage als unzulässig abweisen „kann" (BT-Drucks. 20/6520 S. 72).

28 S. zur Abweisung als unzulässig auch *Röthemeyer* VDuG § 4 Rn. 27.

dass die Verpflichtung zum Vortrag bereits in der Klageschrift diesen Zeitpunkt nicht verändert).[29] Sieht das Gericht nach den Angaben in der Klageschrift also einen behebbaren Unzulässigkeitstatbestand, so hat nach §§ 13 VDuG, 139 ZPO ein Hinweis zu erfolgen mit Einräumung der Möglichkeit für die klageberechtigte Stelle, den Finanzierungsmangel bis zur mündlichen Verhandlung zu beseitigen.

2. Prozessuale Offenlegungspflicht, Absatz 3

16 Abs. 3 Satz 1 und 2 verpflichten die klageberechtigte Stelle zur „Offenlegung" hinsichtlich der Herkunft der Mittel, welche die Klage finanzieren, sowie ggf. die Finanzierung betreffenden Vereinbarungen mit Dritten, bereits „mit Klageeinreichung". Die Terminologie ist für eine deutsche Verfahrensvorschrift untypisch, was ihrer Herkunft aus der Verbandsklagen-Richtlinie geschuldet sein dürfte. Auch damit, dass „dem Gericht" gegenüber offenzulegen ist, kann keine Abweichung vom Grundsatz rechtlichen Gehörs erfolgen. Auch wenn dies zu Recht als problematisch angesehen wird, weil die beklagte Seite strategisch wichtige Informationen erlangen kann,[30] muss sie zu den darzulegenden Tatsachen Stellung nehmen können. Gemeint ist demnach grundsätzlich gewöhnlicher schriftsätzlicher Vortrag, der zweckmäßigerweise in der Klageschrift erfolgen wird, welche wiederum der Gegenseite zuzustellen ist. Die „Offenlegung" umfasst begrifflich allerdings auch die Vorlage etwaiger Vereinbarungen mit Dritten, nicht lediglich ihre Darlegung. Satz 3 erstreckt diese Verpflichtungen auch auf die Zeit nach der Klageerhebung, sofern „die Finanzierung", also entsprechenden Zahlungen oder Zusagen von bzw. Vereinbarungen mit Dritten erst später erfolgen bzw. geschlossen werden.[31] Zu Abs. 3 ist ergänzend noch § 5 Abs. 1 Nr. 4 zu beachten, welcher die namentliche Benennung des finanzierenden Dritten verlangt.

---

29 S. zum maßgeblichen Zeitpunkt in diesem Sinne auch *Röthemeyer* VDuG § 4 Rn. 26 mit dem berechtigten Hinweis, dass auch Abs. 3 Satz 3 für diesen Zeitpunkt spricht.
30 Skauradszun/*Wais* VDuG § 4 Rn. 29, der aus diesem Grund das „Düsseldorfer Verfahren" aus Patentstreitigkeiten ins Spiel bringt.
31 BT-Drucks. 20/7631 S. 110.

§ 5
Klageschrift

(1) Die Klageschrift, mit der eine Verbandsklage erhoben wird, muss Folgendes enthalten:
1. die Angabe und den Nachweis, dass der Kläger eine klageberechtigte Stelle ist,
2. die nachvollziehbare Darlegung, dass
    a) von der Abhilfeklage Ansprüche von mindestens 50 Verbrauchern betroffen sein können oder
    b) von den Feststellungszielen der Musterfeststellungsklage die Ansprüche oder Rechtsverhältnisse von mindestens 50 Verbrauchern abhängen können,
3. die Angabe des Werts des Streitgegenstands und
4. die Angabe, ob ein Dritter die Verbandsklage finanziert, sowie gegebenenfalls den Namen des Dritten.
(2) Die Klageschrift soll für den Zweck der Bekanntmachung im Verbandsklageregister eine kurze Darstellung des Lebenssachverhalts enthalten, aus dem die geltend gemachten Ansprüche von Verbrauchern hergeleitet werden.
(3) Im Übrigen ist § 253 der Zivilprozessordnung entsprechend anzuwenden.

Schrifttum

Bayat Die Verbandsklage und das Umsetzungsverfahren, IWRZ 2023, 258; *Bruns* Dogmatische Grundfragen der Verbandsklage auf Abhilfeleistung in Geld, ZZP 2024, 3; *Lühmann* Der Vorschlag einer europäischen Verbandsklage, NJW 2019, 570; *Münscher* Die Abhilfeklage nach dem neuen Verbraucherrechtedurchsetzungsgesetz, WM 2023, 2082; *Schneider* Die zivilprozessuale Musterfeststellungsklage – Kollektivrechtsschutz durch Verbraucherschutzverbände statt Class Actions? BB 2018, 1986; *Thönissen* Schadensersatz in der Verbandsabhilfeklage RuS 2023, 749.

Übersicht

I.   Hintergrund, Normzweck und Inhalte —— 1

II. Verpflichtende Inhalte der Klageschrift, Abs. 1, 3 i.V.m. § 253 Abs. 2 ZPO —— 2
1.   Klagebefugnis, Abs. 1 Nr. 1 —— 3
2.   Quorum, Abs. 1 Nr. 2 —— 5
3.   Wert des Streitgegenstands, Abs. 1 Nr. 3 —— 6
4.   Angaben zur Finanzierung der Klage, Abs. 1 Nr. 4 —— 8

5.   Verpflichtende Inhalte der Klageschrift, Abs. 1, 3 i.V.m. § 253 Abs. 2 ZPO —— 9

III. Soll-Inhalte der Klageschrift, Abs. 2, 3 i.V.m. § 253 Abs. 3 ZPO —— 10

IV. Folgen fehlender Angaben —— 12

I. Hintergrund, Normzweck und Inhalte

§ 5 soll, wie dies in § 606 Abs. 2 ZPO a.F. für die ursprüngliche Musterfeststellungsklage der Fall **1** war, die Anforderungen an die Klageschrift regeln. Absatz 1 regelt die speziellen, auf die Verbandsklage zugeschnittenen verpflichtenden Inhalte der Klageschrift, während Absatz 2 eine zusätzliche Soll-Angabe vorsieht. Die Regelung ist indes nicht abschließend: Zum einen treten besondere Anforderungen an die Klageschrift in anderen Vorschriften hinzu (s. insb. für die Abhilfeklage § 15 Abs. 2) und zum anderen ergänzt der Verweis auf § 253 ZPO „im Übrigen" beide Kategorien, er führt zu ergänzenden verpflichtenden Inhalten wie auch zu weiteren „Soll-Komponenten". Es ist demnach zweckmäßig, nach der Strenge der Anforderungen zu unterscheiden (nachfolgend II. und III.), auch im Hinblick auf die umstrittene Frage der Rechtsfolgen unterlassener Angaben (IV.):

II. Verpflichtende Inhalte der Klageschrift, Abs. 1, 3 i.V.m. § 253 Abs. 2 ZPO

2 § 5 Abs. 1 formuliert einen Katalog spezieller, auf die Verbandsklage zugeschnittener verpflichtender Inhalte der Klageschrift. Der Katalog ist weitgehend, aber nicht vollständig (s. insb. sogleich Rn. 8) synchronisiert mit den Vorschriften, welche die entsprechenden Zulässigkeitsvoraussetzungen der Klage formulieren (insb. §§ 2 und 4). Daneben ergeben sich grundlegende weitere Erfordernisse aus dem Verweis auf § 253 ZPO, der auch dessen Abs. 2 umfasst:

1. Klagebefugnis, Abs. 1 Nr. 1

3 Abs. 1 Nr. 1 fordert „die Angabe und den Nachweis", dass es sich beim Kläger um eine „klageberechtigte Stelle" i.S.v. § 2 handelt. Da sich die Eigenschaften als qualifizierter Verbraucherverband bzw. als qualifizierte Einrichtung jeweils aus der Eintragung in vom Bundesamt für Justiz veröffentlichte Listen ergeben, müsste an sich die Angabe dieser Tatsache genügen. Da aber ausdrücklich von Angabe und Nachweis die Rede ist, wird wohl eine Bescheinigung des Bundesamts für Justiz vorzulegen sein.[1] Die negative Voraussetzung der Finanzierung bei qualifizierten Verbraucherverbänden (§ 2 Abs. 1 Nr. 1 lit. b) wird in Fällen des § 2 Abs. 3 auf die Darlegung der Tatsachen beschränkt, aus denen sich die dort ausgesprochene unwiderlegliche Vermutung ergibt.[2]

4 Soweit danach – außerhalb der Fälle des § 2 Abs. 3 – konkret zum Finanzierungsanteil der Zuwendungen von Unternehmen vorzutragen ist, müssen zunächst notwendig Angaben zur Höhe solcher Zuwendungen sowie zum Gesamtaufkommen der finanziellen Mittel für einen geeigneten Referenzzeitraum (dazu § 2 Rn. 7) gemacht werden, sodass Gericht und Gegner den prozentualen Anteil nachvollziehen können. Der Wortlaut von Abs. 1 Nr. 1 („... und den Nachweis...") legt es nahe, dass geeignete Unterlagen wie Jahresabschluss und Geschäftsbericht ebenfalls vorzulegen sind. Dies ist jedoch systematisch im Kontext mit § 2 Abs. 2 zu lesen, wonach das Gericht (erst) bei ernsthaften Zweifeln an der finanziellen Unabhängigkeit „die Offenlegung der finanziellen Mittel" des Verbands anordnet. Der Vortrag der klageberechtigten Stelle muss also hinreichend konkret und substantiiert sein, um Gericht und Gegenseite überhaupt die Prüfung auf solche Zweifel zu ermöglichen, muss aber die „Offenlegung" durch die Vorlage entsprechender Unterlagen selbst noch nicht beinhalten. Um unnötige zeitaufwändige „Geplänkel" auf der Zulässigkeitsebene schon im Ansatz zu vermeiden, dürfte sich eine weitreichende Transparenz bereits in der Klageschrift jedoch empfehlen.

2. Quorum, Abs. 1 Nr. 2

5 Bezüglich des grundlegenden Erfordernisses des Quorums ergibt sich die Substantiierungshöhe der „nachvollziehbaren Darlegung" bereits aus § 4 Abs. 1. Die erforderlichen Angaben hängen danach von der Offenkundigkeit der Betroffenheit einer entsprechenden Zahl von Verbrauchern ab und können von bloßen Angaben zum Gegenstand der Klage bis hin zur konkreten Darlegung einzelner Rechtsverhältnisse reichen (→ § 4 Rn. 4) und sind ggf. für jeden Antrag gesondert zu machen (→ § 4 Rn. 7). Das Erfordernis gilt auch bei einer späteren Erweiterung der Klage.[3]

1 Skauradszun/*Beck* VDuG § 5 Rn. 7 f.
2 In diesem Sinne auch Anders/Gehle/*Schmidt* § 5 Rn. 3; Köhler/Bornkamm/Feddersen/*Scherer* § 5 VDuG Rn. 4.
3 *Röthemeyer* VDuG § 5 Rn. 3; s.a. § 4 Rn. 6.

3. Wert des Streitgegenstands, Abs. 1 Nr. 3

Der Wert des Streitgegenstands wird in Abs. 1 Nr. 3 in Abweichung von § 253 Abs. 3 Nr. 2 ZPO in **6** jedem Fall[4] gefordert und zur verpflichtenden Angabe erhoben. Dies ist nachvollziehbar, soweit die Angabe auch bei Leistungsanträgen im Rahmen der Abhilfeklage erfolgen soll:[5] Bei der auf einen Kollektivbetrag gerichteten Abhilfeklage (§ 14 Satz 1) ist der eingeklagte Betrag zwar mit dem Streitwert identisch, kann aber ebenso wie jener nur durch Schätzung bestimmt werden; bei der auf konkrete Zahlungen an bestimmte Verbraucher gerichteten Abhilfeklage (§ 14 Satz 2) ist die Zahl der betroffenen Verbraucher die für den Streitwert näher abzuschätzende Unbekannte.[6] Dabei ist es für die Zwecke der Bestimmung des Streitwerts sinnvoll, nicht auf die Zahl der (möglicherweise) betroffenen Verbraucher im Sinne des Zulässigkeitsquorums nach § 4 Abs. 1 abzustellen, sondern die Zahl voraussichtlicher Anmeldungen abzuschätzen.[7]

Nicht recht verständlich und auch in den Gesetzesmaterialen nicht begründet ist hingegen **7** die Erhebung der Streitwertangaben zu einem notwendigen Inhalt der Klageschrift. Gegenüber § 253 Abs. 3 Nr. 2 ZPO, der insoweit eine Sollangabe vorsieht, hätte die Anforderung eher abgesenkt als erhöht werden müssen, weil sie zum einen wegen der OLG-Zuständigkeit nach § 3 Abs. 1 keine Folgen für die sachliche Zuständigkeit hat und daher bei der Verbandsklage ausschließlich der Streitwertfestsetzung dient.[8] Zum zweiten wird diese auch noch praktisch ohnehin meist in Höhe der „gedeckelten" Streitwerte nach § 48 Abs. 1 Satz 2 GKG (€ 250.000 für Musterfeststellungsklagen und € 410.000 für Abhilfeklagen) erfolgen. Dies reduziert freilich auch regelmäßig den entsprechenden Darlegungsaufwand in der Klageschrift, da Darlegungen jenseits dieser „Deckel" nicht geboten sein können.[9]

4. Angaben zur Finanzierung der Klage, Abs. 1 Nr. 4

Abs. 1 Nr. 4 ist mit dem entsprechenden Zulässigkeitserfordernis in § 4 Abs. 3 unzureichend syn- **8** chronisiert: Die Vorschrift enthält auf der einen Seite mit der namentlichen Benennung des finanzierenden Dritten ein über § 4 Abs. 3 hinausgehendes Erfordernis, welches (auch) dort hätte geregelt werden sollen.[10] Zugleich bleiben die Erfordernisse hinter der in § 4 Abs. 3 geforderten Darlegung der Mittelherkunft zurück, weil diese in jedem Fall, nicht nur bei Drittfinanzierung, zu machen ist. Da diese nach § 4 Abs. 3 ebenfalls „bei Klageerhebung" zu erfolgen hat, ist sie also zweckmäßigerweise ebenfalls in die Klageschrift aufzunehmen.

5. Verpflichtende Inhalte der Klageschrift, Abs. 1, 3 i.V.m. § 253 Abs. 2 ZPO

Die Formulierung von § 5 mit dem prominenten Katalog in Absatz 1, der anschließenden Soll- **9** Vorschrift in Absatz 2 und dem lediglich ergänzenden Verweis auf § 253 ZPO sollte nicht darüber hinwegtäuschen, dass über den Verweis die zwingenden Erfordernisse des § 253 Abs. 2 ZPO gelten, die durch § 5 Abs. 1 und 2 auch nicht bzw. kaum modifiziert werden: Die Klageschrift muss nicht nur die Parteien und das Gericht bezeichnen (Nr. 1), sondern auch Gegenstand und Grund der

---

4 D.h. unabhängig von der Maßgeblichkeit für die Zuständigkeit, die es bei Verbandsklage wegen § 3 Abs. 1 auch nicht gibt.
5 S. dazu auch BT-Drucks. 20/6520 S. 72.
6 S. in diesem Sinne auch *Röthemeyer* VDuG § 5 Rn. 4; Köhler/Bornkamm/Feddersen/*Scherer* § 5 VDuG Rn. 9.
7 So gegen die missverständliche Formulierung in der Gesetzesbegründung (BT-Drucks. 20/6520 S. 72) mit ausführlicher Begründung überzeugend *Röthemeyer* VDuG § 5 Rn. 4.
8 So auch *Röthemeyer* VDuG § 5 Rn. 4.
9 In diesem Sinne auch Anders/Gehle/*Schmidt* § 5 Rn. 5.
10 S. in diesem Sinne auch *Röthemeyer* VDuG § 5 Rn. 4.

erhobenen Ansprüche angeben und – ggf. unter Beachtung der dafür speziellen Vorschriften wie §§ 14, 15 Abs. 2 VDuG – bestimmte Anträge[11] enthalten. Dies gilt unabhängig von Absatz 2, der lediglich die Kurzdarstellung des Sachverhalts zum Zweck der Bekanntmachung im Klageregister betrifft (nachfolgende Rn. 10), aber nicht von der notwendigen Angabe des Streitgegenstands nach § 253 Abs. 2 ZPO entbindet. Fragen wirft insoweit die Abhilfeklage auf Leistung an namentlich benannte Verbraucher auf, bei welcher der Antrag naturgemäß die einzelnen Verbraucher benennen und ggf. auch für jeden den Streitgegenstand umreißen muss, was z.B. die Benennung des jeweiligen Vertragsschlusses beinhalten kann.[12] Dies wird aber häufig jenseits der Möglichkeiten des Verbandes liegen und steht zudem in einem Spannungsverhältnis dazu, dass die Verbraucher nach § 46 bis drei Wochen nach der mündlichen Verhandlung entscheiden können, ob sie sich anmelden oder nicht – oder auch abmelden. Es muss daher die namentliche Benennung der bereits bekannten Verbraucher genügen bzw. – wenn solche noch gar nicht vorhanden sind – auch die bloße Ankündigung einer namentlichen Benennung. Für die „Nachlieferung" kann insoweit praktisch nur mit einer Schriftsatzfrist für einen Zeitpunkt nach Verstreichen der Anmeldefrist operiert werden,[13] was aufgrund der obligatorisch längeren Spruchfrist nach § 13 Abs. 4 vom Zeitablauf her möglich ist, aber nur dann funktionieren kann, wenn die Änderung der benannten Verbraucher zugleich – entgegen dem gewöhnlichen Verständnis nach der ZPO – nicht als Klageänderung gewertet wird. Andernfalls wäre eine Wiedereröffnung der mündlichen Verhandlung geboten, die wiederum zu einer Art „Endlosschleife" führen würde.[14] Da sich diese Lösung nicht aus dem Gesetz ergibt, bietet es sich für den klagenden Verband an, diese Schwierigkeit sicherheitshalber durch eine Kombination mit einem Antrag auf Zahlung eines kollektiven Gesamtbetrags zu umgehen, der die „noch ungewissen" Verbraucherbeitritte umfasst.[15] Zu beachten ist ferner, dass das Erfordernis der Bezifferung bei der Abhilfeklage speziell durch § 15 Abs. 2 Satz 2 und 3 geregelt wird (s. § 15 Rn. 24).

III. Soll-Inhalte der Klageschrift, Abs. 2, 3 i.V.m. § 253 Abs. 3 ZPO

10 Absatz 2 hat seinen Ursprung bereits in einer Regelung des KapMuG (§ 3 Abs. 2 Nr. 6), von wo aus die Vorschrift zunächst § 606 Abs. 2 Satz 2 ZPO a.F. und nunmehr das VDuG inspirierte. Danach soll die Klageschrift eine kurze Darstellung des anspruchsbegründenden Lebenssachverhalts enthalten. Der in der Vorschrift selbst benannte Zweck dieser Soll-Angabe ist eine andere als die „technische" der verpflichtenden „bestimmten Angabe des Gegenstandes und des Grundes des erhobenen Anspruchs" nach Absatz 2 i.V.m. § 253 Abs. 2 ZPO: Sie dient der Bekanntmachung im Verbandsklageregister, der Verbraucher entnehmen können sollen, ob die Klage für eigene Ansprüche oder Rechtsverhältnisse relevant ist.[16] Nach der Vorstellung des Gesetzgebers soll die Formulierung daher „möglichst einfach und verständlich" sein.[17] Ein Unterlassen oder Mängel

---

11 Soweit Anders/Gehle/*Schmidt* § 5 Rn. 8 formuliert, die Verbandsklage müsse keinen bestimmten Antrag enthalten, dürfte dies nicht im Sinne einer Aufgabe des Bestimmtheitserfordernisses gemeint sein, sondern im Sinne eines Vorrangs von §§ 14, 15 Abs. 2 VDuG. Wie hier *Röthemeyer* VDuG § 5 Rn. 7.

12 Skauradszun/*Beck* VDuG § 5 Rn. 23; Zöller/*Vollkommer* VDuG § 5 Rn. 9.

13 So auch *Röthemeyer* VDuG § 14 Rn. 7.

14 *Röß* NJW 2024, 1302, 1305 ff. (der als Lösung eine Begrenzung auf eine Wiedereröffnung vorschlägt); Skauradszun/ *Skauradszun* VDuG § 13 Rn. 67.

15 So auch Skauradszun/*Beck* VDuG § 5 Rn. 25. Zur Zulässigkeit der Klagehäufung s. § 1 Rn. 29. In eine ähnliche Richtung geht der Vorschlag von Skauradszun/*Paulus* VDuG § 14 Rn. 26 f. (Erlass eines Grundurteils auch ohne entsprechenden Antrag).

16 Anders/Gehle/*Schmidt* § 5 Rn. 7; *Röthemeyer* VDuG § 5 Rn. 6.

17 BT-Drucks. 20/6520 S. 72.

dieser Zusammenfassung bleiben letztlich sanktionslos,[18] eine sinnvolle Darstellung liegt aber mit Blick auf unerwünschte Zuwenig- aber auch Zuvielanmeldungen im Eigeninteresse des klagenden Verbandes.

Über den Verweis in Absatz 3 gelten ferner mit Ausnahme von Nr. 2, die zur verpflichtenden **11** Angabe erhoben wurde, auch die „Soll-Angaben" in § 253 Abs. 3 ZPO, d.h. Nrn. 1 und 3. Der Verweis geht allerdings nach dem Sinngehalt der Bestimmungen, auf welche verwiesen wird, weitgehend ins Leere: Eine Angabe zum Versuch einer vorangegangenen außergerichtlichen Konfliktbeilegung (§ 253 Abs. 3 Nr. 1 ZPO) kann der Verband hinsichtlich der Ansprüche der Verbraucher sinnvollerweise nicht machen[19] und eigene Versuche kann der Verband vor dem Verfahren kaum unternommen haben, da er (noch) nicht für bestimmte Verbraucher sprechen konnte und daher mit dem Unternehmer keine verbindliche Lösung erzielen hätte erzielen können. Die Angabe wäre daher nur dann sinnvoll – und dann auch zu machen – falls gleichwohl vor dem Verfahren bereits abstrakte Gespräche des Verbandes mit dem Unternehmen über den Streitgegenstand mit dem Ziel einer späteren gütlichen Einigung erfolgt wären. Eine Übertragung auf den Einzelrichter (§ 253 Abs. 3 Nr. 3 ZPO) erscheint bei Verbandsklagen kaum sinnvoll, ihre Möglichkeit ist nunmehr (anders als bei der Musterfeststellungsklage nach ZPO a.F.) umstritten.[20] Die Klageschrift sollte daher wohl pro forma eine entsprechende Angabe enthalten.

IV. Folgen fehlender Angaben

Fehlen Angaben, so wurde zur Musterfeststellungsklage sowohl in der Literatur vertreten als auch **12** entschieden, dass das Gericht Gelegenheit zur Nachreichung geben muss.[21] Gesichtspunkte, die gegen eine Übertragung auf die Verbandsklage sprechen, sind insoweit nicht ersichtlich. Was die Folgen fehlender Angaben betrifft, so versteht sich zunächst von selbst, dass Verstöße gegen Soll-Erfordernisse keine solchen haben.[22] Bezüglich der verpflichtenden Erfordernisse bestand im Rahmen der Musterfeststellungsklage eine rege Diskussion, ob die Klageerhebung von vornherein nicht wirksam erfolgt und die Klage infolgedessen nicht zuzustellen oder einzutragen sei,[23] oder ob sie nur bei Nichtbehebung oder Nichtbehebbarkeit wegen Unzulässigkeit abzuweisen sei.[24] Für die Verbandsklage spricht sich die bisher erschienene Kommentarliteratur im zweiten Sinne aus.[25]

Angesichts von „formalen" und ohne weiteres behebbaren Erfordernissen wie insbesondere **13** in Abs. 1 Nrn. 3 und 4 erscheint dies (Abweisung als unzulässig) auch nachvollziehbar. Allerdings spricht alles für eine differenzierte Betrachtung: Dient die Angabe in der Klageschrift lediglich der Prüfung der Zulässigkeit durch das Gericht, so ist richtige Konsequenz für ihr (andauerndes) Fehlen die Abweisung durch Prozessurteil. Lässt sich hingegen aufgrund der fehlenden Angaben die Klage schon gar nicht als solche oder nicht als Verbandsklage identifizieren (was z.B. auch beim Fehlen jeglicher Ausführungen zur Betroffenheit einer Vielzahl der Fall sein könnte) oder ist ihr Gegenstand nicht bestimmbar, so muss richtigerweise bereits die Zustellung versagt werden. Das Argument, dass der Gesetzgeber des VDuG die in § 607 ZPO a.F. vorgesehene Nichtbe-

---

18 S. *Röthemeyer* VDuG § 5 Rn. 6 m.w.N; a.A. wohl *Münscher* WM 2023, 2082. S. zu den zur Musterfeststellungsklage noch vertretenen unterschiedlichen Auffassungen Asmus/Waßmuth/*Waßmuth/Dörfler* § 606 ZPO Rn. 139; *Menges* MünchKomm-ZPO⁶ § 606 Rn. 39 f.; *Berger* ZZP 133 (2020), 2, 24 f.
19 Ebenso *Röthemeyer* VDuG § 5 Rn. 8.
20 S. § 13 Rn. 10.
21 Musielak/Voit/*Stadler* § 606 ZPO Rn. 15; OLG Braunschweig, Beschl. v. 22.12.2020 – 4 MK 1/20, BeckRS 2020, 36447 Rn. 6.
22 S. bereits oben Rn. 10 mit den Nachweisen in Fn. 17.
23 So *Vollkommer* MDR 2019, 536, 537 und Zöller/*ders.* § 606 Rn. 29; *Müller-Hennich* BeckOGK § 204 BGB Rn. 108.
24 So *Lutz* BeckOK, 50. Ed. 1.7.2023, § 606 ZPO Rn. 48; Saenger/*Rathmann* ZPO § 606 Rn. 13; Anders/Gehle/*Schmidt* § 606 Rn. 19; BT-Drucks 19/2507 S. 22.
25 Anders/Gehle/*Schmidt* § 5 Rn. 2; mit ausführlicher Begründung *Röthemeyer* VDuG § 5 Rn. 9.

kanntmachung im Klageregister bei Fehlen bestimmter Angaben aufgegeben hat,[26] verkehrt sich in derartigen Fällen in ihr Gegenteil: Da niemandem damit gedient ist, wenn eine schon hinsichtlich der Identifizierung des Streitgegenstands oder als Kollektivklage ungeeignete Klage in das Klageregister eingetragen wird, müssen derart grundlegende Mängel bereits im Prozess der Klageerhebung beseitigt werden.

---

26 *Röthemeyer* VDuG § 5 Rn. 9.

§ 6
Offenlegung von Beweismitteln, Androhung und Festsetzung von Ordnungsgeld

(1) Ordnet das Gericht die Vorlage einer Urkunde oder sonstiger Unterlagen (§ 142 der Zivilprozessordnung), die Vorlage von Akten (§ 143 der Zivilprozessordnung) oder die Vorlage eines Gegenstandes (§ 144 der Zivilprozessordnung) an, so kann es der vorlagepflichtigen Partei für den Fall, dass diese der Anordnung nicht nachkommt, die Festsetzung eines Ordnungsgelds in Höhe von bis zu 250 000 Euro androhen.

(2) [1]Kommt die vorlagepflichtige Partei der gerichtlichen Anordnung trotz Androhung eines Ordnungsgelds nicht nach, so ist das angedrohte Ordnungsgeld durch Beschluss festzusetzen. [2]Das Ordnungsgeld kann erneut festgesetzt werden, wenn die vorlagepflichtige Partei der gerichtlichen Anordnung wiederholt nicht nachkommt.

Schrifttum

Gsell Europäische Verbandsklagen zum Schutz kollektiver Verbraucherinteressen – Königs- oder Holzweg? BKR 2021, 521; *Lühmann* Der Vorschlag einer europäischen Verbandsklage, NJW 2019, 570; *Schläfke/Lühmann* Kollektiver Rechtsschutz nach der Umsetzung der EU – Verbandsklagen – Richtlinie, NJW 2023, 3385.

Übersicht

I.   Hintergrund, Normzweck und Inhalte; Richtlinienkonformität —— 1

II. Verhältnis zu den bestehenden Vorlagepflichten bzw. -instrumenten der ZPO —— 3

III. Verfahren der Anordnung und Sanktionen der Nichtvorlage nach § 6 —— 5

IV. Rechtsmittel —— 8

I. Hintergrund, Normzweck und Inhalte; Richtlinienkonformität

§ 6 dient der Umsetzung von Art. 18 f. der Verbandsklagen-Richtlinie. Der deutsche Gesetzgeber **1** hat darauf verzichtet, anlässlich dieser Umsetzung größere Eingriffe in das deutsche System der Verteilung der Darlegungs- und Beweislast und den damit einhergehenden prozessualen Instrumenten vorzunehmen.[1] Statt dessen wurde die – neben den eigentlichen Vorlagepflichten nach den §§ 422 ff. ZPO – bereits bestehende Möglichkeit der Anordnung der Vorlage von Urkunden und anderen Beweismitteln nach den §§ 142 ff. im Verbandsklageverfahren um eine Sanktion für die Nichtvorlage ergänzt. Danach kann das Gericht in Abweichung von der Rechtslage im Individualverfahren, in welchem die Sanktion der Nichtvorlage im Rahmen von § 142 ZPO gegenüber einer Partei ausschließlich in der freien Beweiswürdigung liegt, zusätzlich – ggf. mehrfach – ein substantielles Ordnungsgeld von bis zu € 250.000 anordnen. Auch der Höhe nach gliedert sich dies in die ZPO ein (vgl. § 890 ZPO). Die Norm ist – wie die zugrundeliegenden Richtlinien-Bestimmungen (vgl. auch ErwGr 68 der Richtlinie mit Hinweis auf den Grundsatz der Waffengleichheit) – beidseitig formuliert, wird aber in der Praxis meist gegenüber dem beklagten Unternehmen relevant werden.[2]

---

1 S. zur diesbezüglichen Diskussion im Gesetzgebungsverfahren näher *Röthemeyer* VDuG Einf. Rn. 118 f.

2 Dass der klagende Verband als Adressat wegen einer richtlinienkonformen Auslegung hingegen gar nicht in Betracht käme, wie Köhler/Bornkamm/Feddersen/*Scherer* § 6 VDuG Rn. 4 meint, erscheint angesichts der zitierten Richtlinienbestimmungen auch unter Berücksichtigung von Art. 18 der Richtlinie nicht naheliegend. Wegen der eindeutigen Formulierung des Gesetzes erschiene eine solche Auslegung auch wegen der Wortlautgrenze problematisch. Für eine beidsei-

2   Die gewählte Umsetzung geht mit der Verbandsklagen-Richtlinie konform, die nach ihrem Art. 18 v.a. auf die Zurückhaltung vom Beweismitteln gerichtet ist und in Art. 19 wirksame, verhältnismäßige und abschreckende Sanktionen, darunter zwingend Geldbußen, fordert. Dies ist mit der Kombination der nunmehr ermöglichten Erzwingung durch erhebliche und wiederholbare Ordnungsgelder und den Folgen der Nichtvorlage für die Beweiswürdigung nach der Rechtsprechung des BGH (s. unten Rn. 4), welche wegen der nur eingeschränkten Angreifbarkeit der Beweiswürdigung mit Rechtsmitteln in der Praxis einen erheblichen Druck ausüben, erfüllt.[3]

II. Verhältnis zu den bestehenden Vorlagepflichten bzw. -instrumenten der ZPO

3   § 6 ergänzt §§ 142 bis 144 ZPO nur für das Verbandsklageverfahren um die Möglichkeit der Anordnung und Festsetzung eines Ordnungsgelds gegenüber den Parteien, die im Individualverfahren nur im Rahmen von §§ 142 Abs. 2, 144 Abs. 2 ZPO gegenüber Dritten möglich ist. Die Voraussetzungen der Vorlageanordnung werden dabei nicht verändert.[4] Erforderlich ist demnach auch im Verbandsklageverfahren insbesondere schlüssiger und erheblicher Vortrag der beweisbelasteten Partei,[5] sodass die Verteilung der Darlegungs- und Beweislast unberührt bleibt. Ferner gelten § 138 Abs. 1 ZPO und die allgemeinen Substantiierungsanforderungen, die von der beweisbelasteten Partei für tatsächliche Umstände, die in ihrem eigenen Kenntnis- und Einflussbereich stehen – d.h. bis zum Eingreifen einer etwaigen sekundären Darlegungslast[6] –, ohnehin eine vollständige und konkretisierte Darlegung verlangen. Damit dürften im deutschen Zivilprozess ohnehin weitgehend diejenigen Anforderungen an eine Vorlageanordnung gelten, welche die Richtlinie damit umschreibt, dass die beweisbelastete Partei „alle unter zumutbarem Aufwand zugänglichen Beweismittel vorgelegt hat".[7]

4   Auch die maßgebliche Sanktion des § 142 ZPO gegenüber der trotz Anordnung nicht vorlegenden Partei, nämlich die Würdigung des Weigerungsverhaltens im Wege der freien Beweiswürdigung,[8] die bis zur Annahme eines Zugeständnisses des gegnerischen Vortrags zur Urkunde führen kann, gilt selbstverständlich auch im Verbandsklageverfahren.[9]

III. Verfahren der Anordnung und Sanktionen der Nichtvorlage nach § 6

5   § 6 ermöglicht für das Verbandklageverfahren die Anordnung eines Ordnungsgelds zur Erzwingung der Vorlage der in §§ 142 bis 144 genannten Beweismittel. Bei der Festsetzung der angedrohten Höhe ist zu beachten, dass diese die spätere Festsetzung im Fall der Nichtvorlage – und damit auch eine etwaige erneute Festsetzung – der Höhe nach festlegt (s. Rn. 6). Die Anordnung kann mit der Vorlageanordnung selbst verbunden werden, welche regelmäßig bereits in einer Verfü-

---

tige, aber wegen der Vorgaben der Richtlinie gleichsam „ungleichgewichtige" Anwendung Skauradszun/*Wais* VDuG § 5 Rn. 5.

3 Zu diesem Ergebnis kommt auch *Röthemeyer* VDuG § 6 Rn. 5.

4 Dies ist nach dem Wortlaut eindeutig; ebenso *Röthemeyer* VDuG § 6 Rn. 2, 3; insoweit auch Skauradszun/*Wais* VDuG § 5 Rn. 4.

5 Wieczorek/Schütze/*Smid/Hartmann*[5] § 142 Rn. 2; Musielak/Voit/*Stadler*[20] § 142 ZPO Rn. 1; Zöller/*Greger* § 142 Rn. 2; BGH, Beschl. v. 26.3.2019 – VI ZR 163/17, BeckRS 2019, 7939.

6 Wieczorek/Schütze/*Gerken*[5] § 138 Rn. 35; Zöller/*Greger* § 138 Rn. 8b.

7 A.A. *Röthemeyer* VDuG § 6 Rn. 3, der meint, § 6 VDuG gehe insoweit über die Richtlinie hinaus, und im umgekehrten Sinne (Plädoyer für eine großzügige Anwendung wegen weitergehender Vorgaben der Richtlinie) Skauradszun/*Wais* VDuG § 5 Rn. 4.

8 BGH, Urt. v. 26.6.2007 – XI ZR 277/05, NJW 2007, 2989, 2992; Zöller/*Greger* § 142 Rn. 15.

9 So etwa auch Skauradszun/*Wais* VDuG § 5 Rn. 8.

gung vor der mündlichen Verhandlung bzw. bei Terminierung ergeht (§ 273 Abs. 2 Nr. 5 ZPO).[10] Sie kann aber natürlich auch nach Erörterung in der mündlichen Verhandlung erfolgen.

Die Festsetzung des Ordnungsgeldes bedarf nach Abs. 2 Satz 1 eines Beschlusses. Es ist „das 6 angedrohte Ordnungsgeld" festzusetzen, Androhung und Festsetzung müssen also auch dem Betrag nach übereinstimmen. Die Festsetzung ist kein Automatismus, sondern dürfte wie im Rahmen von § 890 ZPO nur in Betracht kommen, wenn der Anordnung schuldhaft nicht nachgekommen wird, was wiederum eine Anhörung der Parteien entsprechend § 891 ZPO nahelegt.[11] Über § 13 sind die §§ 386 bis 390 ZPO anwendbar, sodass auf der anderen Seite ersatzweise Ordnungshaft und Erzwingungshaft (§ 390 ZPO) in Betracht kommen.[12]

Bei weiterer Säumnis der Partei, gegenüber der die Vorlageanordnung ergangen ist, ermög- 7 licht Abs. 2 Satz 2 die „erneute" Festsetzung. Ob damit tatsächlich gemeint ist, das Ordnungsgeld könne „theoretisch unbegrenzt häufig" festgesetzt werden,[13] erscheint fraglich, der Wortsinn ließe auch die nur einmalig „erneute" Festsetzung zu.[14] Die Frage wird aber offenbleiben können, weil bei endgültiger Weigerung auch die – praktisch regelmäßig schärfere – Sanktion im Rahmen der Beweiswürdigung (oben Rn. 4) zur Verfügung steht, welche die Festsetzung des Ordnungsgelds gleichsam „rückkoppelnd"[15] begrenzt, da die Vorlage nicht mehr erreichen kann als eine Würdigung der Nichtvorlage im Sinne der anderen Partei.

IV. Rechtsmittel

Gegen die Androhung des Ordnungsgeldes ist kein Rechtsmittel gegeben; erst der Festsetzungsbe- 8 schluss kann mit der Rechtsbeschwerde angegriffen werden. Dafür muss sie allerdings aufgrund der Fälle des § 574 Abs. 2 ZPO vom OLG zugelassen worden sein (§ 574 Abs. 1 Nr. 2 ZPO).[16]

---

10 S.a. *Röthemeyer* VDuG § 6 Rn. 8.
11 Anders/Gehle/*Schmidt* § 6 Rn. 4.
12 Anders/Gehle/*Schmidt* § 6 Rn. 5.
13 So *Röthemeyer* VDuG § 6 Rn. 4.
14 Ebenso Skauradszun/*Wais* VDuG § 5 Rn. 9.
15 So treffend *Röthemeyer* VDuG § 6 Rn. 6.
16 Köhler/Bornkamm/Feddersen/*Scherer* § 6 VDuG Rn. 9; Zöller/*Vollkommer* VDuG § 6 Rn. 7; Skauradszun/*Wais* VDuG § 5 Rn. 10.

§ 7
Streitgenossenschaft

(1) ¹Mehrere klageberechtigte Stellen können gemeinschaftlich gegen einen Unternehmer klagen. ²Mehrere Unternehmer können gemeinschaftlich verklagt werden.
(2) Die §§ 59 bis 63 der Zivilprozessordnung sind entsprechend anzuwenden.

Schrifttum

Bayat Die Prospekthaftung im Abhilfeverfahren, BKR 2024, 219; *Vollkommer* Das VDuG auf dem Praxisprüfstand, RAW 2024, 2.

Übersicht

I. Hintergrund, Normzweck und Inhalte —— 1

II. Subjektive Klagehäufung auf Klägerseite
1. Zulässige Konstellationen —— 3
2. Besonderheiten hinsichtlich der Zulässigkeitsvoraussetzungen —— 5

III. Subjektive Klagehäufung auf Beklagtenseite —— 7

IV. Art der entstehenden Streitgenossenschaft —— 10

I. Hintergrund, Normzweck und Inhalte

1 Hintergrund der Vorschrift ist Art. 6 der Verbandsklagen-Richtlinie, wonach bei Betroffenheit von Verbrauchern aus mehreren Mitgliedstaaten die Möglichkeit bestehen muss, dass die Verbandsklage von klageberechtigten Stellen aus unterschiedlichen Mitgliedstaaten erhoben wird. Wenn die Gesetzesbegründung betont, dass mit § 7 daneben auch eine gemeinschaftliche Klage mehrerer innerstaatlicher Verbänden ermöglicht wird,[1] ist dies aufgrund der offenen Formulierung von § 7 sicherlich zutreffend, dürfte aber die tatsächlichen Verhältnisse voraussichtlich auf den Kopf stellen, denn dies dürfte praktisch der Hauptanwendungsfall von § 7 werden. Insbesondere lädt die Vorschrift (wohl meist inländische) Verbände dazu ein, gemeinschaftlich zu klagen, um den andernfalls durch § 8 bewirkten „Wettlauf um die Verbandsklage" zu vermeiden.

2 Der Regelungsgehalt von § 7 geht noch in weiteren Aspekten über den Richtlinieninhalt hinaus, zum einen – insoweit naturgemäß – in der Ausgestaltung durch Verweis auf die entsprechende Geltung der §§ 59 bis 63 ZPO. Dabei bringt die „entsprechende" Geltung (anstelle einer solchen über den Verweis des § 13) zum Ausdruck, dass sich insoweit aus der besonderen Verfahrensart Besonderheiten ergeben (s. unten Rn. 5 und 10). Zum zweiten wird klargestellt, dass im Verbandsklageverfahren subjektive Klagehäufungen nicht nur auf der Aktiv-, sondern auch auf der Passivseite möglich sind. Nicht angesprochen wird die Kombination der **subjektiven Klagehäufung auf beiden Seiten**, deren grundsätzliche Zulässigkeit sich jedoch in der Zulassung beider Formen angelegt ist.[2]

---

1 BT-Drucks. 20/6520 S. 73.
2 Vgl. in diesem Sinne auch Zöller/*Althammer* VDuG § 7 Rn. 4; Skauradszun/*Wais* VDuG § 7 Rn. 5.

II. Subjektive Klagehäufung auf Klägerseite

1. Zulässige Konstellationen

Unmittelbar angesprochen ist in § 7 die **anfängliche subjektive Klagehäufung**. Dabei kann die **3** gemeinschaftliche Klage von mehreren inländischen Verbänden, von inländischen Verbänden und klageberechtigten Stellen anderer Mitgliedstaaten, aber auch von mehreren klageberechtigten Stellen (nur) anderer Mitgliedstaaten erhoben werden. Dass die Gesetzesbegründung insoweit nur den Fall der gemeinsamen Klage eines deutschen Verbandes mit einer klageberechtigten Stelle nennt,[3] hat sich im Wortlaut der Gesetz gewordenen Vorschrift zu Recht nicht niedergeschlagen, da eine solche Einschränkung eine – unionsrechtlich ohne weiteres verbotene – Ungleichbehandlung darstellen würde.[4]

Es bestehen auch keine grundsätzlichen Zulässigkeitsbedenken gegen eine **nachträgliche 4 subjektive Klagehäufung** in der Form, dass sich ein Verband, ggf. mit ergänzenden Anträgen, der Klage eines anderen anschließt.[5] Insbesondere steht § 8 nicht entgegen, da es bei einem Verfahren bleibt und im Übrigen eine weitere Klage mit anderen Anträgen/Feststellungszielen ohnehin auch selbständig zulässig bliebe (s. § 8 Rn. 6). Fraglich ist lediglich, ob auch die Rechtsprechung des BGH zu übertragen ist, wonach eine nachträgliche subjektive Klagehäufung nicht nur an den Voraussetzungen der § 59 ff. ZPO zu messen ist, sondern zusätzlich an denjenigen des § 263 ZPO, sie also nur mit Einwilligung des Beklagten oder bei Sachdienlichkeit zulässig ist.[6] Hierfür spricht bei der Verbandsklage noch mehr als im Individualverfahren, da u.a. bezüglich der weiteren Klage eine neue Zulässigkeitsprüfung erforderlich ist, welche das ursprüngliche Verfahren behindern könnte, und auch hinzutretende Anträge das Verfahren schwerfällig machen können. Eine nachträgliche subjektive Erweiterung ist daher, was im Rahmen der Sachdienlichkeit geprüft werden kann, auch nicht unbedingt im Sinne der Kläger bzw. der angemeldeten Verbraucher.

2. Besonderheiten hinsichtlich der Zulässigkeitsvoraussetzungen

Im Fall der Klagehäufung versteht sich zunächst von selbst, dass die Einzelklagen jeweils die **5** allgemeinen Zulässigkeitsvoraussetzungen der Verbandsklage erfüllen müssen, insbesondere die jeweiligen Kläger gesondert ihre Klagebefugnis als „klageberechtigte Stellen" nachweisen müssen. Fehlt einer der Klagen eine Zulässigkeitsvoraussetzung, so ist ein Teilurteil geboten.[7] Eine Besonderheit gilt nach § 4 Abs. 1 Satz 2 lediglich für das Quorum, für welches die Zahl der „betroffenen Verbraucher" zusammenzurechnen ist. Die letztgenannte Besonderheit dürfte praktisch nur bei der Einbringung unterschiedlicher Feststellungsziele durch die Kläger bedeutsam sein, denn wenn sich zwei oder mehr Verbände gegen einen Unternehmer für eine Verbandsklage zusammenschließen, dürfte diese regelmäßig ein und denselben Gegenstand betreffen (z.B. eine von diesem Unternehmer verwendete AGB), sodass auch die betroffenen Verbraucher dieselben und in diesem Fall nicht zusammenzurechnen sind.

Aus dem vorgenannten Grund werden bei der subjektiven Klagehäufung auf Aktivseite auch **6** die Voraussetzungen der Streitgenossenschaft, die zusätzlich vorliegen müssen, selten problema-

---

3 BT-Drucks. 20/6520 S. 73.

4 So zu Recht *Röthemeyer* VDuG § 7 Rn. 3; Skauradszun/*Wais* VDuG § 7 Rn. 12.

5 Ebenso *Röthemeyer* VDuG § 7 Rn. 2, der auch keine einschränkenden Voraussetzungen (s. nachfolgend im Text) anspricht. A.A. aber möglicherweise Anders/Gehle/*Schmidt* § 7 Rn. 3. Wie nachfolgend im Text Zöller/*Althammer* VDuG § 7 Rn. 7 und Skauradszun/*Wais* VDuG § 7 Rn. 4.

6 S etwa BGH, Beschl. v. 18.12.2014 – IX ZB 77/13. BeckRS 2015, 1265; BGH, Urt. v. 14.10.2014 – X ZR 35/11, GRUR 2015, 159 u. ferner die Nachw. bei *Becker-Eberhard* MünchKomm-ZPO[6] § 263 Fn. 23. Zur Kritik etwa Musielak/Voit/*Foerste*[20] § 263 ZPO Rn. 23–27; *Gruschwitz* JA 2012, 689.

7 Anders/Gehle/*Schmidt* § 7 Rn. 2.

---

tisch sein. „Gleichartige und auf einem im Wesentlichen gleichartigen tatsächlichen und rechtlichen Grund beruhende Ansprüche" sind in einem derartigen Fall in entsprechender Anwendung des § 60 ZPO ohne Weiteres gegeben.[8] Für die Abhilfeklage erhebt § 15 Abs. 1 die „Gleichartigkeit" der gebündelten Ansprüche ohnehin zur Zulässigkeitsvoraussetzung für diese Klageform (s. § 15 Rn. 4 ff.).

III. Subjektive Klagehäufung auf Beklagtenseite

7 Abs. 1 Satz 2 ermöglicht ausdrücklich die (anfängliche) subjektive Klagehäufung auf Beklagtenseite. Hier stellt sich zunächst die Frage der örtlichen Zuständigkeit bei auseinanderfallenden allgemeinen Gerichtsständen der Unternehmer, die nach § 3 Abs. 1 für Einzelklagen maßgeblich wären. Diese kann nur durch ein Gerichtsstandsbestimmungsverfahren nach § 36 Abs. 1 Nr. 3 ZPO gelöst werden,[9] wobei sich wiederum die Frage nach dem dafür zuständigen Gericht stellt: Ein zuerst befasstes Gericht i.S. § 36 Abs. 2 ZPO ist zwar dann vorhanden, wenn zwei oder mehr Kläger gegen zwei oder mehr Unternehmer gibt, nicht aber dann, wenn eine Klage von Anfang an gegen zwei oder mehr Unternehmer gerichtet wird. In diesem Fall kommt eine Residualzuständigkeit des BGH entsprechend Absatz 3 in Betracht;[10] pragmatisch und zweckmäßig erschiene die Angabe eines „erstbefassten" Gerichts durch den Kläger mit dem Argument, dass der Kläger auch die Reihenfolge zweier Klagen in der Hand hätte.

8 Bei einer Klage gegen mehrere Unternehmer sind in entsprechender Anwendung die Zulässigkeitsvoraussetzungen der Streitgenossenschaft nach §§ 59 f. ZPO zu prüfen.[11] Regelmäßig wird es darum gehen, ob „gleichartige und auf einem im Wesentlichen gleichartigen tatsächlichen und rechtlichen Grund beruhende Ansprüche" i.S.d. § 60 ZPO vorliegen, was unter den Auspizien des VDuG etwa im Fall der Verwendung derselben AGB-Klausel gegeben wäre.

9 Schließlich stellt sich auch die Frage nach der Zulässigkeit einer nachträglichen subjektiven Erweiterung der Klage auf einen zweiten oder mehr Beklagte. Bedenken gegen die grundsätzliche Zulässigkeit sind noch weniger ersichtlich als im Fall der subjektiven Erweiterung auf Aktivseite, da § 8 insoweit von vornherein nicht einschlägig ist. Auch auf Beklagtenseite ist die Erweiterung jedoch wie eine Klageänderung zu behandeln und deshalb nur unter den zusätzlichen Voraussetzungen des § 263 ZPO zulässig.[12]

IV. Art der entstehenden Streitgenossenschaft

10 Offen gelassen hat der Gesetzgeber die Frage durch den unterschiedslosen Verweis auf die §§ 61 und 62 ZPO die Frage, um welche Art der Streitgenossenschaft es sich handelt. Insoweit dürfte zu differenzieren sein:[13] Die **Streitgenossenschaft auf Beklagtenseite** kann beide Formen annehmen, wobei die allgemeinen Kriterien der §§ 61 f. ZPO gelten. Danach sind Fälle einer aus materiellen Gründen notwendigen Streitgenossenschaft kaum denkbar,[14] so dass die Streitgenossenschaft auf Passivseite regelmäßig (etwa in obigem Beispiel) eine einfache sein wird. **Bei der Streitgenossenschaft auf Klägerseite** ist zwar die aus materiellen Gründen notwendige Streitgenossenschaft

---

8 Wohl aus diesem Grund enthielt der § 7 des ursprünglichen Entwurfs, s. BT-Drucks. 20/6520, der die Klagehäufung auf Beklagtenseite nicht vorsah, auch keinen Verweis auf § 60 ZPO.

9 So auch Zöller/*Althammer* VDuG § 7 Rn. 3, Zöller-*Vollkommer* § 3 Rn. 5; Skauradszun/*Wais* VDuG § 7 Rn. 5.

10 Dafür im Rahmen der Musterfeststellungsklage *Scholl* ZfPW 2019, 317, 346.

11 S. auch *Röthemeyer* VDuG § 7 Rn. 5.

12 S.o. Rn. 4 und speziell zur Behandlung der subjektiven Parteierweiterung als Klageänderung BGH, Urt. v. 13.11.1975 – VII ZR 186/73 (KG), BGHZ 65, 264 = NJW 1976, 239; BGH, Urt. v. 16.12.2022 – V ZR 34/22, NJW-RR 2023, 567.

13 So überzeugend *Röthemeyer* VDuG § 7 Rn. 9 f.

14 S. etwa die Beispiele bei Skauradszun/*Wais* VDuG § 7 Rn. 9.

ebenfalls praktisch kaum vorstellbar,[15] es ist aber aus prozessualen Gründen eine notwendige Streitgenossenschaft anzunehmen: Mit Rücksicht auf die Anmeldung der Verbraucher, die sich auf das Verfahren insgesamt bezieht und nicht zwischen der einen oder der anderen Klage unterscheidet, müssen die Prozesshandlungen einheitlich wirken. Dies wird insbesondere bei der Verfahrensbeendigung deutlich: Beendet ein Verband die Klage durch Vergleich, während der andere das Verfahren streitig fortsetzen könnte, wäre offen, ob der Vergleich oder das ergehende Urteil für die angemeldeten Ansprüche maßgeblich wäre.[16]

---

15 S. etwa die Beispiele bei Skauradszun/*Wais* VDuG § 7 Rn. 8.
16 *Röthemeyer* VDuG § 7 Rn. 9. Den genannten Gesichtspunkt erwägt auch Zöller/*Althammer* VDuG § 7 Rn. 5 a.E., lässt die Folgerung aber offen. Zweifelnd hingegen Skauradszun/*Wais* VDuG § 7 Rn. 11, dessen Erwägungen aber den zentralen Punkt (notwendige einheitliche Wirkung der Prozesshandlungen) nicht treffen.

§ 8
Sperrwirkung der Verbandsklage

[1]Ab Anhängigkeit einer Verbandsklage kann gegen denselben Unternehmer keine weitere Verbandsklage erhoben werden, deren Streitgegenstand denselben Lebenssachverhalt und dieselben Ansprüche oder dieselben Feststellungsziele betrifft. [2]Diese Sperrwirkung entfällt, sobald die Verbandsklage ohne Entscheidung in der Sache beendet wird.

Schrifttum

Beckmann/Waßmuth Die Musterfeststellungsklage, WM 2019, 45 u. 89; *Janal* Die Umsetzung der Verbandsklagenrichtlinie, GRUR 2023, 985; *Scherer* Abhilfeanspruch gem. Art. 9 Abs. 1 VerbandsklagenRL /§ 1 Abs. 1 Nr. 1 VDuG-E und Verbraucherschadensersatzanspruch gem. § 9 Abs. 2 UWG – Kollektivrechtsschutz contra Individualrechtsschutz? VuR 2022, 443; *Thönissen* Zuständigkeit und Sperrwirkung bei Verbandsabhilfeklagen, EuZW 2023, 637.

Übersicht

I. Hintergrund, Normzweck; Gesetzgebungshistorie —— 1

II. Voraussetzungen
1. Anhängigkeit einer Verbandsklage —— 3
2. Identität des Streitgegenstands —— 5
3. Klagender Verband —— 10

III. Wirkung —— 11

IV. Entsprechende Anwendung auf Musterfeststellungsklagen nach ZPO —— 15

V. Keine entsprechende Anwendung auf ausländische Verbandsklagen —— 16

I. Hintergrund, Normzweck; Gesetzgebungshistorie

1 § 8 soll verhindern, dass mehrere Verbandsklagen über den gleichen Sachverhalt geführt werden. Die Vorschrift stellt in Erweiterung des § 261 Abs. 3 Nr. 1 ZPO, der bei Individualklagen nur solche sperrt, die über den gleichen Streitgegenstand zwischen *denselben Parteien* geführt werden, eine besondere Form der Rechtshängigkeitssperre dar.[1] Dem Charakter als Kollektivverfahren entsprechend soll die Verbandsklage einen Streitgegenstand mit Breitenwirkung klären, sodass die Sperrwirkung auf andere Verbände erweitert wird. Als Gründe hierfür werden Entlastung der Justiz und der beklagten Unternehmen sowie die Verhinderung widersprechender Entscheidungen angeführt.[2] Letzteres erscheint nicht zwingend schlüssig, da eine Rechtsfrage auch in konkurrierenden Individualverfahren im Instanzenzug letztlich widerspruchsfrei geklärt werden kann. Das Konzept zeugt ferner von einem erheblichen Vertrauen in die Kompetenz jeder einzelnen klageberechtigten Stelle, der damit die gleichsam allgemeinverbindliche Prozessführung unter Ausschluss von Konkurrenz zugestanden wird, und führt zugleich um einen „Wettlauf" um die erste Klageeinreichung.[3]

2 In ihrem Regelungsgehalt entspricht die Vorschrift § 610 Abs. 1 und 2 ZPO a.F. mit der wichtigen Erweiterung auf die neue Klageform der Abhilfeklage, durch die sich neue Fragestellungen ergeben (s. unten Rn. 6 ff.). Gegenüber ihrer Vorgängervorschrift wurde die Regelung im Zuge des Gesetzgebungsverfahrens zur Verbandsklage noch in zwei weiteren Punkten verändert: Anstelle der Rechtshängigkeit greift die Sperre in der Gesetz gewordenen Fassung zum einen bereits mit

---

[1] BT-Drucks. 20/6520 S. 73: „besondere Form der Unzulässigkeit wegen anderweitiger Rechtshängigkeit".

[2] Anders/Gehle/*Schmidt* § 8 Rn. 1; *Röthemeyer* VDuG § 8 Rn. 1.

[3] Zu letzterem Aspekt *Röthemeyer* VDuG § 8 Rn. 2 f., der aus diesem Grund die Auswahl des Klägers durch das Gericht wie im KapMuG für vorzugswürdig hält. Kritisch auch Zöller/*Vollkommer* VDuG § 8 Rn. 1 a.E.

der Anhängigkeit der Klage, d.h. ab ihrer Einreichung bei Gericht, ein. Zum zweiten wurde der Verweis auf § 147 ZPO, der entsprechend § 610 Abs. 2 ZPO a.F. im ursprünglichen Regierungsentwurf noch in einem § 8 Abs. 2 enthalten war, gestrichen, sodass auch im Fall einer tagegleichen Einreichung nur eine der Verbandsklagen zum Zug kommt (s. Rn. 3).

II. Voraussetzungen

1. Anhängigkeit einer Verbandsklage

Die Sperre des § 8 greift bereits ab Anhängigkeit einer Verbandsklage ein. Entscheidend ist also 3 der Eingang der Klage bei Gericht.[4] Bei tagegleich eingehenden Klagen kommt nicht § 147 ZPO zur Anwendung, wie sich aus der Gesetzgebungshistorie ergibt: Der im ursprünglichen Regierungsentwurf noch enthaltene Absatz 2 des § 8, der auf § 147 ZPO verwies, wurde im Gesetzgebungsverfahren gestrichen; stattdessen soll nunmehr der Zeitstempel maßgeblich sein.[5] Damit kommt tatsächlich auch bei tagegleicher Einreichung nur noch eine Verbandsklage zum Zug. In der Tat lässt sich der Zeitpunkt des Eingangs bei der gebotenen elektronischen Einreichung (§ 13 I 1 VDuG i.V.m. § 130d ZPO) so genau feststellen, dass eine zeitgleiche Einreichung kaum denkbar ist.[6] Lediglich in diesem sehr unwahrscheinlichen Fall kommt weiterhin nur eine Prozessverbindung nach § 147 ZPO mit der Folge der ungewollten Entstehung einer Streitgenossenschaft nach § 7 in Betracht.

Nach dem Wortlaut sperrt eine „Verbandsklage" die andere. Damit sind beide Formen der 4 Verbandsklage nach § 1 Abs. 1 angesprochen, die der Gesetzgeber insoweit grundsätzlich als gleichwertig angesehen hat.[7] Allerdings ergibt sich gleichwohl eine Abstufung wegen des mehr oder weniger umfassenden Charakters beider Klagearten (s. sogleich Rn. 7).

2. Identität des Streitgegenstands

Voraussetzung der Sperrwirkung ist die Identität des (vom Gesetz so bezeichneten) Streitgegen- 5 stands beider Klagen, die der Gesetzgeber bereits für die ursprüngliche Musterfeststellungsklage in § 610 Abs. 1 Satz 1 ZPO a.F. für den Zweck der Rechtshängigkeitssperre entsprechend definiert hatte, und der auch in § 11 im Verhältnis zu konkurrierenden Individualklagen verwendet wird. Es handelt sich um eine **Definition speziell für die Zwecke der Rechtshängigkeitssperre**, die bewusst nicht auf die herkömmliche Definition des Streitgegenstands rekurriert.[8] Man kann insoweit auch von dem speziell für die Bedürfnisse der Verbandsklage definierten Streitgegenstandsbegriff[9] sprechen. Danach muss es zum einen um denselben Lebenssachverhalt gehen, für dessen Bestimmung auf die herkömmliche Dogmatik zum Streitgegenstand nach ZPO zurückgegriffen werden kann.[10] Es scheint fraglich, ob danach die weitere Voraussetzung „gegen denselben Unternehmer" noch erforderlich gewesen wäre; jedenfalls ist damit aber klargestellt, dass Ansprüche aus einem bestimmten Sachverhalt gegenüber einem anderen Unternehmer noch geltend gemacht werden können.

---

4 Zöller/*Vollkommer* VDuG § 8 Rn. 3; Anders/Gehle/*Anders* § 253 Rn. 10; *Becker-Eberhard* MünchKomm-ZPO[6] § 253 Rn. 14.
5 BT-Drucks. 20/7631 S. 108.
6 Zöller/*Vollkommer* VDuG § 8 Rn. 3.
7 S.o. § 1 Rn. 27 und die Gesetzesbegründung in BT-Drucks. 20/6520 S. 73, die ausdrücklich beide Formen nennt.
8 *Röthemeyer* VDuG § 8 Rn. 5.
9 Die Bezeichnung Streitgegenstand verwendet die Gesetzesbegründung zwar nicht im Zusammenhang mit § 8, aber in demjenigen der gleichlautenden Definition in § 11, s. BT-Drucks. 20/6520 S. 74 f.
10 S. dazu etwa Musielak/Voit/*Foerste*[20] § 261 ZPO Rn. 9–12; BGH, Urt. v. 8.5.2007 – XI ZR 278/06, NJW 2007, 2560.

6   Ferner muss die Klage „**dieselben Ansprüche oder dieselben Feststellungsziele**" betreffen. Mit den beiden Varianten sollen die Fälle der Abhilfeklage einerseits und der Musterfeststellungsklage andererseits erfasst werden; § 610 Abs. 1 Satz 1 ZPO a.F. enthielt für die ursprüngliche Musterfeststellungsklage bereits (nur) die zweite Variante. Mit „Ansprüchen" sind nicht die Ansprüche einzelner Verbraucher gemeint, die sich erst mit den Anmeldungen konkretisieren, sondern Kategorien von Ansprüchen (wie etwa deliktische versus vertragliche).[11] Insoweit bleiben konkurrierende Verbandsklagen oder Teile von solchen, die aus dem gleichen Lebenssachverhalt Ansprüche anderer Art ableiten (z.B. deliktische anstelle von vertraglichen) bzw. andere Feststellungsziele formulieren, zulässig.[12] Dies entspricht auch der bereits zum Streitgegenstand der Musterfeststellungsklage nach ZPO ergangenen Rechtsprechung des BGH, nach welcher jedes Feststellungsziel einen eigenständigen Streitgegenstand darstellt.[13] Sinn dieser Regelung ist, dass eine Klage mit einem eng gefassten Gegenstand nicht den gesamten Lebenssachverhalt sperren soll;[14] sie eröffnet freilich auch die Möglichkeit, der (Gesamt-)Abweisung als unzulässig durch Antragserweiterungen zu entgehen.[15] Soweit Identität besteht, bleibt es jedoch bei der Abweisung als unzulässig (s. sogleich Rn. 9). Die von der zeitlich zuerst eingereichten Klage nicht umfassten Ansprüche oder Feststellungsziele sind nunmehr ihrerseits prioritär gegenüber anderen Klagen und auch einer Erweiterung der ursprünglichen Klage, die damit unzulässig wird (s. dazu § 1 Rn. 30 ff.).

7   Durch den Wortlaut „dieselben Ansprüche oder dieselben Feststellungsziele" unmittelbar adressiert sind die Konflikte zwischen gleichartigen Verbandsklagen, also zwischen mehreren Abhilfeklagen bzw. zwischen mehreren Musterfeststellungsklagen. Denkbar sind aber natürlich auch **Kollisionen zwischen den Klagearten**, für welche die Vorschrift nach ihrer allgemeinen auf „Verbandsklagen" bezogenen Eingangsformulierung und der Gesetzesbegründung[16] ebenfalls eingreifen soll. Offen lässt die Vorschrift jedoch, was bezüglich des Klagegegenstands in diesem Fall gelten soll. Denkbar wäre nach dem schlichten Wortlaut der Schluss, dass z.B. eine Abhilfeklage eine Musterfeststellungsklage nicht sperren kann, weil sie eben Ansprüche verfolgt und nicht Feststellungsziele, und umgekehrt. Dies entspräche aber nicht dem Sinn der Vorschrift, eine Mehrzahl von Verfahren gegen einen Unternehmer bezüglich eines Gegenstands zu vermeiden, vielmehr könnte sich der „zu spät gekommene" Verband dann einfach der anderen Klageform bedienen. Nach dem Sinn der Vorschrift muss vielmehr danach entschieden werden, in welchem Umfang die potentiellen Ansprüche von Verbrauchern aus dem Sachverhalt im zeitlich prioritären Verfahren „abgearbeitet" werden:

8   Damit müsste eine **Abhilfeklage** für die von ihr verfolgten Ansprüche eine **zeitlich nachfolgende Musterfeststellungsklage** grundsätzlich komplett sperren, soweit sie – wie für den Regelfall anzunehmen – inzident alle denkbaren Feststellungen „auf dem Weg" zur Anspruchsbegründung klärt. Es handelt sich gleichsam um eine Erst-recht-Situation: Wenn bereits ein gleichlautendes Feststellungsziel die nachfolgende Musterfeststellungsklage mit dem gleichen Feststellungsziel sperrt, so muss dies erst recht bei der auf Leistung gerichteten Klage über den gesamten Anspruch gelten. Der Abhilfeklage kommt daher insoweit ein verfahrensmäßig bedingter Vorrang vor der Musterfeststellungsklage zu.

---

11 Zutreffend Zöller/*Vollkommer* VDuG § 8 Rn. 4, dessen Folgerung, dass ein Haftungssachverhalt immer nur Gegenstand einer Verbandsklage sein könne, aber zu weit gehen dürfte, s. dazu nachfolgend im Text.
12 Anders/Gehle/*Schmidt* § 8 Rn. 4; noch zu § 610 ZPO a.F. *Menges* MünchKomm-ZPO⁶ § 610 Rn. 5; insoweit auch Zöller/*Vollkommer* VDuG § 8 Rn. 6.
13 BGH, Beschl. v. 30.7.2019 – VI ZB 59/18, NJW 2020, 341.
14 S. *Röthemeyer* VDuG § 8 Rn. 4 und die Gesetzesbegründung zur MFK in BT-Drucks. 19/2741 S. 25.
15 Anders/Gehle/*Schmidt* § 8 Rn. 5; noch zur Musterfeststellungsklage nach ZPO a.F. *Schneider* BB 2018, 1986, 1992.
16 BT-Drucks. 20/6520 S. 73: „... trägt dem Umstand Rechnung, dass § 261 Absatz 3 Nummer 1 ZPO mangels Parteiidentität eine weitere *Abhilfe- oder Musterfeststellungsklage* nicht ausschließen würde, wenn eine andere klageberechtigte Stelle eine inhaltlich identische *Verbandsklage* gegen dieselbe Unternehmerin oder denselben Unternehmer erhebt" (Hervorhebung hier).

Dieser Vorrang lässt sich indes nicht ohne weiteres auf den umgekehrten Fall in dem Sinne 9 übertragen, dass die Klagearten sich insgesamt zueinander so verhalten würden wie Feststellungs- und Leistungsklage im Individualverfahren. Dem steht die vom Gesetzgeber angeordnete grundsätzliche Gleichberechtigung zwischen den Klagearten (vgl. § 41 Abs. 2, s.o. § 1 Rn. 27) entgegen. Eine **zeitlich zuerst eingereichte Musterfeststellungsklage** bleibt deshalb für die von ihr verfolgten Feststellungsziele nach § 8 auch gegenüber einer **nachfolgend eingereichten Abhilfeklage** vorrangig. In dieser Konstellation wird es sich allerdings im Regelfall so verhalten, dass die Abhilfeklage in ihren inzident begehrten Feststellungen über die Feststellungsziele der Musterfeststellungsklage hinausgeht, sodass sie nach dem oben Gesagten hinsichtlich des über die Feststellungsziele hinausgehenden Inhalte zulässig bleibt.[17] Da sie aber nicht in diesem Sinne aufgeteilt und teilweise als unzulässig abgewiesen werden kann, erscheint eine sachgerechte Lösung in dieser Konstellation nur durch eine ausnahmsweise (s. sogleich Rn. 11) Aussetzung des zweiten Verfahrens analog § 11 Abs. 1 (oder § 13 i.V.m. § 148 Abs. 1 ZPO) oder und Fortsetzung nach Entscheidung über die Musterfeststellungsklage möglich (s.a. § 11 Rn. 8).

3. Klagender Verband

Der Wortlaut der Vorschrift lässt aufgrund der passivischen Satzkonstruktion in den Hintergrund 10 treten, dass es nach dem Willen des Gesetzgebers vor allem um konkurrierende Klagen *anderer klageberechtigter Stellen* gehen sollte.[18] Ihr Zweck verwirklicht sich zwar auch bei einer zweiten Klage desselben Verbandes, sie steht aber nicht einer Erweiterung der ursprünglichen Klage, auch nicht der (nachträglichen) Kombination einer Musterfeststellungs- mit einer Abhilfeklage oder umgekehrt entgegen (s. zu Klagehäufung, -erweiterung und -änderung § 1 Rn. 30 ff.).

III. Wirkung

Da § 8 eine Erweiterung des § 261 Abs. 3 Nr. 1 ZPO darstellt, treten bei Vorliegen der Voraussetzungen die gleichen Wirkungen ein; die zeitlich nachrangig erhobene Klage ist wie bei anderweitiger Rechtshängigkeit **als unzulässig abzuweisen**.[19] Diese Folge wird in der Gesetzesbegründung ausdrücklich angesprochen („besondere Form der Unzulässigkeit wegen anderweitiger Rechtshängigkeit").[20] Teilweise wird vertreten, dass das zweite Verfahren nach § 148 Abs. 1 ZPO auszusetzen sei, bis im ersten Verfahren ein Urteil ergangen sei, weil die Wirkung des § 8 nach dessen Satz 2 entfallen könne.[21] Allerdings ist § 148 Abs. 2 ZPO nicht einschlägig und eine analoge Anwendung dürfte schon deshalb ausscheiden, weil nach dem klaren Willen des Gesetzgebers die Möglichkeit, gleichsam „auf Vorrat" weitere Verbandsklagen einzureichen und das Schicksal des ersten Verfahrens abzuwarten, gerade mit der klaren Folge der Unzulässigkeit unterbunden werden sollte.[22] Es bleibt daher – wie im übrigen in anderen Fällen einer Rechtshängigkeitssperre auch – bei der Abweisung als unzulässig.

---

[17] A.A. Zöller/*Vollkommer* VDuG § 8 Rn. 6, der auch in diesem Verhältnis von einer vollständigen Sperrwirkung ausgeht.

[18] BT-Drucks. 20/6520 S. 74: „wenn eine andere klageberechtigte Stelle eine inhaltlich identische Verbandsklage gegen dieselbe Unternehmerin oder denselben Unternehmer erhebt".

[19] BT-Drucks. 20/6520 S. 73 f.; *Röthemeyer* VDuG § 8 Rn. 7; Zöller/*Vollkommer* VDuG § 8 Rn. 9.

[20] BT-Drucks. 20/6520 S. 73.

[21] So Anders/Gehle/*Schmidt* § 8 Rn. 5; ähnlich zur Parallelregelung für die Musterfeststellungsklage nach ZPO (als Empfehlung für den klagenden Verband) *Weinland* MFK Rn. 138.

[22] BT-Drucks. 20/6520 S. 74: „Sie [die Regelung] stellt sicher, dass mit der Rechtshängigkeit einer Verbandsklage jede weitere gleichgerichtete Abhilfe- oder Musterfeststellungsklage unzulässig ist."

12   Die Abweisung als unzulässig muss grundsätzlich auch erfolgen, soweit die zweite Klage einen **teilweise identischen Gegenstand** zur zeitlich prioritären Klage hat. Es hat dann bezüglich der unzulässigen Ansprüche/Feststellungsziele ein Teil-Prozessurteil zu ergehen. Soweit vertreten wird, das zweite Verfahren sei auszusetzen, bis feststehe, ob das erste zu einer rechtskräftigen Entscheidung in der Sache komme,[23] wird dies für den Regelfall der klaren Regelung des § 8 und der eindeutigen gesetzgeberischen Intention, nur ein Verfahren über denselben Gegenstand zuzulassen (s. Rn. 11), nicht gerecht und erweist im Übrigen auch den an der zweiten Klage Interessierten keinen Dienst, da sie den Fortgang des zulässigen Teils ihres eigenen Verfahrens behindert. Anders ist dies lediglich im Fall einer zeitlich nachrangigen Abhilfeklage, die durch einzelne Feststellungsziele einer zeitlich prioritären Musterfeststellungsklage gesperrt wird, diese ist ausnahmsweise auszusetzen (s. soeben Rn. 9).

13   Die **Sperrwirkung endet** gemäß Satz 2, wenn die Verbandsklage ohne Entscheidung in der Sache beendet wird. Dies ist der Fall bei einer Abweisung der Klage als unzulässig sowie bei Beendigung des Verfahrens durch Klagerücknahme oder übereinstimmende Erledigungserklärung. Nicht eindeutig geregelt ist die Frage, ob ein Vergleich die Sperrwirkung beendet: Während ein außergerichtlicher Vergleich eindeutig keine „Entscheidung in der Sache" darstellt, lässt sich vertreten, dass die gerichtliche Genehmigung des verfahrensbeendenden Vergleichs nach § 9 von dem Begriff erfasst ist. Dies entsprach bereits der überwiegenden Meinung zur identischen Fragestellung in § 610 Abs. 1 ZPO a.F.,[24] die der Gesetzgeber offengelassen hatte,[25] wurde aber auch bestritten.[26] Für die Handhabung des VDuG plädiert das bisher erschienene Schrifttum ganz überwiegend für diese Auslegung.[27] Allein diese erscheint auch sinnvoll, da die vom Gesetz durchaus angestrebte Vergleichslösung aus Sicht des beklagten Unternehmens unattraktiv ist und kaum in Betracht kommen dürfte, wenn sie die Eventualität weiterer Verbandsklagen mit sich bringt.[28] Da der Wortlaut alles andere als eindeutig ist und auch die Gesetzesbegründung zum VDuG sich zu dieser Frage ausschweigt, wird dieser Effekt allein aufgrund der Unsicherheit leider bis zu einem gewissen Grad eintreten, was wiederum eine baldige höchstrichterliche Klärung, welche entsprechende Sicherheit schaffen würde, unwahrscheinlich macht.

14   Ergeht eine Entscheidung in der Sache, die rechtskräftig wird (oder wird nach der hier vertretenen Auslegung, s. vorangehende Rn. 13, ein Vergleich nach § 9 wirksam), so gilt die Sperrwirkung **zeitlich unlimitiert**.[29] In der Wirkung auf andere Klagen kommt dies im Ergebnis einer Rechtskrafterstreckung gleich.[30]

---

23 S. wiederum Anders/Gehle/*Schmidt* § 8 Rn. 5.
24 *Menges* MünchKomm-ZPO[6] § 610 Rn. 17; Musielak/Voit/*Stadler*[20] § 610 ZPO Rn. 4; Asmus/Waßmuth/*Asmus* § 610 ZPO Rn. 47; *Waßmuth*/*Asmus* ZIP 2018, 657, 665; *Röthemeyer* MFK § 610 ZPO Rn. 21; i.E. wohl auch Zöller/*Vollkommer* § 611 Rn. 9.
25 Nachdem sie in der Begründung des Regierungsentwurfes nicht angesprochen worden war (BT-Drucks. 19/2439 S. 27), kam sie im Gesetzgebungsverfahren noch auf (s. die Klarstellungsforderung von *Liebscher* im Rahmen der Anhörung im Rechtsausschuss, Protokoll 19/15 BT Anhörung vom 11.6.2018, S. 33), wurde aber nicht beantwortet.
26 *Lutz* BeckOK, 50. Ed. 1.7.2023, § 610 ZPO Rn. 34; Thomas/Putzo/*Seiler* Zivilprozessordnung: ZPO, 44. Aufl. (2023) § 610 Rn. 2; Anders/Gehle/*Schmidt*[81] § 610 Rn. 3; *Scholl* ZfPW 2019, 317, 350.
27 *Röthemeyer* VDuG § 8 Rn. 10 f., Köhler/Bornkamm/Feddersen/*Scherer* § 8 VDuG Rn. 8; Skauradszun/*Wagner* VDuG § 8 Rn. 18 und Zöller/*Vollkommer* VDuG § 8 Rn. 8. Anders jedoch – angesichts des Wortlauts nachvollziehbar – Anders/Gehle/*Schmidt* § 8 Rn. 3.
28 Hierin besteht Einigkeit; s. in diesem Sinne auch Anders/Gehle/*Schmidt* § 8 Rn. 3.
29 BT-Drucks. 20/6520 S. 74; Köhler/Bornkamm/Feddersen/*Scherer* § 8 VDuG Rn. 7–10; zur MFK: BT-Drucks. 19/2439 S. 24; *Weinland* MFK Rn. 133; Asmus/Waßmuth/*Asmus* § 610 ZPO Rn. 47.
30 So auch *Röthemeyer* VDuG § 8 Rn. 1.

IV. Entsprechende Anwendung auf Musterfeststellungsklagen nach ZPO

Nicht geregelt ist die Frage, ob die Sperrwirkung des § 8 auch durch **Musterfeststellungsklagen** 15 **nach ZPO a.F.** bewirkt wird, von denen zahlreiche noch anhängig sind und nicht wenige – mit der Folge der Perpetuierung ihrer Sperrwirkung – in der Sache entschieden werden dürften. § 610 Abs. 1 ZPO a.F. ordnet für diese Klagen eine zu § 8 identische Sperrwirkung an, die aber gegenüber „neuen" Verbandsklagen nach VDuG nicht eingreifen kann, da nur das Verhältnis zu (nicht mehr möglichen) Musterfeststellungsklagen nach ZPO geregelt wird und die ZPO-Vorschriften zur Musterfeststellungsklage im Übrigen außer Kraft getreten sind (s. Einf. Rn. 17). Da beide „Sperrwirkungen" aber einen identischen Gehalt haben und die Musterfeststellungsklage nach ZPO ohne wesentliche Änderungen in diejenige nach VDuG überführt wurde, spricht Sinn und Zweck des § 8 dafür, die Vorschrift entsprechend auf Musterfeststellungsklagen nach ZPO anzuwenden. Der Gesetzgeber wird nicht beabsichtigt haben, Themenkomplexe, die bereits durch Musterfeststellungsverfahren nach ZPO „abgehandelt" wurden und die deshalb keinen neuen Musterfeststellungsklagen nach ZPO mehr zugänglich sind, durch Einführung des VDuG wieder für erneute Verbandsklagen – darunter auch Musterfeststellungsklagen – zu öffnen. Zur **Konkurrenz zu anderen Kollektivverfahren**, etwas zum Musterverfahren nach KapMuG, s. Einf. Rn. 18 ff.

V. Keine entsprechende Anwendung auf ausländische Verbandsklagen

Der Anwendungsbereich von § 8 ist auf die Konkurrenz mehrerer Verbandsklagen *vor deutschen* 16 *Gerichten* beschränkt.[31] Eine analoge Anwendung im Verhältnis zu Verbandsklagen im Ausland kommt wegen der vorrangigem EU-Recht widersprechenden bzw. in dieser Konstellation nicht sinnvollen Unzulässigkeitsfolge nicht in Betracht; s. hierzu und zur Behandlung der Konkurrenz mit im Ausland anhängig gemachten Verbandsklagen näher Einl. Rn. 51 ff.

---

[31] Dies ist allgemein anerkannt; s. statt aller Skauradszun/*Wagner* VDuG § 8 Rn. 22.

§ 9
Gerichtlicher Vergleich

(1) [1]Zur gütlichen Beilegung des Rechtsstreits können die Parteien einen gerichtlichen Vergleich auch mit Wirkung für die im Verbandsklageregister angemeldeten Verbraucher schließen. [2]Der gerichtliche Vergleich kann nicht vor Ablauf des in § 46 Absatz 1 Satz 1 genannten Zeitpunkts geschlossen werden.

(2) [1]Der Vergleich bedarf der Genehmigung des Gerichts. [2]Das Gericht genehmigt den Vergleich durch Beschluss, wenn es ihn unter Berücksichtigung des Sach- und Streitstands, insbesondere der Interessen der betroffenen Verbraucher, als angemessene gütliche Beilegung des Rechtsstreits erachtet. [3]Andernfalls lehnt das Gericht die Genehmigung des Vergleichs durch Beschluss ab.

Schrifttum

Althammer Die Bindung des Rechtsnachfolgers an den vom Rechtsvorgänger abgeschlossenen Prozessvergleich, JZ 2019, 286; *Augenhofer* Die neue Verbandsklagen-Richtlinie – Effektiver Verbraucherschutz durch Zivilprozessrecht? NJW 2021, 113; *Axtmann/Staudigel* Richtlinienvorschlag zur Verbandsklage – Kurzer Überblick, ZRP 2020, 80; *Beckmann/Waßmuth* Musterfeststellungsklage, Teil 2, WM 2019, 89; *Berger* Kollektiver Rechtsschutz – Das neue Musterfeststellungsverfahren, ZZP 133 (2020) 3; *Bruns* Stellungnahme zum Regierungsentwurf eines Gesetzes zur Umsetzung der EU-Verbandsklagenrichtlinie (VRUG), abrufbar www.bundestag.de/resource/blob/946938/d10a247436b5a47af873 e824009820dd/Stellungnahme-Bruns.pdf; *Domej* Die geplante EU-Verbandsklagenrichtlinie – Sisyphos vor dem Gipfelsieg? ZEuP 2019, 446; *Fölsch* Der Regierungsentwurf zur Einführung der Musterfeststellungsklage, DRiZ 2018, 214; *Gascón Inchausti* A new European way to collective redress? Representative actions under Directive 2020/1828 of 25 November, GPR 2021, 61; *Grewe/Stegemann* EU-Verbandsklagerichtlinie. Bekommt das Private Enforcement im Datenschutz jetzt Zähne? ZD 2021, 183; *Gsell* Europäische Verbandsklagen zum Schutz kollektiver Verbraucherinteressen – Königs- oder Holzweg? BKR 2021, 521; *Halfmeier/Rott* Verbandsklage mit Zähnen? Zum Vorschlag einer Richtlinie über Verbandsklagen zum Schutz der Kollektivinteressen der Verbraucher, VuR 2018, 243; *Gsell/Meller-Hannich/Stadler* Prozessfinanzierung in Deutschland vor dem Hintergrund europäischer Regelungsinitiativen, JZ 2023, 989; *Gurkmann/Jahn* Außergerichtlicher Vergleich im Rahmen einer Musterfeststellungsklage, VuR 2020, 243; *Hartmann* Drei Hauptmerkmale im neuen Musterfeststellungsverfahren, VersR 2019, 528; *Heese* Die Musterfeststellungsklage und der Dieselskandal, Stationen auf dem langen deutschen Weg in die prozessuale Moderne, JZ 2019, 429; *Hirsch* Die Abwicklung des VW-Vergleichs im Ombudsverfahren, VuR 2020, 454; *Jetzinger* Die Umsetzung der Vergleichsmöglichkeiten der Verbandsklage-RL in Österreich unter Berücksichtigung der deutschen Musterfeststellungsklage, wbl 2021, 197; *Kähler* Zur Angemessenheit eines Vergleichs in der Musterfeststellungsklage, ZIP 2020, 293; *Koch* Die Musterfeststellungsklage, Überblick über die und Bewertung der neuen Regelungen, MDR 2018, 1409; *Lühmann* Der Vorschlag einer europäischen Verbandsklage. Ein weiteres Instrument des kollektiven Rechtsschutzes, NJW 2019, 570; *Magnus* Die Wirkungen des Vergleichs im Musterfeststellungsverfahren, NJW 2019, 3177; *Meller-Hannich* Sammelklagen, Gruppenklagen, Verbandsklagen – Bedarf es neuer Instrumente des kollektiven Rechtsschutzes im Zivilprozess? NJW-Beilage 2018, 29; *Meller-Hannich/Krausbeck* Kollektiver Rechtsschutz in der EU – Die Entwicklungen der letzten Jahre, der „New Deal for Consumers" und die deutsche Musterfeststellungsklage, DAR-Extra 2018, 721; *Merkt/Zimmermann* Die neue Musterfeststellungsklage: Eine erste Bewertung, VuR 2018, 363; *Nordholtz/Mekat* Musterfeststellungsklage (2019); *Prütting* Neue Entwicklungen im Bereich des kollektiven Rechtsschutzes, ZIP 2020, 197; *Röß* Die Bindung der angemeldeten Verbraucher an einen Kollektivvergleich, NJW 2020, 2068; *Röthemeyer* Das Verbraucherrechtedurchsetzungsgesetz (VDuG) zur Umsetzung der Verbandsklagen-Richtline – die neue Abhilfeklage, VuR 2023, 332; *Schneider* Die zivilprozessuale Musterfeststellungsklage, BB 2018, 1986; *Scholl* Die Musterfeststellungsklage nach §§ 606 ff. ZPO, ZfPW 2019, 317; *Stadler* Grenzüberschreitende Wirkung von Vergleichen und Urteilen im Musterfeststellungsverfahren, NJW 2020, 265; *Waclawik* Die Musterfeststellungsklage, NJW 2018, 2921; *Waßmuth/von Rummel* Das Gesetz zur Umsetzung der EU-Verbandsklagenrichtlinie, ZIP 2023, 1515.

Übersicht

I.   Entstehungsgeschichte, Zweck und Systematik —— 1

II. Norminhalt
1.   Vergleichsschluss (Absatz 1) —— 6

a) Bindungswirkung —— 7
b) Vergleichssperre —— 11
c) Mindestinhalt —— 12
2. Genehmigung des Vergleichs (Absatz 2) —— 14
a) Angemessenheitsprüfung —— 15
aa) Prüfungsumfang —— 16
bb) Angemessene Kompensation der Verbraucher —— 17
(1) Fehlendes Verhältnis zwischen Leistung und Gegenleistung —— 18

(2) Kein Übergehen einer Anmeldergruppe —— 22
(3) Begrenzten Nutzen der vorgesehenen Leistung —— 23
b) Rechtsfolgen der Genehmigung —— 25
3. Anfechtbarkeit des Vergleichs, Irrtum über die Vergleichsgrundlage und Wegfall der Geschäftsgrundlage —— 27
a) Ausübung von Gestaltungsrechten —— 28
b) Irrtum über die Vergleichsgrundlage und Wegfall der Geschäftsgrundlage —— 30

I. Entstehungsgeschichte, Zweck und Systematik

Nach der Vorschrift kann ein gerichtlicher Vergleich auch mit Wirkung für die im Verbandsklagenregister angemeldeten Verbraucher geschlossen werden. Mit der Regelung setzt der Gesetzgeber Art. 11 Abs. 1 der Verbandsklagenrichtlinie um. Damit verfolgt der Gesetzgeber das Ziel, den zum Klageregister angemeldeten Verbrauchern die Teilnahme an einer gütlichen Beilegung des Rechtsstreits zu ermöglichen.[1] Das Vorbild für die Vorschrift ist der Prozessvergleich nach § 278 Abs. 6 ZPO bzw. die Vorgängervorschrift des § 611 ZPO a.F., der einen Vergleich durch das Gericht zum Abschluss der Musterfeststellungsklage ohne Sachentscheidung vorsah. **1**

Nach der Konzeption der konsensualen Streitbeilegung im Verbandsklageverfahren sind nur der Verband und das Unternehmen, nicht dagegen die Verbraucher zum Abschluss eines Vergleichs befugt. Nach § 9 Abs. 1 Satz 1 entfaltet der Abwicklungsvergleich (§ 17) sowie der Vergleich im Musterfeststellungsverfahren gleichwohl auch Wirkung die im Verbandsklageregister angemeldeten Verbrauchern. Die Vorschrift formuliert anders als die Vorgängervorschrift des § 611 ZPO a.F. die Bindungswirkung nicht für und gegen die angemeldeten Verbraucher. Aus der Entwurfsbegründung zum VDuG ergibt sich gleichwohl, dass solche Vergleiche auch „gegen" die angemeldeten Verbraucher wirken.[2] **2**

Der Vergleich kann nach § 9 Abs. 1 Satz 2 **frühestens drei Wochen nach Schluss der mündlichen Verhandlung** geschlossen werden. Damit will der Gesetzgeber erreichen, dass sich Verbraucher noch rechtzeitig im Verbandsklageregister zur Teilnahme an dem Vergleich anmelden. Anders als § 611 Abs. 5 Satz 1 ZPO a.F. sieht § 9 kein gesetzliches Quorum zur Annahme des Vergleichs vor. Nach § 611 Abs. 5 Satz 1 ZPO a.F. erfüllte der Vergleich die Wirksamkeitsvoraussetzung, wenn weniger als 30 Prozent der Anmelder ihren Austritt aus dem Vergleich erklärt haben. **3**

Da die Verbraucher weder unmittelbar noch mittelbar im Wege einer Stellvertretung durch den Verband an dem Musterverfahren beteiligt sind, sieht der Gesetzgeber vor, dass der Vergleich von dem Gericht genehmigt werden muss. Um einen wirksamen Rechtsschutz für die Verbraucher zu gewährleisten, darf der Vergleich nach § 9 Abs. 2 durch das Gericht nur genehmigt werden, wenn es den Vergleich unter Berücksichtigung des Sach- und Streitstands, insbesondere der Interessen der betroffenen Verbraucher, als angemessen erachtet. Ist dies nicht der Fall, ist die Genehmigung zu versagen. **4**

Systematisch steht die Vorschrift des § 9 in Zusammenhang mit § 10, der den Austritt aus dem Vergleich innerhalb eines Monats nach Bekanntgabe des genehmigten Vergleichs im Verbandsklageregister (§ 44 Nr. 10) regelt. Im Fall des Austritts entfällt die in § 9 angeordnete Bindungswirkung des Vergleichs für den Austretenden. **5**

---

1 So bereits zur Musterfeststellungsklage vgl. BT-Drucks. 19/2439 S. 27.
2 Vgl. BT-Drucks. 20/6520 S. 74. Hierauf weist *Bruns* als Sachverständiger in seiner Stellungnahme, S. 37, hin.

II. Norminhalt

1. Vergleichsschluss (Absatz 1)

6 Absatz 1 erfasst sowohl Vergleiche bei Abhilfeklagen und Musterfeststellungsklagen. Er verdrängt als lex specialis die Anwendbarkeit des § 278 Abs. 1 ZPO und regelt den Vergleichsabschluss für die am Verfahren nicht beteiligten angemeldeten Verbraucher.

7 **a) Bindungswirkung.** Grundsätzlich wirkt eine Prozessvergleich nur für und gegen die am Verfahren beteiligten Parteien, d.h. für den klagenden Verbraucherverband und den Unternehmer. Im Ausgangspunkt orientiert sich der kollektive gerichtliche Vergleich an § 794 Abs. 1 Nr. 1 ZPO. Die Besonderheit des kollektiven gerichtlichen Vergleichs liegt jedoch darin, dass die Norm die Bindungswirkung des Vergleichs auf die am Verfahren nicht beteiligten im Verbandsklageregister angemeldeten Verbraucher erstreckt. Diese Erstreckung erfolgt jedoch nicht kraft Gesetzes,[3] sondern kraft rechtsgeschäftlicher Anmeldung zum Klageregister und dem fehlenden Austritt der Anmelder innerhalb einer Frist von einem Monat nach Bekanntgabe des Vergleichs im Verbandsklageregister gegenüber dem Bundesamt für Justiz.

8 Der geschlossene Prozessvergleich entfaltet dabei sowohl **prozessuale** als auch **materielle Wirkungen**:
- Der Vergleich stellt eine Prozesshandlung dar und führt zur Beendigung des Verfahrens. Der Vergleich schafft zwar Rechte für die angemeldeten und stellt einen Vollstreckungstitel, wobei aus ihm nur die Parteien, aber nicht die angemeldeten Verbraucher die Zwangsvollstreckung betreiben können.[4]
- Materiellrechtlich modifiziert der Vergleich in der Regeln nach seinem Inhalt die bisherigen Rechtsbeziehungen zwischen dem Unternehmer und den angemeldeten Verbrauchern. Der rechtstechnische Eingriff in das Drittverhältnis durch die Verbandsklage ist nicht einfach herzuleiten. Da der klagende Verbraucherverband nicht die angemeldeten Verbraucher vertritt, sondern eigene satzungsmäßige Aufgaben mit der Verbandsklage verfolgt, kommt eine Konstruktion über §§ 164, 177 BGB nicht in Betracht.[5] Hinsichtlich der **Einräumung von Rechten** kann der Vergleich als Vertrag zugunsten **Dritter** (§§ 328, 335 BGB) betrachtet werden. Da ein Vergleich jedoch durchaus nachteilig auf Rechtspositionen einwirken kann, aber ein Vertrag zu Lasten Dritter unzulässig ist, scheidet ein **Vertrag zugunster Dritter** rechtsdogmatisch aus.[6] Da die angemeldeten Verbraucher nach § 44 Nr. 10 umfassend über die Konsequenzen ihres Austritts informiert werden, kann der fehlenden Opt-out-Erklärung **Erklärungscharakter in Form der nachträglichen Zustimmung** zugemessen werden.[7] Diese nehmen der klagende Verband und der Unternehmer nach § 151 BGB an. Insofern handelt es sich bei dem Vergleichsabschluss um einen **dreiseitigen Vertrag** zwischen dem Verbraucherverband und dem Unternehmer sowie den angemeldeten Verbraucher, die ihre nachträgliche Zustimmung durch den Nichtaustritt erklären.

9 Da die Anmeldung der Verbraucher nur deklaratorisch und nicht konstitutiv wirkt, entfaltet der Vergleich nur gegenüber tatsächlichen Verbrauchern und den Personen i.S.v. § 1 Abs. 2 seine Wirkung, nicht aber gegenüber einem **Scheinverbraucher** und **nicht wirksam angemeldeten Verbrauchern**.[8] Aufgrund der rechtlichen Konstruktion eines dreiseitigen Vertrages zwischen

---

3 So Skauradszun/*Paulus*, § 9 VDuG Rn. 14.

4 Anders/Gehle/*Schmidt*, ZPO[83] (2025), § 9 VDuG Rn. 4; *Röthemeyer* VDuG – Verbraucherrechtedurchsetzungsgesetz (2024) § 9 Rn. 52; Weinland, Musterfeststellungsklage, Rn. 187 ff.; Nordholtz/Mekat/*Mekat* § 7 Rn. 87; *Beckmann/Waßmuth* WM 2019, 89, 92.

5 **AA** Anders/Gehle/*Schmidt*, ZPO[83] (2025), § 9 VDuG Rn. 3 („gesetzliche Vertretungsmacht").

6 **AA** Skauradszun/*Paulus* § 9 VDuG Rn. 1, 14, 21.

7 Vgl. nur *Stadler* NJW 2020, 265, 270.

8 Skauradszun/*Paulus* § 9 VDuG Rn. 25; *Röthemeyer* VDuG § 9 Rn. 12.

den Parteien und der nachträglichen Zustimmung im Fall der fehlenden Opt-out-Erklärung ist es auch nicht möglich, **Scheinverbraucher** oder **Nichtangemeldete** in den Prozessvergleich miteinzubeziehen.[9]

Im Falle von einer Rechtsnachfolge entfaltet die Anmeldung erst Bindungswirkung ab Regis- **10** terschließung. Vor Registerschließung kann der Zedent seine Anmeldung zurücknehmen und der Zessionar sich selbst anmelden. Nach Registerschließung berührt eine Abtretung in analoger Anwendung des § 265 Abs. 2 Satz 1 ZPO die Anmeldung nicht mehr.[10] Ein danach abgeschlossener Vergleich bindet daher einen Rechtsnachfolger des Verbrauchers.

b) Vergleichssperre. Absatz 1 Satz 2 sieht eine **Vergleichssperre** vor. Danach kann ein Vergleich **11** nicht vor Ablauf des in § 46 Abs. 1 Satz 1 genannten Zeitpunkts geschlossen werden, d.h. erst nach drei Wochen nach dem Schluss der mündlichen Verhandlung. Damit soll gewährleistet werden, dass Verbraucher ausreichend lange Gelegenheit haben, sich im Klageregister einzutragen, um an dem Vergleich zu partizipieren.[11] Absatz 1 Satz 2 verdrängt daher die Anwendbarkeit des § 278 Abs. 1 ZPO. Nach dieser Vorschrift hat das Gericht in jeder Lage des Verfahrens einen Vergleichsvorschlag zu unterbreiten. Da Absatz 1 Satz 2 die Vergleichssperre vor dem Schluss der mündlichen Verhandlung statuiert und diese mithin drei Wochen nach dem Schluss der mündlichen Verhandlung fortdauert, ist eine Abschluss eines Vergleichs im laufenden Verfahren nicht unter dem Regime des VDuG möglich. Insoweit lässt sich die Regelung als verunglückt bezeichnen.[12] Wünschen die Parteien gleichwohl den Abschluss eines Vergleichs innerhalb der Vergleichssperre des Absatzes 1 Satz 2, bleibt ihnen nur die Möglichkeit, den Rechtsstreit übereinstimmend für erledigt zu erklären und außergerichtlich den Vergleich abzuschließen.[13]

c) Mindestinhalt. Der Vergleichsinhalt steht grundsätzlich zur Disposition der Parteien. § 611 **12** Abs. 2 ZPO a.F. regelte als Richtschnur für die Parteien fakultative Vergleichsinhalte. Danach waren mindestens in den Vergleich Vereinbarungen aufzunehmen zu 1. den auf die angemeldeten Verbraucher entfallenden Leistungen, 2. den von den angemeldeten Verbrauchern zu erbringenden Nachweisen der Leistungsberechtigung, 3. der Fälligkeit der Leistungen, 4. der Aufteilung der Kosten zwischen den Parteien. Einen empfohlenen Mindestinhalt wie § 611 Abs. 2 ZPO a.F. kennt der Vergleichsabschluss nicht mehr. Gleichwohl können die vormaligen Vorgaben des § 611 Abs. 2 ZPO a.F. als Daumenregel weiterhin herangezogen werden.[14]

Da der Vergleich der gerichtlichen Genehmigung bedarf, müssen die Parteien ein transparen- **13** tes **Prüf- und Verteilungssystem zur Erfüllung der Verbraucheransprüche** vorschlagen. Soweit andere Leistungen als Geldzahlungen zu erfüllen sind, bedarf es zwar keines Verteilungssystems, aber eine Regelung darüber, wie die Verbraucher den Nachweis für die Instandsetzung des jeweils von der Schadensserie betroffenen Produkts zu erbringen haben.

---

9 AA Skauradszun/*Paulus* § 9 VDuG Rn. 21; *Röthemeyer* VDuG § 9 Rn. 12, 19; Köhler/Bornkamm/Feddersen/*Scherer* § 9 VDuG Rn. 11.
10 So im Ergebnis auch *Röthemeyer* VDuG § 9 Rn. 16.
11 BT-Drucks. 20/6520 S. 74.
12 Skauradszun/*Paulus* § 9 VDuG Rn. 26.
13 Köhler/Feddersen/*Scherer*, UWG[43] (2025), § 9 VDuG Rn. 18.
14 Skauradszun/*Paulus*, VDuG § 9 Rn. 18.

2. Genehmigung des Vergleichs (Absatz 2)

14 Der Vergleich bedarf der Genehmigung des Gerichts. Die Entscheidung des Gerichts erfolgt **von Amts wegen**.[15] Die angemeldeten Verbraucher haben mangels formaler Beteiligung im Verbandsklageverfahren keine direkte Einflussmöglichkeit auf den Vergleichsinhalt. Das Gericht genehmigt daher den Vergleich durch Beschluss, wenn es ihn unter Berücksichtigung des Sach- und Streitstands, insbesondere der Interessen der betroffenen Verbraucher, als angemessene gütliche Beilegung des Rechtsstreits erachtet. Die Berücksichtigung der besonderen Interessen der Verbraucher ist durch Art. 11 Abs. 2 Verbandsklagen-RL vorgegeben.[16] Eine weitere Beweisaufnahme oder Anhörung der Verbraucher ist daher unzulässig.[17]

15 **a) Angemessenheitsprüfung.** Der Begriff der Angemessenheit des Vergleichs ist ein unbestimmter Rechtsbegriff und nach allgemein methodischen Grundsätzen auszulegen.[18] Ziel der Angemessenheitsprüfung ist die Kontrolle des Vergleichsinhalts im Hinblick auf die Interessen der von dem Vergleich betroffenen angemeldeten Verbraucher. Die gerichtliche Angemessenheitsprüfung soll gewährleisten, dass der klagende Verbraucherverband keinen Vergleich mit Wirkung für und gegen die Verbraucher abschließt, der deren Interessen nicht gerecht wird.[19] Die Kontrolle der Angemessenheit verlangt deshalb mehr als die Prüfung auf Sittenwidrigkeit gemäß § 138 BGB sowie auf Treu und Glauben gemäß § 242 BGB.[20] Bei der Überprüfung des Vergleichsinhalts hat das Gerichts einerseits den Parteiwillen und den verobjektivierten Willen der Verbraucher und andererseits die Chancen und Risiken bei hypothetische Fortführung zugrundzulegen.[21]

16 **aa) Prüfungsumfang.** Grundsätzliche Anknüpfungspunkte für die Ausübung des gerichtlichen Ermessens sind der **bisherige Sach- und Streitstand** des Verbandsklageverfahrens. Darüber hinaus muss das Gericht im Rahmen seiner Genehmigungsprüfung darüber entscheiden, ob im Vergleich vorgesehene Differenzierungen z.B. bei der Schadensverteilung durchführbar und diskriminierungsfrei sind. Insbesondere darf keine Anmeldergruppe übergangen werden.[22] Der Inhalt der kollektiven Regelngen dürfte von der jeweiligen Verbandsklageart abhängen. Während bei der Abhilfeklage regelmäßig bestimmte Leistungsansprüche zugunsten der betroffenen Verbraucher im Vordergrund stehen, kann sich der kollektive Vergleich bei der Musterfeststellungsklage in der verbindlichen Feststellung des (Nicht-)Bestehens bestimmter Rechtsverhältnisse oder einzelner tatbestandlicher Voraussetzungen erschöpfen.[23]

17 **bb) Angemessene Kompensation der Verbraucher.** Grundsätzlicher Prüfungsrahmen ist der schadensersatzrechtliche Grundsatz der Naturalrestitution, mithin der Ausgleich einer seitens des angemeldeten Verbrauchers erlittenen Vermögenseinbuße.[24] Dabei ist die materielle Angemessenheit des Vergleichs unter verschiedenen Fallgruppen zu prüfen:

---

15 *Röthemeyer* § 9 VDuG Rn. 41; Skauradszun/*Paulus*, VDuG § 9 Rn. 33.

16 BT-Drucks. 20/6520 S. 74.

17 Musielak/Voit/Stadler, ZPO[21] (2024), § 9 VDuG Rn. 3 Fn. 5; Anders/Gehle/*Schmidt*, ZPO[83] (2025), § 9 Rn. 7; Skauradszun/*Paulus* § 9 VDuG Rn. 33; *Kähler* ZIP 2020, 293, 297; **aA** *Magnus* NJW 2019, 3177, 3179.

18 *Kähler* ZIP 2020, 293, 295.

19 *Weinland* Musterfeststellungsklage, Rn. 173.

20 *Kähler* ZIP 2020, 293, 295; Köhler/Feddersen/*Scherer,* UWG[43] (2025), § 9 VDuG Rn. 21.

21 *Kähler* ZIP 2020, 293, 295; Köhler/Feddersen/*Scherer,* UWG[43] (2025), § 9 VDuG Rn. 21f.

22 *Röthemeyer* VDuG § 9 Rn. 34; *Kähler* ZIP 2020, 293, 299.

23 Skauradszun/*Paulus* § 9 VDuG Rn. 19.

24 Nordholtz/Mekat/*Mekat* § 7 Rn. 43.

(1) Fehlendes Verhältnis zwischen Leistung und Gegenleistung. Der Vergleichsinhalt 18
muss die Interessen der Verbrauch ausreichend wahren. Dafür dürfen die an die Verbraucher zu
erbringenden Leistungen und deren Gegenleistung eines Verzichts auf weitergehende Ansprüche
nicht im Missverhältnis stehen.[25] Dies hängt letztlich von den Chancen und Risiken im weiteren
Verfahren und den daraus abzuleitenden Rückschlüssen auf den Ausgang der hypothetisch folgenden Individualprozessen ab. Führt das Verfahren für einen angemeldeten Anspruch beispielsweise
mit 70 %iger Wahrscheinlichkeit zu einer Zahlung von € 1.500, mit 20 %iger Wahrscheinlichkeit
zu einer Zahlung von € 700 und wird die Klage mit 10 %iger Wahrscheinlichkeit abgewiesen,[26]
ergibt sich nach dem erreichten Verfahrensstand ein Gesamtwert des angemeldeten Anspruchs
von € 1.190.[27]

Ein Missverhältnis zwischen Leistung und Gegenleistung ist zumindest dann erreicht, wenn 19
ein Leistungsaustausch sittenwidrig ist. Dies ist regelmäßig dann der Fall, wenn der aufgegebene
Anspruch mehr als das Doppelte der erhaltenen Leistung wert ist. Eine Unangemessenheit ist zu
vermuten, wenn in dem vorgenannten Beispiel an die Verbraucher eine Leistung von weniger als
€ 595 ausgekehrt wird.

Bei der Angemessenheit lässt sich auch der Faktor des jahrelangen Prozessierens berücksichti- 20
gen.[28] Zwar soll das Unternehmen nicht davon profitieren, dass es berechtigte Ansprüche zu
Unrecht zurückhält. Jedoch führen lang andauernde Prozesse meist zu erheblichen Verzugs- und
Prozesszinsen, wie der Telekomprozess gezeigt hat.

Bei der Angemessenheitsprüfung sollte auch die Finanzkraft des Unternehmers mitberück- 21
sichtigt werden dürfen. Ein offensichtlich insolvenzgefährdender Vergleich dürfte unangemessen
sein.[29]

(2) Kein Übergehen einer Anmeldergruppe. Wird bei der Schadensverteilung eine Anmel- 22
dergruppe vollständig übergangen, liegt im Regelfall eine Unangemessenheit des Vergleichsinhalt
vor.[30] Ebenso wenig darf der Vergleich Anmelder übervorteilen, die anwaltlich vertreten sind.[31]

(3) Begrenzten Nutzen der vorgesehenen Leistung. Mit dem Übergehen einer Anmelder- 23
gruppe ist die Fallgruppe vergleichbar, dass die den Anmeldern gegenüber zu erbringende Leistung nur einen begrenzten Nutzen hat. Sieht beispielsweise ein Vergleich zugunsten geschädigter
Autokäufer einen Rabatt bei der Anschaffung von Neuwagen vor, so mag dieser isoliert einen
erheblichen Wert haben. Der geschlossene Vergleich ist jedoch unangemessen, wenn viele Anmelder kein neues Auto vom selben Hersteller erwerben wollen und diesen Rabatt daher nicht reali-
sieren können.[32]

Gleiches gilt in Streuschadenfällen, wenn an den Nachweis der Leistungsberechtigung extrem 24
hohe Anforderungen, wie beispielsweise eine notariell beglaubigte Einverständniserklärung des
Verbrauchers. Derartige Anforderungen könnten das rationale Desinteresse an der Schadensab-
wicklung erhöhen.

---

25 *Kähler* ZIP 2020, 293, 299.
26 Beispiel bei *Kähler* ZIP 2020, 293, 299.
27 0,7 x € 1.500 + 0,2 x € 700 + 0,1 x € 0 = € 1.190.
28 AA *Kähler* ZIP 2020, 293, 299.
29 Nordholtz/Mekat/*Mekat* § 7 Rn. 44.
30 *Kähler* ZIP 2020, 293, 300.
31 Nordholtz/Mekat/*Mekat* § 7 Rn. 46.
32 Beispiel bei *Kähler* ZIP 2020, 293, 300.

25 b) Rechtsfolgen der Genehmigung. Die Genehmigung des Vergleichs ebenso wie seine Ablehnung ergeht durch Beschluss. Gegen die **Versagung** der Genehmigung ist die **Rechtsbeschwerde** statthaft,[33] wie sich aus § 13 Abs. 1 i.V.m. § 574 Abs. 1 Satz 1 Nr. 2, Abs. 3 ZPO ergibt. Anders als für das Urteil im Abhilfeverfahren bzw. im Musterverfahren ausdrücklich geregelt,[34] ist das OLG jedoch nicht von einer Zulassungsentscheidung entbunden.[35] Gegen die **Erteilung der Genehmigung** ist – mangels Beschwer – **keine Rechtsbeschwerde** statthaft.[36] Vor diesem Hintergrund bedarf nur ein ablehnender Beschluss überhaupt einer schriftlichen Begründung.[37]

26   Mit dem Vergleich endet das Verfahren, wenn der Rechtsstreit durch eine Entscheidung vollständig erledigt wird. Ein weiteres Verbandsklageverfahren ist dann dauerhaft gesperrt. Anders scheint es auszusehen, wenn das Verfahren durch einen kollektiven Vergleich beendet wird. Nach § 8 Satz 2 entfällt die Sperrwirkung, sobald die Verbandsklage ohne Entscheidung in der Sache beendet wird. Der gerichtlich genehmigte Vergleich vermag prima vista daher keine Sperrwirkung für spätere Individualklagen zu entfalten.[38] Um diese Rechtsunsicherheit ür den Unternehmer zu beheben, spricht vieles dafür, die Genehmigung des Vergleichs als eine Entscheidung zu qualifizieren.[39] Ein anderes Ergebnis würde auch Art. 9 Abs. 6 Verbandsklagen-RL widersprechen, der folgendes bestimmt: „Die Mitgliedstaaten legen Vorschriften fest, um sicherzustellen, dass Verbraucher, die ausdrücklich oder stillschweigend ihren Willen geäußert haben, sich in einer Verbandsklage repräsentieren zu lassen, sich weder in anderen Verbandsklagen dieser Art aus demselben Klagegrund und gegen denselben Unternehmer repräsentieren lassen können, noch die Möglichkeit haben, eine Einzelklage aus demselben Klagegrund und gegen denselben Unternehmer zu erheben." Würde man hingegen die Sperrwirkung verneinen, wäre es einem Verbraucher möglich, sich in mehreren, hintereinanderfolgenden Verbandsklagen mit demselben Ziel zu beteiligen, was nicht Intention des Richtliniengesetzgebers gewesen sein kann. Aber selbst wenn man der Genehmigung des kollektiven Vergleichs keine Entscheidungswirkung zusprechen wollte, darf die materiellrechtliche Bindungswirkung des Vergleichs für den Folgeprozess nicht unberücksichtigt bleiben. Erheben die Parteien eine weitere Verbandsklage oder die Verbraucher eine Individualklage, fehlt dieser Klage bereits das Rechtsschutzbedürfnis. Denn das Gericht des Folgeprozesses ist durch den gerichtlichen kollektiven Vergleich nach § 779 BGB materiellrechtlich an die nach § 779 BGB umgestaltete Rechtslage gebunden.[40]

3. Anfechtbarkeit des Vergleichs, Irrtum über die Vergleichsgrundlage und Wegfall der Geschäftsgrundlage

27 Der Gesetzgeber hat die Frage nicht geregelt, ob die Verbraucher sich von dem geschlossenen und sie bindenden Vergleich nach Ablauf des Austrittsfrist noch im Wege der Anfechtung oder der Kündigung infolge des Wegfalls der Geschäftsgrundlage lösen können. Der gerichtliche Vergleich ist infolge seiner Doppelnatur automatisch unwirksam, wenn der materiellrechtliche Teil an Unwirksamkeitsgründen, wie zB nach § 138 Abs. 1, § 123 Abs. 1 oder § 242 BGB, leidet. Daran ändert auch die gerichtliche Genehmigung nichts; denn diese zeitigt keine heilende Wirkung.[41]

---

33 BT-Drs. 20/6520 S. 74; Röthemeyer VDuG § 9 Rn. 42; Skauradszun/*Paulus* VDuG Rn. 34; Köhler/Feddersen/*Scherer*, UWG[43] (2025), § 9 VDuG Rn. 23.

34 Vgl. § 16 Abs. 5, § 18 Abs. 4, § 42.

35 BT-Drs. 20/6520 S. 74; Röthemeyer VDuG § 9 Rn. 49; Skauradszun/*Paulus* VDuG Rn. 34.

36 Skauradszun/*Paulus* § 9 VDuG Rn. 35; *Röthemeyer* § 9 VDuG Rn. 48; **aA** wohl Köhler/Feddersen/*Scherer*, UWG[43] (2025), § 9 VDuG Rn. 23.

37 *Röthemeyer* § 9 VDuG Rn. 45; Skauradszun/*Paulus* § 9 VDuG Rn. 35.

38 Skauradszun/*Paulus* § 9 VDuG Rn. 39.

39 Zutreffend *Röthemeyer* VDuG § 9 Rn. 53, § 8 Rn. 10. **AA** Köhler/Feddersen/*Scherer*, UWG[43] (2025), § 9 VDuG Rn. 14.

40 Skauradszun/*Paulus*, § 9 VDuG Rn. 39; *Thönissen* ZZP 137 (2024), 43 (65).

41 Skauradszun/*Paulus*, § 9 VDuG Rn. 42; *Thönissen* ZZP 137 (2024), 43 (65f.).

a) Ausübung von Gestaltungsrechten. Der Verbraucher ist nicht Partei des Vergleichsab- 28
schlusses. Dieser wird zwischen dem Verbraucherverband und dem Unternehmer geschlossen.
Die Konstellation erinnert zunächst an einen Vertrag mit Wirkung zugunsten Dritter. Für den
Vertrag mit Wirkung zugunsten Dritter entspricht es herrschender Meinung, dass die Befugnis,
Gestaltungsrechte auszuüben, grundsätzlich nur den eigentlichen Vertragsparteien zusteht.[42] Eine
Ausnahme hiervon kann jedoch dann angenommen werden, wenn sich das Recht des Dritten
unwiderruflich begründet wurde.

Misst man hingegen wie hier der Non-opt-out Erklärung einen Erklärungswert bei, den der 29
Anmelder gegenüber den Parteien des Vergleichs erklärt und dessen Erklärung die Parteien nach
§ 151 BGB annehmen, dann ist dieser dreiseitige Vertrag auch für den Verbraucher anfechtbar.

b) Irrtum über die Vergleichsgrundlage und Wegfall der Geschäftsgrundlage. Irren 30
sich die Parteien über den dem Vergleichsabschluss zugrunde gelegten Sachverhalt, ist der Vergleichsabschluss unter den Voraussetzungen des § 779 Abs. 1 BGB unwirksam. In Betracht kann
auch ein Wegfall der Geschäftsgrundlage kommen. Hierzu soll folgendes von Magnus gebildete
Beispiel[43] dienen: *„Eine gegen eine Pharmafirma angestrengte Musterfeststellungsklage von Verbrauchern, die bei Einnahme eines Medikaments gegen Heuschnupfen unter verstärkten Allergien
und teilweise chronischem Asthma litten, endete mit einem Vergleich nach § 9 VDuG, der für die
Verbraucher eine Entschädigungszahlung in moderater Höhe vorsah. Kurze Zeit später ergeben
jedoch neue medizinische Studien, dass das Medikament bei einigen der angemeldeten und an den
Vergleich gebundenen Verbraucher auch Lungenkrebs verursacht hat.“*

In dem Beispielsfall ist zwischen der Unwirksamkeit des Vergleichs gegenüber einzelnen spä- 31
ter an Lungenkrebs erkrankten Verbrauchern und der Unwirksamkeit des Vergleichs gegenüber
dem klagenden Verband mit erga omnes Wirkung zu unterscheiden. Die an Lungenkrebs erkrankten Verbraucher können die Wirkungen des Vergleichs über § 313 Abs. 3 Satz 1 BGB oder 779 BGB
aufheben lassen und im Wege der Individualklage ihre Ansprüche gegen das Pharmaunternehmen
weiterverfolgen. Die Aufhebung der Bindungswirkung des Vergleichs im Einzelfall schlägt jedoch
nicht sofort auf den Gesamtvergleich durch. In Parallele zu § 313 Abs. 3 Satz 1, § 323 Abs. 5 Satz 2
BGB wird man dem Verbraucherverband nur dann ein Rücktrittsrecht einräumen können, wenn
die Veränderungen einzelner Vergleiche gegenüber einzelnen Verbrauchern tatsächlich zu einer
schwerwiegenden Veränderung der Grundlage des gesamten Vergleichs führt.[44] In dem gebildeten
Beispielsfall ist das dann zu verneinen, wenn die von Lungenkrebs betroffene Verbraucherkohorte
z.B. weniger als 5 % beträgt.

---

42 Grüneberg/*Grüneberg* § 328 BGB Rn. 5f. Ebenso Skauradszun/*Paulus* § 9 VDuG Rn. 42.
43 Magnus, NJW 2019, 3177, 3181.
44 *Magnus* NJW 2019, 3177, 3181.

§ 10
Austritt aus dem Vergleich

(1) [1]Jeder im Verbandsklageregister angemeldete Verbraucher kann innerhalb einer Frist von einem Monat gegenüber dem Bundesamt für Justiz den Austritt aus dem Vergleich erklären. [2]Die Frist beginnt mit der Bekanntgabe des Vergleichs im Verbandsklageregister.

(2) [1]Verbraucher, die ihren Austritt wirksam erklärt haben, werden durch den Vergleich nicht gebunden. [2]Der Austritt berührt nicht die Wirksamkeit der Anmeldung im Verbandsklageregister.

Schrifttum
Vgl. zu § 9.

Übersicht

I. Entstehungsgeschichte, Zweck und Systematik —— 1

II. Norminhalt

1. Form und Frist der Austrittserklärung (Absatz 1) —— 3
2. Rechtsfolgen der Austrittserklärung —— 8
3. Kosten —— 10

I. Entstehungsgeschichte, Zweck und Systematik

1 Die Vorschrift regelt die **Austrittsmöglichkeit angemeldeter Verbraucher** aus dem nach § 9 geschlossenen Vergleich gegenüber dem Bundesamt für Justiz. Da der nach § 9 geschlossene Vergleich nicht nur zwischen seinen Parteien wirkt, sondern auch Bindungswirkung auch zugunsten aller im Verbandklageregister zum nach § 46 Abs. 1 Satz 1 maßgeblichen Zeitpunkt wirksam angemeldeter Verbraucher entfaltet, sieht das Gesetz als Ausgleich für die fehlende Einflussmöglichkeit der Verbraucher auf den Vergleich die Möglichkeit vor, dass die Verbraucher – ohne sich nach § 46 Abs. 4 vom Verbandsklageregister insgesamt abmelden zu müssen (vgl. § 10 Abs. 2 Satz 2) – aus dem Vergleich austreten können. Die Regelung stellt damit einen Opt-out-Mechanismus dar.[1] setzt dabei die Vorgabe des Art. 11 Abs. 4 Satz 2 Verbandsklagen-RL um.[2] Eine entsprechende Regelung sah bereits § 611 Abs. 4 Satz 2 ZPO a.F. vor.

2 Systematisch nimmt die Vorschrift auf § 47 Abs. 3 Bezug, wo das Formerfordernis des Austritts geregelt ist. Der Rechtsausschuss hat in Absatz 2 Satz 1 die ursprüngliche Formulierung „Absatz 1 Satz 1" durch das Wort „wirksam" ersetzt.[3] Dadurch soll der Fehlschluss vermieden werden, das Entfallen der Bindungswirkung knüpfe an eine lediglich fristgerechte, nicht aber zusätzlich auch formgerechte (§ 47 Abs. 3) Erklärung an.[4]

---

[1] Skauradszun/*Paulus* § 10 VDuG Rn. 1.
[2] BT-Drs. 20/6520 S. 74; Skauradszun/*Paulus* § 10 VDuG Rn. 2; Köhler/Feddersen/*Scherer*, UWG[43] (2025), § 10 VDuG Rn. 1.
[3] BT-Drs. 20/7631 S. 15.
[4] BT-Drs. 20/7361 S. 108.

II. Norminhalt

1. Form und Frist der Austrittserklärung (Absatz 1)

Jeder angemeldete Verbraucher kann den Austritt aus dem nach § 9 geschlossenen und genehmig- **3** ten Vergleich erklären. Für den Anmelder besteht bei der Erklärung des Austritts kein Anwaltszwang nach § 78 ZPO. Da die angemeldeten Verbraucher rein prozessual weder Parteien des Verbandsklageverfahrens noch eine parteiähnliche Stellung wie die Beigeladenen im KapMuG-Verfahren haben, ist ihre Austrittserklärung keine zur Beendigung des Verbandsklageverfahrens führende Prozesshandlung. Die Prozesshandlungsvoraussetzungen sind daher nicht anwendbar.

Im Fall eines rechtsgeschäftlichen Rechtsübergangs kann der angemeldete Verbraucher bis **4** zum Schluss des Registers (§ 46 Abs. 1) den Austritt erklären. Im Fall eines gesetzlichen Rechtsübergangs ist allein der Erbe antragsbefugt.

Die Austrittserklärung ist nicht widerruflich. Nach allgemeinen Grundsätzen ist ein Widerruf **5** nach Zugang der Erklärung nicht mehr möglich (arg. e § 130 Abs. 1 Satz 3 BGB).

Die **Frist** für den Austritt aus dem Vergleich beginnt mit der Bekanntgabe des Vergleichs im **6** Verbandsklageregister. Die Bekanntgabe im Verbandsklageregister ersetzt damit eine etwaige – somit gerade nicht erforderliche – Zustellung des gerichtlich genehmigten Vergleichs an die einzelnen angemeldeten Verbraucher.[5] Die Monatsfrist ist nach den allgemeinen Grundsätzen von § 13 Abs. 1 i.V.m. § 222 Abs. 1 ZPO i.V.m. §§ 187 ff. BGB zu berechnen Es handelt sich um keine Notfrist. Eine Wiedereinsetzung in vorigen Stand ist daher nicht möglich.[6]

Die Erklärung des Austritts hat in **Textform** (§ 47 Abs. 3 i.V.m. Abs. 1) gegenüber dem Bundes- **7** amt für Justiz zu erfolgen. Erforderlich ist demnach die Abgabe einer lesbaren Erklärung auf einem dauerhaften Datenträger. Als dauerhafter Datenträger ist dabei auch eine Festplatte zu verstehen,[7] weshalb zB die Versendung einer E-Mail den Anforderungen von § 126b entspricht.[8] § 4a VKRegV sieht hierfür ein **Formular zur Erklärung des Austritts** vor. Eine Erklärung gegenüber dem Oberlandesgericht bzw. der Geschäftsstelle des Senats entfaltet erst mit Eingang der Erklärung beim Bundesamt für Justiz seine Wirkung.

2. Rechtsfolgen der Austrittserklärung

Die Bindungswirkung des Vergleichs erstreckt sich nicht auf die Verbraucher, die ihren Austritt **8** erklärt haben. Da durch den Abschluss eines wirksamen Vergleichs und genehmigten gerichtlichen Vergleichs das Verbandsklageverfahren beendet ist, bleibt es den Ausgetretenen unbenommen, ihre Ansprüche auf dem Individualweg zu verfolgen. Denn mit dem Abschluss des Vergleichs entfällt die Rechtswegsperre für die Verbraucher (§ 11 Abs. 2). Eine Fortführung der Verbandsklage durch die klageberechtigte Stelle zugunsten der vom Vergleich ausgetretenen Anmelder lässt sich dem Gesetz dagegen nicht entnehmen.[9]

Der Austritt führt nach Abs. 2 Satz 2 nicht dazu, dass die Anmeldung im Verbandsklageregister **9** entfällt, was bereits entsprechend für die Musterfeststellungsklage in § 611 Abs. 4 Satz 4 ZPO a.F. geregelt war. Dadurch gehen die austretenden Verbraucher nicht rückwirkend der Hemmungswirkung der erhobenen Verbandsklage verlustig.[10]

---

5 BT-Drs. 20/6520 S. 74.
6 Köhler/Feddersen/*Scherer*, UWG[43] (2025), § 10 VDuG Rn. 3; Skauradszun/*Paulus* § 10 VDuG Rn. 11. **AA** *Röthemeyer* VDuG § 10 Rn. 3.
7 Skauradszun/*Paulus* § 10 VDuG Rn. 7.
8 BT-Drs. 17/12637 S. 44.
9 Ebenso *Röthemeyer* VDuG § 10 Rn. 50. **AA** wohl Skauradszun/*Paulus* § 10 VDuG Rn. 15, 16 jeweils aE.
10 Anders/Gehle/*Schmidt*, ZPO[83] (2025), § 10 Rn. 4.

3. Kosten

10 Lässt der Verbraucher seinen Austritt über einen Anwalt erklären, fällt keine gesonderte Gebühr nach § 19 Abs. 1 Satz 2 Nr. 1a RVG an, wenn der Anwalt bereits mit der außergerichtlichen Vertretung beauftragt war oder bereits Klage eingereicht hatte. Lässt sich der Verbraucher zu dem Vergleich lediglich beraten, fällt eine Gebühr nach § 34 RVG an. Bei der Beratung zum Austritt und dem anschließend erklärten Austritt mit Hilfe des Anwalts fällt eine Geschäftsgebühr oder eine 0,8-Verfahrensgebühr an.

§ 11
Sperrwirkung der Anmeldung; Bindungswirkung

(1) Hat ein Verbraucher vor der Bekanntgabe der Verbandsklage im Verbandsklageregister eine Klage gegen den Unternehmer erhoben, die die Ansprüche oder Rechtsverhältnisse oder Feststellungsziele und den Lebenssachverhalt der Verbandsklage betrifft, und meldet er seinen Anspruch oder sein Rechtsverhältnis zum Verbandsklageregister an, so setzt das Gericht das Verfahren bis zur rechtskräftigen Entscheidung über die Verbandsklage oder bis zur sonstigen Erledigung der Verbandsklage oder bis zur wirksamen Rücknahme der Anmeldung zum Verbandsklageregister aus.

(2) Während der Rechtshängigkeit der Verbandsklage kann ein angemeldeter Verbraucher gegen den Unternehmer keine Klage erheben, deren Streitgegenstand denselben Lebenssachverhalt und dieselben Ansprüche oder dieselben Feststellungsziele betrifft.

(3) [1]Rechtskräftige Urteile über Verbandsklagen binden ein zur Entscheidung eines Rechtsstreits zwischen einem angemeldeten Verbraucher und dem verklagten Unternehmer berufenes Gericht, soweit dessen Entscheidung den Lebenssachverhalt der Verbandsklage und einen mit der Abhilfeklage geltend gemachten Anspruch oder ein mit der Musterfeststellungsklage geltend gemachtes Feststellungsziel betrifft. [2]Satz 1 gilt nicht für Abhilfeendurteile nach § 18.

Schrifttum

Bruns Dogmatische Grundfragen der Verbandsklage auf Abhilfeleistung in Geld, ZZP 2024, 3; *Janal* Die Umsetzung der Verbandsklagenrichtlinie, GRUR 2023, 985; *Mekat/Nordholtz* Die Flucht in die Musterfeststellungsklage: Prozesstaktische Überlegungen zu Individualklagen bei Musterfeststellungsverfahren, NJW 2019, 411; *Müller* Zivilprozessuale Musterfeststellungsklage: Sperrwirkung nach § 610 III ZPO und Forderungszession, GWR 2019, 399; *Schläfke/Lühmann* Kollektiver Rechtsschutz nach der Umsetzung der EU – Verbandsklagen – Richtlinie, NJW 2023, 3385; *Thönissen* Zuständigkeit und Sperrwirkung bei Verbandsabhilfeklagen, EuZW 2023, 637.

Übersicht

I.   Hintergrund, Normzweck und Inhalte —— 1

II. Gemeinsame Voraussetzung der Absätze 1 bis 3: „Betroffenheit" des Streitgegenstands der Verbandsklage vom Individualverfahren —— 4

III. Aussetzung der vor Anmeldung erhobenen Individualklage (Absatz 1)
1.   Erhebung der Individualklage vor Bekanntgabe der Verbandsklage; analoge Anwendung —— 7
2.   Anmeldung und Vortrag hierzu —— 9
3.   Vorgreiflichkeit —— 10
4.   Rechtsfolge; Rechtsmittel gegen den Aussetzungsbeschluss —— 12
5.   Ende der Aussetzung —— 13

IV. Sperre von Individualklagen angemeldeter Verbraucher (Absatz 2) —— 17

V.   Bindungswirkung (Absatz 3); Reichweite
1.   Grundsätzliches —— 20
2.   Voraussetzungen des Eintritts der Bindungswirkung —— 21
3.   Umfang der Bindungswirkung, Wirkung auf das Individualverfahren —— 23

VI. Sonderfragen
1.   Analoge Anwendung des Absatzes 3 auf nachfolgende Verbandsklagen? —— 27
2.   Klagen von Unternehmern, § 148 Abs. 2 ZPO, analoge Anwendung von § 11 —— 28

I. Hintergrund, Normzweck und Inhalte

Die Vorschrift stellt eine „Scharnierstelle" des VDuG dar, indem sie unter der Vorgabe der Vermeidung von widersprüchlichen Entscheidungen umfassend das Verhältnis zwischen Kollektiv- und 1

https://doi.org/10.1515/9783110660180-012

Individualverfahren regelt. Entsprechende Regelungen enthielt auch bereits die ZPO a.F. für die ursprüngliche Musterfeststellungsklage (§§ 610 Abs. 3, 613).

2 § 11 behandelt in seinen drei Absätzen die wesentlichen Aspekte, die zur prozessökonomischen Nutzung der Entscheidung über die Verbandsklage und vor allem von Widersprüchen zwischen dieser und ihren Streitgegenstand berührender Individualklagen andererseits erforderlich sind: Die Aussetzung bereits laufender Individualverfahren (Absatz 1), eine Sperre für neue Individualklagen (Absatz 2) und die Rechtskrafterstreckung der Kollektiventscheidung für Individualverfahren (Absatz 3).

3 Eine vierte, für den Charakter der Verbandsklage grundlegende Aussage ist § 11 im Gegenschluss zu entnehmen: Ein *nicht angemeldeter* Verbraucher kann in einer „freien" Individualklage seinen Anspruch parallel zu einer Verbandsklage verfolgen, die Ansprüche anderer Verbraucher gegen denselben Unternehmer aus dem gleichen Sachverhalt bündelt.[1] Dieses Individualverfahren ist, wie § 148 Abs. 2 (dazu unten Rn. 28) im Gegenschluss bekräftigt, auch zu betreiben und darf nicht ausgesetzt werden.[2] Wie bei der Musterfeststellungsklage hat sich der Gesetzgeber daher für das Opt-in-Prinzip entschieden, das damit letztlich ebenfalls in § 11 zum Ausdruck kommt.

II. Gemeinsame Voraussetzung der Absätze 1 bis 3: „Betroffenheit" des Streitgegenstands der Verbandsklage vom Individualverfahren

4 Voraussetzung aller drei Absätze ist neben einer Anmeldung des Verbrauchers zur Verbandsklage, dass eine Individualklage desselben Verbrauchers ihren Streitgegenstand[3] „betrifft". Dieser wird in Absatz 2 und 3 (wie in § 8) definiert als (1) den Lebenssachverhalt und (2) die Ansprüche oder Festellungsziele der Verbandsklage betreffend, lediglich in Absatz 1 werden neben den „Ansprüchen" wie in § 1 auch die „Rechtsverhältnisse" genannt. Eine sachliche Unterscheidung scheint hiermit nicht beabsichtigt gewesen zu sein; im Gesetzgebungsverfahren wurde die Abweichung in der Formulierung nicht erörtert.[4] Eine solche ist auch nicht erkennbar, da der Begriff der „Rechtsverhältnisse" lediglich in § 1 die Funktion hat, den Anwendungsbereich auch für die Zwecke der Musterfeststellungsklage zu definieren, was beim Streitgegenstand nicht notwendig ist.

5 Für die demnach einheitliche Definition des Streitgegenstands für die Zwecke der Verbandsklage (→ § 8 Rn. 5) kann auf die Kommentierung zu § 8 verwiesen werden (→ § 8 Rn. 5 ff.). Die weitere gemeinsame Voraussetzung der drei Absätze von § 11, nämlich, dass die Individualklage den Streitgegenstand der Verbandsklage „betrifft", ist nach der Funktion der Vorschrift zunächst jedenfalls dann gegeben, wenn der im Individualverfahren geltend gemachte Anspruch derselbe ist wie der im Verbandsklageverfahren angemeldete oder wenn die Entscheidung des Individualklageverfahrens im Sinne von § 148 ZPO „abhängig" ist von derjenigen im Verbandsklageverfahren, das Verbandsklageverfahren also in dem Sinne vorgreiflich ist, indem in ihm mindestens eine für die Entscheidung der Individualklage notwendige Vorfrage oder ein Tatbestandsmerkmal geklärt wird.[5] Da dies ohne Einschränkungen und ausdrücklich für die „Verbandsklage", also auch für beide Formen derselben gilt, wird die Individualklage eines Verbrauchers auch durch die Anmeldung zu einer Musterfeststellungsklage gesperrt, mag diese auch nur einzelne oder im

---

[1] Diese Verfahrenswahl wollte der Gesetzgeber ausdrücklich aufrechterhalten, s. hierzu BT-Drucks. 20/68780 S. 10 f.

[2] So (für Absatz 1) auch *Röthemeyer* VDuG § 11 Rn. 4.

[3] Diese Bezeichnung verwendet die Gesetzesbegründung in BT-Drucks. 20/6520 S. 74 f.; s. dazu näher § 8 Rn. 5 ff.

[4] BT-Drucks. 20/6520 S. 75 f. Auch *Röthemeyer* und Anders/Gehle/*Schmidt* behandeln die Voraussetzung – allerdings auch ohne Erörterung des Unterschieds im Wortlaut – in ihren Kommentierungen zu § 11 einheitlich.

[5] S. zur Vorgreiflichkeit i.S. der „Abhängigkeit" Wieczorek/Schütze/*Smid*/*Hartmann*[5] Bd. 3, § 148, Rn. 26–28; Thomas/Putzo/*Seiler* ZPO, 45. Aufl. (2024) § 148 Rn. 3.

Extremfall ein einziges für sein Individualverfahren relevantes Feststellungsziel verfolgen.[6] „Betroffenheit" ist ferner ohne weiteres auch dann zu bejahen, wenn Klage und Verbandsklage aus dem gleichen Rechtsverhältnis resultierende, aber sich ausschließende Ansprüche betreffen.[7] Fraglich ist indes, ob „Betroffenheit" mehr umfassen soll als die „Abhängigkeit" in den Aussetzungsvorschriften der §§ 148 ZPO und 10 KapMuG n.F. Dies wird verbreitet so gesehen,[8] erscheint aber insofern fraglich, als das Merkmal auch in Abs. 3 für die Bindungswirkung der Entscheidung verwendet wird und dort nichts anderes bedeuten kann als die Vorgreiflichkeit im oben umschriebenen Sinne. Ob eine „potentielle"[9] oder wie im neu gefassten § 10 KapMuG „voraussichtliche" Vorgreiflichkeit darunter fällt, ist keine Frage der inhaltlichen Reichweite und sollte in Abwägung mit dem Grundsatz des effektiven Rechtsschutzes zurückhaltend bewertet werden (sogleich Rn. 10).

Umfasst die Individualklage Streitgegenstände, welche den Streitgegenstand der Verbandskla- **6** ge im vorstehenden Sinne nicht berühren, so ist das Verfahren zu trennen und nach Teil-Aussetzung des betroffenen Streitgegenstands bzw. Teil-Prozessurteil über diesen (im Fall des Absatzes 2) im Übrigen fortzusetzen.[10]

III. Aussetzung der vor Anmeldung erhobenen Individualklage (Absatz 1)

1. Erhebung der Individualklage vor Bekanntgabe der Verbandsklage; analoge Anwendung

Absatz 1 setzt die „Erhebung" der Individualklage vor Bekanntgabe der Verbandsklage nach § 44 **7** voraus (sonst greift Absatz 2 ein). Mit der „Erhebung" wird auf § 253 Abs. 1 und damit auf den Zeitpunkt der Zustellung der Klage Bezug genommen. Da der klagende Verbraucher jedoch schwerlich mit von ihm nicht zu vertretenden Verzögerungen bei der Zustellung belastet werden kann, ist nach dem Rechtsgedanken des § 167 ZPO auch das Verfahren über eine vor Bekanntgabe der Verbandsklage nur eingereichte und alsbald zugestellte Klage auszusetzen (und nicht infolge des Eingreifens von Absatz 2 als unzulässig abzuweisen).[11]

Entgegen dem ersten Anschein kann die (dann **analoge**) Anwendung des Absatzes 1 auch **8** dann in Betracht gezogen werden, wenn die Individualklage *nach* Bekanntgabe der Verbandsklage erhoben wird. Zwar ordnet Absatz 2 grundsätzlich die Sperre einer solchen Klage mit der Folge der Abweisung als unzulässig an, setzt aber voraus, dass der Verbraucher in diesem Zeitpunkt bereits *angemeldet* war. Nicht geregelt ist – wie bereits im parallelen Regelungsgefüge der Musterfeststellungsklage nach ZPO a.F. – der Fall, dass ein zunächst unangemeldeter Verbraucher nach Bekanntmachung einer Verbandsklage eine Individualklage erhebt, sich aber erst später zur Anmeldung entschließt. Zur Musterfeststellungsklage nach ZPO a.F. wurde für diesen Fall sowohl die analoge Anwendung von § 610 Abs. 3 ZPO mit der Folge einer dann eintretenden Unzulässigkeit der Klage vertreten[12] (was der analogen Anwendung von § 11 Abs. 2 entsprechen würde), als auch

---

6 S. zur entsprechenden Rechtslage unter der Musterfeststellungsklage nach ZPO Asmus/Waßmuth/*Beckmann* § 610 ZPO Rn. 50; Musielak/Voit/*Stadler*[20] § 610 ZPO Rn. 5; *Lutz* BeckOK, 50. Ed. 1.7.2023, § 610 ZPO Rn. 49. Aufgrund der durch die Anmeldung bewirkten Verjährungshemmung bleibt eine nachgelagerte Anspruchsdurchsetzung möglich.

7 Köhler/Bornkamm/Feddersen/*Scherer* § 11 VDuG Rn. 12; Skauradszun/*Wagner* VDuG § 11 Rn. 13.

8 Zöller/*Vollkommer* VDuG § 11 Rn. 5; *Röthemeyer* VDuG § 11 Rn. 4 und Skauradszun/*Wagner* VDuG § 11 Rn. 14.

9 *Röthemeyer* VDuG § 11 Rn. 4 und Skauradszun/*Wagner* VDuG § 11 Rn. 14 sprechen von „potentieller Relevanz".

10 So auch *Röthemeyer* VDuG § 11 Rn. 2; OLG Schleswig, Beschl. v. 8.3.2019 – 17 W 3/19, NJW-RR 2019, 1151 (zur insoweit gleichlautenden Regelung für die Musterfeststellungsklage nach ZPO a.F.).

11 Zöller/*Vollkommer* VDuG § 11 Rn. 3 f.; ebenso bereits die h.M. zur MFK nach ZPO *Lutz* BeckOK, 50. Ed. 1.7.2023, § 610 ZPO Rn. 41; Asmus/Waßmuth/*Beckmann* § 613 ZPO Rn. 110. Aa.A. *Röthemeyer* MFK § 613 Rn. 22 und für das VDuG nunmehr Skauradszun/*Wagner* VDuG § 11 Rn. 10.

12 So *Lutz* BeckOK, 50. Ed. 1.7.2023, § 610 ZPO Rn. 42; *Mekat/Nordholtz* NJW 2019, 411, 413.

die analoge Anwendung von § 613 Abs. 2 ZPO mit der Folge der Aussetzung,[13] im VDuG also entsprechend § 11 Abs. 1. Der Struktur der Verbandsklage wird die zweite Lösung besser gerecht, da das Opt-in-Prinzip sowohl grundsätzlich eine „freie" Individualklage ermöglicht als auch ein relativ spätes Optieren zum Kollektivverfahren je nach dessen Verlauf (Einf. Rn. 14).[14]

2. Anmeldung und Vortrag hierzu

9 Der Verbraucher ist grundsätzlich im Rahmen des § 138 ZPO gehalten, im Individualverfahren seine Anmeldung vorzutragen, muss sich dafür bzw. zur entsprechenden Information seiner Prozessvertretung aber naturgemäß der bzw. einer Bedeutung der Anmeldung bewusst sein. Auch aus diesem Grund versetzt der Auskunftsanspruch gegenüber dem Bundesamt für Justiz in § 48 Abs. 4 auch den Beklagten in die Lage, die Anmeldung in Erfahrung zu bringen und vorzutragen. Ist dem Gericht eine gleichgerichtete Verbandsklage bekannt, empfiehlt sich für dieses (insbesondere bei Verfahren vor dem Amtsgericht ohne anwaltliche Vertretung) eine Nachfrage.[15]

3. Vorgreiflichkeit

10 Die zur Aussetzung führende Vorgreiflichkeit setzt zum einen die vorstehend (Rn. 4 ff.) erörterte „Berührung" des Streitgegenstands der Verbandsklage durch denjenigen der Individualklage voraus. Vorgreiflichkeit setzt aber ferner voraus, dass über die Individualklage nicht aus anderen, von den im Verbandsklageverfahren unabhängigen Gründen entschieden werden kann. Insofern erscheint eine Übertragung der vom BGH für die Aussetzung nach § 8 KapMuG a.F. judizierten Grundsätze[16] geboten: Es ist den Parteien des Individualverfahrens nicht zuzumuten, die Entscheidung des Verbandsklageverfahrens abzuwarten, solange nicht geklärt ist, ob das Individualverfahren nicht unabhängig davon entschieden werden kann, sei es zugunsten der klagenden Partei (z.B. wegen einer weiteren, nicht vom Verbandsklageverfahren erfassten Anspruchsgrundlage) oder des Beklagten (wegen einer vom Verbandsklageverfahren unabhängigen individuellen Einwendung). Anders als im Rahmen des § 8 KapMuG (in seiner bisherigen Fassung) hat es zwar immerhin der Kläger selbst in der Hand, die Frage der Aussetzung durch seine Entscheidung über die Anmeldung zu steuern,[17] er wird aber die Folge der Aussetzung dabei aber nicht immer im Blick haben und der Beklagte ist ihr ohnehin ohne Beeinflussungsmöglichkeit ausgesetzt.

11 Ob sich der Individualrechtsstreit bereits in Berufungsinstanz befindet, ist bis zu deren Abschluss für die Frage der Aussetzung ohne Relevanz,[18] wohingegen für die Revisionsinstanz die zur MFK nach ZPO a.F. ergangene Rechtsprechung des BGH[19] übertragbar erscheint, nach welcher der BGH nicht als „Gericht" im Sinne der Aussetzungsvorschrift zu verstehen ist.[20] Gleichgültig ist ferner auch, ob der Individualrechtsstreit bereits vor Inkrafttreten des VDuG begonnen wurde, da eine entgegenstehende intertemporale Einschränkung nicht ersichtlich ist und der Zweck der Regelung – Vermeidung widersprüchlicher Entscheidungen – gleichermaßen gilt.[21] Eine Ausset-

---

13 So *Scholl* ZfPW 2019, 317, 342.

14 Beide Möglichkeiten in Betracht zieht auch *Röthemeyer* VDuG § 11 Rn. 17, der allerdings der analogen Anwendung von § 11 Abs. 2 den Vorzug gibt.

15 So (im Zusammenhang mit Absatz 2) auch *Röthemeyer* VDuG § 11 Rn. 18.

16 BGH, Beschl. v. 30.4.2019, XI ZB 13/18, BGHZ 222, 15 = NJW 2019, 3444; Asmus/Waßmuth/*Rathmann* § 8 KapMuG Rn. 5.

17 Aus diesem Grund a.A. Zöller/*Vollkommer* VDuG § 11 Rn. 9.

18 BGH, Urt. v. 12.3.2020 – VII ZR 55/19, BGHZ 225, 51 = NJW 2020, 1973 (zur insoweit gleichlautenden Regelung für die Musterfeststellungsklage nach ZPO a.F.).

19 BGH, Beschl v. 20.4.2022 – VII ZR 99/21, NJW-RR 2022.

20 Skauradszun/*Wagner* VDuG § 11 Rn. 13; a.A. aber *Röthemeyer* VDuG § 11 Rn. 7.

21 *Röthemeyer* VDuG § 11 Rn. 8.

zung kommt lediglich – denklogisch – nicht mehr in Betracht, wenn über die Individualklage bereits rechtskräftig entschieden wurde oder das Verfahren durch Vergleich oder Beschluss nach § 91a ZPO nach übereinstimmender Erledigungserklärung abgeschlossen wurde. Bei einseitiger Erledigungserklärung und oder noch ausstehender Kostenentscheidung bleibt die Vorgreiflichkeit hingegen erhalten, was die Parteien im letzteren Fall zweckmäßigerweise zu einer Einigung über die Kosten anhalten sollte.

4. Rechtsfolge; Rechtsmittel gegen den Aussetzungsbeschluss

Die Rechtsfolge des § 11 Abs. 1 liegt in der zwingenden Aussetzung des Individualverfahrens ohne **12** richterliches Ermessen.[22] Das Gericht des Individualverfahrens erlässt von Amts wegen einen entsprechenden Beschluss,[23] der nach den allgemeinen Vorschriften der sofortigen Beschwerde zugänglich ist (§§ 13 i.V.m. 252 2. Alt. ZPO).[24]

5. Ende der Aussetzung

Beendet wird die Aussetzung zum einen dann, wenn die Anmeldung noch wirksam zurückgenom- **13** men wird (§§ 11 Abs. 1, 46 Abs. 4). Zum zweiten hindert die Aussetzung nach allgemeiner Ansicht zu § 249 Abs. 2 ZPO, der gemäß § 13 Anwendung findet, nicht eine Verfahrensbeendigung durch Klagerücknahme, im Wege des Vergleichs oder durch übereinstimmende Erledigterklärung. Für dazu etwa erforderliche Verfahrensschritte des Gerichts sowie die Erklärung der Klagerücknahme und der Erledigung folgt dies bereits aus § 249 Abs. 2 ZPO, da es sich um Handlungen des Gerichts bzw. dem Gericht gegenüber handelt.[25] Etwas anders ist dies beim Vergleich, der auch der anderen Partei gegenüber wirksam werden muss. Da durch den Vergleich allerdings auch die Anmeldung im Verbandsklageregister einvernehmlich erledigt wird, wird man seinen Abschluss analog einer wirksamen Rücknahme der Anmeldung behandeln können.

Im Übrigen **endet** die Aussetzung erst mit **Abschluss des Verbandsklageverfahrens**. Dabei **14** bestimmt die Form des Abschlusses des Verbandsklageverfahrens die weitere Fortsetzung des Individualverfahrens:

(1) Ergeht ein Urteil, so ist (nach Eintritt der Rechtskraft) das Individualverfahren unter Be- **15** achtung von Absatz 3 Satz 1 fortzusetzen, wobei das weitere Verfahren und seine Entscheidung von der Klage- und Urteilsart im Verbandsklageverfahren abhängt (s.a. sogleich Rn. 25 f.). Erging im Verbandsklageverfahren (gleich welcher Klageart) lediglich ein Prozessurteil, so ist das Individualverfahren unmittelbar fortzusetzen, eine Bindungswirkung nach Absatz 3 tritt in diesem Fall nicht ein (unten Rn. 21). Bei Sachentscheidungen ist zu unterscheiden: Während klageabweisende Verbandsklageentscheidungen sowie klagestattgebende Abhilfeurteile auf Zahlung an namentlich benannte Verbraucher zur Entscheidungsreife über den betroffenen Anspruch führen, sodass die Aussetzung mit Rechtskraft endet, muss sie beim klagestattgebenden Abhilfegrundurteil bis zum Abschluss des Verfahrens durch Vergleich (vgl. § 17) oder andernfalls Durchführung des Umsetzungsverfahren nach §§ 22 ff. einschließlich Widerspruchsverfahren (§§ 28 ff., s. zum Abschluss § 36) andauern, weil solange auch die Gefahr widersprüchlicher Entscheidungen andauert.[26] Im

---

22 *Röthemeyer* VDuG § 11 Rn. 2; zur MFK nach ZPO a.F. Asmus/Waßmuth/*Beckmann* § 613 ZPO Rn. 119; BGH, Urt. v. 12.3.2020 – VII ZR 55/19, BGHZ 225, 51 = NJW 2020, 1973.

23 Vgl. in diesem Sinne (zur Parallelvorschrift für die MFK nach ZPO a.F.) BGH, Urt. v. 12.3.2020 – VII ZR 55/19, BGHZ 225, 51 = NJW 2020, 1973; Asmus/Waßmuth/*Beckmann* § 613 ZPO Rn. 110; Anders/Gehle/*Schmidt* § 613 Rn. 7.

24 S. (zur Parallelvorschrift für die MFK nach ZPO a.F.) Asmus/Waßmuth/*Beckmann* § 613 ZPO Rn. 119; BGH, Urt. v. 12.3.2020 – VII ZR 55/19, BGHZ 225, 51 = NJW 2020, 1973.

25 S. für die Klagerücknahme Zöller/*Greger* § 249 Rn. 5.

26 S. in diesem Sinne auch Zöller/*Vollkommer* VDuG § 11 Rn. 11 und ausführlich *Röthemeyer* VDuG § 11 Rn. 13.

letzteren Fall ist ferner zu beachten, dass das Verfahren nur noch im „Kanal" der §§ 39 und 40 fortgesetzt werden kann (s.u. Rn. 26). Im Fall einer klagestattgebenden Entscheidung über eine Musterfeststellungsklage endet die Aussetzung wiederum unmittelbar mit Rechtskraft und das Individualverfahren ist unter Bindung an die verbeschiedenen Feststellungsziele fortzusetzen.

16   (2) Endet das Verbandsklageverfahren durch gerichtlichen Vergleich nach § 9, so ist das Individualverfahren regulär fortzusetzen, falls der Kläger aus dem Vergleich ausgetreten ist; andernfalls wird es durch den Vergleich i.d.R. erledigt und ist (nur) fortzusetzen, um die daraus folgende Beendigung (i.d.R. durch übereinstimmende Erledigterklärung mit Beschluss nach § 91a ZPO, ggf. auch unter Beachtung der im Kollektivvereinbarung zur Beendigung von Einzelverfahren festgehaltenen Regelungen) zu ermöglichen. Es ist allerdings auch denkbar, dass der Vergleich nur Teilaspekte des Individualverfahrens abdeckt, sodass es unter Beachtung dieser Vergleichsregelung fortzusetzen ist.[27]

IV. Sperre von Individualklagen angemeldeter Verbraucher (Absatz 2)

17   Absatz 2 statuiert eine Sperre für Individualklagen von Verbrauchern, die bereits zu einer Verbandsklage angemeldet sind. Sie gilt **ab Anmeldung** des Verbrauchers. Die weitere Voraussetzung der Rechtshängigkeit der Verbandsklage hat für den Beginn praktisch keine Bedeutung, da eine Anmeldung nach § 46 erst nach Bekanntgabe der rechtshängigen Verbandsklage erfolgen kann. Zum **Vortrag** bezüglich der Anmeldung gilt das im Zusammenhang mit Abs. 1 Gesagte entsprechend (soeben Rn. 9). Absatz 2 bewirkt eine Zulässigkeitssperre für die Individualklage, die folglich **durch Prozessurteil** als unzulässig **abzuweisen** ist.[28]

18   Absatz 2 setzt voraus, dass der Verbraucher im Zeitpunkt seiner Klageerhebung bereits angemeldet ist. **Erfolgt die Anmeldung erst später**, wurde zur Musterfeststellungsklage nach ZPO a.F. eine **analoge Anwendung** der Parallelvorschrift (§§ 610 Abs. 3 ZPO a.F.) vertreten. Der Struktur der Verbandsklage erscheint jedoch die analoge Anwendung von Absatz 1 mit der Folge der Aussetzung angemessener (s. dazu und zu den Nachweisen zur MFK nach ZPO a.F. oben Rn. 8).[29]

19   Da die Klagesperre nur „während der Rechtshängigkeit der Verbandsklage" gilt, **endet** sie ex lege mit jeglicher Beendigung des Verbandsklageverfahrens, wobei der Zeitpunkt der Beendigung von der Beendigungsform abhängt. Bei einem Vergleich beendet dessen Genehmigung das Verbandsklageverfahren (§ 10 Abs. 2); bei Rücknahme der Klage je nach Erforderlichkeit der Zustimmung der Beklagtenseite entweder sofort oder bei Wirksamwerden infolge der Zustimmung. Bei streitiger Entscheidung hängt der Zeitpunkt der Beendigung in der soeben für Abs. 1 ausgeführten Weise (s. Rn. 15 f.) von der Klage- und Urteilsart ab. Bei der Entscheidung über die nach Wegfall der Sperre wieder mögliche Individualklage ist freilich das Ergebnis des Verbandsklageverfahrens zu berücksichtigen, bei streitiger Entscheidung im Rahmen des Absatzes 3 (s. sogleich).

V. Bindungswirkung (Absatz 3); Reichweite

1. Grundsätzliches

20   Durch die in Absatz 3 geregelte Bindungswirkung von rechtskräftigen Verbandsklageurteilen wird gewährleistet, dass in parallel oder nachfolgend geführten Individualverfahren nicht nochmals und nicht abweichend über die im Verbandsklageverfahren entschiedenen Fragen oder Asprü-

---

27 S. dazu auch *Röthemeyer* VDuG § 11 Rn. 11.
28 Allg. Ansicht, s. statt aller nur *Röthemeyer* VDuG § 11 Rn. 18.
29 Dies ebenfalls in Betracht ziehend, aber die analoge Anwendung von § 11 Abs. 2 vorziehend *Röthemeyer* VDuG § 11 Rn. 17.

che entschieden wird.[30] Die allgemeinen Vorschriften über die Rechtskraft (§§ 322 ff. ZPO), welche diese Funktion für Individualverfahren erfüllen, greifen für das Verhältnis der Verbandsklage zum Individualverfahren nicht ein, weil keine Parteienidentität vorliegt. Die an die Stelle der Rechtskraft tretende Bindungswirkung war für die Musterfeststellungsklage nach ZPO in gleicher Weise vorgesehen (§ 613 Abs. 1 ZPO a.F.); auch das KapMuG enthält eine ähnliche Regelung (§ 25 Abs. 1 KapMuG n.F.). Die Wirkungen von materieller Rechtskraft und Bindungswirkung auf das Zweitverfahren unterscheiden sich grundsätzlich darin, dass auch bei vollständigen Deckungsgleichheit des Streitgegenstands kein Prozessurteil ergeht, sondern eine zweite Sachentscheidung unter Berücksichtigung der Bindungswirkung (s. zu den denkbaren Varianten unten Rn. 25 f.). Die Bindungswirkung gilt selbstverständlich sowohl zugunsten als auch zu Lasten der angemeldeten Verbraucher,[31] sie können (aber müssen auch) sich der Bindungswirkung durch rechtzeitige Rücknahme der Anmeldung (§ 46 Abs. 1) entziehen. Unmittelbar tritt die angeordnete Bindungswirkung ferner nur für inländische Individualverfahren ein, eine Erstreckung im Ausland kommt aber in Betracht (s. Einl. Rn. 56 f.).

2. Voraussetzungen des Eintritts der Bindungswirkung

Die Bindungswirkung nach Absatz 3 setzt zunächst ein rechtskräftiges Urteil aus einem Verbands- **21** klageverfahren voraus, wobei die Klageart (Musterfeststellungsklage oder Abhilfeklage) keine Rolle spielt. Auch unter den Urteilsarten im Abhilfeklageverfahren (§ 16 ff.) ist nur das – lediglich das Umsetzungsverfahren einleitende – Abhilfeendurteil ausgenommen (Absatz 3 Satz 2). Die letztgenannte Ausnahme kann ggf. – bei kombinierten Entscheidungen – auch nur einen Teil des Urteils betreffen.[32] Nicht ausdrücklich genannt, aber der Bindungswirkung immanent ist, dass es sich um eine Entscheidung in der Sache handeln muss, also nicht lediglich um ein Prozessurteil.[33]

Die Bindungswirkung tritt nur für den „angemeldeten Verbraucher" ein. Dies setzt zum einen **22** eine im relevanten Zeitpunkt noch bestehende (und nicht zurückgenommene) Anmeldung (vgl. § 46 Abs. 1) voraus (zu Rechtnachfolge-Konstellationen sogleich Rn. 23).[34] Ferner muss die Anmeldung auch wirksam sein (§ 46 Abs. 2),[35] während es auf die Eintragung im Klageregister nicht ankommt, da diese keine konstitutive Wirkung hat.[36]

3. Umfang der Bindungswirkung, Wirkung auf das Individualverfahren

In persönlicher Hinsicht ist die Reichweite auf Seiten des beklagten Unternehmens auf dieses **23** beschränkt und erstreckt sich nach dem Rechtsträgerprinzip auch nicht z.B. auf Konzernunternehmen.[37] Auf Seiten des Verbrauchers ist die Anmeldung der relevante Bezugspunkt (s.o. Rn. 3) und bleibt es auch im Fall der **Rechtsnachfolge**: Tritt auf Seiten des angemeldeten Verbrauchers nach dem Urteil Rechtsnachfolge etwa durch Erbfall oder Abtretung ein, ergibt sich dies bereits aus

---

30 Zöller/*Vollkommer* VDuG § 11 Rn. 19 („Abweichungsverbot").

31 Köhler/Bornkamm/Feddersen/*Scherer* § 11 VDuG Rn. 12–13; Zöller/*Vollkommer* VDuG § 11 Rn. 18; s. auch die Gesetzesbegründung in BT-Drucks. 20/6520 S. 75. Für § 613 ZPO a.F. etwa Asmus/Waßmuth/*Beckmann* § 613 ZPO Rn. 51; *Lutz* BeckOK, 50. Ed. 1.7.2023, § 608 ZPO Rn. 31, mit Bedenken, die sich wegen der längeren An- und Abmeldemöglichkeit bezüglich des VDuG nicht in gleicher Weise stellen, hingegen Musielak/*Stadler* § 613 Rn. 3 ff.

32 Köhler/Bornkamm/Feddersen/*Scherer* § 11 VDuG Rn. 12.

33 Köhler/Bornkamm/Feddersen/*Scherer* § 11 VDuG Rn. 12 f.

34 *Röthemeyer* VDuG § 11 Rn. 30; Köhler/Bornkamm/Feddersen/*Scherer* § 11 VDuG Rn. 12.

35 Köhler/Bornkamm/Feddersen/*Scherer* § 11 VDuG Rn. 12; *Röthemeyer* VDuG § 11 Rn. 30 m.w.N. zur einhelligen Meinung bereits zur MFK nach ZPO a.F.

36 *Röthemeyer* VDuG § 11 Rn. 31.

37 Statt aller *Röthemeyer* VDuG § 11 Rn. 40.

den den Übergang regelnden Vorschriften (§§ 1922, 398, 404 BGB).[38] Trat die Rechtsnachfolge nach Anmeldung, aber vor Rechtskraft des Urteils ein, so gelten zwar die §§ 265, 325 ZPO mangels „echter" Parteistellung des Verbrauchers nicht unmittelbar, sind aber – nach soweit ersichtlich, einhelliger Auffassung – entsprechend anzuwenden, weil in ihnen (und § 261 Abs. 3 Nr. 1 ZPO) der allgemeine zivilprozessuale Grundsatz zum Ausdruck kommt, dass die streitbefangene Forderung inmitten steht.[39]

24   **Sachlich** reicht die Bindungswirkung nach Absatz 3 ebenso weit wie die materielle Rechtskraft (§ 322 Abs. 1 ZPO).[40] Folge der Bindungswirkung ist, dass das Gericht des Folgeprozesses zwar noch eine eigene Sachentscheidung trifft, diese aber in dem im Verbandsklageprozess entschiedenen Umfang dem dortigen Ergebnis zu folgen hat (s.a. bereits soeben Rn. 20). Dies führt (bezüglich des betroffenen Anspruchs) zu unterschiedlichen Wirkungen im fortzusetzenden Individualverfahren:

25   Bei **klageabweisenden Verbandsklageurteilen** gleich welcher Art ergeht aufgrund der Bindungswirkung im Individualprozess (ggf.: soweit vom Verbandsklageverfahren betroffen) ein gesondertes klageabweisendes Sachurteil. Bei klagestattgebenden Verbandsklageurteilen ist zu unterscheiden: Beim (ggf. teilweise) **klagestattgebenden Urteil über eine Musterfeststellungsklage** besteht die Bindungswirkung lediglich im Rahmen der entschiedenen Feststellungsziele, sodass diese der Entscheidung im Individualverfahren ohne weitere Prüfung zugrunde zu legen sind, während im Übrigen noch eine eigene Sachprüfung erfolgt. Ergeht ein **klagestattgebendes Urteil nach § 16 Abs. 1 Satz 2 – Zahlung an namentlich benannte Verbraucher** – so tritt mit der Rechtskraft dieses Urteils im Individualverfahren Erledigung ein, weil das Verbandsklageverfahren unmittelbar zu einem Titel (wenn auch des Verbandes) führt und deshalb im Individualverfahren das Rechtsschutzinteresse entfällt.

26   Komplizierter ist die Lage beim **klagestattgebenden Abhilfegrundurteil**. Wird im Anschluss an dieses kein Vergleich geschlossen (vgl. § 17), so ergeht das in Abs. 3 Satz 2 von der Bindungswirkung ausgenommene Abhilfeendurteil und es schließt sich das Umsetzungsverfahren nach §§ 22 ff. mit einem Widerspruchsverfahren (§§ 28 ff.) an, bis zu dessen Ende nach § 36 auch die Aussetzung nach Absatz 1 andauert (s.o. Rn. 15). Die §§ 39 f. begrenzen im Anschluss daran die Prüfungskompetenz in einem (nach Ende der Aussetzung fortzusetzenden oder neu aufgenommenen) Individualverfahren auf individuelle Fragen u.a. der Anspruchsberechtigung, soweit diese im Widerspruchsverfahren nicht geltend gemacht werden konnten. Hieraus ergibt sich im Rückschluss auch der Umfang der Bindungswirkung nach Absatz 3: Sie deckt all dasjenige ab, was im Verbandsklageverfahren einschließlich Umsetzungs- und Widerspruchsverfahren entschieden wurde bzw. werden konnte; eine eigene Sachentscheidung des Folgegerichts ist nur noch in dem von §§ 39 f. gesteckten Rahmen möglich.[41]

VI. Sonderfragen

1. Analoge Anwendung des Absatzes 3 auf nachfolgende Verbandsklagen?

27   § 11 regelt nur das Verhältnis der Verbandsklage zu Individualverfahren, nicht aber entsprechende Fragen im Verhältnis von Verbandsklagen untereinander. Auf den ersten Blick macht § 8 eine derartige Regelung entbehrlich, weil eine erhobene Verbandsklage parallele Verbandsklagen ohnehin (im Fall einer Sachentscheidung dauerhaft) sperrt. Wie in der dortigen Kommentierung ausge-

---

38 *Röthemeyer* VDuG § 11 Rn. 34.
39 So *Müller* GWR 2019, 399, 400, *Röß* NJW 2020, 953, 957; *Röthemeyer* VDuG § 11 Rn. 35 f.; Skauradszun/*Wagner* VDuG § 11 Rn. 38; Köhler/Bornkamm/Feddersen/*Scherer* § 11 VDuG Rn. 18; für die MFK nach ZPO a.F. *Lutz* BeckOK, 50. Ed. 1.7.2023, § 608 ZPO Rn. 32.
40 Köhler/Bornkamm/Feddersen/*Scherer* § 11 VDuG Rn. 12.
41 Zöller/*Vollkommer* VDuG § 11 Rn. 11, 20.

führt (s.o. § 8 Rn. 9), kann diese Sperre aber nicht vollständig sein, vielmehr ist bei einer zeitlich prioritären Musterfeststellungsklage die Abweisung einer umfassenderen nachfolgenden Klage – insbesondere einer Abhilfeklage – durch Prozessurteil unangebracht, weil die Ergebnisse des Erstprozesses im Zweitverfahren verwertet werden können und für die weiter reichende Klage ein Rechtsschutzbedürfnis besteht. Richtig erscheint es daher, das umfassendere zweite Verbandsverfahren analog § 11 Abs. 1 auszusetzen und ein Sachergebnis des ersten Verbandsklageverfahrens analog § 11 Abs. 3 auf das zweite Verfahren zu erstrecken.[42]

2. Klagen von Unternehmern, § 148 Abs. 2 ZPO, analoge Anwendung von § 11

§ 148 Abs. 2 ZPO n.F. behandelt Klagen von Unternehmern (im Sinne von § 1 Abs. 2 VDuG). Die **28** Aussetzung hängt hier zum einen von einem Antrag des Klägers ab, beinhaltet also ein Wahlrecht des Unternehmers, und steht zum zweiten im Ermessen des Gerichts („kann"). Diese lediglich fakultative Aussetzung soll es auch Unternehmen ermöglichen, etwa die Klärung einer Rechtsfrage in einem Musterfeststellungsverfahren in ihrem Individualverfahren – etwa mit einem Wettbewerber – verwerten zu können. Die Interessen der jeweiligen Gegenpartei sind im Rahmen der Ermessensausübung entsprechend zu berücksichtigen.

Nicht geregelt werden sollte mit dieser Vorschrift allerdings offensichtlich das Schicksal von **29** **Individualverfahren mit umgekehrter Parteienstellung**, in denen also ein Unternehmer gegen den Verbraucher in Bezug auf einen verbandsklagebefangenen Anspruch auf negative Feststellung oder Leistung klagt. Wollte man auch in diesem Fall § 148 Abs. 2 ZPO anwenden,[43] hätte es jeder Unternehmer in der Hand, eine Verbandsklage durch die Erhebung individueller Klagen zu unterlaufen und die fraglichen Rechtsverhältnisse der Bindungswirkung des Verbandsklageverfahrens zu entziehen. Dies war nicht die Intention des Gesetzgebers der Musterfeststellungsklage nach ZPO a.F.,[44] dessen Fassung des § 148 Abs. 2 ZPO durch den VDuG-Gesetzgeber nur an die Verbandsklage angepasst wurde.[45] Hier bietet sich, wie von *Röthemeyer*[46] vorgeschlagen, eine analoge Anwendung des § 11 an, wobei ein sorgfältiger Blick auf die Reichweite der beiden Klagen zu richten ist:[47] Die analoge Anwendung des Absatzes 2 mit der Folge einer Abweisung als unzulässig ist nur dann gerechtfertigt, wenn es sich tatsächlich um eine vollständige inhaltliche Gegenklage zum Verbandsklageverfahren handelt, der Unternehmer also etwa eine negative Feststellungsklage gegen einen zur einer entsprechenden Abhilfeklage angemeldeten Verbraucher erhebt. Dergleichen dürfte praktisch selten sein, häufiger könnte z.B. ein Unternehmer auf Leistung gegen einen Verbraucher geklagt haben, der sich dann einer eine Anspruchsvoraussetzung negierenden Verbandsklage anschließt. In diesem Fall – und überhaupt im Regelfall der beschriebenen Konstellation – erscheint die Aussetzung nach Absatz 1 und analoge Anwendung des Absatzes 3 das probate Mittel.

Es sind allerdings schließlich auch Fälle denkbar, in denen bei genauerem Hinsehen kein **30** inhaltlicher Konflikt zwischen Verbandsklageverfahren und individueller „Gegen"-Klage besteht, nämlich wenn sich ein Unternehmer auf vollständig individuelle Gesichtspunkte stützt, die er im Verbandsklageverfahren ohnehin nicht geltend machen kann und die deshalb ohnehin im Rahmen von § 40 einem Individualprozess vorbehalten sind. Diese Fälle sind nicht nur theoretisch, etwa kann sich ein Unternehmer über eine behauptete Entgeltrückforderung individuell mit einem Verbraucher verglichen oder ihm den streitigen Betrag aus Kostengründen bereits erstattet haben. In diesen Fällen besteht kein inhaltlicher Konflikt mit einem – im Beispiel etwa auf Rück-

42 Ebenso *Röthemeyer* VDuG § 11 Rn. 41.
43 So Skauradszun/*Wagner* VDuG § 11 Rn. 33.
44 S. BT-Drucks. 19/2741, S. 24.
45 S. BT-Drucks. 20/6520, S. 105. Dies übersieht Skauradszun/*Wagner* VDuG § 11 Rn. 34 f.
46 *Röthemeyer* VDuG § 11 Rn. 21 ff.
47 Ähnlich zum Folgenden auch *Röthemeyer* VDuG § 11 Rn. 21 ff.

zahlung des fraglichen Entgelts an alle betroffenen Verbraucher gerichteten – Verbandsklageverfahren und die Einwendungen des Unternehmers müssten nach § 40 ohnehin außerhalb dessen behandelt werden. In diesen Fällen gibt es keinen Grund, das Klärungsinteresse des Unternehmers für den individuellen Fall hintanzustellen und das Individualverfahren auszusetzen.

§ 12
Informationspflichten

(1) [1]Die klageberechtigte Stelle ist verpflichtet, auf ihrer Internetseite zu informieren über:
1. Verbandsklagen, die sie erheben will,
2. Verbandsklagen, die sie bereits erhoben hat, und
3. den Verfahrensstand der Verbandsklagen.
[2]Auf der Internetseite ist ferner darüber zu informieren, dass Verbraucher nur dann von den Wirkungen einer Verbandsklage erfasst werden, wenn sie Ansprüche oder Rechtsverhältnisse, die Gegenstand der Verbandsklage sind, zur Eintragung in das Verbandsklageregister anmelden.

(2) Wird ein Verfahren über eine Verbandsklage durch unanfechtbaren Beschluss, unanfechtbares Urteil oder durch einen Vergleich nach § 9 beendet, so ist der Beschluss, das Urteil oder der Vergleich in veröffentlichungsfähiger anonymisierter Form ab dem Zeitpunkt der Beendigung des Verfahrens mindestens sechs Monate auf der Internetseite der klageberechtigten Stelle zu veröffentlichen.

(3) Die Kosten der Veröffentlichungen auf der Internetseite nach den Absätzen 1 und 2 sind Kosten des Rechtsstreits.

Schrifttum

Röthemeyer Das Verbraucherrechtedurchsetzungsgesetz (VDuG) zur Umsetzung der Verbandsklagen-Richtlinie – Die neue Abhilfeklage, VuR 2023, 332; *Scherer* Abhilfeanspruch gem. Art. 9 Abs. 1 VerbandsklagenRL /§ 1 Abs. 1 Nr. 1 VDuG-E und Verbraucherschadensersatzanspruch gem. § 9 Abs. 2 UWG – Kollektivrechtsschutz contra Individualrechtsschutz? VuR 2022, 443.

Übersicht

I.   Hintergrund, Normzweck und Inhalte der Norm —— 1

II. Zu veröffentlichende Informationen (Absatz 1 und 2) —— 2

III. Ort und Modalitäten der Veröffentlichung —— 3

IV. Kosten —— 6

I. Hintergrund, Normzweck und Inhalte der Norm

Mit § 12 wird Art. 13 der Verbandsklagen-Richtlinie umgesetzt, der entsprechende Informations- **1** pflichten der Verbände enthält. Sinn dieser Informationspflichten, deren Inhalt in ErwGr 58 der Richtlinie recht konkret umschrieben wird, ist es, die Verbraucher anhand bestimmter Rahmendaten in die Lage zu versetzen, sich über die konkrete beabsichtigte Klage des Verbandes, dessen „track record", die Teilnahme und den Verfahrensstand zu informieren, um eine informierte Entscheidung über die Anmeldung der Ansprüche (möglichst früh) treffen zu können.

II. Zu veröffentlichende Informationen (Absatz 1 und 2)

Die zu veröffentlichenden Informationen sind in Absatz 1 und 2 detailliert ausbuchstabiert, wobei **2** zusätzlich auf die konkreten Erläuterungen zum Inhalt in ErwGr 58 der Verbandsklagen-Richtlinie zurückgegriffen werden kann. Es stellen sich danach nur wenige Interpretationsfragen: Bezüglich Abs. 1 könnte im Einzelfall klärungsbedürftig werden, ab wann von einem entsprechenden „Willen" zur Klageerhebung auszugehen ist, was wohl nur an der Beschlussfassung durch die maßgeb-

https://doi.org/10.1515/9783110660180-013

lichen Gremien des Verbandes anknüpfen kann.[1] In Bezug auf Nr. 3 und Absatz 2 kann sich die klageberechtigte Stelle auch am Inhalt des Verbandsklageregisters orientieren, in welchem die entsprechenden Angaben nach § 44 auch bekannt zu machen sind. Soweit Absatz 2 auch „unanfechtbare Beschlüsse" nennt, die das Verfahren beenden, dürften damit Beschlüsse nach Klagerücknahmen oder übereinstimmender Erledigungsklärung (§§ 13 Abs. 1 VDuG, 269 Abs. 4 Satz 1, 91a ZPO) gemeint sein, die zwar nicht die eigentlichen verfahrensbeendenden Akte darstellen, aber in diesen Fällen zur Information über die Verfahrensbeendigung geeignet sind.[2] Zu bedenken ist ferner, dass ein „unanfechtbares Urteil" ggf. nicht erst mit der Revisionsentscheidung vorliegt, sondern bei Verstreichen der Rechtsmittelfrist auch die erstinstanzliche Entscheidung auf der Internetseite zu veröffentlichen ist.[3]

III. Ort und Modalitäten der Veröffentlichung

3 Die klageberechtigte Stelle hat die vorgesehenen Informationen „auf ihrer Internetseite" zu veröffentlichen. Dies impliziert, dass eine klageberechtigte Stelle eine solche unterhalten muss, was sich ohnehin aus § 1 Abs. 1 Nr. 1 der Verordnung zu qualifizierten Einrichtungen und qualifizierten Wirtschaftsverbänden[4] ergibt und heute auch nicht anders denkbar wäre. Als meistgenutzte Informationsquelle ist dieser Ort sinnvoll und jeder andere oder zusätzlich vorgeschriebene Veröffentlichungsort wäre eine unnötige Erschwernis gewesen.

4 Bei den Inhalten der Veröffentlichung sind natürlich anderweitige gesetzliche Vorgaben zu beachten, insbesondere, wie die Gesetzesbegründung hinsichtlich Absatz 2 anmahnt,[5] Bestimmungen des Datenschutzes, die etwa zur Schwärzung der Namen der Verbraucher im Fall eines Urteils zur Leistung an namentlich benannte Verbraucher (§ 16 Abs. 1 Satz 2) verpflichten können.

5 Über den Zeitpunkt der Veröffentlichung enthält lediglich Absatz 3 eine genauere Vorgabe, danach ist die Veröffentlichung des verfahrensbeendenden Akts „ab dem Zeitpunkt der Beendigung des Verfahrens", also unmittelbar ab Rechts- oder Bestandskraft vorgeschrieben. Schon nach dem Sinn und Zweck ist jedoch von einer allgemeinen Pflicht zur laufenden Aktualisierung der Angaben auszugehen, die praktisch neben Absatz 3 ohnehin fast nur im Fall des Abs. 1 Nr. 3 relevant werden wird.

IV. Kosten

6 Absatz 3 erklärt „die Kosten der Veröffentlichungen" nach den Absätzen 1 und 2 zu den „Kosten des Rechtsstreits" gehörig und macht sie damit zum Gegenstand der Kostenerstattungspflicht der unterliegenden Partei nach § 13 i.V.m. § 91 Abs. 1 Satz 1 ZPO. Gemeint sein können damit lediglich die Kosten, die konkret durch die Veröffentlichung und Aktualisierung der auf einen bestimmten Rechtsstreit bezogenen Inhalte entstehen, nicht hingegen die „ohnehin-Kosten" für die allgemeine Einrichtung und Erhaltung der Internetseite oder gar des Internetauftritts der klageberechtigten Stelle.[6] Auch interne Kosten bezüglich der konkreten Informationen dürften, wie allgemein im Kostenerstattungsrecht nach der ZPO,[7] nicht erstattungsfähig sein.[8]

---

1 Skauradszun/*Wais* VDuG § 12 Rn. 6.

2 *Röthemeyer* VDuG § 12 Rn. 5.

3 Skauradszun/*Wais* VDuG § 12 Rn. 10.

4 BGBl. 2021 I S. 1832.

5 BT-Drucks. 20/6520 S. 76.

6 Ebenso Anders/Gehle/*Schmidt* § 12 Rn. 3 und *Röthemeyer* VDuG § 12 Rn. 6 mit Hinweis auf § 1 Abs. 1 Nr. 1 der Verordnung zu qualifizierten Einrichtungen und qualifizierten Wirtschaftsverbänden.

7 Wieczorek/Schütze/*Smid/Hartmann*[5] Bd. 2 § 91 Rn. 23 ff.; Thomas/Putzo/*Hüßtege* § 91 Rn. 54 ff.

8 *Röthemeyer* VDuG § 12 Rn. 6.

§ 13
Anwendung der Zivilprozessordnung

(1) ¹Auf Verbandsklageverfahren sind die Vorschriften der Zivilprozessordnung anzuwenden, soweit sich aus diesem Gesetz nicht etwas anderes ergibt. ²Auf das Verfahren vor den Oberlandesgerichten sind dabei die im ersten Rechtszug für das Verfahren vor den Landgerichten geltenden Vorschriften entsprechend anzuwenden.

(2) Die §§ 66 bis 74 der Zivilprozessordnung sind nicht anzuwenden im Verhältnis zwischen den Parteien der Verbandsklage und denjenigen Verbrauchern, die
  1. einen Anspruch oder ein Rechtsverhältnis zum Verbandsklageregister angemeldet haben oder
  2. behaupten, entweder einen Anspruch gegen den verklagten Unternehmer zu haben oder von ihm in Anspruch genommen zu werden oder zu ihm in einem Rechtsverhältnis zu stehen.

(3) § 128 Absatz 2 sowie die §§ 306 und 307 Satz 2 der Zivilprozessordnung sind nicht anzuwenden.

(4) Ein Urteil oder Abhilfegrundurteil ergeht nicht vor Ablauf von sechs Wochen nach dem Schluss der mündlichen Verhandlung.

Schrifttum

Beckmann/Waßmuth Die Musterfeststellungsklage, WM 2019, 45 u. 89; *Röß* Die Abhilfeklage zugunsten namentlich benannter Verbraucher, NJW 2024, 1302; *ders.* Die Klageänderung bei Verbandsklagen, MDR 2023, 141; *ders.* Die Klageänderung im Musterfeststellungsverfahren, NJOZ 2021, 1569.

Übersicht

I. Hintergrund, Normzweck und Inhalte der Norm —— 1

II. Grundsätzliche Geltung der ZPO (Absatz 1) —— 2

III. In § 13 vorgesehene Ausnahmen von der Geltung der ZPO (Absätze 2 bis 4)
1. Einschränkung der Nebenintervention (Absatz 2) —— 3

2. Zwingende mündliche Verhandlung, auch im Fall des Anerkenntnisurteils (Ausschluss von §§ 128 Abs. 2, 307 Satz 2 ZPO, Abs. 3) —— 5
3. Ausschluss des Verzichtsurteils (Abs. 3) —— 6
4. Obligatorische Spruchfrist (Abs. 4) —— 7

IV. Weitere Ausnahmen von der Geltung der ZPO nach dem VDuG im Übrigen —— 10

I. Hintergrund, Normzweck und Inhalte der Norm

Das Verbandsklageverfahren ist ein streitiges Zivilverfahren und greift deshalb auf die Vorschrif- **1** ten der ZPO zurück, die jedoch – anders als für die in der ZPO geregelte ursprüngliche Musterfeststellungsklage – nicht mehr automatisch gelten. § 13 Abs. 1 enthält deshalb, mit einer begleitenden Modifizierung in Satz 2, den entsprechenden umfassenden Verweis, „soweit sich nicht aus diesem Gesetz etwas anderes ergibt". „Etwas anderes ergeben" kann sich implizit durch von der ZPO abweichende Regelung im VDuG oder durch explizite Anordnungen, wie sie in den Absätzen 2 bis 4 für einige wichtige Fälle wichtige Fälle enthalten sind.

https://doi.org/10.1515/9783110660180-014

II. Grundsätzliche Geltung der ZPO (Absatz 1)

2   Der umfassende Verweis auf die Vorschriften der ZPO in Absatz 1 ordnet deren direkte Geltung für das Verbandsklageverfahren an, soweit sich aus den Vorschriften des VDuG nicht explizit (sogleich Rn. 3 ff.) oder implizit (unten Rn. 10 ff.) etwas anderes ergibt. Aufgrund der Besonderheit der Verbandsklage, dass es sich um ein Verfahren im ersten Rechtszug vor dem Oberlandesgericht handelt, bedarf es der „entsprechenden" Geltung der entsprechenden Vorschriften für das Verfahren vor den Landgerichten, die Satz 2 anordnet.[1] Hieraus ergibt sich zugleich die Unanwendbarkeit der §§ 495a bis 510 ZPO (Verfahren vor den Amtsgerichten).[2]

III. In § 13 vorgesehene Ausnahmen von der Geltung der ZPO (Absätze 2 bis 4)

1. Einschränkung der Nebenintervention (Absatz 2)

3   Absatz 2 enthält – nahezu wortgleich wie § 610 Abs. 6 Nr. 1 u. 2 ZPO a.F. für die ursprüngliche Musterfeststellungsklage – eine das Gesamtkonzept der Verbandsklage prägende Regelung: Durch die angeordnete Nichtgeltung der §§ 66 bis 74 ZPO im Verhältnis zwischen den Parteien der Verbandsklage und den interessierten Verbrauchern werden jene auch als Nebenintervenienten aus dem Verbandsklageverfahren „herausgehalten". Der Gesetzgeber sah diese Begrenzung der Beteiligten als „im Interesse eines effektiven Verfahrens unerlässlich" an,[3] was man durchaus anzweifeln kann.[4] De lege lata räumt die Regelung dem klagenden Verband in der Verfahrensführung vollständige Exklusivität ein.[5]

4   Indem die §§ 66 bis 74 ZPO insgesamt und im Verhältnis zu beiden Parteien des Verbandsklageverfahrens für unanwendbar erklärt werden, ist nicht nur der Streitbeitritt von sich aus ausgeschlossen, sondern den fraglichen Verbrauchern kann auch weder von Kläger- noch von Beklagtenseite der Streit verkündet werden. Betroffen von diesem Ausschluss sind neben den angemeldeten Verbrauchern (Nr. 1) nach Nr. 2 auch all jene, die am Ausgang des Verfahrens in einer Weise interessiert sind, dass eine Nebenintervention bezüglich des Streitgegenstands der Verbandsklage rechtlich in Betracht käme. Ob dem Gesetzgeber die Erfassung dieser Verbraucher mit der gewählten Umschreibung („die ... behaupten, entweder einen Anspruch gegen den verklagten Unternehmer zu haben oder von ihm in Anspruch genommen zu werden oder zu ihm in einem Rechtsverhältnis zu stehen") gelungen ist, wird uneinheitlich beurteilt;[6] jedenfalls erlaubt der Wortlaut jedoch eine Auslegung der Vorschrift in diesem Sinne. Dagegen sollte ausweislich der eingehend umschriebenen Einschränkung des Ausschlusses die Streitverkündung im Übrigen,

---

1   Eine weitergehende Bedeutung (Auslegung im Lichte des VDuG) dürfte der „entsprechenden" Anwendung entgegen Skauradszun/*Skauradszun* VDuG § 13 Rn. 4 aufgrund dieses rein technischen Hintergrunds nicht zu entnehmen sein. Es ist aber natürlich richtig, dass bei der Anwendung der ZPO-Vorschriften die Besonderheit der Verfahrensart zu berücksichtigen ist.

2   *Röthemeyer* VDuG § 13 Rn. 2.

3   BT-Drucks. 20/6520 S. 76. Zustimmend Köhler/Bornkamm/Feddersen/*Scherer* § 13 VDuG Rn. 30.

4   So wird das Verfahren nach dem KapMuG, in welchem sämtliche Kläger der ausgesetzten Verfahren als Beigeladene eine Nebenintervenienten-ähnliche Stellung haben, zwar häufig zu Recht als schwerfällig kritisiert, eine übermäßige Belastung der durchgeführten Verfahren durch die Zahl der Beteiligten steht dabei aber nicht im Vordergrund; s. weiterführend Wieczorek/Schütze/*Großerichter*[5] Bd. 13, Einl. KapMuG Rn. 25 ff. m.w.N.

5   Kritisch zur Beschränkung zum Ausschluss der Verbraucher als Verfahrensbeteiligte *Alamdari* NJOZ 2023, 1472; bereits zur MFK nach ZPO a.F. Musielak/Voit/*Stadler*[20] § 610 ZPO Rn. 9; *Magnus* NJW 2019, 3177; *Merkt/Zimmermann* VuR 2018, 363; *Guggenberger/Guggenberger* MMR 2019, 8.

6   Dafür Anders/Gehle/*Schmidt* § 13 VDuG Rn. 5 und *Röthemeyer* VDuG § 13 Rn. 3, der meint, der Gesetzgeber hätte auch schlicht „Verbraucher" ausschließen können; dagegen (zu weit) für die Vorgängervorschrift in der ZPO hingegen Musielak/Voit/*Stadler*[20] § 610 ZPO Rn. 9. Skauradszun/*Skauradszun* VDuG § 13 Rn. 60 f. hält Fälle für denkbar, in denen die Nebenintervention von Verbrauchern nach der gewählten Formulierung zulässig bleibt.

also insbesondere auf Seiten des Unternehmers gegenüber etwaigen Regressschuldnern o.ä., zulässig bleiben.[7]

2. Zwingende mündliche Verhandlung, auch im Fall des Anerkenntnisurteils (Ausschluss von §§ 128 Abs. 2, 307 Satz 2 ZPO, Abs. 3)

Im Verbandsklageverfahren ist infolge des Ausschlusses von § 128 Abs. 2 ZPO zwingend mündlich 5 zu verhandeln. Der Gesetzgeber begründet dies einerseits mit der (gewünschten) Breitenwirkung des Verfahrens und andererseits damit, dass die mündliche Verhandlung im Gefüge der Verbandsklage als zentraler Anknüpfungspunkt dient (s. insbesondere für die Anmeldung § 46 Abs. 1 und 4).[8] Aus letzterem Grund wurde nach den Beratungen im Rechtsausschuss[9] auch noch § 307 Satz 2 ZPO aus dem Verweis auf die ZPO ausgenommen, sodass auch ein Anerkenntnisurteil nur aufgrund mündlicher Verhandlung ergehen kann. Auch ein Versäumnisurteil im schriftlichen Verfahren kommt folgerichtig nicht in Betracht.[10]

3. Ausschluss des Verzichtsurteils (Abs. 3)

Der Ausschluss des Verzichtsurteils nach § 306 ZPO ist ebenfalls in Absatz 3 enthalten, hat aber 6 einen gänzlich anderen Inhalt und Hintergrund als die vorstehend behandelten Beschränkungen der Verweisung auf die ZPO: Die Regelung spiegelt wider, dass die klageberechtigte Stelle keine eigenen Ansprüche, sondern diejenigen der Verbraucher verfolgt bzw. deren Durchsetzung ermöglicht, sodass es ihr an der Verfügungsbefugnis über die Ansprüche fehlt.[11]

4. Obligatorische Spruchfrist (Abs. 4)

Die obligatorische Spruchfrist von mindestens sechs Wochen nach Abs. 4 hat ihren Hintergrund 7 darin, dass die Anmeldung bzw. Rücknahme einer solchen nach § 46 Abs. 1 und 4 auch noch Schluss der mündlichen Verhandlung möglich sein soll. § 310 Abs. 1 ZPO wird insoweit – ohne dass die Vorschrift explizit genannt würde – entsprechend modifiziert.

Nicht ganz eindeutig wird in der Vorschrift zum Ausdruck gebracht, für welche Urteile sie 8 gelten soll. Mit dem Begriffspaar wollte der Gesetzgeber offenbar die Überschrift des in der Gesetzesbegründung[12] ausdrücklich angeführten § 16 Abs. 1 in Bezug nehmen, wofür auch spricht, dass bei Erfassung aller Urteile nach VDuG die gesonderte Erwähnung der „Abhilfegrundurteile" überflüssig wäre.[13] Gemeint gewesen sein dürften insbesondere nicht Abhilfeendurteile i.S. § 18 oder Urteile im Erhöhungsverfahren,[14] bezüglich derer sich auch der Zweck der Vorschrift nicht mehr verwirklichen kann. Nach diesem müssen allerdings Urteile über Musterfeststellungsklagen sehr

---

7 Zutreffend Zöller/*Vollkommer* VDuG § 13 Rn. 28; Anders/Gehle/*Schmidt* § 13 VDuG Rn. 6; *Röthemeyer* VDuG § 13 Rn. 4; Köhler/Bornkamm/Feddersen/*Scherer* § 13 VDuG Rn. 21; für die MFK *Weinland* Die neue MFK (2018) Rn. 149; gegen *Lutz* BeckOK § 610 ZPO Rn. 21; einschränkend *Beckmann/Waßmuth* WM 2019, Heft 2, 45, 51.

8 BT-Drucks. 20/6520 S. 76.

9 BT-Drucks. 20/7631 S. 108.

10 *Röthemeyer* VDuG § 13 Rn. 5, 16.

11 BT-Drucks. 20/6520 S. 76.

12 BT-Drucks. 20/6520 S. 76.

13 *Röthemeyer* VDuG § 13 Rn. 23.

14 *Röthemeyer* VDuG § 13 Rn. 23.

wohl erfasst sein[15] – dies lässt sich mit dem Wortlaut auch vereinbaren, der dann aber wiederum keine stringente Unterscheidung zu den nicht gemeinten Urteilen zulässt.

9   Eine zweite, für die Anwendung des Gesetzes freilich letztlich nicht entscheidende Frage stellt sich hinsichtlich der Länge der Frist. Während der ursprüngliche Regierungsentwurf die Spruchfrist noch mit derjenigen des § 46 (mit jeweils zwei Monaten) kongruent gestaltet hatte,[16] wurde die obligatorische Spruchfrist mit sechs Wochen im weiteren Gesetzgebungsverfahren weniger stark gekürzt als die in § 46 Abs. 1 Satz 1 vorgesehene Frist von nunmehr drei Wochen. Nach der Begründung sollte es dies den Parteien ermöglichen, vor Ergehen des Urteils „noch Kenntnis von der schlussendlich erreichten Zahl von Anmeldungen erlangen" zu können.[17] Es erschließt sich allerdings nicht ohne weiteres, inwiefern die durch den zeitlichen Abstand zwischen Ende der Anmelde- und Rücknahmefrist einerseits und Urteilsverkündung andererseits ermöglichte Information *für die Parteien* in diesem Stadium maßgeblich sein könnte. Für die Lösung des Problems, dass bei einer Abhilfeklage zugunsten namentlich benannter Verbraucher Klageänderungen nach Schluss der mündlichen Verhandlung möglich sein müssten, ist allein der zeitliche Abstand unzureichend (dazu § 5 Rn. 9). *Dem Gericht* ermöglicht der Abstand immerhin, wenn dergleichen beantragt wurde, die Abschätzung eines kollektiven Gesamtbetrags i.S.v. § 16 Abs. 2 Satz 2.[18] Den *Parteien* mag sie die Abschätzung der (wirtschaftlichen) Konsequenzen des Urteils erleichtern, was es ggf. noch ermöglichen könnte, unmittelbar vor Urteilsverkündung noch zu einer vergleichsweisen Lösung zu finden. Das Verfahren ist zu diesem Zeitpunkt aber zu weit fortgeschritten und ein derart später Vergleichsschluss zu untypisch, als dass dies dem Gesetzgeber als ratio vor Augen gestanden haben könnte.

IV. Weitere Ausnahmen von der Geltung der ZPO nach dem VDuG im Übrigen

10   Bereits in Absatz 1 wird der Verweis auf die ZPO so weit beschränkt, wie sich aus dem VDuG „nicht etwas anderes ergibt". Die Frage wird insoweit vor allem sein, inwieweit das VDuG vom Verweis in Absatz 1 „an sich" erfasste Vorschriften der ZPO implizit ausschließt bzw. – noch häufiger – ihre Anwendung nach Sinn und Zweck nur teilweise zulässt oder modifiziert. Letzteres tritt häufig im Zusammenhang mit einer bestimmten Vorschrift des VDuG ein, sodass die nachfolgende Aufstellung keinen Anspruch auf Vollständigkeit erhebt. Sie soll vielmehr einen Überblick über diejenigen Normkomplexe/Institute der ZPO geben, die besonders relevant erscheinen und vielfach auch bereits diskutiert werden:
- Die Entscheidung durch einen **Einzelrichter** nach Maßgabe der §§ 348 ff. ZPO soll im Rahmen des VDuG offenbar grundsätzlich möglich sein, da die §§ 348 bis 350 für die Musterfeststellungsklage nach ZPO gem. § 610 Abs. 5 Satz 2 ZPO a.F. ausgeschlossen waren und § 11 für das VDuG keine Entsprechung enthält.[19] Bei der entsprechenden Anwendung von § 348 ZPO auf die Besetzung des Senates wird allerdings auch § 348 Abs. 1 Satz 2 lit. k entsprechend anzuwenden sein,[20] sodass es grundsätzlich bei der vollen Besetzung bleibt und lediglich eine Übertragung auf den Einzelrichter unter den Voraussetzungen des § 348a Abs. 1 ZPO in Betracht kommt. Da Verbandsklageverfahren nach der in der grundsätzlichen Revisionszulassung liegenden Wertung im Erkenntnisverfahren (§§ 16 Abs. 5, 18 Abs. 4, 42) stets grundsätzli-

---

15 *Röthemeyer* VDuG § 13 Rn. 23.
16 BT-Drucks. 20/6520 S. 14, 25 u. 76.
17 BT-Drucks. 20/7631 S. 108.
18 So auch *Röthemeyer* VDuG § 13 Rn. 22.
19 *Röthemeyer* VDuG § 13 Rn. 11. A.A. (Unzulässigkeit) allerdings Anders/Gehle/*Schmidt* § 5 Rn. 8, Zöller/*Vollkommer* VDuG § 5 Rn. 23 Skauradszun/*Beck* VDuG § 5 Rn. 27 und Ähnlich Skauradszun/*Skauradszun* VDuG § 13 Rn. 56. Das Argument (grundsätzliche Revisionszulassung) greift allerdings nur für das Erkenntnisverfahren, s. nachfolgend im Text.
20 *Röthemeyer* VDuG § 13 Rn. 11.

che Bedeutung haben, dürfte die Entscheidung durch den Einzelrichter letztlich auf das Umsetzungsverfahren beschränkt bleiben.[21]

– Auch die Vorschriften über die **gütliche Streitbeilegung** in § 278 ZPO sind nun – anders als nach § 610 Abs. 5 Satz 2 ZPO a.F. – insgesamt nicht ausgeschlossen. Dies ist konsequent, da der gerichtliche Vergleich nach §§ 9 f. eine der möglichen und auch durchaus angestrebten Beendigungsmöglichkeiten des Verbandsklageverfahrens darstellt. Es ist daher auch eine Güteverhandlung durchzuführen, die lediglich nicht zu einem sofortigen Vergleichsschluss oder einem solchen nach § 278 Abs. 6 ZPO führen kann, sondern in das Verfahren nach § 9 f. (oder eine andere Form der Verfahrensbeendigung) einmünden muss.[22]

Kontrovers diskutiert wird, inwieweit die Vorschriften bzw. zur ZPO entwickelten Lösungen betreffend **Klageänderung und -erweiterung** im Verbandsklageverfahren Anwendung finden können. Für die Musterfeststellungsklage nach ZPO hat der BGH die Klageerweiterung nach den Maßstäben der ZPO zugelassen und dabei insbesondere das Argument verworfen, das Fehlen einer dem § 15 KapMuG (a.F.) entsprechenden Regelung spreche gegen die Erweiterungsmöglichkeit.[23] Dies lässt sich auf das VDuG übertragen.[24] Das weitere Argument, welches bei der der Musterfeststellungsklage gegen eine Zulassung der Klageänderung sprach, nämlich dass die angemeldeten Verbraucher nach Ablauf der Anmeldefrist nicht mehr auf die Klageänderung reagieren konnten,[25] fällt nach der Konstruktion des VDuG weg, da die Anmeldung wie auch deren Rücknahme nach § 46 Abs. 1, 4 bis zu drei Wochen nach Schluss der mündlichen Verhandlung möglich sind. Aus diesem Grund wird in den ersten Stellungnahmen zum VDuG überwiegend für eine Zulassung von Klageänderungen und -erweiterungen nach den §§ 263 f. ZPO plädiert.[26] **11**

Allerdings bleibt das Argument, dass die Verbraucher keinen Einfluss auf die Prozessführung **12** haben und deshalb das Risiko besteht, dass sie sich nach einmaliger Anmeldung aufgrund der Angaben nach § 44 Nr. 5 vollständig passiv verhalten und deshalb faktisch auf Klageänderungen nicht mehr reagieren, auch im Rahmen des VDuG relevant. Aus diesem Grund einen grundsätzlichen Ausschluss echter Klageänderungen anzunehmen,[27] erscheint indes zu weitgehend, zumal im Rahmen der Verbandsklage ein erhöhtes praktisches Bedürfnis dafür bestehen wird, auf gerichtliche Hinweise im Rahmen eines verstärkten „Case-Management" (s. etwa zu Übergängen von einer Klageart in die andere § 1 Rn. 28; ferner § 15 Rn. 19 ff. entsprechend zu reagieren. Ferner erwartet der Gesetzgeber ausweislich § 46 Abs. 4, dass der Verbraucher sich mit dem Verfahren jedenfalls nochmals anlässlich der mündlichen Verhandlung befasst und über eine noch mögliche Rücknahme der Anmeldung entscheidet. Da in der mündlichen Verhandlung auch die (ggf. geänderten) Anträge gestellt werden, ist eine bzw. die einzige Reaktionsmöglichkeit – diejenige der Rücknahme – in diesem Zeitpunkt noch gegeben, sodass regelmäßig auch Klageänderungen und -erweiterungen bis zum Schluss der mündlichen Verhandlung grundsätzlich mög-

---

21 *Röthemeyer* VDuG § 13 Rn. 11.

22 Ähnlich Skauradszun/*Skauradszun* VDuG § 13 Rn. 50. Dies begründet entgegen *Röthemeyer* VDuG § 13 Rn. 14 indes keine Aussichtslosigkeit der Güteverhandlung, welche diese i.S.v. § 278 Abs. 5 Satz 2 ZPO entbehrlich machen würde. Praktisch kann und muss die Güteverhandlung dazu genutzt werden, die Möglichkeiten jeglicher gütlichen Beendigung auszuloten; es muss nur in jedem Fall anschließend in die streitige Hauptverhandlung übergegangen werden, weil ein Vergleichsschluss „derzeit (noch) nicht möglich" ist.

23 BGH, Beschl. v. 30.7.2019 – VI ZB 59/18, NJW 2020, 341 Rn. 15. Dem ist zuzustimmen, weil im KapMuG gerade besondere Regelungen für die Erweiterungsmöglichkeit von Feststellungszielen geschaffen werden sollten. Ebenso *Röthemeyer* VDuG § 13 Rn. 21.

24 Ebenso *Röthemeyer* VDuG § 13 Rn. 21.

25 S. insb. *Röß* NJOZ 2021, 1569; s. für zahlreiche weit. Nachw. *Röthemeyer* VDuG § 13 Fn. 35.

26 So Musielak/Voit/*Stadler*, 21. Aufl. (2024) VDuG § 15 Rn. 5; *Röthemeyer* VDuG § 13 Rn. 21.

27 So Köhler/Bornkamm/Feddersen/*Scherer* § 13 VDuG Rn. 14.

lich sein sollten. Der Gesichtspunkt könnte allerdings ggf. bei der Prüfung der Sachdienlichkeit eine Rolle spielen.[28]

– Die Vorschriften der ZPO über die **Prozesstrennung und -verbindung** (§§ 145, 147 ZPO) werden in der Gesetzesbegründung explizit genannt;[29] sie sind nicht nur anwendbar, sondern dürften in der Handhabung des Gesetzes („Case-Management") eine herausgehobene Rolle spielen (s. insb. § 15 Rn. 19 ff., ferner etwa § 8 Rn. 3 f.).[30]

– Zur Anwendung der Vorschriften bzw. Grundsätze der ZPO im Rahmen von **subjektiven Klagehäufungen** s. § 7.

13   Bereits für die Musterfeststellungsklage nach ZPO a.F. heftig diskutiert wurde die Frage, ob entsprechend der ZPO eine **Widerklage)** entsprechend des beklagten Unternehmens möglich ist. Überwiegend wurde sie verneint,[31] und auch für das VDuG wird eine Widerklage nach den bisher veröffentlichten Stellungnahmen überwiegend als nicht möglich angesehen.[32] Hinsichtlich der Argumente wird weitgehend – zum besonderen Fall der Drittwiderklage sogleich – auf diejenigen zur Musterfeststellungsklage Bezug genommen: Anders als im KapMuG sei ein Recht des Unternehmers, seinerseits eine Verbandsklage anzustrengen oder in diese Feststellungsziele einzubringen, nicht vorgesehen.[33] Ferner fehle es an der für eine Widerklage erforderlichen Parteiidentität; gegenüber dem klagenden Verband bestünden keine Ansprüche des Unternehmens, sodass es auch keine konnexen Ansprüche geben könne.[34]

14   Für die Diskussion unter dem VDuG muss der Ausgangspunkt in § 13 Abs. 1 liegen: Da die ZPO eine Widerklage zulässt, stellt sich zuerst die Frage, ob sich im Sinne des Absatzes 1 aus dem VDuG etwas ergibt, was gegen die Zulassung der Widerklage spricht. Dies ist der Fall für die **Drittwiderklage gegen die (potentiell) angemeldeten Verbraucher**, denn wenn der Gesetzgeber des VDuG die Streitverkündung an diese nicht zulässt (oben Rn. 4) und dies ausdrücklich damit begründet, diese sollten nicht in den Rechtsstreit „hineingezogen werden" können,[35] dann muss das Gesetzt erst recht das „Hineinziehen" durch eine Drittwiderklage ausschließen.[36]

15   Für den **generellen Ausschluss einer Widerklage des Unternehmers gegen den Verband** lässt sich dem VDuG hingegen **nichts Eindeutiges entnehmen.** Der Gesetzgeber hat sich in Kenntnis der Streitfrage nicht nur im Gesetz, sondern auch in der Gesetzesbegründung einer Stellungnahme enthalten und die Frage daher offensichtlich als eine angesehen, welche in Judikatur und Rechtswissenschaft geklärt werden könne. Die fehlende eigene Klageberechtigung des Unternehmers taugt nicht als Anhaltspunkt: Dass der Gesetzgeber der Verbandsklagen (auch schon der MFK) Unternehmern keine eigene Klageberechtigung eingeräumt hat, ist nach ihrer Natur selbstverständlich – anders als beim KapMuG, welches auf bereits vorhandene Einzelprozesse und damit Prozessgegner aufsetzt, gibt es bei der Verbandsklage keinen sinnvollen Prozessgegner (gegen welchen Verband sollte die Klage des Unternehmers gerichtet werden?). Einen Anhaltspunkt im Gesetz oder ein überzeugendes Argument, warum dies auch eine Widerklage ausschließen sollte, wenn ein solcher Prozess und damit auch ein bestimmter Verband als Prozessgegner existiert, lässt sich daraus nicht ableiten.

16   Ähnliches gilt für die zweite Argumentationslinie, die gar nicht im Sinn und Zweck der Verbandsklage, sondern an den Zulässigkeitsvoraussetzungen der Widerklage nach § 33 ZPO an-

---

28 Ähnlich Skauradszun/*Skauradszun* VDuG § 13 Rn. 47.

29 BT-Drucks. 20/6520 S. 77.

30 Vgl. in diesem Sinne auch Skauradszun/*Skauradszun* VDuG § 13 Rn. 30, 32.

31 *Balke/Liebscher/Steinbrück* ZIP 2019, 1321, 1328; *Waclawik* NJW 2018, 2921 (2926); *Asmus/Waßmuth* § 610 ZPO Rn. 85; *Schmidt* WM 2018, 1966, 1969; *Weinland* Die neue MFK (2018) Rn. 61.

32 *Röthemeyer* VDuG § 13 Rn. 19; Musielak/Voit/*Stadler*[21] § 13 VDuG Rn. 1–5; anders (eingeschränkt zulässig) aber Zöller/*Vollkommer* VDuG § 13 Rn. 27.

33 *Schmidt* WM 2018, 1966, 1969.

34 *Balke/Liebscher/Steinbrück* ZIP 2019, 1321, 1328.

35 BT-Drucks. 20/6520 S. 76.

36 So zu Recht auch Köhler/Bornkamm/Feddersen/*Scherer* § 13 VDuG Rn. 20.

setzt: Dass dem Unternehmen keine Ansprüche gegen den Verband zustehen, liegt neben der Sache, denn auch der Verband macht keine eigenen Ansprüche gegen das Unternehmen geltend. Verfahrensgegenstand sind bei der Verbandsklage die Ansprüche und Rechtsverhältnisse zwischen Unternehmen und Verbrauchern, die prozessual von einem Verband repräsentiert werden. Ein zwingender Grund, warum das Unternehmen nicht im Wege der Widerklage mit eigenen Feststellungszielen bestehende Einwände gegen die Ansprüche im Verfahren gegen den gleichen Repräsentanten klären können sollte, ist nicht ersichtlich. Regelmäßig wird die Widerklageberechtigung dem Sinn des VDuG förderlich sein, weil sie zu einer umfassenderen Klärung der Ansprüche und Rechtsverhältnisse führen kann, nachdem das Unternehmen die potentiellen Einwendungen besser kennen und einschätzen können wird als der Verband. Kommt man demzufolge zu dem Schluss, dass das VDuG selbst eher für als gegen eine Zulässigkeit der Widerklage spricht, so liegt es näher, § 33 ZPO sinnentsprechend anzuwenden und die Konnexität im Rahmen des VDuG auf den Streitgegenstand und nicht auf die formale Parteistellung zu beziehen, als einen Ausschluss anzunehmen.[37]

---

37 Ähnlich auch Zöller/*Vollkommer* VDuG § 13 Rn. 27 und Skauradszun/*Skauradszun* VDuG § 13 Rn. 10.

Abschnitt 2
Abhilfeklagen

Unterabschnitt 1
Besondere Voraussetzungen

§ 14
Abhilfeklage

[1]Mit der Abhilfeklage begehrt die klageberechtigte Stelle die Verurteilung des Unternehmers zu einer Leistung an die betroffenen Verbraucher. [2]Als Leistung kann auch die Zahlung eines kollektiven Gesamtbetrags begehrt werden.

Schrifttum

Alamdari Verbraucherschutz durch Abhilfeklagen, NJOZ 2023, 1472; *Bayat* Die Prospekthaftung im Abhilfeverfahren, BKR 2024, 219; *Dittmann/Gollnast* Anforderungen an den Klageantrag bei Abhilfeklagen nach dem VDuG-E: Zulässig oder unzulässig – Das ist hier die Frage, VuR 2023, 135; *Kalisz* Supervorrang von Verbrauchern – eine Fehlentwicklung in § 38 VDuG, NZI 2024, 153; *Meller-Hannich* Der RefE für ein Verbandsklagenrichtlinienumsetzungsgesetz (VRUG), DB 2023, 628; *Münscher* Die Abhilfeklage nach dem neuen Verbraucherrechtedurchsetzungsgesetz, WM 2023, 2082; *Röß* die Abhilfeklage zugunsten namentlich benannter Verbraucher, NJW 2024, 1302; *Röthemeyer* Das Verbraucherrechtedurchsetzungsgesetz (VDuG) zur Umsetzung der Verbandsklagen-Richtlinie – Die neue Abhilfeklage, VuR 2023, 332; *Schläfke/Lühmann* Kollektiver Rechtsschutz nach der Umsetzung der EU – Verbandsklagen – Richtlinie, NJW 2023, 3385; *Skauradszun* Die Bestimmung des kollektiven Gesamtbetrags nach dem VDuG, MDR 2024, 741; *Thönissen* Schadensersatz in der Verbandsabhilfeklage, RuS 2023, 749.

Übersicht

I.   Hintergrund, Normzweck und Inhalte —— 1

II. Charakteristika der Abhilfeklage —— 3
1.   Klage auf „Leistung"
     a)   „Leistung" als Oberbegriff für Zahlung und andere Leistungen —— 4

     b)   Insbesondere Zahlung eines kollektiven Gesamtbetrags als „Leistung" (Satz 2) —— 6
2.   „An die betroffenen Verbraucher" —— 7

III. Formen der Abhilfeklage —— 10

I. Hintergrund, Normzweck und Inhalte

1   § 14 leitet mit der grundsätzlichen Definition dieser Klageform den zweiten Abschnitt des Gesetzes über „Abhilfeklagen" als eine der beiden Formen der Verbandsklage (§ 1 Abs. 1, s. dazu und zum Verhältnis beider § 1 Rn. 27 ff.) ein. Die Einführung der Abhilfeklage ist die eigentliche Neuerung des VDuG (gegenüber der Musterfeststellungsklage nach ZPO a.F.), die infolge der Umsetzung der Verbandsklagen-Richtlinie erforderlich wurde (S. Einl. Rn. 5). Die Bestimmungen dieses Abschnitts haben anders als viele allgemeine Bestimmungen daher auch kein Vorbild in der ZPO a.F., sondern regeln in Deutschland juristisches Neuland.

2   Neben der grundsätzlichen Definition stellt klar § 14 Satz 2, dass mit einer Abhilfeklage auch die Zahlung eines kollektiven Gesamtbetrags begehrt werden kann. Damit ist implizit auch die Aussage verbunden, dass die Abhilfeklage zugunsten einer in ihrer Zusammensetzung noch offenen Gruppe erhoben werden kann. Dabei ist zu beachten, dass Satz 1 und 2 aber keine komplementären Gegensatzpaare abbilden: Auch die „betroffenen" Verbraucher nach Satz 1 können noch unbestimmt sein und der Begriff der „Leistung" in Satz 1 umfasst mehr als die Zahlung (sogleich

https://doi.org/10.1515/9783110660180-015

Rn. 4). Auch der Zusammenhang zwischen Satz 1 und 2 und den Urteilsformen nach § 16 ist mehrschichtig; aus ihm ergibt sich eine „Matrix"[1] möglicher Gestaltungen (s. sogleich Rn. 11 und 12).

II. Charakteristika der Abhilfeklage

Die Legaldefinition des § 14 führt die charakteristischen Elemente der Abhilfeklage auf. Es handelt 3 sich um eine fremdnützige Klage der klageberechtigten Stelle, die auf Leistung an die betroffenen Verbraucher gerichtet ist (s. zur Frage der dogmatischen Konstruktion Einf. Rn. 17), wobei auch die Leistung in verschiedenen Formen möglich ist (s.a. Einf. Rn. 15):

1. Klage auf „Leistung"

a) „Leistung" als Oberbegriff für Zahlung und andere Leistungen. Das maßgebliche Un- 4 terscheidungsmerkmal der Abhilfeklage gegenüber der Musterfeststellungsklage besteht darin, dass sie auf Leistung gerichtet ist. Die begehrte „Leistung" muss aber, wie sich schon aus § 16 Abs. 1 Satz 1 („…Verurteilung zu einer anderen Leistung als Zahlung…") ergibt, nicht in einer Zahlung bestehen. Auch die Gesetzesbegründung stellt dies klar und nennt als andere Fälle beispielhaft Nachbesserung oder Ersatzlieferung, denkbar sind auch Formen der Beseitigung wie Widerruf, Vornahme einer Korrekturbuchung o.ä.[2] Die Verbandsklagen-Richtlinie nennt in ihrem Bemühen, die unterschiedlichen Rechtsfolgen verschiedener nationaler Rechtsordnungen zu erfassen, „Schadensersatz, Reparatur, Ersatzleistung, Preisminderung, Vertragsauflösung oder Erstattung des gezahlten Preises"; der dies umsetzende Begriff der Leistung ist umfassend im Sinne aller denk- und in einem entsprechenden (Leistungs-)Titel erfassbaren zivilrechtlichen Rechtsfolgen zu verstehen. Bezüglich der Leistungsformen außerhalb der Zahlung ist lediglich, was naheliegt und sich aus Satz 2 im Gegenschluss ergibt, keine kollektive Zusammenfassung möglich.

Die Leistung kann im Rahmen einer auf Zahlung gerichteten Abhilfeklage auch Zinsansprüche 5 umfassen. Dies ist selbstverständlich und gilt ohne Einschränkungen, soweit es sich um vertraglich geschuldete Zinsen handelt. Grundsätzlich sind auch Verzugszinsen Bestandteil der Leistung, wobei aber der regelmäßig individuell begründete und beginnende Verzug die Kollektivierung schwierig macht. Soweit der Verzugsbeginn nicht in abstrakter Form im Abhilfeendurteil so beschrieben werden kann, dass er Gegenstand des Berechtigungsnachweises und damit des Umsetzungsverfahrens sein kann (s. § 15 Rn. 13), dürfte es sich anbieten, den Leistungsantrag um einen (Muster-)Feststellungsantrag zu ergänzen.[3] Schließlich kann die Leistung bei Zahlungsansprüchen auch Prozesszinsen umfassen. Dies gilt bei konkreter Bezifferung ohnehin, aber auch ein kollektiver Gesamtbetrag steht, wie die Parallele bzw. ein Erst-Recht-Schluss zur auf Schmerzensgeld gerichteten Klage zeigt, der Geltendmachung von Prozesszinsen nicht entgegen.[4]

---

1 So treffend *Röthemeyer* VDuG § 14 Rn. 5.
2 BT-Drucks. 20/6520 S. 77.
3 Teilweise a.A. wohl *Röthemeyer* VDuG § 14 Rn. 10. Das Problem der kollektiven Geltendmachung besteht bei individuellem Verzugsbeginn jedoch entgegen seiner Ansicht auch bei einer Klage auf Leistung an namentlich benannte Verbraucher, weil für jeden Verbraucher ein individueller Betrag bzw. Verzugszeitpunkt benannt werden müsste, was kaum möglich sein wird. Bei einer Einbeziehung von Verzugszinsen in einen kollektiven Gesamtbetrag wird das Problem zunächst bei der Bemessung für die Klageschrift nach § 15 bestehen und sodann im Umsetzungsverfahren, das bei individuell verschiedenen Verzugstatbeständen auch eine entsprechend differenzierte Verteilung leisten müsste.
4 *Brand* BeckOGK, 1.3.2022, § 253 BGB Rn. 65; Grüneberg/*Grüneberg* § 291 BGB Rn. 3; BGH, Beschl. v. 26.2.2019 – StR 464/18, BeckRS 2019, 6139; OLG Dresden, Urt. v. 18.8.2020 – 4 U 1242/18, NJW-RR 2020, 1410.

6 **b) Insbesondere Zahlung eines kollektiven Gesamtbetrags als „Leistung" (Satz 2).** Diese kollektive Zusammenfassung ermöglicht indes Satz 2 explizit für auf Zahlung gerichtete Abhilfeklagen bzw. -klageanträge, indem ein „kollektiver Gesamtbetrag" als Klageziel zugelassen wird, der folglich in einem Umsetzungsverfahren verteilt werden muss. Sprachlich kommt in dem Begriff gleich zweifach zum Ausdruck, dass der erstrittene Betrag einer Gruppe zusteht, nämlich der Gesamtheit bzw. dem Kollektiv der bis dahin wirksam angemeldeten Verbraucher.[5] Hierbei muss es sich nicht um eine von Anfang feststehende Summe handeln, wie sich aus dem Rückschluss aus den Anforderungen an die Klageschrift nach § 15 Abs. 2 (s. § 15 Rn. 24) und aus der Schätzungsbefugnis nach § 19 ergibt. Vielmehr wird zum Ausdruck gebracht, dass die Abhilfeklage auch in der Form erhoben werden kann, dass eine berechen- bzw. schätzbare Gesamtsumme erst in einem zweiten (Verfahrens-)Schritt verteilt wird.

2. „An die betroffenen Verbraucher"

7 Mit der Wendung „an die betroffenen Verbraucher" lässt der Gesetzgeber dem klagenden Verband die Wahl, ob eine Leistung an namentlich benannte Verbraucher eingeklagt wird oder an eine lediglich umschriebene Gruppe.[6] Ein Unterschied ergibt sich insoweit erst bei der Urteilsart (§ 16) und der damit zusammenhängenden Ein- oder Zweistufigkeit des Verfahrens. Der Zusammenhang mit der in Satz 2 explizit ermöglichten Klage auf Zahlung eines kollektiven Gesamtbetrags ist nur einseitig notwendig: Ein solche Klage erfolgt notwendig zugunsten einer nur umschriebenen Gruppe von Verbrauchern, während umgekehrt aber Klagen auf jeglichen anderen Leistungsinhalt zugunsten einer solchen Gruppe oder zugunsten namentlich benannter Verbraucher möglich sind.

8 Die „Betroffenheit" der Verbraucher wird in § 14 nicht als Zulässigkeitskriterium der Klage verwendet; dies liegt vielmehr in deren Zahl i.S. eines Mindestquorums (s. § 4 Abs. 1). Es muss sich zwar aus der Klage ergeben, wer die Berechtigten sein sollen, um die Anmeldung und dem Gericht in einem späteren Stadium das Umsetzungsverfahren zu ermöglichen. Die Gruppe muss daher bestimmbar beschrieben werden, was letztlich jedoch stets in der weitergehenden Anforderung des § 15 Abs. 2 (Darlegung der Gleichartigkeit der Ansprüche) mitenthalten sein müsste bzw. darin aufgehen dürfte.

9 Entscheidet sich die klageberechtigte Stelle zur Erhebung der Klage auf Leistung an namentlich benannte Verbraucher, so ist dies nicht misszuverstehen als Erfordernis der Nennung aller Namen betroffener Verbraucher bereits in der Klageschrift; die namentliche Benennung kann naturgemäß erst nach Anmeldung der Verbraucher – und damit erst nach Ende der dafür maßgeblichen Frist in § 44 – vollständig sein. Es muss daher die namentliche Benennung der bereits bekannten Verbraucher genügen bzw. – wenn solche noch gar nicht vorhanden sind – auch die bloße Ankündigung einer namentlichen Benennung. Die Benennung hat dann, soweit möglich, bis zum Schluss der mündlichen Verhandlung zu erfolgen, was aber wegen der noch bis zu drei Wochen danach möglichen An- und Abmeldung ebenfalls nicht vollständig sein kann. Es handelt sich insoweit um einen Konstruktionsfehler, welcher nur durch korrigierende Gesetzesanwendung in Verbindung mit der Einräumung einer Schriftsatzfrist bzw. pragmatisch durch die Kombination mit einem Antrag auf Zahlung eines kollektiven Gesamtbetrags gelöst werden kann (s. im Einzelnen § 5 Rn. 9).[7]

---

5 *Röthemeyer* VDuG § 14 Rn. 8.
6 BT-Drucks. 20/6520 S. 77; *Röthemeyer* VDuG § 14 Rn. 5.
7 Ähnlich auch *Röthemeyer* VDuG § 14 Rn. 7.

III. Formen der Abhilfeklage

Damit ergeben sich schon aus den verschiedenen Leistungen, die begehrt werden können, sowie **10** nach der Individualisierung oder Nicht-Individualisierung der betroffenen Verbraucher mehrere Formen von Abhilfeklagen. Für diese folgt nach den Kategorien des § 16, ob die Entscheidung über die Klage ein- oder mehrstufig ausfällt:

(1) Wird **Zahlung** an **namentlich benannte Verbraucher** begehrt, so erfolgt nach § 16 Abs. 1 **11** Satz 2 ein einstufiges Verfahren; das Urteil lautet im Erfolgsfall auf unmittelbar auf Zahlung an die benannten Verbraucher.

(2) Für die Klage auf **Zahlung** eines **kollektiven Gesamtbetrages** an eine abstrakt umschrie- **12** bene Gruppe von Verbrauchern sieht § 16 Abs. 1 Satz 1 ein Abhilfegrundurteil vor, dem sich ggf. – nach dem Verfahren nach § 17 – ein Abhilfendurteil nach § 18 und das Umsetzungsverfahren anschließt.

(3) Das Gleiche wie vorstehend gilt für **Klagen auf jegliche andere Leistung als Zahlung,** **13** und zwar unabhängig davon, ob die Verbraucher namentlich benannt werden oder nicht. Wie sich aus § 16 Abs. 1 Satz 1 und dem Gegenschluss zu § 16 Abs. 1 Satz 2 ergibt, ergeht in beiden Fällen ein Abhilfegrundurteil mit der Folge der weiteren Verfahrensstufen (s. § 16 Rn. 18). Dies bedeutet, dass eine kollektive Naturalabhilfe möglich sein muss, wobei die Umsetzung fragwürdig erscheint.[8] Warum auf der anderen Seite bei namentlicher Benennung der Verbraucher im Fall einer anderen Leistung als Zahlung kein einstufiges Verfahren möglich sein soll, erschließt sich nicht recht und wird zu Recht kritisiert.[9] Da sich dies eindeutig aus dem Gesetz ergibt, erscheint eine korrigierende „Auslegung", die in Wahrheit auf eine Umschreibung des Gesetzes hinausliefe, nicht möglich.[10]

Zulässig ist – wie generell die Kombination verschiedener Verbandsklageformen – auch die **14** **Kombination verschiedener Formen der Abhilfeklage** (§ 1 Rn. 29).[11] Sie bietet sich insbesondere bei einer Klage zugunsten namentlich benannter Verbraucher an, um durch einen zusätzlichen Antrag auf Zahlung eines kollektiven Gesamtbetrags die praktischen Schwierigkeiten der endgültigen Benennung zu umgehen; s.o. Rn. 9 und i.E. § 5 Rn. 9).

---

8 S. dazu Zöller/*Althammer* VDuG § 14 Rn. 5; Skauradszun/*Paulus* VDuG § 14 Rn. 36; *Bruns* ZZPInt 27 (2022), 313 ff.

9 Zöller/*Althammer* VDuG § 16 Rn. 9; Musielak/Voit/*Stadler*[20] VDuG Vorbem. Rn. 11; Skauradszun/*Paulus* VDuG § 14 Rn. 22.

10 So zu Recht *Meller-Hannich*, VersR 2023, 1321, 1327; Zöller/*Althammer* VDuG § 16 Rn. 9; a.A. aber Skauradszun/*Paulus* VDuG § 14 Rn. 22.

11 Zöller/*Althammer* VDuG § 14 Rn. 8; Skauradszun/*Paulus* VDuG § 14 Rn. 51.

§ 15
Gleichartigkeit der Verbraucheransprüche; Klageschrift

(1) Die Abhilfeklage ist nur zulässig, wenn die von der Klage betroffenen Ansprüche von Verbrauchern im Wesentlichen gleichartig sind. Das ist der Fall, wenn
1. die Ansprüche auf demselben Sachverhalt oder auf einer Reihe im Wesentlichen vergleichbarer Sachverhalte beruhen und
2. für die Ansprüche die im Wesentlichen gleichen Tatsachen- und Rechtsfragen entscheidungserheblich sind.

(2) ¹Die Klageschrift muss Angaben zur Gleichartigkeit der betroffenen Ansprüche von Verbrauchern enthalten. ²Beantragt die klageberechtigte Stelle die Verurteilung des Unternehmers zur Zahlung eines kollektiven Gesamtbetrags, so muss die Klageschrift auch die Höhe des einzelnen Verbraucheranspruchs angeben, wenn alle Ansprüche der betroffenen Verbraucher der Höhe nach gleich sind. ³Andernfalls soll die Methode angegeben werden, nach der sich die Höhe der jeweiligen einzelnen Ansprüche der betroffenen Verbraucher berechnen lässt.

Schrifttum

Dittmann/Gollnast Anforderungen an den Klageantrag bei Abhilfeverbandsklagen nach dem VDuGE: Zulässig oder unzulässig – Das ist hier die Frage, VuR 2023, 135; *Janal* Die Umsetzung der Verbandsklagenrichtlinie, GRUR 2023, 985; *Mayrhofer/Koller* Die „Gleichartigkeit" als Nadelöhr der Abhilfeklage, ZIP 2023, 1065; *Münscher* Die Abhilfeklage nach dem neuen Verbraucherrechtedurchsetzungsgesetz, WM 2023, 2082; *Röß* die Abhilfeklage zugunsten namentlich benannter Verbraucher, NJW 2024, 1302; *Schläfke/Lühmann* Kollektiver Rechtsschutz nach der Umsetzung der EU-Verbandsklagen-RL, NJW 2023, 3385; *Schneider/Conrady/Kapoor* Die Abhilfeklage – Eine ernstzunehmende Konkurrenz für die Abtretungsmodelle?, BB 2023, 2179; *Skauradszun* Die Bestimmung des kollektiven Gesamtbetrags nach dem VDuG, MDR 2024, 741; *Thönissen* Schadensersatz in der Verbandsabhilfeklage, RuS 2023, 749; *Volkommer* Das VDuG auf dem Praxisprüfstand, RAW 2024, 2.

Übersicht

I. Hintergrund, Inhalte und Normzweck —— 1

II. Die „Gleichartigkeit im Wesentlichen" als besondere Zulässigkeitsvoraussetzung der Abhilfeklage (Absatz 1) —— 4
1. Gleichartigkeit im Sachverhalt (Abs. 1 Nr. 1) —— 5
2. Gleichartigkeit der Tat- und Rechtsfragen (Abs. 1 Nr. 2) —— 7
   a) Unterschiedlichkeit der Tat- und Rechtsfragen bei Ansprüchen aus einem Sachverhalt bzw. vergleichbaren Sachverhalten —— 8

   b) Unterschiedlichkeit der Tat- und Rechtsfragen bei (der Rechtsnatur nach) gleichartigen Ansprüchen —— 12
3. Folgerungen —— 17
4. Folge fehlender Gleichartigkeit —— 19

III. Darlegungen in der Klageschrift (Absatz 2) —— 22
1. Angaben zur Gleichartigkeit (Satz 1) —— 23
2. Angaben zum kollektiven Gesamtbetrag (Sätze 2, 3) —— 24
3. Gerichtliche Prüfung; Folgen fehlender Angaben —— 25

I. Hintergrund, Inhalte und Normzweck

1 § 15 enthält in Absatz 1 mit der Gleichartigkeit der verfolgten Ansprüche ein zentrales zusätzliches Zulässigkeitskriterium (nur) für die Abhilfeklage, welches auch in EG 12 der Verbandsklagen-Richtlinie angelegt ist. Die konkrete Ausformulierung wurde im Gesetzgebungsverfahren in Satz 1 von „gleichartig" auf „im Wesentlichen gleichartig" abgemildert,[1] was in Satz 2 näher definiert wird. Absatz 2 stellt entsprechende Anforderungen an die Klageschrift und ergänzt insoweit – wiederum (nur) für die Abhilfeklage – die entsprechende Regelung in § 5.

Zweck des Erfordernisses ist es, dem Gericht eine effektive Verfahrensführung zu ermögli- 2 chen. Zu Recht zielte der Gesetzgeber in erster Linie auf das Erkenntnisverfahren:[2] Das Kriterium soll sicherstellen, „dass das Gericht keine umfangreiche Tatsachenfeststellungen in tatsächlich verschieden gelagerten Fällen betreiben muss", um ihm die Entscheidung über eine Vielzahl von Ansprüchen in demselben Verfahren zu ermöglichen.[3] Es sollte vielmehr „eine schablonenhafte Prüfung der Anspruchsvoraussetzungen in tatsächlicher und rechtlicher Hinsicht" möglich sein.[4] Die Erfahrungen in der Praxis des kollektiven Rechtsschutzes, insbesondere mit KapMuG-Verfahren, in denen zuweilen ganz unterschiedliche Streitgegenstände und damit auch auseinanderlaufende Interessen zusammengespannt wurden,[5] geben dem Gesetzgeber Recht und sprechen für eine strikte Anwendung dieses Kriteriums.[6]

Zu berücksichtigen ist freilich auch das Umsetzungsverfahren, und dies nicht nur im Hin- 3 blick auf dessen Praktikabilität, sondern auch im Hinblick darauf, welche Fragen dort in Form des Berechtigungsnachweises und eines Widerspruchs nach § 28 sinnvollerweise geprüft werden können.[7] Ferner ist § 15 (im Zusammenspiel mit § 28) komplementär zu dem in § 40 geregelten Herausgabeanspruch in einem vom Unternehmer anzustrengenden Nachverfahren, welches bei Einwendungen eingreifen soll, die weder im kollektiven Erkenntnisverfahren noch im Widerspruchsverfahren gegen den Sachwalter geltend gemacht werden konnten. § 15 ist demnach im Kontext mit den §§ 16 Abs. 2, 27 f. und insbesondere § 40 auszulegen; es ergibt sich gleichsam eine dreistufige Hierarchie je nach Individualität der Anspruchsmerkmale/-voraussetzungen und Einwendungen (s.a. Einf. Rn. 16).

II. Die „Gleichartigkeit im Wesentlichen" als besondere Zulässigkeitsvoraussetzung der Abhilfeklage (Absatz 1)

Die in Absatz 1 Satz 1 formulierte, grundsätzlich für alle Abhilfeklagearten gleichermaßen gültige[8] 4 Zulässigkeitsvoraussetzung, dass die mit der Abhilfeklage verfolgten Ansprüche „im Wesentlichen gleichartig" sein müssen, wird in Satz 2 legal definiert („Dies ist der Fall, wenn...."), indem kumulativ die Gleichartigkeit im Sachverhalt (Nr. 1) und in den entscheidungserheblichen Tat- und Rechtsfragen (Nr. 2) verlangt wird:

---

1 S. BT-Drucks. 20/7631 S. 109 und näher *Röthemeyer* VDuG § 15 Rn. 2, der dieser Änderung allerdings eine Bedeutung beimisst, die angesichts des tatsächlichen Unterschieds in den Wortlauten überdimensioniert erscheint.
2 *Röthemeyer* VDuG § 15 Rn. 1 betont die Bedeutung des Umsetzungsverfahrens, die sicherlich auch gegeben ist (s. nachfolgende Rn. im Text), aber nach der Gesetzesbegründung (s. BT 20/6520 S. 77) in Umfang und Reihenfolge zweitrangig behandelt wird, nach Ansicht des Verfassers richtigerweise (s.o. im Text).
3 BT-Drucks. 20/6520 S. 77.
4 BT-Drucks. 20/6520 S. 77; Anders/Gehle/*Schmidt* § 15 Rn. 2.
5 Dazu näher Wieczorek/Schütze/*Großerichter*[5] Bd. 13, Einl. KapMuG Rn. 30 m.w.N.
6 Für eine solche auch Köhler/Bornkamm/Feddersen/*Scherer* § 15 VDuG Rn. 7.
7 So auch die Gesetzesbegründung in BT-Drucks. 20/6520 S. 77: „Nur dann, wenn für alle Verbraucherinnen und Verbraucher die gleichen Bedingungen hinsichtlich der Berechtigungsvoraussetzungen und der Berechtigungsnachweise gelten, kann eine Sachwalterin oder ein Sachwalter, die oder der zur Umsetzung der Abhilfeentscheidung berufen wird, über die individuelle Berechtigung nach Maßgabe des Abhilfegrundurteils befinden."
8 Entgegen Skauradszun/*Paulus* VDuG § 15 Rn. 32 kann auch bei namentlich benannten Verbrauchern kein faktisch großzügigerer Maßstab angelegt werden, schon weil auch in dieser Variante die Möglichkeit der Anmeldung und damit der Erweiterung nach der mündlichen Verhandlung besteht, s. § 14 Rn. 9.

1. Gleichartigkeit im Sachverhalt (Abs. 1 Nr. 1)

5 Die Gleichartigkeit im Sachverhalt ist unproblematisch in der ersten Variante, nämlich wenn Ansprüche auf „demselben Sachverhalt" beruhen. Die praktische Relevanz dürfte sich indes auf Konstellationen einer Schädigungshandlung beschränken, an welche (jedenfalls auch) deliktische oder quasi-deliktische Ansprüche (Eingriffskondiktion) einer Vielzahl von Verbrauchern anknüpfen, wie dies etwa bei einem (Luft-)Verkehrsunfall gegenüber den beförderten Passagieren, einem bestimmten Kartellverstoß oder der Haftung für ein bestimmtes Produkt der Fall ist.[9] Schon in den letztgenannten Beispielen ist freilich hinsichtlich Zeiträumen unter einer Kartellabsprache oder Unter-Produktkategorien die Grenze zu den „im Wesentlichen vergleichbaren" Sachverhalten fließend; bei rein vertraglichen Ansprüchen dürfte schon wegen der regelmäßig im Detail unterschiedlichen Vertragslagen selten „derselbe Sachverhalt" gegeben sein. Eine genaue Abgrenzung erscheint indes entbehrlich, weil bei Zweifelsfällen an der Grenze zwischen „demselben Sachverhalt" und „im Wesentlichen vergleichbaren Sachverhalten" kaum problematisch sein wird, dass sie jedenfalls unter die zweite Kategorie fallen.

6 Wichtig und zentral für das Funktionieren der Abhilfeklage ist hingegen die Grenzziehung, welche Sachverhalte noch als „im Wesentlichen vergleichbar" anzusehen sind. Aus der „Vergleichbarkeit" an sich lässt sich diesbezüglich kein sinnvolles Kriterium ableiten,[10] sondern es kann nur danach entschieden werden, was die prägenden Elemente des Sachverhalts sind, die ihn als „im Wesentlichen" vergleichbar zu einem anderen erscheinen lassen. Welches die prägenden Elemente sind, kann wiederum sinnvoll nur nach dem Zweck der Definition – Sicherstellung der Handhabbarkeit des Verfahrens – bestimmt werden: Entscheidend für die Vergleichbarkeit der Sachverhalte müssen diejenigen Umstände sein, die gemeinsame tatsächliche Feststellungen (insbesondere Beweisaufnahmen) oder rechtliche Entscheidungen des Gerichts bedingen. Können diese nach dem klägerischen Vortrag einheitlich getroffen werden, was dem Gericht eine Prüfung nach dem oben (Rn. 5) genannten Maßstab ermöglicht, so sind die Sachverhalte „im Wesentlichen" vergleichbar.

2. Gleichartigkeit der Tat- und Rechtsfragen (Abs. 1 Nr. 2)

7 Obwohl sich schon über die Vergleichbarkeit der Sachverhalte wie dargelegt nur unter Rückgriff auf die Gleichartigkeit der durch sie aufgeworfenen Sach- und Rechtsfragen entscheiden lässt, kommt dem kumulativ zu erfüllenden Merkmal in Nr. 2 noch in zweierlei Hinsicht gesondert einschränkende Bedeutung zu: Zum einen können aus ein- und demselben Sachverhalt ganz unterschiedliche Ansprüche resultieren (2.1.). Zum anderen können auch an sich (im Sprachsinn) gleichartige Ansprüche unterschiedliche Tatsachen- und Rechtsfragen aufwerfen, etwa nach dem Zeitpunkt der Anspruchsentstehung (2.2.).

8 **a) Unterschiedlichkeit der Tat- und Rechtsfragen bei Ansprüchen aus einem Sachverhalt bzw. vergleichbaren Sachverhalten.** Auch aus einem bestimmten Sachverhalt können Ansprüche resultieren, deren Verschiedenartigkeit jedenfalls die Geltendmachung in einer Abhilfeklage ausschließt, weil sie Feststellungen über unterschiedliche Tat- und Rechtsfragen bedingen. So ist es zum einen denkbar, dass aus einem Sachverhalt z.B. Unterschiede in den betroffenen Personengruppen zu verschiedenartigen Ansprüchen mit unterschiedlichen Tat- und Rechtsfragen

---

9 Die Gesetzesbegründung nennt in BT-Drucks. 20/6520 S. 78 als Beispiel die Annullierung eines Fluges, was mit Blick auf die potentiell unterschiedliche vertragliche Grundlage der daraus folgenden Ansprüche freilich fraglich erscheint (was die Gesetzesbegründung im Zusammenhang mit Nr. 2 auch selbst ausführt).
10 S. zutreffend *Röthemeyer* VDuG § 15 Rn. 3 mit dem Hinweis auf eine fehlende sprachlogische Einschränkung der „Vergleichbarkeit" an sich.

führen, etwa bei einem Busunglück die (vertraglichen) Ansprüche der Beförderten und die (rein deliktischen) Ansprüche anderer Unfallbeteiligter.[11]

Ein im Gesetz angelegter Problemfall können in dieser Hinsicht insbesondere die **Ansprüche** **von** „echten" **Verbrauchern** einerseits **und kleinen Unternehmen** andererseits werden, die in § 1 Abs. 2 nur verfahrensrechtlich Verbrauchern gleichgestellt sind.[12] Bei Ansprüchen, in denen die abweichende Unterscheidung des materiellen Rechts relevant wird, was im rechtsgeschäftlichen Bereich häufig bis regelmäßig der Fall sein wird, wird die Gleichartigkeit regelmäßig nicht gegeben sein: Im Fall von Ansprüchen, die aus der geltend gemachten Unwirksamkeit einer AGB abgeleitet werden, kann die rechtliche Beurteilung offensichtlich diametral auseinanderlaufen und hat jedenfalls nach rechtlich unterschiedlichen Kriterien zu erfolgen. Von einer Gleichartigkeit der Rechtsfragen (und ggf. auch der Tatfragen, etwa in der Frage der Einbeziehung) kann in dieser Konstellation keine Rede sein. Insoweit bliebe für eine Abhilfeklage wohl nur die Möglichkeiten, diese entweder auf Verbraucher im materiellen Sinne zu beschränken, zwei Abhilfeklagen für je eine Gruppe oder eine Musterfeststellungsklage zu erheben. **9**

Denkbar – und problematisch – ist ferner, dass die aus einem bestimmten Sachverhalt oder aus im Übrigen vergleichbaren Sachverhalten resultierenden Ansprüche nach **unterschiedlichen Rechtsordnungen** zu beurteilen sein können. Dies wird bei Ansprüchen aus Verbraucherverträgen, soweit diese sowohl im Inland als auch grenzüberschreitend abgeschlossen werden, ganz häufig so sein, weil nach Art. 6 Rom I-VO regelmäßig das Recht am gewöhnlichen Aufenthaltsort des Verbrauchers maßgeblich ist. Auch außervertragliche Ansprüche können z.B. bei behaupteten Täuschungshandlungen („Dieselskandal") je nach dem Ort des Primärschadens (Art. 4 Abs. 1 Rom II-VO) oder auch nach dem gewöhnlichen Aufenthalt der Geschädigten z.B. in der Produkthaftung (Art. 5 Abs. 1 Rom II-VO) unterschiedlichen anwendbaren Rechtsordnungen unterstehen. Ist dies der Fall, so sind unzweifelhaft nicht „die im Wesentlichen gleichen Tatsachen- und Rechtsfragen entscheidungserheblich", weil bei unterschiedlichen anwendbaren Rechten *alle* Rechtsfragen anders zu beurteilen sind und in der Folge häufig auch die erforderlichen Tatsachenfeststellungen voneinander abweichen. Beide Rechtsordnungen könnten auch zu unterschiedlichen Ergebnissen führen. Insofern kann auch „im Wesentlichen" keine Gleichartigkeit gegeben sein.[13] Der Gesetzgeber hat diese Folge auch gesehen und nennt die Beschränkung einer Abhilfeklage auf inländische Verbraucher explizit als mögliche Lösung.[14] Alternativ könnten entweder verschiedene Abhilfeklagen für in verschiedenen Jurisdiktionen ansässige Verbraucher erhoben werden – was freilich das jeweilige Erreichen des Quorums voraussetzt – oder eine gemeinsame Musterfeststellungsklage. **10**

Fraglich ist freilich, ob dieser Zustand richtlinienkonform ist,[15] nachdem u.a. nach Art. 6 Abs. 2 der Verbandsklagenrichtlinie sichergestellt sein soll, dass „eine Verbandsklage vor dem Gericht eines Mitgliedstaats [...] durch mehrere qualifizierte Einrichtungen aus verschiedenen Mitgliedstaaten zum Schutz der Kollektivinteressen von Verbrauchern aus verschiedenen Mitgliedstaaten erhoben werden kann". Art. 9 Abs. 3 der Verbandsklagenrichtlinie geht zudem davon aus, dass sich Verbraucher aus anderen Mitgliedstaaten auch an einer Abhilfeklage beteiligen können. Auf der anderen Seite ist der Weg zu einer gemeinsamen Abhilfeklage auch nicht generell versperrt, sondern lediglich in dem Fall, in dem – immerhin selbst europarechtlich vorgegebene – Anknüpfungen zu unterschiedlichen Rechtsordnungen führen. Ist die Folge der fehlenden Gleich- **11**

---

11 Richtigerweise müsste in letzterem Fall bereits die Anwendbarkeit des VDuG verneint werden, weil die Dritten nicht in ihrer Eigenschaft als Verbraucher mit dem Busunternehmer in Kontakt gekommen sind, s. dazu § 1 Rn. 9 f. Zusätzlich würde es für eine gemeinsame Abhilfeklage aber an der Gleichartigkeit der Ansprüche fehlen.
12 So auch Köhler/Bornkamm/Feddersen/*Scherer* § 15 VDuG Rn. 3.
13 So zu Recht auch die ganz h.M. Zöller/*Vollkommer* VDuG § 1 Rn. 7 u. Zöller/*Althammer* § 15 Rn. 4; *Schneider/Conrady/ Kapoor,* BB 2023, 2179, 2182; Skauradszun/*Wagner* VDuG § 8 Rn. 24 und Skauradszun/*Paulus* VDuG § 15 Rn. 30; i.E. wohl auch *Thönissen* EuZW 2023, 637, 639; einschränkend *Mayrhofer,* VbR 2024, 169, 170 (Gleichartigkeit „im Wesentlichen" bei Rechtsfragen in unionsrechtlich harmonisierten Bereichen).
14 BT-Drucks. 20/6520 S. 78 (zu Absatz 2) a.E.
15 S. zu dieser Frage auch bereits *Stadler* ZZP 136 (2023) 129, 140 ff.

artigkeit nach der hier vertretenen Ansicht zudem regelmäßig nicht die Unzulässigkeit, sondern die Aufspaltung in mehrere Klagen (s. unten Rn. 19 ff.), so ist die Folge ein effizienteres Verfahren für jede der Gruppen, da jede nicht mit den Prüfungen belastet wird, die nur für die jeweils andere erforderlich sind.[16] Auch im Rahmen der US-amerikanischen class action wird das anwendbare Recht aus diesem Grund als Differenzierungskriterium im Rahmen der Prüfung der „communality of fact and law" angesehen.[17] Vor dem Hintergrund des eigentlichen Ziels der Verbandsklagen-Richtlinie dürfte daher kein richtlinienwidriger Zustand vorliegen.[18]

12 **b) Unterschiedlichkeit der Tat- und Rechtsfragen bei (der Rechtsnatur nach) gleichartigen Ansprüchen.** Eine der zentralen Fragestellungen des VDuG ist diejenige, welche Anspruchsvoraussetzungen oder Einwendungen bei an sich – ihrer Rechtsnatur und dem anwendbaren Recht nach – gleichartigen Ansprüchen zu einer fehlenden Gleichartigkeit führen. Dabei geht die Gesetzesbegründung von einem durchaus engen Verständnis der Gleichartigkeit der Tat- und Rechtsfragen aus: Neben dem nicht alle Produkte einer Serie betreffenden Mangel führt diese als Beispiele für fehlende Gleichartigkeit an, dass es etwa auf die individuelle Kenntnis eines bestimmten Umstands bei Vertragsschluss ankommt, dass für einen Teil der Ansprüche Verjährung in Betracht kommt, oder dass unterschiedliche Vertragskonstellationen bestehen.[19]

13 Nach dem ersten und dem letzten Bespiel muss eine kollektive Entscheidung über Ansprüche im Wege der Abhilfeklage von vornherein **ausscheiden**, soweit bereits ihre **Begründung die Feststellung von unterschiedlichen oder gar individuellen Tatbestandselementen (oder deren Fehlen) voraussetzt** (die über den möglichen Inhalt des Berechtigungsnachweises im Umsetzungsverfahrens, dazu unten Rn. 16, hinausgeht).[20] Muss etwa das Vorliegen eines Mangels bei einem Produkt in jedem Einzelfall festgestellt werden oder hängt der Anspruch von einer in jedem Einzelfall zu beurteilenden Vertragslage ab, so hindert dies eine Feststellung im kollektiven Erkenntnisverfahren und geht auch über die in einem Berechtigungsnachweis vom Sachwalter prüfbaren Punkte hinaus. Insoweit bleibt neben dem Individualverfahren jedoch die Möglichkeit der Musterfeststellungsklage, mittels deren Feststellungszielen gemeinsame Elemente auch solcher Ansprüche festgestellt werden können.

14 Nach dem zweiten zitierten Beispiel (potenzielle Verjährung) geht der Gesetzgeber weiter davon aus, dass nicht nur Anspruchsvoraussetzungen, sondern **auch Einwendungen oder Einreden** des Unternehmers wie Verjährung die fehlende Gleichartigkeit begründen können. Dies steht auch im Einklang mit dem Gesetzeswortlaut, der nicht auf die Anspruchsbegründung, sondern ohne Einschränkung auf die Entscheidungserheblichkeit der Tatsachen- und Rechtsfragen für die „Ansprüche" insgesamt abstellt.[21] Wie weit dies geht, ist aus dem oben Rn. 13 erwähnten Zusammenspiel zwischen dem kollektiven Erkenntnis- und Nachverfahren und dem individuellen Nach-

---

16 Vgl. in diesem Sinne generell auch *Gollnast/Dittmann* VuR 2023, 135, 136.
17 S. Art. 23(a)(2) der US Federal Rules of Civil Procedure und weiterführend *Rentsch* RabelsZ 85 (2021) 545, 565 m.w.N.
18 Die gedankliche Gegenprobe bestätigt dies: Eine richtlinienkonforme Auslegung dahin, dass das Merkmal „im Wesentlichen" das „Zusammenspannen" von unterschiedlichen Rechtsordnungen unterstehenden Ansprüchen erlaubt, würde zu einem schwerfälligen und ggf. – man denke an unterschiedliche Ergebnisse je nach Rechtsordnung – mit zahlreichen Problemen auch in der Abwicklung belasteten Verfahren führen, das kaum Ziel der Richtlinie sein kann.
19 BT-Drucks. 20/6520 S. 78 (zu Nummer 2).
20 So auch Köhler/Bornkamm/Feddersen/*Scherer* § 15 VDuG Rn. 9, ebenso ausführlich (für Schadensersatzansprüche) *Thönissen* RuS 2023, 749 ff. Soweit Röthemeyer VDuG § 15 Rn. 2 ff. entgegen der Gesetzesbegründung bei den Käufern verschiedener Produkte einer Produktserie bei fehlender Einheitlichkeit im Hinblick auf den behaupteten Fehler eine Gleichartigkeit bejahen will, erscheint dies verfehlt: Ein „Ausfasern" des Verfahrens, hier im Rahmen der Beweisaufnahme, zu vermeiden, ist gerade Sinn des Kriteriums, s.a. unten Rn. 16.
21 A.A. wohl *Janal* GRUR 2023, 985, 991, der aus dem Wortlaut „Ansprüche" folgert, dass „individuelle Einwendungen" ausgeschlossen sein sollen. Dies ist im Ergebnis hinsichtlich *individueller* Einwendungen und Einreden richtig, was aber nicht aus dem Wortlaut, sondern aus der Gegenüberstellung zu § 40 folgt. Kollektivierbare Einreden und Einwendungen wollte der Gesetzgeber wie im Text dargelegt bei der Prüfung ausdrücklich berücksichtigen und hat dies auch

verfahren in § 40 zu lösen: § 40 geht von der Existenz einer Kategorie von Einwendungen aus, die (nur) im dort vorgesehenen Nachverfahren geprüft werden können (und, weil einer tatsächlichen und rechtlichen Würdigung im Erkenntnisverfahren bedürfend, über die schlichte Prüfung des Nachweises der Anspruchsberechtigung durch den Sachwalter nach §§ 27 f. hinausgehen). Nach der Gesetzesbegründung sind hier Einwendungen gemeint, die „den einzelnen konkreten Anspruch" betreffen, beispielhaft genannt wird die bereits erfolgte Erfüllung eines Anspruchs oder Geschäftsunfähigkeit eines Verbrauchers.[22]

Nach dem Zusammenspiel dieser Vorschriften und dem Sinn und Zweck des kollektiven Erkenntnisverfahrens über die Ansprüche muss es demnach darauf ankommen, ob die in Betracht kommenden Einwendungen ihrerseits **eine kollektive Feststellung sinnvoll** machen, was dann der Fall ist, wenn sie ihrerseits eine relevante Gruppe betreffen. So ist etwa bei Verwendung einer unzulässigen Entgeltklausel ein relevanter, die Gleichartigkeit ausschließender Unterschied darin zu sehen, ob die Entgelte nach oder vor Ablauf der dreijährigen Regelverjährung bezahlt wurden, denn es stellt sich nicht nur die Frage der (individuellen) Kenntnis eines konkreten Verbrauchers, sondern es stellen sich hinsichtlich beider Gruppen unterschiedliche Tatsachen- und Rechtsfragen, weil (nur) in der zweiten Gruppe über die Verjährungseinrede und ihre Voraussetzungen entschieden werden muss.[23]   **15**

Nicht ausgeschlossen wird die Gleichartigkeit nach der Systematik des Gesetzes (s.o. Rn. 2 f.) durch all jene **Gesichtspunkte**, die der **Sachwalter im Umsetzungsverfahren** anhand des vorgesehenen Berechtigungsnachweises prüfen kann.[24] Der Gesetzgeber ging – wohl für den Regelfall zu Recht – ausweislich Abs. 2 Satz 3 davon aus, dass dies in der Regel für Fragen der **Anspruchshöhe** zutrifft.[25] Es sind aber auch inhaltliche Merkmale denkbar, welche die – rechtlich geprägte – Zuordnung zur einen oder anderen Gruppe anhand einer tatsächlich überprüfbaren Berechtigung determinieren, z.B. die Zugehörigkeit zum einen oder anderen Kontomodell oder zum einen oder anderen Vertriebskanal bei einer Flugbuchung.[26] Ist dies möglich, so kann die Zuordnung im Umsetzungsverfahren erfolgen und beide Gruppen müssen nicht bereits im Erkenntnisverfahren zwei verschiedenen Abhilfeklagen zugeordnet werden. Eine eigene juristische Prüfung durch den Sachwalter scheidet hingegen aus, sie ist der gerichtlichen Prüfung im Erkenntnisverfahren und der Vorgabe durch Urteilsformel vorbehalten.   **16**

3. Folgerungen

Aus all dem folgt, dass die Gleichartigkeit einen recht engen Filter für die Abhilfeklage darstellt.[27]   **17**
Daraus sollte aber nicht gefolgert werden, dass dies der Zielsetzung des VDuG zuwiderlaufen

---

im Wortlaut abgebildet. In diesem Sinne auch die praktisch einhellige Literatur; s. nur Zöller/*Althammer* VDuG § 15 Rn. 4; Skauradszun/*Paulus* VDuG § 15 Rn. 21, 23; *Thönissen* RuS 2023, 749, 751.
22 BT-Drucks. 20/6520 S. 97.
23 So auch explizit die Gesetzesbegründung in BT-Drucks. 20/6520 S. 78: „...wenn einige Verbraucheransprüche schon verjährt sein können, andere aber noch nicht".
24 So insoweit auch *Röthemeyer* VDuG § 15 Rn. 4.
25 S.a. BT-Drucks. 20/6520 S. 77.
26 S. in diesem Sinne wohl auch *Thönissen* RuS 2023, 749 ff., der den Unterschied zu Ungleichartigkeit begründenden Tatsachen mit dem Begriffspaar der individualbezogenen und nicht individualbezogenen Tatsachen beschreibt, wobei letztere solche sind, die vorausgesetzt werden, damit man zur Gruppe gehört (exemplarisch: Die Frage, ob das geschädigte Produkt von dem konkreten Verbraucher erworben worden ist, bedarf einer individuellen Einzelfallprüfung, ist als solche aber nicht individualbezogen). Entscheidend für den Unterschied dürfte sein, ob der fragliche Umstand der Feststellung in einem gerichtlichen Erkenntnisverfahren bedarf oder anhand eines dort entwickelten, rein tatsächlichen Schemas (im Berechtigungsnachweis) erfolgen kann.
27 *Mayrhofer/Koller* ZIP 2023, 1065 sprechen insoweit zu Recht von einem „Nadelöhr" für die Abhilfeklage.

würde.[28] Im Gegenteil ist es gerade im Sinne der betroffenen Anspruchsinhaber, wenn das Gericht infolge Gleichartigkeit der Ansprüche ein straffes Verfahren führen kann; es würde den Interessen etwa der Gruppe der Inhaber klar unverjährter Ansprüche zuwiderlaufen, wenn wegen der Einbeziehung potentiell verjährter Ansprüche zusätzliche Tatsachen- oder Rechtsfragen zu prüfen wären, ebenso wenig wie die Bündelung der Ansprüche unter verschiedenen Rechtsordnungen für die einen oder anderen Anspruchsinhaber wünschenswert sein kann, da die Prüfung die Entscheidung für alle aufhält. Gerade dies sind wie dargestellt die Lehren aus der Praxis etwa des KapMuG.

18   Eine weite Auslegung oder gar Extension der „Gleichartigkeit" wäre daher nicht im Sinne des Gesetzes, sondern würde ihm eher zuwiderlaufen. Der Gesetzgeber hat völlig zu Recht die Effektivität des Verfahrens in den Vordergrund gestellt und wollte diese auch durch die Einfügung des Kriteriums „im Wesentlichen" explizit nicht aufweichen.[29] Eine weite Auslegung ist auch nicht erforderlich, denn die Folge fehlender Gleichartigkeit wird regelmäßig die Prozesstrennung in verschiedene Abhilfeklagen oder ggf. die (ggf. teilweise) Umstellung in eine Musterfeststellungsklage sein (s. sogleich Rn. 19 und zur Zulässigkeit § 1 Rn. 31). Verfahrensmäßig drängt es sich auf, die Frage der Gleichartigkeit möglichst früh im Verfahren und unter Einbeziehung einer Stellungnahme des beklagten Unternehmens zu klären,[30] denn vielfach wird dieses die Gründe für Ungleichartigkeiten besser erkennen können als der klagende Verband.

4. Folge fehlender Gleichartigkeit

19   Obwohl es sich um eine besondere Zulässigkeitsvoraussetzung für die Abhilfeklage handelt, ist die Klage bei fehlender Gleichartigkeit der damit verfolgten Ansprüche **nicht ohne Weiteres als unzulässig** abzuweisen. Regelmäßig dürfte bei Eingang einer Abhilfeklage, die nicht gleichartige Ansprüche verfolgt, zunächst ein **Hinweis des Gerichts** nach §§ 13 i.V.m. 139 Abs. 1 ZPO geboten sein, auf welchen die klageberechtigte Stelle (v.a. nach der Zahl der jeweils betroffenen Verbraucher mit Blick auf das Quorum sowie die Mittel und Kapazitäten des Verbandes) entscheiden kann, ob sie die Klage entsprechend beschränken oder die nicht gleichartigen Ansprüche ggf. in getrennten Verfahren verfolgen will.[31] Letzterenfalls wird das Gericht regelmäßig nach §§ 13 i.V.m. 145 ZPO eine Prozesstrennung vornehmen, was der parallelen Situation bei Nichtvorliegen gleichartiger Ansprüche i.S. § 60 ZPO entspricht[32] und in der Gesetzesbegründung explizit als Regelfolge angesprochen wird.[33]

20   Die gleiche Folge kann (und wird praktisch häufiger) auch **erst im Verfahrensverlauf** eintreten: Nicht selten wird die Einlassung des beklagten Unternehmens aufzeigen, dass die Bildung verschiedener Gruppen geboten ist, um Gleichartigkeit herzustellen, etwa wegen der Einrede der Verjährung. Es sich kann ggf., wenn der die Gleichartigkeit bestimmende Punkt streitig ist, auch erst nach einer Beweisaufnahme entscheiden lassen, inwieweit Gleichartigkeit tatsächlich besteht. Eine späte Prozesstrennung zieht zwar das Problem nach sich, dass häufig nicht zugeordnet wer-

---

28 So aber der Grundansatz etwa bei *Mayrhofer/Koller* ZIP 2023, 1065 ff., die eine teleologische Extension vorschlagen. Zweifelnd diesem Ansatz gegenüber auch Köhler/Bornkamm/Feddersen/*Scherer* § 15 VDuG Rn. 3.
29 S. BT-Drucks. 20/7631 S. 109: „Einzelne Unterschiede zwischen den von einer Abhilfeklage betroffenen Ansprüchen sollen deren Durchsetzung in einem einheitlichem Verfahren nicht entgegenstehen, **solange eine effektive Prozessführung gewahrt und die Bündelung daher prozessökonomisch sinnvoll bleibt**. Die Formulierung „im Wesentlichen" ist hinreichend offen, um zu im Einzelfall sachgerechten Ergebnissen zu gelangen." (Hervorhebung nur hier).
30 So zutreffend Zöller/*Althammer* VDuG § 15 Rn. 6.
31 Ähnlich Anders/Gehle/*Schmidt* § 15 Rn. 4; für § 60 ZPO statt aller Wieczorek/Schütze/*Loyal*[5] Bd. 2 § 59 Rn. 18; Zöller/*Althammer* § 60 Rn. 8; Thomas/Putzo/*Hüßtege* § 60 Rn. 6.
32 So zutreffend *Röthemeyer* VDuG § 15 Rn. 4; Anders/Gehle/*Schmidt* § 15 Rn. 4. S.a. BT-Drucks. 20/6520 S. 77.
33 BT-Drucks. 20/6520 S. 77. Diese Ermunterung des Gesetzgebers zu einem aktiven „case management" sollten die Gerichte angesichts der Erfahrungen insbesondere mit dem KapMuG beherzt aufgreifen; s. dazu im Zusammenhang mit dem KapMuG näher Wieczorek/Schütze/*Großerichter*[5] Bd. 13, Einl. KapMuG Rn. 30 m.w.N.

den kann, auf welches der späteren Verfahren sich die bereits erfolgten Anmeldungen beziehen.[34] Dieses Problem kann in diesem Fall praktisch wohl nur dadurch gelöst werden, dass die bereits erfolgten Anmeldungen so behandelt werden, als würden sie sich auf beide bzw. alle der aus der ursprünglichen Klage hervorgegangenen Verfahren beziehen.[35]

Eine **Abweisung der Klage durch Prozessurteil** wird nach dem Gesagten nur **ausnahms-** 21 **weise** eintreten, insbesondere wenn sich herausstellt, dass die Begründung der geltend gemachten Ansprüche in Wahrheit ein für jeden Anspruch individuelles Element enthält, oder als mittelbare Folge der fehlenden Gleichartigkeit, wenn infolge dessen ein Teil oder auch mehrere oder alle Teilgruppen der Klage unter das erforderliche Quorum von betroffenen Verbrauchern fallen (und jeweils der Verband auf den entsprechenden Hinweis nicht durch eine Umstellung auf eine Musterfeststellungsklage reagiert). Ferner sollte § 145 ZPO angesichts der Besonderheit der Abhilfeklage in der Weise modifiziert angewandt werden, dass eine Prozesstrennung nicht ohne Zustimmung des klagenden Verbandes erfolgt, da der Verband andernfalls der Möglichkeit beraubt wäre, ein aus seiner Sicht zu enges Verständnis der Gleichartigkeit durch bewusste Hinnahme eines Prozessurteils höchstrichterlich überprüfen zu lassen.

III. Darlegungen in der Klageschrift (Absatz 2)

Absatz 2 stellt entsprechende Anforderungen an die Klageschrift und ergänzt insoweit – wiederum 22 (nur) für die Abhilfeklage – unter gleichzeitiger Modifikation des § 253 Abs. 2 ZPO die Regelung in § 5. Nach der Qualität der geforderten Angaben ist zwischen Satz 1 einerseits und Satz 2 und 3 andererseits zu unterscheiden:

1. Angaben zur Gleichartigkeit (Satz 1)

Die Angaben zur Gleichartigkeit müssen so beschaffen sein, dass das Gericht die Prüfung dieser 23 Zulässigkeitsvoraussetzung vornehmen und entsprechend prozessleitend verfahren kann (s. soeben Rn. 2). Auch wenn nicht ausdrücklich so formuliert, bietet es sich an, einen ähnlichen Maßstab anzulegen wie im Rahmen der der Betroffenheit einer Vielzahl von Verbrauchern, für welche das Gesetz die „nachvollziehbare Darlegung" in der Klageschrift fordert (§§ 4 Abs. 1, 5 Abs. 1, s. dazu § 4 Rn. 3 f.). Danach hängt es vom Grad der Offensichtlichkeit ab, wie detailliert vorzutragen ist: So dürften bei Geltendmachung von Ansprüchen aus einem bestimmten Ereignis in der Regel kurze Ausführungen zur Gleichartigkeit der daraus abgeleiteten Ansprüche und folglich der Tat- und Rechtsfragen genügen, während bei Ansprüchen aus mehreren Sachverhalten nachvollziehbar dargelegt werden muss, warum diese Sachverhalte „im Wesentlichen gleichartig" sind und auch die Gleichartigkeit der Tat- und Rechtsfragen i.S.v. Abs. 1 Nr. 2 gewahrt ist.

2. Angaben zum kollektiven Gesamtbetrag (Sätze 2, 3)

Die Angaben zum kollektiven Gesamtbetrag nach Satz 2 und 3 betreffen nur die Variante der 24 Abhilfeklage, in welcher auf Verurteilung zur Zahlung eines kollektiven Gesamtbetrags geklagt wird, und sollen das Gericht in die Lage versetzen, das in diesem Fall vorgesehene Abhilfegrundurteil zu tenorieren (§ 16 Abs. 2 Satz 2). Es handelt sich um eine spezielle Anforderung an die Bestimmtheit des Klageantrags in Ergänzung zu § 5 Abs. 3 i.V.m. § 253 Abs. 2 Nr. 2 ZPO, der zugleich

---

34 Insoweit zutreffend *Röthemeyer* VDuG § 15 Rn. 4.

35 Die Lösung kann jedenfalls nicht in einem weiteren Verständnis der Gleichartigkeit gesucht werden, denn dies hat den Preis der Schwerfälligkeit des Gesamtverfahrens zu Lasten aller und macht ggf. ein Umsetzungsverfahren unmöglich.

das dort vorgesehene Erfordernis der Bezifferung modifiziert.[36] Im Fall der einheitlichen Höhe der geltend gemachten Ansprüche ist nach Satz 2 diese anzugeben, andernfalls nach Satz 3 die Berechnungsmethode, die, wie am Wort „jeweiligen" ersichtlich, auch nach Gruppen von Verbrauchern variieren kann.[37] Die Anforderungen wird man insoweit, wie die Ausgestaltung als „Soll"-Angabe zum Ausdruck bringt, am tatsächlichen Möglichen ausrichten müssen.[38]

3. Gerichtliche Prüfung; Folgen fehlender Angaben

25 Hinsichtlich Zeitpunkt der Prüfung, Hinweispflicht des Gerichts und Folgen fehlender Angaben gilt im Rahmen von § 15 Abs. 2, der § 5 ergänzt, das zu den Inhalten der Klageschrift nach § 5 Gesagte (s. § 5 Rn. 12). Dabei handelt es sich bei den Angaben nach § 15 Abs. 2 um solche, deren dauerhaftes Fehlen die Abweisung der Abhilfeklage als unzulässig (und nicht die Unwirksamkeit der Klageerhebung) zur Folge hat (s. § 5 Rn. 12 f.).[39]

---

36 Insoweit ist § 15 Abs. 2 speziell zu § 253 Abs. 2 Nr. 2 ZPO, Köhler/Bornkamm/Feddersen/*Scherer* § 15 VDuG Rn. 19; Musielak/Voit/*Stadler* § 15 VDuG Rn. 5; Skauradszun/*Paulus* VDuG § 15 Rn. 4.

37 So zutreffend *Röthemeyer* VDuG § 15 Rn. 6 gegen die insoweit missverständliche Formulierung der Gesetzesbegründung. Missverständlich auch Anders/Gehle/*Schmidt* § 15 Rn. 2: Es ist kein Grund ersichtlich, warum sich alle Ansprüche zwingend „nach derselben Formel" berechnen lassen müssten.

38 Zöller/*Althammer* VDuG § 14 Rn. 6. Überzogen erscheint es indessen, wie beim Schmerzensgeld die Angabe ganz zu unterlassen und den Betrag in das Ermessen des Gerichts zu stellen, s. in diesem Sinne *Röthemeyer* VDuG § 14 Rn. 8. Hierfür gibt es auch keinen Grund, denn anders als beim Schmerzensgeld (wenn nicht gerade ein solches Gegenstand der Verbandsklage ist) müsste die abstrakte Beschreibung der Berechnung der individuellen Ansprüche in der Regel möglich sein.

39 Ebenso *Röthemeyer* VDuG § 15 Rn. 8.

Unterabschnitt 2
Abhilfeentscheidung

Schrifttum

Adolphsen/Sinz Einwendungen des Unternehmers bei der Abhilfeklage, JR 2024, 447; *Axtmann* Die Möglichkeiten kollektiven Rechtsschutzes nach dem Verbandsklagenrichtlinienumsetzungsgesetz – Eine darstellende Untersuchung neuer und reformierte kollektiver Klagemöglichkeiten und ihre Auswirkungen auf Unternehmen, DB 2023, 2614; *Bruns* Stellungnahme zum Regierungsentwurf eines Gesetzes zur Umsetzung der EU-Verbandsklagenrichtlinie (VRUG), Rechtsausschuss des Deutschen Bundestages am 10. Mai 2023; *Büscher* Die Umsetzung der Verbandsklagenrichtlinie, WRP 2024, 1; *Dahl/Linnenbrink* Die Position des Sachwalters im Umsetzungsverfahren der neuen Verbandsabhilfeklage nach VDuG, NZI 2024, 33; *Gsell* Die Umsetzung der Verbandsklagenrichtlinie, GRUR 2024, 979; *Lühmann* Die Entwicklung des kollektiven Rechtsschutzes im Jahr 2023, WM 2024, 1199; *Mekat/Amrhein* Die Umsetzung der Verbandsklagen-RL nach dem Referentenentwurf, RAW 2023, 25; *Perner* Kollektiver Rechtsschutz und Versicherungsrecht, VersR 2023, 1329; *Ring* Die neue Abhilfeklage in Umsetzung der Verbandsklagerichtlinie – ein wirksames Instrument der Kollektivklage? NJ 2024, 255; *Röß* Die Klageänderung bei Verbandsklagen, MDR 2023, 1417; *Scherer* Abhilfeansprüche in der Insolvenz, NZI 2023, 985; *Schneider/Conrady/Kapoor* Die Abhilfeklage – Eine ernstzunehmende Konkurrenz für die Abtretungsmodelle? BB 2023, 2183; *Schreier* Das Verbraucherrechtedurchsetzungsgesetz (VDuG) und seine Auswirkungen auf die Versicherungswirtschaft, VersR 2024, 144; *Schultze-Moderow/Hamann* Die Verbandsabhilfeklage nach dem Verbraucherrechtedurchsetzungsgesetz: Neue Ära des kollektiven Rechtsschutzes im Datenschutzrecht, BB 2024, 1539; *Skauradszun* Die Bestimmung des kollektiven Gesamtbetrags nach dem VDuG, MDR 2024, 741; *Stadler* Grenzüberschreitende Wirkung von Vergleich und Urteilen im Musterfeststellungsverfahren, NJW 2020, 265; *Thönissen* Schadensersatz in der Verbandsklage, RuS 2023, 749; *ders.* Prozessrechtliche Entwicklungen bei Massenverfahren und ihre Bedeutung in der Insolvenz; *Vollkommer* Die neue Abhilfeklage nach dem VDuG: Strukturen und erste Anwendungsprobleme, MDR 2023, 1349.

§ 16
Urteil und Abhilfegrundurteil

(1) [1]Hält das Gericht eine Abhilfeklage, die auf Zahlung eines kollektiven Gesamtbetrags oder auf die Verurteilung zu einer anderen Leistung als zur Zahlung gerichtet ist, dem Grunde nach für begründet, so erlässt es ein Abhilfegrundurteil. [2]Wird die Leistung an namentlich benannte Verbraucher begehrt, entscheidet das Gericht im Fall einer Verurteilung zur Zahlung durch Urteil. [3]Hält das Gericht die Abhilfeklage für unzulässig oder unbegründet, weist es die Klage durch Urteil ab.

(2) [1]Die Urteilsformel eines Abhilfegrundurteils enthält folgende Angaben:
   1. die konkreten Voraussetzungen, nach denen sich die Anspruchsberechtigung der betroffenen Verbraucher bestimmt, und
   2. die von jedem einzelnen Verbraucher im Umsetzungsverfahren zu erbringenden Berechtigungsnachweise.

   [2]Wird mit der Abhilfeklage ein kollektiver Gesamtbetrag geltend gemacht, so enthält die Urteilsformel ferner den Betrag, der jedem berechtigten Verbraucher zusteht, oder, wenn die den berechtigten Verbrauchern zustehenden Beträge unterschiedlich hoch sind, die Methode, nach der die den berechtigten Verbrauchern jeweils zustehenden Einzelbeträge zu berechnen sind. [3]Wird mit der Abhilfeklage die Verurteilung zu einer anderen Leistung als zur Zahlung begehrt, so ist die Verurteilung in der Urteilsformel auszusprechen.

(3) Im Fall des Absatzes 1 Satz 1 bleibt die Kostenentscheidung dem Abhilfeendurteil vorbehalten.

(4) [1]Im Fall des Absatzes 1 Satz 1 entscheidet das Gericht durch Urteil, wenn
   1. beide Parteien dies beantragen und
   2. Bemühungen um einen Vergleich nach § 17 Absatz 1 aussichtslos erscheinen.

https://doi.org/10.1515/9783110660180-017

²In diesem Fall enthält die Urteilsformel die Angaben nach Absatz 2 und § 18 Absatz 1; § 18 Absatz 2 und 3 ist entsprechend anzuwenden.

(5) ¹Gegen Urteile nach den Absätzen 1 und 4 findet die Revision statt. ²Diese bedarf keiner Zulassung.

Übersicht

I. Zweck, Entstehungsgeschichte und Systematik
1. Zweck —— 1
2. Entstehungsgeschichte —— 4
3. Systematik —— 5

II. Norminhalt
1. Abhilfegrundurteil (Absatz 1 Satz 1, Absatz 2) —— 7
   a) Teil-Grundurteil —— 9
   b) Urteilsformel —— 10
      aa) Berechtigungsvoraussetzungen (Abs. 2 Satz 1 Nr. 1) —— 11
      bb) Berechtigungsnachweise (Abs. 2 Satz 1 Nr. 2) —— 14
      cc) Kollektiver Gesamtbetrag (Absatz 2 Satz 2) —— 16

      dd) Abweichender Leistungsinhalt (Absatz 2 Satz 3) —— 18
2. Entscheidung durch Endurteil —— 19
   a) Verurteilung zur Zahlung an bestimmte Verbraucher (Absatz 1 Satz 2) —— 20
   b) Klagabweisung (Absatz 1 Satz 3) —— 21
   c) Zusprechendes Urteil ohne Grundurteil (Absatz 4 Satz 2) —— 22
3. Kostenentscheidung (Absatz 3) —— 25
4. Verkündung, Zustellung und Bekanntmachung —— 27
5. Revision (Absatz 5) —— 29

III. Vollstreckung —— 30

I. Zweck, Entstehungsgeschichte und Systematik

1. Zweck

1 Die Vorschrift bestimmt, in welcher **Form** das Gericht über die Abhilfeklage (§ 14) zu entscheiden hat.[1] Sie berücksichtigt dabei die Besonderheiten zu den Urteilsarten und -tenoren im Abhilfeverfahren. Dem VDuG liegt dabei der Gedanke zugrunde, in prozessualer Hinsicht erst verbindlich über den Grund zu entscheiden und dann in das Betragsverfahren überzugehen. Durch diese Form der Abschichtung und der prioritären Entscheidung über den Haftungsgrund werden aufwendige Beweiserhebungen zur Anspruchshöhe vermieden. Anders als bei § 304 ZPO steht die Entscheidungsform nicht im Ermessen des Verbandsklagegerichts, sondern ist vielmehr grundsätzlich zwingend.[2]

2 Das Entscheidungsmodell über die Abhilfeklage gliedert sich in vier Abschnitte:[3]
– Der *erste Abschnitt* betrifft die Prüfung der Zulässigkeit und Begründetheit der Abhilfeklage. Das Gericht entscheidet, nach welchen Voraussetzungen sich die Anspruchsberechtigung betroffener Verbraucher bestimmt und anhand welcher Berechtigungsnachweise diese Verbraucher darlegen können und müssen, dass diese Voraussetzungen erfüllt sind (Absatz 1 Satz 1, Absatz 2). Kommt ein Vergleich nicht zustande, ergeht ein Abhilfeendurteil, in dem der Unternehmer bei einer auf Zahlung gerichteten Klage insbesondere zur Zahlung eines vom Gericht geschätzten kollektiven Gesamtbetrages verurteilt wird, der jedoch grundsätzlich vorläufiger Natur ist.

---

1 BT-Drucks. 20/6520 S. 79; *Axtmann* DB 2023, 2614, 2616.

2 *Röthemeyer* VDuG § 16 Rn. 4; *Zöller/Althammer*, ZPO³⁵ (2024), VDuG § 41 Rn. 2.

3 Der Gesetzgeber spricht von einem dreiphasigen Modell und rechnet das Umsetzungsverfahren nicht dazu, BT-Drucks. 20/6025 S. 61; ebenso *Röthemeyer* VDuG § 18 Rn. 1. Wie hier dagegen *Schreier* VersR 2024, 144, 145.

– Nach der Verkündung eines Abhilfegrundurteils schließt sich in einem *zweiten Abschnitt* eine Vergleichsphase an, in der das Gericht die Parteien auffordern soll, einen schriftlichen Vergleichsvorschlag zur Umsetzung des Abhilfegrundurteils zu unterbreiten (§ 17 Abs. 1).

– Wird das Abhilfeverfahren nicht durch wirksamen Vergleich beendet und ist das Abhilfegrundurteil rechtskräftig, schließt sich der dritte Abschnitt, nämlich die Entscheidung des Verbandsklagegerichts, welche Ansprüche den Verbrauchern zustehen (§ 17 Abs. 2).

– Mit dem Abhilfeendurteil wird zugleich der *vierte und letzte Schritt des gerichtlichen Abhilfeverfahrens* eingeläutet: das sog. Umsetzungsverfahren (§§ 22 ff.). An ihm nehmen alle Verbraucher teil, die ihre Ansprüche wirksam zum Verbandsklageregister angemeldet haben und die ihre Anmeldung nicht wirksam zurückgenommen haben (§ 26). Für die Umsetzung des Abhilfeendurteils bestellt das Gericht einen Sachwalter (§ 23). Dieser errichtet einen Umsetzungsfonds (§ 25), in den der Unternehmer den kollektiven Gesamtbetrag, dessen Höhe das Gericht nach freier Überzeugung bestimmen kann (§ 19), einzuzahlen hat (§ 18 Abs. 1, 2, § 25). Der vom Gericht bestellte Sachwalter prüft, ob der jeweilige Verbraucher nach Maßgabe des Abhilfegrundurteils tatsächlich berechtigt ist. Ist dies der Fall, erfüllt er die Ansprüche (Zahlung) oder hält den Unternehmer zur Erfüllung an (andere Leistung als Zahlung). Ist dies nicht der Fall, lehnt er die Ansprüche ab. Gegen die Entscheidung des Sachwalters kann Widerspruch erhoben werden. Die Widerspruchsentscheidung kann zur Prüfung durch das OLG gestellt werden.

In einem optionalen Verfahrensschritt können Verbraucher ganz oder teilweise nicht erfüllte Ansprüche im Individualverfahren durchsetzen.[4] Unternehmer können in Individualverfahren bereicherungsrechtliche Rückforderungsansprüche geltend machen, die aus Einwendungen folgen, die im gerichtlichen Abhilfeverfahren wegen ihres individuellen Einschlags nicht berücksichtigungsfähig waren. **3**

2. Entstehungsgeschichte

Die Verbandsklagen-RL enthält keine Vorgaben über die konkrete Ausgestaltung des Abhilfeverfahrens mit Ausnahme des Art. 9 Abs. 5 Verbandsklagen-RL.[5] Diese Verfahrensautonomie der Mitgliedstaaten wird ausdrücklich in Erwägungsgrund 12 betont, wonach die Verbandsklagen-RL nicht dazu dienen soll, jeden Aspekt der Verbandsklage zu regeln. Lediglich in Erwägungsgrund 50 Verbandsklagen-RL beschreibt der europäische Gesetzgeber in groben Umrissen den Mindestinhalt einer Abhilfeentscheidung: *„In den Abhilfeentscheidungen sollten die einzelnen Verbraucher oder zumindest die Gruppe von Verbrauchern genannt werden, denen die in diesen Abhilfeentscheidungen vorgesehene Abhilfe zugutekommt, und es sollten, sofern zutreffend, die Berechnungsmethode für die Schäden dargelegt und die relevanten Schritte beschrieben werden, die von Verbrauchern und Unternehmern zur Umsetzung der Abhilfe einzuleiten sind. Verbraucher, die Anspruch auf Abhilfe haben, sollten diese erlangen können, ohne ein gesondertes Verfahren anstrengen zu müssen.“* Dieser Beschreibung entsprechen die Regelung in § 16 Abs. 2 Satz 1 Nr. 1, 2, der zugleich Art. 9 Abs. 5[6] der Verbandsklagen-RL umsetzt. Dass die Klage nach § 16 Abs. 1 Satz 2 bereits durch Endurteil – ohne Zwischenschritt – abgewiesen werden kann, setzt Art. 7 Abs. 7 Verbandsklagen-RL um, der bestimmt, dass offensichtlich unbegründete Klagen in einem möglichst frühen Verfahrensstadium abgewiesen werden können. **4**

---

4 Vgl. §§ 39, 40.

5 Köhler/Feddersen/*Scherer*, UWG[43] (2025), § 16 VDuG Rn. 4.

6 Art. 9 Abs. 5 Verbandsklagen-RL bestimmt: *„Werden in der Abhilfeentscheidung nicht einzelne Verbraucher aufgeführt, die Anspruch auf die in der Abhilfeentscheidung vorgesehene Abhilfe haben, so muss darin zumindest die Gruppe von Verbrauchern festgelegt werden, die Anspruch auf die genannte Abhilfe hat.“*

3. Systematik

5 Das Abhilfeverfahren kann unter Wahrung der Frist des § 13 Abs. 4 sofort **durch Endurteil** entschieden werden, wenn
- die Klage unzulässig oder unbegründet ist (**Absatz 1 Satz 3**),
- es sich um eine Klage auf Leistung von Geld an bestimmte Verbraucher i.S.d. § 14 Satz 1 handelt (**Absatz 1 Satz 2**), s. § 14 Rn. 11, oder
- ein Vergleich in der Fortsetzung des Verfahrens aussichtslos erscheint (**Absatz 4**).

6 In **allen anderen Fällen** ergeht zunächst einmal ein **Abhilfegrundurteil**.

II. Norminhalt

1. Abhilfegrundurteil (Absatz 1 Satz 1, Absatz 2)

7 Ist die Klage auf **Zahlung eines kollektiven Gesamtbetrages** oder auf die **Verurteilung zu einer anderen Leistung** als zur Zahlung gerichtet und hält das Verbandsklagegericht sie für dem Grunde nach begründet, hat es zunächst eine Abhilfegrundurteil zu erlassen (s. § 16 Rn. 13). Anders als § 304 ZPO räumt Absatz 1 dem Gericht **kein Ermessen** ein.[7] Das weitere Verfahren bestimmt sich in diesem Fall nach den §§ 17 ff. Das Gericht erklärt im Abhilfegrundurteil die Haftung des Unternehmers für die betroffenen Verbraucheransprüche dem Grunde nach gerechtfertigt. Dabei entscheidet es auch über Einwendungen des Unternehmers, die alle Ansprüche der Verbraucher gleichermaßen betreffen.

8 Ein Abhilfegrundurteil kann beispielsweise eine Zahlungsverpflichtung des Unternehmers dem Grund nach für gerechtfertigt erklären. Ein Abhilfegrundurteil kann aber auch dann erfolgen, wenn der Verbraucherverband Ansprüche von Verbrauchern geltend macht, die nicht auf Zahlung gerichtet sind. Art. 9 Abs. 1 der Verbandsklagen-RL sieht vor, dass ein Unternehmer durch die Abhilfeentscheidung beispielsweise zu Reparatur, Ersatzleistung oder Vertragsauflösung verurteilt werden kann.

9 **a) Teil-Grundurteil.** Ein Abhilfegrundurteil kann auch in Form eines Teil-Abhilfegrundurteils ergehen, wenn die Voraussetzungen des Anspruchs dem Grund nach nur bei abgrenzbaren Teilen vorhanden sind. Kommt das Gericht zu dem Ergebnis, dass der Anspruch nur teilweise vorliegt und ein abtrennbarer Teil (z.B. ein Anspruch von mehreren Ansprüchen) keinen Erfolg hat, so weist es die Klage – neben dem Grundurteil, soweit diese Voraussetzungen vorliegen – teilweise ab. Wegen der teilweisen Abweisung liegt ein „Teilendurteil" vor.[8]

10 **b) Urteilsformel.** Absatz 2 stellt gegenüber § 313 Abs. 1 Nr. 4 ZPO eine umfangreiche Konkretisierung der Urteilsformel im Abhilfeverfahren dar.[9] Der Urteilsformel kommt eine wichtige Informationsfunktion nicht nur für die Parteien des Abhilfeverfahrens, sondern insbesondere auch für die angemeldeten Verbraucher sowie den Sachwalter zu.[10] Denn die Verbraucher und der zur Umsetzung eingesetzte Sachwalter können daraus die **Berechtigungsvoraussetzungen**, welche einen Anspruch auf Abhilfe rechtfertigen, und die dafür im Umsetzungsverfahren vom einzelnen Verbraucher vorzulegenden **Berechtigungsnachweise** ableiten.

---

7 Skauradszun/*Voigt* § 16 VDuG Rn. 10; *Röthemeyer* VDuG § 16 Rn. 4.
8 BGH VersR 1975, 254.
9 Skauradszun/*Voigt* § 16 VDuG Rn. 12; *Röthemeyer* VDuG § 16 Rn. 7.
10 BT-Drucks. 20/6520 S. 79; *Zöller/Althammer*, ZPO³⁵ (2024), VDuG § 16 Rn. 5.

aa) Berechtigungsvoraussetzungen (Abs. 2 Satz 1 Nr. 1). Die Berechtigungsvoraussetzungen müssen in der Urteilsformel ausreichend konkretisiert sein, um beurteilen zu können, ob dem angemeldeten Verbraucher ein Anspruch zusteht.[11] **11**

Nach Abs. 2 Satz 1 **Nummer 1** sind die **konkreten Voraussetzungen** für die Bezugsberechtigung zu benennen, beispielsweise einen Vertragsschluss eines bestimmten Typs durch die repräsentierten Verbraucher mit dem beklagten Unternehmer oder den Erwerb eines bestimmten Produkts durch den repräsentierten Verbraucher von dem beklagten Unternehmer.[12] Die Regierungsbegründung nennt hier beispielsweise Verträge über die Buchung eines bestimmten, später annullierten Fluges, Formularsparverträge mit unwirksamen Zinsanpassungsklauseln oder Kaufverträge über ein bestimmtes, in der Produktionsserie immer sachmangelbehaftetes Produkt.[13] Bereits diese Beispiele zeigen die Spannbreite möglicher Formulierungen für die Berechtigungsvoraussetzungen.[14] Da die Abhilfeklage dazu dient, zahlreiche Individualklagen zu vermeiden, muss der Urteilstenor des Abhilfegrundurteils möglichst umfassend abstrakt-generell gefasst werden.[15] Dabei bietet es sich an die Berechtigungsvoraussetzungen im Tenor zu beschreiben oder zu erläutern und auf Beispielsaufzählungen zurückzugreifen. Alternativ kann dies aber auch in den Gründen des Abhilfegrundurteils geschehen.[16] Je präziser und widerspruchsfreier die Urteilsformel ist oder die Konkretisierungen in den Urteilsgründen erfolgen, desto effizienter lässt sich Widersprüchen im Umsetzungsverfahren (§ 28 Abs. 4) oder nachträglichen Individualverfahren (§ 39f.) begegnen.[17] **12**

Auch kann etwa durch Nummer 1 ein Zeitpunkt festgelegt werden, vor dem der Vertrag geschlossen oder eine Erklärung des Unternehmers oder des Verbrauchers abgegeben wurde, etwa eine Kündigung oder die Ausübung eines Optionsrechts,[18] oder ein Zeitraum umschrieben werden, zu dem bestimmte Wertpapiere erworben worden sind.[19] **13**

bb) Berechtigungsnachweise (Abs. 2 Satz 1 Nr. 2). Nach Abs. 2 Satz 1 **Nummer 2** muss die Urteilsformel ferner Angaben zu den Berechtigungsnachweisen enthalten, die jeder Verbraucher im Umsetzungsverfahren dem Sachwalter vorzulegen hat.[20] Dies können vor allem Vertragsdokumente, Rechnungen über den Kauf eines bestimmten Produkts, Protokolle, E-Mail-Verkehr, Boardingcard sein.[21] **14**

Das Gericht hat dabei auch festzulegen, in welcher Form die Berechtigungsnachweise zu erbringen sind: im Original, als beglaubigte Kopie, als scan pp.[22] Dabei ist das Gericht nicht an die Beweismittel in Form des Strengbeweises gebunden.[23] Es können auch Versicherungen der Verbraucher zugelassen werden.[24] Sind verschiedene Nachweise denkbar, die je für sich zum Beweis der Berechtigungsvoraussetzung ausreichen, hat das Gericht auch die Vorlage solcher alternativen Nachweise bereits in der Urteilsformel zuzulassen. Kann ein solcher Berechtigungsnachweis nicht oder nicht hinreichend dargetan werden, ist die Abhilfeklage als unzulässig abzuweisen.[25] Aus dem Umstand, **15**

---

11 *Thönissen* RuS 2023, 749, 751.
12 BT-Drucks. 20/6510 S. 79.
13 BT-Drucks. 20/6510 S. 79 f.
14 *Röthemeyer* VDuG § 16 Rn. 8.
15 Skauradszun/*Voigt* § 16 VDuG Rn. 14.
16 *Röthemeyer* VDuG § 16 Rn. 8.
17 Skauradszun/*Voigt* § 16 VDuG Rn. 14; *Röthemeyer* VDuG § 16 Rn. 8.
18 Köhler/Feddersen/*Scherer*, UWG⁴³ (2025), § 16 VDuG Rn. 14.
19 Zöller/*Althammer*, ZPO³⁵ (2024), § 16 VDuG Rn. 6.
20 Köhler/Feddersen/*Scherer*, UWG⁴³ (2025), § 16 VDuG Rn. 14.
21 BT-Drucks. 20/6520 S. 79; *Röthemeyer* VDuG § 16 Rn. 9.
22 *Röthemeyer* VDuG, § 16 Rn. 9.
23 Skauradszun/*Voigt* § 16 VDuG Rn. 16.
24 *Röthemeyer* VDuG, § 16 Rn. 9.
25 *Gsell* GRUR 2024, 979 (984).

dass § 16 Abs. 2 Nr. 2 dem Gericht aufgibt, in der Urteilsformel eines Abhilfegrundurteils die von jedem einzelnen Verbrauch im Umsetzungsverfahren zu erbringenden Berechtigungsnachweise aufzunehmen, auf deren Grundlage dann der Sachwalter im anschließenden Umsetzungsverfahren die Anspruchsberechtigung zu prüfen hat, lässt sich in erweiternder Auslegung zu § 15 ableiten, dass nicht allein die Gleichartigkeit eine Zulässigkeitsvoraussetzung der Abhilfeklage ist, sondern darüber hinaus erforderlich ist, dass sich die Gruppenzugehörigkeit durch einen standardisierten bzw. formalisierten Berechtigungsnachweis führen lässt (s.a. § 15 Rn. 16).[26]

16 **cc) Kollektiver Gesamtbetrag (Absatz 2 Satz 2).** Die Regelung in Absatz 2 Satz 2 steht in systematischen Zusammenhang mit § 15 Abs. 2 Satz 2, welche den Inhalt der Klageschrift betrifft. Für den Fall, dass die Zahlung eines kollektiven Gesamtbetrags verlangt wird, muss entgegen den Bestimmtheitsanforderungen an die Klageschrift (§ 253 Abs. 2 Nr. 2 ZPO) **keine konkrete Bezifferung dieses Gesamtbetrags** beantragt werden.[27] Die Klageschrift muss aber Angaben zur konkreten einzelnen Anspruchshöhe enthalten, sofern dieses für alle von der Klage betroffenen Verbraucher gleich ist. Zu denken ist an die pauschalisierte Entschädigungsleistung von Flugpassagieren nach der Fluggastrechteverordnung,[28] an Fälle des § 58 Abs. 3 Satz 2 TKG[29] oder (umstritten)[30] an pauschalisierte Entschädigung des immateriellen Schadens infolge von Datenrechtsverletzungen nach Art. 82 DSGVO.[31] Ist ein gleich hoher Betrag für Verbraucheransprüche beantragt, die materiell-rechtlich nicht pauschalisiert werden können, sondern unterschiedlicher Höhe unterliegen (zB Differenzhypothesenschadensersatz bei Einbau einer illegalen Abschalteinrichtung je nach Laufleistung und individueller Nutzung des Fahrzeugs), ist der Klage nur insoweit stattzugeben, soweit mittels einer mathematischen Berechnungsformel abstrakt-generell der Schaden auf 15 % des gezahlten Kaufpreises beschränkt wird, und darüber hinaus ist sie nach § 16 Abs. 1 Satz 3 jedenfalls teilweise abzuweisen.[32]

17 Nur wenn ein Antrag auf Zahlung eines Kollektivbetrags gestellt wird, muss die Urteilsformel weitere Angaben zur Individualisierung enthalten. Steht allen Anmeldern derselbe Betrag zu, ist dieser zu beziffern, ansonsten ist die Berechnungsmethode durch das Gericht anzugeben.[33] Rechtssystematisch ist bemerkenswert, dass der Tenor des Abhilfegrundurteils Angaben zum Betrag machen soll. Das fügt sich in die klassische Systematik von Grund- und Betragsurteil nicht ein.[34] Wenn sich die Beträge konkret oder zumindest nach einer Formel oder Methode bestimmbar sind, dann ist der Rechtsstreit entscheidungsreif, zumal die Zahl der angemeldeten Verbraucher feststeht.[35] Dass es sich in der Sache auch um kein Grundurteil handeln kann, sieht man auch daran, dass die Entscheidung für den Verbraucherverband vollstreckbar ist.[36] Eine Schätzung des Betrages kommt dagegen nach § 287 ZPO nicht in Betracht, denn im Rahmen des Abhilfegrundurteils geht es anders als bei § 19 um die abstrakt-generelle Bestimmung der Rechnungsgröße, aus der die berechtigten Verbraucher ihren Anspruch der Höhe nach ableiten können.

---

26 *Gsell* GRUR 2024, 979 (984); **aA** wohl Skauradszun/*Voigt* § 16 Rn. 16, der in Fällen, wo präzise Vorgaben zu standardisierten Berechtigungsnachweise für einzelne Tatbestandsmerkmale des materiellrechtlichen Anspruchs nicht möglich sind, dem Sachwalter einen Beurteilungsspielraum im Umsetzungsverfahren einräumen will.
27 *Thönissen* RuS 2023, 740, 750.
28 BT-Drucks. 20/6025 S. 80.
29 Zöller/*Althammer*, ZPO[35] (2024), § 16 VDuG Rn. 8; Skauradszun/*Voigt* § 16 Rn. 19.
30 Eine pauschalisierende Entschädigungsleistung ablehnend *Paal* NJW 2022, 3673, 3678 Rz. 29.
31 Musielak/Voit/*Stadler*[21] § 16 Rn. 1; Skauradszun/*Voigt* § 16 VDuG Rn. 19.
32 Skauradszun/*Voigt* § 16 VDuG Rn. 20.
33 BT-Drucks. 20/6025 S. 80.
34 *Bruns* Stellungnahme Rechtsausschuss am 10. Mai 2023, S. 29.
35 Zutreffend *Bruns* Stellungnahme Rechtsausschuss am 10. Mai 2023, S. 29.
36 Vgl. unten Rn. 31.

dd) Abweichender Leistungsinhalt (Absatz 2 Satz 3). Bei Klagen auf Naturalabhilfe, d.h. bei 18 Leistung, die nicht in Zahlung besteht, ist bei dem Grunde nach begründeter Abhilfe die Verurteilung des Unternehmers bereits im Abhilfegrundurteil auszusprechen. Dies kann etwa eine Ersatzlieferung oder eine Reparatur sein. Dabei handelt es sich nicht um ein eigentliches Grundurteil, sondern um eine **Zwischenentscheidung** mit feststellendem Leistungscharakter, da ein Umsetzungsverfahren noch erforderlich ist.[37] Anders verhält es sich dann, wenn die klageberechtigte Stelle eine Verurteilung des Unternehmers direkt an namentlich benannte Verbraucher beantragt. Dann ist ein Umsetzungsverfahren entbehrlich.[38] In teleologischer Extension des Absatz 1 Satz 2 kann auch bei einer Abhilfeklage auf andere Leistung als Zahlung ein Endurteil an benannte Verbraucher ergehen,[39] das durch die klageberechtigte Stelle nach § 29 Abs. 2 Satz 1 und 2 vollstreckt werden kann.[40]

2. Entscheidung durch Endurteil

Die Vorschrift regelt drei Ausnahmen zum Regelfall des Erlasses eines Grundurteils nach Absatz 1 19 Satz 1. In diesen Fällen kommt es zu einem **verkürzten Verfahren**, da das gerichtliche Abhilfeverfahren mit einem Endurteil endet.

a) Verurteilung zur Zahlung an bestimmte Verbraucher (Absatz 1 Satz 2).

Soweit die 20 klageberechtigte Stelle bestimmte Anträge zugunsten namentlich benannter Verbraucher stellt, tritt sie als Prozessstandschafter für einen klar bestimmten Personenkreis auf. Ein Umsetzungsverfahren ist hier nicht erforderlich. In diesem Fall kann das Gericht ein Endurteil nach den allgemeinen Vorschriften der §§ 300 ff. ZPO unter Wahrung der Frist nach § 13 Abs. 4 sprechen. Die Abhilfeklage zugunsten namentlich benannter Verbraucher leidet an einem erheblichen Konstruktionsfehler.[41] Zum Zeitpunkt der mündlichen Verhandlung steht der Kreis der angemeldeten Verbraucher noch nicht fest. So können sich zum einen namentlich in der Klageschrift genannte Verbraucher dazu entschließen, sich gar nicht anzumelden oder nach der mündlichen Verhandlung sich wieder abzumelden. Schließlich können andere, in der Klage nicht genannte Verbraucher sich anmelden. Die klageberechtigte Stelle muss diese Verbraucher dann noch in ihre Klageschrift aufnehmen. Eine Änderung der Klageanträge ist jedoch nur bis zum Schluss der mündlichen Verhandlung möglich. Um diesen Konflikt aufzulösen, gibt es einerseits den Weg einer Wiedereröffnung der mündlichen Verhandlung (§ 13 Abs. 1 iVm. § 156 Abs. 1 ZPO). Dieser Lösungsansatz hätte die missliche Folge, dass die An- und Abmeldefrist noch nicht abgelaufen ist und sich Verbraucher wieder bis zu drei Wochen nach dem Schluss der nächsten mündlichen Verhandlung an- und abmelden können. Ihre Aufnahme in das Verfahren würde eine erneute Eröffnung der mündlichen Verhandlung erforderlich machen. Es droht ein Wiedereröffnungskarussell und ein niemals endendes Verfahren.[42] Zur Lösung des Problems wird teilweise eine analoge Anwendung des § 263 ZPO für nach der mündlichen Verhandlung erfolgende Anmeldungen und eine analoge Anwendung des § 269 ZPO für nach der mündlichen Verhandlung erfolgende Abmeldungen befürwortet.[43] Die analoge Anwendung der §§ 263, 269 ZPO wird einerseits mit der Vergleichbarkeit einer Parteierweiterung im Fall der weite-

---

37 *Röthemeyer* VDuG § 16 Rn. 12; Skauradszun/*Voigt* § 16 VDuG Rn. 40.

38 **AA** Röthemeyer VDuG § 16 Rn. 12; Zöller/*Althammer*, ZPO[35] (2024), § 16 VDuG mit Hinweis auf BT-Drs. 20/6520 S. 90 zu § 29.

39 Überzeugend Skauradszun/*Voigt* § 16 VDuG Rn. 42.

40 Ebenso Zöller/*Vollkommer*, ZPO[35] (2024), § 13 VDuG Rn. 8; Skaurdaszun/Voigt, § 16 VDuG Rn. 42; Köhler/Feddersen/*Scherer*, UWG[43] (2025), § 16 VDuG Rn. 8; *Büscher* WRP 2024, 1, 9.

41 *Röß* NJW 2024, 1302, 1304.

42 Skauradszun/*Voigt* § 16 VDuG Rn. 30; *Röß* MDR 2923, 1417, 1420; *ders.* NJW 2024, 1302, 1305: Prozess „ad infinitum".

43 *Röß* NJW 2024, 1302, 1305.

ren Anmeldung von Verbrauchern bzw. andererseits mit einer teilweisen Klagerücknahme im Fall der Abmeldung begründet. Die Zulassung weiterer Anmeldungen wäre demnach zulässig, wenn der Beklagte einwilligt oder das Gericht für sachdienlich hält. Der Lösungsansatz überzeugt indes nicht. Denn die Verbraucher sind keine Parteien der Verbandsklage. Letztlich ist auch eine Klageänderung nach Schluss der mündlichen Verhandlung vorbehaltlich einer Wiedereröffnung nach § 156 ZPO grundsätzlich ausgeschlossen.[44] Das Problem lässt sich jedoch lösen, wenn man anstelle einer Klageänderung eine analoge Anwendung des § 264 Nr. 2 ZPO erwägt. Da die Verbraucher gerade nicht Parteien der Verbandsklage sind, stellt die die Erweiterung oder Reduktion des Anmelderkreises nach Schluss der mündlichen Verhandlung keine Klageänderung dar. Ein nachgelassener Schriftsatz,[45] in dem die klageberechtigte Stelle ihren Klageantrag in Bezug auf die Anmelder modifiziert, stellt weder eine Beschränkung oder Erweiterung des ursprünglichen Klageantrags dar. Die Umgestaltung im Hinblick auf den Anmelderkreis lässt den Klagegegenstand letztlich unberührt. So ist zB zu § 264 ZPO anerkannt, dass keine Klageänderung vorliegt, wenn der Kläger statt der Leistung an sich an mehrere nach § 2039 BGB klagt.[46] Vergleichbar verhält es sich, wenn die klageberechtigte Stelle im Nachgang den Anmelderkreis erweitert oder beschränkt. Im Abhilfegrundurteil geht es nur abstrakt-generell um das Bestehen des Anspruchs. Die analoge Anwendung des § 264 ZPO hat den Vorteil, dass das Gericht ggf. auch im Nachgang im schriftlichen Verfahren in entsprechender Anwendung des § 128 Abs. 3 ZPO entscheiden könnte.[47]

21 b) Klagabweisung (Absatz 1 Satz 3). Hält das Gericht die Klage für unzulässig oder unbegründet, weist es die Klage nach § 16 Abs. 1 Satz 3 durch Endurteil ab.

22 c) Zusprechendes Urteil ohne Grundurteil (Absatz 4 Satz 2). Eine weitere Ausnahme zu Absatz 1 Satz 1 sieht Absatz 4 vor. Die Vorschrift wurde erst durch die Beschlussempfehlung des Rechtsausschusses in den Gesetzestext aufgenommen.[48] Sie sieht eine Kombination[49] aus Abhilfegrundurteil und Abhilfeendurteil vor: Wenn beide Parteien es beantragen und die Bemühungen um einen Vergleich nach § 17 Abs. 1 aussichtslos erscheinen, entscheidet das Gericht durch ein Abhilfeendurteil. Die Besonderheit der Urteilformel liegt nach Absatz 4 Satz 2 darin, dass sie nicht nur die Elemente für die Urteilsformel des Abhilfegrundurteils gem. Absatz 2 enthält, sondern auch die Elemente der Urteilsformel des Abhilfeendurteils nach § 18 Abs. 1.

23 Die Vorschrift ermöglicht es dem Verbandsklagegericht frühzeitig etwaige Vergleichsmöglichkeiten auszuloten und beschleunigt bei absehbarer Aussichtslosigkeit auf ein Endurteil hinzuwirken. Dadurch werden die Verfahrensabschnitte 1 bis 3 des gerichtlichen Abhilfemodells zusammengefasst.[50]

24 Die Frage der Einschätzung der Aussichtslosigkeit obliegt dem Gericht. Diese Negativprognose muss kumulativ mit den übereinstimmenden Anträgen der Parteien auf Erlass eines Abhilfeendurteils vorliegen.

---

44 BGH NHW 2015, 2188, 2189 Rz. 20.

45 *Röthemeyer* VDuG § 16 Rn. 14; § 14 Rn. 7, der einen Schriftsatznachlass aus einer entsprechenden Anwendung der §§ 139 Abs. 5, 283 ZPO herleitet.

46 RG DRiZ 1924, 259.

47 Der analogen Anwendung des § 128 Abs. 3 ZPO steht § 13 Abs. 3 nicht entgegen. Denn diese Vorschrift schließt grundsätzlich das schriftlichen Verfahren nach § 128 Abs. 2 ZPO aus. Vorliegend soll aber nicht mit Zustimmung, sondern ohne Zustimmung der Parteien über eine Umstellung des Klageantrags, die keine Klageänderung darstellt, entschieden werden.

48 BT-Drucks. 20/7631.

49 Köhler/Feddersen/*Scherer,* UWG[43] (2025), § 16 VDuG Rn. 18.

50 Vgl. oben Rn. 2.

3. Kostenentscheidung (Absatz 3)

Nach allgemeinen zivilprozessualen Grundsätzen enthält ein Grundurteil keine Kostenentscheidung. Nach Absatz 3 ist lediglich im Fall des Absatzes 1 Satz 1 die Kostenentscheidung erst im Abhilfeendurteil zu fällen. Wird hingegen die Zahlung an namentlich bestimmte Verbraucher begehrt, ergeht wie im Fall der Unzulässigkeit oder Unbegründetheit der Abhilfeklage ein Endurteil mit Kostenentscheidung. **25**

Wird hingegen die Zahlung eines kollektiven Gesamtbetrags beantragt, ist wie folgt zu unterscheiden: Wird die Klage insgesamt abgewiesen, liegt ein Endurteil einschließlich zu treffender Kostenentscheidung vor. Ist die Klage aber teilweise begründet, so bleibt die Kostenentscheidung dem Abhilfeendurteil vorbehalten (§ 18 Abs. 1 Nr. 4).[51] **26**

4. Verkündung, Zustellung und Bekanntmachung

Das Abhilfegrundurteil kann in Abweichung zu § 311 nicht als Stuhlurteil am Ende der Sitzung verkündet werden. Vielmehr kann das Abhilfegrundurteil oder ggf. das Endurteil erst nach Ablauf von sechs Wochen nach Schluss der mündlichen Verhandlung verkündet werden. **27**

Die Zustellung des Urteils erfolgt nur an die Parteien, nicht an die angemeldeten Verbraucher. Das Verbandsklagegericht hat das Urteil im Klageregister nach § 44 Nr. 11 bekanntzumachen. **28**

5. Revision (Absatz 5)

Eine Berufung gegen die Urteile nach Absatz 1 und Absatz 4 scheidet aus, da die Oberlandesgerichte und das Bayerische Oberste Landesgericht erstinstanzlich tätig werden. Absatz 5 eröffnet daher die Revision als Rechtsmittel für Urteile nach Absatz 1 und für die Kombinationsurteile nach Absatz 4. Die Regelung lehnt sich an § 614 ZPO a.F. an. Die Revision hat stets grundsätzliche Bedeutung. Die Revision findet statt, ohne dass es einer gesonderten Zulassung durch das Prozessgericht bedarf. Das Abhilfegrundurteil wird nach § 13 Abs. 1 Satz 1 iVm. § 705 Satz 1 ZPO mit Verstreichen der Notfrist des § 548 ZPO formell rechtskräftig. **29**

III. Vollstreckung

Ein Abhilfegrundurteil ist mangels vollstreckungsfähigen Inhalts nicht vollstreckbar.[52] **30**

Ein auf Zahlung an namentlich benannte Verbraucher lautendes Urteil nach § 16 Abs. 1 Satz 2 kann nur vom Verbraucherverband und nicht von den angemeldeten Verbrauchern vollstreckt werden.[53] Einer Titelumschreibung auf einzelne Verbraucher dürfte entgegenstehen, dass jedem Verbraucher nur ein Teil der titulierten Zahlung zusteht und das Umsetzungsverfahren die Vorschriften der §§ 727 ff. ZPO verdrängen. Die angemeldeten Verbraucher waren nicht Partei der Abhilfehilfeklage und sind keine Rechtsnachfolger des Verbraucherverbands. Ein auf eine andere Leistung als Zahlung lautendes Urteil an benannte Verbraucher wird in entsprechender Anwendung des § 16 Abs. 1 Satz 2 nach § 29 Abs. 2 Satz 1 und 2 von der klageberechtigten Stelle vollstreckt.[54] **31**

---

51 Prütting/Gehrlein/*Halfmeier* ZPO[16] (2024), § 16 VDuG Rn. 3.
52 Anders/Gehle/*Schmidt*, ZPO[83] (2025), § 16 VDuG Rn. 8.
53 Anders/Gehle/*Schmidt*, ZPO[83] (2025), § 16 VDuG Rn. 7.
54 Zöller/*Vollkommer*, ZPO[35] (2024), § 13 VDuG Rn. 8; Skauradszun/*Voigt*, § 16 VDuG Rn. 42; Köhler/Feddersen/*Scherer*, UWG[43] (2025), § 16 VDuG Rn. 8; *Büscher* WRP 2024, 1, 9.

32   Endurteile nach § 16 Abs. 1 Satz 3 sind lediglich hinsichtlich der Kosten vollstreckbar.[55]

33   Die Vollstreckung eines kombinierten Abhilfegrund- und -endurteils nach § 16 Abs. 4 obliegt dem Verbraucherverband.

---

[55] Anders/Gehle/*Schmidt*, ZPO[83] (2025), § 16 VDuG Rn. 7.

§ 17
Vergleichsvorschlag; Fortsetzung des Abhilfeverfahrens

(1) [1]Nach der Verkündung des Abhilfegrundurteils soll das Gericht die Parteien auffordern, einen schriftlichen Vergleichsvorschlag zur Umsetzung des Abhilfegrundurteils zu unterbreiten. [2]Das Gericht kann den Parteien eine Frist zur Unterbreitung des Vergleichsvorschlags setzen. [3]Auf Antrag einer Partei und mit Zustimmung der Gegenpartei kann das Gericht diese Frist verlängern. [4]Die §§ 9 und 10 sind entsprechend anzuwenden.

(2) [1]Wird das Abhilfeverfahren nicht durch wirksamen Vergleich beendet und ist das Abhilfegrundurteil rechtskräftig, so setzt das Gericht das Abhilfeverfahren fort. [2]Es entscheidet durch Abhilfeendurteil.

Schrifttum
Vgl. § 16.

Übersicht

I. Entstehungsgeschichte, Zweck und Systematik —— 1

II. Norminhalt
1. Aufforderung zur Vorlage eines Vergleichsvorschlags (Absatz 1) —— 4

2. Prozessbeendigung und materiellrechtliche Wirkung des Vergleichs —— 9
3. Fortsetzung des Abhilfeverfahrens (Absatz 2) —— 11

I. Entstehungsgeschichte, Zweck und Systematik

Die Regelung dient der Umsetzung von Art. 11 Abs. 1 Verbandsklagen-RL. Sie fördert eine zügige **1** und möglichst einvernehmliche Beendigung des Rechtsstreits, indem sie dem durch das Abhilfegrundurteil verurteilten Unternehmer Anreiz gibt, berechtigte Verbraucheransprüche auf Basis eines Vergleichs ohne Vollstreckungsdruck zu erfüllen.[1] Vorrangiges Ziel der Regelung ist es, dass sich die Parteien auf ein Prüf- und Verteilungssystem einigen, das sie in der Folgezeit selbst durchführen.[2] Der gerichtlich genehmigte Vergleich stellt daher keine Grundlage für die Durchführung eines Umsetzungsverfahrens dar. Ein solches findet nach Vergleichsschluss gerade nicht statt.[3]

Systematisch bildet die Regelung den zweiten Verfahrensabschnitt der gerichtliche Abhilfeklage, **2** nachdem im ersten Verfahrensabschnitt zunächst das Abhilfegrundurteil erlassen wurde.[4] Erst im Falle des Scheiterns eines Vergleichs werden die Parteien den dritten Verfahrensabschnitt, den Erlass eines Abhilfeendurteils, beantragen.

Ein Vergleich kann nicht zu jedem Zeitpunkt geschlossen werden, wie sich aus dem Zusam- **3** menspiel der Vorschriften § 16 Abs. 4, § 17 Abs. 1 und § 9 Abs. 1 Satz 2 ergibt. Während vor Erlass des Abhilfegrundurteils der Gesetzgeber nur das Instrumentarium der Negativprognose zum Erlass einer Kombinationsentscheidung eröffnet und damit die Vorschrift des § 278 Abs. 1 ZPO, wonach in jeder Lage des Rechtsstreits auf eine gütliche Einigung hinzuwirken ist, beschränkt und

---

1 BT-Drucks. 20/6520 S. 80.
2 BT-Drucks. 20/6520 S. 80.
3 *Zöller/Althammer*, ZPO § 17 VDuG Rn. 1; Prütting/Gehrlein/*Halfmeier*, ZPO[16] (2024), § 17 VDuG Rn. 1, spricht vom selbstorganisiertem Umsetzungsverfahren im Stile der §§ 20 ff.
4 Vgl. auch oben § 16 Rn. 2.

https://doi.org/10.1515/9783110660180-018

modifiziert wird,[5] kann ein Vergleich nicht vor Ablauf der Anmeldefrist nach § 46 Abs. 1 Satz 1 i.V.m. § 9 Abs. 1 Satz 2 geschlossen werden. Die Norm des § 17 Abs. 1 geht auch davon aus, dass erst nach der Verkündung eines Abhilfegrundurteils eine Vergleichsphase eingeleitet wird.

II. Norminhalt

1. Aufforderung zur Vorlage eines Vergleichsvorschlags (Absatz 1)

4   Nach Absatz 1 soll das Gericht die Parteien auffordern, einen **schriftlichen Vergleichsvorschlag zur Umsetzung des Abhilfegrundurteils** zu unterbreiten. Nach dem Gesetzeswortlaut obliegt es **den Parteien und nicht dem Gericht, einen Vergleichsvorschlag** zu erarbeiten. Durch die Aufforderung seitens des Gerichts sollen die Parteien motiviert werden, das Verbandsklageverfahren frühzeitig vergleichsweise zu beenden. Ziel der Aufforderung ist es, dass die Parteien eigenständig ein Prüf- und Verteilungssystem entwickeln und dies in Folge anstelle eines kostenträchtigen Umsetzungsverfahrens selbständig durchführen.[6] Sind andere Leistungen als Geldzahlungen zu erfüllen, kann auch ein umfassendes Abwicklungssystem vereinbart werden, über das zB die Instandsetzung oder Reparatur der betroffenen Produkte geregelt wird.

5   Der **Zeitpunkt für die Aufforderung** liegt frühestens nach der Verkündung des Abhilfegrundurteils (§ 310 Abs. 1 Satz 1 ZPO). Nach der Gesetzesbegründung ist ein Abwarten der Rechtskraft des Abhilfegrundurteils nicht erforderlich, insbesondere soll der Ausgang des Revisionsverfahrens nicht abgewartet werden.[7] Diese Vorgehensweise wird sich in der Praxis aber kaum empfehlen. Ein proaktives Handeln des Verbandsklagegerichts vor dem Ausgang des Abhilfeverfahrens könnte ggf. auch Befangenheitssituationen auslösen, zumal der verurteilte Unternehmer das Recht hat, das Grundurteil durch die Revisionsinstanz prüfen zu lassen.

6   Der Gesetzgeber betont damit die Verfahrensautonomie der Parteien verstärkt und schränkt die Anwendbarkeit des § 278 Abs. 1 ZPO ein. Dies trägt der sog. Vergleichssperre des § 9 Abs. 1 Satz 2 Rechnung, wonach der Abschluss eines Vergleichs in dem sog. nachgelagerten Anmeldefenster von 3 Wochen nach Schluss der mündlichen Verhandlung nicht möglich ist. Wenn die mündliche Verhandlung im Hinblick auf einen Termin zur Verkündung eines Urteils geschlossen ist, ist es nicht möglich, während laufendem Verfahren einen Vergleich zu schließen, selbst wenn die Parteien sich insoweit geeinigt haben. Hier bleibt den Parteien nur der Weg der übereinstimmenden Erledigungserklärung mit der Rechtsfolge, dass nach § 91a ZPO das Verbandsklageverfahren in der Hauptsache beendet ist.[8]

7   Das Gericht kann nach Absatz 1 Satz 2 den Parteien zur Unterbreitung eines Vergleichsvorschlags eine Frist setzen. Dabei ist zu beachten, dass es sich nur um eine Soll-Vorgabe handelt, was insoweit nicht ausschließt, dass das Gericht nach Ausgang des Revisionsverfahren den Parteien einen Vergleichsvorschlag unterbreitet. Die Regelung darf grundsätzlich als missglückt betrachtet werden. Der Gesetzgeber beschränkt die Rolle des Gerichts als Case Managing Judge. Durch die Einbeziehung der Regelung des § 9 Abs. 1 Satz 2 kommt es vor Ablauf der Anmeldefrist für Verbraucher zu einer Blockade von Vergleichsabschlüssen. Während das Gericht im allgemeinen Zivilprozess in jeder Lage des Verfahrens auf eine gütliche Einigung aktiv hinzuwirken, beschränkt der Gesetzgeber die Rolle in diesem Verfahrensstadium auf eine sehr passive Rolle.[9] Das Gericht soll lediglich die Parteien befristet auffordern, von sich aus einen Vergleichsvorschlag zu unterbreiten. Damit nimmt der Gesetzgeber dem Gericht eine zentrale Rolle als case managing judge. Bedenklich ist auch die Befugnis des Gerichts, Fristen zu setzen. Im Regelfall sind derartige

---

[5] Musielak/Voit/*Stadler*[21] § 17 VDuG Rn. 2. **AA** *Bruns* Stellungnahme Rechtsausschuss am 10. Mai 2023, S. 29.
[6] BT-Drucks. 20/6520 S. 80.
[7] BT-Drucks. 20/6520 S. 81.
[8] Köhler/Feddersen/*Scherer,* UWG[43] (2025), § 17 VDuG Rn. 7.
[9] Kritisch *Röthemyer* VDuG § 17 Rn. 4; Skauradszun/*Voigt* § 17 Rn. 14.

Fristsetzungen gegenüber den Parteien ohne inhaltliche Vorschläge selten von Erfolg gekrönt. Insofern mutet auch die Gesetzesbegründung lebensfremd an, wenn dort die Erwartung gehegt wird, dass der Ausgang eines Revisionsverfahrens eine vorherige, möglichst frühzeitige gütliche Beendigung des Rechtsstreits nicht hindert.[10]

Die gesetzte Frist nach Absatz 1 Satz 2 kann auf Antrag einer Partei und mit Zustimmung der **8** Gegenpartei nach Absatz 1 Satz 3 verlängert werden. Der Abhilfevergleich bedarf nach Absatz 1 Satz 4 der Genehmigung (§§ 17 Abs. 1 Satz 4, 9 Abs. 2).

2. Prozessbeendigung und materiellrechtliche Wirkung des Vergleichs

Ein nach Absatz 1 zustande gekommener Vergleich entfaltet wie jeder Prozessvergleich prozessua- **9** le sowie materiellrechtliche Wirkungen. Prozessual beendet der Prozessvergleich den Rechtsstreit und die Rechtshängigkeit der Verbandsklage. Materiellrechtlich modifiziert der Vergleich in der Regel das Schuldverhältnis zwischen den repräsentierten Verbrauchern und dem Unternehmer, sofern die Verbraucher nicht nach § 10 Abs. 1, § 17 Abs. 1 Satz 4 innerhalb eines Monats nach Bekanntgabe des Vergleichs im Verbandsklageregister gegenüber dem Bundesamt für Justiz ihren Austritt aus dem Vergleich erklärt haben.

Soweit die angemeldeten Verbraucher nicht oder nicht fristgerecht ihren Austritt aus dem **10** Vergleich erklärt haben, kommt der fehlenden Opt-out-Erklärung Erklärungswert in Form der nachträglichen Zustimmung zu dem erga omnes gegenüber den Anmeldern wirkenden Vergleich zu.[11] Mit dieser Konstruktion lässt sich auch die Einräumung von Rechten oder der Verzicht auf Rechte der Verbraucher erklären. Der Verband vertritt die Verbraucher nicht formal. Eine Konstruktion über § 177 ff. BGB ist daher nicht zu erwägen, da beim Vergleichsabschluss nicht die angemeldeten Verbraucher den Vertragsschluss herbeiführen. Vielmehr stellt der Vergleichsabschluss zwischen dem Verband und dem Unternehmer ein Angebot dar, dessen Annahme durch die Verbraucher sich bei fehlendem Austritt nach § 151 BGB vollzieht.

3. Fortsetzung des Abhilfeverfahrens (Absatz 2)

Kommt kein Vergleich zustande oder wird dieser mangels Genehmigung nicht wirksam, ist das **11** Verfahren nach Eintritt der Rechtskraft des Abhilfegrundurteils fortzusetzen.[12] Das Gericht kann bei mangelnder Unterbreitung eines Vergleichsvorschlags durch die Parteien nach Ablauf einer Frist nach Absatz 1 Satz 2 ohne Weiteres vom Scheitern der Vergleichsbemühungen ausgehen und nach Absatz 2 Satz 2 verfahren.[13] Die Fortsetzung des Abhilfeverfahrens setzt jedoch voraus, dass das Abhilfegrundurteil formell rechtskräftig ist. Die formelle Rechtskraft tritt nach § 13 Abs. 1 Satz 1 i.V.m. § 705 Satz 1 ZPO frühestens mit Verstreichen der Revisionsfrist ein, sonst mit Zurückweisung der Revision nach § 13 Abs. 1 Satz 1 i.V.m. § 561 ZPO.

---

10 BT-Drucks. 20/6520 S. 81.
11 *Stadler* NJW 2020, 265, 270; Köhler/Feddersen/*Scherer*, UWG[43] (2025), § 17 VDuG Rn. 10.
12 BT-Drucks. 20/6520 S. 81.
13 Zweifelnd Skauradszun/*Voigt* § 17 VDuG Rn. 19.

§ 18
Abhilfeendurteil

(1) Die Urteilsformel des Abhilfeendurteils enthält folgende Angaben:
1. die Anordnung des Umsetzungsverfahrens,
2. die vorläufige Festsetzung der Kosten des Umsetzungsverfahrens,
3. die Verurteilung des Unternehmers zur Zahlung der nach Nummer 2 vorläufig festgesetzten Kosten des Umsetzungsverfahrens zu Händen des Sachwalters sowie
4. die Entscheidung über die Kosten des Verfahrens.

(2) Wird mit der Abhilfeklage ein kollektiver Gesamtbetrag geltend gemacht, enthält die Urteilsformel außerdem die Verurteilung des Unternehmers zur Zahlung eines solchen Betrags zu Händen des Sachwalters.

(3) Das Gericht kann bei Vorliegen besonderer Umstände, insbesondere einer Vielzahl betroffener Verbraucheransprüche, im Abhilfeendurteil die Widerspruchsfrist nach § 28 Absatz 2 Satz 1 angemessen verlängern.

(4) [1]Gegen Abhilfeendurteile findet die Revision statt. [2]Diese bedarf keiner Zulassung.

Schrifttum
Vgl. § 16.

Übersicht

I. Entstehungsgeschichte, Zweck und Systematik —— 1

II. Norminhalt
1. Vorgaben für die Urteilsformel (Absatz 1) —— 4
   a) Anordnung des Umsetzungsverfahrens —— 5
   b) Vorläufige Kostenfestsetzung —— 7
   c) Verurteilung des Unternehmens zur Kostentragung der vorläufig festgesetzten Kosten des Umsetzungsverfahrens —— 8

   d) Verfahrenskostenentscheidung —— 10
2. Bezifferung des kollektiven Gesamtbetrags (Absatz 2) —— 13
3. Anordnung einer Sicherheitsleistung für die vorläufige Vollstreckbarkeit —— 15
4. Verlängerung der Widerspruchsfrist (Absatz 3) —— 16
5. Revision —— 17

I. Entstehungsgeschichte, Zweck und Systematik

1 Die Vorschrift in § 12 Abs. 1 Nr. 4, der mittelbar auf die §§ 91 ZPO i.V.m. § 13 Abs. 1 verweist, setzt Art. 12 Abs. 1 Verbandsklagen-RL um, der bestimmt: *„Die Mitgliedstaaten stellen sicher, dass die in einer Verbandsklage auf Abhilfeentscheidungen unterliegende Partei die von der obsiegenden Partei getragenen Verfahrenskosten nach Maßgabe der im geltenden nationalen Recht für Gerichtsverfahren im Allgemeinen vorgesehenen Bedingungen und Ausnahmen zahlt."* Im Übrigen enthält die Verbandsklagen-RL keine Vorgaben in Bezug auf die Entwicklung und Umsetzung des gerichtlichen Abhilfeklagensystems.

2 Die Vorschrift regelt die Abhilfeendurteile als dritter Verfahrensschritt: Nach dem Abhilfegrundurteil nach § 16 Abs. 1 Satz 1 als erster Verfahrensabschnitt schließt sich eine Vergleichsphase als zweiter Verfahrensabschnitt an. Scheitert das Zustandekommen eines Vergleichs erlässt das Verbandsklagegericht ein Abhilfeendurteil, das die Grundlage des Umsetzungsverfahrens (§§ 22 ff.) bildet.

Die Vorschrift ist auch bei den sog. Kombinationsurteilen i.S.v. § 16 Abs. 4 zu beachten, wenn 3
Bemühungen um einen Vergleich aussichtslos erscheinen und beide Parteien dies übereinstimmend beantragen. Der Tenor dieses Kombinationsurteils hat sowohl die Angaben nach § 16 Abs. 2 und die Angaben nach § 18 zu enthalten.

II. Norminhalt

1. Vorgaben für die Urteilsformel (Absatz 1)

Die Regelung in Absatz 1 bestimmt, welche Angaben die Urteilsformel des Abhilfeendurteils ent- 4
halten muss.

a) Anordnung des Umsetzungsverfahrens. Nach **Nummer 1** ist in der Urteilsformel die 5
Durchführung des Umsetzungsverfahrens i.S.v. §§ 22 ff. anzuordnen. Ein Umsetzungsverfahren ist sowohl zur Befriedigung von Zahlungsansprüchen als auch zur Befriedigung von Verbraucheransprüchen, die nicht auf Zahlung gerichtet sind (Naturalabhilfe), anzuordnen. Wurde der Unternehmer zu einem kollektiven Gesamtbetrag verurteilt, wird dieser im Umsetzungsverfahren an berechtigte Verbraucher verteilt. In Fällen der Naturalabhilfe sind ebenfalls die Berechtigungsvoraussetzungen der Verbraucher zu prüfen, die beispielsweise ein Produkt des Unternehmers erworben haben und aufgrund des Abhilfeendurteils zum Rücktausch oder zur Reparatur des Produkts berechtigt sind.

Kein Umsetzungsverfahren ist dann erforderlich, wenn der Verbraucherverband konkretisier- 6
te Anträge zugunsten namentlich benannter Verbraucher stellt[1] und das Gericht in einem Endurteil über einzelne Verbraucheransprüche entscheiden kann. In diesem Fall ergeht ein bereits individualisierter Titel, der vom Verbraucherverband zugunsten der einzelnen Verbraucher vollstreckt werden kann.[2]

b) Vorläufige Kostenfestsetzung. Nach **Nummer 2** setzt das Gericht die voraussichtlichen Kos- 7
ten des Umsetzungsverfahrens **vorläufig** fest. Dabei antizipiert es den voraussichtlichen Umfang und den zu erwartenden Aufwand des Sachwalters.[3] Das Klageregister gibt Aufschluss darüber, wie viele Verbraucheransprüche im Umsetzungsverfahren zu prüfen sind. Die Zahl der zu berücksichtigenden Ansprüche ist eine Kennziffer für den Umfang des Umsetzungsverfahrens; sie dient auch als Schätzgrundlage für die voraussichtlich anfallenden Sachwalterausgaben (§ 20 Abs. 1 Nr. 1). Dabei sind die Kosten des Umsetzungsverfahrens vorläufig großzügig zu schätzen. Anders als der kollektive Gesamtbetrag nach § 19 können die Kosten des Umsetzungsverfahren nach § 20 nicht mittels der Erhöhungsklage nach § 21 erhöht werden. Da der Sachwalter seine Ansprüche nach § 32 erst mit der Schlussrechnung abrechnet, sind die Kosten des Umsetzungsverfahrens mit einem Risikopuffer auszustatten, um nicht den Sachwalter dem Insolvenzrisiko des Unternehmers auszusetzen.[4]

c) Verurteilung des Unternehmens zur Kostentragung der vorläufig festgesetzten 8
Kosten des Umsetzungsverfahrens. Nach **Nummer 3** hat die Urteilsformel zu enthalten, dass der Unternehmer die Kosten des Umsetzungsverfahrens zu tragen hat. Um sicherzustellen, dass

---

1 Skauradszun/*Voigt* § 18 VDuG Rn. 6.
2 BT-Drucks. 20/6025 S. 81.
3 BT-Drs. 20/6520 S. 81.
4 *Röthemeyer* VDuG § 18 Rn. 4; Skauradszun/*Voigt* § 18 VDuG Rn. 9.

die im Umsetzungsverfahren anfallenden Kosten beglichen werden, sind die vorläufig festgesetzten Umsetzungskosten vom Unternehmer schon zu decken. Dies schließt das Risiko aus, dass der Sachwalter Vergütungs- und Auslagenerstattungsansprüche nicht beim Unternehmer liquidieren kann.[5] Eine endgültige Festsetzung der Sachwalteransprüche kann nach § 32 Abs. 2 erfolgen.

9 Das Abhilfeendurteil schafft einen Vollstreckungstitel zugunsten des Verbraucherverbands, sodass dieser nicht nur den kollektiven Betrag, sondern auch die vorläufigen Kosten des Umsetzungsverfahrens vollstrecken kann.[6] Der Tenor zu Nr. 2 und Nr. 3 kann wie folgt lauten: „Der Beklagte wird verurteilt, die vorläufig auf XX,00 € festgesetzten Kosten des Umsetzungsverfahrens zu Händen des nach § 23 zu bestellenden Sachwalters zu zahlen." Zur etwaigen Vollstreckung des Urteils ist eine Ausfertigung des Beststellungsbeschlusses beizufügen.[7]

10 **d) Verfahrenskostenentscheidung.** **Nummer 4** regelt den **allgemeinen Kostenausspruch** über die Tragung der Gerichts- und Rechtsanwaltskosten des Verfahrens und korrespondiert mit den §§ 91 ff. ZPO.

11 Folgende Besonderheiten bei den Verfahrenskosten sind zu beachten. Der Streitwert der Abhilfeklage sowie der Erhöhungsklage nach § 21 wird nach § 48 GKG auf € 300.000 begrenzt. Nach § 9 Abs. 2 GKG wird die Gebühr für das Umsetzungsverfahren nach dem Verbraucherrechtedurchsetzungsgesetz mit dessen Eröffnung fällig. Nach § 26a GKG schuldet die Kosten des Umsetzungsverfahrens nach dem Verbraucherrechtedurchsetzungsgesetz nur der im zugrundeliegenden Abhilfeverfahren verurteilte Unternehmer.

12 Im Umsetzungsverfahren nach dem Verbraucherrechtedurchsetzungsgesetz bestimmt sich nach § 59a GKG die Gebühr nach dem Gesamtwert der von dem Umsetzungsverfahren erfassten Ansprüche. Der Gesamtwert des Umsetzungsverfahrens kann daher durchaus höher liegen als der Streitwert des Abhilfeverfahrens gem. § 48 GKG.[8]

2. Bezifferung des kollektiven Gesamtbetrags (Absatz 2)

13 Die Bestimmung des kollektiven Gesamtbetrages ist nur bei der Abhilfeklage zugunsten nicht namentlich benannter Verbraucher erforderlich, nicht hingegen bei Klagen auf Naturalabhilfe.[9]

14 Mit der Verurteilung zur Zahlung des kollektiven Gesamtbetrages trifft das Verbandsklagegericht keine Entscheidung, ob die Verbraucher von dem Unternehmen einen bestimmten Betrag fordern können. Das Abhilfeendurteil ist **kein Titel**, aus dem **einzelne Verbraucher** die Vollstreckung gegen den Unternehmer betreiben können.[10] Die **Vollstreckung des kollektiven Gesamtbetrags** obliegt allein dem **Verbraucherverband**. Der kollektive Gesamtbetrag ist zu Händen des Sachwalters zu zahlen.

3. Anordnung einer Sicherheitsleistung für die vorläufige Vollstreckbarkeit

15 Das Gericht hat nach § 13 Abs. 1 i.V.m. § 709 Satz 1 ZPO das Abhilfeendurteil für vorläufig vollstreckbar zu erklären. Soweit wegen einer Geldforderung zu vollstrecken ist, genügt es, wenn die Höhe der Sicherheitsleistung in einem bestimmten Verhältnis zur Höhe des jeweils zu vollstre-

---

5 BT-Drucks. 20/6025 S. 82.
6 BT-Drucks. 20/6520 S. 82.
7 *Röthemeyer* VDuG § 18 Rn. 8.
8 Ebenso Köhler/Feddersen/*Scherer*, UWG[43] (2025), § 18 VDuG Rn. 12.
9 *Röthemeyer* VDuG § 18 Rn. 8; *Zöller/Althammer*, ZPO[35] (2024), § 18 VDuG Rn. 6; Köhler/Feddersen/*Scherer*, UWG[43] (2025), § 18 VDuG Rn. 18. *Schneider/Conrady/Kapoor* BB 2023, 2183.
10 Skauradszun/*Voigt* § 18 VDuG Rn. 15; *Meller-Hannich* VersR 2023, 1321, 1327.

ckenden Betrages angegeben wird. Die Höhe der Sicherheitsleistung wird danach variieren, ob der Verurteilung zu einem Kollektivbetrag ein Grundurteil vorausgegangen ist oder nicht. Bei einem vorausgegangenen rechtskräftigen Abhilfegrundurteil ist das Risiko eines Vollstreckungsschadens annähernd null.[11] Denn in einem solchen Fall steht die Haftung dem Grunde nach bereits fest; eine Aufhebung oder Abänderung des Abhilfeendurteils berührt die Haftung des Unternehmers nicht. Etwaige Zahlungen des Unternehmers sind trotz Aufhebung oder Abänderung im unter gerichtlicher Aufsicht verwalteten Umsetzungsfonds.

4. Verlängerung der Widerspruchsfrist (Absatz 3)

Im Umsetzungsverfahren muss der Sachwalter nach § 28 Abs. 1 den Verbrauchern und dem Unternehmer mitteilen, ob und ggf. in welchem Umfang sich ein Anspruch als begründet erweist. Die betroffenen Verbraucher und der Unternehmer können vorbehaltlich des Absatzes 3 binnen vier Wochen nach Zugang der Mitteilung des Sachwalters widersprechen. Diese Widerspruchfrist kann das Gericht bereits im Abhilfeendurteil bei Vorliegen besonderer Umstände nach **Absatz 3** verlängern. Dies wird insbesondere in aufwendigen Umsetzungsverfahren mit einer hohen Anzahl von Verbraucheransprüchen der Fall sein.[12] Diese Entscheidung steht im pflichtgemäßen Ermessen des Gerichts.[13]   **16**

5. Revision

Die Regelung entspricht § 16 Abs. 5 und § 42. Gegen die instanzbeendenden Abhilfeendurteile ist die Revision der Parteien und Streithelfer,[14] nicht aber der Anmelder statthaft. Einer gesonderten Zulassung der Revision durch das Prozessgericht bedarf es nicht. Die Musterfeststellungsklage hat wegen ihrer Breitenwirkung stets grundsätzliche Bedeutung.[15]   **17**

---

11 *Röthemeyer* VDuG § 18 Rn. 10.
12 BT-Drucks. 20/6520 S. 82; Köhler/Feddersen/*Scherer,* UWG[43] (2025), § 18 VDuG Rn. 17; Anders/Gehle/*Schmidt,* ZPO[83] (2025), § 18 VDuG Rn. 4.
13 Anders/Gehle/*Schmidt,* ZPO[83] (2025), § 18 VDuG Rn. 4.
14 Zöller/*Vollkommer,* ZPO[35] (2024), § 42 Rn. 3.
15 BT-Drucks. 20/6520 S. 98.

§ 19
Kollektiver Gesamtbetrag

(1) Das Gericht kann die Höhe des kollektiven Gesamtbetrags unter Würdigung aller Umstände nach freier Überzeugung bestimmen.

(2) § 287 der Zivilprozessordnung ist entsprechend anzuwenden.

Übersicht

I. Entstehungsgeschichte, Zweck und Systematik —— 1

II. Norminhalt
1. Die Ermittlung des Betrages unter Würdigung aller Umstände nach freier Überzeugung (Absatz 1) —— 4

2. Schätzung nach § 287 ZPO (Absatz 2) —— 7
    a) Faktor „Höhe des einzelnen Verbraucheranspruchs" —— 9
    b) Faktor „Anzahl Anmeldungen" —— 10
    c) Faktor „Berechtigung der Einzelansprüche" —— 11

I. Entstehungsgeschichte, Zweck und Systematik

1 Die Vorschrift hat kein Vorbild in der Verbandsklagen-RL. Erwägungsgrund 12 Verbandsklagen-RL betont ausdrücklich, dass die Richtlinie im Einklang mit der Verfahrensautonomie nicht dazu dienen soll, jeden Aspekt der Verbandsklage zu regeln.

2 Systematisch steht die Vorschrift in Zusammenhang mit §§ 14 Satz 2, 15 Abs. 2 Satz 2 und 18 Abs. 2. Für den Fall, dass die Zahlung eines kollektiven Gesamtbetrags verlangt wird, muss entgegen den Bestimmtheitsanforderungen an die Klageschrift (§ 253 Abs. 2 Nr. 2 ZPO) keine konkrete Bezifferung dieses Gesamtbetrags beantragt werden.[1] Die Klageschrift muss aber Angaben zur konkreten einzelnen Anspruchshöhe enthalten, sofern dieses für alle von der Klage betroffenen Verbraucher gleich ist. Nach § 18 Abs. 2 hat das Verbandsklagegericht im Abhilfeendurteil den konkreten kollektiven Gesamtbetrag zum Zwecke des Umsetzungsverfahrens festzulegen. Diese Summe kann nach § 21 nachträglich erhöht werden. Überschüssige Reste werden am Ende des Umsetzungsverfahrens an den Unternehmer zurückgezahlt.

3 Um dem Gericht die Bestimmung der Höhe des kollektiven Gesamtbetrages zu erleichtern, kann das Verbandsklagegericht in Anlehnung an § 287 Abs. 1 Satz 1 ZPO den Betrag unter Würdigung aller Umstände nach freier Überzeugung bestimmen.

II. Norminhalt

1. Die Ermittlung des Betrages unter Würdigung aller Umstände nach freier Überzeugung (Absatz 1)

4 Die Vorschrift ist prozessrechtlich dem Beweisrecht zuzuordnen.[2] Sie kehrt dabei die Darlegungs- und Beweislast nicht um. Die Vorschrift betrifft das **Beweismaß**.[3] Das Gericht muss nicht nach dem Strengbeweis entscheiden, sondern unter Würdigung aller Umstände nach freier Überzeugung. Die Vorschrift räumt dem Gericht nicht nur größere richterliche Freiheiten bei der Ermitt-

---

[1] *Thönissen* RuS 2023, 740, 750.

[2] Skauradszun MDR 2024, 741, 742.

[3] Zöller/*Althammer*, ZPO[35] (2024), § 19 Rn. 6; Skauradszun/*Skauradszun* § 19 Rn. 8.

lung der Höhe des kollektiven Gesamtbetrages, sondern auch bei der Würdigung der Umstände ein.

Die Vorschrift befreit den Verbraucherverband nicht davon, dem Gericht konkrete Anhalts- 5 punkte darzulegen, auf die es seine Schätzung stützen kann. Ein aktueller Auszug aus dem Verbandsklageregister gibt Aufschluss darüber, wie viele Verbraucher sich angemeldet haben.[4] Damit ist ersichtlich, wie viele Ansprüche geltend gemacht werden. Darüber hinaus ist aber auch die Darlegung konkreter Anhaltspunkte zur Anspruchshöhe durch den Verbraucherverband erforderlich, indem beispielsweise vorgetragen wird, wie hoch der dem einzelnen Verbraucher entstandene Schaden durchschnittlich ist und auf welchen Umständen diese Annahmen beruht.[5]

Über die Höhe des kollektiven Gesamtbetrages ist unter Würdigung aller Umstände nach 6 Überzeugung des Gerichts zu entscheiden. Dem Gericht wird dabei ein **Beurteilungsspielraum** eingeräumt. Dieser Beurteilungsspielraum darf nicht nach reinem Gutdünken erfolgen, sondern muss einen Realitätsbezug aufweisen. Im Rahmen der Schätzung darf das Gericht jedoch unterstellen, dass alle angemeldeten Ansprüche in voller Höhe berechtigt sind.[6] Dies ist insoweit unproblematisch, da ein im Umsetzungsverfahren übrigbleibender Restbetrag an den Unternehmer auszukehren ist (§ 37). Bei unterschiedlichen Forderungshöhen muss das Gericht im Rahmen der freien Würdigung begründen, wie hoch der durchschnittliche Schadensbetrag des jeweils betroffenen Verbrauchers ist.

2. Schätzung nach § 287 ZPO (Absatz 2)

Die Vorschrift entlastet das Verbandsklagegericht davon, aufwändige Tatsachenermittlungen 7 durchzuführen und in umfangreichen Beweisaufnahmen einzutreten.[7] Die Norm ist Ausdruck der Verfahrensökonomie. Für die Schätzung der Gesamthöhe geltend die in § 287 ZPO bestimmten Erleichterungen für Beweismaß und -verfahren. Die Schadensschätzung ist in das Ermessen des Gerichts gestellt; insbesondere bleibt es dem Gericht überlassen, ob und inwieweit eine beantragte Beweisaufnahme oder von Amts wegen die Begutachtung durch Sachverständige anzuordnen ist.[8] Die Schadensschätzung muss an **hinreichende Tatsachen** anknüpfen. Diese Tatsachen und eine Erläuterung, inwieweit sie für die Schätzung berücksichtigt worden sind, sind in der Urteilsbegründung anzugeben.[9] Das Gericht darf weder ins Blaue hinein schätzen noch darf es pauschal auf die Angaben des Verbraucherverbands Bezug nehmen. Vielmehr muss das Gericht ein plausibles Schätzungsmuster bei der Überprüfung der klägerischen Angaben zugrunde legen und seine eigenen Bemessungsfaktoren offenlegen.

Der kollektive Gesamtbetrag lässt sich rechnerisch aus der Addition der vollen Einzelansprü- 8 che der Verbraucher bzw. der Multiplikation der gleichen Anspruchshöhe mit der Anzahl wirksam angemeldeter Verbraucher ermitteln (vgl. § 15 Abs. 2 Satz 2 und Satz 3).

a) Faktor „Höhe des einzelnen Verbraucheranspruchs". Für die Ermittlung des kollektiven 9 Gesamtbetrags ist zunächst die Höhe des einzelnen Verbraucheranspruchs bzw. die Methode zur entsprechenden Berechnung zu würdigen. Die klageberechtigte Stelle muss die Anknüpfungstatsachen darlegen und beweisen, aus denen sich die Höhe des einzelnen Verbraucheranspruchs bzw.

---

4 BT-Drucks. 20/6520 S. 83.
5 BT-Drucks. 20/6520 S. 83.
6 BT-Drucks. 20/6520 S. 83; Köhler/Feddersen/*Scherer*, UWG[43] (2025), § 19 VDuG Rn. 5.
7 BT-Drucks. 20/6520 S. 83; ebenso Zöller/*Althammer*, ZPO[35] (2024), § 19 Rn. 6; Skauradszun/*Skauradszun* § 19 Rn. 14.
8 BT-Drucks. 20/6520 S. 83.
9 BGH, VersR 1990, 907.

die Methode zur entsprechenden Berechnung ergibt.[10] Für die Anknüpfungstatsachen gilt das Regelbeweismaß des § 286 Abs. 1 ZPO.[11]

10 b) Faktor „Anzahl Anmeldungen". Zur Bestimmung der Anzahl der Anmeldungen fordert das Gericht beim registerführenden Bundesamt für Justiz einen Auszug aus dem Verbandsklageregister an. Da sich der Anmeldekreis noch drei Wochen nach der mündlichen Verhandlung durch An- und Abmeldung verändern kann, hat das Gericht sich zeitnah einen Auszug nach Schließung des Registers vorzulegen. Die Anzahl der Anmeldungen dient dabei nur als Schätzkriterium für den kollektiven Gesamtbetrag, zumal die Verbraucher ihre individuelle Anspruchsberechtigung erst im Umsetzungsverfahren nachzuweisen haben. Aus Gründen des rechtlichen Gehörs hat das Gericht in der letzten mündlichen Verhandlung eine Frist **zur Bedeutung der finalen Liste** als Schätzgrundlage für den kollektiven Gesamtbetrag zu setzen.[12]

11 c) Faktor „Berechtigung der Einzelansprüche". Das Gericht kann bei seiner Schätzung unterstellen, dass alle angemeldeten Ansprüche in voller Höhe berechtigt sind. Es kann daher die Summe der denkbaren Höchstbeträge aller Einzelansprüche als kollektiven Gesamtbetrag nehmen.[13] Bedenken bestehen an diesem Ansatz insoweit, als die abstrakte Anzahl der Anmeldung nicht aussagekräftig für die Wirksamkeit einer Anmeldung sein dürfte.[14] Bei der Schätzung des kollektiven Gesamtbetrages sind etwaige Teilleistungen des Unternehmers an die geschädigten Verbraucher vom Gericht mitzuberücksichtigen.[15] Soweit die Forderungshöhen unterschiedlich sind, muss das Gericht darlegen, wie hoch der durchschnittliche Betrag voraussichtlich ist.

---

10 Skauradszun/*Skauradszun* § 19 Rn. 16; *ders.* MDR 2024, 741, 742f.
11 Skauradszun/*Skauradszun* § 19 Rn. 16; *ders.* MDR 2024, 741, 743.
12 *Röthemeyer* VDuG § 19 Rn. 2; Skauradszun/*Skauradszun* § 19 Rn. 17.
13 BT-Drs. 20/6520 S. 94.
14 *Mekat*/*Amrhein* RAW 2023, 23, 25, 28.
15 Skauradszun/*Skauradszun* § 19 Rn. 18.

§ 20
Kosten des Umsetzungsverfahrens

(1) Kosten des Umsetzungsverfahrens im Sinne dieses Gesetzes sind:
1. die Auslagen des Sachwalters, insbesondere Verbindlichkeiten, die er zur ordnungsgemäßen Erfüllung seiner Aufgaben begründet, und
2. die Vergütung des Sachwalters.
(2) Die Kosten des Umsetzungsverfahrens trägt der Unternehmer.

Schrifttum
Vgl. § 16.

Übersicht

I. Entstehungsgeschichte, Zweck und Systematik —— 1

II. Norminhalt

1. Kosten des Umsetzungsverfahrens (Absatz 1) —— 3
   a) Auslagen des Sachwalters —— 4
   b) Vergütung des Sachwalters —— 5
2. Kostentragung —— 6

I. Entstehungsgeschichte, Zweck und Systematik

Die Vorschrift beschreibt die Kosten des Umsetzungsverfahrens bestehend aus den Auslagen des **1** Sachwalters und dessen Vergütung.[1] Diese gehören nicht zu den allgemeinen Prozesskosten i.S.v. §§ 91 ff. ZPO, sondern werden vom Gericht vorläufig nach § 18 Abs. 1 Nr. 2 festgesetzt. Gesetzessystematisch gehört die Regelung in den Unterabschnitt über das Umsetzungsverfahren.[2]

Die Verbandsklagen-RL sieht keine Vorgaben zur Einführung eines Umsetzungsverfahrens **2** vor. Der deutsche Gesetzgeber hatte insoweit Gestaltungsfreiheit bei der Ausgestaltung des Abhilfeverfahrens und des nachgelagerten Umsetzungsverfahrens.[3] Die in Art. 12 Verbandsklagen-RL genannten Kosten betreffen ausdrücklich die Verfahrenskosten der Abhilfeklage.

II. Norminhalt

1. Kosten des Umsetzungsverfahrens (Absatz 1)

Die Kosten des Umsetzungsverfahrens setzten sich zusammen aus den Auslagen des Sachwalters **3** und dessen Vergütung. Nicht hiervon umfasst sind die im Umsetzungsverfahren anfallenden Gerichtskosten, für die § 18 Abs. 1 Nr. 4 eine Regelung im Abhilfeendurteil durch die Urteilsformel zur Kostentragung trifft. Für diese gelten ausschließlich die Vorschriften des Gerichtskostengesetzes, nämlich § 59a GKG und VV Nr. 1660.

a) Auslagen des Sachwalters. Nach **Nummer 1** gehören die **Auslagen** des Sachwalters zu den **4** Kosten des Umsetzungsverfahrens, zu deren Zahlung nach vorläufiger Festsetzung der Unterneh-

---

1 BT-Drucks. 20/6520 S. 83.
2 *Röthemeyer* VDuG § 20 Rn. 1.
3 Köhler/Feddersen/*Scherer*, UWG[43] (2025), § 20 VDuG Rn. 4.

https://doi.org/10.1515/9783110660180-021

mer nach § 18 Abs. 1 Nr. 3 im Abhilfeendurteil zu verurteilen ist. Von diesen Auslagen sind insbesondere Verbindlichkeiten des Sachwalters umfasst, die er zur ordnungsgemäßen Erfüllung seiner Aufgaben begründet. Verbindlichkeiten können beispielsweise in der Form entstehen, dass der Sachwalter einen Dritten zur Unterstützung bei der Wahrnehmung des Umsetzungsverfahrens heranzieht, um eine reibungslose Abwicklung des Umsetzungsverfahrens zu gewährleisten.[4] Hierzu sind Aufgaben zu rechnen, die der Sachwalter nicht selbst erledigen kann wie beispielsweise die **Einrichtung** oder das **Betreiben eines Online-Portals**, auf dem die Verbraucher bestimmte Berechtigungsnachweise hochladen können.[5] Bei umfangreichen Umsetzungsverfahren, insbesondere bei einer Anmelderanzahl von mehr als 5.000 Verbraucher, mag es erforderlich sein, dass der Sachwalter Dritte zur Aufgabenerfüllung heranzieht. Eine Berechtigung zur Beauftragung Dritter wird man aber nur annehmen können, wenn der Sachwalter diese Aufgabe mit der bei ihm vorhandenen Organisation nicht selbst wahrnehmen kann.[6]

5 **b) Vergütung des Sachwalters.** Nach **Nummer** 2 gehört die Vergütung des Sachwalters ebenfalls zu den Umsetzungskosten. Der Sachwalter hat einen Vergütungsanspruch nach § 32 Abs. 1 Nr. 2, der nach Abs. 1 Nr. 2 zu den Kosten des Umsetzungsverfahrens gehört und zu dessen Zahlung nach vorläufiger Festsetzung der Unternehmer nach § 18 Abs. 1 Nr. 3 im Abhilfeendurteil zu verurteilen ist. Das Gericht setzt diese Kosten des Umsetzungsverfahrens im Abhilfeendurteil nach § 18 Abs. 1 Nr. 2 vorläufig fest. Die Höhe des Vergütungsanspruchs wird vom Gesetz weder beziffert noch bestimmt es Parameter, wie sich die Vergütung berechnet.[7] Die Vergütung kann durch eine Kombination verschiedener Vergütungsbestandteile ausgestaltet werden, zB Vergütungspauschale für die Einrichtung eines Umsetzungsverfahrens, Vergütung des Sachwalters für die Definition der Prüfschritte für die angemeldeten Ansprüche, Auslagen für Mitarbeiter des Sachwalters, Auslagenpauschale für den Betrieb von Line-Plattformen etc.[8]

2. Kostentragung

6 Die Vorschrift regelt die Kostentragungspflicht des Unternehmers für das Umsetzungsverfahren. Das Umsetzungsverfahren tritt sinngemäß an die Stelle einer Vollstreckung des Titels durch den klagenden Verbraucherband. Auch in diesem Fall müsste der Vollstreckungsschuldner, hier der Unternehmer, nach § 788 Abs. 1 ZPO die Kosten tragen. Die Verbraucher sollen als Begünstigte des Abhilfeverfahrens ausweislich der Erwägungsgründe 36 und 38 der Verbandsklagerichtlinie keine Kosten tragen.

7 Diese Kostenlastregelung ist insoweit bedenklich, als der Unternehmer auch die Kostenlast für Verbraucher zu tragen hat, die sich zu Unrecht angemeldet haben.[9] Eine Belastung des klagenden Verbraucherverbands an diesen Kosten wäre unbillig, da er keinen Einfluss auf die Anmeldungen hat. Art. 12 Abs. 3 Verbandsklagen-RL sieht hierzu eine Kostentragungspflicht derjenigen Verbraucher vor, die vorsätzlich oder fahrlässig durch ihre Anmeldung Kosten verursacht hat: *„Abweichend von Absatz 2 kann in Ausnahmefällen ein einzelner Verbraucher, der von einer Verbandsklage auf Abhilfeentscheidungen betroffen ist, dazu verurteilt werden, Verfahrenskosten zu tragen, die durch Vorsatz oder Fahrlässigkeit des einzelnen Verbrauchers verursacht wurden.“* Zwar kann diese Verurteilung des Verbrauchers nicht im Umsetzungsverfahren als Teil des Vollstreckungsverfahrens erfolgen. Der Unternehmer hat nicht nur in Fällen systematischen Missbrauchs einen materi-

---

4 BT-Drucks. 20/6520 S. 83.

5 BT-Drucks. 20/6520 S. 83.

6 Anders/Gehle/*Schmidt*, ZPO[83] (2025), § 20 VDuG Rn. 3.

7 Vgl. hierzu im Einzelnen die Erläuterungen zu § 32 Rn. 19 ff.

8 Skauradszun/*Skauradszun* § 20 VDuG Rn. 12.

9 *Röthemeyer* VDuG § 19 Rn. 5.

ellrechtlichen Kostenerstattungsanspruch aus § 826 BGB,[10] sondern auch bei fahrlässiger Falschanmeldung von Verbraucheransprüchen aus §§ 282, 311 Abs. 2 Nr. 3 BGB gegen den Verbraucher.

Das Abhilfeendurteil enthält nur einen Ausspruch über die Kostentragung der vorläufig fest- **8** gesetzten Kosten des Umsetzungsverfahrens (§ 18 Abs. 1 Nr. 3 i.V.m. Nr. 2). Die endgültige Kostenfestsetzung findet nach § 36 Abs. 1 durch Beschluss des Verbandsklagegerichts statt. Im Fall der Unterdeckung der vorläufig festgesetzten Kosten folgt der Ausgleich des Saldos aus § 36 Abs. 1 Nr. 2 i.V.m. § 20 Abs. 2.

---

10 *Röthemeyer* VDuG § 20 Rn. 5.

§ 21
Erhöhung des kollektiven Gesamtbetrags

(1) [1]Die klageberechtigte Stelle kann während des Umsetzungsverfahrens die Erhöhung des kollektiven Gesamtbetrags beantragen. [2]Die Klage ist nur zulässig, wenn die klageberechtigte Stelle Tatsachen vorträgt, aus denen sich ergibt, dass der kollektive Gesamtbetrag nicht zur Erfüllung der berechtigten Zahlungsansprüche aller angemeldeten Verbraucher ausreicht.

(2) [1]Reicht der kollektive Gesamtbetrag nicht zur Erfüllung der berechtigten Zahlungsansprüche aller angemeldeten Verbraucher aus, so ist der Unternehmer zur Zahlung eines weiteren kollektiven Gesamtbetrags zu verurteilen, der der Erhöhung entspricht. [2]§ 19 gilt entsprechend. [3]Das Umsetzungsverfahren ruht während des Erhöhungsverfahrens.

Schrifttum
Vgl. § 16.

Übersicht

I. Entstehungsgeschichte, Zweck und Systematik —— 1

II. Norminhalt
1. Voraussetzungen der Erhöhungsklage (Absatz 1)
   a) Ausschließliche Zuständigkeit des Prozessgerichts des Abhilfeverfahrens —— 4
   b) Besondere Zulässigkeitsvoraussetzung —— 5
   c) Rechtsschutzbedürfnis —— 6
2. Erhöhungsurteil und Ruhen des Umsetzungsverfahrens (Absatz 2)
   a) Erhöhungsurteil —— 8
   b) Ruhen des Umsetzungsverfahrens —— 11

I. Entstehungsgeschichte, Zweck und Systematik

1   Die Vorschrift regelt die **Erhöhungsklage des kollektiven Gesamtbetrags** für den Fall, dass das Verbandsklagegericht sich bei der ursprünglichen Festsetzung dieses Betrags verschätzt hat. Sie steht daher in systematischem Zusammenhang mit § 19, 14 Satz 2 und § 18 Abs. 2: Der kollektive Gesamtbetrag wird in Fällen beantragt, in denen der klagende Verbraucherverband die Verbraucher in seiner Abhilfeklage nicht namentlich benennt und die Forderungshöhe nur nach abstrakten Merkmalen umschreibt. Stellt sich dann während des Umsetzungsverfahrens heraus, dass der im Abhilfeverfahren tenorierte kollektive Gesamtbetrag nicht ausreicht, um die berechtigten Zahlungsansprüche aller angemeldeten Verbraucher zu erfüllen, kann der klagende Verbraucherband vor dem Prozessgericht mittels einer Klage die Erhöhung des kollektiven Gesamtbetrags beantragen.

2   Die Vorschrift regelt einen Fall der sog. Rechtskraftdurchbrechung[1] und soll nach der Gesetzesbegründung dogmatisch mit § 323 ZPO verwandt sein.[2] Der Unterschied zu § 323 ZPO besteht darin, dass vorliegend gerade keine neuen Tatsachen nach Schluss der mündlichen Verhandlung im Abhilfeverfahren entstanden sind. Vielmehr beruht das Abhilfeurteil auf einer falschen Schätzung bei unverändertem Lebenssachverhalt. Eine erneute Verhandlung wäre nach allgemeinen Rechtskraftgrundsätzen gerade unzulässig.[3] Denn die maßgeblichen Tatsachen lagen bereits im

---

1 Anders/Gehle/*Schmidt*, ZPO[83] (2025), § 21 Rn. 1; Köhler/Feddersen/*Scherer*, UWG[43] (2025), § 21 VDuG Rn. 2; Zöller/*Althammer* § 21 Rn.
2 BT-Drucks. 20/6520 S. 140, ebenso Köhler/Feddersen/*Scherer*, UWG[43] (2025), § 21 VDuG Rn. 2.
3 Zutreffend Zöller/*Althammer*, ZPO[35] (2024), § 21 Rn. 5.

Zeitpunkt des Abhilfeendurteils vor und wären daher nach § 767 Abs. 2 ZPO präkludiert.[4] Dogmatisch ließe sich das Rechtskraftproblem nur dann lösen, wenn man die Verurteilung im Abhilfeendurteil als vorläufige Abschlagszahlung qualifiziert und die Erhöhung als abschließende Nachforderungsverlangen einordnet.[5] Nur dann lägen zwei unterschiedliche Streitgegenstände vor.

Rechtstechnisch war die Erhöhungsklage angesichts Art. 9 Abs. 6 Verbandsklagen-RL erforder- **3** lich, da die Richtlinie vorschreibt, dass die Mitgliedstaaten sicherstellen, dass
die Verbraucher aufgrund einer Abhilfeentscheidung Anspruch darauf haben, dass ihnen die in diesen Abhilfeentscheidungen vorgesehene Abhilfe zugutekommt, ohne dass sie eine gesonderte Klage erheben müssen. Ohne die Erhöhungsklage wären die angemeldeten Verbraucher gezwungen, ihre noch offenen Ansprüche im Wege der Individualklage nach § 39 gegen den Unternehmer durchzusetzen.

II. Norminhalt

1. Voraussetzungen der Erhöhungsklage (Absatz 1)

a) Ausschließliche Zuständigkeit des Prozessgerichts des Abhilfeverfahrens. Eine be- **4** sondere Zuständigkeit wie in § 767 Abs. 1 ZPO ist vom Gesetzgeber zwar nicht vorgeschrieben. Aus der Systematik zu § 3 Abs. 1 ist für die Erhöhungsklage **ausschließlich** das **Prozessgericht des Abhilfeendurteils zuständig.**[6]

b) Besondere Zulässigkeitsvoraussetzung. Für die Zulässigkeit der Klage ist nach Abs. 1 **5** Satz 2 Voraussetzung, dass Tatsachen vorgetragen werden, aus denen sich ergibt, dass der kollektive Gesamtbetrag nicht ausreicht, um die berechtigten Zahlungsansprüche aller angemeldeten Verbraucher zu erfüllen.[7] Dieser Vortrag stellt eine notwendige Zulässigkeitsvoraussetzung für die Erhöhungsklage dar. Der Klageweg ist selbst dann zu beschreiten, wenn der Unternehmer keine Einwendungen gegen die Erhöhungen erhebt; § 93 ZPO findet insoweit keine Anwendung.[8]

c) Rechtsschutzbedürfnis. Das Rechtsschutzbedürfnis für die Erhöhungsklage besteht nur wäh- **6** rend des Umsetzungsverfahrens, also nach Bekanntmachung des Eröffnungsbeschlusses und vor Feststellung der Beendigung (§ 36).

Kein Rechtsschutzbedürfnis besteht in Fällen des § 319 ZPO. Etwaige Rechenfehler bei der **7** Ermittlung des kollektiven Gesamtbetrags können von Amts wegen durch das Gericht berichtigt werden. Der Verbraucherverband kann von sich aus auch einen Berichtigungsantrag stellen Einer Erhöhungsklage fehlt in solchen Fällen das Rechtsschutzbedürfnis, da das Mittel der Urteilsberichtigung der effektivere und kostengünstigere Weg ist.[9]

2. Erhöhungsurteil und Ruhen des Umsetzungsverfahrens (Absatz 2)

a) Erhöhungsurteil. Nach Absatz 2 erhöht und bestimmt das Verbandsklagegericht den kollekti- **8** ven Gesamtbetrag neu, wenn der im Abhilfeendurteil ausgesprochene kollektive Gesamtbetrag zu

---

4 Köhler/Feddersen/*Scherer*, UWG[43] (2025), § 21 VDuG Rn. 6.
5 *Bruns* ZZPInt 27 (2022) 323 f.; Zöller/*Althammer*, ZPO[35] (2024), § 21 VDuG Rn. 5.
6 Ebenso Köhler/Feddersen/*Scherer*, UWG[43] (2025), § 21 VDuG Rn. 4.
7 BT-Drucks. 20/6520 S. 84; *Thönissen* RuS 2023,750.
8 Zöller/*Althammer*, ZPO[35] (2024), § 21 VDuG Rn. 2; *Röthemeyer* VDuG § 21 Rn. 10.
9 Köhler/Feddersen/*Scherer*, UWG[43] (2025), § 21 VDuG Rn. 8.

niedrig bestimmt war, um alle berechtigten Ansprüche der angemeldeten Verbraucher zu befriedigen. Die erforderliche Erhöhung erfolgt wiederum durch Schätzung nach Abs. 2 Satz 2 i.V.m. § 19. Die Verurteilung zur Zahlung eines weiteren kollektiven Gesamtbetrags hat die Voraussetzungen des § 18 Abs. 2 zu beachten. Das ursprüngliche Abhilfeendurteil hat neben dem Erhöhungsurteil weiter Bestand.[10] Das Erhöhungsurteil ist ein Leistungsurteil und zugleich ein Gestaltungsurteil in Bezug auf den ursprünglich tenorierten kollektiven Gesamtbetrag.[11]

9   Da das Verfahren über die Erhöhung des kollektiven Gesamtbeitrags ein eigenständiges Klageverfahren darstellt,[12] fallen gesonderte Gerichtsgebühren an. Der Streitwert bemisst sich nach dem Erhöhungsverlangen ist nach § 28 Abs. 1 Satz 3 GKG auf € 300.000 gedeckelt.

10   Für die Kostenentscheidung gilt die Vorschrift des § 18 Abs. 1 Nr. 4 i.V.m. §§ 91 ff. ZPO entsprechend. Die Vorschrift des § 93 ZPO findet keine Anwendung.

11 **b) Ruhen des Umsetzungsverfahrens.** Während des Erhöhungsverfahrens ruht das Umsetzungsverfahren. Das Ruhen des Umsetzungsverfahren beginnt mit Rechtshängigkeit des Erhöhungsverfahrens und endet nach Rechtskraft des Erhöhungsverfahrens. Das Umsetzungsverfahren ist hinsichtlich des erhöhten Betrages erst mit Einzahlung des Betrags in entsprechender Anwendung des § 24 fortzusetzen.[13]

---

10 BT-Drucks. 20/6520 S. 84.
11 Köhler/Feddersen/*Scherer*, UWG[43] (2025), § 21 VDuG Rn. 9.
12 BT-Drucks. 20/6520 S. 130.
13 Köhler/Feddersen/*Scherer*, UWG[43] (2025), § 21 VDuG Rn. 11. **AA** *Röthemeyer* VDuG § 21 Rn. 12, demzufolge die Sicherung des § 24 in Fällen des Erhöhungsbetrags nicht Platz greifen soll.

Unterabschnitt 3
Umsetzungsverfahren

Vorbemerkung zu §§ 22 ff.

Schrifttum

Anders/Gehle/*Schmidt* ZPO, Beilage VDuG (2023); *Bayat* Die Verbandsklage und das Umsetzungsverfahren, IWRZ 2023, 258; *Bruns* Dogmatische Grundfragen der Verbandsklage auf Abhilfeleistung in Geld, ZZP 2024, 3; *Dahl/Linnenbrink* Die Position des Sachwalters im Umsetzungsverfahren der neuen Verbandsabhilfeklage nach VDuG, NZI 2024, 33; *Heerma* Das geplante Verbraucherrechtedurchsetzungsgesetz: Abhilfeurteile und deren Umsetzung nach dem VDuG, ZZP 2024, 425; Köhler/Bornkamm/Feddersen/*Scherer* UWG, 42. Aufl. (2024); *Münscher* Die Abhilfeklage nach dem neuen Verbraucherrechtedurchsetzungsgesetz, WM 2023, 2082; *Röthemeyer* VDuG Handkommentar (2024); *Schläfke/Lühmann* Kollektiver Rechtsschutz nach der Umsetzung der EU-Verbandsklagen-RL, NJW 2023, 3385; *Schmittmann* Die insolvenzrechtlichen Aspekte des Referentenentwurfs eines Gesetzes zur Umsetzung der Richtlinie (EU) 2020/1828 über Verbandsklagen zum Schutz der Kollektivinteressen der Verbraucher und zur Aufhebung der Richtlinie 2009/22/EG, ZRI 2023, 277; *Skauradszun* VDuG Kommentar (2024); *Thönissen* Prozessverträge und Verbandsabhilfeklage, ZZP 2024, 43; *Vollkommer* Das VDuG auf dem Praxisprüfstand, RAW 2024, 2.

Übersicht

I. Einführung —— 1

II. Das Umsetzungsverfahren im engeren und weiteren Sinne —— 5

III. Das Amt des Sachwalters
1. Vorbildregelungen und deren Bedeutung —— 9
2. Beginn und Ende des Amtes als Sachwalter —— 16
3. Rechtsstellung —— 19

IV. Parteiautonomie im Umsetzungsverfahren – „Umsetzungsvereinbarungen"

1. Grundsätzliche Zulässigkeit und Grenzen von Umsetzungsvereinbarungen —— 20
2. Mögliche Umsetzungsvereinbarungen —— 24
   a) Vergütung und Auslagen —— 28
   b) Reduzierung von Nachweisanforderungen —— 32
   c) Haftungsbeschränkung —— 34
   d) Kooperationsabreden —— 35
   e) Sonderfall: Verurteilung des Unternehmers zu einer anderen Leistung —— 36
   f) Sonderfall: „Heilung" nicht umsetzbarer Abhilfeentscheidungen —— 39

I. Einführung

Das vom Gesetzgeber so bezeichnete **Umsetzungsverfahren** ist die **eigentliche verfahrensrechtliche Neuigkeit** und damit ein, wenn nicht das **Kernstück** der gesetzlichen Regelungen im VDuG. Während kollektive Verfahren zur Klärung von Rechts- und Sachverhaltsfragen dem deutschen Verfahrensrecht bereits zuvor bekannt waren (§§ 9 ff. KapMuG, §§ 613 ff. ZPO a.F.), die konkrete Bestimmung von Ansprüchen und deren Durchsetzung jedoch den einzelnen Anspruchsinhabern überlassen blieben, hat der Gesetzgeber auch diese Fragen nunmehr erstmals für einen bereiten Anwendungsbereich einer kollektiven Regelung zugeführt. **1**

Dabei ist nach dem Inhalt der Abhilfeklage zu differenzieren: Wird der Unternehmer zu konkret bezifferten Zahlungen an namentlich benannte Verbraucher verurteilt, ist ein Umsetzungsverfahren entbehrlich, da in diesem Fall der Kläger die Zwangsvollstreckung aus dem Urteil betreiben kann.[1] Sind die Verbraucher dagegen nicht namentlich benannt oder wird die Zahlung nicht konkret ausgeurteilt oder lautet das Urteil auf eine andere Leistung als Zahlung, ist dem **2**

---

[1] Köhler/Bornkamm/Feddersen/*Scherer* § 22 VDuG Rn. 2; Zöller/*Vollkommer,* § 22 VDuG Rn. 3.

https://doi.org/10.1515/9783110660180-023

Prozessgericht der Abhilfeklage im sog. **Abhilfegrundurteil** nur die konkret-generelle Bestimmung der Ansprüche vorbehalten (§ 16 Abs. 1 und 2), sofern die Klage nicht unbegründet ist. Ein solches Abhilfegrundurteil wirkt dabei zum einen im Verhältnis zwischen den Prozessparteien (§ 13 Abs. 1 i.V.m. § 325 Abs. 1 ZPO), zum anderen aber auch zugunsten bzw. zulasten des konkret abgegrenzten Personenkreises der Anspruchsanmelder, § 11 Abs. 3 Satz 1.

3   Ob die Anspruchsanmelder tatsächlich in ihrer Person die vom Prozessgericht angenommenen Anspruchsvoraussetzungen erfüllen bzw. in welchem Umfang ihnen ein **konkreter Anspruch** zusteht, kann und muss das **Prozessgericht** im Rahmen des Abhilfeverfahrens **nicht** beurteilen. Die Konkretisierung und Durchsetzung der im Abhilfe**grund**urteil festgestellten Ansprüche erfolgt vielmehr, sofern die Parteien des Rechtsstreits nicht zur Umsetzung des Abhilfegrundurteils einen Vergleich i.S.v. § 17 Abs. 1 schließen, mittels des sog. **Umsetzungsverfahrens** (§§ 22 ff.), das gemäß § 18 durch das Abhilfe**end**urteil eingeleitet wird.

4   Zentrale Figur des Umsetzungsverfahrens ist der sog. **Sachwalter**, der hinsichtlich der angemeldeten und damit konkret feststehenden Verbraucher anhand der generellen Vorgaben des Abhilfegrundurteils zu prüfen und festzustellen hat, ob und welche konkreten Ansprüche jedem individuellen Anmelder zustehen. Weitere Aufgabe des Sachwalters ist es dann, auf der Basis der von ihm getroffenen Feststellungen die **Ansprüche** der einzelnen Anmelder zu **befriedigen** bzw. den Unternehmer zu den geschuldeten Leistungen **anzuhalten**. Der Sachwalter nimmt damit inhaltlich **Vollstreckungsaufgaben** wahr.[2] Grundlage für das Umsetzungsverfahren und die Tätigkeit des Sachwalters bilden das Abhilfegrundurteil und das Abhilfeendurteil.[3] Unionsrechtlich ist der Schritt eines Umsetzungsverfahrens bzw. die Einsetzung eines Sachwalters nicht vorgegeben, aber zulässig.[4]

II. Das Umsetzungsverfahren im engeren und weiteren Sinne

5   Die Gliederung des Gesetzes, in dem das „Umsetzungsverfahren" als Gegenstand des dritten Unterabschnitts des zweiten Abschnitts angegeben wird, erweckt den Anschein, alle Vorschriften der §§ 22 bis 38 würden sich auf einen einheitlichen Verfahrensabschnitt beziehen. Tatsächlich ist dies jedoch nicht der Fall, denn ein Teil der Vorschriften bezieht sich auf die **Rechtsstellung des Sachwalters**, ein anderer Teil auf die **Umsetzung des Abhilfegrundurteils durch** den Sachwalter. Richtigerweise sollte deshalb zwischen der in den §§ 24 bis 29 geregelten Umsetzung des Abhilfe**grund**urteils als **Umsetzungsverfahren im engeren Sinne** und dem **Umsetzungsverfahren im weiteren Sinne** im Übrigen unterschieden werden.[5] Letzteres umfasst im Wesentlichen die Umsetzung der Vorgaben aus dem Abhilfe**end**urteil, d.h. es geht vor allem um Auswahl, Bestellung und Kontrolle des Sachwalters, um seine Vergütung und Haftung sowie um die Beendigung seines Amtes.

6   Diese Unterscheidung ergibt sich nicht zuletzt auch aus dem Gesetz selbst: So sieht § 24 ausdrücklich vor, dass das Gericht die **Eröffnung des Umsetzungsverfahrens** beschließt, sobald der Unternehmer die festgesetzten Kosten und ggf. den kollektiven Gesamtbetrag an den Sachwalter gezahlt hat. Die **Bestellung** des Sachwalters gemäß § 23 ist also bereits erfolgt, bevor das Gericht die Eröffnung des Umsetzungsverfahrens beschließt, weshalb damit nur das Umsetzungsverfahren im engeren Sinne gemeint sein kann. Auch das Gesetz geht folglich davon aus, dass die Bestellung des Sachwalters und alle mit seiner Rechtsstellung zusammenhängenden Fragen nicht Teil eines Umsetzungsverfahrens im engeren Sinne sind.

7   Dieselbe Systematik zeigt sich in den Regelungen zur **Beendigung** des Umsetzungsverfahrens. So hat der Sachwalter nach § 34 Abs. 1 Satz 1 und 2 dem Gericht die Beendigung des Umsetzungs-

---

2 *Röthemeyer* VDuG § 23 Rn. 1.

3 Köhler/Bornkamm/Feddersen/*Scherer* § 22 VDuG Rn. 3.

4 Köhler/Bornkamm/Feddersen/*Scherer* § 22 VDuG Rn. 7, § 23 Rn. 2; ebenso *Röthemeyer* VDuG § 22 Rn. 8 ff.

5 Ähnlich Zöller/*Vollkommer*, § 22 VDuG Rn. 1 f.

verfahrens anzuzeigen und binnen einer vom Gericht gesetzten Frist einen Schlussbericht vorzulegen. Hier kann wiederum nur die Beendigung des Umsetzungsverfahrens im engeren Sinne
gemeint sein, da das Gericht erst auf Basis des Schlussberichts gemäß § 36 Abs. 1 die Beendigung
des Umsetzungsverfahrens feststellt und u.a. die endgültige Festsetzung der Kosten vornimmt. Die
letztgenannte Entscheidung bezieht sich folglich auf das **Umsetzungsverfahren im weiteren Sinne**, welches erst mit dem Beschluss nach § 36 sein Ende findet.

Die vorstehende Unterscheidung ist nicht nur von akademischem Interesse. Geht man zutref- 8
fend davon aus, dass zwischen dem Umsetzungsverfahren im engeren Sinne zur Realisierung
des Abhilfegrundurteils und dem Umsetzungsverfahren im weiteren Sinne zu unterscheiden ist,
ermöglicht diese Differenzierung, die vielfältigen denkbaren Rechtsbeziehungen zwischen Gericht,
Prozessparteien, Sachwalter, angemeldeten Verbrauchern und ggf. Dritten sachgerecht abzuschichten. In Bezug auf die einzelnen Verfahrensschritte folgt daraus z.B. ein **unterschiedlicher Kreis
von Verfahrensbeteiligten** und damit der Anhörungs- bzw. Mitwirkungsberechtigten. Ferner ist
diese Unterscheidung notwendige Voraussetzung für die zutreffende Beurteilung der Frage, ob
und ggf. in welchem Umfang im Rahmen des Umsetzungsverfahrens der **Parteiautonomie** Raum
gegeben ist, d.h. in welchem Maße Vereinbarungen zur Umsetzung von Abhilfegrund- und Abhilfeendurteil möglich sind, selbst wenn das Gesetz solche Vereinbarung nach Erlass eines Abhilfeendurteils nicht mehr erwähnt (vorher s. § 17 Abs. 1).[6]

III. Das Amt des Sachwalters

1. Vorbildregelungen und deren Bedeutung

Im Umsetzungsverfahren nimmt der sog. **Sachwalter** eine zentrale Rolle ein, wobei der Gesetzge- 9
ber mit dem Amt des Sachwalters ein **Amt *sui generis***, wenn auch nicht eine völlig vorbildlose
Rechtsfigur geschaffen hat. Unklar ist allerdings, ob dem Sachwalter i.S.d. VDuG eine kohärente
gesetzliche Konzeption zugrunde liegt.

Deutlich wird die vom Gesetzgeber jedenfalls beabsichtigte Orientierung an bereits existieren- 10
den Regelungen schon an der gewählten Bezeichnung „Sachwalter", mit der der Gesetzgeber auf
den Sachwalter der **Schifffahrtsrechtlichen Verteilungsordnung** (SVertO) verweist, was in den
Gesetzesmaterialien auch an verschiedenen Stellen ausdrücklich bestätigt wird.[7] Als mögliche Vorbildregelung kommt ferner das Amt des **Insolvenzverwalters** in Betracht, auf den in den Gesetzesmaterialien ebenfalls verschiedentlich Bezug genommen wird.[8] Darüber hinaus weist das Amt
des Sachwalters nach dem VDuG Übereinstimmungen mit Amt des Treuhänders nach §§ 288, 292
InsO auf, auch wenn dies dem Gesetzgeber ausweislich der vorhandenen Materialien nicht bewusst gewesen zu sein scheint.

Auch hierbei handelt es sich nicht um eine rein akademische Diskussion. Eine Figur wie die 11
des Sachwalters führt zu zahlreichen regelungsbedürftigen Sachverhalten (z.B. Aufgaben, Auswahl, Bestellung und Beaufsichtigung, Abberufung und anderweitige Beendigung seines Amtes,
Stellung im Zivilprozess, Haftung und Verjährung von Schadensersatzansprüchen, Auskunfts-
pflichten, Vergütung und Rechnungslegung, Erfüllungswirkung von Leistungen an und durch den
Sachwalter), die vom Gesetzgeber getroffenen Regelungen sind jedoch **teilweise unvollständig
und teilweise auslegungsbedürftig**, und bei manchen Fragen hat der Gesetzgeber bewusst der
Rechtsprechung die Ausfüllung unbestimmter Rechtsbegriffe überlassen.[9] In all diesen Zusammen-

---

6 Zu den möglichen Umsetzungsvereinbarungen s. unten Rn. 20 ff.
7 Siehe z.B. BT-Drucks. 20/6520 S. 85. Für die SVertO als maßgeblichen Bezugsrahmen daher auch *Anders/Gehle/
Schmidt* Vor § 22 Rn. 1, sowie *Röthemeyer* VDuG § 23 Rn. 1.
8 BT-Drucks. 20/6520 S. 85, 91; den Insolvenzverwalter sehen auch *Dahl/Linnenbrink* NZI 2024, 33, 38, als wesentliches
Vorbild.
9 Siehe insb. § 32 Abs. 1 Nr. 2 zur Vergütung des Sachwalters.

hängen stellt sich die Frage, ob und ggf. inwieweit auf **Vorbildregelungen** zum Sachwalter, Insolvenzverwalter oder Treuhänder in SVertO bzw. InsO zurückgegriffen werden kann.

12   Naheliegend ist zunächst aufgrund der Bezeichnung „Sachwalter" und der Hinweise in der Gesetzesbegründung ein **Rückgriff** auf die Regelungen in § 9 SVertO. Neben tatsächlich bestehenden zahlreichen Übereinstimmungen und einer dahingehenden Stellungnahme in den Gesetzesmaterialien[10] darf jedoch nicht übersehen werden, dass Ausgangslage, Funktion und Aufgaben der beiden „Sachwalter" sehr unterschiedlich sind. Das **seerechtliche Verteilungsverfahren** ist kein Verfahren zur kollektiven Durchsetzung gleichartiger Ansprüche, sondern dient der Umsetzung einer spezifischen seerechtlichen **Haftungsbeschränkung** nach einem Schadensereignis, indem zur Abdeckung aller Schäden (nur) ein vom Gericht bestimmter Betrag, der als Fonds bzw. Haftungssumme bezeichnet wird, zur Verfügung steht. Übereinstimmung besteht zwar insoweit, dass in beiden Fällen der Sachwalter dazu berufen ist, diesen Fonds zu verwalten, angemeldete Ansprüche zu prüfen und nach Feststellung der Ansprüche Gelder an die Berechtigten auszuzahlen. Allerdings muss der Sachwalter im seerechtlichen Verteilungsverfahren in Bezug auf die geltend gemachten Ansprüche stets individuell und vollständig hinsichtlich Grund und Höhe entscheiden, während der Sachwalter i.S.d. VDuG lediglich die Berechtigung der angemeldeten Verbraucher anhand der vom Gericht im Abhilfegrundurteil gemachten Vorgaben zu prüfen hat, wobei sich nach der Vorstellung des Gesetzgebers regelmäßig nur überschaubare Fragen zum Sachverhalt und selten schwierige Rechtfragen stellen sollten.[11] Nach einer in der Literatur vertretenen Ansicht soll der Sachwalter im Umsetzungsverfahren sogar **keinerlei materiell-rechtliche Prüfung** vornehmen müssen.[12]

13   Noch deutlicher sind die Unterschiede zwischen dem Sachwalter des VDuG und einem **Insolvenzverwalter.** So hat der Insolvenzverwalter im Gegensatz zum Sachwalter nicht lediglich ein relativ übersichtliches Arbeitsprogramm abzuarbeiten, sondern muss die **Leitung eines Unternehmens** übernehmen, dessen tatsächliche und rechtliche Verhältnisses nicht selten von einer erheblichen Unordnung bzw. Unsicherheit geprägt sind. In einer solchen Konstellation muss der Insolvenzverwalter nicht in erster Linie Prüfungen anhand genauer gerichtlicher Vorgaben vornehmen, sondern **unternehmerische Entscheidungen** treffen. Aufgaben, Pflichten und Anforderungen unterscheiden sich dementsprechend erheblich.

14   Eine gewisse Ähnlichkeit besteht schließlich mit dem in §§ 288, 292 InsO vorgesehenen **Treuhänder,** der auf ihn übertragenes Vermögen des Insolvenzschuldners zu halten und einmal jährlich an die im Schlussverzeichnis genannten Insolvenzgläubiger auszuschütten hat. Ein wesentlicher Unterschied besteht allerdings darin, dass der Treuhänder keine Prüfungen hinsichtlich der Berechtigung der Insolvenzgläubiger vorzunehmen hat, weshalb sein Aufgabenprogramm damit zwar nicht unähnlich, aber wesentlich eingeschränkter ist.

15   Im Ergebnis ist damit festzuhalten, dass es **keine** genau „passgenaue" **Vorbildregelung** gibt, vielmehr verschiedene Regelungszusammenhänge, die Ähnlichkeiten, aber auch Unterschiede aufweisen. Auch der Gesetzgeber geht ersichtlich von wesensmäßigen Unterschieden aus, wenn er beispielsweise für den Sachwalter des VDuG in § 23 Abs. 4 Satz 1 eine Ablehnung nach § 42 ZPO eröffnet, obwohl diese Vorschrift auf Insolvenzverwalter bzw. den Sachwalter nach § 9 SVertO gerade nicht anwendbar ist.[13] Sofern einzelne Vorschriften nicht ersichtlich aus einem solchen anderen Regelungszusammenhang übernommen wurden, ist für das Verständnis und die Auslegung somit nur mit Vorsicht und Augenmaß auf bereits existierende Vorschriften zurückzugreifen.

---

10 BT-Drucks. 20/6520 S. 85 und S. 90–92.
11 BT-Drucks. 20/6520 S. 87.
12 So *Schläfke/Lühmann* NJW 2023, 3385, 3390; *Dahl/Linnenbrink* NZI 2024, 33, 35.
13 Die §§ 56 ff. InsO schließen die Anwendung von § 42 ZPO aus, s. BGH, 25.1.2007 – IX ZB 240/05, ZIP 2007, 548 Rn. 20 ff. in *juris;* für § 9 SVertO dürfte nichts anderes gelten. Die strengeren Maßstäbe, denen ein Richter im Gegensatz zu einem Insolvenzverwalter unterliegt, betont auch BGH, 23.11.2023 – IX ZB 29/22, ZIP 2024, 460 Rn. 13. Nach der Gesetzesbegründung, BT-Drucks. 20/6520 S. 85, soll der Verweis auf § 42 ZPO an § 406 ZPO angelehnt sein, was aber nicht überzeugt, da die Aufgabe des Sachwalters keine Parallele zu den Aufgaben eines Sachverständigen aufweist.

2. Beginn und Ende des Amtes als Sachwalter

Mit der **Bestellung des Sachwalters**, die in § 23 geregelt ist, beginnt das **Umsetzungsverfahren** 16
im weiteren Sinne, sofern er die Bestellung annimmt.

Die **Beendigung des Amtes** als Sachwalter ist nach der gesetzlichen Konzeption aus mehre- 17
ren Gründen denkbar: Gesetzlicher Regelfall ist Erfüllung aller Aufgaben durch den Sachwalter,
d.h. die Beendigung des Umsetzungsverfahrens im engeren Sinne. Durch den sich daran anschließenden Beschluss des Prozessgerichts gemäß § 36 wird konstitutiv die Beendigung des Umsetzungsverfahrens im weiteren Sinne festgestellt, womit dann auch das Amt des Sachwalters sein
Ende findet.

Das Amt endet jedoch auch im Fall einer erfolgreichen Ablehnung wegen Besorgnis der Befan- 18
genheit (§ 23 Abs. 4 Satz 1 i.V.m. § 42 ZPO), einer Entlassung aus wichtigem Grund (§ 30 Abs. 3
Satz 3) oder einer Einstellung des Umsetzungsverfahrens in Folge der Eröffnung des Insolvenzverfahrens über das Vermögen des Unternehmers (§ 38). Handelt es sich beim Sachwalter um eine
natürliche Person, führen auch der Tod oder der Verlust der Geschäftsfähigkeit *ipso iure* zur
Beendigung des Amtes. Ist dagegen eine juristische Person zum Sachwalter bestellt worden, tritt
dieselbe Rechtsfolge im Fall der Eröffnung eines Insolvenzverfahrens über das Vermögen des
Sachwalters sowie dann ein, wenn das vertretungsberechtigte Organ des Sachwalters auf andere
Weise wegfällt.

3. Rechtsstellung

Die einzelnen Rechte und Pflichten des Sachwalters ergeben sich aus den §§ 25 ff., wobei der 19
Sachwalter in unterschiedlicher Funktion angesprochen wird. Soweit dem Sachwalter die Verwaltung, Verwertung und Verteilung des Umsetzungsfonds übertragen ist, nimmt er seine Rechte
nicht im eigenen Interesse wahr, sondern im wirtschaftlichen Interesse sowohl des Unternehmers
wie auch der angemeldeten Verbraucher. Wie einem Insolvenzverwalter durch § 80 Abs. 1 InsO
hinsichtlich der Insolvenzmasse wird ihm durch § 25 die **Verwaltungs- und Verfügungsbefugnis**
über den **Umsetzungsfonds** übertragen, ohne dass ihm wirtschaftlich eigene Rechte an dem Vermögen zustünden. Der Sachwalter kann dementsprechend in gleicher Weise wie ein Insolvenzverwalter als **Amtsträger** verstanden werden.[14] Führt der Sachwalter in Ausführung seiner Aufgaben
in Bezug auf den Umsetzungsfonds einen Rechtsstreit, so ist er dementsprechend wie ein Insolvenzverwalter als **Partei kraft Amtes** zu qualifizieren[15] und auch im Rubrum so zu bezeichnen.
Dabei sollte eine Formulierung wie z.B. „*A als Sachwalter des Umsetzungsfonds gemäß Urteil des
Oberlandesgerichts ... vom ... zum Az. ...*" gewählt werden.

IV. Parteiautonomie im Umsetzungsverfahren – „Umsetzungsvereinbarungen"

1. Grundsätzliche Zulässigkeit und Grenzen von Umsetzungsvereinbarungen

Eine vom Gesetzgeber nicht näher beachtete Frage ist, ob und ggf. in welchem Umfang im Umset- 20
zungsverfahren Raum für **Parteiautonomie** besteht und daher der Abschluss von **Umsetzungsvereinbarungen** zwischen den verschiedenen Beteiligten möglich ist. Das praktische Bedürfnis
nach solchen Vereinbarungen liegt auf der Hand, da alle Beteiligten Interesse an einer möglichst
schnellen, effizienten und damit kostengünstigen und zugleich rechtssicheren Umsetzung des Urteils haben müssen. Ferner kann ein Interesse daran bestehen, möglichst früh festzulegen, welche
Vergütung der Sachwalter erhalten soll und welche Aufwendungen er tätigen darf.

---

14 *Schmittmann* ZRI 2023, 277, 279; *Heerma* ZZP 2024, 425, 442.
15 Wie hier Skauradszun/*Dahl*/*Linnenbrink* VDuG § 23 Rn. 11.

21   Die Annahme eines solchen Raums für parteiautonome Lösungen ist trotz der an sich bindenden Vorgaben aus Abhilfegrund- und Abhilfeendurteil nicht fernliegend. So ist es zum einen selbstverständlich, dass die Parteien eines Rechtsstreits auch von einem rechtskräftigen Urteil einverständlich abweichen können. Hinzu kommt, dass im Fall einer Abhilfeklage der Gesetzgeber in § 17 Abs. 1 sogar selbst vorgesehen hat, dass nach Erlass des Abhilfe**grund**urteils in erster Linie die Parteien im Rahmen eines **Vergleichs** die Umsetzung des Urteils regeln sollen. Der Gesetzgeber geht also davon aus, dass sich Fragen der Umsetzung des Abhilfegrundurteils für Vereinbarungen zwischen den Parteien eignen und derartige Vereinbarungen grundsätzlich vorzugswürdig sind. Vor diesem Hintergrund gibt es keinen Anlass zur Annahme, dass Umsetzungsvereinbarungen nur deshalb grundsätzlich ausgeschlossen sein sollten, weil die Prozessparteien sich nach Erlass des Abhilfegrundurteils (zunächst) auf keinen Vergleich i.S.v. § 17 Abs. 1 einigen konnten.

22   Andererseits kann nicht in Zweifel gezogen werden, dass durch eine Umsetzungsvereinbarung keinem Beteiligten, der an der Vereinbarung nicht beteiligt ist, Rechte entzogen werden können. Aus diesem Grund versteht es sich z.B. von selbst, dass der Sachwalter und der Unternehmer keine wirksamen Abreden dahingehend treffen können, dass Ansprüche der angemeldeten Verbraucher nicht oder nur unter strengeren Voraussetzung als im Abhilfegrundurteil vorgesehen zu erfüllen sind. Ebenso ausgeschlossen sind Abreden, die eine gesetzmäßige Durchführung des Umsetzungsverfahrens in anderer Weise ausschließen oder erschweren. Eine derartige Vereinbarung, die nicht einmal unter Einbeziehung des Klägers abgeschlossen werden könnte, wäre mit der gesetzlichen Verpflichtung des Sachwalters zur Umsetzung der Abhilfeentscheidungen unvereinbar und dementsprechend gemäß § 134 BGB unwirksam.

23   Uneingeschränkt zulässig sind dagegen Vereinbarungen zwischen den Beteiligten, die die Umsetzung des Urteils in tatsächlicher Hinsicht erleichtern, effizienter gestalten oder für die Beteiligten Rechtssicherheit schaffen, ohne in die durch das Urteil begründeten Rechtspositionen des Klägers oder der angemeldeten Verbraucher einzugreifen.[16] Ist eine Vereinbarung danach zulässig, so sind die Vorschriften des VDuG über den Abschluss eines Vergleichs **nicht** analog anzuwenden, sodass auch **keine Genehmigung** des Prozessgerichts nach § 9 Abs. 2 Satz 1 analog zur Wirksamkeit der Vereinbarung erforderlich ist.[17] Allerdings sind etwaige Umsetzungsvereinbarungen auf Anfrage dem Prozessgericht mitzuteilen bzw. offenzulegen. Eine Aufnahme in den Schlussbericht ist dagegen nicht erforderlich, da § 34 die aufzunehmenden Angaben abschließend regelt.

2. Mögliche Umsetzungsvereinbarungen

24   In der Praxis dürften fast nur **Umsetzungsvereinbarungen** zwischen dem **Sachwalter** und dem **Unternehmer** in Betracht kommen, da das **Prozessgericht** für sich keine „Privatautonomie" in Anspruch nehmen kann, und die Beteiligung des **Klägers** als Partei einer solchen Vereinbarung regelmäßig nicht sinnvoll, jedenfalls aber nicht erforderlich sein dürfte.

25   Der Abschluss von Umsetzungsvereinbarungen zwischen dem **Unternehmer** und dem **Kläger** erscheint zwar, wie soeben angemerkt, nicht von vornherein ausgeschlossen, zumal diesen beiden Parteien in § 17 Abs. 1 Satz 1 ausdrücklich das Recht zur vergleichsweisen Umsetzung des Abhilfegrundurteils eingeräumt wird. Entfällt aber diese Vergleichsmöglichkeit mit Fortsetzung des Abhilfeverfahrens, § 17 Abs. 2 Satz 1, und ist ein Sachwalter bestellt worden, ist es nunmehr dessen Aufgabe, das Urteil umzusetzen. Dies steht dann nicht (mehr) zur Disposition der ursprünglichen Prozessparteien.

26   Denkbar erscheint damit lediglich noch, dass sich Unternehmer und Kläger auf Maßnahmen verständigen, die dem Sachwalter die Erfüllung seiner Aufgaben erleichtern und/oder die Position der angemeldeten Verbraucher im Umsetzungsverfahren verbessern sollen. Allerdings erscheint

---

16 Grundsätzlich übereinstimmend, wenn auch in engen Grenzen *Thönissen* ZZP 2024, 43, 67.
17 Das Genehmigungserfordernis findet seine Rechtfertigung allein im Schutz der Verbraucher, s. BT-Drucks. 20/6520 S. 74.

der Abschluss solcher Vereinbarungen ohne Beteiligung des Sachwalters nicht sinnvoll. Ist aber der Sachwalter selbst Partei der Umsetzungsvereinbarung, ist eine Beteiligung des Klägers jedenfalls nicht erforderlich. Sie ist allerdings auch nicht ausgeschlossen und kann vom Prozessgericht im Rahmen seiner Aufgabe zur Überwachung des Sachwalters gemäß § 30 als maßgebliches Indiz dafür herangezogen werden, dass sich die Vereinbarung nicht nachteilig auf die gesetzmäßige Durchführung des Umsetzungsverfahrens auswirkt und der Abschluss der Vereinbarung somit nicht gegen die Pflichten des Sachwalters verstößt.

Der Kreis zulässiger und potenziell sinnvoller Umsetzungsvereinbarungen zwischen dem 27 Sachwalter und dem Unternehmer lässt sich nicht abschließend beschreiben. Vor allem dürften folgende Vereinbarungen in Betracht kommen:

a) Vergütung und Auslagen. Sachwalter und Unternehmer können Abreden über die dem 28 Sachwalter zustehende **Vergütung** treffen, so z.B. zu einer Abrechnung nach Stunden, einem Pauschalhonorar für die gesamte Tätigkeit oder Pauschalen für einzelne Maßnahmen des Sachwalters.[18] Auch eine Kombination von Vergütungsformen ist zulässig. Ferner kann in einer solchen Vereinbarung die Frage geregelt werden, ob und ggf. in welchem Umfang dem Sachwalter **Vorschüsse** auf seine Vergütung zustehen. Der Vorteil einer Umsetzungsvereinbarung kann darin liegen, dass für Sachwalter und Unternehmer **Planungssicherheit** eintritt bzw. die Kosten des Umsetzungsverfahrens kalkulierbar werden.

Durch eine solche Vereinbarung wird zum einen ein **unmittelbarer Anspruch** des Sachwal- 29 ters gegen den Unternehmer begründet. Zum anderen **bindet** eine wirksame Umsetzungsvereinbarung auch das Prozessgericht bei seinen später zu treffenden Entscheidungen zur Vergütung des Sachwalters und der Entnahme von Vorschüssen (§ 32 Abs. 2).[19]

Unzulässig und gemäß § 134 BGB nichtig sind dagegen Abreden, die mittels der vereinbarten 30 Vergütung für den Sachwalter einen Anreiz setzen, das Verfahren zum Nachteil der angemeldeten Verbraucher nicht regelkonform umzusetzen. Ausgeschlossen ist demzufolge z.B. eine Abrede, die dem Sachwalter eine umso höhere Vergütung zugesteht, je mehr Ansprüche er gemäß § 27 Nr. 11 ablehnt.

In gleicher Weise sind Abreden über die vom Sachwalter zu tätigenden **Auslagen** bzw. **Auf-** 31 **wendungen** denkbar, was ebenfalls zu Planungssicherheit für Sachwalter und Unternehmer führt. So kann z.B. vorsorglich für den Fall, dass der Sachwalter zur Wahrnehmung seiner Aufgaben im Rahmen der gerichtlichen Überprüfung seiner Widerspruchsentscheidung nach § 28 Abs. 4 einen Rechtsanwalt mandatiert, eine Abrede zu dessen Vergütung getroffen werden, in der der Unternehmer vorab der Vereinbarung eines bestimmten Stundensatzes zustimmt. Auch insoweit gilt allerdings, dass durch die Abreden kein Anreiz für den Sachwalter gesetzt werden darf, zum Nachteil der angemeldeten Verbraucher von den Anforderungen an eine gesetzmäßige Umsetzung der Abhilfeentscheidungen abzuweichen.

b) Reduzierung von Nachweisanforderungen. Im Abhilfegrundurteil hat das Gericht u.a. die 32 konkreten Voraussetzungen, nach denen sich die Anspruchsberechtigung der betroffenen Verbraucher bestimmt (§ 16 Abs. 2 Satz 1 Nr. 1), und die von jedem Verbraucher im Umsetzungsverfahren zu erbringenden **Berechtigungsnachweise** festzulegen (§ 16 Abs. 2 Satz 1 Nr. 2). Dies kann dazu führen, dass der vom Sachwalter durch die Vorgaben des Urteils geforderte Aufwand im Umsetzungsverfahren in einem ungünstigen Verhältnis zur wirtschaftlichen Bedeutung der Ansprüche der Verbraucher steht. Sachwalter und Unternehmer können in diesem Fall ein Interesse daran haben, das Umsetzungsverfahren effizienter und damit kostengünstiger zu gestalten.

---

18 Anders *Röthemeyer* VDuG § 32 Rn. 19.
19 Dazu unten § 32 Rn. 20 f.

33   In einem solchen Fall ist es unproblematisch zulässig, wenn Unternehmer und Sachwalter sich darauf einigen, den Prüfungsaufwand zu reduzieren, indem z.B. die **Anforderungen** an die von allen oder einzelnen Verbrauchern zu erbringenden Nachweise **herabgesetzt** bzw. **vereinfacht** werden. Steht aus Sicht des Unternehmers – z.B. aufgrund eines Abgleichs mit seiner Kundendatenbank – fest, dass alle oder bestimmte angemeldete Verbraucher berechtigterweise Ansprüche geltend machen, kann er in einer Vereinbarung den Sachwalter sogar gänzlich von der Verpflichtung zur Einholung der vom Gericht an sich vorgesehenen Berechtigungsnachweise entbinden. Unzulässig sind dagegen (selbstverständlich) Abreden, durch die für die angemeldeten Verbraucher der Nachweis bzw. die Durchsetzung ihrer Ansprüche im Umsetzungsverfahren erschwert würde.

34   **c) Haftungsbeschränkung.** Zulässig sind Abreden über eine Beschränkung der Haftung des Sachwalters für die Verletzung von Pflichten, die gegenüber dem Unternehmer bestehen.[20] Eine solche Abrede kann im Einzelfall Voraussetzung dafür sein, dass der Sachwalter zur Übernahme des Amtes bereit oder in der Lage ist, angemessen Versicherungsschutz zu erlangen. Ferner können Sachwalter und Unternehmer auch Abreden dazu treffen, dass der Sachwalter zusätzliche Versicherungen abschließt und der Unternehmer die hierfür anfallenden Kosten (teilweise) übernimmt.

35   **d) Kooperationsabreden.** In Betracht kommt des Weiteren, dass Sachwalter und Unternehmer Vereinbarungen dazu treffen, bei der Prüfung der Ansprüche der angemeldeten Verbraucher zu **kooperieren**, um die Prüfung möglichst effizient und kostengünstig zu gestalten. So kommt z.B. in Betracht, dass der Unternehmer auf der Grundlage einer solchen Vereinbarung dem Sachwalter Kundendaten oder andere relevante Informationen, geeignete Software, Räume am Unternehmenssitz oder Personal zur Verfügung stellt. Zu gewährleisten ist lediglich, dass durch die Kooperation die **eigenverantwortliche Prüfung** der Ansprüche durch den Sachwalter nicht zum Nachteil der angemeldeten Verbraucher eingeschränkt wird.

36   **e) Sonderfall: Verurteilung des Unternehmers zu einer anderen Leistung.** Eine Sonderstellung nimmt der Fall ein, dass der Unternehmer zu einer **anderen Leistung** als zu einer Zahlung verurteilt worden ist. Auch in diesem Fall kommt es zu einem Umsetzungsverfahren, in dem der Sachwalter zunächst die Berechtigung der angemeldeten Verbraucher zu prüfen hat. Soweit diese zu bejahen ist, kann der Sachwalter die Erfüllung der Ansprüche (anders als bei einer Zahlung) jedoch nicht selbst vornehmen, sondern hat nach § 27 Nr. 10 den Unternehmer zur Erfüllung aufzufordern, ihm **angemessene Fristen** zu setzen und eine **Anzeige der Erfüllung** sowie **geeignete Nachweise** zu verlangen.

37   In diesem Fall liegt es zunächst auf der Hand, dass eine gewisse Abstimmung zwischen dem Sachwalter und dem Unternehmer erforderlich ist, da der Sachwalter nur auf diesem Wege in der Lage sein dürfte, **angemessene Fristdauern** zu identifizieren oder **sachgerechte Leistungsnachweise** festzulegen. Vor allem aber können Unternehmer und Sachwalter ein Interesse daran haben, z.B. die Art und Weise von Anzeige und Nachweis der Erfüllung **vorab** verbindlich festzulegen, um einen effizienten Verfahrensablauf zu gewährleisten. Verlangt z.B. der Sachwalter vom Unternehmer eine Anzeige der Erfüllung, könnte diese mangels gesetzlicher Vorgabe vom Unternehmer schriftlich, mündlich, elektronisch, individualisiert oder in Form einer „Sammelanzeige" vorgenommen werden. Es besteht ein offensichtliches organisatorisches Interesse, hierzu vorab eine Abrede zu treffen. In mindestens gleichem Maße gilt dies aus Sicht des Unternehmers für den Fall, dass er einen Nachweis für die Erfüllung der Ansprüche erbringen soll. In einem solchen

---

20 So auch Skauradszun/*Paulus* VDuG § 31 Rn. 18.

Fall ist es sinnvoll, vor Beginn der Erfüllungshandlungen mit dem Sachwalter Art und Weise des Nachweises zu vereinbaren. Auch hinsichtlich der Fristen für die Erfüllung der Ansprüche liegt es nahe, Abreden zwischen Sachwalter und Unternehmer zuzulassen, um Planungssicherheit zu schaffen.

Fraglich erscheint dagegen, ob bzw. mit welcher Wirkung eine Umsetzungsvereinbarung auch **38** in der Weise zwischen dem Sachwalter und dem Unternehmer geschlossen werden kann, dass der Unternehmer die Leistung zuerst an den Sachwalter erbringt und dieser dann die Leistung an die angemeldeten Verbraucher **weitergibt**.[21] Man wird derartige Abreden nicht für grundsätzlich unzulässig halten müssen, und es besteht auch kein Zweifel daran, dass bei einer tatsächlichen und ordnungsgemäßen Weiterleitung der Leistungen durch den Sachwalter an die angemeldeten Verbraucher **Erfüllung** eintritt. Allerdings können Abreden zwischen dem Sachwalter und dem Unternehmer nichts daran ändern, dass der Unternehmer den angemeldeten Verbrauchern etwas schuldet und deshalb mit der Leistung an den Sachwalter noch nicht erfüllt hat. Der Unternehmer trägt deshalb bei diesem Leistungsweg nicht nur das **Risiko**, dass der Sachwalter die Leistung nicht oder nicht ordnungsgemäß an die Verbraucher weiterleitet, sondern auch das Risiko des **zufälligen Untergangs** der Leistung.

f) Sonderfall: „Heilung" nicht umsetzbarer Abhilfeentscheidungen. Als letzter Anwen- **39** dungsfall einer Umsetzungsvereinbarung ist an die Konstellation zu denken, dass sich die Umsetzung des Abhilfegrundurteils auf der Grundlage der vom Gericht vorgegebenen Anforderungen in tatsächlicher Hinsicht als **nicht durchführbar** erweist, z.B. weil die vom Gericht vorgesehenen Berechtigungsnachweise von den Verbrauchern nicht erbracht werden können. In diesem Fall kommt es in Betracht, auf der Grundlage einer Vereinbarung zwischen dem Sachwalter und dem Unternehmer auch einen anderen Nachweis ausreichen zu lassen, um das Umsetzungsverfahren **weiterführen** zu können.

Zwar ist der Unternehmer zu einer solchen Vereinbarung nicht verpflichtet und kann es **40** vorziehen, dass das Umsetzungsverfahren ganz oder im Wesentlichen ergebnislos beendet wird. In diesem Fall besteht aber das Risiko, dass die angemeldeten Verbraucher in größerer Anzahl **Individualverfahren** i.S.v. § 39 gegen den Unternehmer einleiten, in denen sie sich hinsichtlich der verallgemeinerungsfähigen Sach- und Rechtsfragen gemäß § 11 Abs. 3 Satz 1 auf das Abhilfegrundurteil berufen und ihre tatsächliche Berechtigung auf andere Weise nachweisen können. Es dürfte nicht ausgeschlossen sein, dass vor diesem Hintergrund ein Unternehmer im Einzelfall die Durchführung des Umsetzungsverfahrens dem Szenario einer hohen Zahl von Individualverfahren vorzieht.

---

21 Für die Zulässigkeit derartiger Abreden Köhler/Bornkamm/Feddersen/*Scherer* § 25 VDuG Rn. 10 f. und § 27 Rn. 23.

§ 22
Zuständigkeit; Entscheidungen im Umsetzungsverfahren

(1) Für das Umsetzungsverfahren ist ausschließlich das Prozessgericht der Abhilfeklage zuständig.

(2) Die Entscheidungen des Gerichts im Umsetzungsverfahren können ohne mündliche Verhandlung ergehen.

Schrifttum

Anders/Gehle/*Schmidt* ZPO, Beilage VDuG (2023); Köhler/Bornkamm/Feddersen/*Scherer* UWG, 42. Aufl. (2024) § 22 VDuG; *Röthemeyer* VDuG Handkommentar (2024); *Skauradszun* VDuG Kommentar (2024).

Übersicht

I. Regelungsgegenstand —— 1

II. Zuständigkeit des Prozessgerichts —— 3

III. Anwendbare Verfahrensregeln
1. Fakultative mündliche Verhandlung —— 7
2. Verfahrensrechtliche Regeln im Übrigen —— 10

I. Regelungsgegenstand

1 § 22 hat nach der Ansicht des Gesetzgebers einen sehr begrenzten Regelungsgegenstand. Festgelegt wird zum einen die **Zuständigkeit** des **Prozessgerichts** für alle im Umsetzungsverfahren zu treffenden gerichtlichen Entscheidungen. Zugrunde liegt offensichtlich die Annahme einer besonderen Sachnähe aufgrund des zuvor durchgeführten Abhilfeklageverfahrens. Was unter dem Prozessgericht zu verstehen ist, sagt das Gesetz allerdings nicht.

2 Zum anderen findet sich eine – bestenfalls punktuell zu nennende – Regelung des anzuwendenden **Verfahrensrechts**, indem Entscheidungen ohne mündliche Verhandlung für zulässig erklärt werden. Lediglich für die in § 28 Abs. 4 normierte gerichtliche Überprüfung der Widerspruchsentscheidungen des Sachwalters finden sich einige weitere verfahrensrechtliche Vorgaben. Da andererseits § 13 auf das Umsetzungsverfahren nicht anwendbar ist, weist das Gesetz insoweit eine ganz erhebliche Regelungslücke auf, die mittels einer Analogie zu anderen verfahrensrechtlichen Normierungen zu lösen ist.

II. Zuständigkeit des Prozessgerichts

3 Für alle im Umsetzungsverfahren zu treffenden Entscheidungen ist das Prozessgericht **ausschließlich** zuständig, womit Pro- oder Derogationen ebenso ausgeschlossen werden wie eine rügelose Einlassung.[1] Ausweislich der Gesetzesbegründung ging der Gesetzgeber davon aus, dass es sich bei dem „Prozessgericht" immer um das **Oberlandesgericht** handeln würde, bei dem die Abhilfeklage erhoben worden war.[2] Dabei nahm der Gesetzgeber an, dass dieses Gericht mit dem Rechtsstreit besonders vertraut sei, da es das nun umzusetzende Abhilfegrundurteil erlassen habe. Es sei deshalb am besten geeignet, die Beachtung der im Abhilfegrundurteil getroffenen Vorgaben zu überwachen und zu beurteilen.[3]

---

[1] So richtig Köhler/Bornkamm/Feddersen/*Scherer* § 22 VDuG Rn. 8.
[2] BT-Drucks. 20/6520 S. 84.
[3] BT-Drucks. 20/6520 S. 84.

Diese Einschätzung des Gesetzgebers ist an sich zutreffend, übersehen wird dabei allerdings, **4** dass es sich beim **Prozessgericht** im Einzelfall auch um den **BGH** handeln könnte. Wie sich aus § 16 Abs. 5 und § 18 Abs. 4 ergibt, ist gegen das Abhilfegrundurteil wie auch gegen das Abhilfeendurteil die **Revision** stets statthaft und bedarf keiner Zulassung. Da für ein sich anschließendes Revisionsverfahren die allgemeinen Regeln gelten, kann es sich ergeben, dass der BGH das Urteil des Oberlandesgerichts aufhebt und im Anschluss gemäß § 563 Abs. 3 ZPO selbst eine eigene Sachentscheidung trifft, wenn die Aufhebung des Urteils nur wegen einer Rechtsverletzung bei Anwendung des Gesetzes auf den ordnungsgemäß festgestellten Sachverhalt erfolgt und nach letzterem die Sache zur Endentscheidung reif ist. Geschieht dies, wäre richtigerweise der BGH als das „Prozessgericht" anzusehen, das das Abhilfegrund- bzw. Abhilfeendurteil erlassen hat.

Gleichwohl ist § 22 Abs. 1 so auszulegen, dass für die im Umsetzungsverfahren zu treffenden **5** gerichtlichen Entscheidungen stets und **ausschließlich** das **Oberlandesgericht** zuständig ist, bei dem die Abhilfeklage erhoben wurde.[4] § 22 Abs. 1 ist mit anderen Worten so zu lesen, dass ausschließlich das „**erstinstanzliche**" Prozessgericht zuständig ist. Eine solche – sprachlich mögliche – Auslegung kann sich nicht nur auf die in den Gesetzesmaterialien[5] niedergelegte Ansicht des Gesetzgebers stützen. Sie wird bestärkt durch § 28 Abs. 4 Satz 1, wonach Verbraucher und Unternehmer im Umsetzungsverfahren gegen Widerspruchsentscheidungen des Sachwalters zu den individuellen Ansprüchen einzelner Verbraucher eine Überprüfung durch das „Prozessgericht" beantragen können. Es ist zwar schon rechtspolitisch fragwürdig, derartige Verfahren, die kraft Natur der Sache in sehr großen Zahlen anfallen können, einem Oberlandesgericht zur Entscheidung zuzuweisen. Mit Sicherheit kann aber nicht angenommen werden, dass es dem Willen des Gesetzgebers entsprechen würde, ggf. in tausenden von Fällen vom BGH über die Richtigkeit der Widerspruchsentscheidungen des Sachwalters entscheiden zu lassen.

Inhaltlich betrifft die Tätigkeit des Prozessgerichts im Umsetzungsverfahren neben der **Er-** **6** **nennung** des Sachwalters gemäß § 23 und der **Eröffnung** des Umsetzungsverfahren nach § 24 fast ausschließlich die **Kontrolle**, **Überwachung** und **Begleitung** des Sachwalters bei seiner Amtsführung. Eine Ausnahme bildet insoweit § 28 Abs. 4, da das Gericht in diesem Fall auch über individuelle Ansprüche von Verbrauchern zu entscheiden hat.[6]

III. Anwendbare Verfahrensregeln

1. Fakultative mündliche Verhandlung

Nach § 22 Abs. 2 können die gerichtlichen Entscheidungen im Umsetzungsverfahren ohne **mündli-** **7** **che Verhandlung** ergehen. Vorgeschrieben ist ein solches Vorgehen allerdings nicht. Das Oberlandesgericht kann somit, wann immer es dies als zweckmäßig ansieht, eine mündlichen Verhandlung durchführen. Im Einzelfall kann dies auch zwingend geboten sein, wenn nur auf diese Weise der Anspruch der Beteiligten auf **rechtliches Gehör** und **effektiven Rechtsschutz** gewahrt werden kann, denn Einschränkungen in Bezug auf diese Verfahrensgrundsätze kennt das VDuG nicht.

Ziel von § 22 Abs. 2 ist es, eine rasche Durchführung des Umsetzungsverfahrens zu ermögli- **8** chen.[7] Nach Ansicht des Gesetzgebers ist im Regelfall eine mündlichen Erörterung entbehrlich, da das Prozessgericht im Umsetzungsverfahren keine „materiell-rechtlichen Entscheidungen über individuelle Verbraucheransprüche" treffe. Vielmehr habe das Gericht nur eine „leitende und begleitende" und kontrollierende Funktion, wobei die Umsetzung des Abhilfegrundurteils maßgeblich in den Händen des dazu berufenen Sachwalters liege.[8]

---

4 Wie hier Anders/Gehle/*Schmidt* § 22 Rn. 1.

5 BT-Drucks. 20/6520 S. 84.

6 Ausführlich Köhler/Bornkamm/Feddersen/*Scherer* § 22 VDuG Rn. 12 f.

7 BT-Drucks. 20/6520 S. 84.

8 BT-Drucks. 20/6520 S. 84.

9   Diese Begründung des Gesetzgebers erweist sich zwar für die finale Gesetzesfassung nicht in vollem Umfang als tragfähig, da – anders noch nach dem Gesetzentwurf der Bundesregierung[9] – das Oberlandesgericht im Widerspruchsverfahren nach § 28 Abs. 4 sehr wohl „materiell-rechtlichen Entscheidungen über individuelle Verbraucheransprüche" zu treffen hat. § 28 Abs. 4 Satz 4 bestätigt jedoch auch für diesen Fall die Zulässigkeit einer Entscheidung im schriftlichen Verfahren.

2. Verfahrensrechtliche Regeln im Übrigen

10   Bemerkenswert ist, dass der Gesetzgeber abgesehen von § 22 Abs. 2 und – für das Widerspruchsverfahren in § 28 Abs. 4 Satz 2 bis 6 – **keinerlei ausdrückliche Regelungen** zum anwendbaren **Verfahrensrecht** getroffen hat. Dies wäre verständlich, sollte § 13 Abs. 1 Satz 1, wonach für Abhilfeklageverfahren – ebenso wie für Musterfeststellungsklagen als andere Form einer Verbandklage i.S.v. § 1 Abs. 1 – die Vorschriften der ZPO anzuwenden sind, soweit sich aus dem VDuG nichts anders ergibt, auch für das Umsetzungsverfahren Geltung beanspruchen.[10] Anhand des Gesetzeswortlauts ist diese Frage nicht eindeutig zu entscheiden, da die Abhilfeklage an sich mit Eintritt der Rechtskraft des Abhilfeendurteils beendet ist, sodass sich aus dem Wortlaut von § 13 Abs. 1 Satz 1 eine Geltung für das dann erst beginnende Umsetzungsverfahren nicht ergibt. Letztendlich kann die Frage jedoch offenbleiben. Ginge man davon aus, dass § 13 Abs. 1 Satz 1 auf das Umsetzungsverfahren keine Anwendung findet, so käme man über eine analoge Anwendung von § 4 Satz 1 InsO und § 3 Abs. 1 Satz 1 SVertO gleichwohl zur Anwendung der ZPO, soweit sich aus dem Gesetz nichts anderes ergibt.[11]

11   Für Prozesshandlungen eines Beteiligten gilt folglich in dem sich aus § 78 Abs. 1 und 3 ZPO ergebenden Umfang **Anwaltszwang**. Anderes gilt nur für den Unternehmer und die angemeldeten Verbraucher im Verfahren der gerichtlichen Überprüfung der Widerspruchsentscheidungen des Sachwalters, soweit dies in § 28 Abs. 4 Satz 5 angeordnet wird.[12]

12   Gerichtliche Entscheidungen ergehen grundsätzlich in Form eines **Beschlusses**,[13] für den dann § 329 ZPO zu beachten ist.

13   Sofern das Gesetz nicht – wie etwa in § 28 Abs. 4 Satz 6 – die Unanfechtbarkeit anordnet, ist gegen einen Beschluss des Oberlandesgerichts im Umsetzungsverfahren die **Rechtsbeschwerde** gemäß § 574 Abs. 1 Satz 1 Nr. 2 ZPO das statthafte Rechtsmittel.[14] Dies ist allerdings nicht unproblematisch, da die dafür erforderliche **grundsätzliche Bedeutung** i.S.v. § 574 Abs. 2 ZPO nicht selten fehlen dürfte, selbst wenn der Beschluss offensichtlich fehlerhaft ist.[15] Übersieht z.B. das Gericht, dass der vorgegebene Kostenvorschuss noch nicht (vollständig) eingezahlt wurde und beschließt gleichwohl gemäß § 24 die Eröffnung des Umsetzungsverfahrens, beeinträchtigt dies die Interessen des Sachwalters erheblich, da dieser nun tätig werden müsste, obwohl seine Vergütung nicht gesichert ist. Gleichwohl liegt nur eine **offensichtlich fehlerhafte Rechtsanwendung** vor, aber kein Fall grundsätzlicher Bedeutung. In derartigen Fällen ist somit zu prüfen, ob der betreffende Beschluss ggf. nicht in materielle, sondern nur in formelle Rechtskraft erwächst und auf Antrag eines Beteiligten eine Korrektur in Betracht kommt.[16]

---

9 Siehe BT-Drucks. 20/6520 S. 19, 89.

10 Hierfür *Röthemeyer* VDuG § 22 Rn. 6.

11 Im Ergebnis wie hier, allerdings aus der Zuständigkeit des Prozessgerichts ableitend Anders/Gehle/*Schmidt* § 22 Rn. 2.

12 A.A. wohl *Röthemeyer* VDuG § 22 Rn. 3, der Verbraucher mangels „Parteirolle" generell vom Anwaltszwang ausnehmen will.

13 So ausdrücklich BT-Drucks. 20/6520 S. 84; ebenso Köhler/Bornkamm/Feddersen/*Scherer* § 22 VDuG Rn. 10.

14 Wie hier Anders/Gehle/*Schmidt* § 22 Rn. 2.

15 Ausführlich zu § 574 ZPO insbesondere *Röthemeyer* VDuG § 23 Rn. 24 ff.

16 Ähnlich Skauradszun/*Wais* VDuG § 22 Rn. 17.

Dass im Übrigen das Verfahren rechtsstaatlichen Anforderungen genügen und insbesondere **14** der Anspruch auf **rechtliches Gehör** gewahrt werden muss, bedarf keiner besonderen Begründung. Zu prüfen ist dabei jeweils, wer **Verfahrensbeteiligter** und wem dementsprechend Gehör zu gewähren ist. Grundsätzlich gilt, dass zu den Entscheidungen des Gerichts der **Unternehmer** und der **Kläger** anzuhören sind, da das gesamte Umsetzungsverfahren der korrekten Umsetzung der Abhilfeurteile dient.[17] Anzuhören ist ferner der **Sachwalter** ab dem Zeitpunkt des Wirksamwerdens seiner Bestellung, soweit sich die Entscheidungen auf ihn auswirken. Allen drei genannten Beteiligten steht dementsprechend auch gegen alle Beschlüsse des Gerichts grundsätzlich das Rechtsmittel der Rechtsbeschwerde nach § 574 ZPO zur Verfügung. Die angemeldeten Verbraucher sind zwar nach § 26 „Teilnehmer" des Umsetzungsverfahrens, diese Rechtsstellung beschränkt sich aber auf das Umsetzungsverfahren im engeren Sinne[18] und auch insoweit jeweils nur auf ihr individuelles Rechtsverhältnis.

Stets zu prüfen ist, ob sich aus dem VDuG eine im Einzelfall **abweichende Regelung** ergibt, **15** die die Anwendung der ZPO ausschließt. Eine solche Abweichung kann sich aus einer expliziten gesetzlichen Anordnung ergeben (z.B. § 28 Abs. 4 Satz 2 bis 6). Sie kann aber auch aus der **Natur des Umsetzungsverfahrens** folgen. Ebenso wie beispielsweise im Insolvenzverfahren sind im Umsetzungsverfahren eine Reihe von Entscheidungen durch das Prozessgericht **von Amts wegen** zu treffen, das diesbezüglich von sich aus tätig zu werden hat („**Amtsbetrieb**"). Dies gilt insbesondere im Zusammenhang mit der Bestellung des Sachwalters (§ 23) und dessen Überwachung (§§ 30, 33 bis 35).

Soweit dies der Fall ist, hat das Prozessgericht gemäß § 5 Abs. 1 Satz 1 InsO analog den maß- **16** geblichen Sacherhalt **von Amts wegen** zu ermitteln, wobei es insbesondere auch Sachverständige beauftragen und Zeugen vernehmen kann (§ 5 Abs. 1 Satz 2 InsO analog). Denn wie im Insolvenzverfahren gilt, dass bei der Vielzahl möglicher Beteiligter in Person der angemeldeten Verbraucher, die zu weiten Teilen des Umsetzungsverfahrens über keine eigenen Erkenntnisse verfügen, die Anwendung des im Zivilprozess ansonsten geltenden Beibringungsgrundsatzes zu keinen sinnvollen Ergebnissen führen würde. Soweit Amtsbetrieb herrscht, gilt also der Grundsatz der **Amtsermittlung**.[19] Handelt es sich dagegen um Teile des Umsetzungsverfahrens, die wie die gerichtliche Entscheidung nach § 28 Abs. 4 Satz 1 nur auf Antrag einer Partei ergehen und aus dem übrigen Ablauf des Umsetzungsverfahrens ausgegliedert sind, so bleibt es bei der Geltung des der ZPO zugrundeliegenden **Beibringungsgrundsatzes**.

---

17 Anders *Röthemeyer* VDuG § 22 Rn. 2, der zwar einerseits annimmt, die Parteirollen des Abhilfeverfahrens würden sich im Umsetzungsverfahren fortsetzen, andererseits insb. dem Kläger aber nur einen sachlich begrenzten Mitwirkungsbereich zugestehen will.
18 Siehe dazu Vor §§ 22 ff. Rn. 5 ff.
19 Für das Insolvenzverfahren *Ganter/Bruns* MünchKomm-Inso, 4. Aufl. (2019) § 5 InsO Rn. 11, 12a. Wie hier Zöller/ *Vollkommer*, § 22 VDuG Rn. 7; a.A. Skauradszun/*Wais* VDuG § 22 Rn. 15.

§ 23
Bestellung des Sachwalters

(1) ¹Das Gericht bestellt einen Sachwalter. ²Vor der Bestellung sollen die Parteien des Abhilfeverfahrens zur Person des Sachwalters gehört werden.

(2) ¹Zum Sachwalter ist eine geeignete und von den Parteien unabhängige Person zu bestellen. ²Die Unabhängigkeit wird nicht schon dadurch ausgeschlossen, dass die Person von einer Partei vorgeschlagen worden ist. ³Das Gericht kann von der als Sachwalter vorgesehenen Person den Nachweis einer Berufshaftpflichtversicherung verlangen, deren Deckungssumme dem Umfang des Umsetzungsverfahrens angemessen ist.

(3) ¹Der Sachwalter erhält vom Gericht eine Urkunde über seine Bestellung. ²Bei Beendigung seines Amtes hat der Sachwalter dem Gericht die Urkunde zurückzugeben.

(4) ¹Ein Sachwalter kann von den Parteien aus denselben Gründen, die nach § 42 der Zivilprozessordnung zur Ablehnung eines Richters berechtigen, abgelehnt werden. ²Der Ablehnungsgrund ist glaubhaft zu machen; zur Versicherung an Eides statt darf die Partei nicht zugelassen werden. ³Ein Sachwalter kann auch wegen Ungeeignetheit abgelehnt werden.

(5) ¹Ein Ablehnungsantrag ist binnen zwei Wochen nach der Verkündung oder der Zustellung des Beschlusses über die Bestellung zu stellen. ²Zu einem späteren Zeitpunkt ist der Antrag auf Ablehnung nur zulässig, wenn die Partei glaubhaft macht, dass sie ohne ihr Verschulden verhindert war, den Ablehnungsgrund früher geltend zu machen.

(6) Gegen den Beschluss, durch den die Ablehnung für begründet erklärt wird, findet kein Rechtsmittel statt.

Schrifttum

Anders/Gehle/*Schmidt* ZPO, Beilage VDuG (2023); *Bayat* Die Verbandsklage und das Umsetzungsverfahren, IWRZ 2023, 258; *Dahl* Die Verbandsabhilfeklage – ein Überblick, NJW-Spezial 2024, 405; *Heerma* Das geplante Verbraucherrechtedurchsetzungsgesetz: Abhilfeurteile und deren Umsetzung nach dem VDuG, ZZP 2024, 425; Köhler/Bornkamm/Feddersen/*Scherer* UWG, 42. Aufl. (2024); *Röthemeyer* VDuG Handkommentar (2024); *Schmittmann* Die insolvenzrechtlichen Aspekte des Referentenentwurfs eines Gesetzes zur Umsetzung der Richtlinie (EU) 2020/1828 über Verbandsklagen zum Schutz der Kollektivinteressen der Verbraucher und zur Aufhebung der Richtlinie 2009/22/EG, ZRI 2023, 277; *Skauradszun* VDuG Kommentar (2024).

Übersicht

I. Bestellungsverfahren
1. Zuständigkeit —— 1
2. Bestellung von Amts wegen und Amtsermittlung; Haftung für fehlerhafte Auswahl —— 2
3. Anhörung —— 5
4. Entscheidung durch Beschluss; Inhalt und Begründung; Rechtsmittel —— 8
5. Wirksamwerden der Bestellung —— 14

II. Auswahlfähige Personen —— 15
1. Natürliche und juristische Personen —— 16
2. Sachwalter mit Sitz im Ausland —— 17
3. Mehrheit von Sachwaltern; Bestellung eines Sondersachwalters —— 18

III. Persönliche Voraussetzungen
1. Überblick —— 25
2. Fachliche Eignung —— 27

3. Persönliche Eignung —— 32
4. Insbesondere: Unabhängigkeit —— 35
5. Sonstige Kriterien —— 41
6. Berufshaftpflichtversicherung —— 42

IV. Bestellungsurkunde und Bekanntmachung —— 45

V. Ablehnung eines Sachwalters
1. Gesetzeszweck —— 49
2. Ablehnungsgründe —— 50
3. Antragserfordernis und Antragsberechtigung; Selbstablehnung und Ablehnung von Amts wegen —— 54
4. Glaubhaftmachung —— 56
5. Frist —— 57
6. Weiteres Verfahren und Entscheidung —— 62
7. Rechtsmittel —— 66

https://doi.org/10.1515/9783110660180-025

I. Bestellungsverfahren

1. Zuständigkeit

Zuständig für die **Bestellung** des Sachwalters ist gemäß § 22 Abs. 1 i.V.m. § 23 Abs. 1 Satz 1 immer **1**
das **Oberlandesgericht** als erstinstanzliches Gericht der Abhilfeklage.[1]

2. Bestellung von Amts wegen und Amtsermittlung; Haftung für fehlerhafte Auswahl

Das Verfahren zur Bestellung des Sachwalters hat das Oberlandesgericht **von Amts wegen** einzu- **2**
leiten,[2] sobald das Abhilfeendurteil rechtskräftig ist.[3] Ein „Antrag" der Prozessparteien ist nicht
erforderlich. Er ist, sofern die Bestellung eines konkret benannten Sachwalters „beantragt" wird,
lediglich als – stets zulässiger – **Vorschlag** (vgl. § 23 Abs. 2 Satz 2) zu qualifizieren.

Auch wenn das Gericht Vorschläge der Parteien berücksichtigen darf bzw. muss, hat das **3**
Gericht die Voraussetzungen für die Bestellung einer konkreten natürlichen oder juristischen
Person[4] von Amts wegen zu **ermitteln** und festzustellen.[5] Dies gilt insbesondere für **Unabhängigkeit, Geeignetheit** und **Bereitschaft** des möglichen Sachwalters zur Übernahme des Amtes, aber
auch für das Vorliegen oder Fehlen von Gründen, die zu einer Ablehnung nach Absatz 4 Satz 1
Anlass geben könnten.[6] Wesentliche Bedeutung kommt dabei der Einholung von Auskünften von
den in Frage kommenden Personen zu. Ausfluss der Verpflichtung zur Ermittlung von Amts wegen
sind ferner die Anhörungspflichten gemäß Absatz 1 Satz 2.

Da es sich bei der Auswahl des Sachwalters nicht um rechtsprechende Tätigkeit handelt, **4**
können den Beteiligten bei einer fehlerhaften oder verspäteten Auswahlentscheidung **Schadensersatzansprüche** gemäß § 839 BGB i.V.m. Art. 34 GG zustehen, die sich gegen die Anstellungskör-
perschaft und damit gegen das Bundesland richten, in dem das Oberlandesgericht seinen Sitz hat.

3. Anhörung

Nach § 23 Abs. 1 Satz 2 **soll** das Gericht die **Parteien der Abhilfeklage** zur Person des Sachwalters **5**
anhören, wobei diese Anhörung auch schriftlich erfolgen kann.[7] Zwingend ist die Anhörung nach
dem Gesetzeswortlaut nicht, jedoch ist davon auszugehen, dass wegen des Grundsatzes der **Amtsermittlung** regelmäßig eine **Ermessensreduzierung** auf null gegeben ist,[8] da die Anhörung der
Parteien mehreren Zielen dient: Zunächst kann auf diese Weise in Erfahrung gebracht werden,
ob die Parteien einen – ggf. gemeinsamen – Vorschlag für die Person des Sachwalters haben. Liegt
schon ein anderweitiger Vorschlag vor oder hat das Gericht einen möglicherweise geeigneten
Kandidaten identifiziert, so dient die Anhörung auch dazu, Stellungnahmen zu dessen Eignung
einzuholen und bereits jetzt den Parteien Gelegenheit zu geben, auf etwaige Ablehnungsgründen
i.S.v. § 23 Abs. 4 Satz 1 hinzuweisen. Schließlich kann das Gericht im Rahmen einer Anhörung die
Parteien dazu befragen, welche Anforderungen im konkreten Fall bei der Auswahl des Sachwalters berücksichtigt werden sollen. Auch in diesem Verfahrensstadium gilt im Übrigen der Grund-

---

1 Siehe dazu oben § 22 Rn. 3 ff.
2 BT-Drucks. 20/6520 S. 85.
3 A.A. Skauradszun/*Dahl/Linnenbrink* VDuG § 23 Rn. 9, sowie Zöller/*Vollkommer*, § 23 VDuG Rn. 1.
4 Siehe dazu Rn. 16.
5 Zur Amtsermittlung s.o. § 22 Rn. 15 f.
6 Zu den einzelnen Gesichtspunkten s.u. 25 ff.
7 Köhler/Bornkamm/Feddersen/*Scherer* § 23 VDuG Rn. 3.
8 Ähnlich Skauradszun/*Dahl/Linnenbrink* VDuG § 23 Rn. 10.

satz der „Waffengleichheit", d.h. das Gericht muss beiden Parteien in gleichem Umfang Gelegenheit zur Stellungnahme geben. Unterbleibt die Anhörung, führt dies aber nicht zur Unwirksamkeit der Bestellung.[9]

6 Eine Anhörung der **angemeldeten Verbraucher** ist nicht vorgesehen und wäre schon wegen deren Vielzahl in den meisten Fällen nicht sachdienlich. Äußert sich gleichwohl ein Verbraucher zur Bestellung des Sachwalters, so hat das Gericht dies im Rahmen seiner Amtsermittlung zur Kenntnis zu nehmen und das Vorbringen zu prüfen. Gegebenenfalls kann ein solches Vorbringen Anlass zu weiteren Schritten im Rahmen der Amtsermittlung sein. Eine Verpflichtung, etwaige „Anträge" eines angemeldeten Verbrauchers zu verbescheiden, besteht nicht

7 Anzuhören ist des Weiteren vor der Bestellung auch der **potenzielle Sachwalter.** Das Gesetz spricht dies nicht ausdrücklich aus, es ergibt sich jedoch zwanglos aus dem Grundsatz der Amtsermittlung. Nur durch eine solche Anhörung kann das Gericht in Erfahrung bringen, ob eine vorgeschlagene Person die erforderliche Unabhängigkeit aufweist, tatsächlich geeignet und auch bereit ist, das Amt des Sachwalters zu übernehmen.

4. Entscheidung durch Beschluss; Inhalt und Begründung; Rechtsmittel

8 Die Entscheidung zur Bestellung eines Sachwalters ergeht durch **Beschluss** (arg. e. § 23 Abs. 5 Satz 1), der gemäß § 22 Abs. 2 ohne mündliche Verhandlung ergehen kann.

9 Zum notwendigen **Inhalt** und dem Erfordernis einer **Begründung** des Beschlusses schweigt das Gesetz. Damit die Bestellung des Sachwalters vollzogen und das Umsetzungsverfahren von diesem durchgeführt werden kann, sind jedoch **mindestens** die folgenden Angaben im Bestellungsbeschluss erforderlich:
- Aktenzeichen, Parteien und Datum des Abhilfegrundurteils und des Abhilfeendurteils, wobei zu den Parteien auch die ladungsfähige Anschrift, die gesetzlichen Vertreter sowie die Prozessvertreter im Abhilfeverfahren anzugeben sind.
- Die Person des oder der Sachwalter nebst landungsfähiger Anschrift und ggf. gesetzlichen Vertretern. Wird ein Sondersachwalter[10] bestellt, sind dessen Aufgaben im Bestellungsbeschluss zu beschreiben und von denen des „regulären" Sachwalters abzugrenzen.
- Die Angabe, dass die benannte Person zum Sachwalter mit der Aufgabe der Durchführung des Umsetzungsverfahrens zu den genannten Urteilen bestellt wird.
- Angabe zum Zeitpunkt des Eintritts der Rechtskraft der beiden Urteile.

10 Da die Bestellung nicht schon durch den gerichtlichen Beschluss, sondern erst mit einer **Annahme der Bestellung** durch den zukünftigen Sachwalter wirksam wird,[11] ist in den Beschluss zudem eine Frist aufzunehmen, innerhalb derer sich der potenzielle Sachwalter gegenüber dem Gericht zur Annahme zu erklären hat.

11 Zweckmäßig ist ferner die kurze Darstellung der **Gründe,** die für das Gericht bei seiner Auswahlentscheidung maßgeblich waren, sowie des Verfahrens einschließlich einer etwaigen Anhörung der Beteiligten.[12] Sofern veranlasst, ist schließlich kurz darzulegen, weshalb aus Sicht des Gerichts nicht vom Vorliegen eines Ablehnungsgrundes auszugehen ist. Eine Rechtsbehelfsbelehrung ist gemäß § 232 Satz 1 ZPO nicht erforderlich, da gegenüber dem Oberlandesgericht als Prozessgericht i.S.v. § 22 Abs. 1 eine Vertretung durch einen Rechtsanwalt vorgeschrieben ist.

12 Der Beschluss ist gemäß § 329 Abs. 2 Satz 2 ZPO sowohl den Parteien des Abhilfeverfahrens als auch dem Sachwalter **zuzustellen.** Hinsichtlich des Sachwalters ergibt sich dies aus dem Umstand, dass er binnen der im Beschluss gesetzten Frist sich über die **Annahme des Amtes** zu erklären hat. Für die Parteien des Abhilfeverfahrens folgt dies daraus, dass mit der Zustellung

---

9 *Bayat* IWRZ 2023, 258, 262 f.
10 Dazu unten Rn. 18 ff.
11 Dazu unten Rn. 14.
12 Die Notwendigkeit einer Begründung verneinen Skauradszun/*Dahl*/*Linnenbrink* VDuG § 23 Rn. 10.

des Beschlusses die Frist nach § 23 Abs. 5 Satz 1 für die Stellung eines Ablehnungsantrags in Gang gesetzt wird. Auch im Übrigen sind auf die Bestellung die allgemeinen Regeln zu Beschlüssen anwendbar. Sollte ausnahmsweise der Bestellung eine mündliche Verhandlung vorausgegangen sein, tritt an die Stelle der Zustellung die Verkündung gemäß § 329 Abs. 1 Satz 1 ZPO.

Gegen den Beschluss zur Bestellung des Sachwalters ist die **Rechtsbeschwerde** statthaft,[13] **13** sofern sie vom Oberlandesgericht gemäß § 574 Abs. 1 Satz 1 Nr. 2 ZPO zugelassen wurde. Allerdings kann die Rechtsbeschwerde nicht darauf gestützt werden, dass der ausgewählte Sachwalter ungeeignet sei oder in seiner Person ein Ablehnungsgrund i.S.v. § 42 ZPO vorliege, da in diesen Fällen ein Ablehnungsantrag nach § 23 Abs. 4 zu stellen ist.

5. Wirksamwerden der Bestellung

Die Bestellung des Sachwalters wird nicht schon mit der Zustellung des Beschlusses an den poten- **14** ziellen Sachwalter, sondern erst der **Annahme der Bestellung** durch die ausgewählte Person wirksam. Ein solches Annahmeerfordernis wird im Gesetz zwar nicht erwähnt. Da eine effiziente Abwicklung des Umsetzungsverfahren aber nur zu erwarten ist, wenn der Sachwalter zur Übernahme der Aufgabe bereit ist, kann insoweit nichts anderes gelten als bei der Bestellung eines Insolvenzverwalters.[14] Die Annahme kann ausdrücklich wie auch konkludent gegenüber dem Gericht erklärt werden. Eine zu beachtende Form ist nicht vorgeschrieben. Die Übergabe der Urkunde gemäß § 23 Abs. 3 Satz 1 ist keine Voraussetzung für das Wirksamwerden der Bestellung.[15]

II. Auswahlfähige Personen

Das Gesetz enthält, abgesehen von zwei knappen Angaben („geeignet", „unabhängig") zu den **15** persönlichen Voraussetzungen keine Vorgaben und auch keine Einschränkung des Kreises der grundsätzlich auswahlfähigen Personen. Dementsprechend ist dieser Kreis denkbar weit zu ziehen.

1. Natürliche und juristische Personen

Anders als für das Amt des Insolvenzverwalters in § 56 Abs. 1 Satz 1 InsO oder des Restrukturie- **16** rungsbeauftragten in § 74 Abs. 1 StaRUG sieht § 23 für die Auswahl des Sachwalters keine Beschränkung auf natürliche Personen vor.[16] Als Sachwalter können deshalb, wie ein Umkehrschluss ergibt, sowohl **natürliche** als auch **juristische Personen** und **rechtsfähige Personenvereinigungen** ausgewählt werden.[17] Bei juristischen Personen und rechtsfähigen Personenvereinigungen kommt es auf die Rechtsform nicht an, sofern diese nicht ausnahmsweise aufgrund besonderer Umstände Einfluss auf die Geeignetheit des Sachwalters hat. In diesem Rahmen ist es deshalb auch nicht von Bedeutung, ob es sich um eine deutsche oder ausländische Rechtsform handelt. Damit eine juristische Person oder rechtsfähige Personenvereinigung als Sachwalter ausgewählt werden kann, ist es erforderlich, aber grds. auch ausreichend, dass eine zur Vertretung und

---

13 Näher *Röthemeyer* VDuG § 23 Rn. 26.
14 Zum Erfordernis der Annahme des Amtes durch den Insolvenzverwalter siehe nur *Graeber* MünchKomm-Inso[4] § 56 Rn. 139 m.w.N.
15 BT-Drucks. 20/6520 S. 85; zur Urkunde s.a. Rn. 45 ff.
16 Kritisch dazu *de lege ferenda Schmittmann* ZRI 2023, 277, 279.
17 A.A. Köhler/Bornkamm/Feddersen/*Scherer* § 23 VDuG Rn. 3; wie hier Anders/Gehle/*Schmidt* § 23 Rn. 3, sowie *Röthemeyer* VDuG § 23 Rn. 2 und Skauradszun/*Dahl/Linnenbrink* VDuG § 23 Rn. 14.

Geschäftsführung berechtigte Person die persönlichen Voraussetzungen für eine Bestellung zum Sachwalter erfüllt und diese Person in tatsächlicher Hinsicht mit der Aufgabe betraut werden soll.

2. Sachwalter mit Sitz im Ausland

17 Im Gesetz findet sich des Weiteren kein genereller Ausschluss der Bestellung eines Sachwalters, dessen Sitz sich im **Ausland** befindet. Auch ein solcher Sachwalter kann also bestellt werden. Allerdings wird das Gericht in diesen Fällen die Geeignetheit besonders zu prüfen haben. So muss z.B. sichergestellt sein, dass der potenzielle Sachwalter über die erforderlichen Kenntnisse zum **deutschen Recht** verfügt, um seine Aufgaben sachgerecht wahrnehmen zu können. Ferner muss er in der Lage sein, in der **Gerichtssprache** mit Gericht, Prozessparteien und angemeldeten Verbrauchern zu kommunizieren. Und schließlich muss sichergestellt sein, dass gegenüber dem Sachwalter ungeachtet seines Sitzes im Ausland die **Aufsicht** des Gerichts nach § 30 und ggf. **Schadensersatzansprüche** gemäß § 31 in gleicher Weise durchgesetzt werden können wie gegen einen Sachwalter mit Sitz im Inland. Nicht selten werden jedenfalls die letztgenannten Umstände die Bestellung eines Sachwalters mit Sitz im Ausland ausschließen, sofern dieser nicht zumindest auch über eine Niederlassung im Inland verfügt.

3. Mehrheit von Sachwaltern; Bestellung eines Sondersachwalters

18 Im Gesetz wird ferner nicht eindeutig geregelt, ob auch eine **Mehrheit von Sachwaltern** bestellt werden kann. Der Wortlaut, wonach das Gericht „einen" Sachwalter zu bestellen hat, scheint – insbesondere wegen der Übereinstimmung mit § 56 Abs. 1 Satz 1 InsO – gegen diese Möglichkeit zu sprechen, zumal der Gesetzgeber die noch aus § 79 KO bekannte Möglichkeit der Bestellung einer Mehrheit von Amtsträgern wie schon in InsO und der früheren GesO nicht aufgegriffen hat. Vor diesem Hintergrund ist davon auszugehen, dass das Gesetz nur von der Bestellung eines Sachwalters ausgeht.[18]

19 Andererseits ist auch für die Insolvenzordnung anerkannt, dass zumindest die Bestellung eines (zusätzlichen) **Sonderinsolvenzverwalters** möglich ist, wenn der eigentliche Insolvenzverwalter aus tatsächlichen oder rechtlichen Gründen an der Wahrnehmung seiner Aufgaben gehindert ist, wozu auch der Fall einer **Interessenkollision** zählt.[19] Insofern stellt sich die Frage, ob zumindest für derartige Konstellationen die Bestellung eines weiteren **Sondersachwalters** möglich ist und ob dies ggf. vorsorglich bereits im Beschluss über die Bestellung des Sachwalters erfolgen kann.

20 Gegen eine solche Möglichkeit scheint zunächst § 23 Abs. 4 Satz 1 zu sprechen, wonach der Sachwalter wie ein **Richter** aus den in § 42 ZPO genannten Gründen **abgelehnt** werden kann. Gemäß § 42 Abs. 1 ZPO gehören zu den Umständen, die ein Ablehnungsgesuch rechtfertigen, auch die in § 41 ZPO genannten und von Amts wegen zu beachtenden Umstände, denen regelmäßig ein potenzieller **Interessenkonflikt** zugrunde liegt. Der Verweis auf § 42 ZPO spricht somit dafür, dass im Fall eines Interessenkonflikts die Bestellung des Sachwalters zu unterbleiben oder eine bereits vorgenommene Bestellung aufzuheben ist.[20] Dies könnte zugleich bedeuten, dass eine Lösung über die Bestellung eines Sondersachwalters nicht in Betracht kommt.

21 Ein solches Verständnis der gesetzlichen Regelung, das zwar möglich, aber nicht zwingend ist, würde der besonderen Konstellation eines Umsetzungsverfahrens nicht gerecht. Zunächst dürfte zu beachten sein, dass - anders als bei der Anwendung von §§ 42, 41 ZPO auf den „normalen" Spruchrichter des Zivilprozesses - wesentliche Prüfungen der Anspruchsberechtigung in tat-

---

18 Wie hier *Röthemeyer* VDuG § 23 Rn. 2; ebenso BT-Drucks. 20/6878 S. 9.
19 *Graeber* MünchKomm-InsO⁴ § 56 Rn. 153 ff.
20 So *Bayat* IWRZ 2023, 258, 263.

sächlicher und rechtlicher Hinsicht schon im Abhilfegrundurteil vorgenommen worden sind, sodass dem Sachwalter nur wesentlich geringere **Entscheidungsspielräume** verbleiben. Allerdings schließt dies ein Bedürfnis nach einer unparteilichen Behandlung seiner Aufgaben durch den Sachwalter natürlich nicht aus.

Von wesentlicher Bedeutung ist deshalb, dass die Abhilfeklage ihrer Konstruktion nach darauf **22** abzielt, einer möglichst **großen Zahl** von angemeldeten Verbrauchern zur Durchsetzung ihrer Rechte zu verhelfen. Sollte eine Abhilfeklage z.B. in einem Fall wie dem sog. „Dieselskandal" zur Anwendung kommen, ist nicht ausgeschlossen, dass sich eine sechs- bis siebenstellige Zahl von Verbrauchern zu einer Abhilfeklage anmeldet. Kämen in einer solchen Konstellation §§ 42, 41 ZPO ungeschmälert zur Anwendung, könnte nach § 42 Abs. 1 i.V.m. § 41 Nr. 1 bis 3 ZPO ein Sachwalter immer schon dann erfolgreich abgelehnt werden, wenn unter den angemeldeten Verbrauchern, deren Anspruchsberechtigung er zu prüfen hat, z.B. ein Verwandter in gerade Linie, ein ehemaliger Ehepartner oder eine früher einmal verschwägerte Person zu finden sind. Ein Ablehnungsgesuch müsste ferner auch dann erfolgreich sein, wenn der Sachwalter sein Amt schon angetreten hat und der betreffende Sachverhalt erst später bekannt wird.

Eine derart strikte Anwendung der §§ 42, 41 ZPO auf den Sachwalter erscheint verfehlt, soll **23** die **effiziente Durchführung** des Umsetzungsverfahrens nicht ausgerechnet in besonders umfangreichen Angelegenheiten der dauernden Gefahr einer erfolgreichen Ablehnung des Sachwalters ausgesetzt sein. Da aber andererseits angesichts der klaren Vorgabe in § 23 Abs. 4 Satz 1 nicht hingenommen werden kann, dass der Sachwalter beispielsweise eine Entscheidung zu einem möglichen Anspruch treffen darf, den ein Verwandter in gerader Linie angemeldet hat (Anwendungsfall von § 41 Nr. 3 Alt. 1 ZPO), sprechen überzeugende Argumente dafür, für bestimmte Konstellationen die Bestellung eines zusätzlichen **Sondersachwalters** zuzulassen, um Interessenkollisionen in der Person des Sachwalters Rechnung zu tragen und eine ansonsten gebotene Abberufung nach §§ 42, 41 ZPO zu vermeiden.[21] Die Bestellung des Sondersachwalters kann dabei nachträglich erfolgen, um eine festgestellte Interessenkollision auszugleichen. Möglich und vorzugswürdig ist es allerdings, bereits im Bestellungsbeschluss des Sachwalters vorab für mögliche Fälle einer Interessenkollision einen Sondersachwalter zu bestimmen, wobei die Aufgabenbereiche des regulären Sachwalters und des Sondersachwalters konkret **abzugrenzen** sind. So kann z.B. die Aufgabe des Sondersachwalters darauf beschränkt werden, die Ansprüche bestimmter angemeldeter Verbraucher zu prüfen. Die Umsetzung des Prüfungsergebnisses kann dann dem regulären Sachwalter überlassen werden, sodass es in einer derartigen Konstellation nicht erforderlich ist, dass der Sondersachwalter einen eigenen Umsetzungsfonds errichtet.

Für die **Auswahl eines Sondersachwalters** sind grundsätzlich dieselben materiellen und **24** verfahrensrechtlichen Voraussetzungen zu beachten wie für die Auswahl des Sachwalters. Inhaltlich begründete Abweichungen sind allerdings zulässig. Ist z.B. absehbar, dass der Sondersachwalter nur in einigen wenigen Fällen tätig werden wird, dürfte z.B. auf die Vorlage einer Versicherung regelmäßig verzichtet werden können.

III. Persönliche Voraussetzungen

1. Überblick

Gemäß § 23 Abs. 2 Satz 1 ist nach dem Vorbild[22] von § 9 Abs. 1 SVertO eine **geeignete** und von den **25** Parteien **unabhängige** Person zum Sachwalter zu bestellen, wobei die Geeignetheit anhand einer Vielzahl von Kriterien zu beurteilen ist, die sich neben der **fachlichen** Qualifikation auch auf die **persönliche** Geeignetheit des potenziellen Sachwalters beziehen.[23] Dabei ist die Eignung für die

---

21 Zu den Einzelheiten s.u. Rn. 35 ff.
22 BT-Drucks. 20/6520 S. 85.
23 Zu den Einzelheiten s. Rn. 27 ff. und 32 ff.

Übernahme der Aufgabe als Sachwalter vom Gericht nicht (nur) abstrakt, sondern gerade mit Blick auf das konkrete Umsetzungsverfahren zu beurteilen. Maßgeblich sind insoweit Umfang, Komplexität und die zu erwartende Schwierigkeit des Umsetzungsverfahrens.[24] Ferner ist zu berücksichtigen, ob in größerem Umfang vom Sachwalter voraussichtlich auch rechtliche Fragestellungen zu bearbeiten sind oder der Schwerpunkt auf der Organisation der Abwicklung liegt. Hinsichtlich der Unabhängigkeit wiederum ergeben sich aus dem Verweis in § 23 Abs. 4 Satz 1 auf § 42 ZPO nur Mindestanforderungen, die eine Prüfung der Unabhängigkeit im weiteren Sinn nicht entbehrlich machen.[25]

26 Vom Gericht ist eine geeignete und von den Parteien des Abhilfeverfahrens unabhängige Person zu bestellen. Die Parteien können alleine oder gemeinsam dem Gericht eine bestimmte Person **vorschlagen**, ohne dass alleine dadurch die Unabhängigkeit in Frage gestellt würde. Das Gericht ist an einen Vorschlag aber nicht gebunden.[26]

2. Fachliche Eignung

27 Als Sachwalter kann nur bestellt werden, wer die erforderliche fachliche Eignung nachweisen kann. Soll eine juristische Person zum Sachwalter bestellt werden, müssen alle zur Vertretung und Geschäftsführung berechtigten Personen in die Prüfung einbezogen werden. Allerdings reicht es aus, wenn die **vertretungs- und geschäftsführungsberechtigen Personen**, die die Umsetzungsaufgaben als Verantwortliche übernehmen sollen, die Voraussetzungen für eine Bestellung erfüllen, sofern sich aus der Person der anderen vertretungs- und geschäftsführungsberechtigten Personen kein Grund ergibt, die Bestellung nicht vorzunehmen.

28 Die Annahme der fachlichen Eignung setzt zuerst eine entsprechende **berufliche Qualifikation** voraus, sodass als Sachwalter regelmäßig wohl nur Rechtsanwälte, Steuerberater, Betriebswirte, Insolvenzverwalter oder Wirtschaftsprüfer in Betracht kommen,[27] auch wenn das Gesetz selbst keine Begrenzung auf bestimmte Berufe kennt. Aus diesem Grund wird zu Recht angenommen, dass in „**hochspezifischen**" Fällen z.B. auch Bau-, Finanz-, Medizin- oder Versicherungsexperten benannt werden können.[28] Verbraucherschlichtungsstellen i.S.d. VSBG können die Aufgaben eines Sachwalters dagegen nicht übernehmen, wie sich aus §§ 1, 2 VSGB ergibt.[29]

29 Es ist Aufgabe des Gerichts, zu beurteilen, welche berufliche Qualifikation im Einzelfall den **Anforderungen** des **konkreten** Umsetzungsverfahrens am besten entspricht. Soweit in den Gesetzesmaterialien darüber hinaus „einschlägige Berufserfahrung" als Qualifikationsmerkmal genannt wird,[30] ist dazu anzumerken, dass es in den ersten Jahren nach Einführung des Gesetzes kaum jemanden geben dürfte, der eine nennenswerte Erfahrung als Sachwalter nach dem VDuG vorweisen kann. Wie zudem dargelegt wurde,[31] unterscheiden sich die Aufgaben eines Insolvenzverwalters wie auch eines Sachwalters i.S.v. § 9 Abs. 1 SVertO deutlich von den Aufgaben eines Sachwalters i.S.v. § 23, sodass auch einer derartigen Berufserfahrung keine ausschlaggebende Bedeutung zukommt. Festzuhalten ist damit, dass zwar eine mehrjährige Berufserfahrung in einem der oben genannten und vom Gesetzgeber als grundsätzlich gleichermaßen geeignet angesehenen Berufe vorhanden sein sollte, allerdings keinem dieser Berufe Vorrang zukommt und insbesondere keine

---

24 BT-Drucks. 20/6520 S. 85.

25 Dazu unten Rn. 35 ff.

26 BT-Drucks. 20/6520 S. 85; a.A. *Röthemeyer* VDuG § 23 Rn. 7 unter Verweis auf § 56a Abs. 2 Satz 1 InsO, obwohl der Gesetzgeber eine entsprechende Vorschrift gerade nicht in das VDuG aufgenommen hat.

27 So die vom Gesetzgeber in BT-Drucks. 20/6520 S. 85, genannten Beispiele. *Dahl* NJW-Spezial 2025, 405, 406, plädiert für die Bestellung von Insolvenzverwaltern als Regelfall.

28 So zutreffend *Röthemeyer* VDuG § 23 Rn. 3.

29 Im Ergebnis übereinstimmend *Röthemeyer* VDuG § 23 Rn. 4.

30 BT-Drucks. 20/6520 S. 85.

31 Vor §§ 22 ff. Rn. 9 ff.

eingehende Berufserfahrung als Sachwalter nach dem VDuG zu fordern ist. Vorhandene **Berufserfahrung** kann das Gericht folglich bei seiner Entscheidung über die Auswahl eines Sachwalters frei würdigen. Dabei erscheint es z.B. naheliegend, bei einem Rechtsanwalt neben seiner allgemeinen mehrjährigen Berufserfahrung positiv zu berücksichtigen, wenn dieser über Erfahrung mit „Legal Tech"-Anwendungen und/oder in Massenverfahren verfügt, in denen Ansprüche einer größeren Zahl von Anspruchsinhabern zu prüfen und zu bearbeiten waren.

Wenn **Umfang** oder **Komplexität** des Umsetzungsverfahrens es erfordern, muss ein Sachwalter nach den zutreffenden Aussagen in der Gesetzesbegründung[32] nicht nur über eine qualifizierende Ausbildung und einschlägige Berufserfahrung verfügen, sondern auch über die erforderlichen **sachlichen Mittel**, insbesondere über entsprechend ausgestattete Büros mit besonders geschulten Mitarbeitern. Unerheblich ist, ob es sich um Arbeitnehmer oder freie Mitarbeiter handelt.[33] In größeren Umsetzungsverfahren, bei denen eine Vielzahl von einzelnen Ansprüchen geprüft werden muss, dürfte nicht nur allgemein eine ausreichende Anzahl von qualifizierten Mitarbeitern und die nötige technische Ausstattung zu fordern sein. In solchen Fällen ist auch darauf zu achten, ob und inwieweit ein Sachwalter durch die Verwendung **digitaler Lösungen** und **„Legal Tech"-Anwendungen** eine effiziente und sachgerechte Abwicklung gewährleisten kann.

Die fachliche Eignung muss sich das Gericht auf geeignete Weise nachweisen lassen. **31**

3. Persönliche Eignung

Zusätzlich zur fachlichen Eignung hat das Gericht auch die **persönliche Eignung** des potenziellen **32** Sachwalters zu prüfen. Soll eine juristische Person oder eine Personenvereinigung mit der Aufgabe betraut werden, so sind in vergleichbarer Weise wie bei der Prüfung der fachlichen Eignung[34] alle vertretungs- und geschäftsführungsberechtigten Personen einzubeziehen, wobei alle positiven Voraussetzungen nur in den Personen erfüllt sein müssen, die intern mit dem Umsetzungsverfahren in verantwortlicher Weise betraut werden sollen. Hinsichtlich aller anderen **vertretungs- und geschäftsführungsberechtigen** Personen ist „lediglich" zu prüfen, ob in ihrer Person Umstände bestehen, die gegen eine Bestellung sprechen.

> Beispiel: Mit der Aufgabe als Sachwalter soll eine Steuerberatungs-GmbH beauftragt werden, die über zwei Geschäftsführer verfügt. Gegen einen der beiden Geschäftsführer läuft ein Strafverfahren wegen Untreue und Geldwäsche. In diesem Fall scheidet eine Bestellung der GmbH zum Sachwalter auch dann aus, wenn alleine der andere Geschäftsführer im Rahmen des Umsetzungsverfahrens tätig werden soll.

In persönlicher Hinsicht hat das Gericht als erstes zu prüfen, ob die betreffende Person zur **33** **Übernahme** des Amtes als Sachwalter überhaupt **bereit** ist. Ist dies nicht der Fall, hat das Gericht schon aus diesem Grund von einer Bestellung abzusehen.

Da eine wesentliche Aufgabe des Sachwalters darin besteht, u.U. ganz erhebliche Mittel vom **34** Unternehmer entgegenzunehmen und an die angemeldeten Verbraucher zu verteilen, ist in persönlicher Hinsicht die **Vertrauenswürdigkeit** des Sachwalters von zentraler Bedeutung. So hat das Gericht u.a. zu prüfen, ob der potenzielle Sachwalter über **geordnete wirtschaftliche Verhältnisse** und einen einwandfreien **Leumund** verfügt. Ggf. ist dazu die Vorlage eines „**polizeilichen Führungszeugnisses**" oder anderer Unterlagen anzuordnen. Ferner ist ggf. im Einzelfall zu überprüfen, ob der potenzielle Sachwalter unter Berücksichtigung seines Alters, seiner Gesundheit und seiner anderweitigen beruflichen Verpflichtungen, aber auch vor dem Hintergrund sonstiger Umstände wie z.B. seinem Wohn- und Arbeitsort voraussichtlich in der Lage sein wird, die Aufga-

---

32 BT-Drucks. 20/6520 S. 85.
33 *Röthemeyer* VDuG § 23 Rn. 2.
34 Dazu oben Rn. 16.

be als Sachwalter ordnungsgemäß zu erfüllen. Auch die Vorlage eines Lebenslaufs kann vom Gericht gefordert werden.

4. Insbesondere: Unabhängigkeit

35 In § 23 Abs. 2 Satz 1 schreibt der Gesetzgeber ausdrücklich vor, dass es sich bei dem Sachwalter um eine von den Parteien **unabhängige Person** handeln muss, sodass dieser Gesichtspunkt im Rahmen der Prüfung der persönlichen Qualifikation gesondert zu prüfen ist. Alleine der Umstand, dass ein Sachwalter von einer der Parteien vorgeschlagen wurde, stellt seine Unabhängigkeit allerdings noch nicht in Frage, wie der Gesetzgeber in § 23 Abs. 2 Satz 2 ausdrücklich festgehalten hat.[35] Soll eine juristische Person als Sachwalter bestellt werden, muss die Unabhängigkeit für alle vertretungsberechtigten Personen gegeben sein.

36 Dass der Gesetzgeber der Unabhängigkeit besondere Bedeutung zugemessen hat, ergibt sich nicht nur aus der ausdrücklichen Erwähnung in § 23 Abs. 2. Es folgt ebenso daraus, dass gemäß § 23 Abs. 4 Satz 1 eine Ablehnung des Sachwalters aus den in **§ 42 ZPO** genannten Gründen möglich ist. Hierin liegt ein wesentlicher Unterschied zum Insolvenzverwalter. Auch wenn selbstverständlich für einen Insolvenzverwalter ebenfalls das Erfordernis der Unabhängigkeit gilt, so sind an diesen doch geringere Anforderungen als an einen Richter zu stellen, weshalb die zu § 42 ZPO gebildeten Fallgruppen nach der Rechtsprechung des BGH auf einen Insolvenzverwalter gerade nicht anwendbar sind.[36]

37 Mit der Verweisung auf § 42 ZPO in § 23 Abs. 4 Satz 1 hat der Gesetzgeber somit klargestellt, dass der Sachwalter **strengeren Maßstäben** als ein Insolvenzverwalter unterliegt.[37] Die erforderliche Unabhängigkeit fehlt damit zunächst wegen der Verweisung in § 42 Abs. 1 ZPO in allen in **§ 41 ZPO** genannten Konstellationen. Darüber hinaus fehlt sie, wenn aus anderen Gründen der Sachwalter nicht mehr die Gewähr für die objektive Berücksichtigung der Interessen aller Beteiligten bietet, weil ihm eine bestimmte Art der Ausübung seines Amtes besondere **Eigenvorteile** oder einzelnen Beteiligten oder einer Gruppe von Beteiligten **Sondervorteile** bringt.[38] Des Weiteren kann wegen der Verweisung auf § 42 ZPO die erforderliche Unabhängigkeit auch zu verneinen sein, wenn der Sachwalter bei der Ausübung seines Amtes das **Sachlichkeitsgebot** gegenüber einem der Beteiligten verletzt.[39] Insgesamt sind damit die für die Frage der Unabhängigkeit geltenden Maßstäbe heranzuziehen, wie sie sich aus den §§ 41, 42 ZPO ergeben. Das Gericht hat deshalb vor einer Bestellung **von Amts wegen** zu prüfen, ob ein Ablehnungsgrund i.S.v. §§ 41, 42 ZPO vorliegt, zumal von einem Sachwalter, auch wenn er als Steuerberater oder Rechtsanwalt tätig ist, nicht erwartet werden kann, dass ihm der Inhalt der §§ 41, 42 ZPO wie einem Richter bekannt ist, sodass „**Selbstablehnungen**" i.S.v. § 48 ZPO durch einen Sachwalter in einem sehr viel geringeren Maß zu erwarten sind.

38 Zu beachten ist, dass § 41 ZPO nur einen Teil der **praktisch relevanten Situationen** abdeckt. So erfasst § 41 Nr. 4 ZPO zwar den Fall, dass der Sachwalter zuvor von einem Beteiligten zum Prozessbevollmächtigten bestellt worden war, nicht aber den Fall, in dem der Sachwalter oder z.B. eine Rechtsanwalts- oder Steuerberaterkanzlei, der der Sachwalter angehört, für die außerprozessuale Beratung eines der Beteiligten mandatiert worden war. Aus diesem Grund sind die in **§ 43a Abs. 4 bis 6, § 45 BRAO** zum Ausdruck kommenden Rechtsgedanken für die Prüfung der

---

35 BT-Drucks. 20/6520 S. 85.

36 BGH, 23.11.2023 – IX ZB 29/22 Rn. 13, ZIP 2024, 460, 462.

37 Nach der Gesetzesbegründung, BT-Drucks. 20/6520 S. 85, soll der Verweis auf § 42 ZPO an § 406 ZPO angelehnt sein, was aber nicht überzeugt, da die Aufgabe des Sachwalters keine Parallele zu den Aufgaben eines Sachverständigen aufweist.

38 BGH, 23.11.2023 – IX ZB 29/22 Rn. 13 f., ZIP 2024, 460, 462.

39 BGH, 23.11.2023 – IX ZB 29/22 Rn. 13 f., ZIP 2024, 460, 462.

Unabhängigkeit ebenfalls heranzuziehen. Ferner scheiden Mitarbeiter des klagenden Verbandes ebenso aus wie Mitarbeiter des beklagten Unternehmers.[40]

Fraglich ist, ob die Unabhängigkeit eines Sachwalters bereits dann zu verneinen ist (und mit **39** welchen Konsequenzen), wenn sich unter ggf. mehreren tausend angemeldeten Verbrauchern **eine Person** befindet, mit der der Sachwalter in einer Form verbunden ist, die Zweifel an seiner Unabhängigkeit dieser Person gegenüber begründet. Einerseits überzeugt es, dass der Sachwalter von der Prüfung eines Anspruchs dieser Person ausgeschlossen sein muss. Wäre der (potenzielle) Sachwalter in einer solchen Konstellation immer in vollem Umfang auszuschließen, könnte es in Verfahren mit einer sehr großen Zahl angemeldeter Verbraucher allerdings nicht nur schwierig sein, überhaupt einen „unabhängigen" Sachwalter zu finden. Es bestünde auch die Gefahr, dass erst nach Beginn des Umsetzungsverfahrens die Problematik erkannt wird, was dann die Abberufung des Sachwalters während des bereits laufenden Verfahrens und die Notwendigkeit der Suche nach einem neuen Sachwalter zur Folge hätte.

Es erscheint nicht sachgerecht, in derartigen Konstellationen den betroffenen (potenziellen) **40** Sachwalter zwingend von der Übernahme bzw. Fortführung des Amtes vollständig auszuschließen. Stattdessen sollte – wie bei entsprechenden Konstellationen im Insolvenzverfahren – für diese Fälle ein **Sondersachwalter** bestellt werden, was (vorsorglich) auch schon zu Beginn des Umsetzungsverfahrens erfolgen kann.[41]

5. Sonstige Kriterien

Bei seiner Auswahl kann das Gericht ferner auch weitere sachliche Kriterien berücksichtigen. So **41** dürfte es z.B. in aller Regel für die Bestellung eines bestimmten Sachwalters sprechen, wenn dieser von beiden Seiten **gemeinsam vorgeschlagen** wurde oder bereits einmal ein gegen den Unternehmer ergangenes Abhilfeurteil umgesetzt hat, ohne dass gegen sein früheres Tätigwerden inhaltliche Bedenken geäußert wurden. Ferner kann das Gericht vor der Bestellung die Vergütungsvorstellungen abfragen.

6. Berufshaftpflichtversicherung

Nach § 23 Abs. 2 Satz 3 kann das Gericht schließlich von der als Sachwalter vorgesehenen Person **42** den **Nachweis** einer **Berufshaftpflichtversicherung** verlangen, deren Deckungssumme dem Umfang des Umsetzungsverfahrens angemessen ist. In der Gesetzesbegründung wird dazu ausgeführt, um die Interessen des Unternehmers, aber auch die Interessen der angemeldeten Verbraucher zu wahren, könne es erforderlich sein, dass der Sachwalter über eine angemessene Berufshaftpflichtversicherung verfügt, die einspringt, sollten im Laufe des Umsetzungsverfahrens Regressansprüche gegen den Sachwalter entstehen.[42] Das Gericht kann dementsprechend vom Sachwalter einen entsprechenden Nachweis verlangen und die Bestellung von der Vorlage abhängig machen, wobei das Gericht im Fall eines solchen Verlangens dem in Aussicht genommenen Sachwalter die mindestens erforderliche **Deckungssumme** mitteilen muss. Der Nachweis kann durch eine entsprechende schriftliche Bestätigung der Versicherung geführt werden.[43]

§ 23 Abs. 2 Satz 3 bestimmt für diesen Fall weiter, dass die Deckungssumme „*dem Umfang*" **43** des Umsetzungsverfahrens angemessen sein muss, wobei unklar ist, was unter dem „*Umfang*" zu verstehen sein soll. Denkbar wäre, insoweit auf die **Zahl** der angemeldeten Verbraucher, die **Höhe** des kollektiven Gesamtbetrages oder die **Komplexität** der vom Sachwalter vorzunehmenden Prü-

---

40 *Röthemeyer* VDuG § 23 Rn. 5.
41 Siehe dazu Rn. 18 ff.
42 BT-Drucks. 20/6520 S. 85.
43 *Röthemeyer* VDuG § 23 Rn. 6.

fungen abzustellen. Für die Relevanz der letztgenannten beiden Kriterien spricht dabei, dass diese auch in der Gesetzesbegründung als Gründe genannt werden, die im Einzelfall den Nachweis einer Versicherung erforderlich machen können.[44] Letztendlich dürfte das Gericht berechtigt sein, alle soeben genannten Kriterien zu berücksichtigen, also auch die Anzahl der angemeldeten Verbraucher, da bei einem systemischen Fehler im Umsetzungsverfahren eine höhere Fallzahl zu einem höheren Schaden führt.

44   Dem Gericht steht nach alledem ein weiter **Ermessensspielraum** in dieser Frage zu. Dabei ist allerdings auch zu bedenken, dass die Forderung nach einer angemessenen Versicherung die Durchführung eines Umsetzungsverfahrens nicht **praktisch unmöglich** machen oder **wesentlich erschweren** darf. Das Gericht wird deshalb zunächst in Erfahrung zu bringen haben, in welchem Umfang die vom Sachwalter ohnehin unterhaltene Berufshaftpflichtversicherung als Absicherung zur Verfügung steht.[45] In durchschnittlichen Fällen dürfte es ausreichend sein, wenn Schäden bis zu ein Drittel des kollektiven Gesamtbetrages i.S.v. § 19 Abs. 1 durch eine solche Versicherung gedeckt sind. Ist im Einzelfall nach Ermessen des Gerichts eine höhere Versicherung erforderlich und sind derartige Versicherungen *ad hoc* für das betreffende Umsetzungsverfahren erhältlich, ist das Verlangen nach einer solchen Versicherung grundsätzlich zulässig. Zu bedenken ist allerdings, dass die Kosten für eine solche *ad hoc* abzuschließende Versicherung **Auslagen** des Sachwalters darstellen, deren Ersatz er verlangen kann.[46] Im Ergebnis treffen die Kosten damit den Unternehmer, sodass das Gericht auch zu prüfen hat, inwieweit es der Billigkeit entspricht, den Unternehmer mit diesen zusätzlichen Kosten zu belasten.

IV. Bestellungsurkunde und Bekanntmachung

45   Gemäß § 23 Abs. 3 Satz 1 erhält der Sachwalter, sobald er die **Annahme des Amtes** erklärt hat, vom Gericht eine **Urkunde** über seine **Bestellung**, um sich im Umsetzungsverfahren gegenüber Dritten ausweisen zu können.[47] Damit dieser Zeck erreicht werden kann, sind neben dem Umstand der Bestellung zum Sachwalter in der Urkunde der Name des Sachwalters, im Falle der Bestellung einer juristischen Person die vertretungsberechtigten Personen, seine landungsfähige Anschrift sowie die Daten und Aktenzeichen von Abhilfegrund- und Abhilfeendurteil aufzunehmen. Soweit erforderlich, kann sich der Sachwalter kostenfrei **weitere Ausfertigungen** der Bestellungsurkunde erteilen lassen.

46   Wichtigster Anwendungsfall dürfte die Einrichtung des Umsetzfonds durch die Eröffnung von Bankkonten sein, bei denen das Amt des Sachwalters vermerkt werden muss, um auch in praktischer Hinsicht eine Pfändung des Umsetzungsfonds auszuschließen (vgl. § 25 Abs. 4). Darüber hinaus muss sich der Sachwalter auch gegenüber dem **Bundesamt für Justiz legitimieren** (vgl. § 27 Nr. 2). Besondere anderweitige Rechtswirkungen kommen dem Bestellungszeugnis mangels gesetzlicher Anordnung nicht zu, insbesondere wird durch die Vorlage des Bestellungszeugnisses kein wie auch immer gearteter **Rechtsschein** oder **Gutglaubensschutz** erzeugt.[48]

47   Bei **Beendigung** seines Amtes hat der Sachwalter gemäß § 23 Abs. 3 Satz 2 dem Gericht die Urkunde zurückzugeben. Die Pflicht zur Rückgabe der Urkunde soll möglichem Missbrauch vorbeugen.[49] Erfolgt dies nicht, hat das Gericht ihn dazu aufzufordern und ggf. diese Verpflichtung nach § 30 Abs. 3 Satz 1 und 2 zwangsweise durchzusetzen. Keine Rolle spielt es dabei, warum

---

44 BT-Drucks. 20/6520 S. 85.
45 Zum Nachweis der Geltung einer solchen Versicherung für die Tätigkeit als Sachwalter *Röthemeyer* VDuG § 23 Rn. 6.
46 Wie hier *Röthemeyer* VDuG § 23 Rn. 6; ähnlich auch Anders/Gehle/*Schmidt* § 23 Rn. 5, wonach die Kosten einer solchen Versicherung bei der Festsetzung der Vergütung i.S.v. § 32 Abs. 1 Nr. 2 zu berücksichtigen sein sollen.
47 BT-Drucks. 20/6520 S. 85.
48 Köhler/Bornkamm/Feddersen/*Scherer* § 23 VDuG Rn. 9.
49 BT-Drucks. 20/6520 S. 85.

das Umsetzungsverfahren beendet wurde. Auslöser für die Rückgabepflicht ist dabei jeweils der gerichtliche Beschluss des Prozessgerichts, mit dem die Beendigung herbeigeführt bzw. festgestellt wird (vgl. z.B. § 36 Abs. 1 Satz 1).

Der **Beschluss** über die **Bestellung** des Sachwalters ist gemäß § 44 Nr. 14 **bekannt zu machen.** 48

V. Ablehnung eines Sachwalters

1. Gesetzeszweck

Nach § 23 Abs. 4 Satz 1 kann ein Sachwalter wie ein Richter aus den in § 42 ZPO genannten Gründen und damit wegen der **Besorgnis der Befangenheit** abgelehnt werden. Diese Regelung dient der **Sicherstellung** der **Unparteilichkeit** des Sachwalters.[50] Eine Ablehnung ist des Weiteren möglich, wenn sich der Sachwalter als **ungeeignet** zur Erfüllung seiner Aufgabe erweist, § 23 Abs. 4 Satz 3. Insoweit liegt eine deutliche Abweichung gegenüber den Vorschriften zur Ablehnung eines Richters vor. Sie rechtfertigt sich zum einen damit, dass dem Grundsatz des **gesetzlichen Richters** eine hohe, verfassungsrechtlich fundierte Bedeutung zukommt, die Eingriffe in eine einmal festgelegte Geschäftsverteilung nur noch unter ganz besonderen Voraussetzungen erlaubt, wofür die Unzufriedenheit mit den „fachlichen Leistungen" eines Richters nicht genügt. Zum anderen stellen sich dem Sachwalter – anders als dem Richter – in tatsächlicher Hinsicht ganz besondere Anforderungen (z.B. hinsichtlich der von ihm zu beschaffenden Software oder den erforderlichen Mitarbeitern), um die von ihm verlangten Prüfungen vornehmen zu können. Wird er diesen Anforderungen nicht gerecht, muss eine **Ablehnung** wegen **Ungeeignetheit** möglich sein, soll der Erfolg des Umsetzungsverfahrens nicht gefährdet werden. 49

2. Ablehnungsgründe

Das Gesetz kennt **drei Ablehnungsgründe.** Zum einen wird durch § 23 Abs. 4 Satz 1 auf § 42 Abs. 1 Var. 2 ZPO verwiesen, wonach zum einen eine Ablehnung möglich ist, wenn die Besorgnis der Befangenheit des Sachwalters besteht. Wie bei der unmittelbaren Anwendung von § 42 Abs. 1 Var. 2 i.V.m. Abs. 2 ZPO kommt es nicht darauf an, ob der Sachwalter tatsächlich befangen ist oder sich befangen fühlt, sondern alleine darauf, ob eine besonnene Partei bei vernünftiger Abwägung aller Sachverhaltsumstände berechtigte Zweifel an der **Unabhängigkeit des Sachwalters** hegen kann.[51] Ob die Besorgnis der Befangenheit begründet ist, ist eine Frage des Einzelfalles, wobei grundsätzlich auf die Rechtsprechung zu § 42 ZPO zurückgegriffen werden kann. Letztendlich geht es dabei um die Gewährleistung der gesetzlich geforderten Unabhängigkeit des Sachwalters.[52] Dass niemand das Amt als Sachwalter übernehmen kann, der selbst zu den angemeldeten Verbrauchern zählt,[53] versteht sich von selbst. Findet sich unter einer größeren Anzahl von angemeldeten Verbrauchern eine Person, zu der ein Näheverhältnis des Sachwalters anzunehmen ist, so sollte dies im Regelfall nicht zur Ablehnung des Sachwalters, sondern zur Bestellung eines Sondersachwalters führen.[54] 50

---

50 BT-Drucks. 20/6520 S. 85.
51 Zöller/*Vollkommer* § 42 Rn. 9.
52 Dazu oben Rn. 35 ff.
53 So *Röthemeyer* VDuG § 23 Rn. 13.
54 Näher s.o. Rn. 18 ff.; a.A. *Röthemeyer* VDuG § 23 Rn. 12.

51   Darüber hinaus verweist § 23 Abs. 4 Satz 1 auch auf § 42 Abs. 1 Var. 1 ZPO und damit auch auf die in § 41 ZPO genannten Ablehnungsgründe. Liegen diese vor, ist der Sachwalter **kraft Gesetzes** ausgeschlossen.[55]

52   Schließlich kann ein Ablehnungsantrag gemäß § 23 Abs. 4 Satz 3 auch auf die angenommene **Ungeeignetheit des Sachwalters** gestützt werden. Allerdings reicht es insoweit nicht aus, dass ein anderer Sachwalter u.U. noch besser zur Erledigung des Amtes geeignet gewesen wäre. Vielmehr müssen Umstände glaubhaft gemacht werden, die zu der Schlussfolgerung führen, dass die Erreichung des Zwecks des Umsetzungsverfahrens **gefährdet** ist. Dies ist auch dann der Fall, wenn zwar der kollektive Gesamtbetrag an sich zutreffend an die angemeldeten Verbraucher verteilt wird, die konkrete Amtsführung des Sachwalters aber zu **unvertretbarem Mehraufwand** führt, dessen Übernahme vom Unternehmer schlechthin nicht mehr erwartet werden kann. Diese Grenze ist jedenfalls erreicht, wenn die angefallenen Kosten sich ohne nachvollziehbare Begründung auf das **Doppelte** der vorläufig festgesetzten Kosten belaufen.

53   Ist als Sachwalter eine **juristische Person** bestellt, genügt es für eine erfolgreiche Ablehnung, wenn auch nur bzgl. einer **vertretungsberechtigten Person** eine Besorgnis der Befangenheit zu bejahen ist. Wird die Ablehnung dagegen auf eine vermutetet Ungeeignetheit gestützt, ist die Prüfung auf die vertretungsberechtigte Person zu beschränken, die das Umsetzungsaufgaben verantwortlich leiten soll.

3. Antragserfordernis und Antragsberechtigung; Selbstablehnung und Ablehnung von Amts wegen

54   Nach der Konzeption des Gesetzes setzt eine Ablehnung einen entsprechenden **Antrag** an das Prozessgericht voraus, der nur von den **Parteien des Abhilfeverfahrens**, nicht aber z.B. von einzelnen angemeldeten Verbrauchern[56] gestellt werden kann. Da anders als in § 44 Abs. 1 Hs. 2 und § 406 Abs. 2 Satz 3 ZPO nicht vorgesehen ist, dass der Ablehnungsantrag vor der Geschäftsstelle zu Protokoll erklärt werden kann, besteht **Anwaltszwang** (§ 78 Abs. 1 Satz 1 ZPO).

55   Nach dem Wortlaut des Gesetzes scheint eine „**Selbstablehnung**" des Sachwalters bzw. ein Tätigwerden des Gerichts **von Amts wegen** wie nach § 48 ZPO nicht vorgesehen zu sein. Dies ist aber nicht richtig: Auch der Sachwalter kann ein nachvollziehbares Interesse daran haben, dass mögliche Befangenheitsgründe geklärt werden, selbst wenn diese von keiner der Parteien aufgegriffen werden. Für das Prozessgericht kommt hinzu, dass dieses die Tätigkeit des Sachwalters nach § 30 zu **überwachen** hat und ihm diese Aufgabe gerade auch im Interesse und zum Schutz der angemeldeten Verbraucher übertragen wurde,[57] die selbst nicht antragsberechtigt sind. Aus **§ 30 Abs. 3 Satz 3** ergibt sich zudem die Befugnis des Gerichts, den Sachwalter aus wichtigen Grund zu entlassen. Ein solcher Grund liegt auch dann vor, wenn das Gericht durch eine „Selbstablehnung" des Sachwalters oder auf andere Weise davon Kenntnis erlangt, dass der Sachwalter mangels Unabhängigkeit oder wegen fachlicher Ungeeignetheit nicht in der Lage ist, das Verfahren **sachgerecht** zu führen, der bestellte Sachwalter also eine **ordnungsgemäße Abwicklung** des Umsetzungsverfahrens **nicht gewährleistet**.[58] Das Gericht kann bzw. muss dann auch von Amts wegen oder auf der Grundlage einer entsprechenden „Selbstablehnung" tätig werden. Eine vorherige Androhung der Entlassung ist in diesem Fall entgegen dem Wortlaut von § 30 Abs. 3 Satz 3 nicht erforderlich, da in diesen Fällen der Grund für die Entlassung des Sachwalters von diesem nicht beseitigt werden kann.

---

55 *Röthemeyer* VDuG § 23 Rn. 11.
56 BT-Drucks. 20/6520 S. 85.
57 Vgl. BT-Drucks. 20/6520 S. 91.
58 BT-Drucks. 20/6520 S. 91; wie hier *Röthemeyer* VDuG § 23 Rn. 18 und § 30 Rn. 9. Zum Maßstab bzgl. der Ungeeignetheit siehe oben Rn. 27 ff., 32 ff.

4. Glaubhaftmachung

Gemäß § 23 Abs. 4 Satz 2 ist der Ablehnungsgrund **glaubhaft** zu machen (§ 294 Abs. 1 ZPO). Aller- **56** dings gilt wie in § 44 Abs. 2 Satz 1 Hs. 2 und § 406 Abs. 3 Hs. 2 ZPO, dass die ablehnende Partei zur **Versicherung an Eides** nicht zugelassen wird.[59] Statthaft sind dagegen alle anderen Mittel zur Glaubhaftmachung, u.a. analog § 44 Abs. 2 Satz 2 ZPO die Bezugnahme auf eine entsprechende Stellungnahme des Sachwalters.

5. Frist

Nach § 23 Abs. 5 ist ein Ablehnungsantrag binnen **zwei Wochen** nach der Verkündung oder der **57** Zustellung des Beschlusses über die Bestellung des Sachwalters zu stellen. Wird der Antrag erst nach dieser Frist gestellt, so ist der Antrag auf Ablehnung nur zulässig, wenn die Partei glaubhaft macht, dass sie ohne ihr Verschulden **verhindert** war, den Ablehnungsgrund **früher** geltend zu machen.

Wie sich zunächst aus dem Wortlaut ergibt, gilt die Frist nur für ein Ablehnungsgesuch der **58** Parteien, d.h. des Klägers oder des Beklagten der Abhilfeklage. **Keine Frist** gibt es dagegen für Maßnahmen des Gerichts gemäß § 30 Abs. 3 Satz 3 im Rahmen der **Überwachung** des Sachwalters[60] oder im Fall einer Selbstablehnung des Sachwalters analog § 48 ZPO.[61]

Entscheidend für den **Fristbeginn** ist, ob der Entscheidung des Gerichts über die Bestellung **59** eine mündliche Verhandlung vorausgegangen ist oder nicht. Ist mündlich verhandelt worden, so ist der Beschluss über die Bestellung gemäß § 329 Abs. 1 Satz 1 ZPO zu verkünden, sodass in diesem Fall die Frist mit der Verkündung beginnt. In anderen Fällen ist der Beschluss den Parteien dagegen nach § 329 Abs. 2 Satz 2 ZPO zuzustellen, wobei dann die Zustellung für den Fristbeginn maßgeblich ist.[62]

Hat eine Partei die Frist nicht eingehalten, so ist der Antrag nur zulässig, wenn die Partei **60** glaubhaft macht, dass sie ohne ihr Verschulden verhindert war, den Ablehnungsgrund früher geltend zu machen. In diesem Fall ist der Ablehnungsantrag **unverzüglich** anzubringen, sobald dies möglich ist, wobei der Partei eine angemessene **Prüfungs- und Überlegungszeit** zuzubilligen sein dürfte.[63] Ein Verschulden ihres Prozessbevollmächtigten muss sich die Partei nach § 85 Abs. 2 ZPO zurechnen lassen. Fehlendes Verschulden kann im Regelfall nur dann angenommen werden, wenn der Partei der Ablehnungsgrund nicht bekannt war und auch nicht bekannt sein musste. Insofern ist von einer Nachforschungs- bzw. Erkundigungsobliegenheit zumindest dann auszugehen, wenn die bekannten **Umstände** das Vorliegen eines Ablehnungsgrundes **wahrscheinlich erscheinen** lassen.

Eine Antragstellung nach Ablauf der Frist ist auch dann möglich, wenn der Partei die Bestel- **61** lung des Sachwalters ohne ihr Verschulden nicht bekannt war, was allerdings nur dann in Betracht kommt, wenn der entsprechende Beschluss ausnahmsweise nach § 329 Abs. 1 Satz 1 ZPO verkündet wurde. Das fehlende Verschulden ist zudem glaubhaft zu machen (§ 294 Abs. 1 ZPO), wobei der Ausschluss der Versicherung an Eides statt gemäß § 23 Abs. 4 Satz 2 Hs. 2 insoweit keine Geltung beansprucht.

---

59 Dazu Zöller/*Greger* § 44 Rn. 5.
60 Näher oben Rn. 55.
61 Dazu oben Rn. 55.
62 A.A. Zöller/*Vollkommer*, § 23 VDuG Rn. 8: Fristbeginn mit Veröffentlichung gemäß § 44 Nr. 14 VDuG.
63 Zu einer vergleichbaren Konstellation s. Zöller/*Greger* § 406 Rn. 11.

6. Weiteres Verfahren und Entscheidung

62 Nach Eingang eines Ablehnungsantrags hat das Gericht sowohl dem Sachwalter als auch der anderen Partei **Gelegenheit zur Stellungnahme** zu geben. Nach deren Eingang ist zügig zu entscheiden, um Verzögerungen des Umsetzungsverfahrens so gering wie möglich zu halten. Die Entscheidung ergeht durch Beschluss, eine mündliche Verhandlung ist möglich, aber nicht erforderlich (§ 22 Abs. 2). Der Beschluss bedarf der Zustellung, da er mit der Rechtsbeschwerde angefochten werden kann.

63 Wird die Ablehnung für begründet erklärt, **endet** das Amt als Sachwalter *ipso iure* mit **Zustellung** der Entscheidung an den Sachwalter. In diesem Fall ist sodann wie bei der Entlassung eines Sachwalters zu verfahren:[64] Der Sachwalter hat seine **Bestellungsurkunde** zurückzugeben (§ 23 Abs. 3 Satz 2) und bei Gericht sowohl einen Schlussbericht wie auch eine Schlussrechnung einzureichen (§§ 33, 34).[65] Für seine bis zu diesem Zeitpunkt entfaltete Tätigkeit steht ihm ein **anteiliger Vergütungsanspruch** zu. Dies gilt nur dann nicht, wenn ihm der Ablehnungsgrund von Anfang an bekannt war, er versäumt hat, diesen vor der Bestellung zu offenbaren und die bis zum Zeitpunkt seiner erfolgreichen Ablehnung entfalteten Tätigkeiten für seinen Nachfolger nicht verwertbar sind. Von ihm bereits in Empfang genommene Zahlungen sind je nach Vorgabe des Gerichts an den Unternehmer, das Gericht, den neuen Sachwalter oder eine andere geeignete Stelle herauszugeben. Auch eine **Hinterlegung** zugunsten des noch zu benennenden Sachwalters ist möglich.

64 Eine Ausnahme gilt, wenn die Unabhängigkeit des bestellten Sachwalters alleine wegen einer Verbindung zu einem oder ganz wenigen angemeldeten Verbrauchern in Frage zu stellen ist. In einer solchen Konstellation kann es je nach den Umständen des Einzelfalles angezeigt sein, die Ablehnungsentscheidung inhaltlich auf die Beziehung zu diesem oder diesen Verbrauchern zu beschränken und für die Prüfung und Erfüllung der Ansprüche dieses oder dieser Verbraucher einen **Sondersachwalter** zu bestellen.

65 Der **Beschluss** über eine **erfolgreiche Ablehnung** des Sachwalters ist gemäß § 44 Nr. 14 bekannt zu machen.

7. Rechtsmittel

66 Wird eine Ablehnung für begründet erklärt, führt dies *ipso iure* zur Beendigung des Amtes als Sachwalter.[66] Nach der ausdrücklichen Anordnung in § 23 Abs. 6 findet gegen einen solchen Beschluss, durch den die Ablehnung für begründet erklärt wird, kein Rechtsmittel statt. Wie in anderen Fällen (z.B. § 46 Abs. 2, § 406 Abs. 6 ZPO) soll auch hier eine weitere Verfahrensverzögerung vermieden und schnellstmöglich Rechtssicherheit hergestellt werden. Gegen einen Beschluss, mit dem ein Ablehnungsgesuch für **unbegründet** erklärt wird, ist dagegen die Rechtsbeschwerde (§§ 574 ff. ZPO) das statthafte Rechtsmittel, da über das Ablehnungsgesuch gemäß § 22 Abs. 1 das Prozessgericht und damit das Oberlandesgericht[67] im ersten Rechtszug zu entscheiden hat. Sie ist zulässig, sofern das Oberlandesgericht sie nach § 574 Abs. 3 i.V.m. Abs. 2 ZPO zugelassen hat.[68]

---

64 BT-Drucks. 20/6520 S. 85.
65 Wie hier Anders/Gehle/*Schmidt* VDuG § 23 Rn. 9.
66 Zu den Folgen näher oben Rn. 63 ff.
67 Siehe § 22 Rn. 13.
68 BT-Drucks. 20/6520 S. 85.

§ 24
Eröffnungsbeschluss

Das Gericht beschließt die Eröffnung des Umsetzungsverfahrens, sobald der Unternehmer die folgenden Beträge zu Händen des Sachwalters gezahlt hat:
1. **den vorläufig festgesetzten Kostenbetrag (§ 18 Absatz 1 Nummer 2),**
2. **den kollektiven Gesamtbetrag (§ 18 Absatz 2), sofern der Unternehmer zur Zahlung eines solchen verurteilt ist.**

Schrifttum

Anders/Gehle/*Schmidt* ZPO, Beilage VDuG (2023); *Bayat* Die Verbandsklage und das Umsetzungsverfahren, IWRZ 2023, 258; *Bruns* Dogmatische Grundfragen der Verbandsklage auf Abhilfeleistung in Geld, ZZP 2024, 3; *Kalisz* Supervorrang von Verbrauchern – eine Fehlentwicklung in § 38 VDuG, NZI 2024, 153; Köhler/Bornkamm/Feddersen/*Scherer* UWG, 42. Aufl. (2024); *Röthemeyer* VDuG Handkommentar (2024); *Skauradszun* VDuG Kommentar (2024).

Übersicht

I. Eröffnungsbeschluss als Regelungsgegenstand —— 1

II. Zahlungseingang als Voraussetzung der Verfahrenseröffnung
1. Maßgeblich: Zahlung zugunsten des Umsetzungsfonds —— 3
2. Information des Gerichts über Zahlungseingang —— 7

3. Unvollständige Zahlungen
   a) Problemstellung —— 8
   b) Vorläufig festgesetzter Kostenbetrag —— 10
   c) Kollektiver Gesamtbetrag —— 11
4. Zuvielzahlung —— 15

III. Bekanntmachung —— 16

I. Eröffnungsbeschluss als Regelungsgegenstand

Hat der Unternehmer die ihm durch das Urteil aufgegebenen Beträge i.S.v. § 18 Abs. 1 Nr. 2 und Abs. 2 an den Sachwalter gezahlt, beschließt das Prozessgericht die **Eröffnung des Umsetzungsverfahrens**. Hierbei handelt es sich um das **Umsetzungsverfahren im engeren Sinne**, da zu diesem Zeitpunkt der Sachwalter bereits bestellt ist und, wie aus der Gliederung des Gesetzes zu ersehen ist, auch die Bestellung des Sachwalters ein Teil des Umsetzungsverfahrens ist. Dieser vorangehende Teil kann als **Umsetzungsverfahren im weiteren** Sinne bezeichnet werden.[1]

Über die Bedeutung des **Eröffnungsbeschlusses** verraten Gesetz und Gesetzesbegründung nichts. Es ist deshalb davon auszugehen, dass sich die Wirkung darin erschöpft, dass der Sachwalter ab diesem Zeitpunkt berechtigt und verpflichtet ist, die mit seinem Amt verbundenen und in § 27 genannten Aufgaben zu erledigen,[2] wobei die in § 27 nicht genannte **Errichtung des Umsetzungsfonds** gemäß § 25 Abs. 1 Satz 1 schon vorher erfolgt sein muss. Der Eröffnungsbeschluss ergeht von Amts wegen und ist dem Sachwalter und den Parteien bekannt zu geben, wobei für seine Wirksamkeit eine formlose Mitteilung genügt. Da gegen den Eröffnungsbeschluss allerdings das fristgebundene Rechtsmittel der **Rechtsbeschwerde** gemäß § 574 ZPO gegeben ist,[3] muss nach § 329 Abs. 2 Satz 2 ZPO eine Zustellung an Kläger, Unternehmer und Sachwalter erfolgen. Der Sachwalter könnte eine Rechtsbeschwerde z.B. darauf stützen, dass die Eröffnung des Verfahrens

---

[1] Siehe dazu Vor §§ 22 ff. Rn. 5 ff.
[2] In diesem Sinne auch *Röthemeyer* VDuG § 24 Rn. 4.
[3] Wie hier *Röthemeyer* VDuG § 24 Rn. 1.

mit entsprechenden Handlungspflichten für ihn beschlossen wurde, obwohl es an der Einzahlung des **vorläufig festgesetzten Kostenbetrages** noch fehlt.[4]

II. Zahlungseingang als Voraussetzung der Verfahrenseröffnung

1. Maßgeblich: Zahlung zugunsten des Umsetzungsfonds

3 Nach der gesetzlichen Vorgabe ist die Eröffnung des Umsetzungsverfahrens erst zu beschließen, wenn der Unternehmer den vorläufig festgesetzten **Kostenbetrag** i.S.v. § 18 Abs. 1 Nr. 2 und, sofern dies im Urteil vorgesehen ist, den **kollektiven Gesamtbetrag** i.S.v. § 18 Abs. 2 an den Sachwalter gezahlt hat. Dem Gesetzeswortlaut nach, der eine Zahlung **zu Händen des Sachwalters** verlangt, müsste es genügen, dass der Sachwalter über die festgesetzten Beträge tatsächlich verfügen kann. Allerdings ist zu bedenken, dass die Durchführung des Umsetzungsverfahrens nur gesichert ist, wenn sich die Mittel in dem vom Vermögen des Sachwalters getrennten **Umsetzungsfonds** befinden.[5] Denn nur dann ist beispielsweise eine Pfändung der Mittel durch Dritte gemäß § 25 Abs. 4 ausgeschlossen.

4 Richtigerweise ist deshalb davon auszugehen, dass der Eröffnungsbeschluss **erst** ergehen kann, wenn die Mittel nicht nur zu Händen des Sachwalters, sondern tatsächlich in den **Umsetzungsfonds** eingezahlt wurden.[6] Aus § 25 Abs. 1 Satz 2, wonach der vorläufig festgesetzte Kostenbetrag und der kollektive Gesamtbetrag in den Umsetzungsfonds einzuzahlen sind, ergibt sich also eine Obliegenheit des Unternehmers, der aus eigenem Interesse unmittelbar in den Umsetzungsfonds zahlen sollte. Damit ist es zwar ebenso möglich, dass das Umsetzungsverfahren eröffnet wird, wenn die Mittel zuerst an den Sachwalter und anschließend von diesem in dem Umsetzungsfonds eingezahlt wurden. Allerdings trägt der Unternehmer, wenn er nicht direkt in den Umsetzungsfonds einzahlt, z.B. das Risiko einer **Pfändung** durch Dritte.

5 Eine **Erfüllung** der durch das Urteil begründeten Verpflichtung und damit die Voraussetzung für die Eröffnung des Umsetzungsverfahrens im engeren Sinne tritt folglich erst ein, wenn die Mittel im **Umsetzungsfonds** eingegangen sind. Dementsprechend ist auch nicht möglich, dass der Unternehmer zu Händen des Sachwalters „zahlt", indem er mit einem ihm aus anderen Gründen gegen den Sachwalter zustehenden Anspruch aufrechnet. Ferner ist daraus abzuleiten, dass die Zahlungsverpflichtungen im Wege der **Zwangsvollstreckung** erst dann durchgesetzt werden können, wenn der Sachwalter gemäß § 25 Abs. 1 Satz 1 den Umsetzungsfonds errichtet und dem Unternehmer benannt hat. Es handelt sich dabei um **notwendige Mitwirkungshandlungen** des Sachwalters, die gemäß § 726 Abs. 1 ZPO vor der Erteilung einer Vollstreckungsklausel nachzuweisen sind.

6 Zulässig ist auch die Zahlung der Beträge durch einen Dritten, was sich bereits aus § 267 Abs. 1 BGB ergibt.[7]

2. Information des Gerichts über Zahlungseingang

7 Wie das Gericht die **Information über den Zahlungseingang** erhält, regelt § 24 nicht. Allerdings sieht § 27 Nr. 1 vor, dass der Sachwalter dem Gericht den **Erhalt** des vorläufig festgesetzten Kostenbetrags und den Erhalt des kollektiven Gesamtbetrages **nachzuweisen** hat, sodass das Gericht regelmäßig auf diesem Wege informiert werden dürfte.[8] Dies schließt es allerdings nicht aus, dass das Gericht die Eröffnung des Umsetzungsverfahrens auch dann beschließen kann und muss, wenn ihm auf anderem

---

4 Skauradszun/*Dahl*/*Linnenbrink* VDuG § 24 Rn. 14.

5 Übereinstimmend *Röthemeyer* VDuG § 24 Rn. 4.

6 Ebenso BT-Drucks. 20/6520 S. 86; *Bayat* IWRZ 2023, 258, 262.

7 Köhler/Bornkamm/Feddersen/*Scherer* § 24 VDuG Rn. 6.

8 Auch die Gesetzesbegründung, BT-Drucks. 20/6520 S. 86, geht davon aus, dass das Gericht vom Sachwalter informiert wird; ebenso Köhler/Bornkamm/Feddersen/*Scherer* § 24 VDuG Rn. 5.

Wege, z.B. durch den Unternehmer oder einen Dritten, der die Zahlung vorgenommen hat, der Eingang der Zahlungen nachgewiesen wird. Wann der Nachweis zur Überzeugung des Gerichts als geführt angesehen werden kann, ist eine Frage des Einzelfalles. Im Regelfall ist eine **Bankbestätigung** bzgl. des Eingangs der Gelder auf den dafür bestimmten Konten erforderlich, aber auch ausreichend.

3. Unvollständige Zahlungen

a) Problemstellung. Gesetzlich nicht ausdrücklich geregelt ist, wie das Gericht zu verfahren hat, **8** wenn der Unternehmer zwar Zahlungen leistet, diese aber hinter den in den Urteilen festgesetzten Beträgen zurückbleiben. Unproblematisch ist in diesem Zusammenhang zunächst, dass der Sachwalter nach § 27 Nr. 1 das Gericht auch dann über Zahlungseingänge zu **informieren** hat, wenn diese den ausgeurteilten Beträgen nicht entsprechen. Ebenso klar ist, dass fehlende Beträge im Wege der **Zwangsvollstreckung** beigetrieben werden können, die allerdings vom Kläger, nicht vom Sachwalter zu betreiben ist.[9] Fraglich ist dagegen, ob die Eröffnung des Umsetzungsverfahrens zwingend **aufgeschoben** werden muss, bis die letzten Zahlungen vollständig eingegangen sind.

Der Gesetzestext ist seinem Wortlaut nach so zu verstehen, dass die Zahlung der in den **9** Urteilen festgesetzten Beträge eine Voraussetzung für die Eröffnung des Umsetzungsverfahrens ist,[10] worunter nur die **vollständige Zahlung** und nicht irgendeine „Anzahlung" zu verstehen sein kann.[11] Andererseits erscheint es wenig sinnvoll, dem Unternehmer die Möglichkeit in die Hand zu geben, die Durchführung des Umsetzungsverfahrens zu verzögern oder gar zu verhindern, indem er – u.U. nur in ganz geringem Umfang – zu geringe Zahlungen an den Sachwalter leistet.[12] Richtigerweise sollte in einem solchen Fall danach unterschieden werden, welche Zahlung betroffen ist, um dann wie nachfolgend beschrieben vorzugehen.

b) Vorläufig festgesetzter Kostenbetrag. Hat der Unternehmer nur den **vorläufig festge-** **10** **setzten Kostenbetrag** nicht vollständig bezahlt, so kann das Gericht gleichwohl die Eröffnung des Umsetzungsverfahrens beschließen, wenn der Sachwalter **zustimmt** und zusätzlich nach Einschätzung des Gerichts eine **ordnungsgemäße Durchführung** des Umsetzungsverfahrens nicht gefährdet ist.[13] Ist der Sachwalter mit der Verfahrenseröffnung nicht einverstanden, ist diese dagegen abzulehnen, selbst wenn nur ein geringer Betrag fehlen sollte. Denn es gibt keine gesetzliche Grundlage dafür, vom Sachwalter ein Tätigwerden zu verlangen, wenn die aus dem Abhilfeendurteil hervorgehenden Voraussetzungen nicht erfüllt sind.

c) Kollektiver Gesamtbetrag. Schwieriger ist die Lage, wenn der **kollektive Gesamtbetrag** **11** nicht vollständig bezahlt wurde, da in einer solchen Situation grundsätzlich davon ausgegangen werden muss, dass das Ziel des Umsetzungsverfahrens nicht vollständig erreicht werden kann. In einer solchen Konstellation ist abzuwägen, ob und ggf. wie lange abgewartet werden soll, bis die **Restzahlung** – ggf. aufgrund von Zwangsvollstreckungsmaßnahmen – eingegangen ist, oder ob ungeachtet des Fehlbetrages die Eröffnung des Umsetzungsverfahrens zu beschließen ist. Nicht in Betracht kommt – von extremen Ausnahmefällen abgesehen[14] – dagegen, die Eröffnung des

---

9 Wie hier Köhler/Bornkamm/Feddersen/*Scherer* § 24 VDuG Rn. 6; Anders/Gehle/*Schmidt* § 24 Rn. 1; *Bruns* ZZP 2024, 3, 38 ff.; *Bayat* IWRZ 2023, 258, 263; BT-Drucks. 20/6520 S. 82.

10 In diesem Sinn auch BT-Drucks. 20/6520 S. 86.

11 Ebenso *Kalisz* NZI 2024, 153.

12 A.A. *Röthemeyer* VDuG § 24 Rn. 3; *Kalisz* NZI 2024, 153.

13 A.A. Skauradszun/*Dahl/Linnenbrink* VDuG § 24 Rn. 7; unklar Zöller/*Vollkommer*, § 24 VDuG Rn. 2.

14 Ein solcher Ausnahmefall könnte z.B. vorliegen, wenn weitere Zahlungen nicht zu erwarten sind und die eingegangenen Zahlungen nur ausreichen, um einstellige Cent-Beträge an die angemeldeten Verbraucher auszuzahlen, da in

Umsetzungsverfahrens im engeren Sinne endgültig abzulehnen und das Umsetzungsverfahren im weiteren Sinne einzustellen, da ansonsten die Durchführung des Umsetzungsverfahrens zur Disposition des Unternehmers gestellt würde.

12   Richtigerweise ist das Vorgehen in das **pflichtgemäße Ermessen** des Gerichts zu stellen.[15] Ist die Restzahlung (ggf. im Wege der Zwangsvollstreckung) in einem überschaubaren Zeitraum, der im Regelfall mit **sechs Monaten** zu bemessen sein dürfte, zu erwarten und wurden **weniger als 50 %** des kollektiven Gesamtbetrages eingezahlt, so spricht dies dafür, den Eingang der Restzahlung abzuwarten und die Verfahrenseröffnung für eine vom Gericht zu bestimmende Frist aufzuschieben. Ist dagegen noch für einen längeren Zeitraum mit keinen weiteren Zahlungen zu rechnen oder sind bereits über 50 % des kollektiven Gesamtbetrages eingezahlt worden, so spricht dies tendenziell dafür, das Umsetzungsverfahren zu eröffnen. Denn wie sich aus § 27 Nr. 9 entnehmen lässt, ist nach Ansicht des Gesetzgebers die Durchführung eines Umsetzungsverfahrens, in dem die **vollständige Befriedigung** aller Ansprüche nicht erreicht wird, keinesfalls ausgeschlossen.[16] Die Abwägung der Umstände des Einzelfalles ist Sache des Gerichts.

13   Anderes kann gelten, sobald ein **Insolvenzverfahren** über das Vermögen des Unternehmers eröffnet wird, da in diesem Fall die **vorrangige Regelung** des § 38 Abs. 1 Satz 3 zu beachten ist.

14   Ausgeschlossen ist schließlich im Fall einer Teilzahlung, dauerhaft weder das Umsetzungsverfahren im engeren Sinn zu eröffnen, noch das Umsetzungsverfahren im weiteren Sinn nicht zu beenden. Denn es dient weder den Interessen der angemeldeten Verbraucher, noch des Unternehmers, noch des Sachwalters, Gelder dauerhaft im Umsetzungsfonds zu blockieren.

4. Zuvielzahlung

15 Nicht gesetzlich geregelt ist schließlich auch der – wohl eher theoretische – Fall einer **Zuvielzahlung** durch den Unternehmer. Nach einer Ansicht soll in einem solchen Fall regelmäßig durch § 814 BGB eine **Rückforderung** nach § 812 Abs. 1 Satz 1 Alt. 1 BGB ausgeschlossen sein, da dem Unternehmer die Höhe der geschuldeten Zahlung aus dem Urteil genau bekannt gewesen sein müsse.[17] Diese Ansicht übergeht jedoch, dass nach § 37 Satz 1 nicht benötigte Teile des kollektiven Gesamtbetrages nach Beendigung des Umsetzungsverfahrens an den Unternehmer auszukehren sind, da diese weder dem Sachwalter noch den angemeldeten Verbrauchern zustehen. Aus § 814 BGB kann somit allenfalls (wenn überhaupt) abgeleitet werden, dass der Unternehmer seinen Kondiktionsanspruch nach § 812 Abs. 1 Satz 1 Alt. 1 BGB erst nach Abschluss des Umsetzungsverfahrens geltend machen kann.

III. Bekanntmachung

16 Nach § 44 Nr. 15 ist der **Beschluss** über die **Eröffnung des Umsetzungsverfahrens** (im engeren Sinne) im Verbandsklageregister öffentlich **bekannt zu machen**. Auf diese Weise werden die Verbraucher über den Stand des Verfahrens informiert und darüber in Kenntnis gesetzt, dass der Sachwalter sie in Kürze zur Vorlage ihrer Berechtigungsnachweise auffordern wird.[18] Zu veranlassen ist die Bekanntmachung durch das Gericht, § 45.

---

diesem Fall schon nicht damit gerechnet werden kann, dass Verbraucher in nennenswerter Zahl Berechtigungsnachweise beibringen.

15 A.A. Skauradszun/*Dahl/Linnenbrink* VDuG § 24 Rn. 8.
16 Ähnlich Zöller/*Vollkommer*, § 24 VDuG Rn. 2.
17 Köhler/Bornkamm/Feddersen/*Scherer* § 24 VDuG Rn. 6.
18 Köhler/Bornkamm/Feddersen/*Scherer* § 24 VDuG Rn. 10.

§ 25
Umsetzungsfonds

(1) [1]Der Sachwalter errichtet einen Umsetzungsfonds. [2]In diesen sind der vorläufig festgesetzte Kostenbetrag und gegebenenfalls der kollektive Gesamtbetrag sowie gegebenenfalls dessen Erhöhung einzuzahlen.

(2) [1]Der Umsetzungsfonds ist vom Vermögen des Sachwalters getrennt zu führen. [2]Der Sachwalter verwaltet den Umsetzungsfonds und verfügt über ihn.

(3) [1]Berechtigte Ansprüche von Verbrauchern auf Zahlung erfüllt der Sachwalter unmittelbar durch Zahlung aus dem Umsetzungsfonds. [2]Beträge zur Begleichung von Kosten des Umsetzungsverfahrens und Vorschüsse darf der Sachwalter dem Umsetzungsfonds nur nach Anordnung des Gerichts entnehmen. [3]Diese Entnahmen dürfen in ihrer Gesamtsumme den vorläufig festgesetzten Kostenbetrag nicht übersteigen.

(4) Die Gelder des Umsetzungsfonds unterliegen nicht der Pfändung.

Schrifttum

Anders/Gehle/*Schmidt* ZPO, Beilage VDuG (2023); *Bayat* Die Verbandsklage und das Umsetzungsverfahren, IWRZ 2023, 258; Köhler/Bornkamm/Feddersen/*Scherer* UWG, 42. Aufl. (2024); *Röthemeyer* VDuG Handkommentar (2024); *Skauradszun* VDuG Kommentar (2024).

Übersicht

I. Umsetzungsfonds
1. Regelungsgegenstand —— 1
2. Errichtung des Umsetzungsfonds —— 2
3. Einzahlungen in den Umsetzungsfonds —— 3
4. Vermögenstrennung —— 8
5. Verwaltung des und Verfügung über den Umsetzungsfonds —— 11

II. Auszahlungen —— 15

1. Kollektiver Gesamtbetrag —— 16
2. Vorläufig festgesetzter Kostenbetrag; Begrenzung der Entnahmen —— 17

III. Partielle Unpfändbarkeit —— 24
1. Vermögensvermischung —— 25
2. Vollstreckungsmaßnahmen wegen Kosten des Umsetzungsverfahrens —— 27

I. Umsetzungsfonds

1. Regelungsgegenstand

Damit der Sachwalter insbesondere der Aufgabe nachgehen kann, berechtigte **Zahlungsansprü-** 1 **che** der angemeldeten Verbraucher zu erfüllen, müssen ihm vom Unternehmer die erforderlichen Mittel zur Verfügung gestellt werden. Dies muss vorab geschehen, damit der Sachwalter unmittelbar nach Abschluss der **Prüfung** und der Erstellung des **Auszahlungsplanes** gemäß § 27 Nr. 7 die Zahlungen vornehmen kann. Dies wäre nicht gewährleistet, wenn der Sachwalter die erforderlichen Mittel erst nach Abschluss der Prüfung beim Unternehmer anfordern müsste. Die Zahlungen erhält der Sachwalter aber nicht im „eigenen" Interesse, sondern im Interesse der angemeldeten Verbraucher wie auch des Unternehmers, dessen Verbindlichkeiten er mit den Zahlungen erfüllt und an den er eventuell verbleibende Restbeträge gemäß § 37 Satz 1 auszukehren hat. Bei dem **Umsetzungsfonds**, dessen „Errichtung" § 25 Abs. 1 Satz 1 vorschreibt, handelt es sich also um ein vom Sachwalter **treuhänderisch**[1] gehaltenes Vermögen. § 25 gestaltet diese Treuhand näher aus.

---

[1] BT-Drucks. 20/6520 S. 86.

2. Errichtung des Umsetzungsfonds

2 Gemäß § 25 Abs. 1 Satz 1 ist es Aufgabe des Sachwalters, einen **Umsetzungsfonds** zu **errichten**. Dieser Wortlaut verspricht allerdings mehr, als der Sachwalter leisten kann. So gibt es bereits keinen kraft Gesetzes feststehenden Begriff des „Fonds" und es ist ebenfalls unklar, welche Voraussetzungen erfüllt sein müssen, damit von der erfolgreichen „Errichtung" eines Fonds gesprochen werden könnte. Hinzu kommt schließlich, dass das Herzstück der „Fondserrichtung", die Zurverfügungstellung der erforderlichen Mittel, nicht durch den Sachwalter, sondern durch den Unternehmer erfolgen muss. Da schließlich Gegenstand des Umsetzungsfonds immer nur die vorläufig festgesetzten **Kosten** des Umsetzungsverfahrens (§ 18 Abs. 1 Nr. 2) sowie, falls anwendbar, der **kollektive Gesamtbetrag** (§ 18 Abs. 2) einschließlich einer eventuellen **Erhöhung**[2] gemäß § 21 sind, besteht die „Errichtung" des Umsetzungsfonds *de facto* in nichts anderem als der Eröffnung eines oder mehrerer **Bankkonten**,[3] deren Inhaber zwar der Sachwalter ist, die jedoch von seinem **sonstigen Vermögen** (oder den Umsetzungsfonds anderer Umsetzungsverfahren) **getrennt** sind und auch entsprechend bezeichnet werden müssen („Widmung"), um ihren Charakter gegenüber Dritten geltend machen zu können.[4] Insofern findet die „Errichtung des Umsetzungsfonds" eine deutliche Parallele in der Eröffnung von **Treuhand- bzw. Anderkonten**. Dabei steht es zur Wahl des Sachwalters, ob er nur ein Konto eröffnet oder zwei Konten, von denen eines für den vorläufigen Kostenbetrag und das zweite für den kollektiven Gesamtbetrag bestimmt ist.

3. Einzahlungen in den Umsetzungsfonds

3 In den Umsetzungsfonds sind nach § 25 Abs. 1 Satz 2 der vorläufig festgesetzte Kostenbetrag sowie, falls ausgeurteilt, der kollektive Gesamtbetrag und gegebenenfalls eine Erhöhung nach § 21 einzuzahlen. In der Gesetzesbegründung wird dazu ausgeführt,[5] es sei möglich, dass der Sachwalter den Unternehmer anweise, direkt auf ein bestimmtes Konto, das dem Umsetzungsfonds zuzuordnen ist, zu überweisen. Daraus ist zu schließen, dass nach der Vorstellung des Gesetzgebers die Errichtung des Umsetzungsfonds regelmäßig auch in der Weise erfolgen kann, dass der Unternehmer eine Zahlung **an den Sachwalter** leistet, und dann der Sachwalter im Anschluss die **Einzahlung** auf die den Umsetzungsfonds bildenden Konten vornimmt.

4 Dem Gesetzgeber ist zuzustimmen, dass ein Umsetzungsfonds auch dann wirksam errichtet ist, wenn die Zahlung auf diesem Wege vorgenommen wird, d.h. wenn zuerst eine Zahlung an den Sachwalter und dann durch den Sachwalter eine Einzahlung auf die Konten des Umsetzungsfonds erfolgt. Allerdings sind die ausgeurteilten Beträge bei diesem Zahlungsweg, sobald sie beim Sachwalter eingegangen sind, zunächst nicht von seinem sonstigen Vermögen getrennt und auch nicht vor der **Pfändung** durch einen Dritten geschützt (arg. e § 25 Abs. 4).[6] Ferner würden sie im Fall einer **Insolvenz** des Sachwalters in die Insolvenzmasse fallen,[7] sofern man nicht ein Aussonderungsrecht des Unternehmers i.S.v. § 47 InsO annimmt.

5 Die **Abhilfeentscheidungen** sind aber nicht so zu verstehen, dass sie den Unternehmer verpflichten, diese Risiken in Kauf zu nehmen. Denn der Unternehmer darf erwarten, dass die von

---

2 BT- Drucks. 20/6520 S. 86.

3 Wie hier *Bayat* IWRZ 2023, 258, 263. Ähnlich BT- Drucks. 20/6520 S. 86; soweit dort allerdings die Eröffnung eines Bankkontos nur als ein möglicher Umsetzungsweg bezeichnet wird, ist dies irreführend. Tatsächlich handelt es sich um die einzige zu Gebote stehende Möglichkeit. S.a. Köhler/Bornkamm/Feddersen/*Scherer* § 25 VDuG Rn. 7, 13, die die Eröffnung von mindestens zwei Konten (für Kosten bzw. kollektiven Gesamtbetrag) empfiehlt. Ähnlich *Röthemeyer* VDuG § 25 Rn. 2.

4 S.u. Rn. 8 ff.

5 BT- Drucks. 20/6520 S. 86.

6 Wie hier Köhler/Bornkamm/Feddersen/*Scherer* § 25 VDuG Rn. 6.

7 Köhler/Bornkamm/Feddersen/*Scherer* § 25 VDuG Rn. 6.

ihm zur Verfügung gestellten Mittel dazu verwendet werden, seine gegenüber den angemeldeten Verbrauchern bestehenden Verbindlichkeiten zum Erlöschen zu bringen. Daraus folgt, dass der Sachwalter vom Unternehmer einzig und alleine verlangen kann, Zahlungen auf die **Konten des Umsetzungsfonds** vorzunehmen. Alleine solche Zahlungen sind im Wege der Zwangsvollstreckung durchsetzbar. Verpflichten die Abhilfeentscheidungen den Unternehmer (nur) zur Zahlung auf die Konten des Umsetzungsfonds, folgt daraus ferner, dass auch nur mit solchen Leistungen die Zahlungsverpflichtungen aus dem Urteil erfüllt werden. Vor einer Zahlung kann der Unternehmer einen Nachweis verlangen, dass es sich bei dem angegebenen Konto tatsächlich um ein separiertes Treuhandkonto handelt.[8] Zahlt der Unternehmer aus welchen Gründen auch immer zunächst an den Sachwalter, und leitet dieser die erhaltenen Zahlungen auf die Konten des Umsetzungsfonds weiter, tritt erst mit Eingang der Zahlungen auf diesen Konten die **Erfüllungswirkung** hinsichtlich der aus dem Abhilfeendurteil gemäß § 18 Abs. 2 folgenden Leistungspflicht ein.

Weiter ist § 25 zu entnehmen, dass der Sachwalter verpflichtet ist, Zahlungen von Seiten des 6 Unternehmers entgegenzunehmen. Dies gilt auch für Teilleistungen. Da der Sachwalter diese u.a. für die angemeldeten Verbraucher treuhänderisch zu verwalten hat, ist er zu einer **Zurückweisung von Teilzahlungen** nicht berechtigt.

Der Eingang der Zahlungen auf den Konten des Umsetzungsfonds ist Voraussetzung für die 7 Eröffnung des Umsetzungsverfahrens im engeren Sinne gemäß § 24.[9]

4. Vermögenstrennung

Gemäß § 25 Abs. 2 Satz 1 hat der Sachwalter den Umsetzungsfonds **getrennt** von seinem **sonstigen** 8 **Vermögen** zu führen, wobei es nicht darauf ankommt, ob es sich bei seinem sonstigen Vermögen um sein Privatvermögen oder z.B. den Umsetzungsfonds eines weiteren Umsetzungsverfahrens handelt. Die Vermögenstrennung ist dabei zum einen die unverzichtbare Voraussetzung für den **Ausschluss von Pfändungen** gemäß § 25 Abs. 4. Darüber hinaus erleichtert sie es, den Verbleib und Verwendung der Gelder nachzuvollziehen und die Amtsausübung des Sachwalters durch das Gericht zu kontrollieren.[10]

Verboten ist dem Sachwalter damit insbesondere die **Vermischung** von Vermögenswerten, 9 welche allerdings schon dadurch ausgeschlossen werden kann, dass die zu einem Umsetzungsfonds gehörenden Gelder auf separaten Konten gehalten werden. Unzulässig ist es aber auch, den Umsetzungsfonds mit **Verbindlichkeiten** zu belasten, die nicht durch das Umsetzungsverfahren veranlasst sind. Teilweise wird ferner vertreten, dass auch der vorläufig festgesetzte Kostenbetrag und der kollektive Gesamtbetrag auf separaten Konten gehalten werden müssten.[11] Dies überzeugt aber nicht, da das Gesetz eine solche Trennung nicht vorschreibt und auch kein Bedürfnis danach erkennbar ist, da der Sachwalter nur mit Zustimmung des Gerichts Entnahmen tätigen darf (§ 25 Abs. 3 Satz 2).

Verstößt der Sachwalter gegen das **Trennungsgebot**, folgt daraus eine **Schadensersatzpflicht** 10 i.S.v. § 31. Kommt es zu einer Vermischung von Vermögenswerten des Umsetzungsfonds mit anderen Vermögenswerten, entfällt der Pfändungsausschluss i.S.v. § 25 Abs. 4.[12] Weitere Folge ist, dass im Fall einer Insolvenz des Sachwalters keine Aussonderung mehr möglich ist.[13]

---

8 Skauradszun/*Skauradszun* VDuG § 25 Rn. 13.
9 Siehe § 24 Rn. 3 ff.
10 BT-Drucks. 20/6520 S. 86.
11 Skauradszun/*Skauradszun* VDuG § 25 Rn. 15.
12 Näher dazu unten Rn. 25 f.
13 Skauradszun/*Skauradszun* VDuG § 25 Rn. 22.

5. Verwaltung des und Verfügung über den Umsetzungsfonds

11 Nach § 25 Abs. 2 Satz 2 obliegt es dem Sachwalter, den Umsetzungsfonds zu **verwalten** und darüber zu **verfügen**.

12 Aus der **Befugnis zur Verfügung** ergibt sich, dass der Sachwalter jederzeit Zahlungen aus dem Umsetzungsfonds vornehmen **kann** und dazu keiner Mitwirkung anderer Beteiligter bedarf. Streng getrennt davon ist die Frage zu sehen, ob der Sachwalter die jeweiligen Verfügungen auch vornehmen **darf**. Nimmt er Verfügungen vor, die er nicht vornehmen darf, so sind diese im Regelfall[14] wirksam, das Vorgehen des Sachwalters begründet dann jedoch eine Verletzung zur ordnungsgemäßen Verwaltung des Umsetzungsfonds, aus der wiederum gemäß § 31 eine Pflicht zum **Schadensersatz** erwächst.[15]

13 Die Verpflichtung zur **ordnungsgemäßen Verwaltung** ergibt sich ebenfalls aus § 25 Abs. 2 Satz 2. Welche Anforderungen der Sachwalter insoweit zu erfüllen hat, folgt teilweise aus dem Gesetz selbst, in dem z.B. festgehalten ist, dass der Sachwalter nur für berechtigte Ansprüche Zahlungen an Verbraucher leisten (§ 25 Abs. 3 Satz 1) oder Entnahmen für Kosten und Honorarvorschüsse nur nach Anordnung durch das Gericht tätigen darf (§ 25 Abs. 3 Satz 2).

14 Teilweise ergeben sich die Anforderungen auch aus der **treuhänderischen Natur** des Amtes, aus der insbesondere auch eine **Vermögensbetreuungspflicht** des Sachwalters gegenüber dem Unternehmer folgt. So trifft den Sachwalter z.B. die Verpflichtung, den Umsetzungsfonds im Rahmen der üblichen Sorgfalt nicht mit **unnötigen Kosten** zu belasten. Steht z.B. ferner fest, dass die Prüfung der Anspruchsberechtigung der angemeldeten Verbraucher und die Aufstellung des Auszahlungsplanes i.S.v. § 27 Nr. 7 noch längere Zeit in Anspruch nehmen wird, kann die Verpflichtung zur ordnungsgemäßen Verwaltung dazu führen, dass der Sachwalter die vorhandenen Mittel **verzinslich** anlegen muss, wobei sich der Sachwalter auf solche Anlagemöglichkeiten beschränken darf, die jederzeit verfügbar sind und der Einlagensicherung unterliegen. Nach Beendigung der Umsetzungsmaßnahmen folgt aus seiner Verwaltungspflicht die Pflicht zur **Rechnungslegung** (§§ 33, 34).[16]

II. Auszahlungen

15 Die in den Umsetzungsfonds eingezahlten Mittel unterliegen einer strengen **Zweckbindung**, weshalb in § 25 Abs. 3 die wesentlichen Regeln festgelegt sind, die der Sachwalter bei Verfügungen über die Mittel zu beachten hat.

1. Kollektiver Gesamtbetrag

16 Soweit die eingezahlten Mittel auf den **kollektiven Gesamtbetrag** entfallen, dienen sie **ausschließlich** der **Erfüllung berechtigter Zahlungsansprüche** der angemeldeten Verbraucher.[17] Gemäß § 25 Abs. 3 Satz 1 dürfen deshalb vom Sachwalter nur Auszahlungen an die angemeldeten Verbraucher vorgenommen werden, wenn es sich nach einer **pflichtgemäßen Prüfung** anhand der Vorgaben des Abhilfegrundurteils oder nach dem Ergebnis eines Widerspruchsverfahrens i.S.v. § 28, d.h. einschließlich einer eventuellen gerichtlichen Überprüfung gemäß § 28 Abs. 4, um „berechtigte Ansprüche" handelt. Ist dies der Fall, erfolgt die Befriedigung dieser Ansprüche durch eine unmittelbare Zahlung aus dem Umsetzungsfonds an die einzelnen Verbraucher. Zuvor

---

14 Anderes gilt im Fall eines kollusiven Zusammenwirkens mit einem Dritten, vgl. Skauradszun/*Skauradszun* VDuG § 25 Rn. 26.

15 *Röthemeyer* VDuG § 25 Rn. 4.

16 Köhler/Bornkamm/Feddersen/*Scherer* § 25 VDuG Rn. 8.

17 BT- Drucks. 20/6520 S. 86.

Kruis

ist gemäß § 27 Nr. 7 vom Sachwalter ein **Auszahlungsplan** aufzustellen, damit die gebotene Gleichbehandlung (arg. e. § 27 Nr. 9) aller berechtigten Ansprüche gewährleistet ist.[18]

2. Vorläufig festgesetzter Kostenbetrag; Begrenzung der Entnahmen

Der vorläufig festgesetzte **Kostenbetrag** wiederum dient ausschließlich der **Deckung der Kosten** des Umsetzungsverfahrens i.S.v. § 20 Abs. 1.[19] Auch insoweit regelt § 25 Abs. 3, welche Verwendungen der Sachwalter im Rahmen seiner nicht beschränkten Verfügungsgewalt vornehmen darf. [17]

Nach § 25 Abs. 3 Satz 2 darf der Sachwalter Gelder zur **Begleichung von Kosten** (Auslagen) des Umsetzungsverfahrens i.S.v. § 32 Abs. 1 Nr. 1 sowie Vorschüsse auf seine Vergütung i.S.v. § 32 Abs. 1 Nr. 3 Alt. 2 dem Umsetzungsfonds nur nach Zustimmung („Anordnung") des Gerichts entnehmen. Über den Wortlaut des Gesetzes hinaus kann das Gericht auch der **Entnahme von Vorschüssen** für die Erstattung von Auslagen zustimmen, damit der Sachwalter nicht mit seinem eigenen Vermögen in Vorleistung gehen muss. [18]

Erforderlich ist in jedem Fall ein **Antrag** des Sachwalters an das Gericht,[20] in dem der Sachwalter die in § 32 Abs. 1 genannten Voraussetzungen darzulegen hat.[21] Das Gericht hat dann die beanspruchten Kosten zu prüfen.[22] Um die Kosten des Umsetzungsverfahrens bestreiten zu können, muss der Sachwalter also stets erst einen entsprechenden Antrag an das Gericht stellen. Dies wird in der Praxis dazu führen, dass der Sachwalter nicht selten in **Vorleistung** gehen muss. Vor der Entscheidung, die gemäß § 22 Abs. 2 wie auch sonst ohne mündliche Verhandlung ergehen kann, hat das Gericht den Unternehmer anzuhören. Die Genehmigung durch das Gericht ist auch erforderlich, soweit sich die im Umsetzungsfonds befindlichen Mittel durch **Kapitalerträge** erhöht haben, denn auch diese unterliegen der strengen **Zweckbindung**. Erst nach entsprechender gerichtlicher Gestattung darf dann der Sachwalter dem Umsetzungsfonds Gelder entnehmen.[23] Entnimmt er ohne eine entsprechenden Gestattung durch das Gericht, handelt es sich um eine zum Schadensersatz verpflichtende Pflichtverletzung.[24] [19]

Die **vorgeschaltete Prüfung** durch das Gericht gewährleistet dabei nicht nur, dass den Entnahmen ein berechtigter Anspruch auf die beanspruchte Kostenerstattung zu Grunde liegt.[25] Auf diese Weise soll auch gesichert werden, dass die Entnahmen den vorläufig festgesetzten Kostenbetrag nicht überschreiten.[26] Denn könnte es zu einer Überschreitung kommen, müsste dies zwangsläufig zu Lasten des kollektiven Gesamtbetrags erfolgen, der nach der Entscheidung des Gesetzgebers **ungeschmälert** für die berechtigten Ansprüche der angemeldeten Verbraucher zur Verfügung stehen soll. [20]

Die **Sinnhaftigkeit** dieser Entscheidung des Gesetzgebers erscheint allerdings **sehr zweifelhaft**. So dürfte es kein völlig unrealistisches Szenario sein, dass sich im Laufe des Umsetzungsverfahrens herausstellt, dass der vorläufig festgesetzte Kostenbetrag (deutlich) zu niedrig bemessen ist. Zwar geht das Gesetz (zu Recht) davon aus, dass diese zusätzlichen Kosten grundsätzlich vom Unternehmer aufzubringen sind (§ 20 Abs. 2). Nach der Konzeption des Gesetzes würden entsprechende Beschlüsse, da eine zwischenzeitliche Erhöhung der vorläufig festgesetzten Kosten in § 21 nicht vorgesehen ist, aber erst nach **Abschluss des Umsetzungsverfahrens** im Rahmen [21]

---

18 Näher dazu auch § 27 Rn. 57 ff., 65 ff. Wie hier *Röthemeyer* VDuG § 25 Rn. 5; *Bayat* IWRZ 2023, 258, 263 f.

19 BT-Drucks. 20/6520 S. 86.

20 BT-Drucks. 20/6520 S. 86.

21 Dazu näher § 32 Rn. 22 ff.

22 BT-Drucks. 20/6520 S. 86.

23 BT-Drucks. 20/6520 S. 86.

24 Köhler/Bornkamm/Feddersen/*Scherer* § 25 VDuG Rn. 13.

25 BT-Drucks. 20/6520 S. 86.

26 BT-Drucks. 20/6520 S. 86.

Kruis

der endgültigen Festsetzung der vom Unternehmer zu tragenden Kosten nach § 36 Abs. 1 Nr. 2 gefasst.[27]

22   Dieser Ablauf birgt das Risiko, dass der Unternehmer nach Abschluss des Umsetzungsverfahrens zu weiteren substantiellen Zahlungen nicht (mehr) in der Lage ist. In einer solchen Konstellation kann vom Sachwalter nicht erwartet werden, dass er auf eigene Kosten und ohne weitere Vergütung das Umsetzungsverfahren weiterführt. Und ebenso wäre den angemeldeten Verbrauchern nicht damit gedient, würde das Umsetzungsverfahren wegen **fehlender Finanzierung** noch vor Verteilung des kollektiven Gesamtbetrages an die angemeldeten Verbraucher eingestellt. Aus diesem Grund ist davon auszugehen, dass dann, wenn die vorläufig festgesetzten Kostenbeträge aufgebraucht sind und nach Überzeugung des Gerichts weitere Zahlungen auf die Kosten vom Unternehmer nicht zu erlangen sind, das Gericht zur Abdeckung der Kosten auch **Entnahmen aus dem kollektiven Gesamtbetrag** gestatten kann, um eine Fortführung des Umsetzungsverfahrens zu gewährleisten bzw. einen Abbruch ohne Ergebnis zu vermeiden.[28]

23   In praktischer Hinsicht liegt es nahe, dass der Sachwalter sich vom Gericht Entnahmen genehmigen lässt oder mit dem Unternehmer eine diesbezügliche **Umsetzungsvereinbarung** trifft,[29] bevor er Verpflichtungen gegenüber Dritten eingeht, um zu vermeiden, für diese Verpflichtungen am Ende selbst einstehen zu müssen.

III. Partielle Unpfändbarkeit

24   Nach § 25 Abs. 4 unterliegen die Gelder des Umsetzungsfonds nicht der **Pfändung**, sollte gegen den Sachwalter die Zwangsvollstreckung betrieben werden. Damit sollen insbesondere die den angemeldeten Verbrauchern zustehenden Beträge vor Pfändungsmaßnahmen von Gläubigern des Sachwalters geschützt werden. Verstöße gegen den Pfändungsschutz können mit einer Vollstreckungserinnerung gerügt werden,[30] ggf. kann der Sachwalter auch nach § 793 ZPO hiergegen vorgehen. Zudem steht dem Unternehmer der Rechtsbehelf der Drittwiderspruchsklage nach § 771 ZPO zu, da die Mittel (auch) für ihn treuhänderisch gehalten werden.[31] Dabei ist es unschädlich, dass aus dem Umsetzungsfonds auch die Vergütung zu entnehmen ist, die der Unternehmer dem Sachwalter schuldet.[32] Theoretisch denkbar ist auch, dass von einem angemeldeten Verbraucher eine **Drittwiderspruchsklage** erhoben wird, die dann allerdings der Höhe nach auf den ihm zustehenden Betrag begrenzt wäre. Von der gesetzlichen angeordneten Unpfändbarkeit sind jedoch **zwei Ausnahmen** zu machen.

1. Vermögensvermischung

25   Der Pfändungsausschluss fällt weg, wenn der Sachwalter die Gelder des Umsetzungsfonds mit seinem eigenen Vermögen **vermischt**.[33] Denn in diesem Fall würde ein Pfändungsausschluss nicht nur das treuhänderisch gehaltene Vermögen schützen, sondern den Gläubigern des Sachwalters auch noch das **sonstige Vermögen** des Sachwalters entziehen.

---

27 Anders/Gehle/*Schmidt* § 25 Rn. 3.

28 A.A. *Röthemeyer* VDuG § 25 Rn. 6.

29 Zu Umsetzungsvereinbarungen siehe Vor §§ 22 ff. Rn. 20 ff.

30 Skauradszun/*Skauradszun* VDuG § 25 Rn. 40.

31 BGH, 8.2.1996 – IX ZR 151/95, juris; weitergehend Zöller/*Vollkommer*, § 25 VDuG Rn. 1, der auch dem Kläger diese Möglichkeit einräumen möchte.

32 BGH, 8.2.1996 – IX ZR 151/95, juris.

33 Ähnlich Köhler/Bornkamm/Feddersen/*Scherer* § 25 VDuG Rn. 18, wonach der Pfändungsausschluss nur bei einem gesonderten Konto für den Umsetzungsfonds besteht.

Beispiel: Der Umsetzungsfonds ist errichtet und mit 1 Million Euro dotiert. Der Sachwalter hat aus privaten Geschäften Verbindlichkeiten in Höhe von € 500.000,00, zu deren Zahlung er bereits rechtskräftig verurteilt wurde. Um eine Vollstreckung des Urteils zu verhindern, veranlasst er die Überweisung des gesamten Guthabens auf seinem Privatkonto in Höhe von € 500.000,00 auf das Konto des Umsetzungsfonds.

Ein solches Vorgehen kann nicht dazu führen, dass nunmehr das bisherige Privatvermögen in **26** Höhe von € 500.000 dem **Vollstreckungszugriff** der privaten Gläubiger des Sachwalters entzogen wäre. Denn es gibt keine Rechtfertigung dafür, die Gläubiger des Sachwalters alleine deswegen schlechter zu stellen, weil dieser (zufällig) in einem anderen Zusammenhang das Amt eines Sachwalters ausübt. Eine **Vollstreckung in den Umsetzungsfonds** ist in dieser Konstellation somit zulässig. Der Sachwalter macht sich mit einem solchen Vorgehen allerdings selbstverständlich schadensersatzpflichtig gemäß § 31.

2. Vollstreckungsmaßnahmen wegen Kosten des Umsetzungsverfahrens

Der **Pfändungsschutz** kann des Weiteren dann keine Geltung beanspruchen, wenn es sich bei **27** den Ansprüchen des Gläubigers um Verbindlichkeiten handelt, die der Sachwalter vernünftigerweise in Ausübung seines Amtes eingegangen ist und die dementsprechend als **Auslagen** i.S.v. § 32 Abs. 1 Nr. 1 zu qualifizieren sind. Hierzu zählen auch Kosten, die einer Gegenseite nach einem **gerichtlichen Überprüfungsverfahren** i.S.v. § 28 Abs. 4 zu erstatten sind.[34]

Maßgeblich hierfür sind zwei Gründe: Zum einen ist der Umsetzungsfonds gerade auch dazu **28** bestimmt, die Kosten des Umsetzungsverfahrens zu finanzieren. Es handelt sich also um eine **zweckentsprechende Verwendung** der Gelder, wenn diese im Wege der Zwangsvollstreckung dazu verwendet werden, Kosten des Umsetzungsverfahrens zu decken.

Hinzu kommt, dass die Gläubiger, die durch ihre Leistungen zum Gelingen des Umsetzungs- **29** verfahrens beitragen, nicht **rechtsschutzlos** gestellt werden dürfen. Genau das wäre aber der Fall, wenn trotz des Vorliegens eines **vollstreckbaren Titels** die Befriedigung der titulierten Ansprüche davon anhinge, dass das Gericht eine Entnahme genehmigt und der Sachwalter die Auszahlung freiwillig vornimmt.

Dies alles gilt auch für den Fall, dass die titulierten Ansprüche den Betrag übersteigen, der **30** als vorläufig festgesetzte Kosten im Umsetzungsfonds (noch) vorhanden ist. Dies hat zwar zur Folge, dass im Rahmen einer Zwangsvollstreckung auch auf die Teile eines Umsetzungsfonds zugegriffen werden kann, die der Erfüllung der Ansprüche der Verbraucher zu dienen bestimmt sind. Allerdings ist die **Unzulänglichkeit des Umsetzungsfonds** ein Problem, das alle Gläubiger gleichermaßen trifft. Es gibt keinen Grund, die Verbraucher auf Kosten anderer Gläubiger zu privilegieren, zumal im Interesse der Verbraucher ein **Erhöhungsverfahren** nach § 21 durchgeführt werden kann.[35]

Voraussetzung für eine Zwangsvollstreckung in den Umsetzungsfonds ist, dass der Titel als **31** Schuldner den Sachwalter **in seiner Funktion** und unter Angabe des genau zu bezeichnenden Umsetzungsverfahrens benennt. Daneben bleibt aus einem solchen Titel auch die Zwangsvollstreckung in das **persönliche Vermögen** des Sachwalters zulässig. Da der Sachwalter die Verpflichtung persönlich eingegangen ist, ist seine **Haftung nicht** auf die Mittel des Umsetzungsfonds **beschränkt**.

Erfolgt eine Pfändung durch einen persönlichen Gläubiger des Sachwalters in den Umset- **32** zungsfonds und damit entgegen § 25 Abs. 4, ist diese Pfändung gleichwohl wirksam, auch wenn keiner der soeben geschilderten Ausnahmefälle vorliegt.[36]

---

34 Dazu § 28 Rn. 55 ff.
35 A.A. *Röthemeyer* VDuG § 25 Rn. 6.
36 Ebenso Köhler/Bornkamm/Feddersen/*Scherer* § 25 VDuG Rn. 18.

§ 26
Teilnahme am Umsetzungsverfahren

An dem Umsetzungsverfahren nehmen alle Verbraucher teil, die ihre Ansprüche wirksam zum Verbandsklageregister angemeldet haben und die ihre Anmeldung nicht wirksam zurückgenommen haben.

Schrifttum

Köhler/Bornkamm/Feddersen/*Scherer* UWG, 42. Aufl. (2024) VDuG; *Röthemeyer* VDuG Handkommentar (2024); *Skauradszun* VDuG Kommentar (2024).

Übersicht

I.   Regelungszweck —— 1

II. Feststellung der zu berücksichtigenden Verbraucher —— 2

1.   Anmeldung zum Verbandsklageregister —— 3
2.   Prüfung der Verbrauchereigenschaft —— 8

I. Regelungszweck

1 Mit der Regelung in § 26 wird der **Kreis der Verbraucher** bestimmt, die vom Sachwalter im Umsetzungsverfahren zu berücksichtigen sind.[1]

II. Feststellung der zu berücksichtigenden Verbraucher

2 Zu berücksichtigen sind alle **Verbraucher**, die ihre Ansprüche wirksam zum **Verbandsklageregister angemeldet** haben und die ihre Anmeldung **nicht** wirksam **zurückgenommen** haben. Es handelt sich damit um die Verbraucher, auf die sich die **Bindungswirkung** des Abhilfegrundurteils erstreckt.[2] Vom Sachwalter sind damit zwei Gesichtspunkte zu prüfen.

1. Anmeldung zum Verbandsklageregister

3 Zunächst ist die **wirksame** und **fortbestehende Anmeldung** zum Verbandsklageregister zu prüfen. Die Voraussetzungen einer wirksamen Anmeldung von Ansprüchen zum bzw. Abmeldung vom Verbandsklageregister ergeben sich dabei aus § 46 f.[3]

4   § 26 ist allerdings nicht in der Weise zu verstehen, dass der Sachwalter verpflichtet wäre, selbst für jeden angemeldeten Verbraucher zu prüfen, ob An- oder Abmeldung wirksam i.S.v. § 46 vorgenommen wurden.[4] Eine solche **Prüfungspflicht** ergibt sich insbesondere auch nicht aus § 27 Nr. 3, wonach der Sachwalter die Anspruchsberechtigung der am Umsetzungsverfahren teilnehmenden Verbraucher nach **Maßgabe** des **Abhilfegrundurteils** zu prüfen hat.[5] Denn diese Prüf-

---

1 BT-Drucks. 20/6520 S. 87.

2 BT-Drucks. 20/6520 S. 87.

3 Näher dazu § 46 Rn. 24 ff., 47 sowie Köhler/Bornkamm/Feddersen/*Scherer* § 26 VDuG Rn. 3 ff., 9 f., und *Röthemeyer* VDuG § 26 Rn. 2.

4 A.A. Köhler/Bornkamm/Feddersen/*Scherer* § 26 VDuG Rn. 8.

5 A.A. Köhler/Bornkamm/Feddersen/*Scherer* § 26 VDuG Rn. 8., sowie Skauradszun/*Voigt* VDuG § 26 Rn. 9.

pflicht des § 27 Nr. 3 bezieht sich schon dem klaren Wortlaut nach (nur) auf die im Abhilfegrundurteil genannten Voraussetzungen, nicht auf die sich aus § 46 ergebenden **gesetzlichen Kriterien**. Zudem verweist § 27 Nr. 3 auf die am Umsetzungsverfahren teilnehmenden Verbraucher, woraus zu entnehmen ist, dass vor Beginn der Prüfungen i.S.v. § 27 Nr. 3 die Feststellung des Kreises der am Umsetzungsverfahren teilnehmenden Verbraucher bereits stattgefunden haben muss.

Von Rechts wegen ist dem Sachwalter die Prüfung der einzelnen An- und Abmeldungen allerdings nicht verwehrt. Allein in **praktischer Hinsicht** dürfte eine flächendeckende Prüfung schon wegen der Zahl der angemeldeten Verbraucher nicht möglich sein. Aus diesem Grund kann sich der Sachwalter nach § 27 Nr. 2 i.V.m. § 46 Abs. 2 Satz 1 jederzeit vom Bundesamt für Justiz einen **Auszug aus dem Verbandsklageregister** erteilen lassen, der die am Umsetzungsverfahren teilnehmenden Verbraucher, d.h. die Verbraucher ausweist, die sich wirksam angemeldet haben, ohne sich im Anschluss wieder wirksam abzumelden. Auf die **Richtigkeit dieses Auszugs** darf sich der Sachwalter verlassen.[6] Anderes gilt nur, wenn ihm die Unrichtigkeit einzelner Eintragungen positiv bekannt ist oder ihm Umstände zur Kenntnis gelangt sind, die so nachdrücklich gegen die Wirksamkeit einer Anmeldung sprechen, dass es die Sorgfalt eines ordentlichen und gewissenhaften Sachwalters (vgl. § 31 Satz 2) verlangt, diesen **Anhaltspunkten** nachzugehen. Die teilweise vertretene Ansicht, der Sachwalter sei an den Inhalt des Auszugs aus dem Verbandsklageregister gebunden,[7] entbehrt dagegen einer gesetzlichen Grundlage und ist insbesondere mit dem Wortlaut von § 26 unvereinbar. Hätte der Gesetzgeber eine derartige Bindung intendiert, hätte er in § 26 schlicht auf den Auszug aus dem Verbandsklageregister verwiesen. 5

Eine weitergehende Prüfpflicht besteht allerdings, wenn in der Person des angemeldeten Verbrauchers eine Rechtsnachfolge (insb. aufgrund eines Erbfalls oder einer Abtretung) eingetreten ist. 6

Hält der **Unternehmer** anders als der Sachwalter die **Anmeldung** eines Verbrauchers für **unwirksam**, so kann er einer Entscheidung des Sachwalters zugunsten dieses Verbrauchers gemäß § 28 Abs. 2 Satz 1 widersprechen und auf diese Weise gemäß § 28 Abs. 4 eine **gerichtliche Entscheidung** über die Wirksamkeit der Anmeldung herbeiführen.[8] Entsprechendes gilt, wenn der Sachwalter eine Anmeldung für unwirksam hält. In diesem Fall kann der Verbraucher widersprechen und seinerseits nach § 28 Abs. 4 eine gerichtliche Entscheidung herbeiführen. 7

2. Prüfung der Verbrauchereigenschaft

Wie aus dem insoweit klaren Wortlaut von § 26 hervorgeht, muss es sich bei den im Verbandsklageregister angemeldeten Personen auch um Verbraucher oder, wenn sich insoweit aus dem Abhilfegrundurteil keine Differenzierung ergibt, um Verbrauchern gleichgestellte kleine „Unternehmen" i.S.v. § 1 Abs. 2 handeln. Auch hiervon hat sich der Sachwalter zu überzeugen. Dies gilt insbesondere dann, wenn der im Abhilfegrundurteil ausgeurteilte Anspruch nur Verbrauchern im materiell-rechtlichen Sinne zusteht. Da alleine der Umstand, dass sich eine natürliche Person zum Verbandsklageregister angemeldet hat, keinen Rückschluss auf ihre **Verbrauchereigenschaft** zulässt, ist es Aufgabe des Prozessgerichts, auch insoweit geeignete, vom Sachwalter zu prüfende **Berechtigungsnachweise** festzulegen.[9] Besteht Streit über die Verbrauchereigenschaft, so kann auch dies im Rahmen einer gerichtlichen Entscheidung nach § 28 Abs. 4 geklärt werden. 8

---

6 A.A. Skauradszun/*Voigt* VDuG § 26 Rn. 11, wonach z.B. die Wirksamkeit der Rücknahme einer Anmeldung von Amts wegen zu prüfen sein soll.

7 So *Röthemeyer* VDuG § 27 Rn. 7.

8 S. näher § 28 Rn. 14 ff.

9 A.A. Skauradszun/*Dahl*/*Linnenbrink* VDuG § 27 Rn. 20.

Kruis

§ 27
Aufgaben des Sachwalters

Der Sachwalter hat folgende Aufgaben und Befugnisse:
1. er weist dem Gericht den Erhalt folgender Beträge nach:
   a) den Erhalt des vorläufig festgesetzten Kostenbetrags und
   b) für den Fall der Verurteilung zur Zahlung eines kollektiven Gesamtbetrags den Erhalt des kollektiven Gesamtbetrags sowie gegebenenfalls dessen Erhöhung,
2. er kann vom Bundesamt für Justiz einen Auszug aus dem Verbandsklageregister verlangen, der die am Umsetzungsverfahren teilnehmenden Verbraucher sowie sämtliche Angaben ausweist, die im Verbandsklageregister zu den geltend gemachten Ansprüchen vermerkt sind,
3. er prüft die Anspruchsberechtigung der am Umsetzungsverfahren teilnehmenden Verbraucher nach Maßgabe des Abhilfegrundurteils,
4. er setzt den am Umsetzungsverfahren teilnehmenden Verbrauchern, sofern er dies für erforderlich hält, eine Frist zur Vorlage der Berechtigungsnachweise,
5. er kann im Einzelfall ergänzende Erklärungen der Verbraucher oder des Unternehmers verlangen und zu diesem Zwecke Fristen setzen,
6. er kann nicht fristgerecht eingegangene Berechtigungsnachweise und Erklärungen zurückweisen, wenn er den betroffenen Verbraucher zuvor auf diese Rechtsfolge hingewiesen hat,
7. er stellt die Gesamthöhe der berechtigten Ansprüche aller Verbraucher auf Zahlung in einem Auszahlungsplan zusammen,
8. er informiert die Parteien, sofern der kollektive Gesamtbetrag nicht zur Erfüllung der berechtigten Zahlungsansprüche aller angemeldeten Verbraucher ausreicht,
9. er erfüllt berechtigte Ansprüche von Verbrauchern auf Zahlung und sorgt für den Fall, dass nach dem Auszahlungsplan der kollektive Gesamtbetrag nicht zur Erfüllung der berechtigten Ansprüche aller Verbraucher ausreicht, für eine gleichmäßige Verteilung,
10. er fordert für den Fall der Verurteilung zu einer anderen Leistung als zur Zahlung den Unternehmer zur Erfüllung berechtigter Verbraucheransprüche auf, setzt ihm zu diesem Zweck angemessene Fristen und verlangt die Anzeige der Erfüllung sowie die Vorlage von Nachweisen und
11. er kann die Erfüllung geltend gemachter Ansprüche von Verbrauchern ganz oder teilweise ablehnen.

Schrifttum

Anders/Gehle/*Schmidt* ZPO, Beilage VDuG (2023); *Bayat* Die Prospekthaftung im Abhilfeverfahren, BKR 2024, 219; *ders.* Die Verbandsklage und das Umsetzungsverfahren, IWRZ 2023, 258; *Janal* Die Umsetzung der Verbandsklagenrichtlinie, GRUR 2024, 985; Köhler/Bornkamm/Feddersen/*Scherer* UWG, 42. Aufl. (2024); *Röthemeyer* VDuG Handkommentar (2024); *Skauradszun* VDuG Kommentar (2024); *Vollkommer* Das VDuG auf dem Praxisprüfstand, RAW 2024, 2.

Übersicht

I. Regelungsgegenstand —— 1

II. Einzelne Aufgaben und Befugnisse
1. Mitteilung über Zahlungseingänge (Nr. 1) —— 4
2. Anforderung eines Auszugs aus dem Verbandsklageregister (Nr. 2) —— 8
3. Prüfung der Anspruchsberechtigung (Nr. 3) —— 14
   a) Prüfung der Teilnahme am Umsetzungsverfahren, Verbrauchereigenschaft —— 15
   b) Prüfung der Berechtigungsnachweise —— 17

c) Prüfung weiterer Anspruchsvoraussetzungen —— 21

d) Ausnahme: Prüfung individueller Einwendungen bei rechtsmissbräuchlicher Teilnahme am Umsetzungsverfahren —— 22

e) Anforderungen an das Prüfungsverfahren —— 26

f) Zeitlicher Rahmen des Prüfungsverfahrens —— 30

g) Umsetzungsvereinbarungen —— 35

4. Fristsetzung zur Vorlage von Berechtigungsnachweisen (Nr. 4)

   a) Überblick —— 37

   b) Fristsetzung —— 38

   c) Exkurs: Kommunikation mit den angemeldeten Verbrauchern —— 39

5. Anforderungen ergänzender Erklärungen im Einzelfall (Nr. 5) —— 45

6. Zurückweisungen nicht fristgerechter Erklärungen und Nachweise (Nr. 6) —— 49

7. Aufstellung eines Auszahlungsplanes (Nr. 7) —— 57

8. Information über nicht ausreichenden kollektiven Gesamtbetrag (Nr. 8) —— 62

9. Gleichmäßige Erfüllung berechtigter Ansprüche (Nr. 9) —— 65

10. Aufgaben bei Verurteilung des Unternehmers zu anderen Leistungen (Nr. 10) —— 73

11. Ablehnung der Erfüllung vermeintlicher Ansprüche (Nr. 11) —— 81

   a) Regelungskonzept —— 82

   b) Einzelheiten —— 87

I. Regelungsgegenstand

§ 27 regelt seinem Wortlaut nach **Aufgaben** und **Befugnisse** des Sachwalters im Umsetzungsverfahren, wobei sich die Regelung auf das Umsetzungsverfahren sowohl im **weiteren** wie auch im **engeren** Sinne bezieht, da z.B. in Nr. 1 Pflichten angesprochen werden, die vor Erlass des Eröffnungsbeschlusses gemäß § 24 zu erfüllen sind. Unter den „Aufgaben" sind dabei **Pflichten** des Sachwalters zu verstehen, da ihm kein Ermessen dahingehend zusteht, ob er die Aufgaben erfüllt oder nicht. **1**

Der Katalog des § 27 ist **nicht abschließend**, was sich schon daraus ergibt, dass an anderen Stellen des Gesetzes ausdrücklich weitere Aufgaben bzw. Pflichten angesprochen werden, die der Sachwalter zu erfüllen hat (z.B. § 25 Abs. 2 Satz 2). Aus diesem Grund ist auch davon auszugehen, dass § 27 nicht gegen die Annahme spricht, dass sich aus den anderen gesetzlichen Regelungen ggf. noch weitere, vom Gesetzgeber nicht ausdrücklich normierte Pflichten und Aufgaben ableiten lassen. **2**

Der eigentliche Zweck von § 27 dürfte vor diesem Hintergrund darin bestehen, dem Sachwalter einen **Leitfaden** an die Hand zu geben, wie ein Umsetzungsverfahren im Wesentlichen ordnungsgemäß abgewickelt werden kann. **3**

II. Einzelne Aufgaben und Befugnisse

1. Mitteilung über Zahlungseingänge (Nr. 1)

Nach § 27 Nr. 1 muss der Sachwalter dem Gericht den Erhalt des vorläufig festgesetzten Kostenbetrags (§ 18 Abs. 1 Nr. 2) und, soweit im Einzelfall zutreffend, den Erhalt des kollektiven Gesamtbetrags (§ 18 Abs. 2) und eines gegebenenfalls festgesetzten Erhöhungsbetrages (§ 21) nachweisen. **4**

Die Nachweispflicht dient zum einen dazu, dem Gericht die notwendigen Informationen zu verschaffen, damit gemäß § 24 über die **Eröffnung des Umsetzungsverfahrens** im engeren Sinne entschieden werden kann.[1] Die Frage, ob, in welchem Umfang und wann der Unternehmer seiner Zahlungspflicht nachgekommen ist, kann auch für die Frage einer **Zwangsvollstreckung** oder die **Anwendung von § 38** eine Rolle spielen. Hieraus ergibt sich wiederum, dass der Sachwalter dem Gericht **jeden** Zahlungseingang nachzuweisen hat, also unabhängig davon, ob der Unternehmer **5**

---

1 BT-Drucks. 20/6520 S. 87.

damit nach Ansicht des Sachwalters seine Zahlungspflichten vollständig erfüllt hat oder nicht. Mitzuteilen ist auch der Zeitpunkt des Zahlungseingangs.

6 Das Gesetz verpflichtet den Sachwalter ausdrücklich zu einem **Nachweis** des Zahlungseingangs, sodass eine schlichte Information nicht ausreicht.[2] Wie der Nachweis zu erfolgen hat, sagt das Gesetz nicht. Erforderlich, aber auch ausreichend ist jedenfalls die Vorlage einer Bankbestätigung. Daneben besteht die Möglichkeit, dass der Unternehmer das Gericht über den Zahlungseingang informiert und diesen nachweist.[3]

7 Über eine Information des Klägers durch den Sachwalter sagt das Gesetz nichts, auch nicht für den Fall einer unterlassenen oder unvollständigen Zahlung. Daraus ist zu folgern, dass es Sache des Klägers ist, sich bei Gericht oder beim Sachwalter Informationen über die erfolgten Zahlungen einzuholen, um im Falle der nicht oder unvollständig erfolgten Zahlung die Zwangsvollstreckung betreiben zu können.[4] Auch eine Mahnung des Unternehmers ist alleine Sache des Klägers, nicht des Sachwalters.[5] Gleichwohl wird man auch eine ungefragte Information des Klägers durch den Sachwalter über den Stand der Zahlungseingänge als zulässig ansehen müssen.

2. Anforderung eines Auszugs aus dem Verbandsklageregister (Nr. 2)

8 Nach § 27 Nr. 2 kann der Sachwalter vom **Bundesamt für Justiz** einen Auszug aus dem Verbandsklageregister verlangen, der die am Umsetzungsverfahren teilnehmenden Verbraucher sowie sämtliche Angaben ausweist, die im Verbandsklageregister zu den geltend gemachten Ansprüchen vermerkt sind. Eine entsprechende **Auskunftspflicht** des Verbandsklageregisters ergibt sich aus § 48 Abs. 2 Satz 1, woraus zugleich die **datenschutzrechtliche Grundlage** zu entnehmen ist.[6] Beide Vorschriften korrespondieren mit § 26,[7] der den Kreis der zu berücksichtigenden Verbraucher definiert.

9 Nach der Gesetzesbegründung soll der Sachwalter auf diesem Wege eine Übersicht über die im Umsetzungsverfahren zu berücksichtigenden Verbraucheransprüche erhalten.[8] Tatsächlich handelt es sich bei dem Auszug aus dem Verbandsklageregister um mehr als nur um eine „praktische Hilfestellung" in Form einer „Übersicht".

10 Von Gesetzes wegen darf der Sachwalter Leistungen nur an solche Verbraucher vornehmen, die sich **wirksam angemeldet** und dann nicht mehr wirksam abgemeldet haben. Zwar wäre es nicht *per se* unzulässig, würde der Sachwalter diese Voraussetzungen für jeden Verbraucher **individuell prüfen**. Allerdings dürfte dies in den meisten Fällen nicht mit einem noch vertretbaren Aufwand zu leisten sein. An dieser Stelle kommt der **Auszug** aus dem **Verbandsklageregister** ins Spiel, auf dessen Inhalt sich der Sachwalter grundsätzlich **verlassen** darf, sofern ihm nicht im Einzelfall eine Unrichtigkeit positiv bekannt ist oder ihm Umstände zur Kenntnis gelangt sind, die so nachdrücklich gegen die Wirksamkeit einer Anmeldung sprechen, dass es die Sorgfalt eines ordentlichen und gewissenhaften Sachwalters (vgl. § 31 Satz 2) verlangt, diesen **Anhaltspunkten** nachzugehen. Ist dies ausnahmsweise der Fall, kann und muss er eine individuelle Prüfung vornehmen.

11 Eine **Bindung** des Sachwalters an die Angaben im Auszug aus dem Verbandsklageregister besteht **in keinem Fall**,[9] da § 26 die Teilnahme der Verbraucher am Umsetzungsverfahren von

---

2 BT-Drucks. 20/6520 S. 87.

3 S. § 24 Rn. 7.

4 A.A. *Röthemeyer* VDuG § 27 Rn. 4.

5 A.A. *Röthemeyer* VDuG § 27 Rn. 4.

6 Anders/Gehle/*Schmidt* § 27 Rn. 3., sowie Skauradszun/*Dahl/Linnenbrink* VDuG § 27 Rn. 16.

7 Anders/Gehle/*Schmidt* § 27 Rn. 3.

8 BT-Drucks. 20/6520 S. 87.

9 A.A. *Röthemeyer* VDuG § 27 Rn. 7.

Kruis

der Einhaltung der §§ 46 f. abhängig macht, nicht von der Aufnahme in den Auszug aus dem Verbandsklageregister.[10]

Nimmt der Sachwalter individuelle Prüfungen der Anmeldungen vor statt sich auf den Auszug 12 aus dem Verbandsklageregister zu stützen, ohne dass dies sachlich veranlasst wäre, so spricht dies nicht gegen die Verwendbarkeit seiner Ergebnisse. Allerdings dürften die dadurch verursachten zusätzlichen **Kosten** nicht zur Erfüllung seiner Aufgaben „notwendig" i.S.v. § 32 Abs. 1 Nr. 3 gewesen sein, sodass eine Erstattung in diesem Fall ausscheidet.[11]

Ist der Unternehmer oder der betroffene Verbraucher der Ansicht, dass der Sachwalter seiner 13 Entscheidung über einen Anspruch eine unzutreffende Einschätzung zur Frage der Wirksamkeit der Anmeldung zugrunde gelegt hat, steht die Möglichkeit eines **Widerspruchs** nach § 28 offen.

3. Prüfung der Anspruchsberechtigung (Nr. 3)

Die wesentliche Aufgabe des Sachwalters besteht darin, die **Anspruchsberechtigung** der am Um- 14 setzungsverfahren teilnehmenden Verbraucher nach **Maßgabe** des **Abhilfegrundurteils** zu prüfen, wie sich aus § 27 Nr. 3 ergibt. Die dabei an den Sachwalter gestellten Anforderungen sind in wesentlichen Punkten je nach den Umständen des konkreten Falles zu bestimmen.

a) Prüfung der Teilnahme am Umsetzungsverfahren, Verbrauchereigenschaft.

Zu- 15 nächst hat sich der Sachwalter in allen Fällen zu vergewissern, welche Verbraucher wirksam angemeldet sind und dementsprechend gemäß § 26 am Umsetzungsverfahren teilnehmen.[12] Für diese Prüfung ist nach § 27 Nr. 2 ein Auszug aus dem Verbandsklageregister einzuholen, die Prüfung ist aber nicht notwendigerweise hierauf beschränkt.[13] Der Sachwalter hat dabei allerdings nicht nur das Vorliegen einer wirksamen Anmeldung, sondern auch zu prüfen, ob es sich bei den angemeldeten Personen um **Verbraucher** handelt. Denn nur in diesem Fall dürfen sie an einem Umsetzungsverfahren teilnehmen, zudem wird häufig die **materiell-rechtliche Qualifikation** als Verbraucher i.S.v. § 13 eine Voraussetzung für den ausgeurteilten Anspruch darstellen. Es ist Aufgabe des Prozessgerichts, insoweit **geeignete Berechtigungsnachweise** festzulegen.[14] Für eine Vermutung, dass es sich bei natürlichen Personen um Verbraucher handelt, ist dagegen kein Raum, da das Gesetz ausdrücklich an die Verbrauchereigenschaft anknüpft, deren Vorliegen somit festgestellt werden muss.[15] Der Unternehmer hat zudem keine Möglichkeit, individuelle Einwendungen gegen die Verbrauchereigenschaft vorzubringen. Erst recht gilt die Nachweispflicht, wenn es sich bei dem Anspruchsteller um einen Kleinunternehmer i.S.v. § 1 Abs. 2 handeln soll.[16]

Art. 9 Abs. 4 Satz 2 Verbandsklagen-RL verlangt des Weiteren, dass sichergestellt werden 16 muss, dass ein Verbraucher nicht mehr als einmal eine Entschädigung aus demselben Klagegrund gegen denselben Unternehmer erhalten kann (Verbot der Mehrfachrepräsentation).[17] Daraus ist an sich abzuleiten, dass der Sachwalter anhand der im Verbandsklageregister vorhandenen Daten auch zu prüfen hat, ob bereits ein früheres Abhilfeverfahren gegen den Unternehmer stattgefunden hat, ob ein angemeldeter Verbraucher auch in diesem früheren Verfahren angemeldet war und aus demselben Rechtsgrund eine Leistung erhalten hat, der auch für das nun umzusetzende

---

10 Siehe auch § 26 Rn. 5.
11 Siehe § 32 Rn. 5 ff.
12 Siehe dazu § 26 Rn. 2 ff.
13 Rn. § 26 5.
14 Näher § 26 Rn. 8.
15 A.A. Skauradszun/*Dahl*/*Linnenbrink* VDuG § 27 Rn. 20, und Zöller/*Vollkommer*, § 27 VDuG Rn. 2.
16 Wie hier in diesem Fall Skauradszun/*Dahl*/*Linnenbrink* VDuG § 27 Rn. 20.
17 Näher Köhler/Bornkamm/Feddersen/*Scherer* § 27 VDuG Rn. 11.

Abhilfeurteil maßgeblich war.[18] Aufgrund der Sperrwirkung gemäß § 8 dürften derartige Fälle aber an sich von vornherein nicht auftreten.[19]

17 **b) Prüfung der Berechtigungsnachweise.** Die weitere Prüfung bezieht sich entsprechend den Vorgaben des Abhilfegrundurteils vor allem auf die von den wirksam angemeldeten Verbrauchern vorzulegenden Berechtigungsnachweise. Für den Fall, dass Berechtigungsnachweise verloren gegangen sein sollten, kann im Abhilfegrundurteil die Vorlage **alternativer Nachweise** gestattet werden. Ist dies nicht erfolgt, kann dem nicht in der Weise begegnet werden, dass das Abhilfegrundurteil „großzügig" ausgelegt wird oder der Sachwalter aus eigenem Ermessen andere Nachweise akzeptiert.[20] Der Akzeptanz anderer Nachweise steht die Bindung des Sachwalters an das Abhilfegrundurteil entgegen. Und genauso wenig wie es dem Gericht im Abhilfeverfahren erlaubt ist, „großzügig" zugunsten der Verbraucher zu entscheiden anstatt nach Recht und Gesetz, ist dem Sachwalter eine solche Großzügigkeit auf Kosten des Unternehmers gestattet. Zudem ist es Sache des Prozessgerichts, im Abhilfegrundurteil festzulegen, ob die Berechtigungsnachweise im Original vorgelegt werden müssen oder eine Vorlage in anderer Weise zulässig ist.[21]

18 Da der Sachwalter über die Vorgaben des Abhilfegrundurteils nicht hinausgehen darf, ist er darauf angewiesen, dass das Prozessgericht die Berechtigungsnachweise **sachgerecht**, **sorgfältig** und in Übereinstimmung mit der **materiell-rechtlichen Rechtslage** festlegt:

19 Besteht z.B. der Anspruch der Verbraucher nur **Zug-um-Zug** gegen Herausgabe einer zuvor erhaltenen Leistung, muss dies im Abhilfegrundurteil berücksichtigt werden, da die Regeln des VDuG an der materiellen Rechtslage nichts ändern. Das Prozessgericht muss deshalb im Urteil geeignete und vom Sachwalter prüfbare „Berechtigungsnachweise" definieren, die sicherstellen, dass der Unternehmer Zug-um-Zug gegen seine Leistung oder die Auszahlung durch den Sachwalter die ihm gebührende Leistung (zurück-)erhält.[22] Fehlt es daran, kann der Sachwalter den Zug-um-Zug-Einwand nicht berücksichtigen.[23]

20 Ebenfalls besondere Aufmerksamkeit des Prozessgerichts bei der Festlegung der Berechtigungsnachweise erfordert z.B. der Fall, dass ein **Kreditinstitut** zur **Zahlung von Kapitalerträgen** verurteilt wird.[24] In einem solchen Fall ist das Kreditinstitut grundsätzlich verpflichtet, gemäß § 43 EStG **Kapitalertragssteuer** an das Finanzamt abzuführen, sofern kein **Freistellungsauftrag** vorliegt. Erfolgt die Zahlung an die Verbraucher im Rahmen eines Umsetzungsverfahrens durch den Sachwalter, hat dieser handelnd für die Bank die Kapitalertragssteuer an das Finanzamt zu überweisen, sofern die angemeldeten Verbraucher ihm nicht durch geeignete Berechtigungsnachweise belegen, dass in ihrem Fall die Voraussetzungen dafür gegeben sind, von dem Steuerabzug abzusehen. Dafür wird mindestens die Vorlage des Freistellungsauftrags sowie einer Bescheinigung notwendig sein, in welchem Umfang dieser bereits ausgenutzt wurde.

21 **c) Prüfung weiterer Anspruchsvoraussetzungen.** Die Prüfung durch den Sachwalter erstreckt sich je nach Inhalt des Abhilfegrundurteils aber nicht nur auf die Teilnahme am Umsetzungsverfahren und die Berechtigungsnachweise. Zu prüfen bzw. festzustellen sein kann auch der Anspruchsinhalt bzw. –umfang, also insbesondere die Höhe einer geschuldeten Zahlung. Ist nach

---

18 Köhler/Bornkamm/Feddersen/*Scherer* § 27 VDuG Rn. 11.
19 A.A. wohl Skauradszun/*Dahl*/*Linnenbrink* VDuG § 27 Rn. 22.
20 A.A. wohl *Röthemeyer* VDuG § 27 Rn. 11; wie hier Skauradszun/*Dahl*/*Linnenbrink* VDuG § 27 Rn. 18.
21 A.A. Skauradszun/*Dahl*/*Linnenbrink* VDuG § 27 Rn. 21.
22 *Vollkommer* RAW 2024, 2, 7; *Bayat* BKR 2024, 219, 226.
23 A.A. Skauradszun/*Dahl*/*Linnenbrink* VDuG § 27 Rn. 46.
24 Nach der Gesetzesbegründung, BT-Drucks. 20/6520, S. 80, sowie *Bayat* BKR 2024, 219, 223 f., sollen Ansprüche auf Nachzahlung von Zinsen aus Sparverträgen für Abhilfeklagen geeignet sein. Dann muss aber auch für den Abzug der Kapitalertragssteuer eine geeignete Lösung im System von Abhilfeklage und Umsetzungsverfahren gefunden werden.

dem Abhilfegrundurteil eine Zahlung nebst Zinsen zu leisten, kann sich die Prüfung des Sachwalters auch auf die Höhe der angefallenen Zinsen erstrecken. Grundlage für diese Prüfungen sind die Vorgaben des Abhilfegrundurteils, das nach § 16 Abs. 2 S. 1 die konkreten Anspruchsvoraussetzungen festzulegen hat.

d) Ausnahme: Prüfung individueller Einwendungen bei rechtsmissbräuchlicher Teilnahme am Umsetzungsverfahren. Nach der insoweit klaren Konzeption des Gesetzes sind vom Sachwalter im Umsetzungsverfahren grundsätzlich **keine individuellen Einwendungen** des Unternehmers zu prüfen. Stattdessen ist der Unternehmer nach dem Gesetz darauf verwiesen, derartige Einwendungen in einem **Nachverfahren** i.S.v. § 40 im Form einer Herausgabeklage geltend zu machen. 22

Andererseits wurde oben[25] bereits darauf hingewiesen, dass die dem VDuG zugrundeliegende Richtlinie eine sog. Mehrfachrepräsentation verhindern will und deshalb dem Sachwalter nicht nur die Prüfung erlaubt, sondern von ihm sogar fordert, ob der Verbraucher bereits aufgrund einer vorangegangenen Abhilfeklage die geschuldete Leistung erhalten hat. Dies spricht dafür, dass vor dem Hintergrund von Art. 9 Abs. 4 S. 2 Verbandsklagen-RL auch in anderen Fällen individuelle Einwendungen berücksichtigungsfähig sein können. 23

Hinzu kommt, dass sich die Durchführung eines Umsetzungsverfahrens als Teil der **staatlichen Eingriffsverwaltung** am Grundsatz der **Verhältnismäßigkeit** messen lassen muss. Insoweit mag es zwar vertretbar sein, den Unternehmer im Regelfall für seine individuellen Einwendungen auf ein späteres Verfahren gemäß § 40 zu verweisen, da ein Abhilfeurteil eine grundsätzliche Gewähr dafür bietet, dass die Leistung zu Recht erfolgt. Anderes gilt allerdings, wenn die Berechtigung der individuellen Einwendung und damit im Ergebnis das Nichtbestehen des Anspruchs des Verbrauchers für jedermann offenkundig ist oder liquide bewiesen werden kann, sodass die Teilnahme des Verbrauchers am Umsetzungsverfahren als **rechtsmissbräuchlich** bewertet werden muss. 24

Kann z.B. der Unternehmer ein **rechtskräftiges Urteil** zu einem zwischen ihm und einem der angemeldeten Verbraucher geführten Verfahren vorlegen, in dem der in Frage stehende Anspruch verneint wurde, ist es rechtsmissbräuchlich, wenn eben dieser Verbraucher nun den Versuch unternimmt, mittels der Teilnahme am Umsetzungsverfahren doch noch eine Leistung zu erhalten. Dies kann und muss dann auch der Sachwalter berücksichtigen und darf keine Leistung an den betreffenden Verbraucher vornehmen. Weitere denkbare Fälle sind **entgegenstehende Bindungswirkungen** i.S.v. § 11 Abs. 3 S. 1 aus einer früheren Musterfeststellungsklage, eine zweifelsfrei erfolgte Erfüllung der Anspruchs oder eine entgegenstehende Vergleichsvereinbarung zwischen dem Verbraucher und dem Unternehmer. Hinsichtlich der allgemein an die Annahme einer rechtsmissbräuchlichen Beteiligung an einem Umsetzungsverfahren zu stellenden Anforderungen dürfte es naheliegen, an die von der Rechtsprechung mit Blick auf die rechtsmissbräuchliche Inanspruchnahme von Akkreditiven und Garantien auf erstes Anfordern entwickelten Kriterien (Offenkundigkeit oder liquide Beweisbarkeit der Einwendung) zurückzugreifen.[26] 25

e) Anforderungen an das Prüfungsverfahren. Für die pflichtgemäße Durchführung der Prüfung muss der Sachwalter zunächst die Vorgaben erfüllen, die das Gericht im **Abhilfegrundurteil** gemäß § 16 Abs. 2 S. 1 aufgestellt hat.[27] Die Aufgabe des Sachwalters beschränkt sich allerdings nicht alleine darauf. Er muss sein „Prüfverfahren" auch so ausgestalten, dass es – insbesondere in zeitlicher Hinsicht sowie hinsichtlich der Vorlage von Nachweisen und Erteilung von Auskünften durch die angemeldeten Verbraucher – zu einer praktischen Wirksamkeit der Abhilfeentschei- 26

---

25 S. Rn. 16.
26 Siehe dazu statt vieler BGH, 10.10.2000, Az. XI ZR 344/99 = BGHZ 145, 286.
27 BT-Drucks. 20/6520, S. 87.

dung kommt und seine Prüfung zu zutreffenden Ergebnissen führt. Welche konkreten Anforderungen daraus abzuleiten sind, ist eine Frage des Einzelfalles. Vor allem bei Umsetzungsverfahren größeren Umfangs dürften **„Legal Tech Tools"** für die Anspruchsprüfung oder die Freischaltung eines **Online-Portals**, über das Verbraucher Nachweise elektronisch übermitteln können, angezeigt sein.[28] Auch gegen den Einsatz **künstlicher Intelligenz** ist nichts einzuwenden, wenn die Ergebnisse nachprüfbar sind und vom Sachwalter verantwortet werden.

27   Da der Sachwalter nicht davon ausgehen kann, dass den angemeldeten Verbrauchern der Inhalt des Abhilfegrundurteils bekannt ist, hat er ihnen nicht nur mitzuteilen, auf welchem Wege, sondern auch welche Berechtigungsnachweise vorzulegen sind.[29]

28   Zu beachten ist, dass der Sachwalter im Interesse einer effizienten, einfachen und kostengünstigen Anspruchsprüfung mit dem Unternehmer sog. **Umsetzungsvereinbarungen** treffen darf, sofern dadurch die Rechtsposition der Verbraucher nicht eingeschränkt wird. Möglich ist damit insbesondere eine Vereinbarung zwischen Sachwalter und Unternehmer, durch die die **Anforderungen** an den Berechtigungsnachweis **abgesenkt** und die diesbezüglichen Prüfungen **vereinfacht** werden. Richtigerweise kann der Unternehmer auch ohne eine solche Vereinbarung die Berechtigung einzelner oder aller angemeldeten Verbraucher „unstreitig" stellen, woran der Sachwalter gebunden ist.[30]

29   Das **Ergebnis** der Prüfung hat der Sachwalter gemäß § 28 Abs. 1 dem betroffenen **Verbraucher** und dem **Unternehmer mitzuteilen**.

30 **f) Zeitlicher Rahmen des Prüfungsverfahrens.** Keine gesetzliche Regelung findet sich zu der Frage, innerhalb welcher **Frist** der Sachwalter seine Prüfung vorzunehmen hat. Angesichts der völlig unterschiedlichen Anforderungen, mit denen Sachwalter in Umsetzungsverfahren konfrontiert sein werden, wäre eine sinnvolle Regelung hierzu auch kaum möglich gewesen. Allgemein trifft den Sachwalter allerdings die Verpflichtung, dass Umsetzungsverfahren zügig zu betreiben und abzuschließen.

31   Von der Frage, innerhalb welcher Fristen der Sachwalter zu entscheiden hat, ist die weitere Frage zu trennen, ab wann der Sachwalter eine Entscheidung zum Nachteil des Verbrauchers oder des Unternehmers treffen darf.

32   Hat der Sachwalter dem Verbraucher nach § 27 Abs. 4 eine Frist zur **Vorlage von Berechtigungsnachweisen** oder dem Verbraucher oder dem Unternehmer nach § 27 Nr. 5 eine Frist für **ergänzende Erklärungen** gesetzt, darf er eine Entscheidung erst nach Ablauf dieser Frist treffen.

33   Der Sachwalter darf eine Entscheidung allerdings auch dann treffen, wenn er dem Verbraucher keine Frist zur Vorlage der Berechtigungsnachweise gesetzt hat, da den Verbraucher im Umsetzungsverfahren eine Mitwirkungsobliegenheit trifft und dieser eine Entscheidung nicht dadurch verhindern kann, dass er keinerlei Nachweise vorlegt. In einem solchen Fall muss dem Verbraucher aber in tatsächlicher Hinsicht eine angemessene Frist zur Vorlage der Berechtigungsnachweise zur Verfügung stehen, die sich im Regelfall auf einen **Monat**[31] ab der ersten Kontaktaufnahme[32] belaufen dürfte. Hat der Sachwalter seine „Entscheidungsfrist" an die Verbraucher kommuniziert, kann je nach den Umständen des Falles auch eine Frist von drei Wochen ausreichend sein.

34   Legt der Verbraucher bis zum Ablauf dieser Frist keine Berechtigungsnachweise vor, darf der Sachwalter den Anspruch zurückweisen. Berechtigungsnachweise, die nach Ablauf der Frist, aber vor der Entscheidung des Sachwalters ergehen, hat dieser noch zu berücksichtigen, da eine **Zurückweisung** als verspätet eine Fristsetzung mit Ablehnungsandrohung gemäß § 27 Nr. 4 voraus-

---

28 Zu den letztgenannten Punkten s. BT-Drucks. 20/6520, S. 87.
29 Zur Organisation der Kommunikation zwischen dem Sachwalter und den angemeldeten Verbrauchern s.u. Rn. 39 ff.
30 Skauradszun/*Dahl/Linnenbrink* VDuG § 27 Rn. 19.
31 A.A. *Röthemeyer* VDuG § 27 Rn. 14: drei Wochen.
32 Dazu siehe Rn. 41.

Kruis

setzt. Dem Verbraucher bleibt ferner immer noch die Möglichkeit, die fehlenden Nachweise im **Widerspruchsverfahren** gemäß § 28 Abs. 2 und 3 vorzulegen, in dem diese wiederum mangels einer Fristsetzung mit Ablehnungsandrohung noch zu berücksichtigen sind.[33]

g) Umsetzungsvereinbarungen. Stets möglich ist es, dass der **Unternehmer** sich auf Anfrage 35 des Sachwalters allgemein oder im Einzelfall mit anderen Nachweisen oder sogar einem völligen Verzicht auf die Berechtigungsnachweise **einverstanden** erklärt. Ein solches Vorgehen erscheint nicht von vornherein ausgeschlossen, da auf diese Weise ansonsten zu erwartende aufwändigere Individualverfahren i.S.v. § 39 vermieden werden können. Allerdings ist der Sachwalter insoweit auf ein völlig **freiwilliges Entgegenkommen** des Unternehmers angewiesen.

Aus § 27 Nr. 5, wonach der Sachwalter im Einzelfall ergänzende Erklärungen des Unterneh- 36 mers verlangen kann, ergibt sich nichts anderes, da der Sachwalter vom Unternehmer nicht die Abgabe von Erklärungen verlangen kann, die dazu dienen sollen, Mängel oder Lücken der von den Verbrauchern vorgelegten Berechtigungsnachweise auszugleichen.[34] Auch insoweit steht nicht nur die Bindung an die Vorgaben des Abhilfegrundurteils entgegen. Ein solches Vorgehen, bei dem der Sachwalter nach entsprechender Überlegung beim Unternehmer einzelne Informationen alleine zu dem Zweck anfordert, Ansprüche eines konkreten Verbrauchers bejahen zu können, wäre zudem mit der **unparteilichen Stellung** des Sachwalters unvereinbar. Hinzu kommt schließlich, dass der Unternehmer Anfragen nach § 27 Nr. 5 schlicht unbeantwortet lassen kann, da das Gesetz keine Sanktionen vorsieht. Insbesondere gibt es keine gesetzliche Grundlage für die Annahme, im Fall einer unterlassenen Beantwortung einer Anfrage dürfe von der Berechtigung der Forderungsanmeldung ausgegangen werden.

4. Fristsetzung zur Vorlage von Berechtigungsnachweisen (Nr. 4)

a) Überblick. Nach § 27 Nr. 4 kann der Sachwalter den am Umsetzungsverfahren teilnehmenden 37 Verbrauchern eine Frist zur Vorlage der Berechtigungsnachweise setzen, sofern er dies für erforderlich hält. Damit ist allerdings nicht nur die Frage angesprochen, unter welchen Voraussetzungen der Sachwalter von dieser Befugnis Gebrauch machen soll. Es stellt sich auch die Frage, wie eine solche Fristsetzung an die Verbraucher zu kommunizieren ist.

b) Fristsetzung. § 27 Nr. 4 räumt dem Sachwalter ein **Ermessen** ein, allerdings nicht hinsichtlich 38 der Frage, welche Berechtigungsnachweise eingereicht werden müssen, sondern nur dahinge-hend, ob den angemeldeten Verbrauchern hierfür eine Frist zu setzen ist. Allerdings gilt auch in diesem Zusammenhang, dass der Sachwalter dafür zu sorgen hat, dass das Umsetzungsverfahren in angemessener Zeit durchgeführt werden kann.[35] Im Regelfall wäre es deshalb ermessensfehler-haft, den angemeldeten Verbrauchern keine Frist zur Vorlage der Berechtigungsnachweise zu setzen, was insbesondere vor dem Hintergrund gilt, dass nur im Fall einer Fristsetzung verspätet eingereichte Nachweise zurückgewiesen werden können, wie sich aus § 27 Nr. 6 ergibt. Dass zuvor vom Sachwalter die **tatsächlichen Voraussetzungen** für die Übermittlung der Berechtigungs-nachweise geschaffen werden müssen und die Bemessung der Frist unter Berücksichtigung der Komplexität der zu erbringenden Nachweise und der dafür zur Verfügung stehenden Kommunika-tionswege zu erfolgen hat, sodass den Verbrauchern ausreichend Zeit zur Vornahme ihrer Mitwir-

---

33 So richtig *Röthemeyer* VDuG § 27 Rn. 14.
34 A.A. wohl *Röthemeyer* VDuG § 27 Rn. 11.
35 BT-Drucks. 20/6520 S. 87.

kungshandlung zur Verfügung steht,[36] versteht sich von selbst. Vor diesem Hintergrund erscheint eine Frist von drei bis vier Wochen für normale Fälle als angemessen.[37]

39 **c) Exkurs: Kommunikation mit den angemeldeten Verbrauchern.** § 27 Nr. 4 wirft, ohne dass dies dem Gesetzgeber bewusst gewesen zu sein scheint, die Frage auf, in welcher Weise der Sachwalter mit den angemeldeten Verbrauchern **kommunizieren** soll. Dabei handelt es sich um eine generelle Frage, da durch das allgemein einsehbare Verbandsklageregister für die Verbraucher nur der Inhalt der Urteile (§ 44 Nr. 11), die Bestellung des Sachwalters (§ 44 Nr. 14) und die Eröffnung des Umsetzungsverfahrens (§ 44 Nr. 15) ersichtlich ist. Damit ist aus dem Register nicht zu erkennen, wann der Sachwalter seine Tätigkeit tatsächlich aufnimmt oder ob er, wie es der Vorstellung des Gesetzgebers entspricht, ein Online-Portal für die Einreichung von Berechtigungsnachweisen zur Verfügung stellt.[38] Auch etwaige **generelle Fristsetzungen** können nicht durch Eintragung im Register bekannt gemacht werden. Darüber hinaus dürfte nur eine kleine Minderheit der angemeldeten Verbraucher die Veröffentlichungen im Register verfolgen.

40 Des Weiteren ist zu beachten, dass der Gesetzgeber zwischen **Fristsetzungen**, die sich an **alle** angemeldeten Verbraucher richten (§ 27 Nr. 4), und anderen Fristsetzungen, die nur an **einzelne Verbraucher** adressiert sind (§ 27 Nr. 5), unterscheidet. Während individuelle Ansprachen i.S.v. § 27 Nr. 5 unproblematisch einzeln übermittelt werden können, muss für an alle angemeldeten Verbraucher gerichtete Mitteilungen ein Weg gefunden werden, der handhabbar und effizient ist. Vorgaben im eigentlichen Sinn dazu enthält das Gesetz nicht, sodass dem Sachwalter hinsichtlich der **Organisation** der **Informationsübermittlung** ein Ermessensspielraum zukommt. Dabei hat der Sachwalter aber nicht nur dafür zu sorgen, dass die an die angemeldeten Verbraucher gerichteten Mitteilungen von diesen tatsächlich zur Kenntnis genommen werden können. Er hat auch zu berücksichtigen, dass er dem Unternehmer gegenüber zu einer **kosteneffizienten** Erledigung seiner Aufgaben verpflichtet ist, weshalb bei der Ausgestaltung des Umsetzungsverfahrens der Sachwalter auch einzubeziehen hat, dass die angemeldeten Verbraucher eine **Mitwirkungsobliegenheit** trifft.[39] Ermessensfehlerhaft wäre es deshalb beispielsweise, jede an alle Verbraucher gerichtete Mitteilung jeweils mit entsprechenden Kosten per Post zu versenden.

41 Ausgangspunkt für die Organisation der Kommunikation mit den angemeldeten Verbrauchern muss der Umstand sein, dass bei einer Anmeldung zur Eintragung im Verbandsklageregister nur Name und Anschrift des Verbrauchers erfasst werden, nicht aber z.B. eine E-Mail-Adresse. Der Sachwalter ist also darauf verwiesen, bei der **ersten Mitteilung** alle angemeldeten Verbraucher **per Post** (!) zu kontaktieren.

42 Im Rahmen dieser ersten Kontaktaufnahme hat der Sachwalter den angemeldeten Verbrauchern nicht nur mitzuteilen, welche Berechtigungsnachweise auf welchem Wege vorzulegen sind. Er hat sie auch darüber zu informieren, auf welchem Wege sie weitere für alle Verbraucher bestimmte Informationen in Erfahrung bringen können und wie die Kommunikation zwischen Sachwalter und Verbraucher ablaufen soll.

43 Wie dies im Einzelnen auszugestalten ist, gibt das Gesetz nicht vor. Denkbar wäre es, dass der Sachwalter ein Online-Portal einrichtet, in dem die angemeldeten Verbraucher weitere Informationen abrufen können, oder er sich beispielsweise E-Mail-Adressen mitteilen lässt, um die Kommunikation zu vereinfachen. Geht der Sachwalter so vor, kommt es für die weitere Abwicklung nicht darauf an, ob die angemeldeten Verbraucher tatsächlich die Informationen über ein Online-Portal abrufen. Kommt ein angemeldeter Verbraucher seiner **Mitwirkungsobliegenheit**

---

36 So BT-Drucks. 20/6520 S. 87.

37 Ähnlich Skauradszun/*Dahl*/*Linnenbrink* VDuG § 27 Rn. 24: drei Wochen.

38 BT-Drucks. 20/6520 S. 87.

39 Zur erforderlichen Mitwirkung der Verbraucher auch BT-Drucks. 20/6520 S. 87. Auch nach den europarechtlichen Vorgaben dürfen von den angemeldeten Verbrauchern Mitwirkungshandlungen gefordert werden, vgl. BT-Drucks. 20/6520 S. 84.

nicht nach, trifft ihn die Verantwortlichkeit dafür, falls er im Rahmen des Umsetzungsverfahrens keine Leistung erhalten sollte. Gleiches gilt für den Fall, dass die im Register hinterlegte Anschrift nicht zutreffend oder nicht mehr aktuell sein sollte.

Kommen Poststücke als unzustellbar zurück, obwohl sie an die im Verbandsklageregister **44** hinterlegten Adressdaten gerichtet waren, oder erweisen sich die vom Verbraucher angegebenen und im Verbandsklageregister registrierten Kontaktdaten in anderer Form als unzutreffend, trifft den Sachwalter keine weitere Nachforschungspflicht, da es alleine dem Verbraucher obliegt, für die Hinterlegung aktueller und zutreffender Daten zu sorgen.

5. Anforderungen ergänzender Erklärungen im Einzelfall (Nr. 5)

§ 27 Nr. 5 sieht vor, dass der Sachwalter **im Einzelfall** ergänzende Erklärungen der angemeldeten **45** Verbraucher oder des Unternehmers verlangen und zu diesem Zwecke Fristen setzen kann. Ziel eines solchen Auskunftsverlangens ist es, im Einzelfall bestehende Unklarheiten auszuräumen,[40] nicht dagegen die Einführung genereller Erleichterung zugunsten der Verbraucher beim Nachweis ihrer Berechtigung. Dabei kommt es nach dem Gesetz nicht darauf an, in welchem Zusammenhang das Auskunftsverlangen erfolgt. Ziel ist es jedenfalls, unnötige Verzögerungen im Umsetzungsverfahren zu vermeiden.[41]

Auskunftsverlangen und Fristsetzungen i.S.v. § 27 Nr. 5 erfolgen im Einzelfall und dementspre- **46** chend in individueller Kommunikation mit dem betroffenen Verbraucher oder dem Unternehmer. Die Kommunikationsform kann der Sachwalter an sich frei wählen, zur Vermeidung von Missverständnissen und zu Dokumentationszwecken sollten Auskunftsverlagen und Fristsetzungen aber zumindest **in Textform** erfolgen.

Die Fristsetzung gegenüber dem Verbraucher dient nicht nur der **effizienten Strukturierung** **47** des Umsetzungsverfahrens. Sie auch Voraussetzung dafür, um **verspätet** eingegangene Berechtigungsnachweise und Erklärungen gemäß § 27 Nr. 6 **zurückweisen** zu können, was dazu führt, dass diese bei der Prüfung der Berechtigung der geltend gemachten Ansprüche nicht zu berücksichtigen sind.[42]

Fristsetzungen gegenüber dem Unternehmer können zwar nicht zu einer Zurückweisung **48** nach § 27 Nr. 6 führen, wohl aber dazu, dass vom Unternehmer nicht fristgerecht vorgebrachte Einwendungen nicht zu berücksichtigen sind.

6. Zurückweisungen nicht fristgerechter Erklärungen und Nachweise (Nr. 6)

§ 27 Nr. 6 sieht vor, dass der Sachwalter **nicht fristgerecht** eingereichte Berechtigungsnachweise **49** und Erklärungen **zurückweisen** „kann", sofern zuvor dem Verbraucher wirksam eine **Frist gesetzt** und dieser zudem auf diese mögliche **Rechtsfolge hingewiesen** wurde.[43] Auch mit dieser Regelung, die auf § 27 Nr. 4 und 5 Bezug nimmt, soll einer Verzögerung der Abwicklung vorgebeugt werden.[44]

Damit der Sachwalter eine Zurückweisung vornehmen darf, muss er sich vergewissern, dass **50** der Verbraucher davon Kenntnis nehmen konnte, innerhalb welcher Frist welche Erklärungen abzugeben und welche Berechtigungsnachweise vorzulegen waren. Ferner muss er sich vergewissern, dass der Verbraucher auf die Möglichkeit der Zurückweisung nicht fristgerechter Erklärungen und nicht fristgerechter Vorlagen hingewiesen wurde. Und schließlich muss er sich vergewis-

---

40 *Röthemeyer* VDuG § 27 Rn. 17.
41 BT-Drucks. 20/6520 S. 87.
42 Dazu näher unten Rn. 52 ff.
43 Formulierungsvorschläge bei *Röthemeyer* VDuG § 27 Rn. 19.
44 BT-Drucks. 20/6520 S. 87.

sern, dass die gesetzte Frist von einer angemessenen Dauer war. Letzteres ist nach den Umständen des Einzelfalles zu beurteilen, im Regelfall dürfte eine Frist von drei, jedenfalls aber von vier Wochen ausreichen.

51   Soweit der Sachwalter die Möglichkeit zur Kenntnisnahme durch den Verbraucher zu prüfen hat, ist die Prüfungspflicht im Fall von § 27 Nr. 4 allerdings auf die Frage **beschränkt**, ob die **erste Kontaktaufnahme** an die im Register hinterlegte Anschrift des Verbrauchers adressiert wurde. Ob der Verbraucher anschließend von der Möglichkeit Gebrauch gemacht hat, sich z.B. mittels eines vom Sachwalter installierten Online-Portals mit den notwendigen Informationen zu versorgen, ist nicht zu prüfen, da dies in die Verantwortlichkeit des zur Mitwirkung verpflichteten Verbrauchers fällt.

52   Hinsichtlich der **Rechtsfolgen** gilt, dass der Sachwalter **verpflichtet** ist, fristgerecht eingegangene Nachweise und Erklärungen zu **berücksichtigen**.[45] Bezüglich der Zurückweisung nicht fristgerecht eingereichter Nachweise und nicht fristgerecht abgegebener Erklärungen soll dagegen nach der Vorstellung des Gesetzgebers vom Sachwalter eine **Ermessensentscheidung** zu treffen sein,[46] die es ihm insbesondere ermöglichen soll, verspätet eingegangene Erklärungen und Nachweise bei „unverschuldeter Säumnis" doch noch zu berücksichtigen.[47]

53   Diese lediglich in den **Gesetzesmaterialien** geäußerte Ansicht ist aber **nicht zutreffend**. Zunächst verkennt die Gesetzesbegründung, dass es für den Sachwalter im Regelfall nicht erkennbar und auch nicht nachprüfbar ist, ob ein Fall „unverschuldeter" oder „verschuldeter" Säumnis vorliegt. Auch bloße „Plausibilitätsüberlegungen" zur Frage einer verschuldeten oder unverschuldeten Säumnis sind ihm im Regelfall nicht möglich.[48] Zum anderen geht es alleine darum, das Umsetzungsverfahren **effizient** und **zügig** abzuwickeln. Hierfür spielt es keine Rolle, ob eine Frist „verschuldet" oder „unverschuldet" versäumt wurde.

54   Richtigerweise steht dem Sachwalter somit nur ein Beurteilungsspielraum zu, ob sich bei einer Berücksichtigung der verspätet eingegangenen Auskünfte und Nachweise der Abschluss der Anspruchsprüfungen und die Erstellung des Auszahlungsplanes i.S.v. § 27 Nr. 7 **nicht nur unerheblich** verzögern würde. Ist eine erhebliche Verzögerung zu erwarten, so muss der Sachwalter die verspätet eingegangenen Informationen **unberücksichtigt** lassen. Trifft dies nicht zu, kann mit der bloßen Fristversäumnis eine Anspruchsablehnung nicht begründet werden. Irrelevant sind damit insbesondere die Frage eines Verschuldens oder andere vergleichbare Gesichtspunkte.

55   Erweisen sich die nach Fristablauf eingegangenen Auskünfte oder Berechtigungsnachweise als unklar, unvollständig oder ungenügend, so muss der Sachwalter dem Verbraucher nicht noch eine weitere Gelegenheit zur **Nachbesserung** geben. Vielmehr darf der Sachwalter in dieser Konstellation davon ausgehen, dass die Fristüberschreitung zu einer erheblichen Verzögerung der Erstellung des Auszahlungsplanes führen wird.

56   Die Zurückweisung verspäteter Auskünfte und Unterlagen teilt der Sachwalter dem Verbraucher im Rahmen seiner Erklärung gemäß § 28 Abs. 1, § 27 Nr. 11 mit. Eine (**vorsorgliche**) **Zurückweisung** ist auch dann in die Entscheidung nach § 27 Nr. 11 aufzunehmen, wenn der Verbraucher trotz Fristsetzung keinerlei Nachweise vorgelegt oder Erklärungen abgegeben hat. Maßgeblich hierfür ist, dass insbesondere in einem späteren Widerspruchsverfahren ein Verbraucher, der trotz Fristsetzung mit Ablehnungsandrohung nichts vorgelegt oder erklärt hat, nicht besser stehen

---

45 BT-Drucks. 20/6520 S. 87.

46 BT-Drucks. 20/6520 S. 87; ebenso Anders/Gehle/*Schmidt* § 27 Rn. 5, sowie Köhler/Bornkamm/Feddersen/*Scherer* § 27 VDuG Rn. 16.

47 BT-Drucks. 20/6520 S. 87; ähnlich Anders/Gehle/*Schmidt* § 27 Rn. 5, sowie Köhler/Bornkamm/Feddersen/*Scherer* § 27 VDuG Rn. 16, wonach sogar das Bestehen von „generellen Sprachbarrieren" ein Gesichtspunkt für die Berücksichtigung verspäteter Informationen sein soll. Für die Maßgeblichkeit einer verschuldeten bzw. unverschuldeten Säumnis auch *Röthemeyer* VDuG § 27 Rn. 20, sowie Skauradszun/*Dahl*/Linnenbrink VDuG § 27 Rn. 30.

48 A.A. *Röthemeyer* VDuG § 27 Rn. 20.

darf als ein Verbraucher, der Nachweise vorgelegt und Erklärungen abgegeben, dabei aber die Frist nicht eingehalten hat.[49]

7. Aufstellung eines Auszahlungsplanes (Nr. 7)

Nach § 27 Nr. 7 hat der Sachwalter die **Gesamthöhe** der berechtigten Ansprüche aller Verbraucher 57 auf Zahlung in einem **Auszahlungsplan** zusammenzustellen.

Ausweislich der Gesetzesbegründung soll diese Aufstellung des Auszahlungsplans dem Sachwal- 58 ter einen Überblick über die Höhe der berechtigten Zahlungsansprüche aller Verbraucher vermitteln.[50] Hieraus folgt zunächst, dass die Aufstellung des Auszahlungsplanes erst erfolgen kann und erfolgen muss, wenn der Sachwalter die **Prüfung** aller angemeldeten Ansprüche **abgeschlossen** hat. Richtigerweise müssen ferner auch alle Widerspruchsverfahren nach § 28 Abs. 2 und 3 einschließlich etwaiger gerichtlicher Überprüfungen nach § 28 Abs. 4 abgeschlossen sein, da diese zu einer Veränderung der auszuzahlenden Mittel führen können. Ggf. kann sogar erst eine Entscheidung über Widersprüche i.S.v. § 28 bzw. über die Anträge i.S.v. § 28 Abs. 4 zur Folge haben, dass der kollektive Gesamtbetrag nicht ausreicht und der Sachwalter gemäß § 27 Nr. 9 nur eine **anteilige Verteilung** vornehmen darf. Dies schließt es im Regelfall aus, dass der Sachwalter den Auszahlungsplan endgültig aufstellt und mit den Auszahlungen beginnt, bevor über die Widersprüche endgültig entschieden ist.[51] Anderes gilt nur dann, wenn schon vor Abschluss aller Prüfungen zweifelsfrei feststeht, dass die vorhandenen Mittel zur Befriedigung aller berechtigten Ansprüche ausreichen werden.[52] In jedem Fall sinnvoll und zulässig ist dagegen die Aufstellung eines **vorläufigen Auszahlungsplanes**, sobald der Sachwalter seine erste Prüfung abgeschlossen hat.

Im Auszahlungsplan ist nach der Vorgabe des Gesetzes jedenfalls die Gesamthöhe der berechtig- 59 ten Ansprüche aller Verbraucher aufzunehmen. Nicht erforderlich, wohl aber zulässig ist die Aufnahme aller **Einzelansprüche** oder die **Nennung** der abgelehnten Ansprüche im Auszahlungsplan.

Ist erkennbar, dass die vorhandenen Mittel nicht ausreichen, alle berechtigten Ansprüche zu 60 erfüllen, so führt dies **nicht** zu einer Änderung der Angaben im Auszahlungsplan. Denn anhand des Auszahlungsplanes stellt der Sachwalter fest, ob der kollektive Gesamtbetrag zur vollständigen Erfüllung sämtlicher Ansprüche ausreicht oder ob nur eine anteilige Erfüllung erfolgen kann,[53] solange kein Erhöhungsverfahren nach § 21 durchgeführt wird. Erfolgt nur eine anteilige Erfüllung, so dient die im Auszahlungsplan ermittelte **Gesamthöhe** der berechtigten Ansprüche aller Verbraucher zur Berechnung der **Quote**, in deren Höhe eine Erfüllung erfolgt.

Auch wenn das Gesetz hierzu keine Regelung enthält, ist aus § 27 Nr. 8 abzuleiten, dass der 61 Sachwalter den Auszahlungsplan von sich aus dem Gericht und den Parteien zuleiten muss.

8. Information über nicht ausreichenden kollektiven Gesamtbetrag (Nr. 8)

Genügt der kollektive Gesamtbetrag nicht zur Erfüllung der berechtigten Zahlungsansprüche aller 62 angemeldeten Verbraucher, so hat der Sachwalter nach § 27 Nr. 8 die Parteien zu informieren. Zweck dieser Informationspflicht ist es, dem Kläger die **Einleitung** eines Verfahrens nach § 21 zu ermöglichen. Zugleich erhält der Unternehmer auf diesem Weg die Möglichkeit, ggf. freiwillig die erforderlichen weiteren Mittel zur Verfügung zu stellen und auf diese Weise einen weiteren Prozess zu verhindern.

---

49 So richtig *Röthemeyer* VDuG § 27 Rn. 23.
50 BT-Drucks. 20/6520 S. 87.
51 In diesem Sinne *Janal* GRUR 2024, 985, 993.
52 So richtig *Bayat* IWRZ 2023, 258, 264.
53 BT-Drucks. 20/6520 S. 87.

63 Die Information durch den Sachwalter soll ausweislich der Gesetzesbegründung erfolgen, sobald absehbar ist, dass der ausgeurteilte kollektive Gesamtbetrag nicht ausreichend ist, wobei dieser Zeitpunkt bereits vor dem Abschluss der Aufstellung des Auszahlungsplanes liegen könne.[54] Dies bedarf allerdings der Präzisierung:

64 Es bedarf zunächst keiner besonderen Begründung, dass der Sachwalter die Parteien auch schon vor Finalisierung des Auszahlungsplanes informieren darf, wenn der kollektive Gesamtbetrag sich seiner Einschätzung nach als unzureichend erweist. Allerdings ist für die Parteien und das Gericht nicht nur von Bedeutung, dass der bisher festgesetzte kollektive Gesamtbetrag durch die als berechtigt anerkannten Ansprüche überschritten wird, sondern vor allem, in welchem Umfang dies der Fall ist. Dementsprechend reicht es aus, wenn die Parteien mit bzw. durch die Vorlage des finalisierten Auszahlungsplanes informiert werden.[55] Ferner ist mitzuteilen, dass keine Widerspruchsprüfungen i.S.v. § 28 Abs. 2 und 3 bzw. gerichtlichen Überprüfungen nach § 28 Abs. 4 mehr anhängig sind, durch deren Ausgang sich die Gesamthöhe noch verändern könnte. Ferner sind die als berechtigt anerkannten Ansprüche einzelnen zu benennen, um für die anderen Beteiligten eine (auch rechnerische) Überprüfung zu ermöglichen.

9. Gleichmäßige Erfüllung berechtigter Ansprüche (Nr. 9)

65 Den auf die Vorlage des **finalen Auszahlungsplanes** folgenden Schritt adressiert § 27 Nr. 9, der anordnet, dass der Sachwalter berechtigte Ansprüche von Verbrauchern auf Zahlung erfüllt und für den Fall, dass nach dem finalen Auszahlungsplan der kollektive Gesamtbetrag nicht zur Erfüllung der berechtigten Ansprüche aller Verbraucher ausreicht, für eine **gleichmäßige Verteilung** zu sorgen hat. Für die Aufstellung des Abwicklungsplanes hat der Sachwalter bereits zuvor die Prüfung vorgenommen, ob und ggf. in welchem Umfang den einzelnen angemeldeten Verbrauchern ein Anspruch zusteht. Ferner sind zu diesem Zeitpunkt Widerspruchsverfahren bzw. gerichtliche Verfahren nach § 28 Abs. 4 abgeschlossen. Etwas anderes ist nur denkbar, wenn bereits vor der Finalisierung des Auszahlungsplanes zweifelsfrei feststeht, dass die vorhandenen Mittel zur Befriedigung aller berechtigten Ansprüche ausreichen werden. Ist dies der Fall, darf der Sachwalter auch auf der Basis des noch vorläufigen Auszahlungsplanes mit der Auszahlung beginnen.[56]

66 Die im finalen Auszahlungsplan vorgesehenen Zahlungen sind unverzüglich vorzunehmen. Daran ändert sich auch nichts, wenn nach dem Auszahlungsplan der bisher vorhandene kollektive Gesamtbetrag nicht zur vollständigen Befriedigung aller anerkannten Ansprüche ausreicht. Wie sich aus dem Gesetz ergibt, hat der Sachwalter in diesem Fall nicht von einer Auszahlung abzusehen, sondern für eine gleichmäßige Verteilung der zur Verfügung stehenden Summe unter den Verbrauchern zu sorgen.[57]

67 Etwas anderes sieht § 21 Abs. 2 Satz 3 nur für den Fall vor, dass der Kläger gemäß § 21 Abs. 1 Satz 1 eine **Erhöhung** des **kollektiven Gesamtbetrages** beantragt.[58] Nach der anfangs genannten Vorschrift ist für diesen Fall ein Ruhen des Umsetzungsverfahrens vorgesehen. Allerdings sollte ausweislich der Gesetzesmaterialien durch diese Vorschrift nur zum Ausdruck gebracht werden, dass das Umsetzungsverfahren nach Abschluss des Erhöhungsverfahrens nicht neu beginnt, sondern fortgesetzt wird und das Abhilfeendurteil daneben weiter Bestand hat.[59]

---

54 BT-Drucks. 20/6520 S. 87; ebenso *Röthemeyer* VDuG § 27 Rn. 31.
55 A.A. wohl BT-Drucks. 20/6520 S. 87.
56 Wie hier *Bayat* IWRZ 2023, 258, 264, und Skauradszun/*Dahl*/*Linnenbrink* VDuG § 27 Rn. 38; a.A. wohl *Röthemeyer* VDuG § 27 Rn. 32.
57 BT-Drucks. 20/6520 S. 87.
58 Anders/Gehle/*Schmidt* § 27 Rn. 6.
59 BT-Drucks. 20/6520 S. 87.

Damit gibt es keine grundsätzlichen Bedenken dagegen, dass der Sachwalter trotz der Einlei- 68
tung des Erhöhungsverfahrens die vorhandenen Mittel bereits jetzt gleichmäßig unter den Verbrauchern verteilt und die anerkannten Ansprüche *pro rata* befriedigt.

Für ein solches Vorgehen könnte z.B. sprechen, dass der fehlende Betrag im Verhältnis zum 69
bereits vorhandenen Betrag relativ klein ist, die Verbraucher ein erhebliches Interesse an einer
Teilzahlung haben und eine solche – im Interesse des Unternehmers – zu einem weitgehenden
Anhalten des Zinslaufs führen würde. Dagegen abzuwägen wäre allenfalls, ob die Vornahme einer
ersten Teilzahlung und einer **Schlusszahlung** zu höheren Abwicklungskosten führen würde, die
in dann vom Unternehmer zu tragen wären.

Beispiel: Im Abhilfegrundurteil ist angemeldeten Verbrauchern eine Zahlung zugebilligt worden, die sich nach
der Berechnung des Sachwalters auf rund € 1.000 nebst laufender Zinsen für jeden Verbraucher beläuft. Auf der
Grundlage des bisher festgesetzten kollektiven Gesamtbetrages ist nach Berechnung des Sachwalters aber nur
eine Auszahlung von € 998 je Verbraucher möglich, weshalb der Kläger nun ein Erhöhungsverfahren nach § 21
einleitet.

In einem solchen Fall liegt es auf der Hand, dass die Verbraucher ein Interesse an einer sofortigen 70
Auszahlung haben. Zugleich liegt eine Auszahlung auch im Interesse des Unternehmers, da er in
diesem Fall nicht mehr den vollen Betrag von € 1.000 verzinsen muss. Mit diesen Gesichtspunkten
wäre lediglich abzuwägen, ob bei der Vornahme von zwei Teilzahlungen zusätzliche Kosten anfallen, die vom Unternehmer zu tragen sind.

Da weitere relevante Gesichtspunkte nicht ersichtlich sind, ist ferner davon auszugehen, dass 71
der Sachwalter auch dann und ungeachtet von § 21 Abs. 2 Satz 3 eine Teilauszahlung vornehmen
darf, wenn der Unternehmer gegenüber dem Sachwalter mittels einer zwischen ihnen abgeschlossenen Umsetzungsvereinbarung[60] zustimmt.

Kommt es zu keinem Erhöhungsverfahren nach § 21, so können die Verbraucher den Unter- 72
nehmer anschließend gemäß § 39 individuell auf den Restbetrag in Anspruch nehmen, wobei
ihnen die Bindungswirkung des § 11 Abs. 3 zugutekommt.[61] Die teilweise Nichterfüllung durch den
Sachwalter führt also nicht zu einem Erlöschen des Anspruchs.[62]

10. Aufgaben bei Verurteilung des Unternehmers zu anderen Leistungen (Nr. 10)

Ein Umsetzungsverfahren durch einen Sachwalter findet grundsätzlich auch dann statt, wenn der Un- 73
ternehmer zu einer **anderen Leistung** als einer Zahlung verurteilt wird (vgl. § 16 Abs. 1 Satz 1 Alt. 2,
Abs. 2 Satz 3), wobei allerdings streitig ist, ob dies auch dann gilt, wenn gemäß § 16 Abs. 1 Satz 2 eine
Verurteilung zu einer anderen Leistung an **namentlich benannte** Verbraucher erfolgt ist.[63]

Bezieht sich die Verurteilung auf eine sonstige Leistung an nicht benannte Verbraucher, be- 74
steht wie sonst auch die Aufgabe des Sachwalters zunächst darin, die Berechtigung der angemeldeten Verbraucher anhand der Vorgaben des Abhilfegrundurteils zu prüfen. Ist dies erfolgt oder
findet ein Umsetzungsverfahren auch bei der Verurteilung zu einer anderen Leistung an namentlich benannte Verbraucher statt, hat der Sachwalter gemäß § 27 Nr. 10 den Unternehmer zur Erbringung der geschuldeten Leistung **aufzufordern**, wobei naturgemäß eine genaue Bezeichnung
der berechtigten Verbraucher wie auch der jeweils zu erbringenden Leistung erforderlich ist. In
der Gesetzesbegründung werden als Beispiele die Vornahme von Reparaturleistungen oder die
Neulieferung mangelfreier Produkte genannt.[64] Die Leistungsaufforderung muss dabei so genau

---

60 Zu Umsetzungsvereinbarungen s. Vor §§ 22 ff. Rn. 20 ff.
61 Köhler/Bornkamm/Feddersen/*Scherer* § 27 VDuG Rn. 18.
62 *Röthemeyer* VDuG § 27 Rn. 33.
63 Näher Anders/Gehle/*Schmidt* § 27 Rn. 8, sowie Vor §§ 22 ff. Rn. 2.
64 BT-Drucks. 20/6520 S. 87.

sein, dass anschließend zweifelsfrei geklärt werden kann, ob die Leistung erbracht wurde oder nicht. Im Zweifel sind die Anforderungen einzuhalten, die für einen vollstreckungsfähigen Titel erforderlich wären.

75 Des Weiteren sieht das Gesetz vor, dass der Sachwalter dem Unternehmer für die Erbringung der Leistungen **angemessene Fristen** zu setzen hat. Welche Frist angemessen ist, lässt sich naturgemäß nur anhand der **Umstände des Einzelfalles** bestimmen.[65] In jedem Fall hat der Sachwalter dabei auch zu berücksichtigen, in welcher Zahl von Fällen eine Leistung vorzunehmen ist. Die Frist muss dementsprechend so bemessen sein, dass innerhalb der Frist die Vornahme aller Leistungshandlungen möglich ist. Gestaffelte Fristen dürften nicht möglich sein, jedenfalls soweit kein sachgerechtes Kriterium vorhanden ist, warum für welchen konkreten Verbraucheranspruch welche Frist vorgesehen wird.[66] Ist die vom Sachwalter gesetzte Frist zu kurz, was ggf. in einem Verfahren nach § 29 Abs. 1 Satz 1 zu klären ist, so verlängert sich die Frist *ex lege* auf eine angemessene Dauer.

76 Schließlich sieht das Gesetz in § 27 Nr. 10 vor, dass der Sachwalter vom Unternehmer eine Anzeige der Erfüllung sowie die Vorlage von Nachweisen verlangen kann, um sich von der Vornahme der geschuldeten Leistungen zu überzeugen. Anzeige und Nachweis sollten sich auch auf den Zeitpunkt der Leistung beziehen, da dieser im Schlussbericht anzugeben ist (vgl. § 34 Abs. 2 Nr. 1 lit. b)).

77 Unter einer **Anzeige der Erfüllung** ist (lediglich) eine entsprechende Mitteilung des Unternehmers an den Sachwalter zu verstehen, in der die Erfüllung der Ansprüche mitgeteilt wird. Kommt der Unternehmer bereits der Anforderung zur Mitteilung der Erfüllung binnen einer angemessen Frist nach Ablauf der für die Vornahme der Leistung gesetzten Frist nicht nach, kann der Sachwalter gemäß § 29 Zwangsmittel gegen den Unternehmer beantragen, sofern der Unternehmer nicht zuvor Widerspruch nach § 28 Abs. 2 und 3 oder Antrag auf gerichtliche Entscheidung gestellt hat.[67] Der Sachwalter tritt dann für die Zwecke der Zwangsvollstreckung an die Stelle des Titelgläubigers.[68]

78 Zusätzlich kann der Sachwalter die **Vorlage von Nachweisen** verlangen, die die tatsächliche Erfüllung belegen, wobei der Sachwalter in Bezug auf die Vorlage eines Nachweises auch zur Festlegung einer Frist berechtigt ist.[69] Kommt der Unternehmer dieser Anforderung nicht nach, so kann der Sachwalter wiederum nach § 29 vorgehen.

79 Welche Nachweise in Frage kommen, hängt von den Umständen des Einzelfalles und der geschuldeten Leistung ab. Zweckmäßigerweise sollte der Sachwalter dem Unternehmer schon mit der Aufforderung zur Leistung mitteilen, welche Nachweise er akzeptieren wird bzw. für am besten geeignet ansieht. Dem Sachwalter steht allerdings nicht das Recht zu, prinzipiell geeignete Nachweise ohne rechtfertigenden Grund zurückzuweisen. Dies gilt in besonderem Maße, wenn der Sachwalter nicht schon zusammen mit der Aufforderung zur Leistung einen bestimmten Nachweis „angefordert" hat, da dem Unternehmer die (nachträgliche) Beschaffung von Nachweisen nach Erbringung der Leistung häufig kaum mehr möglich sein wird. Vor diesem Hintergrund ist es ferner nicht nur denkbar, sondern auch sinnvoll und rechtlich zulässig, wenn Sachwalter und Unternehmer im Rahmen einer **Umsetzungsvereinbarung**[70] eine Abrede über die zu beschaffenden Nachweise treffen.

80 Fraglich ist, ob Sachwalter und Unternehmer auch eine Abrede dahingehend treffen können, dass der Unternehmer die geschuldete Leistung (z.B. eine Nachlieferung) an den Sachwalter er-

---

65 Nach *Röthemeyer* VDuG § 27 Rn. 37, sollen u.U. auch Fristen von mehreren Wochen oder Monaten in Frage kommen.

66 A.A. *Röthemeyer* VDuG § 27 Rn. 37 und Skauradszun/*Dahl*/Linnenbrink VDuG § 27 Rn. 42.

67 So richtig *Röthemeyer* VDuG § 27 Rn. 36.

68 Köhler/Bornkamm/Feddersen/*Scherer* § 27 VDuG Rn. 24.

69 Anders/Gehle/*Schmidt* § 29 Rn. 2.

70 Dazu näher Vor §§ 22 ff. Rn. 20 ff.

bringt und dieser die Leistung dann an die Verbraucher weiterleitet.[71] Ganz abgesehen davon, dass der Zweck eines solchen Vorgehens nicht bzw. jedenfalls nicht allgemein erkennbar ist, darf eine solche Abrede nicht dazu führen, dass die Rechte der angemeldeten Verbraucher beeinträchtigt werden. Dies bedeutet insbesondere, dass durch die Leistung des Unternehmers an den Sachwalter noch keine **Erfüllung** eintritt und der Unternehmer das Risiko des zufälligen Untergangs und das Risiko trägt, dass der Sachwalter die Leistung nicht oder nicht ordnungsgemäß an die Verbraucher weiterleitet.

11. Ablehnung der Erfüllung vermeintlicher Ansprüche (Nr. 11)

§ 27 Nr. 11 sieht schließlich vor, dass der Sachwalter die Erfüllung geltend gemachter Ansprüche **81** von Verbrauchern ganz oder teilweise ablehnen kann. Auch an dieser Stelle bringt der Gesetzeswortlaut den Regelungsgehalt nicht optimal zum Ausdruck.

a) Regelungskonzept. Hinsichtlich des Verfahrensablaufs ist zunächst unklar, ob sich § 27 Nr. 11 **82** als **eine Form** der in § 28 Abs. 1 vorgesehenen Mitteilung des Sachwalters über das Prüfungsergebnis darstellt, oder ob der Gesetzgeber eine ggf. erforderliche **zusätzliche Erklärung** des Sachwalters am Ende des Umsetzungsverfahrens im Blick hatte. Beide denkbaren Varianten fügen sich nicht reibungslos in die anderen Vorschriften des Gesetzes ein:

Sieht man die in § 27 Nr. 11 adressierte Ablehnung als einen **Unterfall** von § 28 Abs. 1, so folgt **83** daraus, dass es kein Grund für eine Ablehnung der Erfüllung i.S.v. § 27 Nr. 11 ist, dass der kollektive Gesamtbetrag nicht für alle berechtigten Ansprüche ausreicht.[72] Denn die Erschöpfung der Mittel ändert ja nichts daran, dass der Sachwalter einen Anspruch als berechtigt anerkannt hat, was er nach § 28 Abs. 1 dem Verbraucher und dem Unternehmer auch so mitteilen muss.

Interpretiert man dagegen § 27 Nr. 11 in dem Sinne, dass der Sachwalter **neben** der Mitteilung **84** i.S.v. § 28 Abs. 1 über die Berechtigung eines angemeldeten Anspruchs in bestimmten Fällen auch noch eine „Erklärung der Ablehnung der Erfüllung" abzugeben hätte, verbliebe dafür nur ein ganz **geringer Anwendungsbereich**. In den allermeisten Fällen wird eine Anlehnung einer Erfüllung durch den Sachwalter ihren Grund darin haben, dass dieser die Berechtigung des geltend gemachten Anspruchs verneint. Allerdings ist der Ausgang der Prüfung durch den Sachwalter dem Verbraucher bereits durch die Mitteilung nach § 28 Abs. 1 bekannt. Ein eigener Anwendungsbereich verbliebe für § 27 Nr. 11 ausschließlich in den Fällen, in denen der Sachwalter die Erfüllung eines berechtigten Anspruchs wegen einer **unzureichenden Ausstattung** des Umsetzungsfonds teilweise ablehnt.

Den Weg zum richtigen Verständnis zeigt in diesem Fall die **Gesetzesbegründung** zu § 27 **85** Nr. 11: Danach hat Sachwalter die Erfüllung des betreffenden Verbraucheranspruchs teilweise oder ganz abzulehnen, wenn die im Abhilfegrundurteil festgelegten **Berechtigungsvoraussetzungen** und -nachweise nicht erfüllt oder vorgelegt sind oder die Prüfung ergibt, dass der geltend gemachte Anspruch nicht in voller Höhe besteht.[73] Der betroffene Verbraucher könne dann, so die Gesetzesbegründung, der Ablehnungsentscheidung widersprechen, wobei sich die Einzelheiten aus § 28 ergäben.[74]

Aus der Gesetzesbegründung lässt sich somit zweifelsfrei entnehmen, dass die erste Verständnismöglichkeit zutreffend ist. § 27 Nr. 11 bezieht sich auf den Fall, dass der Sachwalter im Rahmen der Mitteilung nach § 28 Abs. 1 einen Anspruch wegen fehlender bzw. jedenfalls nicht nachgewiesener Berechtigung zurückweist. Der Fall, dass ein als berechtigt anerkannter Anspruch mangels

---

71 Dafür Köhler/Bornkamm/Feddersen/*Scherer* § 27 VDuG Rn. 23.

72 A.A. *Röthemeyer* VDuG § 27 Rn. 36, sowie Anders/Gehle/*Schmidt* § 27 Rn. 9.

73 BT-Drucks. 20/6520 S. 89.

74 BT-Drucks. 20/6520 S. 89.

ausreichender Ausstattung des Umsetzungsfonds vom Sachwalter nicht erfüllt werden kann, fällt nicht unter § 27 Nr. 11.

87 **b) Einzelheiten.** Zunächst gilt, dass der Sachwalter Ansprüche selbstverständlich dann weder ganz noch teilweise ablehnen darf, wenn sich im Rahmen seiner Prüfung die Berechtigung der Ansprüche ergeben hat.[75]

88 Ergibt die Prüfung des Sachwalters dagegen, dass die nach dem Abhilfegrundurteil erforderlichen Berechtigungsnachweise im Einzelfall nicht oder nicht rechtzeitig vorgelegt worden sind oder ergibt die weitere Prüfung, dass der geltend gemachte Anspruch nicht oder nicht in voller Höhe besteht, besteht für den Sachwalter nicht nur die Möglichkeit, den geltend gemachten Anspruch ganz oder teilweise abzulehnen, er **muss** dies auch, sofern er sich nicht gegenüber dem Unternehmer **schadensersatzpflichtig** machen will. Die Formulierung des Gesetzes, wonach eine Ablehnung erklärt werden „kann", ist also als „muss" zu lesen und nicht als die Einräumung eines entsprechenden Ermessens zu verstehen.

89 Eine Ablehnung ist auch **zwingend**, wenn der betreffende Verbraucher die Voraussetzungen des § 26 nicht erfüllt.

90 Richtigerweise muss eine Ablehnung ferner dann erfolgen, wenn die Prüfung ergibt, dass es **offenkundig** ist, dass der Anspruch **bereits erfüllt** wurde, eine **abweichende Vereinbarung** getroffen wurde, die Geltendmachung des Anspruchs mit einer **entgegenstehenden rechtskräftigen** Entscheidung oder mit der **Bindungswirkung** gemäß § 11 Abs. 3 aus einer vorangegangenen Verbandsklage unvereinbar ist.[76]

91 Die gesetzliche Regelung in § 27 Nr. 11 berücksichtigt des Weiteren in ihrem Wortlaut nicht, dass nach § 46 Abs. 2 Satz 2 bei der Anmeldung eines Zahlungsanspruchs zum Register zwar Angaben zur Höhe des Anspruchs gemacht werden **sollen**, aber nicht gemacht werden **müssen**. Fehlt eine solche Angabe, kann auf den ersten Blick zwar die völlige Ablehnung, nicht aber die teilweise Ablehnung einer Zahlung durch den Sachwalter erklärt werden, was wiederum für die Frage der Zulässigkeit eines Widerspruchsverfahrens nach § 28 von Bedeutung sein könnte. Denn nach den Angaben in der Gesetzesbegründung soll der Verbraucher nur im Fall einer völligen oder teilweisen Anspruchsablehnung das Widerspruchsverfahren i.S.v. § 28 einleiten können.[77] In einem solchen Fall sollte deshalb aus Gründen der Rechtsklarheit der Sachwalter bei der Prüfung eines unbezifferten Anspruchs, sofern er diesen nicht ohnehin gänzlich ablehnt, jeweils feststellen, dass dem Verbraucher über den zuerkannten Betrag hinaus kein weiterer Anspruch zusteht. Der betroffene Verbraucher kann dann auch in einem solchen Fall der Entscheidung widersprechen und das Verfahren nach § 28 einleiten.

92 Kein Grund für eine teilweise Ablehnung i.S.v. § 27 Nr. 11 ist der Umstand, dass der vorhandene kollektive Gesamtbetrag nach Ansicht des Sachwalters nicht ausreicht, um alle berechtigten Ansprüche vollständig zu bedienen.[78] Der Umstand, dass dem Sachwalter – zunächst – keine ausreichenden Mittel zur Verfügung stehen, stellt die Berechtigung der Ansprüche nicht in Frage und ist auch kein Umstand, der sich für eine nochmalige Prüfung im Rahmen eines Widerspruchsverfahrens eignet, was aber der Fall wäre, wenn der Sachwalter in einer solchen Konstellation eine teilweise Ablehnung aussprechen müsste. Zudem besteht die Möglichkeit einer Erhöhung des kollektiven Gesamtbetrages nach § 21, was sich mit einer potenziell endgültigen Anspruchsablehnung nicht in Einklang bringen lässt. Wie sich stattdessen aus § 27 Nr. 9 ergibt, spricht der Sachwalter in einem solchen Fall keine Anspruchsablehnungen aus, sondern sorgt für eine gleichmäßige teilweise Erfüllung der berechtigten Ansprüche.

---

75 Insoweit klarer als das Gesetz die Gesetzesbegründung, s. BT-Drucks. 20/6520 S. 88.

76 Teilweise wie hier Köhler/Bornkamm/Feddersen/*Scherer* § 27 VDuG Rn. 25. Zu diesen Fragen Rn. 24 f.

77 BT-Drucks. 20/6520 S. 88 f.

78 A.A. Anders/Gehle/*Schmidt* § 27 Rn. 9, sowie *Röthemeyer* VDuG § 27 Rn. 36.

§ 28
Widerspruchsverfahren

(1) Der Sachwalter teilt dem betroffenen Verbraucher und dem Unternehmer in Textform mit, ob sich ein Anspruch nach Prüfung ganz oder teilweise als berechtigt erweist.

(2) [1]Der betroffene Verbraucher und der Unternehmer können vorbehaltlich einer Entscheidung nach § 18 Absatz 3 binnen vier Wochen nach Zugang der Mitteilung des Sachwalters widersprechen. [2]Der Widerspruch ist in Textform an den Sachwalter zu richten und zu begründen.

(3) Der Sachwalter übermittelt dem betroffenen Verbraucher und dem Unternehmer seine Entscheidung über den Widerspruch in Textform.

(4) [1]Der betroffene Verbraucher und der Unternehmer können bei dem Prozessgericht des Abhilfeverfahrens binnen zwei Wochen nach Zugang der Widerspruchsentscheidung des Sachwalters eine gerichtliche Entscheidung über den Widerspruch beantragen, soweit sie durch die Widerspruchsentscheidung des Sachwalters beschwert sind. [2]Das Gericht entscheidet durch Beschluss. [3]Es kann die Entscheidung auf einen Einzelrichter übertragen. [4]Die Entscheidung kann im schriftlichen Verfahren nach Anhörung des betroffenen Verbrauchers und des Unternehmers ergehen. [5]§ 78 Absatz 1 Satz 1 der Zivilprozessordnung ist nicht anzuwenden. [6]Die Entscheidung des Gerichts ist unanfechtbar.

Schrifttum

Anders/Gehle/*Schmidt* ZPO, Beilage VDuG (2023); *Heerma* Das geplante Verbraucherrechtedurchsetzungsgesetz: Abhilfeurteile und deren Umsetzung nach dem VDuG, ZZP 2024, 425; Köhler/Bornkamm/Feddersen/*Scherer* UWG, 42. Aufl. (2024); *Röthemeyer* VDuG Handkommentar (2024); *Skauradszun* VDuG Kommentar (2024).

Übersicht

I. Regelungsgegenstand und Entstehungsgeschichte —— 1

II. Mitteilung der Ausgangsentscheidung des Sachwalters —— 4

III. Widerspruch durch Verbraucher und/oder Unternehmer —— 14

IV. Widerspruchsentscheidung des Sachwalters —— 23

V. Gerichtliche Überprüfung der Widerspruchsentscheidung
1. Überblick —— 32
2. Antragsbefugnis (Beschwer) —— 33
3. Formelle Antragsvoraussetzungen —— 35
4. Beteiligte —— 38
5. Zuständigkeit und Verfahren —— 41
6. Prüfungsmaßstab —— 47
7. Entscheidung —— 54
8. Kosten —— 55
9. Anfechtungsausschluss —— 60

I. Regelungsgegenstand und Entstehungsgeschichte

Die wesentliche Aufgabe des Sachwalters besteht in der Prüfung, ob ein von einem Verbraucher **1** angemeldeter Anspruch berechtigt ist und daher dieser Verbraucher im Umsetzungsverfahren eine Leistung beanspruchen kann. Maßstab für diese Prüfung sind die Vorgaben des Abhilfegrundurteils.[1] Allerdings beschränkt sich die Tätigkeit des Sachwalters nicht auf die Prüfung, vielmehr

---

[1] BT-Drucks. 20/6520 S. 89.

https://doi.org/10.1515/9783110660180-030

muss – selbstverständlich – das **Ergebnis** der Prüfung den betroffenen Parteien auch **mitgeteilt** werden.[2] Dies regelt § 28 Abs. 1.

2   Sind der Verbraucher und/oder der Unternehmer der Ansicht, dass das Ergebnis der Prüfung durch den Sachwalter fehlerhaft ist, können sie hiergegen **Widerspruch** einlegen, über den der Sachwalter zu entscheiden hat. Nach der ursprünglichen Konzeption des Gesetzgebers sollte es hierbei sein **Bewenden** haben, eine gerichtliche Anfechtung der Widerspruchsentscheidung war nach § 28 Abs. 3 Satz 2 des Regierungsentwurfs im Interesse einer zügigen Abwicklung des Umsetzungsverfahrens ausdrücklich ausgeschlossen.[3] Etwaige materielle Unrichtigkeiten der Entscheidung durch den Sachwalter wären mittels der **Nachverfahren** gemäß § 39 und § 40 zu korrigieren gewesen.[4]

3   Auf Initiative des Rechtsschusses wurde § 28 Abs. 4 neu gefasst und für Verbraucher und Unternehmer die Möglichkeit geschaffen, die Entscheidung des Sachwalters **gerichtlich überprüfen** zu lassen. Zu den Motiven für diese tiefgreifende Änderung des Regelungskonzepts erfährt man in den Gesetzesmaterialien[5] nichts. Nach einer Ansicht in der Literatur wurde die Möglichkeit zur gerichtlichen Überprüfung geschaffen, um befürchtete Rechtsschutzdefizite zu vermeiden und Individualgerichte von nachfolgenden Verfahren gemäß §§ 39, 40 zu **entlasten**.[6] Inhaltlich handelt es sich bei § 28 Abs. 4 jedenfalls um eine ganz erhebliche Fehlleistung des Gesetzgebers.[7] Mag man noch nachvollziehen können, dass eine Möglichkeit zur gerichtlichen Überprüfung der Entscheidungen des Sachwalters vorgesehen wird, so handelt es sich doch um eine **unvertretbare** Lösung, diese Aufgabe, die in einem Umsetzungsverfahren ggf. auch tausende von Fällen betreffen kann, dem Prozessgericht und damit ausgerechnet einem Oberlandesgericht zu übertragen.[8]

II. Mitteilung der Ausgangsentscheidung des Sachwalters

4   In § 28 Abs. 1 ist vorgesehen, dass der Sachwalter dem betroffenen Verbraucher wie auch dem Unternehmer mitzuteilen hat, ob sich ein Anspruch nach Prüfung **ganz** oder **teilweise** als berechtigt erweist. Dabei ist vom Sachwalter nicht nur zu prüfen, ob es sich bei der angemeldeten Person um einen Verbraucher handelt und diese sich wirksam angemeldet hat,[9] sondern auch, ob die im Abhilfegrundurteil vorgesehenen Nachweise vorgelegt wurden. Obliegt dem Sachwalter auch die Bestimmung der Anspruchshöhe, so hat der Sachwalter auch diese zu prüfen und das Ergebnis mitzuteilen.

5   Zu dem in § 28 Abs. 1 angesprochenen möglichen Ergebnis, dass ein Anspruch nur **teilweise berechtigt** ist, kann der Sachwalter allerdings nur kommen, wenn in der Anmeldung eine **Bezifferung** vorgenommen wurde, was zwar erwünscht, nach § 46 Abs. 2 Satz 2 aber nicht zwingend erforderlich ist. Fehlt eine solche Bezifferung in der Anmeldung, so hat der Sachwalter in die Mitteilung aufzunehmen, dass er weitergehende Ansprüche nicht als gegeben ansieht.

6   Jedes **Prüfungsergebnis** ist sowohl dem betroffenen Verbraucher wie auch dem Unternehmer **mitzuteilen**, wobei es sich bei Mitteilungen an den Unternehmer auch um Sammelmitteilungen handeln kann. Eine Mitteilung an das Gericht oder den Kläger erfolgt dagegen **nicht**.

7   Sobald die Mitteilung dem Unternehmer oder dem Verbraucher **zugegangen** ist, ist der Sachwalter vorbehaltlich eines Widerspruchs nach § 28 Abs. 2 an den Inhalt seiner Entscheidung ge-

---

2 BT-Drucks. 20/6520 S. 89.

3 BT-Drucks. 20/6520 S. 89.

4 BT-Drucks. 20/6520 S. 89.

5 Vgl. BT-Drucks. 20/7631 S. 110.

6 *Röthemeyer* VDuG § 28 Rn. 1.

7 A.A. *Heerma* ZZP 2024, 425, 450 f.

8 Näher unten Rn. 45; kritisch auch *Röthemeyer* VDuG § 28 Rn. 1.

9 Dazu oben § 26 Rn. 8.

bunden.[10] Denn wenn es dem Sachwalter gestattet wäre, seine getroffenen und an die Parteien kommunizierten Entscheidungen ohne gesetzliche Begrenzung nachträglich zu ändern, bestünde u.a. das Risiko, dass Verbraucher oder Unternehmer im Vertrauen auf die Entscheidung des Sachwalters Klageverfahren nach § 39 oder § 40 einleiten, denen dann durch eine spätere Änderung der Entscheidung des Sachwalters außerhalb des von § 28 Abs. 2 bis 4 vorgesehenen Verfahrens die Grundlage entzogen wird.

Die Mitteilung muss in **Textform** erfolgen, deren Voraussetzungen sich aus § 126b BGB erge- 8 ben. Erforderlich ist damit nach § 126b Abs. 1 Satz 1 BGB insbesondere, dass in der Erklärung die **Person** des Erklärenden genannt wird, wobei im Fall des Sachwalters nicht nur die Angabe seines Namens, sondern auch ein Hinweis auf sein **Amt als Sachwalter** erforderlich ist.

Keine Vorgabe enthält das Gesetz zu der Frage, ob der Mitteilung der Entscheidung eine 9 **Begründung** beizufügen ist. Daraus dürfte der Schluss zu ziehen sein, dass eine Begründung gesetzlich nicht vorgeschrieben ist. Allerdings steht zu erwarten, dass eine unterlassene Begründung zu einer wesentlich höheren Zahl von (**vorsorglichen**) **Widersprüchen** führt. Eine **pflichtgemäße Amtsführung** eines ordentlichen und gewissenhaften Sachwalters i.S.v. § 31 Satz 2 erfordert daher im **Regelfall** zumindest eine kurze Begründung der mitgeteilten Entscheidung.[11]

Soweit der Anspruch eines Verbrauchers vom Sachwalter anerkannt wird, erfordert eine 10 pflichtgemäße Amtsführung, dem Unternehmer auch die vorgelegten **Berechtigungsnachweise** sowie die weitere **Kommunikation** zwischen dem Sachwalter und dem Verbraucher **offenzulegen**,[12] damit dieser auf einer ausreichenden Informationsbasis über die Einlegung eines Widerspruchs entscheiden kann. Die ausreichende und rechtzeitige Information des Unternehmers dient damit dem Ziel, die Zahl der Widersprüche möglichst niedrig zu halten. Dabei liegt es nahe, dass Sachwalter und Unternehmer im Rahmen einer **Umsetzungsvereinbarung**[13] eine Abrede treffen, wie die Informationen dem Unternehmer möglichst einfach zur Verfügung gestellt werden.

Eine **Dokumentation** des Zugangs der Mitteilung bei Verbraucher oder Unternehmer ist nicht 11 vorgesehen, es steht dem Sachwalter allerdings frei, für eine solche zu sorgen, um den Ablauf der Widerspruchsfrist sicher feststellen zu können.

Eine **Belehrung** der Adressaten über ihr **Widerspruchsrecht** nach § 28 Abs. 2 ist nicht vorge- 12 schrieben und daher auch nicht erforderlich. Die Aufnahme eines Hinweises in die Mitteilung ist gleichwohl zulässig, erfolgt aber im Hinblick auf die Richtigkeit der Belehrung auf eigenes Risiko des Sachwalters und auf seine **eigenen Kosten**.[14]

Nicht erforderlich ist ferner von Gesetzes wegen eine **Belehrung** des Verbrauchers über die 13 Möglichkeit einer individuellen **Ergänzungsklage** nach § 39 bzw. die Rechtsfolgen des § 40. Erteilt der Sachwalter freiwillig diesbezügliche Belehrungen, so mag dies nicht im eigentlichen Sinne „unzulässig" sein. Da ein solches Vorgehen aber nicht zur notwendigen Amtsführung des Sachwalters gehört, hat er die sich aus einer unzutreffenden Belehrung folgenden **Haftungsrisiken** ebenso persönlich zu tragen wie die mit den Belehrungen verbundenen **Kosten**.[15]

III. Widerspruch durch Verbraucher und/oder Unternehmer

Sobald das Prüfungsergebnis in Textform dem Verbraucher bzw. dem Unternehmer zugegangen 14 ist, können der Verbraucher bzw. der Unternehmer gemäß § 28 Abs. 2 Satz 1 der Entscheidung des Sachwalters **widersprechen** und damit eine **Überprüfung** der Entscheidung durch den **Sachwalter** herbeiführen. Dabei ist es denkbar, dass gegen eine Entscheidung des Sachwalters sowohl

---

10 A.A. *Röthemeyer* VDuG § 28 Rn. 19.

11 Ähnlich Skauradszun/*Dahl/Linnenbrink* VDuG § 28 Rn. 12.

12 Wie hier *Röthemeyer* VDuG § 28 Rn. 5.

13 Zu möglichen Umsetzungsvereinbarungen s. Vor §§ 22 ff. Rn. 20 ff.

14 Anders *Röthemeyer* VDuG § 28 Rn. 8.

15 A.A. wohl *Röthemeyer* VDuG § 28 Rn. 9.

vom Unternehmer als auch vom Verbraucher Widerspruch erhoben wird, beispielsweise wenn im Fall einer teilweisen Anerkennung eines Anspruchs der Unternehmer die vollständige „Abweisung", der Verbraucher dagegen eine weitergehende Leistung begehrt.

15   Diese Widerspruchsmöglichkeit besteht nur in Bezug auf die **erste Entscheidung** des Sachwalters über einen angemeldeten Anspruch. Ist ein Beteiligter erstmals durch die Widerspruchsentscheidung i.S.v. § 28 Abs. 3 beschwert, steht ihm dagegen nicht das Recht zum Widerspruch zu, sondern die Möglichkeit der Herbeiführung einer gerichtlichen Entscheidung gemäß § 28 Abs. 4 offen.[16]

16   Die **Frist** für einen Widerspruch beträgt im Interesse einer zügigen Abwicklung[17] nur vier Wochen, sofern sie nicht gemäß § 18 Abs. 3 im Abhilfeendurteil verlängert worden ist. Eine Verlängerung durch den Sachwalter ist nach dem klaren Gesetzeswortlaut nicht vorgesehen und dementsprechend auch nicht möglich.[18] Gleiches gilt für die Berücksichtigung eines verspätet erhobenen Widerspruchs. Für „Großzügigkeiten" des Sachwalters auf Kosten des Unternehmers oder des betroffenen Verbrauchers enthält das Gesetz eine Grundlage.[19]

17   Die Frist beginnt mit dem **Zugang**[20] der Entscheidung des Sachwalters in Textform beim Verbraucher bzw. Unternehmer, so dass sich der Fristablauf für beide unterscheiden kann.[21] Für die Fristberechnung gelten § 222 ZPO und die §§ 188 ff. BGB.[22] Die Widerspruchsfrist ist gewahrt, wenn dem Sachwalter vor Ablauf der Widerspruchsfrist ein formgerecht erklärter Widerspruch zugegangen ist. Da das Umsetzungsverfahren funktional eine Fortsetzung des gerichtlichen Abhilfeverfahrens ist, genügt es, wenn der Widerspruch am Tag des Fristablaufs bis 24:00 Uhr beim Sachwalter eingegangen ist. Nicht erforderlich ist dagegen für die Fristwahrung, dass der Widerspruch zu einer Tageszeit zugeht, bei der mit einer Kenntnisnahme noch an diesem Tag zu rechnen ist. Erklärt z.B. der Unternehmer per E-Mail seinen Widerspruch, und geht die E-Mail am letzten Tag der Frist um 23:30 Uhr im Postfach des Sachwalters ein, ist die Frist gewahrt.

18   Der Widerspruch muss mindestens in **Textform** i.S.v. § 126b BGB erklärt werden und damit u.a. die Person des Widersprechenden erkennen lassen. Ferner muss der Widerspruch begründet werden. Das **Begründungserfordernis** soll sicherstellen, dass der Widerspruch nicht „ins Blaue hinein" erhoben wird.[23] Ferner sollen auf diesem Wege dem Sachwalter „konkrete Anhaltspunkte" mitgeteilt werden, damit dieser seine Entscheidung tatsächlich überdenken kann.[24] Die Anforderungen an eine Widerspruchsbegründung dürfen allerdings auch **nicht überspannt** werden. Erforderlich, aber auch ausreichend ist es, wenn die Erklärung den Willen zum Widerspruch erkennen lässt, in der Erklärung angegeben wird, in welcher Richtung eine Änderung der Entscheidung erfolgen soll und warum der Widersprechende die Entscheidung des Sachwalters für unzutreffend hält. Nicht erforderlich ist, dass die Begründung zutreffend oder auch nur schlüssig ist. Nicht ausreichend sind **rein formelhafte** oder solche Ausführungen, die erkennbar keinen Zusammenhang zum relevanten Sachverhalt aufweisen. Andererseits kann es als „Begründung" ausreichen, wenn kommentarlos erstmals bisher fehlende Berechtigungsnachweise vorgelegt werden.[25]

19   Fraglich und durch den Gesetzeswortlaut nicht geklärt ist, ob für die Erklärung eines zulässigen Widerspruchs auch eine **Widerspruchsbefugnis** erforderlich ist, d.h. ob der Widersprechen-

---

16 A.A. Anders/Gehle/*Schmidt* § 28 Rn. 3.

17 BT-Drucks. 20/6520 S. 89.

18 A.A., allerdings ohne Begründung, Anders/Gehle/*Schmidt* § 28 Rn. 2, sowie *Röthemeyer* VDuG § 28 Rn. 11. Insbesondere die Ansicht von *Röthemeyer* erscheint inkonsequent, der einerseits eine Wiedereinsetzung gemäß §§ 233 ff. ZPO generell ausschließen will, andererseits (a.a.O., Rn. 12) dem Sachwalter ein nicht weiter eingeschränktes Recht zugestehen will, über eine Fristversäumnis hinwegzugehen.

19 A.A. Skauradszun/*Dahl*/*Linnenbrink* VDuG § 28 Rn. 21.

20 BT-Drucks. 20/7631 S. 110.

21 Köhler/Bornkamm/Feddersen/*Scherer* § 28 VDuG Rn. 8.

22 Wie hier Anders/Gehle/*Schmidt* § 28 Rn. 2.

23 BT-Drucks. 20/6520 S. 89.

24 BT-Drucks. 20/6520 S. 89.

25 In diesem Sinne wohl auch *Röthemeyer* VDuG § 28 Rn. 13.

de darlegen muss, dass der Sachwalter zu seinem Nachteil eine unrichtige Entscheidung getroffen hat. Für das Erfordernis einer solchen „Widerspruchsbefugnis" könnten Ausführungen in der Gesetzesbegründung sprechen, wonach der Unternehmer dem Prüfungsergebnis widersprechen könne, sofern der Sachwalter einen konkreten Verbraucheranspruch für ganz oder teilweise berechtigt halte, während ein Widerspruch durch den Verbraucher möglich sei, wenn ein Anspruch ganz oder teilweise abgelehnt wurde.[26]

Diese Aussagen in der Gesetzesbegründung sind allerdings irreführend: So kann richtigerwei- **20** se der Unternehmer auch dann widersprechen, wenn der Sachwalter einen Anspruch abgelehnt hat, z.B. in der irrigen Annahme, die vom Verbraucher vorgelegten Nachweise reichen nicht aus. Denn der Unternehmer hat ein **legitimes Interesse** daran, dass bestehende Ansprüche durch den Sachwalter auch tatsächlich **erfüllt** werden und nicht eine fälschliche Ablehnung eines Anspruchs dazu führt, dass der Unternehmer im Anschluss nochmals individuell in Anspruch genommen wird. Vor diesem Hintergrund ist somit davon auszugehen, dass der Unternehmer jeder Entscheidung des Sachwalters widersprechen kann.

Im Ergebnis gilt nichts anderes für den Verbraucher. Hat der Verbraucher beispielsweise bei **21** der Anmeldung seines Anspruchs diesen **nicht beziffert**, was nach § 46 Abs. 2 Satz 2 zulässig ist, kann in der Bejahung eines Anspruchs durch den Sachwalter gleichwohl eine **Beschwer** für den Verbraucher liegen, wenn dieser der Ansicht ist, ihm stünde noch mehr zu. In einem solchen Fall ist der Verbraucher also nicht nur dann zu einem Widerspruch berechtigt, wenn der Sachwalter einen Anspruch des Verbrauchers gänzlich ablehnt, sondern auch dann, wenn er einen Anspruch bejaht, der Verbraucher aber noch mehr erhalten will.

Ist aber ein Verbraucher, der keine Bezifferung seines Anspruchs in der Anmeldung vorge- **22** nommen hat, immer **widerspruchsbefugt**, so muss dies auch für solche Verbraucher gelten, die ihren Anspruch in der Anmeldung beziffert haben. Denn zum einen gibt es keine Anhaltspunkte dafür, dass ein Verbraucher alleine mit der Bezifferung auf eventuelle weitergehende Ansprüche verzichten will. Zum anderen kann ein Verbraucher im Regelfall vor Erlass des Abhilfegrundurteils gar nicht absehen, welche Ansprüche ihm zustehen, so dass der Bezifferung schon aus diesem Grund kein entsprechender Erklärungswert zukommt.

IV. Widerspruchsentscheidung des Sachwalters

Nach Eingang eines Widerspruchs hat der Sachwalter hierüber **binnen angemessener Frist** zu **23** entscheiden und seine Entscheidung über den Widerspruch dem Verbraucher und dem Unternehmer in **Textform** mitzuteilen. Nach Vorstellung des Gesetzgebers soll die Mitteilung der Entscheidung in Textform auch deshalb vorteilhaft sein, da auf diese Weise der betroffene Verbraucher und der Unternehmer einen Nachweis über das Prüfungsergebnis erhielten, der in einem späteren Gerichtsverfahren vorgelegt werden könne, sollten später Ansprüche auf dem Individualklageweg verfolgt werden.[27]

Vor der Widerspruchsentscheidung hat der Sachwalter zunächst zu prüfen, ob der Wider- **24** spruch **form- und fristgerecht** eingelegt und mit einer **ausreichenden Begründung** versehen wurde. Ist dies nicht der Fall, muss der Sachwalter den Widerspruch ohne Entscheidung in der Sache verwerfen.[28] Auch insoweit gilt, dass sich für den neutralen Sachwalter im Gesetz keine Grundlage für eine „großzügigere" Handhabung zugunsten der Verbraucher und damit zugleich auf Kosten des Unternehmers findet.[29] Eine Wiedereinsetzung in den vorherigen Stand gemäß §§ 233 ff. ZPO ist nicht möglich, da es sich um kein gerichtliches Verfahren handelt.[30]

---

26 BT-Drucks. 20/6520 S. 89; ebenso Anders/Gehle/*Schmidt* § 28 Rn. 1.
27 BT-Drucks. 20/6520 S. 89.
28 A.A. (jedenfalls hinsichtlich der Frist) *Röthemeyer* VDuG § 28 Rn. 12.
29 Anders *Röthemeyer* VDuG § 28 Rn. 12.
30 Wie hier *Röthemeyer* VDuG § 28 Rn. 12.

25   Wurde der Widerspruch zulässig erhoben, hat der Sachwalter zu prüfen, ob die Begründung zu einer Änderung seiner Entscheidung Anlass gibt. Dabei besteht grds. **keine Verpflichtung** des Sachwalters, **zusätzliche Ermittlungen** zum Sachverhalt anzustellen oder **Auskünfte** oder **Stellungnahmen** bei anderen Beteiligten einzuholen. Allerdings kann sich aus dem der Gebot eines fairen Verfahrens und der Verpflichtung zur Unparteilichkeit die Notwendigkeit ergeben, der anderen Seite die Möglichkeit zu einer Stellungnahme zu gewähren, wenn davon auszugehen ist, dass diese erhebliche Umstände vortragen kann und auf diese Weise ggf. eine nachträgliche Entscheidung nach § 28 Abs. 4 entbehrlich wird.[31] Zulässig ist die Anhörung der anderen Seite in jedem Fall.

26   Kommt der Sachwalter zu dem Ergebnis, dass der Widerspruch begründet ist, so hat er ihm abzuhelfen; anderenfalls hält er an seiner Entscheidung fest.[32] Dabei darf das Widerspruchsverfahren nicht dazu genutzt werden, nach § 27 Nr. 4 bis 6 **präkludierte** Nachweise und Auskünfte nachzuschieben.

27   Fraglich ist, ob eine Möglichkeit zur Korrektur nur dann besteht, wenn der Sachwalter der Begründung des Widersprechenden folgt, oder auch in dem Fall, dass der Sachwalter die Begründung des Widerspruchs zwar für unzutreffend hält, im Rahmen der Überprüfung aber aus anderen Gründen zur Unrichtigkeit seiner Entscheidung kommt und diese deshalb ändern möchte.

28   Mit anderen Worten stellt sich die Frage, ob ein zulässiger Widerspruch ganz allgemein den Sachwalter zu einer Korrektur seiner Entscheidung ermächtigt. Dies ist zu bejahen: Wurde von einer Seite form- und fristgerecht Widerspruch erhoben, so kann sich die andere Seite auf **kein schutzwürdiges Vertrauen** in den Fortbestand der Entscheidung des Sachwalters berufen, soweit mit der Widerspruchsentscheidung im Ergebnis dem Widerspruch abgeholfen wird. Ist dies aber so, gibt es keinen Grund, dem Sachwalter die **Korrektur** einer fehlerhaften Entscheidung zu versagen. Unzulässig ist dagegen eine Entscheidung zum Nachteil des Widerspruchsführers (*reformatio in peius*), es sei denn, dass auch die andere Seite Widerspruch erhoben hat.

29   Über eine **Begründung** der Widerspruchsentscheidung sagt das Gesetz nichts. Allerdings gilt auch insoweit, dass eine **pflichtgemäße** Amtsführung des Sachwalters das Ziel haben muss, die Zahl der Anträge auf gerichtliche Überprüfung nach § 28 Abs. 4 möglichst niedrig zu halten. Wird dieses Ziel nicht erreicht, erleichtert eine Begründung immer noch die nachfolgende gerichtliche Überprüfung durch das Oberlandesgericht. Aus diesem Grund ist im Regelfall zumindest eine kurze Begründung erforderlich.[33]

30   In der Widerspruchsentscheidung muss nicht über die Möglichkeit eines Antrags auf gerichtliche Entscheidung nach § 28 Abs. 4 belehrt werden. Auch wenn eine solche Belehrung zulässig ist, hat sie der Gesetzgeber jedenfalls nicht vorgeschrieben. Eine Belehrungspflicht ergibt sich auch nicht aus § 232 Satz 1 ZPO, da es sich bei der Widerspruchsentscheidung des Sachwalters nicht um eine gerichtliche Entscheidung handelt.

31   Naheliegend ist, dass der Sachwalter mit Blick auf die Fristgebundenheit einer gerichtlichen Überprüfung für einen Nachweis des Zugangs der Widerspruchsentscheidung zu sorgen hat.[34]

V. Gerichtliche Überprüfung der Widerspruchsentscheidung

1. Überblick

32 Anstelle der ursprünglich vorgesehenen Unanfechtbarkeit eröffnet die vom Rechtsschuss verantwortete Fassung von § 28 Abs. 4 die Möglichkeit zur gerichtlichen Überprüfung der Widerspruchs-

---

31 Anders *Röthemeyer* VDuG § 28 Rn. 14, der eine Anhörung anderer Beteiligter generell für entbehrlich hält.

32 BT-Drucks. 20/6520 S. 89.

33 Abweichend *Röthemeyer* VDuG § 28 Rn. 15, wonach nur in „komplexeren" Fällen eine Begründung erforderlich sein soll.

34 Näher *Röthemeyer* VDuG § 28 Rn. 16.

entscheidung des Sachwalters. Zu den Motiven des Rechtsausschusses erfährt man in der Gesetzesbegründung nichts. Insgesamt handelt es sich vor allem wegen der Zuständigkeit des Prozessgerichts und damit eines Oberlandesgerichts um eine **gesetzgeberische Fehlleistung**.[35] Inhaltlich regelt § 28 Abs. 4 die Befugnis zur Anfechtung der Widerspruchsentscheidung sowie einen Teil der sich stellenden Verfahrensfragen.

2. Antragsbefugnis (Beschwer)

Gemäß § 28 Abs. 4 Satz 1 können der betroffene Verbraucher und der Unternehmer bei dem Prozessgericht des Abhilfeverfahrens **binnen zwei Wochen** nach Zugang der Widerspruchsentscheidung des Sachwalters eine gerichtliche Entscheidung über den Widerspruch beantragen, soweit sie durch die Widerspruchsentscheidung des Sachwalters **beschwert** sind. **33**

Das **Antragsrecht** steht nur dem betroffenen **Verbraucher** und dem **Unternehmer** zu, nicht aber etwa dem Sachwalter selbst oder dem Kläger der Abhilfeklage. Ferner ist eine **Beschwer** des Antragstellers durch die Widerspruchsentscheidung erforderlich.[36] Diese ist immer gegeben, wenn der Antragsteller gegen die Ausgangsentscheidung des Sachwalters Widerspruch erhoben hatte, diesem aber in der Widerspruchsentscheidung nicht (vollständig) abgeholfen wurde. Eine Beschwer ist ferner zu bejahen, wenn sich die Rechtsposition des Antragstellers nach der Widerspruchsentscheidung schlechter darstellt als nach der Ausgangsentscheidung des Sachwalters. Hat beispielsweise der Sachwalter auf Widerspruch des Verbrauchers einen angemeldeten Anspruch doch noch anerkannt, ist der Unternehmer beschwert und damit antragsbefugt. Im Fall einer erstmaligen Beschwer durch die Widerspruchsentscheidung muss der Betroffene nicht selbst erst Widerspruch erheben, sondern kann (nur) die gerichtliche Überprüfung beantragen.[37] **34**

3. Formelle Antragsvoraussetzungen

Der Antrag muss binnen **zwei Wochen** nach Zugang der Widerspruchsentscheidung bei Gericht gestellt werden, wobei für die Fristberechnung § 222 ZPO, §§ 188 ff. BGB gelten. Da es sich um ein gerichtliches Verfahren handelt, kommen im Fall einer Fristversäumnis die **§§ 233 ff. ZPO** zur Anwendung. **35**

Hinsichtlich der **formellen Voraussetzungen** des Antrags enthält § 28 Abs. 4 keine Vorgaben, so dass nach den allgemeinen Vorschriften der ZPO der Antrag auf gerichtliche Entscheidung den Anforderungen von **§§ 130, 130a ZPO** zu entsprechen hat.[38] Anzugeben sind insbesondere die Daten des Sachwalters und des Unternehmers, Datum und Aktenzeichen von Abhilfegrund- und Abhilfeendurteil und ein Nachweis für die wirksame Anspruchsanmeldung. Zu schildern sind ferner die Ausgangsentscheidung und die Widerspruchsentscheidung des Sachwalters sowie alle Umstände, aus denen der Antragsteller seinen Anspruch auf eine Änderung der Entscheidung ableitet. Die Angaben in der **Antragsschrift** müssen dem Gericht die Prüfung ermöglichen, ob Widerspruch und Antrag auf gerichtliche Entscheidung jeweils form- und fristgerecht gestellt wurden. Den Inhalt von Abhilfegrund- und Abhilfeendurteil muss der Antragsteller dagegen nicht schildern. Die bloße Textform genügt **36**

---

35 Siehe auch Rn. 8, 45; a.A. *Heerma* ZZP 2024, 425, 450 f.
36 BT-Drucks. 20/7631 S. 110.
37 Skauradszun/*Dahl*/Linnenbrink VDuG § 28 Rn. 17.
38 Wie hier Zöller/*Vollkommer*, § 28 VDuG Rn. 4.

schließlich gemäß § 130 Nr. 6 ZPO an dieser Stelle nicht, vielmehr ist eine **Unterschrift** des Antragstellers oder eine Einreichung nach § 130a ZPO erforderlich.[39]

37   Eine Vertretung durch einen **Rechtsanwalt** ist gemäß § 28 Abs. 4 Satz 4 ausdrücklich **nicht** vorgeschrieben, aber selbstverständlich zulässig. Lässt sich der Antragsteller nicht durch einen Rechtsanwalt vertreten, hat dies u.a. zur Folge, dass die Verpflichtung zur elektronischen Einreichung des Antrags entfällt (vgl. § 130d Satz 1 ZPO). Das jeweils zuständige Oberlandesgericht als Prozessgericht muss also in größeren Verfahren ggf. nicht nur mit einer großen Zahl von Anträgen auf gerichtliche Entscheidung rechnen, sondern sich auch darauf einstellen, dass diese nicht elektronisch, sondern in Papierform eingehen. Auch dies gehört zu den Fehlleistungen des Gesetzgebers.[40]

4. Beteiligte

38 Die Beteiligten des gerichtlichen Verfahrens werden in § 28 Abs. 4 nicht ausdrücklich benannt. Als Antragsteller ist zunächst der **Verbraucher** oder der **Unternehmer** beteiligt, der den Antrag auf gerichtliche Entscheidung gestellt hat. Da nicht ausgeschlossen ist, dass sowohl Verbraucher als auch Unternehmer gegen die Widerspruchsentscheidung vorgehen, kann bereits dies zur Beteiligung beider am Verfahren führen.

39   Als Antragsgegner ist des Weiteren der **Sachwalter** am Verfahren beteiligt, da sich der Antrag gegen seine Widerspruchsentscheidung richtet.[41] Die Beteiligung des Sachwalters ist zwingend, da der Sachwalter verpflichtet ist, für eine **ordnungsgemäße Durchführung** des Umsetzungsverfahrens zu sorgen. Dazu zählt auch, die von ihm für richtig gehaltenen Prüfungsergebnisse in einem gerichtlichen Verfahren zu verteidigen. An dem Verfahren nimmt der Sachwalter vergleichbar einem Insolvenzverwalter als **Partei kraft Amtes** teil.

40   Jede Änderung der Widerspruchsentscheidung greift zudem unmittelbar in die Rechtssphäre der Gegenseite ein. Aus diesem Grund sind zwingend auch der Verbraucher bzw. der Unternehmer, der nicht den Antrag auf gerichtliche Entscheidung gestellt hat, am Verfahren zu beteiligen.[42] Im Gesetz kommt dies in § 28 Abs. 4 Satz 4 zum Ausdruck, wonach eine Entscheidung im schriftlichen Verfahren *„nach Anhörung des betroffenen Verbrauchers und des Unternehmers"* ergehen könne. Für eine Entscheidung, die aufgrund einer mündlichen Verhandlung ergeht, kann naheliegenderweise nichts anders gelten. Im Regelfall werden somit **drei** unabhängig voneinander agierende Parteien an einem Verfahren nach § 28 Abs. 4 beteiligt sein. Es handelt sich damit um eine ungewöhnliche, dem deutschen Verfahrensrecht aber auch nicht unbekannte Konstellation (vgl. § 64 ZPO). Ferner kommt nach den allgemeinen Grundsätzen auch eine Nebenintervention in Betracht.

5. Zuständigkeit und Verfahren

41 Zuständig ist nach § 28 Abs. 4 Satz 1, § 22 Abs. 1 das Prozessgericht und damit immer das **Oberlandesgericht**, das in erster Instanz über die Abhilfeklage entschieden hat.[43]

---

39 A.A. *Röthemeyer* VDuG § 28 Rn. 19, wonach in Analogie zu § 28 Abs. 2 oder § 569 Abs. 2 Satz 1 ZPO Textform ausreichen soll. Dies überzeugt allerdings schon deshalb nicht, weil keine Regelungslücke vorliegt, es sich anders als im Rahmen von § 28 Abs. 2 um einen Antrag zur Einleitung eines gerichtlichen Verfahrens handelt und – vor allem – im Rahmen von § 569 Abs. 2 Satz 1 ZPO die bloße Einhaltung der Textform gar nicht ausreichend ist.
40 Kritisch auch Anders/Gehle/*Schmidt* § 28 Rn. 6.
41 A.A. wohl *Röthemeyer* VDuG § 28 Rn. 24.
42 Ebenso zumindest für den Unternehmer *Heerma* ZZP 2024, 425, 450.
43 Siehe § 22 Rn. 3 ff.

Gemäß § 28 Abs. 4 Satz 4 kann die Entscheidung **ohne mündliche Verhandlung** und damit 42
im schriftlichen Verfahren ergehen, wobei auch in diesem Fall wegen des Grundsatzes **rechtlichen Gehörs** Verbraucher und Unternehmen angehört werden müssen. Anzuhören ist aber selbstverständlich auch der **Sachwalter**, da dieser am Verfahren beteiligt ist[44] und seine Entscheidung angegriffen wird.[45] Eine Zustimmung der Parteien zu einer Entscheidung im schriftlichen Verfahren oder auch nur eine vorherige Anhörung vor der Wahl der Verfahrensart ist nicht erforderlich. Aus § 28 Abs. 4 Satz 4 ergibt sich nichts anderes, da die dort angesprochene Anhörung von Verbraucher und Unternehmer sich nicht auf die Verfahrensart, sondern auf die Sache selbst bezieht.

Nach § 28 Abs. 4 Satz 2 entscheidet das Gericht durch **Beschluss**, der den Parteien nach § 329 43
Abs. 2 Satz 1 formlos mitgeteilt werden kann, sofern keine mündliche Verhandlung stattgefunden hat. Eine Begründung des Beschlusses ist nach allgemeinen Grundsätzen nicht erforderlich, da dieser gemäß § 28 Abs. 4 Satz 6 unanfechtbar ist.[46] Eine Begründung kann dann aber geboten sein oder zumindest naheliegen, wenn das Gericht von bisheriger höchst- oder obergerichtlicher Rechtsprechung abweicht oder die Entscheidung geeignet ist, dem Sachwalter für weitere von ihm zu treffende Widerspruchsentscheidungen als **Leitlinie** zu dienen.

Gemäß § 28 Abs. 3 kann die Entscheidung auf den Einzelrichter übertragen werden, was im 44
Regelfall zweckmäßig sein wird, um die Belastung des Oberlandesgerichts so gering wie möglich zu halten.

Nach § 28 Abs. 4 Satz 5 ist § 78 Abs. 1 Satz 1 ZPO nicht anwendbar, d.h. Verbraucher und 45
Unternehmer können die gerichtliche Entscheidung beantragen, ohne sich von einem zugelassenen Rechtsanwalt vertreten lassen zu müssen. Gleiches gilt für den Sachwalter, sofern sich dieser an dem Verfahren beteiligt. Auf diese Weise wird die Beantragung einer gerichtlichen Entscheidung vor allem für die Verbraucher erheblich erleichtert. Gleichzeitig ist allerdings zu erwarten, dass die **inhaltliche** und **formale** Qualität der Anträge erheblich **abnimmt**, was zusammen mit dem Umstand, dass die Anträge nicht elektronisch eingereicht werden müssen, zu einer erheblichen Belastung der Oberlandesgerichte und deren Geschäftsstellen führen kann. Auch insoweit handelt es sich um eine deutliche Fehlleistung des Gesetzgebers. So sollte man auch als Gesetzgeber mit Oberlandesgerichten nicht umgehen.

Auf das Verfahren sind im Übrigen die §§ 253 ff. ZPO anzuwenden, wie sich aus § 13 Abs. 1 46
Satz 2 ergibt. Damit kann das Gericht insbesondere vom Sachwalter nach § 273 Abs. 2 Nr. 2 ZPO die Vorlage von Unterlagen und die Erteilung von Auskünften verlangen. Ferner folgt aus der Anwendbarkeit der allgemeinen Verfahrensregeln, dass keine Amtsermittlung stattfindet, es also bei der Geltung des **Beibringungsgrundsatzes** bleibt. Grundsätzlich kommt somit auch eine **Säumnisentscheidung** in Betracht.

6. Prüfungsmaßstab

Vom Oberlandesgericht ist zunächst zu prüfen, ob der Antrag auf gerichtliche Entscheidung **form-** 47
und fristgerecht[47] gestellt wurde und ob der Antragsteller durch die Widerspruchsentscheidung beschwert ist.[48] Ferner ist zu prüfen, ob die **Einlegung des Widerspruchs** form- und fristgerecht erfolgt ist, da nur unter diesen Voraussetzungen eine Abänderung der Ausgangsentscheidung des Sachwalters erfolgen darf.

Sind die vorgenannten Voraussetzungen erfüllt, hat das Gericht in vollem Umfang die **Richtig-** 48
keit der **Widerspruchsentscheidung** zu überprüfen.[49] Es hat also zu prüfen, welche Entschei-

---

44 Siehe oben Rn. 39.
45 A.A. hinsichtlich des Sachwalters *Röthemeyer* VDuG § 28 Rn. 24.
46 Zöller/*Feskorn* § 329 Rn. 25.
47 Dazu oben Rn. 35 ff.
48 Oben Rn. 33 f.
49 BT-Drucks. 20/7631 S. 110.

dung der Sachwalter im Widerspruchsverfahren richtigerweise hätte treffen müssen. Dabei enthält das Gesetz keine Vorgabe dahin, dass das Gericht an die vom Antragsteller vorgebrachten Rügen bzw. an die vom Sachwalter für seine Entscheidung mitgeteilten Gründe gebunden wäre. Das Gericht kann also im Rahmen des Sachvortrags der Parteien die Widerspruchsentscheidung auch aus anderen Gründen abändern bzw. mit einer vom Sachwalter abweichenden Begründung aufrechterhalten.

49   Potentiell entscheidungserheblich sind damit die Fragen der Einbeziehung des betroffenen Verbrauchers in das Umsetzungsverfahren gemäß § 26, seine Verbrauchereigenschaft, die Vorlage der erforderlichen Berechtigungsnachweise sowie der Informationen und Unterlagen, die ggf. für die konkrete Berechnung des Anspruchs des Verbrauchers erforderlich sind.[50] Auch die Würdigung der vorgelegten Nachweise ist überprüfbar.

50   Einer Überprüfung durch das Gericht unterliegt ggf. ferner die Frage, ob eine Nichtberücksichtigung von Berechtigungsnachweisen und Erklärungen wegen **Versäumung** einer hierzu gesetzten **Frist** gemäß § 27 Nr. 4 bis 6[51] oder eine Zurückweisung eines Widerspruchs aus formellen Gründen (z.B. wegen Versäumung der Frist oder des Fehlens einer Begründung) zu Recht erfolgt sind.

51   Hat der Sachwalter einen Anspruch aus formalen Gründen abgelehnt oder einen Widerspruch aus formalen Gründen negativ verbeschieden und sind dem Sachwalter dabei keine Rechtsfehler unterlaufen, ist das Gericht – selbstverständlich – nicht berechtigt, diese Entscheidung aus „pragmatischen Gründen" zu ändern.[52] Das Verfahren nach § 28 Abs. 4 führt nur zu einer **Rechtmäßigkeitskontrolle** der Entscheidungen des Sachwalters, setzt aber nicht das Gericht an die Stelle des Sachwalters, der im Übrigen an seine einmal getroffenen und mitgeteilten Entscheidungen ebenfalls gebunden ist, soweit ihm nicht das Widerspruchsverfahren eine Möglichkeit zur abweichenden Entscheidung eröffnet.

52   Sofern vom Sachwalter eine Ermessensentscheidung zu treffen war, darf das Gericht diese nur auf **Ermessensfehler** prüfen, nicht aber an Stelle des Sachwalters eine abweichende Ermessensentscheidung treffen.

53   Nach hier vertretener Ansicht sind ferner **individuelle Einwendungen** zu prüfen, die ausnahmsweise im Umsetzungsverfahren zu berücksichtigen sind, sofern sie **offenkundig** oder **liquide beweisbar** sind und die Teilnahme des betreffenden Verbrauchers am Umsetzungsverfahren als rechtsmissbräuchlich erscheinen lassen. In Betracht kommen insbesondere die entgegenstehende Rechtskraft eines Individualverfahrens bzw. eine entgegenstehende Bindungswirkung gemäß § 11 Abs. 3 aus einem früheren Verbandsklageverfahren sowie die bereits erfolgte Erfüllung des Anspruchs oder eine abweichende rechtsgeschäftliche Vereinbarung zwischen Verbraucher und Unternehmer.[53]

7. Entscheidung

54   Hält das Oberlandesgericht den Antrag für **unzulässig**, ist er durch Beschluss zu **verwerfen**. Ist der Antrag zulässig, aber **unbegründet**, ist er **zurückzuweisen**. Ist er begründet, so hat das Gericht in seinem Beschluss die **Widerspruchsentscheidung** des Sachwalters neu zu fassen, d.h. der Widerspruchsentscheidung ist der Inhalt zu geben, den ihr der Sachwalter bei richtiger Beurteilung der Sach- und Rechtslage hätte geben müssen.[54] Eine *reformatio in peius* ist ausgeschlos-

---

50 BT-Drucks. 20/7631 S. 110.
51 Insoweit a.A. *Röthemeyer* VDuG § 28 Rn. 22.
52 So aber *Röthemeyer* VDuG § 28 Rn. 23.
53 Siehe dazu § 27 Rn. 24 f.; a.A. BT-Drucks. 20/7631 S. 110, wonach auch derartige Einwendungen ausschließlich in Anschlussverfahren nach § 40 zu klären sein sollen, sowie im Anschluss daran auch Anders/Gehle/*Schmidt* § 28 Rn. 7, und Köhler/Bornkamm/Feddersen/*Scherer* § 28 VDuG Rn. 13.
54 BT-Drucks. 20/7631 S. 110; Köhler/Bornkamm/Feddersen/*Scherer* § 28 VDuG Rn. 13.

sen, sofern nur von einer Seite Antrag auf gerichtliche Entscheidung gestellt wurde. Der Beschluss ist allen Beteiligten bekanntzugeben, wobei angesichts des Ausschlusses eines Rechtsmittels eine **formlose Bekanntgabe** genügt.

8. Kosten

Für den Antrag auf gerichtliche Entscheidung und das anschließende Verfahren vor dem Oberlandesgericht fallen **keine Gerichtskosten** an. Die in GKG KV Nr. 1660 vorgesehen Gebühr von 1,0 fällt für das Umsetzungsverfahren insgesamt an und ist gemäß § 26a GKG vom Unternehmer zu tragen. Die Konzeption ist des Gesetzgebers ist somit so zu verstehen, dass mit dieser Gebühr auch die spätere Tätigkeit des Oberlandesgerichts nach § 28 Abs. 4 abgegolten ist. 55

Die **Vertretung** durch einen Rechtsanwalt ist nicht erforderlich, aber **zulässig**. Für die Einschaltung eines Rechtsanwalts fällt gemäß RVG VV Nr. 3339 eine Gebühr von 0,5 an, wobei § 17 Nr. 5a RVG zu beachten ist. 56

Gemäß **§ 91 ZPO** sind die Kosten der gerichtlichen Überprüfung vom Unterliegenden zu tragen,[55] so dass das Gericht in seinem Beschluss auch eine entsprechende **Kostengrundentscheidung** zu treffen hat. Haben sich der Unternehmer oder der Verbraucher auf Seiten des Sachwalters am gerichtlichen Verfahren beteiligt und obsiegt der Sachwalter, so sind der unterliegenden Partei gemäß § 101 Abs. 1 ZPO analog auch die Kosten des Unternehmers bzw. Verbrauchers aufzuerlegen. 57

Soweit der Sachwalter die Kosten gemäß § 91 ZPO zu tragen hat, haftet er für die Kosten persönlich. Hat sich sein Handeln im Rahmen einer ordnungsgemäßen Amtsführung gehalten, kann er allerdings Ersatz der Kosten vom Unternehmer verlangen. Ein Kostenerstattungsanspruch des Unternehmers gegen den Sachwalter geht in diesem Fall materiell ins Leere. 58

Eine Vollstreckung in den Umsetzungsfonds auf der Grundlage eines gegen den Sachwalter nach der gerichtlichen Entscheidung erlassenen Kostenfestsetzungsbeschlusses ist zulässig.[56] 59

9. Anfechtungsausschluss

Der Beschluss des Oberlandesgerichts ist nach § 28 Abs. 4 Satz 6 **unanfechtbar**. Damit soll eine einigermaßen zügige Abwicklung des Umsetzungsverfahrens gewährleistet werden.[57] 60

---

55 A.A. ohne Begründung *Röthemeyer* VDuG § 28 Rn. 28., sowie Skauradszun/*Dahl*/*Linnenbrink* VDuG § 28 Rn. 29.
56 Näher § 25 Rn. 27 ff.
57 Köhler/Bornkamm/Feddersen/*Scherer* § 28 VDuG Rn. 10.

§ 29
Zwangsmittel gegen den Unternehmer

(1) ¹Kommt der Unternehmer einer Aufforderung des Sachwalters zur Erfüllung eines Anspruchs eines Verbrauchers, der auf eine andere vertretbare Handlung als Zahlung oder auf eine nicht vertretbare Handlung gerichtet ist, nicht fristgerecht nach, so kann das Gericht auf Antrag des Sachwalters anordnen, dass der Unternehmer durch Zwangsgeld und für den Fall, dass dieses nicht beigetrieben werden kann, durch Zwangshaft zur Vornahme der anderen vertretbaren Handlung oder der nicht vertretbaren Handlung anzuhalten sei. ²Für die Zwecke der Vollstreckung der Zwangsmittel tritt der Sachwalter an die Stelle des Gläubigers.

(2) ¹Auf andere vertretbare Handlungen als Zahlung ist § 888 der Zivilprozessordnung mit Ausnahme seines Absatzes 1 Satz 1 entsprechend anzuwenden; § 887 Absatz 1 und 2 der Zivilprozessordnung ist auf solche Handlungen nicht anzuwenden. ²Auf nicht vertretbare Handlungen ist § 888 Absatz 1 Satz 1 der Zivilprozessordnung nicht anzuwenden.

Schrifttum

Anders/Gehle/*Schmidt* ZPO, Beilage VDuG (2023); Köhler/Bornkamm/Feddersen/*Scherer* UWG, 42. Aufl. (2024); *Röthemeyer* VDuG Handkommentar (2024); *Skauradszun* VDuG Kommentar (2024).

Übersicht

I. Überblick und Anwendungsbereich —— 1

II. Sachwalter als „Zwangsvollstreckungsgläubiger" —— 3

III. Vollstreckungsvoraussetzungen —— 4

IV. Zwangsmittel —— 7

V. Anwendbare Vorschriften und Verfahren —— 9

I. Überblick und Anwendungsbereich

1 Kommt der Unternehmer seinen Verpflichtungen aus dem Abhilfegrundurteil oder dem Abhilfeendurteil nicht nach, müssen diese – wie sonst auch – im Wege der **Zwangsvollstreckung** durchgesetzt werden. Soweit es um die Verpflichtung zur Vornahme einer **Zahlung** an den **Sachwalter** geht, obliegt das Betreiben der Zwangsvollstreckung dem **Kläger** der Abhilfeklage, da in diesen Fällen das Umsetzungsverfahren in der Regel noch nicht **eröffnet** ist. Im Interesse einer einheitlichen Anwendung des Gesetzes gilt dies auch im Fall einer Erhöhung gemäß § 21, wofür zudem § 29 Abs. 1 Satz 2 (*argumentum e contrario*) spricht. Anwendbar sind im Rahmen der Zwangsvollstreckung insoweit die §§ 802a ff. ZPO.

2 Ergibt sich aus dem **Abhilfegrundurteil** dagegen die Verpflichtung zu einer **anderen Leistung**, die in einer vertretbaren wie auch nicht vertretbaren Handlung bestehen kann, muss die Zwangsvollstreckung nach Eröffnung eines **Umsetzungsverfahrens** durch den **Sachwalter** betrieben werden, § 29 Abs. 1 Satz 2, da dieser zuvor die **Berechtigung** der einzelnen angemeldeten Verbraucheransprüche zu prüfen hat und zudem den Unternehmer zur Leistung auffordern muss. Die Zwangsvollstreckung erfolgt dann in diesen Fällen nach der Regeln zur Vollstreckung einer Verurteilung zu einer **nicht vertretbaren** Handlung.

II. Sachwalter als „Zwangsvollstreckungsgläubiger"

Wurde der Unternehmer im Abhilfegrundurteil zur Vornahme einer unvertretbaren oder einer 3
vertretbaren Leistung, die nicht in der Zahlung eines Geldbetrages besteht, verurteilt, so tritt nach
§ 29 Abs. 1 Satz 2 der **Sachwalter** als die Stelle des **Gläubigers**. Das Betreiben der Zwangsvollstreckung durch den Kläger oder durch einzelne angemeldete Verbraucher ist damit ausgeschlossen.[1]
Voraussetzung ist allerdings, dass der Unternehmer zumindest den vorläufig festgesetzten Kostenbetrag bereits an den Sachwalter gezahlt hat, da nach § 24 nur unter dieser Voraussetzung das
Umsetzungsverfahren im engeren Sinne **eröffnet** werden kann. Ist dies dagegen noch nicht erfolgt, obliegt es dem **Kläger**, die Verurteilung des Unternehmers zur Zahlung des Kostenbetrages
gemäß §§ 802a ff. ZPO durchzusetzen.[2]

III. Vollstreckungsvoraussetzungen

Eine Zwangsvollstreckung darf nur erfolgen, wenn der Sachwalter den Unternehmer zur Leistung 4
aufgefordert hat und dieser der Aufforderung nicht binnen einer vom Sachwalter gesetzten **Frist**
nachgekommen ist. Die Befugnis des Sachwalters zur Fristsetzung folgt aus § 27 Nr. 10, wobei die
gesetzte Frist muss **angemessen** sein muss.[3] Ist sie das nicht, **verlängert** sich die Frist *ex lege*
auf eine **angemessene Dauer**.[4] Aus § 27 Nr. 10 ergibt sich ferner, dass der Sachwalter zusätzlich
eine **Anzeige** der Erfüllung durch den Unternehmer verlangen muss sowie die Vorlage von **Nachweisen** verlangen kann.

Aufforderung und Fristsetzung sind vor Vollstreckungsbeginn gemäß § 726 Abs. 1 ZPO **nach-** 5
zuweisen. Erforderlich ist des Weiteren Zustellung des Titels und Klauselerteilung.[5]

Eine unterlassene Anzeige der Erfüllung bzw. ein nicht beigebrachter Nachweis der Erfüllung 6
stehen einer Nichterfüllung gleich. Hieraus folgt, dass es nach Einleitung des Zwangsvollstre-
ckungsverfahrens Sache des Unternehmers ist, eine erfolgte Erfüllung anzuzeigen und nachzuweisen. Gelingt ihm dies, sind Zwangsvollstreckungsmaßnahmen **abzulehnen** bzw. **einzustellen**.

IV. Zwangsmittel

Der Gesetzgeber hat sich dazu entschieden, dass auch bei der Verurteilung zur Vornahme einer 7
vertretbaren Handlung die Zwangsvollstreckung durch **Zwangsgeld** und für den Fall, dass dieses
nicht beigetrieben werden kann, durch **Zwangshaft** durchgeführt werden soll, was in § 29 Abs. 1
Satz 1 ausdrücklich so festgelegt wird. Für den Fall einer Verurteilung zur Vornahme einer unvertretbaren Handlung entspricht dies ohnehin den **allgemeinen gesetzlichen** Regelungen gemäß
§ 888 ZPO.

Maßgebend dafür war die Überlegung,[6] dass im Fall der Verurteilung zur Vornahme einer 8
vertretbaren Handlung ansonsten nach allgemeinen Regeln gemäß § 887 Abs. 1 ZPO der Gläubiger,
hier also nach § 29 Abs. 1 Satz 2 der Sachwalter, vom Prozessgericht auf Antrag zu **ermächtigen**
gewesen wäre, auf **Kosten des Unternehmers** die Handlung vornehmen zu lassen. Ein solches
Vorgehen hätte nach der Ansicht des Gesetzgebers aber den Bedürfnissen einer **zeitlich** und
organisatorisch angemessenen Abwicklung eines Massenverfahrens nicht ausreichend Rechnung

---

1 Zu Verbrauchern siehe auch die Gesetzesbegründung BT-Drucks. 20/6520 S. 90.
2 Wie hier Köhler/Bornkamm/Feddersen/*Scherer* § 29 VDuG Rn. 6.
3 Näher zur Angemessenheit § 27 Rn. 75.
4 § 27 Rn. 75; ähnlich *Röthemeyer* VDuG § 29 Rn. 5.
5 Näher Zöller/*Vollkommer*, § 29 VDuG Rn. 2.
6 Vgl. BT-Drucks. 20/6520 S. 90; ausführlich auch Köhler/Bornkamm/Feddersen/*Scherer* § 29 VDuG Rn. 1 f.

getragen.[7] Aus diesem Grund erfolgt die Durchsetzung einer Verurteilung zur Vornahme vertretbarer Handlungen in der gleichen Weise wie die Vollstreckung einer Verurteilung zur Vornahme einer unvertretbaren Handlung, § 29 Abs. 1 Satz 1.

V. Anwendbare Vorschriften und Verfahren

9 Die soeben beschriebenen Grundentscheidungen des Gesetzgebers ergeben sich bereits aus § 29 Abs. 1 Satz 1. Aus Gründen der **Rechtsklarheit** werden die anwendbaren Vorschriften in § 29 Abs. 2 nochmals im Einzelnen genannt.

10 Ist der Unternehmer zur Vornahme einer **vertretbaren** Handlung verurteilt worden, so ergibt sich aus § 29 Abs. 2 Satz 1 Hs. 2, dass § 887 Abs. 1 und 2 ZPO nicht – auch nicht alternativ oder ergänzend – anwendbar sind. Die Zwangsvollstreckung erfolgt in diesem Fall, wie § 29 Abs. 2 Satz 1 Hs. 1 zeigt, nach dem entsprechend anzuwendenden § 888 ZPO. Ausgenommen davon aus lediglich § 888 Abs. 1 Satz 1 ZPO, da dessen Regelungsinhalt bereits in § 29 Abs. 1 Satz 1 enthalten ist.

11 Lautet die Verurteilung auf die Vornahme einer **unvertretbaren** Handlung, so bedarf die Anwendbarkeit von § 888 ZPO keiner besonderen gesetzlichen Anordnung. Lediglich § 888 Abs. 1 Satz 1 ist auszunehmen, da dessen Regelungsgehalt bereits in § 29 Abs. 1 Satz 1 enthalten ist.

12 Die nach § 29 Abs. 1 Satz 1 i.V.m. § 888 ZPO erforderlichen Entscheidungen sind vom Prozessgericht und damit vom für die Abhilfeklage zuständigen **Oberlandesgericht** zu treffen. Für das Verfahren im Einzelnen gelten keine Besonderheiten gegenüber **anderweitigen Vollstreckungsmaßnahmen** nach § 888 ZPO.[8] Erforderlich ist ein entsprechender **Antrag** des Sachwalters, der zu dessen Stellung er **verpflichtet** ist,[9] falls der Unternehmer nicht von sich aus leistet. Über die Anwendung der Zwangsmittel entscheidet das Oberlandesgericht durch Beschluss, gegen den unter den Voraussetzungen des § 574 ZPO die **Rechtsbeschwerde** gegeben ist.[10]

13 Unklar ist, ob dem Gericht hinsichtlich der Anwendung von § 888 Abs. 1 Satz 1 ZPO ein „**Ermessensspielraum**" zusteht[11] oder nicht. Für einen solchen Spielraum könnte die Formulierung in § 29 Abs. 1 Satz 1 sprechen, wonach das Gericht auf Antrag des Sachwalters im Fall einer nicht fristgerechten Erfüllung Zwangsgeld oder Zwangshaft anordnen „kann".

14 Andererseits ist nicht einsichtig, weshalb dem Gericht ein echter Ermessensspielraum zustehen sollte, wenn der Unternehmer seinen Pflichten aus dem Urteil nicht nachgekommen ist und der Sachwalter nach sorgfältiger und **unparteiischer** Prüfung die Verhängung von Zwangsmitteln beantragt. Richtigerweise ist deshalb davon auszugehen, dass dem Gericht wie auch sonst im Vollstreckungsrecht **kein Ermessen** i.e.S. hinsichtlich des „Ob" der Verhängung von Zwangsmaßnahmen zukommt.[12] Da der Unternehmer aber nach § 891 Satz 2 stets **anzuhören** ist, kann das Gericht Besonderheiten des Einzelfalles durch die Verfahrensgestaltung Rechnung tragen.

15 Der Beschluss zur Festsetzung von Zwangsmitteln enthält eine Kostengrundentscheidung und ist zu begründen.[13]

---

7 So wörtlich BT-Drucks. 20/6520 S. 90.
8 Näher Köhler/Bornkamm/Feddersen/*Scherer* § 29 VDuG Rn. 11 f.
9 Zutreffend *Röthemeyer* VDuG § 29 Rn. 4.
10 BT-Drucks. 20/6520 S. 90.
11 So *Röthemeyer* VDuG § 29 Rn. 6.
12 A.A. Skauradszun/*Skauradszun* VDuG § 29 Rn. 25.
13 Skauradszun/*Skauradszun* VDuG § 29 Rn. 28 f.

Kruis

§ 30
Gerichtliche Aufsicht; Zwangsmittel gegen den Sachwalter

(1) Der Sachwalter untersteht der Aufsicht des Gerichts.

(2) ¹Das Gericht kann dem Sachwalter zur Durchführung des Umsetzungsverfahrens Fristen setzen. ²Es kann vom Sachwalter jederzeit Zwischenberichte über den Stand des Umsetzungsverfahrens anfordern, insbesondere Auskunft darüber verlangen,

1. auf welche Art und Weise der Sachwalter die von Verbrauchern zu erbringenden Berechtigungsnachweise prüft und

2. welche von Verbrauchern geltend gemachten Ansprüche der Sachwalter in welcher Höhe bereits erfüllt hat.

³Das Gericht kann dem Sachwalter Fristen zur Übermittlung von Zwischenberichten setzen.

(3) ¹Erfüllt der Sachwalter die ihm nach diesem Gesetz obliegenden Pflichten nicht, so kann das Gericht nach vorheriger Androhung ein Zwangsgeld gegen ihn festsetzen. ²Das einzelne Zwangsgeld darf den Betrag von 25 000 Euro nicht übersteigen. ³Nach vorheriger Androhung kann das Gericht den Sachwalter aus wichtigem Grund entlassen.

Schrifttum
Köhler/Bornkamm/Feddersen/*Scherer* UWG, 42. Aufl. (2024); *Röthemeyer* VDuG Handkommentar, (2024); *Skauradszun* VDuG Kommentar (2024).

Übersicht

I. Regelungsgegenstand und -zweck —— 1

II. Aufsicht durch das Gericht —— 2

III. Fristsetzung zur Durchführung des Umsetzungsverfahrens —— 13

IV. Anforderung von Zwischenberichten —— 16

V. Aufsichtsmaßnahmen bei Pflichtverletzungen des Sachwalters

1. Allgemeine Voraussetzungen —— 22
2. Zwangsgeld —— 24
3. Entlassung des Sachwalters —— 25
4. Sonderfall: Entlassung des Sachwalters auf eigenen Wunsch —— 32

VI. Allgemeine Verfahrensregeln für Aufsichtsmaßnahmen —— 35

I. Regelungsgegenstand und -zweck

Die angemeldeten Verbraucher, aber auch der Unternehmer sind darauf angewiesen, dass der **1** Sachwalter sein Amt **pflichtgemäß** ausübt. Um dieses Ziel zu erreichen und den Sachwalter zu einer ordnungsgemäßen Amtsführung anzuhalten, kennt das Gesetz zwei Ansatzpunkte: Zum einen trifft den Sachwalter nach § 31 eine **Schadensersatzhaftung**, wenn er durch die Verletzung seiner Pflichten dem Unternehmer oder einem angemeldeten Verbraucher einen Schaden zufügt. Zum anderen wird der Sachwalter gemäß § 30 Abs. 1 durch das Prozessgericht der Abhilfeklage **beaufsichtigt**, wobei dem Gericht jedoch nur begrenzte Eingriffsmöglichkeiten zur Verfügung stehen. Die Regelung in § 30 Abs. 1 ist ausweislich der Gesetzesbegründung § 9 Abs. 5 SVertO **nachgebildet**.[1] Ihre Berechtigung findet sie vor allem darin, dass Verbraucher nur in den allerseltens-

---

[1] BT-Drucks. 20/6520 S. 90.

ten Fällen tatsächlich Schadensersatzansprüche gegenüber dem Sachwalter verfolgen dürften und deshalb insoweit die **Steuerungsfunktion** des Haftungsrechts nur eingeschränkt zur Geltung kommt.

II. Aufsicht durch das Gericht

2   Gemäß § 30 Abs. 1 untersteht der Sachwalter der **Aufsicht** des Gerichts. Sie beginnt mit der Annahme des Amtes durch den Sachwalter und endet mit der Erfüllung der letzten ihm obliegenden Pflicht (ggf. auch erst nach Beendigung des Amtes).[2] Welche konkreten Befugnisse sich daraus ableiten lassen, ist streitig.

3   Aus § 30 Abs. 2 ergibt sich zunächst, dass das Gericht dem Sachwalter für die einzelnen Schritte des Umsetzungsverfahrens **Fristen** setzen und zu jeder Frage **Zwischenberichte** anfordern kann. Des Weiteren folgt aus § 30 Abs. 3, dass das Gericht im Fall von Pflichtverletzungen Zwangsgelder gegen den Sachwalter festsetzen und diesen im Extremfall aus wichtigem Grund entlassen kann.

4   Umstritten ist die Frage, ob dem Gericht im Rahmen seiner Aufsicht auch ein **allgemeines Weisungsrecht** gegenüber dem Sachwalter zusteht.[3] Die Annahme eines solchen Weisungsrechts hätte z.B. zur Folge, dass das Gericht den Sachwalter zur Änderung seines Vorgehens zwingen könnte, wenn es dessen bisherige Amtsführung zwar für rechtmäßig, aber **nicht** für **zweckmäßig** hält. Ferner könnte das Gericht dem Sachwalter mangels weiterer gesetzlicher Einschränkungen sogar die Entscheidungen zu **einzelnen Verbraucheransprüchen** vorgeben. Und schließlich läge in der fehlenden Umsetzung von Weisungen eine Pflichtverletzung des Sachwalters, die wiederum zu Maßnahmen nach § 30 Abs. 3 Anlass geben könnten.

5   Tatsächlich gibt es ein solches allgemeines Weisungsrecht nicht, was schon aus dem Wortlaut des Gesetzes folgt, das ein allgemeines Weisungsrecht nirgends erwähnt. Für die Annahme eines Weisungsrechts wird aus diesem Grund auch nicht der **Gesetzeswortlaut**, sondern die **Gesetzesbegründung**[4] angeführt, in der an zwei Stellen tatsächlich von „Weisungen" des Gerichts die Rede ist.[5]

6   Dieses Herangehen überzeugt bereits in **methodischer Hinsicht** nicht. Wird nur in der Gesetzesbegründung auf „Weisungen" Bezug genommen, kennt der Gesetzestext solche dagegen nicht, kommt (selbstverständlich) dem Gesetz **Vorrang** zu. Könnte das Gericht dem Sachwalter verpflichtende Weisungen erteilen, müsste zudem für die Ausführung dieser Weisungen konsequenterweise die Haftung des Sachwalters nach § 31 entfallen, wofür es im Gesetz aber keinen Anhaltspunkt gibt.

7   Des Weiteren sieht das Gesetz keine **Einschränkungen** des (vermeintlichen) Weisungsrechts vor, sodass konsequenterweise das Gericht Weisungen nicht nur zur Sicherung der Rechtmäßigkeit des Umsetzungsverfahrens, sondern auch mit Blick auf die Zweckmäßigkeit einzelner Maßnahmen erteilen dürfte.[6] Das Prozessgericht wäre somit eine Art „Obersachwalter", der sich jederzeit in das Umsetzungsverfahren einschalten könnte. Ferner könnte das Gericht im Ergebnis alleine deshalb gegenüber dem Sachwalter ein Zwangsgeld festsetzen, weil dieser eine Zweckmäßigkeitsfrage im Umsetzungsverfahren anders handhabt als dies vom Gericht für richtig befunden wird. Es gibt allerdings keine Anzeichen dafür, dass der Gesetzgeber dies so vorgesehen haben könnte.[7]

---

2 So richtig Skauradszun/*Skauradszun* VDuG § 30 Rn. 9.

3 Dafür wohl *Röthemeyer* VDuG § 28 Rn. 27 und § 30 Rn. 7, Köhler/Bornkamm/Feddersen/*Scherer* § 30 VDuG Rn. 7 sowie Skauradszun/*Skauradszun* VDuG § 30 Rn. 14.

4 S. BT-Drucks. 20/6520 S. 90.

5 So *Röthemeyer* VDuG § 28 Rn. 27 und § 30 Rn. 7, und Köhler/Bornkamm/Feddersen/*Scherer* § 30 VDuG Rn. 7.

6 Dafür wohl tatsächlich *Röthemeyer* VDuG § 30 Rn. 1, der von einer „Fachaufsicht" des Gerichts ausgeht.

7 Gleiches gilt z.B. auch für die gerichtliche Aufsicht über einen Insolvenzverwalter gemäß § 58 InsO; auch insoweit ist es nicht Sache des Gerichts, eigene Überlegungen über die Zweckmäßigkeit von Verfahrensschritten an die Stelle der Überlegungen des Insolvenzverwalters zu stellen, s. *Graeber* MünchKomm-InsO[4] § 58 Rn. 20.

Richtigerweise ist deshalb davon auszugehen, dass dem Gericht gegenüber dem Sachwalter **kein** 8
allgemeines Weisungsrecht zusteht. Der Sachwalter übt sein Amt vielmehr vollständig eigenverant-
wortlich aus, soweit nicht das Gesetz in § 31 Abs. 2 die in § 31 Abs. 1 begründete Aufsicht des Gerichts
konkretisiert und einzelne Befugnisse des Gerichts gegenüber dem Sachwalter festlegt.

In der Literatur wird des Weiteren vertreten, aufgrund des im Gesetz angelegten „weiten 9
Aufsichtsradius" könne das Gericht auch Hilfestellung bei der **Interpretation der beiden Abhilfeurteile** leisten oder z.B. auf Bitten des Sachwalters oder des Unternehmers für das Umsetzungsverfahren relevante Fragen einer „aufsichtlichen Klärung" zuführen („klärende Aufsichtsausübung").[8] Ein förmliches **Antragsrecht** auf **Auskunftserteilung** und eine **Bescheidungspflicht**
soll es jedoch nicht geben.[9]

Auch diese Ansicht überzeugt nicht. Zum einen ist eine solche Tätigkeit (**Auslegung der eige-** 10
nen Entscheidungen) einem Gericht fremd, zum anderen ist sie mit der gesetzlichen Konzeption
einer **eigenverantwortlichen** Amtsführung des Sachwalters nicht zu vereinbaren. Des Weiteren
fehlen Regeln, wie die anderen Beteiligten, insbesondere der Unternehmer, aber auch der Kläger,
an einer solchen „klärenden Aufsichtsausübung" zu beteiligen wären. Dies wäre insbesondere
dann erforderlich, wenn, wie dies von den Vertretern dieser Ansicht angenommen wird, das
Gericht im Rahmen dieser Aufsichtsform auch dazu Stellung nehmen können soll, wie seine eigenen Entscheidungen (Abhilfegrundurteil und Abhilfeendurteil) auszulegen sind.[10]

Insbesondere vor dem Hintergrund, dass nach der Aussage in der Gesetzesbegründung § 30 11
der Regelung in § 9 Abs. 5 SVertO nachgebildet worden sein soll, ist die Aufsicht i.S.v. § 30 Abs. 1
stattdessen als reine **Rechtsaufsicht** zu verstehen,[11] in deren Rahmen dem Gericht alleine die in
§ 30 Abs. 2 und 3 konkret genannten Befugnisse zustehen. Vorausgesetzt wird dabei lediglich, dass
das Gericht sich jederzeit – auf Antrag eines Beteiligten wie auch von Amts wegen – über den
Ablauf des Umsetzungsverfahrens **informieren** darf.

Verletzt das Gericht seine Aufsichtspflicht, kann dies zu **Schadensersatzansprüchen** nach 12
§ 839 BGB i.V.m. Art 34 GG führen. Das Spruchrichterprivileg findet in diesem Fall keine Anwendung.[12]

III. Fristsetzung zur Durchführung des Umsetzungsverfahrens

Gemäß § 30 Abs. 2 Satz 1 kann das Gericht dem Sachwalter zur Durchführung des Umsetzungsver- 13
fahrens **Fristen** setzen. Nach der Gesetzesbegründung soll das Gericht von dieser Befugnis Gebrauch machen, um eine **zügige Durchführung** des Umsetzungsverfahren zu gewährleisten.[13]
Nach einer in der Literatur vertretenen Ansicht soll sich aus § 30 Abs. 2 Satz 1 dementsprechend
mehr oder weniger die Befugnis des Gerichts ergeben, für das gesamte Umsetzungsverfahren von
Beginn an einen für den Sachwalter verbindlichen **Zeitplan** aufzustellen.[14]

Diese Literaturansicht ist konsequent, wenn man die Aufsicht des Gerichts nach § 30 Abs. 1 14
als „Fachaufsicht" qualifiziert.[15] Allerdings liegt die Frage auf der Hand, warum das Gericht zu
einer **zeitlichen Planung** des Umsetzungsverfahrens besser geeignet sein sollte als der von ihm
ausgewählte Sachwalter. Dies gilt erst recht vor dem Hintergrund, dass die **Richter** des zuständigen Senats eines Oberlandesgerichts **weniger Erfahrung** mit der Erledigung derartigen Aufgaben

---

8 *Röthemeyer* VDuG § 30 Rn. 2 f., 6.
9 *Röthemeyer* VDuG § 30 Rn. 3.
10 Dafür ausdrücklich *Röthemeyer* VDuG § 30 Rn. 2.
11 Wie hier Skauradszun/*Skauradszun* VDuG § 30 Rn. 12.
12 So auch Skauradszun/*Skauradszun* VDuG § 30 Rn. 12, sowie Skauradszun/*Skauradszun* VDuG § 25 Rn. 34 für eine
unberechtigte Entnahme aus dem Umsetzungsfonds.
13 BT-Drucks. 20/6520 S. 90.
14 In diesem Sinn *Röthemeyer* VDuG § 30 Rn. 4 f.
15 So in der Tat *Röthemeyer* VDuG § 30 Rn. 1.

haben dürften als Rechtsanwälte, Wirtschaftsprüfer, Steuerberater oder Insolvenzverwalter, die nach der Vorstellung des Gesetzgebers für das Amt eines Sachwalters besonders geeignet sind.[16] Geht man dagegen der richtigerweise davon aus, dass § 30 Abs. 1 eine reine Rechtmäßigkeitskontrolle statuiert, so kommt eine Fristsetzung nur in Betracht, wenn der Sachwalter das Umsetzungsverfahren gar nicht betreibt oder unvertretbare, auf eine fehlerhafte Amtsführung des Sachwalters zurückzuführende Verzögerungen festzustellen sind. Mit anderen Worten geht es insoweit „nur" um eine „**Untätigkeitsaufsicht**".

15 Entschließt sich das Gericht zu einer Fristsetzung, muss diese **angemessen** sein. Die Länge einer angemessenen Frist wird dabei vor allem von Anzahl und Komplexität der vorzunehmenden Prüfungshandlungen bestimmt, aber auch davon abhängen, wieviel Zeit bereits seit Beginn des Umsetzungsverfahrens verstrichen ist.

IV. Anforderung von Zwischenberichten

16 Nach § 30 Abs. 2 Satz 2 und 3 kann das Gericht auf Antrag wie auch **von Amts wegen** jederzeit vom Sachwalter **Zwischenberichte** über den Stand des Umsetzungsverfahrens anfordern. Dabei kann das Gericht mittels dieser Zwischenberichte insbesondere Auskunft darüber verlangen, auf welche Art und Weise der Sachwalter die von Verbrauchern zu erbringenden **Berechtigungsnachweise** prüft und welche von Verbrauchern geltend gemachten Ansprüche der Sachwalter in welcher Höhe bereits **erfüllt** hat.

17 Dieses Recht zur Anforderung von Zwischenberichten bedeutet zum einen, dass das Gericht jederzeit von sich aus alle **Sachverhaltsumstände ermitteln** darf, die es für zweckdienlich hält, um seine Aufsichtsfunktion wahrnehmen zu können. Zum anderen kann es sich dabei insbesondere des Mittels bedienen, vom Sachwalter **Auskünfte** einzuholen, die dieser dann in Form eines „Zwischenberichts" zu erteilen hat. Es geht also um die für die Ausführung der Aufsicht unerlässliche **Informationsbeschaffung** über Art und Weise der Anspruchsprüfungen und – allgemein – den Fortgang des Umsetzungsverfahrens.[17] Ein Recht auf die Erteilung mündlicher Auskünfte in einem Anhörungstermin ist dagegen hieraus nicht abzuleiten.[18]

18 Die in § 30 Abs. 2 Satz 2 Nr. 1 und 2 genannten Umständen stehen nur **beispielhaft** für Fragen, die im Umsetzungsverfahren von besonderer Bedeutung sind. Tatsächlich ist das Recht zur Anforderung von Zwischenberichten inhaltlich **nicht beschränkt**. Darüber hinaus ist das Gericht aber auch berechtigt, sich aus anderen Quellen Informationen über den Fortgang des Umsetzungsverfahrens zu verschaffen. Neben allgemein zugänglichen Quellen ist vor allem an die Anhörung anderer Beteiligter zu denken wie auch an die **Beiziehung** von Akten gemäß § 273 Abs. 2 Nr. 2 ZPO.

19 Für die **Einreichung** von Zwischenberichten kann das Gericht dem Sachwalter **Fristen** setzten, die selbstverständlich je nach Anfrage angemessen sein müssen. Im Normalfall dürfte eine Frist von zwei bis drei Wochen angemessen sein, da der Sachwalter ohnehin für die Erstellung des Schlussberichts die Informationen vorhalten muss. Erweist sich die Frist als zu kurz, kann sie vom Gericht verlängert werden.

20 Für die Zwischenberichte genügt mangels anderer gesetzlicher Vorgaben die **Textform**.

21 Der Unternehmer kann gemäß § 299 Abs. 1 ZPO beim Oberlandesgericht Einsicht in die Akten des Umsetzungsverfahrens und damit auch in die Zwischenberichte nehmen; gleiches gilt für den Sachwalter. Für den Kläger ergibt sich ein Akteneinsichtsrecht regelmäßig aus § 299 Abs. 2 ZPO.[19]

---

16 Dazu § 23 Rn. 28. Dies sieht auch *Röthemeyer* VDuG § 30 Rn. 5, der deshalb dafür plädiert, das Gericht solle zunächst den Sachwalter ohne Vorgaben tätig werden lassen oder mit diesem Absprachen treffen.
17 BT-Drucks. 20/6520 S. 90.
18 A.A. Skauradszun/*Skauradszun* VDuG § 30 Rn. 19.
19 Ähnlich Skauradszun/*Skauradszun* VDuG § 30 Rn. 8.

Kruis

V. Aufsichtsmaßnahmen bei Pflichtverletzungen des Sachwalters

1. Allgemeine Voraussetzungen

Kommt das Gericht auf der Grundlage der von ihm eingeholten Informationen zu dem Ergebnis, 22 dass der Sachwalter sein Amt nicht pflichtgemäß ausführt, stehen dem Gericht ausschließlich die in § 30 Abs. 3 genannten Maßnahmen – **Zwangsgeld** oder **Entlassung** – zur Verfügung. Die Annahme, dem Gericht stünden auch das Mittel der „Beanstandung" oder eine generelles Weisungsrecht zur Verfügung,[20] ist dagegen nicht richtig, da das Gesetz derartige Maßnahmen seinem klaren Wortlaut nach nicht vorsieht. In der Praxis dürften die Auswirkungen dieser Streitfrage allerdings gering sein, da sowohl die Verhängung von Zwangsgeld wie auch die Entlassung des Sachwalters grundsätzlich eine **Androhung** erfordern, in deren Rahmen das Gericht dem Sachwalter vor allem mitteilen muss, welche Änderungen es hinsichtlich seiner Amtsführung erwartet.

Voraussetzung für Maßnahmen nach § 30 Abs. 3 ist, dass der Sachwalter eine oder mehrere 23 der ihm obliegenden gesetzlichen Pflichten nicht erfüllt. Um welche Pflicht es sich handelt, ist grundsätzlich unerheblich. Nach der Vorstellung des Gesetzgebers dürfte es sich vor allem um die Prüfung der Verbraucheransprüche in angemessener Zeit bzw. auf eine ordnungsgemäße Art und Weise gehen.[21] Von besonderer Bedeutung könnte allerdings auch sein, ob der Sachwalter der Verpflichtung aus § 25 Abs. 2 Satz 1 nachkommt, den Umsetzungsfonds von seinem sonstigen Vermögen zu trennen.

2. Zwangsgeld

Erfüllt der Sachwalter eine ihm obliegende gesetzliche Verpflichtung nicht, so kann das Gericht 24 gemäß § 30 Abs. 3 Satz 1 und 2 zunächst nach vorheriger Androhung ein Zwangsgeld gegen den Sachwalter festsetzen. Die **einzelne Festsetzung** darf dabei einen den Betrag von EUR 25.000,00 nicht übersteigen.[22] Eine mehrfache Festsetzung von Zwangsgeld ist zulässig, wobei für den Gesamtbetrag die Begrenzung auf € 25.000 nicht gilt. Für die Festsetzung und die Vollstreckung gelten im Übrigen die allgemeinen Regeln.[23] Danach kann ein Zwangsgeld insbesondere nur bei **schuldhaftem** Handeln festgesetzt werden.[24] Ferner kann berücksichtigt werden, ob dem Sachwalter aus seiner Pflichtverletzung auch eine Schadensersatzhaftung droht oder er möglicherweise schon Schadensersatz geleistet hat. Die Verhängung eines Zwangsgeldes ist ausgeschlossen, sobald der Sachwalter den vom Gericht beanstandeten Mangel **beseitigt** hat.

3. Entlassung des Sachwalters

Nach § 30 Abs. 3 Satz 3 kann das Gericht den Sachwalter schließlich auch aus **wichtigem Grund** 25 entlassen. Ob ein solcher Grund vorliegt, ist eine Frage des Einzelfalles. Wegen der damit verbundenen schwerwiegenden Konsequenzen, insbesondere der **Verzögerung** des Umsetzungsverfahrens und dem Anfall zusätzlicher **Kosten**, die vom Unternehmer zu tragen sind, kommt eine Entlassung nur als ***ultima ratio*** in Betracht.[25]

---

20 So BT-Drucks. 20/6520 S. 90; näher dazu auch oben Rn. 4 ff.
21 BT-Drucks. 20/6520 S. 91.
22 Der Mindestbetrag liegt bei € 5, vgl. Zöller/*Seibel* § 890 Rn. 18, mit Hinweis auf Art. 6 Abs. 1 Satz 1 EGStGB.
23 Dazu *Röthemeyer* VDuG § 30 Rn. 8; s. auch zur Verhängung eines Zwangsgeldes gegen einen Insolvenzverwalter *Graeber* MünchKomm-InsO⁴ § 58 Rn. 45 ff.
24 Wie hier Köhler/Bornkamm/Feddersen/*Scherer* § 30 VDuG Rn. 9, sowie Skauradszun/*Skauradszun* VDuG § 30 Rn. 25.
25 Wie hier *Röthemeyer* VDuG § 30 Rn. 9.

26   Es geht damit um Fälle, in denen aus in der **Person** des Sachwalters liegenden Gründen eine **ordnungsgemäße** Abwicklung des Umsetzungsverfahrens nicht (mehr) gewährleistet ist.[26] Hierbei kann es sich um schwerwiegende oder wiederholte Pflichtverletzungen des Sachwalters einschließlich einer etwaigen Untätigkeit handeln. In Betracht kommt aber auch, dass sich der Sachwalter nachträglich als völlig ungeeignet[27] erweist, so z.B. wenn Umstände bekannt werden, aus denen seine fehlende Unabhängigkeit hervorgeht. Insofern ist eine **ordnungsgemäße Abwicklung** des Umsetzungsverfahrens nicht mehr gewährleistet, wenn dem Unternehmer oder dem Kläger aufgrund der nachträglich bekanntgewordenen Umstände eine Fortführung des Umsetzungsverfahrens durch den bisherigen Sachwalter nicht mehr zuzumuten ist. Bei der Entscheidung über eine Entlassung des Sachwalters kann in einem solchen Fall auch berücksichtigt werden, ob dieser schuldhaft versäumt hat, auf derartige Umstände vor seiner Bestellung hinzuweisen.

27   Weitere Umstände, die eine Entlassung des Sachwalters rechtfertigen, wie z.B. eine **Erkrankung** des Sachwalters oder die Eröffnung eines **Insolvenzverfahrens** über das Vermögen des Sachwalters, sind ebenfalls denkbar. Insgesamt dürfte die Rechtsprechung zu den wichtigen Gründen für die Entlassung eines Insolvenzverwalters[28] grundsätzlich übertragbar sein. Auch das Fehlen einer ausreichenden Berufshaftpflichtversicherung dürfte regelmäßig ein wichtiger Grund zur Entlassung sein.[29]

28   § 30 Abs. 3 Satz 3 sieht ferner vor, dass eine Entlassung des Sachwalters nur nach einer vorherigen **Androhung** erfolgen darf. Diese Vorgabe ist teleologisch dahingehend zu **reduzieren**, dass eine solche Androhung nur dann erforderlich ist, wenn eine Beseitigung des wichtigen Grundes durch den Sachwalter überhaupt möglich ist.[30] **Keine Androhung** ist deshalb beispielsweise erforderlich, wenn der Sachwalter geschäftsunfähig geworden ist oder sich herausstellt, dass der Sachwalter entgegen § 25 Abs. 2 Satz 1 die Mittel des Umsetzungsfonds vorsätzlich mit seinem eigenen Vermögen vermischt hat. Zwar könnte die vom Gesetz geforderte Vermögenstrennung u.U. auch noch nachträglich hergestellt werden. Auch dies würde an dem eingetretenen **Vertrauensverlust** in die Person des Sachwalters und der daraus folgenden Notwendigkeit seiner Entlassung nichts mehr ändern.

29   Der Beschluss über die Entlassung des Sachwalters ist nach § 44 Nr. 14 **bekannt** zu machen.

30   Wird der Sachwalter vorzeitig entlassen, treffen ihn dieselben Pflichten wie in anderen Fällen der Beendigung seines Amtes. So hat er nach § 33 eine **Schlussrechnung** und nach § 34 einen **Schlussbericht** vorzulegen. Ferner muss er nach § 23 Abs. 3 Satz 2 seine **Ernennungsurkunde** zurückgeben und, je nach Anordnung des Gerichts, nach § 37 Satz 1 analog die noch vorhandenen Mittel des Umsetzungsfonds an den Unternehmer oder den neuen Sachwalter **herausgeben**. Nach § 37 Satz 2 analog wird dieser Anspruch mit der **Bekanntmachung** gemäß § 44 Nr. 14 **fällig**.

31   Umgekehrt stehen auch dem nach § 30 Abs. 3 Satz 3 entlassenen Sachwalter grundsätzlich Ansprüche auf **Vergütung** und **Auslagenersatz** gemäß § 32 zu. Ist mit dem wichtigen Grund, der zur vorzeitigen Entlassung des Sachwalters geführt hat, zugleich eine Pflichtverletzung des Sachwalters verbunden, können diese Ansprüche des Sachwalters jedoch auch entfallen oder vermindert sein, wenn und soweit sich seine bisherige „Leistung" aufgrund seiner Pflichtverletzung als „wertlos" erweist. Weiter können wegen der durch die Bestellung eines neuen Sachverständigen anfallenden zusätzlichen Kosten **Schadensersatzansprüche** i.S.v. § 31 gegen den bisherigen Sachwalter bestehen.

---

26 BT-Drucks. 20/6520 S. 91.

27 Zu diesem Kriterium s. § 23 Rn. 27 ff., 32 ff., 35 ff.

28 Siehe dazu *Graeber* MünchKomm-InsO[4] § 59 Rn. 11 ff.

29 Skauradszun/*Skauradszun* VDuG § 30 Rn. 30.

30 Weitergehend noch Skauradszun/*Skauradszun* VDuG § 30 Rn. 32, wonach eine Androhung auch entbehrlich sein soll, wenn der Sachwalter schon angekündigt hat, sein Verhalten nicht ändern zu wollen (zweifelhaft).

4. Sonderfall: Entlassung des Sachwalters auf eigenen Wunsch

Denkbar ist, dass der Sachwalter selbst seine Entlassung beantragt, z.B. weil er erkennt, dass er **32** den Anforderungen des Umsetzungsverfahrens nicht gewachsen ist. Eine eigene gesetzliche Regelung hat diese Konstellation nicht erfahren. Vor diesem Hintergrund wird teilweise angenommen, dass einem Antrag des Sachwalters auf Entlassung stets zu entsprechen sei.[31]

Dies dürfte aber nicht richtig sein: Wer ein Amt wie das des Sachwalters übernimmt, muss **33** dieses auch ordnungsgemäß zu Ende führen, was insbesondere vor dem Hintergrund gilt, dass jeder Wechsel in der Person des Sachwalters zusätzliche Kosten und zeitliche Verzögerungen mit sich bringt. Ein **„Kündigungsrecht"** des Sachwalters hat der Gesetzgeber nicht vorgesehen, weshalb es auch keinen Automatismus geben kann, wonach ein entsprechender Antrag stets zu einer Entlassung führen müsste. Auch im Fall eines Antrags durch den Sachwalter auf Entlassung ist also ein wichtiger Grund erforderlich, dessen Vorliegen das Gericht zu prüfen hat.[32]

Dabei liegt es auf der Hand, dass man der (nachträglichen) **Selbsteinschätzung** des Sachwal- **34** ters, zu einer ordnungsgemäßen Durchführung des Umsetzungsverfahrens nicht in der Lage zu sein, erhebliches Gewicht beimessen kann, ohne dass diese Selbsteinschätzung *per se* ausschlaggebend sein müsste. Kein wichtiger Grund für eine Entlassung liegt dagegen vor, wenn sich z.B. das Umsetzungsverfahren als aufwendiger als erwartet darstellt, die **wirtschaftlichen Erwartungen** des Sachwalters sich deshalb nicht erfüllen und er aus diesem Grund seine Entlassung beantragt.

VI. Allgemeine Verfahrensregeln für Aufsichtsmaßnahmen

Zuständig für die Aufsicht über den Sachwalter ist nach § 22 Abs. 1 das **Prozessgericht** der Abhil- **35** feklage, das im Rahmen von § 30 **von Amts wegen** tätig wird, wobei die anderen Beteiligten entsprechende Maßnahmen auch anregen können.

Voraussetzung aller Maßnahmen nach § 30 Abs. 2 und 3 ist eine ordnungsgemäße **Sachver-** **36** **haltsermittlung** durch das Gericht, wozu vor allem die vom Sachwalter einzuholenden **Zwischenberichte** zählen. Wie das Gericht den Sachverhalt ermittelt, liegt allerdings in seinem pflichtgemäßen **Ermessen**. Eine ordnungsgemäße Sachverhaltsermittlung ohne **Einbeziehung** des Sachwalters dürfte allerdings ohnehin ausgeschlossen sein, weshalb eine förmliche Anhörungspflicht vor jeder Entscheidung des Gerichts im Rahmen von § 30 nicht vorgesehen werden musste. Auch die Setzung von **Fristen**, die allerdings angemessen sein müssen, ist vor diesem Hintergrund ohne vorherige förmliche Anhörung des Sachwalters zulässig. Je nach den Umständen des Einzelfalles kann zum Zweck der Sachverhaltsaufklärung auch die Anhörung anderer Beteiligter (z.B. des Unternehmers oder Klägers) oder Dritter oder die Einholung von Auskünften gemäß § 273 Abs. 2 Nr. 2 ZPO geboten sein.

Weitergehende Pflichten des Gerichts bestehen, wenn ein **Zwangsgeld** verhängt oder der **37** Sachwalter **entlassen** werden soll. In diesem Fall ist dem Sachwalter nicht nur hinsichtlich der Sachverhaltsaufklärung, sondern auch hinsichtlich der in Aussicht genommenen Maßnahme **rechtliches Gehör** zu gewähren. Dies ergibt sich bereits aus rechtsstaatlichen Anforderungen, im Übrigen aus der in der Gesetzesbegründung[33] genannten Vorbildregelung § 9 Abs. 5 SVertO. Vor einer Entlassung des Sachwalters ist zwingend auch der **Unternehmer** zu hören, da diese Maßnahme zusätzliche Kosten für ihn mit sich bringt.[34] Mündliche Verhandlungen sind zulässig, aber entbehrlich, § 22 Abs. 2.

---

31 Dafür Köhler/Bornkamm/Feddersen/*Scherer* § 30 VDuG Rn. 4.

32 Wie hier Skauradszun/*Skauradszun* VDuG § 30 Rn. 33. Gleiches gilt für die Entlassung eines Insolvenzverwalters auf eigenen Wunsch, s. *Graeber* MünchKomm-InsO[4] § 59 Rn. 11 ff.; a.A. zu § 30 Abs. 3 Köhler/Bornkamm/Feddersen/ *Scherer* § 30 VDuG Rn. 4, 13.

33 BT-Drucks. 20/6520 S. 90.

34 A.A. *Röthemeyer* VDuG § 30 Rn. 13.

38   Hinsichtlich der im Rahmen der Aufsicht zu treffenden Entscheidungen hat jeweils gemäß § 122 Abs. 1 GVG der **gesamte Senat** zu entscheiden, da eine Übertragung auf den Einzelrichter gesetzlich nicht vorgesehen ist (*argumentum e contrario* § 28 Abs. 4 Satz 3).[35]

39   Beschlüsse über die Festsetzung eines Zwangsgeldes oder die Entlassung des Sachwalters sind dem Sachwalter und im Fall der Entlassung auch dem Unternehmer gemäß § 329 Abs. 2 Satz 2 ZPO **zuzustellen**, da mit der Zustellung die Frist des § 575 Abs. 1 Satz 1 ZPO beginnt.

40   Gegen Beschlüsse über die Festsetzung von Zwangsgeld oder die Entlassung des Sachwalters ist das Rechtsmittel der **Rechtsbeschwerde** gemäß § 574 ZPO gegeben.[36] Hinsichtlich der Beschlüsse zur Einholung von Zwischenberichten und Fristsetzungen ist **keine Anfechtungsmöglichkeit** gegeben, da diese in die **Rechtssphäre** des Sachwalters nicht in relevanter Weise eingreifen. Wird die Verhängung von Zwangsgeld oder die Abberufung des Sachwalters im Rahmen einer Rechtsbeschwerde überprüft, erstreckt sich die Überprüfung auch auf die Rechtmäßigkeit einer vorangegangenen Fristsetzung, sofern die Versäumung der Frist zur Begründung der weiteren Maßnahme herangezogen wird.

---

35 A.A. *Röthemeyer* VDuG § 30 Rn. 12.
36 BT-Drucks. 20/6520 S. 91.

Kruis

§ 31
Haftung des Sachwalters

[1]Verletzt der Sachwalter schuldhaft ihm nach diesem Gesetz obliegende Pflichten, so ist er zum Schadensersatz verpflichtet, und zwar
1. dem Unternehmer, wenn die verletzte Pflicht den Schutz des Unternehmers bezweckt, und
2. dem Verbraucher, wenn die verletzte Pflicht den Schutz des Verbrauchers bezweckt.
[2]Der Sachwalter hat für die Sorgfalt eines ordentlichen und gewissenhaften Sachwalters einzustehen.

Schrifttum

Anders/Gehle/*Schmidt* ZPO, Beilage VDuG (2023); *Heerma* Das geplante Verbraucherrechtedurchsetzungsgesetz: Abhilfeurteile und deren Umsetzung nach dem VDuG, ZZP 2024, 425; Köhler/Bornkamm/Feddersen/*Scherer* UWG, 42. Aufl. (2024); *Röthemeyer* VDuG Handkommentar (2024); *Skauradszun* VDuG Kommentar (2024).

Übersicht

I. Grundlagen der Haftung	IV. Mitverschulden —— 42
1. Spezialgesetzliche Haftung nach § 31 Satz 1 —— 1	
2. Haftung nach allgemeinen Vorschriften —— 9	V. Darlegungs- und Beweislast —— 43
	VI. Verjährung —— 44
II. Identifizierung des Schutzzwecks und wertungsmäßige Zuweisung von Schadensersatzansprüchen	VII. Weitere Folgen des Schadensersatzanspruchs —— 45
1. Grundsatz —— 11	
2. Einzelne Pflichten —— 30	
III. Verschulden —— 39	

I. Grundlagen der Haftung

1. Spezialgesetzliche Haftung nach § 31 Satz 1

In § 31 hat der Gesetzgeber eine **spezialgesetzliche** Norm zur **Haftung** des Sachwalters geschaffen. Ausgangspunkt ist, dass dem Sachwalter, wie es der Gesetzgeber in § 31 Satz 1 formuliert, nach dem VDuG zahlreiche Pflichten „obliegen". Erfüllt der Sachwalter diese nicht, kann er vom Gericht zum einen durch **Zwangsgeld** zur Erfüllung angehalten werden (§ 30 Abs. 3 Satz 1). Zum anderen kommt als *ultima ratio* eine **Entlassung** aus dem Amt in Betracht (§ 30 Abs. 3 Satz 3). § 31 adressiert eine weitere mögliche Rechtsfolge, die darin besteht, dass sich der Sachwalter im Fall einer schuldhaften Pflichtverletzung **schadensersatzpflichtig** macht. Ausweislich der Gesetzesbegründung soll sich § 31 an die Regelung über die Haftung des Insolvenzverwalters in § 60 Abs. 1 InsO anlehnen,[1] wobei als Vorbildregelung auch der mit § 60 Abs. 1 InsO weitestgehend übereinstimmende § 9 Abs. 4 SVertO in Betracht käme. **1**

Der Verweis in der Gesetzesbegründung auf § 60 Abs. 1 InsO greift allerdings zu kurz. Zwar ergibt sich aus § 31 Satz 1 wie auch aus § 60 Abs. 1 InsO bzw. § 9 Abs. 4 SVertO eine spezialgesetzliche Anspruchsgrundlage für Schadensersatzansprüche gegen den Sachwalter. § 60 Abs. 1 InsO und **2**

---

1 BT-Drucks. 20/6520 S. 91. Als Vorbildregelung kommt ferner § 9 Abs. 4 SVertO in Betracht.

https://doi.org/10.1515/9783110660180-033

§ 9 Abs. 4 SVertO sehen eine solche Schadensersatzpflicht allerdings gegenüber – so wörtlich – „allen Beteiligten" vor, während § 31 ausweislich von Satz 1 Nr. 1 und Nr. 2 **ausschließlich** die Fälle adressiert, in denen der Sachwalter entweder eine dem Schutz des **Unternehmers** oder eine dem Schutz des **Verbrauchers** dienende Pflicht verletzt hat. Weitere Konstellationen, in denen den Sachwalter eine Schadensersatzpflicht treffen könnte, weil er gegenüber anderen Beteiligten (z.B. dem Kläger), dem Gericht oder außenstehenden Dritten eine Pflichtverletzung begangen hat, werden vom Wortlaut des Gesetzes nicht erfasst.

3   Sofern man nicht annimmt, dass sich der Regelungsgehalt von § 31 Satz 1 Nr. 1 und Nr. 2 in der **deklaratorischen** Feststellung erschöpft, dass Schadensersatz nur in den Grenzen des Schutzzwecks der verletzten Norm verlangt werden kann – dies versteht sich von selbst und hätte keiner ausdrücklichen gesetzlichen Feststellung bedurft –, ist § 31 Satz 1 somit so auszulegen, dass der Sachwalter wegen der Verletzung von Pflichten aus dem VDuG nur dann in Anspruch genommen werden kann, wenn die verletzte Pflicht dem Schutz des Unternehmers oder der Verbraucher diente. Die Annahme **weiterer Pflichten** aus dem VDuG insbesondere gegenüber Gericht, Fiskus oder dem Kläger des Abhilfeverfahrens ist damit zwar nicht ausgeschlossen, jedoch kann die Verletzung einer solchen Pflicht nicht auf der Grundlage von § 31, sondern nur nach **allgemeinen Regeln** zu einem Schadensersatzanspruch führen.

4   Eine Rechtfertigung dieser **Begrenzung** der spezialgesetzlichen Anspruchsgrundlage in § 31 mag man darin sehen, dass es sich bei den Pflichten des Sachwalters gegenüber dem Unternehmer bzw. den Verbrauchern nach Ansicht des Gesetzgebers offensichtlich um die **wesentlichen Pflichten** („Kardinalpflichten") des Sachwalters handelt. Hinzu kommt, dass auf diese Weise das Haftungsrisiko für den Sachwalter leichter **kalkulierbar** und vor allem **versicherbar** wird.

5   Steht somit die Frage nach einer Haftung des Sachwalters nach § 31 im Raum, ist zunächst zu prüfen, ob der Sachwalter eine ihm nach dem VDuG **obliegende Pflicht** verletzt hat. Ist eine Pflichtverletzung zu bejahen, stellt sich die Frage, ob die verletzte Pflicht den Schutz des Unternehmers oder der Verbraucher bezweckt, wobei insoweit nur die Verbraucher von Bedeutung sind, die die Voraussetzungen des § 26 für eine **Teilnahme** am Umsetzungsverfahren erfüllen.[2] Ist dies zu verneinen, scheidet eine Haftung zumindest nach § 31 aus. In den anderen Fällen ist sorgfältig zu prüfen, welche Pflichten dem Schutz des Unternehmers und welche dem Schutz der Verbraucher dienen, da das Gesetz dies nicht ausdrücklich regelt. Nicht ausgeschlossen ist auch, dass einzelne Pflichten dem Schutz **beider** dienen, was zu schwierigen Anschlussfragen führen kann.[3]

6   Ist geklärt, wessen Schutz die verletzte Pflicht gedient hat, sind vor der Bejahung eines Schadensersatzanspruchs gegen den Sachwalter noch dessen **Verschulden**,[4] die haftungsbegründende und haftungsausfüllende **Kausalität** sowie ein eventuelles **Mitverschulden**[5] zu prüfen.

7   § 31 ist anwendbar, sobald die Bestellung zum Sachwalter **wirksam** geworden ist. Liegt das vorwerfbare Verhalten des Sachwalters darin, vor der Bestellung zum Sachwalter unzutreffende Auskünfte zu seinen Qualifikationen oder möglichen Verhinderungsgründen gegeben zu haben, kann eine Haftung z.B. für daraus entstehende Zusatzkosten **nicht** auf § 31 gestützt werden. Die Haftung endet nicht mit der Beendigung des Amtes, soweit die haftungsbegründende Pflichtverletzung vor der Beendigung des Amtes erfolgt ist oder, wie z.B. in § 37, den Sachwalter nach der Beendigung des Amtes noch **nachwirkende Amtspflichten** treffen.

8   Nach der Konzeption des Gesetzes ist schließlich ausgeschlossen, dass der Kläger auf der Basis von § 31 Abs. 1 einen allen Verbrauchern entstandenen „kollektiven Gesamtschaden" in „gesetzlicher Prozessstandschaft" geltend macht.[6] Es fehlt insoweit nicht nur an einer § 92 InsO vergleichbaren Ermächtigungsgrundlage. Es fehlt auch jede Regelung dazu, wie Schadensersatzleistungen an die Verbraucher weiterzugeben wären und wie sich ein solches Vorgehen zu einer

---

2 Wie hier *Röthemeyer* VDuG § 31 Rn. 1.

3 Hierzu ausführlich unten Rn. 13 ff.

4 Rn. 39 ff.

5 Rn. 42.

6 A.A. Skauradszun/*Paulus* VDuG § 31 Rn. 1, 20, der für die analoge Anwendung von § 92 InsO plädiert.

individuellen Rechtsverfolgung durch einzelne Verbraucher verhalten würde. Möglich wäre allerdings eine neue, nun gegen den Sachwalter gerichtete Abhilfeklage, zu der sich die Verbraucher aber wiederum anmelden müssten.

2. Haftung nach allgemeinen Vorschriften

Die Beschränkung der spezialgesetzlichen Haftung in § 31 auf die Verletzung von Schutzvorschrif- 9 ten zugunsten des Unternehmers und der Verbraucher schließt – selbstverständlich – eine Haftung des Sachwalters nach den allgemeinen Vorschriften, insbesondere nach den §§ 823, 826 BGB nicht aus, ohne dass insoweit eine Beschränkung auf bestimmte Anspruchsberechtigte bestünde. Sind die Voraussetzungen erfüllt, können sich zudem auch der Unternehmer und die Verbraucher auf die allgemeinen Vorschriften stützen. Des Weiteren kommt eine vertragliche Haftung gegenüber den Dritten in Betracht, mit denen der Sachwalter zur Erfüllung seiner Aufgaben Verträge abgeschlossen hat. Eine Haftung nach § 280 BGB gegenüber Unternehmern oder Verbrauchern ist dagegen durch die vorrangige Regelung in § 31 ausgeschlossen.[7]

Von besonderer Bedeutung ist die Frage, ob den Sachwalter eine Schadensersatzpflicht treffen 10 kann, wenn er vor seiner Bestellung bestimmte Umstände nicht mitgeteilt hat, bei deren Kenntnis seine Bestellung unterblieben wäre. Eine Haftung nach § 31 scheidet aus, da diese Norm erst ab der Bestellung zum Sachwalter Anwendung findet. Allerdings kommt eine Schadensersatzpflicht nach § 311 Abs. 2 Nr. 3 i.V.m. § 280 BGB in Betracht.

II. Identifizierung des Schutzzwecks und wertungsmäßige Zuweisung von Schadensersatzansprüchen

1. Grundsatz

Den Regelungen zum Umsetzungsverfahren lassen sich eine Vielzahl von Pflichten des Sachwal- 11 ters entnehmen, bei denen jeweils im Einzelnen zu prüfen ist, wem gegenüber sie bestehen, d.h. wessen **Schutz** sie i.S.v. § 31 Satz 1 bezwecken.[8] In manchen Fällen wird dies keine Probleme aufwerfen, wenn sich eindeutig feststellen lässt, dass durch eine bestimmte Pflicht ausschließlich der Unternehmer oder ausschließlich die angemeldeten Verbraucher geschützt werden sollen.

In vielen Fällen wird sich die Frage, wer durch eine Pflicht des Sachwalters geschützt werden 12 soll, allerdings nicht so klar in der einen oder anderen Weise beantworten lassen, zumal die Prüfung dieser Frage in einem engen Zusammenhang mit der **Zuweisung** der mit der Durchführung des Umsetzungsverfahrens und der Einschaltung des Sachwalters verbundenen **Risiken** steht. Sie ist zudem auch mit der Frage verbunden, unter welchen Voraussetzungen sich der Unternehmer darauf berufen kann, seine Verpflichtungen aus **Abhilfegrund-** bzw. **Abhilfeendurteil** erfüllt zu haben. Beispielhaft lassen sich die damit verbundenen Fragen an den „Kardinalpflichten" des Sachwalters illustrieren, die ihm ausgehändigten Mittel – kollektiver Gesamtbetrag und vorläufig festgesetzter Kostenbetrag – ordnungsgemäß zu halten, zu verwalten, nach den Vorgaben des Abhilfegrundurteils an die Verbraucher auszuzahlen und einen ggf. verbleibenden Restbetrag an den Unternehmer herauszugeben.

Beispielsfall: Der Unternehmer U ist durch Abhilfegrundurteil verurteilt worden, an die angemeldeten Verbraucher V eine nach bestimmten Kriterien zu bestimmende Zahlung zu leisten. Im Rahmen des Umsetzungsverfahrens wird S zum Sachwalter ernannt. U zahlt den vom Gericht im Abhilfegrundurteil festgesetzten kollektiven Gesamtbetrag i.H.v. € 2.000.000 und den vorläufig festgesetzten Kostenbetrag auf das von S als „Umsetzungsfonds"

---

7 Skauradszun/*Paulus* VDuG § 31 Rn. 1, 8.
8 Ausführlich dazu Köhler/Bornkamm/Feddersen/*Scherer* § 31 VDuG Rn. 4 ff.

eingerichtete Bankkonto. Da S unerkannt einer Verschwörungstheorie anhängt und Banken misstraut, behält er die Mittel anschließend nicht auf diesem Konto, sondern lässt sie sich auszahlen und verwahrt das Bargeld in seinem Büro. Dort wird es von Einbrechern gestohlen. S wird daraufhin aus wichtigem Grund entlassen und durch einen neuen Sachwalter ersetzt.

13 Für die eben geschilderte Konstellation versteht sich von selbst, dass S seine Pflichten zur **ordnungsgemäßen Verwaltung** des Umsetzungsfonds gemäß § 25 Abs. 2 verletzt hat und deshalb zum Schadensersatz verpflichtet ist. Der Umstand, dass S aus seinem Amt entlassen wurde, steht der Annahme eines Schadensersatzanspruchs nicht entgegen. Aber wem steht dieser Anspruch in welchem Umfang zu und lässt sich dies aus dem „**Schutzzweck**" der verletzten Pflicht ableiten?

14 Erster möglicher Anspruchsberechtigter ist U, dem ein Schaden entstanden sein könnte, wenn der Verlust der Gelder aufgrund der Pflichtverletzung des S dazu führt, dass er die identischen Beträge ein **zweites Mal**, nun an den neuen Sachwalter, zahlen muss. Eine solche Pflicht ist allerdings zu verneinen, da U seine Verpflichtungen aus den beiden Abhilfeurteilen bereits erfüllt hat und der Kläger nach der Erfüllung den **Titel** herauszugeben hat. Dafür, dass durch ein nachfolgendes Fehlverhalten die Zahlungspflichten aus Abhilfegrundurteil und Abhilfeendurteil nochmals aufleben könnten, enthält das Gesetz keine Anhaltspunkte. Unter diesem Gesichtspunkt ist dem U also kein Schaden entstanden.

15 Etwas anderes ergibt sich auch nicht aus § 21, wonach eine **nachträgliche Erhöhung** des kollektiven Gesamtbetrages möglich ist. Ein Vorgehen nach § 21 scheidet im obigen Beispielsfall aus, weil das Umsetzungsverfahren nicht daran leidet, dass die an S bezahlten Mittel von Anfang an betragsmäßig unzulänglich gewesen wären. Vielmehr wurden die vorhandenen ausreichenden Mittel von S nicht zur Zahlung an die Verbraucher verwendet.

16 Als weiterer Gesichtspunkt für einen in der Person des U entstandenen Schadens könnte angeführt werden, dass bei einem Ausfall der Zahlungen durch S die angemeldeten Verbraucher dazu übergehen könnten, ihre Ansprüche gemäß § 39 Alt. 2 in **Individualverfahren** gegen U geltend zu machen. Insofern besteht kein Zweifel daran, dass U ein Schaden entsteht, wenn er aufgrund eines Individualverfahrens eine Zahlung an einen Verbraucher leisten muss, die er nicht hätte leisten müssen, wenn der Verbraucher bereits eine Zahlung von S erhalten hätte. Aufgrund dieser Überlegung steht zumindest fest, dass die Pflichten aus § 25 Abs. 2 und 3 **auch** dem Schutz des U dienen. Allerdings ist nicht ausgeschlossen, dass viele Verbraucher wegen des damit verbundenen Aufwands von der Einleitung von **Individualverfahren** ansehen, was die Annahme eines Schadens wiederum in Frage stellen würde.

17 Schließlich lässt sich als letzter Ansatz für einen Schadensersatzanspruch des U anführen, dass U möglicherweise nach einer ordnungsgemäßen Durchführung des Umsetzungsverfahrens von S gemäß § 37 Satz 1 eine **teilweise Rückzahlung** des kollektiven Gesamtbetrages oder der vorläufig festgesetzten Kosten erhalten hätte. Ob dies zutrifft, wäre in einem Schadensersatzprozess zu klären. Allerdings bestätigt auch dieser Umstand, dass bei einem Verstoß gegen § 25 Abs. 2 jedenfalls im Grundsatz ein Schadensersatzanspruch des U gegen S gegeben sein muss und § 25 Abs. 2 folglich zumindest auch dem Schutz des U dient.

18 Des Weiteren kommt in Betracht, dass den **angemeldeten Verbrauchern** Schadensersatzansprüche gegen S zustehen. Denn die Annahme liegt nahe, dass die in § 25 Abs. 2 statuierte Pflicht zur ordnungsgemäßen Verwaltung des Umsetzungsfonds auch die Verbraucher davor schützen soll, dass die Mittel verloren gehen und deshalb nicht an sie ausgezahlt werden können.

19 Gegen einen solchen Schadensersatzanspruch der Verbraucher lässt sich allerdings möglicherweise einwenden, dass im Beispielsfall die Verbraucher gemäß § 39 gegen U vorgehen und sich dabei auf die Feststellungen des Prozessgerichts aus dem Abhilfegrundurteil stützen können, wie sich aus § 11 Abs. 3 Satz 1 ergibt.[9] Die Verbraucher könnten vor diesem Hintergrund nicht **schutzbedürftig** sein, was zu dem Ergebnis führen könnte, dass ihnen kein Schadensersatzanspruch gegen S wegen einer unsachgemäßen Verwaltung der Gelder zusteht.

---

9 *Heerma* ZZP 2024, 425, 443.

Gegen diese Schlussfolgerung ließe sich nicht einwenden, dass die Durchführung von Indivi- 20
dualverfahren i.S.v. § 39 gegen U für die Verbraucher oft **unverhältnismäßig aufwendig** sein
dürfte. Denn würde man die Verbraucher nicht auf ein Individualverfahren i.S.v. § 39 verweisen,
sondern ihnen einen Schadensersatzanspruch gegen S zugestehen, so müssten sie diesen ebenfalls
individuell und wahrscheinlich mit noch größerem Aufwand gegen S durchsetzen, da sie nicht
nur vollumfänglich die eigene Berechtigung, sondern auch die Pflichtverletzung des S nachweisen
müssten. Gegen einen eigenen Schadensersatzanspruch der einzelnen Verbraucher dürfte ferner
sprechen, dass aus dem Gesetz nicht zu entnehmen ist, wie sich die Ansprüche des U einerseits
und der Verbraucher andererseits zueinander verhalten. Vieles spricht also dafür, allein U einen
Schadensersatzanspruch gegen S zuzugestehen, Schadensersatzansprüche der Verbraucher gegen
S dagegen zu verneinen.

Dieses Ergebnis ist allerdings nur überzeugend, solange U noch **zahlungsfähig** ist, wie die 21
folgende Abwandlung des Beispielsfalles zeigt:

> Nach Zahlung des kollektiven Gesamtbetrages und des vorläufig festgesetzten Kostenbetrages durch U an S
> werden die Gelder wie oben geschildert gestohlen. Kurz darauf führen neu eingetretene Umstände zur Über-
> schuldung des U mit der Folge der Eröffnung eines Insolvenzverfahrens über sein Vermögen. In dem sich an-
> schließenden Insolvenzverfahren ist für alle Gläubiger nur eine sehr geringe Quote zu erwarten.

In einer derartigen Konstellation[10] kann man **wertungsmäßig** zu anderen Ergebnissen kommen: 22
Geht man davon aus, dass an der Stelle von U nun der Insolvenzverwalter Schadensersatz von S
verlangen könnte, würde eine Leistung von S an die **Insolvenzmasse** erfolgen und dort allen
Insolvenzgläubigern zugutekommen. Zwar wäre es den Verbrauchern nach wie vor unbenommen,
gemäß § 39 ihre Ansprüche individuell zu verfolgen und diese nun im Insolvenzverfahren geltend
zu machen. Allerdings würden sie bei diesem Vorgehen mit einem großen Teil ihrer Ansprüche
ausfallen. Stünde ihnen dagegen ein Schadensersatzanspruch gegen S zu, könnten größere Ausfäl-
le zu vermeiden sein, sofern S seinerseits leistungsfähig ist. Dies könnte deutlich für die Annahme
sprechen, dass durch die Pflicht zur **ordnungsgemäßen Verwaltung** des Kollektivbetrages gemäß
§ 25 Abs. 2 auch die Verbraucher geschützt werden sollen. Allerdings bestünde wiederum das
Risiko, dass wegen des damit verbundenen Aufwands S nur von einem kleinen Teil der Verbraucher tatsächlich in Anspruch genommen wird und in der Folge ein nicht unerheblicher Teil des
von S geschuldeten Schadensersatzes weder den Verbrauchern noch der Insolvenzmasse zugutekommt.

Die vorstehend skizzierten Fragen lassen sich nach hier vertretener Ansicht nicht alleine mit 23
der Frage nach dem **jeweiligen Schutzzweck** der Pflichten des Sachwalters zufriedenstellend
lösen. Richtig erscheint dagegen eine wertende Beurteilung, die vor allem auch die Funktionswei-
se des Umsetzungsverfahren einbezieht. Dies führt zu den nachfolgend dargestellten Lösungen:

Ergibt sich schon aus der **konkreten Pflicht**, die der Sachwalter verletzt hat, dass sie nur 24
dem Schutz des Unternehmers oder nur dem Schutz der Verbraucher dienen kann, richtet sich
hiernach auch das Bestehen eines Schadensersatzanspruchs. So dient z.B. die Pflicht des Sachwalters, nach Abschluss seiner Tätigkeit eine Schlussrechnung einzureichen (§ 33) oder noch vorhandene Mittel an den Unternehmer auszukehren (§ 37), alleine dem Schutz des Unternehmers.

Dient die verletzte Pflicht dagegen sowohl dem Unternehmer als auch den Verbrauchern, ist 25
wie folgt zu differenzieren:

Wird durch die Pflichtverletzung des Sachwalters (wie im Beispielsfall) die **Funktionsfähig-** 26
keit des Umsetzungsverfahrens als solches ganz oder teilweise in Frage gestellt, also ohne dass
sich die Folgen der Pflichtverletzung erst aufgrund individueller Umstände im Verhältnis zu einzelnen Verbrauchern konkretisieren, steht der Schadensersatzanspruch immer und alleine dem
Unternehmer zu. Der Anspruch gegen den Sachwalter ist dabei gemäß § 249 Abs. 1 BGB auf
Naturalrestitution gerichtet. Der Unternehmer kann also im obigen Beispielsfall keine Schadenser-

---

10 Spezifisch insolvenzrechtliche Gesichtspunkte sollen hier außer Betracht bleiben, dazu näher § 38.

satzzahlung an sich verlangen, sondern eine **Wiederauffüllung** des (vom neuen Sachwalter einge-richteten) Umsetzungsfonds, sodass im Anschluss das Umsetzungsverfahren durchgeführt werden kann. Ersatzfähig ist auch jeder zusätzliche Aufwand (z.B. für die Anspruchsverfolgung), der auf-grund der Pflichtverletzung des Sachwalters anfällt.

27   Schadensersatzansprüche der **Verbraucher** gegen den Sachwalter sind in dieser Konstellation dagegen ungeachtet des Umstandes ausgeschlossen, dass die Verpflichtung aus § 25 Abs. 2 auch ihrem Schutz dienen mag. Den Verbrauchern verbleibt die Möglichkeit, nach einer Beendigung des Umsetzungsverfahrens gemäß § 39 **individuell** gegen den Unternehmer vorzugehen. Da der Unternehmer ein erhebliches Interesse daran haben muss, derartige **Individualklagen** zu vermei-den und einen ggf. nach Beendigung des Umsetzungsverfahrens verbleibenden Restbetrag erstat-tet zu bekommen, ist davon auszugehen, dass er den auf Naturalrestitution gerichteten **Schadens-ersatzanspruch** gegen den Sachwalter geltend machen wird. Diese Lösung „passt" des Weiteren auch für die obige Abwandlung des Beispielsfalles, dass nach dem Verlust des Geldes ein **Insol-venzverfahren** über das Vermögen des Unternehmers eröffnet wird. In diesem Fall muss der Insolvenzverwalter den Anspruch auf Naturalrestitution geltend machen, um zu verhindern, dass die Ansprüche der Verbraucher als zusätzliche Forderungen im Insolvenzverfahren angemeldet werden.

28   Konkretisiert sich die Pflichtverletzung dagegen auf das Rechtsverhältnis des Unternehmers zu einem bestimmten Verbraucher, so steht der Schadensersatzanspruch – das Vorliegen der wei-teren Voraussetzungen einmal unterstellt – **entweder** dem **Unternehmer oder** dem **konkret betroffenen Verbraucher** zu. Entscheidend ist, zu wessen Lasten sich die Pflichtverletzung ausge-wirkt hat. Nach der Vorstellung des Gesetzgebers sollten diesbezüglich vor allem Fälle in Betracht kommen, in denen der Sachwalter schuldhaft pflichtwidrig einen Anspruch bejaht oder abgelehnt hat[11] und der Geschädigte den Nachteil auch nicht durch eine Individualklage nach § 39 oder § 40 kompensieren kann.

29   Ob derartige Fälle nach Einführung der im Gesetzentwurf zunächst nicht vorgesehenen **ge-richtlichen Überprüfung** nach § 28 Abs. 4 noch von Bedeutung sind, mag zweifelhaft sein,[12] auch wenn derartige Ansprüche in Ausnahmefällen durchaus noch als **denkbar** erscheinen.[13] Ist jedoch in einer solchen Konstellation ein Schadensersatzanspruch zu bejahen, so ist der **Berechtigte** so zu stellen, wie wenn der Sachwalter richtig entschieden hätte. Dabei kommen die §§ 249 ff. BGB zu Anwendung, sodass aus der Abwicklung des Schadensersatzanspruchs im Ergebnis **keine Be-reicherung** des Unternehmers oder des Verbrauchers resultieren darf. Ersatzfähig sind grundsätz-lich auch erhöhte **Aufwendungen** des Unternehmers oder Verbrauchers, die durch den Fehler des Sachwalters verursacht worden sind.

2. Einzelne Pflichten

30   Folgende Pflichten des Sachwalters dienen **ausschließlich dem Schutz des Unternehmers** und können dementsprechend im Fall einer Verletzung nur Schadensersatzansprüche des Unterneh-mers auslösen:

31   § 23 Abs. 3 Satz 2 (Pflicht zur Rückgabe der Ernennungsurkunde), § 25 Abs. 3 Satz 2 (Beschrän-kung der Entnahmen aus dem Umsetzungsfonds),[14] § 27 Nr. 6 (Zurückweisung von Berechtigungs-

---

[11] BT-Drucks. 20/6520 S. 91.

[12] Skeptisch auch Anders/Gehle/*Schmidt* § 31 Rn. 1.

[13] Ein solcher Schadensersatzanspruch eines Verbrauchers gegen den Sachwalter könnte z.B. dann bestehen, wenn aufgrund eines Verschuldens des Sachwalters ein nach dem Abhilfegrundurteil erforderlicher Originalbeleg beim Sachwalter verlorengeht und deshalb die Berechtigung im Umsetzungsverfahren nicht nachgewiesen werden kann.

[14] A.A. Skauradszun/*Skauradszun* VDuG § 25 Rn. 33, wonach § 25 Abs. 3 Satz 2 dem Schutz der Verbraucher dienen soll.

nachweisen und Erklärungen des Verbrauchers),[15] § 27 Nr. 11 (Ablehnung von Ansprüchen), § 33 (ordnungsgemäße Erstellung einer Schlussrechnung), § 34 (ordnungsgemäße Erstellung eines Schlussberichts),[16] § 37 (Herausgabe nicht abgerufener Beträge); schließlich trifft den Sachwalter die Verpflichtung gegenüber dem die Kosten tragenden Unternehmer, das Umsetzungsverfahren effizient und kostenschonend umzusetzen.[17] Hat der Sachwalter mit dem Unternehmer eine **Umsetzungsvereinbarung**[18] abgeschlossen, durch die seine Aufgaben in zulässiger Weise ausgestaltet werden, muss der Sachwalter auch diese einhalten.[19]

Folgende Pflichten des Sachwalters dienen **ausschließlich dem Schutz der Verbraucher** und 32 können dementsprechend im Fall einer Verletzung nur Schadensersatzansprüche eines Verbrauchers auslösen:

§ 25 Abs. 3 Satz 1 (Zahlung auf berechtigte Ansprüche), § 27 Nr. 10 (Durchsetzung von berech- 33 tigten anderen Ansprüchen auf andere Leistungen).

Die weiteren hier genannten Pflichten des Sachwalters dienen **sowohl** dem Schutz der **Ver-** 34 **braucher** wie **auch** dem Schutz des **Unternehmers**. Da ihre Verletzung jedoch die Funktionsfähigkeit des Umsetzungsverfahrens als solches ganz oder teilweise in Frage stellt, kann wegen einer Verletzung nur der **Unternehmer** einen Schadensersatzanspruch geltend machen:

§ 25 Abs. 1 Satz 1 und Abs. 2 (Einrichtung und ordnungsgemäße Verwaltung des Umsetzungs- 35 fonds), § 27 Nr. 1 (Nachweis von Zahlungseingängen), § 27 Nr. 7 (Aufstellung eines Zahlungsplanes), § 27 Nr. 8 (Information beider Parteien über die Unzulänglichkeit des kollektiven Gesamtbetrages).

Zuletzt dienen die hier abschließend genannten Pflichten des Sachwalters sowohl dem Schutz 36 der Verbraucher wie auch dem Schutz des Unternehmers. Schadensersatzansprüche stehen dem **Unternehmer oder** dem konkret betroffenen **Verbraucher** zu. Entscheidend ist, zu wessen Nachteil sich die Pflichtverletzung des Sachwalters **ausgewirkt** hat:

§ 27 Nr. 2 (Einholung eines Auszugs aus dem Verbandsklageregister),[20] § 27 Nr. 3 bis 5 (ord- 37 nungsgemäße Anspruchsprüfung),[21] § 27 Nr. 9 (Erfüllung berechtigter Ansprüche und gleichmäßige Verteilung bei Unzulänglichkeit des kollektiven Gesamtbetrages), § 28 Abs. 3 (ordnungsgemäße Verbescheidung eines Widerspruchs),

Die folgenden Pflichten dienen schließlich weder spezifisch dem Schutz des Unternehmers 38 noch dem Schutz der Verbraucher. Ihre Verletzung kann daher jedenfalls **keine** Schadensersatzpflicht nach § 31 auslösen: § 30 Abs. 2 (Beachtung vom Gericht gesetzter Fristen und Erteilung von Auskünften in Form von Zwischenberichten).

III. Verschulden

Ein Anspruch auf Schadensersatz entsteht nur, wenn der Sachwalter seine Pflichten **schuldhaft** 39 verletzt hat. Nach § 31 Satz 2 hat der Sachwalter dabei für die Sorgfalt eines **ordentlichen und gewissenhaften Sachwalters** einzustehen, womit der Gesetzgeber sprachlich und wohl auch inhaltlich an § 60 Abs. 1 Satz 2 InsO bzw. § 93 Abs. 1 Satz 1 AktG anknüpft. Der Sachwalter haftet damit für **Vorsatz** und jede Form von **Fahrlässigkeit**,[22] maßgeblich ist ein **objektiver Maßstab**.[23] Der Sachwalter muss deshalb über die professionellen Kenntnisse und Fähigkeiten verfügen und

---

15 A.A. Köhler/Bornkamm/Feddersen/*Scherer* § 31 VDuG Rn. 10.

16 A.A. Köhler/Bornkamm/Feddersen/*Scherer* § 31 VDuG Rn. 18.

17 *Heerma* ZZP 2024, 425, 444.

18 Dazu Vor §§ 22 ff. Rn. 20 ff.

19 Für die Anwendung von § 280 Abs. 1 BGB in diesem Fall Skauradszun/*Paulus* VDuG § 31 Rn. 15.

20 Ebenso Köhler/Bornkamm/Feddersen/*Scherer* § 31 VDuG Rn. 8.

21 Teilweise anders Köhler/Bornkamm/Feddersen/*Scherer* § 31 VDuG Rn. 9 f.

22 *Röthemeyer* VDuG § 31 Rn. 2.

23 Anders/Gehle/*Schmidt* § 31 Rn. 4.

diese auch einsetzen, die für die Ausübung seines Amtes erforderlich sind.[24] Hinsichtlich der genauen Ausgestaltung ist im Einzelfall zu entscheiden. Zu beachten ist auch etwaiges **Sonderwissen** des Sachwalters, von dessen Vorhandensein im Einzelfall ausgegangen werden kann, da der Gesetzeber vor allem ganz bestimmte Berufe als für die Übernahme des Amtes als Sachwalter geeignet angesehen hat (z.B. Wirtschaftsprüfer oder Rechtsanwälte). Verfügt der Sachwalter im Einzelfall nicht über die erforderlichen eigenen Kenntnisse, muss er sich **sachkundigen Rat** einholen.

40   Hinsichtlich der Frage, welche Sorgfaltsanforderungen im Übrigen an den Sachwalter zu stellen sind, wird von einer Stimme in der Literatur vertreten, dass **keine zu strengen Maßstäbe** angelegt werden dürften.[25] Diese Ansicht, die offensichtlich eine Parallele zur Haftung des Insolvenzverwalters zu ziehen versucht, dürfte aber nicht richtig sein. Während ein Insolvenzverwalter die Leitung eines **Unternehmens** in Schwierigkeiten übernimmt und nicht selten relativ schnell auf an sich unzureichender Informationsbasis (unternehmerische) Entscheidungen von erheblicher Tragweite treffen muss,[26] übernimmt der Sachwalter eine relativ gut überschaubare und klar definierte Aufgabe, für deren Abwicklung sich zudem klare Vorgaben aus dem Abhilfegrundurteil ergeben. Für eine Einschränkung des Haftungsmaßstabs gibt es damit keinen Grund.

41   Im Rahmen der Verschuldensprüfung findet auch § 278 BGB Anwendung,[27] da das Bestehen einer Sonderverbindung nicht ernstlich zweifelhaft sein kann.

IV. Mitverschulden

42 Dass **Mitverschulden** des Anspruchsinhabers zur Beschränkung und im Extremfall zum Ausschluss eines Schadensersatzanspruchs führen kann, ergibt sich bereits aus § 254 BGB. Für die Tätigkeit des Sachwalters kommt hinzu, dass dieser ein **Amt** ausübt und gegen seine Entscheidungen in der besonderen Form des § 28 Abs. 4 **gerichtlicher Rechtsschutz** beantragt werden kann. Aus diesem Grund erscheint es richtig, einen Schadensersatzanspruch in analoger Anwendung von § 839 Abs. 3 BGB auszuschließen, wenn **versäumt** wurde, eine gerichtliche Entscheidung nach § 28 Abs. 4 zu beantragen, sofern durch dieses Verfahren eine **Abwendung** des Schadens möglich gewesen wäre.[28] Hierfür spricht auch, dass die nachgelagerten Individualverfahren ebenfalls gemäß § 39 bzw. § 40 Abs. 1 zu keinem Erfolg führen können, wenn der Verbraucher bzw. der Unternehmer es versäumt haben, eine mögliche gerichtliche Überprüfung nach § 28 Abs. 4 zu beantragen. Wenn dieses **Versäumnis** dazu führt, dass in den Individualverfahren nach §§ 39, 40 eine Korrektur des Ergebnisses des Umsetzungsverfahrens ausgeschlossen ist, muss dies in gleicher Weise für Schadensersatzansprüche gegen den Sachwalter gelten.[29]

V. Darlegungs- und Beweislast

43 Hinsichtlich der Darlegungs- und Beweislast gelten die allgemeinen Regeln. Unklar ist allerdings, wen die Darlegungs- und Beweislast für ein schuldhaftes Handeln des Sachwalters trifft. Von einer Ansicht wird aus dem Fehlen einer § 280 Abs. 1 Satz 2 BGB entsprechenden Regelung der Schluss gezogen, dass der Anspruchsteller auch das Verschulden des Sachwalters darlegen und beweisen muss und ihm allenfalls Erleichterungen durch eine sekundäre Darlegungslast des Sachwalters

---

24 Köhler/Bornkamm/Feddersen/*Scherer* § 31 VDuG Rn. 4.
25 So *Röthemeyer* VDuG § 31 Rn. 2.
26 S. zu den Unterschieden zwischen Insolvenzverwalter und Sachwalter auch Vor §§ 22 ff. Rn. 13.
27 *Röthemeyer* VDuG § 31 Rn. 2, sowie näher Köhler/Bornkamm/Feddersen/*Scherer* § 31 VDuG Rn. 5.
28 Im Ergebnis übereinstimmend, aber mit anderer Begründung Köhler/Bornkamm/Feddersen/*Scherer* § 31 VDuG Rn. 21, sowie Zöller/*Vollkommer*, § 31 VDuG Rn. 1.
29 I.E. ebenso mit anderer Begründung Skauradszun/*Paulus* VDuG § 31 Rn. 24.

oder die Regeln des Anscheinsbeweises zugutekommen können.[30] Diese Ansicht kann den Gesetzeswortlaut für sich in Anspruch nehmen, das Ergebnis erschein aber – gerade für Verbraucher im Verhältnis zu dem wegen seiner Sachkunde ausgewählten Sachwalter – sehr zweifelhaft, zumal nichts dafür spricht, dass der Gesetzgeber die Problematik erkannt haben dürfte. Eine analoge Anwendung von § 280 Abs. 1 Satz 2 BGB ist durchaus begründbar.

VI. Verjährung

Zur Verjährung der Ansprüche nach § 31 enthält das Gesetz keine Regelung. Folgt man der **44** Angabe in der Gesetzesbegründung, dass sich § 31 an § 60 InsO anlehnt,[31] so spricht dies dafür, für die Frage der Verjährung § 62 Satz 1 und 2 InsO analog anzuwenden. Die Verjährung eines Anspruchs gemäß § 31 auf Ersatz des Schadens, der durch eine schuldhafte Pflichtverletzung des Sachwalters entstanden ist, richtet sich dementsprechend nach den Regelungen über die **regelmäßige Verjährung** in den §§ 195, 199 BGB. Der Anspruch verjährt jedoch spätestens in drei Jahren nach der rechtskräftigen Feststellung gemäß § 36 bzgl. der **Beendigung** des Umsetzungsverfahrens (§ 62 Satz 2 InsO analog).

VII. Weitere Folgen des Schadensersatzanspruchs

Besteht ein Schadensersatzanspruch des Unternehmers gegen den Sachwalter, so kann er mit **45** diesem gegen den Anspruch des Sachwalters auf Vergütung und Auslagenersatz **aufrechnen**.[32] Die weitergehende Ansicht, davon unabhängig könne sich eine zu einem Schadensersatz führende Pflichtverletzung negativ auf die vom Gericht festzusetzende Vergütung des Sachwalters auswirken, ist dagegen nicht richtig, da auf diesem Wege der beim Unternehmer eingetretene Schaden **überkompensiert** würde,[33] was dem deutschen Schadensersatzrecht fremd ist.

---

30 Skauradszun/*Paulus* VDuG § 31 Rn. 21.
31 BT-Drucks. 20/6520 S. 91.
32 Zu Einzelheiten s. § 36 Rn. 13 f.
33 *Röthemeyer* VDuG § 31 Rn. 3.

§ 32
Ansprüche des Sachwalters

(1) Der Sachwalter hat Anspruch auf
1. die Erstattung der Auslagen, die er zur ordnungsgemäßen Erfüllung seiner Aufgaben begründet,
2. eine angemessene Vergütung für seine Geschäftsführung und
3. einen Vorschuss auf seine Auslagen und seine Vergütung, soweit dies zur Erfüllung seiner Aufgaben notwendig ist.
(2) Auf Antrag des Sachwalters setzt das Gericht die Höhe der Auslagen, der Vergütung und des Vorschusses fest.

Schrifttum

Anders/Gehle/*Schmidt* ZPO, Beilage VDuG (2023); *Dahl/Linnenbrink* Die Position des Sachwalters im Umsetzungsverfahren der neuen Verbandsabhilfeklage nach VDuG, NZI 2024, 33; *Heerma* Das geplante Verbraucherrechtedurchsetzungsgesetz: Abhilfeurteile und deren Umsetzung nach dem VDuG, ZZP 2024, 425; Köhler/Bornkamm/Feddersen/*Scherer* UWG, 42. Aufl. (2024); *Röthemeyer* VDuG Handkommentar (2024); *Skauradszun* VDuG Kommentar (2024).

Übersicht

I. Regelungsgegenstand —— 1

II. Auslagen
1. Erstattungsfähige Auslagen —— 5
2. Abgrenzung Auslagen – Vergütung —— 8
3. Verfahrensfragen —— 14

III. Vergütung
1. Unzureichende gesetzliche Vorgaben —— 19
2. Vergütung als Gegenstand von Umsetzungsvereinbarungen —— 20

3. Festsetzung der Vergütung bei Fehlen einer Umsetzungsvereinbarung
a) Verfahren —— 22
b) Maßstab
aa) Gesetzesbegründung —— 26
bb) Stellungnahmen in der Literatur —— 28
cc) Eigene Ansicht —— 30

IV. Vorschüsse —— 37

I. Regelungsgegenstand

1   § 32 Abs. 1 spricht zunächst die Selbstverständlichkeit aus, dass dem Sachwalter für seine Tätigkeit eine **Vergütung** zusteht und er den Ersatz von notwendigen **Aufwendungen** verlangen kann. Auch ohne diese Regelung hätte sich aus den allgemeinen gesetzlichen Vorschriften nichts anderes ergeben (arg. e. § 632 Abs. 1 und 2, § 675 Abs. 1, § 670 BGB). Aus § 20 Abs. 1 folgt wiederum, dass es sich bei der Vergütung und der Erstattung der Auslagen um die „Kosten" des Umsetzungsverfahrens handelt, die, wie sich aus § 20 Abs. 2 ergibt, vom Unternehmer zu tragen sind.

2   Dies alles **konkretisiert** § 32 Abs. 1 zum einen dahingehend, dass Auslagen nur dann zu erstatten sind, wenn sie zur „**ordnungsgemäßen Erfüllung**" der Aufgaben im Umsetzungsverfahren „**begründet**" wurden (Nr. 1), und die Vergütung „**angemessen**" zu sein hat (Nr. 2), ohne dass der Gesetzgeber aber nähere Vorgaben zur Angemessenheit machen würde.

3   § 32 Abs. 1 Nr. 3 bestimmt schließlich, dass dem Sachwalter ein Anspruch auf einen **Vorschuss** auf Auslagenersatz und Vergütung zusteht, allerdings nur, soweit dies zur **Erfüllung** seiner Aufgaben erforderlich ist. Voraussetzung ist ferner, dass der vom Unternehmer nach § 18 Abs. 1 Nr. 2, § 24 Nr. 1 eingezahlte vorläufige Kostenbetrag noch nicht aufgebraucht ist, wie sich aus § 25 Abs. 3 Satz 3 ergibt.

Auf Antrag des Sachwalters setzt das Gericht nach § 32 Abs. 2 die Höhe der Auslagen, der **4** Vergütung und des Vorschusses fest. In Abhängigkeit davon, auf welche der drei Alternativen (Auslagen, Vergütung, Vorschuss) sich die Festsetzung bezieht, richten sich Bindungswirkung und Voraussetzungen des Beschlusses. Endgültige betragsmäßige Festsetzungen kann das Gericht erst im Beschluss zur Beendigung des Umsetzungsverfahrens nach § 36 Abs. 1 vornehmen.

II. Auslagen

1. Erstattungsfähige Auslagen

Nach § 32 Abs. 1 Nr. 1 kann der Sachwalter die Erstattung der Auslagen verlangen, die er zur **5** **ordnungsgemäßen Erfüllung** seiner Aufgaben „begründet" hat. Der sprachlich etwas misslungene Verweis auf die „Begründung" von Auslagen dürfte darauf zurückzuführen sein, dass sowohl bereits getätigte Auslagen (z.B. Portokosten) als auch gegenüber Dritten **begründete Verbindlichkeiten** erfasst werden sollen.[1]

Zu der Frage, welche Auslagen erstattungsfähig sind, enthält das Gesetz lediglich die Voraus- **6** setzung, dass diese zur „ordnungsgemäßen Erfüllung" der Aufgaben des Sachwalters **„erforderlich"** sein müssen. Ausgeschlossen sind damit (selbstverständlich) zum einen Aufwendungen, die einem **anderen Zweck** und nicht der Durchführung des Umsetzungsverfahrens dienen.[2] Aber auch Aufwendungen, die zwar der Durchführung des Umsetzungsverfahrens dienen, können nicht „erforderlich" sein, wenn auf anderem Wege eine ebenso ordnungsgemäße, aber **kostengünstigere** Erledigung der Aufgaben möglich gewesen wäre. Das Erfordernis der „Erforderlichkeit" schützt also auch das Interesse des Unternehmers an einer **kostensparenden** Durchführung des Umsetzungsverfahrens.[3] Maßgeblich ist dabei eine *ex ante*-Beurteilung.

Zu beachten ist, dass zusätzlich zur Erforderlichkeit **nicht** auch noch in einem weiteren **7** Schritt die **„Angemessenheit"** der Auslagen zu prüfen ist. Die Erstattung kann also nicht mit dem Argument versagt werden, die Höhe der Auslagen stehe in einem Missverhältnis zur **wirtschaftlichen Bedeutung** des kollektiven Gesamtbetrages, sofern keine billigeren Alternativen zur ordnungsgemäßen Durchführung des Umsetzungsverfahrens zur Verfügung standen. In einer solchen Konstellation bietet es sich an, dass Unternehmer und Sachwalter eine **Umsetzungsvereinbarung**[4] treffen, die – ohne Beeinträchtigung der Rechte der angemeldeten Verbraucher – den Anfall unverhältnismäßiger Kosten vermeidet, wo immer dies möglich ist.

2. Abgrenzung Auslagen – Vergütung

Schwieriger als die Frage der Erforderlichkeit dürfte allerdings die vom Gesetzgeber nicht gelöst **8** Frage sein, welche Kosten überhaupt als „Auslagen" i.S.v. § 32 Abs. 1 Nr. 1 in Betracht kommen und welcher beim Sachwalter anfallende **Aufwand** als durch die Vergütung **abgedeckt** angesehen werden muss.

Unproblematisch als Auslagen qualifizieren solche Leistungen, die auch in anderen Zusam- **9** menhängen **typischerweise** als Auslagen angesehen werden, wobei es sich meist um Leistungen handelt, die der Sachwalter innerhalb seiner eigenen Organisation nicht erbringen oder vorhalten kann oder die über das zu erwartende Maß hinausgehen. Einen guten Anhaltspunkt dürften die Regelungen zu den ersatzfähigen Auslagen eines **Rechtsanwalts** bieten. Ersatzfähig sind daher

---

1 BT-Drucks. 20/6520 S. 91.
2 BT-Drucks. 20/6520 S. 91.
3 BT-Drucks. 20/6520 S. 91.
4 Dazu Vor §§ 22 ff. Rn. 20 ff.

z.B. Kosten für Post und Telekommunikation, Reisekosten[5] einschließlich Abwesenheitsgelder, Kontogebühren für die gemäß § 25 Abs. 1 Satz 1 eigens zur Errichtung des Umsetzungsfonds eröffneten Konten oder erstattungsfähige Kopierkosten bis zur Grenze von Nr. 7000 RVG-VV.

10   **Erstattungsfähig** sind ferner die Kosten, die dem Sachwalter durch den Abschluss einer gesonderten, vom Gericht gemäß § 23 Abs. 2 Satz 3 geforderten **Haftpflichtversicherung** entstehen.[6] Beantragt ein Verbraucher oder der Unternehmer eine gerichtliche Entscheidung, darf sich der Sachwalter auch eines **anwaltlichen Vertreters** bedienen, dessen Kosten als Auslagen im Sinne des Gesetzes erstattungsfähig sind. Allerdings muss der Sachwalter in diesem Fall auch einen ihm ggf. gegen den Verbraucher zustehenden **Kostenerstattungsanspruch**[7] einziehen, durch den im Ergebnis die zu erstattenden Auslagen gemindert werden. Im Übrigen sind Rechtsanwaltskosten nur im Ausnahmefall erstattungsfähig. Insbesondere muss der Sachwalter in der Lage sein, die ihm übertragenen Prüfungen der Berechtigungsnachweise **ohne** anwaltliche Hilfe vorzunehmen.

11   Nicht erstattungsfähig und damit auch keine Auslagen im Sinn von § 32 Abs. 1 Nr. 1 sind dagegen – in Anlehnung an § 4 Abs. 1 Satz 1 und 2 InsVV – die Aufwendungen für eine sachliche und persönliche **Büroorganisation**, die man von einem Sachwalter mit Blick auf das konkrete Umsetzungsverfahren erwarten darf. Dies gilt z.B. für Mieten für die erforderlichen Büroräume und für die Kosten für deren übliche Ausstattung (Büromöbel, Computer, etc.). Gleiches ist z.B. für eine übliche Berufshaftpflichtversicherung anzunehmen, die der Sachwalter zuvor bereits im eigenen Interesse abgeschlossen hat oder die Voraussetzung ist, um zu einem Beruf zugelassen zu werden.

12   **Nicht** zu erstatten sind ferner Kosten für **Software** und **EDV-Ausstattung**, wenn deren Vorhandensein zu erwarten ist.[8] Angesichts dessen, dass von einem Sachwalter erwartet werden darf, über die sachlichen und persönlichen Voraussetzungen für die Prüfung auch einer **sehr großen Zahl** von im Wesentlichen **gleichgelagerten** Ansprüchen zu verfügen, dürften Kosten für Softwarelizenzen oder die Erstellung von Softwarelösungen nur im Ausnahmefall erstattungsfähig sein. Ist es zweckmäßig, für die Einreichung der Berechtigungsnachweise ein auf den individuellen Sachverhalt **zugeschnittenes** Online-Portal einzurichten und zu betreiben, können die Kosten dafür im Einzelfall als ersatzfähige Auslagen anerkannt werden.[9]

13   Nicht unter den Begriff der Auslagen fallen ferner alle Kosten im Zusammenhang mit **Arbeitsleistungen**, die sich auf den **Kernbereich** der vom Sachwalter wahrzunehmenden Aufgaben, insbesondere also die **Prüfung** der von den angemeldeten Verbrauchern behaupteten Ansprüche, beziehen. Für die eigene Arbeitsleistung des Sachwalters versteht sich dies von selbst. Aber auch mit Blick auf die von Angestellten oder freien Mitarbeitern erbrachten Arbeitsleistungen gilt, dass diese durch die an den Verwalter bezahlte Vergütung abgegolten werden, da das Gesetz vom Grundsatz der **Selbsterledigung** ausgeht[10] und es anderenfalls für den Gesamtbetrag der Kosten einen Unterschied bedeuten könnte, ob der Sachwalter die notwendigen Arbeiten in eigener Person vornimmt oder auf Dritte auslagert. Für eine solche unterschiedliche Behandlung gibt es aber keinen rechtfertigenden Grund.[11] Die erforderliche Gleichbehandlung fordert vielmehr, dass Arbeitsleistungen einheitlich durch die Vergütung i.S.v. § 32 Abs. 1 Nr. 2 abgegolten werden.

---

5 Köhler/Bornkamm/Feddersen/*Scherer* § 32 VDuG Rn. 2.

6 Wie hier Köhler/Bornkamm/Feddersen/*Scherer* § 32 VDuG Rn. 9; *Heerma* VDuG, ZZP 2024, 425, 449.

7 Siehe § 28 Rn. 55 ff.

8 Maßstab hierfür sollte die übliche Ausstattung von Insolvenzverwaltern sein, vgl. *Dahl/Linnenbrink* NZI 2024, 33, 35.

9 Dafür zumindest die Gesetzesbegründung, BT-Drucks. 20/6520 S. 83.

10 Köhler/Bornkamm/Feddersen/*Scherer* § 32 VDuG Rn. 3.

11 A.A. (ohne Begründung) wohl Köhler/Bornkamm/Feddersen/*Scherer* § 32 VDuG Rn. 4, sowie Skauradszun/*Wagner* VDuG § 32 Rn. 7.

3. Verfahrensfragen

In der Gesetzesbegründung wird angenommen, der Sachwalter könne das Gericht um **Prüfung** 14 ersuchen, falls er unsicher ist, ob die Kosten für eine konkret geplante Maßnahme als Auslagen erstattungsfähig wären.[12] Dies dürfte aber nicht richtig sein:

Hält der Sachwalter es für möglich, das Umsetzungsverfahren auch ohne die geplante Maß- 15 nahme **ordnungsgemäß** durchzuführen, fehlt es aus der *ex ante*-Sicht des Sachwalters an der notwendigen „**Erforderlichkeit**" der damit verbundenen Auslagen. Eine Anfrage an das Gericht erübrigt sich also. Geht der Sachwalter dagegen davon aus, dass die geplante Maßnahme **unverzichtbar** ist, kann ihm eine Aussage des Gerichts nicht weiterhelfen, da er selbst im Fall einer ablehnenden Stellungnahme die aus seiner Sicht unverzichtbaren Auslagen tätigen müsste, denn anderenfalls könnte er das Umsetzungsverfahren nicht fortsetzen. Für eine derartige Anfrage fehlt dem Sachwalter also unter allen denkbaren Gesichtspunkten das erforderliche „Rechtsschutzinteresse". Die Ansicht, die „Erforderlichkeit" von Auslagen könne vorab verbindlich mit einer Anfrage bei Gericht geklärt werden, trifft also nicht zu. Dies verwundert auch nicht, da es **keinerlei Anhaltspunkte** dafür gibt, dass das Gericht (d.h. ein OLG-Senat) besser als der Sachwalter (z.B. ein erfahrener Insolvenzverwalter oder Wirtschaftsprüfer) dazu geeignet sein könnte, *ex ante* zu beurteilen, welche tatsächlichen Maßnahmen bzw. damit verbundenen Auslagen für die Durchführung eines Umsetzungsverfahrens erforderlich sind.

Hinsichtlich der Geltendmachung von Auslagen kann der Sachwalter entscheiden, ob er diese 16 erst im Rahmen der **Schlussrechnung** in Ansatz bringt mit der Folge, dass das Gericht hierüber im Rahmen seines Beschlusses nach § 36 Abs. 1 zu entscheiden hat, oder ob er bereits während des **laufenden Umsetzungsverfahrens** eine Erstattung der bereits definitiv angefallenen Auslagen gemäß § 32 Abs. 2 Alt. 1 beantragt. Stellt er einen Antrag nach der zuletzt genannten Vorschrift und sind die Voraussetzung für erstattungsfähige Auslagen erfüllt, muss das Gericht dem Sachwalter die **Entnahme** der entsprechenden Beträge aus dem Umsetzungsfonds gestatten,[13] da eine Kreditgewährung nicht zur Aufgabenbeschreibung des Sachwalters gehört. Im Rahmen des später zu fassenden Beschlusses nach § 36 Abs. 1 ist das Gericht an diese vorweggenommene Teilerstattung **gebunden**.

Ausgeschlossen ist eine Erstattung während des laufenden Umsetzungsverfahrens erst dann, 17 wenn der vorläufig festgesetzte Kostenbetrag **aufgebraucht** ist. Eine Entnahme aus dem kollektiven Gesamtbetrag ist unzulässig.

Vor Erlass eines Beschlusses i.S.v. § 32 Abs. 2 Alt. 1 ist dem Unternehmer **rechtliches Gehör** 18 zu gewähren.[14] Eine mündliche Verhandlung ist nach § 22 Abs. 2 nicht erforderlich. Statthaftes Rechtsmittel gegen den Beschluss ist die Rechtsbeschwerde i.S.v. § 574 ZPO, die dem Sachwalter wie dem Unternehmer zur Verfügung steht.[15]

III. Vergütung

1. Unzureichende gesetzliche Vorgaben

Aus § 32 Abs. 1 Nr. 2 folgt, dass der Sachwalter Anspruch auf eine „**angemessene**" Vergütung hat. 19 Nähere **Angaben**, wie diese angemessene Vergütung zu ermitteln ist, oder gar eine Bezifferung findet man in der gesetzlichen Regelung, die sich nach Aussagen in der Gesetzesbegründung an

---

12 BT-Drucks. 20/6520 S. 91; dem folgend Köhler/Bornkamm/Feddersen/*Scherer* § 32 VDuG Rn. 15, *Dahl*/*Linnenbrink* NZI 2024, 33, 36, und Skauradszun/*Wagner* VDuG § 32 Rn. 8.
13 BT-Drucks. 20/6520 S. 92.
14 So implizit BT-Drucks. 20/6520 S. 92.
15 Anders/Gehle/*Schmidt* § 32 Rn. 4.

§ 9 Abs. 6 SVertO anlehnt,[16] nicht. Stattdessen ist der Gesetzesbegründung zu entnehmen, dass grundsätzlich unterschiedliche **Vergütungsformen** (z.B. Pauschalbeträge oder Zeithonorar)[17] zulässig sein sollen, deren konkrete Angemessenheit dann wiederum anhand aller Umstände des **Einzelfalles** (z.B. Qualifikation des Sachwalters, Komplexität des Umsetzungsverfahrens, Haftungsrisiko des Sachwalters, Höhe des zu verteilenden kollektiven Gesamtbetrags, vom Sachwalter insgesamt aufzuwendende Arbeitszeit[18] etc.) zu bestimmen sein soll. Statt selbst konkrete Vergütungsmodelle festzulegen, wollte der Gesetzgeber abwarten, welche Grundsätze zur Angemessenheit der Vergütung die **Rechtsprechung** herausbilden wird.[19] Angesichts der Bedeutung der Vergütung sowohl für den Sachwalter, der das Amt und das verbundene Haftungsrisiko übernehmen soll, also auch für den Unternehmer, der die Kosten zu tragen hat, handelt es sich um eine **ungehörige Arbeitsverweigerung** des Gesetzgebers.[20]

2. Vergütung als Gegenstand von Umsetzungsvereinbarungen

20 Das unterlassene Tätigwerden des Gesetzgebers hat sowohl für den Sachwalter als auch für den Unternehmer eine **erhebliche Unsicherheit** zur Folge. Zwar kann der Sachwalter nach seiner Bestellung gemäß § 32 Abs. 2 die Festsetzung seiner Vergütung beantragen und insoweit eine Klärung herbeiführen. Allerdings hat er zu diesem Zeitpunkt das Amt bereits übernommen. Für den Unternehmer besteht dagegen die unangenehme Konstellation, ggf. bis zum Ende des Umsetzungsverfahrens im Unklaren über die Höhe der anfallenden Vergütung zu bleiben.

21 Vor diesem Hintergrund kann es für den Unternehmer ratsam sein, mit dem Sachwalter eine **Umsetzungsvereinbarung** zu schließen, in der die **Vergütung** und – soweit möglich – der **Auslagenersatz** geregelt werden. Derartige Vereinbarungen, an denen der Kläger nicht beteiligt werden muss,[21] werden durch die gesetzlichen Regelungen nicht ausgeschlossen[22] und binden das Gericht,[23] sofern durch die vereinbarten Vergütungsbestandteile keine Anreize gesetzt werden, im Rahmen der Prüfung der Berechtigungsnachweise zum Nachteil der angemeldeten Verbraucher zu entscheiden. Zweckmäßigerweise wird zudem im Rahmen solcher Umsetzungsvereinbarungen zu Gunsten der Verbraucher das Prüfungsprogramm des Sachwalters **eingeschränkt**, um die Kosten des Umsetzungsverfahrens zu minimieren. Zu diesem Zweck kann der Unternehmer z.B. auch die Namen der Verbraucher übermitteln, deren Ansprüche er **anerkannt**, wodurch eine eigene Prüfung des Sachwalters entbehrlich wird.

3. Festsetzung der Vergütung bei Fehlen einer Umsetzungsvereinbarung

22 **a) Verfahren.** Fehlt es an einer Umsetzungsvereinbarung, ist die Vergütung durch das **Gericht** festzusetzen, wobei hierfür zwei Wege zur Verfügung stehen. Zum einen kann der Sachwalter die Entscheidung des Gerichts nach § 36 abwarten. Denn gemäß § 36 Abs. 1 Satz 2 Nr. 1 ist in dem Beschluss zur Beendigung des Umsetzungsverfahrens zwingend u.a. die endgültige Höhe der **Kosten** des Umsetzungsverfahrens und damit auch die Höhe der **Vergütung** des Sachwalters betragsmäßig festzusetzen.

---

16 BT-Drucks. 20/6520 S. 91.
17 BT-Drucks. 20/6520 S. 91.
18 BT-Drucks. 20/6520 S. 91.
19 So wörtlich BT-Drucks. 20/6520 S. 91.
20 Ähnlich kritisch *Heerma* ZZP 2024, 425, 448.
21 A.A. Köhler/Bornkamm/Feddersen/*Scherer* § 32 VDuG Rn. 18 ff., der stattdessen eine „informelle" Vorabklärung unter Einbeziehung des Klägers vorschlägt.
22 Zur Zulässigkeit von Umsetzungsvereinbarungen s. Vor §§ 22 ff. Rn. 20 ff.
23 A.A. wohl Köhler/Bornkamm/Feddersen/*Scherer* § 32 VDuG Rn. 19.

Daneben besteht nach § 32 Abs. 2 Alt. 2 die Möglichkeit, die Vergütung bereits **während** des 23 laufenden Umsetzungsverfahrens festsetzen zu lassen. Dabei geht es naturgemäß nicht um eine betragsmäßige Festsetzung der endgültigen Vergütung, die erst nach Abschluss des Umsetzungsverfahrens erfolgen kann, sondern um einen Beschluss, in dem das Gericht die **Maßstäbe** für die Vergütung festlegt. Ergeht ein Beschluss in diesem Sinne, ist das Gericht hieran bei der späteren Festsetzung der Gesamtvergütung gemäß § 36 Abs. 1 Satz 2 Nr. 1 **gebunden** (Rechtsgedanke § 318 ZPO).

Ein Beschluss nach § 32 Abs. 2 Alt. 2 erfordert einen **Antrag** des Sachwalters und kann mit 24 einem Antrag auf die Genehmigung eines **Vorschusses** verbunden werden, den der Sachwalter dann gemäß § 25 Abs. 3 Satz 2 aus dem Umsetzungsfonds entnehmen darf.

Vor Erlass eines Beschlusses i.S.v. § 32 Abs. 2 Alt. 2 ist dem **Unternehmer** rechtliches Gehör 25 zu gewähren.[24] Eine mündliche Verhandlung ist nach § 22 Abs. 2 nicht erforderlich. Statthaftes Rechtsmittel gegen den Beschluss ist die Rechtsbeschwerde i.S.v. § 574 ZPO, die vom Unternehmer wie auch vom Sachwalter eingelegt werden kann.[25]

b) Maßstab

aa) Gesetzesbegründung. Größere Schwierigkeiten als hinsichtlich des Verfahrens zeigen sich 26 bei der Frage nach der richtigen **Bemessung** der Vergütung des Sachwalters. Im Gesetz findet sich hierzu nichts Brauchbares, und auch in der **Gesetzesbegründung** verbleibt es im Wesentlichen bei Allgemeinplätzen („Angemessenheit", „besondere Umstände des Einzelfalles"), die lediglich dahingehend **konkretisiert** werden, das Gericht könne „beispielsweise" die **Qualifikation** des Sachwalters, die **Komplexität** des Umsetzungsverfahrens und das **Haftungsrisiko** des Sachwalters berücksichtigen.[26] Allerdings können diese Kriterien nicht immer überzeugen. Weshalb sollte beispielsweise in einem einfach gelagerten Umsetzungsverfahren die Vergütung des Sachwalters nur deshalb höher ausfallen, weil dieser über besondere Qualifikationen verfügt? Ebenfalls nicht hilfreich ist die weitere Angabe in der Gesetzesbegründung, § 32 Abs. 1 Nr. 2 sei inhaltlich an § 9 Abs. 6 SVertO angelehnt,[27] da sich auch aus dieser Vorschrift keine konkreten Maßstäbe ableiten lassen.

Relevante Rechtsprechung zu § 9 Abs. 6 SVertO, die für die Ermittlung der „angemessenen" 27 Vergütung eines Sachwalters herangezogen werden könnte, ist ebenfalls nicht ersichtlich. So wird zwar in einer Entscheidung beispielsweise angenommen, dass die Vergütung des Sachwalters i.S.v. § 9 SVertO grundsätzlich in analoger Anwendung von § 2 InsVV erfolgen könne. Wegen der wesentlich **weitergehenden Aufgaben** eines Insolvenzverwalters sei aber ein Abschlag von 30 % erforderlich.[28] Für die Vergütung des Sachwalters im Umsetzungsverfahren lässt sich dies nicht verwerten, da seine Aufgaben nochmals hinter denen eines Sachwalters i.S.v. § 9 SVertO **zurückbleiben**.[29] Diesem Umstand müsste man dementsprechend durch einen weiteren Abschlag Rechnung tragen, was dann aber dazu führt, dass die Orientierung an § 2 InsVV ihre Berechtigung verliert.

bb) Stellungnahmen in der Literatur. Die Stellungnahmen in der bisher erschienenen **Litera-** 28 **tur** beschränken sich teilweise darauf, die Aussagen der Gesetzesbegründung zu wiederholen[30]

---

24 Wiederum implizit BT-Drucks. 20/6520 S. 92.
25 Anders/Gehle/*Schmidt* § 32 Rn. 4.
26 BT-Drucks. 20/6520 S. 91.
27 BT-Drucks. 20/6520 S. 91.
28 Rheinschiffahrtsgericht Mannheim, 27.4.2018 – 30 SRV 1/09 BSch, *juris*.
29 Dazu Vor §§ 22 ff. Rn. 12.
30 Köhler/Bornkamm/Feddersen/*Scherer* § 32 VDuG Rn. 6.

bzw. weitere im Einzelfall ggf. noch zu berücksichtigende **Umstände** zu nennen[31] (z.B. „Aufwand", „Anzahl der zu prüfenden Ansprüche", „Umfang der vom Sachwalter zur Verfügung gestellten Organisation"). Andere Stimmen schlagen dagegen vor, die Vergütung entweder in Anlehnung an die Vergütung eines **Insolvenzverwalters** bemessen,[32] womit insbesondere der Höhe des kollektiven Gesamtbetrages ausschlaggebende Bedeutung zukäme,[33] oder für die Phase der „Etablierung" des Umsetzungsverfahrens eine **Vergütung nach Stunden** festzusetzen,[34] wobei für die Bestimmung des Stundensatzes wiederum entweder der „eigentlichen" Beruf des Sachwalters, die sich aus § 9 Abs. 1 i.V.m. Anlage 1 JVEG ergebenden Stundensätze[35] oder die Regelungen in §§ 81, 83 StaRUG[36] heranzuziehen sein sollen. Vorgeschlagen wird ferner eine Vergütung in Anlehnung an die Vergütung eines im Insolvenzverfahren tätigen Sachwalters gemäß § 12 InsVV.[37]

29   Teilweise wird in der Literatur schließlich angenommen, dass das Gericht im Wesentlichen die vom Sachwalter in der Schlussrechnung geforderte Vergütung bewilligen müsse, wenn es von Seiten des Gerichts versäumt worden sei, im Rahmen einer „Vorsteuerung" frühzeitig eine **informelle Verständigung** über die Vergütungsstruktur herbeizuführen.[38] Dieser Ansatz dürfte aber aus grundsätzlichen Erwägungen nicht richtig sein: Bei der Bestimmung, welche Vergütung als angemessen anzusehen ist, sind nicht nur die Interessen des Sachwalters, sondern auch die des **Unternehmers** zu berücksichtigen, der gemäß § 20 Abs. 2 die Kosten des Umsetzungsverfahrens zu tragen hat. Vor diesem Hintergrund ist es ausgeschlossen, dass dem Sachwalter alleine deswegen ggf. ein höheres Honorar zuzubilligen sein soll, weil das Gericht eine – gesetzlich gar nicht vorgesehene – „Vorsteuerung" versäumt hat.

30 **cc) Eigene Ansicht.** Angesichts des Gesetzeswortlauts ist nicht zu bestreiten, dass dem Gericht ein relativ weites **Ermessen** bei der Festlegung der Vergütung zusteht mit der (positiven) Folge, dass allen **Besonderheiten** eines Falles Rechnung getragen werden kann. Andererseits sollte die Bemessung schon aus Gründen der **Gleichbehandlung** und **Rechtssicherheit** einem strukturierten Modell folgen, was dafür spricht, sich dabei so weit wie möglich an **gesetzliche Vorbilder** anzulehnen. Drittens ist dem gesetzlichen vorgegebenen Maßstab der **Angemessenheit** der Vergütung zwar Rechnung zu tragen, was allerdings nicht bedeutet, dass die Vergütung zwingend ins Verhältnis zum kollektiven Gesamtbetrag zu setzen wäre, sondern verlangt, dass die vom Sachwalter erbrachte Leistung **insgesamt** angemessen vergütet wird.

31   Für die Erstellung eines konkreten Vergütungsmodells ist zunächst berücksichtigen, dass in einem Umsetzungsverfahren typischerweise vor allem am **Anfang** Tätigkeiten anfallen, die nicht der Prüfung eines konkreten Anspruchs zugeordnet werden können. So muss sich z.B. der Sachwalter am Anfang mit den **Abhilfeurteilen** vertraut machen, die erforderlichen **Konten** eröffnen und auch im Übrigen die sachlichen und personellen **Voraussetzungen** für die nachfolgende Prüfung der einzelnen Ansprüche schaffen. Auch im weiteren Verfahrensablauf fallen Tätigkeiten an, die nicht auf einzelne Ansprüche, sondern auf das **Verfahren als Ganzes** bezogen sind (z.B. Erstellung von Zwischenberichten, Schlussrechnung und Schlussbericht).

32   Diese „Geschäftsführung" sollte entsprechend den gesetzlichen Vorbildern (vgl. Nr. 2300 RVG-VV, § 1 Abs. 1 Satz 1, § 2 InsVV) mit einer **Pauschalvergütung** abgegolten werden, die sich am – ggf. nach § 21 erhöhten – kollektiven Gesamtbetrag orientiert. Für die konkrete Bestimmung er-

---

31 So Anders/Gehle/*Schmidt* § 32 Rn. 3.

32 *Heerma* ZZP 2024, 425, 448.

33 *Röthemeyer* VDuG § 32 Rn. 5.

34 Dafür *Röthemeyer* VDuG § 32 Rn. 6; gegen die Vergütung nach Stundensätzen *Heerma* ZZP 2024, 425, 448, und *Dahl/Linnenbrink* NZI 2024, 33, 36.

35 So *Röthemeyer* VDuG § 32 Rn. 6.

36 *Dahl/Linnenbrink* NZI 2024, 33, 36.

37 Dafür *Dahl/Linnenbrink* NZI 2024, 33, 37, sowie Skauradszun/*Wagner* VDuG § 32 Rn. 12.

38 Köhler/Bornkamm/Feddersen/*Scherer* § 32 VDuG Rn. 17, 19.

scheint dabei eine Anknüpfung an Nr. 2300 RVG-VV am besten geeignet, da die Vergütung nach § 1 Abs. 1 Satz 1, § 2 InsVV einen Anreiz dafür bieten soll (und dementsprechend daran orientiert ist), dass der **Insolvenzverwalter** im Interesse der Gläubiger die Insolvenzmasse möglichst vergrößert. Im Fall eines Umsetzungsverfahrens hat der Sachwalter auf die Höhe des kollektiven Gesamtbetrages dagegen keinen Einfluss, seine Tätigkeit ähnelt mehr der eines Rechtsanwalts, der für seinen Mandanten z.B. die Abwicklung eines Schadensfalles mit mehreren Geschädigten übernimmt. Im Regelfall dürfte angesichts der vom Sachwalter zu verantwortenden Aufgaben der Ansatz einer **2,5-Gebühr** gemäß Nr. 2300 RVG-VV angemessen sein.

Die Durchführung des Umsetzungsverfahrens ist des Weiteren ganz maßgeblich von der **Prü-** 33 **fung** der einzelnen Ansprüche geprägt, weshalb bei der Bemessung der Vergütung berücksichtigt werden sollte, welche **Anzahl** von Ansprüchen vom Sachwalter zu prüfen ist. Mit Blick darauf dürfte es weiter sachgerecht sein, **Pauschalen** für einzelne **Prüfungsschritte** festzulegen, wofür diese sachgerecht zu definieren sind, damit die jeweils angemessene Vergütung festgelegt werden kann.

Ein **mögliches** und nach hier vertretener Ansicht naheliegendes **Modell** ist es, jeweils für die 34 **erstmalige Prüfung** eines Anspruchs einschließlich der Mitteilung des Ergebnisses an Verbraucher und Unternehmer, für die Durchführung eines **Widerspruchsverfahrens** i.S.v. § 28 Abs. 2 und 3 sowie für die Beteiligung an einem **gerichtlichen Nachprüfungsverfahren** gemäß § 28 Abs. 4 eine eigene Vergütung des Sachwalters vorzusehen. Für die Bestimmung der Höhe der jeweiligen Vergütung liegt wiederum zum einen eine Orientierung an dem durchschnittlich für den betreffenden Prüfungsschritt zu erwartenden **Zeitaufwand** nahe, wobei zu berücksichtigen ist, dass nach der Vorstellung des Gesetzgebers vom Sachwalter soweit möglich „Legal-Tech-Tools" eingesetzt werden sollen,[39] die die tatsächlichen Arbeitszeiten erheblich reduzieren.

Hinsichtlich der Frage, wie der durchschnittliche Zeitaufwand für jeden Prüfungsschritt zu 35 **vergüten** ist, sollte sich das Gericht wiederum nach Möglichkeit an **gesetzlichen Leitbildern** wie z.B. § 9 Abs. 1 i.V.m. Anlage 1 JVEG orientieren und auf dieser Basis einen angemessenen Stundensatz (z.B. € 100) heranziehen. Eine Orientierung an §§ 81, 83 StaRUG erscheint dagegen – zumindest im Regelfall – nicht angemessen, da die Tätigkeit eines Sachwalters i.S.d. §§ 22 ff. VDuG regelmäßig wesentlich **weniger komplex** als die eines Restrukturierungsbeauftragten im Sinne des StaRUG sein sollte. Schließlich ist bei der Festsetzung durch das Gericht zu berücksichtigen, ob für die Tätigkeit des Sachwalters **Umsetzsteuer** anfällt oder nicht. Auf einer solchen Basis lässt sich die Vergütung des Sachwalters strukturiert, nachvollziehbar und zugleich unter Berücksichtigung der Umstände des Einzelfalles angemessen festlegen:

Beispielsfall: Der kollektive Gesamtbetrag ist auf € 3.000.000 festgesetzt worden, es haben sich 30 000 Verbraucher angemeldet. Geht das Gericht nach dem hier vorgeschlagenen Modell vor, könnte die Vergütung nach dem folgenden Modell festgesetzt werden:

– Pauschale Grundvergütung i.H.v. 2,5 RVG-Gebühren aus dem kollektiven Gesamtbetrag (= Gegenstandswert)
– Prüfung eines Anspruchs einschließlich Mitteilung an Verbraucher und Unternehmer: jeweils € 25 (durchschnittlich 15 Minuten bei einem Stundensatz von € 100)
– Entscheidung über einen Widerspruch: jeweils € 50 (durchschnittlich 30 Minuten bei einem Stundensatz von € 100)
– Beteiligung an einer gerichtlichen Nachprüfung gemäß § 28 Abs. 4: jeweils € 100 ohne Beauftragung eines Anwalts bzw. € 50 bei Beauftragung eines Anwalts (durchschnittlich 60 bzw. 30 Minuten bei einem Stundensatz von € 100).

Geht man davon aus, dass in 10 % der Fälle Widerspruch eingelegt und anschließend in 10 % dieser Fälle wiederum eine gerichtliche Entscheidung beantragt wird, würde sich die Vergütung des Sachwalters wie folgt berechnen:

– Grundvergütung: 2,5 RVG-Gebühren aus einem Gegenstandswert von € 3.000.000: € 35.367
– Erste Anspruchsprüfung in 30 000 Fällen: € 750.000
– Widerspruchsverfahren in 3 000 Fällen: € 150.000

---

39 BT-Drucks. 20/6520 S. 87.

- Beteiligung an gerichtlichen Überprüfungen in 300 Fällen (ohne anwaltliche Vertretung): € 30.000
- Vergütung insgesamt: € 865.367.

36 Das hier vorgeschlagene Modell kommt damit dem Ziel nahe, die Bemessung der Vergütung **angemessen**, **nachvollziehbar** und im Interesse der **Gleichbehandlung** in allen Fällen ähnlich zu gestalten, ohne dem Gericht die Möglichkeit zu nehmen, **Besonderheiten** des Einzelfalles zu berücksichtigen. Insbesondere kann das Gericht bei der Festlegung der „Zeitkontingente" berücksichtigen, wie einfach oder komplex die vom Sachwalter vorzunehmenden Prüfungen sind bzw. in wie vielen Fällen der Sachwalter eine Entscheidung treffen muss und wie sich dies auf die mögliche **Rationalisierung** der Bearbeitung auswirkt.

IV. Vorschüsse

37 Gemäß § 32 Abs. 1 Nr. 3 hat der Sachwalter einen Anspruch auf einen **Vorschuss** auf seine **Auslagen** und seine **Vergütung**, sofern dies zur Erfüllung seiner Aufgaben notwendig ist. Hierfür bedarf es einer entsprechenden gerichtlichen Entscheidung, da der Sachwalter nach § 25 Abs. 3 Satz 2 nur auf dieser Basis Entnahmen aus dem Umsetzungsfonds tätigen darf. Der Beschluss setzt wiederum einen entsprechenden **Antrag** des Sachwalters voraus.

38 Aus dem Gesetz ergibt sich zunächst, dass dem Sachwalter ein entsprechender **Anspruch** zusteht. Die Gewährung eines Vorschusses steht also **nicht** im Ermessen des Gerichts. Entscheidet das Gericht über einen entsprechenden Antrag nicht **binnen angemessener Frist**, kann der Sachwalter ein Zurückbehaltungsrecht geltend machen und die Fortführung des Umsetzungsverfahrens einstweilen einstellen.

39 Materielle Voraussetzung für die Gewährung eines Vorschusses ist nach dem Gesetzeswortlaut, dass der Vorschuss für den Sachwalter zur Erfüllung seiner Aufgaben **notwendig** ist. Nähme man dies wörtlich, dürfte ein Anspruch allerdings nur dann bestehen, wenn der Sachwalter ohne den Vorschuss aus wirtschaftlicher Not seine weitere Amtsführung **beenden** müsste. Ausweislich der Gesetzesbegründung soll es deshalb für einen Anspruch auf einen Vorschuss **ausreichen**, dass es dem Sachwalter insbesondere in längeren Umsetzungsverfahren nicht zugemutet werden kann, vollumfänglich in **Vorleistung** zu treten.[40] Die Gewährung eines Vorschusses sollte somit immer dann erfolgen, wenn es um die Vergütung bereits nachweislich **geleisteter Tätigkeiten** geht und die angeforderten Beträge nicht nur ganz unerheblich sind. Ausgeschlossen ist eine (weitere) Vorschussgewährung allerdings dann, wenn der vorläufig festgesetzte Kostenbetrag bereits **erschöpft** ist. Eine Entnahme zu Lasten des kollektiven Gesamtbetrages ist nicht zulässig.

40 Vor Erlass eines Beschlusses über den Antrag des Sachwalters auf Gewährung eines Vorschusses i.S.v. § 32 Abs. 2 Alt. 2 ist dem Unternehmer **rechtliches Gehör** zu gewähren. Eine mündliche Verhandlung ist nach § 22 Abs. 2 nicht erforderlich. Statthaftes Rechtsmittel gegen den Beschluss ist die Rechtsbeschwerde i.S.v. § 574 ZPO, die vom Unternehmer wie auch vom Sachwalter erhoben werden kann.[41]

41 Die Gewährung eines Vorschusses entfaltet für die spätere Entscheidung nach § 36 Abs. 1 **keine Bindungswirkung**, da der Sachwalter weiß, dass die endgültige Festsetzung seiner Vergütung noch aussteht. Will der Sachwalter schon vorher zumindest hinsichtlich der anzuwendenden Maßstäbe Rechtssicherheit in Bezug auf seine Vergütungsansprüche erreichen, muss er den Antrag auf Gewährung eines Vorschusses (§ 32 Abs. 2 Alt. 3) mit einem Antrag auf Festsetzung der Vergütung (§ 32 Abs. 2 Alt. 2)[42] verbinden.

---

40 BT-Drucks. 20/6520 S. 92.
41 Anders/Gehle/*Schmidt* § 32 Rn. 4.
42 Dazu oben Rn. 22.

§ 33
Schlussrechnung

¹**Der Sachwalter hat dem Gericht bei Beendigung seines Amtes Schlussrechnung zu legen.** ²**Die Rechnung einschließlich der Belege muss spätestens einen Monat nach Beendigung des Umsetzungsverfahrens**
1. **elektronisch oder auf der Geschäftsstelle des Gerichts eingereicht werden und**
2. **zur Einsicht des Unternehmers zur Verfügung stehen.**

³**Das Gericht benachrichtigt den Unternehmer unverzüglich vom Eingang der Schlussrechnung.** ⁴**Der Unternehmer ist berechtigt, Einwendungen gegen die Schlussrechnung zu erheben.** ⁵**Soweit binnen zwei Wochen nach der Benachrichtigung keine Einwendungen erhoben werden, gilt die Rechnung als anerkannt.**

Schrifttum

Anders/Gehle/*Schmidt* ZPO, Beilage VDuG (2023); *Dahl/Linnenbrink* Die Position des Sachwalters im Umsetzungsverfahren der neuen Verbandsabhilfeklage nach VDuG, NZI 2024, 33; Köhler/Bornkamm/Feddersen/*Scherer* UWG, 42. Aufl. (2024); *Röthemeyer* VDuG Handkommentar (2024); *Skauradszun* VDuG Kommentar (2024).

Übersicht

I. Überblick —— 1

II. Vornahme der Rechnungslegung
1. Anlass und Frist —— 2
2. Inhalt, Beifügung von Belegen, Form und Einreichung der Schlussrechnung; eidesstattliche Versicherung
    a) Inhalt —— 5
    b) Belege —— 9
    c) Form und Einreichung bei Gericht —— 10
3. Einsichtnahme durch den Unternehmer —— 11
4. Einwendungsrecht des Unternehmers; inhaltliche Anforderungen, Form und Frist —— 12
    a) Einwendungsfrist —— 13
    b) Form —— 15
    c) Inhaltliche Anforderungen —— 16
5. Anerkennung der Schlussrechnung als Rechtsfolge unterlassener Einwendungen —— 18

I. Überblick

Endet das Amt des Sachwalters, so hat er wie jeder Verwalter fremden Vermögens **Rechnung** zu legen. **1** Die Rechnungslegung dient zum einen der **Beaufsichtigung** des Sachwalters durch das Gericht gemäß § 30. Zum anderen soll sie vor allem auch dem Unternehmer eine **Nachprüfung** ermöglichen, ob der Sachwalter seinen Vermögensbetreuungspflichten nachgekommen ist. Schließlich dient die Schlussrechnung der Vorbereitung der **Abschlussentscheidung** des Gerichts gemäß § 36. Soweit § 33 keine abweichenden Regelungen enthält, kommt für die Rechnungslegung § 259 BGB ergänzend zur Anwendung. Nach Angaben in der Gesetzesbegründung soll sich § 33 an § 9 Absatz 7 SVertO anlehnen.[1]

II. Vornahme der Rechnungslegung

1. Anlass und Frist

Nach § 33 Satz 1 hat der Sachwalter bei (jeder) **Beendigung** seines Amtes Schlussrechnung zu **2** legen. Diese Pflicht kann somit zum einen dadurch ausgelöst werden, dass der Sachwalter vorzei-

---

1 BT-Drucks. 20/6520 S. 92.

Kruis

https://doi.org/10.1515/9783110660180-035

tig aus seinem Amt abberufen wird (z.B. nach § 30 Abs. 3 Satz 3) oder das Umsetzungsverfahren vorzeitig endet (beispielsweise nach § 38 Abs. 1 Satz 2). Wichtigster Anwendungsfall sollte es aber sein, dass der Sachwalter alle **Umsetzungsmaßnahmen** abgeschlossen hat und er deshalb zur Vorbereitung des Beschlusses nach § 36 Abs. 1 Satz 1 eine Schlussrechnung zu erstellen hat. In diesem Fall ist der Sachwalter zur Erstellung der Schlussrechnung verpflichtet, sobald er die letzte für die Umsetzung des Abhilfegrundurteils erforderliche **Maßnahme** getätigt hat. Dabei muss der Sachwalter von sich aus tätig werden, ohne eine Aufforderung des Gerichts hierzu abwarten zu dürfen.

3   Gemäß § 33 Satz 2 muss die Schlussrechnung spätestens einen **Monat** nach Beendigung des Umsetzungsverfahrens bei Gericht eingereicht werden. Diese Formulierung ist nicht glücklich, da bei einem planmäßigen Verlauf das Umsetzungsverfahren endet, wenn das Gericht die Beendigung gemäß § 36 Abs. 1 Satz 1 feststellt. Zu diesem **Zeitpunkt** muss die Schlussrechnung jedoch schon vorliegen. Tatsächlich ist der Begriff der Beendigung des Umsetzungsverfahrens je nach dem auslösenden Grund unterschiedlich zu verstehen:

4   Endet das Umsetzungsverfahren nur für den betroffenen Sachwalter, z.B. weil dieser nach § 30 Abs. 3 Satz 3 entlassen wird, so beginnt die Monatsfrist mit der **Bekanntgabe** des gerichtlichen Beschlusses über seine Entlassung. Wird das Umsetzungsverfahren durch **Einstellung** vorzeitig beendet (z.B. nach § 38 Abs. 1 Satz 2 Alt. 2), so beginnt der Fristlauf mit dem **Erlass** des Einstellungsbeschlusses. Liegt der Regelfall vor, dass das Umsetzungsverfahren zu beenden ist, weil der Sachwalter alle Umsetzungsmaßnahmen vorgenommen hat,[2] so beginnt die Frist, sobald der Sachwalter von diesem Umstand **Kenntnis** hat oder ohne grobe Fahrlässigkeit haben muss.[3] Unerheblich ist es für den Fristbeginn, ob das Gericht den Sachwalter zur Erstellung der Schlussrechnung aufgefordert hat oder nicht. Für die Fristberechnung gilt § 222 ZPO i.V.m. §§ 187 ff. BGB. Im Rahmen seiner **Aufsichtsbefugnisse** kann das Gericht bei Vorliegen erheblicher Gründe die Frist maßvoll verlängern.

2. Inhalt, Beifügung von Belegen, Form und Einreichung der Schlussrechnung; eidesstattliche Versicherung

5   **a) Inhalt.** Worüber Rechnung abzulegen ist, sagt das Gesetz nicht. Nach der Gesetzesbegründung soll der Sachwalter in der **Schlussrechnung** nur über die durch seine Tätigkeit im Umsetzungsverfahren entstandenen **Kosten** sowie die von ihm beanspruchte **Vergütung** Auskunft geben. Aus der Schlussrechnung ergibt sich danach insbesondere die Verwendung des vorläufig festgesetzten **Kostenbetrags**, die Höhe der entnommenen **Vorschüsse** sowie der noch ausstehende **Forderungen** des Sachwalters auf Auslagenersatz und Vergütung.[4] Über die Verwendung des **kollektiven Gesamtbetrages** wäre dementsprechend in der Schlussrechnung keine Auskunft zu geben.[5]

6   Diese Begrenzung überzeugt inhaltlich jedoch nicht. Warum sollte beispielsweise der Sachwalter, wenn er durch eine zwischenzeitliche Anlage des kollektiven Gesamtbetrages **Zinsgewinne** erzielt hat, diesbezüglich keine Rechnung legen müssen? Vor allem aber hat eine solche Begrenzung im Gesetzestext keinen **Niederschlag** gefunden. Richtigerweise ist deshalb davon auszugehen, dass der Sachwalter sowohl über das „Schicksal" des vorläufig festgesetzten Kostenbetrages wie auch des kollektiven Gesamtbetrages Auskunft zu geben bzw. hierzu Rechnung zu legen hat. Teilweise Überschneidungen mit dem Schlussbericht schaden nicht. Im Einzelnen hat der Sachwalter demnach in der Schlussrechnung über die folgenden Punkte zu berichten:

---

2 Dies schließt ggf. die Durchführung von Widerspruchsverfahren ein, vgl. Skauradszun/*Dahl/Linnenbrink* VDuG § 33 Rn. 7.

3 Ähnlich Köhler/Bornkamm/Feddersen/*Scherer* § 33 VDuG Rn. 7.

4 BT-Drucks. 20/6520 S. 92. So auch die Stimmen der Literatur, vgl. Köhler/Bornkamm/Feddersen/*Scherer* § 33 VDuG Rn. 2, 5; *Röthemeyer* VDuG § 33 Rn. 1; *Dahl/Linnenbrink* NZI 2024, 33, 36.

5 So auch Skauradszun/*Dahl/Linnenbrink* VDuG § 33 Rn. 1.

Höhe der vom Unternehmer an ihn **gezahlten Beträge**, etwaig erzielte **(Zins-)Einnahmen**, 7
Anzahl und Höhe der **Auszahlungen** an Verbraucher, Höhe und Art der von ihm für ersatzfähig
gehaltenen **Aufwendungen** einschließlich noch nicht befriedigter **Ansprüche Dritter**, Höhe der
seiner Ansicht nach ihm zustehenden **Vergütungsansprüche**, von ihm bereits getätigten **Entnahmen** aus dem Kostenvorschuss, sonstige Zu- und Abflüsse des Umsetzungsfonds und Höhe der im
Umsetzungsfonds noch **vorhandenen Mittel**. Schließlich ist vom Sachwalter anzugeben, ob nach
seiner Berechnung ihm noch ein ergänzender Anspruch gegen den Unternehmer zusteht oder er
seiner Berechnung nach einen Restbetrag an den Unternehmer herauszugeben hat.

Hinsichtlich der Form der **Darstellung** kann auf § 259 Abs. 1 BGB verwiesen werden. 8

b) Belege. Wie aus § 33 Satz 2 hervorgeht, hat der Sachwalter der Schlussrechnung die betreffen- 9
den **Belege** beizufügen. Dabei handelt es sich z.B. um die **Kontoauszüge** für die von ihm als
Umsetzungsfonds eröffneten Konten,[6] die **Rechnungen** für Leistung Dritter, die als Auslagen geltend gemacht werden sollen, sowie eine von ihm gefertigte **Berechnung** zur Erläuterung seiner
Vergütungsansprüche. Im Regelfall genügt es, die Belege in **Kopie** vorzulegen oder „elektronisch"
einzureichen. Bestehen Zweifel an der Echtheit eines Beleges, kann das Gericht im Rahmen seiner
Prüfung gemäß § 35 Abs. 1 allerdings auch die Vorlage des **Originalbeleges** verlangen. Ergänzend
kann schließlich auch für die Vorlage von Belegen auf § 259 Abs. 1 verwiesen werden.

c) Form und Einreichung bei Gericht. Die Schlussrechnung ist nach § 30 Satz 2 Nr. 1 entweder 10
in **Papierform** oder **elektronisch** bei Gericht einzureichen, so dass für eine ordnungsgemäße
Rechnungslegung zumindest **Textform** erforderlich ist. Weitergehende Formvorschriften sieht das
Gesetz für die Schlussrechnung nicht vor. Gericht und Sachwalter können sich über die Modalitäten einer elektronischen Einreichung abstimmen. Immer möglich ist die Einreichung durch einen
vom Sachwalter beauftragten Anwalt per beA.

3. Einsichtnahme durch den Unternehmer

Nach dem Wortlaut von § 30 Satz 2 muss die Schlussrechnung nicht nur spätestens einen Monat 11
nach Beendigung des Umsetzungsverfahrens bei Gericht eingereicht werden, sondern binnen dieser Frist auch dem Unternehmer zur **Einsicht** zur Verfügung stehen. Dazu hat das Gericht gemäß
§ 30 Satz 3 den Unternehmer unverzüglich, d.h. ohne schuldhaftes Zögern (vgl. § 121 Abs. 1 Satz 1
BGB), vom Eingang der Schlussrechnung zu **benachrichtigen**. In praktischer Hinsicht wird die
Einhaltung der Frist für die Einsichtnahmemöglichkeit jedenfalls dann nicht möglich sein, wenn
der Sachwalter – zulässigerweise – die **Monatsfrist** für die Einreichung der Schlussrechnung
ausschöpft. In diesem Fall genügt es, dem Unternehmer **unverzüglich** im Anschluss an die Einreichung die Einsichtsmöglichkeit zu eröffnen. Die Einsichtnahme vollzieht sich im Übrigen wie eine
Akteneinsicht gemäß § 299 Abs. 1 und 3 ZPO. Der Unternehmer kann also nicht darauf verwiesen
werden, auf der Geschäftsstelle Einsicht zu nehmen. Vielmehr sind ihm Schlussrechnung und
Belege so zur Verfügung zu stellen, dass er sie in seinen eigenen Büroräumen prüfen kann.

4. Einwendungsrecht des Unternehmers; inhaltliche Anforderungen, Form und Frist

In § 33 Satz 4 ist vorgesehen, dass der Unternehmer berechtigt ist, **Einwendungen** gegen die 12
Schlussrechnung zu erheben. Erfolgt dies nicht binnen **zwei Wochen** nach der Benachrichtigung

---

6 Siehe dazu § 25 Rn. 2.

über den Eingang der Schlussrechnung, so gilt diese gemäß § 33 Satz 5 als anerkannt. Diese Bestimmung wirft eine Reihe von Fragen auf.

13 **a) Einwendungsfrist.** Die Einwendungen sind nach § 33 Satz 5 innerhalb von zwei Wochen nach der Benachrichtigung des Unternehmers über den Eingang der Schlussrechnung zu erheben. Für die Fristberechnung gelten § 222 ZPO, §§ 187 ff. BGB.

14 Nach Sinn und Zweck von § 33 Satz 4 muss davon ausgegangen werden, dass das Gericht die Frist auf Antrag bei Vorliegen eines nachvollziehbaren Grundes **verlängern** kann.[7] Dies ist beispielsweise dann angebracht, wenn wegen des **Umfangs** des Umsetzungsverfahrens eine sinnvolle Prüfung innerhalb von zwei Wochen nicht möglich oder der Unternehmer durch andere Umstände (z.B. Krankheit) an der Prüfung **gehindert** ist. Bei einer Fristverlängerung sollte das Ziel einer zügigen Verfahrensabwicklung aber nicht aus den Augen verloren werden.[8] Nimmt der Sachwalter nachträglich Änderungen an der Schlussrechnung vor (z.B. nach einer Beanstandung durch das Gericht gemäß § 35 Abs. 2), beginnt die Frist **erneut**, innerhalb der der Unternehmer dann gegen die geänderten Teile der Schlussrechnung Einwendungen erheben kann.

15 **b) Form.** Über die Form, in der Einwendungen vorzubringen sind, sagt das Gesetz nichts. Nicht ausdrücklich bestimmt ist ferner auch der **Adressat** der Einwendungen. Zu dem Zeitpunkt, zu dem der Unternehmer Einwendungen erheben kann, ist die Schlussrechnung bereits bei Gericht eingegangen, was dafür spricht, dass auch die Einwendungen bei Gericht und nicht gegenüber dem Sachwalter anzubringen sind. Daraus ist zu schließen, dass die allgemeinen Regeln der ZPO gelten. Insbesondere muss sich also der Unternehmer von einem **Rechtsanwalt** vertreten lassen.

16 **c) Inhaltliche Anforderungen.** Nicht geregelt ist ferner, welchen **inhaltlichen Anforderungen** die Einwendungen des Unternehmers genügen müssen, wobei nicht fraglich ist, dass eine Einwendung auch dann zu beachten ist und die Anerkennungswirkung nach § 33 Satz 5 ausschließt, wenn sie sachlich unbegründet ist. Unproblematisch ist auch, dass sich Einwendungen auf die Schlussrechnung insgesamt wie auch nur auf einzelne Teile beziehen können. Schwieriger ist allerdings die Frage, ob eine Einwendung nur dann **erheblich** ist, wenn ein vermeintlicher oder tatsächlicher Mangel konkret benannt wird oder ob der Unternehmer auch **pauschal** gegen die Schlussrechnung „Einwendungen" erheben kann mit dem ausschließlichen Ziel, die **Anerkennungswirkung** nach § 33 Satz 5 zu verhindern.

17 Für die Notwendigkeit konkreter Einwendungen könnte sprechen, dass derartige Einwendungen auch dazu dienen, dem Gericht die **Prüfung** der Schlussrechnung nach § 35 Abs. 1 zu erleichtern, was durch die Erhebung einer pauschalen Einwendung nicht erreicht wird. Andererseits wird dem Unternehmer eine **substantiierte** Prüfung der Schlussrechnung ohne den **Schlussbericht** i.S.v. § 34 häufig gar nicht möglich sein, was ja auch der Grund dafür ist, dass das Gericht gemäß § 35 Abs. 1 Schlussrechnung und Schlussbericht **gemeinsam** prüft. Es wäre also nicht richtig, dem Unternehmer durch § 33 Satz 5 eine „Anerkennung" der Schlussrechnung unterzuschieben, obwohl er etwaige Unrichtigkeiten mangels verfügbarer Informationen gar nicht erkennen kann. Zudem wird der Unternehmer in der Regel nicht wissen, nach welchen Kriterien das Gericht die Vergütung des Sachwalters festsetzen wird, so dass er rein vorsorglich gegen die vom Sachwalter in der Schlussrechnung geltend gemachten **Vergütungsansprüche** Einwendungen erheben muss, was häufig nur in pauschaler Art und Weise möglich sein wird. Vor diesem Hintergrund sprechen die besseren Argumente dafür, auch die Erhebung einer **pauschalen**, auf die ganze

---

7 Wie hier Anders/Gehle/*Schmidt* § 33 Rn. 2.

8 Dem Gesetzgeber verfolgte mit der relativ kurzen Frist von zwei Wochen auch das Ziel, einen zügigen Abschluss des Umsetzungsverfahrens zu befördern, vgl. BT-Drucks. 20/6520 S. 92.

Schlussabrechnung bezogenen „Einwendung" zuzulassen und auch in einem solchen Fall eine Anerkennungswirkung zu **verneinen**.

5. Anerkennung der Schlussrechnung als Rechtsfolge unterlassener Einwendungen

Erhebt der Unternehmer keine Einwendungen binnen der vorgesehenen Frist, so sieht § 33 Satz 5 **18** vor, dass die Schlussrechnung als **anerkannt** gilt. Welche genauen Rechtsfolgen diese Anerkennung hat, verrät § 33 allerdings nicht.

Eine Ansicht nimmt an, dass die Anerkennung zur Folge habe, dass das **Gericht** die Schluss- **19** rechnung nicht mehr nach § 35 Abs. 1 prüfen müsse.[9] Diese Ansicht kann sich in der Tat auf die Gesetzesbegründung berufen, in der ausgeführt wird, mit der fehlenden Erhebung von Einreden habe der Unternehmer konkludent erklärt, dass die Kostenaufstellung der Schlussrechnung korrekt sei und die darin aufgeführten Kosten von ihm zu tragen seien. Die damit verbundenen Fiktion entlaste sodann das Gericht von einer weiteren **Prüfungspflicht** aus § 35 Abs. 1.[10]

Diese Ansicht ist allerdings **unzutreffend**. Es mag zwar sein, dass für ein solches Verständnis **20** die Gesetzesbegründung sprechen könnte. Entscheidend ist jedoch, dass eine solche Einschränkung der Prüfungspflicht des Gerichts im Gesetz selbst **keinen Niederschlag** gefunden hat. § 35 Abs. 1 statuiert vielmehr eine ausdrückliche Verpflichtung des Gerichts, die Schlussrechnung zu prüfen, ohne dass eine Ausnahme für den Fall der Anerkennung durch den Unternehmer vorgesehen wäre. Stehen aber Gesetzeswortlaut und Gesetzesbegründung in Widerspruch zueinander, gebührt (selbstverständlich) dem **Gesetzeswortlaut** der Vorrang.

Hinzu kommt, dass die **Überwachung** des Sachwalters nach § 30 und die daraus fließende **21** Pflicht zur Prüfung der Schlussrechnung nach § 35 Abs. 1 nicht nur dem Schutz der Verbraucher, sondern dem **Schutz aller Beteiligten** und damit vor allem auch dem Schutz des **Unternehmers** dient. Aufgrund der häufig überlegenen Kenntnisse, über die das Gericht aufgrund der **Überwachung** des Sachwalters verfügt, ist es auch alles andere als fernliegend, dass das Gericht Mängel der Schlussrechnung entdecken kann, die dem Unternehmer verborgen bleiben müssen. Auch unter diesem Gesichtspunkt gibt es somit weder Grund noch Rechtfertigung, die Prüfungspflicht des Gerichts aus § 35 Abs. 1 einzuschränken. Als Ergebnis ist damit festzuhalten, dass das Gericht die Schlussrechnung auch dann prüfen muss, wenn der Unternehmer keine Einwendungen erhoben hat.

Einzige **Folge** der Anerkennung ist somit, dass für den Fall, dass der Unternehmer gegen den **22** Sachwalter **Ansprüche** nach § 37 oder **Schadensersatzansprüche** nach § 31 geltend macht, die Geltendmachung dieser Ansprüche aber mit der insoweit anerkannten Schlussrechnung unvereinbar ist, die Anerkennung zu einer Umkehr der **Darlegungs- und Beweislast** führt. Soweit der Unternehmer also die Schlussrechnung durch die unterlassene Erhebung einer Einrede anerkannt hat, trifft ihn auch dann die Darlegungs- und Beweislast für die Unrichtigkeit der Schlussrechnung bzw. der darin dargestellten Sachverhalte, wenn anderenfalls der Sachwalter darlegungs- und beweisbelastet wäre.

---

9 Dafür Anders/Gehle/*Schmidt* § 33 Rn. 1; Köhler/Bornkamm/Feddersen/*Scherer* § 33 VDuG Rn. 9; *Röthemeyer* VDuG § 33 Rn. 3, sowie (wenn auch zweifelnd) Skauradszun/*Dahl*/Linnenbrink VDuG § 33 Rn. 10, 14.
10 So BT-Drucks. 20/6520 S. 92.

Kruis

§ 34
Schlussbericht

(1) [1]Der Sachwalter teilt dem Gericht die Beendigung des Umsetzungsverfahrens unverzüglich mit. [2]Das Gericht setzt dem Sachwalter eine angemessene Frist zur Vorlage des Schlussberichts. [3]Die Sätze 1 und 2 gelten auch für den Fall der vorzeitigen Beendigung des Amtes des Sachwalters und der Einstellung des Umsetzungsverfahrens.

(2) Der Schlussbericht enthält folgende Angaben:
1. eine Auflistung der im Umsetzungsverfahren von Verbrauchern geltend gemachten Ansprüche, die
   a) vom Sachwalter ganz oder teilweise durch Zahlung erfüllt wurden unter Angabe des jeweiligen Namens des Verbrauchers, des jeweiligen Zahlungszeitpunkts und des jeweiligen Zahlungsbetrags oder
   b) vom Unternehmer anders als durch Zahlung erfüllt wurden unter Angabe des jeweiligen Namens des Verbrauchers und des Zeitpunkts der Erbringung der jeweiligen Leistung,
2. eine Auflistung der vollständig oder teilweise abgelehnten Ansprüche von Verbrauchern unter Angabe
   a) des jeweiligen Namens des Verbrauchers,
   b) der jeweiligen Art oder der jeweiligen Höhe des geltend gemachten Anspruchs sowie
   c) des Umfangs der jeweiligen Ablehnung,
3. eine zusammenfassende Gegenüberstellung der aus dem Umsetzungsfonds geleisteten Zahlungen und des kollektiven Gesamtbetrags.

(3) Die Parteien erhalten vom Gericht eine formlose Abschrift des Schlussberichts.

Schrifttum

Anders/Gehle/*Schmidt* ZPO, Beilage VDuG (2023); *Dahl/Linnenbrink* Die Position des Sachwalters im Umsetzungsverfahren der neuen Verbandsabhilfeklage nach VDuG, NZI 2024, 33; Köhler/Bornkamm/Feddersen/*Scherer* UWG, 42. Aufl. (2024); *Röthemeyer* VDuG Handkommentar, (2024); *Skauradszun* VDuG Kommentar (2024).

Übersicht

I. Überblick —— 1

II. Vorlagepflicht nach Fristsetzung —— 3

III. Inhalt und Form des Schlussberichts
1. Überblick; Form —— 8

2. Angaben zu erfüllten Ansprüchen —— 10
3. Angaben zu abgelehnten Ansprüchen —— 14
4. Gegenüberstellung der Auszahlungen und des kollektiven Gesamtbetrages —— 16

IV. Information der Parteien —— 17

I. Überblick

1 Zu den Pflichten des Sachwalters bei **Beendigung** des Umsetzungsverfahrens zählt neben der Erstellung der Schlussrechnung auch die Vorlage eines **Schlussberichts**. Dieser gibt dem Gericht, aber auch den Parteien des Abhilfeverfahrens Auskunft darüber, ob der Sachwalter die ihm übertragenen Aufgaben **ordnungsgemäß** erledigt und wie er den **kollektiven Gesamtbetrag** verwendet hat.[1] Erst wenn dies feststeht, kann das Gericht nach § 36 Abs. 1 die Beendigung

---

[1] BT-Drucks. 20/6520 S. 93; Köhler/Bornkamm/Feddersen/*Scherer* § 34 VDuG Rn. 2; *Dahl/Linnenbrink* NZI 2024, 33, 36.

des Umsetzungsverfahrens feststellen. Schlussbericht und Schlussrechnung ergänzen sich und überschneiden sich in gewissem Umfang. Für den Unternehmer ergibt sich zudem (auch) aus dem Schlussbericht, ob und in welchem Umfang Mittel des kollektiven Gesamtbetrages gemäß § 37 an ihn **zurückzuzahlen** sind. Scheidet der Sachwalter vor Erledigung aller Aufgaben aus dem Amt, dient der Schlussbericht auch der Information seines Nachfolgers über den **Stand** des Umsetzungsverfahrens.[2]

Für die Verpflichtung zur Erstellung eines Schlussberichts ist es unerheblich, aus welchem Grund es für den Sachwalter zu einer Beendigung des Umsetzungsverfahrens kommt. Der Schlussbericht ist also nicht nur zu erstellen, wenn alle Aufgaben des Umsetzungsverfahrens erledigt sind, sondern auch im Fall einer **Einstellung** nach § 38 Abs. 1 Satz 2 und 3 oder einer **Entlassung** des Sachwalters und der Fortführung des Umsetzungsverfahrens durch einen neuen Sachwalter (vgl. § 34 Abs. 1 Satz 3). 2

II. Vorlagepflicht nach Fristsetzung

Anders als die Schlussrechnung nach § 33, die der Sachwalter ohne **gerichtliche Aufforderung** vorzulegen hat, muss der Sachwalter den Schlussbericht erst vorlegen, nachdem das Gericht ihm gemäß § 34 Abs. 1 Satz 2 hierfür eine angemessene **Frist** gesetzt hat. 3

Der Fristsetzung geht nach der Konzeption des Gesetzes eine **Information** („Mitteilung") durch den Sachwalter an das Gericht über die Beendigung des Umsetzungsverfahrens voraus, die unverzüglich, also ohne schuldhaftes Zögern zu erfolgen hat.[3] 4

Dies ist sinnvoll, soweit es sich um die **materielle Beendigung** des Umsetzungsverfahrens im Sinne der Erledigung aller Aufgaben handelt, da das Erreichen dieses Zieles vom Sachwalter am besten beurteilt werden kann. Dieses Ziel ist erreicht, wenn alle im Umsetzungsverfahren zu berücksichtigenden Ansprüche **abschließend** geprüft und entweder **anerkannt** oder **abgelehnt** wurden,[4] was auch die abschließende Erledigung aller Widersprüche bzw. Verfahren nach § 28 Abs. 4 erfordert.[5] Weiter ist erforderlich, dass alle anerkannten Ansprüche entweder erfüllt oder, wenn sich der kollektive Gesamtbetrag als unzureichend erwiesen hat, die gesamten zur Verfügung stehenden Mittel *pro rata* auf die anerkannten Ansprüche verteilt wurden. War dem Sachwalter nur eine anteilige Erfüllung der anerkannten Ansprüche möglich, so hindert dies dementsprechend die Annahme der materiellen Beendigung des Umsetzungsverfahrens nicht,[6] es sei denn, ein **Erhöhungsverfahren** i.S.v. § 21 ist anhängig. In allen anderen Fällen der Beendigung (z.B. einer Einstellung nach § 38) ist das Gericht selbst beteiligt, sodass eine **Unterrichtung** des Gerichts durch den Sachwalter nicht erforderlich ist. 5

Die Länge der zu setzenden **Frist** hängt von den Umständen des Einzelfalles ab. Wegen des größeren Umfangs des Schlussberichts dürfte es aber angemessen sein, dem Sachwalter mindestens **vier Wochen** und damit das Doppelte der ihm für die Erstellung der Schlussrechnung zustehenden Frist zuzugestehen. Auf begründeten Antrag kann die Frist vom Gericht **verlängert** werden. 6

Zeigt der Sachwalter die (materielle) Beendigung des Umsetzungsverfahrens nicht an, obwohl diese schon eingetreten ist, kann sich das Gericht vom Sachwalter durch die Anforderung von **Zwischenberichten** gemäß § 30 Abs. 2 Satz 2 über den Stand unterrichten lassen. Geht daraus die Beendigung hervor, genügt dies für eine **Fristsetzung** nach § 34 Abs. 1 Satz 2. 7

---

2 *Röthemeyer* VDuG § 33 Rn. 4.
3 BT-Drucks. 20/6520 S. 92.
4 BT-Drucks. 20/6520 S. 92; Skauradszun/*Dahl*/*Linnenbrink* VDuG § 34 Rn. 10.
5 *Röthemeyer* VDuG § 34 Rn. 3; Köhler/Bornkamm/Feddersen/*Scherer* § 34 VDuG Rn. 5.
6 A.A. *Röthemeyer* VDuG § 33 Rn. 3; Köhler/Bornkamm/Feddersen/*Scherer* § 34 VDuG Rn. 5.

III. Inhalt und Form des Schlussberichts

1. Überblick; Form

8 Der Schlussbericht gibt im Wesentlichen zu zwei Gesichtspunkten Auskunft: Zum einen über das „**Schicksal**" der von den Verbrauchern geltend gemachten **Ansprüche**, zum anderen über die Verwendung des **kollektiven Gesamtbetrages**, der vom Unternehmer in den Umsetzungsfonds eingezahlt wurde.[7] In den Schlussbericht sind dabei die in § 34 Abs. 2 genannten **konkreten Angaben** aufzunehmen, wobei die Aufnahme weiterer Informationen zulässig ist, soweit sie dem **Verständnis** des Berichts dienen.[8] Sinnvoll wäre z.B. die Angabe der Gründe für die Ablehnung von Ansprüchen oder die Information, in welchen Fällen und mit welchen Ergebnissen Widerspruchsverfahren bzw. gerichtliche Verfahren nach § 28 Abs. 4 durchgeführt wurden. Gleiches gilt für eine Information, welche Argumentationen vorgebracht wurden.

9 Vorgaben zur Form oder der Beifügung von Belegen gibt es nicht, weshalb davon ausgegangen werden kann, dass die Einreichung bei Gericht in **Textform** ausreichend ist. Die Beifügung von Belegen ist nur geboten, sofern dies für Verständnis und Prüfbarkeit des Berichts erforderlich ist. Eine **elektronische** Einreichung ist nicht vorgeschrieben, aber zulässig.

2. Angaben zu erfüllten Ansprüchen

10 Gemäß § 34 Abs. 2 Nr. 1 hat der Sachwalter zunächst in Form einer „Auflistung" anzugeben, welche von Verbrauchern geltend gemachten Ansprüche von ihm durch **Zahlung** aus dem Umsetzungsfonds ganz oder teilweise **befriedigt** wurden. Dabei ist die **teilweise Befriedigung** nicht mit einer **teilweisen Ablehnung** gleichzusetzen, über die nach § 34 Abs. 2 Nr. 2 ebenfalls zu berichten ist. Vielmehr geht es um Fälle, in denen der Sachwalter einen Anspruch als berechtigt anerkannt hat, diesen aber mangels ausreichender Mittel nicht vollständig befriedigen konnte.

11 Im Einzelnen hat der Sachwalter nach § 34 Abs. 2 Nr. 1 lit. a) im Fall von **Zahlungen** an Verbraucher anzugeben, welche Ansprüche ganz oder teilweise erfüllt wurden, wobei der **Name** des Verbrauchers, der **Zahlungszeitpunkt** und der **Zahlungsbetrag** jeweils im Zusammenhang anzugeben sind. In Bezug auf den Zahlungszeitpunkt ist anzugeben, wann der Sachwalter die Zahlung **vorgenommen** hat, nicht wann sie beim Verbraucher eingegangen ist und die Erfüllung (§ 362 BGB) des Anspruchs bewirkt hat.[9] Zum einen ist der Zeitpunkt des Zahlungseingangs dem Sachwalter nicht bekannt und für ihn mit vertretbarem Aufwand auch nicht zu ermitteln. Zum anderen besteht der Zweck des Schlussberichts darin, zu kontrollieren, ob der Sachwalter **seinen Verpflichtungen** nachgekommen ist. Dafür kommt es nur auf die Vornahme der Zahlungen, nicht auf den Zeitpunkt des Zugangs zu.

12 In diesem Abschnitt des Berichts sind schließlich auch die Fälle zu nennen, in denen der Sachwalter einen Anspruch zwar **anerkannt** hat, dann aber im Einzelfall eine Erfüllung aus Gründen **gescheitert** ist, die vom Sachwalter nicht zu vertreten sind (z.B. keine oder unzutreffende Angabe einer Bankverbindung durch den Verbraucher).

13 Handelte es sich um vom Unternehmer zu erbringende andere Leistungen, muss die Auflistung gemäß § 34 Abs. 2 Nr. 1 lit. b) den **Namen** und den **Zeitpunkt** der Leistung angeben. Auch die **Art** der erbrachten Leistung ist anzugeben.[10]

---

7 BT-Drucks. 20/6520 S. 92.
8 Wie hier Köhler/Bornkamm/Feddersen/*Scherer* § 34 VDuG Rn. 7; Skauradszun/*Dahl/Linnenbrink* VDuG § 34 Rn. 14.
9 A.A. *Röthemeyer* VDuG § 33 Rn. 5; wie hier Skauradszun/*Dahl/Linnenbrink* VDuG § 34 Rn. 10, 17.
10 BT-Drucks. 20/6520 S. 93.

3. Angaben zu abgelehnten Ansprüchen

Nach § 34 Abs. 2 Nr. 2 hat der Schlussbericht auch eine Liste der **abgelehnten Ansprüche** zu 14
enthalten. Anzugeben sind in einer Auflistung die **vollständigen Namen** der betroffenen Verbraucher, **Art** und **Höhe** der von ihnen geltend gemachten Ansprüche sowie der **Umfang** der Ablehnung. Die Angabe, ein Anspruch sei teilweise abgelehnt worden, ist allerdings nur dann möglich, wenn in der **Anspruchsanmeldung** ein konkreter Forderungsbetrag angegeben war. Nach § 46 Abs. 2 Satz 2 ist dies nicht vorgeschrieben.

Nicht erforderlich ist nach dem klaren Wortlaut eine **Begründung**, warum einzelne Ansprü 15
che abgelehnt wurden, was mit Blick auf § 35 Abs. 1, wonach das Gericht den Schlussbericht zu prüfen hat, wenig hilfreich erscheint. Die Prüfung, ob der Sachwalter seine Aufgaben ordnungsgemäß erfüllt hat, wird dadurch allerdings nicht wesentlich eingeschränkt, da das Gericht bis zur formellen Beendigung des Umsetzungsverfahrens gemäß § 36 Abs. 1 vom Sachwalter jederzeit auch noch auf der Grundlage von § 30 Abs. 2 Satz 2 weitergehende **Zwischenberichte** zu dieser Frage anfordern kann.

4. Gegenüberstellung der Auszahlungen und des kollektiven Gesamtbetrages

Nach § 34 Abs. 2 Nr. 3 ist schließlich eine **zusammenfassende Gegenüberstellung** der aus dem 16
Umsetzungsfonds geleisteten Zahlungen und des kollektiven Gesamtbetrags aufzunehmen. Dabei handelt es sich um eine Zusammenfassung der sich aus den Angaben nach § 34 Abs. 2 Nr. 1 ergebenden Zahlungen. Für Gericht und Unternehmer wird dabei insbesondere ersichtlich, ob vom kollektiven Gesamtbetrag ein Rest verblieben ist, der dann gemäß § 37 an den Unternehmer **herauszugeben** ist.

IV. Information der Parteien

Gemäß § 34 Abs. 3 erhalten die Parteien des Abhilfeverfahrens vom Gericht eine **formlose Ab 17
schrift** des Schlussberichts. Die Regelung dient zum einen dazu, die Parteien über die Tätigkeit des Sachwalters sowie das Ergebnis des Umsetzungsverfahrens zu **informieren.**[11] Zugleich ermöglicht es den Parteien, gegenüber dem Gericht eine **Stellungnahme** abzugeben, die das Gericht wiederum bei der Prüfung nach § 35 Abs. 1 und der nach § 36 Abs. 1 Satz 1 zu treffenden Entscheidung berücksichtigen kann. In tatsächlicher Hinsicht können die im Bericht enthaltenen Informationen auch für die Entscheidung des Unternehmers von Bedeutung sein, **Schadensersatzansprüche** nach § 31 oder andere Ansprüche gegen den **Sachwalter** (z.B. nach § 37) oder gegen die **Verbraucher** (vgl. § 40) geltend zu machen.

---

11 BT-Drucks. 20/6520 S. 93.

§ 35
Prüfung des Schlussberichts und der Schlussrechnung

(1) Das Gericht prüft den Schlussbericht und die Schlussrechnung des Sachwalters.

(2) Beanstandet das Gericht den Schlussbericht oder die Schlussrechnung, so fordert es den Sachwalter unter Fristsetzung dazu auf, der Beanstandung abzuhelfen.

Schrifttum

Köhler/Bornkamm/Feddersen/*Scherer* UWG, 42. Aufl. (2024); *Röthemeyer* VDuG Handkommentar (2024); *Skauradszun* VDuG Kommentar (2024).

Übersicht

I.	Normzweck —— 1		1.	Schlussbericht —— 4
			2.	Schlussrechnung —— 8
II.	Gegenstand der Prüfung —— 2			
			IV.	Beanstandungen durch das Gericht —— 11
III.	Maßstab und praktische Durchführung der Prüfung			

I. Normzweck

1 § 35 Abs. 1 statuiert eine **Prüfpflicht** des Gerichts in Bezug auf Schlussrechnung und Schlussbericht. Mit dieser Prüfung wird zum einen die Entscheidung gemäß § 36 über eine Beendigung des Umsetzungsverfahrens vorbereitet. Sie dient zugleich dem **Schutz** der Beteiligten, da das Gericht auch auf Grundlage der vom Sachwalter eingereichten Schlussrechnung und des eingereichten Schlussberichts seine **Aufsicht** nach § 30 Abs. 1 auszuüben hat.

II. Gegenstand der Prüfung

2 Gemäß § 35 Abs. 1 sind der **Schlussbericht** und die **Schlussrechnung** des Sachwalters zu prüfen. **Ausnahmen** hiervon sieht der Gesetzestext – auf den es alleine ankommt – **nicht** vor. Das Gericht hat deshalb die Schlussrechnung auch dann zu prüfen, wenn der Unternehmer dagegen keine **Einwendungen** i.S.v. § 33 Satz 4 erhoben hat, wie bereits an anderer Stelle ausführlicher erläutert wurde.[1]

3 Die Prüfung erstreckt sich auf den **gesamten Inhalt** von Schlussbericht und Schlussrechnung, auch wenn dieser über die **gesetzlich** vorgeschriebenen Angaben hinausgehen sollte. Hat der Sachwalter **Anlagen** zu den beiden Dokumenten vorgelegt (z.B. Belege), sind auch diese in die Prüfung einzubeziehen, da sich auch aus solchen Unterlagen die **ordnungsgemäße Aufgabenerfüllung** des Sachwalters ergeben kann (oder auch das Gegenteil). Die Aufgabe des Gerichts gemäß § 30 Abs. 1, den Sachwalter zu beaufsichtigen, lässt es nicht zu, tatsächlich vorliegende Informationen unberücksichtigt zu lassen.

---

1 Siehe § 33 Rn. 18 ff.; a.A. BT-Drucks. 20/6520 S. 94, sowie der Gesetzesbegründung folgend *Röthemeyer* VDuG § 35 Rn. 3, und Köhler/Bornkamm/Feddersen/*Scherer* § 35 VDuG Rn. 3, 7.

III. Maßstab und praktische Durchführung der Prüfung

1. Schlussbericht

Maßstab für die Prüfung des Schlussberichts durch das Gericht ist nicht die Frage, ob der Sach- 4
walter bei jeder Prüfung eines Verbraucheranspruchs zum richtigen **Ergebnis** gekommen ist[2]
oder ob die konkrete Amtsführung in jeder Hinsicht den Vorstellungen des Gerichts entsprochen
hat. Eine solche Prüfung wäre auch sinnlos, da zu diesem Zeitpunkt alle Ansprüche bereits geprüft
und verbeschieden sind. Zu prüfen hat das Gericht vielmehr zum einen, ob ausweislich der Angaben im Bericht die den Sachwalter im Umsetzungsverfahren treffenden Aufgaben tatsächlich **vollständig erledigt** worden sind.[3] Voraussetzung ist dafür ist in jedem Fall immer, dass alle von § 34
Abs. 2 vorgeschriebenen Angaben enthalten sind. Zum anderen hat das Gericht zu prüfen, ob die
Abwicklung des Umsetzungsverfahrens im Schlussbericht vollständig und zutreffend **wiedergegeben** wird. Hierzu gehört auch die Überprüfung, ob die Angaben zur Verwendung des kollektiven
Gesamtbetrages **rechnerisch** richtig sind.

Alle Ausführungen müssen vollständig, in sich widerspruchsfrei, schlüssig und nachvollzieh- 5
bar sein und einen **Schluss** auf die **Ordnungsgemäßheit** der Amtsführung zulassen. Unschlüssig
wäre beispielsweise eine Angabe, wonach alle angemeldeten Ansprüche anerkannt wurden, nach
den Angaben im Schussbericht aber nur ein Teil der Ansprüche befriedigt wurde, obwohl noch
Mittel im Umsetzungsfonds vorhanden sind. Die Angaben zum Schicksal des **kollektiven Gesamtbetrages** müssen umfassend und auch rechnerisch richtig sein.

Bei dieser Prüfung kann das Gericht auf den **Informationen** aufbauen, die ihm (v.a. aufgrund 6
der angeforderten **Zwischenberichte**) bereits vorliegen. Zudem kann und sollte jeweils eine **Stellungnahme** beider **Prozessparteien** des Abhilfeverfahrens eingeholt werden, in der diese aus
ihrer Perspektive zum Schlussbericht Stellung nehmen.

Zweifelhaft ist, ob sich das Gericht eines **externen Sachverständigen** zur Prüfung bedienen 7
darf, wie dies in Insolvenzverfahren häufiger der Fall ist. Von extremen Ausnahmefällen abgesehen dürfte dies zu verneinen sein, da vom Oberlandesgericht letztendlich nur zu prüfen ist, ob
der Sachwalter seinen aus den Abhilfeentscheidungen abzuleitenden Pflichten nachgekommen ist.

2. Schlussrechnung

Die Schlussrechnung ist zunächst dahingehend zu prüfen, ob die Verwendung des **vorläufigen** 8
Kostenbetrages zutreffend, d.h. auch **rechnerisch richtig** dargelegt wird. Auch insoweit gilt, dass
alle Ausführungen vollständig,[4] in sich widerspruchsfrei, schlüssig und nachvollziehbar sein und
einen Schluss auf die Ordnungsgemäßheit der Amtsführung zulassen müssen. Erforderlich ist,
dass jede **einzelne finanzielle Transaktion** nachvollzogen werden kann.[5] Nachvollziehbar muss
auch sein, welche Beträge der Sachwalter bereits entnommen hat. In gleicher Weise sind die
Angaben zur Verwendung des **kollektiven Gesamtbetrages** zu prüfen, soweit hierzu etwas in
die Schlussrechnung aufzunehmen ist.[6]

Nicht nur rechnerisch, sondern auch **inhaltlich** zu prüfen sind ferner die Angaben des Sachwal- 9
ters zu der von ihm geforderten **Vergütung** sowie der aus seiner Sicht angefallenen und zu erstattenden **Auslagen**. Die Auslagen sind dabei zu erläutern und zu belegen. Die geforderte Vergütung ist
ebenfalls zu begründen und rechnerisch nachvollziehbar darzulegen. Will der Sachwalter sein Hono-

---

2 BT-Drucks. 20/6520 S. 93; Köhler/Bornkamm/Feddersen/*Scherer* § 35 VDuG Rn. 2.
3 BT-Drucks. 20/6520 S. 93; *Röthemeyer* VDuG § 35 Rn. 1, nennt als Beispielsfall, dass sich aus dem Bericht ergibt, dass
noch nicht alle angemeldeten Ansprüche geprüft wurden.
4 Zum notwendigen Inhalt der Schlussrechnung s. § 33 Rn. 5 ff.
5 Köhler/Bornkamm/Feddersen/*Scherer* § 35 VDuG Rn. 5.
6 Siehe dazu § 33 Rn. 5 ff.

rar auf der Grundlage der **geleisteten Stunden** abrechnen, hat er eine den gesetzlichen Anforderungen bei einer Abrechnung durch einen Rechtsanwalt genügende Stundenliste vorzulegen.

10 Kein Gegenstand der Prüfung nach § 35 Abs. 1, sondern der **Festsetzung** gemäß § 36 Abs. 1 Satz 2 Nr. 1 und 2 ist die Frage, welche Vergütung und welcher Auslagenersatz dem Sachwalter tatsächlich **zusteht**. Mit anderen Worten: Das Gericht kann die Schlussrechnung gemäß § 35 Abs. 2 **beanstanden**, wenn es nicht nachvollziehen kann, wie der Sachwalter die von ihm geforderte Vergütung berechnet hat oder welche Auslagen aufgrund welcher Umstände geltend gemacht werden. Ist die Berechnung dagegen **nachvollziehbar**, der geforderte Betrag an Vergütung oder Auslagenersatz aber inhaltlich nicht gerechtfertigt, so hat das Gericht das in seinem Beschluss nach § 36 Abs. 1 entsprechend zu berücksichtigen.

IV. Beanstandungen durch das Gericht

11 Beanstandet das Gericht Schlussbericht oder Schlussrechnung, so hat es gemäß § 35 Abs. 2 den Sachwalter aufzufordern, den Beanstandungen **abzuhelfen**. Hierzu hat das Gericht dem Sachwalter eine **Frist** zu setzen.

12 Beanstandungen kommen allerdings nur in zwei **Konstellationen** in Frage: Zum einen kann das Gericht Schlussbericht oder Schlussrechnung beanstanden, wenn dort der tatsächliche Verlauf des Umsetzungsverfahrens **unzutreffend** wiedergegeben wird. In diesem Fall sind also nur Änderungen oder Ergänzungen im Bericht oder in der Schlussrechnung erforderlich. Kommt das Gericht dagegen zu dem Ergebnis, dass der Sachwalter noch nicht alle ihm obliegenden Amtshandlungen vorgenommen hat, so hat die Beanstandung den Inhalt, den Sachwalter aufzufordern, die noch fehlenden Handlungen **nachzuholen**.[7]

13 Hinsichtlich der Angaben des Sachwalters zu seiner Vergütung und zu den angefallenen Auslagen hat das Gericht eine **Beanstandung** nur auszusprechen, wenn diese nicht nachvollziehbar oder rechnerisch unzutreffend sind. Kommt das Gericht dagegen lediglich zu einem inhaltlich **abweichenden Ergebnis**, wonach dem Sachwalter nur ein geringeres Honorar oder nur ein Teil der geltend gemachten Auslagen zusteht, so führt dies nicht zu einer Beanstandung, sondern zu einer entsprechend reduzierten **Festsetzung** im Beschluss gemäß § 36 Abs. 1.

14 Kein Fall für eine Beanstandung liegt auch vor, wenn das Gericht einen **inhaltlichen Fehler** des Sachwalters hinsichtlich seiner **Amtsführung** zu erkennen glaubt. Ist die Prüfung aller Ansprüche erfolgt, sind alle daraus folgenden Auszahlungen aus dem kollektiven Gesamtbetrag vorgenommen worden und sind die tatsächlichen Umstände in Schlussbericht bzw. Schlussrechnung zutreffend wiedergegeben, so kann keine Beanstandung ausgesprochen werden, nur weil das Gericht der Ansicht ist, bei einer **zutreffenden Auslegung** des Tenors des Abhilfegrundurteils hätte der Sachwalter bei der Prüfung der Ansprüche zu anderen Ergebnissen kommen können. Denn an den Ergebnissen seiner Prüfungen kann der Sachwalter in diesem Stadium nichts mehr ändern, eine diesbezügliche Beanstandung könnte also nicht mehr umgesetzt werden. Für „Beanstandungen" in diesem Sinne bietet § 35 Abs. 2 also keine Grundlage.

15 Die **Erledigung** aller Beanstandungen des Gerichts durch den Sachwalter ist nach der gesetzlichen Konzeption[8] Voraussetzung dafür, dass das Gericht einen **Beendigungsbeschluss** nach § 36 fassen kann. Um Verzögerungen zu vermeiden, setzt das Gericht deshalb dem Sachwalter eine angemessene Frist. Die Länge der Frist bestimmt sich nach den Umständen des Einzelfalles und der Anzahl der Beanstandungen. Aus § 33 Satz 5 dürfte zu entnehmen sein, dass im Regelfall eine Frist von **zwei Wochen** ausreichend sein sollte. Sofern erforderlich, kann das Gericht die Frist jederzeit verlängern.

16 Kommt der Sachwalter den Beanstandungen nicht nach, hat das Gericht Maßnahmen nach § 30 Abs. 3 zu prüfen.[9]

---

7 BT-Drucks. 20/6520 S. 94.
8 Zu Ausnahmen s. § 36 Rn. 3f.
9 *Röthemeyer* VDuG § 35 Rn. 3.

§ 36
Feststellung der Beendigung des Umsetzungsverfahrens

(1) [1]Das Gericht stellt die Beendigung des Umsetzungsverfahrens fest. [2]Der Beschluss enthält:
1. die endgültige Festsetzung der Kosten des Umsetzungsverfahrens,
2. die Festsetzung eines vom Unternehmer noch an den Sachwalter zu zahlenden Kostenbetrags, wenn die Kosten des Umsetzungsverfahrens den vorläufig festgesetzten Kostenbetrag übersteigen, sowie
3. die Angabe, ob und in welcher Höhe ein Restbetrag verbleibt.
[3]Der Beschluss steht hinsichtlich seiner Vollstreckbarkeit einem Kostenfestsetzungsbeschluss gleich.
(2) Der Beschluss ist den Parteien und dem Sachwalter zuzustellen.

Schrifttum

Anders/Gehle/*Schmidt* ZPO, Beilage VDuG (2023); Köhler/Bornkamm/Feddersen/*Scherer* UWG, 42. Aufl. (2024); *Röthemeyer* VDuG Handkommentar (2024); *Skauradszun* VDuG Kommentar (2024).

Übersicht

I.   Regelungsgegenstand —— 1

II. Voraussetzungen der Beendigung des Umsetzungsverfahrens —— 2

III. Verfahren —— 6

IV. Beschlussinhalt und Vollstreckbarkeit —— 8
1.   Feststellung der Beendigung des Umsetzungsverfahrens —— 9

2.   Endgültige Festsetzung der Kosten des Umsetzungsverfahrens —— 10
3.   Festsetzung eines Kostenbetrages zugunsten des Sachwalters —— 12
4.   Angabe eines Restbetrages zugunsten des Unternehmers —— 16

V.   Zustellung und Rechtsmittel —— 21

VI. Rechtsfolgen der Verfahrensbeendigung —— 24

I. Regelungsgegenstand

In § 36 ist die **formale Beendigung** des Umsetzungsverfahrens im **weiteren** Sinne geregelt, der **1** die **materielle Beendigung** des Umsetzungsverfahrens im **engeren** Sinne vorausgeht.[1] Sind die gesetzlichen Voraussetzungen erfüllt, führt der Beschluss nach § 36 u.a. zur Beendigung des Amtes des Sachwalters und legt die Grundlage für die eventuell noch zwischen dem Sachwalter und dem Unternehmer abzuwickelnden Zahlungen.

II. Voraussetzungen der Beendigung des Umsetzungsverfahrens

Nach dem Gesetzestext, § 36 Abs. 1 Satz 1, hat das Gericht in einem Beschluss die **Beendigung** **2** des Umsetzungsverfahren **festzustellen**. Voraussetzung dafür ist, dass nach der Überzeugung des Gerichts im Umsetzungsverfahren über alle zu berücksichtigenden **Verbraucheransprüche** entschieden worden ist[2] und der Sachwalter im Rahmen des ihm zur Verfügung stehenden kollekti-

---

[1] Zu dieser Unterscheidung s. Vor §§ 22 ff. Rn. 5 ff.
[2] BT-Drucks. 20/6520 S. 94.

ven Gesamtbetrages berechtigte Ansprüche **erfüllt** bzw. die Erfüllung anderer als auf Zahlung gerichteter Ansprüche nach § 29 **durchgesetzt** hat.

3 Nach der Gesetzesbegründung soll eine weitere Voraussetzung für den Erlass eines Beschlusses mit dem Inhalt von § 36 Abs. 1 Satz 1 darin bestehen, dass die **Prüfungen** des Schlussberichts und der Schlussrechnung gemäß § 35 keinen Anlass für **Beanstandungen** gegeben haben.[3] Dies ist allerdings nicht richtig und hat auch im Gesetzestext – zu Recht – keinen Niederschlag gefunden. Aus der Konzeption des Gesetzes geht zwar hervor, dass die Prüfung von Schlussrechnung und Schlussbericht gemäß § 35 dem Beschluss zur Beendigung des Umsetzungsverfahrens nach § 36 Abs. 1 Satz 1 **vorausgehen** und dafür die Grundlage bilden soll. Dies kann aber nicht zur Folge haben, dass ein Umsetzungsverfahren *ad infinitum* fortzuführen ist, wenn sich der Sachwalter weigert (oder dazu nicht mehr in der Lage ist), Schlussbericht und/oder Schlussrechnung vorzulegen bzw. den vom Gericht erhobenen Beanstandungen nachzukommen. Eine „unendliche" Fortführung des Umsetzungsverfahrens hätte nämlich u.a. zur Folge, dass die Verpflichtung des Sachwalters zur Herausgabe eines Restbetrages nach § 37 niemals fällig wird.

4 Kommt der Sachwalter seiner Verpflichtung zur **Vorlage** einer ordnungsgemäßen Schlussrechnung oder eines ordnungsgemäßen Schlussberichts dauerhaft nicht nach und lassen sich diese Verpflichtungen auch nicht mittels Zwangsgeldern nach § 30 Abs. 3 Satz 1 durchsetzen, so hat das Gericht **von Amts wegen zu ermitteln** und auf der Grundlage der ihm zur Verfügung stehenden Informationen und Unterlagen zu prüfen, ob die Voraussetzungen für eine Verfahrensbeendigung nach § 36 Abs. 1 Satz 1 erfüllt sind. Ist dies der Fall, so hat das Gericht einen Beschluss nach § 36 Abs. 1 zu erlassen, wobei der Sachwalter hinsichtlich seiner Vergütung die Folgen der fehlenden Vorlage einer ordnungsgemäßen Schlussrechnung zu tragen hat, sodass in der Regel nur ein **Bruchteil** des tatsächlich verdienten Honorars festzusetzen ist. In gleicher Weise ist zu verfahren, wenn der Sachwalter Beanstandungen des Gerichts i.S.v. § 35 Abs. 2 dauerhaft nicht abhilft.

5 Reichen die verfügbaren Informationen für eine solche Entscheidung nicht aus, so hat das Gericht den bisherigen Sachwalter gemäß § 30 Abs. 3 Satz 3 zu entlassen und nur für die **ordnungsgemäße Beendigung** des Verfahrens einen neuen Sachwalter zu bestellen.

III. Verfahren

6 Zuständig für den Erlass eines Beschlusses ist nach § 22 Abs. 1 das Prozessgericht der Abhilfeklage, das nach § 22 Abs. 2 ohne **mündliche Verhandlung** entscheiden kann. Grundlage der Entscheidung sind in erster Linie die **Schlussrechnung** und der **Schlussbericht** des Sachwalters, darüber hinaus aber auch alle anderen dem Gericht zur Verfügung stehenden Informationen, so z.B. die vom Sachwalter eingereichten **Zwischenberichte**.

7 Anzuhören sind vor Erlass des Beschlusses neben dem Sachwalter auch der **Unternehmer** sowie der **Kläger** des Abhilfeverfahrens. Für den Unternehmer ergibt sich dies schon daraus, dass gemäß § 36 Abs. 1 Satz 2 in dem Beschluss auch über **Zahlungsverpflichtungen** zwischen ihm und dem Sachwalter entschieden werden soll. Der Kläger wiederum hat ein **berechtigtes Interesse**, dass das Umsetzungsverfahren erst beendet wird, wenn die Aufgaben des Sachwalters tatsächlich in vollem Umfang abgearbeitet sind.

IV. Beschlussinhalt und Vollstreckbarkeit

8 Der Inhalt des Beschlusses gliedert sich in vier Abschnitte.

---

3 BT-Drucks. 20/6520 S. 94; ähnlich Köhler/Bornkamm/Feddersen/*Scherer* § 36 VDuG Rn. 1, 4.

1. Feststellung der Beendigung des Umsetzungsverfahrens

Gemäß § 36 Abs. 1 Satz 1 hat das Gericht zunächst die Beendigung des Umsetzungsverfahrens im 9 weiteren Sinne **festzustellen**. Insoweit hat der Beschluss **konstitutive** Wirkung, d.h. ab Bestandskraft des Beschlusses ist das Umsetzungsverfahren im weiteren Sinn beendet und der Sachalter ist nicht mehr Inhaber des ihm übertragenen Amtes, selbst wenn tatsächlich Teile seiner Aufgaben noch unerledigt geblieben sein sollten.

2. Endgültige Festsetzung der Kosten des Umsetzungsverfahrens

In dem Beschluss hat das Gericht nach § 36 Abs. 1 Satz 2 Nr. 1 die **Kosten** des Umsetzungsverfah- 10 rens endgültig **festzusetzen**, die bekanntlich gemäß § 20 Abs. 2 der Unternehmer zu tragen hat. Nach § 20 Abs. 1 zählen zu den Kosten des Umsetzungsverfahrens im Sinne dieser Vorschrift (nur) die Vergütung und die Auslagen des Sachwalters.[4] **Zweckmäßigerweise** sollte das Gericht in dem Beschluss aber auch die gemäß § 26a GKG ebenfalls vom Unternehmer zu tragenden **Gerichtskosten** des Umsetzungsverfahrens endgültig festsetzen, deren Höhe nach § 59a GKG i.V.m. Nr. 1600 KV GKG zu bestimmen ist.

Grundlage für die Festsetzung bilden die **Schlussrechnung** und der **Schlussbericht**,[5] sofern 11 der Sachwalter diese eingereicht hat[6] und das Gericht die darin angegebene Vergütung sowie die geltend gemachten Auslagen unter Berücksichtigung aller ihm vorliegender **Informationen**, der nach § 35 Abs. 1 durchgeführten **Prüfung** und der **Stellungnahme** des Unternehmers als berechtigt ansieht. Entgegen der u.a. in der Gesetzesbegründung vertretenen Ansicht hat das Gericht dabei die Schlussrechnung auch dann einer vollständigen eigenen Prüfung zu unterziehen, wenn der Unternehmer keine Einwendungen nach § 33 Satz 4 erhoben hat.[7] Hat das Gericht zuvor bereits einmal eine Entscheidung nach § 32 Abs. 2 zur Vergütung oder den zu erstattenden Auslagen getroffen, so ist es daran im Rahmen der Entscheidung i.S.v. § 36 Abs. 1 Satz 2 Nr. 1 **gebunden**.[8]

3. Festsetzung eines Kostenbetrages zugunsten des Sachwalters

Nach § 36 Abs. 1 Satz 2 Nr. 2 ist in den Beschluss des Weiteren die Festsetzung eines vom Unterneh- 12 mer an den Sachwalter noch zu zahlenden **Kostenbetrags** aufzunehmen, wenn die Kosten des Umsetzungsverfahrens den vorläufig festgesetzten Kostenbetrag übersteigen. Ein derartiger Zahlungsanspruch steht dem Sachwalter **persönlich** zu, weshalb eine Zahlung vom Unternehmer an diesen und nicht an die Gerichtskasse zu leisten ist.[9]

Denkbar ist, dass **einerseits** zugunsten des Sachwalters noch ein zusätzlicher **Vergütungs-** 13 **anspruch** i.S.v. § 36 Abs. 1 Satz 2 Nr. 2 festzusetzen ist, zugleich aber der **kollektive Gesamtbetrag** nicht vollständig aufgebraucht wurde und dem Unternehmer deshalb nach § 37 Satz 1 Alt. 1 insoweit ein Anspruch gegen den Sachwalter auf **Erstattung** zusteht. Ist dies der Fall, findet zwischen beiden Ansprüchen **keine Verrechnung** von Gesetzes wegen statt.[10] Ebenso ist eine **Aufrechnung** vor Erlass des Beschlusses ausgeschlossen, da der Anspruch des Sachwalters erst mit **Erlass** des Beschlusses und der Festsetzung i.S.v. § 36 Abs. 1 Satz 2 Nr. 2, der Anspruch des Unternehmers gemäß § 37 Satz 2 erst mit Bekanntmachung des Beschlusses i.S.v. § 36 fällig wird.

---

4 BT-Drucks. 20/6520 S. 94; ebenso Köhler/Bornkamm/Feddersen/*Scherer* § 36 VDuG Rn. 5.
5 BT-Drucks. 20/6520 S. 94.
6 Siehe oben Rn. 3 f.
7 Näher dazu § 35 Rn. 2, § 33 Rn. 18 ff.
8 Wie hier *Röthemeyer* VDuG § 36 Rn. 3.
9 BT-Drucks. 20/6520 S. 94.
10 Wie hier *Röthemeyer* VDuG § 36 Rn. 6.

Die Voraussetzungen i.S.v. § 387 BGB für eine Aufrechnung zu einem früheren Zeitpunkt sind damit nicht erfüllt.[11]

14 Anderes gilt an sich für **Schadensersatzansprüche**, die dem Unternehmer gegen den Sachwalter gemäß § 31 zustehen können und mangels abweichender gesetzlicher Regelung **mit Entstehung** fällig sind.[12] Auch derartige Ansprüche sind aber im Rahmen der Festsetzungen nach § 36 Abs. 1 Satz 2 Nr. 2 nicht zu berücksichtigen: Nach § 36 Abs. 1 Satz 3 soll der Beschluss gemäß § 36 Abs. 1 Satz 1 im Wesentlichen einem **Kostenfestsetzungsbeschluss** gleichstehen.[13] Deshalb ist davon auszugehen, dass wie bei einem Kostenfestsetzungsbeschuss nur die ausdrücklich im Gesetz vorgesehenen Feststellungen getroffen werden können, d.h. dass vom Gericht nur die in § 36 Abs. 1 Satz 2 Nr. 1 bis 3 angesprochenen Punkte berücksichtigt werden können. Das Gericht hat dementsprechend vor Erlass eines Beschlusses nach § 36 Abs. 1 nicht zu klären, ob dem Unternehmer ein Schadensersatzanspruch gegen den Sachwalter zusteht, selbst wenn der Unternehmer aus diesem Grund eine Aufrechnung erklärt hat. Dies bedeutet aber auch, dass eine unterlassene Aufrechnung nicht zu einer **Präklusion** des Unternehmers in Bezug auf die spätere Geltendmachung eines Schadensersatzanspruchs führt.[14]

15 Wie sich aus § 36 Abs. 1 Satz 3 ergibt, steht der Beschluss mit einem gemäß § 36 Abs. 1 Satz 2 Nr. 2 zugunsten des Sachwalters festgesetzten Betrag hinsichtlich seiner **Vollstreckbarkeit** einem **Kostenfestsetzungsbeschluss** i.S.v. § 794 Abs. 1 Nr. 2 ZPO gleich. Der Sachwalter kann damit einen Anspruch i.S.v. Satz 2 Nummer 2 unmittelbar gegen den Unternehmer durchsetzen und aus dem Beschluss vollstrecken.[15] Die **Fälligkeit** tritt mangels anderer gesetzlicher Anordnung mit der Zustellung des Beschlusses ein.[16]

4. Angabe eines Restbetrages zugunsten des Unternehmers

16 Schließlich ist nach § 36 Abs. 1 Satz 2 Nr. 3 in den Beschluss die Angabe aufzunehmen, *„ob und in welcher Höhe ein Restbetrag verbleibt"*. Bei der Auslegung dieses etwas kryptischen **Normtextes** hilft zunächst der systematische Regelungszusammenhang mit den Nummern 1 und 2, der erhellt, dass mit der Nummer 3 jedenfalls der Fall adressiert werden soll, dass der final festgesetzte **Gesamtbetrag** von **Vergütung** und **Auslagen** hinter dem vorläufig festgesetzten Kostenbetrag zurückbleibt und dem Unternehmer insoweit nach § 37 Satz 1 **Alt. 2** ein **Rückzahlungsanspruch** gegen den Sachwalter zusteht. Die Gesetzesbegründung bestätigt dies.[17]

17 Nach Ansicht des Gesetzgebers soll § 36 Abs. 1 Satz 2 Nr. 3 des Weiteren den Fall erfassen, dass der **kollektive Gesamtbetrag** nicht vollständig verbraucht wurde und dem Unternehmer deshalb insoweit (ggf.) ein weiterer **Rückzahlungsanspruch** i.S.v. § 37 Satz 1 **Alt. 1** zusteht.[18] Aus dem Regelungszusammenhang ließe sich ein solches Verständnis wohl nicht ableiten, allerdings spricht dieser auch nicht zwingend gegen eine solche Auslegung. Auch der **Wortlaut** lässt ein solches Verständnis zu. Inhaltlich ist weiter zu berücksichtigen, dass das Gericht sich im Rahmen seiner vorangegangenen Prüfungen ohnehin bereits ein Bild davon gemacht haben muss, wofür der kollektive Gesamtbetrag verwendet wurde und ob ein Restbetrag vorhanden ist. Vor diesem Hintergrund kann der Gesetzesbegründung eine ausschlaggebende Bedeutung zugemessen werden,

---

11 A.A. *Röthemeyer* VDuG § 36 Rn. 6, der allerdings auf die Voraussetzungen des § 387 BGB nicht eingeht.
12 *Röthemeyer* VDuG § 31 Rn. 3.
13 S. unten Rn. 19 f.
14 A.A. *Röthemeyer* VDuG § 31 Rn. 3.
15 BT-Drucks. 20/6520 S. 94.
16 *Röthemeyer* VDuG § 36 Rn. 7.
17 BT-Drucks. 20/6520 S. 94; a.A. *Röthemeyer* VDuG § 36 Rn. 5, der ohne Begründung davon ausgeht, dass sich § 36 Abs. 1 Satz 2 Nr. 3 auf einen Rest des kollektiven Gesamtbetrages bezieht.
18 BT-Drucks. 20/6520 S. 94; zustimmend Köhler/Bornkamm/Feddersen/*Scherer* § 36 VDuG Rn. 8; Anders/Gehle/*Schmidt* § 36 Rn. 2.

sodass nach § 36 Abs. 1 Satz 2 Nr. 3 auch ein vom **kollektiven Gesamtbetrag** verbleibender Rest im Beschluss anzugeben ist.

Auch hinsichtlich etwaiger nach § 36 Abs. 1 Satz 2 Nr. 3 anzugebender Restbeträge gibt es **18** weder von Gesetzes wegen eine Verrechnung mit noch offenen Vergütungs- oder Auslagenersatz- ansprüchen des Sachwalters, noch ist wegen der fehlenden Fälligkeit der Ansprüche eine **Aufrech- nung** möglich.[19]

Fraglich ist schließlich, ob der Beschluss auch hinsichtlich eines gemäß § 36 Abs. 1 Satz 2 Nr. 3 **19** angegebenen Restbetrages gemäß § 36 Abs. 1 Satz 3 hinsichtlich seiner Vollstreckbarkeit einem **Kostenfestsetzungsbeschluss** gleichsteht. In der **Gesetzesbegründung** wird dies ausdrücklich angenommen.[20] Aus dem Wortlaut geht dies aber zumindest nicht eindeutig hervor, da insoweit – anders als in § 36 Abs. 1 Satz 2 Nr. 2 – nicht von einer **Festsetzung**, sondern nur von einer „**Anga- be**" die Rede ist. Hinzu kommt, dass der Anspruch auf eine derartige Restzahlung nach § 37 Satz 2 erst mit der **Bekanntmachung** der Beendigung des Umsetzungsverfahrens gemäß § 44 Nr. 16 im Verbandsklageregister fällig wird. Bis zu diesem Zeitpunkt ist also eine Vollstreckung aus dem Beschluss für den Unternehmer ausgeschlossen.

Andererseits spricht die **systematische Stellung** von § 38 Abs. 1 Satz 3 dafür, dass sich dieser **20** auch auf § 36 Abs. 1 Satz 2 Nr. 3 bezieht. Und schließlich wäre es eine nicht verständliche **Un- gleichbehandlung**, dem Sachwalter unmittelbar eine Vollstreckung gegen den Unternehmer zu ermöglichen, den Unternehmer dagegen für die Durchsetzung seiner Gegenansprüche auf den Klageweg zu verweisen. Damit sprechen neben der Gesetzesbegründung die besseren Gründe dafür, dass die Angabe eines Restbetrages i.S.v. § 36 Abs. 1 Satz 2 Nr. 3 zu einem **vollstreckbaren Titel** zugunsten des Unternehmers führt.[21]

V. Zustellung und Rechtsmittel

Der Beschluss ist nach der ausdrücklichen Anordnung in § 36 Abs. 2 den Parteien des Abhilfever- **21** fahrens, d.h. dem Kläger und dem Unternehmer, sowie dem Sachwalter **zuzustellen**.

Nach der Gesetzesbegründung soll auf diese Weise zum einen sichergestellt werden, dass **22** die genannten Personen von der Beendigung des Umsetzungsverfahrens nachweislich **Kenntnis** erhalten.[22] Für den Unternehmer und den Sachwalter kann das Zustellungserfordernis ferner damit begründet werden, dass sich aus dem Beschluss etwaige weitere **Zahlungsverpflichtungen** ergeben können.[23]

Hinzu kommt schließlich, dass die **Rechtsbeschwerde** nach § 574 ZPO statthaftes Rechtsmittel **23** gegen den Beschluss gemäß § 36 ist.[24] Auch dies führt nach § 329 Abs. 2 Satz 2 ZPO zur Notwendig- keit einer förmlichen Zustellung an die Parteien des Rechtsstreits und den Sachwalter. Dabei kann auch der Kläger durch die Beendigung des Verfahrens beschwert sein, da er ein eigenes rechtli- ches Interesse an der vollständigen und ordnungsgemäßen Durchführung des Umsetzungsverfah- rens und der Befriedigung der Ansprüche der angemeldeten Verbraucher hat.[25]

---

19 Dazu oben Rn. 13 f.
20 BT-Drucks. 20/6520 S. 94.
21 Im Ergebnis ebenso Skauradszun/*Beck* VDuG § 36 Rn. 11.
22 BT-Drucks. 20/6520 S. 95.
23 BT-Drucks. 20/6520 S. 95.
24 BT-Drucks. 20/6520 S. 95.
25 Näher *Röthemeyer* VDuG § 36 Rn. 12 ff.

VI. Rechtsfolgen der Verfahrensbeendigung

24 Wird der Beschluss nach § 36 Abs. 1 bestandskräftig, führt dies nach § 36 Abs. 1 Satz 1 mit **konstitutiver** Wirkung zur Beendigung des Umsetzungsverfahrens. Gemäß § 44 Nr. 16 ist die Beendigung im Verbandsklageregister bekannt zu machen.

25 Als weitere Rechtsfolge hat der Sachwalter gemäß § 23 Abs. 3 Satz 2 seine **Bestellungsurkunde** zurückzugeben. Ferner kann der Sachwalter, sofern ihm noch Ansprüche gegen den Unternehmer auf Vergütung oder Auslagenersatz zustehen, diese auf der Grundlage des Beschlusses **durchsetzen**. Gleiches gilt für etwaige Ansprüche des Unternehmers auf Rückzahlung etwaiger Restbeträge, sobald diese gemäß § 37 Satz 2 mit der Bekanntmachung der Verfahrensbeendigung fällig geworden sind.

26 Die Beendigung des Umsetzungsverfahrens führt ferner dazu, dass die **Sperrwirkung** gemäß § 11 Abs. 2 und 3 entfällt,[26] zudem können spätestens ab diesem Zeitpunkt **Individualklagen** i.S.v. § 39 oder § 40 erhoben werden.

---

26 *Röthemeyer* VDuG § 36 Rn. 2.

§ 37
Nicht abgerufene Beträge

[1]Ist der kollektive Gesamtbetrag nach Beendigung des Umsetzungsverfahrens nicht vollständig ausgekehrt oder übersteigt der vorläufig festgesetzte Kostenbetrag die endgültig festgesetzten Kosten des Umsetzungsverfahrens, so ist der Sachwalter dem Unternehmer zur Erstattung des verbleibenden Betrags verpflichtet. [2]Dieser Rückzahlungsanspruch ist mit der Bekanntmachung des Beschlusses über die Feststellung der Beendigung des Umsetzungsverfahrens im Verbandsklageregister fällig.

Schrifttum

Anders/Gehle/*Schmidt* ZPO, Beilage VDuG (2023); Köhler/Bornkamm/Feddersen/*Scherer* UWG, 42. Aufl. (2024); *Röthemeyer* VDuG Handkommentar (2024); *Skauradszun* VDuG Kommentar (2024).

Übersicht

I. Regelungsgegenstand —— 1

II. Materieller Anspruch —— 2

III. Verfahren —— 3

IV. Fälligkeit —— 5

V. Weitere Ansprüche des Unternehmers auf Herausgabe und Auskunft —— 7

I. Regelungsgegenstand

Hat der Sachwalter den vom Unternehmer in den **Umsetzungsfonds** eingezahlten vorläufigen **1** Kostenbetrag oder den ebenfalls in den Umsetzungsfonds eingezahlten kollektiven Gesamtbetrag nicht **vollständig** verbraucht, steht dem Unternehmer – eine Selbstverständlichkeit – gegen den Sachwalter ein entsprechender **Rückzahlungsanspruch** zu.[1] § 37 enthält hierfür die materiellrechtliche Grundlage und regelt zugleich die Fälligkeit des Anspruchs.

II. Materieller Anspruch

Der Regelungsgehalt von § 37 Satz 1 beschränkt sich darauf, die **materiell-rechtliche Grundlage** **2** für den Rückzahlungsanspruch des Unternehmers gegen den Sachwalter zu schaffen,[2] wenn vom kollektiven Gesamtbetrag oder vom vorläufigen Kostenbetrag auch unter Berücksichtigung der Festsetzungen des Gerichts i.S.v. § 36 Abs. 1 Satz 2 Nr. 1 ein **Rest** verblieben ist. Daraus ergibt sich zugleich, dass die Grundlage des Anspruchs auf Rückzahlung nicht in § 812 BGB zu suchen und dementsprechend insbesondere eine Berufung des Sachwalters auf **Entreicherung** gemäß § 818 Abs. 3 BGB **ausgeschlossen** ist. Hat ein **Dritter** anstelle des Unternehmers die Zahlungen an den Sachwalter vorgenommen, was unproblematisch möglich ist, so ist nach der klaren Vorgabe die Erstattung gleichwohl **an den Unternehmer** und nicht an den Dritten zu leisten.

---

1 Siehe auch BT-Drucks. 20/6520 S. 95.
2 Wie hier *Röthemeyer* VDuG § 37 Rn. 2.

III. Verfahren

3 Über das **Bestehen** und ggf. die **Höhe** eines Rückzahlungsanspruches wird abschließend[3] in dem vom Gericht nach § 36 Abs. 1 zu erlassenden Beschluss entschieden.[4] Dies erscheint sachgerecht, da das Gericht auf der Grundlage von § 30 Abs. 2 Satz 2, §§ 33, 34 ohnehin über alle erforderlichen **Informationen** verfügt und gemäß §§ 35, 36 alle Unterlagen zu prüfen hat. Da das Gericht zudem insofern **von Amts wegen** tätig wird und auch den Sachverhalt von Amts wegen ermittelt, ist auch der Verzicht auf einen regulären Instanzenzug zu rechtfertigen. § 37 Satz 1 bildet dementsprechend „nur" die materielle Grundlage für die nach § 36 Abs. 1 Satz 2 Nr. 3 zu treffende **Entscheidung**.[5]

4 Ist der Beschluss i.S.v. § 36 Abs. 1 rechtskräftig, beträgt gemäß § 197 Abs. 1 Nr. 3 BGB die Verjährungsfrist 30 Jahre.[6]

IV. Fälligkeit

5 Der aus § 37 Satz 1 folgende und nach § 36 Abs. 1 Satz 2 Nr. 3 festzusetzende Anspruch wird nach der unmissverständlichen Regelung in § 37 Satz 2 erst mit der **Bekanntmachung** des Beschlusses über die Feststellung der Beendigung des Umsetzungsverfahrens im Verbandsklageregister **fällig**.

6 Diese Regelung ist sachlich offensichtlich **verfehlt**, da der Beschluss, in dem die Rückzahlungspflicht des Sachwalters festgesetzt wird, dem Sachwalter nach § 36 Abs. 2 **zuzustellen** ist. Auf eine im Verbandsklageregister zu veröffentlichende Information ist der Sachwalter also unter keinem denkbaren Gesichtspunkt angewiesen. Anderslautende Ausführungen in der Gesetzesbegründung[7] liegen offensichtlich **neben der Sache**. Anders wäre dies nur, wenn vor einer Veröffentlichung im Verbandsklageregister abzuwarten wäre, ob gegen den Beschluss nach § 36 Abs. 1 Rechtsbeschwerde eingelegt und wie ggf. hierüber entschieden wird.[8] Hierfür enthält das Gesetz aber keine Anhaltspunkte. Gleichwohl ist die **eindeutige** Regelung in § 37 Satz 2 zu beachten.

V. Weitere Ansprüche des Unternehmers auf Herausgabe und Auskunft

7 Wahrscheinlich **übersehen**, jedenfalls aber nicht geregelt wurde vom Gesetzgeber, dass dem Unternehmer auch noch weitere **(Herausgabe-)Ansprüche** gegen den Sachwalter zustehen können.

8 Dies gilt zunächst für den Fall, dass der Sachwalter zur Erledigung seiner Aufgaben Anschaffungen getätigt hat und es sich bei den dafür angefallenen Kosten nach der Beurteilung des Gerichts um **ersatzfähige Auslagen** des Sachwalters handelte. Ist dies so, so gibt es keinen Grund, diese vom Unternehmer „bezahlten" Gegenstände dem Sachwalter zu belassen. Der Unternehmer kann diese **Gegenstände** somit gemäß § 37 Satz 1 analog vom Sachwalter **herausverlangen**.

9 Hinsichtlich des Verfahrens dürften dagegen die §§ 33 bis 36 insoweit **nicht** analog anzuwenden sein, da derartige Herausgabeansprüche nirgends berücksichtigt werden und eine nochmals weitergehende Prüfung erforderlich machen würden, was einer schnellen Verfahrensbeendigung und einem zügigen Erlass eines Beschlusses nach § 36 Abs. 1 entgegenstehen würde. Gelingt somit keine **einvernehmliche** Einigung zwischen dem Unternehmer und dem Sachwalter über die He-

---

3 Vgl. BT-Drucks. 20/6520 S. 95; Anders/Gehle/*Schmidt* § 37 Rn. 1; Köhler/Bornkamm/Feddersen/*Scherer* § 37 VDuG Rn. 4 f.
4 *Röthemeyer* VDuG § 37 Rn. 3 f.
5 Zum Inhalt der Entscheidung in dieser Hinsicht s. § 36 Rn. 16 ff.
6 Skauradszun/*Beck* VDuG § 37 Rn. 6.
7 BT-Drucks. 20/6520 S. 95.
8 Dafür *Röthemeyer* VDuG § 37 Rn. 4, § 44 Rn. 7; dagegen Anders/Gehle/*Schmidt* § 37 Rn. 2.

rausgabe **anderer Gegenstände**, steht dem Unternehmer der Klageweg offen. Zur **Vorbereitung** des Herausgabeanspruchs kann er einen Anspruch nach § 260 Abs. 1 BGB geltend machen.

Schließlich ist denkbar, dass der Unternehmer für die Führung eines **Individualverfahrens** 10 i.S.v. § 39 oder § 40 Information oder Unterlagen benötigt, über die (nur) der Sachwalter verfügt. In einem solchen Fall ist dem Unternehmer gemäß §§ 666, 667 BGB analog, jedenfalls aber nach § 242 BGB ein entsprechender **Auskunfts- und Herausgabeanspruch** zuzubilligen.

§ 38
Insolvenzverfahren über das Vermögen des Unternehmers; Restrukturierung

(1) [1]Die Eröffnung eines Insolvenzverfahrens über das Vermögen des Unternehmers hindert die Durchführung des Umsetzungsverfahrens nicht. [2]Auf Antrag des Sachwalters wird das Umsetzungsverfahren zwecks Klärung möglicher Insolvenzanfechtungsansprüche auf Rückzahlung der nach § 24 gezahlten Beträge ausgesetzt oder, sofern nach Einschätzung des Sachwalters ein Anfechtungsanspruch besteht und dieser nicht offensichtlich unbegründet ist, eingestellt. [3]Das Umsetzungsverfahren ist auch einzustellen, wenn zum Zeitpunkt der Verfahrenseröffnung lediglich ein Teil der nach § 24 zu leistenden Zahlungen erbracht ist.

(2) [1]Wird das Umsetzungsverfahren eingestellt, sind alle nach § 24 erfolgten Zahlungen an die Insolvenzmasse zurückzugewähren. [2]Die zurückzugewährenden Zahlungen gelten als auf den vorläufig festgesetzten Kostenbetrag (§ 18 Absatz 1 Nummer 3) und den kollektiven Gesamtbetrag (§ 18 Absatz 2) in dem Verhältnis geleistet, in dem beide Beträge zueinander stehen.

(3) [1]Der auf den kollektiven Gesamtbetrag entfallende Teil der nach Absatz 2 an die Masse zurückgewährten Zahlungen bildet eine Sondermasse zur Befriedigung derjenigen Verbraucher, die im Rahmen des Umsetzungsverfahrens einen berechtigten Zahlungsanspruch gehabt hätten; dies gilt nicht für Zahlungen, die der Insolvenzanfechtung unterliegen. [2]Zur Verwahrung und Verteilung der Sondermasse ist der Sachwalter zum Sonderinsolvenzverwalter zu bestellen.

(4) § 11 Absatz 3 gilt auch im Verhältnis zu allen Insolvenzgläubigern.

(5) [1]Werden die in einem Abhilfegrundurteil ausgeurteilten Ansprüche in einen Restrukturierungsplan nach dem Unternehmensstabilisierungs- und -restrukturierungsgesetz einbezogen, so ist für die betroffenen Anspruchsinhaber im Restrukturierungsplan eine eigenständige Gruppe zu bilden. [2]Die Abwicklung der durch den Plan gestalteten Verbraucherforderungen ist dem Restrukturierungsbeauftragten zu übertragen.

Schrifttum

Anders/Gehle/*Schmidt* ZPO, Beilage VDuG (2023); *Brzoza* Vergütungsproblematik der insolvenzrechtlichen Sondermasse durch VRUG generell geklärt? NZI 2024, 481; *Dahl/Linnenbrink* Die Position des Sachwalters im Umsetzungsverfahren der neuen Verbandsabhilfeklage nach VDuG, NZI 2024, 33; *Gabriel* Das Verhältnis zwischen Musterfeststellungsklage und Insolvenzrecht, ZIP 2024, 110; *Heerma* Das geplante Verbraucherrechtedurchsetzungsgesetz: Abhilfeurteile und deren Umsetzung nach dem VDuG, ZZP 2024, 425; *Kalisz* Supervorrang von Verbrauchern – eine Fehlentwicklung in § 38 VDuG, NZI 2024, 153; Köhler/Bornkamm/Feddersen/*Scherer* UWG, 42. Aufl. (2024); Musielak/Voit/*Stadler* ZPO, 21. Aufl. (2024); *Röthemeyer* VDuG Handkommentar (2024); *Scherer* Abhilfeanspruch in der Insolvenz, NZI 2023, 985; *Schmittmann* Die insolvenzrechtlichen Aspekte des Referentenentwurfs eines Gesetzes zur Umsetzung der Richtlinie (EU) 2020/1828 über Verbandsklagen zum Schutz der Kollektivinteressen der Verbraucher und zur Aufhebung der Richtlinie 2009/22/EG, ZRI 2023, 277; *Skauradszun* VDuG Kommentar (2024); *Thönissen* Insolvenz und kollektiver Rechtsschutz, KTS 2023, 205; *ders.* Verbandsabhilfeklage und StaRUG, ZInsO 2023, 1570.

Übersicht

I. Überblick: Ziel, Systematik und Unvollständigkeit der Regelung —— 1

II. Fortführung des Umsetzungsverfahrens als Grundregel und ihre Ausnahmen —— 14

III. Aussetzung des Umsetzungsverfahrens zur Klärung von Insolvenzanfechtungsansprüchen
1. Normzweck —— 20
2. Exkurs: Maßgeblicher Anfechtungsgegner —— 21
3. Aussetzung nach Erhebung einer Insolvenzanfechtungsklage —— 24

https://doi.org/10.1515/9783110660180-040

4. Aussetzung vor Erhebung einer Insolvenzanfechtungsklage ━━ 25

5. Verfahrensmäßige Behandlung eines Aussetzungsantrags ━━ 26

6. Rechtsfolgen einer Aussetzung ━━ 36

IV. Einstellung des Umsetzungsverfahrens nach Insolvenzeröffnung

1. Überblick ━━ 39

2. Einstellung wegen möglicher Anfechtbarkeit
   a) Regelungskonzept ━━ 43
   b) Verfahren und materielle Voraussetzungen ━━ 47

3. Einstellung wegen unvollständiger Zahlungen an den Sachwalter ━━ 55

4. Einstellung wegen erfolgreicher Insolvenzanfechtungsklage ━━ 67

5. Rechtsfolgen einer Einstellung des Umsetzungsverfahrens in Bezug auf das Umsetzungsverfahren ━━ 71

6. Rechtsfolgen einer Einstellung des Umsetzungsverfahrens in Bezug auf das Insolvenzverfahren
   a) Mögliche Bildung einer Sondermasse ━━ 78
   b) Verfahren ━━ 81

V. Entsprechende Anwendung von § 11 Abs. 3

1. Einführung ━━ 92

2. Vorbemerkung: Allgemeine Auswirkungen der Eröffnung eines Insolvenzverfahren auf Abhilfeklagen ━━ 95

3. Bindungswirkung bei Insolvenzeröffnung nach Rechtskraft des Abhilfegrundurteils
   a) Auswirkungen der Insolvenzeröffnung auf das Umsetzungsverfahren ━━ 106
   b) Bindungswirkung des Abhilfegrundurteils ━━ 109
   c) Auswirkungen auf das Abhilfeendurteil ━━ 121

VI. Einbeziehung ausgeurteilter Ansprüche in einen Restrukturierungsplan

1. Regelungsgegenstand ━━ 122

2. Möglichkeit zur Einbeziehung von Verbraucheransprüchen ━━ 124

3. Verhältnis eines Restrukturierungsverfahrens zum Umsetzungsverfahren ━━ 126

4. Bildung einer eigenen Gruppe; Rechtsfolgen ━━ 131

5. Abwicklung durch den Restrukturierungsbeauftragten; Auswirkungen auf ein begonnenes Umsetzungsverfahren ━━ 136

VII. Besonderheiten bei ausländischen Insolvenzoder Restrukturierungsverfahren ━━ 140

I. Überblick: Ziel, Systematik und Unvollständigkeit der Regelung

In § 38 beschäftigt sich das Gesetz verdienstvollerweise mit den Folgen, die die Eröffnung eines **1** **Insolvenzverfahrens** über das **Vermögen** des **Unternehmers** für die Durchführung des Umsetzungsverfahrens hat. Die Berechtigung dieser Regelung ergibt sich daraus, dass die Durchführung des Umsetzungsverfahrens durch eine Insolvenzeröffnung erheblich gestört werden kann.[1]

Die **Systematik** der gesetzlichen Regelung lässt sich wie folgt beschreiben: Ausgangspunkt ist **2** zunächst der Programmsatz, dass die Eröffnung eines Insolvenzverfahrens über das Vermögen des Unternehmers die Durchführung des Umsetzungsverfahrens nicht „hindert" (§ 38 Abs. 1 Satz 1). Mit anderen Worten ergibt sich aus der **Eröffnung** des Insolvenzverfahrens *per se* **kein Grund** zur Einstellung des Umsetzungsverfahrens.[2] Dies ist allerdings anders, wenn die Zahlungen i.S.v. § 24 an den Sachwalter *entweder* nach **Einschätzung** des Sachwalters der **Anfechtung** i.S.v. §§ 129 ff. InsO unterliegen *oder* im Zeitpunkt der Eröffnung des Insolvenzverfahrens der Unternehmer die Zahlungen gemäß § 24 noch **nicht vollständig** an den Sachwalter geleistet hat. In beiden Fällen soll eine „**Einstellung**" des Umsetzungsverfahrens erfolgen, wobei im Fall der noch nicht vollständigen Zahlung an den Sachwalter im **gesetzlichen Regelfall** (nur) das Umsetzungsverfahren im weiteren Sinne betroffen ist, da im Grundsatz erst nach vollständiger Zahlung aller vom Gericht festgesetzten Beträge gemäß § 24 vom Prozessgericht eine Eröffnung des Umsetzungsver-

---

1 Zur Gesetzesbegründung siehe BT-Drucks. 20/6520 S. 95.

2 Ob man dies wie in der Gesetzesbegründung, BT-Drucks. 20/6520 S. 95, nur als „Klarstellung" oder, wie *Röthemeyer* VDuG § 38 Rn. 4, als Ausnahme von § 240 ZPO ansieht, ist nur von akademischem Interesse. Nach ganz h.A. ist die Anwendung von § 240 ZPO allerdings auf Erkenntnisverfahren beschränkt, s. *Stackmann* MünchKomm-ZPO[6] § 240 Rn. 3, wozu das Umsetzungsverfahren nicht zählt.

fahrens im engeren Sinne erfolgt.[3] § 38 ist jedoch in beiden Konstellationen, d.h. unabhängig vom Erlass eines Eröffnungsbeschlusses, auf das Umsetzungsverfahren im engeren wie im weiteren Sinne anwendbar.[4] Benötigt der Sachwalter Zeit für die **Prüfung** eines Anfechtungsrisikos, kann er zunächst gemäß § 38 Abs. 1 Satz 2 die **Aussetzung** des Umsetzungsverfahrens beantragen.

3   Die Begründung für die **Einstellung** im Fall der Anfechtbarkeit der Zahlungen liegt auf der Hand, denn in diesem Fall sind die Gelder an die Masse zurückzugewähren, und die angemeldeten Verbraucher können ihre Forderungen nur wie alle anderen Gläubiger im Insolvenzverfahren geltend machen. Im Fall der noch nicht vollständig vorgenommenen Zahlungen, die nicht zugleich auch der Anfechtung unterliegen, ist die gesetzliche Konzeption schwieriger nachzuvollziehen. Denn in diesem Fall führt die Einstellung dazu, dass die Mittel zwar an die Insolvenzmasse zurückzuzahlen sind, dort aber eine von einem **Sonderinsolvenzverwalter** verwaltete Sondermasse bilden, die vorrangig der Befriedigung der Ansprüche der angemeldeten Verbraucher dient.[5] Vor diesem Hintergrund ist an sich nicht unmittelbar einsichtig, weshalb die Gelder nicht im Umsetzungsverfahren verteilt werden sollen.

4   Die Motivation des Gesetzgebers für die gewählte Vorgehensweise ergibt sich aus der Gesetzesbegründung, in der angeführt wird, im Fall **unvollständiger Zahlungen** bestehe die Gefahr, dass die zur Befriedigung der angemeldeten Verbraucher zur Verfügung stehenden Mittel teilweise für die Vergütung des Sachwalters verwendet werden müssten und so nur ein Teil der Forderungen befriedigt werden könne.[6] Damit sich dieses Problem im Fall einer Rückgewähr und der Bildung einer Sondermasse nicht mehr stellt, muss folglich angenommen werden, dass die **Vergütung**[7] für den Sonderinsolvenzverwalter aus der allgemeinen Insolvenzmasse entnommen wird, soweit sie nicht durch den vom Unternehmer geleisteten Kostenvorschuss gedeckt werden kann. Ob diese Lösung, die die angemeldeten Verbraucher (nochmals)[8] gegenüber den anderen Insolvenzgläubigern **bevorzugt**, gutzuheißen ist, erscheint doch sehr zweifelhaft.[9]

5   Schwerer als diese rechtspolitischen Bedenken wiegt, dass der Gesetzgeber sein Konzept **nicht stringent** umgesetzt hat.[10] So hängt die Einstellung des Umsetzungsverfahrens wegen der Anfechtbarkeit der Zahlungen nach dem **Wortlaut** der gesetzlichen Regelungen nicht davon ab, dass das Bestehen eines Anfechtungsanspruchs tatsächlich gerichtlich festgestellt wurde (vgl. § 38 Abs. 1 Satz 2).[11]

6   Nicht geregelt ist ferner der Fall, dass der Insolvenzverwalter eine **erfolgreiche Anfechtungsklage** erhebt.

7   Zudem hat der Gesetzgeber übersehen, dass sich das Problem **unzureichender Zahlungen** an den Sachwalter nicht nur dann stellen kann, wenn der Unternehmer die nach § 18 Abs. 1 Nr. 3 und Abs. 2 festgesetzten Beträge nicht vollständig zahlt. Die entsprechend den gerichtlichen Vorgaben vollständig geleisteten Zahlungen können sich auch als unzureichend erweisen. Da eine Erhöhung des kollektiven Gesamtbetrages gemäß § 21 aus der Insolvenzmasse ausscheidet, stellt sich auch in diesem Fall die Frage, wie der Fehlbetrag unter den verschiedenen Beteiligten zu verteilen ist. Richtigerweise ist in diesem Fall davon auszugehen, dass die **Vergütungsansprüche**

---

3 Zur Unterscheidung s.o. Vor § 22 Rn. 5 ff.; zu den Ausnahmefällen, in denen das Umsetzungsverfahren schon vor vollständiger Zahlung aller festgesetzten Beträge eröffnet werden kann, s. § 24 Rn. 8 ff.

4 A.A. Skauradszun/*Skauradszun* VDuG § 38 Rn. 11, wonach die Anwendbarkeit von § 38 einen Eröffnungsbeschluss i.S.v. § 24 voraussetzen soll.

5 Rechtspolitisch kritisch hierzu *Schmittmann* ZRI 2023, 277, 283 f.

6 BT-Drucks. 20/6520 S. 95.

7 Zur Berechnung dieser Vergütung siehe *Brzoza* NZI 2024, 481, 484.

8 Mit beachtlichen Gründen generell sehr kritisch zur Privilegierung der angemeldeten Verbraucher und Kleinunternehmer (!) gegenüber den anderen Insolvenzgläubigern *Kalisz* NZI 2024, 153, 156 f., 159.

9 Gegen eine Entnahme der Vergütung des Sonderinsolvenzverwalters aus der allgemeinen Insolvenzmasse *Brzoza* NZI 2024, 481, 484.

10 Insgesamt kritisch zur fehlenden Einpassung der Regelung in die allgemeine insolvenzrechtliche Systematik *Kalisz* NZI 2024, 153, sowie *Heerma* ZZP 2024, 425, 455.

11 Zu diesem Fall s.u. Rn. 45 ff.

des Sachwalters **Vorrang** haben und die Zahlungen an die angemeldeten Verbraucher entsprechend zu kürzen sind.

Ferner enthält § 38 Abs. 5 eine **Sonderregelung** für den Fall, dass es nicht zur Eröffnung eines **8** Insolvenzverfahrens, sondern zu einem **Restrukturierungsplanverfahren** i.S.d. §§ 22 ff. StaRUG kommt. In diesem Fall werden die Interessen der angemeldeten Verbraucher durch die Bildung einer **eigenen Gruppe** berücksichtigt. Auf diese Weise soll erreicht werden, dass für die angemeldeten Verbraucher mindestens ein Vermögenswert zur Verfügung steht, der einer im Fall eines Insolvenzverfahrens zu bildenden Sondermasse i.S.v. § 38 Abs. 3 entspricht.[12] Aus der gesetzlichen Konzeption ist zudem zu entnehmen, dass die **Durchführung** eines Restrukturierungsplanverfahrens ausnahmslos zur **Aussetzung** und die **Annahme** des Plans zur **Einstellung** des Umsetzungsverfahrens führt, auch wenn dies im Gesetz an keiner Stelle ausgesprochen wird.[13] Unzutreffend ist allerdings die Annahme des Gesetzgebers, durch die Bildung einer eigenen Gruppe könnte den angemeldeten Verbrauchern in jedem Fall eine Vermögensmasse im Umfang einer Sondermasse i.S.v. § 38 Abs. 3 gesichert werden. Kommt es z.B. zu einem Restrukturierungsplanverfahren, bevor der Unternehmer die Zahlungen an den Sachwalter geleistet hat, ist die vom Gesetzgeber beabsichtigte Absicherung der angemeldeten Verbraucher ausgeschlossen.[14]

Wegen der rechtlichen Bedeutung ist die Eröffnung des Insolvenzverfahrens über das Vermö- **9** gen des Unternehmers gemäß § 44 Nr. 18 im **Verbandsklageregister** öffentlich bekannt zu machen.

Schließlich ist festzustellen, dass manche Fragen vom Gesetzgeber nicht gesehen wurden,[15] **10** die sich im Zusammenhang mit der Eröffnung eines Insolvenzverfahrens über das Vermögen des Unternehmers stellen können. So sind z.B. die Auswirkungen einer Insolvenzeröffnung auf zuvor abgeschlossene **Umsetzungsvereinbarungen** ungeregelt.[16] Eine besondere Regelung war insoweit allerdings nicht erforderlich, da jede Umsetzungsvereinbarung ein aktives Umsetzungsverfahren voraussetzt. Wird das Umsetzungsverfahren ausgesetzt oder eingestellt, teilt eine Umsetzungsvereinbarung dieses Schicksal.

Nicht ausdrücklich bedacht hat der Gesetzgeber ferner die Auswirkungen einer Insolvenzer- **11** öffnung auf ein **Erhöhungsverlangen** nach § 21. Bereits aus den allgemeinen Regeln ergibt sich jedoch, dass nach Eröffnung des Insolvenzverfahrens ein Erhöhungsverlangen nicht mehr gegen den Unternehmer durchgesetzt werden kann (§§ 89, 240 ZPO). Ist bereits ein **rechtskräftiges Urteil** über eine Erhöhung nach § 21 ergangen, sind die Zahlungen aber noch nicht geleistet worden, ist eine Zahlung des Erhöhungsbetrages an den Sachwalter ausgeschlossen (arg. e. § 38 Abs. 1 Satz 3). Ist die Zahlung noch vor Insolvenzeröffnung erfolgt, kann insoweit ein Anfechtungsrecht bestehen. Auswirkungen auf das Umsetzungsverfahren im Übrigen, d.h. auf die Verwendung der in § 24 genannten Beträge hat dies alles jedoch nicht. Die Auswirkungen der Insolvenzeröffnung auf das auf der Basis der in § 24 genannten Beträge begonnene Umsetzungsverfahren und die nach § 21 festzusetzenden Erhöhung sind **getrennt** zu behandeln. Denn die Verbraucher können nicht alleine deshalb schlechter stehen, weil der Kläger einen Antrag auf Erhöhung des kollektiven Gesamtbetrages gestellt hat.

Nicht berücksichtigt hat der Gesetzgeber die Fälle, in denen der Unternehmer nicht zur Zah- **12** lung eines kollektiven Gesamtbetrags, sondern zur Vornahme einer anderen vertretbaren oder einer unvertretbaren Handlung verurteilt wurde. In diesen Fällen muss es zu einer Einstellung des Verfahrens in analoger Anwendung von § 38 Abs. 1 Satz 3 kommen.[17]

---

12 So BT-Drucks. 20/6520 S. 96 f.
13 Dazu unten Rn. 130, 138.
14 S.u. Rn. 123.
15 Die Unvollständigkeit der gesetzlichen Regelungen angesichts der Vielzahl möglicher Konstellationen kritisieren auch *Dahl/Linnenbrink* NZI 2024, 33, 37.
16 Zu diesen s. Vor §§ 22 ff. Rn. 20 ff.
17 So richtig Skauradszun/*Skauradszun* VDuG § 38 Rn. 8.

13　　Eine Lücke enthält die gesetzliche Regelung schließlich auch dahingehend, dass der Fall einer **Anfechtung nach § 3 AnfG** nicht erfasst wird. Diesbezüglich wird man von einer analogen Anwendung von § 38 Abs. 1 bis 4 ausgehen müssen.

II. Fortführung des Umsetzungsverfahrens als Grundregel und ihre Ausnahmen

14　Die **Grundregel** für den Fall der Eröffnung eines Insolvenzverfahrens über das Vermögen des Unternehmers enthält § 38 Abs. 1 Satz 1, der bestimmt, dass das Umsetzungsverfahren auch in diesem Fall **fortzusetzen** ist. Richtigerweise ist das so zu verstehen, dass allein der Umstand der Eröffnung des Insolvenzverfahrens als solcher die Fortsetzung des Umsetzungsverfahrens nicht hindert, wobei diese Regel, wie sich aus § 38 Abs. 1 Satz 3 ergibt, von vornherein nur zur Anwendung kommen soll, wenn der Unternehmer die ihm nach § 24 obliegenden Zahlungen bereits **vor** Eröffnung des Insolvenzverfahrens **vollständig** an den Sachwalter geleistet hat.[18]

15　　Unter der Eröffnung des Insolvenzverfahrens ist der Erlass des Eröffnungsbeschlusses i.S.v. § 27 InsO zu verstehen.

16　　Die unveränderte Fortführung des Umsetzungsverfahrens dürfte allerdings in der Praxis die **Ausnahme** bleiben, da, wie die Gesetzesbegründung zutreffend ausführt, diese nach § 38 Abs. 1 Satz 3 nur in Betracht kommt, wenn bereits vor Insolvenzeröffnung alle Zahlungen i.S.v. § 24 an den Sachwalter geleistet wurden und dies auch in **anfechtungsfreier** Weise geschehen ist.[19] Denn nur dann sind die an den Sachwalter geleisteten Zahlungen **endgültig** aus dem Vermögen des Unternehmers ausgeschieden und können „**gleich einer Drittsicherheit**" zur Befriedigung der angemeldeten Verbraucher dienen.[20]

17　　Nach dem vom Gesetzgeber getroffenen **Regelungskonzept** gibt es von der Fortsetzung des Umsetzungsverfahrens folglich die folgenden Ausnahmen, wobei sich die Regelungen in mancher Hinsicht als unvollständig erweisen:

– Nach § 38 Abs. 1 Satz 2 Alt. 1 ist das Umsetzungsverfahren auf Antrag des Sachwalters „*zwecks Klärung möglicher Insolvenzanfechtungsansprüche*" **auszusetzen**, wobei der Gesetzgeber allerdings das nachfolgende Verfahren nicht geregelt hat. Offen ist insbesondere, wer und in welcher Weise die Klärung des Vorliegens möglicher Insolvenzanfechtungsansprüche vorzunehmen hat und wie das Verfahren diesbezüglich zu gestalten ist.

– Kommt der Sachwalter zu der Einschätzung, dass ein **Anfechtungsanspruch** auf Rückgewähr der an ihn erbrachten Zahlungen **besteht**, und ist dieser Anspruch **nicht offensichtlich unbegründet**, so wird das Umsetzungsverfahren gemäß § 38 Abs. 1 Satz 2 Alt. 2 **eingestellt**. Auch diesbezüglich fehlen Regelungen zur verfahrensmäßigen Umsetzung. Insbesondere wäre die Beteiligung des Klägers regelungsbedürftig gewesen, da eine Einstellung zu einer weitgehenden Kassation der Wirkungen des von ihm erstrittenen Urteils führt.

– Die letzte vom Gesetzgeber getroffene Regelung besteht schließlich darin, dass das Umsetzungsverfahren ebenfalls **einzustellen** ist, wenn das Insolvenzverfahren eröffnet wird, bevor alle Zahlungen vom Unternehmer an den Sachwalter geleistet wurden, § 38 Abs. 1 Satz 3. Auch insoweit vermisst man eine **verfahrensmäßige Ausgestaltung**.

18　Die soeben genannten und vom Gesetzgeber einer ausdrücklichen Regelung zugeführten Fälle müssen allerdings als unvollständig angesehen werden, da der – praktisch wohl **wichtigste** – Fall fehlt, dass alleine der **Insolvenzverwalter** vom Bestehen eines Anfechtungsanspruchs ausgeht, der Sachwalter dies aber in Abrede stellt. In diesem Fall muss jedenfalls eine **erfolgreiche Anfechtung** zur Einstellung des Umsetzungsverfahrens führen. In praktischer Hinsicht dürfte der Sachwalter aber spätestens bei Erhebung einer Anfechtungsklage die Aussetzung des Umsetzungsverfahrens nach § 38 Abs. 1 Satz 2 Alt. 1 beantragen.

---

18 BT-Drucks. 20/6520 S. 96.
19 BT-Drucks. 20/6520 S. 95.
20 BT-Drucks. 20/6520 S. 95; s.a. *Thönissen* KTS 2023, 205, 214 ff.

Die gesetzliche Regelung ist des Weiteren unvollständig, da sie, wie bereits angemerkt wurde, **19** dem Wortlaut nach nur den Fall einer Insolvenzanfechtung adressiert. Im Fall einer **Anfechtung nach § 3 AnfG** sind die Vorschriften jedoch analog anzuwenden.

III. Aussetzung des Umsetzungsverfahrens zur Klärung von Insolvenzanfechtungsansprüchen

1. Normzweck

Gemäß § 38 Abs. 1 Satz 2 Alt. 1 wird auf **Antrag** des Sachwalters das Umsetzungsverfahren zwecks **20** Klärung möglicher Insolvenzanfechtungsansprüche auf Rückzahlung der nach § 24 gezahlten Beträge **ausgesetzt**. Diese Vorschrift trägt dem Umstand Rechnung, dass der Sachwalter einerseits zur Durchführung des Umsetzungsverfahrens verpflichtet ist, andererseits für ihn das Risiko besteht, im Fall einer erfolgreichen **Insolvenzanfechtung** auf Rückzahlung der vom Unternehmer erhaltenen Beträge an die Insolvenzmasse in Anspruch genommen zu werden, ohne insoweit Entreicherung einwenden zu können (§ 143 Abs. 1 Satz 2 InsO). Hinsichtlich der Frage, unter welchen Voraussetzungen „zwecks Klärung" die Aussetzung des Verfahrens sich als das richtige Vorgehen darstellt, ist zwischen dem Fall einer **erhobenen** und einer nur **möglichen Insolvenzanfechtungsklage** zu unterscheiden.

2. Exkurs: Maßgeblicher Anfechtungsgegner

Ausweislich der gesamten „Mechanik" des § 38 setzt der Gesetzgeber (zutreffend) voraus, dass **21** **Anfechtungsgegner** einer Insolvenzanfechtung der Sachwalter ist[21] und es dementsprechend auch darauf ankommt, ob hinsichtlich der an ihn erfolgten Zahlungen Anfechtungstatbestände erfüllt sind. Eine Insolvenzanfechtung gegenüber den **Verbrauchern** ist dementsprechend nur nach § 145 Abs. 2 InsO zu beurteilen.[22]

Diese Frage ist allerdings umstritten. Nach anderer Ansicht soll eine Anfechtung gegenüber **22** dem Sachwalter nur im Fall der **Vorsatzanfechtung** in Betracht kommen, während generell die §§ 130 ff. InsO im Verhältnis zu den **angemeldeten Verbrauchern** zur Anwendung kommen sollen.[23] Begründet wird dies damit, dass es sich wirtschaftlich bei einer Auszahlung des Sachwalters an einen angemeldeten Verbraucher um eine Leistung des (insolventen) Unternehmers handele, die lediglich aus technischen Gründen vom Sachwalter vorgenommen werde. Der Sachwalter sei daher wie ein **uneigennütziger Treuhänder** zu behandeln.[24]

Diese abweichende Ansicht überzeugt nicht. Die Rechtsprechung, wonach im Falle der Einschaltung eines uneigennützigen Treuhänders dieser nur im Fall der Vorsatzanfechtung gemäß **23** §§ 129 Abs. 1, 133 Abs. 1 InsO in Anspruch genommen werden kann,[25] kommt hier schon deshalb nicht zum Tragen, da mit dem **Abhilfegrundurteil** eine **Verpflichtung** des Unternehmers **zur Leistung** an den Sachwalter besteht, die er durch die Zahlungen an diesen erfüllt und auch erfüllen muss. Die gegenteilige Ansicht ist zudem mit der Konzeption des Gesetzgebers nicht zu vereinbaren, mag man diese nun befürworten oder auch nicht. Zum einen geht der Gesetzgeber

---

21 Für die Passivlegitimation des Sachwalters auch Skauradszun/*Skauradszun* § 38 Rn. 21, sowie *Röthemeyer* VDuG § 38 Rn. 9, der a.a.O. zutreffend darauf hinweist, dass der Sachwalter i.d.R. Anspruch auf Prozesskostenhilfe haben dürfte.

22 A.A. Skauradszun/*Skauradszun* VDuG § 38 Rn. 22.

23 Dafür Köhler/Bornkamm/Feddersen/*Scherer* § 38 VDuG Rn. 14 f., *Thönissen* KTS 2023, 205, 216 f., und auch *Scherer* NZI 2023, 985, 987; ferner wohl auch *Kalisz* NZI 2024, 153, 156.

24 Dafür *Kalisz* NZI 2024, 153, 155.

25 BGH, 26.4.20121 – IX ZR 74/11, BGHZ 193, 129.

davon aus, dass die Frage der Anfechtbarkeit der Zahlung **an den Sachwalter** darüber entscheidet, ob die Zahlungen *„gleich einer Drittsicherheit eine Basis für die Befriedigung der Verbraucher"* bieten.[26] Zum anderen wäre es **widersprüchlich**, den Sachwalter zur **Fortführung** eines Umsetzungsverfahrens zu **verpflichten**, weil ihm gegenüber keine Anfechtungsansprüche geltend gemacht werden können, um dann – mit sehr viel größerem **Aufwand** – Anfechtungsansprüche gegen die einzelnen Verbraucher zu verfolgen. Maßgeblich für die gesamte Anwendung von § 38 ist also, ob die Zahlungen des Unternehmers an den Sachwalter der Insolvenzanfechtung unterliegen. Ob die Anfechtungsvoraussetzungen häufig erfüllt sein werden, kann man zwar bezweifeln.[27] Insbesondere eine Anfechtung nach § 130 InsO erscheint aber alles andere als von vornherein ausgeschlossen.[28]

3. Aussetzung nach Erhebung einer Insolvenzanfechtungsklage

24 § 38 Abs. 1 Satz 2 Alt. 1 wird regelmäßig zur Anwendung kommen, wenn der Insolvenzverwalter gegen den Sachwalter eine Insolvenzanfechtungsklage (§§ 129 ff. InsO) **erhebt**. In diesem Fall hat der Sachwalter meist bereits einmal geprüft, ob er die Anfechtungsansprüche für begründet ansieht, und ist zu einer verneinenden Beurteilung gekommen, da er anderenfalls nach § 38 Abs. 1 Satz 2 Alt. 2 die **Einstellung** des Verfahrens beantragen müsste. Gleichwohl besteht für ihn nun **objektiv** das **Risiko**, dass das Gericht zu einem anderen Ergebnis kommt und ihn zur Herausgabe der erhaltenen Zahlungen verurteilt. Diesem Risiko kann er begegnen, indem er gemäß § 38 Abs. 1 Satz 2 Alt. 1 die **Aussetzung** des Umsetzungsverfahrens beantragt.

4. Aussetzung vor Erhebung einer Insolvenzanfechtungsklage

25 Eine Aussetzung nach § 38 Abs. 1 Satz 2 Alt. 1 kommt aber auch ohne oder vor Erhebung einer Insolvenzanfechtungsklage in Betracht, so z.B. wenn der Insolvenzverwalter oder ein Insolvenzgläubiger eine Anfechtungslage behauptet und der Sachwalter vor diesem Hintergrund zu seinem eigenen Schutz das Umsetzungsverfahren zumindest **einstweilen** anhalten möchte. Gleiches gilt, wenn der Sachwalter nach Eröffnung des Insolvenzverfahrens über das Vermögen des Unternehmers zumindest eine **Prüfung** möglicher Anfechtungsrisiken für **erforderlich** hält. Die Aussetzung verschafft ihm die hierfür notwendige Zeit.

5. Verfahrensmäßige Behandlung eines Aussetzungsantrags

26 Zur **verfahrensmäßigen Behandlung** eines solchen Antrags finden sich im Gesetz keine ausdrücklichen Vorgaben. Die dabei zu beachtenden Regeln lassen sich aber unter Berücksichtigung der allgemeinen Vorschriften finden.

27 Aus dem Umstand, dass das Gesetz alleine dem Sachwalter und auch diesem nur ein Antragsrecht einräumt, ist zu schließen, dass Anträge anderer Beteiligter unbeachtlich sind und auch bei einem Antrag des Sachwalters die Aussetzung nicht bereits mit dem Antrag, sondern erst aufgrund einer auf den Antrag folgenden **gerichtlichen Entscheidung**[29] eintritt. Allerdings muss es dem Sachwalter erlaubt sein, schon ab dem Zeitpunkt der Antragstellung bis zum Erlass der gerichtlichen Entscheidung Leistungen an die angemeldeten Verbraucher zu verweigern.[30]

---

26 BT-Drucks. 20/6520 S. 95.
27 Kritisch („geringe Praxisrelevanz") *Röthemeyer* VDuG § 38 Rn. 6.
28 Zu den möglichen Anfechtungsgründen ausführlich Skauradszun/*Skauradszun* VDuG § 38 Rn. 22 ff.
29 So auch Köhler/Bornkamm/Feddersen/*Scherer* § 38 VDuG Rn. 7.
30 So zutreffend Skauradszun/*Skauradszun* VDuG § 38 Rn. 16.

Relevant wird dies allerdings nur in den Fällen, in denen alle anderen Verfahrensschritte bereits abgeschlossen sind.

Zuständig hierfür ist gemäß § 22 Abs. 1 das Prozessgericht der Abhilfeklage, das durch Beschluss entscheidet, der nach § 22 Abs. 2 keiner mündlichen Verhandlung bedarf. **28**

Vor der Entscheidung ist dem **Kläger** rechtliches Gehör zu gewähren, da die Aussetzung des **29** Umsetzungsverfahrens die Vollstreckbarkeit der Abhilfeentscheidungen einschränkt. Dem Kläger ist ein schützenswertes **rechtliches Interesse** an der Durchführung des Umsetzungsverfahrens nicht abzusprechen, da nur bei einer Durchführung des Umsetzungsverfahrens das Ziel der Abhilfeklage vollständig erreicht wird. Ferner ist der **Unternehmer** anzuhören, da die Entscheidung über die Aussetzung des Umsetzungsverfahrens auch seine Interessen berührt.

Nicht zu beteiligen ist dagegen der **Insolvenzverwalter**, da die Entscheidung seine Rechtsposition nicht berührt und ihm die Möglichkeit offensteht, eine Insolvenzanfechtungsklage zur **30** Rechtswahrung zu erheben. Nicht zu beteiligen sind ferner die **angemeldeten Verbraucher.** Zwar wirkt sich eine Aussetzung des Verfahrens auf ihre Interessen aus, allerdings ist die Beteiligung einer vermutlich sehr großen Zahl von angemeldeten Verbrauchern schlicht nicht praktikabel. Ihre Interessen werden zudem durch die **Beteiligung** des Klägers, der ebenfalls ein Interesse an der Fortführung des Umsetzungsverfahrens hat, ausreichend berücksichtigt.

Aus der Formulierung, dass das Umsetzungsverfahren **nicht nur** ausgesetzt werden **kann**, sondern auszusetzen **ist**, ist zu schließen, dass dem Gericht grundsätzlich **kein Ermessen** zusteht, sondern es sich um eine gebundene Entscheidung handelt. Lediglich dann, wenn eine Insolvenzanfechtung offensichtlich ausscheidet oder beispielsweise der Antrag ohne **nachvollziehbare Begründung** erst lange nach Insolvenzeröffnung und ohne, dass der Insolvenzverwalter Anfechtungsansprüche behauptet, gestellt wird, kann dem Antrag mangels eines erkennbaren **Rechtsschutzbedürfnisses** nicht stattzugeben sein. Dagegen ist z.B. in allen Fällen, in denen der Insolvenzverwalter eine **Anfechtungsklage** erhoben hat, eine Aussetzung **zwingend.** Gleiches gilt, wenn der Sachwalter sich unmittelbar nach Eröffnung des Insolvenzverfahrens ein Bild über die Anfechtungsrisiken machen will. Je nach Sachverhalt, kann auch eine **wiederholte Aussetzung** angezeigt sein. In diesem Fall ist das berechtigte Interesse des Sachwalters aber genauer zu prüfen. Gleichwohl gilt auch bei einem wiederholten Aussetzungsantrag, dass im Fall der Erhebung einer Anfechtungsklage durch den Insolvenzverwalter zwingend auszusetzen ist.

Andererseits ist es nicht das Ziel von § 38 Abs. 1 Satz 2 Alt. 1, dem Sachwalter ein Mittel in **32** die Hand zu geben, mit dem er die Fortführung des Umsetzungsverfahrens auf unabsehbare Zeit bzw. nach Belieben **verzögern** kann. Aus diesem Grund ist ein Beschluss des Prozessgerichts, mit dem die Aussetzung des Umsetzungsverfahrens angeordnet wird, zu **befristen**, wobei sich die **Befugnis** des Gerichts zu einer Befristung aus § 30 Abs. 2 Satz 1 ergibt. Die Frist ist dabei so zu bemessen, dass dem Sachwalter unter Hinzuziehung eines anwaltlichen Beraters[31] eine **sachgerechte Prüfung** der Anfechtungslage möglich ist. Erweist sich eine Frist als zu kurz, kann sie durch Beschluss des Gerichts verlängert werden. Nach Ende der Frist muss der Sachwalter dann **entscheiden**, ob er das Umsetzungsverfahren **fortführt** oder nach § 38 Abs. 1 Satz 2 Alt. 2[32] **vorgeht**. Hat der Insolvenzverwalter eine **Anfechtungsklage** erhoben, so ist das Umsetzungsverfahren bis zum rechtskräftigen Abschluss oder einer anderweitigen Beendigung des Klageverfahrens auszusetzen. Eine kürze Befristung scheidet aus.

Anderen Beteiligten, insbesondere den angemeldeten Verbrauchern, dem Kläger oder dem **33** Unternehmer, steht **kein Antragsrecht** zu. Ebenso wenig ist eine Aussetzung **von Amts wegen** möglich. Allerdings kann das Gericht im Rahmen seiner Überwachung des Sachwalters diesen auf Anfechtungsrisiken hinweisen und z.B. gemäß § 30 Abs. 2 Satz 2 einen **Zwischenbericht** dazu anfordern, wie der Sachwalter das Anfechtungsrisiko einschätzt.

Kommt das Gericht im Rahmen seiner Prüfung zu dem Ergebnis, dass eine Anfechtungsklage **34** begründet wäre, führt dies wegen des Antragserfordernisses nicht dazu, dass statt einer Ausset-

---

31 Die Kosten der anwaltlichen Beratung sind als notwendige Auslagen dem Sachwalter zu ersetzen.
32 Dazu unten Rn. 43 ff.

zung die Einstellung des Umsetzungsverfahrens angeordnet werden dürfte.[33] Anderes gilt nur, wenn der Sachwalter nach einem Hinweis des Gerichts seinen Antrag umstellt.

35   Statthaftes **Rechtsmittel** gegen die Entscheidung über eine Aussetzung ist die Rechtsbeschwerde gemäß § 574 ZPO.[34]

6. Rechtsfolgen einer Aussetzung

36 Die **Rechtsfolgen** der Aussetzung hat der Gesetzgeber nicht eigens geregelt. Da die Aussetzungsmöglichkeit ersichtlich alleine dem – berechtigten – Interesse des Sachwalters dient, die Anfechtungsrisiken klären zu können, ist davon auszugehen, dass eine Aussetzung alleine zur Folge hat, den Sachwalter **temporär** von der Verpflichtung zur aktiven Fortführung des Umsetzungsverfahrens zu **befreien**.

37   Dagegen hat die Aussetzung auf die anderen Beteiligten, insbesondere die angemeldeten Verbraucher, keine Auswirkungen, was i.Ü. der Grund dafür ist, dass eine bloße Aussetzung nicht im Verbandsklageregister bekannt zu machen ist. Anderes gilt dagegen für eine Einstellung, die als Beschluss über die Beendigung des Umsetzungsverfahrens nach § 44 Nr. 16 im Verbandsklageregister öffentlich mitzuteilen ist.

38   Hat die Aussetzung somit **keine Auswirkungen** auf die angemeldeten Verbraucher, führt eine Aussetzung auch nicht dazu, dass vom Sachwalter nach § 27 Nr. 4 und 5 gesetzte **Fristen** gemäß § 249 Abs. 1 ZPO unterbrochen würden.[35]

IV. Einstellung des Umsetzungsverfahrens nach Insolvenzeröffnung

1. Überblick

39 Die Eröffnung des Insolvenzverfahrens kann auch zur Folge haben, dass das Umsetzungsverfahren **einzustellen** ist und vom Sachwalter die Gelder, die er vom Unternehmer erhalten hat, an die Insolvenzmasse **herauszugeben** sind. Die Ansprüche der angemeldeten Verbraucher sind dann im Rahmen des Insolvenzverfahrens weiterzuverfolgen.

40   Nach der Konzeption des Gesetzgebers gibt es (nur) zwei Fälle, in denen das Umsetzungsverfahren einzustellen ist: Nach § 38 Abs. 1 Satz 2 Alt. 2 ist das Umsetzungsverfahren einzustellen, wenn nach **Einschätzung** des Sachwalters ein Anfechtungsanspruch besteht und dieser nach der Beurteilung durch das Prozessgericht nicht offensichtlich unbegründet ist. Sind diese Voraussetzungen gegeben, wird die genauere Prüfung im Einzelnen und die weitere Behandlung in das Insolvenzverfahren übertragen.

41   Gleiches gilt nach § 38 Abs. 1 Satz 3 für den Fall, dass zum Zeitpunkt der Eröffnung des Insolvenzverfahrens lediglich ein **Teil** der nach § 24 zu leistenden Zahlungen erbracht ist. In diesem zweiten Fall ist es **wahrscheinlich**, dass die Forderungen der angemeldeten Verbraucher im Umsetzungsverfahren nicht vollständig befriedigt werden können, ein **Rest** also im Insolvenzverfahren geltend gemacht werden müsste. Für diesen Fall wird dem Insolvenzverfahren dann insgesamt **Vorrang** eingeräumt. Rechtspolitisch erscheint dies durchaus **zweifelhaft**, ist als Entscheidung des Gesetzgebers aber zu akzeptieren.

42   Nicht ausdrücklich geregelt ist der Fall, dass der Insolvenzverwalter mit einer **Anfechtungsklage Erfolg** hat. Auch in diesem Fall muss das Umsetzungsverfahren jedoch eingestellt werden, was in analoger Anwendung von § 38 Abs. 1 Satz 2 Alt. 2 möglich ist.

---

33 A.A. *Röthemeyer* VDuG § 38 Rn. 8.

34 A.A. *Röthemeyer* VDuG § 38 Rn. 12, der – entgegen seiner sonstigen Systematik – die sofortige Beschwerde nach § 252 ZPO für statthaft hält. Wie hier Skauradszun/*Skauradszun* VDuG § 38 Rn. 61.

35 A.A. *Röthemeyer* VDuG § 38 Rn. 10.

2. Einstellung wegen möglicher Anfechtbarkeit

a) Regelungskonzept. Das Umsetzungsverfahren ist gemäß § 38 Abs. 1 Satz 2 Alt. 2 einzustellen, **43** wenn nach **Einschätzung** des Sachwalters ein Anfechtungsanspruch besteht und dieser nicht offensichtlich unbegründet ist. Dabei reicht es aus, dass sich ein Teil der Zahlungen als anfechtbar „darstellt" (arg. e. § 38 Abs. 1 Satz 3).[36]

In der **Gesetzesbegründung** wird dazu ausgeführt, nur wenn die Zahlungen an den Sachwal- **44** ter in anfechtungsfester Weise aus dem Vermögen des Unternehmers ausgeschieden seien, könnten sie gleich einer **Drittsicherheit** eine Basis für die Befriedigung der Verbraucher außerhalb des Insolvenzverfahrens bieten.[37] Voraussetzung für ein Vorgehen nach dieser Vorschrift ist allerdings, dass der Unternehmer alle Zahlungen i.S.v. § 24 an den Sachwalter geleistet wurden. Ist dies nicht der Fall, erfolgt bereits zwingend eine Einstellung nach § 38 Abs. 1 Satz 3. Die Einstellung wird ferner nicht dadurch ausgeschlossen, dass der Sachwalter bereits einen Teil der Mittel an angemeldete Verbraucher **ausgekehrt** hat. Zum einen enthält das Gesetz für diese Konstellation keine Ausnahme, zum anderen handelt es sich um keinen Gesichtspunkt, der im Fall einer klageweisen Geltendmachung einen Anfechtungsanspruch i.S.d. §§ 129 ff. InsO **ausschließen** würde.

Der Ausgangspunkt des Gesetzgebers, wonach **anfechtbare** Zahlungen des Unternehmers kei- **45** ne tragfähige Grundlage für die Durchführung eines Umsetzungsverfahrens bieten, ist zweifelsfrei richtig. Auf den ersten Blick **irritierend** ist aber, dass für die Entscheidung über die Einstellung des Verfahrens gemäß § 38 Abs. 1 Satz 2 Alt. 2 **keine abschließende** Entscheidung über die Frage der Anfechtbarkeit vorgesehen ist, sondern die **Einschätzung** des Sachwalters ausreichen soll, sofern der Anfechtungsanspruch nicht offensichtlich unbegründet ist.[38] Die **endgültige** Prüfung, ob die Zahlungen an den Sachwalter anfechtbar sind, erfolgt dann erst bei der Entscheidung über die Bildung einer **Sondermasse** und die Ernennung eines **Sonderinsolvenzverwalters** gemäß § 38 Abs. 3 Satz 1 Hs. 1 und Satz 2,[39] sofern der Insolvenzverwalter nicht eine erfolgreiche Anfechtungsklage erhoben hat.

Diese **zweigeteilte** Prüfung hat die erstaunliche Konsequenz, dass in einem **ersten Schritt 46** das Umsetzungsverfahren wegen eines nicht offensichtlich unbegründeten Anfechtungsrisikos endgültig eingestellt, im **zweiten Prüfungsschritt** dann aber die Anfechtbarkeit abschließend verneint werden kann, ohne dass dies dann zu einer Wiederaufnahme des Umsetzungsverfahrens führen würde. Die Idee des Gesetzgebers muss deshalb dahingehend verstanden werden, dass die Frage, ob das Umsetzungsverfahren einzustellen ist und die Zahlungen an die Insolvenzmasse zurückzugewähren sind, von der weiteren Frage strikt zu **trennen** ist, wie anschließend **innerhalb** des Insolvenzverfahrens mit den zurückgewährten Mitteln zu verfahren ist. Nur wenn man die beiden Fragen in dieser Weise streng getrennt betrachtet, ist auch die Anlegung eines **unterschiedlichen Prüfungsmaßstabs** gerechtfertigt. Konsequent ist es dann allerdings auch, für die zu treffenden Entscheidungen gemäß § 38 Abs. 3 Satz 1 Hs. 1 und Satz 2 nicht mehr das Prozessgericht, sondern das Insolvenzgericht als **zuständig** anzusehen, sobald die Mittel an die Insolvenzmasse übertragen worden sind.[40]

b) Verfahren und materielle Voraussetzungen. Damit das Umsetzungsverfahren gemäß § 38 **47** Abs. 1 Satz 2 Alt. 2 eingestellt werden kann, ist ebenso wie bei der Aussetzung nach § 38 Abs. 1 Satz 2 Alt. 1 zunächst ein entsprechender **Antrag** des **Sachwalters** erforderlich. Auch bei der Einstellung sind andere Beteiligte nicht antragberechtigt, ebenso ausgeschlossen ist eine Einstel-

---

36 Wie hier Köhler/Bornkamm/Feddersen/*Scherer* § 38 VDuG Rn. 9.

37 BT-Drucks. 20/6520 S. 95.

38 Ähnlich wie hier *Thönissen* KTS 2023, 205, 216, der zutreffend darauf hinweist, dass es darauf ankommen muss, ob die Insolvenzanfechtung begründet ist oder nicht; in diesem Sinne auch *Scherer* NZI 2023, 985, 989.

39 Näher unten Rn. 81 f.

40 Dazu unten Rn. 81 f. Ähnlich Anders/Gehle/*Schmidt* § 38 Rn. 5.

lung von Amts wegen. Allerdings kann das Prozessgericht im Rahmen seiner Überwachung des Sachwalters diesen auf eine Anfechtungslage aufmerksam machen und zu einer Antragstellung „anhalten" (z.B. durch Anforderung eines Zwischenberichts zu dieser Frage gemäß § 30 Abs. 2 Satz 2).

48   Zuständig für die Entscheidung über die Einstellung ist nach § 22 Abs. 1 das **Prozessgericht** der Abhilfeklage, das durch Beschluss entscheidet, der nach § 22 Abs. 2 keiner mündlichen Verhandlung bedarf.

49   Für eine Einstellung des Verfahrens ist in **materieller Hinsicht** zunächst erforderlich, dass der Sachwalter tatsächlich zu der **Einschätzung** gekommen ist, dass die Zahlungen des Unternehmers an ihn erfolgreich angefochten werden können. Nach § 38 Abs. 1 Satz 2 Alt. 2 ist **weiter** notwendig, dass ein Anfechtungsanspruch des Insolvenzverwalters nach der Beurteilung des Gerichts **nicht offensichtlich unbegründet** ist.[41] In der Gesetzesbegründung heißt es dazu, erforderlich sei, dass der Sachwalter seine Einschätzung **schlüssig** darlege und der Anfechtungsanspruch nicht offensichtlich unbegründet sei.[42]

50   Richtigerweise kommt es jedoch auf die **Schlüssigkeit** der Darlegungen des Sachwalters **nicht** entscheidend an, sofern er tatsächlich der Ansicht ist, dass eine Anfechtbarkeit gegeben ist. Von Bedeutung ist alleine, ob nach allen vom Prozessgericht zu berücksichtigenden Sachverhaltsumständen, zu denen auch etwaige gemäß § 291 ZPO zu berücksichtigende oder den von anderen Beteiligten im Rahmen ihrer Anhörung[43] vorgetragene Tatsachen zählen, ein Anfechtungsanspruch als offensichtlich unbegründet anzusehen ist oder nicht.[44] Eine offensichtliche Unbegründetheit ist dabei schon immer zu verneinen, wenn zur Klärung der Anfechtbarkeit eine **Beweisaufnahme** erforderlich wäre. Sind alleine **Rechtsfragen** zu beantworten, so kann eine offensichtliche Unbegründetheit nur angenommen werden, wenn für jeden Rechtskundigen **ohne längere Prüfung** erkennbar ist, welche Rechtsfragen sich stellen und wie diese zu beantworten sind.[45]

51   Vor der Entscheidung ist aus den oben bzgl. der Aussetzung des Verfahrens nach § 38 Abs. 1 Satz 2 Alt. 1 genannten Gründen[46] dem **Kläger** und dem **Unternehmer rechtliches Gehör** zu gewähren. Von Amts wegen zu **beteiligen** ist ferner der **Insolvenzverwalter**, da eine Einstellung des Umsetzungsverfahrens den Umfang des Insolvenzverfahrens und seine daraus erwachsenden Aufgaben berührt. Zudem dürfte die Beurteilung der Rechtslage durch den Insolvenzverwalter häufig aussagekräftig für die Beurteilung sein, ob ein Anfechtungsanspruch offensichtlich unbegründet ist. Nicht zu beteiligen sind dagegen die angemeldeten Verbraucher. Zwar wirkt sich eine Einstellung des Verfahrens auch auf ihre Interessen aus, allerdings ist die Beteiligung einer vermutlich sehr großen Zahl von angemeldeten Verbrauchern nicht praktikabel. Ihre Interessen werden zudem durch die Beteiligung des **Klägers**, der ebenfalls ein Interesse an der Fortführung des Umsetzungsverfahrens hat, ausreichend berücksichtigt.

52   Der Sachwalter hat zudem ein **berechtigtes Interesse** daran, dass durch die Entscheidung des Prozessgerichts die Rechtslage gerade auch im Verhältnis zum Insolvenzverwalter **verbindlich** geklärt wird. Vor dem Hintergrund, dass auf das Umsetzungsverfahren grundsätzlich die Regelungen der ZPO zur Anwendung kommen, steht dem Sachwalter das Mittel der **Streitverkündung** zur Verfügung, um den Insolvenzverwalter an das Ergebnis der gerichtlichen Prüfung zu

---

41 A.A. Anders/Gehle/*Schmidt* § 38 Rn. 4, wonach dem Gericht keinerlei Prüfungskompetenz zustehen soll, was allerdings schon mit dem Wortlaut des Gesetzes kaum zu vereinbaren sein dürfte. Anders, aber ungenau *Röthemeyer* VDuG § 38 Rn. 13, wonach dem Sachwalter eine „Einschätzungsprärogative" zukommen soll.
42 BT-Drucks. 20/6520 S. 96. Kritisch hierzu *Heerma* ZZP 2024, 425, 456, der zu Recht bezweifelt, dass dem Sachwalter regelmäßig überhaupt die maßgeblichen Sachverhaltsumstände bekannt sein dürften.
43 Dazu Rn. 51.
44 A.A. *Scherer* NZI 2023, 985, 989, wonach dem Sachwalter hier ein „weiter Beurteilungsspielraum" zukommen soll.
45 Kritisch zum Begriff der „offensichtlichen Unbegründetheit" wegen mangelnder Konturen Köhler/Bornkamm/Feddersen/*Scherer* § 38 VDuG Rn. 6, sowie *Schmittmann* ZRI 2023, 277, 283.
46 Rn. 29.

binden und eine gegenteilige Beurteilung in einem vom Insolvenzverwalter später eingeleiteten Anfechtungsprozess auszuschließen. Kommt das Prozessgericht in einer solchen Konstellation zu dem Ergebnis, dass eine Anfechtungsklage **offensichtlich unbegründet** wäre, muss sich der Insolvenzverwalter dies in einem späteren Verfahren entgegenhalten lassen (§§ 74 Abs. 3, 68 ZPO).

Dem Insolvenzverwalter steht im Übrigen die Möglichkeit offen, die Entscheidung des Prozessgerichts über den Antrag nach § 38 Abs. 1 Satz 2 Alt. 2 nicht abzuwarten und eine **Anfechtungsklage** gegen den Sachwalter zu erheben. Aufgrund der **weitergehenden Rechtswirkungen** und des weitergehenden Prüfungsumfangs einer solchen Klage entfällt das Rechtsschutzbedürfnis für das Verfahren vor dem Prozessgericht über den Einstellungsantrag, sobald die Anfechtungsklage vom Insolvenzverwalter nicht mehr ohne Zustimmung des Sachwalters zurückgenommen werden kann. **53**

Tritt der Sachwalter nach **pflichtgemäßer Prüfung** einer Anfechtungsklage entgegen, hat er gemäß § 32 Abs. 1 Nr. 1 Anspruch auf Ersatz der ihm dabei entstehenden Kosten. Dagegen besteht kein Grund, ihn auf die Inanspruchnahme von Prozesskostenhilfe zu verweisen. **54**

3. Einstellung wegen unvollständiger Zahlungen an den Sachwalter

Das Umsetzungsverfahren ist ferner nach § 38 Abs. 1 Satz 3 einzustellen, wenn bis zum Zeitpunkt der Eröffnung des Insolvenzverfahrens lediglich ein **Teil** der nach § 24 zu leistenden Zahlungen vom Unternehmer an den Sachwalter gezahlt worden ist. Häufig, aber nicht notwendigerweise werden in diesen Fällen auch die Voraussetzungen für eine Einstellung nach § 38 Abs. 1 Satz 2 Alt. 2 gegeben sein. **55**

Hinsichtlich Tatbestand und Rechtsfolgen wirft diese Vorschrift keine besonderen Fragen auf. Von manchen Stimmen in der Literatur wird allerdings angemerkt, dass die Vorschrift an sich **keinen Anwendungsbereich** haben könne, da nach § 24 das Umsetzungsverfahren erst nach der vollständigen Zahlung der in § 24 genannten Beträge eröffnet werde, sodass als Anwendungsfall nur die **versehentliche Eröffnung** des Verfahrens trotz unvollständiger Zahlung verbleibe.[47] **56**

Diese Ansicht übersieht jedoch die im Gesetz angelegte Unterscheidung zwischen dem Umsetzungsverfahren im **weiteren** und dem Umsetzungsverfahren im **engeren** Sinne.[48] Nur das Umsetzungsverfahren im engeren Sinne ist vom Eröffnungsbeschluss gemäß § 24 abhängig und kann – zumindest im Regelfall[49] – erst nach dem vollständigen Eingang der in § 24 genannten Zahlungen eröffnet werden. § 38 Abs. 1 Satz 3 betrifft daher in seinem Kernbereich die Einstellung des Umsetzungsverfahrens im weiteren Sinne. Auch insoweit ist ein Einstellungsbeschluss nicht nur sinnvoll, sondern notwendig, da erst damit für den – bereits ernannten – Sachwalter feststeht, dass sein Amt beendet ist. Erfasst werden ferner die Fälle, in denen **ausnahmsweise** das Umsetzungsverfahren vor Eingang aller Zahlungen i.S.v. § 24 eröffnet wurde. **57**

Der zugrundeliegende **Zweck** der Regelung in § 38 Abs. 1 Satz 3 ist allerdings nicht leicht zu erkennen.[50] **58**

In der **Gesetzesbegründung** wird dazu an einer Stelle[51] ausgeführt, bei einer unvollständigen Einzahlung des nach § 24 erforderlichen Betrages drohe die Gefahr, dass die Kosten des Umsetzungsverfahrens aus dem zur Verteilung an die Verbraucher vorgesehenen kollektiven Gesamtbetrag entnommen werden müssten. Damit würde dann aber der zur Verteilung an die Verbraucher zur Verfügung stehende kollektive Gesamtbetrag verringert. Ein solches Szenario solle vermieden werden, indem das Umsetzungsverfahren eingestellt, die Mittel an die Insolvenzmasse zurücker- **59**

---

47 *Scherer* NZI 2023, 985, 987; *Röthemeyer* VDuG § 38 Rn. 14; *Kalisz* NZI 2024, 153, 155.
48 Dazu eingehend Vor §§ 22 ff. Rn. 5 ff.
49 Zu den Ausnahmen s. § 24 Rn. 8 ff.
50 *Kalisz* NZI 2024, 153, 155 f.
51 BT-Drucks. 20/6520 S. 95.

stattet und gemäß 38 Abs. 3 Satz 1 in Form einer Sondermasse für die angemeldeten Verbraucher reserviert würden.

60   Allerdings fallen auch in diesem Fall **Kosten** für die Verteilung der Sondermasse an. Aus dem Umstand, dass die auf den vorläufig festgesetzten Kostenbetrag i.S.v. § 18 Abs. 1 Nr. 3 entfallenden Zahlungen an die **allgemeine Insolvenzmasse** zu erstatten sind und nicht für die Kosten im Zusammenhang mit der Verteilung der Sondermasse abgesondert werden,[52] ist zu schließen, dass die Kosten für die Verteilung der Sondermasse aus der **allgemeinen Insolvenzmasse** zu bestreiten sind. Übersteigen nun diese Kosten den Teilbetrag, der an die Insolvenzmasse erstattet wurde, tragen die **anderen Insolvenzgläubiger** durch die Verringerung der ihnen zur Verfügung stehenden Mittel einen Teil der Kosten für die Verteilung der Sondermasse, vor der sie nicht profitieren und durch die die begünstigten Verbraucher in vielen Fällen in weit höherem Umfang befriedigt werden dürften als die sonstigen Insolvenzgläubiger. Irgendeine Form einer Rechtfertigung für diese Besserstellung ist nicht zu erkennen.

61   An **anderer Stelle** in der Gesetzesbegründung wird ferner angeführt, dass während des Insolvenzverfahrens mit der vollständigen Zahlung des verbleibenden Restbetrags nicht zu rechnen sei. Dies bringe es mit sich, dass mit dem Beginn der Verteilung des kollektiven Gesamtbetrages, d.h. der Auskehr der Mittel an die Verbraucher, bis zum Abschluss des Insolvenzverfahrens zugewartet werden müsse, obwohl auch dann wenig Aussicht darauf bestünde, dass das Umsetzungsverfahren später mit ausreichenden Mitteln durchgeführt werden könne.[53]

62   Auch diese Begründung überzeugt jedoch nicht. Es ist kein Grund erkennbar, weshalb nicht in einem ersten Schritt die vorhandenen Mittel *pro rata* an die Verbraucher ausgekehrt werden sollten. Auch mit Blick auf diese zweite vom Gesetzgeber angegebene Begründung erweist sich die Regelung damit in sachlicher Hinsicht als verfehlt.

63   Die Problemanalyse und vor allen auch die vom Gesetzgeber gewählte Lösung können nach alledem nicht überzeugen. **Vorzugswürdig** wäre es gewesen, im Fall einer nur teilweisen Zahlung durch den Unternehmer dem Prozessgericht die **Entscheidung** zu übertragen, ob das Umsetzungsverfahren durchgeführt werden soll. Auf diese Weise hätten einerseits völlig **unwirtschaftliche** Umsetzungsverfahren, bei denen die anfallenden Kosten in keinem Verhältnis zu den zu verteilenden Mitteln gestanden hätten, vermieden werden können. Andererseits wäre bei bereits geleisteten **erheblichen Teilzahlungen** auch die Auskehr nicht unbedeutender Mittel an die Verbraucher möglich gewesen. Allerdings eröffnet der **eindeutige Wortlaut** keine Spielräume für eine korrigierende Auslegung. Auch für den Fall, dass davon auszugehen ist, dass der fehlende Teil voraussichtlich für die Leistungen an die angemeldeten Verbraucher nicht benötigt wird, ist angesichts der klaren Entscheidung des Gesetzgebers keine einschränkende Auslegung möglich.[54] Zahlt dagegen ein Dritter die fehlenden Mittel ein, liegen die Voraussetzungen für eine Einstellung nicht mehr vor.[55]

64   Zweifelhaft könnte noch sein, ob § 38 Abs. 1 Satz 3 nur dann anwendbar ist, wenn ein Teil der im Abhilfeendurteil genannten Beträge nicht gezahlt wurde, oder auch dann, wenn wegen der Eröffnung des Insolvenzverfahrens eine später nach § 21 ausgeurteilte **Erhöhung** des kollektiven Gesamtbetrages nicht mehr (vollständig) an den Sachwalter gezahlt werden kann. Für die erste Alternative spricht der **Wortlaut**, der alleine darauf abstellt, dass die nach § 24 zu leistenden Zahlungen nicht vollständig erbracht wurden, da in § 24 nur auf die im Abhilfeendurteil nach § 18 Abs. 1 Nr. 2 und Abs. 2 festgesetzten Beträge Bezug genommen wird. Andererseits müssten sich die Probleme, die den Gesetzgeber zu der Regelung in § 38 Abs. 1 Satz 3 bewogen haben, in gleicher Weise stellen, wenn ein nach § 21 nachträglich festgesetzter zusätzlicher Betrag vor Eröffnung des Insolvenzverfahrens nicht vollständig aufgebracht werden kann.

---

52 Dazu ausführlich unten 78 ff.
53 BT-Drucks. 20/6520 S. 96; so auch Musielak/Voit/*Stadler*[21] § 38 VDuG Rn. 2.
54 A.A. Skauradszun/*Skauradszun* VDuG § 38 Rn. 35.
55 Skauradszun/*Skauradszun* VDuG § 38 Rn. 34.

Überzeugender ist jedoch die **erste Verständnismöglichkeit**. Für diese spricht nicht nur 65 der Wortlaut. Es wäre zudem auch nicht einzusehen, weshalb die Verbraucher alleine deswegen schlechter stehen sollten, weil der Kläger ein Erhöhungsverlangen erfolgreich durchgesetzt hat. Wird nämlich ein solches Verlangen i.S.v. § 21 gar nicht erst geltend gemacht, kommt es für die Anwendung von § 38 Abs. 1 Satz 3 zweifelsfrei nur auf die Zahlungen i.S.v. § 24 an.

Hinsichtlich der **verfahrensmäßigen Umsetzung** kann grundsätzlich auf die Ausführungen 66 zu § 38 Abs. 1 Satz 2 verwiesen werden. Zu beachten ist allerdings, dass im Fall von Satz 3 anders als im Rahmen der beiden Alternativen in Satz 2 schon nach dem Wortlaut **kein Antrag** des Sachwalters erforderlich ist, damit das Gericht den Einstellungsbeschluss erlassen kann. Die Richtigkeit dieser Regelung ergibt sich schon aus der einfachen Überlegung, dass in einer Konstellation, in der die Durchführung des Umsetzungsverfahrens nach Einschätzung des Gesetzgebers **objektiv unmöglich** geworden ist, die **zwingende Verfahrensbeendigung** nicht von einem Antrag des Sachwalters abhängig gemacht werden kann.

4. Einstellung wegen erfolgreicher Insolvenzanfechtungsklage

Vom Gesetzgeber **nicht geregelt** wurde **erstaunlicherweise** der Fall, dass eine Insolvenzanfech- 67 tungsklage des Insolvenzverwalters erfolgreich ist. Zwar dürfte es zu dieser Konstellation selten kommen, da es in diesen Fällen naheliegt, dass es vor dem rechtskräftigen Abschluss des Verfahrens bereits nach § 38 Abs. 1 Satz 2 Alt. 2 zu einer Einstellung des Umsetzungsverfahrens kommt. Zwingend ist dies jedoch nicht. Keine Rolle spielt in dieser Konstellation, ob und ggf. in welchem Umfang das Umsetzungsverfahren bereits durchgeführt worden ist.

Ist eine Anfechtungsklage erfolgreich, sind die vom Unternehmer an den Sachwalter gezahl- 68 ten Mittel gemäß § 143 InsO an die Insolvenzmasse zu **erstatten**[56] mit der Folge, dass das Umsetzungsverfahren eingestellt werden **muss**. Eine ausreichende Rechtsgrundlage hierfür findet sich in der analogen Anwendung von § 38 Abs. 1 Satz 2 Alt. 2. Das Prozessgericht hat insoweit einen entsprechenden Beschluss zu fassen, wobei sich die Pflicht zur Rückerstattung bereits aus dem Urteil über die Anfechtungsklage ergibt.

Die Frage, ob für den Fall, dass bereits teilweise Auszahlungen an die angemeldeten Verbrau- 69 cher vorgenommen worden sind, auch diese vom Insolvenzverwalter in Anspruch genommen werden können, ist **richtigerweise** nach § 145 Abs. 2 InsO zu beurteilen.

Diese Frage ist allerdings umstritten. Nach **anderer Ansicht** sollen für die Frage eines Anfech- 70 tungsanspruchs gegenüber den angemeldeten Verbrauchern die §§ 130 ff. InsO zur Anwendung kommen.[57] Begründet wird dies damit, dass es sich **wirtschaftlich** bei einer Auszahlung des Sachwalters an einen angemeldeten Verbraucher um eine **Leistung** des (insolventen) Unternehmers handle, die lediglich aus **technischen Gründen** vom Sachwalter vorgenommen werde. Diese Ansicht ist aber mit der **Konzeption** des Gesetzgebers nicht zu vereinbaren. Zum einen geht der Gesetzgeber davon aus, dass die Frage der Anfechtbarkeit der Zahlung an den Sachwalter darüber entscheidet, ob die Zahlungen „gleich einer Drittsicherheit eine Basis für die Befriedigung der Verbraucher" bieten.[58] Zum anderen wäre es widersprüchlich, den Sachwalter zur Fortführung eines Umsetzungsverfahrens zu verpflichten, weil ihm gegenüber keine Anfechtungsansprüche (mehr) geltend gemacht werden können, um dann – mit sehr viel größerem Aufwand – Anfechtungsansprüche gegen **einzelne Verbraucher** geltend zu machen, sobald der Sachwalter eine Auszahlung an diese vorgenommen hat.

---

56 Köhler/Bornkamm/Feddersen/*Scherer* § 38 VDuG Rn. 5.
57 Dafür Köhler/Bornkamm/Feddersen/*Scherer* § 38 VDuG Rn. 14 f., und *Thönissen* KTS 2023, 205, 216 f.
58 BT-Drucks. 20/6520 S. 95.

5. Rechtsfolgen einer Einstellung des Umsetzungsverfahrens in Bezug auf das Umsetzungsverfahren

71 Die Einstellung bedeutet die **Beendigung** des Umsetzungsverfahrens, sodass die dafür geltenden **allgemeinen Regeln** zu beachten sind. So hat der Sachwalter seine Ernennungsurkunde zurückzugeben (§ 23 Abs. 3 Satz 2), einen Schlussbericht (§ 34 Abs. 1 Satz 3) und eine Schlussrechnung (§ 33) zu erstellen.

72 Wie sich ferner aus § 38 Abs. 2 Satz 1 ergibt, hat der Sachwalter alle nach § 24 erhaltenen Zahlungen **an die Insolvenzmasse** zurückzugeben.[59]

73 Hat der Sachwalter zum Zeitpunkt der Einstellung des Umsetzungsverfahrens bereits einen Teil der Mittel an die angemeldeten Verbraucher **ausgekehrt** oder gemäß § 25 Abs. 3 Satz 2 mit Zustimmung der Gerichts Mittel aus dem Umsetzungsfonds für seine **Vergütung** oder seine **Auslagen entnommen**, erstreckt sich die Rückgabepflicht nur auf die noch im Umsetzungsfond **vorhandenen** Gelder. Will der Insolvenzverwalter weitergehende Zahlungen des Sachwalters erhalten, muss er gegen diesen eine **Anfechtungsklage** erheben. Anderes gilt ferner, wenn der Sachwalter zwar vor der Einstellung, aber bereits **nach** einer Aussetzung nach § 38 Abs. 1 Satz 2 Alt. 1 noch Auszahlungen an angemeldete Verbraucher vorgenommen hat. Da der Sachwalter weiß, dass er nach einer Aussetzung keine Auszahlungen mehr vornehmen darf, kann er solche Auszahlungen einem Rückzahlungsverlangen nicht entgegenhalten.

74 Die angemeldeten Verbraucher, die zum Zeitpunkt der Einstellung des Verfahrens bereits Mittel aus dem Umsetzungsfonds erhalten haben, trifft aus § 38 **keine Rückgabepflicht**. Will der Insolvenzverwalter diese in Anspruch nehmen, so könnte dies allenfalls mittels einer Anfechtungsklage nach § 145 Abs. 2 InsO erfolgen.[60]

75 Hat der Sachwalter noch keine **Vergütung** bzw. keinen **Auslagenersatz** erhalten, ist zu bedenken, dass ihm in Abhängigkeit von seinen bis zur Einstellung des Verfahrens entfalteten Tätigkeiten Ansprüche auf Vergütung und Auslagenersatz zustehen. Zwar darf er die entsprechenden Beträge ohne **gerichtliche Zustimmung** nicht einfach dem Umsetzungsfonds entnehmen (§ 25 Abs. 3 Satz 2). Ihm steht aber vor der Festsetzung durch das Prozessgericht i.S.v. § 32 Abs. 2 ein **Zurückbehaltungsrecht** gemäß § 273 BGB, nach **gerichtlicher Festsetzung** von Vergütung und Auslagen ein **Aufrechnungsrecht** zu. Das Gericht muss deshalb auf Antrag des Sachwalters auch nach der Einstellung des Verfahrens die ihm zustehenden Beträge festsetzen.

76 Zurückbehaltungsrecht bzw. Aufrechnung kann der Sachwalter der Verpflichtung zur Rückgabe der Mittel an den Insolvenzverwalter entgegenhalten, ohne dass ein Widerspruch zu insolvenzrechtlichen Wertungen bestünde (vgl. § 51 Nr. 2, §§ 94, 95 InsO).[61] Will der Insolvenzverwalter die vollständige Rückgabe der Zahlungen i.S.v. § 24 erreichen, muss er gegen den Sachwalter eine **Anfechtungsklage** erheben. Ist diese erfolgreich, kann der Sachwalter seine vom Prozessgericht festgesetzten Ansprüche auf Vergütung und Auslagenersatz nur noch als **Insolvenzforderungen** geltend machen.

77 Der Beschluss über die Einstellung des Umsetzungsverfahrens kann mit der **Rechtsbeschwerde** gemäß § 574 ZPO angefochten werden.

6. Rechtsfolgen einer Einstellung des Umsetzungsverfahrens in Bezug auf das Insolvenzverfahren

78 **a) Mögliche Bildung einer Sondermasse.** Werden die Zahlungen des Unternehmers an den Insolvenzverwalter **zurückgewährt**, so wird der Gesamtbetrag der zurückgezahlten Mittel gemäß

---

59 Dazu *Heerma* ZZP 2024, 425, 458.
60 Näher dazu oben Rn. 21, 69; a.A. *Thönissen* KTS 2023, 205, 216.
61 A.A. *Dahl/Linnenbrink* NZI 2024, 33, 37. Zustimmend – zumindest rechtspolitisch – dagegen *Heerma* ZZP 2024, 425, 457.

§ 38 Abs. 2 Satz 2 **aufgeteilt** in einen Teil, der – grundsätzlich – als **Sondermasse**[62] der Befriedigung der Ansprüche der angemeldeten Verbraucher dienen soll, und einen anderen Teil, der in die **allgemeine Insolvenzmasse** fließt und auf diesem Wege u.a. zur **Abdeckung der Kosten** dient,[63] die durch die Verteilung der Sondermasse an die angemeldeten Verbraucher entstehen. Denn diese Kosten sind aus der allgemeinen Insolvenzmasse zu bestreiten.[64]

Wie die zurückgezahlten Mittel **aufzuteilen** sind, ergibt sich gemäß § 38 Abs. 2 Satz 2 aus dem 79 **Verhältnis**, in dem der vorläufig festgesetzte **Kostenbetrag** i.S.v. § 18 Abs. 1 Nr. 3 zum **kollektiven Gesamtbetrag** i.S.v. § 18 Abs. 2 steht. Nach dem klaren Wortlaut gilt dies auch dann, wenn vom Sachwalter bereits Auszahlungen vorgenommen worden sind und diese auch eindeutig einem der beiden Teilbeträge zugeordnet werden können.[65]

> Beispiel: Das Prozessgericht hat einen kollektiven Gesamtbetrag von € 5.000.000 und einen vorläufig festgesetzten Kostenbetrag von € 100.000 festgesetzt, woraus sich ein Verhältnis von 50:1 ergibt. Zum Zeitpunkt der Einstellung des Umsetzungsverfahrens hat der Sachwalter noch keine Auszahlungen vorgenommen, allerdings sind bereits Auslagen in Höhe von € 20.000 angefallen, die der Sachwalter mit Zustimmung des Prozessgerichts auch schon aus dem Umsetzungsfonds entnommen hat. Aufgrund der Einstellung des Umsetzungsverfahrens muss der Sachwalter nun (nur) die noch vorhandenen Mittel i.H.v. € 5.080.000 an den Insolvenzverwalter herausgeben. Obwohl zweifelsfrei feststeht, dass die „fehlenden" Mittel von € 20.000 auf den vorläufig festgesetzten Kostenbetrag i.S.v. § 18 Abs. 1 Nr. 3 entfallen, ist der zurückgezahlte Gesamtbetrag von € 5.080.000 nach § 38 Abs. 2 Satz 2 im Verhältnis 50:1 in einen Teilbetrag von € 4.980.392,16 aufzuteilen, der potenziell als Sondermasse zur Verfügung steht, und einen Teil von € 99.607,84, der an die Insolvenzmasse fließt.

Die soeben dargestellte **Aufteilung** der Mittel ist allerdings nur von Bedeutung, wenn die auf den 80 kollektiven Gesamtbetrag entfallenden und potenziell eine Sondermasse bildenden Mittel tatsächlich dieses **rechtliche Schicksal** erwartet, d.h. nach § 38 Abs. 3 Satz 1 eine **Sondermasse** zu bilden ist. Dies gilt nach § 38 Abs. 3 Satz 1 Hs. 2 nicht, soweit die aufgrund der Einstellung des Umsetzungsverfahrens zurückgewährten Zahlungen der **Insolvenzanfechtung** unterlagen. Dies ist nun zu **prüfen**, sofern nicht zuvor der Insolvenzverwalter bereits eine Anfechtungsklage gegen den Sachwalter erhoben hatte und die Entscheidung hierüber rechtkräftig ist.

b) Verfahren. Nach § 38 Abs. 3 Satz 1 Hs. 2 und Satz 3 bilden die zurückgewährten Mittel, soweit 81 sie dem kollektiven Gesamtbetrag zuzurechnen sind, eine **Sondermasse**, zu deren Verwahrung und Verteilung der Sachwalter zum **Sonderinsolvenzverwalter** zu bestellen ist. Dies gilt allerdings nicht, soweit die zurückgewährten Zahlungen an den Sachwalter der Insolvenzanfechtung unterlagen. Wann und in welchem Rahmen und unter Beachtung welcher verfahrensrechtlichen Prämissen eine Klärung dieser Frage herbeizuführen ist, regelt das Gesetz allerdings erstaunlicherweise nicht.

Richtigerweise ist davon auszugehen, dass nach Rückgewähr der Mittel **von Amts wegen** 82 über eine **Bestellung** des Sachwalters zum Sonderinsolvenzverwalter zu entscheiden ist. Zuständig hierfür ist allerdings nicht das Prozessgericht, sondern das Insolvenzgericht,[66] da das Umsetzungsverfahren eingestellt ist und sich deshalb eine Zuständigkeit nicht mehr aus § 22 Abs. 1 ergeben kann. Es handelt sich „nur" noch um eine Maßnahme innerhalb des Insolvenzverfahrens, für die das Insolvenzgericht zuständig ist.

---

62 *Thönissen* KTS 2023, 205, 215, Köhler/Bornkamm/Feddersen/*Scherer* § 38 VDuG Rn. 22, und *Scherer* NZI 2023, 985, 990, sehen darin „Absonderungsrecht" i.S.d. §§ 49 ff. InsO.
63 Wie hier Köhler/Bornkamm/Feddersen/*Scherer* § 38 VDuG Rn. 11, 16.
64 Siehe oben Rn. 60.
65 Köhler/Bornkamm/Feddersen/*Scherer* § 38 VDuG Rn. 12 f.; ebenso *Röthemeyer* VDuG § 38 Rn. 19, und *Heerma* ZZP 2024, 425, 457.
66 Wie hier Anders/Gehle/*Schmidt* § 38 Rn. 5 und Skauradszun/*Skauradszun* VDuG § 38 Rn. 44.

83   Im Rahmen des **Bestellungsverfahrens** ist vom Insolvenzgericht von Amts wegen auch die Frage zu prüfen, ob die Zahlungen der **Insolvenzanfechtung** unterliegen. Denn nur dann, wenn dies zu verneinen ist, kommt es tatsächlich zur Bildung einer Sondermasse und zur Bestellung des bisherigen Sachwalters zum Sonderinsolvenzverwalter.[67] Ohne Bedeutung ist es, ob der Insolvenzverwalter einen Anfechtungsanspruch geltend gemacht hat.

84   Nach **anderer Ansicht** soll es dagegen in **allen Fällen** zunächst zur Bildung der Sondermasse und zur Ernennung des Sachwalters zum Sonderinsolvenzverwalter kommen. Denn da dem Sonderinsolvenzverwalter die Befugnis zur Verwaltung der Sondermasse zustehe (§ 80 InsO), könne auch nur dieser über die Geltendmachung von Anfechtungsansprüchen entscheiden.[68] Diese Ansicht mutet allerdings nicht nur seltsam an, sie ist schlicht unrichtig: Die Geltendmachung von Insolvenzanfechtungsansprüchen dient dazu, Vermögenswerte **zur Insolvenzmasse** zurückzuholen. Im vorliegenden Fall führt die Annahme eines Anfechtungsgrundes dementsprechend zur **Auflösung der Sondermasse** und dem Abfluss der Mittel in die allgemeine Insolvenzmasse, woraus sich ergibt, dass – sofern man nicht (wie hier) eine Prüfung von Amts wegen annimmt – dem Insolvenzverwalter das Anfechtungsrecht zustehen müsste,[69] der damit ein auf die (allgemeine) Insolvenzmasse bezogenes Verwaltungsrecht wahrnehmen würde. Darüber hinaus ist es eine **lebensferne Vorstellung**, dass der Sonderinsolvenzverwalter einen Anfechtungsanspruch (gegen wen?) geltend macht, um die von ihm verwaltete Sondermasse zu beseitigen.

85   An dem von Amts wegen einzuleitenden Verfahren sind der **Insolvenzverwalter** und der **Unternehmer** zu beteiligen. Gleiches gilt für **Kläger** des Abhilfeverfahrens, da für den Fall der Bejahung eines Anfechtungsanspruchs eine weitgehende Kassation der Wirkungen des von ihm erstrittenen Urteils eintritt.

86   **Bejaht** das Insolvenzgericht das Bestehen eines Insolvenzanfechtungsanspruchs, kommt es nicht zur Bildung einer Sondermasse, sämtliche zurückgewährten Zahlungen fließen der **allgemeinen Insolvenzmasse** zu. Die angemeldeten Verbraucher sind in diesem Fall gemäß § 87 InsO darauf verwiesen, ihre Ansprüche durch **Anmeldung zur Insolvenztabelle** zu verfolgen,[70] wobei ihnen als Ausfluss des Abhilfeurteils lediglich die **Feststellungswirkung** gemäß § 38 Abs. 4 i.V.m. § 11 Abs. 3 zugutekommt.[71] Im Übrigen müssen die zur Insolvenztabelle angemeldeten Ansprüche im Falle eines Bestreitens **in vollem Umfang** nachgewiesen werden, wobei es für die Frage, wie der tatsächliche Nachweis einer Anspruchsberechtigung zu erfolgen hat, auf den Inhalt des Abhilfegrundurteils **nicht** ankommt. Das Gesetz schreibt insoweit **keine Bindungswirkung** vor, der Insolvenzverwalter war auch nicht **Partei** der Abhilfeklage.

87   Erhalten angemeldete Verbraucher auf der Grundlage ihrer Anmeldung zur Insolvenztabelle eine Zahlung, bleibt folgerichtig für eine nachfolgende Anwendung der §§ 39, 40 **kein** Raum.

88   **Verneint** das Insolvenzgericht das Vorliegen von Gründen für eine **Insolvenzanfechtung**, bilden die zurückgewährten Mittel eine **Sondermasse**, die von einem **Sonderinsolvenzverwalter** zu verwalten und zu verteilen ist. Hinsichtlich der Person gibt das Gesetz vor, dass der Sachwalter als Sonderinsolvenzverwalter zu bestellen ist. Dies dürfte nur dann anders sein, wenn dieser die Übernahme dieses Amtes ablehnt oder **zwingende Ausschlussgründe** i.S.d. InsO vorliegen. Die Rechte und Pflichten des Sonderinsolvenzverwalters, z.B. hinsichtlich seiner Haftung und Vergütung, richten sich alleine nach der **InsO**.[72] Seine Vergütung ist aus der **allgemeinen Insolvenz-**

---

67 Anders *Scherer* NZI 2023, 985, 990, wonach über eine Anfechtung der Sachwalter in seiner Funktion als Sonderinsolvenzverwalter entscheiden soll, was aber offensichtlich zu einem dysfunktionalen System führen würde.
68 Köhler/Bornkamm/Feddersen/*Scherer* § 38 VDuG Rn. 21.
69 In diesem Sinne Skauradszun/*Skauradszun* VDuG § 38 Rn. 43, der allerdings eine Anfechtung für entbehrlich hält, wenn auch der Sachwalter/Sonderinsolvenzverwalter von einer Anfechtbarkeit ausgeht.
70 Wie hier *Thönissen* KTS 2023, 205, 218, sowie Skauradszun/*Skauradszun* VDuG § 38 Rn. 46.
71 Dazu eingehend Rn. 92 ff.
72 Für die Frage der Vergütung gilt dementsprechend z.B. § 63 InsO i.V.m. den Vorgaben der InsVV, vgl. *Dahl/Linnenbrink* NZI 2024, 33, 37; ebenso *Brzoza* NZI 2024, 481, 484 und Skauradszun/*Skauradszun* VDuG § 38 Rn. 48.

masse zu bestreiten, da dieser der Teil der zurückgewährten Zahlungen zugeflossen ist, die dem vorläufig festgesetzten Kostenbetrag i.S.v. § 18 Abs. 1 Nr. 3 zuzurechnen waren.[73]

Da das Umsetzungsverfahren eingestellt ist und es sich bei der Verteilung der Sondermasse **89** um einen Teil des **Insolvenzverfahrens** handelt, erfolgt die Verwaltung und Verteilung der Sondermasse **ausschließlich** nach den Regeln der InsO,[74] was sich bereits aus der gesetzlichen Qualifikation des bisherigen Sachwalters als „**Sonderinsolvenzverwalter**" ergibt. Nach dem Gesetzentwurf der Bundesregierung sollte nach § 38 Abs. 3[75] sogar der Insolvenzverwalter für die Verteilung der Sondermasse zuständig sein, was zwingend eine Anwendung der Regeln der InsO bedingt hätte. Aufgrund eines Änderungsvorschlags des Rechtsauschusses wurde die Verwaltung der Sondermasse dann zwar dem Sachwalter übertragen, aber eben in seiner Eigenschaft als **Sonderinsolvenzverwalter**. An der Anwendung der Regeln der InsO wollte der Rechtsausschuss dagegen nichts ändern.[76]

Folge der Anwendung der Regeln der InsO ist, dass auch bei der Verteilung der Sondermasse **90** durch den bisherigen Sachwalter als Sonderinsolvenzverwalter eine Anmeldung der Ansprüche zur Tabelle und im Falle eines Bestreitens deren **vollständiger Nachweis** erforderlich ist, wobei den angemeldeten Verbrauchern auch in diesem Fall die **Feststellungswirkung** gemäß § 38 Abs. 4 i.V.m. § 11 Abs. 3 zugutekommt.[77] Zu beachten ist allerdings, dass alle angemeldeten Verbraucher, die eine Zahlung aus der Sondermasse erhalten wollen, dem Sonderinsolvenzverwalter **zusätzlich** nachweisen müssen, dass sie nach den für das Umsetzungsverfahren geltenden, durch das Abhilfegrundurteil festgelegten Voraussetzungen einen **berechtigten Zahlungsanspruch** hätten nachweisen können. Denn nur in diesem Fall ist es gerechtfertigt, dass sie von den von der allgemeinen Insolvenzmasse separierten Mitteln profitieren.

Erhalten angemeldete Verbraucher auf der Grundlage ihrer Anmeldung eine Zahlung aus der **91** Sondermasse, bleibt für eine nachfolgende Anwendung der §§ 39, 40 wiederum **kein** Raum.

V. Entsprechende Anwendung von § 11 Abs. 3

1. Einführung

§ 11 Abs. 3 sieht vor, dass **rechtskräftige Urteile** über Verbandsklagen ein zur Entscheidung eines **92** Rechtsstreits zwischen einem angemeldeten Verbraucher und dem verklagten Unternehmer berufenes Gericht binden, soweit dessen Entscheidung den **Lebenssachverhalt** der Verbandsklage und einen mit der Abhilfeklage geltend gemachten **Anspruch** oder ein mit der Musterfeststellungsklage geltend gemachtes **Feststellungsziel** betrifft. Diese Bindung betrifft allerdings nicht Abhilfe**end**urteile. § 38 Abs. 4 erstreckt diese Wirkung in der Weise, dass § 11 Absatz 3 auch im Verhältnis zu allen **Insolvenzgläubigern** gelten soll.

Der Sinn dieser Norm ist **unklar** und anhand des Wortlauts kaum zu verstehen. In der Geset- **93** zesbegründung[78] wird dazu ausgeführt, § 38 Abs. 4 i.V.m. § 11 Abs. 3 führe dazu, dass rechtskräftige Urteile über Verbandsklagen auch das mit einem **Feststellungsstreit** nach § 179 InsO befasste Gericht binden würden, soweit dessen Entscheidung den Lebenssachverhalt der Verbandsklage und einen mit der Abhilfeklage geltend gemachten Anspruch oder ein mit der Musterfeststellungsklage geltend gemachtes Feststellungsziel betreffe. Dies gelte zudem unabhängig davon, ob die Forderung vom Insolvenzverwalter oder von einem Insolvenzgläubiger bestritten worden sei.

---

73 Siehe dazu oben Rn. 60.
74 A.A. *Scherer* NZI 2023, 985, 988.
75 BT-Drucks. 20/6520 S. 22.
76 A.A. mit ausführlicher Begründung *Thönissen* KTS 2023, 205, 217 f., der für die Anwendung der §§ 22 ff. durch den Sonderinsolvenzverwalter plädiert; ebenso *Röthemeyer* VDuG § 38 Rn. 17.
77 Insoweit übereinstimmend *Thönissen* KTS 2023, 205, 217 f.
78 BT-Drucks. 20/6520 S. 96.

94   **Zweck** der Regelung ist somit ausweislich der Gesetzesbegründung, dass der Inhalt einer rechtskräftigen Entscheidung in einer Abhilfeklage nicht allein wegen der Eröffnung eines Insolvenzverfahrens von Seiten der Insolvenzgläubiger wieder in Frage gestellt werden können soll. Dieses Ziel ist richtig, die Ausführungen in der Gesetzesbegründung sind allerdings teilweise missverständlich.

2. Vorbemerkung: Allgemeine Auswirkungen der Eröffnung eines Insolvenzverfahren auf Abhilfeklagen

95 Der Gesetzgeber hat keine Regelung getroffen, wie sich allgemein die Eröffnung eines Insolvenzverfahrens über das Vermögen des Unternehmers auf die Möglichkeit einer Abhilfeklage auswirkt, die nach dem **Klagebegehren** zu einem Umsetzungsverfahren führten soll.[79] Eine solche besondere Regelung war auch nicht erforderlich, da die **allgemeinen Vorschriften** für eine sachgerechte Lösung der sich stellenden Fragen ausreichen.

96   Erfolgt die Insolvenzeröffnung vor einer Klage i.S.v. § 1 Abs. 1, scheidet jedenfalls die Erhebung einer Abhilfeklage aus.[80]

97   Zum einen erscheint schon zweifelhaft, ob der **Insolvenzverwalter** allgemein als Beklagter einer Verbandsklage in Betracht kommt, da diese nach dem Wortlaut von § 1 Abs. 1 gegen einen **Unternehmer** gerichtet sein muss. Zwar hat der BGH kürzlich in einem Fall eine Musterfeststellungsklage i.S.v. § 606 ZPO a.F. gegen einen Insolvenzverwalter für zulässig erachtet.[81] Allerdings setzte § 606 ZPO a.F. keine Klageerhebung gegen einen Unternehmer voraus, sondern nur, dass der **Gegenstand** der begehrten Feststellung in Ansprüchen oder Rechtsverhältnissen zwischen Verbrauchern und Unternehmern bestehen musste. Gleichwohl erscheint es nicht ausgeschlossen, dass ein Insolvenzverwalter jedenfalls dann als Unternehmer i.S.v. § 1 Abs. 1 angesehen werden kann, wenn er das Unternehmen **fortführt**.[82]

98   Für Abhilfeklagen kommt es auf die vorstehende Diskussion jedoch nicht an. Aus § 38 Abs. 1 Satz 3 ergibt sich nämlich, dass ein Umsetzungsverfahren nicht mehr durchgeführt werden kann, sofern im Zeitpunkt der Eröffnung des Insolvenzverfahrens noch nicht alle Zahlungen i.S.v. § 24 an den Sachwalter geleistet sind. Dies ist im Fall der Insolvenzeröffnung **vor** Erhebung der **Abhilfeklage** notwendigerweise der Fall, sodass der zwingende Ausschluss der Durchführung eines Umsetzungsverfahrens den Wegfall des für eine Abhilfeklage stets erforderlichen **Rechtsschutzbedürfnisses** zur Folge hat.

99   Nach **zutreffender Ansicht** sind die Ansprüche der Verbraucher in diesem Fall regulär im Insolvenzverfahren geltend zu machen. Dies setzt eine **Anmeldung** der konkreten, individualisierten Forderungen zur Insolvenztabelle durch die potenziellen Anspruchsinhaber – hier also die betroffenen Verbraucher – voraus (vgl. §§ 87, 174 InsO).[83] Werden die Ansprüche durch den Insolvenzverwalter, einen anderen Insolvenzgläubiger oder den Unternehmer als Schuldner bestritten, so obliegt es den anmeldenden Verbrauchern, mittels einer Klage die Feststellung der Ansprüche zur Insolvenztabelle zu betreiben (§ 179 Abs. 1, § 184 Abs. 1 InsO), was auch den Abschluss eines **Vergleichs** i.S.v. § 17 nach Erlass eines Abhilfegrundurteils ausschließt.

100   Auch im Übrigen ist nicht zu erkennen, woraus sich ein ausreichendes **Rechtsschutzinteresse** eines Klägers oder von Verbrauchern für die Erhebung einer Abhilfeklage **nach** Insolvenzeröffnung ergeben könnte. Denn nach den allgemeinen Regeln, d.h. ohne das Eingreifen einer gesetzli-

---

79 Ob für Musterfeststellungsklagen i.S.v. § 1 Abs. 1 Nr. 2 oder Abhilfeklagen, die gemäß § 16 Abs. 1 Satz 2 die auf Zahlung an namentlich benannte Verbraucher gerichtet sind, etwas anderes gilt, erscheint zweifelhaft, kann aber an dieser Stelle dahinstehen.

80 Zweifelnd und für eine Zulässigkeit *de lege ferenda* Thönissen KTS 2023, 205, 224 ff.

81 BGH, 27.7.2023 – IX ZR 267/20, BGHZ 238, 61.

82 Näher dazu § 1 Rn. 12.

83 *Gabriel* ZIP 2024, 110, 114.

chen Sonderregelung, bliebe der Erlass eines Abhilfegrundurteils in diesem Zusammenhang ohne rechtliche Folgen. Zwar kann es nach § 180 Abs. 2 InsO durchaus von Bedeutung sein, wenn bereits eine einschlägige gerichtliche Entscheidung vorliegt. Allerdings muss es sich dabei entweder um einen **vollstreckbaren** Schuldtitel oder um ein Endurteil in Bezug auf die angemeldete Forderung handeln. Ein **Abhilfegrundurteil** ermöglicht aber keine Vollstreckung in Bezug auf die zur Insolvenztabelle angemeldeten Forderungen. Und es handelt sich eben „nur" um ein Grund-, nicht um ein Endurteil.

Im Ergebnis ist damit festzuhalten, dass ein Abhilfegrundurteil nicht als eine zu beachtende **101** Entscheidung i.S.v. § 180 Abs. 2 InsO zu qualifizieren ist. Auch aus diesem Grund fehlt es nach der Eröffnung eines Insolvenzverfahrens jedenfalls an dem erforderlichen Rechtsschutzbedürfnis für die Erhebung einer solchen Klage. Zu diskutieren wäre allenfalls noch, ob die Bindungswirkung aus § 38 Abs. 4 i.V.m. § 11 Abs. 3 zur Begründung eines entsprechenden Rechtsschutzbedürfnisses herangezogen werden könnte. Dagegen spricht allerdings, dass alle Regelungen in § 38 ersichtlich voraussetzen, dass **nach** Erlass des Abhilfegrundurteils ein Insolvenzverfahren über das Vermögen des Unternehmers eröffnet wird. In diesem Fall soll verhindert werden, dass die angemeldeten Verbraucher der zuvor erstrittenen Bindungswirkung nach § 11 Abs. 3 wieder verlustig gehen. Ein ausreichendes Rechtsschutzbedürfnis für die **Erhebung** einer Abhilfeklage kann aus diesen Sonderregelungen aber nicht abgeleitet werden.

Eine **Anmeldung zur Insolvenztabelle** durch eine klageberechtigte Stelle i.S.v. § 2 Abs. 1 **102** scheidet aus, da das VDuG eine entsprechende Befugnis nicht vorsieht. Ausgeschlossen ist ferner, dass in der Folge eine klageberechtigte Stelle i.S.v. § 2 Abs. 1 für die betroffenen Verbraucher auf **Feststellung der Forderungen zur Insolvenztabelle** klagt, da es sich in diesem Fall nicht um eine der allein erlaubten **Verbandsklagen** nach § 1 Abs. 1 handeln würde. Dass ein Vorgehen durch eine klageberechtigte Stelle ausgeschlossen sein muss, ergibt sich ferner daraus, dass bei einer klageweisen Feststellung einer Forderung zur Insolvenztabelle für jede Forderung auch **individuelle** Voraussetzungen und Einwendungen geprüft werden müssen, zu denen den klageberechtigten Stellen i.S.v. § 2 Abs. 1 schlicht nichts bekannt ist.

Wird ein Insolvenzverfahren über das Vermögen des Schuldners **nach Klageerhebung** eröff- **103** net, aber bevor das Abhilfegrundurteil rechtskräftig geworden ist, führt dies zunächst zur **Unterbrechung** des Abhilfeverfahrens gemäß § 240 Satz 1 ZPO.[84] Das Verfahren kann dann entweder vom Kläger oder dem Insolvenzverwalter nach § 250 ZPO aufgenommen werden. Allerdings steht auch in diesem Fall fest, dass es zu keinem Umsetzungsverfahren kommen wird (arg. e. § 38 Abs. 1 Satz 3). Mangels Rechtsschutzbedürfnisses[85] ist die Abhilfeklage nun als unzulässig anzusehen, sodass im Fall einer Aufnahme nur die Abgabe einer **Erledigungserklärung** durch den Kläger verbleibt.

Hinsichtlich der Ansprüche der Verbraucher gilt, dass diese, wenn sie weiterverfolgt werden **104** sollen, wie auch sonst zunächst zur Tabelle **angemeldet** werden müssen (§ 87 InsO).[86] Wird den Anmeldungen widersprochen, müssen die Verbraucher klageweise eine Feststellung zur Tabelle durchsetzen. Für eine Beteiligung des Klägers der Abhilfeklage oder eine Fortführung des Verbandsklageverfahrens bleibt dabei aus den oben genannten Gründen wiederum kein Raum.

Keine anderen Regeln gelten, wenn mit der Abhilfeklage Masseverbindlichkeiten i.S.v. § 55 **105** InsO geltend gemacht werden sollen. Zwar ist in diesem Fall keine vorrangige Anspruchsanmeldung zur Tabelle zu beachten und auch die Eigenschaft des Insolvenzverwalters als „Unternehmer" i.S.v. § 1 Abs. 1 könnte ggf. bejaht werden. Allerdings schießt auch in diesem Fall die klare Regelung in § 38 Abs. 1 Satz 3 die **Durchführung** eines Umsetzungsverfahrens aus, weshalb das **Rechtsschutzbedürfnis** für eine Abhilfeklage zu verneinen ist.[87]

---

84 Anders/Gehle/*Schmidt* § 38 Rn. 2.
85 Dazu oben Rn. 98.
86 BT-Drucks. 20/6520 S. 95.
87 A.A. *Thönissen* KTS 2023, 205, 233.

Kruis

3. Bindungswirkung bei Insolvenzeröffnung nach Rechtskraft des Abhilfegrundurteils

106 **a) Auswirkungen der Insolvenzeröffnung auf das Umsetzungsverfahren.** Wird das Insolvenzverfahren erst **nach** Eintritt der **Rechtskraft** des Abhilfegrundurteils eröffnet, stellt sich die Rechtslage aufgrund der gesetzlichen Sonderregelung in § 38 Abs. 1 und § 38 Abs. 4 i.V.m. § 11 Abs. 3 anders dar.

107 Aus § 38 Abs. 1 ist zunächst zu entnehmen, ob ein bereits **begonnenes** Umsetzungsverfahren fortzuführen, auszusetzen oder einzustellen ist.[88]

108 Hat das Umsetzungsverfahren **noch nicht** begonnen, sind die Ansprüche der angemeldeten Verbraucher nur nach den Regeln der InsO und damit mittels einer **Anmeldung** zur Insolvenztabelle zu verfolgen. Soweit demgegenüber vertreten wird, trotz der Notwendigkeit einer Anmeldung zur Insolvenztabelle könne die Feststellung der individuellen Berechtigung der angemeldeten Verbraucher durch den **Sachwalter** nach den §§ 22 ff. erfolgen,[89] ist dies mit dem Gesetz nicht zu vereinbaren. Wenn nach § 38 Abs. 1 Satz 3 das Umsetzungsverfahren in allen Fällen zwingend einzustellen ist, wenn zum Zeitpunkt der Insolvenzeröffnung noch nicht alle Zahlungen i.S.v. § 24 an den Sachwalter geleistet wurden, so kann ein Umsetzungsverfahren erst recht nicht eröffnet werden, wenn das Insolvenzverfahren – selbst nach Erlass des Abhilfeendurteils – noch vor der ersten Zahlung an den Sachwalter eröffnet wird. Gleiches ergibt sich aus § 24. Damit ist es ausgeschlossen, dass der Sachwalter in einer derartigen Konstellation Aufgaben der Anspruchsprüfung wahrnimmt.

109 **b) Bindungswirkung des Abhilfegrundurteils.** Nach § 11 Abs. 3 **bindet** ein rechtskräftiges Abhilfegrundurteil ein zur Entscheidung eines späteren Rechtsstreits zwischen einem angemeldeten Verbraucher und dem verklagten Unternehmer berufenes Gericht, soweit dessen Entscheidung den der Abhilfeklage zugrundeliegenden Lebenssachverhalt und einen damit geltend gemachten Anspruch betrifft. Wie aus Gesetzbegründung zu entnehmen ist, soll mittels § 38 Abs. 4 diese Bindung auch eintreten, wenn nach Anmeldung eines Anspruchs zur Insolvenztabelle und der Erhebung eines Widerspruchs ein Gericht über die **Feststellung** des Anspruchs **zur Insolvenztabelle** zu entscheiden hat.[90]

110 Die Gesetzesbegründung[91] nimmt damit zum einen zutreffend Bezug auf die oben dargestellte gesetzliche Konzeption, wonach im Fall einer Insolvenzeröffnung über das Vermögen des Unternehmers zunächst stets eine **Anmeldung der Ansprüche** zur Insolvenztabelle durch die Verbraucher erforderlich ist, sofern nicht gemäß § 38 Abs. 1 ein bereits begonnenes Umsetzungsverfahren fortgesetzt werden kann. Aus der Gesetzesbegründung ergibt sich ferner, dass die Verfolgung der Ansprüche dann nur noch nach den Regeln der InsO erfolgen kann und die §§ 22 ff. dafür nicht, auch nicht teilweise heranzuziehen sind. Soweit demgegenüber zum Teil für richtig gehalten wird, trotz des Erfordernisses der Anmeldung der Ansprüche zur Insolvenztabelle könne der Sachwalter gleichzeitig das „Umsetzungsverfahren" durchführen, um anhand der Vorgaben aus dem Abhilfegrundurteil **hypothetisch** zu verteilende Beträge festzulegen,[92] ist dies mit dem Gesetz nicht zu vereinbaren.

111 Ferner ist § 38 Abs. 4 i.V.m. § 11 Abs. 3 und der Begründung zu entnehmen, dass – nunmehr abweichend von den allgemeinen Regelungen in § 179 Abs. 2 und § 184 Abs. 2 Satz 1 InsO – das **Abhilfegrundurteil** im Fall eines Widerspruchs gegen die Anmeldungen der Verbraucher **mit**

---

88 Dazu ausführlich Rn. 14 ff.

89 So *Thönissen* KTS 2023, 205, 219 ff., der für ein – sehr kompliziertes – Ineinandergreifen von Regelungen der InsO und des VDuG plädiert.

90 BT-Drucks. 20/6520 S. 96.

91 BT-Drucks. 20/6520 S. 95.

92 *Thönissen* KTS 2023, 205, 222.

Bindungswirkung zu berücksichtigen sein soll.[93] Eine derartige Bindung erscheint unter **prozessökonomischen** Gesichtspunkten sinnvoll, da im Fall eines rechtkräftigen Abhilfegrundurteils im Rahmen der Abhilfeklage bereits zahlreiche tatsächliche und rechtliche **Anspruchsvoraussetzungen** geklärt worden sind.

Was die subjektive Seite der Bindungswirkung betrifft, so ist zunächst festzustellen, dass 112 § 11 Abs. 3 ausweislich seines eindeutigen Wortlauts („... *binden ein zur Entscheidung ... berufenes Gericht...*") nicht nur zugunsten des **Verbrauchers**, sondern auch zugunsten des **Unternehmers** wirkt.[94] Gleiches gilt deshalb für § 38 Abs. 4 i.V.m. § 11 Abs. 3, d.h. dass auch eine für den Verbraucher negative Entscheidung in der Abhilfeklage zu beachten ist.

Hinsichtlich der **subjektiven** Seite der Bindung ist ferner zu beachten, dass im Fall der An- 113 meldung eines Anspruchs zur Insolvenztabelle durch einen Verbraucher die angemeldete Forderung nicht nur nach § 179 Abs. 1 InsO durch den Insolvenzverwalter und jeden Insolvenzgläubiger, sondern nach § 184 Abs. 1 InsO auch durch den **Unternehmer** als Schuldner bestritten werden kann. In allen Konstellationen ist der nachfolgende Rechtsstreit über die Feststellung des Anspruchs zur Insolvenztabelle zwischen dem Anmeldenden und dem Bestreitenden zu führen. Dabei sind in einem bestimmten Umfang[95] in allen Konstellationen die Feststellungen des Abhilfegrundurteils zu beachten.

Hat der Unternehmer als Schuldner eine angemeldete Forderung bestritten, und ist deshalb 114 die Klage auf Feststellung gemäß § 184 Abs. 1 Satz 1 InsO gegen den Schuldner zu erheben, so ergibt sich die **Bindung** an das Abhilfegrundurteil bereits aus § 11 Abs. 3, ohne dass es auf § 38 Abs. 4 ankäme.

Wird der Widerspruch durch einen anderen **Insolvenzgläubiger** erhoben, so ist die Klage 115 auf Feststellung der Forderung gegen den widersprechenden Insolvenzgläubiger zu erheben (§ 179 Abs. 1 InsO). Für diesen Fall beruft nun § 38 Abs. 4 ebenfalls § 11 Abs. 3 zur Anwendung, sodass auch in einem solchen Verfahren die Ergebnisse des **Abhilfegrundurteils** zu beachten sind. Der Wortlaut von § 38 Abs. 4 ist zwar als missglückt anzusehen, da § 11 Abs. 3 für eine bestimmte prozessuale Konstellation eine Bindung der Gerichte an das Abhilfegrundurteil bestimmt, sodass sprachlich die in § 38 Abs. 4 vorgesehene zusätzliche Geltung von § 11 Abs. 3 „**im Verhältnis zu allen Insolvenzgläubigern**" eigentlich keinen Sinn ergibt. Im Zusammenhang mit der Gesetzesbegründung kommt aber das vom Gesetzgeber Gewollte hinreichend deutlich zum Ausdruck.

Dem Wortlaut nach ungeregelt bleibt der Fall, dass der **Insolvenzverwalter** der Anmeldung 116 widerspricht und deshalb die Klage auf Feststellung der Forderung gegen ihn zu erheben ist (vgl. § 179 Abs. 1 InsO). Diese Konstellation wird weder von § 11 Abs. 3 noch von § 38 Abs. 4 i.V.m. § 11 Abs. 3 erfasst. Aus der Gesetzesbegründung ergibt sich aber, dass es sich hierbei um eine **ungewollte, planwidrige** Lücke handelt. Denn dort wird ausdrücklich ausgeführt, für die Anwendung von § 38 Abs. 4 i.V.m. § 11 Abs. 3 sei es **unerheblich**, ob die angemeldete Forderung von einem Insolvenzgläubiger oder dem Insolvenzverwalter bestritten worden sei.[96]

Aufgrund welcher Umstände der Gesetzgeber davon ausging, auf die Nennung des Insolvenz- 117 verwalters in § 38 Abs. 4 verzichten zu können, ist unerfindlich. Aufgrund der Aussage in der Gesetzesbegründung ist aber **unzweifelhaft**, dass es sich um eine planwidrige Regelungslücke handelt, zumal es offensichtlich nicht sachgerecht wäre, ausgerechnet für den **praktisch wichtigsten Fall** eines Widerspruchs durch den Insolvenzverwalter keine Bindung an das Abhilfegrundurteil vorzusehen. Vor diesem Hintergrund ist davon auszugehen, dass § 38 Abs. 4 im Fall eines Widerspruchs durch den Insolvenzverwalter analog anzuwenden ist.[97]

---

93 BT-Drucks. 20/6520 S. 96.
94 S. § 11 Rn. 20.
95 Hierzu Rn. 118.
96 BT-Drucks. 20/6520 S. 96.
97 Im Ergebnis wie hier, allerdings für eine direkte Anwendung Köhler/Bornkamm/Feddersen/*Scherer* § 38 VDuG Rn. 23; i.E. übereinstimmend, aber ohne Begründung *Röthemeyer* VDuG § 38 Rn. 20.

118   In **objektiver** Hinsicht ergibt sich in einem Verfahren zur Feststellung einer Forderung zur Tabelle aus § 11 Abs. 3 (ggf. i.V.m. § 38 Abs. 4) in Anlehnung an § 68 Hs. 1 ZPO eine Bindung des zur Entscheidung berufenen Gerichts an den **Tenor** und die **tragenden Gründe** des Abhilfegrundurteils. Dies gilt allerdings nur in dem Umfang, in dem diese Entscheidungsbestandteile für die Entscheidung über die Feststellung der Forderung zur Tabelle relevant sind. Ohne Bedeutung sind deshalb beispielsweise die Festsetzungen des Abhilfegrundurteils i.S.v. § 16 Abs. 2 Satz 1 Nr. 2 zu der Frage, welche **Berechtigungsnachweise** die Verbraucher im Umsetzungsverfahren hätten vorlegen müssen. Da im Fall der Feststellung eines Anspruchs zur Insolvenztabelle Nachverfahren i.S.v. §§ 39, 40 ausscheiden, muss der Anspruch durch den Verbraucher im Feststellungsstreit nach allgemeinen Grundsätzen hinsichtlich aller (auch individueller) Voraussetzungen nachgewiesen werden. Hat das Gericht kein Abhilfegrundurteil erlassen, sondern gemäß § 16 Abs. 4 sofort in Form eines einheitlichen Abhilfeurteils entschieden, tritt die Bindung zudem nur hinsichtlich der Urteilsbestandteile ein, die auch in ein Abhilfegrundurteil aufzunehmen gewesen wären.

119   Eine Berufung auf eine **mangelhafte Prozessführung** des Schuldners wie in § 66 Hs. 2 ZPO ist Insolvenzgläubigern und Insolvenzverwalter nicht möglich, da § 38 Abs. 4 keine Hinweise auf eine solche eingeschränkte Wirkung enthält und ansonsten § 38 Abs. 4 praktisch wirkungslos wäre. Allerdings ist zu beachten, dass im Rahmen der Abhilfeklage sämtliche **individuellen** Gesichtspunkte unberücksichtigt bleiben mussten, die nun, wie bereits angemerkt wurde, im Verfahren zur Feststellung der Forderung zur Tabelle selbstverständlich zu prüfen sind.

120   In **verfahrensrechtlicher** Hinsicht gilt weiter, dass auch bei einem zum Zeitpunkt der Insolvenzeröffnung schon rechtskräftigen und damit zu beachtenden Abhilfegrundurteil die Klage nach einem **Widerspruch** vom anmeldenden Verbraucher zu erheben ist. § 38 Abs. 4 und § 11 Abs. 3 enthalten zwar insoweit eine Sonderregelung gegenüber § 179 Abs. 2 und § 184 Abs. 2 Satz 1 InsO, dass das Abhilfegrundurteil *Bindungswirkung* entfaltet, obwohl es sich weder um ein Endurteil noch um einen vollstreckbaren Schuldtitel in Bezug auf die angemeldete Forderung handelt. Die Frage, von wem Klage zu erheben ist, wird in § 38 Abs. 4 und § 11 Abs. 3 aber nicht adressiert, sodass es insoweit bei der allgemeinen Regel bleibt, dass eine Klage auf Feststellung der Forderung zur Tabelle durch den Anmelder zu erheben ist (§ 179 Abs. 1, § 184 Abs. 1 Satz 1 InsO).[98] Vor dem Hintergrund, dass **individuelle** Anspruchsvoraussetzungen und Einwendungen im Rahmen der Abhilfeklage noch gar nicht geprüft wurden, ist dies auch **sachgerecht**.[99]

121   **c) Auswirkungen auf das Abhilfeendurteil.** Tritt die Eröffnung des Insolvenzverfahrens **nach** Rechtskraft des **Abhilfegrundurteils**, aber **vor** Rechtskraft des **Abhilfeendurteils** ein, so wird der insoweit noch anhängige Rechtsstreit gemäß § 240 ZPO unterbrochen[100] und kann anschließend vom Kläger wie auch vom Insolvenzverwalter nach § 250 ZPO **aufgenommen** werden. Aufgrund der Eröffnung des Insolvenzverfahrens vor Rechtskraft des Abhilfeendurteils steht allerdings bereits fest, dass zum Zeitpunkt der Eröffnung des Insolvenzverfahrens noch nicht alle Zahlungen an den Sachwalter geleistet sind, was die Durchführung des Umsetzungsverfahrens **ausschließt** (wiederum *arg. e.* § 38 Abs. 1 Satz 3).[101] Aufgrund der damit verbundenen Unmöglichkeit der Durchführung eines Umsetzungsverfahrens fehlt dem Kläger nunmehr das für die weitere Durchführung des Verfahrens erforderliche Rechtsschutzinteresse, sodass das Verfahren nach einer Aufnahme wiederum für erledigt erklärt werden muss.

---

98 Wie hier Köhler/Bornkamm/Feddersen/*Scherer* § 38 VDuG Rn. 25, sowie *Röthemeyer* VDuG § 38 Rn. 20.
99 Wie hier *Scherer* NZI 2023, 985, 988.
100 Wie hier Anders/Gehle/*Schmidt* § 38 Rn. 2.
101 A.A. Anders/Gehle/*Schmidt* § 38 Rn. 2, wonach eine Anmeldung der Forderungen zur Insolvenztabelle durch den Sachwalter erfolgen soll. Diese Ansicht ist jedoch mit dem klaren Wortlaut von § 38 Abs. 1 Satz 3 nicht zu vereinbaren.

VI. Einbeziehung ausgeurteilter Ansprüche in einen Restrukturierungsplan

1. Regelungsgegenstand

Seit dem 1.1.2021 besteht dem Möglichkeit, im Falle **drohender Zahlungsunfähigkeit** i.S.v. § 18 Abs. 2 InsO auf die Mittel des Unternehmensstabilisierungs- und -restrukturierungsgesetzes (**StaRUG**) zurückzugreifen und insbesondere die darin vorgesehenen Instrumente des **Stabilisierungs- und Restrukturierungsrahmens** (vgl. § 29 StaRUG) zu nutzen. Dies ist allerdings nur möglich, solange allein der Insolvenzgrund der drohenden Zahlungsunfähigkeit vorliegt. Ist dagegen bereits Zahlungsunfähigkeit eingetreten oder liegt Überschuldung vor, ist ein Insolvenzverfahren durchzuführen. Ein zuvor eventuell eingeleitetes Verfahren nach dem StaRUG ist in diesem Fall einzustellen (§ 33 Abs. 2 Nr. 1 Alt. 1 StaRUG). **122**

§ 38 Abs. 5 adressiert die Konstellation, dass **nach** Erlass des Abhilfe**grund**urteils ein Restrukturierungsverfahren eingeleitet wird. Für den Fall der Einleitung des Restrukturierungsverfahrens **vor Erlass** des Abhilfegrundurteils enthält § 38 Abs. 5 keine ausdrücklichen Regelungen.[102] **123**

2. Möglichkeit zur Einbeziehung von Verbraucheransprüchen

Wird ein **Restrukturierungsplan** i.S.v. §§ 5 ff. StaRUG erstellt, können in diesen Forderungen von angemeldeten Verbrauchern aus einem Abhilfegrundurteil **einbezogen** werden, was sich allerdings nicht aus § 38 Abs. 5 Satz 1, sondern bereits aus § 2 Abs. 1 Nr. 1 StaRUG ergibt. Auch die Frage, ob Ansprüche **ausnahmsweise** von einer Einbeziehung in einen solchen Plan **auszunehmen** sind, ist ausschließlich nach dem StaRUG zu beurteilen (siehe v.a. § 4 StaRUG). Insofern enthält § 38 Abs. 5 keine weitergehenden oder abweichenden Regelungen. Ein Ausschluss von der Einbeziehungsfähigkeit kommt danach insbesondere für Forderungen aus **Arbeitsverhältnissen** (§ 4 Nr. 1 StaRUG) und für Forderungen aus **vorsätzlichen unerlaubten Handlungen** (§ 4 Nr. 2 StaRUG) in Betracht, wobei insoweit nicht nur an Ansprüche aus §§ 823 ff. BGB, sondern auch aus § 9 Abs. 2 Satz 1 UWG zu denken ist. **124**

Aus der Bezugnahme auf Ansprüche aus einem „Abhilfe**grund**urteil" ist ferner nicht *per se* der Schluss zu ziehen, dass eine Einbeziehung schon immer dann ausscheiden müsste, wenn auch das Abhilfe**end**urteil bereits erlassen oder mit dem Umsetzungsverfahren bereits begonnen wurde. Im Einzelfall kann dem Umsetzungsverfahren jedoch Vorrang zukommen.[103] Zwingend ist die Einbeziehung nicht, vielmehr eröffnet § 8 Satz 2 Nr. 2 StaRUG die Möglichkeit, von der Einbeziehung von Ansprüchen von Verbrauchern **abzusehen**.[104] **125**

3. Verhältnis eines Restrukturierungsverfahrens zum Umsetzungsverfahren

Die Einleitung eines Restrukturierungsverfahrens führt **nicht in allen Fällen** zu einer Beendigung oder dem Ausschluss eines Umsetzungsverfahrens. Die folgenden **Konstellationen** sind zu unterscheiden: **126**

Zunächst ist die **Rechtsnatur** der Ansprüche der angemeldeten Verbraucher zu prüfen. Handelt es sich um Ansprüche aus einem **Arbeitsverhältnis**[105] oder aus **unerlaubter Handlung**, scheidet eine Einbeziehung in einen Restrukturierungsplan aus (§ 4 Nr. 1 und 2 StaRUG). Die Umsetzung des Abhilfegrundurteils ist in einem solchen Fall somit ungeachtet der Einleitung eines **127**

---

102 Dazu näher *Thönissen* ZInsO 2023, 1570, 1575 f.
103 Dazu sogleich nachfolgend Rn. 126 ff.
104 *Thönissen* ZInsO 2023, 1570, 1573.
105 Sehr fraglich ist ohnehin, ob Ansprüche aus einem Arbeitsverhältnis Gegenstand einer Abhilfeklage sein können; im Ergebnis dürfte dies zu verneinen sein, siehe oben § 1 Rn. 5.

Restrukturierungsverfahrens durchzuführen. Um Streit oder Unsicherheit über die Anwendung von § 4 StaRUG zu vermeiden, ist dem Kläger des Abhilfeverfahrens die Möglichkeit zuzubilligen, wie im Fall einer gemäß § 302 Abs. 1 Nr. 1 InsO von der Restschuldbefreiung ausgeschlossenen Forderung mittels eines **Zwischenfeststellungsantrags** (§ 256 Abs. 2 ZPO) die Rechtsnatur der Verbraucheransprüche feststellen zu lassen.

128 Sind die Ansprüche der Verbraucher grundsätzlich **einbeziehungsfähig**, kommt es darauf an, wie weit das Umsetzungsverfahren bei Eintritt der Rechtshängigkeit der Restrukturierungssache bereits fortgeschritten ist.

129 Im Restrukturierungsverfahren tritt nach § 31 Abs. 1 i.V.m. Abs. 4 StaRUG für den vorliegenden Zusammenhang die durch die **Anzeige** des Restrukturierungsvorhabens bewirkte **Rechtshängigkeit funktionell** an die Stelle der **Eröffnung** des **Insolvenzverfahrens**. Da allerdings nach § 38 Abs. 1 Satz 1 die Eröffnung des Insolvenzverfahrens über das Vermögen des Unternehmers *per se* die Durchführung des Umsetzungsverfahrens nicht hindert, kann für die Anzeige des Restrukturierungsvorhabens nichts anderes gelten.[106] Nach § 32 Abs. 1 Satz 3 StaRUG ist der Unternehmer aber gehindert, Forderungen zu erfüllen, die durch den Restrukturierungsplan gestaltet werden sollen. Hat der Unternehmer folglich die vom Gericht festgelegten Zahlungen an den Sachwalter noch nicht geleistet, kann und muss er diese unter Berufung auf § 32 Abs. 1 Satz 3 StaRUG verweigern, da den Regelungen des StaRUG durch § 38 Abs. 5 als den **spezielleren Vorschriften** Vorrang eingeräumt wird.

130 Sollen die gerichtlich festgesetzten Zahlungen im Wege der **Zwangsvollstreckung** gegen den Unternehmer durchgesetzt werden oder hat der Unternehmer die Zahlungen an den Sachwalter **bereits geleistet**, so ist gemäß § 49 Abs. 1 Nr. 1 StaRUG eine gerichtliche **Vollstreckungssperre** erforderlich, um die weitere Durchführung des Umsetzungsverfahrens zu verhindern.[107] Dabei ist zu beachten, dass zu diesen Zeitpunkten noch gar nicht absehbar ist, ob ein Restrukturierungsplan wirksam werden wird. Es kann daher zunächst nur um die **Aussetzung**, nicht aber um die Einstellung des Umsetzungsverfahrens gehen. Auf Antrag des Sachwalters hat das Prozessgericht im Fall der Vollstreckungssperre oder einer auf der Basis von § 32 Abs. 1 Satz 3 StaRUG erfolgten Zahlungsverweigerung analog § 38 Abs. 1 Satz 2 Alt. 1 das Umsetzungsverfahren auszusetzen, bis **feststeht**, ob die Forderungen der angemeldeten Verbraucher durch einen Restrukturierungsplan gestaltet werden.

4. Bildung einer eigenen Gruppe; Rechtsfolgen

131 Kommt es zu einer **Einbeziehung** von Verbraucherforderungen aus einem Abhilfegrundurteil, so ist nach § 38 Abs. 5 Satz 1 für die Inhaber dieser Ansprüche zwingend eine **eigenständige Gruppe** i.S.v. § 9 StaRUG zu bilden.[108] Insoweit stellt sich § 38 Abs. 5 Satz 1 als *lex specialis* gegenüber den Regelungen des StaRUG dar.

132 Gesetzlich nicht geregelt ist, was gilt, wenn gegen den Unternehmer **mehrere** Abhilfegrundurteile ergangen sind, die **verschiedene Gruppen** von Verbrauchern betreffen. Nach einer Ansicht sollen in diesem Fall alle Verbraucher in einer Gruppe zusammengefasst werden, was vor allem mit an sich einleuchtenden Praktikabilitätserwägungen begründet wird.[109] Dagegen spricht allerdings, dass es in verschiedener Hinsicht im weiteren Verlauf darauf ankommen kann, wie weit

---

106 Wie hier *Thönissen* ZInsO 2023, 1570, 1576.
107 A.A. *Thönissen* ZInsO 2023, 1570, 1576, der im Fall der Unanfechtbarkeit i.S.d. AnfG der Zahlungen in den Umsetzungsfonds für die Unanwendbarkeit von § 38 Abs. 5 plädiert, die Möglichkeit von § 45 Abs. 1 Nr. 1 StaRUG aber nicht erörtert.
108 Unter rechtspolitischen Gesichtspunkten kritisch hierzu Köhler/Bornkamm/Feddersen/*Scherer* § 38 VDuG Rn. 32 mit Verweis auf *Schmittmann* ZRI 2023, 277, 285; sehr kritisch auch *Thönissen* ZInsO 2023, 1570, 1572. Ausführlich zur Gruppenbildung siehe Skauradszun/*Skauradszun* VDuG § 38 Rn. 56 ff.
109 Siehe *Thönissen* ZInsO 2023, 1570, 1572 f.

fortgeschritten das Umsetzungsverfahren bereits ist. Um dies sachgerecht berücksichtigen zu können, ist folglich für die durch ein bestimmtes Abhilfegrundurteil begünstigten Verbraucher jeweils eine **eigene** Gruppe zu bilden.

Wesentliche Rechtsfolge der Gruppenbildung nach § 38 Abs. 5 Satz 1 ist, dass nach § 25 StaRUG **133** die **erforderliche Mehrheit** für den Restrukturierungsplan nur zustande kommt, wenn auch die Gruppe der angemeldeten Verbraucher zustimmt.[110] Ein **Überstimmen** der Gruppe der angemeldeten Verbraucher setzt nach § 26 Abs. 1 Nr. 1 StaRUG u.a. voraus, dass die Mitglieder dieser Gruppe durch den Restrukturierungsplan **voraussichtlich nicht schlechter** gestellt werden als sie ohne einen Plan stünden.[111] Das **Stimmrecht** steht dabei nicht dem Sachwalter, sondern gemäß § 24 StaRUG den **einzelnen Verbrauchern** zu,[112] da diese Mitglieder dieser Gruppe sind, nicht dagegen der Sachwalter „in Vertretung der Verbraucher" eine eigene Gruppe bildet. Eine davon getrennte Frage ist, in welcher Form der Sachwalter in das Restrukturierungsverfahren einzubeziehen ist, wenn ihm Ansprüche auf **Vergütung oder Auslagenersatz** zustehen. Hierfür gelten jedoch die allgemeinen Regeln des StaRUG.[113] Das Stimmgewicht der einzelnen Verbraucher innerhalb der Gruppe richtet sich nach § 24 StaRUG.

Nach einer in der Gesetzesmaterialien geäußerten Ansicht soll mittels der Regelung in Absatz 5 im Ergebnis sichergestellt werden, dass die anspruchsberechtigten Verbraucher als Gruppe **134** nicht **überstimmt** werden können, wenn der Plan ihnen nicht mindestens den Wert zuspricht, den im Falle der **Eröffnung eines Insolvenzverfahrens** die nach Absatz 3 zu bildende Sondermasse hätte.[114]

Diese Ansicht des Gesetzgebers trifft aber so nicht zu. Eine Sondermasse nach § 38 Abs. 3 **135** Satz 1 ist nämlich nur dann zu bilden, wenn (i) der im Abhilfegrundurteil festgesetzte kollektive Gesamtbetrages bereits an einen **Sachwalter ausgezahlt** worden ist, (2) diese Gelder gemäß § 38 Abs. 2 an die Masse **zurückgewährt** werden müssen und (3) die Zahlungen an den Sachwalter nicht der **Insolvenzanfechtung** unterliegen.[115] Wäre zum Zeitpunkt der Entscheidung durch das Gericht im hypothetischen Alternativszenario einer Insolvenzeröffnung auch nur eine dieser Voraussetzung nicht erfüllt, ist als Vergleichsmaßstab i.S.v. § 26 Abs. 1 Nr. 1 StaRUG nicht die Bildung einer Sondermasse, sondern eine Beteiligung an der allgemeinen Insolvenzmasse heranzuziehen.[116]

5. Abwicklung durch den Restrukturierungsbeauftragten; Auswirkungen auf ein begonnenes Umsetzungsverfahren

Kommt es zu der **Annahme** eines Restrukturierungsplanes unter **Einbeziehung** der Ansprüche **136** der angemeldeten Verbraucher, so ist nach § 38 Abs. 5 Satz 2 die Abwicklung der durch den Plan gestalteten Verbraucherforderungen dem Restrukturierungsbeauftragten zu übertragen, wobei sich die für den Restrukturierungsbeauftragten geltenden Regelungen auch in diesem Fall alleine aus den §§ 73 ff. StaRUG ergeben. Die Vorschriften über den Sachwalter kommen dagegen **nicht** (auch nicht ergänzend) zur Anwendung.[117]

Nicht näher geregelt hat der Gesetzgeber die Frage, **welche Auswirkungen** die Annahme **137** eines **Restrukturierungsplanes** auf ein bereits **begonnenes** Umsetzungsverfahren und auf das

---

110 *Röthemeyer* VDuG § 38 Rn. 22.
111 *Röthemeyer* VDuG § 38 Rn. 22.
112 *Thönissen* ZInsO 2023, 1570, 1573 f.; a.A. *Schmittmann* ZRI 2023, 277, 286.
113 *Röthemeyer* VDuG § 38 Rn. 23.
114 BT-Drucks. 20/6520 S. 96 f.; so auch Köhler/Bornkamm/Feddersen/*Scherer* § 38 VDuG Rn. 31; *Röthemeyer* VDuG § 38 Rn. 22.
115 Wie hier *Thönissen* ZInsO 2023, 1570, 1572 f.
116 *Thönissen* ZInsO 2023, 1570, 1572 f.
117 A.A. *Thönissen* ZInsO 2023, 1570, 1574 f.

Amt eines bereits bestellten Sachwalters hat. Von dieser Frage zu unterscheiden ist die vorgelagerte Frage, ob die Einleitung eines Restrukturierungsverfahrens gemäß § 31 Abs. 1 und 4 StaRUG ein bereits begonnenes Umsetzungsverfahren berührt, die vorab zu prüfen ist.[118]

138   Wird das Umsetzungsverfahren durch das Restrukturierungsverfahren berührt und wird ein Restrukturierungsplan nach den §§ 60 ff. StaRUG **gerichtlich bestätigt**, so treten **mit Rechtskraft** des Bestätigungsbeschlusses gemäß § 67 Abs. 1 Satz 1 StaRUG die im gestaltenden Teil festgelegten **Wirkungen** ein. Ab diesem Zeitpunkt steht fest, dass es zu keiner Fortsetzung des Umsetzungsverfahrens kommen wird, weshalb *ex lege* das Amt des Sachwalters endet.[119] In diesem Fall endet das Umsetzungsverfahren, der Sachwalter hat Anspruch auf die Erstattung seiner bis dahin getätigten **Auslagen** (§ 32 Abs. 1 Nr. 1) sowie einer teilweisen **Vergütung** i.S.v. § 32 Abs. 1 Nr. 2. Soweit die Ansprüche des Sachwalters auf Erstattung von Auslagen und teilweise Vergütung hinter dem an ihn ausgezahlten vorläufig festgesetzten Kostenbetrag i.S.v. § 18 Abs. 1 Nr. 2 zurückbleiben, hat der (nunmehr frühere) Sachwalter den überschießenden Betrag unverzüglich an den Unternehmer zurückzuzahlen.

139   Ferner hat der Sachwalter auch in diesem Fall einer vorzeitigen Beendigung seines Amtes einen **Schlussbericht** zu erstellen, wie sich aus der ausdrücklichen Anordnung in § 34 Abs. 1 Satz 3 ergibt. Eine vergleichbare ausdrückliche Vorgabe für die Erstellung einer **Schlussrechnung** fehlt. Jedoch sind insofern keine geringeren Anforderungen zu stellen,[120] sodass auch eine Schlussrechnung i.S.v. § 33 zu erstellen ist. Ferner trifft den Sachwalter die Verpflichtung nach § 23 Abs. 3 Satz 2 zur Rückgabe der Ernennungsurkunde nebst allen noch vorhandenen Ausfertigungen und Abschriften.

VII. Besonderheiten bei ausländischen Insolvenz- oder Restrukturierungsverfahren

140 Wird das Insolvenz- oder Restrukturierungsverfahren nicht in Deutschland, sondern im **Ausland** eröffnet, kann § 38 nur mit Anpassungen angewendet werden.

141   Dabei ist zunächst zu prüfen, ob das **ausländische Verfahren** in Deutschland **anzuerkennen** ist und damit Rechtswirkungen in Deutschland entfaltet. Ist dies nicht der Fall, ist der Anwendungsbereich von § 38 schon nicht eröffnet.

142   Ist das ausländische Insolvenzverfahren anzuerkennen, so kommen § 38 Abs. 1 und 2 Satz 1 wie bei einem deutschen Verfahren zur Anwendung, sodass auch dem VDuG noch die Entscheidung zu entnehmen ist, ob das Umsetzungsverfahren alleine wegen der Verfahrenseröffnung eingestellt werden muss. Dagegen entscheidet – unabhängig von der Frage der Einstellung des Umsetzungsverfahrens – alleine das **anwendbare Insolvenzrecht**, ob die in den Umsetzungsfonds eingezahlten Gelder an die Insolvenzmasse zurückzuzahlen sind, wie die angemeldeten Verbraucher und der Sachwalter mit Blick auf seine Ansprüche am Insolvenzverfahren zu beteiligen sind und ob die vom Sachwalter herausgegebenen Mittel allen Insolvenzgläubigern zugutekommen oder eine Sondermasse bilden.[121]

143   Gleiches gilt im Fall eines ausländischen und in Deutschland anzuerkennenden **Restrukturierungsverfahrens**. Auch in einem solchen Fall entscheidet das ausländische Recht, ob und mit welchen Folgen die angemeldeten Verbraucher mit ihren ausgeurteilten Ansprüchen in ein Restrukturierungsverfahren einbezogen werden können.

144   § 38 Abs. 4 i.V.m. § 11 Abs. 3 findet im Fall eines ausländischen Insolvenzverfahrens keine Anwendung. Dies schließt nicht aus, dass sich aus **Vorschriften** des **ausländischen** Rechts eine Bindungswirkung ergibt.

---

118 Dazu im Einzelnen oben Rn. 126 ff.
119 A.A. *Thönissen* ZInsO 2023, 1570, 1575.
120 Die Verpflichtung zur Rechnungslegung ergibt sich auch ohne spezielle gesetzliche Grundlage aus § 666 BGB.
121 So richtig mit ausführlichen Erläuterungen Skauradszun/*Skauradszun* VDuG § 38 Rn. 13.

Unterabschnitt 4
Individualklagen

§ 39
Offene Verbraucheransprüche

Hat der Sachwalter die Erfüllung eines vom Verbraucher geltend gemachten Anspruchs im Umsetzungsverfahren vollständig oder teilweise abgelehnt oder hat der Sachwalter einen Anspruch eines Verbrauchers bis zur Beendigung des Umsetzungsverfahrens nicht oder nur teilweise erfüllt, so kann der Verbraucher diesen Anspruch im Wege der Individualklage geltend machen, soweit er ihn nicht bereits im Widerspruchsverfahren nach § 28 hätte geltend machen können.

Schrifttum
Anders/Gehle/*Schmidt* ZPO, Beilage VDuG (2023); *Gsell* Die Umsetzung der Verbandsklagerichtlinie GRUR 2024, 979; *Heerma* Das geplante Verbraucherrechtedurchsetzungsgesetz: Abhilfeurteile und deren Umsetzung nach dem VDuG, ZZP 2024, 425; Köhler/Bornkamm/Feddersen/*Scherer* UWG, 42. Aufl. (2024); *Röthemeyer* VDuG Handkommentar (2024); *Skauradszun* VDuG Kommentar (2024).

Übersicht

I. Regelungsgegenstand —— 1

II. Verfahrensrechtliche Besonderheiten der Individualklagen —— 2

III. Präklusion
1. Überblick —— 7
2. Unvollständige Erfüllung eines anerkannten Anspruchs —— 11

3. Ablehnung eines Anspruchs —— 13
   a) Ablehnung wegen Unwirksamkeit der Anmeldung von Ansprüchen zum Verbandsklageregister —— 14
   b) Ablehnung wegen fehlender Berechtigungsnachweise —— 17
   c) Ablehnung aus anderen Gründen —— 21

IV. Darlegungs- und Beweislast —— 22

I. Regelungsgegenstand

Ist ein von einem Verbraucher angemeldeter Anspruch im Umsetzungsverfahren **nicht erfüllt** 1 worden, stellt sich die Frage, ob er im Anschluss mittels einer **individuellen Klage** gegen den Unternehmer vorgehen kann. Diese Frage adressiert § 39, für dessen zutreffende Anwendung es darauf ankommt, aus welchem **Grund** der Sachwalter keine Leistung vorgenommen hat. § 39 gilt sowohl für den Fall der Erhebung einer Individualklage wie auch für den Fall der Fortsetzung eines gemäß § 11 Abs. 1 **ausgesetzten** Verfahrens. Für die Fälle, in denen eine Abhilfeklage als unzulässig oder unbegründet abgewiesen worden ist, enthält § 39 keine Regelungen.

II. Verfahrensrechtliche Besonderheiten der Individualklagen

Für eine Individualklage gelten in verfahrensrechtlicher Hinsicht nur wenige Besonderheiten, da 2 ein solches Verfahren kein Teil des Abhilfe- bzw. Umsetzungsverfahrens ist.[1] Örtliche wie sachliche

---

1 BT-Drucks. 20/6520 S. 97.

Zuständigkeit für eine solche Klage richten sich beispielsweise ausschließlich nach den allgemeinen Vorschriften.[2]

3   **Abweichungen** in verfahrensrechtlicher Hinsicht bestehen zunächst dahingehend, dass die Erhebung bzw. Fortsetzung einer Individualklage nur zulässig ist, wenn die Sperrwirkung nach § 11 Abs. 1 oder 2 entfallen ist.

4   Zum anderen muss feststehen, dass der angemeldete Verbraucher im Rahmen des Umsetzungsverfahrens **keine** oder **keine vollständige** Befriedigung seiner angemeldeten Ansprüche erlangen wird, da ihm anderenfalls ein einfacherer Weg zur Verfolgung seiner Ansprüche zur Verfügung steht mit der Folge, dass das allgemeine Rechtsschutzbedürfnis für eine Individualklage fehlt. Diese Voraussetzung ist erfüllt, wenn im Umsetzungsverfahren endgültig zumindest teilweise abschlägig über seinen Anspruch entschieden worden[3] oder das Umsetzungsverfahren durch Beschluss i.S.v. § 36 Abs. 1 beendet oder gemäß § 38 Abs. 1 Satz 2 und 3 eingestellt worden ist, ohne dass die Ansprüche des Verbrauchers vollständig befriedigt worden wären.[4] Gleiches muss gelten, wenn endgültig feststeht, dass es zu keinem Umsetzungsverfahren kommen wird, so z.B. wenn die Einzahlung in den Umsetzungsfonds nicht erfolgt.[5]

5   Des Weiteren wird vorgebracht, eine Individualklage sei auch dann zulässig, wenn von vornherein feststehe, dass der Verbraucher z.B. wegen eines Beweismittelverlustes nicht in der Lage ist, die erforderlichen Berechtigungsnachweise zu erbringen.[6] Dagegen spricht allerdings, dass sich Unternehmer und Sachwalter darüber einigen können, auch vereinfachte Nachweise zuzulassen. Zudem könnte diese Voraussetzung vom Gericht der Individualklage kaum je geprüft werden.

6   Ist eine Individualklage danach zulässig, ist im Rahmen der **Begründetheitsprüfung** die Bindungswirkung gemäß § 11 Abs. 3 Satz 1 zu beachten.[7] Danach ist das Gericht der Individualklage an das Ergebnis des **Abhilfegrundurteils** gebunden, wobei dies sowohl hinsichtlich des Bestehen des Anspruchs als auch der beizubringen **Berechtigungsnachweise** gilt.[8] Nicht mehr maßgeblich ist das Abhilfegrundurteil freilich dann, wenn der Unternehmer dem Anspruch des klagenden Verbrauchers Einwendungen (im weitesten Sinne) entgegenhalten kann, die er, wie z.B. eine im Einzelfall begründete Einrede der Verjährung, wegen ihres individuellen Einschlags vor dem Prozessgericht der Abhilfeklage oder im Widerspruchsverfahren nach § 28 nicht geltend machen konnte. Zwar enthält § 39 dem Wortlaut nach keinen diesbezüglichen **Vorbehalt**. Wenn aber mit derartigen Einwendungen ein Herausgabeanspruch nach § 40 Abs. 1 begründet werden kann, muss es **erst recht** möglich sein, solche Einwendungen der Geltendmachung eines Anspruchs gemäß § 39 entgegenzuhalten.[9]

III. Präklusion

1. Überblick

7   Nach der ursprünglichen Konzeption des Gesetzgebers sollte Verbrauchern, deren Ansprüche im Umsetzungsverfahren nicht befriedigt worden waren, gemäß § 39 die **Geltendmachung** dieser Ansprüche in einem Individualverfahren ohne jede weitere Einschränkung offenstehen.[10] Mit der

---

2 *Röthemeyer* VDuG § 39 Rn. 13.

3 *Röthemeyer* VDuG § 39 Rn. 3.

4 BT-Drucks. 20/6520 S. 97.

5 Anders/Gehle/*Schmidt* § 39 Rn. 2.

6 In diesem Sinne Skauradszun/*Gödicke* VDuG § 39 Rn. 11, sowie Zöller/*Vollkommer* § 39 VDuG Rn. 3.

7 *Gsell* GRUR 2024, 979, 990; Anders/Gehle/*Schmidt* § 39 Rn. 3.

8 Ebenso Köhler/Bornkamm/Feddersen/*Scherer* § 39 VDuG Rn. 14 f.

9 Übereinstimmend Anders/Gehle/*Schmidt* § 39 Rn. 5.

10 BT-Drucks. 20/6520 S. 23.

Regelung sollte klargestellt werden, dass Verbraucher, die sich für eine Teilnahme am Abhilfeverfahren entscheiden, kein Risiko eingehen, ihre materiell-rechtlichen Ansprüche zu verlieren.[11]

Diese **gesetzliche Konzeption** ist durch eine Intervention des Rechtsausschusses geändert 8 worden, indem dieser einen Zusatz eingefügt hat, wonach die Geltendmachung eines Anspruchs im Individualverfahren ausgeschlossen ist, sofern der Verbraucher den Anspruch auch im **Widerspruchsverfahren** nach § 28 hätte geltend machen, d.h. weiterverfolgen können.

Wie aus der Begründung des Rechtsausschusses hervorgeht, ist zum Widerspruchsverfahren 9 auch die **gerichtliche Überprüfung** der Widerspruchsentscheidung durch das Prozessgericht gemäß § 28 Abs. 4 zu zählen.[12] Ausschlaggebend für die Einfügung durch den Rechtsausschuss war die Überlegung, dass mit der Möglichkeit, die Widerspruchsentscheidung des Sachwalters gerichtlich überprüfen zu lassen, ein **spezieller Rechtsbehelf** geschaffen worden war, in dessen Rahmen abschließend über die Richtigkeit der Sachwalterentscheidung entschieden werden solle.[13]

Dies hat zur Folge, dass in gerichtlichen Anschlussverfahren i.S.v. § 39 tatsächlicher oder 10 rechtlicher Vortrag, der sich ausdrücklich oder implizit auf die **Richtigkeit** der Anspruchsprüfung und Entscheidung des Sachwalters bezieht, vom Verbraucher nicht mehr vorgebracht werden kann. Dies gilt unabhängig davon, ob die Widerspruchsentscheidung des Sachwalters vom Oberlandesgericht **bestätigt** worden ist oder der Verbraucher es **versäumt** hat, Widerspruch einzulegen und eine gerichtliche Entscheidung zu herbeizuführen.[14] Weitergehende Einschränkungen ergeben sich hieraus jedoch nicht. Auf dieser Basis lassen sich die möglichen Anwendungsfälle von § 39 sachgerecht lösen. Die Darlegungs- und Beweislast für das Eingreifen der Präklusion trägt der Unternehmer.[15]

2. Unvollständige Erfüllung eines anerkannten Anspruchs

Nach § 39 Alt. 3 und 4 kommt eine Individualklage des Verbrauchers in Betracht, wenn der Sach- 11 walter die Erfüllung eines Anspruchs zwar nicht abgelehnt hat, die (vollständige) Erfüllung des anerkannten Anspruchs aber **rein tatsächlich** nicht erfolgt ist, was bei lebensnaher Betrachtung nur dann eintreten kann, wenn der kollektive Gesamtbetrag für die vollständige Erfüllung aller Ansprüche **nicht ausreicht**, aber gleichwohl kein Erhöhungsverfahren i.S.v. § 21 durchgeführt wird. Erfasst wäre aber auch der Fall, dass der Sachwalter das Geld veruntreut und es deshalb zu keiner Auszahlung kommt. Liegt einer dieser Fälle vor, bedarf es keiner weiteren Begründung, dass die Durchführung eines Widerspruchsverfahrens zu keinem anderen Ergebnis geführt hätte und der Verbraucher sich in einer Klage nicht auf die „Unrichtigkeit" der Entscheidung des Sachwalters beruft. Der Verbraucher ist in diesem Fall mit seinem Klagevorbringen **nicht präkludiert**.

War der Unternehmer zu einer anderen Leistung als einer Zahlung verurteilt worden, kommt 12 es nicht darauf an, warum die Erfüllung bis zur Beendigung des Umsetzungsverfahren unterblieben ist. Hat der Sachwalter z.B. das Zwangsmittelverfahren nach § 29 nicht durchgeführt, steht das einer Individualklage nicht entgegen, da der Verbraucher hierauf keinen Einfluss hat.[16]

3. Ablehnung eines Anspruchs

Hat der Sachwalter die Erfüllung eines angemeldeten Anspruchs ganz oder teilweise **abgelehnt**, 13 kommt es für die Frage einer **Präklusion** auf den Grund der Ablehnung an.

---

11 BT-Drucks. 20/6520 S. 97.
12 BT-Drucks. 20/7631 S. 110; ebenso Köhler/Bornkamm/Feddersen/*Scherer* § 39 VDuG Rn. 11.
13 BT-Drucks. 20/7631 S. 110.
14 Ebenso Köhler/Bornkamm/Feddersen/*Scherer* § 39 VDuG Rn. 11.
15 Skauradszun/*Gödicke* VDuG § 39 Rn. 13.
16 Skauradszun/*Gödicke* VDuG § 39 Rn. 9.

14 **a) Ablehnung wegen Unwirksamkeit der Anmeldung von Ansprüchen zum Verbands-klageregister.** Voraussetzung für eine Berücksichtigung von Ansprüchen ist nach § 26 zunächst, dass der Anspruchsteller tatsächlich als **Verbraucher zu qualifizieren** ist und seine Ansprüche **wirksam** zum Verbandsklageregister **angemeldet** hat. Ist dies aus Sicht des Sachwalters zu ver-neinen, kann er an den betreffenden Anspruchsteller keine Leistung erbringen, auch wenn dieser ansonsten dazu berechtigt wäre.

15 Die Beurteilung des Sachwalters, ob eine wirksame Anspruchsanmeldung (und die dafür not-wendige Verbrauchereigenschaft) vorliegt, kann der (potenzielle) Verbraucher im Wege des Wider-spruchs und einer gerichtlichen Entscheidung nach § 28 Abs. 4 nachprüfen lassen. Daraus ergibt sich, dass der Verbraucher mit dem Vorbringen, der Sachwalter habe eine wirksame Anmeldung zu Unrecht verneint, **präkludiert** ist, wenn er entweder keine Nachprüfung durch das Oberlan-desgericht beantragt oder das Oberlandesgericht das Ergebnis des Sachwalters bestätigt.

16 Für den Verbraucher ist dies allerdings nur wenig nachteilig, da die Erhebung einer individu-ellen Leistungsklage (selbstverständlich) nicht davon abhängt, dass der Verbraucher zuvor seine Ansprüche zum Verbandsklageregister angemeldet hatte. Folge der Präklusion ist alleine, dass er sich im Individualverfahren nicht auf die **Bindungswirkung** des Abhilfegrundurteils gemäß § 11 Abs. 3 Satz 1 berufen kann, da diese eine wirksame Anspruchsanmeldung voraussetzt.[17] Genau dies kann der (potenzielle) Verbraucher aber nicht behaupten, ohne implizit die Unrichtigkeit der Entscheidung des Sachwalters geltend zu machen. Unschädlich ist auch, wenn der Sachwalter einen Anspruch wegen der fehlenden Verbrauchereigenschaft des Anspruchsstellers abgelehnt hat. Zwar kann es sich dabei im Einzelfall auch um eine materiell-rechtlich notwendige Vorausset-zung des Anspruchs handeln. Der Sachwalter prüft die Verbrauchereigenschaft allerdings nur im Rahmen der Frage einer wirksamen Anmeldung des Anspruchs.

17 **b) Ablehnung wegen fehlender Berechtigungsnachweise.** Der häufigste Fall einer An-spruchsablehnung durch den Sachwalter dürfte sein, dass nach dessen Einschätzung die vom Verbraucher nach dem Abhilfegrundurteil beizubringenden **Berechtigungsnachweise** nicht vor-gelegt wurden.

18 Ist dies der Fall, muss die Präklusionswirkung zur Folge haben, dass der Verbraucher zum einen mit dem Vorbringen nicht gehört werden kann, der Sachwalter habe diese Frage unzutreffend beur-teilt. Dies gilt sowohl in dem Fall, in dem das Oberlandesgericht auf Antrag die Widerspruchsentschei-dung des Sachwalters überprüft und bestätigt hat, wie auch dann, wenn der Verbraucher versäumt hat, Widerspruch einzulegen und eine gerichtliche Entscheidung zu beantragen.

19 Ebenso muss es aber ausgeschlossen sein, dass der Verbraucher die Richtigkeit der Beurtei-lung durch den Sachwalter einräumt, nun aber im Individualverfahren die Berechtigungsnach-weise **vorlegt** und geltend macht, dass diese bereits wegen der **Bindungswirkung** des Abhilfe-grundurteils gemäß § 11 Abs. 3 Satz 1 als **ausreichend** anerkannt werden müssten. Würde man eine solche Argumentation zulassen, stünde ein Verbraucher, der im Umsetzungsverfahren keine ordnungsgemäßen Berechtigungsnachweise vorgelegt hat und dementsprechend die Richtigkeit der Entscheidung des Sachwalters nicht bestritten, besser als ein Verbraucher, dessen ausreichen-de Berechtigungsnachweise trotz Durchführung eines Widerspruchsverfahrens nach § 28 Abs. 4 zu Unrecht nicht anerkannt wurden. Dies wäre offensichtlich **widersprüchlich** und kann nicht richtig sein.[18]

20 Als Ergebnis ist damit festzuhalten, dass ein Verbraucher, dessen Ansprüche vom Sachwalter wegen unzureichender Berechtigungsnachweise abgelehnt wurden, sich hinsichtlich des **Nach-weises** seiner Anspruchsinhaberschaft nicht schon wegen der Bindungswirkung des Abhilfe-grundurteils gemäß § 11 Abs. 3 Satz 1 auf die Vorlage der im Abhilfegrundurteil genannten Berech-tigungsnachweise beschränken kann. Vielmehr muss er das Bestehen seines Anspruchs im

---

17 *Röthemeyer* VDuG § 11 Rn. 30.
18 Wie hier *Gsell* GRUR 2024, 979, 991; a.A. *Röthemeyer* VDuG § 39 Rn. 11.

Rahmen der ihn treffenden **Darlegung- und Beweislast** zur Überzeugung des Gerichts (§ 286 ZPO) darlegen und beweisen, sofern die tatsächlichen Voraussetzungen vom beklagten Unternehmer bestritten werden. Dabei **kann** das Gericht die im Abhilfegrundurteil genannten Berechtigungsnachweise ausreichen lassen,[19] muss dies aber nicht. Ebenso besteht die Möglichkeit, dass die Anspruchsberechtigung auf gänzlichem anderen Wege nachgewiesen wird.[20]

c) Ablehnung aus anderen Gründen. Möglich ist schließlich, dass der Sachwalter die Berechtigungsnachweise zwar anerkannt, die angemeldeten Ansprüche aber aus **anderen Gründen** ganz oder teilweise abgelehnt hat. Dies ist denkbar, weil das Gericht dem Sachwalter nicht nur die Prüfung von Berechtigungsnachweisen, sondern, wie sich aus § 16 Abs. 2 Satz 2 ergibt, auch die konkrete Bestimmung des jeweiligen Anspruchs aufgeben kann, wenn nicht allen Verbrauchern Ansprüche in **gleicher Höhe** zustehen. Unterläuft dem Sachwalter hierbei ein Fehler oder bezieht er Umstände in seine Prüfung ein, deren Prüfung ihm tatsächlich gar nicht obliegt, muss der Verbraucher dagegen mit einem **Widerspruch** und ggf. einem Antrag auf gerichtliche Überprüfung gemäß § 28 Abs. 4 vorgehen. Hat der Verbraucher dies versäumt oder hat das Oberlandesgericht die Entscheidung des Sachwalters bestätigt, kann der Verbraucher in einem nachfolgenden Individualverfahren mit dem Vorbringen, der Sachwalter habe insoweit falsch entschieden, **nicht** gehört werden.

IV. Darlegungs- und Beweislast

Hinsichtlich der Darlegungs- und Beweislast sowie der materiellen Rechtslage gelten für ein Individualverfahren **abgesehen** von der Bindungswirkung des Abhilfegrundurteils (§ 11 Abs. 3 Satz 1) und der in § 39 geregelten Präklusion **keine Besonderheiten**. Zudem kann der Unternehmer in diesem Verfahren nun alle Einwendungen und Einreden vorbringen, die wegen ihres individuellen Einschlags im Abhilfeverfahren nicht berücksichtigt werden konnten.

---

19 A.A. wohl *Röthemeyer* VDuG § 39 Rn. 10.
20 So auch die Gesetzesbegründung, vgl. BT-Drucks. 20/7631 S. 109; ebenso *Heerma* ZZP 2024, 425, 454.

§ 40
Herausgabeanspruch des Unternehmers

(1) Der Unternehmer kann Einwendungen, die den vom Verbraucher im Verbandsklageverfahren geltend gemachten Anspruch selbst betreffen, im Wege der Klage geltend machen, soweit er die Gründe, auf denen sie beruhen, vor dem Prozessgericht des Abhilfeverfahrens oder im Widerspruchsverfahren nach § 28 nicht hätte geltend machen können.

(2) [1]Der Herausgabeanspruch des Unternehmers gegen den Verbraucher bestimmt sich nach den Vorschriften des Bürgerlichen Gesetzbuchs über die Herausgabe der ungerechtfertigten Bereicherung. § 818 Absatz 3 des Bürgerlichen Gesetzbuchs ist nicht anzuwenden. [2]Der Anspruch erlischt, wenn er nicht neun Monate nach Leistung an den Verbraucher diesem gegenüber schriftlich geltend gemacht wird.

Schrifttum

Anders/Gehle/*Schmidt* ZPO, Beilage VDuG (2023); *Bayat* Die Verbandsklage und das Umsetzungsverfahren, IWRZ 2023, 258; *Kalisz* Supervorrang von Verbrauchern – eine Fehlentwicklung in § 38 VDuG, NZI 2024, 153; Köhler/Bornkamm/Feddersen/*Scherer* UWG, 42. Aufl. (2024); *Röthemeyer* VDuG Handkommentar (2024); *Skauradszun* VDuG Kommentar (2024).

Übersicht

I. Regelungsgegenstand und Anwendungsbereich —— 1

II. Materiell-rechtlicher Herausgabeanspruch
1. Grundsätze —— 5
2. Anspruchsinhalt und Anspruchsvoraussetzungen —— 6
3. Insbesondere: Präklusion —— 12

III. Verfahrensrecht —— 17

IV. Erlöschen des Herausgabeanspruchs
1. Überblick —— 20
2. Frist —— 21
3. Form und erforderlicher Inhalt der Geltendmachung —— 25
4. Sonderfall Aufrechnung —— 28
5. Rechtsfolgen —— 30
6. Darlegungs- und Beweislast für das Erlöschen der Forderung —— 31

I. Regelungsgegenstand und Anwendungsbereich

1 Kennzeichnend für alle **Abhilfeverfahren** ist, dass Gesichtspunkte mit **individuellem** Einschlag, insbesondere individuelle Einwendungen und Einreden des Unternehmers (z.B. die Berufung auf die Verjährung oder Verwirkung eines Anspruchs in einem Einzelfall), im kollektiven Verfahrensstadium nicht geprüft werden sollen bzw. können. Da allerdings die Regelungen des VDuG an der **materiell-rechtlichen** Rechtslage nichts ändern (sollen), muss dem Unternehmer die Berufung auf derartige Einreden und Einwendungen spätestens in einem „**Nachverfahren**" ermöglicht werden, um insgesamt ein der materiell-rechtlichen Lage entsprechendes **Ergebnis** zu erzielen.[1] Denkbar ist auch, dass ein Insolvenzverwalter an der Stelle des Unternehmers diesen Anspruch geltend machen muss.[2] Der dafür maßgebliche Rahmen ergibt sich aus § 40.

2 Hinsichtlich seines Regelungsgegenstandes weist § 40 somit **Parallelen** zu § 39 auf, es bestehen jedoch auch deutliche **Unterschiede**. Der wichtigste liegt darin, dass § 40 nicht nur im Nachgang zu einem Umsetzungsverfahren zur Anwendung kommen kann, sondern auch dann, wenn das Prozessgericht den Unternehmer zu einer Leistung an namentlich benannte Verbraucher ver-

---

[1] Zum Motiv s. BT-Drucks. 20/6520 S. 97.
[2] *Kalisz* NZI 2024, 153, 157.

urteilt hat. Denn auch dann ist die Prüfung individueller Einreden im Abhilfeverfahren **eingeschränkt**.[3]

Des Weiteren kann (auch) aus § 40 entnommen werden, dass eine auf der Grundlage eines 3 Abhilfe(grund)urteils an einen Verbraucher bewirkte Leistung nur dann zu einer Erfüllung i.S.v. § 362 BGB führt, wenn der Anspruch des Verbrauchers auch **tatsächlich besteht**,[4] was allerdings begriffslogisch auf alle Erfüllungshandlungen zutrifft. Die Besonderheit besteht deshalb vielmehr darin, dass – anders als bei anderen **rechtskräftigen Leistungsurteilen** – ein Abhilfeurteil i.S.d. VDuG erst dann einen Rechtsgrund für das Behaltendürfen der ausgeurteilten Leistung schafft, wenn entweder die Herausgabeklage des Unternehmers rechtskräftig abgewiesen wird oder der Herausgabeanspruch gemäß § 40 Abs. 2 Satz 3 erlischt.

Eine wesentlicher Regelungsgehalt von § 40 Abs. 1 besteht schließlich darin, dass die bisher 4 nicht berücksichtigten **individuellen Einwendungen** des Unternehmers bzw. der damit begründete Herausgabeanspruch **ausschließlich** im Wege einer **Klage** geltend gemacht werden kann. Dies erscheint zwingend, da nur auf dieser Grundlage die Wirkungen des Urteils der Abhilfeklage beseitigt werden können.

II. Materiell-rechtlicher Herausgabeanspruch

1. Grundsätze

Hat der Verbraucher aufgrund einer Entscheidung im Abhilfeverfahren eine **Leistung** des Unter- 5 nehmers erhalten, wäre eine darauf gerichtete individuelle Leistungsklage des Verbrauchers aber wegen solcher **individueller Einwendung**, die der Unternehmer im Abhilfeverfahren aufgrund der verfahrensrechtlichen Besonderheiten **nicht** vorbringen konnte, als unbegründet abzuweisen gewesen, so steht dem Unternehmer gegen den Verbraucher ein **Herausgabeanspruch** zu, wie sich aus § 40 Abs. 2 Satz 1 ergibt. Dieser richtet sich im Einzelnen nach den Vorschriften des Bürgerlichen Gesetzbuchs über die Herausgabe der **ungerechtfertigten Bereicherung**. Dabei handelt es sich um eine Rechtsfolgenverweisung, da wegen des Abhilfeurteils ansonsten die Voraussetzungen der §§ 812 ff. BGB nicht bejaht werden könnten.[5]

2. Anspruchsinhalt und Anspruchsvoraussetzungen

Voraussetzung für einen Herausgabeanspruch ist zunächst, dass der Verbraucher auf der Basis 6 der Abhilfeentscheidung eine **Leistung** des Unternehmers **erhalten** hat, wobei es nicht darauf ankommt, ob ein **Umsetzungsverfahren** stattgefunden hat oder nicht. Ebenso unerheblich ist die Art der Leistung, d.h. ob diese in einer Zahlung oder einer sonstigen Leistung bestand.

Als nächste Voraussetzung ist zu prüfen, ob der Unternehmer eine **materiell-rechtliche Ein-** 7 **wendung** vorbringen kann, die den **einzelnen konkreten** Verbraucheranspruch betrifft und bei der Erhebung einer individuellen Leistungsklage des Verbrauchers zu einer Klageabweisung geführt hätte. Hierfür kommen eine Vielzahl von Einreden in Betracht, so z.B. rechtshindernde, rechtshemmende und rechtsvernichtende Einwendungen.[6]

Die in der Praxis wichtigsten Gesichtspunkte dürften die Einrede der **Verjährung** oder die Ein- 8 wendung der **Erfüllung**[7] sein. Auch ist denkbar, dass der Unternehmer zur **Person** des Verbrauchers

---

3 Wie hier *Bayat* IWRZ 2023, 258, 261; a.A. Köhler/Bornkamm/Feddersen/*Scherer* § 40 VDuG Rn. 4.
4 Hierauf hinweisend auch *Röthemeyer* VDuG § 27 Rn. 35, § 40 Rn. 1.
5 A.A. wohl Köhler/Bornkamm/Feddersen/*Scherer* § 40 VDuG Rn. 8, Skauradszun/*Gödicke* VDuG § 40 Rn. 6, sowie Anders/Gehle/*Schmidt* § 40 Rn. 3.
6 BT-Drucks. 20/6520 S. 97.
7 BT-Drucks. 20/6520 S. 97; ebenso *Bayat* BKR 2024, 219, 226.

relevante Gesichtspunkte vorbringt (wie z.B. zu dessen Geschäftsunfähigkeit bei Vertragsschluss).[8] Die Klage kann allerdings nur Erfolg haben, wenn die Einwendungen dazu führen, dass eine Individualklage des Verbrauchers unter allen in Betracht kommenden rechtlichen Gesichtspunkten hätte abgewiesen werden müssen. Das Gericht darf sich also nicht auf die Prüfung der **Anspruchsgrundlagen** beschränken, die vom Prozessgericht der Abhilfeklage berücksichtigt wurden.

9   Wie sich aus § 40 Abs. 1 ergibt, kann der Unternehmer in einem solchen **Rückforderungsprozess** seinen Herausgabeanspruch ferner nur auf solche Einwendungen stützen, die er vor dem Prozessgericht des Abhilfeverfahrens oder im Widerspruchsverfahren nach § 28 einschließlich der gerichtlichen Überprüfung nicht geltend machen konnte (**Präklusion**). Der Gesetzgeber wollte also mit § 40 alleine einen **Ausgleich** dafür schaffen, dass es dem Unternehmer im Abhilfeverfahren wie auch im Umsetzungsverfahren weitestgehend verwehrt ist, Einwendungen mit **individuellem Einschlag** vorzubringen. Dagegen dient die Gewährung des Herausgabeanspruchs nicht dazu, die Folgen einer nachlässigen Prozessführung des Unternehmers im Abhilfeverfahren oder einer nachlässigen Beteiligung am Umsetzungsverfahren zu korrigieren. Wegen der Bedeutung der Präklusion wird hierauf nachfolgend noch gesondert eingegangen.

10   Nicht eindeutig ist, wen im Rahmen einer solchen Herausgabeklage zu welchen Punkten die **Darlegungs- und Beweislast** trifft. Allgemein gilt, dass bei der Geltendmachung eines Anspruchs nach § 812 BGB den Kläger die volle Darlegungs- und Beweislast für alle anspruchsgründenden Umstände und damit insbesondere auch für das Fehlen eines Rechtsgrundes trifft.[9] Andererseits ist zu bedenken, dass es **nicht** das Ziel des VDuG war, an der **materiell-rechtlichen Ausgangslage**, zu der auch die Verteilung der Beweislast gehört, etwas zu ändern. Ferner soll dem Unternehmer durch § 40 die Nachholung der Einwendungen ermöglicht werden, deren Vorbringen ihm bisher aufgrund des Kollektivcharakters des Abhilfeverfahrens **verwehrt** worden war. Auch wenn sich in den meisten Fällen hieraus keine erheblichen Unterschiede ergeben werden, spricht dies entscheidend dafür, dass hinsichtlich aller erstmals im Rahmen einer Herausgabeklage nach § 40 zu prüfender Umstände die Darlegungs- und Beweislast die Prozesspartei trifft, die im Rahmen einer individuellen Leistungsklage des Verbrauchers **darlegungs- und beweisbelastet** gewesen wäre.

11   Der genaue **Inhalt** des Herausgabeanspruchs bestimmt sich gemäß § 40 Abs. 2 Satz 1 nach den Vorschriften des Bürgerlichen Gesetzbuchs über die Herausgabe der **ungerechtfertigten Bereicherung**, wobei es sich um eine Rechtsfolgenverweisung handelt.[10] Herauszugeben ist demnach primär die Leistung, die der Verbraucher aufgrund des Abhilfeendurteils bzw. im Rahmen des Umsetzungsverfahrens erlangt hat. Ist dies nicht möglich, ist nach § 818 Abs. 2 BGB Wertersatz geschuldet.[11] Je nach den Umständen des Einzelfalles kann ferner **Nutzungsersatz** gemäß § 818 Abs. 1 BGB verlangt werden. Anwendbar ist auch § 816 BGB. Ausgeschlossen ist dagegen die Berufung auf einen **Wegfall der Bereicherung** gemäß § 818 Abs. 3 BGB, wie sich aus der ausdrücklichen Regelung in § 40 Abs. 1 Satz 2 ergibt. Möglich ist auch eine verschärfte Haftung nach § 819, § 818 Abs. 4, § 292 BGB

3. Insbesondere: Präklusion

12 Nicht schon bei der Frage der Zulässigkeit, wohl aber für die **Begründetheitsprüfung** einer Herausgabeklage ist zu beachten, dass der klagende Unternehmer mit seinem den Anspruch begründenden Vorbringen **präkludiert** sein kann. § 40 Abs. 1 bestimmt insoweit, dass sich der Unternehmer nicht auf solche den Anspruch des Verbrauchers betreffenden Einwendungen berufen kann, die er bereits vor dem Prozessgericht des Abhilfeverfahrens oder im Widerspruchsverfahren nach § 28 hätte geltend machen können. Damit soll sichergestellt werden, dass der Unternehmer im

---

8 BT-Drucks. 20/6520 S. 97.
9 BGH, 23.9.2008 – XI ZR 263/07 Rn. 20, juris; BGH, 6.12.1994 – XI ZR 19/94 Rn. 14 = ZIP 1995, 111.
10 Siehe oben Rn. 5.
11 BT-Drucks. 20/6520 S. 98.

Abhilfeprozess **umfassend** vorträgt und alle Sach- und Rechtsfragen im gerichtlichen Erkenntnisverfahren vor dem Oberlandesgericht so **umfassend** wie möglich abgehandelt werden.[12] Ferner muss er auch die Rechtsschutzmöglichkeiten nutzen, die das Umsetzungsverfahren bietet. Maßgebend ist wie bei § 767 ZPO das **objektive** Vorliegen der Einwendungen, auf die subjektive Kenntnis des Unternehmers kommt es nicht an.[13]

In einem **ersten Schritt** ist deshalb zu fragen, welche Gesichtspunkte der Unternehmer im **13** Abhilfeverfahren vorbringen konnte. Dafür kommt es vor dem Hintergrund von § 15 Abs. 1 darauf an, inwieweit die Einwendungen einer **kollektiven Prüfung und Beurteilung** zugänglich waren.[14] Nach der Gesetzesbegründung sind jedenfalls solche Einwendungen des Unternehmers schon im Abhilfeverfahren vorzubringen, die sich gleichermaßen auf die Ansprüche **aller** betroffenen Verbraucher beziehen und daher – so die dogmatisch nicht ganz überzeugende Einordnung des Gesetzgebers – (vermeintlich) die Haftung des Unternehmers **dem Grunde nach** betreffen.[15] In praktischer Hinsicht ist allerdings ohnehin davon auszugehen, dass der Unternehmer im Abhilfeverfahren alle Einwendungen vorbringen wird, sofern diese nicht offensichtlich nur besonders gelagerte Einzelfälle betreffen. Werden von den vorgebrachten Einwendungen alle oder ein Teil vom Prozessgericht als wegen ihres individuellen Einschlags im Abhilfeverfahren nicht berücksichtigungsfähig **zurückgewiesen**, darf dies in einem nachfolgenden Individualverfahren nicht gegenteilig beurteilt werden.

In einem **zweiten Schritt** ist dann zu prüfen, ob die jeweilige Einwendung im Umsetzungs- **14** verfahren – einschließlich des Widerspruchsverfahrens mit gerichtlicher Nachprüfung gemäß § 28 Abs. 4 – hätte vorgebracht werden können. Ausgeschlossen ist der Unternehmer deshalb beispielsweise mit Einwendungen, die sich auf die Teilnahme des jeweiligen Verbrauchers am Abhilfeverfahren und insbesondere auf die Frage der **wirksamen Anmeldung** der Ansprüche zum Verbandsklageregister beziehen. Ausgeschlossen ist auch die Einwendung, der Sachwalter sei bei der Prüfung der vorgelegten Berechtigungsnachweise oder der weiteren konkreten Anspruchsbestimmung fehlerhaft vorgegangen. Nicht ausgeschlossen ist dagegen das Vorbringen, der betreffende Verbraucher sei nicht **aktivlegitimiert** gewesen, sofern der Unternehmer dieses Vorbringen auf **andere Gesichtspunkte** als eine fehlerhafte Würdigung der Berechtigungsnachweise durch den Sachwalter stützt.

Nicht beschränkt ist die Berufung auf Umstände, die jeweils einen **eindeutigen individuellen** **15** Einschlag haben wie z.B. die nur im Einzelfall erhobene Verjährungseinrede. Der Einrede der Verjährung kann auch nicht § 214 Abs. 2 Satz 1 BGB mit dem Vorbringen entgegengehalten werden, im Wege des Umsetzungsverfahrens habe der Unternehmer trotz und in Kenntnis einer bestehenden Verjährungslage geleistet, da dem Unternehmer eine frühere verfahrensmäßige Geltendmachung der **eingetretenen Verjährung** nicht möglich war. Als weitere Beispiele nicht präkludierter Einwendungen können das Fehlen der Geschäftsfähigkeit des Vertragspartners, eine Verwirkung des Anspruchs sowie eine im Einzelfall vorgenommene Vertragsänderung oder Anfechtung genannt werden.

Besonderheiten gelten schließlich, soweit nach **hier vertretener Ansicht** der Unternehmer **16** im Umsetzungsverfahren ausnahmsweise **individuelle Gesichtspunkte** vorbringen könnte, die vom Sachwalter zu beachten sind, weil sie die Teilnahme eines konkreten Verbrauchers am Umsetzungsverfahren als **evident rechtsmissbräuchlich** erscheinen lassen.[16] Liegen derartige Umstände vor, hat der Unternehmer richtigerweise die **Wahl**, ob er diese schon im **Umsetzungsverfahren** oder erst in einem **Nachverfahren** i.S.v. § 40 geltend macht. Dies gilt schon deshalb, weil der Unternehmer ein nachvollziehbares Interesse daran haben kann, den Sachwalter nicht mit derartigen Einwendungen zu befassen, um den Abschluss des Umsetzungsverfahrens nicht zu

12 BT-Drucks. 20/6520 S. 97.
13 Köhler/Bornkamm/Feddersen/*Scherer* § 40 VDuG Rn. 4.
14 Im Einzelnen dazu § 15 Rn. 12 ff.
15 BT-Drucks. 20/6520 S. 97.
16 Siehe dazu § 27 Rn. 22 ff.

verzögern. Entscheidend ist ferner, dass der tatsächlich **rechtsmissbräuchlich** handelnde Verbraucher **kein schutzwürdiges Vertrauen** dahingehend geltend machen kann, der Unternehmer werde den Rechtsmissbrauch bereits im Umsetzungsverfahren vorbringen bzw. anschließend nicht mehr aufgreifen.

III. Verfahrensrecht

17   In verfahrensrechtlicher Hinsicht ist zu beachten, dass eine Klage i.S.v. § 40 **erst** dann zulässig ist, wenn im Umsetzungsverfahren dem Verbraucher final ein Anspruch **zuerkannt** worden ist. Dies ergibt sich allerdings nicht aus § 40, sondern aus dem Umstand, dass der Unternehmer kein **Rechtsschutzbedürfnis** für eine Klage gemäß § 40 hat, solange die Prüfung durch den Sachwalter andauert und deshalb noch nicht feststeht, ob der Verbraucher im Rahmen des Umsetzungsverfahrens eine Leistung erhalten soll.

18   Hinsichtlich der Klageart ist zu beachten, dass der Unternehmer eine **negative Feststellungsklage** erheben muss, solange die Leistung noch nicht erfolgt ist. Nach einer Auszahlung des Sachwalters aus dem Umsetzungsfonds ist diese dann in eine Leistungsklage umzustellen. Die **formelle Beendigung** des Umsetzungsverfahrens ist dagegen keine **Zulässigkeitsvoraussetzung** für die Erhebung einer Klage i.S.v. § 40.[17]

19   Verfahrensrechtlich gelten für Klagen i.S.v. § 40 im Übrigen **keine Besonderheiten**, da diese kein Teil des Abhilfe- oder der Umsetzungsverfahrens sind.[18] Insbesondere die Zuständigkeit richtet sich nach den **allgemeinen Vorschriften**. Hinsichtlich der Anspruchsbegründung ist lediglich zu beachten, dass der Unternehmer den Umstand, dass der Verbraucher im Rahmen des Umsetzungsverfahrens eine Leistung erhalten hat, durch den **Schlussbericht** des Sachwalters belegen kann.

IV. Erlöschen des Herausgabeanspruchs

1. Überblick

20   Ein **Herausgabeanspruch** des Unternehmers gegen den Verbraucher erlischt gemäß § 40 Abs. 2 Satz 3, wenn er nicht innerhalb einer Frist von **neun Monaten** nach der Leistung an den Verbraucher diesem gegenüber schriftlich geltend gemacht wird. Damit hat der Gesetzgeber auf Initiative des Rechtsausschusses eine besondere materielle **Ausschlussfrist** geschaffen. Ziel war es, Verbrauchern, die im Rahmen des Umsetzungsverfahrens eine Leistung erhalten haben, nach Ablauf von neun Monaten **Gewissheit** zu verschaffen, ob sie diese endgültig behalten dürfen oder aber mit einer Rückforderung des Unternehmers wegen individueller Einwendungen rechnen müssen.[19]

2. Frist

21   Die Frist für die Geltendmachung beläuft sich auf **neun Monate nach Leistung** an den Verbraucher. Da von einer Leistung an den Verbraucher nicht schon dann gesprochen werden kann, wenn die Leistungshandlung vorgenommen wurde, sondern erst bei Eintritt des Leistungserfolges, ist im praktisch wichtigsten Fall einer Zahlung durch den Sachwalter an einen Verbraucher der **Zeitpunkt des Eingangs** der Zahlung beim Verbraucher für den Fristbeginn maßgebend.[20] Erst ab diesem Zeitpunkt kann der Verbraucher auch ein „schützenswertes Vertrauen" entwickeln,

---

17 *Röthemeyer* VDuG § 40 Rn. 1.
18 BT-Drucks. 20/6520 S. 98.
19 BT-Drucks. 20/7631 S. 110 f.
20 Wie hier Köhler/Bornkamm/Feddersen/*Scherer* § 40 VDuG Rn. 12.

etwas „behalten" zu dürfen. Zu berechnen ist die Frist gemäß § 222 Abs. 1 ZPO, §§ 187 ff. BGB. Gemäß § 187 Abs. 1 BGB wird daher der Tag, an dem der Leistungserfolg eintritt, bei der Berechnung der Frist **nicht** mitgerechnet.

Dieser an sich klare Fristbeginn ist allerdings auch ein **Beispiel** schlechter, zumindest aber 22 **nicht durchdachter** Gesetzgebung. Als die Ausschlussfrist spät im Gesetzgebungsverfahren auf Vorschlag des Rechtsausschusses in das Gesetz eingefügt wurde, wurde nicht berücksichtigt, dass nicht gewährleistet ist, dass der Unternehmer in jedem Fall vor Ablauf der Frist **Kenntnis** vom Fristbeginn erlangt. Nach der Gesetzeskonzeption wird der Unternehmer, wenn sich an das Abhilfeverfahren ein Umsetzungsverfahren mit Zahlungen des Sachwalters an die Verbraucher anschließt, erst durch die formlose Überlassung des **Schlussberichts** gemäß § 34 Abs. 3 in etwa (!)[21] über den Zeitpunkt der Leistungen an die Verbraucher unterrichtet, da diese Angabe nach § 34 Abs. 2 Nr. 1 in den Schlussbericht aufzunehmen ist. Es ist offensichtlich nicht ausgeschlossen, dass zu diesem Zeitpunkt die Frist von neun Monaten bereits **abgelaufen** ist.

Vor diesem Hintergrund wäre es daher sachgerecht gewesen, den Beginn der Frist an den 23 Zeitpunkt des **Zugangs des Schlussberichts** anzuknüpfen. Für eine solche Auslegung lässt der Wortlaut des Gesetzes, das insoweit dringend geändert werden sollte, aber keinen Spielraum. Der Unternehmer ist daher darauf verwiesen, in Bezug auf alle Verbraucher, deren Ansprüche vom Sachwalter anerkannt worden sind, zu geeigneten Zeitpunkten beim Sachwalter nachzufragen, ob entsprechenden Zahlungen bereits erfolgt sind. Zu diesem Zweck wird man dem Unternehmer einen entsprechenden **Auskunftsanspruch** gegen den Sachwalter zubilligen müssen, der sich jedenfalls aus § 242 BGB ableiten lässt. Immerhin von der **Anerkennung** eines Anspruchs wird der Unternehmer seitens des Sachwalters gemäß § 28 Abs. 1 und 3 bzw. durch das Gericht[22] im Verfahren nach § 28 Abs. 4 **unterrichtet**.

Die Frist ist gewahrt, wenn dem Verbraucher spätestens am letzten Tag der Frist eine formgerechte und inhaltlich hinreichend klare **Geltendmachung** des Anspruchs zugeht.[23] Erfolgt die Geltendmachung in Form einer Klage, was den gesetzlichen Anforderungen in jeder Hinsicht genügt, kommt § 167 ZPO zur Anwendung, sodass eine „**demnächst**" erfolgende Zustellung genügt.[24]

3. Form und erforderlicher Inhalt der Geltendmachung

Nach dem klaren Wortlaut von § 40 Abs. 2 Satz 3 muss die Geltendmachung des Anspruchs gegenüber dem Verbraucher **schriftlich** erfolgen. Auch hierbei handelt es sich um eine **gesetzgeberische** (aber selbstverständlich zu respektierende) **Fehlleistung**, da eine Geltendmachung in Textform ausreichend gewesen wäre. Die Anforderungen an die Form der Geltendmachung ergeben sich damit aus § 126 Abs. 1 und 4 sowie aus § 126 Abs. 3 i.V.m. § 126a Abs. 1 BGB.

Hinsichtlich des Erklärungsinhalts folgt aus § 40 Abs. 2 Satz 3, dass der **Anspruch** geltend 26 gemacht werden muss. Nicht ausreichend ist dementsprechend eine bloße Mitteilung des Unternehmers, die Geltendmachung eines Anspruchs bleibe **vorbehalten** oder werde **geprüft**. Ansonsten sind jedoch keine zu strengen Maßstäbe angezeigt. So ist nicht nur jede **Leistungsaufforderung** ausreichend. Es genügt auch, dass der Unternehmer mitteilt, dass ihm aus seiner Sicht ein Anspruch auf Herausgabe gegen den Verbraucher **zusteht**. Denn dann muss der Verbraucher mit an Sicherheit grenzender Wahrscheinlichkeit damit rechnen, dass der Unternehmer diesen Anspruch auch verfolgen wird. Am sichersten dürfte es für den Unternehmer sein, den Anspruch im Klagewege oder im Mahnverfahren geltend zu machen, da in diesem Fall nicht nur alle forma-

---

21 Der Sachwalter kann in den Schlussbericht nur den Zeitpunkt seiner Leistungshandlung, nicht den des Leistungserfolges aufnehmen, vgl. § 34 Rn. 11.

22 S. dazu § 28 Rn. 32 ff.

23 *Röthemeyer* VDuG § 40 Rn. 9; Zöller/*Vollkommer* § 40 VDuG Rn. 6.

24 Zur Anwendbarkeit von § 167 ZPO auf gesetzliche Ausschlussfristen BGH, 27.9.2023 – V ZR 43/12, MDR 2014, 47; BGH, 13.9.2012 – IX ZB 143/11, WM 2012, 2003.

len und inhaltlichen Anforderungen erfüllt sind. Auch über die **Fristwahrung** kann dann kein Streit entstehen.

27　　Einer Geltendmachung i.S.v. § 40 Abs. 2 Satz 3 steht es gleich, wenn der Verbraucher – in welcher Form auch immer – seinen Herausgabeanspruch **anerkennt**. Ist dies der Fall, kann vom Unternehmer nicht noch eine weitere förmliche Geltendmachung erwartet werden.

4. Sonderfall Aufrechnung

28　In der Praxis könnte sich die Frage stellen, ob der Herausgabeanspruch i.S.v. § 40 Abs. 2 Satz 1 auch im Wege der **Aufrechnung** gegen andere Forderungen geltend gemacht werden kann, die dem Verbraucher gegen den Unternehmer zustehen. Wäre dies der Fall, könnte sich die Frage stellen, ob die Aufrechnungserklärung ggf. nicht den **formalen** Voraussetzungen von § 40 genügen muss, da durch eine Aufrechnungserklärung ein Anspruch nicht nur geltend gemacht, sondern unmittelbar **durchgesetzt** wird.

29　　Gegen eine solche Betrachtung spricht jedoch, dass § 40 Abs. 1 Satz 1 ausdrücklich eine gerichtliche Geltendmachung verlangt, da nur diese geeignet ist, den **vorläufigen Rechtsgrund** für die Leistung, der sich aus dem Abhilfegrundurteil ergibt, wieder aus der Welt zu schaffen. Eine Aufrechnung durch den Unternehmer, die ohne eine vorausgehende gerichtliche Entscheidung i.S.v. § 40 Abs. 1 erklärt worden ist, führt deshalb nicht zu den Wirkungen des § 389 BGB. Ist die Aufrechnung allerdings in der von § 40 Abs. 2 Satz 3 verlangten Form und innerhalb der Frist von neuen Monaten erklärt worden, liegt darin eine ausreichende „Geltendmachung" im Sinn dieser Vorschrift.

5. Rechtsfolgen

30　Wird ein Herausgabeanspruch nicht innerhalb der Frist von neun Monaten formgerecht geltend gemacht, erlischt der Herausgabeanspruch. Erhebt der Unternehmer gleichwohl eine Klage gegen den Verbraucher, ist diese zwar zulässig, aber **unbegründet**.

6. Darlegungs- und Beweislast für das Erlöschen der Forderung

31　Die **Darlegungs- und Beweislast** für eine fehlende fristgerechte Geltendmachung des Herausgabeanspruchs entsprechend den Vorgaben von § 40 Abs. 2 Satz 3 trifft den **Verbraucher**. Denn nach allgemeinen Grundsätzen muss derjenige, der aus dem Erlöschen eines zuvor bestehenden Anspruchs für sich günstige Rechtsfolgen arbeiten will, das **Erlöschen** darlegen und ggf. auch beweisen.[25] Allerdings kann im Einzelfall den Unternehmer eine **sekundäre Darlegungslast** treffen, wann und in welcher Form die Geltendmachung erfolgt sein soll.

---

25 BGH, 27.10.2016 – V ZB 47/15, Rn. 10 = NJW-RR 2017, 58.

Abschnitt 3
Musterfeststellungsklagen

Schrifttum

Amrhein Die Musterfeststellungsklage, Streitgegenstand/Rechtshängigkeit/Musterfeststellungsurteil, Diss. Würzburg 2019; *Augenhofer* Deutsche und europäische Initiativen zur Durchsetzung des Verbraucherrechts, Verbraucherzentrale Bundesverband (2018); *dies.* Musterfeststellungsklage – offene Fragen zur Verjährung, VuR 2019, 83; *dies.* Die Reform des Verbraucherrechts durch den „New Deal" – ein Schritt zur effektiven Rechtsdurchsetzung? EuZW 2019, 5; *Axtmann* Die Möglichkeiten kollektiven Rechtsschutzes nach dem Verbandsklagerichtlinienumsetzungsgesetz – Eine darstellende Untersuchung neuer und reformierter kollektiver Klagemöglichkeiten und ihrer Auswirkungen auf Unternehmen, DB 2023, 2614; *Balke/Liebscher/Steinbrück* Der Gesetzentwurf zur Einführung einer Musterfeststellungsklage, ZIP 2018, 1321; *Basedow* Trippelschritte zum kollektiven Rechtsschutz, Aktionismus in Berlin und Brüssel, EuZW 2018, 609; *Beck* Musterfeststellungsklageverfahren und einheitliche Tatsachenfeststellung, ZIP 2018, 1915; *ders.* Die neue Musterfeststellungsklage, WPg 2019, 586; *Beckmann/Waßmuth*, Die Musterfeststellungsklage – Teil I, WM 2019, 45; *dies.* Die Musterfeststellungsklage – Teil II, WM 2019, 89; *Bellinghausen/Erb* Kollektiver Rechtsschutz in Deutschland – neue Instrumente nötig? Juristentag diskutiert über Musterfeststellungs-, Verbraucherverbands- und Sammelklagen, AnwBl. 2018, 698; *Berger* „Kollektiver Rechtsschutz": Das neue Musterfeststellungsverfahren, ZZP (133) 2020, 3; *Braunroth* Die zivilprozessuale Musterfeststellungsklage – ein Instrument zur kollektiven Durchsetzung des AGG? VuR 2018, 455; *Bruns* Instrumentalisierung des Zivilprozesses im Kollektivinteresse durch Gruppenklagen? NJW 2018, 2753; *Feldhusen* Zur Effektivität des Musterfeststellungsverfahrens – Ein Zwischenruf, ZIP 2020, 2377; *Felgentreu/Gängel* Zur Klagebefugnis eines Verbraucherverbandes im Musterfeststellungsverfahren, VuR 2019, 323; *Fölsch* Der Regierungsentwurf zur Einführung der Musterfeststellungsklage, DRiZ 2018, 214; *ders.* Einzelne Aspekte zur Musterfeststellungsklage aus richterlicher Sicht, DAR-Extra 2018, 736; *Fuhrmann/Kurka* Musterfeststellungsklage – Risiken und Fallstricke bei der Wahl des Klagevehikels, NJW 2020, 3414; *Geiger* Kollektiver Rechtsschutz im Zivilprozess – die Gruppenklage zur Durchsetzung von Massenschäden und ihre Auswirkungen, Diss. Konstanz 2015; *Geissler* Die geplante (deutsche) Musterfeststellungsklage und die (europäische) Sammelklage: Fluch oder Segen für die deutsche Industrie? GWR 2018, 189; *Hartmann* Drei Hauptmerkmale im neuen Musterfeststellungsverfahren, VersR 2019, 528; *Heese* Die Musterfeststellungsklage und der Dieselskandal, Stationen auf dem langen deutschen Weg in die prozessuale Moderne, JZ 2019, 429; *Hettenbach* Negative Musterfeststellungsklage? WM 2019, 577; *Horn* Grenzüberschreitende Musterfeststellungsklagen, ZVglRWiss 118 (2019) 314; *Janal* Die Umsetzung der Verbandsklagerichtlinie, GRUR 2023, 985; *Kähler* Zur Angemessenheit eines Vergleichs in der Musterfeststellungsklage, ZIP 2020, 293; *Kilian* Musterfeststellungsklage – Meinungsbild der Anwaltschaft, ZRP 2018, 72; *Koch* Die Musterfeststellungsklage, Überblick über die und Bewertung der neuen Regelungen, MDR 2018, 1409; *Lange* Das begrenzte Gruppenverfahren – Konzeption eines Verfahrens zur Bewältigung von Großschäden auf der Basis des Kapitalanleger-Musterverfahrens (2011); *Langheid* Muster ohne Wert – Die Musterfeststellungsklage im Praxistest, VersR 2020, 789; *Lerch/Valdini*, Herausforderungen an den Zivilprozess bei Massenverfahren, NJW 2023, 420; *Lühmann* Die Entwicklung des kollektiven Rechtsschutzes im Jahr 2023, WM 2024, 1199; *Mallmann/Erne* Musterfeststellungsklage und Kartellschadensersatz, NZKart 2019, 77; *Mekat/Nordholtz* Die Flucht in den Kollektivschutz, Prozesstaktische Überlegungen zu Individualklagen bei Musterfeststellungsklagen, NJW 2019, 411; *Meller-Hannich* Kollektiver Rechtsschutz – Neue Instrumente im Zivilprozess, DRiZ 2018, 298; *dies.* Sammelklagen, Gruppenklage, Verbandsklagen – Bedarf es neuer Instrumente des kollektiven Rechtsschutzes im Zivilprozess? NJW-Beil. 2018, 29; *Merkt/Zimmermann* Die neue Musterfeststellungsklage: Eine erste Bewertung, VuR 2018, 363; *Metz* Musterfeststellungsklage – endlich, VuR 2018, 281; *Müller* Sperrwirkung nach § 610 III ZPO und Forderungszession, GWR 2019, 399; *Nordholtz/Mekat* Musterfeststellungsklage (2019); *Oehmig* Die Rechtsstellung des angemeldeten Verbrauchers in der Musterfeststellungsklage, Diss. Passau 2020; *Prütting* Neue Entwicklungen im Bereich des kollektiven Rechtsschutzes, ZIP 2020, 197; *Röß* Die Auswirkungen einer Zession auf das Verhältnis von Musterfeststellungs- und Individualverfahren, NJW 2020, 953; *ders.* Die Bindung der angemeldeten Verbraucher an einen Kollektivvergleich, NJW 2020, 2068; *ders.* Die Klageänderung im Musterfeststellungsverfahren, NJOZ 2021, 1569; *Röthemeyer* Das rechtliche Gehör im Musterfeststellungsverfahren, Die Stellung des Anmelders und die Notwendigkeit eines „gehörsfreundlichen" richterlichen Prozessmanagements, MDR 2019, 6; *ders.* Musterfeststellungsklage und Individualanspruch – Zur Kritik und zu den Entwicklungsmöglichkeiten, VuR 2019, 87; *ders.* Zweieinhalb Jahre Musterfeststellungsklage – eine Zwischenbilanz im Spiegel der Rechtsprechung BKR 2021, 191; *Schmidt* Widerruf von Verbraucherdarlehen und Musterfeststellungsklage – ein Gedankenexperiment, WM 2018, 1966; *Schneider* Die zivilprozessuale Musterfeststellungsklage, Kollektivrechtsschutz durch Verbraucherschutzverbände statt Class Actions? BB 2018, 1986; *Scholl* Die Musterfeststellungsklage nach §§ 606 ff. ZPO – Eine kritische Würdigung mit Bezügen zum französischen, niederländischen und US-amerikanischen Recht, ZfPW 2019, 317; *Stadler* Musterfeststellungsklagen im deutschen Verbraucherrecht? VuR 2018, 83; *dies.*

Grenzüberschreitende Wirkung von Vergleichen und Urteilen im Musterfeststellungsverfahren, NJW 2020, 265; *dies.* Pyrrhussieg für den Verbraucherschutz – vzbv umgeht durch Vereinbarung mit VW gesetzliche Sicherungsmechanismen, VuR 2020, 163; *Tiffe* Unwirksamkeit der Zinsanpassungsregelungen für Sparverträge „S-Prämiensparen flexibel", VuR 2020, 306; *Thiery/Schlingmann* Musterfeststellungsklage: „Wilder Westen" oder alles halb so wild? DB 2018, 2550; *Vollkommer* Musterfeststellungsklage: Ablehnung der öffentlichen Bekanntmachung der Feststellungsziele, MDR 2020, 81; *ders.* Die neue Abhilfeklage nach dem VDuG: Strukturen und erste Anwendungsprobleme, MDR 2023, 1349; *Waclawik* Die Musterfeststellungsklage NJW 2018, 2921; *Welling* Was kann die Verbandsklage vom KapMuG lernen? Diss. Darmstadt 2023; *Windau* Spannungen im „Dreiecksverhältnis" der Musterfeststellungsklage, jM 2019, 404; *Witte/Wetzig* Die Musterfeststellungsklage. Placebo oder Allheilmittel für den deutschen Verbraucherschutz? – Ein Kommentar zur Einführung der MFK aus rechtsvergleichender Sicht, WM 2019, 52; *Woopen* Kollektiver Rechtsschutz – Ziele und Wege, NJW 2018, 133; *ders.* Kollektiver Rechtsschutz, Das Desaster naht, IWRZ 2018, 160; *ders.* Kollektiver Rechtsschutz – Chancen der Umsetzung, Die Europäische Verbandsklage auf dem Weg ins deutsche Recht, JZ 2021, 601.

§ 41
Musterfeststellungsklage

(1) Mit der Musterfeststellungsklage begehrt die klageberechtigte Stelle die Feststellung des Vorliegens oder Nichtvorliegens von tatsächlichen und rechtlichen Voraussetzungen für das Bestehen oder Nichtbestehen von Ansprüchen oder Rechtsverhältnissen (Feststellungsziele) zwischen Verbrauchern und einem Unternehmer.

(2) Der Zulässigkeit einer Musterfeststellungsklage steht nicht entgegen, dass die klageberechtigte Stelle Abhilfeklage erheben könnte.

Übersicht

I. Entstehungsgeschichte, Zweck und Systematik
1. Entstehungsgeschichte —— 1
   a) Vorarbeiten zum Vorläufer: die zivilprozessuale Musterfeststellungsklage —— 2
   b) Beschleunigtes Gesetzgebungsverfahren —— 6
2. Zweck —— 10
3. Systematik —— 14

II. Regelungskonzept, gerichtliche Zuständigkeit, Erhebung der Musterfeststellungsklage, Besondere Zulässigkeitsvoraussetzungen
1. Regelungskonzept —— 15
2. Gerichtliche Zuständigkeit —— 17
3. Erhebung der Musterfeststellungsklage und Wirkung —— 20
4. Besondere Zulässigkeitsvoraussetzungen
   a) Breitenwirkung des Feststellungsziels als besondere Zulässigkeitsvoraussetzung? —— 23
   b) Keine Gleichartigkeit der Ansprüche —— 25
   c) Inhaltliche Beschränkung auf Verbraucheransprüche —— 28
      aa) Verbraucherbegriff —— 29
      bb) Unternehmer —— 33
5. Musterfeststellungsbeklagte
   a) Beklagtenmehrheit? —— 34
   b) Antragsbefugnis nur zugunsten der klageberechtigten Stelle? —— 36

6. Einzelfragen der Anwendung von ZPO-Vorschriften —— 40
   a) Ausschluss der Nebenintervention und Streitverkündung —— 41
   b) Klageänderung —— 43
   c) Klagerücknahme —— 44
   d) Verzichtsurteil —— 45
   e) Anerkenntnisurteil —— 46
   f) Säumnisverfahren (§§ 330 ff. ZPO) —— 47
   g) Teil-Musterfeststellungsurteil (§ 301 ZPO) —— 51
   h) Grund-Musterfeststellungsurteil —— 54
   i) Übereinstimmende Erledigungserklärung —— 55

III. Feststellungsziele —— 56
1. Streitgegenstand der Musterfeststellungsklage —— 57
2. Tatsächliche und rechtliche Voraussetzungen —— 60
   a) Feststellung tatsächlicher Voraussetzungen —— 61
   b) Feststellung rechtlicher Voraussetzungen —— 66
   c) Keine Feststellung von Ansprüchen —— 70
   d) Keine Feststellung bloß individueller Streitfragen —— 75

3. Konnexität der Ansprüche oder Rechtsverhältnisse —— 76
4. Sachentscheidungsinteresse —— 78

IV. Urteil —— 80

V. Verhältnis zur Abhilfeklage (Absatz 2) —— 83

I. Entstehungsgeschichte, Zweck und Systematik

1. Entstehungsgeschichte

Die Vorschrift entspricht § 606 Abs. 1 Satz 1 ZPO a.F. Die bislang in den §§ 606 ff. ZPO a.F. geregelte **1** Musterfeststellungsklage wird mit der Umsetzung der Verbandsklagen-RL in das neu geschaffene VDuG überführt und dort im dritten Abschnitt normiert. In den §§ 1 bis 13 (erster Abschnitt) finden sich darüber hinaus vor die Klammer gezogen wesentliche Teile der zuvor in §§ 606 bis 614 ZPO a.F. geregelten Musterfeststellungsklage, die für beide Verbandsklagetypen gelten.[1] Im vierten Abschnitt ist für die Abhilfeklage und die Musterfeststellungsklage das Klageregister geregelt. Die Zusammenführung der Musterfeststellungsklage mit der Abhilfeklage wirkt einer Zersplitterung des kollektiven Rechtsschutzes entgegen.[2]

a) Vorarbeiten zum Vorläufer: die zivilprozessuale Musterfeststellungsklage. Die Vorar- **2** beiten zur Einführung einer Musterfeststellungsklage reichen bis in das Jahr **2013** zurück. Die Fraktion Bündnis 90/Die Grünen brachte damals eine Gesetzesinitiative[3] zur Einführung einer Gruppenklage, basierend auf dem Opt- in- Modell, in den Bundestag ein. Wesentliches Ziel dieses Entwurfs war eine Anpassung der Zivilprozessordnung an das durch Massengeschäfte geprägte Wirtschaftsleben, mittels der Einführung neuer kollektiver Rechtsschutzinstrumente. Dieser Antrag wurde jedoch mit den Stimmen der regierenden großen Koalition auf Empfehlung des Ausschusses für Recht und Verbraucherschutz abgelehnt.[4]

Trotz des Negativvotums der Regierungskoalition wurde auch in den eigenen Reihen von **3** CDU/CSU und SPD die Notwendigkeit eines kollektiven Instruments zur Durchsetzung von Verbraucheransprüchen erkannt. Zugleich kamen auch weitere Anstöße seitens der Europäischen Kommission zur Erweiterung und Verbesserung der Möglichkeiten im Bereich des kollektiven Rechtsschutzes.[5] In der Sitzung des Bundestages am 5. November 2015 teilten Vertreter der Regierungsfraktion mit, dass im Justizministerium bereits an einem Eckpunktepapier für einen Gesetzesentwurf gearbeitet werde.[6]

Bereits Ende **2016** war der noch nicht ressortübergreifend abgestimmter Referentenentwurf **4** eines Gesetzes zur Einführung einer Musterfeststellungsklage bekannt geworden, der folgendes Regelungskonzept vorsah: Die konkrete Ausgestaltung des Entwurfs ließ deutliche Anleihen beim Unterlassungsklagengesetz (UKlaG) und insbesondere beim Kapitalanleger-Musterverfahrensgesetz (KapMuG) erkennen. Anders als diese Sonderregelungen sollten die Bestimmungen über die Musterfeststellungsklage aber in die ZPO integriert werden. Für Musterfeststellungsklagen sachlich zuständig sollten unabhängig vom Streitwert die Landgerichte sein, wobei eine Übertragung auf den Einzelrichter (§§ 348 bis 350 ZPO) ausgeschlossen wurde. Das Recht, eine Musterfeststellungsklage zu erheben, sollte nach dem Entwurf neben Verbraucherverbänden i.S.d. § 3 Nr. 1

---

1 Musielak/Voit/*Stadler*[21] § 41 VDuG Rn. 1; *Röthemeyer* VDuG § 41 Rn. 1.
2 Köhler/Feddersen/*Scherer*, UWG[43] (2025), § 41 VDuG Rn. 1.
3 Gesetzesentwurf BT-Drucks. 17/13756, erledigt durch Diskontinuität und wiedervorgelegt in geringfügig abgeänderter Version in der 18. Legislaturperiode, BT-Drucks. 18/1464.
4 Beschlussempfehlung und Bericht, BT-Drucks. 18/6422; vgl. auch *Halfmeier* ZRP 2017, 201 f.
5 So auch das „Paket zur Neugestaltung der Rahmenbedingungen für die Verbraucher", vgl. Mitteilung der Kommission v. 24.10.2017, COM (2017) 650, S. 8 f.; zu den Zielen *Augenhofer* EuZW 2019, 5, 6 ff.
6 BT-Plenarprotokoll 18/133 v. 5.11.2015, S. 12954 (Wiese), S. 12957 (Steineke), S. 12962 (Hakverdi).

UKlaG auch Industrie- und Handelskammern sowie Handwerkskammern zustehen. Damit sollten entsprechend § 3 Nr. 3 UKlaG auch kleine und mittelständische Unternehmen in den Schutzbereich der Musterfeststellungsklage einbezogen. Dieser, nur an einige Interessengruppen bekanntgegebene Referentenentwurf, scheiterte jedoch noch vor seiner Veröffentlichung für die breite Masse am Votum mehrerer unionsgeführter Ministerien.[7]

5   Das BMJV nahm im Sommer 2017 einen erneuten Anlauf und legte einen Diskussionsentwurf[8] mit folgenden Änderungen vor:
-    Die Musterfeststellungsklage sollte sich nur noch auf das Rechtsverhältnis zwischen Verbrauchern und Unternehmern beziehen können.
-    Die Klagebefugnis sollte auf qualifizierte Einrichtungen nach § 4 UKlaG und der Liste der Europäischen Kommission konzentriert werden, die Klagebefugnis für IHK und Handwerkskammern sollte entfallen.
-    Das für die Zulässigkeit der Klage erforderliche Quorum von Betroffenen wurde zur Diskussion gestellt; statt mindestens zehn Betroffenen sollten es auch 50 oder 100 sein können.
-    Ferner stellte der Diskussionsentwurf zur Diskussion, die Bindungswirkung auch zulasten der Verbraucher eintreten zu lassen.

6   **b) Beschleunigtes Gesetzgebungsverfahren.** Am 9. Mai 2018 veröffentlichte die Bunderegierung einen Regierungsentwurf zur Einführung einer zivilprozessualen Musterfeststellungsklage, der auf dem Diskussionsentwurf aufbaute.[9] Dieser wurde nach Art. 76 Abs. 2 Satz 4 GG als besonders eilbedürftig dem Bundesrat zugeleitet und noch vor dessen Stellungnahme in den Bundestag am 4. Juni 2018 eingebracht.[10]

7   Der Regierungsentwurf beschränkte den sachlichen Anwendungsbereich der Musterfeststellungsklage auf Verbraucherkonflikte und nahm davon Abstand, Streitigkeiten von Unternehmern (z.B. Händler gegenüber Herstellern) miteinzubeziehen. Anders als im Diskussionsentwurf 2017 sollten die Voraussetzungen für die klagebefugten Einrichtungen enger gefasst werden; eine Klagebefugnis von IHK und Handwerkskammer war nicht mehr vorgesehen. Bezüglich des Verbraucherquorums von mindestens zehn Betroffenen sollten mindestens 50 Anmeldungen binnen zwei Monaten nach Klageerhebung erforderlich sein. Hinsichtlich der Frist für Anmeldungen und Rücknahmen wurde nicht mehr auf den Schluss der mündlichen Verhandlung, sondern auf den Tag vor Beginn des ersten Termins abgestellt. Schließlich wurde auch eine Bindungswirkung zu Lasten der Verbraucher vorgeschlagen.

8   Parallel zum Gesetzesentwurf der Bundesregierung wurde durch die Regierungsfraktionen am 5. Juni 2018 ein inhaltlich identischer Gesetzesentwurf in den Bundestag eingebracht.[11] Am 14. Juni 2018 wurde der Gesetzentwurf innerhalb von 24 Stunden in der vom Ausschuss für Recht und Verbraucherschutz überarbeiteten Version verabschiedet.[12] Gegenüber dem Regierungsentwurf sieht das verabschiedete Gesetz zur Einführung von Musterfeststellungsklagen im Wesentlichen folgende Änderungen vor:
-    erstinstanzliche Zuständigkeit der Oberlandesgerichte und grundsätzliche Bedeutung der Revision,
-    ausschließlicher Gerichtsstand des Beklagten,
-    mögliche Aussetzung gleichgerichteter Individualprozesse gewerblicher Anspruchsinhaber,

---

7 Vgl. *Stadler* VuR 2018, 83.
8 DiskE des BMJV v. 31.7.2017, abrufbar unter: https://www.bmjv.de/SharedDocs/Gesetzgebungsverfahren/DE/Muster feststellungsklage.html.
9 BT-Drucks. 19/2439.
10 Die Eilbedürftigkeit war dem Dieselskandal geschuldet.
11 BT-Drucks. 19/2507.
12 Vgl. *Hettenbach* WM 2019, 577 „eine der am schnellsten geschaffenen ZPO-Reformen aller Zeiten".

- „Angabe des Betrages der Forderung" bei der Anmeldung nur Sollvorschrift statt Wirksamkeitsvoraussetzung,
- Ausdehnung der Möglichkeit zur Rücknahme der Anmeldung bis zum Ablauf des ersten Tages der mündlichen Verhandlung.

In den Ausschüssen wurde über eine mögliche Haftung des klagenden Verbraucherverbands und **9** deren Haftungsbegrenzung diskutiert, ohne dass dies zu Änderungen am Gesetzentwurf geführt hätte. Im Bericht des Rechtsausschusses wurde indes vermerkt, „dem Verbraucherzentrale Bundesverband zusätzliche Mittel zur Verfügung zu stellen, die für die durch dieses Gesetz möglich werdenden Tätigkeiten als klagebefugte Einrichtung notwendig sind. Dies umfasst insbesondere auch zusätzliche Mittel für eine Vermögensschadenshaftpflichtversicherung."[13]

2. Zweck

Mit der Einführung der Musterfeststellungsklage hat der Gesetzgeber zwar keine auf die spezifi- **10** sche Schadensform ausgerichtete Rechtsverfolgungsmöglichkeit geschaffen, jedoch eine auf die Durchsetzung von Gruppeninteressen ausgerichtetes Modell zur Überwindung des bestehenden Durchsetzungsdefizits.[14] Mit der Musterfeststellungsklage soll die gerichtliche Geltendmachung von Ansprüchen einer Vielzahl gleichartig geschädigter Verbraucher wirksam ausgestaltet und ermöglicht werden.[15] Dieses Ziel soll zum einen durch die kostenfreie Anmeldung von Ansprüchen und zum anderen durch die gebündelte Entscheidung über das Bestehen bzw. Nichtbestehen wesentlicher tatsächlicher und rechtlicher Voraussetzungen ohne eigenes Prozessrisiko erreicht werden.[16] Damit soll das **rationale Desinteresse** bei der Durchsetzung von Ansprüchen bei Streuschäden überwunden werden.[17]

Ein weiteres Ziel ist die **Entlastung der Justiz** durch die einmalige verbindliche Feststellung **11** von wesentlichen Tatsachen- und Rechtsfragen.[18] Zwar wird die tatsächliche Entlastung der Gerichte angezweifelt, weil auch im Rahmen der nachfolgenden Individualklage zahlreiche Aspekte des jeweiligen Einzelfalles wie Kausalitätsfragen, Anspruchshöhe und Verjährungsfragen geklärt werden müssen.[19] Die Kritik trifft nur in der Praxis nur teilweise zu. Im VW-Dieselskandal wurden in einem außergerichtlichen Vergleich rund 245.000 Verbraucher befriedigt.[20] Dieses Aufkommen von Individualprozessen hätte die Justiz ohne das kollektive Rechtsinstrument für Jahre lahmgelegt. Soweit der Vergleich von den angemeldeten Verbrauchern nicht angenommen wurde, bleibt nur der Weg des Individualprozesses.

Ferner geht der Gesetzgeber von der Stärkung des Gerichtsstandortes am Sitz des Unterneh- **12** mens durch Einführung der Musterfeststellungsklage aus.[21] Hintergrund der Standort ist die unterschiedliche Gestaltung der prozessualen Rechtsdurchsetzungsmöglichkeiten innerhalb der einzelnen Staaten und das gezielte Aussuchen einer besonders klägerfreundlichen Jurisdiktion.[22] Gleichzeitig besteht die Gefahr, dass denjenigen Betroffenen, denen die Möglichkeit des forum shopping z.B. aus finanziellen Gründen verwehrt ist, der effektive Rechtsweg in der eigenen Juris-

---

13 BT-Drucks. 19/2741 S. 24.
14 *Amrhein* Musterfeststellungsklage S. 35.
15 BT-Drucks. 19/2507 S. 14.
16 BT-Drucks. 19/2507 S. 14 f.
17 BT-Drucks. 19/2507 S. 15, wobei der Gesetzgeber nicht ausdrücklich von Streuschäden spricht, diese jedoch aufgrund der Beschreibung „erlittene(r) Nachteil im Einzelfall gering" meint.
18 BT-Drucks. 15/2507 S. 15.
19 Basedow, EuZW 2018, 609, 610). Kritisch ebenfalls zur Erleichterung der Abwicklung von Streu- und Massenschäden vgl. auch *Balke/Liebscher/Steinbrück* ZIP 2018, 1321, 1325.
20 *Hirsch* VuR 2020, 454, 456.
21 BT-Drucks. 19/2507 S. 15.
22 *Amrhein* Musterfeststellungsklage S. 41.

diktion versperrt bleibt.[23] Darüber hinaus können auch inländische Unternehmen ein Interesse an einem Prozess vor einem inländischen Gericht haben, um vor einem forum shopping verschont zu bleiben.[24]

13   Schließlich bezweckt der Gesetzgeber eine **Verhaltenssteuerung** mittels Durchsetzung des objektiven Rechts. Zu Unrecht erwirtschaftete Gewinne sollen nicht bei dem rechtsuntreuen Unternehmer, der aufgrund seines Verhaltens einen Wettbewerbsvorteil gegenüber rechtstreuen Unternehmen erlangt hat, verbleiben.[25] Eine Klärung der wesentlichen Streitfragen in einem Musterfeststellungsverfahren ist stets in solchen Fällen hilfreich, in denen sich die Geschädigten vor allem auch aufgrund rechtlicher Unsicherheiten von der Rechtsdurchsetzung abhalten lassen. Ob die gewünschte Verhaltenssteuerung bei Bagatellschäden eintreten wird, ist fraglich. Denn bei typischen Streuschäden folgt das Desinteresse der Geschädigten nicht zwingend aus einer unklaren Rechtslage, sondern aus den geringfügigen individuellen Schäden, die eine gerichtliche Anspruchsverfolgung unattraktiv erscheinen lassen.[26]

3. Systematik

14 Die Verbandsklagen-RL berührt bestehende nationale Verbandsklageverfahren zum Schutz der Kollektivinteressen nicht und will diese auch nicht ersetzen.[27] Ausdrücklich bestimmt der Erwägungsgrund 11 der Richtlinie, dass die Mitgliedstaaten nicht gehindert werden sollen, Rechtsvorschriften für Klagen zur Erwirkung von gerichtlichen Feststellungsentscheidungen durch ein Gericht zu erlassen, auch wenn die Richtlinie selbst keine Vorschriften für entsprechende Klagen enthält. Entsprechend der Dispositionsmaxime kann dem Verband die Wahl überlassen werden, welches Verfahren er nutzen will und ob er mit einer Abhilfeklage auf Leistung oder einer Musterfeststellungsklage auf Feststellung klagt.

II. Regelungskonzept, gerichtliche Zuständigkeit, Erhebung der Musterfeststellungsklage, Besondere Zulässigkeitsvoraussetzungen

1. Regelungskonzept

15 Mit dem VDuG wird das bisherige zivilprozessuale Musterverfahren in ein eigenes Stammgesetz überführt. Das Musterverfahren soll eine bindende Feststellung von tatsächlichen und rechtlichen Anspruchsvoraussetzungen vor dem Oberlandesgericht ermöglichen. Anders als beim KapMuG erlaubt das VDuG **keine Verfahrenseinleitung durch die geschädigten Verbraucher.** Eine Musterfeststellungsklage kann vielmehr nur von einer klageberechtigten Stelle, einem qualifizierten Verbraucherverband,[28] erhoben werden. Die geschädigten Verbraucher selbst müssen ihre individuellen Ersatzansprüche nach § 46 zur Eintragung in das Verbandsklageregister anmelden, um von den Ergebnissen des Musterfeststellungsverfahrens profitieren zu können.

16   Die Anspruchsdurchsetzung im Musterfeststellungsverfahren gliedert sich in zwei Stufen: Auf der ersten Stufe der Musterfeststellungsklage kann die Feststellung über das Vorliegen oder Nichtvorliegen von tatsächlichen und rechtlichen Voraussetzungen, die für das Bestehen oder Nichtbestehen von Ansprüchen und Rechtsverhältnissen zwischen Verbrauchern und einem Unternehmer

---

23 *Augenhofer* Initiativen zur Durchsetzung des Verbraucherrechts S. 4.
24 *Amrhein* Musterfeststellungsklage S. 41.
25 BT-Drucks. 19/2508 S. 13.
26 *Balke/Liebscher/Steinbrück* ZIP 2018, 1321, 1325.
27 *Welling* Was kann die Verbandsklage vom KapMuG lernen? S. 70; Köhler/Feddersen/*Scherer,* UWG[43] (2025), § 41 VDuG Rn. 3.
28 § 2 Abs. 1 VDuG.

von Bedeutung sind, begehrt werden. Nach Abschluss des Musterfeststellungsverfahrens schließt sich als zweite Stufe die auf Leistung ausgerichtete individuelle Anspruchsdurchsetzung an. Die zweite Stufe kann auch kollektiv ausgestaltet werden. So ist z.B. an eine **ZPO-Inkassosammelklage** zu denken,[29] bei der die Ansprüche durch Abtretung in der Person des Inkassoklägers gebündelt werden. Möglich ist ferner auch eine **Abhilfeklage-Sammelklage**, mit der die Ansprüche der aufgrund der Musterfeststellungsklage namentlich bekannten Verbraucher durchgesetzt werden.[30]

2. Gerichtliche Zuständigkeit

Die gerichtliche Zuständigkeit für Musterfeststellungsklagen richtet sich bei reinen Inlandssach- 17 verhalten nach der ausschließlichen sachlichen und örtlichen Zuständigkeit des § 3 Abs. 1.[31] Die **ausschließliche sachliche Zuständigkeit** für Verbandsklagen wird einheitlich den Oberlandesgerichten zugewiesen, was sich angesichts der Breitenwirkung der mit Musterfeststellungsklagen geltend gemachten Ansprüche oder Rechtsverhältnisse rechtfertigt.[32] § 3 Abs. 1 statuiert zugleich einen ausschließlichen Gerichtsstand für Verbandsklagen an demjenigen Oberlandesgericht, in dessen Bezirk der beklagte Unternehmer seinen allgemein Gerichtsstand hat.

Bei Sachverhalten mit Beteiligung von in anderen Mitgliedstaaten der Europäischen Union 18 ansässigen Unternehmer bestimmt sich die gerichtliche Zuständigkeit nach der Brüssel Ia-VO.[33] Einen besonderen Gerichtsstand für den kollektiven Rechtsschutz als solchen gibt weder in der Brüssel Ia-VO noch wurde ein solcher komplementär im Rahmen der Verbandsklagen-RL geregelt. Hat der Unternehmer zwar keinen Sitz in Deutschland, verfügt er jedoch über eine Niederlassung, so ist das **Forum der Niederlassung** nach Art. 7 Nr. 5 Brüssel Ia-VO für eine Musterfeststellungsklage eröffnet, wenn die streitgegenständlichen Verträge mit den Verbrauchern von der Neiderlassung abgeschlossen wurden. Dagegen kommt der **Gerichtsstand für Versicherungssachen** nach Art. 11 Brüssel Ia-VO für die Musterfeststellungsklage nicht in Betracht. Denn der Wortlaut erfordert eindeutig, dass die Klage von einem Versicherungsnehmer, Versicherten oder Begünstigten einer Versicherung erhoben wird. Eine klageberechtigte Stelle i.S.v. § 2 fällt unter keine dieser drei begünstigten Gruppen.[34] Ebenso findet der **Verbrauchergerichtsstand** nach Art. 17 Brüssel Ia-VO bei Musterfeststellungsklagen keine Anwendung, da die Musterfeststellungsklage keine Klage eines Verbrauchers ist.[35] Eine besondere Rolle spielt bei nicht-vertraglichen der **deliktische Gerichtsstand** nach Art. 7 Nr. 2 Brüssel Ia-VO. Unter dem „Ort, an dem das schädigende Ereignis eingetreten ist" ist nach der Rechtsprechung des EUGH sowohl der Ort der Verwirklichung des Schadenserfolgs als auch der Ort des für den Schaden ursächlichen Geschehens zu verstehen.[36] Da der EuGH den Gerichtsstand auf Ansprüche aus unerlaubter Handlung beschränkt, kann ein Gericht eine Klage jedoch nicht unter vertraglichen Gesichtspunkten entscheiden. Im Einzelfall kann das dazu führen, dass kein besonderer Gerichtsstand in Deutschland eröffnet ist und damit die Möglichkeit einer Musterfeststellungsklage ausscheidet.[37]

---

29 Zöller/*Vollkommer*, ZPO[35] (2024), § 41 VDuG Rn. 2.
30 Zöller/*Vollkommer*, ZPO[35] (2024), § 41 VDuGRn. 2.
31 Die Regelung ist § 32c ZPO a.F. nachgebildet.
32 BT-Drucks. 20/6520 S. 70.
33 Verordnung (EU) Nr. 1215/2012 des Europäischen Parlaments und des Rates vom 12.12.2012 über die gerichtliche Zuständigkeit und Anerkennung und Vollstreckung von Entscheidungen in Zivil- und Handelssachen.
34 Nordholtz/Mekat/*Rohls* § 3 Rn. 16.
35 Nordholtz/Mekat/*Rohls* § 3 Rn. 17.
36 EuGH, EuZW 2020, 724, 726 Rn. 23.
37 Nordholtz/Mekat/*Rohls* § 3 Rn. 23.

19   Außerhalb des Anwendungsbereichs der Brüssel Ia-VO und des Luganer Übereinkommens bestimmt sich die internationale Zuständigkeit für die Musterfeststellungsklage nach völkerrechtlichen Verträgen und mangels solcher Vereinbarung nach den Vorschriften der ZPO.[38]

3. Erhebung der Musterfeststellungsklage und Wirkung

20   Das Musterfeststellungsverfahren wird nach § 253 ZPO i.V.m. § 13 Abs. 1 Satz 1 VDuG mit Einreichung und Zustellung der Klageschrift eingeleitet. § 5 sind die besonderen Anforderungen an die Klageschrift zu entnehmen (s.a. § 5 Rn. 2 ff.). Der Verbraucherverband hat darzulegen und nachzuweisen, dass er in der Liste nach § 4 UKlaG eingetragen ist und nicht mehr als 5 Prozent seiner finanziellen Mittel durch Zuwendungen von Unternehmen bezieht, soweit es sich um eine inländische Klage handelt. § 4 Abs. 1 verlangt für die Zulässigkeit einer Musterfeststellungsklage die nachvollziehbare Darlegung seitens des Verbraucherverbands, dass von den Feststellungszielen einer Musterfeststellungsklage die Ansprüche oder Rechtsverhältnisse von mindestens 50 Verbrauchern abhängen können. Neben den Agben zum Streitwert hat die Klageschrift Angaben über eine etwaige Drittfinanzierung sowie Angaben zum Lebenssachverhalt zu enthalten.

21   Die Wirkung der Rechtshängigkeit einer Musterfeststellungsklage geht über die Rechtshängigkeitssperre einer Individualklage hinaus. Nach § 261 Abs. 3 Nr. 1 ZPO i.V.m. § 13 Abs. 1 Satz 1 ist eine nachfolgende Musterfeststellungsklage zwischen derselben qualifizierten Einrichtung und dem Unternehmer ausgeschlossen, wenn ein identischer Streitgegenstand zur Verhandlung gestellt wird. Die erste Musterfeststellungsklage entfaltet aber über diese Rechtshängigkeitssperre hinaus eine **Sperrwirkung** gegenüber allen später eingereichten Musterfeststellungsklagen anderer qualifizierter Einrichtungen über denselben Streitgegenstand. Nach § 8 Satz 2 entfällt die Sperrwirkung, sobald die zuerst erhobene Musterfeststellungsklage ohne Entscheidung in der Sache beendet ist. Dieser Mechanismus ist im Schrifttum auch als Windhundprinzip kritisiert worden.[39]

22   Neben dieser Sperrwirkung führt eine rechtshängige Musterfeststellungsklage zur **Hemmung der Verjährung von Ansprüchen** der wirksam nach § 46 angemeldeten Verbrauchern.

4. Besondere Zulässigkeitsvoraussetzungen

23 **a) Breitenwirkung des Feststellungsziels als besondere Zulässigkeitsvoraussetzung?**
Nach Absatz 1 kann das Vorliegen von Voraussetzungen für das Bestehen oder Nichtbestehen von Ansprüchen (**sog. Vorgreiflichkeit**) festgestellt werden. Mit dieser Formulierung wird das Ziel der Musterfeststellungsklage umschrieben. Dieses ist darauf gerichtet, die in den einzelnen Feststellungszielen unterbreiteten Fragen einheitlich mit „Breitenwirkung" zu klären[40] und gemäß § 11 Abs. 3 Bindungswirkung für die Gerichte herzustellen, die über die Individualansprüche der angemeldeten Verbraucher zu entscheiden haben.[41] Diesem Zweck wird nur genügt, wenn die im Rahmen eines Feststellungsziels festzustellenden Tatsachen auch einen generellen Subsumtionsschluss unter ein Tatbestandsmerkmal zulassen. Die beantragten Feststellungen müssten daher mit den weiteren Anspruchsvoraussetzungen als „Baustein"[42] geeignet sein, einen Anspruch zu begründen. Diese Konnexität ist anzunehmen, wenn bei Richtigkeit des vorgetragenen oder Rechtsverhältnisse den Verbrauchern Ansprüche zustünden bzw. die Ansprüche oder Rechtsverhältnisse von den Feststellungszielen abhängen.

---

38 BT-Drucks. 19/2507 S. 17.
39 Nordholtz/Mekat/*Rohls* § 3 Rn. 63 ff.
40 BT-Drucks. 19/2507 S. 21.
41 Vgl. jeweils zum Kapitalanleger-Musterverfahren: BGH, BGHZ 216, 37 Rn. 32; BGH, WM 2020, 2411 Rn. 52.
42 Asmus/Waßmuth/*Waßmuth*/*Dörfler* § 606 ZPO Rn. 86.

Mit der Formulierung des Konnexitätsverhältnisses wird keine weitere Zulässigkeitsschwelle 24 begründet. Denn § 4 Nr. 2 verlangt bereits für die Zulässigkeit der Musterfeststellungsklage, dass von den Feststellungszielen der Musterfeststellungsklage die Ansprüche oder Rechtsverhältnisse von mindestens 50 Verbrauchern abhängen können. In diesem Rahmen hat bereits auf der Ebene der Zulässigkeitsprüfung der Musterfeststellungsklage die sog. Vorgreiflichkeitsprüfung zu erfolgen.[43]

b) Keine Gleichartigkeit der Ansprüche. Anders als bei der Abhilfeklage sieht die Musterfest- 25 stellungsklage kein Gleichartigkeitserfordernis i.S.v. § 15 Abs. 1 Satz 2.

Die Abhilfeklage ist nach § 15 nur zulässig, wenn die von der Klage betroffenen Ansprüche 26 von Verbrauchern im Wesentlichen gleichartig sind. Nach § 15 Abs. 1 Satz 2 ist dies der Fall, wenn eine Sachverhaltshomogenität und eine Homogenität entscheidungserheblicher Fragen gegeben ist. Anders als der Regierungsentwurf ist für die Gleichartig nicht mehr ein Grad von Ähnlichkeit, der eine schablonenhafte Prüfung der Anspruchsvoraussetzungen in tatsächlicher und rechtlicher Hinsicht durch das Gericht zulässt und ihm keine individuell abweichenden Einzelfallprüfungen abverlangt.[44] Als Beispiel führte der Regierungsentwurf Entschädigungsansprüche von Reisenden aufgrund einer Annullierung eines Fluges an und verneinte die Gleichartigkeit in Fällen, wenn etwa die Geltung der Fluggastrechteverordnung oder Vertriebskanal nicht für alle Reisenden gleich ist. Der Regierungsentwurf setzte damit die Vorgaben aus dem Erwägungsgrund 12 Verbandsklagen-RL, wonach die Mitgliedstaaten entschieden, welchen Grad der Ähnlichkeit die Einzelansprüche aufweisen müssen. Die im Regierungsentwurf vorgesehene Fassung wurde im Gesetzgebungsverfahren etwas erweitert. Gleichwohl setzt die Abhilfeklage ein Mindestmaß an Parallelität voraus. In diesem Sinne bilden Reisende desselben Fluges eine hinreichend homogene Verbraucherschaft. Dies wird aber bereits dann zu verneinen sein, wenn ein Teil der Verbraucher die gebuchte Strecke nur als Teilstreckenflug genutzt hätten und im Anschluss mit einem weiteren Flug zu ihrem Endreisepunkt geflogen wären.

Das Kriterium der Gleichartigkeit im Rahmen der Abhilfeklage entscheidet letztlich darüber, 27 in welchen Fällen die Musterfeststellungsklage zum Zuge kommt. Gemäß § 15 Abs. 1 Satz 2 ist das Vorliegen desselben Sachverhalts bzw. einer „Reihe im Wesentlichen vergleichbarer Sachverhalte" und ein bestimmtes Maß an Gleichheit („im Wesentlichen gleiche") der entscheidungserheblichen Rechts- und Tatsachenfragen erforderlich. Wird eine der Voraussetzungen verneint und ist für das Vorliegen der im Wesentlichen gleichartigen Ansprüche eine individuelle Einzelfallprüfung erforderlich, ist ausschließlich die Musterfeststellungsklage zulässig.

c) Inhaltliche Beschränkung auf Verbraucheransprüche. Die Musterfeststellungsklage ist 28 in ihrem Anwendungsbereich auf Ansprüche und Rechtsverhältnisse von Verbrauchern gegenüber Unternehmer beschränkt.

aa) Verbraucherbegriff. Dem VDuG liegt ein **prozessrechtlichen Verbraucherbegriff**, wie er 29 auch in § 29 ZPO definiert ist, zugrunde.[45] Gemäß § 29 Abs. 2 ZPO umfasst der Verbraucherbegriff „jede natürliche Person, die bei dem Erwerb des Anspruchs oder Begründung des Rechtsverhältnisses nicht überwiegend im Rahmen ihrer gewerblichen oder selbständigen beruflichen Tätigkeit handelt". Auch eine Gesellschaft bürgerlichen Rechts, zu der sich allein natürliche Personen zusammengeschlossen haben, sind Verbraucher, sofern nicht der Umgang der Tätigkeit einen planmäßigen Geschäftsbetrieb erfordert. Für die Zwecke der Verbandsklagen nach dem VDuG wird der

---

43 *Röthemeyer* VDuG § 41 Rn. 20.
44 BT-Drucks. 20/6520 S. 77 f.
45 *Röthemeyer* VDuG § 1 Rn. 11.

Verbraucherbegriff erweitert, sodass auch Kleinunternehmer i.S.v. § 1 Abs. 2 Ansprüche anmelden können.

30   Für die Teilhabe am Musterverfahren ist irrelevant, ob der Wohnsitz im In- oder Ausland liegt.[46] Soweit die Gesetzbegründung offenbar Anmeldung von Wohnsitzen außerhalb der EU ausgeschlossen sieht,[47] findet diese Annahme keinen Niederschlag im Gesetzestext.[48] Eine derartige Beschränkung ergibt sich auch nicht vor dem Hintergrund unionsrechtlicher Vorgaben im Rahmen der Umsetzung der Verbandsklagen-RL.

31   Der prozessuale Verbraucherbegriff ist weiter als der in § 13 BGB materiellrechtlich geregelte Verbraucherbegriff. Letzter erweist sich nämlich für die Zwecke von Verbandsklagen als zu eng. Nach § 13 BGB ist Verbraucher jede natürliche Person, die ein Rechtsgeschäft zu Zwecken abschließt, die überwiegend weder ihrer gewerblichen noch ihrer selbständigen beruflichen Tätigkeit zugerechnet werden können. § 13 BGB erfasst somit nicht den außervertraglichen Verbraucherschutz.[49] Würde man den Verbraucherbegriff materiellrechtlich deuten, wären deliktische Anspruchsgrundlagen im Rahmen der Anspruchskonkurrenz innerhalb der Verbandsklage ausgeschlossen.[50] Im Rahmen des VDuG wird man aus Gründen der Effizienz auch Ansprüche nach §§ 823 BGB einbeziehen, gleichviel ob sie mit vertraglichen Ansprüchen zusammenhängen, sie diese ergänzen oder ganz im außervertraglichen Bereich anzusiedeln sind.[51] Im Unterschied zu § 13 BGB stellt der prozessuale Verbraucherbegriff nicht darauf ab, ob der Verbraucher bei einer rechtsgeschäftlichen Begründung des Anspruchs als Verbraucher handelte, sondern ob der Anspruch zu einem Zeitpunkt erworben wurde, als die Verbrauchereigenschaft vorlag.

32   Der Begriff des Verbrauchers ist vom unternehmerischen Handeln abzugrenzen. In Abgrenzung zu gewerblichen oder freiberuflichen Rechtsgeschäften gehören Rechtsgeschäfte im Zusammenhang mit Urlaub, Freizeit, Sport, Gesundheitsvorsorge, aber auch Vermögensverwaltung[52] der privaten Sphäre an. Soweit Rechtsgeschäfte sowohl der gewerblichen als auch der privaten Sphäre (Dual-use-Verträge) zugeordnet werden können, kommt es maßgeblich darauf an, wo der Schwerpunkt des Rechtsgeschäfts liegt. Bei dem Pkw eines Freiberuflers, der diesen sowohl privat auch gewerblich nutzt, ist maßgeblich, welche Nutzung überwiegt.[53] Zur Ermittlung des Schwerpunkts ist der objektive Zweck des Rechtsgeschäfts maßgebend, wohingegen es auf den inneren Willen allein nicht ankommt.[54]

33 **bb) Unternehmer.** Der Unternehmerbegriff richtet sich nach § 14 BGB. Nicht passivlegitimiert sein können sog. Kleinunternehmer i.S.v. § 1 Abs. 2, da der Gesetzgeber diese hinsichtlich ihrer Schutzwürdigkeit den Verbraucher gleichstellt.[55]

5. Musterfeststellungsbeklagte

34 **a) Beklagtenmehrheit?** Nach dem Wortlaut der Norm („zwischen Verbrauchern und einem Unternehmer") scheint eine Streitgenossenschaft auf Beklagtenseite unzulässig zu sein. Gerade in Streitigkeiten über den Widerruf von Verbraucherdarlehen macht es in der Rechtspraxis Sinn, eine Klage

---

46 *Röthemeyer* VDuG § 46 Rn. 24; Prütting/Gehrlein/*Halfmeier*, ZPO[16] (2024), § 46 VDuG Rn. 6.
47 BT-Drucks. 20/6520 S. 98.
48 *Röthemeyer* VDuG 46 Rn. 24.
49 *Miklitz/Purnhagen* MünchKomm-BGB[9] § 13 Rn. 79.
50 *Halfmeier* ZRP 2017, 201, 202.
51 *Röthemeyer* VDuG § 1 Rn. 11.
52 Grüneberg/*Ellenberger* § 13 BGB Rn. 3.
53 OLG Celle, NJW-RR 2004, 1645.
54 BGH, NJW 2008 435, 346.
55 Köhler/Feddersen/*Scherer*, UWG[43] (2025), § 1 VDuG Rn. 22.

gegen mehrere Beklagte zuzulassen, weil die verschiedenen Banken bundesweit immer die gleichen Belehrungsmuster verwenden.[56] Entgegen dem einschränkenden Wortlaut ist jedoch eine Streitgenossenschaft auf Beklagtenseite zuzulassen.[57] Denn es wäre dem klagenden Verbraucherverband ohne weiteres möglich getrennt erhobene Musterverfahrensklagen vor demselben Oberlandesgericht nach § 147 ZPO verbinden zu lassen. Dann muss es aber auch möglich sein, die Musterverfahrensklage gegen verschiedene Beklagte zu richten. Dies gilt auch dann, wenn die Beklagten ihren Sitz in unterschiedlichen OLG-Bezirken haben. Denn in diesem Fall greift § 36 Abs. 1 Nr. 3 ZPO Platz und erlaubt die Bestimmung eines gemeinsamen Gerichtsstands.[58] Zuständig ist dafür das vom klagenden Verbraucherverband zuerst angerufene Oberlandesgericht (§ 36 Abs. 2 ZPO).

Die Zulassung einer passiven Streitgenossenschaft führt aber im Hinblick auf § 4 Abs. 1 Satz 1 **35** Nr. 2 nicht zu einer Absenkung der Zulässigkeitsanforderungen (s.a. § 4 Rn. 5 und 7).[59] Die nachvollziehbare Darlegung hat in Bezug auf jeden Streitgenossen einzeln zu erfolgen.

b) Antragsbefugnis nur zugunsten der klageberechtigten Stelle? Anders als bei § 2 Abs. 1 **36** KapMuG steht **ausschließlich dem Verbraucherverband** die Antragsberechtigung zur Feststellung. Ob dem beklagten Unternehmer in analoger Anwendung des § 16 KapMuG eine Antragsbefugnis zur Erweiterung einzuräumen ist oder ihm sogar die Möglichkeit der Widerklage zu eröffnen ist, ist umstritten.[60]

Zwar kann der Unternehmer mangels Klagebefugnis keine Musterfeststellungsklage als solche **37** erheben. Das schließt aber nicht aus, dass der Unternehmer nach § 33 ZPO eine (negative) Musterfeststellungswiderklage erhebt.[61] Weder hindert der Umstand der fehlenden Parteiidentität, d.h. dass der Verbraucherband nicht Anspruchsgegner des Unternehmers ist, noch die Vorschrift des § 260 ZPO, wonach auch die Widerfeststellungsklage in derselben Prozessart zu erheben ist, den Unternehmer aus Gründen der verfassungsrechtlich verbürgten prozessualen Waffengleichheit,[62] auf diese Weise das Feststellungsprogramm im Musterverfahren zu erweitern. § 13, der die Besonderheiten der Verbandsklage abschließend regelt, nimmt § 33 ZPO nicht von der Anwendung der allgemeinen Vorschriften aus.[63] Insofern fehlt es auch für die analoge Anwendung von § 15 KapMuG an einer planwidrigen Regelungslücke.[64] Der Beklagte kann wie bei § 256 Abs. 2 ZPO auch im Rahmen des Verfahrensgegenstandes ein erhebliches Interesse haben, Feststellungsziele zu formulieren, die für die Abwehr der Ansprüche der Verbraucher relevant sind.[65]

Diesem Ergebnis stehen auch nicht die Ausführungen der Gesetzesbegründung entgegen, wo- **38** nach *„die Anwendbarkeit der allgemeinen zivilprozessualen Bestimmungen [...] insbesondere zur Folge [habe], dass eine Widerklage der verklagten Unternehmerin oder des verklagten Unternehmers gegen angemeldete Verbraucherinnen und Verbraucher im Verbandsklageklageverfahren ausge-*

---

56 *Schmidt* WM 2018, 1966, 1968.

57 *Weinland* Musterfeststellungsklage, Rn. 148; *Schmidt* WM 2018, 1966, 1968; *Beckmann/Waßmuth* WM 2019, 45, 48; *Scholl* ZfPW 2019, 317, 3345 f.; *Berger* ZZP 133 (2020), 3, 18.

58 Asmus/Waßmuth/*Waßmuth/Dörfler* § 606 ZPO Rn. 104. **AA** wohl Nordholtz/Mekat/*de Lind van Wijngaarden* § 6 Rn. 43.

59 Asmus/Waßmuth/*Waßmuth/Dörfler* § 606 ZPO Rn. 105.

60 Dafür Nordholtz/Mekat/*de Lind van Wijngaarden* § 6 Rn. 65 ff. m.w.N.; Nordholtz/Mekat/*Mekat* § 8 Rn. 55 f.; *Rathmann* HK-ZPO § 606 Rn. 11; Zöller/*Vollkommer,* ZPO³³ (2022) § 606 Rn. 6; *Menges* MünchKomm-ZPO⁶ § 606 Rn. 3 f.; *Berger* ZZP 133 (2020) 3, 34; *Hartmann* Beil. zu Rpfleger 12/2018, 1, 4. Dagegen *Röthemeyer* VDuG § 41 Rn. 4; *Welling* Was kann die Verbandsklage vom KapMuG lernen? S. 108; *Weinland* Musterfeststellungsklage, Rn. 59 f.; *Scholl* ZfPW 2019, 317, 345; *Schmidt* WM 2018, 1966, 1969; Musielak/Voit/*Stadler,* ZPO²⁰ (2023), § 606 ZPO Rn. 12; *Prütting* ZIP 2020, 197, 201; *Waclawik* NJW 2018, 2921, 2926; *Balke/Liebscher/Steinbrück* ZIP 2018, 1321, 1328; *Windau* JM 2019, 404, 409.

61 Zutreffend *Menges* MünchKomm-ZPO⁶ § 606 Rn. 3. Ebenso Asmus/Waßmuth/*Asmus* § 610 ZPO Rn. 84.

62 Asmus/Waßmuth/*Wasmuth/Dörfler* § 606 ZPO Rn. 108 f.

63 Zutreffend *Menges* MünchKomm-ZPO⁶ § 606 Rn. 3. Ebenso Asmus/Waßmuth/*Asmus* § 610 ZPO Rn. 84.

64 Ausführlich zu dem Problem der analogen Anwendung von § 15 KapMuG, *Hettenbach* WM 2019, 577 m.w.N.

65 Ebenso Skauradszun/*Wagner* § 41 VDuG Rn. 13; *Waclawik* NJW 2018, 2921, 2926 zur Musterfeststellungsklage aF.

schlossen ist."[66] Denn aus den Ausführungen lässt sich nur entnehmen, dass eine Widerklage des Unternehmers gegen die Verbraucher unstatthaft sein soll.[67] Der Ausschluss der Widerklage gegen die Verbraucher komplementiert den gesetzlich angeordneten Ausschluss der Nebenintervention und Streitverkündung. Eine Aussage zu Stellung von Gegenanträgen und Formulierung von Feststellungsbegehren enthält die Gesetzesbegründung gerade nicht.

39   Die Musterfeststellungsklage ist in ihrem Anwendungsbereich auf Ansprüche und Rechtsverhältnisse von Verbrauchern gegenüber Unternehmer beschränkt.

6. Einzelfragen der Anwendung von ZPO-Vorschriften

40 Auf Verbandsklageverfahren sind die Vorschriften der Zivilprozessordnung anzuwenden, soweit sich aus diesem Gesetz nicht etwas anderes ergibt.

41 **a) Ausschluss der Nebenintervention und Streitverkündung.** Die Nebenintervention der Verbraucher oder deren Streitverkündung ist im Interesse der Verfahrensökonomie und der zur Begrenzung der Verfahrensbeteiligten ausgeschlossen (s.a. § 13 Rn. 3 ff.).[68] Aus der Gesetzessystematik und dem Ziel einer Konzentration der Prozessführung auf den klagebefugten Verband folgt, dass auch die Nebenintervention durch Betroffene, die nicht Verbraucher sind, ausgeschlossen ist.[69]

42   Möglich bleibt indes eine Streitverkündung auf Beklagtenseite gegenüber Dritten zur Sicherung von Regressansprüchen.[70]

43 **b) Klageänderung.** Auf die Musterfeststellungsklage sind die Vorschriften der §§ 263, 264 uneingeschränkt anwendbar. Bereits für die ZPO-Musterfeststellungsklage hat der BGH die Klageerweiterung nach den Maßstäben der ZPO zugelassen (s.a. § 13 Rn. 11).

44 **c) Klagerücknahme.** § 269 ZPO findet im Musterfeststellungsverfahren uneingeschränkt Anwendung. Darin unterscheidet sich das VDuG vom KapMuG, wo die Klagerücknahme des Musterklägers nach § 18 Abs. 4 KapMuG nicht zur Beendigung des Verfahrens, sondern zur Neubestimmung eines Musterklägers führt.

45 **d) Verzichtsurteil.** Da der Verbraucherverband bei Musterfeststellungsklagen zugunsten der betroffenen Verbraucher klagt, also keine eigenen Ansprüche verfolgt, ist ein Verzichtsurteil nach § 306 ZPO ausgeschlossen (s.a. § 13 Rn. 6).[71]

46 **e) Anerkenntnisurteil.** Das Anerkenntnis im Musterverfahren ist durch das VDuG nicht ausgeschlossen, sondern lediglich dahingehend modifiziert, dass ein Anerkenntnis nicht ohne mündliche Verhandlung (§ 13 Abs. 3) ergehen kann (s.a. § 13 Rn. 5).

---

66 BT-Drucks. 20/6520 S. 76.

67 *Weinland* Musterfeststellungsklage, Rn. 61; Nordholtz/Mekat/*Mekat* § 8 Rn. 58; Asmus/Waßmuth/*Waßmuth/Dörfler* ZPO § 606 Rn. 111.

68 BT-Drucks. 19/2507 S. 26.

69 So im Ergebnis *Beckmann/Waßmuth* WM 2019, 45, 51. **AA** *Röthemeyer* VDuG § 41 Rn. 4; Musielak/Voit/*Stadler* § 610 ZPO Rn. 9; Nordholtz/Mekat/*de Lind van Wijngaarden* § 6 Rn. 44.

70 *Waßmuth/Asmus* ZIP 2018, 657, 663.

71 BT-Drucks. 20/6520 S. 76.

f) Säumnisverfahren (§§ 330 ff. ZPO). Die Vorschriften des VDuG sehen keine Sonderreglun- 47 gen für den Fall der Säumnis einer Partei vor. Nach § 13 Abs. 1 findet daher grundsätzlich die allgemeinen Verfahrensregeln der Zivilprozessordnung Anwendung.

Für das KapMuG-Verfahren wird überwiegend vertreten, dass die Vorschriften der §§ 330 bis 48 347 ZPO im Musterverfahren ausgeschlossen sind.[72] Der Erlass eines „Säumnisbeschlusses" ist, anders als der Gesetzgeber annahm,[73] ausgeschlossen. Da den Parteien im KapMuG-Verfahren die Dispositionsbefugnis über den Streitgegenstand fehlt, bedarf es im KapMuG-Verfahren gerade keines Sachantrags. Folglich scheidet auch eine Säumnis wegen Nichtverhandelns einer Partei (§ 333 ZPO) aus.

Die Überlegungen lassen sich nicht auf die Musterfeststellungsklage übertragen. Vorausset- 49 zungen für den Erlass eines Versäumnisurteils gegen den klagenden Verbraucherverband ist neben seiner Säumnis das Vorliegen der Sachurteilsvoraussetzungen sowie ein entsprechender Antrag des Beklagten. Liegen diese Voraussetzungen vor, ergeht ohne sachliche Prüfung ein vorläufig vollstreckbares Urteil gegen den Verbraucherverband, das im Falle der Rechtskraft des Versäumnisurteils nachteilige Bindungswirkung für die angemeldeten Verbraucher entfaltet. Obwohl dies einer Verzichtswirkung im Ergebnis gleichsteht und § 13 Abs. 3 gerade einen Verzicht ausschließt, hat der Gesetzgeber die Anwendung der §§ 330 ff. ZPO nicht ausgeschlossen. Die Verbraucher können in einem solchen Fall die nachteiligen Folgen durch Rücknahme ihrer Anmeldung abwenden.

Ein Versäumnisurteil kann jedoch in solchen Musterverfahren nicht ergehen, in denen das 50 Feststellungsziel nur auf die Klärung von rechtlichen Voraussetzungen gerichtet ist.[74] Rechtsfragen können durch die Parteien nicht unstreitig gestellt werden und müssen immer vom Gericht entschieden werden.

g) Teil-Musterfeststellungsurteil (§ 301 ZPO). Im Rahmen des Musterfeststellungsverfahrens 51 ist der Erlass von Teil-Urteilen möglich, wenn die Feststellungsziele zu unterschiedlichen Zeitpunkten entscheidungsreif ist. Für die Zulässigkeit eines Teil-Musterfeststellungsurteil spricht die damit verbundene Möglichkeit, den Verfahrensstoff abzuschichten.

Die Voraussetzungen für ein Teil-Musterfeststellungsurteil nach § 301 ZPO sind die Teilbarkeit 52 des Streitgegenstands, Entscheidungsreife nur eines Teils des Streitverhältnisses sowie die Unabhängigkeit des Teil-Musterfeststellungsurteils von der Entscheidung des Rest-Musterfeststellungsurteils.[75] Ein Teil-Musterfeststellungsurteil scheidet insbesondere dann aus, wenn eine einheitliche Entscheidung geboten ist.

Die in § 301 ZPO vorgesehene Teilbarkeit des Streitgegenstandes kann nicht ohne Weiteres 53 auf das Musterverfahren übertragen werden, zumal dort nur die Feststellung des Vorliegens oder Nichtvorliegens von tatsächlichen und rechtlichen Voraussetzungen begehrt wird. **Nicht in Betracht** kommt ein Teil-Musterfeststellungsurteil über einzelne Feststellungsziele, die lediglich Einzelelemente des zu prüfenden Anspruchs sind; insoweit fehlt es an der Teilbarkeit des Verfahrensgegenstands.[76] Ein Teil-Musterfeststellungsurteil kann daher lediglich im Fall der **Anspruchshäufung** in Betracht kommen.

---

72 *Vollkommer* KK-KapMuG, 2. Aufl. (2014), § 11 Rn. 111, 157; Wieczorek/Schütze/*Kruis*, ZPO[5] (2022), § 11 KapMuG Rn. 56; *Halfmeier* ZIP 2016, 1705, 1710. **AA** Vorwerk/Wolf/*Kotschy* § 11 Rn. 13 ff.; *Reuschle* KK-KapMuG § 14 Rn. 20; *Rößler* Das Kapitalanleger-Musterverfahrensgesetz unter besonderer Berücksichtigung der rechtlichen Stellungen der Beigeladenen, S. 143.

73 BT-Drucks. 15/5091 S. 26, 28 f.

74 Nordholtz/Mekat/*de Lind van Wijngaarden* § 6 Rn. 103.

75 Zöller/*Feskorn*, ZPO[35] (2024), § 301 Rn. 3.

76 Asmus/Waßmuth/*Asmus* § 610 ZPO Rn. 115.

54 **h) Grund-Musterfeststellungsurteil.** Eine Anwendung des § 304 ZPO kommt im Musterfest-stellungsverfahren nicht in Betracht, zumal sich die Feststellungsziele nicht in „Grund und Betrag" einteilen lassen.[77]

55 **i) Übereinstimmende Erledigungserklärung.** Die Parteien des Musterverfahrens können den Rechtsstreit übereinstimmend für erledigt erklären mit der Rechtsfolge, dass das Gericht nach § 91a ZPO über die Kosten zu entscheiden hat.

III. Feststellungsziele

56 Statthaftes Klagebegehren einer Musterfeststellungsklage stellt nach **Absatz 1** das Begehren der Feststellung des Vorliegens oder Nichtvorliegens von tatsächlichen und rechtlichen Voraussetzun-gen für das Bestehen oder Nichtbestehen von Ansprüchen oder Rechtsverhältnissen zwischen Verbrauchern und einem Unternehmer dar.

1. Streitgegenstand der Musterfeststellungsklage

57 Die Feststellungsziele definieren als Anträge grundsätzlich den Umfang der Klage und bestimmen damit den Streitgegenstand der Musterfeststellungsklage.[78] Jedes Feststellungsziel bildet gemein-sam mit dem zugehörigen Lebenssachverhalt einen eigenen Streitgegenstand.[79]

58 Zur Definition des Streitgegenstandsbegriffs kann auf die Erwägungen zum KapMuG zurück-gegriffen werden. Das KapMuG dient der Feststellung des Vorliegens oder Nichtvorliegens von tatsächlichen und rechtlichen Voraussetzungen für das Bestehen oder Nichtbestehen von Ansprü-chen oder Rechtsverhältnissen. Bezüglich der Fassung des KapMuG 2005 war der Streitgegen-standsbegriff umstritten. Nach einer Ansicht bestimmte sich der Streitgegenstand allein nach dem Feststellungsziel, eine andere Ansicht kombinierte das Feststellungsziel mit dem ebenso zentralen Begriff des Streitpunktes, also die zur Begründung des Feststellungsziels dienenden tatsächlichen und rechtlichen Umstände (§ 1 Abs. 2 Satz 2 KapMuG 2005).[80] Eine dritte Ansicht leitete den Streit-gegenstand als Verfahrensgegenstand aus den konkreten einzelnen Anspruchsvoraussetzungen ab.[81] Schließlich bestimmt eine vierte Ansicht den Streitgegenstand durch den Bündelungsgrund, also den für die Übertragbarkeit der Ergebnisse relevanten Sachverhalt, und den zu klärenden Anspruchsvoraussetzungen.[82]

59 Neben diesen Erwägungen zum KapMuG liefern auch die Regierungsbegründung zur Einfüh-rung der Musterfeststellungsklage und Stellungnahme des Bundesrats wichtige Hinweise zur Be-stimmung des Streitgegenstands. In der Regierungsbegründung heißt es: *„Durch die Benennung der Feststellungsziele und des Lebenssachverhalts bestimmt der Kläger den Streitgegenstand der Musterfeststellungsklage."*[83] Demzufolge geht der Gesetzgeber von einem zweigliedrigen Streitge-genstandsbegriff aus. Auch die Stellungnahme des Bundesrates zu § 610 ZPO a.F. geht in diese Richtung: Dieser empfahl die Abänderung des Wortlauts von *„Musterfeststellungsklagen [...], so-weit der Streitgegenstand denselben Lebenssachverhalt betreffen"* in *„Musterfeststellungsklagen [...],*

---

77 Asmus/Waßmuth/*Asmus* § 610 ZPO Rn. 116.
78 Vgl. *Amrhein* Musterfeststellungsklage, S. 100; Nordholtz/Mekat/*Rohls* § 3 Rn. 45.
79 BGH ZIP 2019, 1982. Köhler/Feddersen/*Scherer,* UWG[43] (2025), § 41 VDuG Rn. 6; Prütting/Gehrlein/*Halfmeier,* ZPO[16] (2024), § 41 VDuG Rn. 2.
80 *Geiger* Kollektiver Rechtsschutz im Zivilprozess, S. 260; *Lange* Das begrenzte Gruppenverfahren, S. 201.
81 *Geiger* Kollektiver Rechtsschutz im Zivilprozess, S. 260.
82 *Geiger* Kollektiver Rechtsschutz im Zivilprozess, S. 261.
83 BT-Drucks. 19/2507 S. 21.

soweit der Streitgegenstand denselben Lebenssachverhalt und dieselben Feststellungsziele betref-fen".[84] Mit der Einbeziehung der Klageziele in den Wortlaut der Norm wird dem herrschenden zweigliedrigen Streitgegenstandsbegriff Rechnung getragen.[85] Dieses Verständnis trägt auch den Verfahrenszielen der Musterfeststellungsklage, insbesondere Vermeidung von Parallelprozessen und Verfahrensökonomie, Rechnung, ohne weiteren verfahrensökonomischen Musterfeststel-lungsklagen den Raum zu nehmen.

2. Tatsächliche und rechtliche Voraussetzungen

Grundsätzlich feststellungsfähig sind die tatsächlichen und rechtlichen Voraussetzungen von An-sprüchen und Rechtsverhältnissen, die geeignet sind, deren Bestehen bzw. Nichtbestehen nachzu-weisen. 60

a) Feststellung tatsächlicher Voraussetzungen. Mit der Bezeichnung „Voraussetzungen" 61 wählte der Gesetzgeber wie schon im KapMuG einen weiten Begriff.[86] Die Ausrichtung des Absat-zes 1 erweitert den Kreis der zulässigen Feststellungsanträge, da solche einzelnen Voraussetzungen eines Rechtsverhältnisses oder Anspruchs nach § 256 Abs. 1 ZPO gerade nicht feststellungsfähig wären.[87] Mit der Musterfeststellungsklage können demgegenüber auch einzelne tatsächliche Ele-mente oder Vorfragen eines Rechtsverhältnisses oder einer Anspruchsgrundlage festgestellt wer-den.[88] Zweifellos erfasst werden damit zunächst „Tatbestandsmerkmale" einer konkreten Norm, wie zB das Tatbestandsmerkmal der Verletzungshandlung in § 823 Abs. 1 BGB. Feststellungsziel können aber auch das Eingreifen von Zurechnungsnormen sowie generelle Feststellungen zur Art und Weise der Schadensberechnung sein.[89]

Der Begriff der „Voraussetzung" erfasst alle anspruchsbegründenden und anspruchsausschlie- 62 ßenden Elemente einer Norm im Sinne ihrer Tatbestandsmerkmale. Hierauf ist der Begriff jedoch ebenso wenig wie im KapMuG nicht beschränkt.[90] Es besteht Einigkeit, dass auch rein tatsächliche Umstände, die Voraussetzungen für einzelne Tatbestandsmerkmale darstellen, feststellungsfähig sind.[91] So kann zum Beispiel auch die Feststellung begehrt werden, dass eine Software eine unzu-lässige Abschalteinrichtung enthält. Diese Feststellung bildet dann wiederum die Grundlage für den daraus folgenden Subsumtionsschluss auf die Verletzungshandlung.[92]

Nicht feststellungsfähig sind individuelle Voraussetzungen eines Anspruchs (Merkmale indi- 63 vidueller Typizität).[93] Unzulässig sind solche Feststellungsziele, die aufgrund ihrer Individualität nicht auf eine Vielzahl von Fällen übertragbar sind. So kann die Einzelprüfung der konkret richti-

---

84 BR-Drucks. 176/18 S. 9.
85 **AA** Zöller/*Vollkommer,* ZPO[35] (2024), § 41 VDuG Rn. 4, demzufolge der Lebenssachverhalt nur dann zum Streitgegen-stand dazu gehöre, soweit aus ihm die beantragten Feststellungen unmittelbar abgeleitet werden.
86 *Röthemeyer* VDuG § 41 Rn. 6; *Amrhein* Musterfeststellungsklage S. 100 f.; *Welling* Was kann die Verbandsklage vom KapMuG lernen? S. 142.
87 OLG Naumburg, Urt. v. 8.2.2023 – 5 MK 1/20, WM 2023, 768.
88 BT-Drucks. 19/2507 S. 21; OLG Naumburg, Urt. v. 8.2.2023 – 5 MK 1/20, WM 2023, 768; Köhler/Feddersen/*Scherer,* UWG[43] (2025), § 41 VDuG Rn. 6. Zum KapMuG: Wieczorek/Schütze/*Großerichter,* ZPO[5] (2022) § 2 KapMuG Rn. 11.
89 OLG Braunschweig – 4 MK 1/18, Bekanntmachung v. 4.7.2019; *Röthemeyer* VDuG § 41 Rn. 6; Skauradszun/*Wagner* § 41 VDuG Rn. 8.
90 *Kruis* KK-KapMuG, 2. Aufl. (2014), § 2 Rn. 41.
91 *Amrhein* Musterfeststellungsklage, S. 100; Nordholtz/Mekat/*Rohls* § 3 Rn. 48; *Waclawik* NJW 2018, 2921, 2922. Ebenso für das KapMuG: *Kruis* KK-KapMuG § 2 Rn. 42 ff.
92 *Kruis* KK-KapMuG § 2 Rn. 41 aE. Vgl. auch ausführlich dazu *Amrhein* Musterfeststellungsklage, S. 101.
93 Skauradszun/*Wagner* § 41 VDuG Rn. 16; Zöller/*Vollkommer,* ZPO[35] (2024), § 41 VDuG Rn. 5; Nordholtz/Mekat/*Mekat* § 8 Rn. 33; *Amrhein* Musterfeststellungsklage, S. 105; *Welling* Was kann die Verbandsklage vom KapMuG lernen? S. 105.

gen Zinsberechnung **mangels Verallgemeinerungsfähigkeit** nicht Feststellungsziel sein.[94] Ferner ist anerkannt, dass Feststellungen zur Kausalität zwischen Pflichtwidrigkeit einerseits und eingetretenem Schaden anderseits nicht musterverfahrensfähig sind. Gleiches gilt für die konkrete Schadenshöhe und -umfang, die ebenfalls individuell für jeden einzelnen Betroffenen zu bestimmen sind. **Kein zulässiges Feststellungsziel** im Kontext der **Verjährung** sind die nach § 199 Abs. 1 Nr. 2 BGB relevante grob fahrlässige Unkenntnis oder Kenntnis der anspruchsbegründenden Umstände und der Person des Schuldners auf Seiten des Gläubigers.[95] Denn die Frage, ob ein bestimmter Umstand geeignet ist, einem Verbraucher Kenntnis oder auf grob Fahrlässigkeit beruhende Unkenntnis zu verschaffen, lässt sich nur individuell und abhängig von der Person des Verbrauchers bestimmen. Gleiches gilt ggf. für ein zu berücksichtigendes Mitverschulden des Verbrauchers.[96] Dagegen sind Vorfragen wie z.B. die der Entstehung des Anspruchs[97] nach § 199 Abs. 1 Nr. 1 BGB und der Fälligkeit[98] als Voraussetzung für die Einrede der Verjährung feststellungsfähig, da diese Fragen generalisierender Natur sind.

64   Ähnliche Abgrenzungsthemen zwischen verallgemeinerungsfähigen Merkmalen und Merkmalen individueller Typizität werfen etwaige Feststellungen zur **ergänzenden Vertragsauslegung** bei Massengeschäften auf.[99] Teilweise wird vertreten, dass eine ergänzende Vertragsauslegung nicht als Gegenstand eines Musterfeststellungsurteils in Betracht kommt, wenn nicht gewährleistet sei, dass sämtliche Verbraucher über den gesamten Zeitraum, in welchem die ergänzungsbedürftige Klausel von der Beklagten verwendet wurde, insgesamt wortgleiche Verträge abgeschlossen haben.[100] Aus der Verwendung einer bestimmten Klausel in Verträgen der Verbraucher folge nicht die für eine Feststellung im Musterverfahren erforderliche Sicherheit und Generalisierbarkeit. Diese Auffassung überdehnt den Maßstab der generalisierenden Feststellung. Anders als die Abhilfeklage postuliert die Musterfeststellungsklage gerade nicht das Gleichartigkeitserfordernis nach § 15. Dass möglicherweise in einzelne Verträge weitergehende Aspekte eingeflossen sind und über stets wortgleiche Verträge hinaus auch individuellen Vertragsabreden getroffen wurden, steht der Zulässigkeit des Feststellungsziels nicht entgegen. Maßstab für die ergänzende Vertragsauslegung ist bei Massengeschäften wie zB den Zinsanpassungsklauseln bei Sparverträgen ebenso wie für die Auslegung und Inhaltskontrolle von Allgemeinen Geschäftsbedingungen nicht der Wille der konkreten Vertragsparteien. Es ist vielmehr auf Grund einer **objektiv-generalisierenden Sicht** auf die **typischen Vorstellungen der an Geschäften gleicher Art beteiligten Verkehrskreise** abzustellen. Formularmäßige Zinsänderungsklauseln der vorliegenden Art sind typische, deutschlandweit verbreitete Vereinbarungen, bei deren Unwirksamkeit im Interesse der Rechtssicherheit eine allgemeinverbindliche ergänzende Vertragsauslegung unabhängig von den Besonderheiten des konkreten Einzelfalls sachlich geboten ist.[101] Falls in einzelnen Sparverträgen insoweit Besonderheiten bestehen, ist dies vielmehr in den (ausgesetzten) Individualverfahren der angemeldeten Verbraucher zu berücksichtigen.[102]

65   Nicht zulässig sind Feststellungsziele, die auf zukünftig erst entstehende Rechtsverhältnisse gerichtet sind. Dies folgt aus dem Wortlaut von Absatz 1, der lediglich Feststellungen hinsichtlich

---

94 OLG Dresden, Urt. v. 31.3.2021 – 5 MK 3/20, BeckRS 2021, 6404; OLG Dresden, Urt. v. 17.6.2020 – 5 MK 1/20; *Welling* Was kann die Verbandsklage vom KapMuG lernen? S. 148.
95 Nordholtz/Mekat/*Mekat* § 8 Rn. 35.
96 *Amrhein* Musterfeststellungsklage, S. 105.
97 OLG Dresden, Urt. v. 31.3.2021 – 5 MK 3/20, BeckRS 2021, 6404, Rn. 22.
98 BGH, BeckRS 2021, 30589 Rn. 61 bis 63; *Welling* Was kann die Verbandsklage vom KapMuG lernen? S. 150.
99 OLG Naumburg, Urt. v. 8.2.2023 – 5 MK 1/20, vzvb vs. Saalesparkasse; OLG Dresden, Urt. v. 17.6.2020 – 5 MK 1/20, VZ Sachsen vs. Sparkasse Zwickau; OLG Brandenburg – 4 MK 1/22, VZ Brandenburg vs. Sparkasse Spree-Neiße; OLG Brandenburg – 4 MK 2/21, vzbv vs. Kreissparkasse Märkisch-Oberland; OLG Naumburg – 5 MK 1/21, vzbv vs. Kreissparkasse Stendal.
100 OLG Dresden, Urt. v. 22.4.2020 – 5 MK 1/19, BeckRS 2020, 6640 Rn. 60.
101 BGH, Urt. v. 6.10.2021 – XI ZR 234/20, NJW 2022, 311.
102 *Herresthal* WM 2020, 1949, 1952; *Röthemeyer* BKR 2021, 191, 194.

„des Vorliegens oder Nichtvorliegens von tatsächlichen und rechtlichen Voraussetzungen für das Bestehen von Ansprüchen oder Rechtsverhältnissen" eröffnet.[103]

b) Feststellung rechtlicher Voraussetzungen. Nach dem Wortlaut der Norm ist offen, ob **66** **Auslegungsfragen zu einer Rechtsnorm** ebenfalls Feststellungsziel sein können. Während das KapMuG 2005 in § 2 Abs. 1 Satz 1 „die Klärung von Rechtsfragen" ausdrücklich zum tauglichen Feststellungsziel erhob, fehlt eine solche ausdrückliche Bezugnahme auf Rechtsfragen in Absatz 1 ebenso wie im KapMuG 2024. Allerdings hat der Gesetzgeber ausdrücklich in den Materialien zur Einführung der Musterfeststellungsklage vor dem Hintergrund der Fortentwicklung des Rechts betont, dass mit dieser auch „reine Rechtfragen mit Bedeutung für eine Vielzahl von betroffenen Rechtsverhältnissen geklärt werden" könnten.[104] Auch der Diskussionsentwurf des BMJV zur Musterfeststellungsklage im Jahre 2017 hatte darüber hinaus hervorgehoben, dass diese auch *„durch die verbindliche Entscheidung wesentlicher Tatsachen- und Rechtsfragen zu einer Entlastung der Justiz beitragen"* soll.[105] Vor diesem Hintergrund ist die Klärung von Rechtsfragen im Musterfeststellungsverfahren möglich.[106]

Die **Klärung abstrakter Rechtsfragen** ohne Bezug zur Entscheidung des Mustersachverhalts **67** dürfte keine Grundlage im Wortlaut des Absatzes 1 finden.[107] Als einschränkendes Merkmal für die Tauglichkeit von reinen Rechtsfragen ist daher stets die **Klärungsbedürftigkeit** zu fordern. Diese wird dann zu bejahen sein, wenn zu der Frage entweder keine oder nur eine uneinheitliche obergerichtliche Rechtsprechung existiert. Dagegen dürfte eine begehrte Feststellung, dass § 263 StGB eine Schutznorm iSd. § 823 Abs. 2 BGB darstellt,[108] aufgrund der feststehenden Rechtsprechung zum Schutzcharakter der Norm das erforderliche Sachentscheidungsinteresse fehlen.

Die Klärung von Fragen verfahrensrechtlicher Natur dürfte nach dem Wortlaut des Absatzes 1 **68** zwar nicht grundsätzlich ausscheiden.[109] Im Einzelfall stellt sich jedoch die Frage, inwieweit die konkrete Rechtsfrage tatsächlich eine rechtliche Voraussetzung für das Bestehen oder Nichtbestehen eines Anspruchs oder eines Rechtsverhältnisses ist. Vor diesem Hintergrund verbleibt ein nur eingeschränkter Anwendungsbereich zur Klärung verfahrensrechtlicher Streitfragen.[110]

Gegenstand der Musterfeststellungsklage können neben materiellrechtlichen Verbraucherfra- **69** gen, insbesondere auch **Fragen des Kollisionsrechts** sowie des **ausländischen Rechts** sein.[111] Eine qualifizierte inländische klageberechtigte Stelle iSd. § 2 kann daher klären lassen, ob spanischen oder italienischen Käufern im VW-Abgasskandal nach deren Heimatrecht Ansprüche gegen den VW-Konzern zustehen.

---

103 *Welling* Was kann die Verbandsklage vom KapMuG lernen? S. 153.

104 BT-Drucks. 19/2439 S. 22.

105 Diskussionsentwurf des BMJV eines Gesetzes zur Einführung einer Musterklage vom 31.7,2017, S. 11 und S. 13.

106 Nordholtz/Mekat/*Mekat* § 8 Rn. 36; *Röthemeyer* VDuG § 41 Rn. 14; *Welling* Was kann die Verbandsklage vom KapMuG lernen? S. 142 f.

107 So bereits *Waclawik* NJW 2018, 2921, 2922. Ebenso *Röthemeyer* VDuG § 41 Rn. 14. AA wohl Zöller/*Vollkommer*, ZPO[35] (2024), § 41 Rn. 4.

108 So das Feststellungsziel 1 b) aa) der Musterfeststellungsklage gegen die VW AG, OLG Braunschweig, Az. 4 MK 1/18, Bekanntmachung vom 26.11.2018 im Klageregister des BfJ.

109 Bejahend Nordholtz/Mekat/*Rohls* § 3 Rn. 49; *Amrhein* Musterfeststellungsklage, S. 108. **AA** Berger ZZP 113, 3, 15; Prütting/Gehrlein/*Halfmeier*, ZPO[16] (2024), § 41 VDuG Rn. 4. Vgl. zur Parallele im KapMuG: Wieczorek/Schütze/*Großerichter* § 2 KapMuG Rn. 10, demzufolge mit den anspruchsbegründenden Voraussetzungen nicht nur der materielle Anspruch, sondern auch der prozessuale Anspruch gemeint sei. Diese Begründung dürfte so nicht stichhaltig sein. Denn die Fassung des KapMuG 2012 als auch die Fassung des KapMuG 2024 sprechen eher gegen die Annahme, dass der Gesetzgeber den prozessualen Anspruch im Auge hatte. Gleichwohl kann von dem Wort „Voraussetzung" auch eine verfahrensrechtliche Vorfrage erfasst sein.

110 So bereits Nordholtz/Mekat/*Mekat* § 8 Rn. 36 a.E.

111 *Schneider* BB 2018, 1986, 1990; Prütting/Gehrlein/*Halfmeier*, ZPO[16] (2024), § 41 VDuG Rn. 5.

70 **c) Keine Feststellung von Ansprüchen.** Aus dem Wortlaut der Norm geht zwar bereits hervor, dass das Bestehen eines Anspruchs – auch nicht dem Grunde nach – an sich kein zulässiges Feststellungsziel ist.[112] Gleichwohl ist die Frage im Schrifttum[113] und in der Rechtsprechung[114] umstritten.

71 Die Bundesregierung war im Gesetzgebungsverfahren der Auffassung, dass jedes verurteilende Musterfeststellungsurteil die Haftung dem Grunde nach ausspricht. So führte sie anlässlich des Regierungsentwurfs zur Änderung von Vorschriften über die außergerichtliche Streitbeilegung in Verbrauchersachen[115] aus: *„Kommt es weder [...] zu einer Einigung [...], so bietet sich [...] die außergerichtliche Streitbeilegung vor einer Verbraucherschlichtungsstelle auch deshalb an, weil durch die erfolgreiche Musterfeststellungsklage bereits bindend feststeht, dass eine Haftung des Unternehmers dem Grunde nach gegeben ist.“*

72 Dem OLG Dresden[116] zufolge kann auch die Feststellung des Bestehens eines Anspruchs dem Grunde nach ebenso ein zulässiges Feststellungsziel wie die Feststellung eines Teiles davon sein. Denn wenn das Bestehen oder Nichtbestehen von tatsächlichen und rechtlichen Voraussetzungen einer Feststellung zugänglich sein können, müsse dies demzufolge erst recht für die Ansprüche und Rechtsverhältnisse selbst gelten. Dafür spreche auch, dass das Bestehen oder Nichtbestehen eines Rechtsverhältnisses Gegenstand einer Feststellungsklage nach § 256 ZPO sein könne. Dem Ziel der Musterfeststellungsklage, nämlich einer prozessökonomischen Verfahrensweise bei massenhaft gleichartigen Streitgegenständen können nicht entsprochen werden, wenn nicht auch Ansprüche und Rechtsverhältnisse selbst der Musterfeststellung zugänglich wären.

73 Demgegenüber sind das OLG Braunschweig[117] und das Oberlandesgericht Naumburg[118] der Auffassung, dass das Bestehen von Ansprüchen dem Grunde nach nicht Feststellungsziel sein könne. Das OLG Braunschweig führt die Gesetzesbegründung an, wonach *„konkrete Einwendungen gegen die einer Musterfeststellungsklage zugrundeliegenden Individualansprüche, die für die Feststellungsziele nicht von Bedeutung sind, [...] in der Musterfeststellungsklage zu klaren sind.“*[119]

74 Die Annahme einer Feststellungsfähigkeit des Anspruchsgrunds überdehnt bereits den Wortlaut der Vorschrift.[120] Denn die Norm spricht ausdrücklich von *„tatsächlichen und rechtlichen Voraussetzungen für das Bestehen oder Nichtbestehen von Ansprüchen oder Rechtsverhältnissen"* und gerade nicht – wie § 256 Abs. 1 ZPO – von der *„Feststellung des Bestehen oder Nichtbestehens eines Rechtsverhältnisses"* selbst Bei der Ausrichtung des Streitgegenstands auf die Feststellungsziele hat sich der Gesetzgeber ferner ausdrücklich an § 2 Abs. 1 Satz 1 KapMuG angelehnt.[121] Gemäß dem gesetzgeberischen Willen soll es Parteien und Gerichten ermöglicht werden, *„sich auf die Klärung grundsätzlicher, in einer Vielzahl von Fällen wiederkehrender tatsächlicher oder rechtlicher Fragen zu konzentrieren"*.[122] Ebenso wie unter der Verfahrensord-

---

112 *Amrhein* Musterfeststellungsklage, S. 105; *Welling* Was kann die Verbandsklage vom KapMuG lernen? S. 146; OLG Naumburg, Urt. v. 8.2.2023 – 5 MK 1/20, WM 2023, 768. Differenzierend *Röthemeyer* VDuG § 41 Rn. 9, der zur Haftung dem Grunde nach zwischen individueller und kollektiver Ebene unterscheiden will.

113 Feststellungsfähigkeit bejahend Prütting/Gehrlein/*Halfmeier*, ZPO[16] (2024), § 41 VDuG Rn. 3. Verneinend: *Amrhein* Musterfeststellungsklage, S. 105; *Welling* Was kann die Verbandsklage vom KapMuG lernen? S. 146. Differenzierend *Röthemeyer* VDuG § 41 Rn. 9, der zur Haftung dem Grunde nach zwischen individueller und kollektiver Ebene unterscheiden will.

114 OLG Dresden, Urt. v. 17.6.2020 – 5 MK 1/20; OLG Dresden, Urt. v. 22.4.2020 – 5 MK 1/19, BeckRS 2020, 6640 Rn. 35.

115 BT-Drucks. 19/10348 S. 20.

116 OLG Dresden, Urt. v. 17.6.2020 – 5 MK 1/20; OLG Dresden, Urt. v. 22.4.2020 – 5 MK 1/19, BeckRS 2020, 6640 Rn. 35.

117 OLG Braunschweig, 4 MK 1/18, Bekanntmachung v. 16.5.2019.

118 OLG Naumburg, Urt. v. 8.2.2023 – 5 MK 1/20, WM 2023, 768.

119 BT-Drucks. 19/2439 S. 17.

120 *Welling* Was kann die Verbandsklage vom KapMuG lernen? S. 146.

121 BT-Drucks. 19/2507 S. 22.

122 BT-Drucks. 19/2507 S. 22.

nung des KapMuG kann die vollständige Feststellung eines Anspruchs als solches kein zulässiges Feststellungsziel sein.[123]

d) Keine Feststellung bloß individueller Streitfragen.
Ziel der Musterfeststellungsklage ist 75 es, die in den einzelnen Feststellungszielen unterbreiteten Fragen einheitlich mit **„Breitenwirkung"** zu klären. Denn nach dem Sinn und Zweck der Musterfeststellungsklage sind nur solche Tatsachen und Rechtsfragen feststellungsfähig, die verallgemeinerbar sind. Individuelle Anspruchsvoraussetzungen und -einwendungen ohne Breitenwirkung[124] sowie Fragen, die nur den Einzelfall berühren, können daher nicht taugliches Feststellungsziel sein. Zum Beispiel ist die Einzelfallprüfung der konkret richtigen Zinsberechnung mangels Verallgemeinerungsfähigkeit daher kein taugliches Feststellungsziel.[125]

3. Konnexität der Ansprüche oder Rechtsverhältnisse

Die tatsächlichen oder rechtlichen Voraussetzungen müssen Ansprüche oder Rechtsverhältnisse 76 im materiellen Sinne betreffen. Vor dem Hintergrund des mit der Musterfeststellungsklage bezweckten Verbraucherschutzes kommen inhaltlich vor allem Schadensersatz- oder Minderungsansprüche im Rahmen eines Rückgewährschuldverhältnisses in Betracht. Ein weiteres Feld zeigt sich bei den Rechtsverhältnissen: Neben der Feststellung, dass ein Vertrag wirksam oder unwirksam ist, ist bei Widerrufsrechten das Feststellungsziel möglich, dass eine Widerrufsfrist nicht zu laufen begonnen hat.

Bei der Antragstypologie gibt es theoretisch insgesamt 4 verschiedene Kombinationen:[126] 77
- Zum einen kann mit Hilfe der Musterfeststellungsklage positiv das Vorliegen von Voraussetzungen, die das Bestehen eines Anspruchs oder eines Rechtsverhältnisses belegen, begehrt werden. Eine solche *Positiv-positiv-Kombination* ist dann gegeben, wenn z.B. das vorsätzliche Handeln des Unternehmers festgestellt werden soll.
- Zum anderen kommt eine sog. *Positiv-negativ-Kombination*, dh das Vorliegen der Voraussetzung für das Nichtbestehen eines Rechtsverhältnisses, in Fällen in Betracht, wenn der Verbraucherverband geltend macht, dass die massenhaft geschlossenen Verträge wegen Wuchers oder Täuschung unwirksam seien,[127] dass eine Widerrufsfrist nicht zu laufen begonnen hat oder dass aufgrund einer bestimmten Ankündigung eine Mieterhöhung nach § 559 unwirksam sei.
- Dagegen ist die sog. *Negativ-positiv-Kombination*, dh das Nichtvorliegen einer Anspruchsvoraussetzung für das Bestehen eines Anspruchs oder eines Rechtsverhältnisses, schon schwerer vorstellbar. Zu denken ist an die Unwirksamkeit einer ausgesprochenen Kündigung des Unternehmers gegenüber neuen Stromkunden, um das Fortbestehen des Vertragsverhältnisses festzustellen.
- Die sog. *Negativ-negativ-Kombination* dürfte regelmäßig im Hinblick auf ein fehlendes Rechtsschutzinteresse in der Praxis keine Relevanz haben.[128]

---

123 Skauradszun/*Wagner* § 41 Rn. 17; BGH, Urt. v. 6.10.2021 – XI ZR 234/20, BeckRS 2021, 30589 Rn. 31; BGH, Beschl. v. 10.6.2008 – XI ZB 26/07, BGHZ 177, 88 Rn. 24.
124 Im Ergebnis ebenso *Röthemeyer* VDuG § 41 Rn. 20.
125 OLG Dresden, Urt. v. 31.3.2021 – 5 MK 3/20.
126 *Röthemeyer* VDuG § 41 Rn. 15.
127 *Röthemeyer* VDuG § 41 Rn. 16.
128 *Amrhein* Musterfeststellungsklage, S. 102 f.

4. Sachentscheidungsinteresse

78 In engem Zusammenhang mit den Feststellungszielen korreliert das **Erfordernis des Sachent-
scheidungsinteresses**. Bereits für das KapMuG hat sich mit der Bezeichnung als Sachentscheidungsinteresse ein eigener, in seiner Funktion dem Rechtsschutzbedürfnis entsprechender Begriff
etabliert.[129] Das Oberlandesgericht prüft im KapMuG-Verfahren fortlaufend, ob für das einzelne
Feststellungsziel ein Sachentscheidungsinteresse besteht. Dies liegt nur so lange vor, wie mit dem
Musterentscheid noch ein ausgesetztes Ausgangsverfahren in der Sache gefördert werden kann.[130]

79   Auch im Musterfeststellungsverfahren kann es an der Entscheidungsnotwendigkeit fehlen,
wenn die Prüfung des Feststellungsziels nicht mehr für eine weitere Klärung des Bestehens oder
Nichtbestehens von Ansprüche oder Rechtsverhältnissen notwendig ist.[131]

IV. Urteil

80 Das Musterfeststellungsurteil ergeht nach § 13 Abs. 4 nicht vor Ablauf von sechs Wochen nach
dem Schluss der mündlichen Verhandlung.

81   Das Musterfeststellungsurteil besteht aus einem Rubrum, Tenor, einem Tatbestand, den Ent-
scheidungsgründen sowie abschließend den Unterschriften der Richter. Die Voraussetzungen für
den Erlass des Urteils ergeben sich aus § 313 ZPO.

82   Das Urteil ist zu verkünden. Es wird den Parteien, nicht den Anmeldern zugestellt. Zugleich
ist das Musterfeststellungsurteil im Verbandsklageregister bekanntzumachen.

V. Verhältnis zur Abhilfeklage (Absatz 2)

83 **Absatz 2** regelt das Konkurrenzverhältnis der Verbandsklagen untereinander. Die Vorschrift stellt
klar, dass eine auf Feststellung gerichtete Musterfeststellungsklage nicht deshalb unzulässig ist,
weil der Verbraucherverband sogleich auf Abhilfe – also auf Leistung – klagen könnte. Im allgemeinen Zivilprozess sind Feststellungsklagen grundsätzlich subsidiär, da mittels der Leistungsklage ein einfacherer Weg zur Zielerreichung besteht und es damit am berechtigten Feststellungsinte-
resse des Klägers fehlt. Dieser Grundsatz lässt sich nicht auf das Verbandsklageverfahren
übertragen.[132] Musterfeststellungsklagen können aufgrund ihrer einfacheren Struktur geeignet
sein, schneller kollektivrechtliche Fragen zu klären.[133] Im Einzelfall kann dadurch ein hohes Kos-
tenrisiko einer Abhilfeklage vermiedet werden. Die klageberechtigten Stellen steht ein Wahlrecht
offen, das ihnen erlaubt, im Interesse der Verbraucher die für den Einzelfall geeignetere Klage zu
erheben.[134]

---

129 *Vollkommer* KK-KapMuG, 2. Aufl. (2014), § 11 Rn. 24; Wieczorek/Schütze/*Kruis.* ZPO[5] (2022), § 11 KapMuG Rn. 6;
Wieczorek/Schütze/*Reuschle*, ZPO[5] (2022), § 16 KapMuG Rn. 4.
130 BGH, BGHZ 213, 65 Rn. 106 f.
131 *Weinland* Musterfeststellungsklage, Rn. 68; *Amrhein* Musterfeststellungsklage, S. 112.
132 Skauradszun/*Wagner* § 41 VDuG Rn. 18.
133 Skauradszun/Skauradszun VDuG Einl. Rn. 12.
134 Skauradszun/*Wagner* § 41 VDuG Rn. 18.

§ 42
Revision

¹Gegen Musterfeststellungsurteile findet die Revision statt. ²Diese bedarf keiner Zulassung.

Übersicht

I.   Entstehungsgeschichte, Zweck und Systematik —— 1

II.   Musterfeststellungsurteil
1.   Inhalt und Form —— 4
2.   Verkündung, Zustellung, Bekanntmachung, Berichtigung und Ergänzung —— 5

III. Zulässigkeit der Revision

1.   Statthaftigkeit —— 8
2.   Form —— 9
3.   Frist —— 10
4.   Beschwer des Revisionsklägers
      a)   Beteiligte im Revisionsverfahren —— 12
      b)   Beschwer und Beschwerdewert —— 13

IV.   Sonstige Entscheidungen —— 17

I. Entstehungsgeschichte, Zweck und Systematik

Das Musterfeststellungsverfahren wird durch Musterfeststellungsurteil beendet. Die Vorschrift **1** entspricht § 614 Satz 1 ZPO a.F. Abweichend von § 614 ZPO a.F. ist jetzt klargestellt, dass es einer Zulassung der Revision im Urteil nicht bedarf.[1] Die Vorschrift erfasst alle Urteile einschließlich Teil- und Zwischenurteile.[2]

Da das Oberlandesgericht erstinstanzlich für Verbandsklagen sachlich zuständig ist, gibt es **2** im Musterfeststellungsverfahren nur eine Tatsacheninstanz. Da das Musterfeststellungsverfahren nicht nur von Rechtsfragen, sondern in vielen Fällen von der Feststellung streitiger Tatsachen abhängt, erscheint es geboten, dass das Revisionsverfahren im Musterfeststellungsverfahren in vollem Umfang der Richtigkeitskontrolle dient. Insoweit muss es den Parteien möglich sein, sog. einfachrechtliche Verfahrensrügen zu erheben. Dies ist insoweit gerechtfertigt, als die Revision gerade nicht von Zulassungsgründen abhängen soll, da dort nur Verstöße gegen „grundrechtsgleiches" Verfahrensrecht zu berücksichtigen sind.[3]

Für Urteile im Abhilfeverfahren gelten entsprechende Regelungen (§ 16 Abs. 5, § 18 Abs. 4). **3**

II. Musterfeststellungsurteil

1. Inhalt und Form

Das Gericht kann bei Zulässigkeit der Musterfeststellungsklage oder bei Bejahung einzelner Pro- **4** zessvoraussetzungen durch Zwischenurteil (§ 280 Abs. 2 ZPO) entscheiden.[4] Bei Unzulässigkeit der Musterfeststellungsklage erfolgt die Abweisung als unzulässig. Ist die Klage zulässig, ergeht ein Sachurteil. Das Gericht hat dabei auch über die Kosten zu entscheiden (§ 308 Abs. 2 ZPO).

---

1 Vgl. zur bisherigen Rechtslage BGH WM 2023, 919 Rn. 15.
2 *Röthemeyer* VDuG § 42 Rn. 3.
3 BGH NJW 2003, 1943, 1946.
4 Zöller/*Vollkommer*, ZPO³⁵ (2024), § 42 VDuG Rn. 1.

https://doi.org/10.1515/9783110660180-044

2. Verkündung, Zustellung, Bekanntmachung, Berichtigung und Ergänzung

5　Das Musterfeststellungsurteil ist nach § 311 ZPO zu verkünden und von Amts wegen den Parteien zuzustellen (§ 317 Abs. 1 ZPO). Das Urteil ist unverzüglich nach seiner Verkündung dem Bundesamt für Justiz zur Veröffentlichung im Klageregister zuzuleiten und bekanntzumachen.

6　　Das Oberlandesgericht ist an das Musterfeststellungsurteil gebunden (§ 318 ZPO), insbesondere wenn nach § 280 Abs. 2 ZPO entschieden wird. Eine Berichtigung des Musterfeststellungsurteils nach §§ 319, 320 ist möglich. Eine Berichtigung des Tatbestands nach § 320 ZPO kommt wegen der grundsätzlichen Bindung des Revisionsgerichts an den festgestellten Tatbestand in Betracht. Eine Ergänzung des Musterfeststellungsurteils nach § 321 ZPO ist möglich, soweit das Musterfeststellungsurteil versehentlich über ein beantragtes Feststellungsziel nicht entschieden hat. Eine Anhörungsrüge nach § 321a ZPO ist nicht zulässig, da gegen das Musterfeststellungsurteil die Revision statthaft ist.

7　　Das Rechtskraftzeugnis ist von Amts wegen zu erteilen und nach § 44 Nr. 13 im Verbandsklageregister bekannt zu machen. Die Zuständigkeit zur Erteilung des Rechtskraftzeugnisses richtet sich nach § 706 ZPO.

III. Zulässigkeit der Revision

1. Statthaftigkeit

8　Die Regelung entspricht § 614 Satz 1 ZPO a.F. Gegen die instanzbeendenden Musterfeststellungsurteile sowie Zwischenurteile nach § 280 Abs. 2 ZPO ist die Revision der Parteien und Streithelfer,[5] nicht aber der Anmelder statthaft. Einer gesonderten Zulassung der Revision durch das Prozessgericht bedarf es nicht. Die Musterfeststellungsklage hat wegen ihrer Breitenwirkung stets grundsätzliche Bedeutung.[6]

2. Form

9　Die Revision wird gemäß § 549 Abs. 1 Satz 1 ZPO durch Einreichung einer Revisionsschrift beim Bundesgerichtshof eingelegt. Die Revisionsschrift muss nach § 549 Abs. 1 Satz 2 ZPO die Bezeichnung des Urteils, gegen das die Revision gerichtet ist, sowie eine Erklärung, das gegen dieses Urteil Rechtsmittel eingelegt wird, enthalten, Der Gegenseite ist eine Ausfertigung beziehungsweise beglaubigte Abschrift der Revisionsschrift durch das Gericht zuzustellen, § 550 Abs. 2 ZPO.

3. Frist

10　Für die Einlegung der Revision gilt eine Notfrist von einem Monat, § 548 ZPO. Die Einlegungsfrist ist nicht verlängerbar: Allein eine Wiedereinsetzung in den vorigen Stand ist möglich. Fristbeginn ist die Zustellung des in vollständiger Form abgefassten Urteils an die Parteien des Musterfeststellungsverfahrens, spätestens aber fünf Monate nach dessen Verkündung. Der Zeitpunkt der Bekanntmachung des Urteils im Verbandsklageregisters berührt den Fristbeginn nicht.

11　　Die Frist für die Revisionsbegründung beträgt zwei Monate, § 551 Abs. 2 Satz 2 ZPO. Sie beginnt ebenfalls mit der Zustellung des in vollständiger Form abgefassten Urteils, spätestens aber fünf Monate nach der Verkündung, § 551 Abs. 2 Satz 3 ZPO. Auf Antrag kann die Begründungsfrist verlängert werden.

---

5 Zöller/*Vollkommer*, ZPO[35] (2024), § 42 VDuG Rn. 3.
6 BT-Drucks. 20/6520 S. 98.

4. Beschwer des Revisionsklägers

a) Beteiligte im Revisionsverfahren. Die Revision findet als Fortsetzung des ursprünglichen 12
Musterfeststellungsprozesses mit den bisherigen Verfahrensparteien statt. Verfahrensparteien
sind weiterhin die klageberechtigte Stelle i.S.v. § 2 und das beklagte Unternehmen. Ein Streithelfer
ist am Revisionsverfahren zu beteiligten. Die angemeldeten Verbraucher haben dagegen – anders
als die Beigeladenen i.S.v. § 11 Abs. 1 Nr. 3 KapMuG – keine formale Parteistellung inne.

b) Beschwer und Beschwerdewert. Zulässigkeitsvoraussetzung für die Revision ist, dass die 13
anzufechtende Entscheidung den Rechtsmittelführer in der Hauptsache und nicht nur im Kosten-
punkt beschwert und diese Beschwer gerade durch das Rechtsmittel beseitigt werden soll.[7] Anderenfalls fehlt es an dem erforderlichen Rechtsschutzbedürfnis.[8]

Nach der st. Rechtsprechung bestimmt sich die Beschwer des Klägers im formellen Sinne 14
und die Beschwerde des Beklagten im materiellen Sinne. Die klageberechtigte Stelle ist insoweit
beschwert, als der vom Richterspruch gewährte Rechtsschutz hinter dem von ihr in zulässiger
Weise angriffs- oder verteidigungsweise erbetenen Rechtsschutz zurückbleibt. Die Beschwer des
beklagten Unternehmens bestimmt sich danach, ob die Entscheidung ihrem Inhalt nach der Partei
nachteilig ist, indem sie unmittelbar ihre Rechtsposition beeinträchtigt oder ihren Pflichtenkreis
erweitert.

Fraglich ist, wie die Höhe der materiellen Beschwer des beklagten Unternehmens bei einem 15
Musterfeststellungsurteil zu bestimmen ist. Für die allgemeine Feststellungsklage ist der Wert des
Rechts oder des Rechtsverhältnisses maßgebend, dessen Bestehen oder Nichtbestehen festgestellt
werden soll.[9] Bei positiver Feststellungsklage kann der Wert nicht höher als bei der Leistungsklage
sein; im Übrigen streicht die Rechtsprechung im Hinblick auf die fehlende Vollstreckbarkeit 20 %
ab.[10] Aufgrund der Ähnlichkeit der Musterfeststellungsklage zur allgemeinen positiven Feststellungsklage sind dies Grundsätze übertragbar. Der für die Beschwer des beklagten Unternehmens
maßgebliche Streitwert ist in Höhe von 80 % der zu erwartenden Leistungsklagen der angemeldeten Verbraucher festzusetzen.[11]

Nach § 48 Abs. 1 Satz 1 und 2 GKG gilt die Streitwertobergrenze von € 250.000 nicht nur für 16
die Zuständigkeit des Prozessgerichts, sondern auch für die Zulässigkeit des Rechtsmittels.[12]

IV. Sonstige Entscheidungen

Die sonstigen Entscheidungen, z.B. Rechtsmittel gegen Ordnungsgeldbeschlüsse nach § 6, gegen 17
die Versagung der Genehmigung nach § 9 Abs. 2 Satz 2, gegen den zurückweisenden Beschluss der
Ablehnung des Sachwalter nach § 23, gegen Zwangsmittel gegen den Unternehmer nach § 29,
unterliegen nach allgemeinen Grundsätzen der Rechtsbeschwerde. Voraussetzung ist hier jedoch,
dass das Oberlandesgericht die Rechtsbeschwerde nach § 574 Abs. 3 i.V.m. Abs. 2 ZPO zulässt. Die
Vermutung der grundsätzlichen Bedeutung gilt hier gerade nicht; die Rechtsbeschwerde sollte
gemessen am gesetzgeberischen Ziel, Musterfeststellungsverfahren der höchstrichterlichen Klärung zuzuführen, im Zweifel zugelassen werden.[13]

---

7 BGH, NJW 1969, 1486; NJW 1983, 172.
8 *Rimmelspacher* MünchKomm-ZPO[6] Vor § 511 Rn. 14.
9 Zöller/*Herget*, ZPO[35] (2024), § 3 Rn. 16 „Feststellungsklagen".
10 Wieczorek/Schütze/*Kruis* KapMuG § 3 Rn. 95.
11 Nordholtz/Mekat/*Mekat* § 9 Rn. 20.
12 § 48 Abs. 1 Satz 1 GKG stellt auf Gebühren ab, *„nach den für die Zuständigkeit des Prozessgerichts oder die Zulässig-*
keit des Rechtsmittels geltenden Vorschriften über den Wert des Streitgegenstands, soweit nichts anderes bestimmt ist."
13 *Röthemeyer* VDuG § 42 Rn. 4 (Fn. 9) mit Verweis auf OLG Braunschweig, BKR 2019, 294, 298.

Reuschle

Abschnitt 4
Verbandsklageregister

Schrifttum

Amrhein Die Musterfeststellungsklage – Streitgegenstand/Rechtshängigkeit/Musterfeststellungsurteil, Diss. Würzburg 2019; *Beckmann/Waßmuth* Musterfeststellungsklage, Teil 1, WM 2019, 45; *Büscher* Die Umsetzung der Verbandsklagenrichtlinie, WRP 2024, 1; *Gängel* Erste Erfahrungen mit der Musterfeststellungsklage, NJ 2019, 378; *Halfmeier* Musterfeststellungsklage: Nicht gut, aber besser als nichts, ZRP 2017, 201; *Hirsch* Die Abwicklung des VW-Vergleichs im Ombudsverfahren, VuR 2020, 454; *Krausbeck* Der Diskussionsentwurf eines Gesetzes zur Einführung einer Musterfeststellungsklage für Verbraucherstreitigkeiten, DAR 2017, 567; *Lühmann* Die Entwicklung des kollektiven Rechtsschutzes im Jahr 2023, WM 2024, 1199; *Merkt/Zimmermann* Die neue Musterfeststellungsklage: Eine erste Bewertung, VuR 2018, 363; *Münscher* Die Abhilfeklage nach dem neuen Verbraucherrechtedurchsetzungsgesetz, WM 2023, 2082; *Nordholtz/Mekat* Musterfeststellungsklage (2019); *Rotter* 14 Jahre KapMuG – Ein etabliertes Instrument zur Bewältigung von Massenschäden am Kapitalmarkt, VuR 2019, 283; *Röß* Die Auswirkungen einer Zession auf das Verhältnis von Musterfeststellungs- und Individualverfahren, NJW 2020, 953; *Rüsing* (Rückwirkende) Verjährungshemmung durch Musterfeststellungsklagen und Rechtsmissbrauch, NJW 2020, 2588; *Röthemeyer* Das rechtliche Gehör im Musterfeststellungsverfahren, MDR 2019, 6; *ders.* Das Verbraucherrechtedurchsetzungsgesetz (VDuG) zur Umsetzung der Verbandsklagen-Richtline – Die neue Abhilfeklage, VuR 2023, 332; *Stadler* Phyrrussieg für den Verbraucherschutz – vzbv umgeht durch Vereinbarung mit VW gesetzliche Sicherungsmechanismen, VuR 2020, 163; *Tuna* Musterfeststellungsverfahren von Verbraucherverbänden im Zusammenspiel mit europäischen und deutschen Grundprinzipien des Prozessrechts, Diss. Bayreuth 2021; *Windau* Spannungen im „Dreiecksverhältnis" der Musterfeststellungsklage, JM 2019, 404.

§ 43
Verbandsklageregister

(1) ¹Das Bundesamt für Justiz führt ein Register für Verbandsklagen (Verbandsklageregister). ²Das Verbandsklageregister kann elektronisch betrieben werden.

(2) ¹Öffentliche Bekanntmachungen und Eintragungen sind unverzüglich vorzunehmen. ²Die öffentliche Bekanntmachung von Terminen muss spätestens zwei Wochen vor dem jeweiligen Terminstag erfolgen.

(3) Die im Verbandsklageregister erfassten öffentlichen Bekanntmachungen und Eintragungen sind bis zum Schluss des zehnten Jahres nach der rechtskräftigen Entscheidung oder anderweitigen Beendigung des jeweiligen Verbandsklageverfahrens aufzubewahren und sodann zu löschen.

Schrifttum

Vgl. § 43 VDuG.

Übersicht

I. Entstehungsgeschichte, Zweck und Systematik
1. Entstehungsgeschichte —— 1
2. Zweck —— 3
3. Systematik —— 5

II. Norminhalt
1. Registerführende Stelle und Technik (Absatz 1) —— 7

2. Bekanntmachung und Eintragungen (Absatz 2) —— 8
3. Aufbewahrungsfrist und Löschungspflicht (Absatz 3) —— 11

III. Amtshaftunganspruch – Amtspflichtverletzung —— 13

https://doi.org/10.1515/9783110660180-045

I. Entstehungsgeschichte, Zweck und Systematik

1. Entstehungsgeschichte

Die Vorschrift definiert den für Abhilfeklagen und Musterfeststellungsklagen im Gesetz an ver- **1** schiedenen Stellen verwendeten Begriff des Verbandsklageregisters. Mit der Regelung löst der Gesetzgeber die im Rahmen der Musterfeststellungsklage eingeführte Norm des § 609 Abs. 1 ZPO a.F. ab[1] und setzt Art. 9 Abs. 2, 3 Verbandsklagen-RL um,[2] die folgendermaßen lauten:

> „(2) Die Mitgliedstaaten legen Vorschriften dazu fest, auf welche Weise und in welchem Stadium einer Verbandsklage auf Abhilfeentscheidungen die einzelnen von einer Verbandsklage betroffenen Verbraucher nach Erhebung der Verbandsklage innerhalb einer angemessenen Frist ausdrücklich oder stillschweigend ihren Willen äußern können, ob sie durch die qualifizierte Einrichtung im Rahmen der Verbandsklage auf Abhilfeentscheidungen repräsentiert werden wollen und an das Ergebnis der Verbandsklage gebunden sein wollen.

> (3) Ungeachtet des Absatzes 2 stellen die Mitgliedstaaten sicher, dass einzelne Verbraucher, die ihren gewöhnlichen Aufenthaltsort nicht in dem Mitgliedstaat des Gerichts oder der Verwaltungsbehörde haben, vor dem beziehungsweise vor der eine Verbandsklage erhoben worden ist, ihren Willen, bei der Klage repräsentiert zu sein, ausdrücklich äußern müssen, damit diese Verbraucher an das Ergebnis des Verbandsklageverfahrens gebunden sind.“

Das Bundesamt für Justiz führt das Verbandsklageregister. Es kann auf der Homepage des Bundes- **2** amts für Justiz (https://www.bundesjustizamt.de/DE/Themen/Verbraucherrechte/Verbandsklageregis terMusterfeststellungsklagenregister/Verbandsklagenregister/Verbandsklagen/Verbandsklagen_node .html) aufgefunden werden.

2. Zweck

Ziel des Gesetzgebers ist es, das Anmeldeverfahren möglichst niederschwellig und ohne Kostenri- **3** siko für die Verbraucher auszugestalten, sodass eine einfache und breite Partizipation an der Verbandsklage möglich ist.[3] Zweifelhaft erscheint insbesondere, ob der in der Regel rechtsunkundige Verbraucher überhaupt in der Lage ist, den nach § 46 Abs. 2 Nr. 4 erforderlichen Streitgegenstand bei der Anmeldung hinreichend genau zu bezeichnen.[4] Im Lichte der Erfahrungen mit der ZPO-Musterfeststellungsklage ist davon auszugehen, dass die Verbraucher erhebliche Probleme mit den Angaben zum Gegenstand und Grund hatten.[5] So wies das OLG Stuttgart in der mündlichen Verhandlung der Musterfeststellungsklage[6] gegen die Mercedes Benz Bank AG am 25.1.2019 daraufhin, dass von den 600 Anmeldungen nur 140 gezählt werden könnten.[7] Auch im Rahmen der Musterfeststellungsklage gegen VW sah der Bundesgerichtshof[8] in der Angabe „Software Manipulation VW Touran Bj. 2011" keine hinreichende Individualisierung, weil Angaben zu Art, Inhalt und äußeren Umständen hinsichtlich des Fahrzeugs geschlossenen Rechtsgeschäfts fehlten. Hinzu kommt, dass das Bundesamt für Justiz keine inhaltliche Prüfung der Anmeldungen vornimmt, sodass dies einerseits Missbrauchsgefahren in Hinblick auf Scheinanmeldungen birgt und ande-

---

1 Andres/Gehle/*Schmidt*, ZPO[83] (2025), § 43 VDuG Rn. 1; BeckOK ZPO/Thönissen, 55. Ed. 1.12.2024, VDuG § 43 Rn. 1.
2 Vgl. dazu das Verbandsklagenrichtlinienumsetzungsgesetz – VRUG v. 8.10.2023, BGBl. 2023 I Nr. 272 m.W.v. 13.10.2023.
3 So zur Musterfeststellungsklage, BT-Drucks. 19/2507 S. 16.
4 Kritisch *Amrhein* Musterfeststellungsklage, S. 52.
5 Vgl. *Rotter* VuR 2019, 283, 292; *Gängel* NJ 2019, 378, 379; *Hirsch* VuR 2020, 454, 457.
6 OLG Stuttgart, 6 MK 1/18.
7 Stuttgarter Nachrichten vom 25.1.2019: „Klage gegen Mercedes-Bank wackelt".
8 BGH, NJW 2023, 1888 m. Anm. v. Vollkommer.

rerseits eine unwirksame Anmeldung ggf. erst später zu Tage tritt.[9] Insofern dürfte der fehlende Anwaltszwang bei der Anmeldung als rechtspolitisch verfehlt sein.

4   Das Register dient der Unterrichtung der Öffentlichkeit über die in § 44 aufgeführten Vorgänge und der Anmeldung von Ansprüchen der Verbraucher in einem Verbandsklageverfahren.[10] Das Verbandsklageregister dient der Repräsentation der durch ein Schadensereignis betroffenen Verbraucher.[11] Diese können sich nach § 46 durch Anmeldung mittelbar an der Verbandsklage beteiligen. Neben der Dokumentationsfunktion über die Zahl der angemeldeten Verbraucher kommt dem Verbandsklageregister auch Informationsfunktion zu. So können sich die Verbraucher über Terminsbestimmungen, Hinweise und Zwischenentscheidungen des Verbandsklagegerichts ebenso wie über die Eröffnung und Beendigung des Umsetzungsverfahrens informieren.

3. Systematik

5   Die Vorschrift steht systematisch im Zusammenhang mit den in § 12 VDuG geregelten Informationspflichten der klageberechtigten Stelle. Die Informationspflichten des Verbraucherverbands nach § 12 dient dazu, die Verbraucher im Vorfeld von Verbandsklagen über die beabsichtigten Aktivitäten des Verbandes zu informieren und bei laufender Klage über den Inhalt und den Verfahrenstand zu unterrichten.[12] Mit der Einrichtung eines Registers in § 43 schafft der Gesetzgeber zugleich eine nationale elektronische Datenbank, um Informationen über laufende und abgeschlossene Verfahren zu erhalten.

6   Die näheren Bestimmungen über den Inhalt und Aufbau des Verbandsklageregisters, insbesondere über Eintragungen, Änderungen, Löschungen, Einsichtsrechte, sind in der Verbandsklageregisterverordnung (**VKRegV**) enthalten. Registerführende Stelle ist das Bundesamt für Justiz, bei dem auch das Klageregister nach § 5 KapMuG geführt wird.

II. Norminhalt

1. Registerführende Stelle und Technik (Absatz 1)

7   Registerführende Stelle ist das Bundesamt für Justiz. Die Regelung in Absatz 1 Satz 2, wonach das Verbandsklageregister elektronisch betrieben werden „kann", also nicht muss, ist im digitalen Zeitalter ein Anachronismus. Anlässlich der Einführung der Musterfeststellungsklage erläuterte die Bundesregierung im Rahmen einer Kleinen Anfrage im Juni 2018, dass eine „vollelektronische Registerführung" ab 2021 „angestrebt" werde.[13] Zwar hatte das Bundesamt für Justiz mit Inkrafttreten des Gesetzes zur Einführung einer zivilprozessualen Musterfeststellungsklage[14] auf seiner Internetseite bereits ein elektronisches Klageregister[15] zur Verfügung gestellt. Der zur Verfügung gestellte elektronische Weg für die Anmeldung erwies sich in VW-Großverfahren als unzulänglich und fehleranfällig[16] mit der Folge, dass in der Anfangsphase manuell gearbeitet wurde.

---

9 Vgl. *Amrhein* Musterfeststellungsklage, S. 53.
10 *Büscher* WRP 2024, 1, 7.
11 Köhler/Feddersen/*Scherer*, UWG[43] (2025), § 43 VDuG Rn. 1.
12 Köhler/Feddersen/*Scherer*, UWG[43] (2025), § 43 VDuG Rn. 2.
13 BT-Drucks. 19/2710 S. 4 zu Nr. 8 bis 10.
14 BT-Drucks. 19/2439.
15 www.bundesjustizamt.de/DE/Themen/Buergerdienste/Klageregister/Allgemeines_node.html.
16 *Hirsch* VuR 2021, 454, 457; *Stadler* VuR 2020, 163, 165.

2. Bekanntmachung und Eintragungen (Absatz 2)

Nach Absatz 2 Satz 1 macht das Bundesamt für Justiz öffentliche Bekanntmachungen und Eintragun- 8
gen i.S.v. § 44 unverzüglich bekannt. Diese Angaben sind unabhängig von der Zulässigkeit bzw. Unzulässigkeit der Verbandsklage öffentlich bekanntzumachen. Nach § 46 Abs. 3 sind Anmeldungen von Verbrauchern und Rücknahmen der Anmeldung einzutragen. Unklar ist, ob rechtzeitig i.S.v. § 46 Abs. 4 erklärte Rücknahmen von Anmeldungen sofort gelöscht werden dürfen oder weiterhin im Verbandsklageregister dokumentiert müssen. Da Absatz 3 keine Ausnahmen für die unterschiedlichen Eintragungen vorsieht, kommt eine sofortige Löschung nicht in Betracht.[17] Aus Dokumentationszwecken erscheint die Erfassung der Abmeldung aus dem Register sinnvoll. Sie ist in § 4 VKRegV auch vorgesehen.

Der Begriff der Unverzüglichkeit ist im Sinne der allgemeinen Legaldefinition des § 121 BGB 9
(„ohne schuldhaftes Zögern") zu interpretieren.

Absatz 2 Satz 2 sieht eine Abweichung von der Ladungsfrist des § 217 ZPO vor. Vom Gericht 10
anberaumte Termine sind nach Absatz 2 Satz 2 spätestens 2 Wochen vor dem Terminstag öffentlich bekanntzumachen.

3. Aufbewahrungsfrist und Löschungspflicht (Absatz 3)

Absatz 3 schafft die datenschutzrechtliche Grundlage für die Führung eines Register und regelt 11
die Aufbewahrungs- und Lösungsfrist.[18]

Die Aufbewahrungsfrist der im Verbandsklageregister erfassten öffentlichen Bekanntmachun- 12
gen und Eintragungen beträgt 10 Jahre. Der Fristlauf knüpft an die Rechtskraft der Entscheidung oder anderweitigen Beendigung des Verbandsklageverfahrens an. Nach Ablauf der Frist sind die Angaben im Verbandsklageregister zu löschen. Damit schafft die Vorschrift gegenüber § 609 Abs. 2 Satz 2 ZPO aF, der nur eine Aufbewahrungspflicht regelte, nicht hingegen expressis verbis eine Lösungspflicht.

III. Amtshaftunganspruch – Amtspflichtverletzung

Ein Amtshaftungsanspruch kommt immer dann in Betracht, wenn im Einzelfall durch einen Be- 13
kanntmachungsfehler verursachter Schaden entstanden ist. In Blick zu nehmen gilt es den Fall, dass die Verjährung von Ansprüchen eingetreten ist, bezüglich derer bei ordnungsgemäßer Bekanntmachung eine Verjährungshemmung durch eine Anspruchsmeldung bewirkt worden wäre.

Unterlässt das Bundesamt die Eintragung einer Anmeldung i.S.v. § 46 Abs. 3 im Verbandsklage- 14
klageregister, liegt eine Pflichtverletzung vor. Eine Haftung nach § 839 BGB ist allerdings nur dann zu bejahen, wenn die verletzte Amtspflicht nicht nur gegenüber der Allgemeinheit besteht,[19] sondern gegenüber dem Betroffenen, weil dessen konkrete Interessen geschützt werden (Drittbezogenheit).[20] Das Gesetz knüpft an eine wirksame Anmeldung nämlich eine Reihe von Rechtsfolgen an. So sperrt § 11 Abs. 2 für angemeldete Verbraucher die Individualklage. Nach § 9 Abs. 1 gilt ein Vergleich auch für angemeldete Verbraucher. Auch die Bindungswirkung des Verbandsklageurteils erfordert nach § 11 Abs. 3 eine wirksame Anmeldung. Schließlich greift die Verjährungshemmung nach § 204a BGB nur im Falle einer wirksamen Anmeldung Platz. Da die Anmeldung des Verbrauchers eine verfahrensrechtliche Sonderverbindung begründet, darf der Verbraucher sich nach einer (scheinbar) erfolgreichen Anmeldung auf eine dadurch bewirkte Verjährungshem-

---

17 Zutreffend *Röthemeyer* VDuG § 43 Rn. 3.
18 Andres/Gehle/*Schmidt*, ZPO[83] (2025), § 43 VDuG Rn. 1.
19 Offenlassend Skauradszun/*Schröder* § 43 Rn. 12.
20 BGH NVwZ 2012, 14; Grüneberg/*Sprau* § 839 BGB Rn. 44.

mung verlassen. Unterlässt das Bundesamt für Justiz die rechtzeitige oder vollständige Anmeldung des Verbrauchers im Verbandsklageregister und führt dieser Fehler nicht zur Verjährungshemmung, folgt aus der Verletzung dieser drittgerichteten Amtspflicht durch Unterlassen ein Schadensersatzanspruch nach § 839 Abs. 1 BGB i.V.m. Art. 34 GG.[21]

---

21 Anders/Gehle/*Schmidt,* ZPO[83] (2025), § 43 VDuG Rn. 2.

§ 44
Bekanntmachung von Angaben zu Verbandsklagen

Die folgenden Angaben zu einer rechtshängigen Verbandsklage sind im Verbandsklageregister öffentlich bekannt zu machen:
1. Bezeichnung der Parteien,
2. Bezeichnung des Gerichts und des Aktenzeichens,
3. Art der Verbandsklage,
4. Zeitpunkt der Anhängigkeit und der Rechtshängigkeit,
5. Abhilfeantrag des Klägers, einschließlich der Merkmale, nach denen sich die Gleichartigkeit der von Verbrauchern geltend gemachten Ansprüche bestimmt, oder die Feststellungsziele,
6. kurze Darstellung des vom Kläger vorgetragenen Lebenssachverhalts,
7. Zeitpunkt der Bekanntmachung im Verbandsklageregister,
8. Befugnis der Verbraucher, Ansprüche oder Rechtsverhältnisse, die mit der Abhilfe- oder Musterfeststellungsklage geltend gemacht werden, zur Eintragung in das Verbandsklageregister anzumelden, Form, Frist und Wirkung der Anmeldung sowie ihrer Rücknahme,
9. Terminsbestimmungen, Hinweise und Zwischenentscheidungen des Gerichts,
10. gerichtlich genehmigte Vergleiche, Befugnis der angemeldeten Verbraucher zum Austritt aus dem Vergleich, Form, Frist und Wirkung des Austritts,
11. Urteile im Verbandsklageverfahren,
12. Einlegung eines Rechtsmittels,
13. Eintritt der Rechtskraft,
14. Beschluss über die Bestellung eines Sachwalters, Beschluss, durch den die Ablehnung eines Sachwalters für begründet erklärt wird, sowie Beschluss über die Entlassung eines Sachwalters,
15. Beschluss über die Eröffnung eines Umsetzungsverfahrens,
16. Beschluss über die Feststellung der Beendigung des Umsetzungsverfahrens,
17. sonstige Beendigung des Verbandsklageverfahrens,
18. die Eröffnung des Insolvenzverfahrens über das Vermögen des Unternehmers,
19. Verpflichtung des Bundesamts für Justiz, einem angemeldeten Verbraucher auf dessen Verlangen einen Auszug über die Angaben zu überlassen, die im Verbandsklageregister zu ihm und seiner Anmeldung erfasst sind.

Schrifttum
Vgl. § 43.

Übersicht

I. Entstehungsgeschichte, Zweck und Systematik
1. Entstehungsgeschichte —— 1
2. Zweck —— 2
3. Systematik —— 4

II. Bekanntzumachende Angaben

1. Enumerativer, nicht exklusiver Katalog —— 5
2. Angaben nach Nr. 1 bis 6 —— 6
3. Angaben nach Nr. 7 bis 13 —— 12
4. Angaben nach Nr. 14 bis 19 —— 15

https://doi.org/10.1515/9783110660180-046

I. Entstehungsgeschichte, Zweck und Systematik

1. Entstehungsgeschichte

1 Die Vorschrift regelt die vom Verbandsklageregister zu veröffentlichenden Informationen. Sie ist angelehnt an § 607 Abs. 1 ZPO a.F. Damit die Angaben überhaupt bekannt gemacht werden können, muss das zuständige Verbandsklagegericht diese nach § 45 dem Bundesamt für Justiz übermitteln. Mit der Orientierung an der Vorgängernorm des § 607 Abs. 1 ZPO schreibt der Gesetzgeber die Schwächen der Vorgängerregelung in § 44 fort. Eine auf die konkrete Verbandsklage bezogene, dialogbasierte Schnittstelle zwischen Gericht und Bundesamt für Justiz ist auch im Rahmen des § 44 nicht gegeben.

2. Zweck

2 Ziel der Bekanntmachung ist es, die betroffenen Verbraucher „über die Rechtshängigkeit einer Verbandsklage zu informieren und so zu ermöglichen, von dem Verfahren durch die Anmeldung eigener Ansprüche oder Rechtsverhältnisse zu profitieren."[1] Die Anmeldung von Verbrauchern zum Verbandsklageregister ist notwendig, um die Wirkungen der Abhilfeklage oder der Musterfeststellungsklage auf deren individuelle Rechtsverhältnisse zu erstrecken. Dies gilt insbesondere Verjährungshemmung. Hier scheint der Gesetzgeber allerdings einer deutlich zu optimistischen Einschätzung der juristischen Fähigkeiten juristischer Laien zu erliegen:[2] Denn dass juristische Laien in der Lage sein sollten, ohne kompetente Rechtsberatung anhand einer Registereintragung eine Verjährungshemmung zu berechnen, ist mehr als fraglich. Die Hemmungswirkung knüpft das Gesetz nach § 204a Abs. 1 Satz 1 Nr. 3 und 4 BGB nicht an die Anmeldung, sondern allein an die Erhebung der Verbandsklage (§ 253 Abs. 1, § 261 ZPO) an. Damit wird einer kollektiven Verjährungshemmung der Ansprüche Rechnung getragen, auch wenn der Individualanspruch erst später zum Klageregister angemeldet wird.[3]

3 Die Bekanntgabe im Verbandsklageregister entlastet die Gerichte davon, Einzelzustellungen an eine Vielzahl von Personen vorzunehmen. Dies bedeutet in Massenverfahren eine enorme Zeit- und Kostenersparnis.

3. Systematik

4 Die Vorschrift regelt den Umfang der Veröffentlichung enumerativ in einem Katalog. Die Pflichtangaben Nr. 1 bis 6 und 9 bis 18 fallen in den Aufgabenbereich des Verbandsklagegerichts; die Angaben Nr. 7, 8 und 19 gehören zum Aufgabenbereich des Bundesamts für Justiz.

II. Bekanntzumachende Angaben

1. Enumerativer, nicht exklusiver Katalog

5 Die Vorschrift definiert die öffentlich bekanntzumachenden Pflichtangaben zu einer Verbandsklage im Verbandsklageregister. Die Aufzählung ist **enumerativ**, jedoch *nicht abschließend*.[4] Der

---

1 BR-Drucks. 145/23 S. 111.

2 Vgl. auch zu den Problemen im Rahmen der Anmeldung § 43 Rn. 3 sowie insbesondere aus der Praxis: *Rotter* VuR 2019, 283, 292; *Gängel* NJ 2019, 378, 379; *Hirsch* VuR 2020, 454, 457.

3 BT-Drucks. 19/2741 S. 23.

4 Skauradszun/*Schröder* § 44 Rn. 27; **aA** RegE BT-Drucks. 20/6520 S. 99, der die Bekanntmachung auf die aufgelisteten Angaben beschränkt sehen will.

Wortlaut enthält zwar kein „insbesondere". Es gibt jedoch keine Gründe, dem Gericht es zu ver- wehren, den Verbrauchern oder der Allgemeinheit weitere Informationen über das Verbandsklage- geregister zukommen zu lassen.[5] Das Gericht hat zB den Tag des Verhandlungsschlusses und das sich daraus ergebende Datum der Schließung des Registers dem Bundesamt für Justiz zur Veröffentlichung mitzuteilen.[6] Dem Verbandsklagegericht steht es ferner frei, die Klageschrift selbst zu veröffentlichen.[7] Der Gesetzgeber hat hierauf verzichtet und sieht lediglich kurze Darstel- lung des mit der Verbandsklage vorgetragenen Lebenssachverhalts vor.

2. Angaben nach Nr. 1 bis 6

Nach **Nr. 1** sind die Parteien der Verbandsklage zu bezeichnen, d.h. die Person des Verbraucher- 6 verbands und des verklagten Unternehmens. Dadurch werden Verbraucher darüber informiert, von wem und gegen wen ein Verbandsklageverfahren geführt wird. In diesem Zusammenhang sollte auch der gesetzliche Vertreter angegeben werden. Ob die Parteien einen gesetzlichen Vertre- ter haben und wer dies gegebenenfalls ist, richtet sich nach den allgemeinen Vorschriften. Bei den klageberechtigten Stellen iSv. § 2 ergibt sich der gesetzliche Vertreter meist aus der Satzung. Bei den verklagten Unternehmern kann es sich sowohl um eine natürliche oder juristische Person oder eine rechtsfähige Personengesellschaft handeln. In den beiden letztgenannten Fällen sind der vollständige Name oder die Firma und die ladungsfähige Anschrift mitzuteilen. Gewillkürte Vertretungsverhältnisse sind nicht anzugeben, was auch für den Prozessvertreter gilt. Die Anga- ben zu den Parteien benötigt der Verbraucher zur Anmeldung.

Nr. 2 sieht die Bekanntmachung des **Verbandsklagegerichts** sowie des **Aktenzeichens** der 7 Verbandsklage vor. Die Formalien benötigt der Verbraucher im Rahmen seiner Anmeldung.

Nach **Nr. 3** ist die Art der Verbandsklage, ob es sich um eine Abhilfeklage oder um eine 8 Musterfeststellungsklage handelt, im Interesse der Übersichtlichkeit innerhalb des Verbandsklage- registers[8] zu veröffentlichen. Die Veröffentlichung der Verbandsklage ist ausweislich der Regie- rungsbegründung vom Gericht unabhängig davon, ob es die Klage für zulässig hält oder nicht, zu veranlassen.[9]

Ungeklärt ist, ob eine Bekanntmachung auch dann geboten ist oder vielmehr zu unterbleiben 9 hat, wenn die **Verbandsklage an offensichtlichen Mängeln** leidet:

Zu denken ist an die fehlende Eintragung des Klägers als qualifizierte Stelle, die fehlende Konnexität zwischen Feststellungszielen und Verbrauchquorum oder Zweifel an der Finanzierung durch Wettbewerber. Während sich verschiedene Stimmen im Schrifttum[10] in Anlehnung an die zu § 607 Abs. 2 ZPO a.F. ergangene Rechtsprechung, wonach auch nur eine teilweise Veröffentli- chung[11] oder gar eine Ablehnung der Veröffentlichung statthaft ist, weiterhin befürworten, lehnt *Röthemeyer*[12] dies im Hinblick auf die Gesetzesbegründung ab. Die Rechtsprechung zur ZPO-Mus- terfeststellungsklage ist durch den Gesetzgeber als überholt zu betrachten. Nach dem Konzept der §§ 606 ff. ZPO a.F. stand die Bekanntmachung unter der Voraussetzung, dass die Klageschrift die nach § 606 Abs. 2 Satz 1 ZPO a.F. vorgeschriebenen Anforderungen erfüllt. Das Gericht hatte daher

---

5 *Röthemeyer* VDuG § 44 Rn. 8.
6 Zöller/*Vollkommer*, ZPO[35] (2024), § 46 VDuG Rn. 15.
7 Davon geht auch der Regierungsentwurf aus, wenn er in den Erläuterungen zu § 45 VDuG ausführt: *„Sofern bei- spielsweise in einer Klageschrift Namen, Anschriften oder Angaben zum persönlichen Vermögen Betroffener enthalten sind, sind diese vom Gericht unkenntlich zu machen, soweit dies der Inhalt der Entstehung zulässt.",* BT-Drucks. 20/6520 S. 100.
8 BT-Drucks. 20/7631 S. 111.
9 BT-Drucks. 20/7631 S. 111.
10 Zöller/*Vollkommer*, ZPO[35] (2024), § 44 VDuG Rn. 3; *Münscher* WM 2023, 2082, 2084.
11 OLG Braunschweig VuR 2019, 106.
12 *Röthemeyer* VDuG § 4 Rn. 27; § 45 Rn. 4.

innerhalb von Tagen nach Klageerhebung die öffentliche Bekanntmachung zu veranlassen, wenn mit der Klageschrift die Klagebefugnis und das Verbraucherquorum nachgewiesen war. Der Gesetzgeber des VDuG hat auf das Konnexitätserfordernis zwischen Feststellungszielen und Verbraucherquorum verzichtet und die 14-tägige Bekanntmachungsfrist des § 607 Abs. 2 ZPO a.F. durch das Gebot der unverzüglichen Veranlassung (§ 45) ersetzt. Auch die mit Blick auf die vielfach im Schrifttum[13] diskutierte von einer Bekanntmachung ausgehenden Prangerwirkung lässt sich in der Praxis nicht feststellen. Bereits bei der Verabschiedung des KapMuG wurde im Zusammenhang mit dem Klageregister eine solche Prangerwirkung stets diskutiert; forensisch konnten bisher keine Nachteile für die betroffenen Unternehmen durch die Bekanntmachung einer Musterverfahrensverfahrensantrag nach dem KapMuG festgestellt werden. Gleiches gilt auch bei den im Verbandsklageregister zu veröffentlichenden Verbandsklagen.

10 Nach **Nr. 4** ist der Zeitpunkt der Anhängigkeit und der Rechtshängigkeit der Verbandsklage bekanntzugeben. Die Aufnahme der **Nr. 3** und **4** erfolgte erst durch die Beschlussempfehlung des Rechtsausschusses.[14] Der Zeitpunkt der Anhängigkeit weist den Verbraucher auf das auf eine Verbandsklage intertemporal anwendbare Recht (§ 46 EG-ZPO) hin. Um die Verjährungshemmung ohne zusätzliche Angaben bereits aus dem Register selbst heraus berechnen zu können, soll dieses außerdem auch den Zeitpunkt der Rechtshängigkeit zu erkennen geben. Hier scheint der Gesetzgeber allerdings die juristischen Fähigkeiten der Verbraucher, meist juristische Laien, deutlich zu überschätzen: Denn dass juristische Laien in der Lage sein sollten ohne kompetente Rechtsberatung anhand einer Registereintragung eine Verjährungshemmung zu berechnen, erscheint mehr als fraglich.[15]

11 Mit der Bekanntgabe des Abhilfeantrags einschließlich der Merkmale, nach denen sich die Gleichartigkeit der von Verbrauchern geltend gemachten Ansprüche bestimmt, oder der Feststellungsziele (**Nr. 5**) und der Darstellung des vom Kläger vorgetragenen Lebenssachverhalts (**Nr. 6**) wird der Inhalt der Verbandsklage näher bestimmt. Mit Hilfe dieser Informationen können Verbraucher entscheiden, ob sie an der Verbandsklage durch Anmeldung ihrer Ansprüche nach § 46 teilnehmen wollen. Ob ein Verbraucher tatsächlich die Frage der Gleichartigkeit der Feststellungsziele im Hinblick auf sein Rechtsverhältnis bzw. seine Ansprüche gegen das Unternehmen ohne anwaltlichen Rat beurteilen kann, dürfte indes zweifelhaft sein.[16]

3. Angaben nach Nr. 7 bis 13

12 Zwecks umfassender Information der Verbraucher sieht die Vorschrift als veröffentlichungspflichtige Angaben vor, dass in der öffentlichen Bekanntmachung neben dem Zeitpunkt der Bekanntmachung der Verbandsklage im Verbandsklageregister (**Nr. 7**) über die Befugnis zur Anmeldung einschließlich der formellen Voraussetzungen und ihrer Wirkungen, die Möglichkeit der Rücknahme der Anmeldung sowie des Austritts bei Bekanntmachung eines gerichtlich genehmigten Vergleichs zu informieren ist (**Nr. 8**). Dabei ist bei der Ausgestaltung der öffentlichen Bekanntmachung die konkrete Verbandsklage in Blick zu nehmen. Liegt einer Verbandsklage ausschließlich materielles Verbraucherrecht zugrunde (z.B. Widerruf nach §§ 495, 355), ist eine Beteiligung von kleinen Unternehmen an dieser Verbandsklage nicht möglich. Insoweit ist bei der Veröffentlichung auf den beschränkten Teilnehmerkreis hinzuweisen.[17] Erfasst die Verbandsklage bei einem grenzüberschreitenden Sachverhalt nur bestimmte Sachverhaltskomplexe, ist die Gruppe der betroffenen

---

13 Nordholtz/Mekat/*Boese/Bleckwenn* § 4 Rn. 32.

14 BT-Drucks. 20/7361 S. 111.

15 Köhler/Feddersen/*Scherer*, UWG[43] (2025), § 44 VDuG Rn. 6.

16 Vgl. § 43 Rn. 3.

17 Zöller/*Vollkommer*, ZPO[83] (2024), § 44 VDuG Rn. 8.

Anmelder klar zu definieren und auf die beschränkte Teilnahmemöglichkeit am Verbandsklageverfahren hinzuweisen.[18]

Die Informationen über Terminsbestimmungen, Hinweise und Zwischenentscheidungen des 13 Gerichts (**Nr. 9**) ermöglichen es Verbrauchern, den Gang des Verbandsklageverfahrens zu verfolgen. Mitzuteilen sind auch der abschließende Termin,[19] auf den i.S.v. § 296a ZPO das Urteil ergeht. Verbraucher können nämlich nach § 46 Abs. 1 Satz 1 bis zum Ablauf von drei Wochen nach dem Schluss der mündlichen Verhandlung ihre Ansprüche im Verbandsklageregister anmelden. Mitzuteilen ist auch der **Wiedereintritt** in die geschlossene mündliche Verhandlung i.S.v. § 136 Abs. 4 ZPO, da ab diesem Zeitpunkt An- und Abmeldungen weiter möglich sind.[20]

Das Verbandsklageregister gibt auch über den Stand und die Form der Erledigung der Ver- 14 bandsklage Auskunft. Neben der Verfahrensbeendigung durch Vergleich (**Nr. 10**) ist auch über ein Urteil (**Nr. 11**) im Verbandsklageverfahren, ein eingelegtes Rechtsmittel (**Nr. 12**) und dessen Rechtskraft (**Nr. 13**) zu informieren. Mit der Information über die Rechtskraft wissen die Verbraucher, dass die Urteile sowohl im Musterverfahren als auch im Abhilfeverfahren Bindungswirkung i.S.v. § 11 Abs. 3 Satz 1 für die Ansprüche oder Rechtsverhältnisse entfalten. Zudem gibt der Zeitpunkt eine Orientierung dafür, wann mit dem Beginn eines Umsetzungsverfahrens zu rechnen ist.[21]

4. Angaben nach Nr. 14 bis 19

Nach **Nr. 14** müssen der Beschluss über die **Bestellung** eines **Sachwalters**, der Beschluss, durch 15 den **die Ablehnung** eines Sachwalters für begründet erklärt wird, sowie der Beschluss über die **Entlassung** eines Sachwalters öffentlich bekannt gemacht werden. Die Einfügung dieser veröffentlichungspflichtigen Angabe erfolgte aufgrund der Empfehlung des Rechtsausschusses vor dem Hintergrund, dass angemeldete Verbraucher, die ihre Berechtigung dem Sachwalter gegenüber nachweisen müssen, ein berechtigtes Interesse an diesen Informationen haben.[22]

Im Hinblick auf das Umsetzungsverfahren ist nach **Nr. 15** sowohl der Beschluss über die 16 Eröffnung nach § 24 als auch nach **Nr. 16** der Beschluss über die Feststellung der Beendigung des Umsetzungsverfahrens gem. § 36 öffentlich bekannt zu machen. Zum einen wissen die Verbraucher mit der Bekanntgabe des Eröffnungsbeschlusses, dass ihr zum Verbandsklageregister angemeldeter Anspruch nun vom Sachwalter geprüft wird. Zum anderen werden die Verbraucher durch die Bekanntgabe des feststellenden Beendigungsbeschlusses darüber unterrichtet, dass die Prüfung der Verbraucheransprüche durch den Sachwalter nunmehr abgeschlossen ist. Auch wenn Nr. 16 die Einstellung des Umsetzungsverfahrens wegen begründeter Insolvenzanfechtung nach § 38 Abs. 1 Satz 2 oder wegen unvollständiger Einzahlung eines Teils der nach § 24 zu leistenden Kollektivbetrags im Zeitpunkt der Insolvenzeröffnung nach § 38 Abs. 1 Satz 3 nicht erwähnt, sind diese Beschlüsse ebenfalls im Verbandsklageregister bekanntzumachen.[23]

Nach **Nr. 17** ist eine sonstige Beendigung des Verbandsklageverfahrens bekanntzumachen. Zu 17 denken ist zum einen an eine Klagrücknahme sowie an eine überstimmende Erledigungserklärung. Im VW-Dieselgate-Verfahren wurde die Klagrücknahme im Verbandsklageregister bekannt gemacht, um die außergerichtliche Befriedigung der verfolgten Ansprüche der Verbraucher herbeizuführen.

Nach **Nr. 18** sind die Verbraucher über die Eröffnung des Insolvenzverfahrens über das Ver- 18 mögens des Unternehmens zu informieren. Dabei sollte auch der Hinweis erfolgen, dass die Ver-

18 Zöller/*Vollkommer,* ZPO[83] (2024), § 44 VDuG Rn. 8.
19 *Röthemeyer* VDuG § 46 Rn. 4.
20 BT-Drucks. 20/7631 S. 111; Zöller/*Vollkommer,* ZPO[83] (2024), § 46 VDuG Rn. 16; *Röthemeyer* VDuG § 46 Rn. 6.
21 Köhler/Feddersen/*Scherer,* UWG[43] (2025), § 44 VDuG Rn. 10.
22 BT-Drucks. 20/7631 S. 111.
23 Köhler/Feddersen/*Scherer,* UWG[43] (2025), § 44 VDuG Rn. 12.

braucher ihre Ansprüche nunmehr beim Insolvenzverwalter zur Insolvenztabelle nach § 174 InsO anzumelden haben[24] und ob eine Befriedung der Ansprüche durch den Sachwalter als Sonderverwalter nach § 38 Abs. 3 erfolgen kann und wird.[25] Hierauf muss das Bundesamt für Justiz in allgemeiner Form hinweisen.[26]

19   Schließlich sind die Verbraucher nach **Nr. 19** über ihren **Auskunftsanspruch** zu informieren. Dieser Auskunftsanspruch umfasst insbesondere auf Verlangen des Verbrauchers die Überlassung eines Auszugs über die Angaben, die im Verbandsklageregister zu ihm und seiner Anmeldung erhoben wurden. Die Auskunft kann schriftlich oder als elektronisches Dokument, welches die Anforderungen des § 130a ZPO erfüllt, überlassen werden. Mittels des Auszugs können die Verbraucher in einem etwaigen Folgeprozess ihre wirksame Anmeldung darlegen und beweisen.[27] Das Bundesamt für Justiz wird die Verbraucher über Registereinträge ab 1.1.2026 mittels E-Mail nach § 7a VKRegV unterrichten. Die Benachrichtigung setzt allerdings voraus, dass bei der Anmeldung zum Verbandsklageregister eine E-Mail-Adresse angegeben wird. Bis zum Inkrafttreten der Regelung über das Verbandsklageregister nach Artikel 30 Abs. 2 VRUR wird das Bundesamt für Justiz eine kurzfristig umzusetzende Lösung in Form eines allgemeinen Verbandsklage-Newsletters entwickeln,[28] um rasch über einen zustande gekommen Vergleich informieren zu können.

---

24 Zöller/*Vollkommer,* ZPO[35] (2024), § 44 VDuG Rn. 13.
25 Köhler/Feddersen/*Scherer,* UWG[43] (2025), § 44 VDuG Rn. 13.
26 *Röthemeyer* VDuG § 44 Rn. 7.
27 BT-Drucks. 20/6520 S. 100.
28 BT-Drucks. 20/6520 S. 104.

§ 45
Veranlassung der Bekanntmachung durch das Gericht

Das Gericht übermittelt dem Bundesamt für Justiz unverzüglich veröffentlichungsfähige Fassungen der im Verbandsklageregister öffentlich bekannt zu machenden Angaben (§ 44 Nummer 1 bis 6 und 9 bis 18), insbesondere der Terminsbestimmungen, Hinweise, Zwischenentscheidungen und Urteile.

Schrifttum
Vgl. § 43 VDuG.

Übersicht

I. Entstehungsgeschichte, Zweck und Systematik
1. Entstehungsgeschichte —— 1
2. Zweck —— 3
3. Systematik —— 4

II. Norminhalt

1. Normadressat —— 5
2. Mitzuteilende Angaben —— 6
3. Rechtsbehelf gegen Nichtveröffentlichung von Angaben —— 9

I. Entstehungsgeschichte, Zweck und Systematik

1. Entstehungsgeschichte

Die Vorschrift weicht konzeptionell von der Vorgängervorschrift des § 607 Abs. 2 ZPO ab. Gemäß **1** § 607 Abs. 2 ZPO veranlasste das Gericht binnen 14 Tagen nach der Erhebung einer zulässigen Musterfeststellungsklage die öffentliche Bekanntmachung der Klage. Bei der ZPO-Musterfeststellungsklage hat die Praxis bei offensichtlichen und schweren Mängeln das Verfahren entwickelt, nach Anhörung der Parteien die Bekanntmachung der Musterfeststellungsklage zu versagen und die Klage als unzulässig durch Beschluss abzuweisen.[1] Dies war der Fall, wenn das Oberlandesgericht die Konnexität für einzelne Feststellungsziele mangels Erreichens des Verbraucherquorums[2] ablehnte.

Von dieser Rechtsprechung hat der Gesetzgeber bewusst Abstand genommen und räumt dem **2** Oberlandesgericht keine Prüfbefugnis in Bezug auf die Zulässigkeit der Klage im Zusammenhang mit der Veröffentlichung der Pflichtangaben ein.[3] Ein etwaige Prüfbefugnis ergibt sich auch nicht aus der Verwendung des Terminus *„veröffentlichungsfähig(e)"*. Denn damit wollte der Gesetzgeber nur die Anonymisierung bestimmter personenbezogener Daten sicherstellen.[4]

---

1 BGH, WM 2021, 231 Rn. 14; *Röthemeyer* VDuG § 45 Rn. 4; Zöller/*Vollkommer,* ZPO[35] (2024), § 44 VDuG Rn. 3; Nordholtz/Mekat/*Boese/Bleckwenn* § 4 Rn. 32.
2 OLG Braunschweig, VuR 2019, 106: „Es ist zur Veranlassung der öffentlichen Bekanntmachung gemäß §§ 607 Abs. 2, 606 Abs. 2 Satz 1 Nr. 2 ZPO [...] erforderlich, dass für jedes bekanntzumachende Feststellungsziel das Quorum von zehn betroffenen Verbrauchern erfüllt ist."
3 *Röthemeyer* VDuG § 45 Rn. 4 a.E. **AA** Zöller/*Vollkommer,* ZPO[35] (2024), § 44 VDuG Rn. 3; *Münscher* WM 2023, 2082, 2084.
4 BT-Drucks. 20/6520 S. 100; *Röthemeyer* VDuG § 45 Rn. 4, 9; BeckOK ZPO/Thönissen, 55 Ed. 1.12.2024, § 45 VDuG Rn. 1.

https://doi.org/10.1515/9783110660180-047

2. Zweck

3 Die Bekanntmachung der Angaben dient der Unterrichtung potenzieller von der Verbandsklage betroffener Verbraucher. Entgegen der Befürchtung vieler Gegner des kollektiven Rechtsschutzes geht mit der Veröffentlichung der Verbandsklage keine besondere Prangerwirkung einher.[5]

3. Systematik

4 Art. 9 Abs. 2, 3 Verbandsklagen-RL sieht das Verbandsklageregister abstrakt als solches vor. Jedoch besteht für das mit der Verbandsklage befasste Gericht keine Verpflichtung zur Mitteilung der veröffentlichenden Daten an eine Behörde. Die in Art. 13 Verbandsklagen-RL vorgesehenen Informationspflichten sind durch § 12 dem klageberechtigten Verbraucherverband zugewiesen, nicht aber dem Bundesamt für Justiz in Bezug auf das Verbandsklageregister.[6]

II. Norminhalt

1. Normadressat

5 Normadressat ist das mit der Verbandsklage befasst Oberlandesgericht bzw. im Fall der Revision gegen das Verbandsklagenurteil der Bundesgerichtshof. Das Gericht muss dem Bundesamt für Justiz unverzüglich, also ohne schuldhaftes Zögern bestimmte Angaben übermitteln; diese Angaben müssen in veröffentlichungsfähiger Form gehalten sein. Dies beinhaltet insbesondere die Anonymisierung bestimmter personenbezogener Daten: Sind beispielsweise in einer Klageschrift Namen, Anschriften oder Angaben zum persönlichen Vermögen Betroffener enthalten, sind diese vom Gericht unkenntlich zu machen, soweit der Inhalt der Entscheidung dies zulässt.[7]

2. Mitzuteilende Angaben

6 Die mitzuteilenden Angaben ergeben sich aus § 44 Nr. 1 bis 6. Es handelt sich dabei um die Bezeichnung der Parteien, des Gerichts, des Aktenzeichens, der Art der Verbandsklage, des Zeitpunkts der Anhängigkeit und der Rechtshängigkeit, der Abhilfeantrag des Klägers, einschließlich der Merkmale, nach denen sich die Gleichartigkeit der von Verbrauchern geltend gemachten Ansprüche bestimmt, oder die Feststellungsziele sowie eine kurze Darstellung des vom Kläger vorgetragenen Lebenssachverhalts.

7 Darüber hinaus sind die Angaben nach § 44 Nr. 9 bis 16 zu übermitteln. Dabei geht Terminsbestimmungen, Hinweise und Zwischenentscheidungen des Gerichts, gerichtlich genehmigte Vergleiche, die Befugnis des angemeldeten Verbraucher zum Austritt aus dem Vergleich, Form, Frist und Wirkung des Austritts, Urteile im Verbandsklageverfahren, Einlegung eines Rechtsmittels, Eintritt der Rechtskraft, der Beschluss über die Bestellung eines Sachwalters, der Beschluss, durch den die Ablehnung eines Sachwalters für begründet erklärt wird, der Beschluss über die Entlassung eines Sachwalters, der Beschluss über die Eröffnung eines Umsetzungsverfahrens, der Beschluss über die Feststellung der Beendigung des Umsetzungsverfahrens, die sonstige Beendigung des Verbandsklageverfahrens sowie die Eröffnung des Insolvenzverfahrens über das Vermögen des Unternehmers.

---

5 Vgl. die unberechtigte Kritik des DAV Stellungnahme Nr. 20/2018, 14 unter II. Nordholtz/Mekat/*Boese/Bleckwenn* § 4 Rn. 32.
6 Köhler/Feddersen/*Scherer*, UWG[43] (2025), § 45 VDuG Rn. 2.
7 BT-Drucks. 20/6520 S. 100.

Auch wenn im Normtext des 44 der Beschluss nach § 38 Abs. 1 Satz 2, 3 über die Einstellung des Umsetzungsverfahrens nicht genannt wird, ist dieser vom Gericht dem Bundesamt für Justiz mitzuteilen. Denn dieser ist ebenso wie der Beschluss hinsichtlich des Umsetzungsverfahrens nach § 44 Nr. 16 öffentlich bekannt zu machen.[8] **8**

3. Rechtsbehelf gegen Nichtveröffentlichung von Angaben

Gegen die Ablehnung der Veröffentlichung der Angaben kann bei Zulassung Rechtsbeschwerde eingelegt werden.[9] **9**

---

8 Köhler/Feddersen/*Scherer*, UWG[43] (2025), § 45 VDuG Rn. 6.
9 BGH NJW 2020, 341 Rn. 7; Anders/Gehle/*Schmidt*, ZPO[83] (2025), § 45 VDuG Rn. 3.

Reuschle

§ 46
Anmeldung von Ansprüchen; Rücknahmen

(1) [1]Verbraucher können Ansprüche oder Rechtsverhältnisse, die Gegenstand einer Verbandsklage sind, bis zum Ablauf von drei Wochen nach dem Schluss der mündlichen Verhandlung zur Eintragung in das Verbandsklageregister anmelden. [2]§ 193 des Bürgerlichen Gesetzbuchs findet keine Anwendung.

(2) [1]Die Anmeldung ist nur wirksam, wenn sie frist- und formgerecht erfolgt und folgende Angaben enthält:
1. Name und Anschrift des Verbrauchers,
2. Angabe, ob die Anmeldung als kleines Unternehmen im Sinne des § 1 Absatz 2 erfolgt,
3. Bezeichnung des Gerichts und Aktenzeichen,
4. Bezeichnung des Beklagten,
5. Gegenstand und Grund des Anspruchs oder des Rechtsverhältnisses des Verbrauchers,
6. Versicherung der Richtigkeit und Vollständigkeit der Angaben.

[2]Wird ein Zahlungsanspruch angemeldet, so soll die Anmeldung auch Angaben zur Höhe dieses Anspruchs enthalten.

(3) Die Angaben der wirksamen Anmeldung werden ohne inhaltliche Prüfung in das Verbandsklageregister eingetragen.

(4) [1]Die Anmeldung kann bis zu dem in Absatz 1 genannten Zeitpunkt zurückgenommen werden. [2]§ 193 des Bürgerlichen Gesetzbuchs findet keine Anwendung.

Schrifttum
Vgl. § 43.

Übersicht

I. Entstehungsgeschichte, Inhalt, Zweck und Systematik
1. Entstehungsgeschichte und Inhalt —— 1
2. Zweck —— 6
3. Systematik —— 7

II. Norminhalt —— 9
1. Kreis der Anmelder: Verbraucher —— 10
   a) Kein Bezug zu Rechtsgeschäften —— 12
   b) Kein Überwiegen gewerblicher oder selbständiger beruflicher Tätigkeiten
      aa) Abgrenzung zum Unternehmensbegriff —— 13
      bb) Folgen von Rechtsübergängen —— 14
2. Anmeldung als Bewirkungshandlung, prozessuale Reichweite der Anmeldung —— 16
3. Anmeldefenster (Absatz 1) —— 18
   a) Beginn und Ende —— 19
   b) Mitteilung des Schlusses der mündlichen Verhandlung —— 21
   c) Wiedereröffnung des Registers —— 22
4. Inhalt und Adressat der Anmeldungen (Absatz 2) —— 24
   a) Form- und fristgerechte Anmeldung —— 25
   b) Erklärungsadressat —— 26
   c) Angaben zum Verbraucher oder Kleinunternehmen —— 27
   d) Gericht, Aktenzeichen und Beklagter —— 30
   e) Gegenstand und Grund von Anspruch oder Rechtsverhältnis —— 31
   f) Versicherung zu Richtigkeit und Vollständigkeit —— 35
   g) Angabe zur Höhe des Zahlungsanspruchs —— 36
   h) Kostenloses Online-Formular —— 38
5. Vertretung durch Rechtsanwälte
   a) Kein Anwaltszwang —— 39
   b) Kein gesonderter Gebührenanspruch des Rechtsanwalts —— 40
   c) Kein prozessualer Kostenerstattungsanspruch von Anwaltskosten —— 41
   d) Materiellrechtlicher Kostenerstattungsanspruch des Verbrauchers —— 42
6. Keine Überprüfung der Anmeldung durch das Bundesamt für Justiz (Absatz 3) —— 43
7. Rücknahme der Anmeldung (Absatz 4) —— 47

I. Entstehungsgeschichte, Inhalt, Zweck und Systematik

1. Entstehungsgeschichte und Inhalt

Die Vorschrift orientiert sich an der Vorgängerfassung des § 608 ZPO. **1**

Nach § 46 können Verbraucher sowohl Ansprüche als auch Rechtsverhältnisse, die Gegen- **2** stand einer Verbandsklage sind, anmelden. Die Vorschrift stellt den Türöffner für Verbraucher zur Beteiligung an der Verbandsklage dar. Anders als beim KapMuG sieht das VDuG keine unmittelbare Teilhabe der Verbraucher am Verbandsklageverfahren vor, sondern lediglich eine mediatisierte Teilhabe am Verbandsklage durch Anmeldung.

Die Verbraucher haben keine Möglichkeit auf die Gestaltung des Verbandsklageverfahrens **3** oder auf die Rechtsfindung des Gerichts Einfluss zu nehmen. Sie haben weder ein Akteneinsichtsrecht im Verbandsklageverfahren[1] noch ein Auskunftsanspruch gegenüber dem Kläger des Verbandsklageverfahrens. Zwischen dem klagenden Verband und den angemeldeten Verbrauchern besteht mit Ausnahme des Falles des § 16 Abs. 1 Satz 2 kein Rechtsverhältnis.[2] Teilweise wurde bei der ZPO-MFK angenommen, dass zwischen dem klagenden Verband und den angemeldeten Verbrauchern eine Art von Auftragsverhältnis i.S.v. §§ 677 BGB,[3] ein gesetzliches geschäftsbesorgungsähnliches Schuldverhältnis,[4] ein besonderes unkündbares Prozessrechtsverhältnis[5] bzw. ein uneigennütziges prozessuales Treuhandverhältnis[6] bestehe, das den Verband zur „gewissenhaften Prozessführung" verpflichtet.[7] Da der Verband aber nur seine satzungsmäßigen Ziele i.S.v. § 2 verfolgt, ist die Annahme eines Auftragsverhältnisses abzulehnen.[8] Eine Geschäftsführung ohne Auftrag scheitert daran, dass der Verbraucherverband mit der Klageerhebung im Rahmen der Verbandsklage ein „nur-eigenes" Geschäft wahrnimmt. Insbesondere wird der Verbraucher schon nicht im Interessenkreis der Anmelder tätig, da deren Rechtsbeziehungen durch die bloße Klageerhebung des Verbraucherbands nicht berührt werden. Anders verhält es sich bei der Prozessführung der namentlich genannten Verbraucher iSd. § 16 Abs. 1 Satz 2 bei der Abhilfe-Sammelklage. Da die Verbraucher hier ihr Einverständnis zur Geltendmachung ihrer Ansprüche erteilt haben müssen, besteht zumindest ein rechtsgeschäftlicher Kontakt zum Verbraucherverband.[9]

Durch die Anmeldung zum Verbandsklageregister können Verbraucher von den Wirkungen **4** der Verbandsklage profitieren, ohne selbst ein Prozesskostenrisiko eingehen zu müssen. Die Anmeldung zum Register ist kostenlos. Einer anwaltlichen Vertretung bedarf es nicht. Durch die einfach zu bewerkstelligende Anmeldung sollen betroffene Verbraucher ihr „rationales Desinteresse" an der gerichtlichen Durchsetzung ihrer Ansprüche und Rechte überwinden können.[10]

Anmelden können sich neben Verbrauchern auch sog. kleine Unternehmen i.S.v. § 1 Abs. 2, **5** die Verbrauchern gleichgestellt sind. Ausgeschlossen an der Teilnahme des Verbandsklageverfahren sind hingegen alle Unternehmen, die nicht von der Ausnahme des § 1 Abs. 2 erfasst werden. Dies gilt auch dann, wenn sie von Verbrauchern angemeldete Rechte geltend machen.[11]

---

1 Zöller/*Vollkommer*, ZPO[35] (2024), § 46 VDuG Rn. 18; *Röthemeyer* MDR 2019, 6.

2 Offenlassend Andres/Gehle/*Schmidt*, ZPO[83] (2025), § 46 VDuG Rn. 7.

3 *Tuna* Musterfeststellungsverfahren von Verbraucherbänden, S. 204.

4 *Berger* ZZP 2020, 3, 46 f.

5 *Schmidt-Kessel* Stellungnahme im Rahmen der Anhörung im Rechtsausschuss am 11. Juni 2018; ihm folgend *Merkt/Zimmermann* VuR 2019, 363, 371.

6 *Oehmig* Die Rechtsstellung des angemeldeten Verbrauchers, S. 472 ff.

7 *Röß* NJW 2021, 1495; *Berger* ZZP 113, 3, 46 f.

8 Zutreffend Zöller/*Vollkommer*, ZPO[35] (2024), § 46 VDuG Rn. 18.

9 Zutreffend Zöller/*Vollkommer*, ZPO[35] (2024), § 46 VDuG Rn. 18.

10 BT-Drucks. 20/6520 S. 100.

11 Andres/Gehle/*Schmidt*, ZPO[83] (2025), § 46 VDuG Rn. 1; **aA** *Röß* NJW 2020, 953, 955.

2. Zweck

6 Die Anmeldung entfaltet sowohl **prozessrechtliche** als auch **materiellrechtliche** Wirkungen:
- **Prozessrechtlich** werden mit der wirksamen Anmeldung von Ansprüchen konkurrierende Individualverfahren ausgeschlossen (§ 11 Abs. 1, 2). Die Anmeldung bewirkt weiter, dass angemeldete Ansprüche und Rechtsverhältnisse im Wege der Rechtskrafterstreckung an das Verbandsklageurteil gebunden werden. Die Anmeldung ist ferner prozessrechtliche Voraussetzung für die Teilnahme am Vergleich. Schließlich hängt die Teilnahme am Umsetzungsverfahren im Verbandsabhilfeverfahren von einer wirksamen Anmeldung ab. Schließlich wird im Verhältnis zu dem Anmelder die Anwendung der §§ 66 bis 74 ZPO nach § 13 Abs. 2 ausbeschlossen. Damit ist die Nebenintervention und Streitverkündung nicht möglich. Dadurch soll eine Aufblähung des Verfahrens verhindert und eine Reduktion auf ein Zwei-Parteien-Verhältnis bewahrt werden.[12]
- **Materiellrechtlich** ist die Anmeldung zugleich Voraussetzung für die Hemmung der Verjährung eines angemeldeten Anspruchs. Dabei knüpft das Gesetz in § 204 Abs. 1 Nr. 3 und 4 BGB die Hemmungswirkung nicht zeitlich an die Anmeldung selbst an, sondern an die Erhebung der Musterfeststellungsklage bzw. der Verbandsabhilfeklage. Die Erhebung der Verbandsklage entfaltet dabei Rückwirkung.[13] Denn die Anmeldung kann auch noch nach Verjährungseintritt des individuellen Anspruchs erfolgen[14] und nimmt an der globalen Verjährungshemmung der Verbandsklage teil, soweit die Verbandsklage in unverjährter Zeit erhoben wurde. Zu beachten bleibt aber, dass eine Anmeldung durch eine Person, die nicht Verbraucher ist, auch nicht die Verjährung hemmt.[15]

3. Systematik

7 Art. 9 Abs. 2, 3 Verbandsklagen-RL stellt es den Mitgliedstaaten frei, ob die Teilnahme der Verbraucher am Verbandsklageverfahren durch Opt-in oder Opt-out zu erfolgen hat. Die genannten Bestimmungen der **Verbandsklagen-RL** lauten wie folgt:

> „(2) Die Mitgliedstaaten legen Vorschriften dazu fest, auf welche Weise und in welchem Stadium einer Verbandsklage auf Abhilfeentscheidungen die einzelnen von einer Verbandsklage betroffenen Verbraucher nach Erhebung der Verbandsklage innerhalb einer angemessenen Frist ausdrücklich oder stillschweigend ihren Willen äußern können, ob sie durch die qualifizierte Einrichtung im Rahmen der Verbandsklage auf Abhilfeentscheidungen repräsentiert werden wollen und an das Ergebnis der Verbandsklage gebunden sein wollen.

> (3) Ungeachtet des Absatzes 2 stellen die Mitgliedstaaten sicher, dass einzelne Verbraucher, die ihren gewöhnlichen Aufenthaltsort nicht in dem Mitgliedstaat des Gerichts oder der Verwaltungsbehörde haben, vor dem beziehungsweise vor der eine Verbandsklage erhoben worden ist, ihren Willen, bei der Klage repräsentiert zu sein, ausdrücklich äußern müssen, damit diese Verbraucher an das Ergebnis des Verbandsklageverfahrens gebunden sind."

8 Während die Verbandsklagen-RL auch einen **Opt-out**-Mechanismus für inländische Verbraucher, wie es das KapMuG 2005 und 2012 vorgesehen hatten, ermöglicht und lediglich für Verbraucher

---

12 *Geiger* Kollektiver Rechtsschutz, S. 17; *Waclawik* NJW 2018, 2921, 2923; *Amrhein* Musterfeststellungsklage, S. 55; krit. Nordholtz/Mekat/*de Lind van Wijngaarden* § 6 Rn. 16.
13 Prütting/Gehrlein/*Halfmeier*, ZPO[16] (2024), § 46 VDuG Rn. 4; BeckOK ZPO/Thönissen, 55. Ed. 1.12.2024, § 46 VDuG Rn. 10; Zöller/*Vollkommer*, ZPO[35] (2024), § 46 VDuG Rn. 17; *Amrhein* Musterfeststellungsklage, S. 55. Krit. *Deiß/Graf/Salger* BB 2018, 2883, 2885 f.
14 BGH NJW 2021, 3250 Rn. 24 ff.; BeckOK ZPO/Thönissen, 55. Ed. 1.12.2024, § 46 VDuG Rn. 10; Zöller/*Vollkommer*, ZPO[35] (2024), § 46 VDuG Rn. 17; *Rüsing* NJW 2020, 2588 zur ZPO-MFK a.F.
15 BGH WM 2022, 2398 Rn. 13, 19; Anders/Gehle/*Schmidt*, ZPO[83] (2024), § 46 VDuG Rn. 1.

aus anderen Mitgliedstaaten zwingend ein **Opt-in**-Verfahren vorsieht, hat der deutsche Gesetzgeber sich in § 46 einheitlich für den Opt-in-Mechanismus entschieden.[16]

II. Norminhalt

Die Vorschrift bestimmt in Absatz 1 die Anmeldefrist. Verbraucher können ihre Ansprüche und **9** Rechtsverhältnisse zur Verbandsklage bis zu drei Wochen nach Schluss der mündlichen Verhandlung anmelden. Gleiches gilt auch für die Rücknahme einer Anmeldung (Absatz 4). Absatz 2 konkretisiert die für die An- und Abmeldung erforderlichen Angaben. Absatz 3 stellt klar, dass eine inhaltliche Überprüfung der Angaben im Rahmen der Anmeldung nicht erfolgt, sondern allein dem Umsetzungsverfahren vorbehalten ist.

1. Kreis der Anmelder: Verbraucher

Die Anmeldung ist nach dem Wortlaut der Norm auf „Verbraucher" und damit auf natürliche **10** Personen beschränkt. Dem VDuG liegt ein **prozessrechtlichen Verbraucherbegriff**, wie er auch in § 29 ZPO definiert ist, zugrunde.[17] Gemäß § 29 Abs. 2 ZPO umfasst der Verbraucherbegriff „jede natürliche Person, die bei dem Erwerb des Anspruchs oder Begründung des Rechtsverhältnisses nicht überwiegend im Rahmen ihrer gewerblichen oder selbständigen beruflichen Tätigkeit handelt". Auch eine Gesellschaft bürgerlichen Rechts, zu der sich allein natürliche Personen zusammengeschlossen haben, sind Verbraucher, sofern nicht der Umgang der Tätigkeit einen planmäßigen Geschäftsbetrieb erfordert. Für die Zwecke der Verbandsklagen nach dem VDuG wird der Verbrauchergegriff erweitert, sodass auch Kleinunternehmer i.S.v. § 1 Abs. 2 Ansprüche anmelden können.

Für die Anmeldung ist irrelevant, ob der Wohnsitz im In- oder Ausland liegt.[18] Soweit die **11** Gesetzbegründung offenbar Anmeldung von Wohnsitzen außerhalb der EU ausgeschlossen sieht,[19] findet diese Annahme keinen Niederschlag im Gesetzestext.[20] Eine derartige Beschränkung ergibt sich auch nicht vor dem Hintergrund unionsrechtlicher Vorgaben im Rahmen der Umsetzung der Verbandsklagen-RL.

a) Kein Bezug zu Rechtsgeschäften. Der prozessuale Verbraucherbegriff ist weiter als der in **12** § 13 BGB materiellrechtlich geregelte Verbraucherbegriff. Letzter erweist sich nämlich für die Zwecke von Verbandsklagen als zu eng. Nach § 13 BGB ist Verbraucher jede natürliche Person, die ein Rechtsgeschäft zu Zwecken abschließt, die überwiegend weder ihrer gewerblichen noch ihrer selbständigen beruflichen Tätigkeit zugerechnet werden können. § 13 BGB erfasst somit nicht den außervertraglichen Verbraucherschutz.[21] Würde man den Verbraucherbegriff materiellrechtlich deuten, wären deliktische Anspruchsgrundlagen im Rahmen der Anspruchskonkurrenz innerhalb der Verbandsklage ausgeschlossen.[22] Im Rahmen des VDuG wird man aus Gründen der Effizienz auch Ansprüche nach §§ 823 BGB einbeziehen, gleichviel ob sie mit vertraglichen Ansprüchen zusammenhängen, sie diese ergänzen oder ganz im außervertraglichen Bereich anzusiedeln

---

16 BeckOK ZPO/*Thönissen*, 55. Ed. 1.12.2024, § 46 VDuG Rn. 2; Köhler/Feddersen/*Scherer*, UWG[43] (2025), § 46 VDuG Rn. 11; Prütting/Gehrlein/*Halfmeier*, ZPO[16] (2024), § 46 VDuG Rn. 1.

17 *Röthemeyer* VDuG § 1 Rn. 11.

18 *Röthemeyer* VDuG § 46 Rn. 24; Prütting/Gehrlein/*Halfmeier*, ZPO[16] (2024), § 46 Rn. 6.

19 BT-Drucks. 20/6520 S. 98.

20 *Röthemeyer* VDuG 46 Rn. 24.

21 *Miklitz/Purnhagen* MünchKommBGB[9] § 13 Rn. 79.

22 *Halfmeier* ZRP 2017, 201, 202.

sind.[23] Im Unterschied zu § 13 BGB stellt der prozessuale Verbraucherbegriff nicht darauf ab, ob der Verbraucher bei einer rechtsgeschäftlichen Begründung des Anspruchs als Verbraucher handelte, sondern ob der Anspruch zu einem Zeitpunkt erworben wurde, als die Verbrauchereigenschaft vorlag.

b) Kein Überwiegen gewerblicher oder selbständiger beruflicher Tätigkeiten

13 **aa) Abgrenzung zum Unternehmensbegriff.** Der Begriff des Verbrauchers ist vom unternehmerischen Handeln abzugrenzen. In Abgrenzung zu gewerblichen oder freiberuflichen Rechtsgeschäften gehören Rechtsgeschäfte im Zusammenhang mit Urlaub, Freizeit, Sport, Gesundheitsvorsorge, aber auch Vermögensverwaltung[24] der privaten Sphäre an. Soweit Rechtsgeschäfte sowohl der gewerblichen als auch der privaten Sphäre (Dual-use-Verträge) zugeordnet werden können, kommt es maßgeblich darauf an, wo der Schwerpunkt des Rechtsgeschäfts liegt. Bei dem Pkw eines Freiberuflers, der diesen sowohl privat auch gewerblich nutzt, ist maßgeblich, welche Nutzung überwiegt.[25] Zur Ermittlung des Schwerpunkts ist der objektive Zweck des Rechtsgeschäfts maßgebend, wohingegen es auf den inneren Willen allein nicht ankommt.[26]

14 **bb) Folgen von Rechtsübergängen.** Fraglich kann sein, welche Folgen Rechtsübergänge durch Einzelrechtsnachfolge oder Gesamtrechtsnachfolge auf die Verbrauchereigenschaft haben. Bei der Zession ist zwischen dem Zeitpunkt vor und nach der Registerschließung zu differenzieren:
- Vor der Registerschließung nach § 46 Abs. 1 erfolgt keine Erstreckung der Anmeldewirkung auf den Zessionar. Der Zessionar muss sich selbst anmelden und der Zedent hat die Rücknahme seiner Anmeldung zu erklären. Auch sieht § 3 VKRegV keine Eintragung einer Einzelrechtsnachfolge vor.[27]
- Nach Registerschließung entfaltet die Anmeldung Bindungswirkung nach § 11 Abs. 3 Satz 1. Die Bindungswirkung des rechtskräftigen Verbandsklageurteils wirkt dann für und gegen den Zessionar. Die Abtretung berührt aber in analoger Anwendung des § 265 Abs. 2 Satz 1 ZPO die Anmeldung nicht. Im Umsetzungsverfahren kann der Zessionar im Interesse der Verfahrenseffizienz im Hinblick auf die fortwirkende Anmeldung geltend machen. Eine Anspruchsdurchsetzung im Wege der Inkasso-Zession ist insoweit nach Registerschließung möglich, auch wenn der Zessionar dann ein Nicht-Verbraucher ist.[28] Denn in Übereinstimmung mit den zivilprozessualen Regelungen der §§ 265, 325 ist in § 11 Abs. 3 nicht der Rechteinhaber selbst, sondern das streitbefangene Recht gemeint.

15 Die Rechtswirkungen der Anmeldung gehen im Falle der Gesamtrechtsnachfolge auf die Erben über, was in das Register eingetragen werden kann (§ 3 Abs. 5 VKRegV).

2. Anmeldung als Bewirkungshandlung, prozessuale Reichweite der Anmeldung

16 Da die Verbraucher mit der Anmeldung bestimmte prozessuale und materielle Wirkungen im Verbandsklageverfahren begründen,[29] handelt es sich bei der Anmeldung um eine sog. Bewir-

---

23 *Röthemeyer* VDuG § 1 Rn. 11.
24 Grüneberg/*Ellenberger* § 13 BGB Rn. 3.
25 OLG Celle, NJW-RR 2004, 1645.
26 BGH, NJW 2008 435, 346.
27 Zöller/*Vollkommer,* ZPO[35] (2024), § 46 VDuG Rn. 20.
28 Prütting/Gehrlein/*Halfmeier,* ZPO[16] (2024). § 46 VDuG Rn. 7; Zöller/*Vollkommer,* ZPO[35] (2024), § 46 VDuG Rn. 21; *Röß* NJW 2020, 953, 955.
29 Vgl. oben Rn. 6.

kungshandlung. Als Prozesshandlung[30] unterliegt die Anmeldung den Anforderungen an Parteihandlungen; sie sind dem Prozessrecht zu entnehmen. Die Anmeldung hat sich auf „Ansprüche" oder „Rechtsverhältnisse" zu beziehen, die den Gegenstand der Verbandsklage bilden.

Die Anmeldung bezieht sich jeweils auf die Verbandsklage als solche, auch wenn mit der **17** Musterfeststellungsklage mehrerer Feststellungsziele oder mit der Abhilfeklage mehrere Ansprüche verfolgt werden.[31] Die Anmeldung wirkt insoweit global. Dies gilt auch, wenn mit der Abhilfeklage verschiedene Verbrauchergruppen mit unterschiedlichen Ansprüchen erfasst werden.[32] Es findet daher bei der Anmeldung keine Differenzierung nach Anspruchsgruppen statt. Dies bleibt dem Umsetzungsverfahren vorbehalten.

3. Anmeldefenster (Absatz 1)

Absatz 1 bestimmt zum einen Beginn und Ende des Anmeldezeitraums. Die Berechnung der Frist **18** erfolgt nach § 13 Abs. 1 Satz 1 i.V.m. § 222 ZPO i.V.m. §§ 187 Abs. 1, 188 Abs. 2 BGB. Die Anwendbarkeit des § 193 BGB ist nach Absatz 1 Satz 2 ausgeschlossen.

a) Beginn und Ende. Das Zeitfenster für die Anmeldung **beginnt** mit der Bekanntgabe der **19** Verbandsklage im Klageregister und **endet** mit Ablauf von drei Wochen nach dem Schluss der mündlichen Verhandlung. Dadurch dass Absatz 1 Satz 2 einen Rekurs auf § 193 BGB ausschließt, kann das Fristende auch auf einen Samstag, Sonn- oder Feiertag fallen und wird insoweit nicht verschoben. Die Unanwendbarkeit des § 193 BGB erschließt sich angesichts der Ausweitung der Anmeldemöglichkeiten gegenüber der ZPO-MFK nicht.[33] Das Bundesamt für Justiz muss bei Fristablauf an einem Sonn- oder Feiertag Sorge dafür leisten, dass der Zugang von Briefpost taggenau erfasst wird.[34] Eine **Wiedereinsetzung in den vorigen Stand** nach §§ 233 ff. ZPO kommt nicht in Betracht, da es bei der Anmeldfrist um keine Notfrist handelt.[35] Dies gilt auch beim Versäumen der Austrittsfrist bei einem Vergleich.[36] Jedoch bleibt im Falle technischer Störung die Regelung in § 7 VKRegV zu beachten, der bestimmt:
„Macht der Verbraucher glaubhaft, dass seine Anmeldung oder seine Rücknahme der Anmeldung aufgrund einer vorübergehenden technischen Störung des Verbandsklageregisters nicht eingegangen ist, und holt er die Anmeldung oder die Rücknahme unverzüglich nach, so ist sie als zum Zeitpunkt der glaubhaft gemachten vorherigen Anmeldung oder Rücknahme eingegangen anzusehen. Das Bundesamt für Justiz dokumentiert den Zeitpunkt des Beginns und des Endes von technischen Störungen des Verbandsklageregisters." Durch die Regelung wird der Verbraucher vor einem Rechtsverlust aufgrund einer technischen Störung des vom Bundesamt für Justiz zur Verfügung gestellten Online-Formulars geschützt, das etwaige Störungen bei der Verwendung der Formulare nicht mehr in die Risikosphäre des Verbrauchers fällt.

Die Vorschrift des Absatzes 1 Satz 1 ist im Zusammenhang mit § 310 Abs. 1 ZPO und § 13 Abs. 4 **20** zu lesen. Der **Schluss der mündlichen Verhandlung** wird in der ZPO nicht definiert, vielmehr nimmt sie in § 296a ZPO auf diesen Zeitpunkt Bezug. An den Schluss der mündlichen Verhandlung

---

30 BeckOK ZPO/*Thönissen*, 55. Ed. 1.12.2024, § 46 VDuG Rn. 4.

31 *Röthemeyer* VDuG § 46 Rn. 1.

32 *Röthemeyer* VDuG § 46 Rn. 1.

33 Zu Recht kritisch Anders/Gehle/*Schmidt*, ZPO[83] (2025), § 46 VDuG Rn. 3.

34 *Röthemeyer* VDuG § 46 Rn. 7.

35 Zöller/*Vollkommer*, ZPO[35] (2024), § 46 VDuG Rn. 14; BeckOK ZPO/*Thönissen*, 55. Ed. 1.12.2024, § 46 VDuG Rn. 6.

36 AA wohl *Röthemeyer* VDuG § 46 Rn. 9, der sich für eine analoge Anwendung der §§ 233 ff. ZPO für bestimmte Fallgruppen, wie zB. Vergleichsaustritt ausspricht. Ebenso Asmus/Waßmuth/*Kähler* § 611 ZPO a.F. Rn. 47 bei Belehrungsfehler.

knüpft die Zivilprozessordnung eine Vortragszäsur an.[37] Gemäß § 136 Abs. 4 ZPO schließt der Vorsitzende des Spruchkörpers die Verhandlung, wenn nach Ansicht des Gerichts die Sache vollständig erörtert ist, und verkündet die Urteile und Beschlüsse des Gerichts. Für die Parteien und die Verbraucher wird der Schluss der mündlichen Verhandlung dadurch ersichtlich, dass das Gericht nach § 310 Abs. 1 ZPO einen Termin zur Urteilsverkündung bestimmt. Durch § 13 Abs. 4 ist gewährleistet, dass eine solche Terminsbestimmung immer zu erfolgen hat. Da danach ein Urteil vor Ablauf von sechs Wochen nach dem Schluss der mündlichen Verhandlung ausgeschlossen ist, kann ein solches nicht unmittelbar zum Schluss der mündlichen Verhandlung ergehen.

21 **b) Mitteilung des Schlusses der mündlichen Verhandlung.** Das Gericht hat den Tag des Verhandlungsschlusses und das sich daraus ergebende Datum der Schließung des Registers dem Bundesamt für Justiz zur Veröffentlichung mitzuteilen.[38] Die Fristberechnung kann nicht dem Bundesamt für Justiz überlassen werden. Eine ausdrückliche Anordnung zur Veröffentlichung beider Daten fehlt zwar im Katalog des § 44.[39] Letztlich wird man eine Veröffentlichungspflicht beider Daten auf § 44 Nr. 9 stützen können, da das Gericht den Verkündungstermin mitzuteilen hat.

22 **c) Wiedereröffnung des Registers.** Für den Fall der **Wiedereröffnung der mündlichen Verhandlung** nach § 156 ZPO oder infolge versagter Genehmigung des Vergleichs (§ 9 Abs. 2) ist die Frist des Absatzes 1 Satz 1 tatsächlich nicht abgelaufen; Anmeldung und Rücknahmen bleiben bis zum Schluss der mündlichen Verhandlung zulässig.[40] Die Vorschrift knüpft insoweit an das tatsächlich Verhandlungsende i.S.d. § 296a ZPO an, also an den Schluss der mündlichen Verhandlung, auf den das Urteil der oder der Vergleich tatsächlich folgt. Das Gericht hat dem Bundesamt für Justiz die Wiedereröffnung nach § 44 Nr. 9 mitzuteilen.[41]

23 Für den Fall, dass das Verbandsklageurteil vom Bundesgerichtshof **aufgehoben und zurückverwiesen** wird, läuft die Anmeldefrist dann weiter, sofern die Abweisung der Abhilfeklage als unzulässig keinen Bestand hat.[42]

4. Inhalt und Adressat der Anmeldungen (Absatz 2)

24 Absatz 2 regelt die zwingenden inhaltlichen Angaben für die Anmeldung. Die Anforderungen orientieren sich dabei an § 253 Abs. 2 ZPO.[43] Die Angaben verfolgen verschiedene Zwecke: Zum einen dienen die Bezeichnung des Gerichts, die Nennung des Aktenzeichens und des Beklagten der Identifizierung der Verbandsklage. Mit den Angaben zur Person des Verbrauchers, zum Grund und Gegenstand sowie zum Betrag wird das vom Verbraucher verfolgte Ziel identifiziert.[44] Schließlich dienen die Angaben dazu, die Hemmung der Verjährung herbeizuführen.

---

37 Wieczorek/Schütze/*Gerken* § 136 ZPO Rn. 19.
38 Zöller/*Vollkommer*, ZPO[35] (2024), § 46 VDuG Rn. 15.
39 Zöller/*Vollkommer*, ZPO[35] (2024), § 44 VDuG Rn. 10.
40 BT-Drucks. 20/7631 S. 111; zustimmend BeckOK ZPO/*Thönissen*, 55. Ed. 1.12.2024, § 46 VDuGRn. 8; Zöller/*Vollkommer*, ZPO[35] (2024), § 46 VDuG Rn. 16.
41 *Röthemeyer* VDuG § 46 Rn. 6; Zöller/*Vollkommer*, ZPO[35] (2024), § 46 VDuG Rn. 16.
42 Zöller/*Vollkommer*, ZPO[35] (2024), § 46 VDuG Rn. 16.
43 Anders/Gehle/*Schmidt*, ZPO[83] (2025), § 46 VDuG Rn. 4; Köhler/Feddersen/*Scherer*, UWG[43] (2025), § 46 VDuG Rn. 19; Nordholtz/Mekat/*Boese/Beckwenn* § 5 Rn. 18.
44 *Röthemeyer* VDuG § 46 Rn. 12.

a) Form- und fristgerechte Anmeldung. Die Norm lehnt sich an § 608 ZPO a.F. an. Die Anmel- 25 dung bedarf der **Textform** (126b BGB). Sofern ein Rechtsanwalt die Anmeldung erklärt, sind für die Erklärung das vom Bundesamt für Justiz hierfür elektronisch bereitgestellte Formular zu benutzen (§ 47 Abs. 2). Die **Anmeldefrist** ist in Absatz 1 geregelt. Die Anmeldung kann frühestens erfolgen, sobald die Verbandsklage im Register öffentlich bekannt gemacht worden ist, was erst nach Klagezustellung möglich ist. Eine beim Bundesamt für Justiz verfrüht eingehende Anmeldung – etwa in Reaktion auf eine Pressemitteilung des Verbraucherverbandes – leidet formal an der fehlenden Mitteilung des Aktenzeichens der Verbandsklage und ist insoweit unwirksam.[45] Eine nach Ablauf der Frist eingehende Anmeldung ist ebenfalls unwirksam und nicht weiter einzutragen.

b) Erklärungsadressat. Richtiger Adressat der Anmeldung ist das Bundesamt für Justiz. Eine 26 zum OLG bzw. BayObLG erfolgte Anmeldung ist an jenes weiterzuleiten. Der Anmelder trägt jedoch das Risiko der Wahrung der Frist, da er die Anmeldung bei der unzuständigen Stelle vorgenommen hat.

c) Angaben zum Verbraucher oder Kleinunternehmen. Nach **Nummer 1** hat die Anmel- 27 dung den Namen und die Anschrift des Verbrauchers zu enthalten. Die Angabe dient zum einen dazu, dem Bundesamt für Justiz die postalischen Kontaktdaten für die Übermittlung etwaiger Auskünfte zu geben; zum anderen soll auch sichergestellt werden, dass der Beklagte über die Identität der angemeldeten Verbraucher Kenntnis erlangen kann.[46] Auf der Grundlage dieser Angabe wird die Beteiligung im Umsetzungsverfahren (§ 26) festgestellt oder kann die Bindungswirkung (§ 11 Abs. 3 Satz 1) festgestellt werden.

Mit der Angabe hinsichtlich eines Kleinunternehmers **(Nummer 2)** soll das Gericht in Kennt- 28 nis gesetzt werden, dass Gegenstand der Verbandsklage auch Ansprüche oder Rechtsverhältnisse von kleinen Unternehmen betreffen.[47] Diese Kenntnis kann für eine ordnungsgemäße Verfahrensführung sowie für Umfang und Strukturierung der mit einer Verbandsklage geltend gemachten Ansprüche bzw. der von ihr aufgeworfenen Tatsachen- und Rechtsfragen wichtig sein.[48]

Der Bundesgerichtshof hat zu § 608 Abs. 2 Nr. 1 ZPO a.F. die Frage der Verbrauchereigenschaft 29 für die Wirksamkeit der Anmeldung als zwingend und angesehen und streng beurteilt: Die Anmeldung eines Unternehmers zur einer Musterfeststellungsklage wurde als unwirksam angesehen, da die Anmeldung zur Musterfeststellungsklage Angaben zur Verbrauchereigenschaft erfordere.[49] Gleiches muss für die Eigenschaft als Kleinunternehmen gelten, sodass die Anmeldung als Kleinunternehmen bei Fehlen der Kleinunternehmereigenschaft unwirksam ist.[50]

d) Gericht, Aktenzeichen und Beklagter. Nach **Nummer 3** hat die Anmeldung Angaben zum 30 Verbandsklagegericht und dem vergebenen Aktenzeichen zu enthalten; dies dient der eindeutigen Zuordnung der Anmeldung.[51] Die nach **Nummer 4** erforderliche Bezeichnung des Beklagten dient ebenfalls der fehlerfreien Zuordnung der Anmeldung.[52]

---

45 Nordholtz/Mekat/*Boese/Beckwenn* § 5 Rn. 17.
46 BT-Drucks. 20/6520 S. 101; Köhler/Feddersen/*Scherer*, UWG[43] (2025), VDuG § 46 Rn. 20; Nordholtz/Mekat/*Boese/Beckwenn* § 5 Rn. 19.
47 BT-Drucks. 20/7631 S. 111.
48 BT-Drucks. 20/7631 S. 111.
49 BGH, BeckRS 2022 33057.
50 Köhler/Feddersen/*Scherer*, UWG[43] (2025), § 46 VDuG Rn. 21.
51 BT-Drucks. 20/6520 S. 101.
52 Köhler/Feddersen/*Scherer* UWG[43] (2025), § 46 VDuG Rn. 22.

31 **e) Gegenstand und Grund von Anspruch oder Rechtsverhältnis.** Nach **Nummer 5** müssen bei der Anmeldung der Gegenstand und der Grund des Anspruchs oder des Rechtsverhältnisses bezeichnen werden. Zum Verständnis dieser Bezeichnungserfordernisse kann auf § 253 Abs. 2 ZPO zurückgegriffen werden.[53] Die Angaben zum potenziellen Streitgegenstand müssen eine Individualisierung des Anspruchs oder Rechtsverhältnisses ermöglichen, damit in einem Folgeprozess festgestellt werden kann, ob Bindungswirkung durch das Urteil im Verbandsklageverfahren eingetreten ist.[54]

32 Mit der Bezeichnung des **Grundes des Anspruchs oder des Rechtsverhältnisses** ist der Lebenssachverhalt gemeint, aus dem der Verbraucher seinen Anspruch herleitet oder aus dem heraus er ein Rechtsverhältnis festgestellt wissen will.[55] Die Benennung von Gegenstand und Grund des Anspruchs dient der Individualisierung des geltend gemachten Anspruchs, um die Wirkungen der Rechtshängigkeit des Musterfeststellungsverfahrens, die Bindungswirkung eines Musterfeststellungsurteils in einem Folgeprozess und die Auswirkungen eines im Musterfeststellungsverfahren geschlossenen Vergleichs bestimmen zu können. Die Anforderungen an die Angabe von Gegenstand und Grund des Anspruchs nach Nummer 4 entsprechen denjenigen an die bestimmte Angabe von Gegenstand und Grund eines in einer Klageschrift erhobenen Anspruchs nach § 253 Abs. 2 Nr. 2 ZPO. Dabei ist zwar für die Individualisierung weder die Substantiierung[56] noch eine schlüssige Darlegung des Anspruchs erforderlich. Jedoch muss der Anspruch soweit individualisiert werden können, dass er sich von anderen Ansprüchen eindeutig abgrenzen lässt und damit keine Zweifel darüber entstehen können, in Bezug auf welchen Anspruch die Verjährung gehemmt sein soll. In der Rechtsprechung zu § 608 ZPO a.F. sah der Bundesgerichtshof in der Angabe „Software Manipulation Vw Touran Bj. 2011" keine hinreichende Individualisierung des Anspruchs, weil Angaben zu Art, Inhalt, äußeren Umständen des hinsichtlich des Fahrzeugs geschlossenen Rechtsgeschäfts fehlten.[57]

33 Im Schrifttum stieß die Entscheidung auf erhebliche Kritik: ihr wird vorgeworfen, dass sie zwar methodisch nicht zu beanstanden sei, aber mit großer Deutlichkeit eine Schwäche der gesetzlichen Regelung offenbare, weil durch sie kollektiver Rechtsschutz durch Verbandsklagen oft ins Leere laufen werde.[58] Da nach der Rechtsprechung des Bundesgerichtshofs die Anmeldung zum Register eine „echte" individuelle Klageerhebung darstelle, die inhaltlich den Angaben einer Klage entsprechen müsse und deren Nichtbeachtung zum Rechtsverlust führe (§ 214 BGB), stelle dies den Sinn des kollektiven Rechtsschutzes durch eine Verbandsklage in Frage.[59] Die Kritik ist in der Sache indes nicht berechtigt. Vollkommer übersieht, dass nicht die Gleichstellung der Anmeldung mit der individuellen Klageerhebung das Problem ist, sondern die fehlende anwaltliche Vertretung, wie sie auch bei Anmeldung nach § 13 KapMuG vorgesehen ist. Für die Verjährungshemmung ist die unzweifelhafte Identifizierung des Anspruchs unerlässlich, was eine genaue Angabe des Grundes des erhobenen Anspruchs erfordert. Eine allgemeine, schlagwortartige Bezeichnung genügt insoweit nicht.[60]

34 Die Angabe des **Gegenstands des Anspruchs** wird im Rahmen des § 253 ZPO häufig keine eigene Bedeutung beigemessen, da die Gegenstandsangabe regelmäßig mit dem Klageantrag gleichgesetzt wird.[61] Ähnlich tautologisch wie § 253 Abs. 2 Nr. 2 ZPO formuliert Nummer 5: „Gegen-

---

53 So zu § 608 Abs. 2 Satz 1 Nr. 4 ZPO a.F.: BT-Drucks. 19/2507 S. 22, 24; *Krausbeck* DAR 2017, 567, 569.
54 BGH, NJW 2023, 1888 Rn. 16.
55 BGH, NJW 1957, 263.
56 BGH – III ZR 116/15, juris.
57 BGH, NJW 2023, 1888; *Lühmann* WM 2024, 1199, 1202.
58 *Vollkommer* NJW 2023, 1891.
59 *Vollkommer* NJW 2023, 1891.
60 Köhler/Feddersen/*Scherer*, UWG[43] (2025), § 46 VDuG Rn. 27; Anders/Gehle/*Schmidt*, ZPO[83] (2025), § 46 VDuG Rn. 4.
61 Rosenberg/Schwab/Gottwald ZPR[18] (2018) § 96 Rn. 17; Musielak/Voit/*Foerste*[21] § 253 ZPO Rn. 17; *Eberhard* Münch-Komm-ZPO[6] § 253 Rn. 75; Wieczorek/Schütze/*Assmann*[5] § 253 ZPO Rn. 55.

stand" des Anspruchs meint die Formulierung des Begehrens; „Gegenstand eines Rechtsverhältnisses" meint dessen Beschreibung.

f) Versicherung zu Richtigkeit und Vollständigkeit. Um Missbrauch auszuschließen und zu 35 gewährleisten, dass Sinn und Zweck der Anmeldeangaben nicht verfehlt und die Anmeldung nicht lediglich zu Täuschungszwecken erfolgt, sind nach **Nummer 6** die Richtigkeit und Vollständigen der Angaben vom Verbraucher zu versichern. Es handelt sich hierbei aber nicht um eine Versicherung an Eides statt, sodass insoweit auch nicht bei Falschangaben eine Strafbarkeit aus § 156 StGB droht.[62]

g) Angabe zur Höhe des Zahlungsanspruchs. Die Angabe zur Höhe des Zahlungsanspruchs 36 nach Absatz 2 Satz 2 geben dem Unternehmen und dem Verbraucherverband sowie dem Sachwalter Aufschluss darüber, wie hoch der einzelne geltend gemachte Anspruch ist. Für den Verbraucherverband ist die Höhe des geltend zu machenden Gesamtanspruchs von Bedeutung, sofern die repräsentierten Verbraucher nicht namentlich benannt sind. Die Gesamthöhe der Verbraucheransprüche steht jedoch erst nach Ablauf der Anmeldefrist, dh drei Wochen nach dem Schluss der mündlichen Verhandlung fest.

Da es sich um eine Sollvorschrift handelt, berührt eine unterlassene Angabe nach Satz 2 nicht 37 die Wirkung der Anmeldung. Auch die unbezifferte Anmeldung hemmt daher die Verjährung,[63] wobei dies zu Friktionen mit dem allgemeinen Verjährungsrecht führt. Grundsätzlich vermag eine Zahlungsklage die Verjährung nur dann zu hemmen, wenn nach § 253 Abs. 2 ZPO ein bestimmter bezifferter Antrag gestellt wird. Auf die Bezifferung kann nur ganz ausnahmsweise, etwa bei Schmerzensgeldansprüchen, verzichtet werden. Mit der Einfügung von § 204 Nr. 3 und 4 BGB wird die Verjährungshemmung nunmehr für Ansprüche statuiert, bei denen neben dem Lebenssachverhalt auch das spezifische Begehren zwar mitgeteilt werden muss, auf die zentrale Information der Betragsangabe verzichtet werden kann. Dies erscheint angesichts der Parallele zur Anspruchsanmeldung nach § 13 Abs. 2 Nr. 4 KapMuG systemwidrig.

h) Kostenloses Online-Formular. Gemäß § 3 Abs. 1 VKRegV stellt das Bundesamt für Justiz 38 den Verbrauchern für die Anmeldung zur Eintragung von Ansprüchen oder Rechtsverhältnissen unentgeltlich ein **Formular** gemeinsam mit einer Ausfüllanleitung zur Verfügung und zwar sowohl elektronisch als auch in Papierform. Zudem bestimmt § 3 Abs. 2 VKRegV, dass die nach der vorliegenden Norm verpflichtenden Angaben im Formular als verpflichtend zu kennzeichnen sind; beim Formularfeld zu Gegenstand und Grund des Anspruchs oder des Rechtsverhältnisses ist darauf hinzuweisen, dass die Angabe hierzu **höchstens 2.500 Zeichen** betragen soll.

5. Vertretung durch Rechtsanwälte

a) Kein Anwaltszwang. Da der Verbraucher nicht Partei der Verbandsklage ist und die Anmel- 39 dung gegenüber dem Bundesamt für Justiz zu erklären ist, findet § 78 ZPO keine Anwendung. Die Anmeldung ist daher ohne anwaltliche Vertretung möglich. Bei der Anmeldung der Ansprüche durch einen Rechtsanwalt ist dessen Vollmacht nicht nachzuweisen (arg. § 47 Abs. 2 Satz 4). Bei Einreichung durch einen Rechtsanwalt ist die Vollmacht indes anwaltlich zu versichern (§ 703 ZPO i.V.m. § 47 Abs. 2 Satz 4).

---

62 *Röthemeyer* VDuG § 46 Rn. 16; BeckOK ZPO/Thönissen, 55. Ed. 1.12.2024, § 46 VDuG Rn. 13.
63 Zöller/*Vollkommer*, ZPO[35] (2024), § 46 VDuG Rn. 17.

40 **b) Kein gesonderter Gebührenanspruch des Rechtsanwalts.** § 19 Abs. 1 Satz 2 Nr. 1a RVG bestimmt, dass auch die Anmeldung von Ansprüchen oder Rechtsverhältnissen zum Verbandsklageregister und deren Rücknahme zu dem Verfahren gehört, für das der Rechtsanwalt einen Klageauftrag erhalten hat. Die Verfahrensgebühr umfasst die Anmeldung und Rücknahme von Ansprüchen oder Rechtverhältnissen zum Verbandsklageregister Der Rechtsanwalt erhält für diese Tätigkeiten also keine gesonderte Gebühr.[64] Erhält der Rechtsanwalt hingegen nur den Auftrag, einen Anspruch oder ein Rechtsverhältnis zum Verbandsklageregister anzumelden oder eine Anmeldung zurückzunehmen, ohne dass ihm zugleich der Klageauftrag erteilt wird, soll die Tätigkeit mit der Geschäftsgebühr abgegolten sein und kann im Rahmen der Bemessung der Geschäftsgebühr berücksichtigt werden.[65]

41 **c) Kein prozessualer Kostenerstattungsanspruch von Anwaltskosten.** Nach § 788 ZPO fallen die Kosten der Zwangsvollstreckung, soweit sie notwendig waren (§ 91 ZPO), dem Schuldner zur Last; sie sind zugleich mit dem zur Zwangsvollstreckung stehenden Anspruch beizutreiben. Auch wenn nach der Regierungsbegründung das Umsetzungsverfahren „sinngemäß" an die Stelle der ZPO-Vollstreckung tritt,[66] kann der einzelne Verbraucher die für die Anmeldung entstandenen Kosten nicht nach § 20 Abs. 2 beitreiben.[67] Dies liegt unter anderem daran, dass nur der Verbraucherverband und nicht der Verbrauchter Titelgläubiger ist. Denn der Verbraucher war nicht als Partei am Erkenntnisverfahren beteiligt. Das Umsetzungsverfahren dient bei feststehender Haftung letztlich der Klärung des Anspruchs der Höhe nach. Insoweit handelt es sich bei der Anspruchsprüfung der Höhe nach im Umsetzungsverfahren noch um einen ausgelagerten Teil des Erkenntnisverfahrens, bei dem der vollstreckungsrechtliche Teil der Arbeit des Sachwalters in den Hintergrund tritt.[68]

42 **d) Materiellrechtlicher Kostenerstattungsanspruch des Verbrauchers.** Da dem Verbraucher aufgrund der bloßen Beteiligung am Umsetzungsverfahren kein prozessualer Kostenerstattungsanspruch erwächst, kann dem Verbraucher im Einzelfall ein materiellrechtlicher Kostenerstattungsanspruch nach § 286 BGB zustehen.[69] Voraussetzung ist neben den verzugsbegründenden Voraussetzungen ein objektiv bestehender Anspruch des Verbrauchers. Die mit der Anmeldung zum Klageregister und die Beteiligung zum Umsetzungsverfahren verbundenen Aufwendungen können sich als ersatzfähige Kosten der Rechtsverfolgung darstellen. Ob der Anspruch tatsächlich besteht, stellt sich im Regelfall erst im nachgelagerten Verfahren (§§ 39, 40) heraus.

6. Keine Überprüfung der Anmeldung durch das Bundesamt für Justiz (Absatz 3)

43 Nach **Absatz 3** werden die Angaben der Anmeldung ohne inhaltliche Prüfung in das Verbandsklageregister eingetragen. Ausgeschlossen ist insbesondere eine Prüfung, ob die Anmeldung tatsächlich einen Anspruch oder ein Rechtsverhältnis betrifft, die von der Verbandsklage erfasst sind. Auch eine Überprüfung der subjektiven Teilnahmeberechtigungen des Anmelders (§ 1 Abs. 2, 3) findet nicht statt. Eine Fehlerkorrektur von Amts wegen findet nicht statt. Gleichwohl sollte es

---

64 Zur ZPO-Musterfeststellungsklage vgl. BT-Drucks. 19/2507 S. 28; die Ausführungen gelten auch für das VDuG, das die ZPO-Musterfeststellungsklage abgelöst hat.
65 Zur ZPO-Musterfeststellungsklage vgl. BT-Drucks. 19/2507 S. 28; die Ausführungen gelten auch für das VDuG, das die ZPO-Musterfeststellungsklage abgelöst hat.
66 RegE BT-Drucks. 20/6520 S. 85.
67 *Röthemeyer* VDuG § 46 Rn. 21.
68 *Röthemeyer* VDuG § 46 Rn. 21.
69 *Röthemeyer* VDuG § 46 Rn. 22.

dem Bundesamt für Justiz erlaubt sein, von einer Eintragung offensichtlich missbräuchlicher oder scherzhafter Anmeldungen abzusehen. Eine Anmeldung von „Dagobert Duck von Entenhausen" ist offensichtlich als Scherz zu identifizieren.

In nicht wenigen Fällen wird es zur Eintragung von Anmeldungen kommen, die entweder an **44** formellen oder inhaltlichen Fehlern leiden. Die Eintragung der fehlerhaften Anmeldung ist nicht konstitutiv;[70] sie hat nur deklaratorischen Charakter. Die Mängel der Anmeldung werden dadurch nicht geheilt mit der Folge, dass die mit der Anmeldung erstrebten Wirkungen (Bindungswirkung und Verjährungshemmung) nicht eintreten. Über die (Un-)Wirksamkeit der Anmeldung wird gegenüber dem Anmelder erst im Umsetzungsverfahren oder im individuellen Nachverfahren entschieden.

Eine verspätete Anmeldung ist zurückzuweisen. **45**

Gegen die Zurückweisung einer Eintragung kann gerichtliche Entscheidung nach § 23 EGGVG **46** beantragt werden. Da das Unterbleiben einer Eintragung in den Rechtskreis des Verbrauchers eingreift, ist nur der Verbraucher antragsbefugt, nicht hingegen die Parteien der Verbandsklage.[71]

7. Rücknahme der Anmeldung (Absatz 4)

Die Abmeldung eines Anspruchs im Verbandsklageregister kann ebenso wie dessen Anmeldung **47** nur im sog. Anmeldefenster, dh. bis drei Wochen nach Schluss der mündlichen Verhandlung erfolgen. Für die Abmeldung ist Textform ausreichend.

---

70 *Röthemeyer* VDuG § 46 Rn. 27.
71 *Röthemeyer* VDuG § 46 Rn. 30.

§ 47
Formvorschriften

(1) Anmeldung und Rücknahme sind in Textform gegenüber dem Bundesamt für Justiz zu erklären.

(2) [1]Wird die Anmeldung oder die Rücknahme durch einen Rechtsanwalt erklärt, muss für die Erklärung das vom Bundesamt für Justiz hierfür elektronisch bereitgestellte Formular genutzt werden. [2]Ist dies aus technischen Gründen vorübergehend nicht möglich, so ist die Übermittlung in Textform zulässig. [3]Die vorübergehende Unmöglichkeit ist bei der Ersatzeinreichung oder unverzüglich danach glaubhaft zu machen; auf Anforderung des Bundesamts für Justiz ist die Erklärung mittels des elektronisch bereitgestellten Formulars nachzuholen. [4]§ 703 der Zivilprozessordnung gilt entsprechend.

(3) Die Absätze 1 und 2 sind auf die Erklärung des Austritts aus einem Vergleich entsprechend anzuwenden.

Schrifttum

Vgl. § 43 VDuG.

Übersicht

I. Entstehungsgeschichte, Inhalt, Zweck und Systematik
1. Entstehungsgeschichte und Inhalt —— 1
2. Zweck —— 2
3. Systematik —— 3

II. Norminhalt
1. Form und Erklärungsadressat (Absatz 1) —— 4
2. Besonderheiten bei anwaltlicher Vertretung (Absatz 2) —— 5
3. Austritt aus dem Vergleich (Absatz 3) —— 6

I. Entstehungsgeschichte, Inhalt, Zweck und Systematik

1. Entstehungsgeschichte und Inhalt

1 Die Vorschrift entspricht § 608 Abs. 4 ZPO.[1] Sie regelt die Form und den Erklärungsadressaten bei Anmeldungen von Verbraucheransprüchen (§ 46 Abs. 1) sowie Abmeldungen solcher Ansprüche zum Verbandsklageregister. Darüber hinaus findet sie auch auf den Austritt des Verbrauchers aus einem Vergleich nach § 10 Abs. 1. Grundsätzlich entfaltet der Vergleich zwischen dem klagenden Verbraucherverband und dem Unternehmen Bindungswirkung nach § 9 Abs. 1 i.V.m. § 11 Abs. 3 für alle angemeldeten Verbraucher. Erklärt ein Verbraucher innerhalb eines Monats nach Bekanntgabe des Vergleichs gegenüber dem Bundesamt für Justiz seinen Austritt aus dem Vergleich, ist er hieran nicht gebunden.

2. Zweck

2 Mit der Vorschrift soll den Verbrauchern niederschwellig die Teilnahme an dem Verbandsklageverfahren ermöglicht werden. Für die An- und Abmeldung ist lediglich die Beachtung der Textform erforderlich. Zulässig ist daher auch die einfache E-Mail.[2] Ein **Formularzwang** besteht für

---

1 BT-Drucks. 20/6520 S. 102; BeckOK ZPO/Thönissen, 55. Ed. 1.12.2024, § 47 VDuG Rn. 1.
2 Zöller/*Vollkommer*, ZPO[35] (2024), § 47 VDuG Rn. 2; BeckOK ZPO/Thönissen, 55. Ed. 1.12.2024, § 47 VDuG Rn. 2.

anmeldende Verbraucher nicht, § 3 Abs. 1 Satz 2 VKRegV, es sei denn, sie werden anwaltlich vertreten.[3]

3. Systematik

Unionsrechtlich gibt es in Bezug auf die Formvorschriften für Anmeldung, Rücknahme und Austritt keinen Umsetzungszwang.[4] Lediglich die Anmeldung zum Verbandsklageregister als solche für die teilnehmenden Verbraucher gibt Art. 9 Abs. 2, 3 der Verbandsklagen-RL vor.   3

II. Norminhalt

1. Form und Erklärungsadressat (Absatz 1)

Die Anmeldung und Abmeldung bedarf jeweils der Textform (§ 126b BGB). Die gesetzliche Definition des dauerhaften Datenträgers wird durch Papier, USB-Stick, CD-ROM, Speicherkarten, Festplatten, E-Mails sowie Computer-Fax erfüllt.[5] Richtiger Adressat der Anmeldung ist das Bundesamt Justiz. Verbraucher können sich unentgeltlich zur An- und Abmeldung ihrer Ansprüche der Online-Formulare, die das Bundesamt für Justiz auf seinem Internet-Portal anbietet, bedienen. Maßgebend sind hierfür § 3 Abs. 1 VKRegV, § 4 Abs. 1 VKRegV, wonach den Verbrauchern neben den Formularen auch eine Ausfüllanleitung sowohl elektronisch als auch in Papierform zur Verfügung gestellt wird.   4

2. Besonderheiten bei anwaltlicher Vertretung (Absatz 2)

Verbraucher können sich bei ihren Erklärungen nach § 10, § 46 Abs. 1, Abs. 4 durch einen Anwalt vertreten lassen. Bei anwaltlicher Vertretung muss der Rechtsanwalt zwingend die elektronisch bereitgestellten Formulare nach § 3 Abs. 1, § 4 Abs. 1 VKRegV benutzen. Eine Ausnahme sieht Satz 2 im Falle technischer Störungen vor; in diesem Fall ist die Übermittlung in Textform zulässig. Nach Satz 3 ist die vorübergehende Störung bei der Ersatzeinreichung oder unverzüglich danach glaubhaft zu machen; unverzüglich bedeutet hier **ohne schuldhaftes Zögern** (§ 121 BGB). § 703 ZPO findet bei der Anmeldung oder Rücknahme durch einen Rechtsanwalt entsprechende Anwendung. Es bedarf bei der Erklärung durch einen Rechtsanwalt keines Nachweises einer Vollmacht. Die Versicherung ordnungsgemäßer Bevollmächtigung genügt. Fehlt die Vollmacht und wird die Prozesshandlung auch nicht genehmigt, sind die Prozesshandlungen unwirksam.[6]   5

3. Austritt aus dem Vergleich (Absatz 3)

Auf die Erklärung eines Austritts aus dem Vergleich finden die Absätze 1 und 2 entsprechende Anwendung. Mangels spezieller kann bei der Erklärung nach § 10 auf das Formular über die Rücknahme der Anmeldung zurückgegriffen werden.[7]   6

---

3 Andres/Gehle/*Schmidt*, ZPO[83] (2025), § 47 VDuG Rn. 1.

4 Köhler/Feddersen/*Scherer*, UWG[43] (2025), § 47 VDuG Rn. 2.

5 Grüneberg/*Ellenberger* § 126b BGB Rn. 3.

6 Musielak/Voit/*Voit*[21] § 703 ZPO Rn. 2; Thomas/Putzo/*Hüßtege* ZPO[45] § 703 Rn. 3.

7 BeckOK ZPO/Thönissen, 55. Ed. 1.12.2024, § 47 VDuG Rn. 4; Köhler/Feddersen/*Scherer*, UWG[43] (2025). § 47 VDuG Rn. 7.

§ 48
Einsichtnahme und Auskunft

(1) Öffentliche Bekanntmachungen können von jedermann unentgeltlich im Verbandsklageregister eingesehen werden.

(2) [1]Das Bundesamt für Justiz hat dem Gericht sowie dem bestellten Sachwalter auf dessen Anforderung jeweils einen Auszug aller im Verbandsklageregister erfassten Angaben über die Verbraucher zu übersenden, die sich wirksam zu einer Verbandsklage zur Eintragung in das Verbandsklageregister angemeldet und ihre Anmeldung nicht wirksam zurückgenommen haben. [2]Das Gericht übermittelt den Parteien formlos eine Abschrift des Auszugs.

(3) Das Bundesamt für Justiz hat einem angemeldeten Verbraucher auf dessen Verlangen einen schriftlichen Auszug über die Angaben zu überlassen, die im Klageregister zu ihm und seiner Anmeldung erfasst sind.

(4) Das Bundesamt für Justiz hat den Parteien einer Verbandsklage auf deren Anforderung jeweils einen Auszug aller im Verbandsklageregister erfassten Angaben über diejenigen Verbraucher zu überlassen, die sich wirksam zu einer Verbandsklage zur Eintragung in das Verbandsklageregister angemeldet und ihre Anmeldung nicht wirksam zurückgenommen haben.

Schrifttum

Vgl. § 43 VDuG.

Übersicht

I.   Entstehungsgeschichte, Inhalt und Systematik
1.   Entstehungsgeschichte und Inhalt —— 1
2.   Systematik —— 5

II. Norminhalt
1.   Öffentliches Einsichtsrecht (Absatz 1) —— 6

2.   Auszug an Gericht und Sachwalter (Absatz 2) —— 7
3.   Auskunftserteilung an Verbraucher (Absatz 3) —— 10
4.   Auskunftsanspruch der Parteien —— 12
5.   Auskunftsanspruch anderer Gerichte —— 13

I. Entstehungsgeschichte, Inhalt und Systematik

1. Entstehungsgeschichte und Inhalt

1   Die Vorschrift entspricht § 609 Abs. 3, 4 und 5 ZPO a.F. Sie regelt die Einsichtnahmerechte in das Verbandsklageregister und Auskunftsansprüche gegenüber dem Bundesamt für Justiz. Damit wird allen am Verbandsklageverfahren beteiligten Akteuren die Möglichkeit eingeräumt, sich über das Verbandsklageverfahren zu informieren.

2   Nach der Konzeption des VDuG stehen den Verbrauchern lediglich beschränkte Informationsrechte zu.[1] Frei einsehbar sind für die Verbraucher zunächst die öffentlichen Bekanntmachung nach § 44, wozu neben der Verbandsklage auch Urteile und Vergleiche gehören. Ferner gehören Terminsbestimmungen, Hinweise und Zwischenentscheidungen des Gerichts (§ 44 Nr. 9). Der weitere Schriftsatzwechsel im Verbandsklageverfahren ist hingegen für die Verbraucher nicht einsehbar. Auch zu etwa eingeholten Sachverständigengutachten haben angemeldete Verbraucher keinen direkten Zugang. Damit stellt sich die Informationsversorgung deutlich schlechter dar als

---

1 So bereits zur Musterfeststellungsklage *Halfmeier* ZRP 2017, 201, 203.

diejenige für die Beigeladenen im Kapitalanleger-Musterverfahren.[2] Hinsichtlich der zu ihrer eigenen Anmeldung im Verbandsklageregister erfassten Angaben steht den Verbrauchern nach Absatz 3 zu.

Absatz 2 räumt dem Gericht und dem bestellten Sachwalter ein Informationsrecht ein. Dies **3** steht in systematischem Zusammenhang mit § 27 Nr. 2, wonach der Sachwalter vom Bundesamt für Justiz eine Übermittlung eines Auszugs aus dem Verbandsklageregister verlangen kann, der die am Umsetzungsverfahren teilnehmenden Verbraucher ausweist sowie sämtlicher Angaben, die im Verbandsklageregister zu den geltend gemachten Ansprüchen vermerkt sind.

Darüber hinaus normiert Absatz 4 ein Informationsrechtsanspruch der Parteien der Ver- **4** bandsklage gegenüber dem Bundesamt für Justiz.

2. Systematik

Die Verbandsklagen-RL macht keine Vorgaben zum Einsicht- und Auskunftsrecht der Verbraucher. **5** Die in Art. 13 Verbandsklagen-RL statuierten Informationspflichten adressieren lediglich die qualifizierte Einrichtung und nach gerichtlicher Anordnung den Unternehmer. Eine **Möglichkeit** zur Einrichtung nationaler elektronischer Datenbanken, die ua Informationen über laufende und abgeschlossene Verbandsklagen enthalten, sieht Art. 14 Abs. 1 Verbandsklagen-RL vor.

II. Norminhalt

1. Öffentliches Einsichtsrecht (Absatz 1)

Die Regelung in **Absatz 1** entspricht der Vorgängerregelung des § 609 Abs. 3 ZPO a.F. Sie stellt **6** sicher, dass jedermann Einsicht in diesen wesentlichen Informationen des Abhilfe- oder Musterfeststellungverfahrens erhält. Frei einsehbar sind alle im Verbandsklageregister öffentlich bekanntzumachenden Angaben. Das Einsichtsrechts gewährleistet, dass sich Interessierte darüber informieren können, ob eine sie betreffende Verbandsklage rechtshängig ist und ob eine Anmeldung eigener Ansprüche oder Rechtsverhältnisse in Betracht kommt. Die Einsichtnahme ist unentgeltlich und erfolgt über das Bundesamt für Justiz.

2. Auszug an Gericht und Sachwalter (Absatz 2)

Die Regelung in **Absatz 2** entspricht § 609 Abs. 5 ZPO a.F. für die alte Musterfeststellungsklage. Sie **7** ist nunmehr auf die Informationspflicht gegenüber dem Sachwalter erweitert, der im Hinblick auf § 26 in Erfahrung bringen muss, wer sich wirksam angemeldet hat. Das zuständige Gericht und der bestellte Sachwalter erhalten nach Absatz 2 einen Auszug sämtlicher verfahrensrelevanter und im Verbandsklageregister gespeicherter Informationen, insbesondere auch die Angaben der angemeldeten Verbraucher.

Auch wenn die Zulässigkeit der Verbandsklage von keinem Quorum von 50 angemeldeten **8** Verbrauchern mehr abhängt,[3] sondern vielmehr die nachvollziehbare Darlegung der Betroffenheit der Ansprüche von mindestens 50 Verbrauchern durch die erhobene Verbandsklage genügt, ist die Kenntnis über die Anzahl der angemeldeten Verbraucher für eine sachgerechte Prozessführung, zB Vergleichsvorschläge, erforderlich.

---

2 Dort werden sämtliche Dokumente in einem Informationsportal veröffentlicht, auf das sämtliche Beigeladene Zugriff haben.
3 Vgl. § 606 Abs. 3 Nr. 3 ZPO a.F.

9   Die Übermittlung des Auszugs an das Gericht erfolgt von Amts wegen; die Übermittlung an den Sachwalter erfordert hingegen dessen ausdrückliche Aufforderung gegenüber dem Bundesamt für Justiz.[4] Die Regelung lässt jedoch den Zeitpunkt der Übermittlung offen,[5] spätestens hat diese mit Beschluss über die Eröffnung eines Umsetzungsverfahrens zu erfolgen. Den Parteien ist nach Satz 2 vom Gericht eine formlose Abschrift des Auszugs zu übermitteln, den das Bundesamt für Justiz an das Verbandsklagegericht übermittelt hat.

3. Auskunftserteilung an Verbraucher (Absatz 3)

10   Da den Verbrauchern nicht bereits über Art. 15 DSGVO ein Auskunftsanspruch zusteht, hat der Gesetzgeber die bisherige Regelung des § 609 Abs. 4 ZPO a.F. in **Absatz 3** übernommen.[6] Die Verbraucher können sich mittels des Auszugs während des Verbandsklageverfahrens vergewissern, ob sie zutreffende Daten übermittelt haben und ob diese Daten zutreffend veröffentlicht wurden. Enthält das Register keine Daten über den Verbraucher, muss das Bundesamt für Justiz dies ebenfalls mitteilen.[7]

11   Nach Abschluss des Verbandsklageverfahrens wird die Auskunft zur Vorbereitung einer Individualklage (§ 39) oder der Verteidigung gegen die Herausgabeklage des Unternehmens (§ 40) benötigt. Ein Interesse an der Auskunft muss hierfür nicht dargelegt werden.[8] Das Bundesamt für Justiz hat dabei einen vollständigen Datensatz einschließlich etwaiger Änderungen und ihres Zeitpunktes zu übermitteln, weil es auf solche Einzelheiten z.B. bei der Verjährungseinrede ankommen kann.[9]

4. Auskunftsanspruch der Parteien

12   Die Regelung ist § 609 Abs. 6 ZPO a.F. nachgebildet. Sie spiegelt das für das Gericht und den Sachwalter in Absatz 2 bestimmte Informationsrecht auf Übermittlung der im Verbandsklageregister enthaltenen Angaben. Die Übermittelung erfolgt nur auf Anforderung der Parteien. Offen lässt die Vorschrift, zu welchem Zeitpunkt und wie oft ein Auszug angefordert werden kann. Unter der Geltung des § 609 Abs. 6 ZPO a.F. war unklar, ob die Parteien jederzeit[10] oder erst nach Ablauf des Tages vor dem ersten Termin[11] einen Auszug aus dem Klageregister anfordern können. Das OLG Köln hat diese Frage dahin entschieden, dass es keine zeitliche Beschränkung des Anspruchs auf Erteilung eines Auszugs aus dem Klageregister gibt.[12] Nichts anderes gilt für die Regelung des § 48 Abs. 4 für den Anspruch der Parteien, Auszüge aus dem Verbandsklageregister anzufordern.[13] Da die Vorschrift nicht in Zusammenhang mit dem Umsetzungsverfahren steht, wird man ein mehrfaches Recht zur Anforderung eines Auszugs annehmen können.[14]

---

4 Köhler/Feddersen/*Scherer,* UWG[43] (2025), § 48 VDuG Rn. 6; BeckOK ZPO/Thönissen, 55. Ed. 1.12.2024,VDuG § 48 Rn. 2.
5 BeckOK ZPO/Thönissen, 55. Ed. 1.12.2024, § 48 VDuG Rn. 2.
6 BT-Drucks. 20/6520 S. 103.
7 *Röthemeyer* VDuG § 48 Rn. 6.
8 *Röthemeyer* VDuG § 48 Rn. 7.
9 *Röthemeyer* VDuG § 48 Rn. 7.
10 Prütting/Gehrlein/*Halfmeier,* ZPO[15], § 609 Rn. 9; *Röthemeyer* MFK[2] § 609 Rn. 16.
11 So die Rechtsauffassung des Bundesamts für Justiz.
12 OLG Köln, MDR 2023, 1407.
13 *Lühmann* WM 2024, 1199, 1202.
14 BeckOK ZPO/Thönissen, 55. Ed. 1.12.2024, § 48 VDuG Rn. 5; Zöller/*Vollkommer,* ZPO[35] (2024), § 48 VDuG Rn. 6.

5. Auskunftsanspruch anderer Gerichte

Neben dem Verbandsklagegericht können auch andere Gerichte nach § 273 Abs. 2 Nr. 2 ZPO Aus- **13** künfte beim Bundesamt für Justiz anfordern.[15] Von Bedeutung kann die Auskunft dann sein, wenn sich die Frage stellt, ob eine während der Rechtshängigkeit der Verbandsklage erhobene Individualklage zulässig ist (§ 11 Abs. 1, 2), ob ein Vergleich wirkt (§ 9 Abs. 1) oder die Bindungswirkung eines Verbandsklageurteils einschlägig ist (§ 11 Abs. 3).

---

15 *Röthemeyer* VDuG § 48 Rn. 9.

§ 49
Verordnungsermächtigung

Das Bundesministerium der Justiz wird ermächtigt, durch Rechtsverordnung ohne Zustimmung des Bundesrates die näheren Einzelheiten zum Verbandsklageregister zu regeln, insbesondere Bestimmungen über Inhalt, Aufbau, Führung und Art des Betriebs des Verbandsklageregisters, die Einreichung, Eintragung, Änderung und Vernichtung der im Verbandsklageregister erfassten Angaben, die Erteilung von Auszügen aus dem Verbandsklageregister sowie zur Information angemeldeter Verbraucher, zur Datensicherheit und Barrierefreiheit zu treffen.

I. Entstehungsgeschichte

1   Die Norm entspricht § 609 Abs. 7 ZPO a.F. Das Bundesministerium der Justiz wird ermächtigt, ohne Zustimmung des Bundesrats eine Rechtsverordnung zu erlassen, die die nähere Ausgestaltung des Verbandsklagenregisters, insbesondere die Einzelheiten der elektronischen Registerführung bestimmt werden. Die zu § 609 Abs. 7 ZPO a.F. erlassene Verordnung über das Register für Musterfeststellungsklagen vom 24.10.2018 wird durch Art. 2 VRUG vom 8.10.2023 geändert und heißt nun mehr Verbandsklagenregisterverordnung.

II. Inhalt

2   Die Änderungen der Verordnung über das Register für Musterfeststellungsklagen erfolgen vor dem Hintergrund der Anpassungen des VDuG. Das Verbandsklageregister wird nicht nur für Musterfeststellungsklagen und Abhilfeklagen nach dem VDuG, sondern auch für einstweilige Verfügungen und Unterlassungsklagen gem. § 1 Abs. 1 Nr. 1 bis 3 VRegV für die in der Regelung aufgeführten Ansprüche nach dem UKlaG und dem UWG geführt.

III. Verordnung über das Register für Verbandsklagen (Verbandsklagenregisterverordnung – VKRegV)

§ 1 Register für Verbandsklagen

(1) Das Bundesamt für Justiz führt ein Verbandsklageregister, in dem es nach Maßgabe der folgenden Vorschriften Folgendes öffentlich bekannt macht:
1.   Verbandsklagen nach § 1 Absatz 1 des Verbraucherrechtedurchsetzungsgesetzes,
2.   Einstweilige Verfügungen in Bezug auf Ansprüche nach den §§ 1 bis 2a des Unterlassungsklagengesetzes oder § 8 Absatz 1 des Gesetzes gegen den unlauteren Wettbewerb von qualifizierten Verbraucherverbänden und qualifizierten Einrichtungen anderer Mitgliedstaaten der Europäischen Union, die in dem Verzeichnis der Europäischen Kommission nach Artikel 5 Absatz 1 Satz 4 der Richtlinie (EU) 2020/1828 des Europäischen Parlaments und des Rates vom 25. November über Verbandsklagen zum Schutz der Kollektivinteressen der Verbraucher und zur Aufhebung der Richtlinie 2009/22/EG (ABl. L 409 vom 4.12.2020, S. 1) eingetragen sind, und
3.   Unterlassungsklagen zur Durchsetzung von Ansprüchen nach Nummer 2 durch die dort genannten Verbraucherverbände und Einrichtungen.

(2) Das Bundesamt für Justiz erfasst im Verbandsklageregister ferner Anmeldungen zur Eintragung von Ansprüchen oder Rechtsverhältnissen von Verbrauchern und kleinen Unternehmen zu den nach Absatz 1 Nummer 1 öffentlich bekanntgemachten Verbandsklagen.

(3) ¹Die öffentlichen Bekanntmachungen erfolgen durch Veröffentlichung auf einer Internetseite, die der inhaltlichen Verantwortung des Bundesamtes für Justiz unterliegt und von jedermann unentgeltlich eingesehen werden kann. ²Auf der Internetseite sind auch die vom Bundesamt für Justiz elektronisch zur Verfügung zu stellenden

https://doi.org/10.1515/9783110660180-051

Formulare abrufbar. ³Die öffentlichen Bekanntmachungen nach Absatz 1 sind jeweils in einer eigenen Rubrik vorzunehmen.

§ 2 Öffentliche Bekanntmachungen und Mitteilungen des Gerichts

(1) ¹Öffentlich bekannt zu machen sind
1. zu Verbandsklagen nach dem Verbraucherrechtedurchsetzungsgesetz die Angaben nach § 44 des Verbraucherrechtedurchsetzungsgesetzes,
2. zu einstweiligen Verfügungen die Angaben nach § 6a Absatz 1 und 3 des Unterlassungsklagengesetzes und
3. zu Unterlassungsklagen die Angaben nach § 6a Absatz 2 und 3 des Unterlassungsklagengesetzes.
²Das Datum der öffentlichen Bekanntmachung ist jeweils anzugeben.

(2) Das Gericht übermittelt die bekannt zu machenden Angaben als strukturierten maschinenlesbaren Datensatz im Dateiformat XML in der jeweils gültigen XJustiz-Version oder im Dateiformat PDF auf einem sicheren Übermittlungsweg (§ 130a Absatz 4 der Zivilprozessordnung) an das Bundesamt für Justiz.

(3) Der Antrag auf Bekanntmachung des Zustellungsdatums einer einstweiligen Verfügung nach § 6a Absatz 1 Satz 4 des Unterlassungsklagengesetzes ist schriftlich zu stellen.

§ 3 Anmeldung und Eintragung von Ansprüchen oder Rechtsverhältnissen

(1) ¹Für die Anmeldung zur Eintragung von Ansprüchen oder Rechtsverhältnissen in das Verbandsklageregister nach § 43 Absatz 1 des Verbraucherrechtedurchsetzungsgesetzes stellt das Bundesamt für Justiz Verbrauchern unentgeltlich ein Formular gemeinsam mit einer Ausfüllanleitung zur Verfügung. ²Das Formular und die Ausfüllanleitung werden jeweils elektronisch und in Papierform zur Verfügung gestellt.

(2) ¹Die nach § 46 Absatz 2 Satz 1 des Verbraucherrechtedurchsetzungsgesetzes erforderlichen Angaben sind im Formular als verpflichtend zu kennzeichnen. ²Beim Formularfeld zu Gegenstand und Grund des Anspruchs oder des Rechtsverhältnisses ist darauf hinzuweisen, dass die Angabe hierzu höchstens 2 500 Zeichen betragen soll.

(3) ¹Die Eintragung in das Verbandsklageregister wird vom Bundesamt für Justiz nur vorgenommen, wenn die Anmeldung
1. innerhalb der Frist des § 46 Absatz 1 des Verbraucherrechtedurchsetzungsgesetzeseingegangen ist und
2. alle Angaben nach § 46 Absatz 2 Satz 1 des Verbraucherrechtedurchsetzungsgesetzes enthält.
²Andernfalls lehnt es die Eintragung ab. ³Mit der Eintragung vergibt das Bundesamt für Justiz ein Geschäftszeichen und erfasst darunter auch das Datum des Eingangs der Anmeldung. ⁴Es bestätigt dem Verbraucher alsbald die Eintragung in das Verbandsklageregister und teilt ihm dabei das Geschäftszeichen mit. ⁵Dieses Geschäftszeichen ist in der weiteren Kommunikation mit dem Bundesamt für Justiz stets anzugeben.

(4) ¹Teilt der angemeldete Verbraucher Namens- oder Anschriftenänderungen mit, so sind auch sie im Verbandsklageregister zu erfassen. ²Für die Mitteilung stellt das Bundesamt für Justiz unentgeltlich ein Formular zur Verfügung. ³Das Formular wird sowohl elektronisch als auch in Papierform zur Verfügung gestellt. ⁴Der Verbraucher ist in der Eingangsbestätigung darauf hinzuweisen, dass er für die Mitteilung einer Namens- oder Anschriftenänderung das Formular nutzen kann.

(5) ¹Teilt im Falle des Todes des angemeldeten Verbrauchers der Erbe den Erbfall mit, so ist der Erbfall in das Verbandsklageregister einzutragen und der Name sowie die Anschrift des Erben zu erfassen. ²Für solche Mitteilungen stellt das Bundesamt für Justiz unentgeltlich ein Formular zur Verfügung. ³Das Formular wird sowohl elektronisch als auch in Papierform zur Verfügung gestellt.

(6) ¹Für Auskunftsersuchen der angemeldeten Verbraucher nach § 48 Absatz 3des Verbraucherrechtedurchsetzungsgesetzes stellt das Bundesamt für Justiz unentgeltlich ein Formular zur Verfügung. ²Das Formular wird sowohl elektronisch als auch in Papierform zur Verfügung gestellt. ³Die Auskunft wird nur erteilt, wenn die in dem Formular als verpflichtend gekennzeichneten Felder ausgefüllt sind.

§ 4 Rücknahme der Anmeldung

(1) ¹Für die Rücknahme der Anmeldung von Ansprüchen oder Rechtsverhältnissen in das Verbandsklageregister stellt das Bundesamt für Justiz Verbrauchern unentgeltlich ein Formular zur Verfügung. ²Das Formular wird elektronisch und in Papierform zur Verfügung gestellt.

(2) ¹Die Rücknahme der Anmeldung und das Datum des Eingangs der Rücknahme sind im Verbandsklageregister einzutragen. ²Die Eintragung wird nur vorgenommen, wenn die Rücknahme innerhalb der Frist des § 46 Absatz 4 des Verbraucherrechtedurchsetzungsgesetzes eingegangen ist. ³Andernfalls lehnt das Bundesamt für Justiz die Eintragung ab.

(3) Das Bundesamt für Justiz erteilt dem Verbraucher alsbald eine Bestätigung über die Eintragung der Rücknahme im Verbandsklageregister.

§ 4a Austritt aus einem gerichtlichen Vergleich

(1) [1]Für den Austritt aus einem gerichtlichen Vergleich stellt das Bundesamt für Justiz Verbrauchern unentgeltlich ein Formular zur Verfügung. [2]Das Formular wird elektronisch und in Papierform zur Verfügung gestellt.

(2) [1]Der Austritt und das Datum des Austritts sind im Verbandsklageregister einzutragen. [2]Die Eintragung wird nur vorgenommen, wenn der Austritt innerhalb der Frist des § 10 Absatz 1 des Verbraucherrechtedurchsetzungsgesetzes eingegangen ist. [3]Andernfalls lehnt das Bundesamt für Justiz die Eintragung ab.

(3) Das Bundesamt für Justiz erteilt dem Verbraucher alsbald eine Bestätigung über die Eintragung des Austritts im Verbandsklageregister.

§ 5 Maschinell erstellter Ablehnungsbescheid

[1]Lehnt das Bundesamt für Justiz eine Eintragung mit einem vollständig maschinell erstellten Bescheid ab, so können die Unterschrift und die Namenswiedergabe fehlen. [2]In diesem Fall kann das Dokument den Hinweis enthalten, dass Unterschrift und Namenswiedergabe fehlen können und es maschinell erstellt worden ist.

§ 6 Auszug aus dem Verbandsklageregister

(1) [1]Das Bundesamt für Justiz übermittelt dem Gericht der Verbandsklage auf Anforderung einen elektronischen Auszug aus dem Verbandsklageregister auf einem sicheren Übermittlungsweg (§ 130a Absatz 4 der Zivilprozessordnung) als strukturierten maschinenlesbaren Datensatz im Dateiformat XML in der jeweils gültigen XJustiz-Version. [2]Das Bundesamt für Justiz kann den Auszug als elektronisches Dokument im Format nach Satz 1 auf einem sicheren Übermittlungsweg entsprechend § 130a Absatz 4 der Zivilprozessordnung an den Sachwalter übermitteln.

(2) [1]Fordert eine Partei einen Auszug nach § 48 Absatz 4 des Verbraucherrechtedurchsetzungsgesetzes an, verwendet sie hierfür das vom Bundesamt für Justiz vorgegebene Formular. [2]Das Bundesamt für Justiz kann den Auszug als elektronisches Dokument auf einem sicheren Übermittlungsweg entsprechend § 130a Absatz 4 der Zivilprozessordnung an deren Prozessbevollmächtigten übermitteln.

§ 7 Technische Störungen des Verbandsklageregisters

[1]Macht der Verbraucher glaubhaft, dass seine Anmeldung oder seine Rücknahme der Anmeldung aufgrund einer vorübergehenden technischen Störung des Verbandsklageregisters nicht eingegangen ist, und holt er die Anmeldung oder die Rücknahme unverzüglich nach, so ist sie als zum Zeitpunkt der glaubhaft gemachten vorherigen Anmeldung oder Rücknahme eingegangen anzusehen. [2]Das Bundesamt für Justiz dokumentiert den Zeitpunkt des Beginns und des Endes von technischen Störungen des Verbandsklageregisters.

§ 7a Benachrichtigung angemeldeter Verbraucher

[1]Das Bundesamt für Justiz benachrichtigt Verbraucher und kleine Unternehmen, die im Rahmen ihrer Anmeldung zu einer Verbandsklage nach § 1 Absatz 1 des Verbraucherrechtedurchsetzungsgesetztes eine E-Mail-Adresse angegeben haben, wenn im Register zu dieser Verbandsklage Angaben nach § 44 Nummer 7 bis 14 des Verbraucherrechtedurchsetzungsgesetzes bekanntgemacht werden. [2]Die Benachrichtigung nach Satz 1 ist unverzüglich an die angegebene E-Mail-Adresse zu versenden.

Abschnitt 5
Schlussvorschriften

§ 50
Evaluierung

Dieses Gesetz ist fünf Jahre nach dem Inkrafttreten zu evaluieren.

I. Inhalt der Norm

Die Vorschrift sieht eine Evaluierung des Gesetzes vor, die fünf Jahre nach dem Inkrafttreten des **1** Gesetzes zu erfolgen hat. Der Gesetzgeber rechnet für diesen Zeitraum mit ca. 75 Abhilfeklagen und 50 Musterfeststellungsklagen.[1] Damit hat der Regierungsentwurf die unrealistische Erwartung von 450 Musterfeststellungsklagen pro Jahr, von denen er bei Einführung der Musterfeststellungs- klage ausgegangen ist,[2] der Rechtstatsächlichkeit angepasst und die Sorge der Wirtschaftsverbän- de, Unternehmen würden zukünftig mit den neuen kollektiven Klageinstrumenten mit einer Viel- zahl von Klagen überzogen, gedämpft.

II. Unionsrechtliche Evaluierung der Verbandsklagen-RL und nationale Evaluierung des VDuG

Während der Referentenentwurf[3] und der Regierungsentwurf[4] eine nationale Evaluierung neben **2** der Evaluierung auf EU-Ebene nach Artikel 23 Verbandsklagen-RL vor dem Hintergrund des be- schränkten Fallaufkommens nicht für erforderlich erachteten, setzte sich das Bedürfnis einer ei- genständigen Evaluierung in den Ausschussberatungen jedoch durch.

Wesentlicher Gegenstand der nationalen Evaluierung sollen die Regelungen über den **Sach-** **3** **walter**, über die **Frist zur Anmeldung** sowie zur **Verjährungshemmung** sein.[5] Dabei wird insbe- sondere das Umsetzungsverfahren als Schnittstelle zwischen Gericht und Sachwalter unter Effizi- enzgesichtspunkten in Blick zu nehmen sein. Gegenstand der Evaluation sollte aber auch sein, inwieweit die Zulassungsgründe der Rechtsbeschwerde auf den Sachwalter überhaupt passen oder ob diese für den kollektiven Rechtsbehelf nicht erweitert werden müssen.[6]

---

1 RegE BR-Drucks. 143/23 S. 72.
2 BT-Drucks. 19/2439 S. 20.
3 RefE S. 68.
4 RegE BR-Drucks. 143/23 S. 74.
5 BT-Drucks. 20/7631 S. 111f.
6 Vgl. zu diesem Problemkreis *Röthemeyer* § 23 Rn. 28.

https://doi.org/10.1515/9783110660180-052

4.12.2020 [DE] Amtsblatt der Europäischen Union L 409/1

I

(Gesetzgebungsakte)

RICHTLINIEN

RICHTLINIE (EU) 2020/1828 DES EUROPÄISCHEN PARLAMENTS UND DES RATES

vom 25. November 2020

über Verbandsklagen zum Schutz der Kollektivinteressen der Verbraucher und zur Aufhebung der Richtlinie 2009/22/EG

(Text von Bedeutung für den EWR)

DAS EUROPÄISCHE PARLAMENT UND DER RAT DER EUROPÄISCHEN UNION —

gestützt auf den Vertrag über die Arbeitsweise der Europäischen Union, insbesondere auf Artikel 114,

auf Vorschlag der Europäischen Kommission,

nach Zuleitung des Entwurfs des Gesetzgebungsakts an die nationalen Parlamente,

nach Stellungnahme des Europäischen Wirtschafts- und Sozialausschusses (¹),

nach Stellungnahme des Ausschusses der Regionen (²),

gemäß dem ordentlichen Gesetzgebungsverfahren (³),

in Erwägung nachstehender Gründe:

(1) Im Zuge der Globalisierung und der Digitalisierung ist die Gefahr gestiegen, dass eine große Zahl von Verbrauchern durch dieselbe unerlaubte Praktik geschädigt wird. Durch Verstöße gegen das Unionsrecht können den Verbrauchern Nachteile entstehen. Ohne wirksame Mittel, unerlaubte Praktiken zu beenden und für Verbraucher Abhilfe zu schaffen, ist das Vertrauen der Verbraucher in den Binnenmarkt beeinträchtigt.

(2) Das Fehlen wirksamer Mittel zur Durchsetzung des dem Verbraucherschutz dienenden Unionsrechts kann außerdem zu Wettbewerbsverzerrungen zwischen nicht gesetzestreuen und gesetzestreuen Unternehmern führen, die ihre Geschäftstätigkeit innerstaatlich oder grenzüberschreitend ausüben. Diese Verzerrungen können das reibungslose Funktionieren des Binnenmarkts beeinträchtigen.

(3) Gemäß Artikel 26 Absatz 2 des Vertrags über die Arbeitsweise der Europäischen Union (AEUV) soll der Binnenmarkt einen Raum ohne Binnengrenzen umfassen, in dem der freie Verkehr von Waren und Dienstleistungen gewährleistet ist. Der Binnenmarkt sollte den Verbrauchern zusätzlichen Nutzen in Form besserer Qualität, größerer Vielfalt, angemessener Preise und hoher Sicherheitsstandards für Waren und Dienstleistungen bringen, wodurch ein hohes Verbraucherschutzniveau gefördert wird.

(4) Artikel 169 Absatz 1 und Artikel 169 Absatz 2 Buchstabe a AEUV bestimmen, dass die Union durch die Maßnahmen, die sie nach Artikel 114 AEUV erlässt, einen Beitrag zur Erreichung eines hohen Verbraucherschutzniveaus zu leisten hat. Artikel 38 der Charta der Grundrechte der Europäischen Union (im Folgenden „Charta") bestimmt, dass die Politik der Union ein hohes Verbraucherschutzniveau sicherzustellen hat.

(¹) ABl. C 440 vom 6.12.2018, S. 66.
(²) ABl. C 461 vom 21.12.2018, S. 232.
(³) Standpunkt des Europäischen Parlaments vom 26. März 2019 (noch nicht im Amtsblatt veröffentlicht) und Standpunkt des Rates in erster Lesung vom 4. November 2020 (noch nicht im Amtsblatt veröffentlicht). Standpunkt des Europäischen Parlaments vom 24. November 2020 (noch nicht im Amtsblatt veröffentlicht).

https://doi.org/10.1515/9783110660180-053

(5) Mit der Richtlinie 2009/22/EG des Europäischen Parlaments und des Rates (⁴) wurden qualifizierte Einrichtungen in die Lage versetzt, Verbandsklagen zu erheben, die in erster Linie darauf abzielen, Verstöße gegen das Unionsrecht, welche die Kollektivinteressen der Verbraucher verletzen, zu unterbinden und zu verbieten. Allerdings wurden die Probleme bei der Durchsetzung des Verbraucherrechts mit dieser Richtlinie nicht in ausreichendem Maß angegangen. Um in einem zunehmend globalisierten und digitalisierten Markt besser von unerlaubten Praktiken abzuschrecken und den Schaden für die Verbraucher zu verringern, müssen die Verbandsklageverfahren zum Schutz der Kollektivinteressen der Verbraucher dahingehend gestärkt werden, dass sie sowohl Unterlassungsentscheidungen als auch Abhilfeentscheidungen umfassen. Angesichts der zahlreichen erforderlichen Änderungen ist es angebracht, die Richtlinie 2009/22/EG aufzuheben und durch die vorliegende Richtlinie zu ersetzen.

(6) Die Verbandsklageverfahren auf Unterlassungsentscheidungen und auf Abhilfeentscheidungen sind unionsweit unterschiedlich und bieten ein unterschiedliches Maß an Verbraucherschutz. Darüber hinaus verfügen einige Mitgliedstaaten gegenwärtig über keine Verbandsklageverfahren auf Abhilfeentscheidungen. Durch diese Situation wird das Vertrauen von Verbrauchern und Unternehmen in den Binnenmarkt und ihre Fähigkeit, auf diesem Markt tätig zu sein, verringert. Sie verzerrt den Wettbewerb und beeinträchtigt die wirksame Durchsetzung des Unionsrechts auf dem Gebiet des Verbraucherschutzes.

(7) Mit dieser Richtlinie soll daher sichergestellt werden, dass den Verbrauchern in allen Mitgliedstaaten mindestens ein wirksames und effizientes Verbandsklageverfahren auf Unterlassungsentscheidungen und ein wirksames Verbandsklageverfahren auf Abhilfeentscheidungen auf nationaler Ebene und auf Unionsebene zur Verfügung steht. Das Bestehen mindestens eines solchen Verbandsklageverfahrens würde das Vertrauen der Verbraucher stärken, sie in der Wahrnehmung ihrer Rechte bestärken, einen Beitrag zu einem faireren Wettbewerb leisten und gleiche Ausgangsbedingungen für die auf dem Binnenmarkt tätigen Unternehmer schaffen.

(8) Mit dieser Richtlinie soll zum Funktionieren des Binnenmarkts und zur Verwirklichung eines hohen Verbraucherschutzniveaus beigetragen werden, indem qualifizierte Einrichtungen, die die Kollektivinteressen der Verbraucher repräsentieren, in die Lage versetzt werden, Verbandsklagen auf Unterlassungsentscheidungen und Abhilfeentscheidungen gegen Unternehmer, die gegen das Unionsrecht verstoßen, anzustrengen. Diesen qualifizierten Einrichtungen sollte es möglich sein, die Beendigung oder das Verbot eines solchen Verstoßes zu verlangen und Abhilfe, beispielsweise, soweit angemessen und im Unionsrecht oder in den nationalen Rechtsvorschriften vorgesehen, in Form einer Entschädigung, Reparatur oder Preisminderung zu erwirken.

(9) Eine Verbandsklage sollte eine wirksame und effiziente Möglichkeit bieten, die Kollektivinteressen der Verbraucher zu schützen. Sie sollte es qualifizierten Einrichtungen ermöglichen, ihr Handeln auf die Gewährleistung der Einhaltung der einschlägigen Bestimmungen des Unionsrechts durch Unternehmer auszurichten und die Hindernisse zu überwinden, auf die Verbraucher bei Einzelklagen stoßen, beispielsweise solche der Unsicherheit über ihre Rechte und die zur Verfügung stehenden Verfahrensmechanismen, das psychologische Zögern, tätig zu werden, und das ungünstige Verhältnis zwischen den erwarteten Kosten und dem Nutzen der Einzelklage.

(10) Wichtig ist die Sicherstellung des notwendigen Gleichgewichts zwischen der Verbesserung des Zugangs der Verbraucher zur Justiz und der gleichzeitigen Gewährung angemessener Schutzmaßnahmen für Unternehmen gegen Klagemissbrauch, der die Fähigkeit von Unternehmen, im Binnenmarkt tätig werden zu können, ungerechtfertigt beeinträchtigen würde. Um den Missbrauch von Verbandsklagen zu verhindern, sollte die Gewährung von Strafschadenersatz vermieden werden und Vorschriften zu bestimmten Verfahrensaspekten, wie der Benennung und der Finanzierung qualifizierter Einrichtungen, festgelegt werden.

(11) Diese Richtlinie sollte bestehende nationale Verbandsklageverfahren zum Schutz der Kollektivinteressen oder der individuellen Interessen der Verbraucher nicht ersetzen. Unter Berücksichtigung der Rechtstraditionen der Mitgliedstaaten sollte sie es deren Ermessen überlassen, die durch diese Richtlinie vorgeschriebenen Verbandsklageverfahren als Teil eines bestehenden oder eines neuen Verbandsklageverfahrens für kollektive Unterlassungsentscheidungen oder Abhilfeentscheidungen, oder als eigenständigen Verfahren zu konzipieren, sofern mindestens ein nationales Verbandsklageverfahren dieser Richtlinie entspricht. So sollte diese Richtlinie die Mitgliedstaaten beispielsweise nicht daran hindern, Rechtsvorschriften für Klagen zur Erwirkung von Feststellungsentscheidungen durch ein Gericht oder eine Verwaltungsbehörde zu erlassen, auch wenn sie keine Vorschriften für entsprechende Klagen enthält. Bestehen auf nationaler Ebene zusätzlich zu dem Verfahren gemäß dieser Richtlinie weitere Verfahren, so sollte die qualifizierte Einrichtung die Wahl treffen können, welches Verfahren sie nutzen möchte.

(12) Im Einklang mit dem Grundsatz der Verfahrensautonomie sollte die vorliegende Richtlinie nicht dazu dienen, jeden Aspekt der Verbandsklage zu regeln. Dementsprechend obliegt es den Mitgliedstaaten, die für Verbandsklagen geltenden Vorschriften beispielsweise hinsichtlich der Zulässigkeit, der Beweismittel oder der Rechtsbehelfe festzulegen. So sollten beispielsweise die Mitgliedstaaten entscheiden, welchen Grad der Ähnlichkeit die Einzelansprüche aufweisen müssen oder welche Mindestzahl von Verbrauchern von einer Verbandsklage auf Abhilfe

---

(⁴) Richtlinie 2009/22/EG des Europäischen Parlaments und des Rates vom 23. April 2009 über Unterlassungsklagen zum Schutz der Verbraucherinteressen (ABl. L 110 vom 1.5.2009, S. 30).

betroffen sein muss, damit eine Verbandsklage in einer Angelegenheit zulässig ist. Diese nationalen Vorschriften sollten das wirksame Funktionieren eines Verbandsklageverfahrens gemäß der vorliegenden Richtlinie nicht beeinträchtigen. Gemäß dem Grundsatz der Nichtdiskriminierung sollten die für konkrete grenzüberschreitende Verbandsklagen erforderlichen Zulässigkeitsvoraussetzungen nicht von den Voraussetzungen abweichen, die für entsprechende innerstaatliche Verbandsklagen gelten. Die Entscheidung, eine Verbandsklage für unzulässig zu erklären sollte nicht die Rechte der von dieser Klage betroffenen Verbraucher beeinträchtigen.

(13) Der Anwendungsbereich dieser Richtlinie sollte den jüngsten Entwicklungen im Bereich des Verbraucherschutzes Rechnung tragen. Da Verbraucher inzwischen auf einem größeren und zunehmend digitalisierten Markt tätig sind, ist es zur Gewährleistung eines hohen Verbraucherschutzniveaus erforderlich, dass Bereiche wie Datenschutz, Finanzdienstleistungen, Reiseverkehr und Tourismus, Energie und Telekommunikation zusätzlich zum allgemeinen Verbraucherrecht in den Anwendungsbereich dieser Richtlinie fallen. Da eine wachsende Verbrauchernachfrage nach Finanz- und Wertpapierdienstleistungen besteht, ist es insbesondere wichtig, in diesen Bereichen für eine bessere Durchsetzung des Verbraucherrechts zu sorgen. Der Verbrauchermarkt hat sich auch im Bereich der digitalen Dienstleistungen weiterentwickelt und es besteht ein wachsender Bedarf an einer wirksameren Durchsetzung des Verbraucherrechts, einschließlich hinsichtlich des Datenschutzes.

(14) Diese Richtlinie sollte Verstöße gegen die in Anhang I genannten Bestimmungen des Unionsrechts abdecken, soweit diese Bestimmungen dem Schutz der Interessen der Verbraucher dienen, unabhängig davon, ob diese Verbraucher darin als Verbraucher, als Reisende, Nutzer, Kunden, Kleinanleger, Einzelinvestoren, Datensubjekte oder anderweitig bezeichnet werden. Diese Richtlinie sollte jedoch die Interessen natürlicher Personen, die durch solche Verstöße Schaden erlitten haben oder denen dies droht, nur dann schützen, wenn diese Personen Verbraucher gemäß dieser Richtlinie sind. Verstöße, die natürliche Personen, die gemäß dieser Richtlinie als Unternehmer anzusehen sind, schädigen, sollten nicht unter diese Richtlinie fallen.

(15) Diese Richtlinie sollte die in Anhang I genannten Rechtsakte unberührt lassen; daher sollten durch sie weder die in diesen Rechtsakten festgelegten Begriffsbestimmungen geändert oder erweitert noch ein etwa darin enthaltenes Durchsetzungsverfahren ersetzt werden. So könnten beispielsweise die in der Verordnung (EU) 2016/679 des Europäischen Parlaments und des Rates (⁹) festgelegten oder darauf beruhenden Durchsetzungsmechanismen weiterhin für den Schutz der Kollektivinteressen der Verbraucher genutzt werden, sofern sie anwendbar sind.

(16) Zur Vermeidung von Unklarheiten sollte der Anwendungsbereich dieser Richtlinie in Anhang I so genau wie möglich gefasst werden. Enthalten die in Anhang I aufgeführten Rechtsakte Bestimmungen, die nicht den Verbraucherschutz betreffen, so sollte in Anhang I auf die ausdrücklich dem Schutz der Verbraucherinteressen dienenden Bestimmungen Bezug genommen werden. Aufgrund des Aufbaus bestimmter Rechtsakte, insbesondere im Bereich der Finanzdienstleistungen einschließlich des Bereichs der Wertpapierdienstleistungen, sind solche Bezugnahmen jedoch nicht immer praktikabel.

(17) Damit eine angemessene Reaktion auf Verstöße gegen das Unionsrecht, dessen Form und Umfang sich rasch weiterentwickeln, gewährleistet ist, sollte jedes Mal, wenn ein neuer, für den Schutz der Kollektivinteressen der Verbraucher relevanter Rechtsakt der Union erlassen wird, vom Gesetzgeber geprüft werden, ob Anhang I dahingehend geändert werden sollte, dass der betreffende neue Unionsrechtsakt in den Anwendungsbereich dieser Richtlinie aufgenommen wird.

(18) Die Mitgliedstaaten sollten weiterhin befugt sein, Bestimmungen dieser Richtlinie auf Bereiche anzuwenden, die nicht in den Anwendungsbereich dieser Richtlinie fallen. Beispielsweise sollten die Mitgliedstaaten nationale Rechtsvorschriften, die den Bestimmungen dieser Richtlinie entsprechen, für Streitigkeiten, die nicht in den Anwendungsbereich von Anhang I fallen, beibehalten oder einführen können.

(19) Da sowohl Gerichts- als auch Verwaltungsverfahren wirksam und effizient dem Schutz der Kollektivinteressen der Verbraucher dienen können, bleibt es den Mitgliedstaaten überlassen, ob eine Verbandsklage — je nach dem betreffenden Rechtsgebiet oder Wirtschaftszweig — in Gerichts- oder Verwaltungsverfahren oder beiden erhoben werden kann. Dies sollte unbeschadet des Rechts auf einen wirksamen Rechtsbehelf gemäß Artikel 47 der Charta gelten, wonach die Mitgliedstaaten sicherstellen müssen, dass Verbraucher und Unternehmer das Recht auf einen wirksamen Rechtsbehelf vor einem Gericht gegen jede Verwaltungsentscheidung haben, die aufgrund von nationalen Maßnahmen zur Umsetzung dieser Richtlinie getroffen wurde. Dies sollte die Möglichkeit einschließen, dass eine Klagepartei im Einklang mit dem nationalen Recht eine Aussetzung der Vollstreckung der angefochtenen Entscheidung erreichen kann.

(⁹) Verordnung (EU) 2016/679 des Europäischen Parlaments und des Rates vom 27. April 2016 zum Schutz natürlicher Personen bei der Verarbeitung personenbezogener Daten, zum freien Datenverkehr und zur Aufhebung der Richtlinie 95/46/EG (Datenschutz-Grundverordnung) (ABl. L 119 vom 4.5.2016, S. 1).

(20) Ausgehend von der Richtlinie 2009/22/EG sollte die vorliegende Richtlinie sowohl innerstaatliche als auch grenzüberschreitende Verstöße abdecken, insbesondere wenn die von einem Verstoß betroffenen Verbraucher in einem anderen Mitgliedstaat leben als dem Mitgliedstaat, in dem der zuwiderhandelnde Unternehmer niedergelassen ist. Ferner sollte sie auch für Verstöße gelten, die vor Erhebung oder Abschluss der Verbandsklage eingestellt wurden, da es unter Umständen erforderlich sein kann, die Wiederholung einer Praktik durch ein Verbot zu verhindern, festzustellen, dass eine bestimmte Praktik einen Verstoß dargestellt hat, oder Abhilfe für die Verbraucher zu erleichtern.

(21) Diese Richtlinie sollte die Anwendung der Bestimmungen des internationalen Privatrechts über die gerichtliche Zuständigkeit, die Anerkennung und Vollstreckung von Urteilen oder das anwendbare Recht unberührt lassen und auch keine solchen Bestimmungen festlegen. Die bestehenden Rechtsinstrumente der Union sollten für die in dieser Richtlinie festgelegten Verbandsklageverfahren gelten. Insbesondere sollten die Verordnung (EG) Nr. 864/2007 ([6]), die Verordnung (EG) Nr. 593/2008 ([7]) und die Verordnung (EU) Nr. 1215/2012 ([8]) des Europäischen Parlaments und des Rates für die durch die vorliegende Richtlinie vorgeschriebenen Verbandsklageverfahren gelten.

(22) Es ist darauf hinzuweisen, dass die Verordnung (EU) Nr. 1215/2012 weder die Zuständigkeit von Verwaltungsbehörden noch die Anerkennung oder Vollstreckung von Entscheidungen dieser Behörden abdeckt. Diese Fragen sollten in den Regelungsbereich des nationalen Rechts fallen.

(23) Gegebenenfalls kann gemäß den Vorschriften des internationalen Privatrechts für eine qualifizierte Einrichtung die Möglichkeit bestehen, Verbandsklagen sowohl in dem Mitgliedstaat, in dem sie benannt wurde, als auch in einem anderen Mitgliedstaat zu erheben. Ausgehend von der Richtlinie 2009/22/EG sollte in der vorliegenden Richtlinie zwischen diesen beiden Arten von Verbandsklagen unterschieden werden. Erhebt eine qualifizierte Einrichtung eine Verbandsklage in einem anderen Mitgliedstaat als dem, in dem sie benannt wurde, so sollte diese Verbandsklage als grenzüberschreitende Verbandsklage angesehen werden. Erhebt eine qualifizierte Einrichtung eine Verbandsklage in dem Mitgliedstaat, in dem sie benannt wurde, so sollte diese Verbandsklage als innerstaatliche Verbandsklage angesehen werden, auch wenn diese Verbandsklage gegen einen Unternehmer mit Wohnsitz in einem anderen Mitgliedstaat gerichtet ist und auch wenn im Rahmen der Verbandsklage Verbraucher aus mehreren Mitgliedstaaten repräsentiert werden. Maßgeblicher Anknüpfungspunkt zur Bestimmung der Art der Verbandsklage, die erhoben wird, sollte der Mitgliedstaat sein in dem die Verbandsklage erhoben wird. Daher sollte es nicht möglich sein, dass eine innerstaatliche Verbandsklage im Laufe des Verfahrens in eine grenzüberschreitende Verbandsklage umgewandelt wird und umgekehrt.

(24) Insbesondere Verbraucherorganisationen sollten aktiv dazu beitragen, dass die einschlägigen Bestimmungen des Unionsrechts eingehalten werden. Sie sollten alle als dazu geeignet gelten, im Einklang mit dem nationalen Recht den Status einer qualifizierten Einrichtung zu beantragen. Abhängig von den nationalen Rechtstraditionen könnten öffentliche Stellen ebenfalls aktiv dabei mitwirken, dass die einschlägigen Bestimmungen des Unionsrechts eingehalten werden, indem sie Verbandsklagen gemäß der vorliegenden Richtlinie erheben.

(25) Für die Zwecke grenzüberschreitender Verbandsklagen sollten für qualifizierte Einrichtungen unionsweit einheitliche Kriterien für die Benennung gelten. Insbesondere sollten sie nach dem nationalen Recht des benennenden Mitgliedstaats ordnungsgemäß gegründete juristische Personen sein, eine gewisse Dauerhaftigkeit und einen gewissen Umfang an öffentlicher Tätigkeit aufweisen, sollten keinen Erwerbszweck verfolgen und aufgrund ihres Satzungszwecks ein legitimes Interesse daran haben, die Verbraucherinteressen gemäß dem Unionsrecht zu schützen. Über Qualifizierte Einrichtungen sollte kein ein Insolvenzverfahren eröffnet sein und sie sollten nicht für insolvent erklärt sein. Sie sollten unabhängig sein und nicht von Personen beeinflusst werden, die keine Verbraucher sind und die ein wirtschaftliches Interesse an der Erhebung einer Verbandsklage haben, insbesondere nicht von Unternehmern oder Hedgefonds, auch im Falle der Finanzierung durch Dritte. Qualifizierte Einrichtungen sollten über Verfahren verfügen, die einen solchen Einfluss sowie Interessenkonflikte zwischen ihnen, ihren Finanzierern und Verbraucherinteressen verhindern. Sie sollten Informationen in klarer und verständlicher Sprache auf jede geeignete Weise, insbesondere auf ihren Websites, öffentlich zugänglich machen, die die Einhaltung der Kriterien für die Benennung als qualifizierte Einrichtung belegen, sowie allgemeine Informationen über die Quellen ihrer Finanzierung im Allgemeinen, ihre Organisations-, Management- und Mitgliederstruktur, ihren Satzungszweck und ihre Tätigkeiten.

([6]) Verordnung (EG) Nr. 864/2007 des Europäischen Parlaments und des Rates vom 11. Juli 2007 über das auf außervertragliche Schuldverhältnisse anzuwendende Recht („Rom II") (ABl. L 199 vom 31.7.2007, S. 40).

([7]) Verordnung (EG) Nr. 593/2008 des Europäischen Parlaments und des Rates vom 17. Juni 2008 über das auf vertragliche Schuldverhältnisse anzuwendende Recht („Rom I") (ABl. L 177 vom 4.7.2008, S. 6).

([8]) Verordnung (EU) Nr. 1215/2012 des Europäischen Parlaments und des Rates vom 12. Dezember 2012 über die gerichtliche Zuständigkeit und die Anerkennung und Vollstreckung von Entscheidungen in Zivil- und Handelssachen (ABl. L 351 vom 20.12.2012, S. 1).

(26) Die Mitgliedstaaten sollten die Kriterien für die Benennung qualifizierter Einrichtungen zum Zwecke von innerstaatlichen Verbandsklagen frei im Einklang mit ihrem nationalen Recht festlegen können. Die Mitgliedstaaten sollten jedoch die Kriterien, die in dieser Richtlinie für qualifizierte Einrichtungen, die für die Zwecke grenzüberschreitender Verbandsklagen benannt werden, festgelegt sind, auch auf qualifizierte Einrichtungen anwenden können, die nur für innerstaatliche Verbandsklagen benannt sind.

(27) Die Kriterien für die Benennung von qualifizierten Einrichtungen für innerstaatliche oder grenzüberschreitende Verbandsklagen sollten das wirksame Funktionieren von Verbandsklagen gemäß der vorliegenden Richtlinie nicht beeinträchtigen.

(28) Den Mitgliedstaaten sollte es möglich sein, qualifizierte Einrichtungen vorab zu benennen, um Verbandsklagen zu erheben. Diese Richtlinie sollte den Mitgliedstaaten keinen Anreiz bieten, die Möglichkeit zur Ad-hoc-Benennung qualifizierter Einrichtungen einzuführen. Für die Zwecke innerstaatlicher Verbandsklagen sollten die Mitgliedstaaten jedoch auch — oder alternativ — qualifizierte Einrichtungen ad hoc für eine bestimmte innerstaatliche Verbandsklage benennen können. Die Benennung sollte gegebenenfalls durch das angerufene Gericht oder die angerufene Verwaltungsbehörde erfolgen können, gegebenenfalls auch im Wege der Annahme. Für die Zwecke grenzüberschreitender Verbandsklagen sind jedoch gemeinsame Schutzmaßnahmen erforderlich. Deshalb sollten ad hoc benannte qualifizierte Einrichtungen nicht befugt sein, grenzüberschreitende Verbandsklagen zu erheben.

(29) Es sollte dem benennenden Mitgliedstaat obliegen, dafür zu sorgen, dass eine für die Zwecke grenzüberschreitender Verbandsklagen benannte qualifizierte Einrichtung die Kriterien zur Benennung einer qualifizierten Einrichtung einhält, zu prüfen, ob die qualifizierte Einrichtung die Kriterien zur Benennung weiterhin einhält, und erforderlichenfalls ihre Benennung aufzuheben. Die Mitgliedstaaten sollten mindestens alle fünf Jahre prüfen, ob die qualifizierten Einrichtungen die Kriterien zur Benennung immer noch einhalten.

(30) Sollten Bedenken auftreten, ob eine qualifizierte Einrichtung die Kriterien zur Benennung nach wie vor einhält, so sollte der Mitgliedstaat, der die qualifizierte Einrichtung benannt hat, diesen Bedenken nachgehen und gegebenenfalls die Benennung der qualifizierten Einrichtung aufheben. Die Mitgliedstaaten sollten nationale Kontaktstellen benennen, deren Aufgabe es ist, Anträge auf Prüfung zu übermitteln und entgegenzunehmen.

(31) Die Mitgliedstaaten sollten sicherstellen, dass qualifizierte Einrichtungen, die in einem anderen Mitgliedstaat für die Zwecke grenzüberschreitender Verbandsklagen benannt worden sind, vor ihren Gerichten oder Verwaltungsbehörden grenzüberschreitende Verbandsklagen erheben können. Ferner sollte es möglich sein, dass qualifizierte Einrichtungen verschiedener Mitgliedstaaten — vorbehaltlich der einschlägigen Vorschriften über die Zuständigkeit — im Wege einer einzigen Verbandsklage vor einem einzigen Forum gemeinsam tätig werden. Dies sollte das Recht des angerufenen Gerichts oder der angerufenen Verwaltungsbehörde zu prüfen, ob die Verbandsklage für eine einzige Verbandsklage geeignet ist, unberührt lassen.

(32) Die gegenseitige Anerkennung der Klagebefugnis qualifizierter Einrichtungen, die für die Zwecke grenzüberschreitender Verbandsklagen benannt wurden, sollte sichergestellt sein. Die Kommission sollte von der Identität dieser qualifizierten Einrichtungen in Kenntnis gesetzt werden und eine Liste dieser qualifizierten Einrichtungen erstellen und öffentlich zugänglich machen. Die Aufnahme in diese Liste sollte als Nachweis der Klagebefugnis der Verbandsklage erhebenden qualifizierten Einrichtungen dienen. Das Recht des Gerichts oder der Verwaltungsbehörde, zu prüfen, ob der Satzungszweck der qualifizierten Einrichtung in einem konkreten Fall eine Klageerhebung zulässt, sollte davon unberührt bleiben.

(33) Unterlassungsentscheidungen zielen darauf ab, die Kollektivinteressen der Verbraucher unabhängig von tatsächlichen Verlusten oder Schäden, die einzelne Verbraucher erlitten haben, zu schützen. Durch Unterlassungsentscheidungen kann von Unternehmern verlangt werden, dass sie bestimmte Maßnahmen ergreifen, beispielsweise den Verbrauchern die Informationen zu geben, die sie diesen zuvor entgegen einer rechtlichen Verpflichtung nicht gegeben haben. Eine Unterlassungsentscheidung sollte nicht davon abhängen, ob die betreffende Praktik vorsätzlich oder fahrlässig begangen wurde.

(34) Erhebt eine qualifizierte Einrichtung eine Verbandsklage, so sollte sie dem Gericht oder der Verwaltungsbehörde hinreichende Angaben zu den von der Verbandsklage betroffenen Verbrauchern machen. Diese Angaben sollten es dem Gericht beziehungsweise der Verwaltungsbehörde ermöglichen, festzustellen, ob es zuständig sind und welches das anwendbare Recht ist. Im Falle einer Klage im Zusammenhang mit einer unerlaubten Handlung müsste dem Gericht oder der Verwaltungsbehörde im Rahmen dieser Verpflichtung mitgeteilt werden, wo das schädigende Ereignis zum Nachteil der Verbraucher auftrat oder aufzutreten droht. Wie weit bei den erforderlichen Angaben auf Einzelheiten eingegangen werden muss, könnte sich je nach der von der qualifizierten Einrichtung angestrebten Entscheidung und abhängig davon, ob ein Opt-in- oder ein Opt-out-Mechanismus angewandt wird, unterscheiden. Darüber hinaus wäre es im Falle von Verbandsklagen auf Unterlassungsentscheidungen aufgrund der möglichen Hemmung oder Unterbrechung der Verjährungsfristen für spätere Abhilfeklagen erforderlich, dass die qualifizierte Einrichtung hinreichende Angaben zu der von der Verbandsklage betroffenen Gruppe von Verbrauchern macht.

(35) Die Mitgliedstaaten sollten sicherstellen, dass es qualifizierten Einrichtungen möglich ist, Unterlassungsentscheidungen und Abhilfeentscheidungen zu beantragen. Um die Verfahrenseffizienz von Verbandsklagen zu erhöhen, sollten die Mitgliedstaaten beschließen können, dass qualifizierte Einrichtungen Unterlassungsentscheidungen und Abhilfeentscheidungen im Rahmen einer einzigen Verbandsklage oder im Rahmen getrennter Verbandsklagen anstreben können. Bei Anstrebung in einer einzigen Verbandsklage sollte es den qualifizierten Einrichtungen möglich sein, alle relevanten Maßnahmen zum Zeitpunkt der Erhebung der Verbandsklage anzustreben oder zunächst die entsprechenden Unterlassungsentscheidungen und anschließend gegebenenfalls Abhilfeentscheidungen zu erwirken.

(36) Eine qualifizierte Einrichtung, die eine Verbandsklage gemäß dieser Richtlinie erhebt, sollte die Erwirkung der einschlägigen Entscheidungen, einschließlich Abhilfeentscheidungen, im Interesse und im Auftrag der von dem Verstoß betroffenen Verbraucher anstreben. Die qualifizierte Einrichtung sollte die Verfahrensrechte und -pflichten der antragstellenden Verfahrenspartei haben. Die Mitgliedstaaten sollten einzelnen von der Klage betroffenen Verbrauchern bestimmte Rechte im Rahmen der Verbandsklage zuerkennen können, aber diese einzelnen Verbraucher sollten keine antragstellenden Verfahrensparteien sein. Auf keinen Fall sollte es einzelnen Verbrauchern möglich sein, die von den qualifizierten Einrichtungen gefassten Verfahrensentscheidungen zu beeinträchtigen, im Rahmen der Verhandlungen selbständig Beweismittel anzufordern oder selbständig Rechtsbehelfe gegen die von dem mit der Verbandsklage angerufenen Gericht oder der mit der Verbandsklage angerufenen Verwaltungsbehörde gefassten Verfahrensentscheidungen einzulegen. Zudem sollten die einzelnen Verbraucher im Rahmen der Verbandsklage keine verfahrensrechtlichen Pflichten haben und außer in Ausnahmefällen nicht die Kosten des Verfahrens tragen.

(37) Die von einer Verbandsklage betroffenen Verbraucher sollten jedoch Anspruch darauf haben, Nutzen aus dieser Verbandsklage zu ziehen. Bei Verbandsklagen auf Abhilfemaßnahmen sollte der Nutzen in Schadenersatz, Reparatur, Ersatzleistung, Preisminderung, Vertragsauflösung oder Erstattung des gezahlten Preises bestehen. Bei Verbandsklagen auf Unterlassungsentscheidungen würde der Nutzen für die betroffenen Verbraucher in der Unterbindung oder dem Verbot der einen Verstoß darstellenden Praktik bestehen.

(38) Bei Verbandsklagen auf Abhilfeentscheidungen sollte die unterliegende Partei die der obsiegenden Partei entstandenen Verfahrenskosten nach Maßgabe der im nationalen Recht vorgesehenen Bedingungen und Ausnahmen zahlen. Das Gericht oder die Verwaltungsbehörde sollte die unterliegende Partei jedoch nicht zur Tragung von Kosten verurteilen, soweit diese Kosten unnötigerweise verursacht wurden. Einzelne Verbraucher, die von einer Verbandsklage betroffen sind, sollten nicht die Verfahrenskosten tragen. In Ausnahmefällen sollte es jedoch möglich sein, einzelne Verbraucher, die von einer Verbandsklage auf Abhilfeentscheidungen betroffen sind, dazu zu verurteilen, die von ihnen vorsätzlich oder aufgrund von Fahrlässigkeit verursachten Verfahrenskosten — beispielsweise durch Verzögerung des Verfahrens durch rechtswidrige Handlungen -zu tragen. Die Verfahrenskosten sollten beispielsweise alle Kosten umfassen, die daraus entstehen, dass Verfahrensparteien durch einen Rechtsanwalt oder anderen Rechtsbeistand vertreten wurden, sowie alle Kosten, die durch die Zustellung oder Übersetzung von Dokumenten entstehen.

(39) Um Klagemissbrauch zu vermeiden, sollten die Mitgliedstaaten neue Vorschriften erlassen oder bestehende Vorschriften des nationalen Rechts anwenden, nach denen das Gericht oder die Verwaltungsbehörde entscheiden kann, offensichtlich unbegründete Fälle abzuweisen, sobald dem Gericht oder der Verwaltungsbehörde die für die Begründung einer solchen Entscheidung erforderlichen Informationen vorliegen. Die Mitgliedstaaten sollten nicht verpflichtet sein, besondere Vorschriften für Verbandsklagen einzuführen und sollten die allgemeinen Verfahrensvorschriften dort anwenden können, wo diese Vorschriften das Ziel der Vermeidung des Klagemissbrauchs erreichen.

(40) Unterlassungsentscheidungen sollten endgültige Entscheidungen und einstweilige Verfügungen umfassen. Zu den einstweiligen Verfügungen könnten einstweilige Verfügungen, sichernde Entscheidungen und vorbeugende Entscheidungen zählen, die darauf abzielen, eine laufende Praktik zu beenden oder eine Praktik zu verbieten, die noch nicht durchgeführt wurde, bei der jedoch die Gefahr besteht, dass sie zu schweren oder irreversiblen Schäden für die Verbraucher führen könnte. Zu den Unterlassungsentscheidungen könnten außerdem Entscheidungen zählen, durch die festgestellt wird, dass eine bestimmte Praktik einen Verstoß darstellt, wenn die Praktik beendet wurde, bevor Verbandsklagen erhoben wurden, jedoch nach wie vor die Notwendigkeit besteht festzustellen, dass die Praktik einen Verstoß dargestellt hat, um beispielsweise Folgeklagen auf Abhilfeentscheidungen zu erleichtern. Des weiteren könnten Unterlassungsentscheidungen für den zuwiderhandelnden Unternehmer die Verpflichtung enthalten, die von dem Gericht oder der Verwaltungsbehörde erlassene Entscheidung im vollständigen Wortlaut oder in Auszügen in einer für angemessen erachteten Form zu veröffentlichen oder eine berichtigende Erklärung zu veröffentlichen.

(41) Ausgehend von der Richtlinie 2009/22/EG sollten die Mitgliedstaaten vorschreiben können, dass eine qualifizierte Einrichtung, die eine Verbandsklage auf Unterlassungsentscheidung zu erheben beabsichtigt, eine vorherige Konsultation durchführen muss, um es dem betroffenen Unternehmer zu ermöglichen, den Verstoß, der Gegenstand der Verbandsklage wäre, abzustellen. Die Mitgliedstaaten sollten vorschreiben können, dass in diese vorherige Konsultation eine von ihnen benannte unabhängige öffentliche Stelle einzubeziehen ist. Wenn die Mitgliedstaaten

eine vorherige Konsultation vorsehen, sollte eine Frist von zwei Wochen, gerechnet ab dem Zugang der Aufforderung auf Konsultation, gesetzt werden, nach deren Ablauf die klagende Partei berechtigt sein sollte, die zuständigen Gerichte oder Verwaltungsbehörden sofort mit der Verbandsklage auf Unterlassungsentscheidung zu befassen, sofern der Verstoß nicht beendet wurde. Diese Anforderungen könnten im Einklang mit dem nationalen Recht auch auf Verbandsklagen auf Abhilfeentscheidungen angewendet werden.

(42) Diese Richtlinie sollte ein Verfahren vorsehen, das die Vorschriften über die materiellen Rechte der Verbraucher auf vertragliche und außervertragliche Rechtsbehelfe in Fällen, in denen ihre Interessen durch einen Verstoß geschädigt wurden, wie etwa das Recht auf Schadenersatz, Vertragsauflösung, Erstattung des gezahlten Preises, Ersatzleistung, Reparatur oder Preisminderung, soweit angemessen und im Unionsrecht oder den nationalen Rechtsvorschriften vorgesehen, unberührt lässt. Eine Verbandsklage auf Abhilfe nach dieser Richtlinie sollte nur erhoben werden können, wenn das Unionsrecht oder das nationale Recht diese materiellen Rechte vorsieht. Diese Richtlinie sollte es nicht ermöglichen, dem zuwiderhandelnden Unternehmer nach nationalem Recht Strafschadenersatz aufzuerlegen.

(43) Nach Erhebung einer Verbandsklage sollten die von einer Verbandsklage auf Abhilfe betroffenen Verbraucher ausreichend Gelegenheit haben, ihren Willen zu äußern, ob sie im Zusammenhang mit der konkreten Verbandsklage von der qualifizierten Einrichtung repräsentiert werden wollen und ob sie die einschlägigen Ergebnisse der Verbandsklage für sich in Anspruch nehmen wollen. Um ihre eigenen Rechtstraditionen bestmöglich zu berücksichtigen, sollten die Mitgliedstaaten einen Opt-in- oder einen Opt-out-Mechanismus oder eine Kombination beider Möglichkeiten vorsehen. Beim Opt-in-Mechanismus sollte von den Verbrauchern verlangt werden, ausdrücklich ihren Willen zu äußern, ob sie im Rahmen einer Verbandsklage auf Abhilfe durch die qualifizierte Einrichtung repräsentiert werden wollen. Beim Opt-out-Mechanismus sollte von den Verbrauchern verlangt werden, ausdrücklich ihren Willen zu äußern, dass sie im Rahmen einer Verbandsklage auf Abhilfe nicht durch die qualifizierte Einrichtung repräsentiert werden wollen. Die Mitgliedstaaten sollten darüber entscheiden können, in welchem Verfahrensschritt einer Verbandsklage der einzelne Verbraucher sein Recht auf Opt-in oder Opt-out zu einer Verbandsklage ausüben kann.

(44) Die Mitgliedstaaten, die einen Opt-in-Mechanismus vorsehen, sollten verlangen können, dass einige Verbraucher die Möglichkeit zum Opt-in vor der Erhebung einer Verbandsklage auf Abhilfe in Anspruch nehmen, solange für andere Verbraucher die Möglichkeit zum Opt-in auch nach der Erhebung der Verbandsklage besteht.

(45) Im Interesse einer ordnungsgemäßen Rechtspflege und zur Vermeidung von unvereinbaren Entscheidungen sollte jedoch ein Opt-in-Mechanismus bei einer Verbandsklage auf Abhilfe erforderlich sein, wenn die von einem Verstoß betroffenen Verbraucher ihren gewöhnlichen Aufenthalt nicht im Mitgliedstaat des Gerichts oder der Verwaltungsbehörde haben, das bzw. die mit der Verbandsklage angerufen wurde. In solchen Fällen sollten die Verbraucher ausdrücklich ihren Willen äußern müssen, dass sie bei der besagten Verbandsklage repräsentiert werden wollen, damit die Entscheidung über die Verbandsklage ihnen gegenüber Bindungswirkung entfaltet.

(46) Äußern Verbraucher ausdrücklich oder stillschweigend ihren Willen, bei einer Verbandsklage auf Abhilfe unabhängig davon, ob bei dieser Verbandsklage die Möglichkeit eines Opt-in- oder Opt-out-Mechanismus' besteht, von einer qualifizierten Einrichtung repräsentiert zu werden, so sollte es nicht mehr möglich sein, bei anderen Verbandsklagen aus demselben Klagegrund gegen denselben Unternehmer repräsentiert zu werden oder eine Einzelklage wegen desselben Klagegrunds gegen denselben Unternehmer zu erheben. Dies sollte jedoch nicht gelten, wenn ein Verbraucher, der ausdrücklich oder stillschweigend seinen Willen geäußert hat, bei einer Verbandsklage auf Abhilfe repräsentiert zu werden, sich im Einklang mit den nationalen Rechtsvorschriften zu einem späteren Zeitpunkt aus dieser Verbandsklage zurückzieht, zum Beispiel wenn er zu einem späteren Zeitpunkt einen Vergleich ablehnt.

(47) Aus Gründen der Zweckmäßigkeit und der Effizienz sollten die Mitgliedstaaten nach Maßgabe des nationalen Rechts den Verbrauchern ebenfalls die Möglichkeit einräumen können, nach dem Erlass einer Abhilfeentscheidung unmittelbar und ohne Anforderungen bezüglich eines vorherigen Beitritts Nutzen aus dieser Abhilfeentscheidung ziehen zu können.

(48) Die Mitgliedstaaten sollten Vorschriften für die Koordinierung von Verbandsklagen, Einzelklagen von Verbrauchern und sonstigen Klagen zum Schutz der individuellen Interessen und der Kollektivinteressen der Verbraucher, die im Unionsrecht und im nationalen Recht festgelegt sind, einführen. Gemäß dieser Richtlinie ergangene Unterlassungsentscheidungen sollten individuelle Abhilfeklagen von Verbrauchern, die durch die Praktik, welche Gegenstand der Unterlassungsentscheidungen ist, geschädigt wurden, unberührt lassen.

(49) Die Mitgliedstaaten sollten qualifizierte Einrichtungen dazu verpflichten, zur Begründung von Verbandsklagen auf Abhilfe ausreichende Informationen zur Verfügung zu stellen, unter anderem eine Beschreibung der von dem Verstoß betroffenen Gruppe von Verbrauchern sowie der Sach- und Rechtsfragen, die Gegenstand der Verbandsklage sein sollen. Die qualifizierte Einrichtung sollte nicht von jeder von einer Verbandsklage betroffenen Verbraucher einzeln identifizieren müssen, um die Verbandsklage erheben zu können. Bei Verbandsklagen auf Abhilfe sollte das Gericht oder die Verwaltungsbehörde zum frühestmöglichen Zeitpunkt des Verfahrens prüfen, ob der Fall in Anbetracht der Art des Verstoßes und der Merkmale der Schäden, die die betroffenen Verbraucher erlitten haben, für eine Verbandsklage geeignet ist.

(50) In den Abhilfeentscheidungen sollten die einzelnen Verbraucher oder zumindest die Gruppe von Verbrauchern genannt werden, denen die in diesen Abhilfeentscheidungen vorgesehene Abhilfe zugutekommt, und es sollten, sofern zutreffend, die Berechnungsmethode für die Schäden dargelegt und die relevanten Schritte beschrieben werden, die von Verbrauchern und Unternehmern zur Umsetzung der Abhilfe einzuleiten sind. Verbraucher, die Anspruch auf Abhilfe haben, sollten diese erlangen können, ohne ein gesondertes Verfahren anstrengen zu müssen. Beispielsweise würde ein Erfordernis eines gesonderten Verfahrens für den Verbraucher die Verpflichtung mit sich bringen, vor einem Gericht oder einer Verwaltungsbehörde Einzelklage zu erheben, um den erlittenen Schaden zu bemessen. Umgekehrt sollte gemäß dieser Richtlinie von den Verbrauchern gefordert werden können, zur Erlangung individueller Abhilfe bestimmte Maßnahmen zu ergreifen, wie beispielsweise sich bei der für die Durchsetzung der Abhilfeentscheidung zuständigen Einrichtung zu melden.

(51) Die Mitgliedstaaten sollten Vorschriften zu Fristen, wie Verjährungsfristen oder andere Fristen für die Ausübung eines Rechts auf Abhilfe, innerhalb deren der einzelne Verbraucher sein Recht aus den Abhilfeentscheidungen in Anspruch nehmen kann, festlegen oder beibehalten. Die Mitgliedstaaten sollten Vorschriften zur Zweckbestimmung nicht in Anspruch genommener Abhilfebeträge, die während der festgelegten Fristen nicht abgerufen wurden, festlegen können.

(52) Qualifizierte Einrichtungen sollten gegenüber Gerichten oder Verwaltungsbehörden in Bezug auf die Finanzierungsquelle ihrer Tätigkeiten im Allgemeinen und in Bezug auf die Quelle der Mittel, mit denen eine bestimmte Verbandsklage auf Abhilfe unterstützt wird, vollständig transparent sein. Dies ist erforderlich, damit die Gerichte oder Verwaltungsbehörden beurteilen können, ob die Finanzierung durch Dritte, soweit dies nach nationalem Recht zulässig ist, den in dieser Richtlinie festgelegten Bedingungen entspricht, ob ein Interessenkonflikt zwischen dem finanzierenden Dritten und der qualifizierten Einrichtung besteht, durch den die Gefahr des Klagemissbrauchs entsteht, und ob bei der Finanzierung durch einen Dritten, der ein wirtschaftliches Interesse an der Erhebung oder am Ausgang der Verbandsklage auf Abhilfe hat, der Schutz der Kollektivinteressen der Verbraucher im Rahmen der Verbandsklage aus dem Fokus geraten würde. Anhand der Informationen, welche die qualifizierte Einrichtung dem Gericht oder der Verwaltungsbehörde übermittelt, sollten das Gericht oder die Verwaltungsbehörde beurteilen können, ob der Dritte Verfahrensentscheidungen der qualifizierten Einrichtung im Zusammenhang mit der Verbandsklage — unter anderem solche Vergleiche — in einer Weise, die dem Kollektivinteressen der betroffenen Verbraucher abträglich wäre, ungebührlich beeinflussen kann, und ob der Dritte Mittel zur Finanzierung einer Verbandsklage auf Abhilfe gegen einen Beklagten, der Wettbewerber des Finanzierers ist oder von dem der Finanzierer abhängig ist, bereitstellt. Die direkte Finanzierung einer bestimmten Verbandsklage durch einen Unternehmer, der auf demselben Markt wie der Beklagte tätig ist, sollte als Interessenkonflikt angesehen werden, da der Wettbewerber ein wirtschaftliches Interesse am Ausgang der Verbandsklage haben könnte, das nicht mit dem Verbraucherinteresse identisch wäre.

Bei der indirekten Finanzierung einer Verbandsklage durch Organisationen, die zu gleichen Beiträgen von ihren Mitgliedern oder durch Spenden, einschließlich Spenden von Unternehmern im Rahmen von Initiativen zur sozialen Verantwortung von Unternehmen oder Crowdfunding, finanziert werden, sollte die Finanzierung durch Dritte zulässig sein, sofern die Finanzierung durch Dritte den Anforderungen in Bezug auf Transparenz, Unabhängigkeit und Vermeidung von Interessenkonflikten entspricht. Sollte bestätigt werden, dass ein Interessenkonflikt vorliegt, so sollte das Gericht oder die Verwaltungsbehörde befugt sein, geeignete Maßnahmen einzuleiten, beispielsweise indem von der qualifizierten Einrichtung die Ablehnung oder Änderung der betreffenden Finanzierung verlangt wird und nötigenfalls die Klagebefugnis der qualifizierten Einrichtung verweigert oder entschieden wird, eine bestimmte Verbandsklage auf Abhilfe als unzulässig abzuweisen. Eine solche Verweigerung oder Entscheidung sollte die Rechte der von dieser Verbandsklage betroffenen Verbraucher nicht berühren.

(53) Kollektive Vergleiche, durch die geschädigte Verbraucher Abhilfe erhalten sollen, sollten im Rahmen von Verbandsklagen auf Abhilfe gefördert werden.

(54) Dem Gericht oder der Verwaltungsbehörde sollte es möglich sein, den Unternehmer und die qualifizierte Einrichtung, die die Verbandsklage auf Abhilfe erhoben hat, aufzufordern, Vergleichsverhandlungen für die von der Verbandsklage betroffenen Verbraucher aufzunehmen.

(55) Alle Vergleiche, die im Rahmen einer Verbandsklage auf Abhilfe erzielt werden, sollten vom zuständigen Gericht oder von der zuständigen Verwaltungsbehörde bestätigt werden, es sei denn, die Bedingungen des Vergleichs können nicht vollstreckt werden oder der Vergleich wäre mit auf den Klagegrund anzuwendenden zwingenden Vorschriften des nationalen Rechts nicht vereinbar, von denen im Wege eines Vertrags nicht zum Nachteil der Verbraucher abgewichen werden kann. So könnte beispielsweise ein Vergleich, bei dem eine Vertragsbestimmung unverändert beibehalten würde, die dem Unternehmer das ausschließliche Recht auf Auslegung aller anderen Vertragsbestimmungen einräumt, gegen zwingende Vorschriften des nationalen Rechts verstoßen.

(56) Es sollte den Mitgliedstaaten möglich sein, Bestimmungen festzulegen, die einem Gericht oder einer Verwaltungsbehörde erlauben, die Bestätigung eines Vergleichs auch dann abzulehnen, wenn dieser Vergleich nach Auffassung des Gerichts oder der Verwaltungsbehörde unfair ist.

(57) Gerichtlich bestätigte Vergleiche sollten für die qualifizierte Einrichtung, den Unternehmer und die einzelnen betroffenen Verbraucher bindend sein. Die Mitgliedstaaten sollten jedoch Bestimmungen festlegen können, nach denen einzelne betroffene Verbraucher die Möglichkeit erhalten, einen Vergleich anzunehmen oder abzulehnen.

(58) Für den Erfolg einer Verbandsklage ist es von entscheidender Bedeutung, dass die Verbraucher über diese informiert werden. Qualifizierte Einrichtungen sollten die Verbraucher auf ihren Websites über die Verbandsklagen, die sie bei einem Gericht oder einer Verwaltungsbehörde zu erheben beschlossen haben, über den Stand der von ihnen erhobenen Verbandsklagen und über deren Ergebnisse informieren, damit die Verbraucher eine fundierte Entscheidung darüber treffen können, ob sie sich an einer Verbandsklage beteiligen möchten, und rechtzeitig die notwendigen Schritte einleiten können. Die Informationen, die die qualifizierten Einrichtungen den Verbrauchern zur Verfügung stellen müssen, sollten soweit relevant und angemessen, eine Erläuterung des Gegenstands und der möglichen oder tatsächlichen Rechtsfolgen der Verbandsklage in verständlicher Sprache, die Absicht der qualifizierten Einrichtung, die Verbandsklage zu erheben, die Beschreibung der von der Verbandsklage betroffenen Verbrauchergruppe sowie die von den betroffenen Verbrauchern zu ergreifenden erforderlichen Schritte, einschließlich der Sicherung der erforderlichen Beweismittel, umfassen, damit die Verbraucher gegebenenfalls aus den in dieser Richtlinie vorgesehenen Unterlassungsentscheidungen, Abhilfeentscheidungen oder bestätigten Vergleichen ihren Nutzen ziehen können. Diese Informationen sollten geeignet und den Umständen des Falls angemessen sein.

(59) Unbeschadet der Verpflichtung der qualifizierten Einrichtungen Informationen bereitzustellen, sollten die betroffenen Verbraucher über die laufende Verbandsklage informiert werden, damit sie ausdrücklich oder stillschweigend ihren Willen äußern können, bei einer solchen Verbandsklage repräsentiert zu werden. Die Mitgliedstaaten sollten dies ermöglichen, indem sie geeignete Vorschriften dazu erlassen, wie Verbraucher über Verbandsklagen zu informieren sind. Es sollte den Mitgliedstaaten obliegen, darüber zu entscheiden, in wessen Zuständigkeit die Verbreitung dieser Informationen liegt.

(60) Die Verbraucher sollten gleichermaßen über ergangene rechtskräftige Entscheidungen, die Unterlassungsentscheidungen oder Abhilfeentscheidungen enthalten oder mit denen Vergleiche bestätigt werden, über ihre Rechte nach Feststellung eines Verstoßes und über alle weiteren Schritte, die von den von der Verbandsklage betroffenen Verbrauchern insbesondere im Hinblick auf die Inanspruchnahme von Abhilfe zu veranlassen sind, informiert werden. Die mit der Verbreitung der Information über den Verstoß einhergehenden Reputationsrisiken sind auch wichtig, um Unternehmer von Verstößen gegen Verbraucherrechte abzuhalten.

(61) Damit die Informationen über laufende und abgeschlossene Verbandsklagen wirksam sind, sollten sie geeignet und den Umständen des Falls angemessen sein. Solche Informationen könnten beispielsweise auf der Website der qualifizierten Einrichtung oder des Unternehmers, in nationalen elektronischen Datenbanken, in sozialen Medien, auf Online-Marktplätzen oder in auflagenstarken Zeitungen, einschließlich solcher Zeitungen, die ausschließlich auf elektronischem Wege verbreitet werden, bereitgestellt werden. Sofern dies möglich und angemessen ist, sollten die Verbraucher einzeln brieflich in elektronischer Form oder auf Papier informiert werden. Diese Informationen sollten auf Anfrage in für Menschen mit Behinderungen zugänglicher Form bereitgestellt werden.

(62) Es sollte dem zuwiderhandelnden Unternehmer obliegen, auf eigene Kosten alle betroffenen Verbraucher über rechtskräftige Unterlassungsentscheidungen und rechtskräftige Abhilfeentscheidungen zu informieren. Der Unternehmer sollte die Verbraucher ebenfalls über einen von einem Gericht beziehungsweise einer Verwaltungsbehörde bestätigten Vergleich informieren. Die Mitgliedstaaten sollten Vorschriften festlegen können, wonach eine entsprechende Verpflichtung von einem Antrag der qualifizierten Einrichtung abhängig ist. Ist im nationalen Recht vorgesehen, dass die von einer Klage betroffenen Verbraucher von dem Gericht beziehungsweise der Verwaltungsbehörde oder von der qualifizierten Einrichtung über ergangene rechtskräftige Entscheidungen und über gerichtlich bestätigte Vergleiche informiert werden, so sollte der Unternehmer nicht verpflichtet sein, diese Informationen ein zweites Mal zu übermitteln. Es sollte Aufgabe der qualifizierten Einrichtung sein, die betroffenen Verbraucher über die rechtskräftigen Entscheidungen über die Zurückweisung oder Abweisung von Verbandsklagen auf Abhilfe zu informieren.

(63) Die Mitgliedstaaten sollten nationale elektronische Datenbanken, die öffentlich über Websites zugänglich sind, einrichten können, die allgemeine Informationen über die qualifizierten Einrichtungen, die vorab zur Erhebung innerstaatlicher und grenzüberschreitender Verbandsklagen benannt wurden, sowie allgemeine Informationen über laufende und abgeschlossene Verbandsklagen enthalten.

(64) Die Mitgliedstaaten sollten sicherstellen, dass die rechtskräftige Entscheidung eines Gerichts oder einer Verwaltungsbehörde eines Mitgliedstaats über das Vorliegen eines Verstoßes zum Schaden der Kollektivinteressen der Verbraucher von allen Parteien, die im Rahmen anderer Klagen, die gegen denselben Unternehmer wegen derselben Praktik vor ihren Gerichten oder Verwaltungsbehörden erhoben werden, Abhilfeentscheidungen verlangen, als Beweismittel genutzt werden kann. Gemäß dem Grundsatz der Unabhängigkeit der Justiz und dem Grundsatz der freien Beweiswürdigung sollte dies die nationalen Rechtsvorschriften über die Beweiswürdigung unberührt lassen.

(65) Mit Klageerhebung tritt normalerweise eine Hemmung der Verjährungsfristen ein. Klagen auf Unterlassungsentscheidungen haben jedoch nicht zwangsläufig hemmende Wirkung in Bezug auf spätere Abhilfeentscheidungen, die sich aus demselben Verstoß ergeben könnten. Die Mitgliedstaaten sollten daher sicherstellen, dass eine anhängige Verbandsklage auf Unterlassungsentscheidungen für die von der Verbandsklage betroffenen Verbraucher die Hemmung oder Unterbrechung der anwendbaren Verjährungsfristen bewirkt, sodass diese Verbraucher, unabhängig davon, ob sie als Einzelperson handeln oder von einer qualifizierten Einrichtung repräsentiert werden, nicht dadurch an der späteren Erhebung einer Abhilfeklage gegen einen mutmaßlichen Verstoß gehindert werden, dass Verjährungsfristen ablaufen, während die Verbandsklage auf Unterlassungsentscheidungen anhängig ist. Bei Erhebung einer Verbandsklage auf eine Unterlassungsentscheidung sollte die qualifizierte Einrichtung die Gruppe der Verbraucher hinreichend genau definieren, deren Interessen durch den mutmaßlichen Verstoß beeinträchtigt werden und die möglicherweise aufgrund dieses Verstoßes einen Anspruch geltend machen und davon betroffen sein könnten, dass Verjährungsfristen ablaufen, während die Unterlassungsklage anhängig ist. Um Zweifelsfälle zu vermeiden, sollte auch eine anhängige Verbandsklage auf Abhilfeentscheidungen für die von der Verbandsklage betroffenen Verbraucher in Bezug auf die anwendbaren Verjährungsfristen fristhemmende oder -unterbrechende Wirkung haben.

(66) Damit Rechtssicherheit gewährleistet ist, sollte die Hemmung oder Unterbrechung von Verjährungsfristen gemäß dieser Richtlinie nur auf Abhilfeansprüche angewandt werden, die auf Verstößen beruhen, die am oder nach dem 25. Juni 2023 entstanden sind. Hierdurch sollte jedoch die Anwendung bereits vor dem 25. Juni 2023 geltender nationaler Vorschriften über die Hemmung oder Unterbrechung von Verjährungsfristen in Bezug auf Abhilfeansprüche aufgrund von Verstößen, die vor diesem Zeitpunkt aufgetreten sind, nicht ausgeschlossen werden.

(67) Verbandsklagen auf Unterlassungsentscheidungen sollten mit der gebotenen verfahrensrechtlichen Eile behandelt werden. Ein Fortdauern eines Verstoßes könnte die Dringlichkeit verschärfen. Verbandsklagen auf Unterlassungsentscheidungen mit vorläufiger Wirkung sollten gegebenenfalls im Rahmen eines summarischen Verfahrens behandelt werden, um einen durch den Verstoß verursachten Schaden oder einen weiteren Schaden zu verhindern.

(68) Beweismittel sind unverzichtbar für die Feststellung, ob eine Verbandsklage auf Unterlassungsentscheidungen oder Abhilfe begründet ist. Die Beziehungen zwischen Unternehmern und Verbrauchern sind jedoch oftmals durch Informationsasymmetrien gekennzeichnet, und die erforderlichen Beweismittel befinden sich unter Umständen ausschließlich im Besitz des Unternehmers, sodass sie für die qualifizierte Einrichtung nicht zugänglich sind. Daher sollten die qualifizierten Einrichtungen das Recht haben, beim Gericht oder bei der Verwaltungsbehörde zu verlangen, dass das Gericht oder die Verwaltungsbehörde die Offenlegung der für ihre Klage relevanten Beweismittel durch den Unternehmer anordnet. Andererseits sollte der Unternehmer unter Berücksichtigung des Grundsatzes der Waffengleichheit ein vergleichbares Recht auf Einsicht in die Beweismittel, die der qualifizierten Einrichtung vorliegen, haben. Die Notwendigkeit, der Umfang und die Verhältnismäßigkeit einer Anordnung zur Offenlegung von Beweismitteln sollten im Einklang mit dem nationalen Verfahrensrecht von dem mit der Verbandsklage angerufenen Gericht oder der mit der Verbandsklage angerufenen Verwaltungsbehörde vorbehaltlich der geltenden Rechtsvorschriften der Union und der Mitgliedstaaten über die Vertraulichkeit sorgfältig im Hinblick auf den Schutz der berechtigten Interessen Dritter geprüft werden.

(69) Damit die Wirksamkeit der Verbandsklagen gewährleistet ist, sollten zuwiderhandelnde Unternehmer im Falle der Nichtbefolgung oder der Verweigerung der Befolgung einer Unterlassungsentscheidung mit wirksamen, abschreckenden und verhältnismäßigen Sanktionen belegt werden. Die Mitgliedstaaten sollten dafür sorgen, dass diese Sanktionen in Form von Geldbußen, beispielsweise bedingte Geldbußen, regelmäßigen Zahlungen oder Zwangsgeldern, verhängt werden können. Zudem sollte auch die Nichtbefolgung oder die Weigerung der Befolgung einer Anordnung, die betroffene Verbraucher über rechtskräftige Entscheidungen oder über Vergleiche zu informieren oder Beweismittel offenzulegen, mit Sanktionen belegt werden. Im Falle der Weigerung, eine Anordnung auf Offenlegung von Beweismitteln zu befolgen, sollten auch andere Sanktionen, beispielsweise Verfahrensmaßnahmen, verhängt werden können.

(70) Angesichts der Tatsache, dass bei Verbandsklagen durch den Schutz der Kollektivinteressen der Verbraucher ein öffentliches Interesse verfolgt wird, sollten die Mitgliedstaaten Maßnahmen beibehalten oder erlassen mit dem Ziel, sicherzustellen, dass qualifizierte Einrichtungen nicht durch die damit einhergehenden Verfahrenskosten daran gehindert werden, Verbandsklagen nach dieser Richtlinie zu erheben. Zu diesen Maßnahmen könnte gehören, dass die anwendbaren Gerichts- oder Verwaltungsgebühren begrenzt werden, qualifizierten Einrichtungen erforderlichenfalls Zugang zu Prozesskostenhilfe gewährt wird oder den qualifizierten Einrichtungen öffentliche Mittel zur Erhebung von Verbandsklagen zur Verfügung gestellt werden, darunter strukturelle Unterstützung oder sonstige Unterstützungsmaßnahmen. Die Mitgliedstaaten sollten jedoch nicht verpflichtet werden, Verbandsklagen zu finanzieren.

(71) Die Zusammenarbeit und der Informationsaustausch zwischen qualifizierten Einrichtungen aus verschiedenen Mitgliedstaaten haben sich beim Vorgehen insbesondere gegen grenzüberschreitende Verstöße als nützlich erwiesen. Kapazitätsaufbau- und Kooperationsmaßnahmen müssen fortgesetzt und auf eine größere Zahl qualifizierter Einrichtungen in der gesamten Union ausgeweitet werden, um die Inanspruchnahme von Verbandsklagen mit grenzüberschreitenden Auswirkungen zu erhöhen.

(72) Die Mitgliedstaaten sollten der Kommission zum Zwecke der Bewertung dieser Richtlinie Daten zu Verbandsklagen, die im Rahmen dieser Richtlinie erhoben werden, zur Verfügung stellen. Die Mitgliedstaaten sollten Angaben zu Anzahl und Art der Verbandsklagen, die von ihren Gerichten beziehungsweise Verwaltungsbehörden zum Abschluss gebracht wurden, machen. Es sollten auch Angaben zu den Ergebnissen der Verbandsklagen gemacht werden, beispielsweise darüber, ob sie zulässig waren, ob sie erfolgreich waren oder ob sie in einen gerichtlich bestätigten Vergleich mündeten. Zur Verringerung des für die Mitgliedstaaten aus diesen Verpflichtungen resultierenden Verwaltungsaufwands sollte es insbesondere bei Unterlassungsentscheidungen ausreichen, der Kommission allgemeine Angaben zur Art der Verstöße und zu den Verfahrensparteien zu machen. Zu den Verfahrensparteien sollte es beispielsweise ausreichen, die Kommission davon in Kenntnis zu setzen, ob es sich bei der qualifizierten Einrichtung um eine Verbraucherorganisation oder eine öffentliche Stelle gehandelt hat, und ihr mitzuteilen, in welcher Branche der Unternehmer tätig ist, beispielsweise in der Finanzdienstleistungsbranche. Alternativ sollten die Mitgliedstaaten der Kommission Kopien der einschlägigen Entscheidungen oder Vergleiche zur Verfügung stellen können. Angaben zur Identität der einzelnen von den Verbandsklagen betroffenen Verbraucher sollten nicht gemacht werden.

(73) Die Kommission sollte einen Bericht erstellen, dem gegebenenfalls ein Gesetzgebungsvorschlag beigefügt ist und in dem bewertet wird, ob grenzüberschreitende Verbandsklagen am besten auf Unionsebene behandelt werden könnten, indem das Amt eines Europäischen Bürgerbeauftragten für Verbandsklagen auf Unterlassungsent-scheidungen und Abhilfeentscheidungen geschaffen wird.

(74) Diese Richtlinie steht im Einklang mit den Grundrechten und Grundsätzen, die insbesondere mit der Charta anerkannt wurden. Dementsprechend sollte diese Richtlinie im Einklang mit diesen Rechten und Grundsätzen, einschließlich derjenigen, die das Recht auf einen wirksamen Rechtsbehelf und ein faires Verfahren betreffen, ausgelegt und angewandt werden.

(75) In Bezug auf das Umweltrecht trägt diese Richtlinie dem Übereinkommen der Wirtschaftskommission der Vereinten Nationen für Europa vom 25. Juni 1998 über den Zugang zu Informationen, die Öffentlichkeitsbeteiligung an Entscheidungsverfahren und den Zugang zu Gerichten in Umweltangelegenheiten („Übereinkommen von Aarhus") Rechnung.

(76) Da die Ziele dieser Richtlinie, nämlich das Bestehen eines Verbandsklageverfahrens zum Schutz der Kollektiv-interessen der Verbraucher in allen Mitgliedstaaten sicherzustellen, um ein hohes Verbraucherschutzniveau sicherzustellen und zum ordnungsgemäßen Funktionieren des Binnenmarkts beizutragen, nicht ausreichend durch die Mitgliedstaaten verwirklicht werden kann, sondern aufgrund der grenzüberschreitenden Auswirkungen von Verstößen besser auf Unionsebene zu verwirklichen ist, kann die Union im Einklang mit dem in Artikel 5 des Vertrags über die Europäische Union niedergelegten Subsidiaritätsprinzip tätig werden. Entsprechend dem in demselben Artikel genannten Grundsatz der Verhältnismäßigkeit geht diese Richtlinie nicht über das für die Verwirklichung dieser Ziele erforderliche Maß hinaus.

(77) Gemäß der Gemeinsamen Politischen Erklärung vom 28. September 2011 der Mitgliedstaaten und der Kommission zu erläuternden Dokumenten (⁹) haben sich die Mitgliedstaaten verpflichtet, in begründeten Fällen zusätzlich zur Mitteilung ihrer Umsetzungsmaßnahmen ein oder mehrere Dokumente zu übermitteln, in denen der Zusammenhang zwischen den Bestandteilen einer Richtlinie und den entsprechenden Teilen nationaler Umsetzungs-instrumente erläutert wird. Bei dieser Richtlinie hält der Gesetzgeber die Übermittlung derartiger Dokumente für gerechtfertigt.

(78) Es ist angebracht, Bestimmungen für die zeitliche Geltung dieser Richtlinie vorzusehen.

(79) Die Richtlinie 2009/22/EG sollte daher aufgehoben werden —

(⁹) ABl. C 369 vom 17.12.2011, S. 14.

L 409/12 | DE | Amtsblatt der Europäischen Union | 4.12.2020

HABEN FOLGENDE RICHTLINIE ERLASSEN:

KAPITEL 1

GEGENSTAND, ANWENDUNGSBEREICH UND BEGRIFFSBESTIMMUNGEN

Artikel 1

Gegenstand und Zweck

(1)   Diese Richtlinie enthält Vorschriften zur Sicherstellung des Bestehens eines Verfahrens für Verbandsklagen zum Schutz der Kollektivinteressen der Verbraucher in allen Mitgliedstaaten bei gleichzeitiger Festlegung angemessener Schutzmaßnahmen zur Verhinderung von Klagemissbrauch. Zweck dieser Richtlinie ist es, durch Angleichung bestimmter Aspekte der Rechts- und Verwaltungsvorschriften der Mitgliedstaaten mit Bezug auf Verbandsklagen ein hohes Verbraucherschutzniveau zu erreichen und damit zum ordnungsgemäßen Funktionieren des Binnenmarkts beizutragen. Hierzu soll diese Richtlinie auch den Zugang der Verbraucher zur Justiz verbessern.

(2)   Diese Richtlinie hindert die Mitgliedstaaten nicht daran, auf nationaler Ebene verfahrensrechtliche Mittel zum Schutz der Kollektivinteressen der Verbraucher zu erlassen oder beizubehalten. Die Mitgliedstaaten stellen jedoch sicher, dass mindestens ein Verfahren zur Erhebung von Verbandsklagen, das es qualifizierten Einrichtungen ermöglicht, Verbandsklagen zur Erwirkung sowohl von Unterlassungsentscheidungen als auch von Abhilfeentscheidungen zu erheben, den Anforderungen dieser Richtlinie entspricht. Die Umsetzung dieser Richtlinie darf nicht als Rechtfertigung dafür dienen, das Verbraucherschutzniveau in den Bereichen zu senken, die von den in Anhang I aufgeführten Rechtsakten abgedeckt werden.

(3)   Die qualifizierten Einrichtungen können die ihnen zum Schutz der Kollektivinteressen der Verbraucher nach Unionsrecht oder nach nationalem Recht zur Verfügung stehenden Verfahrensmittel frei wählen.

Artikel 2

Anwendungsbereich

(1)   Diese Richtlinie findet Anwendung auf Verbandsklagen gegen Verstöße durch Unternehmer gegen die in Anhang I enthaltenen Vorschriften des Unionsrechts einschließlich ihrer Umsetzung in nationales Recht, welche die Kollektivinteressen der Verbraucher beeinträchtigen oder zu beeinträchtigen drohen. Diese Richtlinie berührt nicht die in Anhang I aufgeführten Vorschriften des Unionsrechts. Sie gilt für innerstaatliche und grenzüberschreitende Verstöße, und zwar auch dann, wenn diese Verstöße vor Erhebung der Verbandsklage oder vor Abschluss der Verbandsklage eingestellt wurden.

(2)   Diese Richtlinie berührt nicht die in Anhang I in Bezug genommenen Vorschriften des Unionsrechts oder des nationalen Rechts, mit denen den Verbrauchern für Verstöße gemäß Artikel 1 vertragliche und außervertragliche Abhilfe zur Verfügung gestellt wird.

(3)   Diese Richtlinie berührt nicht die Unionsvorschriften im Bereich des Internationalen Privatrechts, insbesondere nicht die Vorschriften über die Zuständigkeit der Gerichte sowie über die Anerkennung und Vollstreckung von Entscheidungen in Zivil- und Handelssachen und die Vorschriften über das auf vertragliche und außervertragliche Schuldverhältnisse anzuwendende Recht.

Artikel 3

Begriffsbestimmungen

Im Sinne dieser Richtlinie bezeichnet der Ausdruck

1. „Verbraucher" jede natürliche Person, die zu Zwecken handelt, die außerhalb ihrer gewerblichen, geschäftlichen, handwerklichen oder beruflichen Tätigkeit liegen;

2. „Unternehmer" jede natürliche oder juristische Person, unabhängig davon, ob letztere privater oder öffentlicher Natur ist, die selbst oder durch eine andere Person, die in ihrem Namen oder Auftrag handelt, zu Zwecken tätig wird, die ihrer gewerblichen, geschäftlichen, handwerklichen oder beruflichen Tätigkeit zugerechnet werden können;

3. „Kollektivinteressen der Verbraucher" das allgemeine Interesse der Verbraucher und, insbesondere im Hinblick auf Abhilfeentscheidungen, die Interessen einer Gruppe von Verbrauchern;

4. „qualifizierte Einrichtung" jede Organisation oder öffentliche Stelle, welche die Verbraucherinteressen vertritt und die von einem Mitgliedstaat als für die Erhebung von Verbandsklagen gemäß dieser Richtlinie qualifiziert benannt wurde;

5. „Verbandsklage" eine Klage zum Schutz der Kollektivinteressen der Verbraucher, die von einer qualifizierten Einrichtung als antragstellender Verfahrenspartei im Interesse von Verbrauchern erhoben wird, um eine Unterlassungsentscheidung oder eine Abhilfeentscheidung oder beides zu erwirken;

6. „innerstaatliche Verbandsklage" eine Verbandsklage, die von einer qualifizierten Einrichtung in dem Mitgliedstaat erhoben wird, in dem die qualifizierte Einrichtung benannt wurde;

7. „grenzüberschreitende Verbandsklage" eine Verbandsklage, die von einer qualifizierten Einrichtung in einem anderen Mitgliedstaat als dem erhoben wird, in dem die qualifizierte Einrichtung benannt wurde;

8. „Praktik" jede Handlung oder Unterlassung eines Unternehmers;

9. „rechtskräftige Entscheidung" eine Entscheidung eines Gerichts oder einer Verwaltungsbehörde eines Mitgliedstaats, gegen die ein ordentlicher Rechtsbehelf nicht oder nicht mehr eingelegt werden kann.

10. „Abhilfeentscheidung" eine Entscheidung, durch die ein Unternehmer verpflichtet wird, den betroffenen Verbrauchern je nach Fall und soweit dies im Unionsrecht oder im nationalen Recht vorgesehen ist, Abhilfe in Form von Schadenersatz, Reparatur, Ersatzleistung, Preisminderung, Vertragsauflösung oder Erstattung des gezahlten Preises zu leisten.

KAPITEL 2

VERBANDSKLAGEN

Artikel 4

Qualifizierte Einrichtungen

(1) Die Mitgliedstaaten stellen sicher, dass die in dieser Richtlinie vorgesehenen Verbandsklagen von hierzu von den Mitgliedstaaten benannten qualifizierten Einrichtungen erhoben werden können.

(2) Die Mitgliedstaaten stellen sicher, dass Organisationen, insbesondere Verbraucherorganisationen einschließlich solcher, die Mitglieder aus mehr als einem Mitgliedstaat repräsentieren, als für die Erhebung innerstaatlicher Verbandsklagen, für die Erhebung grenzüberschreitender Verbandsklagen oder für die Erhebung beider Arten von Verbandsklagen qualifizierte Einrichtung benannt werden können.

(3) Die Mitgliedstaaten benennen eine unter Absatz 2 fallende Organisation auf deren Benennungsantrag hin als für die Erhebung grenzüberschreitender Verbandsklagen qualifizierte Einrichtung, wenn diese Einrichtung sämtliche nachstehenden Kriterien einhält:

a) sie ist eine nach dem nationalen Recht des benennenden Mitgliedstaats gegründete juristische Person, die vor ihrem Benennungsantrag nachweislich zwölf Monate zum Schutz von Verbraucherinteressen öffentlich tätig gewesen ist;

b) aus ihrem Satzungszweck ergibt sich, dass sie ein legitimes Interesse am Schutz der Verbraucherinteressen gemäß den in Anhang I bestimmten Rechtsvorschriften der Union hat;

c) sie verfolgt keinen Erwerbszweck;

d) über sie ist kein ein Insolvenzverfahren eröffnet und sie ist nicht für insolvent erklärt worden;

e) sie ist unabhängig und steht — Verbraucher ausgenommen — nicht unter dem Einfluss von Personen, insbesondere Unternehmern, die ein wirtschaftliches Interesse an der Erhebung einer Verbandsklage haben, einschließlich im Falle einer Finanzierung durch Dritte, und sie verfügt zu diesem Zweck über Verfahren, die eine solche Einflussnahme sowie Interessenkonflikte zwischen ihr, ihren Finanzierern und Verbraucherinteressen verhindern;

f) sie macht auf geeignete Weise — insbesondere auf ihrer Website — in klarer und verständlicher Sprache Angaben öffentlich zugänglich, die die Einhaltung der Kriterien der Buchstaben a bis e durch die Einrichtung belegen, sowie Angaben zu den Quellen ihrer Finanzierung im Allgemeinen, ihrer Organisations-, Management- und Mitgliederstruktur, ihres Satzungszwecks und ihren Tätigkeiten.

(4) Die Mitgliedstaaten stellen sicher, dass die Kriterien, die sie für die Benennung einer Organisation als qualifizierte Einrichtung für die Zwecke der Erhebung innerstaatlicher Verbandsklagen heranziehen, mit den Zielen dieser Richtlinie im Einklang stehen, um ein wirksames und effizientes Funktionieren dieser Verbandsklagen zu gewährleisten.

(5) Die Mitgliedstaaten können beschließen, dass die Kriterien nach Absatz 3 auch für die Benennung qualifizierter Einrichtungen für die Erhebung innerstaatlicher Verbandsklagen gelten.

(6) Die Mitgliedstaaten können eine Organisation als qualifizierte Einrichtung auf deren Antrag hin ad hoc für die Erhebung einer bestimmten innerstaatlichen Verbandsklage benennen, wenn diese Organisation die im nationalen Recht vorgesehenen Kriterien für die Benennung als qualifizierte Einrichtung einhält.

(7) Ungeachtet der Absätze 3 und 4 können die Mitgliedstaaten öffentliche Stellen als für die Erhebung von Verbandsklagen qualifizierte Einrichtungen benennen. Die Mitgliedstaaten können bestimmen, dass öffentliche Stellen, die bereits als qualifizierte Einrichtungen im Sinne des Artikels 3 der Richtlinie 2009/22/EG benannt wurden, weiterhin als qualifizierte Einrichtungen im Sinne der vorliegenden Richtlinie benannt bleiben.

Artikel 5

Unterrichtung über qualifizierte Einrichtungen und Überwachung dieser Einrichtungen

(1) Jeder Mitgliedstaat übermittelt der Kommission bis zum 26. Dezember 2023 ein Verzeichnis der vorab für die Erhebung grenzüberschreitender Verbandsklagen benannten qualifizierten Einrichtungen, einschließlich des jeweiligen Namens und Satzungszwecks. Jeder Mitgliedstaat teilt der Kommission alle Änderungen an diesem Verzeichnis mit. Die Mitgliedstaaten machen dieses Verzeichnis öffentlich zugänglich.

Die Kommission stellt ein Verzeichnis dieser qualifizierten Einrichtungen zusammen und macht es öffentlich zugänglich. Die Kommission aktualisiert dieses Verzeichnis mit jeder Änderung des Verzeichnisses der qualifizierten Einrichtungen eines Mitgliedstaats, die der Kommission mitgeteilt wird.

(2) Die Mitgliedstaaten stellen sicher, dass die Informationen über qualifizierte Einrichtungen, die vorab für die Erhebung innerstaatlicher Verbandsklagen benannt wurden, der Öffentlichkeit zugänglich gemacht werden.

(3) Die Mitgliedstaaten überprüfen mindestens alle fünf Jahre, ob die qualifizierten Einrichtungen die in Artikel 4 Absatz 3 aufgeführten Kriterien nach wie vor einhalten. Die Mitgliedstaaten stellen sicher, dass eine qualifizierte Einrichtung ihren Status verliert, wenn sie eines oder mehrere dieser Kriterien nicht mehr einhält.

(4) Erhebt ein Mitgliedstaat oder die Kommission Bedenken, ob eine qualifizierte Einrichtung die in Artikel 4 Absatz 3 aufgeführten Kriterien einhält, so führt der Mitgliedstaat, der diese qualifizierte Einrichtung benannt hat, auf diese Bedenken hin eine Überprüfung durch. Gegebenenfalls hebt der Mitgliedstaat die Benennung dieser qualifizierten Einrichtung auf, wenn diese eines oder mehrere dieser Kriterien nicht mehr einhält. Der beklagte Unternehmer hat die Möglichkeit, im Rahmen einer Verbandsklage beim Gericht oder der Verwaltungsbehörde begründete Bedenken hinsichtlich der Einhaltung der in Artikel 4 Absatz 3 aufgeführten Kriterien durch eine qualifizierte Einrichtung geltend zu machen.

(5) Die Mitgliedstaaten benennen nationale Kontaktstellen für die Zwecke des Absatzes 4 und teilen der Kommission die Namen und Kontaktdaten dieser Stellen mit. Die Kommission erstellt ein Verzeichnis dieser Kontaktstellen und stellt dieses den Mitgliedstaaten zur Verfügung.

Artikel 6

Erhebung grenzüberschreitender Verbandsklagen

(1) Die Mitgliedstaaten stellen sicher, dass qualifizierte Einrichtungen, die in einem anderen Mitgliedstaat für die Zwecke grenzüberschreitender Verbandsklagen vorab benannt wurden, vor ihren Gerichten oder Verwaltungsbehörden diese Verbandsklagen erheben können.

(2) Die Mitgliedstaaten stellen sicher, dass in Fällen, in denen der mutmaßliche Verstoß gegen Unionsrecht gemäß Artikel 2 Absatz 1 Verbraucher aus verschiedenen Mitgliedstaaten beeinträchtigt oder zu beeinträchtigen droht, eine Verbandsklage vor dem Gericht oder der Verwaltungsbehörde eines Mitgliedstaats durch mehrere qualifizierte Einrichtungen aus verschiedenen Mitgliedstaaten zum Schutz der Kollektivinteressen von Verbrauchern aus verschiedenen Mitgliedstaaten erhoben werden kann.

(3) Die Gerichte und Verwaltungsbehörden akzeptieren das Verzeichnis gemäß Artikel 5 Absatz 1 als Nachweis der Befugnis einer qualifizierten Einrichtung, grenzüberschreitende Verbandsklagen zu erheben, unbeschadet des Rechts des angerufenen Gerichts oder der angerufenen Verwaltungsbehörde, zu prüfen, ob der Satzungszweck der qualifizierten Einrichtung deren Klage in einem konkreten Fall rechtfertigt.

Artikel 7

Verbandsklagen

(1)   Die Mitgliedstaaten stellen sicher, dass die in dieser Richtlinie vorgesehenen Verbandsklagen vor ihren Gerichten oder Verwaltungsbehörden durch nach Artikel 4 benannte qualifizierte Einrichtungen erhoben werden können.

(2)   Erhebt eine qualifizierte Einrichtung eine Verbandsklage, so macht sie dem Gericht oder der Verwaltungsbehörde gegenüber hinreichende Angaben zu den von der Verbandsklage betroffenen Verbrauchern.

(3)   Die Gerichte oder Verwaltungsbehörden prüfen die Zulässigkeit einer bestimmten Verbandsklage gemäß dieser Richtlinie und dem nationalen Recht.

(4)   Die Mitgliedstaaten stellen sicher, dass qualifizierte Einrichtungen berechtigt sind, mindestens auf folgende Maßnahmen zu klagen:

a) Unterlassungsentscheidungen;

b) Abhilfeentscheidungen.

(5)   Die Mitgliedstaaten können qualifizierte Einrichtungen dazu berechtigen, die Maßnahmen nach Absatz 4 gegebenenfalls im Rahmen einer einzigen Verbandsklage geltend zu machen. Die Mitgliedstaaten können bestimmen, dass diese Entscheidungen im Rahmen einer Entscheidung zusammengefasst werden können.

(6)   Die Mitgliedstaaten stellen sicher, dass die Interessen der Verbraucher im Rahmen von Verbandsklagen von qualifizierten Einrichtungen repräsentiert werden und dass diese qualifizierten Einrichtungen die Rechte und Pflichten einer antragstellenden Verfahrenspartei haben. Die von einer Verbandsklage betroffenen Verbraucher sind befugt, den Nutzen aus der in Absatz 4 in Bezug genommenen Maßnahmen ziehen zu können.

(7)   Die Mitgliedstaaten sorgen dafür, dass Gerichte oder Verwaltungsbehörden offensichtlich unbegründete Klagen in einem möglichst frühen Verfahrensstadium nach dem nationalen Recht abweisen können.

Artikel 8

Unterlassungsentscheidungen

(1)   Die Mitgliedstaaten stellen sicher, dass es Unterlassungsentscheidungen gemäß Artikel 7 Absatz 4 Buchstabe a in folgenden Arten gibt:

a) einstweilige Verfügungen zur Beendigung einer Praktik oder gegebenenfalls zum Verbot einer Praktik, sofern diese Praktik als Verstoß gemäß Artikel 2 Absatz 1 betrachtet wird;

b) endgültige Entscheidungen zur Beendigung einer Praktik oder gegebenenfalls zum Verbot einer Praktik, sofern diese Praktik einen Verstoß gemäß Artikel 2 Absatz 1 darstellt.

(2)   Sofern dies im nationalen Recht vorgesehen ist, können Entscheidungen nach Absatz 1 Buchstabe b, Folgendes enthalten:

a) eine Entscheidung, mit der festgestellt wird, dass die Praktik einen Verstoß gemäß Artikel 2 Absatz 1 darstellt, und

b) die Verpflichtung, die Entscheidung im vollständigen Wortlaut oder in Auszügen in einer vom Gericht oder von der Verwaltungsbehörde für angemessen erachteten Form zu veröffentlichen oder die Verpflichtung, eine berichtigende Erklärung zu veröffentlichen.

(3)   Damit eine qualifizierte Einrichtung eine Unterlassungsentscheidung erwirken kann, müssen einzelne Verbraucher nicht ihren Willen äußern, sich durch diese qualifizierte Einrichtung repräsentieren zu lassen. Die qualifizierte Einrichtung ist nicht verpflichtet folgendes nachzuweisen:

a) den tatsächlichen Verlust oder Schaden, der einzelnen von dem gemäß Artikel 2 Absatz 1 genannten Verstoß betroffenen Verbrauchern entstanden ist, oder

b) das Vorliegen von Vorsatz oder Fahrlässigkeit beim Unternehmer.

(4)   Die Mitgliedstaaten können in ihrem nationalen Recht Bestimmungen einführen oder beibehalten, aufgrund deren eine qualifizierte Einrichtung Unterlassungsentscheidungen gemäß Absatz 1 Buchstabe b nur beantragen kann, nachdem sie Konsultationen mit dem Unternehmer mit dem Ziel aufgenommen hat, dass dieser den Verstoß gemäß Artikel 2 Absatz 1 beendet. Beendet der Unternehmer den Verstoß nicht innerhalb von zwei Wochen nach Erhalt des Konsultationsersuchens, so kann die qualifizierte Einrichtung unmittelbar eine Verbandsklage auf eine Unterlassungsentscheidung erheben.

Die Mitgliedstaaten übermitteln der Kommission alle einschlägigen Vorschriften des nationalen Rechts. Die Kommission sorgt dafür, dass diese Informationen öffentlich zugänglich sind.

Artikel 9

Abhilfeentscheidungen

(1)   Durch eine Abhilfeentscheidung wird der Unternehmer verpflichtet, den betroffenen Verbrauchern, je nach Fall und soweit dies im Unionsrecht oder im nationalen Recht vorgesehen ist, Abhilfe in Form von Schadenersatz, Reparatur, Ersatzleistung, Preisminderung, Vertragsauflösung oder Erstattung des gezahlten Preises zu leisten.

(2)   Die Mitgliedstaaten legen Vorschriften dazu fest, auf welche Weise und in welchem Stadium einer Verbandsklage auf Abhilfeentscheidungen die einzelnen von einer Verbandsklage betroffenen Verbraucher nach Erhebung der Verbandsklage innerhalb einer angemessenen Frist ausdrücklich oder stillschweigend ihren Willen äußern können, ob sie durch die qualifizierte Einrichtung im Rahmen der Verbandsklage auf Abhilfeentscheidungen repräsentiert werden wollen und an das Ergebnis der Verbandsklage gebunden sein wollen.

(3)   Ungeachtet des Absatzes 2 stellen die Mitgliedstaaten sicher, dass einzelne Verbraucher, die ihren gewöhnlichen Aufenthaltsort nicht in dem Mitgliedstaat des Gerichts oder der Verwaltungsbehörde haben, vor der eine Verbandsklage erhoben worden ist, ihren Willen, bei der Klage repräsentiert zu sein, ausdrücklich äußern müssen, damit diese Verbraucher an das Ergebnis des Verbandsklageverfahrens gebunden sind.

(4)   Die Mitgliedstaaten legen Vorschriften fest, um sicherzustellen, dass Verbraucher, die ausdrücklich oder stillschweigend ihren Willen geäußert haben, sich in einer Verbandsklage repräsentieren zu lassen, sich weder in anderen Verbandsklagen dieser Art aus demselben Klagegrund und gegen denselben Unternehmer repräsentieren lassen können, noch die Möglichkeit haben, eine Einzelklage aus demselben Klagegrund und gegen denselben Unternehmer zu erheben. Die Mitgliedstaaten legen ferner Vorschriften fest, um sicherzustellen, dass Verbraucher nicht mehr als einmal eine Entschädigung aus demselben Klagegrund gegen denselben Unternehmer erhalten.

(5)   Werden in der Abhilfeentscheidung nicht einzelne Verbraucher aufgeführt, die Anspruch auf die in der Abhilfeentscheidung vorgesehene Abhilfe haben, so muss darin zumindest die Gruppe von Verbrauchern festgelegt werden, die Anspruch auf die genannte Abhilfe hat.

(6)   Die Mitgliedstaaten stellen sicher, dass Verbraucher aufgrund einer Abhilfeentscheidung Anspruch darauf haben, dass ihnen die in diesen Abhilfeentscheidungen vorgesehene Abhilfe zugutekommt, ohne eine gesonderte Klage erheben zu müssen.

(7)   Die Mitgliedstaaten erlassen Vorschriften oder behalten Vorschriften bei, in denen die Fristen geregelt werden, innerhalb deren der einzelne Verbraucher Abhilfeentscheidungen in Anspruch nehmen kann. Die Mitgliedstaaten können Vorschriften bezüglich der Zweckbestimmung nicht in Anspruch genommener Abhilfebeträge, die während der festgelegten Fristen nicht abgerufen werden, festlegen.

(8)   Die Mitgliedstaaten stellen sicher, dass für qualifizierte Einrichtungen die Möglichkeit besteht, Verbandsklagen zur Erwirkung von Abhilfeentscheidungen zu erheben, ohne dass ein Gericht oder eine Verwaltungsbehörde vorher in einem gesonderten Verfahren das Vorliegen eines Verstoßes gemäß Artikel 2 Absatz 1 festgestellt haben muss.

(9)   Die durch Abhilfeentscheidungen im Rahmen einer Verbandsklage gewährte Abhilfe erfolgt unbeschadet etwaiger weiterer den Verbrauchern nach dem Unionsrecht oder dem nationalen Recht zustehenden Abhilfe, die nicht Gegenstand der Verbandsklage war.

Artikel 10

Finanzierung von Verbandsklagen auf Abhilfeentscheidungen

(1)   Die Mitgliedstaaten stellen sicher, dass bei einer von einem Dritten finanzierten Verbandsklage auf Abhilfeentscheidungen, soweit eine Drittfinanzierung nach dem nationalen Recht zulässig ist, Interessenkonflikte vermieden werden und dass bei einer Finanzierung durch Dritte, die ein wirtschaftliches Interesse an der Erhebung oder am Ausgang der Verbandsklage auf Abhilfeentscheidungen haben, der Schutz der Kollektivinteressen der Verbraucher im Rahmen der Verbandsklage nicht aus dem Fokus gerät.

(2)   Für die Zwecke des Absatzes 1 stellen die Mitgliedstaaten insbesondere sicher, dass

a) die Entscheidungen qualifizierter Einrichtungen im Zusammenhang mit einer Verbandsklage, einschließlich Entscheidungen über Vergleiche, nicht ungebührlich von einem Dritten in einer Weise beeinflusst werden, die den Kollektivinteressen der von der Verbandsklage betroffenen Verbraucher abträglich wäre;

b) die Verbandsklage nicht gegen einen Beklagten erhoben wird, der Wettbewerber des Finanzierers ist oder von dem der Finanzierer abhängig ist.

(3) Die Mitgliedstaaten stellen sicher, dass die Gerichte oder Verwaltungsbehörden im Rahmen einer Verbandsklage auf Abhilfeentscheidungen befugt sind, die Einhaltung der Absätze 1 und 2 zu überprüfen, falls begründete Zweifel an der Einhaltung entstehen. Zu diesem Zweck legen die qualifizierten Einrichtungen dem Gericht oder der Verwaltungsbehörde eine Finanzierungsübersicht offen, in der die für die Verbandsklage in Anspruch genommenen Finanzierungsquellen aufgelistet sind.

(4) Die Mitgliedstaaten stellen für die Zwecke der Absätze 1 und 2 sicher, dass die Gerichte oder die Verwaltungsbehörden befugt sind, geeignete Maßnahmen zu ergreifen, beispielsweise von der qualifizierten Einrichtung die Ablehnung oder Änderung der betreffenden Finanzierung zu verlangen und nötigenfalls der qualifizierten Einrichtung die Klagebefugnis für eine bestimmte Verbandsklage zu entziehen. Wird der qualifizierten Einrichtung die Klagebefugnis für eine bestimmten Verbandsklage entzogen, so berührt diese Entziehung nicht die Rechte der von dieser Verbandsklage betroffenen Verbraucher.

Artikel 11

Abhilfevergleiche

(1) Zur Bestätigung eines Vergleichs stellen die Mitgliedstaaten sicher, dass im Rahmen einer Verbandsklage zur Erwirkung von Abhilfeentscheidungen Folgendes gegeben ist:

a) Die qualifizierte Einrichtung und der Unternehmer können dem Gericht oder der Verwaltungsbehörde gemeinschaftlich einen Vergleich über Abhilfe für die betroffenen Verbraucher vorschlagen, oder

b) das Gericht oder die Verwaltungsbehörde kann nach Anhörung der qualifizierten Einrichtung und des Unternehmers die qualifizierte Einrichtung und den Unternehmer auffordern, innerhalb einer angemessenen Frist einen Vergleich über Abhilfe zu vereinbaren.

(2) Die Vergleiche nach Absatz 1 unterliegen der Prüfung durch das Gericht oder durch die Verwaltungsbehörde. Das Gericht oder die Verwaltungsbehörde prüft, ob es bzw. sie die Bestätigung eines Vergleichs ablehnen muss, der im Widerspruch zu zwingenden Bestimmungen des nationalen Rechts steht oder Bedingungen enthält, die nicht vollstreckbar sind, wobei die Rechte und Interessen aller Parteien, insbesondere die der betroffenen Verbraucher, berücksichtigt werden. Die Mitgliedstaaten können Vorschriften erlassen, die es den Gerichten oder den Verwaltungsbehörden ermöglichen, die Bestätigung eines Vergleichs mit der Begründung abzulehnen, dass der Vergleich unfair ist.

(3) Bestätigt das Gericht oder die Verwaltungsbehörde den Vergleich nicht, so setzt das Gericht beziehungsweise die Verwaltungsbehörde das betreffende Verbandsklageverfahren fort.

(4) Die bestätigten Vergleiche sind für die qualifizierte Einrichtung, den Unternehmer und die einzelnen betroffenen Verbraucher bindend.

Die Mitgliedstaaten können Vorschriften erlassen, durch die einzelne Verbraucher, die von der Verbandsklage und dem anschließenden Vergleich betroffen sind, die Möglichkeit erhalten, den Vergleich nach Absatz 1 anzunehmen oder abzulehnen.

(5) Die durch einen bestätigten Vergleich nach Absatz 2 erwirkte Abhilfe erfolgt unbeschadet etwaiger weiterer den Verbrauchern nach dem Unionsrecht oder dem nationalen Recht zustehender Abhilfe, die nicht Gegenstand dieses Vergleichs war.

Artikel 12

Aufteilung der Kosten der Verbandsklage auf Abhilfeentscheidungen

(1) Die Mitgliedstaaten stellen sicher, dass die in einer Verbandsklage auf Abhilfeentscheidungen unterliegende Partei die von der obsiegenden Partei getragenen Verfahrenskosten nach Maßgabe der im geltenden nationalen Recht für Gerichtsverfahren im Allgemeinen vorgesehenen Bedingungen und Ausnahmen zahlt.

(2) Einzelne von einer Verbandsklage auf Abhilfeentscheidungen betroffene Verbraucher tragen nicht die Kosten des Verfahrens.

(3) Abweichend von Absatz 2 kann in Ausnahmefällen ein einzelner Verbraucher, der von einer Verbandsklage auf Abhilfeentscheidungen betroffen ist, dazu verurteilt werden, Verfahrenskosten zu tragen, die durch Vorsatz oder Fahrlässigkeit des einzelnen Verbrauchers verursacht wurden.

Artikel 13

Unterrichtung über Verbandsklagen

(1)   Die Mitgliedstaaten erlassen Vorschriften, mit denen sichergestellt wird, dass qualifizierte Einrichtungen insbesondere auf ihrer Website Angaben machen über

a) die Verbandsklagen, die sie bei Gericht oder bei einer Verwaltungsbehörde erheben wollen,

b) den Stand der Verbandsklagen, die sie bereits bei einem Gericht oder einer Verwaltungsbehörde erhoben haben, und

c) die Ergebnisse der Verbandsklagen gemäß Buchstaben a und b.

(2)   Die Mitgliedstaaten erlassen Vorschriften, mit denen sichergestellt wird, dass den von einer laufenden Verbandsklage auf Abhilfeentscheidungen betroffenen Verbrauchern rechtzeitig und durch geeignete Mittel Informationen über die Verbandsklage gegeben werden, sodass die Verbraucher die Möglichkeit haben, ausdrücklich oder stillschweigend ihren Willen zu äußern, in dieser Verbandsklage gemäß Artikel 9 Absatz 2 repräsentiert werden zu wollen.

(3)   Unbeschadet der Absätze 1 und 2 dieses Artikels verpflichtet das Gericht oder die Verwaltungsbehörde den Unternehmer, die von der Verbandsklage betroffenen Verbraucher auf Kosten des Unternehmers über rechtskräftige Entscheidungen zu Maßnahmen nach Artikel 7 und über bestätigte Vergleiche nach Artikel 11 auf eine Art und Weise zu unterrichten, welche die Umstände des Falls berücksichtigt und innerhalb bestimmter Fristen erfolgt, wo dies gerechtfertigt ist auch durch gesonderte Benachrichtigung aller betroffenen Verbraucher. Diese Verpflichtung besteht nicht, wenn die betroffenen Verbraucher auf andere Weise über rechtskräftige Entscheidungen oder gerichtlich bestätigte Vergleiche unterrichtet werden.

Die Mitgliedstaaten können Vorschriften festlegen, nach denen der Unternehmer eine solche Unterrichtungspflicht gegenüber Verbrauchern nur hat, wenn er von einer qualifizierten Einrichtung dazu aufgefordert wird.

(4)   Die in Absatz 3 genannten Informationspflichten gelten sinngemäß für die qualifizierten Einrichtungen in Bezug auf rechtskräftige Entscheidungen über die Zurückweisung oder Abweisung der Verbandsklage auf Abhilfeentscheidungen.

(5)   Die Mitgliedstaaten stellen sicher, dass die obsiegende Partei sich die Kosten für die Bereitstellung von Informationen für die Verbraucher im Rahmen der Verbandsklage gemäß Artikel 12 Absatz 1 erstatten lassen kann.

Artikel 14

Elektronische Datenbanken

(1)   Die Mitgliedstaaten können nationale elektronische Datenbanken einrichten, die über Websites öffentlich zugänglich sind und die Informationen über qualifizierte Einrichtungen, die vorab für die Erhebung innerstaatlicher und grenzüberschreitender Verbandsklagen benannt wurden, sowie allgemeine Informationen über laufende und abgeschlossene Verbandsklagen enthalten.

(2)   Richtet ein Mitgliedstaat eine elektronische Datenbank gemäß Absatz 1 ein, so teilt er der Kommission die Internetadresse mit, unter der die elektronische Datenbank aufgerufen werden kann.

(3)   Die Kommission richtet zu folgenden Zwecken eine elektronische Datenbank ein und pflegt diese:

a) für alle Mitteilungen zwischen den Mitgliedstaaten und der Kommission gemäß Artikel 5 Absätze 1, 4 und 5 und Artikel 23 Absatz 2 und

b) für die Zusammenarbeit zwischen den in Artikel 20 Absatz 4 genannten qualifizierten Einrichtungen.

(4)   Die elektronische Datenbank gemäß Absatz 3 des vorliegenden Artikels ist den Folgenden jeweils im erforderlichen Umfang direkt zugänglich:

a) den nationalen Kontaktstellen gemäß Artikel 5 Absatz 5,

b) den Gerichten und Verwaltungsbehörden, falls dies nach nationalem Recht erforderlich ist,

c) den von den Mitgliedstaaten für die Erhebung innerstaatlicher und grenzüberschreitender Verbandsklagen benannten qualifizierten Einrichtungen sowie

d) der Kommission.

Die von den Mitgliedstaaten in der elektronischen Datenbank gemäß Absatz 3 des vorliegenden Artikels ausgetauschten Informationen über qualifizierte Einrichtungen, die für die Erhebung grenzüberschreitender Verbandsklagen nach Artikel 5 Absatz 1 benannt wurden, sind öffentlich zugänglich.

Artikel 15

Wirkungen rechtskräftiger Entscheidungen

Die Mitgliedstaaten stellen sicher, dass die rechtskräftige Entscheidung eines Gerichts oder einer Verwaltungsbehörde eines Mitgliedstaats über das Vorliegen eines Verstoßes zum Schaden der Kollektivinteressen der Verbraucher von allen Parteien als Beweismittel gemäß dem nationalen Recht über die Beweismittelwürdigung im Rahmen anderer Klagen vor ihren nationalen Gerichten oder Verwaltungsbehörden, mit denen Abhilfeentscheidungen gegen denselben Unternehmer wegen derselben Praktik angestrebt werden, vorgelegt werden kann.

Artikel 16

Verjährungsfristen

(1)　Die Mitgliedstaaten stellen im Einklang mit dem nationalen Recht sicher, dass eine anhängige Verbandsklage zur Erwirkung einer Unterlassungsentscheidung nach Artikel 8 eine Hemmung oder Unterbrechung der geltenden Verjährungsfristen für die von dieser Verbandsklage betroffenen Verbraucher bewirkt, sodass diese Verbraucher nicht dadurch daran gehindert werden, danach Klage zur Erwirkung von Abhilfeentscheidungen im Zusammenhang mit dem mutmaßlichen Verstoß gemäß Artikel 2 Absatz 1 zu erheben, dass während der Verfahrensdauer einer Verbandsklage zur Erwirkung einer Unterlassungsentscheidung Verjährungsfristen abgelaufen sind.

(2)　Die Mitgliedstaaten stellen ebenfalls sicher, dass eine anhängige Verbandsklage auf Abhilfeentscheidungen gemäß Artikel 9 Absatz 1 für die von der Verbandsklage betroffenen Verbraucher eine Hemmung oder Unterbrechung der geltenden Verjährungsfristen bewirkt.

Artikel 17

Verfahrensbeschleunigung

(1)　Die Mitgliedstaaten stellen sicher, dass Verbandsklagen zur Erwirkung von Unterlassungsentscheidungen nach Artikel 8 zügig behandelt werden.

(2)　Verbandsklagen zur Erwirkung von Unterlassungsentscheidungen nach Artikel 8 Absatz 1 Buchstabe a werden gegebenenfalls im Rahmen eines summarischen Verfahrens behandelt.

Artikel 18

Offenlegung von Beweismitteln

Die Mitgliedstaaten stellen sicher, dass, wenn eine qualifizierte Einrichtung alle unter zumutbarem Aufwand zugänglichen Beweismittel vorgelegt hat, die zur Stützung einer Verbandsklage ausreichen, und darauf hingewiesen hat, dass zusätzliche Beweismittel der Verfügung des Beklagten oder eines Dritten unterliegen, auf Antrag dieser qualifizierten Einrichtung das Gericht oder die Verwaltungsbehörde nach Maßgabe der nationalen Verfahrensvorschriften anordnen kann, dass diese Beweismittel vorbehaltlich der geltenden unionsrechtlichen und nationalen Vorschriften über Vertraulichkeit und Verhältnismäßigkeit vom Beklagten oder dem Dritten offengelegt werden. Die Mitgliedstaaten stellen sicher, dass auf Antrag des Beklagten das Gericht oder die Verwaltungsbehörde im Einklang mit dem nationalen Verfahrensrecht ebenfalls anordnen kann, dass die qualifizierte Einrichtung oder Dritte einschlägige Beweismittel offenlegen.

Artikel 19

Sanktionen

(1)　Die Mitgliedstaaten erlassen Vorschriften über Sanktionen, die im Falle der Nichteinhaltung oder der Nichtbefolgung des Folgenden zu verhängen sind:

a)　Unterlassungsentscheidungen nach Artikel 8 Absatz 1 oder Artikel 8 Absatz 2 Buchstabe b oder

b)　Pflichten gemäß Artikel 13 Absatz 3 und Artikel 18.

Die Mitgliedstaaten ergreifen alle Maßnahmen, die erforderlich sind, um zu gewährleisten, dass diese Vorschriften angewendet werden. Die vorgesehenen Sanktionen müssen wirksam, verhältnismäßig und abschreckend sein.

(2)　Die Mitgliedstaaten stellen sicher, dass Sanktionen unter anderem in Form von Geldbußen verhängt werden können.

Artikel 20

Unterstützung für qualifizierte Einrichtungen

(1)   Die Mitgliedstaaten treffen Maßnahmen, die darauf abzielen sicherzustellen, dass die durch Verbandsklagen entstehenden Kosten die qualifizierten Einrichtungen nicht davon abhalten, ihr Recht auf Einleitung der Verfahren nach Artikel 7 wirksam auszuüben.

(2)   Die Maßnahmen nach Absatz 1 können beispielsweise öffentliche Finanzierungen, einschließlich struktureller Unterstützung für qualifizierte Einrichtungen, die Begrenzung der anwendbaren Gerichts- oder Verwaltungsgebühren oder den Zugang zu Prozesskostenhilfe umfassen.

(3)   Die Mitgliedstaaten können Vorschriften festlegen, die qualifizierten Einrichtungen die Möglichkeit geben, von den Verbrauchern, die ihren Willen geäußert haben, bei einer konkreten Verbandsklage auf Abhilfeentscheidungen von einer qualifizierten Einrichtung repräsentiert zu werden, für die Beteiligung an der Verbandsklage eine moderate Beitrittsgebühr oder eine vergleichbare Gebühr zu erheben.

(4)   Die Mitgliedstaaten und die Kommission unterstützen und fördern die Zusammenarbeit der qualifizierten Einrichtungen sowie den Austausch und die Verbreitung ihrer bewährten Verfahren und Erfahrungen im Hinblick auf das Vorgehen gegen innerstaatliche und grenzüberschreitende Verstöße gemäß Artikel 2 Absatz 1.

KAPITEL 3

SCHLUSSBESTIMMUNGEN

Artikel 21

Aufhebung

Die Richtlinie 2009/22/EG wird mit Wirkung vom 25. Juni 2023 unbeschadet des Artikels 22 Absatz 2 der vorliegenden Richtlinie aufgehoben.

Bezugnahmen auf die aufgehobene Richtlinie gelten als Bezugnahmen auf die vorliegende Richtlinie und sind nach Maßgabe der Entsprechungstabelle in Anhang II zu lesen.

Artikel 22

Übergangsbestimmungen

(1)   Die Mitgliedstaaten wenden die Rechts- und Verwaltungsvorschriften zur Umsetzung dieser Richtlinie auf Verbandsklagen an, die am 25. Juni 2023 oder danach erhoben werden.

(2)   Die Mitgliedstaaten wenden die Rechts- und Verwaltungsvorschriften zur Umsetzung der Richtlinie 2009/22/EG auf Verbandsklagen an, die vor dem 25. Juni 2023 erhoben werden.

(3)   Die Mitgliedstaaten stellen sicher, dass Rechts- und Verwaltungsvorschriften zur Hemmung oder Unterbrechung der Verjährung, die der Umsetzung von Artikel 16 dienen, lediglich auf Abhilfeansprüche aufgrund von Verstößen gemäß Artikel 2 Absatz 1 angewendet werden, die am 25. Juni 2023 oder danach erfolgt sind. Hierdurch darf jedoch die Anwendung bereits vor dem 25. Juni 2023 geltender nationaler Vorschriften über die Hemmung oder Unterbrechung von Verjährungsfristen für Abhilfeansprüche aufgrund von in Artikel 2 Absatz 1 genannten Verstößen, die vor diesem Zeitpunkt erfolgt sind, nicht ausgeschlossen werden.

Artikel 23

Überwachung und Bewertung

(1)   Frühestens am 26. Juni 2028 nimmt die Kommission eine Bewertung dieser Richtlinie vor und legt dem Europäischen Parlament, dem Rat und dem Europäischen Wirtschafts- und Sozialausschuss einen Bericht mit den wichtigsten Ergebnissen vor. Die Bewertung wird gemäß den Leitlinien der Kommission für bessere Rechtsetzung durchgeführt. In dem Bericht bewertet die Kommission insbesondere den Anwendungsbereich dieser Richtlinie, der in Artikel 2 und Anhang I festgelegt ist, sowie das Funktionieren und die Wirksamkeit dieser Richtlinie in grenzüberschreitenden Fällen, und zwar auch hinsichtlich der Rechtssicherheit.

(2)   Die Mitgliedstaaten übermitteln der Kommission erstmals bis zum 26. Juni 2027 und danach jährlich die folgenden Informationen, die für die Erstellung des in Absatz 1 genannten Berichts erforderlich sind:

a) Anzahl und Art der Verbandsklagen, die von ihren Gerichten beziehungsweise Verwaltungsbehörden abgeschlossen wurden;

b) Art der Verstöße gemäß Artikel 2 Absatz 1 und die Verfahrensparteien dieser Verbandsklagen;

c) Ergebnisse dieser Verbandsklagen.

(3)   Bis zum 26. Juni 2028 bewertet die Kommission, ob grenzüberschreitende Verbandsklagen am besten auf Unionsebene behandelt werden können, indem das Amt eines Europäischen Bürgerbeauftragten für Verbandsklagen auf Unterlassungsentscheidungen und Abhilfeentscheidungen geschaffen wird, und legt dem Europäischen Parlament, dem Rat und dem Europäischen Wirtschafts- und Sozialausschuss einen Bericht über ihre wichtigsten Ergebnisse vor, dem gegebenenfalls ein Gesetzgebungsvorschlag beigefügt ist.

Artikel 24

Umsetzung

(1)   Die Mitgliedstaaten erlassen und veröffentlichen bis zum 25. Dezember 2022 die erforderlichen Rechts- und Verwaltungsvorschriften, um dieser Richtlinie nachzukommen. Sie setzen die Kommission unverzüglich davon in Kenntnis.

Sie wenden diese Vorschriften ab dem 25. Juni 2023 an.

Bei Erlass dieser Vorschriften nehmen die Mitgliedstaaten in den Vorschriften selbst oder durch einen Hinweis bei der amtlichen Veröffentlichung auf diese Richtlinie Bezug. Die Mitgliedstaaten regeln die Einzelheiten dieser Bezugnahme.

(2)   Die Mitgliedstaaten teilen der Kommission den Wortlaut der Vorschriften des nationalen Rechts mit, die sie auf dem unter diese Richtlinie fallenden Gebiet erlassen.

Artikel 25

Inkrafttreten

Diese Richtlinie tritt am zwanzigsten Tag nach ihrer Veröffentlichung im *Amtsblatt der Europäischen Union* in Kraft.

Artikel 26

Adressaten

Diese Richtlinie ist an die Mitgliedstaaten gerichtet.

Geschehen zu Brüssel am 25. November 2020.

<table>
<tr><td>*Im Namen des Europäischen Parlaments*</td><td>*Im Namen des Rates*</td></tr>
<tr><td>*Der Präsident*</td><td>*Der Präsident*</td></tr>
<tr><td>D. M. SASSOLI</td><td>M. ROTH</td></tr>
</table>

——

ANHANG I

LISTE DER VORSCHRIFTEN DES UNIONSRECHTS NACH ARTIKEL 2 ABSATZ 1

(1) Richtlinie 85/374/EWG des Rates vom 25. Juli 1985 zur Angleichung der Rechts- und Verwaltungsvorschriften der Mitgliedstaaten über die Haftung für fehlerhafte Produkte (ABl. L 210 vom 7.8.1985, S. 29).

(2) Richtlinie 93/13/EWG des Rates vom 5. April 1993 über missbräuchliche Klauseln in Verbraucherverträgen (ABl. L 95 vom 21.4.1993, S. 29).

(3) Verordnung (EG) Nr. 2027/97 des Rates vom 9. Oktober 1997 über die Haftung von Luftfahrtunternehmen bei der Beförderung von Fluggästen und deren Gepäck im Luftverkehr (ABl. L 285 vom 17.10.1997, S. 1).

(4) Richtlinie 98/6/EG des Europäischen Parlaments und des Rates vom 16. Februar 1998 über den Schutz der Verbraucher bei der Angabe der Preise der ihnen angebotenen Erzeugnisse (ABl. L 80 vom 18.3.1998, S. 27).

(5) Richtlinie 1999/44/EG des Europäischen Parlaments und des Rates vom 25. Mai 1999 zu bestimmten Aspekten des Verbrauchsgüterkaufs und der Garantien für Verbrauchsgüter (ABl. L 171 vom 7.7.1999, S. 12).

(6) Richtlinie 2000/31/EG des Europäischen Parlaments und des Rates vom 8. Juni 2000 über bestimmte rechtliche Aspekte der Dienste der Informationsgesellschaft, insbesondere des elektronischen Geschäftsverkehrs, im Binnenmarkt („Richtlinie über den elektronischen Geschäftsverkehr") (ABl. L 178 vom 17.7.2000, S. 1): Artikel 5 bis 7 sowie Artikel 10 und 11.

(7) Richtlinie 2001/83/EG des Europäischen Parlaments und des Rates vom 6. November 2001 zur Schaffung eines Gemeinschaftskodexes für Humanarzneimittel (ABl. L 311 vom 28.11.2001, S. 67): Artikel 86 bis 90 sowie Artikel 98 und 100.

(8) Richtlinie 2001/95/EG des Europäischen Parlaments und des Rates vom 3. Dezember 2001 über die allgemeine Produktsicherheit (ABl. L 11 vom 15.1.2002, S. 4): Artikel 3 und 5.

(9) Richtlinie 2002/22/EG des Europäischen Parlaments und des Rates vom 7. März 2002 über den Universaldienst und Nutzerrechte bei elektronischen Kommunikationsnetzen und -diensten (Universaldienstrichtlinie) (ABl. L 108 vom 24.4.2002, S. 51): Artikel 10 und Kapitel IV.

(10) Richtlinie 2002/58/EG des Europäischen Parlaments und des Rates vom 12. Juli 2002 über die Verarbeitung personenbezogener Daten und den Schutz der Privatsphäre in der elektronischen Kommunikation (Datenschutzrichtlinie für elektronische Kommunikation) (ABl. L 201 vom 31.7.2002, S. 37): Artikel 4 bis 8 und Artikel 13.

(11) Richtlinie 2002/65/EG des Europäischen Parlaments und des Rates vom 23. September 2002 über den Fernabsatz von Finanzdienstleistungen an Verbraucher und zur Änderung der Richtlinie 90/619/EWG des Rates und der Richtlinien 97/7/EG und 98/27/EG (ABl. L 271 vom 9.10.2002, S. 16).

(12) Verordnung (EG) Nr. 178/2002 des Europäischen Parlaments und des Rates vom 28. Januar 2002 zur Festlegung der allgemeinen Grundsätze und Anforderungen des Lebensmittelrechts, zur Errichtung der Europäischen Behörde für Lebensmittelsicherheit und zur Festlegung von Verfahren zur Lebensmittelsicherheit (ABl. L 31 vom 1.2.2002, S. 1).

(13) Verordnung (EG) Nr. 261/2004 des Europäischen Parlaments und des Rates vom 11. Februar 2004 über eine gemeinsame Regelung für Ausgleichs- und Unterstützungsleistungen für Fluggäste im Fall der Nichtbeförderung und bei Annullierung oder großer Verspätung von Flügen und zur Aufhebung der Verordnung (EWG) Nr. 295/91 (ABl. L 46 vom 17.2.2004, S. 1).

(14) Richtlinie 2005/29/EG des Europäischen Parlaments und des Rates vom 11. Mai 2005 über unlautere Geschäftspraktiken im binnenmarktinternen Geschäftsverkehr zwischen Unternehmen und Verbrauchern und zur Änderung der Richtlinie 84/450/EWG des Rates, der Richtlinien 97/7/EG, 98/27/EG und 2002/65/EG des Europäischen Parlaments und des Rates sowie der Verordnung (EG) Nr. 2006/2004 des Europäischen Parlaments und des Rates (Richtlinie über unlautere Geschäftspraktiken) (ABl. L 149 vom 11.6.2005, S. 22).

(15) Richtlinie 2006/114/EG des Europäischen Parlaments und des Rates vom 12. Dezember 2006 über irreführende und vergleichende Werbung (ABl. L 376 vom 27.12.2006, S. 21).

(16) Richtlinie 2006/123/EG des Europäischen Parlaments und des Rates vom 12. Dezember 2006 über Dienstleistungen im Binnenmarkt (ABl. L 376 vom 27.12.2006, S. 36): Artikel 20 und 22.

(17) Verordnung (EG) Nr. 1107/2006 des Europäischen Parlaments und des Rates vom 5. Juli 2006 über die Rechte von behinderten Flugreisenden und Flugreisenden mit eingeschränkter Mobilität (ABl. L 204 vom 26.7.2006, S. 1).

(18) Verordnung (EG) Nr. 1371/2007 des Europäischen Parlaments und des Rates vom 23. Oktober 2007 über die Rechte und Pflichten der Fahrgäste im Eisenbahnverkehr (ABl. L 315 vom 3.12.2007, S. 14).

(19) Richtlinie 2008/48/EG des Europäischen Parlaments und des Rates vom 23. April 2008 über Verbraucherkreditverträge und zur Aufhebung der Richtlinie 87/102/EWG des Rates (ABl. L 133 vom 22.5.2008, S. 66).

(20) Richtlinie 2008/122/EG des Europäischen Parlaments und des Rates vom 14. Januar 2009 über den Schutz der Verbraucher im Hinblick auf bestimmte Aspekte von Teilzeitnutzungsverträgen, Verträgen über langfristige Urlaubsprodukte sowie Wiederverkaufs- und Tauschverträgen (ABl. L 33 vom 3.2.2009, S. 10).

(21) Verordnung (EG) Nr. 1008/2008 des Europäischen Parlaments und des Rates vom 24. September 2008 über gemeinsame Vorschriften für die Durchführung von Luftverkehrsdiensten in der Gemeinschaft (ABl. L 293 vom 31.10.2008, S. 3): Artikel 23.

(22) Verordnung (EG) Nr. 1272/2008 des Europäischen Parlaments und des Rates vom 16. Dezember 2008 über die Einstufung, Kennzeichnung und Verpackung von Stoffen und Gemischen, zur Änderung und Aufhebung der Richtlinien 67/548/EWG und 1999/45/EG und zur Änderung der Verordnung (EG) Nr. 1907/2006 (ABl. L 353 vom 31.12.2008, S. 1): Artikel 1 bis 35.

(23) Richtlinie 2009/65/EG des Europäischen Parlaments und des Rates vom 13. Juli 2009 zur Koordinierung der Rechts- und Verwaltungsvorschriften betreffend bestimmte Organismen für gemeinsame Anlagen in Wertpapieren (OGAW) (ABl. L 302 vom 17.11.2009, S. 32).

(24) Richtlinie 2009/72/EG des Europäischen Parlaments und des Rates vom 13. Juli 2009 über gemeinsame Vorschriften für den Elektrizitätsbinnenmarkt und zur Aufhebung der Richtlinie 2003/54/EG (ABl. L 211 vom 14.8.2009, S. 55): Artikel 3 und Anhang I.

(25) Richtlinie 2009/73/EG des Europäischen Parlaments und des Rates vom 13. Juli 2009 über gemeinsame Vorschriften für den Erdgasbinnenmarkt und zur Aufhebung der Richtlinie 2003/55/EG (ABl. L 211 vom 14.8.2009, S. 94): Artikel 3 und Anhang I.

(26) Richtlinie 2009/110/EG des Europäischen Parlaments und des Rates vom 16. September 2009 über die Aufnahme, Ausübung und Beaufsichtigung der Tätigkeit von E-Geld-Instituten, zur Änderung der Richtlinien 2005/60/EG und 2006/48/EG sowie zur Aufhebung der Richtlinie 2000/46/EG (ABl. L 267 vom 10.10.2009, S. 7).

(27) Richtlinie 2009/125/EG des Europäischen Parlaments und des Rates vom 21. Oktober 2009 zur Schaffung eines Rahmens für die Festlegung von Anforderungen an die umweltgerechte Gestaltung energieverbrauchsrelevanter Produkte (ABl. L 285 vom 31.10.2009, S. 10): Artikel 14 und Anhang I.

(28) Richtlinie 2009/138/EG des Europäischen Parlaments und des Rates vom 25. November 2009 betreffend die Aufnahme und Ausübung der Versicherungs- und der Rückversicherungstätigkeit (Solvabilität II) (ABl. L 335 vom 17.12.2009, S. 1): Artikel 183 bis 186.

(29) Verordnung (EG) Nr. 392/2009 des Europäischen Parlaments und des Rates vom 23. April 2009 über die Unfallhaftung von Beförderern von Reisenden auf See (ABl. L 131 vom 28.5.2009, S. 24).

(30) Verordnung (EG) Nr. 924/2009 des Europäischen Parlaments und des Rates vom 16. September 2009 über grenzüberschreitende Zahlungen in der Gemeinschaft und zur Aufhebung der Verordnung (EG) Nr. 2560/2001 (ABl. L 266 vom 9.10.2009, S. 11).

(31) Verordnung (EG) Nr. 1222/2009 des Europäischen Parlaments und des Rates vom 25. November 2009 über die Kennzeichnung von Reifen in Bezug auf die Kraftstoffeffizienz und andere wesentliche Parameter (ABl. L 342 vom 22.12.2009, S. 46): Artikel 4 bis 6.

(32) Verordnung (EG) Nr. 1223/2009 des Europäischen Parlaments und des Rates vom 30. November 2009 über kosmetische Mittel (ABl. L 342 vom 22.12.2009, S. 59): Artikel 3 bis 8 sowie Artikel 19 bis 21.

(33) Richtlinie 2010/13/EU des Europäischen Parlaments und des Rates vom 10. März 2010 zur Koordinierung bestimmter Rechts- und Verwaltungsvorschriften der Mitgliedstaaten über die Bereitstellung audiovisueller Mediendienste (Richtlinie über audiovisuelle Mediendienste) (ABl. L 95 vom 15.4.2010, S. 1): Artikel 9 bis 11, Artikel 19 bis 26 sowie Artikel 28b.

(34) Verordnung (EG) Nr. 66/2010 des Europäischen Parlaments und des Rates vom 25. November 2009 über das EU-Umweltzeichen (ABl. L 27 vom 30.1.2010, S. 1): Artikel 9 und 10.

(35) Verordnung (EU) Nr. 1177/2010 des Europäischen Parlaments und des Rates vom 24. November 2010 über die Fahrgastrechte im See- und Binnenschiffsverkehr und zur Änderung der Verordnung (EG) Nr. 2006/2004 (ABl. L 334 vom 17.12.2010, S. 1).

(36) Richtlinie 2011/61/EU des Europäischen Parlaments und des Rates vom 8. Juni 2011 über die Verwalter alternativer Investmentfonds und zur Änderung der Richtlinien 2003/41/EG und 2009/65/EG und der Verordnungen (EG) Nr. 1060/2009 und (EU) Nr. 1095/2010 (ABl. L 174 vom 1.7.2011, S. 1).

(37) Richtlinie 2011/83/EU des Europäischen Parlaments und des Rates vom 25. Oktober 2011 über die Rechte der Verbraucher, zur Abänderung der Richtlinie 93/13/EWG des Rates und der Richtlinie 1999/44/EG des Europäischen Parlaments und des Rates sowie zur Aufhebung der Richtlinie 85/577/EWG des Rates und der Richtlinie 97/7/EG des Europäischen Parlaments und des Rates (ABl. L 304 vom 22.11.2011, S. 64).

(38) Verordnung (EU) Nr. 181/2011 des Europäischen Parlaments und des Rates vom 16. Februar 2011 über die Fahrgastrechte im Kraftomnibusverkehr und zur Änderung der Verordnung (EG) Nr. 2006/2004 (ABl. L 55 vom 28.2.2011, S. 1).

(39) Verordnung (EU) Nr. 1169/2011 des Europäischen Parlaments und des Rates vom 25. Oktober 2011 betreffend die Information der Verbraucher über Lebensmittel und zur Änderung der Verordnungen (EG) Nr. 1924/2006 und (EG) Nr. 1925/2006 des Europäischen Parlaments und des Rates und zur Aufhebung der Richtlinie 87/250/EWG der Kommission, der Richtlinie 90/496/EWG des Rates, der Richtlinie 1999/10/EG der Kommission, der Richtlinie 2000/13/EG des Europäischen Parlaments und des Rates, der Richtlinien 2002/67/EG und 2008/5/EG der Kommission und der Verordnung (EG) Nr. 608/2004 der Kommission (ABl. L 304 vom 22.11.2011, S. 18).

(40) Richtlinie 2012/27/EU des Europäischen Parlaments und des Rates vom 25. Oktober 2012 zur Energieeffizienz, zur Änderung der Richtlinien 2009/125/EG und 2010/30/EU und zur Aufhebung der Richtlinien 2004/8/EG und 2006/32/EG (ABl. L 315 vom 14.11.2012, S. 1): Artikel 9 bis 11a.

(41) Verordnung (EU) Nr. 260/2012 des Europäischen Parlaments und des Rates vom 14. März 2012 zur Festlegung der technischen Vorschriften und der Geschäftsanforderungen für Überweisungen und Lastschriften in Euro und zur Änderung der Verordnung (EG) Nr. 924/2009 (ABl. L 94 vom 30.3.2012, S. 22).

(42) Verordnung (EU) Nr. 531/2012 des Europäischen Parlaments und des Rates vom 13. Juni 2012 über das Roaming in öffentlichen Mobilfunknetzen in der Union (ABl. L 172 vom 30.6.2012, S. 10).

(43) Richtlinie 2013/11/EU des Europäischen Parlaments und des Rates vom 21. Mai 2013 über die alternative Beilegung verbraucherrechtlicher Streitigkeiten und zur Änderung der Verordnung (EG) Nr. 2006/2004 und der Richtlinie 2009/22/EG (Richtlinie über alternative Streitbeilegung in Verbraucherangelegenheiten) (ABl. L 165 vom 18.6.2013, S. 63): Artikel 13.

(44) Verordnung (EU) Nr. 524/2013 des Europäischen Parlaments und des Rates vom 21. Mai 2013 über die Online-Beilegung verbraucherrechtlicher Streitigkeiten und zur Änderung der Verordnung (EG) Nr. 2006/2004 und der Richtlinie 2009/22/EG (Verordnung über Online-Streitbeilegung in Verbraucherangelegenheiten) (ABl. L 165 vom 18.6.2013, S. 1): Artikel 14.

(45) Richtlinie 2014/17/EU des Europäischen Parlaments und des Rates vom 4. Februar 2014 über Wohnimmobilienkreditverträge für Verbraucher und zur Änderung der Richtlinien 2008/48/EG und 2013/36/EU und der Verordnung (EU) Nr. 1093/2010 (ABl. L 60 vom 28.2.2014, S. 34).

(46) Richtlinie 2014/31/EU des Europäischen Parlaments und des Rates vom 26. Februar 2014 zur Angleichung der Rechtsvorschriften der Mitgliedstaaten betreffend die Bereitstellung nichtselbsttätiger Waagen auf dem Markt (ABl. L 96 vom 29.3.2014, S. 107).

(47) Richtlinie 2014/35/EU des Europäischen Parlaments und des Rates vom 26. Februar 2014 zur Harmonisierung der Rechtsvorschriften der Mitgliedstaaten über die Bereitstellung elektrischer Betriebsmittel zur Verwendung innerhalb bestimmter Spannungsgrenzen auf dem Markt (ABl. L 96 vom 29.3.2014, S. 357).

(48) Richtlinie 2014/65/EU des Europäischen Parlaments und des Rates vom 15. Mai 2014 über Märkte für Finanzinstrumente sowie zur Änderung der Richtlinien 2002/92/EG und 2011/61/EU (ABl. L 173 vom 12.6.2014, S. 349): Artikel 23 bis 29.

(49) Richtlinie 2014/92/EU des Europäischen Parlaments und des Rates vom 23. Juli 2014 über die Vergleichbarkeit von Zahlungskontoentgelten, den Wechsel von Zahlungskonten und den Zugang zu Zahlungskonten mit grundlegenden Funktionen (ABl. L 257 vom 28.8.2014, S. 214).

(50) Verordnung (EU) Nr. 1286/2014 des Europäischen Parlaments und des Rates vom 26. November 2014 über Basisinformationsblätter für verpackte Anlageprodukte für Kleinanleger und Versicherungsanlageprodukte (PRIIP) (ABl. L 352 vom 9.12.2014, S. 1).

(51) Verordnung (EU) 2015/760 des Europäischen Parlaments und des Rates vom 29. April 2015 über europäische langfristige Investmentfonds (ABl. L 123 vom 19.5.2015, S. 98).

(52) Verordnung (EU) 2015/2120 des Europäischen Parlaments und des Rates vom 25. November 2015 über Maßnahmen zum Zugang zum offenen Internet und zu Endkundenentgelten für regulierte intra-EU-Kommunikation sowie zur Änderung der Richtlinie 2002/22/EG und der Verordnung (EU) Nr. 531/2012 (ABl. L 310 vom 26.11.2015, S. 1).

(53) Richtlinie (EU) 2015/2302 des Europäischen Parlaments und des Rates vom 25. November 2015 über Pauschalreisen und verbundene Reiseleistungen, zur Änderung der Verordnung (EG) Nr. 2006/2004 und der Richtlinie 2011/83/EU des Europäischen Parlaments und des Rates sowie zur Aufhebung der Richtlinie 90/314/EWG des Rates (ABl. L 326 vom 11.12.2015, S. 1).

(54) Richtlinie (EU) 2015/2366 des Europäischen Parlaments und des Rates vom 25. November 2015 über Zahlungsdienste im Binnenmarkt, zur Änderung der Richtlinien 2002/65/EG, 2009/110/EG, 2013/36/EU und der Verordnung (EU) Nr. 1093/2010 sowie zur Aufhebung der Richtlinie 2007/64/EG (ABl. L 337 vom 23.12.2015, S. 35).

(55) Richtlinie (EU) 2016/97 des Europäischen Parlaments und des Rates vom 20. Januar 2016 über Versicherungsvertrieb (ABl. L 26 vom 2.2.2016, S. 19): Artikel 17 bis 24 sowie Artikel 28 bis 30.

(56) Verordnung (EU) 2016/679 des Europäischen Parlaments und des Rates vom 27. April 2016 zum Schutz natürlicher Personen bei der Verarbeitung personenbezogener Daten, zum freien Datenverkehr und zur Aufhebung der Richtlinie 95/46/EG (Datenschutz-Grundverordnung) (ABl. L 119 vom 4.5.2016, S. 1).

(57) Verordnung (EU) 2017/745 des Europäischen Parlaments und des Rates vom 5. April 2017 über Medizinprodukte, zur Änderung der Richtlinie 2001/83/EG, der Verordnung (EG) Nr. 178/2002 und der Verordnung (EG) Nr. 1223/2009 und zur Aufhebung der Richtlinien 90/385/EWG und 93/42/EWG (ABl. L 117 vom 5.5.2017, S. 1): Kapitel II.

(58) Verordnung (EU) 2017/746 des Europäischen Parlaments und des Rates vom 5. April 2017 über In-vitro-Diagnostika und zur Aufhebung der Richtlinie 98/79/EG und des Beschlusses 2010/227/EU der Kommission (ABl. L 117 vom 5.5.2017, S. 176): Kapitel II.

(59) Verordnung (EU) 2017/1128 des Europäischen Parlaments und des Rates vom 14. Juni 2017 zur grenzüberschreitenden Portabilität von Online-Inhaltediensten im Binnenmarkt (ABl. L 168 vom 30.6.2017, S. 1).

(60) Verordnung (EU) 2017/1129 des Europäischen Parlaments und des Rates vom 14. Juni 2017 über den Prospekt, der beim öffentlichen Angebot von Wertpapieren oder bei deren Zulassung zum Handel an einem geregelten Markt zu veröffentlichen ist, und zur Aufhebung der Richtlinie 2003/71/EG (ABl. L 168 vom 30.6.2017, S. 12).

(61) Verordnung (EU) 2017/1131 des Europäischen Parlaments und des Rates vom 14. Juni 2017 über Geldmarktfonds (ABl. L 169 vom 30.6.2017, S. 8).

(62) Verordnung (EU) 2017/1369 des Europäischen Parlaments und des Rates vom 4. Juli 2017 zur Festlegung eines Rahmens für die Energieverbrauchskennzeichnung und zur Aufhebung der Richtlinie 2010/30/EU (ABl. L 198 vom 28.7.2017, S. 1): Artikel 3 bis 6.

(63) Verordnung (EU) 2018/302 des Europäischen Parlaments und des Rates vom 28. Februar 2018 über Maßnahmen gegen ungerechtfertigtes Geoblocking und andere Formen der Diskriminierung aufgrund der Staatsangehörigkeit, des Wohnsitzes oder des Ortes der Niederlassung des Kunden innerhalb des Binnenmarkts und zur Änderung der Verordnungen (EG) Nr. 2006/2004 und (EU) 2017/2394 sowie der Richtlinie 2009/22/EG (ABl. L 60 I vom 2.3.2018, S. 1): Artikel 3 bis 5.

(64) Richtlinie (EU) 2018/1972 des Europäischen Parlaments und des Rates vom 11. Dezember 2018 über den europäischen Kodex für die elektronische Kommunikation (ABl. L 321 vom 17.12.2018, S. 36): Artikel 88, Artikel 98 bis 116 sowie Anhänge VI und VIII.

(65) Richtlinie (EU) 2019/770 des Europäischen Parlaments und des Rates vom 20. Mai 2019 über bestimmte vertragsrechtliche Aspekte der Bereitstellung digitaler Inhalte und digitaler Dienstleistungen (ABl. L 136 vom 22.5.2019, S. 1).

(66) Richtlinie (EU) 2019/771 des Europäischen Parlaments und des Rates vom 20. Mai 2019 über bestimmte vertragsrechtliche Aspekte des Warenkaufs, zur Änderung der Verordnung (EU) 2017/2394 und der Richtlinie 2009/22/EG sowie zur Aufhebung der Richtlinie 1999/44/EG (ABl. L 136 vom 22.5.2019, S. 28).

——

ANHANG II

ENTSPRECHUNGSTABELLE

Richtlinie 2009/22/EC	Diese Richtlinie
Artikel 1 Absatz 1	Artikel 1 Absatz 1
Artikel 1 Absatz 2	Artikel 2 Absatz 1
—	Artikel 2 Absatz 2
—	Artikel 3
Artikel 2 Absatz 1	Artikel 7 Absatz 1 Artikel 7 Absatz 4 Buchstabe a
—	Artikel 7 Absätze 2 und 3 Artikel 7 Absatz 4 Buchstabe b Artikel 7 Absätze 5, 6 und 7
Artikel 2 Absatz 1 Buchstabe a	Artikel 7 Absatz 4 Buchstabe a Artikel 8 Absatz 1 Artikel 17
Artikel 2 Absatz 1 Buchstabe b	Artikel 7 Absatz 4 Buchstabe a Artikel 8 Absatz 2 Buchstabe b Artikel 13 Absatz 1 Buchstabe c Artikel 13 Absatz 3
—	Artikel 8 Absatz 2 Buchstabe a
—	Artikel 8 Absatz 3
Artikel 2 Absatz 1 Buchstabe c	Artikel 19
Artikel 2 Absatz 2	Artikel 2 Absatz 3
Artikel 3	Artikel 3 Absatz 4 Artikel 4 Absätze 1 und 2 Artikel 4 Absatz 3 Buchstaben a und b Artikel 4 Absätze 6 und 7
—	Artikel 4 Absatz 3 Buchstaben c, d, e und f Artikel 4 Absätze 4 und 5
—	Artikel 5 Absätze 2, 3, 4 und 5
Artikel 4 Absatz 1	Artikel 6
Artikel 4 Absätze 2 und 3	Artikel 5 Absatz 1
Artikel 5	Artikel 8 Absatz 4
—	Artikel 9
—	Artikel 10
—	Artikel 11
—	Artikel 12
—	Artikel 13 Absatz 1 Buchstaben a und b Artikel 13 Absätze 2, 4 und 5
—	Artikel 14
—	Artikel 15
—	Artikel 16
—	Artikel 18

Richtlinie 2009/22/EC	Diese Richtlinie
Artikel 6	Artikel 23
Artikel 7	Artikel 1 Absätze 2 und 3
Artikel 8	Artikel 24
—	Artikel 20
Artikel 9	Artikel 21
—	Artikel 22
Artikel 10	Artikel 25
Artikel 11	Artikel 26

Sachregister

A

Abhilfeendurteil 16 19 ff., **18** 1 ff.
– Anordnung des Umsetzungsverfahrens 18 5 f.
– Anordnung einer Sicherheitsleistung 18 15
– Bezifferung des kollektiven Gesamtbetrags 18 13 f.
– Kosten des Umsetzungsverfahrens 18 8, **20** 8
– Revision 18 17
– Umsetzungsverfahren **Vor 22** 3
– Urteilsformel 18 4 ff.
– Verfahrenskostenentscheidung 18 10 ff.
– Verlängerung der Widerspruchsfrist 18 16
– vorläufige Kostenfestsetzung 18 7
– vorläufige Vollstreckbarkeit 18 15
Abhilfegrundurteil 16 7 ff.
– abweichender Leistungsinhalt 16 18
– Berechtigungsnachweise 16 14 f.
– Berechtigungsvoraussetzungen 16 11 ff.
– Individualklage 39 6
– kollektiver Gesamtbetrag 16 16 f.
– Prüfung der Anspruchsberechtigung 27 14
– Teil-Grundurteil 16 9
– Umsetzungsverfahren **Vor 22** 2
– Urteilsformel 16 10 ff.
– Vergleichsvorschlag 17 1 ff., *s.a. dort*
Abhilfeklage Einf 8, **14** 1 ff.
– Abhilfeendurteil 16 19 ff., **18** 1 ff., *s.a. dort*
– Abhilfeentscheidung 16 1 ff.
– Abhilfegrundurteil 16 7 ff., *s.a. dort*
– andere Leistung als Zahlung 14 13
– Begriff 14 3
– betroffene Verbraucher 14 7 ff.
– Charakteristika 14 3 ff.
– Formen der ~ 14 10 ff.
– Gleichartigkeit der Ansprüche 15 1 ff., *s.a. dort*
– Grundformen **Einf** 15
– Insolvenz des Unternehmers 38 95 ff.
– internationale Zuständigkeit **Einf** 45 ff.
– Klagabweisung 16 21
– Klage auf Leistung 14 4 ff.
– kollektiver Gesamtbetrag 14 2, **14** 6, **14** 12
– Kombination verschiedener Formen 14 14
– Kostenentscheidung 16 25 f.
– Leistung 14 4
– Musterfeststellungsklage 41 83
– namentlich benannte Verbraucher 14 11
– Revision 16 29
– Sperrwirkung der Klage 8 8 f.

– sukzessive ~ 1 34
– Übergang zur Musterfeststellungsklage 1 31
– Umsetzungsverfahren **Vor 22** 1 ff., *s.a. dort*
– Urteilsverkündung 16 27
– Verbandsklageregister 43 1 ff., *s.a. dort*
– verkürztes Verfahren 16 19
– Vollstreckung 16 30 ff.
– Wirkung der Entscheidungen im Ausland **Einf** 60 ff.
– Zahlung an bestimmte Verbraucher 16 20
– Zinsansprüche 14 5
– zusprechendes Urteil ohne Grundurteil 16 22 ff.
Abhilfeklage-Sammelklage 41 16
Ablehnung eines Sachwalters 23 49 ff.
– Ablehnungsgründe 23 50 ff.
– Antrag 23 54
– Anwaltszwang 23 54
– Befangenheit 23 49
– Bekanntmachung 23 65
– Bestellungsurkunde 23 63
– Frist 23 57 ff.
– Gelegenheit zur Stellungnahme 23 62
– Glaubhaftmachung 23 56
– Rechtsmittel 23 66
– Selbstablehnung 23 55
– Unabhängigkeit 23 50
– Ungeeignetheit 23 49, **23** 52
– Vergütungsanspruch 23 63
Ablehnung vermeintlicher Ansprüche 27 81 ff.
– Anwendungsbereich 27 83
– Berechtigungsvoraussetzungen 27 85
– fehlende Berechtigungsnachweise 39 17 ff.
– Individualklage 39 13 ff.
– Prüfung der Anspruchsberechtigung 27 87 f.
– teilweise ~ 27 91 f.
– Unwirksamkeit der Anmeldung 39 14 ff.
– zusätzliche Erklärung 27 82
Amtsermittlungsgrundsatz
– Bestellung des Sachwalters 23 3
– Umsetzungsverfahren 22 16
Amtshaftung 43 13 f.
andere Leistung als Zahlung
– Abhilfeklage 14 13
– Zwangsmittel gegen den Unternehmer 29 2
Anerkenntnisurteil
– Musterfeststellungsklage 41 46
– Verbandsklage 13 5
Anforderung eines Registerauszugs 27 8 ff.

https://doi.org/10.1515/9783110660180-054

Anforderungen ergänzender Erklärungen
27 45 ff.

Angemessenheitsprüfung 9 15 ff.
– begrenzter Nutzen der Leistung 9 23
– insolvenzgefährdender Vergleich 9 21
– Kompensation der Verbraucher 9 17 ff.
– Prüfungsumfang 9 16
– Sittenwidrigkeit 9 19
– Übergehen einer Anmeldergruppe 9 22
– Verhältnis Leistung-Gegenleistung 9 18 ff.

Anmeldung von Ansprüchen Einf 11, 46 1 ff.
– Aktenzeichen 46 30
– Angaben zum Verbraucher/Kleinunternehmen
46 27 ff.
– Anmeldefenster 46 18 ff.
– Anmeldefrist 46 25
– Anmelderkreis 46 10 f.
– Anwaltszwang 46 39
– Beklagter 46 30
– Bewirkungshandlung 46 16
– Bezug zu Rechtsgeschäften 46 12
– Erklärungsadressat 46 26
– Grund von Anspruch/Rechtsverhältnis 46 31 ff.
– Höhe des Zahlungsanspruchs 46 36 f.
– Inhalt 46 24
– Kostenerstattungsanspruch 46 41.
– Online-Formular 46 38
– Opt-in-Verfahren 46 8
– Opt-out-Verfahren 46 8
– prozessuale Reichweite 46 17
– Prüfung durch das Bundesamt 46 43 ff.
– Rechtsanwälte 46 39 ff.
– Rücknahme 46 47
– Textform 46 25, 47 4
– Verbandsklagegericht 46 30
– Verbraucher 46 2 ff.
– Versicherung zu Richtigkeit/Vollständigkeit 46 35
– Vertretung durch Rechtsanwälte 46 39 ff.
– Wiedereröffnung des Registers 46 22 f.
– Zweck 46 6

Anwaltszwang
– Ablehnung eines Sachwalters 23 54
– Anmeldung von Ansprüchen 46 39
– Austrittserklärung 10 3
– Überprüfung der Widerspruchsentscheidung 28 37
– Umsetzungsverfahren 22 11

Aufgaben des Sachwalters 27 1 ff., 27 4 ff.
– Ablehnung vermeintlicher Ansprüche 27 81 ff.,
s.a. dort
– Anforderung eines Registerauszugs 27 8 ff.
– Anforderungen ergänzender Erklärungen
27 45 ff.

– Aufstellung eines Auszahlungsplanes 27 57 ff.
– Auszahlungsplan 27 57 ff.
– Erfüllung berechtigter Ansprüche 27 65 ff.
– Leitfaden 27 3
– Mitteilung über Zahlungseingänge 27 4 ff.
– nicht ausreichender kollektiver Gesamtbetrag
27 62 ff.
– Pflichten 27 1
– Prüfung der Anspruchsberechtigung 27 14 ff.,
s.a. dort
– Verbandsklageregister 27 8
– Verurteilung zu anderen Leistungen 27 73 ff., s.a.
dort
– Zurückweisungen verspäteter Erklärungen/Nach-
weise 27 45 ff.

Aufrechnung
– Haftung des Sachwalters 31 45
– Herausgabeanspruch des Unternehmers 40 28 f.

Aufsicht des Gerichts 30 1 ff.
– Aufsichtsmaßnahmen bei Pflichtverletzungen
30 22 ff.
– Beginn 30 2
– Ende 30 2
– Entlassung des Sachwalters 30 25 ff., s.a. dort
– rechtliches Gehör 30 37
– Rechtsaufsicht 30 11
– Rechtsbeschwerde 30 40
– Schadensersatz 30 1, 30 12
– Schlussrechnung 33 1
– Untätigkeitsaufsicht 30 14
– Verfahrensregeln für Aufsichtsmaßnahmen
30 35 ff.
– Weisungsrecht 30 4 ff.
– Zeitplan 30 13 f.
– Zuständigkeit 30 35
– Zwangsgeld 30 24
– Zweck 30 1
– Zwischenberichte 30 3, 30 16 ff., 30 36

Aufstellung eines Auszahlungsplanes 27 57 ff.
Auslagenersatz 32 1 ff., 32 5 ff.
– Abgrenzung 32 8 ff.
– Angemessenheit 32 7
– Arbeitsleistungen 32 13
– Auslagen eines Rechtsanwalts 32 9
– Berufshaftpflichtversicherung 32 10
– Büroorganisation 32 11
– EDV-Ausstattung 32 12
– Einstellung des Umsetzungsverfahrens 38 75
– Entlassung des Sachwalters 30 31
– Erforderlichkeit 32 6, 32 15
– Haftung des Sachwalters 31 45
– Kosten des Umsetzungsverfahrens 20 4

– ordnungsgemäße Aufgabenerfüllung **32** 5
– Software **32** 12
– Umsetzungsvereinbarungen **Vor 22** 31, **32** 7
– Vergütung **32** 8 ff.
– Vorschüsse **32** 37 ff.

Aussetzung der Individualklage 11 7 ff.
– Abschluss des Verbandsklageverfahrens **11** 14 ff.
– Anmeldung des Verbrauchers **11** 9
– Bekanntgabe der Verbandsklage **11** 7
– Berufungsinstanz **11** 11
– Ende der ~ **11** 13 ff.
– gerichtlicher Vergleich **11** 16
– Klagen von Unternehmern **11** 28 ff.
– Rechtsmittel **11** 12
– Revisionsinstanz **11** 11
– Vorgreiflichkeit **11** 10 f.

Aussetzung des Umsetzungsverfahrens 38 20 ff.
– Anfechtungsgegner der Insolvenzanfechtung **38** 21 ff.
– Antrag **38** 26
– Begründung **38** 31
– nach der Insolvenzanfechtungsklage **38** 24
– rechtliches Gehör **38** 29
– Rechtsfolgen **38** 38 ff.
– Verfahren **38** 26 ff.
– vor der Insolvenzanfechtungsklage **38** 25
– Zuständigkeit **38** 28
– Zweck **38** 20

Austrittserklärung 10 3 ff.
– Anwaltszwang **10** 3
– Form **10** 7
– Formular **10** 7
– Frist **10** 6
– Kosten **10** 10
– Rechtsfolgen **10** 8 f.
– Widerruf **10** 5

Auszahlungsplan
– Aufgaben des Sachwalters **27** 57 ff.
– Erfüllung berechtigter Ansprüche **27** 65

B

b2c-Streitigkeit 1 7 ff.

Beendigung des Umsetzungsverfahrens 36 1 ff.
– Bekanntmachungen zu Verbandsklagen **44** 17
– Beschlussinhalt **36** 8 ff.
– Bestellungsurkunde **36** 25
– Einstellung des Umsetzungsverfahrens **38** 71
– Feststellung der ~ **36** 9
– formale ~ **36** 1
– Individualklagen **36** 26
– Kostenbetrag zugunsten des Sachwalters **36** 12 ff.
– Kostenfestsetzung **36** 10 f.

– materielle ~ **36** 1
– mündliche Verhandlung **36** 6
– rechtliches Gehör **36** 7
– Rechtsbeschwerde **36** 23
– Rechtsfolgen **36** 24 ff.
– Restbetrag zugunsten des Unternehmers **36** 16 ff.
– Rückzahlungsanspruch **37** 5 f.
– Schlussbericht **36** 6
– Schlussrechnung **36** 6
– Sperrwirkung der Klage **36** 26
– Verfahren **36** 6 f.
– Voraussetzungen **36** 2 ff.
– Zustellung **36** 21
– Zwischenberichte **36** 6

Beibringungsgrundsatz
– Überprüfung der Widerspruchsentscheidung **28** 46
– Umsetzungsverfahren **22** 16

Bekanntmachung
– Ablehnung eines Sachwalters **23** 65
– Bestellung des Sachwalters **23** 48
– Entlassung des Sachwalters **30** 30

Bekanntmachungen zu Verbandsklagen 43 8, **44** 1 ff.
– Aktenzeichen **44** 7
– Art der Verbandsklage **44** 8
– Auskunftsanspruch **44** 19
– Beendigung des Umsetzungsverfahrens **44** 17
– Befugnis zur Anmeldung **44** 12
– Insolvenz des Unternehmers **44** 18
– Katalog **44** 5
– Parteien der Verbandsklage **44** 6
– Sachwalter **44** 15
– Terminsbestimmungen **44** 13
– Umsetzungsverfahren **44** 16
– Veranlassung der Bekanntmachungen **45** 1 ff., *s.a. dort*
– Verbandsklagegericht **44** 7
– Verfahrensgang **44** 13 f.
– Zeitpunkt der Verbandsklage **44** 10
– Zweck **44** 2

Berechtigungsnachweise
– Abhilfegrundurteil **16** 14 f.
– alternative Nachweise **27** 17
– Frist zur Vorlage **27** 32, **27** 37 ff.
– Individualklage **39** 6
– Kapitalertragssteuer **27** 20
– Kommunikation mit den Verbrauchern **27** 39 ff., *s.a. dort*
– Mitteilung der Ausgangsentscheidung **28** 10
– Prüfung der Anspruchsberechtigung **27** 15, **27** 17 ff., **27** 32, **27** 37 f.
– Umsetzungsvereinbarungen **Vor 22** 32 f.

Berufshaftpflichtversicherung
- Auslagenersatz **32** 10
- Bestellung des Sachwalters **23** 42 ff.
Bestellung des Sachwalters Vor 22 6, Vor 22 16, **23** 1 ff.
- Ablehnung **23** 20 ff.
- Ablehnung eines Sachwalters **23** 49 ff., *s.a. dort*
- Amtsermittlungsgrundsatz **23** 3
- amtswegige ~ **23** 2
- Anhörung **23** 5 ff.
- Annahme **23** 10, **23** 12, **23** 14
- auswahlfähige Personen **23** 15 ff.
- Begründung **23** 9
- Bekanntmachung **23** 48
- Berufshaftpflichtversicherung **23** 42 ff.
- Bestellungsurkunde **23** 45
- Bestellungsverfahren **23** 1 ff.
- Entscheidung **23** 8
- fachliche Eignung **23** 27 ff.
- Interessenkonflikt **23** 20
- juristische Personen **23** 16
- Legal Tech-Anwendungen **23** 30
- Mehrheit von Sachwaltern **23** 18
- Personenvereinigungen **23** 16
- persönliche Eignung **23** 32 ff.
- persönliche Voraussetzungen **23** 25 ff.
- polizeiliches Führungszeugnis **23** 34
- Rechtsbeschwerde **23** 13
- Sachlichkeitsgebot **23** 37
- Schadensersatz **23** 4
- Selbstablehnung **23** 37
- Sitz im Ausland **23** 17
- Sondersachwalter **23** 19, **23** 23, **23** 40
- Unabhängigkeit **23** 35 ff.
- Vertrauenswürdigkeit des Sachwalters **23** 34
- Vorschlag **23** 2
- Wirksamwerden **23** 14
- Zuständigkeit **23** 1
Bestellungsurkunde
- Ablehnung eines Sachwalters **23** 63
- Beendigung des Umsetzungsverfahrens **36** 25
- Bestellung des Sachwalters **23** 45
Beweislast
- Haftung des Sachwalters **31** 43
- Herausgabeanspruch des Unternehmers **40** 10, **40** 31
- Individualklage **39** 22
- Verbandsklage **6** 1, **6** 3
Beweismittel **6** 1
Beweiswürdigung **6** 1, **6** 4
Bindungswirkung des Abhilfegrundurteils **38** 109 ff.

Bindungswirkung von Verbandsklageurteilen **11** 20 ff.
- angemeldete Verbraucher **11** 22
- Einstellung des Umsetzungsverfahrens **38** 92 ff., **38** 106 ff.
- klageabweisende Verbandsklageurteile **11** 25
- klagestattgebendes Abhilfegrundurteil **11** 26
- nachfolgende Verbandsklagen **11** 27
- Rechtsnachfolge **11** 23
- Umfang **11** 23 ff.
- Voraussetzungen **11** 21 f.
Brüssel Ia-VO Einf 38
Büroorganisation **32** 11

E
Einsichtsrecht **48** 2 ff.
- Auskunftsanspruch anderer Gerichte **48** 13
- Auskunftsanspruch der Parteien **48** 12
- Auszug an Gericht/Sachwalter **48** 7 ff.
- nationale Datenbanken **48** 5
- öffentliches ~ **48** 6
- Sachwalter **48** 7 f.
- Verbraucher **48** 10 f.
Einstellung des Umsetzungsverfahrens **38** 39 ff.
- Auslagenersatz **38** 75
- Beendigung des Umsetzungsverfahrens **38** 71
- Bindungswirkung des Abhilfegrundurteils **38** 109 ff.
- Bindungswirkung von Verbandsklageurteilen **38** 92 ff., **38** 106 ff.
- erfolgreiche Insolvenzanfechtungsklage **38** 67 ff.
- Insolvenzmasse **38** 60, **38** 72
- materielle Voraussetzungen **38** 49 ff.
- mögliche Anfechtbarkeit **38** 43 ff.
- Rechtsfolgen **38** 71 ff., **38** 78 ff.
- Sonderinsolvenzverwalter **38** 45, **38** 88 f.
- Sondermasse **38** 45, **38** 78 ff., **38** 81 ff., **38** 88
- Streitverkündung **38** 52
- unvollständige Zahlungen an den Sachwalter **38** 55 ff.
- Verfahren **38** 47 f.
- Vergütung des Sachwalters **38** 75
- Zweck **38** 40 f.
- zweigeteilte Prüfung **38** 46
Einzelrichter **13** 10
Einziehungsklage Einf 34
elektronische Einreichung
- Schlussbericht **34** 9
- Schlussrechnung **33** 10
Entlassung des Sachwalters **30** 25 ff.
- Androhung **30** 28
- auf eigenen Wunsch **30** 32 ff.

– Auslagenersatz **30** 31
– Bekanntmachung **30** 30
– Erkrankung **30** 27
– ordnungsgemäße Verfahrensabwicklung **30** 26
– Rechtsbeschwerde **30** 40
– Schadensersatz **30** 31
– Schlussbericht **30** 30
– Schlussrechnung **30** 30
– Vergütung des Sachwalters **30** 31
Erfüllung berechtigter Ansprüche 27 65 ff.
– Auszahlungsplan **27** 65
– Erhöhung des kollektiven Gesamtbetrages **27** 67
– gleichmäßige ~ **27** 65
– pro rata **27** 68
– Schlusszahlung **27** 69
– Teilzahlung **27** 69
ergänzende Erklärungen
– Anforderungen ~ **27** 45 ff.
– Prüfung der Anspruchsberechtigung **27** 32
Erhöhungsklage 21 1 ff.
– besondere Zulässigkeitsvoraussetzung **21** 5
– Erhöhungsurteil **21** 8 ff.
– Insolvenz des Unternehmers **38** 11
– Rechtschutzbedürfnis **21** 6 f.
– Rechtskraftdurchbrechung **21** 2
– Ruhen des Umsetzungsverfahrens **21** 11
– Voraussetzungen **21** 4 ff.
– Zuständigkeit **21** 4

F
Festsetzung der Vergütung 32 22 ff.
– Angemessenheit **32** 30
– Antrag **32** 24
– Gleichbehandlung **32** 30
– Haftungsrisiko **32** 26
– Komplexität des Verfahrens **32** 26
– Maßstab **32** 26 ff.
– Pauschalvergütung **32** 32
– Qualifikation des Sachwalters **32** 26
– rechtliches Gehör **32** 25
– Überprüfung der Widerspruchsentscheidung **32** 34
– Umsatzsteuer **32** 35
– Unternehmer **32** 25
– Verfahren **32** 22 ff.
– Vergütung nach Stunden **32** 28
– Widerspruchsverfahren **32** 34
Feststellungsziele 41 56 ff.
– ergänzende Vertragsauslegung **41** 64
– Feststellung von Ansprüchen **41** 70 ff.
– individuelle Streitfragen **41** 75

– Konnexität der Ansprüche/Rechtsverhältnisse **41** 76 f.
– rechtliche Voraussetzungen **41** 66 ff.
– Sachentscheidungsinteresse **41** 78 f.
– Sperrwirkung der Klage **8** 6
– Streitgegenstand **41** 57 ff.
– tatsächliche Voraussetzungen **41** 61 ff.
– zukünftige Rechtsverhältnisse **41** 65
Finanzierung der Klage 4 11 ff.
– Abhängigkeit vom beklagten Unternehmen **4** 13
– Gesamtkosten **4** 14
– Klageschrift **5** 3 f., **5** 8
– Offenlegungspflicht **4** 16
– Prozessfinanzierung **4** 13
– Stundensätze **4** 14
– Unzulässigkeitstatbestände **4** 12 ff.
– Vorbereitung **4** 14
– Wettbewerber **4** 13
– Zeitpunkt **4** 15
forum shopping 3 5

G
Genehmigung des Vergleichs 9 4, **9** 14 ff.
– amtswegige ~ **9** 14
– Angemessenheitsprüfung **9** 15 ff., *s.a. dort*
– Erteilung **9** 25
– Rechtsbeschwerde **9** 25
– Rechtsfolgen **9** 25 f.
– Versagung **9** 25
gerichtlicher Vergleich 9 1 ff.
– Anfechtbarkeit **9** 27
– Aussetzung der Individualklage **11** 16
– Austrittserklärung **10** 3 ff., *s.a. dort*
– Austrittsmöglichkeit **10** 1
– Ausübung von Gestaltungsrechten **9** 28 f.
– Bindungswirkung **9** 7 ff.
– Genehmigung des Vergleichs **9** 4, **9** 14 ff., *s.a. dort*
– Irrtum über die Vergleichsgrundlage **9** 30
– Mindestinhalt **9** 12 f.
– Nichtangemeldete **9** 9
– Prozesshandlung **9** 8
– Quorum zur Annahme **9** 3
– Rechtsnachfolge **9** 10
– Scheinverbraucher **9** 9
– Verbandsklageregister **9** 1
– Vergleichsschluss **9** 6 ff.
– Vergleichssperre **9** 11
– Vertrag **9** 8
– Wegfall der Geschäftsgrundlage **9** 30
– Wirkung **9** 1
Gewinnabschöpfungsanspruch Einf 32

Gleichartigkeit der Ansprüche 15 1 ff.
– Abweisung durch Prozessurteil 15 21
– Anspruchshöhe 15 16
– Einreden 15 14
– Einwendungen 15 14
– Folge fehlender ~ 15 19 ff.
– gerichtliche Prüfung 15 25
– Gleichartigkeit der Tat-/Rechtsfragen 15 7 ff.
– Gleichartigkeit im Sachverhalt 15 5 f.
– Hinweis des Gerichts 15 19
– Klageschrift 15 22 f.
– kleine Unternehmen 15 9
– kollektive Feststellung 15 15
– Musterfeststellungsklage 41 25 ff.
– unterschiedliche Rechtsordnungen 15 10
– Unterschiedlichkeit der Tat-/Rechtsfragen 15 12 ff.
– Verfahrensverlauf 15 20
– Zulässigkeitsvoraussetzung 15 4
– Zweck 15 2
Grund-Musterfeststellungsurteil 41 54
Gruppenbildung 38 131 ff.
Gruppenklage Einf 2
gütliche Streitbeilegung 13 10

H
Haftung des Sachwalters 31 1 ff.
– Aufrechnung 31 45
– Auslagenersatz 31 45
– Begrenzung 31 4
– Beweislast 31 43
– einzelne Pflichten 31 30 ff.
– Fahrlässigkeit 31 39
– Individualklagen 31 27
– Individualverfahren 31 16
– Insolvenzmasse 31 22
– Kardinalpflichten 31 12
– Kausalität 31 6
– Mitverschulden 31 6, 31 42
– nach allgemeinen Vorschriften 31 9 f.
– nachwirkende Amtspflichten 31 7
– ordnungsgemäße Verwaltung 31 22
– Schutz der Verbraucher 31 32 ff.
– Schutz des Unternehmers 31 30
– Schutzzweck 31 11 ff., 31 23
– Vergütung des Sachwalters 31 45
– Verjährung 31 44
– Verschulden 31 6, 31 39 ff.
Haftungsbeschränkung Vor 22 34
Herausgabeanspruch des Unternehmers 40 1 ff.
– Anspruchsinhalt 40 6
– Aufrechnung 40 28 f.
– Beweislast 40 10, 40 31
– Erlöschen des Herausgabeanspruchs 40 20 ff.
– Form der Geltendmachung 40 25
– Frist 40 21 ff.
– individuelle Einwendungen 40 4
– Inhalt 40 11
– Inhalt der Geltendmachung 40 26
– materiell-rechtlicher ~ 40 5 ff.
– Nachverfahren 40 1
– negative Feststellungsklage 40 18
– Präklusion 40 9, 40 12 ff.
– Rechtsschutzbedürfnis 40 17
– Rückforderungsprozess 40 9
– Rückzahlungsanspruch 37 7 ff.
– Verfahrensrecht 40 17 ff.
– Verjährung 40 8

I
Individualklage 11 1 ff., 39 1 ff.
– Abhilfegrundurteil 39 6
– Ablehnung eines Anspruchs 39 13 ff.
– Anmeldung des Verbrauchers 11 4
– Aussetzung der ~ 11 7 ff., s.a. dort
– Beendigung des Umsetzungsverfahrens 36 26
– Begründetheitsprüfung 39 6
– Berechtigungsnachweise 39 6
– Betroffenheit des Streitgegenstands 11 4 ff.
– Beweislast 39 22
– Bindungswirkung von Verbandsklageurteilen 11 20 ff., s.a. dort
– fehlende Berechtigungsnachweise 39 17 ff.
– Haftung des Sachwalters 31 16, 31 27
– Herausgabeanspruch des Unternehmers 40 1 ff., s.a. dort
– Präklusion 39 7 ff.
– Sperre von ~n 11 17 ff.
– Teil-Aussetzung 11 6
– unvollständige Erfüllung 39 11 f.
– Unwirksamkeit der Anmeldung 39 14 ff.
– Zuständigkeit 39 2
individuelle Einwendungen
– Herausgabeanspruch des Unternehmers 40 4
– Prüfung der Anspruchsberechtigung 27 22 ff.
– Überprüfung der Widerspruchsentscheidung 28 53
Informationspflichten 12 1 ff.
– Inhalt der Veröffentlichung 12 4
– Kosten 12 6
– Modalitäten der Veröffentlichung 12 5
– Ort der Veröffentlichung 12 3
– zu veröffentlichende Informationen 12 2
– Zweck 12 1

Inkassosammelklage 41 16
Inländerdiskriminierung 2 6
Insolvenz des Unternehmers 38 1 ff.
– Abhilfeklage 38 95 ff.
– ausländische ~ 38 140 ff.
– Aussetzung des Umsetzungsverfahrens 38 20 ff., *s.a. dort*
– Auswirkungen auf das Abhilfeendurteil 38 121
– Bekanntmachungen zu Verbandsklagen 44 18
– Einstellung des Umsetzungsverfahrens 38 2 f., 38 39 ff., *s.a. dort*
– Erhöhungsverlangen 38 11
– Fortführung des Umsetzungsverfahrens 38 14 ff.
– Restrukturierungsplanverfahren 38 8, 38 122 ff., *s.a. dort*
– Umsetzungsvereinbarungen 38 10
– unvollständige Zahlungen 38 4
– unzureichende Zahlungen 38 7
– Verbandsklageregister 38 9
Insolvenzmasse 38 60, 38 72

K
Kapitalertragssteuer 27 20
KapMuG Einf 22 ff.
Klageänderung
– Musterfeststellungsklage 41 43
– Verbandsklage 1 30, 13 11 f.
Klagebefugnis
– Klageschrift 5 3 f.
– Verbandsklage 1 25
klageberechtigte Stellen 2 1 ff.
– Einrichtungen aus Drittstaaten 2 9
– Informationspflichten 12 1 ff., *s.a. dort*
– Musterfeststellungsklage 41 36 ff.
– Nachweis 2 11
– qualifizierte Einrichtungen aus anderen EU-Staaten 2 9
– qualifizierte Verbraucherverbände 2 4 ff., *s.a. dort*
– Sperrwirkung der Klage 8 10
– Zeitpunkt der Voraussetzungen 2 10
Klageerweiterung 13 11 f.
Klageschrift 5 1 ff.
– Finanzierung der Klage 5 3 f., 5 8
– Folgen fehlender Angaben 5 12 f.
– Gleichartigkeit der Ansprüche 15 22 f.
– Klagebefugnis 5 3 f.
– kollektiver Gesamtbetrag 15 24
– Soll-Inhalte 5 10 f.
– Verbraucherquorum 5 5
– verpflichtende Inhalte 5 2 ff., 5 9
– Wert des Streitgegenstands 5 6 f.

kleine Unternehmen 1 13 ff.
– AGB-Recht 1 15
– Begriff 1 16
– Gleichartigkeit der Ansprüche 15 9
– Kriterien 1 17
– UWG 1 15
– Verbraucher 1 13
kollektiver Gesamtbetrag 14 2, 14 6, 14 12, 19 1 ff.
– Abhilfegrundurteil 16 16 f.
– Anhaltspunkte 19 5
– Anzahl der Anmeldungen 19 10
– Beendigung des Umsetzungsverfahrens 36 16 ff.
– Berechtigung der Einzelans 19 11
– Beurteilungsspielraum 19 6
– Bezifferung 18 13 f.
– Erhöhungsklage 21 1 ff., *s.a. dort*
– Ermittlung des ~s 19 4 ff.
– Höhe des einzelnen Verbraucheranspruchs 19 9
– Information über nicht ausreichenden ~ 27 62 ff.
– Klageschrift 15 24
– nicht abgerufene Beträge 37 1 ff.
– Rückzahlungsanspruch 37 1 ff., *s.a. dort*
– Schätzung 19 7 f.
– Schlussbericht 34 1, 34 8
– Umsetzungsfonds 25 16
– unvollständige Zahlungen 24 11 ff.
kollektiver Rechtsschutz
– Abhilfeklage Einf 8
– Entwicklung Einf 1
– Grundtypen Einf 2
– Gruppenklage Einf 2
– Musterfeststellungsklage Einf 3 ff., Einf 8
– Sammelklage Einf 2
– VDuG Einf 7
– Verbandsklage Einf 2, Einf 8
– VRuG Einf 7
Kommunikation mit den Verbrauchern 27 39 ff.
– Fristsetzungen 27 39 f.
– Mitwirkungsobliegenheit 27 40, 27 43
– Online-Portal 27 39
– Organisation 27 40
– Post 27 41
– Verbandsklageregister 27 39
Kooperationsabreden Vor 22 35
Kosten des Umsetzungsverfahrens 20 1 ff.
– Abhilfeendurteil 20 8
– Auslagen des Sachwalters 20 4
– Kostentragung 20 6

– Online-Portal **20** 4
– Vergütung des Sachwalters **20** 5
künstliche Intelligenz 27 26

L

Legal Tech-Anwendungen
– Bestellung des Sachwalters **23** 30
– Prüfung der Anspruchsberechtigung **27** 26
Lex-fori-Grundsatz Einf 37
Luganer Übereinkommen Einf 38

M

Massenschäden Einf 1
Mehrfachrepräsentation 27 16, **27** 23
Mitteilung der Ausgangsentscheidung
– Begründung **28** 9
– Belehrung **28** 11 f.
– Berechtigungsnachweise **28** 10
– teilweise berechtigter Anspruch **28** 4 f.
– Textform **28** 8
– Umsetzungsvereinbarungen **28** 10
– Zugang **28** 7
Mitteilung über Zahlungseingänge 27 4 ff.
Mitverschulden 31 6, **31** 42
mündliche Verhandlung
– Anmeldung von Ansprüchen **46** 21
– Beendigung des Umsetzungsverfahrens **36** 6
– Überprüfung der Widerspruchsentscheidung **28** 42
– Umsetzungsverfahren **22** 7 ff.
– Verbandsklage **13** 5
Musterfeststellungsklage Einf 3 ff., **Einf** 8, **41** 1 ff.
– Abhilfeklage **41** 83
– allgemeine ~ **Einf** 4
– Anerkenntnisurteil **41** 46
– Antrags-/Klagehäufungen **4** 7
– Beklagtenmehrheit **41** 34
– Beschränkung auf Verbraucheransprüche **41** 28 ff.
– besondere Zulässigkeitsvoraussetzungen **41** 23 ff.
– Entwicklung **41** 2 ff.
– Erhebung **41** 20
– Erledigungserklärung, übereinstimmende **41** 55
– Feststellungsziele **41** 56 ff., *s.a. dort*
– Gerichtsstand **41** 18
– Gleichartigkeit der Ansprüche **41** 25 ff.
– Grund-Musterfeststellungsurteil **41** 54
– Klageänderung **41** 43
– klageberechtigte Stellen **41** 36 ff.
– Klagerücknahme **41** 44
– Musterfeststellungsbeklagte **41** 34 ff.
– Musterfeststellungsurteil **41** 80 ff.
– Nebenintervention **41** 41

– Regelungskonzept **41** 15 f.
– Säumnisentscheidung **41** 47 ff.
– Sperrwirkung der Klage **8** 8 f., **41** 21
– Streitgegenstand **41** 57 ff.
– Streitverkündung **41** 42
– sukzessive ~ **1** 34
– Teil-Musterfeststellungsurtei **41** 51 ff.
– Übergang zur Abhilfeklage **1** 32
– Unternehmer **41** 33
– Urteil **41** 80 ff.
– VDuG **Einf** 21
– Verbandsklageregister **43** 1 ff., *s.a. dort*
– Verbraucherbegriff **41** 29 ff.
– Verbrauchergerichtsstand **41** 18
– Verzichtsurteil **41** 45
– Wirkung der Rechtshängigkeit **41** 21
– zivilprozessuale ~ **8** 15, **41** 1 ff.
– ZPO-Vorschriften **41** 40 ff.
– Zuständigkeit **41** 17 ff.
– Zweck **41** 10 ff.
Musterfeststellungsurteil 41 80 ff.
– Berichtigung **42** 6
– Ergänzung **42** 6
– Form **42** 4
– grenzüberschreitende Wirkung **Einf** 56 ff.
– Inhalt **42** 4
– Revision **42** 1 ff., *s.a. dort*
– Verkündung **42** 5
– Zulässigkeit der Revision **42** 8 ff.
– Zustellung **42** 5

N

Nachverfahren
– Herausgabeanspruch des Unternehmers **40** 1
– Prüfung der Anspruchsberechtigung **27** 22
– Widerspruchsverfahren **28** 2
Nebenintervention
– Musterfeststellungsklage **41** 41
– Verbandsklage **13** 3 f.
nicht abgerufene Beträge 37 1 ff.

O

Online-Portal
– Anmeldung von Ansprüchen **46** 38
– Kommunikation mit den Verbrauchern **27** 39
– Kosten des Umsetzungsverfahrens **20** 4
– Prüfung der Anspruchsberechtigung **27** 26
Opt-in-Verfahren
– Anmeldung von Ansprüchen **46** 8
– Verbandsklage **Einf** 13
Opt-out-Verfahren 46 8
Ordnungsgeld 6 1, **6** 5 ff.

P

Präklusion
- Herausgabeanspruch des Unternehmers **40** 9, **40** 12 ff.
- Individualklage **39** 7 ff.

Prozesstrennung/-verbindung 13 12
Prüfung der Anspruchsberechtigung 27 14 ff.
- Abhilfegrundurteil **27** 14
- Ablehnung vermeintlicher Ansprüche **27** 87 f.
- Berechtigungsnachweise **27** 15, **27** 17 ff., **27** 32, **27** 37 f.
- ergänzende Erklärungen **27** 32
- Ergebnis **27** 29
- individuelle Einwendungen **27** 22 ff.
- Kommunikation mit den Verbrauchern **27** 39 ff., *s.a. dort*
- künstliche Intelligenz **27** 26
- Legal Tech Tools **27** 26
- Nachverfahren **27** 22
- Online-Portal **27** 26
- Prüfungsverfahren **27** 26 ff.
- rechtsmissbräuchliche Teilnahme **27** 22 ff.
- Teilnahme am Umsetzungsverfahren **27** 15
- Umsetzungsvereinbarungen **27** 28, **27** 35 f.
- Verbot der Mehrfachrepräsentation **27** 16, **27** 23
- Verbrauchereigenschaft **27** 15
- weitere Anspruchsvoraussetzungen **27** 21
- Widerspruchsverfahren **28** 1 ff., *s.a. dort*
- zeitlicher Rahmen **27** 30 ff.

Q

qualifizierte Verbraucherverbände 2 4 ff.
- 5 %-Schwelle **2** 6 f.
- Inländerdiskriminierung **2** 6
- Überprüfung durch das Gericht **2** 5, **2** 11
- Verbraucherzentralen **2** 8
- Zuwendungen von Unternehmen **2** 6

R

rationale Apathie Einf 1
Rechtsaufsicht 30 11
Rechtsbeschwerde
- Aufsicht des Gerichts **30** 40
- Beendigung des Umsetzungsverfahrens **36** 23
- Bestellung des Sachwalters **23** 13
- Eröffnungsbeschluss **24** 1
- Genehmigung des Vergleichs **9** 25
- Umsetzungsverfahren **22** 13
- Veranlassung der Bekanntmachungen **45** 9
- Zwangsmittel gegen den Unternehmer **29** 12

Rechtshängigkeitssperre 8 1, **8** 5
Rechtskraftdurchbrechung 21 2

Rechtsmittel *s.a.* Rechtsbeschwerde, Revision
- Ablehnung eines Sachwalters **23** 66
- Aussetzung der Individualklage **11** 12

Rechtsnachfolge
- Bindungswirkung von Verbandsklageurteilen **11** 23
- gerichtlicher Vergleich **9** 10

Residualzuständigkeit 7 7
Restrukturierungsplanverfahren 38 8, **38** 122 ff.
- Annahme eines Restrukturierungsplanes **38** 136 ff.
- ausländische ~ **38** 140 ff.
- Einbeziehung von Verbraucheransprüchen **38** 124 f.
- Gruppenbildung **38** 131 ff.
- Restrukturierungsbeauftragter **38** 136
- Schlussbericht **38** 139
- Schlussrechnung **38** 139
- Stimmrecht **38** 133
- Umsetzungsverfahren **38** 126 ff.
- Vollstreckungssperre **38** 130

Revision
- Abhilfeendurteil **18** 17
- Abhilfeklage **16** 29
- Aussetzung der Individualklage **11** 11
- Beschwer des Revisionsklägers **42** 12 ff.
- Form **42** 9
- Frist **42** 10 ff.
- Musterfeststellungsurteil **42** 1 ff.
- Statthaftigkeit **42** 8
- Zulässigkeit **42** 8 ff.

Rückzahlungsanspruch 37 1 ff.
- Auskunftsanspruch **37** 8 f.
- Beendigung des Umsetzungsverfahrens **37** 5 f.
- Entreicherung **37** 2
- Fälligkeit **37** 5 f.
- Herausgabeanspruch des Unternehmers **37** 7 ff.
- materieller ~ **37** 2
- Verfahren **37** 3 f.

S

Sachentscheidungsinteresse 41 78 f.
Sachwalter Vor 22 4, **Vor 22** 9 ff.
- Ablehnung eines ~s **23** 49 ff., *s.a. dort*
- Amt sui generis **Vor 22** 9
- Amtsträger **Vor 22** 19
- Aufgaben des ~s **27** 1 ff., *s.a. dort*
- Aufsicht des Gerichts **30** 1 ff., *s.a. dort*
- Auslagenersatz **32** 1 ff., *s.a. dort*
- Beendigung des Amtes **Vor 22** 17
- Befugnisse **27** 1, **27** 4 ff.
- Bekanntmachungen zu Verbandsklagen **44** 15

– Bestellung des ~s **Vor 22** 6, **Vor 22** 16, **23** 1 ff., *s.a. dort*
– Einsichtsrecht **48** 7 f.
– Entlassung des ~s **30** 25 ff., *s.a. dort*
– Haftung des ~s **31** 1 ff., *s.a. dort*
– Insolvenzverwalter **Vor 22** 10, **Vor 22** 13
– Kommunikation mit den Verbrauchern **27** 39 ff., *s.a. dort*
– Mitteilung der Ausgangsentscheidung **28** 4 ff., *s.a. dort*
– Partei kraft Amtes **Vor 22** 19
– Rechtsstellung **Vor 22** 19
– Schifffahrtsrechtliche Verteilungsordnung **Vor 22** 10
– Schlussbericht **34** 1 ff., *s.a. dort*
– Schlussrechnung **33** 1 ff., *s.a. dort*
– Treuhänder **Vor 22** 14
– Umsetzungsfonds **Vor 22** 19, **25** 1 ff., *s.a. dort*
– Umsetzungsvereinbarungen **Vor 22** 24
– Vergütung des Sachwalters **Vor 22** 28 ff., **32** 1 ff., **32** 19 ff., *s.a. dort*
– Vollstreckungsaufgaben **Vor 22** 4
– Widerspruchsentscheidung **28** 23 ff., *s.a. dort*
– Zwangsmittel gegen den Unternehmer **29** 1 ff., *s.a. dort*
– Zwischenberichte **30** 3, **30** 16 ff.
Sammelklage Einf 2
Säumnisentscheidung
– Musterfeststellungsklage **41** 47 ff.
– Überprüfung der Widerspruchsentscheidung **28** 46
Schadensersatz
– Aufsicht des Gerichts **30** 1, **30** 12
– Bestellung des Sachwalters **23** 4
– Entlassung des Sachwalters **30** 31
– Haftung des Sachwalters **31** 1 ff., *s.a. dort*
Scheinverbraucher 9 9
Schlussbericht 34 1 ff.
– abgelehnte Ansprüche **34** 14 f.
– Beanstandungen durch das Gericht **35** 11 ff.
– Beendigung des Umsetzungsverfahrens **36** 6
– elektronische Einreichung **34** 9
– Entlassung des Sachwalters **30** 30
– erfüllte Ansprüche **34** 10 ff.
– Gegenüberstellung Auszahlungen-Gesamtbetrag **34** 16
– Information der Parteien **34** 17
– Inhalt **34** 8 ff.
– kollektiver Gesamtbetrag **34** 1, **34** 8
– Prüfpflicht **35** 1
– Prüfungsgegenstand **35** 2 f.
– Prüfungsmaßstab **35** 4 ff.

– Restrukturierungsplanverfahren **38** 139
– teilweise Befriedigung **34** 10
– Textform **34** 9
– Vorlage nach Fristsetzung **34** 3 ff.
– Zahlungen an Verbraucher **34** 11
Schlussrechnung 33 1 ff.
– Anerkennung **33** 18 ff.
– Anlass **33** 2
– Aufsicht des Gerichts **33** 1
– Beanstandungen durch das Gericht **35** 11 ff.
– Beendigung des Amtes **33** 2
– Beendigung des Umsetzungsverfahrens **36** 6
– Belege **33** 9
– Einsichtnahme durch den Unternehmer **33** 11
– Einwendungsrecht **33** 12 ff.
– elektronische Einreichung **33** 10
– Entlassung des Sachwalters **30** 30
– Form **33** 10
– Frist **33** 3
– Inhalt **33** 5 ff.
– Kosten **33** 5
– Prüfpflicht **35** 1
– Prüfungsgegenstand **35** 2 f.
– Prüfungsmaßstab **35** 8 ff.
– Restrukturierungsplanverfahren **38** 139
– unterlassene Einwendungen **33** 18 ff.
– Vorschüsse **33** 5
Sonderinsolvenzverwalter 38 45, **38** 88 f.
Sondermasse 38 45, **38** 78 ff., **38** 81 ff., **38** 88
Sondersachwalter 23 19, **23** 23, **23** 40
Sperrwirkung der Klage 8 1 ff.
– Abhilfeklage **8** 8 f.
– Abweisung wegen Unzulässigkeit **8** 11 f.
– Anhängigkeit einer Verbandsklage **8** 3
– ausländische Verbandsklagen **8** 16
– Beendigung des Umsetzungsverfahrens **36** 26
– dieselben Ansprüche/Feststellungsziele **8** 6
– Ende der ~ **8** 13
– Entscheidung in der Sache **8** 13
– Identität des Streitgegenstands **8** 5 ff.
– klageberechtigte Stellen **8** 10
– Kollisionen der Klagearten **8** 7
– Musterfeststellungsklage **8** 8 f., **41** 21
– Musterfeststellungsklagen nach ZPO **8** 15
– Rechtshängigkeitssperre **8** 1, **8** 5
– Voraussetzungen **8** 3 ff.
Spruchfrist 13 7 ff.
Stimmrecht 38 133
Streitgenossenschaft 7 1 ff.
– anfängliche subjektive Klagehäufung **7** 3
– Art der entstehenden ~ **7** 10
– einfache ~ **7** 10

– Klagehäufung auf Beklagtenseite **7** 7 ff.
– Klagehäufung auf Klägerseite **7** 3 ff.
– Konstellationen **7** 3 f.
– nachträgliche subjektive Klagehäufung **7** 4
– notwendige ~ **7** 10
– örtliche Zuständigkeit **7** 7
– Residualzuständigkeit **7** 7
– Verbraucher aus mehreren Staaten **7** 1
– Zulässigkeitsvoraussetzungen **7** 5 f.
Streitverkündung
– Einstellung des Umsetzungsverfahrens **38** 52
– Musterfeststellungsklage **41** 42
Streuschäden Einf 1

T
Teil-Musterfeststellungsurtei 41 51 ff.
Textform
– Anmeldung von Ansprüchen **46** 25, **47** 4
– Austritt aus dem Vergleich **47** 6
– Mitteilung der Ausgangsentscheidung **28** 8
– Schlussbericht **34** 9
– Widerspruchsentscheidung **28** 23

U
Überprüfung der Widerspruchsentscheidung
   28 32 ff.
– Anfechtungsausschluss **28** 60
– Antragsbefugnis **28** 33 ff.
– Antragsfrist **28** 33 ff.
– Antragsschrift **28** 36
– Anwaltszwang **28** 37
– Beibringungsgrundsatz **28** 46
– Beschluss **28** 43
– Beschwer **28** 33 ff.
– Beteiligte **28** 38 ff.
– Entscheidung **28** 54
– Festsetzung der Vergütung **32** 34
– formelle Antragsvoraussetzungen **28** 35
– individuelle Einwendungen **28** 53
– Kosten **28** 55 ff.
– Kostengrundentscheidung **28** 57
– mündliche Verhandlung **28** 42
– Prozessgericht **28** 32
– Prüfungsmaßstab **28** 47 ff.
– Rechtsmäßigkeitskontrolle **28** 51
– Säumnisentscheidung **28** 46
– Unternehmer **28** 34
– Verbraucher **28** 34
– Verfahren **28** 42
– Zuständigkeit **28** 32, **28** 41
UKlaG Einf 28 ff.
Umsatzsteuer 32 35

Umsetzungsfonds 25 1 ff.
– Auszahlungen **25** 15 ff.
– Begrenzung der Entnahmen **25** 18
– Einzahlungen **25** 3 ff.
– Erhöhungsverfahren **25** 30
– Errichtung **25** 2
– Information über Zahlungseingang **24** 7
– kollektiver Gesamtbetrag **24** 11 ff., **25** 16
– nicht abgerufene Beträge **37** 1 ff.
– partielle Unpfändbarkeit **25** 24 ff.
– Rückzahlungsanspruch **37** 1 ff., *s.a. dort*
– Treuhand **25** 1
– unvollständige Zahlungen **24** 8 ff.
– Verfügung **25** 12
– Vermögensbetreuungspflicht **25** 14
– Vermögenstrennung **25** 8 ff.
– Vermögensvermischung **25** 25
– Verwaltung **25** 13
– Vollstreckung wegen Kosten des Umsetzungsver-
   fahrens **25** 27 ff.
– vorläufig festgesetzter Kostenbetrag **24** 10, **25** 17 ff.
– Zahlungseingang **24** 3
– Zuvielzahlung **24** 15
– Zweck **25** 1
Umsetzungsvereinbarungen
– Auslagen des Sachwalters **Vor 22** 31
– Auslagenersatz **32** 7
– Berechtigungsnachweise **Vor 22** 32 f.
– Genehmigung **Vor 22** 23
– Grenzen **Vor 22** 22
– Haftungsbeschränkung **Vor 22** 34
– Heilung nicht umsetzbarer Abhilfeentscheidun-
   gen **Vor 22** 39 f.
– Insolvenz des Unternehmers **38** 10
– Kooperationsabreden **Vor 22** 35
– Mitteilung der Ausgangsentscheidung **28** 10
– Prüfung der Anspruchsberechtigung **27** 28, **27** 35 f.
– Reduzierung von Nachweisanforderungen
   Vor 22 32 f.
– Sachwalter **Vor 22** 24
– Unternehmer **Vor 22** 24 ff.
– Vergütung des Sachwalters **Vor 22** 28 ff., **32** 20 f.
– Verurteilung zu anderen Leistungen **27** 79
– Verurteilung zu einer anderen Leistung.
   Vor 22 36 ff.
– Zulässigkeit **Vor 22** 20 f.
Umsetzungsverfahren Vor 22 1 ff.
– Abhilfeendurteil **Vor 22** 3
– Abhilfegrundurteil **Vor 22** 2
– Amtsermittlungsgrundsatz **22** 16
– Anmeldung zum Verbandsklageregister **26** 3 ff.
– Anwaltszwang **22** 11

– ausschließliche Zuständigkeit **22** 3 ff.
– Aussetzung des ~s **38** 20 ff., *s.a. dort*
– Beendigung **Vor 22** 7
– Beendigung des ~s **36** 1 ff., *s.a. dort*
– Beibringungsgrundsatz **22** 16
– Bekanntmachungen zu Verbandsklagen **44** 16
– effektiver Rechtsschutz **22** 7
– Einstellung des ~s **38** 39 ff., *s.a. dort*
– Entscheidungsform **22** 12
– Eröffnung **Vor 22** 6
– Eröffnungsbeschluss **24** 1, **24** 16
– Haftung des Sachwalters **31** 1 ff., *s.a. dort*
– Insolvenz des Unternehmers **38** 1 ff., *s.a. dort*
– Kosten des ~s **20** 1 ff., *s.a. dort*
– mündliche Verhandlung **22** 7 ff.
– Parteiautonomie **Vor 22** 8, **Vor 22** 20 ff.
– Prozessgericht **22** 1
– Prüfung der Verbrauchereigenschaft **26** 8
– rechtliches Gehör **22** 7, **22** 14
– Rechtsbeschwerde **22** 13
– Restrukturierungsplanverfahren **38** 126 ff.
– Sachwalter **Vor 22** 4, **Vor 22** 9 ff., *s.a. dort*
– Umsetzungsfonds **25** 1 ff., *s.a. dort*
– Umsetzungsvereinbarungen **Vor 22** 20 ff., *s.a. dort*
– Verfahrensrecht **22** 1, **22** 7 ff., **22** 10 ff.
– Widerspruchsverfahren **28** 1 ff., *s.a. dort*
– Zahlungseingang **24** 3 ff.
– zu berücksichtigende Verbraucher **26** 2 ff.
– Zuständigkeit **22** 1
– Zwangsmittel gegen den Unternehmer **29** 1 ff., *s.a. dort*
Untätigkeitsaufsicht 30 14
Unterlassungsklage Einf 28 ff.
Unternehmer 1 11 f.
– Festsetzung der Vergütung **32** 25
– Herausgabeanspruch des ~s **40** 1 ff., *s.a. dort*
– Insolvenz des ~s **38** 1 ff., *s.a. dort*
– Musterfeststellungsklage **41** 33
– Rückzahlungsanspruch **37** 1 ff., *s.a. dort*
– Schlussrechnung **33** 11
– Überprüfung der Widerspruchsentscheidung **28** 34
– Umsetzungsvereinbarungen **Vor 22** 24 ff.
– Verurteilung zu anderen Leistungen **27** 73 ff., *s.a. dort*
– Widerspruchsverfahren **28** 14
– Zwangsmittel gegen den ~ **29** 1 ff., *s.a. dort*
Urkunden 6 1
UWG-Klagen Einf 31 ff.

V

VDuG Einf 7
– Ansprüche und Rechtsverhältnisse **1** 6
– b2c-Streitigkeit **1** 7 ff.
– bürgerliche Rechtsstreitigkeiten **1** 4
– Evaluierung **50** 1
– Gleichberechtigung der Klagearten **1** 27
– internationale Zusammenhängen **Einf** 35 ff.
– KapMuG **Einf** 22 ff.
– Klagearten **1** 27 ff.
– kleine Unternehmen **1** 13 ff., *s.a. dort*
– Kombinationen der Klagearten **1** 28
– Lex-fori-Grundsatz **Einf** 37
– Musterfeststellungsklage **Einf** 21
– persönlicher Anwendungsbereich **Einf** 19
– sachlicher Anwendungsbereich **Einf** 19, **1** 3 ff.
– Übergang der Klagearten **1** 28
– UKlaG **Einf** 28 ff.
– Unternehmer **1** 11 f.
– Verbraucher **1** 9 f.
– Verbraucherbezogenheit der Ansprüche/ Rechtsverhältnisse **1** 18 ff.
– zeitlicher Anwendungsbereich **Einf** 18
Veranlassung der Bekanntmachungen 45 1 ff.
– Gericht **45** 5
– mitzuteilende Angaben **45** 6 ff.
– Nichtveröffentlichung von Angaben **45** 9
– Rechtsbeschwerde **45** 9
– Zweck **45** 3
Verbandsklage Einf 2, **Einf** 8
– Abhilfeklage **14** 1 ff., *s.a. dort*
– allgemeiner Gerichtsstand **3** 4
– Anerkenntnisurteil **13** 5
– anfängliche Verbindung **1** 29
– Anmeldung ausländischer Verbraucher **Einf** 40 ff.
– Anmeldung von Individualansprüchen **Einf** 11
– ausländische Parallelverfahren **Einf** 51 ff.
– ausschließliche Zuständigkeit **3** 5 f.
– Ausschluss des Verzichtsurteils **13** 6
– Aussetzung der Individualklage **11** 7 ff., *s.a. dort*
– Begriff **1** 2
– besondere Gerichtsstände **3** 6
– Beweislastverteilung **6** 1, **6** 3
– Beweismittel **6** 1
– Beweiswürdigung **6** 1, **6** 4
– eingeschränkte Bindungswirkung **Einf** 13
– Einschränkung der Nebenintervention **13** 3 f.
– Einzelrichter **13** 10
– Einziehungsklage **Einf** 34
– Erweiterung **1** 30
– Festsetzung des Ordnungsgeldes **6** 5 ff.
– Finanzierung der Klage **4** 11 ff., *s.a. dort*
– forum shopping **3** 5
– gerichtlicher Vergleich *s.a. dort*
– Gleichberechtigung der Klagearten **1** 27

– gütliche Streitbeilegung **13** 10
– in anderen EU-Staaten **Einf** 52
– in Nicht-EU-Staaten **Einf** 54
– Individualklage **11** 1 ff., *s.a. dort*
– Informationspflichten **12** 1 ff., *s.a. dort*
– internationale Zuständigkeit **Einf** 42 ff., **3** 10
– KapMuG **Einf** 22 ff.
– Klageänderung **1** 30, **13** 11 f.
– Klagearten **1** 27 ff.
– Klagebefugnis **1** 25
– klageberechtigte Stellen **2** 1 ff., *s.a. dort*
– Klageerweiterung **13** 11 f.
– Klageschrift **5** 1 ff., *s.a. dort*
– Klageziele **Einf** 15
– kleine Unternehmen **1** 13 ff., *s.a. dort*
– Kombinationen der Klagearten **1** 28
– nationales IZPR **3** 12
– Nebenintervention **13** 3 f.
– objektive Klagehäufung **1** 29
– obligatorische Spruchfrist **13** 7 ff.
– Opt-in-Verfahren **Einf** 13
– Ordnungsgeld **6** 1, **6** 5 ff.
– örtliche Zuständigkeit **3** 4
– Parteienstellung **1** 26
– Prozesstrennung/-verbindung **13** 12
– Regelungskonzept **Einf** 10
– sachliche Zuständigkeit **3** 2 f.
– Sperrwirkung der Klage **8** 1 ff., *s.a. dort*
– Spruchfrist **13** 7 ff.
– Streitgenossenschaft **7** 1 ff., *s.a. dort*
– Übergang der Klagearten **1** 28
– übergegangene Ansprüche **1** 23
– Unterlassungsklage **Einf** 28 ff.
– Unternehmer **1** 11 ff.
– Urkunden **6** 1
– UWG-Klagen **Einf** 31 ff.
– Verbandsklageregister **43** 1 ff., *s.a. dort*
– Verbraucher **1** 9 f.
– Verbraucherbezogenheit der Ansprüche/ Rechtsverhältnisse **1** 18 ff.
– Verbrauchergerichtsstand **3** 11
– Verbraucherquorum **4** 3 ff., *s.a. dort*
– Verzichtsurteil **13** 6
– Vielzahl von Verbrauchern **1** 21, **4** 1
– Vorlageanordnung **6** 1, **6** 5 ff.
– Widerklage **13** 13 ff.
– Wirkung der Entscheidungen im Ausland **Einf** 55 ff.
– Wirkung von Vergleichen im Ausland **Einf** 63
– Zeitpunkt der Voraussetzungen **1** 22 f.
– ZPO-Vorschriften **13** 1 ff.
– Zuständigkeit **3** 1 ff.

– Zuständigkeit gemäß internationaler Rechtsakte **3** 9 ff.
– Zuständigkeit in grenzüberschreitenden Fällen **3** 9 ff.
– Zuständigkeitskonzentration **3** 7 f.
– zwingende mündliche Verhandlung **13** 5
Verbandsklagen-RL
– Evaluierung **50** 2 f.
– Text **50** 3
Verbandsklagenregisterverordnung 43 6, **49** 2
Verbandsklageregister 43 1 ff.
– Amtshaftung **43** 13 f.
– Anmeldung **26** 3 ff.
– Anmeldung von Ansprüchen **46** 1 ff., *s.a. dort*
– Aufbewahrungsfrist **43** 12
– Aufgaben des Sachwalters **27** 8
– Auskunftspflicht **27** 8
– Bekanntmachungen zu Verbandsklagen **43** 8, **44** 1 ff., *s.a. dort*
– Bundesamt für Justiz **43** 2
– Einsichtsrecht **48** 2 ff., *s.a. dort*
– Eintragungen **43** 8
– gerichtlicher Vergleich **9** 1
– Insolvenz des Unternehmers **38** 9
– Kommunikation mit den Verbrauchern **27** 39
– Löschungspflicht **43** 12
– registerführende Stelle **43** 7
– Veranlassung der Bekanntmachungen **45** 1 ff., *s.a. dort*
– Verbandsklagenregisterverordnung **49** 2
– Verordnungsermächtigung **49** 1 ff.
– VKRegV **43** 6, **49** 2
– vollelektronische Registerführung **43** 7
– Zweck **43** 3 f.
Verbot der Mehrfachrepräsentation 27 16, **27** 23
Verbraucher 1 9 f.
– Abgrenzung zum Unternehmensbegriff **46** 13
– Anmeldung von Ansprüchen **46** 1 ff., *s.a. dort*
– Arbeitnehmer **1** 10
– Begriff **41** 29 ff.
– Einsichtsrecht **48** 10 f.
– Folgen von Rechtsübergängen **46** 14
– kleine Unternehmen **1** 13
– Kommunikation mit den ~n **27** 39 ff., *s.a. dort*
– Mitwirkungsobliegenheit **27** 40, **27** 43
– Musterfeststellungsklage **41** 29 ff.
– Überprüfung der Widerspruchsentscheidung **28** 34
– Widerspruchsverfahren **28** 14
Verbrauchergerichtsstand 41 18
Verbraucherquorum 4 3 ff.
– allgemeines Rechtsschutzbedürfnis **4** 8 f.
– Antrags-/Klagehäufungen **4** 6 f.

– Berechnung **4** 5
– Darlegung der Betroffenheit **4** 3 f.
– Klageschrift **5** 5
– Zeitpunkt **4** 10
Vergleichssperre 9 11
Vergleichsvorschlag
– Aufforderung zur Vorlage **17** 4 ff.
– Fortsetzung des Abhilfeverfahrens **17** 11
– Frist **17** 7
– Prozessbeendigung **17** 9 f.
Vergütung des Sachwalters Vor 22 28 ff., **32** 1 ff., **32** 19 ff.
– Ablehnung eines Sachwalters **23** 63
– Angemessenheit **32** 19
– Auslagenersatz **32** 8 ff.
– Einstellung des Umsetzungsverfahrens **38** 75
– Entlassung des Sachwalters **30** 31
– Festsetzung der ~ **32** 22 ff., s.a. dort
– Haftung des Sachwalters **31** 45
– Kosten des Umsetzungsverfahrens **20** 5
– Umsetzungsvereinbarungen **Vor 22** 28 ff., **32** 20 f.
– Vergütungsformen **32** 19
– Vorschüsse **32** 37 ff.
Verjährung
– Haftung des Sachwalters **31** 44
– Herausgabeanspruch des Unternehmers **40** 8
Verurteilung zu anderen Leistungen 27 73 ff.
– Anzeige der Erfüllung **27** 77
– Aufforderung **27** 74
– Fristsetzung **27** 75
– namentlich benannte Verbraucher **27** 73
– Umsetzungsvereinbarungen **27** 79
– Vorlage von Nachweisen **27** 78
Verzichtsurteil
– Musterfeststellungsklage **41** 45
– Verbandsklage **13** 6
VKRegV 43 6, **49** 2
Vorlageanordnung 6 1, **6** 5 ff.
Vorschüsse
– Auslagenersatz **32** 37 ff.
– Schlussrechnung **33** 5
– Vergütung des Sachwalters **32** 37 ff.
VRuG Einf 7

W
Weisungsrecht 30 4 ff.

Widerklage 13 13 ff.
Widerspruchsentscheidung 28 23 ff.
– Abhilfe **28** 26
– Begründung **28** 29
– Form **28** 23
– Frist **28** 23
– Korrektur **28** 28
– präkludierte Nachweise/Auskünfte **28** 26
– Textform **28** 23
– Überprüfung der ~ **28** 32 ff., s.a. dort
– zusätzliche Ermittlungen **28** 25
Widerspruchsverfahren 28 1 ff.
– Festsetzung der Vergütung **32** 34
– Mitteilung der Ausgangsentscheidung **28** 4 ff., s.a. dort
– Nachverfahren **28** 2
– Prüfung der Anspruchsberechtigung **28** 1
– Unternehmer **28** 14
– Verbraucher **28** 14
– Widerspruchsbefugnis **28** 19 ff.
– Widerspruchsentscheidung **28** 23 ff., s.a. dort
– Widerspruchsform **28** 18
– Widerspruchsfrist **28** 16

Z
Zurückweisungen verspäteter Erklärungen/ Nachweise 27 45 ff.
Zuständigkeitskonzentration 3 7 f.
Zwangsgeld
– Aufsicht des Gerichts **30** 24
– Zwangsmittel gegen den Unternehmer **29** 7
Zwangsmittel gegen den Unternehmer 29 1 ff.
– andere Leistung als Zahlung **29** 2
– anwendbare Vorschriften/Verfahren **29** 7
– Rechtsbeschwerde **29** 12
– Sachwalter **29** 3
– unvertretbare Handlung **29** 2, **29** 11
– Vollstreckungsvoraussetzungen **29** 4 ff.
– Zwangsgeld **29** 7
– Zwangshaft **29** 7
– Zwangsvollstreckung **29** 1
– Zwangsvollstreckungsgläubiger **29** 3
Zwischenberichte
– Aufsicht des Gerichts **30** 3, **30** 16 ff.
– Beendigung des Umsetzungsverfahrens **36** 6